RAJPAL
ADVANCED LEARNER'S
HINDI-ENGLISH DICTIONARY

Volume 1

•

बृहत् शिक्षार्थी
हिन्दी-अंग्रेज़ी शब्दकोश

भाग-1

RAJPAL ADVANCED LEARNER'S HINDI-ENGLISH DICTIONARY

Volume 1

(अ—ध)

Dr. Hardev Bahri
M.A., M.O.L., Ph.D., D.Litt, Shastri

rajpal

राजपाल बृहत् शिक्षार्थी हिन्दी-अंग्रेज़ी शब्दकोश

भाग 1

(अ–ध)

डॉ. हरदेव बाहरी

एम.ए., एम.ओ.एल., पीएच.डी., डी.लिट्, शास्त्री

राजपाल

डॉ. हरदेव बाहरी के अन्य शब्दकोश

- राजपाल बृहत् हिन्दी-अंग्रेज़ी शब्दकोश (दो भागों में)
- राजपाल बृहत् शिक्षार्थी अंग्रेज़ी-हिन्दी शब्दकोश
- राजपाल हिन्दी शब्दकोश
- राजपाल अंग्रेज़ी-हिन्दी शब्दकोश
- राजपाल हिन्दी-अंग्रेज़ी शब्दकोश
- राजपाल संक्षिप्त हिन्दी शब्दकोश
- राजपाल संक्षिप्त अंग्रेज़ी-हिन्दी शब्दकोश
- राजपाल संक्षिप्त हिन्दी-अंग्रेज़ी शब्दकोश
- राजपाल पॉकेट हिन्दी शब्दकोश
- राजपाल पॉकेट अंग्रेज़ी-हिन्दी शब्दकोश
- राजपाल पॉकेट हिन्दी-अंग्रेज़ी शब्दकोश

₹ 2400 (दो भागों का)
ISBN : 9788170286653 (of Volume-I)
ISBN : 9788170286677 (of Complete Set)

RAJPAL ADVANCED LEARNER'S HINDI-ENGLISH DICTIONARY
by Dr. Hardev Bahri
मुद्रक : जी.एस. ऑफसेट, दिल्ली

राजपाल एण्ड सन्ज़
1590, मदरसा रोड, कश्मीरी गेट, दिल्ली-110006
फोन : 011-23869812, 23865483, 23867791
e-mail : sales@rajpalpublishing.com
www.rajpalpublishing.com
www.facebook.com/rajpalandsons

Contents : Volume I

विषय सूची : भाग I

Alphabet index

अक्षर क्रम

Introduction

Hindi is amongst the five most widely spoken languages in the world. It is spoken not only by those whose mother tongue is Hindi, but also by an ever increasing number of non-traditional Hindi speakers i.e. those whose mother tongue is not Hindi but they speak and understand it.

Within India, despite the fact that there are eighteen officially recognised languages and a large number of vernaculars, Hindi is the most widely spoken and understood language across the length and breadth of the country. Declaration of Hindi as the country's official language provided a great impetus leading to its increased use in all spheres of work, and helped standardise its script and spellings.

Outside India, Hindi is spoken wherever there are Indians. And the Indian diaspora is found in every country of the world today. The Hindi cinema has been and continues to be a major contributing factor in the spread of Hindi especially amongst the non-traditional Hindi users, both within and outside India.

Hindi is a constantly evolving language as people living in different regions within India and in foreign countries are adapting it to suit their own specific needs. It is also influenced by the forces of globalisation, the spread of English, and the emergence of e-mail and mobile telephony as the new channels of communication. Thus the Hindi language, as is spoken and used today, is quite different from what it was fifty or even twenty years ago.

Against this background there was perceived a need for a comprehensive, modern Hindi dictionary to cater to an audience comprising of the traditional Hindi speaking audience, as well as the global non-traditional Hindi audience. To make it comprehensible and accessible to the growing number of non-traditional users, it had to be through the medium of English, the emerging global link language.

Dr. Hardev Bahri, the renowned lexicographer who has more than two dozen dictionaries to his credit, worked for ten long years to develop this Rajpal Advanced Learner's Hindi-English Dictionary. It is hoped that this dictionary will fulfil the long-felt need of Hindi language users across the world.

Salient Features of the Dictionary

1. Selection of words

The focus in this dictionary is on contemporary Hindi, as is written, spoken and used today, and all effort has been made to include maximum number of words which are currently in use. Thus, a large number of colloquial words and expressions, and words which have come into Hindi from English, Urdu and other languages also find place in this dictionary. There are over 85,000 words, references and entries in this dictionary.

2. Emphasis on usage

In many cases mere word meanings are not enough to explain or convey the meaning of a particular word. This is especially so in case of a bilingual dictionary, such as this, which is primarily aimed at a non-Hindi audience. Sometimes the meaning of a word or expression varies according to the context in which it is used. These finer contextual nuances can only be explained by giving examples of actual usage of the word through phrases, idioms, proverbs and aphorisms related to the word. This helps the user understand the various shades of meaning of that word and also enriches his vocabulary and enhances his language skill and competence. Thus it will be observed that some entries are very long, running into several pages.

3. Ease of use

A clear typeface which is easy on the eyes makes this dictionary easy to read.

There are no symbols used anywhere in the dictionary, making it that much easier to refer to.

A thumb index on each page helps the user quickly locate the alphabet that he is looking for.

All headwords are given in bold typeface. Words derived from the headword, and phrases and idioms, associated with it are each given in a new line, making it easy to distinguish from the headword.

Guide to the use of the Dictionary

Structure of entries

Entries may contain upto ten parts in the following order : (1) Headword or the main entry (2) Language source (3) Transliteration (4) Grammatical information (5) Word meaning (6) Examples, phrases and idioms (7) Derivatives and compounds (8) Additional information (9) Field label and (10) Scientific notation.

1. Headword or the main entry

The headword or main entry is given in bold typeface at the extreme left-hand margin. All the headwords are in Devanagari script following the order of the Hindi alphabets starting from अ.

2. Language source

Immediately after the headword, the language source is indicated by a single English alphabet in capital letter, such as 'A' for Arabic, 'P' for Persian, 'E' for English.

In case of words originating from Sanskrit, the language source has not been given as Sanskrit is the language source for a majority of Hindi words. Thus where the language source of the word is not given, it is to be assumed that the word is derived from Sanskrit.

3. Transliteration

Transliteration of the headword in Roman script serves as a guide to the pronunciation of the headword. The transliteration of Hindi words follows the pattern standardised and approved by the Government of India, Central Hindi Directorate under the Ministry of Human Resource Development. The Roman transliteration is given in italics within brackets. Transliteration is provided only for the headword and not for the derivatives or compounds derived from it.

It is to be noted that the transliteration is not an exact guide to pronunciation.

4. Grammatical information

The indication of the grammatical part of speech given after the transliteration is in abbreviation in lower typecase in italics and followed by a fullstop. The abbreviations are those which are commonly used

in dictionaries such as *a.* for adjective, *adv.* for adverb, *v.* for verb etc. It will be observed that the usual abbreviation of '*n*' to indicate a noun is not used in this dictionary. This is because in Hindi, nouns are either feminine or masculine. So instead of indicating merely that the word is a noun, the gender variation has been indicated. Wherever the grammatical abbreviation *m.* or *f.* is given, it indicates that the word is a noun and *m.* or *f.* defines its gender.
For more details please see 'List of Abbreviations used in the Dictionary'.

5. Word meanings
Where a word has more than one meaning, the different meanings are differentiated using 1, 2, 3. If a word has more than one grammatical part of speech, then each part of speech is differentiated by I, II, III and within each part the various meanings are numbered 1, 2, 3, and so on.

6. Examples, phrases and idioms
Examples of usage of the headword, and idioms and phrases associated with it are given in separate lines under the main headword. The phrase, idiom or proverb is given in bold typeface followed by its definition and explanation.

7. Derivatives and compounds
Derivatives and compounds, i.e. words derived from the headword, and formed either by fixing a prefix or suffix, or by adding another word to the headword, are given in bold typeface under the main headword in a separate line. For instance, गंगाजल, गंगाधर, गंगालाभ and गंगासागर appear under the main entry गंगा. Since these are derived from the headword itself the transliteration of these derivatives and compounds is not provided.

8. Additional information
Gender variations, derivatives, colloquial forms and synonyms are examples of the additional information relating to the headword, which has been provided. This is given within brackets with the = sign, and appears at the end of the meaning of the word.

9. Field label
In case of a technical or specialised word pertaining to a particular subject or field of study, the subject area is indicated within brackets. For more details please see the section 'List of Abbreviations used in the Dictionary'.

10. Scientific notation
Botanical names of trees, plants, fruits and flowers are given in italics and appear after the grammatical abbreviation.

A Brief Note on Hindi Grammar

Hindi is derived from Sanskrit, one of the world's oldest yet most scientifically organised language. The nature and structure of the Hindi language follows that of Sanskrit, and the script in which it is written is Devanagari. Words written in Hindi in the Devanagari script have compounds as well as half letters which sometimes cause difficulties especially for those for whom Hindi is not the first language. Presented below are some basic rules which will help understand and use Hindi with greater ease.

The Hindi Alphabet

The Hindi alphabet or *Varnamala* is made up of thirteen vowels and thirty-six consonants.

Vowels

The thirteen vowels are:

अ आ इ ई उ ऊ ऋ ए ऐ ओ औ अं अ:

Seven vowels (अ, आ, ऐ, ओ, औ, अं, अ:) are formed from a single letter अ, comparable to 'a' in English. Another five vowels are formed with इ, ई, उ, ऊ, ए comparable to 'i', 'u' and 'e' respectively in English. The thirteenth vowel is ऋ which has no single letter equivalent in English. Each of the twelve vowels, except ऋ, has two forms, soft and hard.

Vowel Signs or *matra*

A vowel is written as a complete letter only when it is used in the beginning of a word e.g., as in आना, आओ. In such a case the vowel is pronounced by itself. When a vowel is placed at the end or in the middle of a word, it is used in combination with a consonant and it assumes the form of a *matra*.

The *matra* notations of the vowels are as follows:

आ=ा, इ=ि, ई=ी, उ= ु, ऊ= ू, ए= े, ऐ= ै, ओ=ो, औ=ौ, अं= ं, अ:= :

Consonants

The thirty-six consonants are :

क	ख	ग	घ	ङ
च	छ	ज	झ	ञ
ट	ठ	ड	ढ	ण
त	थ	द	ध	न
प	फ	ब	भ	म
य	र	ल	व	
श	ष	स	ह	
क्ष	त्र	ज्ञ		

The last three letters क्ष, त्र, ज्ञ are compound letters. There are a few more such compound letters, such as श्र but these are not part of the alphabet.

Aspirated and Unaspirated Consonants

Consonants are of two types, aspirated and unaspirated. The difference in sound is the presence or absence of a breath of air after the initial consonant. In the *Varnamula* each aspirated consonant follows the unaspirated consonant.

Unaspirated	Aspirated	Unaspirated	Aspirated
क	ख	ड	ढ
ग	घ	त	थ
च	छ	द	ध
ज	झ	प	फ
ट	ठ	ब	भ

In English most consonants are pronounced with aspiration. It is therefore difficult for those who speak English to pronounce the soft dental or the unaspirated Hindi consonants correctly.

Conjunct Consonants

Consonants are written independently and also as half letters. In most cases consonants written as half are clear to read, such as in असम्भव, अन्वय In a few cases they are difficult to read because they combine with another letter to form a conjunct or compound form. As already noted, there are four compound letters :

क्ष	=	क्	+	श	ksh
त्र	=	त्	+	र	tr

ज्ञ = ज् + य jy

श्र = श् + र shr

Where र is used as half letter it is written in two ways :

— over the horizontal stroke, as in गर्म—garm. Here the half र is placed like a hook over the horizontal stroke and is spoken before the letter on which it is placed.

— with the vertical stroke, as in ग्राम—gram and ट्राम—tram. Here it is spoken after the letter with which it is combined, and is placed below as ् or ^ like a stroke.

Wherever the last letters ङ, ञ, ण, म, of each of the consonant groups कवर्ग, चवर्ग, टवर्ग are used as half, the rule that is followed is that each of these four consonants will be used as half only when the letter following it also belongs to the same consonant group. Thus, the technically correct way of writing घंटा is घण्टा. Similarly the correct way of writing अंगूर, व्यंजन, दंभ is अङ्गूर, व्यञ्जन, घण्टा.

But such use is no longer followed, and has been simplified by using a dot above the word instead of the half letter, as—

अंगूर, व्यंजन, घंटा

Another simplification accepted in the use of half letters is the addition of ् called *'halanta'*, after the full letter, as in अद्धा।

The vowel ऋ is used in some words and is generally pronounced as रि = ri. Its notation is (ृ) and is put below the vertical stroke, as in कृषि, सृजन।

Gender

There is no neuter gender in Hindi and every living as well as non-living thing is categorised as male or female.

Gender is based either on sex (in the case of human beings and animals) or on usage. There are no hard and fast rules. According to the general rule, all words ending with the vowels sound *a* are masculine and those ending with vowel sound *i* are feminine. Words ending in a consonant may be masculine or feminine. But there are many exceptions to this rule.

The construction of a sentence in Hindi is based on the noun used in it. The gender of the noun and its nominative case decides the verb and adjective of the sentecnce—if the noun is masculine, both these will also be so; if feminine, these also will change.

For example, the name Tulsidas is masculine, and the name Mira is feminine. In the first case the verb will be masculine, while in the second, it will be feminine:

तुलसीदास कहता है– Tulsida says.

मीरा कहती है– Mira says.

Again, घोड़ा (horse) is masculine and गाय (cow) is feminine. The verb will change in both cases:

घोड़ा जायेगा– The horse will go.

गाय जायेगी– The cow will go.

The adjectives also change according to gender:

काला घोड़ा– Black horse.

काली गाय– Black cow.

Words used together as one expression

(a) A unique feature of the Hindi language is the repeated use of a word to form an expression, for example, अलग-अलग, चलते-चलते, साथ-साथ. In some cases this helps reinforce the meaning of the word, while in other cases it serves no specific purpose other than being a stylistic use. These expressious are usually written with a hyphen between them. Some examples are given below:

अलग-अलग	कभी-कभी	कहीं-कहीं
चलते-चलते	लिखते-लिखते	छपते-छपते
जब-जब	घर-घर	धीरे-धीरे
दूर-दूर	धीरे-धीरे	भिन्न-भिन्न
रात-रात	लिखते-लिखते	साफ-साफ

(b) Sometimes, two words with similar meanings are used together, such as धर्म-ईमान. The meaning of the expressions thus formed remains unchanged. Some example are given below :

धर्म-ईमान	दिन-दहाड़े	रोना-पीटना
काम-काज	कुशल-क्षेम	राजी-खुशी

(c) Two words, almost opposite in meaning, are sometimes clubbed together with a hyphen between them, and used as one. The expression thus formed usually has a meaning which is wider and more comprehensive than each of the two individual words. Some examples are given below:

आना-जाना	अपना-पराया	आगे-पीछे
आयात-निर्यात	आमने-सामने	आदि-अन्त
इधर-उधर	उछल-कूद	उतार-चढ़ाव
उत्थान-पतन	उल्टे-सीधे	कच्चा-पक्का

खरा-खोटा	गुण-दोष	घात-प्रतिघात
चीर-फाड़	छोटा-बड़ा	जन्म-मरण
जोड़-तोड़	झूठ-सच	तोड़-फोड़
थोड़ा-बहुत	दिन-रात	दौड़-भाग
दौड़-धूप	निन्दा-स्तुति	नीचे-ऊपर
पाप-पुण्य	बाहर-भीतर	प्रश्न-उत्तर
संकल्प-विकल्प	सुख-दुख	हानि-लाभ
अता-पता	अगल-बगल	आर-पार
आस-पास	आमने-सामने	अड़ोसी-पड़ोसी
इन-गिने	ईर्ष्या-द्वेष	कपड़ा-लत्ता
काम-धंधा	किराया-भाड़ा	क्रिया-कर्म
खान-पान	खेती-बाड़ी	खेल-कूद
खोज-खबर	काम-काज	चिकनी-चुपड़ी
छान-बीन	छीना-झपटी	जान-बूझ
चलते-फिरते	जान-पहचान	जोड़-तोड़
झाड़-फूँक	झाड़-पोंछ	थका-माँदा
देख-भाल	देख-रेख	देख-परख
दौड़-धूप	धन-संपत्ति	धूम-धाम
पढ़ना-लिखना	पालन-पोषण	पेड़-पौधे
फटे-पुराने	बाल-बच्चे	बहू-बेटी
बूढ़े-टेढ़े	भला-चंगा	भूला-बिसरा
भूला-भटका	मार-पीट	मेल-जोल
राग-रंग	रोक-थाम	रोटी-बेटी
लिखा-पढ़ा	लालन-पालन	लीपा-पोती
लूट-मार	लंबा-चौड़ा	हिलना-डुलना
सीधा-सादा	सोच-समझ	होली-दिवाली
हृष्ट-पुष्ट	घर-द्वार	दाल-रोटी
सेठ-साहूकार	साधु-सन्त	साग-पात

(d) Another style of using two words together is where the second word has no meaning but has been created because it rhymes with the first. It does not in any way enhance the meaning of the expression formed:

अनाप-शनाप	अंट-शंट	कागज़-वागज़
गलत-सलत	चट-पट	चाय-वाय
चुप-चाप	झूठ-मूठ	ठीक-ठाक
दाल-वाल	पूछ-ताछ	बचा-खुचा
मिठाई-विठाई	रोटी-वोटी	भीड़-भाड़

सच-मुच	हक्का-बक्का	नमक-वमक
मिर्च-विर्च	धनिया-वनिया	ज़ीरा-वीरा

Antonyms

The most common way of forming antonyms in Hindi is by adding the prefixes: अ or अन्, as illustrated below :

ज्ञान-अज्ञान	चेतन-अचेतन	नित्य-अनित्य
लौकिक-अलौकिक	विश्वास-अविश्वास	सत्य-असत्य
शांति-अशांति	शुद्धि-अशुद्धि	शेष-अशेष
अर्थ-अनर्थ	इष्ट-अनिष्ट	इच्छा-अनिच्छा
उत्साह-निरुत्साह	उपस्थित-अनुपस्थित	उपयुक्त-अनुपयुक्त
उदार-अनुदार	शेष-अशेष	

The other common way of forming antonyms in by adding the prefixes अप, प्रति, वि, and निर as illustrated below :

मान-अपमान	व्यय-अपव्यय	वाद-अपवाद
जाति-विजाति	योग-वियोग	राग-विराग
मल-विमल	सम-विषम	लिप्त-निर्लिप्त

परिचय के दो शब्द

हिन्दी दुनिया की सबसे अधिक बोली जाने वाली पाँच भाषाओं में से एक है। अपने देश की सीमा में भी, बावजूद इस तथ्य के कि सरकारी मान्यता प्राप्त अठारह भाषाएँ और अनेकानेक जनभाषाएँ या बोलियाँ हैं, हिन्दी एक सिरे से दूसरे सिरे तक बोली और समझी जाती है। भारत की राजभाषा के रूप में हिन्दी की मान्यता ने उसे गहरे तक प्रेरित किया और इस तरह एक ओर जहाँ जीवन और कार्य के सभी क्षेत्रों में उसका व्यवहार बढ़ा, वहीं इसकी लिपि और वर्तनी के मानकीकरण की गति भी तेज़ हुई।

भारत से बाहर भी, जहाँ-कहीं भी भारतीय आबादी है, हिन्दी तथा अन्य भारतीय भाषाएँ बोली जाती हैं। ध्यान देने की बात यह भी है कि भारतीय प्रवासी (**diaspora**) हरेक देश में पाये जाते हैं और जहाँ कहीं एक भी भारतीय है वहाँ बोलचाल में, कम-से-कम कामचलाऊ हिन्दी का व्यवहार अनिवार्य है। हिन्दी के प्रसार और प्रचार में, हिन्दी सिनेमा की लोकप्रियता की भी, खासकर गैर हिन्दी भाषा-भाषियों के बीच, भारत में और भारत से बाहर; सामान्य रूप से, महत्त्वपूर्ण भूमिका रही है।

जिनकी मातृभाषा हिन्दी है; सिर्फ उन्हीं के बीच हिन्दी नहीं बोली जाती, बल्कि पारम्परिक रूप से गैर हिन्दीभाषियों की एक सतत बढ़ रही संख्या के बीच भी बोली जाती है। जैसे-जैसे विभिन्न क्षेत्रों और देशों में रहने वाले लोग इसे बोलते हैं और अपनी विशिष्ट जरूरतों के अनुरूप ढालते हैं, उससे भी यह विकसित हो रही है, और धीरे-धीरे इसके स्वभाव में बदलाव आ रहा है। भूमंडलीकरण की शक्तियों, अंग्रेजी के प्रसार और सामाजिक रूप से सर्वव्यापी कम्प्यूटरीकरण से भी हिन्दी का पारम्परिक स्वभाव प्रभावित हुआ है।

इस पृष्ठभूमि में एक ऐसे बहुआयामी शब्दकोश की आवश्यकता अनुभव करना स्वाभाविक है जो पारम्परिक किस्म के हिन्दी भाषा-भाषियों और आधुनिक (गैर-हिन्दी) भूमंडलीय हिन्दी प्रेमियों की अपेक्षाओं और ज़रूरतों को समान रूप से पूरा कर सके। उसे विविध किस्म के व्यवहर्ताओं की बढ़ती संख्या की समझ के अनुरूप रखने के लिए जरूरी था कि शब्दों की परिभाषा, उनके अर्थ और व्याख्याएँ पूरी दुनिया को जोड़ने वाली भाषा अंग्रेजी के माध्यम से दी जाएँ। प्रस्तुत शब्दकोश के निर्माण में, इस दृष्टि से सभी संभव प्रयास किये गये हैं। इसके संपादक डॉ. हरदेव बाहरी भारत के प्रतिष्ठित कोशकार के रूप में मान्य रहे हैं, जिन्होंने अब तक कोई दो दर्जन से अधिक मानक शब्दकोश तैयार किये। विशेष बात यह भी है कि इस शब्दकोश की तैयारी में डॉ. बाहरी ने पाँच वर्ष का लम्बा समय लगाया है। इन्हीं सारी प्रक्रियाओं से गुजर कर यह कम्प्रेहेंसिव हिन्दी-अंग्रेजी शब्दकोश अस्तित्व में आया है।

शब्दकोश की उल्लेखनीय विशेषताएँ

1. शब्दों का चयन

इस शब्दकोश का केंद्रबिंदु (फोकस) समकालीन हिन्दी या कहें आम व्यवहार में आने वाली हिन्दी पर है। इसी दृष्टि से आज जो शब्द प्रचलन में हैं उनमें से अधिक से अधिक संभव शब्दों को इसमें शामिल किया गया है। काफी बड़ी संख्या में ऐसे शब्दों को भी इसमें लिया गया है जो अलग-अलग जगहों से या बोलियों से आये हैं और ऐसे शब्दों को भी जो अंग्रेजी, उर्दू, फारसी, तुर्की भाषाओं से निकल कर हिन्दी में आ मिले और उसके अपने हो गये। इस शब्दकोश में कोई 1 लाख से ऊपर शब्द, संदर्भ और प्रविष्टियाँ समाहित हैं।

2. शब्दों के प्रयोग अथवा व्यवहार पर विशेष बल

कई बार किसी खास शब्द के आशय को व्यक्त करने के लिए सिर्फ उस शब्द का अर्थ भर जान लेना पर्याप्त नहीं होता।

प्रायः किसी शब्द या अभिव्यक्ति का अर्थ, संदर्भ के अनुसार, बदल सकता है। ऐसी बारीक संदर्भगत अर्थच्छाएँ (nuances) केवल यथार्थ प्रयोग के उदाहरणों के जरिये ही व्याख्यायित की जा सकती हैं। ये उदाहरण शब्द-विशेष से संबंधित वाक्यांशों, मुहावरों, लोकोक्तियों, सूक्तियों के रूप में दिये जा सकते हैं। अतः इस शब्दकोश के प्रयोक्ता देखेंगे कि बहुत सी प्रविष्टियाँ बहुत लम्बी हो गई हैं, कहीं-कहीं तो कई पृष्ठों तक फैली हैं। एक शब्दकोश के लिए यह बहुत जरूरी है कि उसमें शामिल शब्दों के अर्थ की विभिन्न छटाएँ (shades) व्याख्या के साथ स्पष्ट की जाएँ।

बहुत से शब्दों के साथ उनके समानार्थी और विपरीत अर्थी (synonyms and antonyms) शब्द भी दिये गये हैं। ये सभी अतिरिक्त जानकारियाँ पाठक के शब्द-भंडार (vocabulary) के निर्माण में सहायक होती हैं और उसके भाषा-कौशल को बढ़ाती हैं।

3. उपयोग में आसानी

बड़े और स्पष्ट अक्षर, जो आँखों पर जोर नहीं डालते, इस शब्दकोश को पढ़ने में आसान बनाते हैं। इस शब्दकोश में चिह्नों (symbols) का प्रयोग बिल्कुल नहीं किया गया है, इससे सामान्य से सामान्य पाठकों को भी वह उपयोगी सिद्ध होगा।

शब्दकोश के प्रयोग की निर्देशिका

प्रविष्टियों की संरचना

प्रविष्टियाँ नीचे दिये गये क्रम के अनुरूप दस हिस्सों तक समाविष्ट हो सकती हैं : (1) मुख्य प्रविष्टि, (2) भाषा-स्रोत, (3) लिप्यंतरण, (4) व्याकरण संबंधी शब्द भेद, (5) शब्दार्थ, (6) उदाहरण, वाक्यांश और मुहावरे, (7) प्रधान या मुख्य शब्द से बने उप शब्द तथा संयुक्त शब्द, (8) तत्संबंधी अन्य जानकारियाँ, (9) विशिष्ट विषय-क्षेत्र, तथा (10) पारिभाषिक वैज्ञानिक शब्द।

1. मुख्य प्रविष्टि

मुख्य प्रविष्टियाँ एकदम बाईं ओर के हाशिये से शुरू होती हैं और उन्हें बोल्ड टाइप फेस (Black Type) में दिया गया है। सभी मुख्य प्रविष्टियाँ हिन्दी वर्णमाला के क्रमानुसार 'अ' अक्षर से शुरू हुई हैं और उन्हें देवनागरी लिपि में दिया गया है।

2. भाषा-स्रोत

बोल्ड टाइप फेस में मुद्रित मुख्य शब्द के ठीक बाद उस मुख्य शब्द का भाषा-स्रोत अंग्रेजी वर्णमाला के अकेले एक कैपिटल लेटर के द्वारा दर्शाया गया है, जैसे अरबी के लिए **'A'**, फारसी के लिए **'P'**, अंग्रेजी के लिए **'E'**, उर्दू के लिए **'U'**, तुर्की के लिए **'T'** आदि।
बहुसंख्यक हिन्दी शब्दों का भाषा-स्रोत संस्कृत है। ऐसे शब्दों के साथ भाषा-स्रोत नहीं दर्शाया गया है। इसलिए जहाँ मुख्य शब्द के साथ भाषा-स्रोत नहीं है वहाँ उसे संस्कृत से ग्रहीत माना जाए। ऐसा सिर्फ सहजता बनाये रखने और उलझाव से बचने के लिए किया गया है।

3. लिप्यंतरण

मुख्य शब्द के उच्चारण को ठीक-ठीक समझाने के लिए उसे इटैलिक रोमन अक्षरों में लिप्यंतरित किया गया है। हिन्दी शब्दों के लिप्यंतरण में भारत सरकार और मानव संसाधन विकास मंत्रालय के अधीनस्थ केंद्रीय हिन्दी निदेशालय द्वारा मानकीकृत एवं स्वीकृत पद्धति को अपनाया गया है।
रोमन लिप्यंतरण सिर्फ मुख्य शब्दों का किया गया है, उनसे निकले उपशब्दों अथवा संयुक्त शब्दों (derivatives and compounds) को लिप्यंतरित नहीं किया गया है।

4. व्याकरण संबंधी शब्द-भेद

व्याकरण संबंधी शब्द-भेद दर्शाने के लिए शब्द-संक्षेपों (abbreviations) का व्यवहार किया गया है और उसके लिए सामान्य रूप से प्रयुक्त होने वाले सुपरिचित शब्द-संक्षेप ही रोमन लिपि और इटैलिक फेस में दिये गये हैं, जैसे एडजेक्टिव के लिए *a*, वर्ब के लिए *v*, एडवर्ब के लिए *adv* आदि। एक बात विशेष रूप से ध्यान देने की है कि इस शब्दकोश में 'नाउन' या संज्ञा शब्दों के साथ प्रचलित शब्द-संक्षेप *n* का प्रयोग नहीं किया गया है। ऐसा इसलिए कि हिन्दी में संज्ञा शब्दों का स्वभाव लैंगिक है। प्रत्येक संज्ञा शब्द या तो पुल्लिंग **(masculine gender)** होगा, या स्त्रीलिंग **(feminine gender)** होगा। अतः जहाँ भी व्याकरणिक शब्द संक्षेप *m* अथवा *f* हो, वहाँ यह समझा जाए कि वह शब्द संज्ञा (noun) है और *m* अथवा *f* से संकेत उसके लिंग से है। इटैलिक फेस और रोमन लिपि में दिये गये व्याकरणिक शब्द संक्षेपों के बाद, स्पष्टता के उद्देश्य से, 'फुलस्टॉप' (.) भी दिये गये हैं। अधिक विस्तृत विवरणों के लिए कृपया 'व्याकरणिक शब्द-संक्षेपों की निर्देशिका' देखें।

5. शब्दार्थ

अगर किसी शब्द के अर्थ एक से अधिक हैं, तो भिन्न-भिन्न अर्थों को 1, 2, 3, के क्रम में अलगाया गया है।

अगर किसी शब्द के एक से अधिक व्याकरणिक शब्द-भेद हैं, तो प्रत्येक शब्द-भेद को **I, II, III** के क्रम में अलगाया गया है और प्रत्येक शब्द-भेद के अंतर्गत आने वाले भिन्न-भिन्न अर्थ 1, 2, 3 अंकों के जरिये विभक्त किये गये हैं।

6. उदाहरण, वाक्यांश और मुहावरे

प्रत्येक मुख्य शब्द के अर्थ के आगे उस मुख्य शब्द के प्रयोग के उदाहरण तथा वे वाक्यांश और मुहावरे दिये गये हैं, जिनमें उक्त मुख्य शब्द का प्रयोग हुआ है। ये वाक्यांश और मुहावरे मुख्य शब्द के ही अंतर्गत अलग-अलग पंक्तियों में बोल्ड टाइप फेस में दिये गये हैं और उनके साथ उनकी व्याख्यायें भी दी गई हैं।

मुख्य शब्द के प्रयोग से बने चुटीले वाक्यांश एवं मुहावरे इस शब्दकोश में मुख्य शब्द के अंतर्गत बोल्ड टाइप फेस में दिये गये हैं। प्रत्येक मुहावरेदार प्रविष्टि एक अलग एवं स्वतंत्र पंक्ति में दृष्टव्य है।

7. उपशब्द तथा संयुक्त शब्द

उपशब्द तथा संयुक्त शब्द अर्थात् वे शब्द जो मुख्य शब्द के साथ प्रत्यय (suffix) या अन्य शब्द जोड़कर बनाये गये हैं मुख्य शब्द के नीचे बोल्ड टाइप फेस में दिये गये हैं। चूँकि ये मुख्य शब्द से ही विकसित हुए हैं, उन्हें मुख्य प्रविष्टि के रूप में नहीं लिया गया। उन्हें मुख्य शब्द के अंतर्गत ही, लेकिन प्रत्येक को अलग-अलग पंक्ति में दिया गया है। जैसे गंगाजल, गंगाधर, गंगालाभ और

गंगासागर मुख्य प्रविष्टि गंगा के ही अंतर्गत हैं। उपशब्दों तथा संयुक्त शब्दों के उच्चारण भी नहीं दिये गये हैं।

8. तत्संबंधी अन्य जानकारियाँ

इस शब्दकोश में प्रत्येक शब्द से संबंधित अतिरिक्त जानकारियाँ भी सुलभ कराई गई हैं। ये जानकारियाँ शब्दार्थ के शुरू में या अंत में ब्रेकेट्स (कोष्ठकों) में दी गई हैं। संबंधित शब्द का लिंग-भेद, व्युत्पत्ति तथा देशज रूप इन्हीं अतिरिक्त जानकारियों के रूप में दिये गये हैं। किसी मुख्य शब्द या उसके उपशब्द अथवा संयुक्त शब्द के पर्यायवाची समानार्थक शब्द शब्दार्थ के अंत में, ब्रेकेट में = चिन्ह के साथ दिये गये हैं।

9. विशिष्ट विषय-क्षेत्र

आज हमारे सामान्य व्यवहार में ऐसे बहुसंख्य शब्द आ गये हैं, जो तकनीकी ज्ञान या अन्य विशिष्टीकृत क्षेत्रों से संबंधित हैं। इस शब्दकोश में ऐसे बहुत से शब्द सम्मिलित किये गये हैं। ऐसे शब्दों के साथ उनका विषय-क्षेत्र, ब्रेकेट्स में संक्षिप्त सांकेतिक नामों के रूप में दिया गया है।

10. पारिभाषिक वैज्ञानिक शब्द

इस शब्दकोश में वृक्षों, पौधों तथा अन्यान्य वनस्पतियों के प्राचीन लैटिन भाषा से गृहीत, वैज्ञानिक नाम इटैलिक टाइप फेस में दिये गये हैं।

हिन्दी भाषा कुछ विशेषताएँ

हिन्दी, अपने स्वभाव में अंग्रेजी से भिन्न किस्म की भाषा है। हिन्दी में प्रत्येक लिखे गये शब्द का उच्चारण तो होता है, किंतु उसकी लिपि में संयुक्ताक्षर, अर्धाक्षर जैसी अनेक ऐसी व्यवस्थायें हैं, जो नवसाक्षरों के लिए, अहिन्दीभाषियों के लिए और विशेषकर विदेश में बसे हिन्दीप्रेमियों के लिए, लिखते और पढ़ते वक्त समस्या खड़ी करती हैं। यह हिन्दी अंग्रेजी कोश प्रस्तुत करते हुए इस समस्या का पूर्वाभास हमें है। इसीलिए इस कोश का उपयोग करने वालों के लिए यहाँ कुछ ऐसे सूत्र-संकेत दिये जा रहे हैं, जिससे उन्हें सुविधा हो।

1. हिन्दी वर्णमाला में 13 स्वर और 36 व्यंजन हैं, जिनका क्रम इस प्रकार है :

स्वर :	अ	आ	इ	ई	उ	ऊ	ऋ
	ए	ऐ	ओ	औ	अं	अः	
व्यंजन :	क	ख	ग	घ	ङ		
	च	छ	ज	झ	ञ		
	ट	ठ	ड	ढ	ण		
	त	थ	द	ध	न		
	प	फ	ब	भ	म		
	य	र	ल	व	श		
	ष	स	ह				
	क्ष	त्र	ज्ञ				

(उपर्युक्त व्यंजनों में अंतिम तीन संयुक्ताक्षर हैं, जो दो अक्षरों के मेल से बने हैं। दो अक्षरों के मेल से बने कुछ संयुक्ताक्षर प्रचलन में और भी हैं, जैसे श्र, किन्तु उनकी गणना वर्णमाला में नहीं की जाती।)

हिन्दी लिपि में स्वरों का प्रयोग स्वतंत्र रूप में भी होता है और मात्राओं के रूप में भी। जैसे 'आम' में 'आ' पूरा स्वर है, लेकिन 'काम' में 'क' व्यंजन में बड़ी अ की मात्रा (ा) का प्रयोग हुआ है।

हिन्दी मात्राएँ

ा, ि, ी, ु, ू, े, ै, ो, ौ, ं, ः

व्यंजन पूरे भी लिखे जाते हैं और आधे भी। प्रायः लिखावट में आधे व्यंजन अलग से दिखाई देते

हैं–जैसे : असम्भव, अन्वय। किंतु अनेक जगहों पर दो आधे-आधे व्यंजन एक दूसरे में इस तरह खप जाते हैं, कि विशुद्ध रूप से हिन्दी में काम न करने वालों के लिए उन्हें पहचानना, लिखना और पढ़ना बहुत मुश्किल होता है। ऊपर की तालिका में तीन अंतिम संयुक्ताक्षर इसी श्रेणी में आते हैं।

क्ष = क् + श

त्र = त् + र

ज्ञ = ज् + य

कुछ अन्य संयुक्ताक्षर भी अपनी बनावट के कारण कठिनाई से पहचाने जाते हैं जैसे– द् + ग = द्ग, द् + द = द्द, द् + ध = द्ध, द् + भ = द्भ, द् + म = द्म, द् + य = द्य, ह् + न = ह्न, ह् + म = ह्म, ह् + य = ह्य, ह् + र = ह्र, ह् + ल = ह्ल, ह् + व = ह्व।

यही बात 'श्र' के साथ भी है। यह श् और र के योग से बना है। लेकिन सबसे अधिक पेचीदगी आधी र के साथ है। इसे, उदाहरण के लिए 'गर्म', 'ग्राम' और 'ट्राम' में तीन अलग-अलग रूपों में लिया गया है।

ऐसा क्यों हुआ?

जब आधी र किसी शब्द में प्रथम अक्षर के रूप में आती है, तो उसे ' र्' चिन्ह के द्वारा लिखा जाता है। इस चिन्ह को 'रेफ' भी कहते हैं। 'गर्म' शब्द में आधी र म को सपोर्ट करती है और उससे पहले उच्चारण की जाती है। इसीलिए वह म के ऊपर रेफ के रूप में लगी।

जब आधी र किसी शब्द में किसी अक्षर को सपोर्ट तो करती हो, लेकिन उसका उच्चारण उस अक्षर के बाद होता हो, तो वहाँ वह उस अक्षर में स्ट्रोक की भाँति लगती है। 'ग्राम' में र का उच्चारण बाद में होता है, ग का पहले होता है। इसलिए वह ग में स्ट्रोक की भाँति लगी और 'ग्र' की तरह लिखी गई।

'ट्राम' शब्द में भी आधी र का प्रयोग हुआ है, लेकिन यहाँ यह 'ट' में नीचे हंस-पदी (‸) की भाँति लगी है।

इसका क्या तर्क है?

इसका तर्क यह है कि ट वर्ग के अक्षरों के साथ जब आधी र दूसरे अक्षर के रूप में आये और उसका उच्चारण बाद में हो, तो वहाँ प्रथम अक्षर में र नीचे हंसपदी की शक्ल में लगाई जाती है। जैसेः 'ट्राम' की ट में अथवा 'एरोड्रम' की ड में।

कुछ शब्दों में आधी र का भ्रम तो होता है, किंतु वहां आधी र के बजाय 'ऋ' स्वर की मात्रा (ृ) का योग होता है और इसका उच्चारण 'रि' की भाँति होता है। जैसे सृजन, कृषि आदि। इस शब्दकोश का उपयोग करने से पहले इस तर्क को भलीभाँति समझ लेने से एक बड़ी समस्या आसान हो जाएगी।

व्यंजनों में क वर्ग, च वर्ग आदि प्रत्येक वर्ग का अंतिम अक्षर पंचमाक्षर कहलाता है–जैसे ङ, ञ आदि। यदि किसी शब्द में पंचमाक्षर का आधा प्रयोग हुआ हो, तो उसके बाद का अक्षर जिस

वर्ग का होगा, उसी वर्ग का आधा पंचमाक्षर उसके पहले लगेगा।

जैसे : अङ्गूर, व्यञ्जन, घण्टा, दम्भ।

ग के पहले आधी ङ लगी, ज के पहले आधी ञ लगी, ट के पहले आधी ण लगी और भ के पहले आधी म लगी।

लेकिन लिपि को आसान बनाने के लिए प्रगतिशील भाषाविज्ञानियों ने आधे पंचमाक्षर को अनुस्वार अर्थात् बिंदी में समाहित कर दिया है और अब प्रायः अंगूर, व्यंजन, घंटा, दंभ आदि लिखा जाता है।

आधे अक्षर को लिखने का एक आसान तरीका यह भी है कि पूरा अक्षर लिखकर उसके नीचे हलन्त (्) का चिन्ह लगा दिया जाए, जैसे द्, क्, च् आदि। लेकिन लिखावट और छापे के अक्षरों में इस तरीके का इस्तेमाल अब प्रायः प्रचलन में नहीं है।

और अंत में

हिन्दी या अंग्रेजी या किसी अन्य भाषा के शब्दकोश का उपयोग करने से पहले कुछ बातें भली-भाँति समझ लेना जरूरी है :

1. प्रत्येक शब्दकोश वर्णमाला के क्रम के अनुसार संयोजित किया जाता है। प्रत्येक अक्षर का विभाग भी और प्रत्येक प्रविष्टि भी। अतः कोश का प्रयोग शुरू करने से पहले वर्णमाला के क्रम को भलीभाँति याद कर लेना जरूरी है।

2. हिन्दी भाषा में मात्राओं की निर्णायक भूमिका है और अक्षरों की भाँति मात्राओं का भी एक निर्धारित ढंग है। यहाँ याद रखने की एक जरूरी बात यह भी है कि हिन्दी के सभी शब्दकोशों का क्रम अं की मात्रा अर्थात् अनुस्वार (ं) से शुरू होता है।

यदि ये दो बातें शुरू में ही अच्छी तरह अभ्यास कर ली जाएँ, तो इस शब्दकोश के व्यवहार में कभी कोई कठिनाई नहीं होगी।

लिंग-विचार (Gender Concept)

व्याकरण की दृष्टि से हिन्दी एक विशिष्ट भाषा है। न सिर्फ अंग्रेजी आदि योरोपीय भाषाओं की तुलना में, बल्कि बांग्ला आदि भारतीय भाषाओं की तुलना में भी। हिन्दी की व्याकरणिक विशिष्टता उसके लिंग-विचार में है। संस्कृत से विकसित होने के बावजूद, संस्कृत के विपरीत, हिन्दी में केवल दो लिंग होते हैं।

1. पुल्लिंग **(Masculine Gender)**
2. स्त्रीलिंग **(Feminine Gender)**

और सजीव या निर्जीव, सभी, चीजें पुल्लिग या स्त्रीलिंग में से किसी न किसी के अंतर्गत आती हैं। यह बात तो किसी भी भाषा के व्याकरण में लक्ष्य की जा सकती है। हिन्दी की विशिष्टता यह है कि यहाँ वाक्य-रचना का मूल आधार ही संज्ञा शब्दों **(nouns)** और कर्ता कारक **(nominative case)** का लिंग है। संज्ञा शब्दों के लिंग के अनुसार ही उसके विशेषण

(adjective) और उसकी क्रिया (verb) का निर्धारण होता है। अंग्रेजी में चाहे शेक्सपियर हों या जेन ऑस्टिन, दोनों के साथ क्रिया का रूप समान रहता है। संस्कृत में भी ऐसा ही है। लेकिन हिन्दी में तुलसीदास के उल्लेख के साथ क्रिया का रूप दूसरा और मीरा के उल्लेख के साथ क्रिया का रूप दूसरा होगा। एक वाक्य बनेगा–'तुलसीदास कहते हैं' तो दूसरा वाक्य बनेगा 'मीरा कहती है'। यही बात विशेषण के बारे में भी है। उदाहरण के लिए गाय और घोड़ा की बात लें। दोनों का ही रंग काला है तो भी गाय को 'काली गाय' कहेंगे और घोड़े को 'काला घोड़ा'। गाय **जायेगी** और घोड़ा **जायेगा**।।

संज्ञा शब्दों के लिंग के आधार पर, वाक्य रचना में विशेषण और क्रियापदों के लिंग का निध ारण हिन्दी भाषा की एक ऐसी विशिष्टता है, जो किसी अन्य भाषा में देखने में नहीं आती।

दुहरे शब्दों का प्रयोग

हिन्दी में किसी बात को कहने का अपना अनूठा ही अंदाज है। इसे भाषा का शैलीगत सौंदर्य भी कह सकते हैं। उर्दू शायर साहिर लुधियानवी की एक काव्य पंक्ति है : 'कभी कभी मेरे दिल में ये ख्याल आता है'। इसमें 'कभी' शब्द के दुहराव से जहाँ एक लय पैदा की गई है वहीं बात को असरदार बनाने का 'स्ट्रेस' भी है। इस 'कभी-कभी' शब्द-पद का जादू सिनेमा वालों के सिर चढ़कर भी बोला और इस नाम से एक फिल्म भी बनी। 'कुछ-कुछ होता है' फिल्म के नाम से 'कुछ' शब्द के दुहराव से एक विशेष अर्थ पैदा किया गया है। इस प्रकार के अनेक शब्द-पद हिन्दी में प्रचलित हैं और उनका व्यवहार खूब-खूब होता है। कुछ उदाहरण देखें :

अलग-अलग	कभी-कभी	कहाँ-कहाँ
चलते-चलते	लिखते-लिखते	छपते-छपते
जब-जब	घर-घर	धीरे-धीरे

इसी वर्ग में वे दुहरे शब्द भी रखे जा सकते हैं, जिनमें प्रथम सार्थक शब्द तो हिन्दी का होता है, परंतु दूसरा सार्थक शब्द किसी अन्य भाषा अथवा बोली से लिया जाता है। उदाहरणार्थ :

धर्म-ईमान	दिन-दहाड़े	रोना-पीटना
काम-काज	कुशल-क्षेम	राजी-खुशी

सार्थक और निरर्थक शब्दों के योग से बने दुहरे शब्द-पद

दुहरे शब्दों का एक और रूप भी हिन्दी में खासा प्रचलित है। वह है एक ही वजन और एक ही तुक के दो ऐसे शब्दों का एक साथ प्रयोग, जिसमें दूसरे शब्द का कोई अर्थ ही न हो। जैसे :

अपना-वपना	अंट-शंट	गलत-सलत
मिठाई-विठाई	नमक-वमक	हक्का-बक्का
चट-पट	चुप-चाप	भीड़-भाड़

ऐसे शब्द-पदों का प्रयोग अभिव्यक्ति में चुटीलापन लाने, भाषा में स्वाभाविक किस्म की मुहावरेदारी पैदा करने के लिए किया जाता है। ऐसे प्रयोगों का निकटतम भावार्थ तो बताया जा सकता है, लेकिन इन्हें दूसरी भाषाओं में अनूदित नहीं किया जा सकता।

विपरीत अर्थ वाले शब्दों से बने दुहरे शब्द-पद

इसी प्रकार की एक श्रेणी ऐसे शब्द-पदों की भी है, जिसमें दो विपरीत अर्थों वाले शब्दों को एक साथ रख कर अभिव्यक्ति की एक विशेष भंगिमा उभारी जाती है। जैसे :

अपना-पराया	आज-कल	आगे-पीछे
इधर-उधर	जन्म-मरण	दौड़-धूप
बाहर-भीतर	संकल्प-विकल्प	थोड़ा-बहुत

पर्यायवाची शब्द

पर्यायवाची शब्द प्रायः सभी भाषाओं में होते हैं और भाषा के विकास व शैली में नवीनता लाने की दृष्टि से उनका महत्व भी है। 'अमरकोश' आदि संस्कृत के प्रसिद्ध कोश-ग्रंथ तथा 'रोजेट्स थेसारस' जैसे अंग्रेजी के कोश इसी उद्देश्य से लेखकों-वक्ताओं के लिए सतत उपयोगी बने हुए हैं। एक ही बात को दस या उससे अधिक बार नये निराले रूप में कहने के लिए हमें पर्यायवाची शब्दों की सदैव आवश्यकता पड़ती रहेगी। इस हिन्दी-अंग्रेजी शब्दकोश में भी यथा-स्थान पर्यायवाची शब्दों का व्यवहार हुआ है।

विपरीतार्थी अथवा विलोम शब्द

भाषा-ज्ञान और शैलीगत विकास की दृष्टि से विपरीतार्थी अथवा विलोम शब्दों का भी बहुत महत्त्व है। किसी भी शब्द का विपरीत अर्थ देने वाले शब्द बनाने के कई तरीके हैं, लेकिन सामान्यतया विपरीतार्थी शब्द, किसी शब्द के पहले अ अथवा अन् उपसर्ग जोड़कर बनाये जाते हैं। उदाहरणार्थ :

ज्ञान-अज्ञान	चेतन-अचेतन	नित्य-अनित्य
लौकिक-अलौकिक	विश्वास-अविश्वास	सत्य-असत्य
शांति-अशांति	शुद्धि-अशुद्धि	शेष-अशेष
अर्थ-अनर्थ	इष्ट-अनिष्ट	इच्छा-अनिच्छा
उत्साह-निरुत्साह	उपस्थित-अनुपस्थित	उपयुक्त-अनुपयुक्त
उदार-अनुदार	उचित-अनुचित	एक-अनेक

अ और अन् के अतिरिक्त अप, प्रति, वि, निर आदि उपसर्ग जोड़कर भी बहुत से विलोमार्थी शब्द बनाये जाते हैं। उदाहरणार्थ :

कीर्ति-अपकीर्ति	यश-अपयश	व्यय-अपव्यय
ध्वनि-प्रतिध्वनि	क्रिया-प्रतिक्रिया	घात-प्रतिघात
योग-वियोग	राग-विराग	सम-विषम
अक्षर-निरक्षर	भ्रांत-निर्भ्रांत	आकार-निराकार

उपसर्ग बदल कर बनाये गये विपरीतार्थी शब्द

बहुत से विपरीतार्थी शब्द-पद ऐसे होते हैं, जिनमें दोनों शब्दों में उपसर्ग जुड़े होते हैं। उनमें विपरीत अर्थ पैदा करने के लिए केवल उपसर्ग में परिवर्तन किया जाता है। उदाहरणार्थ :

सुमार्ग-कुमार्ग	स्वाधीन-पराधीन	संकल्प-विकल्प
अनुकूल-प्रतिकूल	सधवा-विधवा	परतंत्र-स्वतंत्र
आयात-निर्यात	सचेष्ट-निश्चेष्ट	प्रताप-संताप

Guide to Transliteration
उच्चारण और लिप्यंतरण सम्बन्धी सारणी

The pronunciation of Hindi words follows the pattern standardised and approved by the Central Hindi Directorate, Ministry of Human Resource Development, Government of India and is explained in the table below :

अ a	लृ !	क् k	च् c	ट् ṭ	त् t	प् p
आ ā	ए e	ख् kh	छ् ch	ठ् ṭh	थ् th	फ् ph
इ i	ऐ ai	ग् g	ज् j	ड् ḍ	द् d	ब् b
ई ī	ओ o	घ् gh	झ् jh	ढ् ḍh	ध् dh	भ् bh
उ u	औ au	ङ ṅ	ञ ñ	ण् ṇ	न् n	म् m
ऊ ū	य् y	र् r	ल् l	व् v	क्ष् kṣ	त्र् tr
ऋ ṛ	श् ś	ष् ṣ	स् s	ह् h	ज्ञ् jñ	ळ् !
क़ q	ख़ kh	ग़ gh	ज़ z	फ़ f	ड़ ṛ	
अनुस्वार और अनुनासिक= ṁ,		विसर्ग= ḥ,			अवग्रह (S)=’	

List of Abbreviations used in the Dictionary
शब्दकोश में प्रयुक्त संकेताक्षरों की सूची

a.	adjective
adv.	adverb
abbr.	abbreviation
conj.	conjunction
dim.	dimunitive
exclm.	exclamation
fig.	figurative
f.	feminine (noun)
interj.	interjection
m.	masculine (noun)
math.	mathematics
p.p.	past participle
prep.	preposition
pron.	pronoun
pl.	plural
q.v.	quo vadis
sing.	singular
v.i.	verb intransitive
v.t.	verb transitive
A	Arabic
E	English
P	Persian
Pg.	Portuguese
T	Turkish
मु.	मुहावरा
लो.	लोकोक्ति

RAJPAL

ADVANCED LEARNER'S

HINDI-ENGLISH DICTIONARY

Volume 1

(अ - ध)

•

राजपाल

बृहत् शिक्षार्थी

हिन्दी-अंग्रेज़ी शब्दकोश

भाग 1

(अ - ध)

अ

अ *(a)* the first vowel of the Devanagari syllabary

अ- *(a) pref.* a prefix signifying 1. negation or absence (as अविवाहित unmarried, असंभव impossible or not possible) 2. lack of (as अनिश्चय lack of decision) 3. opposite of (as असत्य)

अंक *(aṅk) m.* 1. (संख्या) numerical figure, number, digit 2. (चिह्न) mark 3. (परीक्षा में) marks in scoring 4. (पत्रिका का) number, issue 5. (छाप) stamp or figure (as on a coin) 6. lap, bosom, embrace 7. (नाटक का) act in a play

अंककरण *m.* 1. (छाप लगाना) stamping 2.(संख्या लगाना) numbering 3. (लेखन) writing, depiction 4. (चिह्न लगाना) marking 5. (वर्णन) description (= अंकन)

अंककार *m.* statistician, scorer

अंकगणित *m.* arithmetic

अंकगणितीय *a.* arithmetical

अंकगत *a.* in the lap

अंक डालना *v.t.* to number

अंकतालिका *f.* mark sheet

अंक देना *v.t.* to embrace, to press to bosom, to be blessed with a child (= अंक भरना / लगाना)

अंकपत्र *m.* stamp-paper

अंकपत्रित *a.* stamped

अंक-परिवर्तन *m.* change of act (in a play)

अंक पाना *v.t.* to obtain marks

अंकपालि *f.* / **अंकपालिका** *f.* (a) embrace (b) (धाय) wet-nurse

अंक भरना *v.t.* to embrace

अंकमाला *f.* / **अंकमालिका** *f.* necklace, wreath, chaplet

अंकमुख *m.* introductory act of a play, prologue, prelude

अंक-योग *m.* aggregate marks

अंक लगाना (*मु.*) *v.t.* to embrace

अंकविद्या *f.* the science of numbers, arithmetic

अंक-विभाग *m.* department of statistics

अंक-विभाजन *m.* division of marks

अंकशास्त्र *m.* statistics

अंकशास्त्री *m.* statistician

अंक-सारणी *f.* tabulated marks

अंक-सूची *f.* mark sheet

अंकों में in figures

अंकों से हराना to beat by (so many) points

अंकक *(aṅkak) m.*/**अंकिका** *(aṅkika) f.* 1. accountant, arithmetician 2. marker 3. scorer

अंकटा *(aṅkṭā) m.* (*dim.* **अंकटी**) pebble, a small piece of stone

अँकड़ी *(aṅkṛi) f.* 1. barb of an arrow 2. hook, catch 3. tendril 4. fishing hook

अंकन *(aṅkan) m.* 1. (छाप लगाना) stamping 2. (संख्या लगाना) numbering 3. (लेखन) writing, depiction 4. (चिह्न लगाना) marking 5. (वर्णन) description

अंकन करना *v.t.* to stamp, to number, to mark, etc.

अंकन पद्धति *f.* notation

अंकना *(aṅknā) v.t.* 1. to mark, to number (a bill) 2. (value) to estimate, to appraise 3. to approve

अँकनी *(aṁknī) f.* pen

अंकनीय *(aṅknīya) a.* to be marked, to be numbered, to be drawn, to be depicted

अँकरी *(aṁkrī) f.* sprout

अँकरोरी *(aṁkrorī) f.* pebble, a small piece of stone

अंकल *(aṅkal) m.* uncle, brother of one's father or mother or aunt's husband, any elderly and known man

अँकवाई *(aṁkvāī) f.* 1. act of judging or estimating 2. (उजरत) remuneration for drawing or estimating

अँकवाना *(aṁkvānā) v.t.* to cause to estimate or fix (value), to get marked/numbered (second causative of आँकना *q.v.)*

अँकवार *(aṁkvār) f.* lap, bosom (*syn.* गोद)

अँकवार भरना *v.t.* to embrace, to press to bosom

अँकाई *(aṁkāī) f.* 1. estimate, approximate judgement, valuation 2. remuneration for estimating or marking

अँकाना *(aṁkānā) v.t.* (*causative* of आँकना) 1. to cause to evaluate/assess, to get a rough idea or guess 2. (जँचवाना) to get examined or verified 3. (मूल्य ठहराना) to have the price fixed

अँकाव *(aṁkāv) m.* evaluation, appraisement, estimation

अंकावतार *(aṅkāvtār) m.* dramatic interlude, interact or continuation scene (which prepares the audience for what is to follow)

अंकित *(aṅkit) a.* marked, painted, written, described

अंकित करना *v.t.* to mark, to note, to describe, to delineate

अंकित मूल्य *m.* face value, marked price

अंकी *(aṅkī) a.* divided into acts, having (so many) acts

अँकुड़ा *(aṁkuṛā) m.* (*dim.* अँकुड़ी) hook of iron, bent nail

अंकुड़ेदार *a.* fitted with a hook

अंकुर *(aṅkur). m.* 1. sprout, shoot, blade, seed bud 2. germ

अंकुर आना/उगना/फूटना *v.i.* to sprout, to germinate

अंकुरण *(aṅkuraṇ) m.* sprouting, germination

अंकुरण-स्तर *m.* germination stratum

अंकुरना *(aṅkurnā) v.i.* to sprout, to shoot up

अंकुरित *(aṅkurit) a.* 1. sprouted 2. grown 3. germinated

अंकुरित चना *m.* germinated gram

अंकुरित यौवना *f.* budding damsel

अंकुरित होना *v.i.* to sprout, to germinate

अंकुश *(aṅkuś) m.* 1. iron hook with which elephants are driven, elephant-goad 2. any thing or person that acts as a spur or impels to action, (*fig.*) check, control, constraint

अंकुश कृमि *m.* hookworm

अंकुश के नीचे छटपटाना (*मु.*) to fret under restraint

अंकुश ग्रह *m.* elephant-driver, holder of a goad

अंकुश देना/मारना (*मु.*) *v.t.* to goad, to control

अंकुशधारी *m.* = अंकुश-ग्रह

अंकुश मानना *v.i.* to submit, to make obeisance

अंकुशमुद्रा *f.* positioning of a finger resembling a goad

अंकुश में रखना या लगाना *v.t.* to keep under control

अंकुश होना *v.i.* to have control, to restrain

अंकुशित *(aṅkuśit) a.* 1. urged on by goad, goaded 2. controlled

अंकुशी *(aṅkuśi)* I. *f.* 1. (*dim.* of अंकुश)

tenter, 2. goad II. *a.* having a goad or hook, uncinate

अंकेक्षक *(aṅkekṣak) m.* auditor

अंकेक्षण *(aṅkekṣaṇ) m.* audit

अंकेक्षित *(ankekṣit) a.* audited

अंकेक्षित लेखा *m.* audited account

अँकोड़ा *(aṁkoṛā) m.* big hook, (shipping) grapnel, anchor

अँकोरना *(aṁkornā) v.t.* 1. to make crisp, to parch 2. to take to bosom

अंकोल *(aṅkol) m.* a medicinal creeper *Alagrum hexapetalum*

अंक्य *(aṅkya) a.* fit (proper) to be marked or numbered or described

अँखिया *(aṁkhiyā) f.* (*dim.* of आँख) eye, glance, amorous glance

अँखुआ *(aṁkhuā) m.* 1. sprout, shoot, blade, seed, bud 2. germ (= अंकुर *q.v.)*

अँखुआना *(aṁkhuānā) v.i.* to sprout, to shoot up (= अंकुरना *q.v.)*

अंग *(aṅg) m.* 1. limb, part of the body, organ 2. body 3. part 4. division (as in अष्टांग, वेदांग *q.v.*)

अंग-उपांग *m.* big and small parts, whole

अंग खिल जाना *v.i.* to be beaming and buoyant

अंग गोदना *v.t.* to tattoo

अंगघात *m.* palsy, paralysis

अंगघाती मनोभ्रंश *m.* paralytic dementia

अंगच्छेदन *m.* amputation

अंगच्छेदन करना *v.t.* to amputate

अंग छूना *v.t.* to swear

अंगत्राण *m.* armour to protect the body, defensive arms

अंगदौर्बल्य *m.* cachexia

अंगधारी *m.* living being, one having limbs

अंगपालि/पाली *f.* (a) embrace (b) nurse

अंग-प्रत्यंग *m.* entire body

अंग-प्रोक्षण *m.* wiping or towelling the body

अंग फड़कना *v.i.* to throb

अंग फूले न समाना *(मु.) v.i.* to be in great spirits

अंगबल *m.* physical power

अंगभंग *m.* crippling, disablement

अंगभंग करना *v.t.* to cut off a limb, to amputate, to cripple

अंगभंगिमा *f.* / **अंगभंगी** *f.* gesticulation, the airs and graces of a damsel

अंगभूत *a.* integral

अंगमर्द/मर्दक *m.* a servant who shampoos his master's body, masseur

अंगमर्दन *m.* massage

अंगमर्ष *m.* pain in a limb, rheumatism

अंगमारी *f.* blight

अंग में अंग न समाना (*मु.*) *v.i.* to be full of happiness, ecstatic

अंग मोड़ना *v.t.* to twist the body, to stretch (oneself)

अंगरक्षक *m.* bodyguard

अंगरक्षा *f.* bodily protection

अंगरक्षी *m.* bodyguard

अँगरखा *m.* tunic or coat

अंगराग/लेप *m.* cosmetics, fragrant unguent (*syn.* उबटन)

अंग लगना *v.i.* to get digested

अंग लगाना *v.t.* to embrace, to clasp, to wear (clothes)

अंगलीला *f.* acting, mimicry

अंग-विकास *m.* organogenesis

अंगविकृति *f.* deformity

अंगविक्षेप *m.* movement of limbs, gesticulation

अंगविच्छेद *m.* amputation

अंगविच्छेद करना *v.t.* to amputate

अंगविद्या *f.* physiognomy

अंगविन्यास *m.* posture of the body

अंगसंकोच *m.* spasm

अंगसंग *m.* companionship, company

अंगसंगी *m.* companion

अंगसंचालन *m.* movement of the limb
अंगसंहति *f.* physique, build, compactness of limbs
अंगसेवक *m.* personal attendant
अंगसौष्ठव *m.* physical grace or charm
अंगस्पर्श *m.* bodily contact, touching of limbs with holy water
अंगहानि *f.* disablement
अंगहीन *a.* crippled, mutilated
अंगहीनता *f.* limblessness
गुप्त अंग *m.* private parts

अंगचारी *(aṅgcārī) m.* close friend (*syn.* सखा)

अंगज *(aṅgaj) m.* one born from the organs, son

अंगजा *(aṅgjā) f.* one born from the organs, daughter

अंगजात *(aṅgjāt) m.* son (= अंगज)

अंगड़-खंगड़ *(aṅgaṛ-khaṅgaṛ) m.* debris, rubble, wreckage, scrap, junk

अँगड़ाई *(aṁgṛāī) f.* twisting or stretching the limbs or the upper part of the body, yawning
अँगड़ाई तोड़ना *v.t.* to stretch oneself, to yawn, (*fig.*) to idle away, to relax
अँगड़ाई लेना *v.t.* to stretch the limbs, to yawn, to shake off drowsiness

अँगड़ाना *(aṁgṛānā) v.i.* = अँगड़ाई लेना *q.v.*

अंगद *(aṅgad) m.* 1. armlet, bracelet for upper arm 2. name of the son of Bali (in Ramayan)
अंगद का पाँव *a.* unflinching, irrevocably firm

अंगन *(aṅgan) m.*/**अँगना** *(aṁganā) m.* courtyard, compound (*syn.* आँगन)

अंगना *(aṅganā) f.* well-formed woman, a beauty
अंगनागण *m.* bevy/a number of women

अँगनाई *(aṁgnāī)f.* small courtyard, compound (*dim.* of आँगन *q.v.*)

अँगरखा *(aṁgarkhā) m.* a long coat worn by men

अँगरेज़ *(aṁgarez) m.*/ **अँग्रेज़** *(aṁgrez) m.* Englishman
अँगरेज़ औरत *f.* English woman

अँगरेज़ियत *(aṁgreziyat) f.* Anglicism, English mentality

अँगरेज़ी *(aṁgarezi)*/**अँग्रेज़ी** *(aṁgrezi)* I. *f.* English, English language II. *a.* 1. English, Anglican 2. of England
अँगरेज़ीदां *m.* one who knows English, an English scholar

अंगांगिभाव *(aṅgāṅgibhāv) m.* 1. part/whole relationship 2. relation of the subordinate to the principal

अंगा *(aṅgā) m.* a long coat worn by men (= अँगरखा)

अंगाकड़ी *(aṅgākaṛī) f.* bread baked on embers

अंगार *(aṅgār) m.* burning coal, embers
अंगार का कीड़ा *m.* salamander
अंगारकारी *m.* charcoal burner
अंगारधानी *f.* fireplace, coal cellar
अंगार(परि)पाचित *a.* roasted on coal
अंगारमणि *m.* coral (= मूंगा *q.v.*)

अंगारक *(aṅgārak) m.* a piece of burning/smouldering coal

अंगारकाम्ल *(aṅgārkāml) m.* carbonic acid

अंगारकित *(aṅgārkit) a.* charred, burnt, roasted, carbonised

अंगारा *(aṅgārā) m.* burning charcoal, live coal, embers
अंगारा बनना/होना (*मु.*) *v.i.* to burn with rage, to become red (with anger)
अंगारे उगलना (*मु.*) *v.t.* to spit fire, to fret and fume, to speak violently
अंगारे का कीड़ा *m.* salamander
अंगारे बरसना (*मु.*) very hot (season), to rain hot coals, to spit fire
अंगारों पर पैर रखना (*मु.*) *v.t.* to knowingly throw oneself in danger
अंगारों पर लोटना (*मु.*) I. *v.i.* to be very restless and agitated, to be tormented in mind, to burn with rage

or jealousy II. *v.t.* to enrage, to cause to be restless or disquieted

अंगारित *(aṅgārit) a.* charred, burnt

अंगारी *(aṅgārī) f.* frying pan, chafing dish, brazier

अंगिका *(aṅgikā) f.*/**अँगिया** *(aṁgiya) f.* bodice

अंगिका का कंठा/घाट *m.* front of the bodice

अंगिका की कटोरी *f.* gusset, reinforced bodice

अंगी *(aṅgī)* I. *m.* whole II. *a.* 1. having limbs, bodily, corporeal 2. primary, main, dominant

अंगीकरण *(aṅgīkaraṇ) m.* 1. acceptance (as one's own) 2. asserting 3. agreeing 4. adoption

अंगीकार *(aṅgīkār) m.* 1. acceptance 2. acknowledgement 3. confession (*syn.* स्वीकार)

अंगीकार करना *v.t.* to acquiesce (in), to admit, to confess, to avow, to acknowledge, to accept

अंगीकृत *(aṅgīkṛt) a.* accepted, avowed, confessed, etc. (see अंगीकार) (*syn.* स्वीकृत)

अँगीठा *(aṁgīṭhā) m.* (*dim.* अँगीठी) (Indian type) stove, firepot, fireplace, brazier, grate

बिजली का अँगीठा electric stove

अँगीठी *(aṁgīṭhī) f.* a small portable oven, a smaller version of अँगीठा

अंगीभूत *(aṅgībhūt) a.* forming a part of the whole, included

अंगीय *(aṅgīya) a.* bodily, corporeal

अंगुल *(aṅgul) m.* 1. finger, toe 2. finger-like tip of an elephant's trunk 3. finger's breadth

चार अंगुल मोटा as thick as four fingers' breadth

अंगुलांक *(aṅgulāṅk) m.* fingerprint

अंगुलास्थि *(aṅgulāsthi) f.* phalanx

अंगुलि *(aṅguli) f.* / **अंगुली** *(aṅgulī) f.* finger, toe, digit, the width of one finger

अंगुलि उठाना (*मु.*) *v.t.* to censure

अंगुलियों पर नचाना *v.t.* to make somebody dance to one's tune

दाँतों तले अँगुली दबाना (*मु.*) *v.t.* to express astonishment, to be astonished

अंगुलिछाप *f.* fingerprint

अंगुलिछाप विशेषज्ञ *m.* fingerprint expert

अंगुलित्राण *m.* thimble

अंगुलिनिर्देश *m.* pointing out

अंगुलिपर्व *m.* digit of a finger

अंगुलिमुख *m.* tip of a finger

अंगुलीय *(aṅgulīya) m.* / **अंगुलीयक** *(aṅgulīyak) m.* finger ring

अंगुल्याकार *(aṅgulyākār) a.* digitate

अंगुल्याग्र *(aṅgulyāgra) m.* tip of a finger

अंगुल्यादेश *(aṅgulyādeś) m.* using a finger to point out

अंगुश्त P *(aṅguśt) m.* finger

अंगुश्तरी P *(aṅguśtarī) f.* finger ring

अंगुश्ताना P *(aṅguśtānā) m.* thimble

अंगुष्ठ *(aṅguṣṭha) m.* 1. thumb 2. (पैर का अंगुष्ठ) great toe, thumb's breadth (as a measure)

अँगुसा *(aṁgusā) m.* 1. sprout, shoot, blade, seed, bud 2. germ (= अंकुर *q.v.*)

अँगूठा *(aṁgūṭha) m.* thumb, great toe

अँगूठा चूमना *v.t.* to flatter, to toady, to play the sycophant

अँगूठा चूसना (*मु.*) *v.t.* to suck the thumb (as a child does), to act childishly

अँगूठा दिखाना (*मु.*) *v.t.* to refuse, to turn down a request or suggestion, to defy

अँगूठे का निशान/अँगूठे की छाप thumb impression

अँगूठे पर मारना (*मु.*) *v.t.* to regard as vile or contemptible, to hold as of no account

अँगूठी *(aṁgūṭhī) f.* finger ring

अँगूठी का नगीना *m.* a gem set in a finger ring

अंगूर *(aṅgūr) m.* 1. grape, *Vitis vinifera* 2. granulation in a healing sore

अंगूर का गुच्छा *m.* bunch of grapes

अंगूर का बाग *m.* vineyard

अंगूर की टट्टी *f.* vine arbour, vinery

अंगूर की फसल *f.* vintage

अंगूर की बेल/लता *f.* vine

अंगूर तड़कना/फटना *v.t.* (of wound) to crack or break as a scab

अंगूरबानी *f.* grape-farming, viniculture

घाव में अंगूर आना/बँधना/भरना *v.i.* (of wound) to cicatrise, to heal (as a sore)

अंगूरी *(aṅgūrī)* I. *f.* wine II. *a.* 1. made of grapes, vinous 2. of the colour of grapes

अंगूरी शराब *f.* grape wine

अँगेजना *(aṁgejnā) v.t.* to forbear, to accept (= अंगीकार करना *q.v.)*

अँगोछना *(aṁgochanā) v.t.* to wipe with a towel

अँगोछा *(aṁgochā) m.* /**अँगौछा** *(aṁgauchhā) m.* (*dim.* अँगोछी) wiping cloth, towel

अँगौंगा *(aṁgaūṁgā) m.* part of a crop set aside as an offering to god

अँग्रेज़ *(aṁgrez) m.* /**अँग्रेज़ियत** *(aṁgreziat) f.* /**अँग्रेज़ी** *(aṁgrezī) adj.* & *f.* Englishman (see अँगरेज़)

अँग्रेज़ीकरण *(aṁgrezīkaraṇ) m.* anglicisation

अँघिया *(aṁghiyā) f.* sieve with fine mesh

अंचल *(añcal) m.* 1. border or end of a garment especially woman's veil 2. end 3. zone, region (see आँचल)

अँचवना *(aṁcvanā) v.t.* to cleanse the mouth

अंचित *(añcit) a.* bent, curved, curled, arched

अंजन *(añjan) m.* antimony, collyrium

अंजन केश *a.* having jet-black hair

अंजन डालना/लगाना *v.t.* to apply collyrium

अंजन-शलाका *f.* a needle/pin for applying collyrium

अंजनसार *a.* eyes with collyrium

अंजनहारी *f.* a stye

अंजनानंदन *(añjanānandan) m.* / **अंजनासुत** *(añjanāsut) m.* name of Hanuman, the son of Anjana

अंजनी *(añjanī) f.* 1. stye 2. name of Hanuman's mother

अंजर-पंजर *(añjar-pañjar) m.* 1. skeleton 2. bones and joints 3. structure of the body

अंजर-पंजर ढीला होना (*मु.*) *v.i.* loosening of all parts (of the body or anything), to have the frame weakened

अंजलि *(añjali) f.* palm of the hand hollowed to make a cup

अंजलिकर्म *m.* libation to the manes

अंजलिगत within one's hold or grasp

अंजलि-पुट *m.* the hollow/cavity produced in making अंजलि

अंजलिबद्ध *a.* with hands folded, with palms joined together

अंजलि-भर *a.* handful

अँजवाना *(aṁjvānā) v.t.* / **अँजाना** *(aṁjānā) v.t.* to have collyrium applied (to the eyes)

अंजाम P *(añjām) m.* 1. end, termination 2. completion, conclusion 3. result, upshot

अंजाम को पहुँचाना *v.t.* to draw to an end, to fulfil, to finish

अंजाम पाना *v.t.* to be finished, concluded, etc.

अंजित *(añjit) a.* having collyrium in the eyes

अंजीर *(añjīr) m.* fig, *Ficus cunia* tree and its fruit

अंजुमन P *(añjuman) m.* 1. association,

society 2. meeting

अंजुलि *(añjuli) f.* palm of the hand hollowed to make a cup (= अंजलि)

अँटना *(aṁṭanā) v.i.* 1. to be contained, to fit in 2. to suffice 3. to be filled to the brim

अँटवाना *(aṁṭvānā) v.t.* to cause to be contained (in)

अंट-शंट *(aṇṭ-śaṇṭ) a.* / **अंट-संट** *(aṇṭ-saṇṭ) a.* meaningless, irrelevant, nonsense

अंटशंट बकना *(मु.) v.i.* to talk nonsense

अंटा *(aṇṭā) m.* 1. marble, ball 2. pill (as of opium) 3. a large shell or cowrie 4. skein of thread

अंटा घर *m.* billiard room

अंटाचित *a.* prostrate, senseless, dead drunk

अंटाचित होना *v.i.* to lie prostrate, to lie on the back, to lie dead drunk (*fig.*), to be reduced to utter poverty

अंटे पर चढ़ना *v.i.* to fall into one's clutches

अँटाना *(aṁṭānā) v.t.* to stuff something into something

अँटिया *(aṁṭiyā) f.* bundle of grass, sticks

अँटियाना *(aṁṭiyānā) v.t.* 1. to wind thread round the fingers, to form a ball of thread 2. to hide something between the fingers

अंटी *(aṇṭī) f.* 1. a gesture with crossed fingers 2. hank or bundle of thread 3. reel, spool, bobbin 4. space between two fingers 5. a fold of loincloth used as pocket

अंटीबाज़ *m.* pilferer, swindler

अंटी मारना *v.t.* (a) to swindle, to pilfer, to cheat (b) to wind thread into a hank or skein

अंटी लगाना *v.t.* to tie a knot

अँठली *(aṁṭhlī) f.* firm breast of a young girl

अंठी *(aṇṭhī) f.* stone of a fruit (see गुठली, अँठली)

अंड *(aṇḍ) m.* 1. egg 2. (अंडकटाह भी) globe, universe 3. testicle

अंडकोश *m.* / **अंडग्रन्थि** *f.* testicle, scrotum

अंड-भू *a.* produced from an egg, oviparous

अंड-वल्क *m.* egg shell

अंडवृत्त *m.* ellipse

अंड-वृद्धि *f.* hydrocele, swelling of the scrotum

अंड-सू *a.* egg-laying (hen)

अंडक *(aṇḍak) m.* 1. small egg 2. scrotum

अंड-चंड *(aṇḍ-caṇḍ) m.* 1. nonsense, meaningless 2. useless

अंड-चंड बकना *(मु.) v.i.* to talk nonsense

अंड-चंड बात *f.* meaningless talk

अंड-चंड सामान *m.* useless effects/goods, trash

अंडकाश्म *(aṇḍakāśma) m.* oolite

अंडज *(aṇḍaj) a.* oviparous

अंडज-उत्पत्ति *f.* hatching

अंडज-उत्पत्तिशाला *f.* hatchery

अंडजनन *(aṇḍajanan) m.* spawning, producing eggs

अंडजनन-काल *m.* spawning period

अंडपीतक *(aṇḍapītak) m.* egg-yolk

अंड-बंड *a. & m.* 1. nonsense, meaningless 2. useless, irrelevant (= अंडचंड, अंटशंट *q.v.*)

अंडरग्राउंड E *(aṇḍargrāuṇḍ) a.* underground

अंडरग्रेजुएट E *(aṇḍargrejueṭ) m. & a.* undergraduate

अंडरवियर E *(aṇḍarviyar) m.* underwear

अंडा *(aṇḍā) m.* 1. egg 2. bulb

अंडे देना *v.t.* to lay eggs

अंडा-बच्चे *m. & pl.* eggs and chicken, wife and children, family

अंडा ढीला होना *(मु.)* to be reduced to

a pitiful condition, to become weak, to fail in business
अंडा-सा *a.* like an egg, oval, elliptical
अंडा सिखावे बच्चे को चीं-चीं मत कर (*लो.*) small wit great brag
अंडे की ख़ातिर मुर्गी हलाल करना (*मु.*) to kill the goose that lays golden eggs
अंडे की ज़रदी *f.* yolk of an egg, egg-yolk
अंडे की सफ़ेदी *f.* albumen of an egg
अंडे-सेना (*मु.*) *v.t.* to incubate, to hatch, (*fig.*) to sit idle
अंडाकर्षण (*aṇḍākarṣaṇ*) *m.* castration
अंडाकार (*aṇḍākār*) *a.* egg-shaped, oval, ovid, spheroid
अंडाणु (*aṇḍāṇu*) *m.* ovum (*pl.* ova)
अंडावरण (*aṇḍāvaraṇ*) *m.* egg shell
अंडाशय (*aṇḍāśaya*) *m.* ovary
अंडाशयी (*aṇḍāśayī*) *a.* ovarian
अंडी (*aṇḍī*) *f.* 1. a kind of rough silken cloth 2. castor fruit
अंडी का तेल *m.* castor oil
अँडुआ (*aṁḍuā*) *a.* & *m.* uncastrated (animal esp bull), (*fig.*) lazy fellow
अँडुआना (*aṅḍuānā*) *v.t.* to castrate (an animal esp. bull)
अंतः (*antaḥ*) *pref.* (takes several forms in संधि (such as अंतर्, अंतस्) inner, internal, interior, interim, intra, endo
अंतःआदेश *m.* interim order
अंतःउपत्वचा *f.* endo-cuticular
अंतःकंकाल *m.* endoskeleton
अंतःकक्ष *m.* indoor
अंतःकथा *f.* episode or event with a story
अंतःकरण *m.* inner sense, internal organ of feeling, inner self, mind, conscience
अंतःकरण की पुकार *f.* voice of conscience
अंतःकलह *m.* internal bickerings
अंतःकाल *m.* transitional period
अंतःकालीन *a.* interim
अंतःकाष्ठ *m.* heartwood
अंतःकेंद्र *m.* inner circle, incentre
अंतःकेंद्रिक *a.* endocentric
अंतःकेंद्रित *a.* body-centred
अंतःकोण *m.* internal angle, inner corner
अंतःकोशिकी *a.* intracellular
अंतःकौटुंबिक *a.* inter-family
अंतःक्रिया *f.* inner process, interplay
अंतःक्रीड़ाएँ *f. & pl.* indoor games
अंतःक्षिप्त *a.* injected
अंतःक्षेप *m.* injection, interpolation
अंतःक्षेपक *a.* injection
अंतःक्षेपण *m.* injecting, injection, (act) interpolation
अंतःचक्र *m.* inner wheel
अंतःतंत्र *m.* inter-system
अंतःनाभिकीय *a.* intra-nuclear
अंतःपट *m.* inner cloth, curtain
अंतःपरजीवी *m.* endoparasite
अंतःपरिधान *m.* innermost garment
अंतःपाती *a.* (a). included (b) compressed in
अंतःपुर *m.* harem, seraglio
अंतःपुरिका *f.* ladies of the harem
अंतःपुरुष *m.* (a) inner man (b) soul (c) God
अंतःप्रकीर्ण *a.* interspersed
अंतःप्रकृति *f.* (a) inner nature (b) soul
अंतःप्रकोष्ठ *m.* inner cell, cubital
अंतःप्रजनन *m.* interbreeding, inbreeding, breeding closely related beings
अंतःप्रजात *a.* inbred, produced by inbreeding
अंतःप्रज्ञा *f.* intuition, immediate insight
अंतःप्रज्ञावाद *m.* intuitionism
अंतःप्रतिकारित *a.* / **अंतःप्रतिकृत** *a.* internally compensated
अंतःप्रदेशीय *a.* inter-regional
अंतःप्रदेशीय व्यापार *m.* inter-regional

trade
अंतःप्रवाह *m.* (a) influx, inflow (b) infusion
अंतःप्रवाही धारा *f.* influent current/ stream
अंतःप्रवेश *m.* ingression, the act of coming in
अंतःप्रश्न *m.* arising from a previous question, inherent question
अंतःप्रांतीय *a.* interprovincial
अंतःप्रादेशिक *a.* interregional
अंतःप्रेक्षण *m.* introspection
अंतःप्रेरणा *f.* (a) inner urge (b) inspiration (c) inner stimulation (d) intuition
अंतःव्यवस्था *f.* stop-gap arrangement
अंतःशक्ति *f.* potency, inner strength
अंतःशरीर *m.* spiritual body, spirit, soul
अंतःशास्त्रीय *a.* interdisciplinary
अंतःशुद्धि *f.* inner purification
अंतःशेष *m.* closing balance
अंतःशोषण *m.* imbibition, absorption
अंतःशोषण करना *v.t.* to imbibe, to absorb
अंतःशोषित *a.* absorbed, imbibed
अंतःश्वसन *m.* inhalation, breathing in (as gas or tobacco smoke)
अंतःसंगठन *m.* internal organization
अंतःसंचार *m.* intercommunication
अंतःसंपूरित *a.* (a) internally filled up (b) internally compensated
अंतःसंबंध *m.* inter-relation
अंतःसत्ता *f.* inner being, soul
अंतःसत्त्व *m.* spirit, soul
अंतःसमुद्र *m.* inland sea
अंतःसमुद्री (य) *a.* submarine
अंतःसमुद्री शैल *m.* submarine rock
अंतःसमूह *m.* in-group
अंतः सरकार *f.* interim government
अंतःसरण *m.* infiltration, gaining access surreptitiously
अंतःसाक्ष्य *m.* internal evidence
अंतःसागरी *a.* submarine
अंतःस्तर *m.* interstratum
अंतःस्तरित *a.* inter-stratified
अंतःस्थ I. *a.* (a) intermediate, interposed (b) interior II. *m.* semi-vowel (य, र, ल, व)
अंतःस्थ राज्य *m.* buffer state
अंतःस्थलीय *a.* inland
अंतःस्थलीय जल *m.* inland water
अंतःस्था *f.* medulla
अंतःस्थापन *m.* embedding, interposition, interposing
अंतःस्थापित *a.* interposed, placed or inserted between
अंतःस्फुरण *m.* inspiration
अंतःस्फोट *m.* implosion
अंतःस्यंदन *m.* infiltration
अंतःस्रवण *m.* percolation
अंतःस्राव *m.* internal secretion
अंतःस्रावी *a.* percolating
अंतःस्वेद *m.* sweating internally
अंत (*ant*) *m.* 1. end 2. (मृत्यु) death, destruction 3. (सीमा) border 4. (परिणाम) outcome, result
अंतकर *a.* causing death, fatal
अंतकर्ता *m.* destroyer
अंतकारी *a.* (*fem.* कारिणी) *a.* causing death, fatal (= अंतकर)
अंतकाल *m.* time of death
अंतक्रिया *f.* funeral rites
अंत-गति *f.* the end, death
अंत-टिप्पण *m.* end notes
अंत पाना (*मु.*) *v.t.* to find out the secret
अंत बनना *v.i.* to come to a good end
अंत बिगड़ना (*मु.*) *v.t.* to come to a bad end
अंत बुरे का बुरा (*लो.*) as you make your bed so shall you lie on it
अंत भला सब भला (*लो.*) all is well that ends well
अंत भले का भला (*लो.*) all is well that ends well

अंत भव *a.* last-born, youngest
अंत में *adv.* at the end, in the end
अंतरत *a.* delighting in destruction
अंत लेना *v.t.* to probe into the secret, to extort the secret, to fathom the depth
अंतलोप *m.* dropping of final syllable (of a word)
अंतवासी *m.* a person living at the periphery (of a town or village)
अंतशय्या *f.* a bier (on the ground) for a dead body
अंत सँवरना *v.i.* to come to a good end
अंतसमय *m.* last moment, time of death
अंतहीन *a.* endless, infinite
अंतहीनता *f.* endlessness, infinity
अंत हो जाना *v.i.* to die, to end

अंतक (*antak*) 1. *a.* causing death 2. death, Yama (the lord of death)

अंतच्छद (a*ntacchad*) *m.* inner cover, inner covering

अंतच्छिद्र (*antacchidra*) *m.* inner hole

अँतड़ी (*aṁtṛī*) *f.* (*dim.* of आंत) intestine
अँतड़ी का बल खोलना (*मु.*) *v.t.* to eat well, to eat a bellyful
अँतड़ी जलना *v.i.* to feel hungry
अँतड़ियों में बल पड़ना (*मु.*) *v.i.* to feel hungry

अंततः (*antataḥ*) *adv.* ultimately, at last, lastly, finally

अंततम (*antatam*) *a.* latest

अंततोगत्वा (*antatogatvā*) *adv.* ultimately, at long last, in the long run, eventually

अंतरंग (*antaraṅg*) *a.* 1. interior, internal 2. intimate 3. private
अंतरंग परिषद्/सभा *f.* internal council
अंतरंग मंत्रिमंडल *m.* inner cabinet
अंतरंग मित्र *m.* confidant, intimate friend
अंतरंग लिपिक *m.* confidential clerk
अंतरंग वृत्त *m.* (a) circle (b) inner story
अंतरंग निजी सचिव *m.* private secretary

अंतर[1] (*antar*) *m.* 1. difference 2. distance 3. interval 4. spacing 5. interior 6. heart
अंतर खोलना *v.t.* to lay one's cards on the table, to divulge one's secrets

अंतर[2] (*antar*) *pref.* internal, inner (a form of अंतः *q.v.*)
अंतर अणुक *a.* inter molecular

अंतरक (*antarak*) *m.* spacer

अंतरण (*antaraṇ*) *m.* 1. transfer 2. spacing 3. shifting 4. handing over

अंतरणीय (*antarṇīya*) *a.* transferable

अंतरतम (*antartam*) I. *a.* nearest, immediate II. *m.* at the core of the heart, heart of hearts

अंतरवयव (*antaravayav*) *m.* inner organ (heart, lung, liver etc.)

अंतरस्थ (*antarasṭha*) *a.* lying within, internal

अँतरा (*aṁtarā*) I. *a.* next but one, अँतरा बुखार intermittent fever, अँतरे दिन alternate day II. *m.* 1. corner 2. different, various 3. obstruction

अंतरा (*antarā*) I. *m.* (in music, song) the second line or verse of a composition. II. *adv.* 1. occurring in the midst or in the interval 2. nearby III. *pref.* inter, intermediate
अंतराकाश *m.* intermediate space
अंतराकाशी *a.* interstitial
अंतराकुलीय *a.* inter-familial
अंतराकोशिक *a.* intercellular, occurring between cells
अंतरागम *m.* influx
अंतराग्रहीय *a.* interplanetary
अंतराणुक *a.* intermolecular
अंतरातंत्रिका *a.* interneural
अंतरातारक *a.* interstellar, situated between stars

अंतरात्मक *a.* differential
अंतरात्मा *f.* (a) inner self, soul, spirit (b) conscience
अंतरात्मा की पुकार *f.* voice of conscience
अंतरादान *m.* interlending
अंतराधातुक *a.* intermetallic
अंतरानासिक *a.* inter-nasal
अंतरानुभागीय *a.* intersectional
अंतरापत्रित *a.* interleave
अंतरापरमाणुक *a.* interatomic
अंतरापर्वतीय *a.* inter-montane
अंतरापर्शुक *a.* intercostal
अंतरापेशी *a.* intramuscular
अंतरामहाद्वीपीय *a.* intercontinental
अंतरामिश्रित *a.* intermixed
अंतरावंशीय *a.* intergeneric
अंतरावधि *f.* interval
अंतरावरोधन *m.* interception
अंतरावलंबन *m.* interdependence
अंतरावलंबित *a.* interdependent
अंतरावस्था *f.* interphase, intermediary stage
अंतराविभागीय *a.* interdepartmental
अंतरा हिमनदीय *a.* interglacial

अंतराय (*antarāya*) *m.* hurdle, impediment, interruption

अंतरायण (*antrāyaṇ*) *m.* interruption

अंतराल (*antrāl*) *m.* 1. interval 2. space 3. gap 4. interior
पृथ्वी का अंतराल *m.* interior of the earth
अंतराल राज्य *m.* buffer state

अंतरिक्ष (*antarikṣa*) *m.* (outer and interplanetary) space
अंतरिक्ष उड़ान *f.* space flight
अंतरिक्ष किरण *f.* cosmic ray
अंतरिक्षचारी *a.* moving in space
अंतरिक्ष यात्रा *f.* space travel
अंतरिक्ष यात्री *m.* cosmonaut
अंतरिक्ष यान *m.* spaceship
अंतरिक्ष विज्ञान *m.* meteorology
अंतरिक्ष वैज्ञानिक *m.* meteorologist
अंतरिक्ष स्टेशन *m.* space station

अंतरित (*antarit*) *a.* 1. spaced 2. transferred 3. subtended
अंतरित करना *v.t.* to transfer, to subtend

अंतरिती (*antaritī*) *m.* transferee

अंतरिम (*antarim*) *a.* interim
अंतरिम अवधि *f.* interim period
अंतरिम पंचाट *m.* interim award
अंतरिम सरकार *f.* interim government
अंतरिम सहायता *f.* interim relief

अंतरीप (*antarīp*) *m.* cape, promontory, headland

अंतरीय (*antarīya*) I. *a.* inner, interval II. *m.* lower garment

अंतरौटा (*antaraūṭā*) *m.* / **अंतर्पट** (*antarpat*) *m.* lower garment, loincloth

अंतर्कथा (*antarkathā*) *f.* episode (correct word अंतःकथा)

अंतर्गत (*antargat*) *a.* internal, innermost, hidden, included
के अंतर्गत *adv.* within, inside

अंतर्गति (*antargati*) *f.* mental process

अंतर्गम (*antargath*) *m.* inlet

अंतर्गामी (*antargāmī*) *a.* ingressive

अंतर्गुम्फन (*antargumphan*) *m.* interlacing, intertwining, interweaving

अंतर्गृह (*antargṛh*) *m.* inner apartment

अंतर्ग्रथन (*antargrathan*) *m.* interlocking, dovetailing, interlacing

अंतर्ग्रथित (*antargrathit*) *a.* dovetailed, interlocked

अंतर्ग्रसन (*antargrasan*) *m.* involvement, entanglement

अंतर्ग्रसित (*antargrasit*) *a.* involved

अंतर्ग्रहण (*antargrahaṇ*) *m.* interception

अंतर्ग्रही(*antargrahī*) *a.*/**अंतर्ग्रहीय** (*antargrahīy*) *a.* interplanetary

अंतर्ग्राही (*antargrāhī*) *a.* introspective

अंतर्जगत् (*antarjagat*) *m.* inner world, the world within

अंतर्जनजातीय (*antarjanjātīy*) *a.* intertribal

अंतर्जात (*antarjāt*) *a.* innate, inbred, inborn

अंतर्जातिक (*antarjātik*) *a.* intercaste
अंतर्जातिक व्यापार *m.* intercaste trade

अंतर्जातीय (*antarjātīya*) *a.* intercaste
अंतर्जातीय विवाह *m.* intercaste marriage

अंतर्जीवन (*antarjīvan*) *m.* inner life

अंतर्ज्ञान (*antarjñān*) *m.* intuition, enlightenment

अंतर्दर्शन (*antardarśan*) *m.* insight, introspection

अंतर्दर्शी (*antardarśī*) I. *m.* one who can see within oneself II. *a.* introspective

अंतर्दहन (*antardahan*) *m.* internal combustion

अंतर्दाह (*antardāh*) *m.* heartburn, grief

अंतर्देशीय (*antardeśīya*) *a.* inland

अंतर्द्रष्टा (*antardraṣṭā*) *m.* visionary

अंतर्द्वंद्व (*antardvandv*) *m.* inner conflict

अंतर्द्वार (*antardvār*) *m.* trapdoor

अंतर्धान (*antardhān*) *m.* disappearance,
अंतर्धान होना *v.t.* to disappear

अंतर्धारा (*antardhārā*) *f.* under-current

अंतर्ध्वंस (*antardhvaṃs*) *m.* sabotage

अंतर्ध्वंसक (*antardhvaṃsak*) *m.* saboteur

अंतर्ध्यानी (*antardhyānī*) *a.* in deep meditation

अंतर्नगरीय (*antarnagrīya*) *a.* intercity

अंतर्नाद (*antarnād*) *m.* inner voice

अंतर्नियम (*antarniyam*) *m.* articles (of an agreement)

अंतर्निरीक्षण (*antarnirīkṣaṇ*) *m.* introspection

अंतर्निविष्ठ (*antarniviṣṭh*) *a.* inserted

अंतर्निष्ठ (*antarniṣṭh*) *a.* inherent

अंतर्निहित (*antarnihit*) *a.* implicit, implied
अंतर्निहित अर्थ *m.* implied meaning

अंतर्पट (*antarpat*) *m.* undergarment

अंतर्प्रांतीय (*antarprāntīya*) *a.* interprovincial (better अंतःप्रांतीय *q.v.*)

अंतर्प्रादेशिक (*antarprādeśik*) *a.* interregional (better अंतःप्रादेशिक)

अंतर्बोध (*antarbodh*) *m.* intuition, enlightenment (= अंतर्ज्ञान)

अंतर्भाव (*antarbhāv*) *m.* inclusion

अंतर्भावना (*antarbhāvnā*) *f.* inner feeling

अंतर्भावित (*antarbhāvit*) *a.* = (अंतर्भुक्त)

अंतर्भुक्त (*antarbhukt*) *a.* absorbed, consumed, included

अंतर्भूमि (*antarbhūmi*) *f.* subsoil, subterranean region

अंतर्भौम (*antarbhaum*) *a.* under the earth

अंतर्भेदी (*antarbhedī*) *a.* intrusive

अंतर्महाद्वीपीय (*antarmahādvīpīya*) *a.* intercontinental

अंतर्मिश्रित (*antarmiśrit*) *a.* intermixed

अंतर्मुख (*antarmukh*) *a.* introvert, introspective (= अंतर्मुखी)

अंतर्मुखिता (*antarmukhitā*) *f.* introversion

अंतर्मुखी (*antarmukhī*) *a.* introvert, introspective

अंतर्यामी (*antaryāmī*) *a.* all-pervading

अंतर्राज्य (*antarrājya*) *a.*/**अंतर्राज्यीय** (*antar-rājyīya*) *a.* interstate

अंतर्राष्ट्रवाद (*antarraṣṭravād*) *m.* internationalism

अंतर्राष्ट्रीय (*antarrāstrīya*) *a.* international
अंतर्राष्ट्रीय मुद्राकोष International Monetary Fund

अंतर्राष्ट्रीयकरण (*antarraṣṭrīyakaraṇ*) *m.* internationalization

अंतर्राष्ट्रीयता (*antarrāṣṭrīyatā*) *f.* internationalism

अंतर्लंब (*antarlamb*) *m.* acute angle, perpendicular

अंतर्लयन (*antarlayan*) *m.* absorption

अंतर्लापिका (*antarlāpikā*) *f.* a riddle containing the answer within itself

अंतर्लीन (*antarlīn*) *a.* self-engrossed, absorbed

अंतर्वर्ग (*antarvarg*) *m.* sub-class, sub-

section
अंतर्वर्ती (*antarvartī*) *a.* immanent, intermediary
अंतर्वलन (*antarvalan*) *m.* involution
अंतर्वस्तु (*antarvastu*) *f.* contents
अंतर्वस्त्र (*antarvastra*) *m.* undergarment
अंतर्वाणी (*antarvāṇī*) *f.* inner voice
अंतर्वासन (*antarvāsan*) *m.* internment
अंतर्वासित (*antarvāsit*) *a.* interned
अंतर्वासी (*antarvāsī*) *a.* indoor
अंतर्वासी सहायता *f.* indoor relief
अंतर्विकार (*antarvikār*) *m.* inner defect
अंतर्विकास (*antarvikās*) *m.* inner development
अंतर्विद्यालयीय (*antarvidyālayīya*) *a.* inter-school
अंतर्विद्ध (*antarviddha*) *a.* telescoped
अंतर्विभागीय (*antarvibhāgīya*) *a.* interdepartmental
अंतर्विराम (*antarvirām*) *m.* intermission
अंतर्विवेक (*antarvivek*) *m.* conscience
अंतर्विषय (*antarviṣay*) *m.* contents
अंतर्विष्ट (*antarviṣṭ*) *a.* included
अंतर्वृद्धि (*antarvṛddhi*) *a.* intergrowth
अंतर्वेग (*antarveg*) *m.* internal uneasiness or anxiety
अंतर्वेद (*antarved*) *m.* the land between Ganga and Yamuna rivers
अंतर्वेधन (*antarvedhan*) *m.* interpenetration
अंतर्वेधी (*antarvedhī*) *a.* pain in the joints of the body
अंतर्वेशन (*antarveśan*) *m.* interpolation, inclusion
अंतर्हित (*antarhit*) *a.* disappeared, concealed
अंतश्चर्म (*antaścarma*) *m.* endoderm
अंतश्छेदन (*antaśchedan*) *m.* dissection
अंतस्त्वचा (*antastvacā*) *f.* endoderm
अंतस्तल (*antastal*) *m.* 1. mind 2. the core of heart, the heart of heart
अंतस्ताप (*antastāp*) *m.* inner distress, mental agony
अंतस्थ (*antasth*) *a.* terminal (correct form is अन्तःस्थ *q.v.*)
अंतस्सलिला (*antassalilā*) *f.* the stream that flows unseen, Saraswati river
अंतस्सार (*antassār*) *m.* real content
अंतहीन (*antahīn*) *a.* 1. boundless 2. absolute 3. unlimited 4. without any restrictions
अंतहीनता (*antahīntā*) *f.* 1. boundlessness 2. limitlessness 3. infinity 4. vastness 5. unrestricted
अंताक्षरी (*antākṣarī*) *f.* a verse competition where the first letter should tally with the last letter of a previous participant's verse (see अंत्याक्षरी)
अंतिम (*antim*) *a.* last, final
अंतिम चेतावनी *f.* last warning, ultimatum
अंतिम साँस लेना *v.i.* to breathe one's last
अंतिम साँसें *f. & pl.* last breaths
अंतिमता (*antimta*) *f.* finality, conclusiveness
अंतेवासी (*antevāsī*) *m.* resident pupil
अंत्य (*antya*) *a.* last, end (= अंतिम *q.v.*)
अंत्य कर्म *m.* **/क्रिया** *f.* funeral rites
अंत्यज (*antyaj*) *m.* Sudra, Dalit, person of the lowest caste
अंत्याक्षरी (*antyākṣarī*) *f.* a verse competition where the first letter should tally with the last letter of a previous participant's verse
अंत्यानुप्रास (*antyānuprās*) *m.* rhyme, rhyming of the last syllables of each line in a stanza
अंत्याश्रम (*antyāśram*) *m.* the last stage of life, recluse's life
अंत्येष्टि (*antyeṣṭi*) *f.* funeral rites, cremation or burial (also अंत्येष्टि क्रिया)
अंत्र (*antr*) *m.* entrail, intestine
अंत्र-प्रदाह *m.* burning sensation in intestines
अंत्र-वृद्धि *f.* inguinal, hernia

अंत्र-शूल *m.* colic pain

अंत्राद (*antrād*) *m.* worm in the intestines

अंदर P (*andar*) I. *adv.* in, inside II. *postp.* (के अंदर) in, inside, within

अंदर कर देना *v.t.* to send behind the bars, to imprison

अंदर करना *v.t.* to drive, to thrust, to insert

अंदर का *a.* inner, internal, hidden, secret

अंदर जाओ go in/inside

घर के अंदर inside/in the house

अंदर से from within

अंदर होना *v.i.* to be included, to be contained, to be imprisoned

अंदरसा (*andarsā*) *m.* a small cake fried in butter

अंदरी (*andrī*) *a.* /**अंदरूनी** P (*andrūnī*) *a.* internal, inner, interior

अंदरी, अंदरूनी लड़ाई *f.* civil war

अंदरी, अंदरूनी हालत *f.* inner condition

अंदाज़ P (*andāz*) *m.* 1. rough estimate, guess, conjecture 2. mode, manner, style

अंदाज़ उड़ाना *v.t.* to copy the fashion, to imitate

अंदाज़ करना *v.t.* to estimate (the value, weight)

अंदाज़पट्टी *f.* estimate of standing crop

अंदाज़पीटी *f.* (abusive) fashion-loving woman, vain and affected beauty

अंदाज़ लगाना *v.t.* to estimate (the value, weight, etc.) (= अंदाज़ करना)

अंदाज़ से *adv.* by rough estimate, roughly

अंदाज़न P (*andāzan*) *adv.* 1. by guessing, conjecturally 2. (लगभग) about, approximately

अंदाज़ा P (*andāzā*) *m.* rough estimate, guess, conjecture (*syn.* अनुमान) (= अंदाज़ *q.v.*)

अंदेशा P (*andeśā*) *m.* 1. concern, anxiety 2. (डर) fear, dread 3. (खतरा) danger, peril

अंदेशा करना *v.t.* to be apprehensive, to be anxious

अंदेशामंद (*andeśāmand*) *a.* anxious, concerned

अंध (*andh*) *a.* 1. dark 2. (अंधा) blind

अंध कक्ष *m.* dark room

अंध कूप *m.* dark/hidden well, hell, dungeon, pitfall

अंधखोपड़ी *a.* blockheaded

अंधतमस *m.* great darkness

अंधतामिस्र *m.* hell, complete darkness of soul

अंधदेशभक्त *m.* chauvinist

अंधदेशभक्ति *f.* chauvinism

अंधपरंपरा *f.* blind tradition

अंधपरीक्षण *m.* blindfold test

अंधप्रज्ञा *f.* false intuition

अंधभक्त *m.* fanatic

अंधभक्ति *f.* fanaticism

अंधमति *a.* foolish, irrational

अंधरात्रि *f.* dark night

अंधराष्ट्रवाद *m.* chauvinism

अंधविश्वास *m.* superstition, blind faith

अंधविश्वासी *a.* superstitious, having blind faith

अंधव्यवस्था *f.* chaos

अंधश्रद्धा *f.* blind faith

अंधकार (*andhkār*) *m.* 1. darkness 2. gloom

अंधकारपूर्ण *a.* dark

अंधकारमय *a.* dark, murky

अंधकार युग *m.* Dark Age

अंधड़ (*andhaṛ*) *m.* violent duststorm

अंधता (*andhatā*) *f.* / **अंधत्व** (*andhatva*) *m.* myopia, blindness

वर्णांधता *f.* colour blindness

अँधला (*aṁdhlā*) *a.* (= अंधा *q.v.*)

अंधा (*andhā*) I. *a.* 1. blind 2. undiscerning II. *m.* blind man

अंधा आईना *m.* obscured mirror
अंधा करना/बनाना *v.t.* to blind, (*fig.*) to throw dust in one's eyes, to defraud
अंधा कुआँ *m.* hidden or choked well
अंधा क्या जाने वसंत की बहार (*मु.*) a blind person is no judge of colours
अंधा खर्च *m.* indiscriminate expenditure, extravagance
अंधा चिराग़/दीया *m.* dim lamp
अंधा तारा *m.* the planet Neptune
अंधा दरबार *m.* tainted court, mismanagement
अंधा बनाना (*मु.*) *v.t.* to blind, to blindfold, to hoodwink, to deceive
अंधा बाँटे रेवड़ियाँ, मुड़-मुड़ अपनों को दे (*लो.*) to show favours to one's own people again and again
अंधा मोड़ *m.* blind turn
अंधा शीशा *m.* blind glass pane
अंधी घाटी *f.* blind valley
अंधी सरकार *f.* corrupt government, maladministration
अंधे की लकड़ी/लाठी (*मु.*) *f.* a helpless man's only support
अंधे के हाथ बटेर लगना (*मु.*) to have unexpected luck
अंधे को अँधेरे में बड़ी दूर की सूझी (*लो.*) to think of far-fetched matters
अंधों में काना राजा/सरदार (*लो.*) in the country of the blind the one-eyed is king

अंधाधुंध (*andhādhundh*) *adv.* 1. blindly 2. indiscriminately 3. excessively, outrageously
अंधाधुंध लुटाना *v.t.* to spend extravagantly, to squander outrageously

अंधानुकरण (*andhānukaraṇ*) *m.* / *f.* blind following (= अंधानुकृति)

अंधानुगामी (*andhānugāmī*) *m.* blind follower

अंधानुयायिता (*andhānuyāyitā*) *f.* blind following, bigotry

अंधानुयायी (*andhānuyāyī*) *m.* blind follower

अंधानुशासन (*andhānuśāsan*) *m.* maladministration

अंधानुसरण (*andhānusaraṇ*) *m.* following blindly

अंधापन (*andhāpan*) *m.* blindness, (*fig.*) foolishness, ignorance, shortsightedness
धार्मिक अंधापन *m.* fanaticism

अंधिका (*andhikā*) *f.* 1. night 2. a disease of the eyes

अँधियारा (*aṁdhiyārā*) I. *a.* dark, gloomy, obscure, dim II. *m.* darkness, gloom (= अंधेरा *q.v.*)

अँधेर (*aṁdher*) *m.* 1. oppression, outrage 2. lawlessness, anarchy, disorder, misrule 3. irregularity 4. injustice, wrong
अँधेर करना *v.t.* to oppress, to tyrannize over, to commit an outrage
अँधेरखाता *m.* /**अँधेरगरदी** *f.* unfairness, injustice
अँधेर नगरी *f.* centre of injustice, chaotic condition of a state or city
अँधेर मचाना (*मु.*) *v.t.* to tyrannize, to commit violence, to act lawlessly

अँधेरा (*aṁdherā*) I. *a.* dark, gloomy, obscure, dim II. *m.* darkness, gloom
अँधेरा कमरा *m.* dark room
अँधेरा करना *v.t.* to darken, to cast a gloom, to put out light, to obscure, to overcast
अँधेरा गुप्प *m.* utter darkness, pitch dark
अंधेरा पाख *m.* dark fortnight
अँधेरी कोठरी *f.* (a) dark cell, dungeon, black hole (b) stomach (c) womb
अँधेरी कोठरी का यार *m.* secret lover
अँधेरी रात *f.* dark night
अँधेरा उजाला *adv.* at whatever time

(of day or night), at early dawn
अँधेरे मुँह *adv.* at dawn
अँधेरे में रखना *v.t.* to keep in the dark
अँधेरी (*aṁdherī*) *f.* blind or blinkers for a horse
अँधेरी डालना *v.t.* to blindfold, to blind, (*fig.*) to hoodwink, to deceive
अँधेरी देना *v.t.* (a) to cheat (b) to dupe
अँधोटी (*aṁdhotī*) *f.* /**अँधौरी** (*aṁdhaurī*) *f.* heat rash, prickly heat
अंब (*amb*) *f.* mother
अंबर[1] (*ambar*) *m.* a perfume, ambergris, amber, a yellowish fossil
अंबर[2] (*ambar*) *m.* 1. sky, space 2. cloud 3. covering, cloth
अंबरचर *m.* bird
अंबरचारी *m.* planet
अंबर-डंबर *m.* twilight, the reddish light in the sky at sunset
अंबरांत (*ambarānt*) *m.* horizon
अंबल (*ambal*) *m.* after-birth, post-natal
अंबल-नाल *f.* navel string, umbilical cord
अंबष्ठ (*ambaṣṭha*) *m.* /**अंबष्ठा** (*ambaṣṭhā*) *f.* 1. offspring of a Brahmin man and a Vaishya woman 2. elephant-driver, mahout
अंबा (*ambā*) *f.* 1. mother 2. (देवी) goddess Durga
अंबार (*ambār*) *m.* 1. heap, pile 2. stock, store
अंबारी (*ambārī*) *f.* canopy, (elephant's) litter
अंबिका (*ambikā*) *f.* mother (= अंबा)
अंबिया (*ambiyā*) *f.* small unripe mango
अंबु (*ambu*) *m.* water
अंबुकंटक *m.* short-nosed alligator
अंबुकीश/कूर्म *m.* porpoise
अंबुक्रिया *f.* a funeral rite
अंबुघन *m.* hail
अंबुधर *m.* a cloud
अंबुनाथ/पति *m.* lord of the waters, ocean
अंबुनिधि *m.* treasure of water, ocean
अंबुराशि *f.* ocean
अंबुरुह *m.* lotus
अंबुवाह *m.* water carrier, (बादल) cloud
अंबुसर्पिणी *f.* leech
अंबुज (*ambuj*) *m.* 1. water-born 2. lotus, *Nymphaea nelumbo* 3. conch (*syn.* कमल, जलज)
अंबुजाक्ष (*ambujākṣa*) *m.* lotus-eyed
अंबुद (*ambud*) *m.* /**अंबुधर** (*ambudhar*) *m.* one who/which holds or bestows water, cloud
अंबुधि (*ambudhi*) *m.* store house of water, sea, ocean
अंभ (*ambh*) *m.* water
अंभसार *m.* pearl
अंभस्पति *m.* lord of waters, Varuna
अंभोज (*ambhoj*) *m.* water-born, lotus
अंभोजिनी (*ambhojinī*) *f.* 1. lily 2. assemblage of lotus flowers
अंभोधर (*ambhodhar*) *m.* water-holder, cloud
अंभोधि (*ambhodhi*) *m.* ocean (same as अंबुधि, अंबुनिधि, अंबुराशि)
अंश (*aṃś*) *m.* 1. part, portion 2. degree 3. element 4. share (in property)
क्रांतिकारी अंश *m.* revolutionary element
अंशकरण *m.* dividing
अंशकालिक *a.* part-time
अंशचिह्न *m.* graduation
अंशठेका *m.* part-time work
अंशदाता *m.* contributor
अंशदान *m.* contribution
अंशदान देना/करना *v.t.* to contribute
अंशदायी *a.* contributory
अंशदायी भविष्यनिधि *f.* contributory provident fund (C.P.F.)
अंशधर *m.* /**अंशधारी** *m.* shareholder, partaker
अंश-पत्र *m.* share deed, deed of partition
अंश-पूंजी *f.* share stock

अंश बंध्या *f.* partly sterile
अंशभाग *m.* share
अंशभागिता *f.* participation
अंशभागी *m.* participant, co-heir
अंशमापन *m.* measuring in degrees
अंशहर/हारा *m.* joint sharer, co-partner
किसी अंश तक *adv.* to some extent

अंशक (*aṃśak*) *m.* particle

अंशतः (*aṃśtaḥ*) *adv.* partly, partially, in parts

अंशन (*aṃśan*) *m.* 1. dividing, division 2. fractionalisation

अंशांक (*aṃśāṅk*) *m.* degree

अंशांकन (*aṃśāṅkan*) *m.* graduation, calibration
अंशांकन करना *v.t.* to calibrate

अंशांकित (*aṃśāṅkit*) *a.* graduated, calibrated

अंशापन (*aṃśāpan*) *m.* apportionment

अंशापित (*aṃśāpit*) *a.* apportioned

अंशांशीभाव (*aṃśāṃśībhāv*) *m.* relation of a part and its whole

अंशावतार (*aṃśāvtār*) *m.* partial incarnation of god, particularly Vishnu

अंशिका (*aṃśikā*) *f.* instalment

अंशी (*aṃśī*) *m.* 1. sharer, partner 2. shareholder 3. co-heir 4. having a number of parts or members

अंशु (*aṃśu*) *m.* 1. sun-ray 2. sunbeam
अंशु जाल *m.* set of rays, collected beams
अंशुमाला *f.* garland of rays, halo
अंशुमाली *m.* one who wears the garland of rays, the sun

अंशुधर (*aṃśudhar*) *m.* lord of rays, the sun

अंशुक (*aṃśuk*) *m.* fine cloth, silk, muslin

अंशुमान् (*aṃśumān*) *m.* the sun

अंशोच्छेदन (*aṃśochchhedan*) *m.* ablation

अंस (*aṃs*) *m.* shoulder
अंसकूट *m.* (a) shoulder (b) hump of a bull
अंसफलक *m.* shoulder blade
अंसभारिक *m.* one who bears a burden on his shoulders

अंसल (*aṃsal*) *a.* burly, strong

अंसीय (*aṃsīy*) *a.* pectoral

अँसुआना (*aṁsuānā*) *v.t.* to cause somebody to shed tears

अंह्रि (*aṁhri*) *m.* 1. foot 2. root of a tree
अंह्रिस्कंध *m.* part of the foot between the ankle and the heel

अऋण (*aṛṇ*) *a.* free from debt, (also उऋण which is popular but wrong)

अकंटक (*akaṇṭak*) *a.* 1. thornless 2. (*fig.*) free from troubles or difficulties, unobstructed
अकंटक राज्य *m.* unobstructed reign

अकंप (*akamp*) *a.* 1. not shaking 2. not vibrating 3. unwavering, firm

अकंपन (*akampan*) *m.* firmness, steadiness

अकंपित (*akampit*) *a.* 1. unshaken 2. steady, firm

अकंप्य (*akampya*) *a.* unshakable

अकच (*akac*) *a.* without hair, bald

अकठोर (*akaṭhor*) *a.* not hard, lenient, not tough, soft, mild

अकड़ (*akaṛ*) *f.* 1. stiffness, rigidity, inflexibility 2. wilfulness, obstinacy 3. strutting gait, airs, vanity, conceit 4. pride, ostentation
अकड़कर चलना *v.i.* to walk struttingly
अकड़ख़ाँ/ख़ान, अकड़बाज़ *m.* arrogant, swaggerer, haughty
अकड़-तकड़/बाज़ी *f.* swaggering, strutting, vanity
अकड़ दिखाना *v.t.* to show arrogance
अकड़फों *f.* strut, airs, conceit, arrogance
अकड़ाई *f.* spasm, tightening of muscles

अकड़ना (*akaṛnā*) *v.t.* 1. to be or become stiff or contorted, to stiffen 2. to be bent double with a cramp or spasm 3. to be conceited, to assume an insolent air, to give oneself airs, to swagger, to strut 4. to look defiantly

अकड़ जाना *v.i.* to be displeased

मरकर अकड़ जाना *v.i.* to become stiff after death

सरदी से अकड़ जाना *v.i.* to be benumbed with cold

अकड़म *(akṛam) m.* a tantrik diagram

अकड़ाना *(akṛānā) v.t.* to make stiff/rigid (leather, cloth)

अकड़ाव *(akaṛāv) m.* 1. contortion, convulsion, spasm 2. haughtiness, conceit

अकड़ू *(akaṛu) m.* & *a.* affected (person), fop, snob, swaggerer

अकड़ैत *(akṛait) a.* bully, coxcomb, dandy

अकत्थन *(akatthan) a.* boastful

अकथ *(akath) a.* 1. unmentionable 2. unutterable

अकथ कहानियाँ untold stories

अकथनीय *(akathnīy)* /**अकथ्य** *(akathya) a.* 1. inexpressible, unmentionable, indescribable 2. obscene, indecent

अकथित *(akathit) a.* untold, unsaid

अकधक *(akdhak) f.* 1. hesitation 2. fear

अकनिष्ठ *(akaniṣṭha) a.* one who is not younger than any

अकन्या *(akanyā) a.* not a virgin

अकबक *(akbak) m.* useless and disconnected talk

अकबक करना/बकना *v.t.* to talk nonsense

अकबकाना *(akbakānā) v.i.* to be perplexed, to be in a fix, to be astonished

अकबका उठना *v.i.* to become perplexed or astonished (all of a sudden)

अकबर *(akbar) m.* & *a.* 1. Akbar the great Mughal emperor 2. very big

अकबरी *(akbarī)* I. *a.* relating to Akbar II. *f.* a kind of sweetmeat made of rice flour and sugar fried in clarified butter

अकबरी अशर्फी *f.* golden coin used in emperor Akbar's reign

अकबरी नौरत्न *m.* nine famous courtiers of Akbar (रहीम ख़ान, अज़ीज़ कोकलबाश, अब्दुल फ़तह गिलानी, फ़ैज़ी, अबुल फ़ज़ल, टोडरमल, बीरबल, मानसिंह, हकीम हम्मम)

अकर *(akar) a.* 1. handless, maimed 2. duty-free, exempt from taxes

अकरकरा *(akarkarā) m.* a medicinal plant

अकरण *(akaraṇ) m.* 1. passivity 2. omission

अकरणीय *(akarṇīy) a.* 1. not fit to be done, not worthy of doing, improper, unsuitable, unbecoming 2. indecent

अकराल *(akrāl) a.* undreaded, amiable, not formidable

अकरुण *(akaruṇ) a.* ruthless, merciless, relentless, unkind

अकरुणता *(akaruṇtā) f.* harshness, ruthlessness, cruelty

अकर्कश *(akarkaś) a.* not hard, not rugged, soft, tender

अकर्ण *(akarṇ) a.* earless

अकर्णक *(akarṇak) a.* without helm or rudder

अकर्ण्य *(akarṇya) a.* not fit for the ears, not fit to be heard

अकर्तव्य *(akartavya) a.* unfit, improper

अकर्तरि-प्रयोग *(akartari-prayog) m.* inactive voice

अकर्ता *(akartā) m.* 1. non-doer 2. non-agent

अकर्तृक *(akartṛk) a.* without a subject, impersonal

अकर्म *(akarma) m.* 1. inaction 2. a bad act, improper action/deed, misdeed 3. mischief, sin, vice

अकर्मदोष *m.* error of omission

अकर्मशील *a.* lazy, indolent, idle, slothful

अकर्मक (*akarmak*) *a.* 1. intransitive 2. (अकुशल) inefficient, unskilled 3. (बेकार) unemployed

अकर्मक क्रिया *f.* intransitive verb

अकर्मण्य (*akarmaṇya*) *a.* 1. inactive 2. (बेकार) good for nothing 3. out of order 4. (आलसी) indolent, lazy

अकर्मण्यता (*akarmaṇyatā*) *f.* 1. indolence, laziness, inactivity 2. uselessness, worthlessness

अकर्मा (*akarmā*) *a.* 1. inactive 2. (बेकार) good for nothing 3. out of order 4. (आलसी) indolent, lazy (= अकर्मण्य)

अकर्मी (*akarmī*) *m.* (*fem.* अकर्मिणी) 1. evildoer, sinner 2. wretch 3. unemployed 4. inactive

अकर्मी भागीदार *m.* inactive partner

अकर्षक (*akarṣak*) *a.* unattractive

अकलंक (*akalaṅk*) *a.* 1. spotless, stainless, untainted, blameless, without stigma or blemish 2. pure, chaste, innocent

अकलंकता (*akalaṅktā*) *f.* 1. spotlessness, blamelessness 2. innocence

अकलंकित (*akalaṅkit*) *a.* unblemished, unstained (= अकलंक)

अकल[1] (*akal*) *a.* not in parts, entire

अकल[2] (*akal*) *a.* perturbed

अक़ल[3] A (*akal*) *f.* intelligence, wisdom, understanding, sense (better अक्ल)

अकल दाढ़ *f.* wisdom tooth

अकलुष (*akaluṣ*) *a.* /**अकलुषित** (*akaluṣit*) *a.* blotless, unblemished

अकलुषित इस्पात *m.* stainless steel

अकल्क (*akalka*) *a.* 1. free from impurity 2. free from guilt

अकल्कता (*akalktā*) *f.* 1. purity 2. honesty

अकल्प (*akalp*) *a.* 1. uncontrolled, not subject to rules 2. feeble, weak 3. incomparable

अकल्पन (*akalpan*) *m.* naturalness, genuineness

अकल्पनीय (*akalpanīy*) *a.* unimaginable, unthinkable

अकल्पित (*akalpit*) *a.* 1. not imaginary, not fancied 2. real, natural, genuine 3. unimagined, unthought of

अकल्मष (*akalmaṣ*) *a.* spotless, unblemished, pure

अकल्याण (*akalyāṇ*) *m.* evil, adversity, harm, calamity

अकल्याणकारक *a.*/अकल्याणकारी *a.* evil, harmful, unpropitious

अकवच (*akavac*) *a.* 1. having no coat of arms 2. unprotected

अकवि (*akavi*) I. *m.* not a poet II. *a.* unwise

अकविता (*akavitā*) *f.* non-poetry

अकस्मात् (*akasmāt*) *adv.* 1. suddenly, unawares, accidentally, unexpectedly, all of a sudden 2. abruptly

अकांड (*akāṇḍ*) *a.* unexpected, sudden

अकांड तांडव *m.* much ado about nothing

अकांत (*akānt*) *a.* 1. without husband 2. widow

अकाउंट E (*akāuṇṭ*) *m.* account (*syn.* लेखा)

अकाउंटेंट E (*akāuṇṭeṇṭ*) *m.* accountant

अकाट्य (*akāṭya*) *a.* irrefutable, incontrovertible

अकाट्य तथ्य *m.* irrefutable fact

अकाट्य प्रमाण *m.* incontrovertible proof

अकाट्य युक्ति *f.* irrefutable argument

अकाट्य साक्ष्य *m.* cogent evidence

अकाज (*akāj*) *m.* 1. misdeed, useless act 2. loss, detriment 3. harm, injury

अकाजी (*akājī*) *m.* interrupter

अकाचित (*akācit*) *a.* unglazed

अकाचित मृद्भांड *m.* unglazed earthenware

अकादमिक E (*akādmik*) *a.* academic
अकादमी E (*akādamī*) *f.* academy
अकाम (*akām*) I. *m.* improper work, wrong act, misdeed II. *a.* without desire, indifferent
अकामतः (*akāmtaḥ*) *adv.* inadvertently, unintentionally
अकामी (*akāmī*) *a.* 1. without desire 2. without lust
अकाय (*akāy*) *a.* /**अकायिक** (*akāyik*) *a.* incorporeal, bodiless
अकार (*akār*) *m.* the letter अ
अकारण (*akāraṇ*) *a.* without cause, uncalled for, unnecessary, unwarranted
अकारण-कारणदोष *m.* fallacy of *non-causa procausa*
अकारथ (*akārath*) *a.* 1. unproductive, yielding no return 2. ineffective
अकारथ करना *v.t.* to render useless, to make ineffectual
अकारथ जाना *v.i.* to serve no purpose, to go waste
अकारथ समय *m.* unproductive time
अकारांत (*akārānt*) *a.* ending in अ
अकारादि (*akārādi*) *a.* (word) beginning with अ
अकारादि क्रम *m.* alphabetical order
अकार्पण्य (*akārpaṇya*) *m.* absence of miserliness, liberality
अकार्बनिक (*akārbanik*) *a.* non-carbonic
अकार्य (*akārya*) *a.* not to be done, improper
अकार्यकारी *m.* evil-doer
अकार्यक्षम *a.* ineffective
अकाल (*akāl*) I. *m.* 1. famine, drought, dearth 2. (कुसमय) bad season, inauspicious time II. *a.* untimely, inopportune, premature
रोटी का अकाल dearth of food
अकाल-उत्पन्न *a.* born at a wrong time
अकाल-कुसुम *m.* flower blossoming out of season, a rare thing
अकाल-क्रिया *f.* (*gram.*) infinitive
अकालक्षय *m.* premature decay
अकालग्रस्त *a.* famine-stricken (= अकाल-पीड़ित)
अकालजरा *f.* untimely old age, progeria
अकाल जलद *m.* unseasonal cloud
अकाल-जात *a.* born out of season, untimely birth
अकालपक्व *a.* prematurely aged (of a person), precocious
अकालपक्वता *f.* precocity
अकालपीड़ित *a.* famine-stricken
अकालपुरुष *m.* immortal being, supreme being, God
अकाल-प्रसव *m.* premature delivery, premature childbirth
अकालप्रसूत *a.* premature
अकालप्रसूत बालक *m.* premature baby
अकाल प्रौढ़ *a.* precocious
अकाल प्रौढ़ बालक *m.* precocious child
अकाल प्रौढ़ता *f.* precocity
अकालमूर्ति *f.* immortal being
अकालमृत्यु *f.* untimely/premature death
अकालवृद्ध *a.* old before time
अकालवृष्टि *f.* unseasonable rain
अकालवेला *f.* wrong time
अकाल-सहायता *f.* famine relief
अकालिक (*akālik*) *a.* 1. inopportune 2. untimely
अकाली (*akālī*) *m.* 1. a sect of Sikhs 2. an Akali Sikh
अकालोत्पन्न (*akālotpann*) *a.* born prematurely
अकासबेल (*akāsbel*) *f.* dodder, parasitic creeper (= आकाशबेल, अमरबेल)
अकिंचन (*akiñcan*) *a.* destitute, poor, needy, indigent, pauper
अकिंचनवाद *m.* pauper's suit
अकिंचनता (*akiñcantā*) *f.* poverty, pauperism, indigence
अकिंचित (*akiñcit*) *a.* trifling, unimpor-

tant

अकिल्विष (*akilviṣ*) *a.* pure, sinless

अक़ीक़ A (*aqīq*) *m.* a precious stone of red colour, agate

अक़ीदा A (*aqīdā*) *m.* faith, belief

अकीर्ति (*akīrti*) *f.* 1. ill-repute, infamy 2. disgrace, shame, ill-report

अकीर्तिकर *a.* inglorious, infamous, disgraceful

अकुंचनशील (*akuñcanśīl*) *a.* non-contractible

अकुंठ (*akuṇṭh*) *a.* /**अकुंठित** (*akuṇṭhit*) *a.* 1. keen, sharp 2. unhesitating, unstinted 3. spirited

अकुटिल (*akuṭil*) *a.* not crooked, plain, simple, sincere

अकुतोभय (*akutobhay*) *a.* 1. fearless, undaunted 2. secure

अकुमार (*akumār*) *m.* not a boy, matured person

अकुल (*akul*) I. *a.* without pedigree or family II. *m.* an ignoble person

अकुलाना (*akulānā*) I. *v.i.* 1. to be agitated, to feel restless/uneasy 2. to be weary (of) 3. to become confounded or confused II. *v.t.* 1. to make restless 2. to vex, to make weary, sick

अकुलाहट (*akulāhaṭ*) *f.* 1. restlessness, uneasiness 2. wearisomeness

अकुलीन (*akulīn*) *a.* unpedigreed, of ignoble descent, born of a low family, plebeian

अकुलीनता (*akulīntā*) *f.* ignobility of descent, low birth

अकुशल (*akuśal*) I. *a.* 1. unskilled 2. inefficient II. *m.* misfortune, distress

अकुशल कर्मी *m.* unskilled worker

अकुशल मज़दूर *m.* unskilled labourer

अकुसीद (*akusīd*) *a.* taking no interest or usury

अकूत (*akūt*) *a.* 1. unimaginable 2. inestimable 3. (अपरिमित) unlimited

अकूल (*akūl*) *a.* 1. vast, boundless 2. shoreless

अकृच्छ (*akṛcch*) *a.* free from difficulty, without trouble

अकृत (*akṛt*) *a.* 1. not done or prepared 2. (बिगाड़ा हुआ) damaged 3. (अविकसित) undeveloped, immature

अकृत और शून्य *a.* null and void

अकृत करना *v.t.* to nullify, to undo

अकृतकार्य *a.* unsuccessful in accomplishing one's objective

अकृत क्षेत्र *m.* wasteland

अकृत बुद्धि *a.* of undeveloped intellect

अकृतक (*akṛtak*) *a.* unsophisticated

अकृतज्ञ (*akṛtajñ*) *a.* ungrateful

अकृतज्ञता (*akṛtajñtā*) *f.* ingratitude, ungratefulness

अकृतता (*akṛttā*) *f.* 1. unfit for work 2. nullity

अकृतात्मा (*akṛtātmā*) *a.* 1. having an unformed mind, ignorant 2. not yet unified with the Supreme Being

अकृतार्थ (*akṛtārtha*) *a.* having one's objective unaccomplished, unsuccessful

अकृतार्थता (*akṛtārthatā*) *f.* failure in accomplishing one's objective

अकृतीकरण (*akṛtīkaraṇ*) *m.* nullification

अकृत्त (*akṛtta*) *a.* uncut, unimpaired

अकृत्य (*akṛtya*) *m.* 1. ill-deed, crime, offence 2. sin

अकृत्यकारी *m.* criminal

अकृत्रिम (*akṛtrim*) *a.* not artificial, not fictitious, genuine, natural

अकृत्रिमता (*akṛtrimtā*) *f.* naturalness, unaffectedness, genuineness

अकृत्स्न (*akṛtsna*) *a.* half-done

अकृप (*akṛp*) *a.* merciless, cruel, ruthless

अकृपण (*akṛpaṇ*) *m.* & *a.* not miserly, generous, liberal, open-minded (person)

अकृश (*akṛś*) *a.* not lean, strong, stout
अकृश लक्ष्मी *a.* enjoying prosperity, prosperous
अकृष्ट (*akṛṣṭa*) *a.* unploughed, untilled, uncultivated
अकृष्ट भूमि *f.* virgin soil
अकृष्ण (*akṛṣṇa*) *a.* 1. not black 2. pure
अकृष्ण कर्मा *a.* guiltless
अकेंद्रक (*akemdrak*) *a.* non-nucleus
अकेतन (*aketan*) *a.* homeless
अकेत (*aket*) *a.* shapeless, unrecognizable
अकेला (*akelā*) *a.* 1. single, sole, solitary 2. lonely 3. unique, peerless 4. alone
अकेला कैदी *m.* solitary prisoner
अकेला दम *a.* alone
अकेला-दुकेला *a.* almost alone
अकेली जान *m.* single
अकेला चना भाड़ नहीं फोड़ सकता *(लो.)* no one can do anything great alone, one swallow does not make a summer
अकेलापन (*akelāpan*) *m.* loneliness, solitude
अकेले (*akele*) *adv.* alone
अकेले-अकेले *adv.* all by oneself, without anyone else
अकेले में *adv.* privately
अकेले में मिलना *v.i.* to see/meet at a lonely place
अकेश (*akeś*) *a.* hairless, bald
अकैतव (*akaitav*) I. *a.* sincere, frank, unaffected II. *m.* sincerity, frankness, righteousness
अकोतर सौ (*akotarsaū*) *a.* & *m.* one hundred and one
अकोविद (*akovid*) *a.* unwise, ignorant, foolish
अकौटिल्य (*akauṭilya*) *m.* straightforwardness, simplicity
अकौशल (*akauśal*) *m.* want of skill
अक्का (*akkā*) *f.* 1. elder sister 2. any elderly lady
अक्खड़ (*akkhaṛ*) I. *a.* 1. unpolished, undisciplined, rude, rough 2. (गर्वीला) proud, haughty 3. (झगड़ालू) contentious, quarrelsome II. *m.* coarse and hard-hearted person, boor, dolt
अक्खड़पन (*akkhaṛpan*) *m.* 1. roughness, coarseness, incivility, impoliteness 2. tendency towards dispute
अक्खो-मक्खो (*akkho-makkho*) *f.* avoiding evil eye
अक्त (*akta*) *a.* 1. smeared over, diffused, tinged (as in विषाक्त) 2. (गुप्त) hidden, latent 3. (युक्त) compounded with
अक्तूबर E (*aktūbar*) *m.* October
अक्द A (*aqd*) *m.* (among Muslims) marriage negotiation, marriage contract
अक्दनामा *m.* marriage deed or agreement
अक्रम (*akram*) I. *a.* disarranged, irregular, not in order II. *m.* disorder, lack of serial order, confusion
अक्रम-सिद्धान्त *m.* theory of irregularity
अक्रमातिशयोक्ति (*akramātiśayokti*) *f.* a type of irregular exaggeration as a figure of speech
अक्रव्याद (*akravyād*) *a.* vegetarian
अक्रांत (*akrānt*) *a.* unsurpassed, unconquered, undefeated
अक्रिय (*akriy*) *a.* 1. inactive, lazy, idle 2. (अक्षम) inert, sluggish
अक्रियता (*akriyatā*) *f.* 1. inactivity, laziness, idleness 2. sluggishness
अक्रिया (*akriyā*) *f.* 1. inaction 2. improper action
अक्रीत (*akrīt*) *a.* unpurchased
अक्रूर (*akrūr*) *a.* 1. gentle, mild, tender, soft 2. generous
अक्रोध (*akrodh*) *m.* lack of anger
अक्ल A (*aql*) *f.* intelligence, wisdom, understanding, sense
अक्ल आना *v.i.* (a) to grow become

sensible (b) to learn a lesson

अक्ल का अंधा *(मु.) m.* foolish, silly

अक्ल का घास चरने जाना *(मु.)* to be out of one's head

अक्ल का दुश्मन *(मु.) m.* blockheaded person, fool, duffer

अक्ल का पुतला *(मु.) m.* a man of sense, wisdom personified

अक्ल का पूरा *a.* dull, idiot, stupid

अक्ल काम न करना *v.i.* to be at one's wit's end

अक्ल का मारा *a.* devoid of wisdom, unwise

अक्ल की पुड़िया *f.* very intelligent

अक्ल की मार *f.* loss of intelligence

अक्ल के घोड़े दौड़ाना *(मु.) v.t.* to form vain fancies, to exercise the brain

अक्ल के पीछे लट्ठ लिये फिरना *(मु.) v.t.* to act unwisely

अक्ल के बखिये उधेड़ना *v.t.* to lose intelligence

अक्ल को रोना *v.i.* to suffer the loss of intelligence

अक्ल खर्च करना *v.t.* to think, to exercise the mind

अक्ल खोना/गँवाना *v.t.* to lose all sense

अक्ल गुम होना *v.i.* to lose all moorings

अक्ल चक्कर में आना, अक्ल चकराना *v.i.* to be confused and distracted, to be nonplussed

अक्ल जाती रहना *v.i.* to be confounded

अक्ल ठिकाने न रहना *v.i.* to be at one's wit's end

अक्ल ठिकाने लगाना, अक्ल ठीक करना *(मु.) v.t.* to set somebody on the right path, to teach a lesson

अक्ल दंग रह जाना *v.i.* to be dumbfounded, to be amazed

अक्ल देना *v.t.* to instruct, to counsel

अक्ल दौड़ाना/भिड़ाना *v.t.* to exercise one's mind

अक्ल पर पत्थर/पट्टी पड़ना *(मु.) v.i.* to be out of one's wits

अक्ल मारी जाना *v.i.* to be confounded (= अक्ल जाती रहना)

अक्ल लड़ाना *v.t.* to exercise one's mind, to speculate, to guess

अक्ल लेना *v.t.* to learn

अक्ल सठियाना *(मु.) v.i.* to show weakness of mind because of old age, to show signs of dotage

अक्ल से दूर/बाहर *a.* nonsensical, unreasonable

अक्ल हवा होना *v.i.* to be non plussed

अक्लमंद A&P (*aqlmand*) *a.* intelligent, wise, sensible

अक्लमंद को इशारा काफ़ी *(लो.)* a word to the wise is sufficient

अक्लमंदी A&P (*aqlmandī*) *f.* wisdom, intelligence, sensibility

अक्लमंदी से *adv.* wisely

अक्लांत (*aklānt*) *a.* unwearied, untiring, indefatigable

अक्लिष्ट (*akliṣṭa*) *a.* 1. untroubled, undisturbed, unwearied 2. (आसान) easy, not intricate

अक्लीव (*aklīv*) *a.* potent

अक्लेद (*akled*) *m.* 1. barrenness 2. drought

अक्लेद्य (*akledya*) *a.* not to be wet

अक्लेश (*akleś*) *m.* absence of fatigue or weariness, ease

अक्षंतव्य (*akṣantavya*) *a.* unpardonable, inexcusable

अक्ष (*akṣa*) *m.* 1. dice for gambling 2. (धुरा) axle, axis

अक्षकर्ण *m.* (maths) hypotenuse

अक्षकाम *a.* fond of gambling

अक्षक्रीड़ा *f.* game of dice, gambling

अक्ष-धुर *m.* pin at the end of an axle pole

अक्ष-धूर्त *m.* expert in gambling

अक्ष-पाट/वाट *m.* arena, wrestling ground or gambling house

अक्षमाला *f.* a rosary of Rudraksh

beads

अक्षमिति *f.* axonometric

अक्षविद् *m.* one expert in gambling

अक्षशाला *f.* gambling house

अक्षणिक (*akṣaṇik*) *a.* steady, firm, steadfast

अक्षत (*akṣat*) I. *a.* 1. uninjured, unhurt 2. whole, entire, intact II. *m.* whole grain, especially rice

अक्षत भूमि *f.* virgin soil

अक्षतयोनि (a) unblemished, undeflowered, virgin (b) virgin girl, maiden

अक्षतवीर्य *a.* celibate

अक्षता (*akṣatā*) *f.* undeflowered maiden, unblemished girl, virgin

अक्षम (*akṣam*) *a.* 1. incompetent, unable, unfit, incapable 2. (अधीर) impatient

अक्षमता (*akṣamtā*) *f.* incompetence, inability, impatience

अक्षम्य (*akṣamya*) *a.* unpardonable, inexcusable

अक्षय (*akṣay*) *a.* undecaying, imperishable, inexhaustible, permanent, undying, durable

अक्षयकीर्ति *f.* undying fame

अक्षयतृतीया *f.* a festival falling in (वैशाख) (April-May)

अक्षयनवमी *f.* ninth day of the bright half of (आश्विन) (Sept.-Oct.)

अक्षयनिधि *f.* permanent endowment

अक्षयलोक *m.* paradise, heaven, eternal world

अक्षयवट वृक्ष *m.* the never dying banyan tree (now in Allahabad fort)

अक्षयसाधन *m.* inexhaustible resources

अक्षयस्रोत *m.* inexhaustible source

अक्षयिष्णु (*akṣayiṣṇu*) *a.* incessant, continuing

अक्षयिष्णुता (*akṣayiṣṇutā*) *f.* incessancy, capacity to continue

अक्षय्य (*akṣayy*) *a.* undecaying, imperishable, inexhaustible

अक्षर (*akṣar*) *m.* 1. letter (of alphabet) 2. syllable 3. (परमात्मा) the Supreme Being

अक्षर अंतरालन *m.* letter spacing

अक्षरक्रम *m.* alphabetical order

अक्षर छापाखाना *m.* letterpress

अक्षरजीवक *m.* writer, author, litterateur

अक्षरज्ञान *m.* knowledge of alphabet

अक्षरन्यास *m.* array of letters

अक्षरप्रणाली *f.* alphabetical method

अक्षर-प्रत्यक्षर *a.* word for word, literal (जैसे अनुवाद translation)

अक्षरयोजक *m.* compositor

अक्षरयोजन *m.* composing (of types)

अक्षरलेख *m.* syllabary

अक्षरलेखन *m.* lettering

अक्षरवितरक *m.* distributor of letters

अक्षर-विन्यास *m.* spelling

अक्षर-विभाजन *m.* /**अक्षर विश्लेषण** *m.* syllabication

अक्षर-शत्रु *m.* uneducated, illiterate

अक्षर समाम्नाय *m.* alphabet

अक्षरशः (*akṣarśaḥ*) *adv.* to the letter, literally

अक्षरशः सत्य *m.* literally true

अक्षरांकन (*akṣarāṅkan*) *m.* lettering

अक्षरांतरण (*akṣarāntaraṇ*) *m.* transliteration, transcription (better लिप्यंतरण)

अक्षरानुवाद (*akṣarānuvād*) *m.* literal translation

अक्षराक्षर (*akṣarākṣar*) *a.* word for word, literal

अक्षरारंभ (*akṣarārambh*) *m.* beginning of reading and writing

अक्षरी (*akṣarī*) *f.* 1. spelling 2. syllabification

अक्षांक (*akṣāṅk*) *m.* indices

अक्षांतर (*akṣāntar*) *m.* latitude

अक्षांश (*akṣāṃś*) *m.* degrees of latitude, latitude

अक्षांश रेखा *f.* latitudinal or parallel

line

अक्षार (*akṣār*) *a*. 1. free from alkali 2. salt (also अक्षार लवण)

अक्षि (*akṣi*) *f*. eye

अक्षि कूट/कूटक *m*. prominent part of the forehead above the eyes

अक्षि-कोटर *m*. orbit

अक्षि-गोलक *m*. eyeball

अक्षि-चक्रिका *f*. optic disc

अक्षितारक/तारा *m*. pupil of the eye

अक्षिनिमेष *m*. twinkling of an eye

अक्षिपटल *m*. eyelid

अक्षिपाक *m*. swelling of an eye

अक्षिभू *a*. visible, perceptible

अक्षिलोम *m*. eyelash

अक्षिविक्षेप *m*. arch look, side glance

अक्षिसाक्षी *m*. eyewitness

अक्षित (*akṣit*) *a*. 1. undecayed 2. uninjured

अक्षीण (*akṣīṇ*) *a*. not decaying, not waning

अक्षीय (*akṣīy*) *a*. axial

अक्षीय वेग *m*. axial velocity

अक्षीव (*akṣīv*) *a*. not intoxicated, sober

अक्षुण्ण (*akṣuṇṇa*) *a*. 1. uncurtailed, intact 2. unbroken

अक्षुण्णता (*akṣuṇṇatā*) *f*. uncurtailed condition, intactness

अक्षुद्र (*akṣudra*) *a*. not mean or vulgar

अक्षुब्ध (*akṣubdh*) *a*. undisturbed, unperturbed, unagitated

अक्षेत्र (*akṣetra*) *m*. an uncultivable field, barren land

अक्षोट (*akṣoṭ*) *m*. walnut (tree and fruit), (see अखरोट)

अक्षोभ (*akṣobh*) *m*. freedom from perturbation, peace, calmness

अक्षौहिणी (*akṣauhiṇī*) *f*. 1. army consisting of 1,09,350 foot-soliders, 65,610 horses, 21,870 chariots and 21,870 elephants 2. vast army, legion

अक्स A (*aks*) *m*. reflection, shadow

अक्स उतारना/खींचना *v.t.* (a) to trace a drawing (b) to reproduce the same picture, to photograph

अक्स डालना *v.t.* to cast a shadow or reflection

अक्सर A (*akṣar*) *adv*. often, frequently

अक्सरियत A (*akṣariyat*) *f*. majority

ठोस अक्सरियत *f*. solid majority

अक्सी A (*aksī*) *a*. relating to image or shadow

अक्सी काग़ज़ *m*. tracing paper

अक्सी तसवीर *f*. photo

अक्सीर A (*aksīr*) *f*. 1. elixir 2. panacea 3. (of power) highest

अखंड (*akhaṇḍ*) *a*. 1. whole, entire 2. (अटूट) unbroken, indivisible, undivided 3. continuous

अखंड अंक *m*. integer, whole number

अखंड धारा *f*. continuous current

अखंड पाठ *m*. non-stop recitation (especially of a religious book)

अखंड भारत *m*. undivided India

अखंड मैत्री *f*. irrevocable alliance

अखंड सौभाग्य *m*. the happy state of a woman survived by her husband

अखंडता (*akhaṇḍtā*) *f*. entirety, integrity

देश की अखंडता integrity of the country

अखंडन (*akhaṇḍan*) *m*. 1. not breaking, leaving entire 2. non-refutation, confession, admission

अखंडनीय (*akhaṇḍnīy*) *a*. 1. unbreakable, infrangible 2. irrefutable 3. indivisible 4. firm, solid

अखंडनीय अवयव *m*. irreducible element

अखंडनीय तर्क *m*. irrefutable argument

अखंडनीय प्रमाण *m*. unchallenged proof

अखंडित (*akhaṇḍit*) *a*. 1. unbroken 2. undivided 3. continuous 4. unrefuted

अखंड्य (*akhaṇḍya*) *a*. 1. unbreakable, infrangible 2. irrefutable 3. indivisible 4. firm, solid (= अखंडनीय)

अखड़ैत (*akhṛait*) *m.* wrestler, athlete (= अखाड़िया)

अख़बार (*a<u>kh</u>bār*) *m.* newspaper, paper

अख़बार का कालम *m.* column of a newspaper

अख़बार का सायंकालीन अंक *m.* evening issue of a newspaper

अखबारनवीस *m.* news-writer, journalist

अख़बारनवीसी *f.* journalism

अख़बार वाला *m.* newspaper seller, hawker

अख़बारी (*a<u>kh</u>bārī*) *a.* of or pertaining to a newspaper

अख़बारी कतरनें *f.* press clippings

अख़बारी कागज़ *m.* newsprint

अख़बारी भाषा *f.* journalese

अखरना (*akharnā*) *v.i.* to be disagreeable or displeasing, to be sore or hurtful

अखरोट (*akhroṭ*) *m.* walnut, *Juglans regia*

अखरोट की गरी *f.* kernel of a walnut

अखर्व (*akharva*) *a.* not small or short, long, tall, large

अख़लाक़ A (*a<u>kh</u>lāq*) *m.* manners, good manners

अखाड़ा (*akhāṛā*) *m.* 1. wrestling pit, arena, amphitheatre, gymnasium 2. (भीड़) crowd, congregation

अखाड़ाबाज़ *m.* /**अखाड़ावाज़** *m.* athlete, gymnast, strategist

अखाड़ा गरम होना *v.i.* to be overcrowded

अखाड़ा जमना *v.i.* a group, to assemble

अखाड़ा, अखाड़ेबाज़ी *f.* bellicosity

अखाड़ा, अखाड़े में आना/उतरना *v.i.* to contest in the gymnasium, to step into the arena

अखाड़िया (*akhāṛiyā*) *m.* wrestler, gymnast, (*fig.*) strategist, manoeuvrer

पक्का अखाड़िया *m.* seasoned wrestler or gymnast

अखाद्य (*akhādya*) I. *a.* unfit to be eaten, uneatable, inedible II. *m.* forbidden food

अखिन्न (*akhinna*) *a.* cheerful, glad

अखिल (*akhil*) *a.* entire, whole, all

अखिल भारतीय सम्मेलन *m.* all India conference

अखिल भारतीय सेवा *f.* All India Service

अखिलात्मा (*akhilātmā*) *f.* the universal spirit, God

अखिलेश (*akhileś*) *m.* lord of all, the Supreme Master of the universe

अख़ीर (*akhīr*) *m.* end, conclusion, last, final

अख़ीर तक *adv.* till the end

अख़ीर में *adv.* in the end

अख़ीर वक्त *m.* last time or period, the moment of death

अख़ीरी (*akhīrī*) *a.* last, final

अखेद (*akhed*) *m.* 1. free of grief 2. cheerfulness

अखौटा (*akhauṭā*) *m.* 1. pivot of a pulley 2. axle of a handmill

अख़्तियार A (*akhtiyār*) *m.* 1. power 2. right

अख़्तियार करना *v.t.* to adopt, to take

रास्ता अख़्तियार करना *v.t.* to take a course

अख़्यितार से बाहर *a.* beyond power

अगठित (*agaṭhit*) *a.* unorganised

अगड़धत्त (*agaṛdhatt*) *a.* tall and stout

अगड़म-बगड़म (*agṛam-bagṛam*) *m.* 1. disorder, confusion, mess 2. idle chatter, vain talk, balderdash (= अंड-बंड, अंट-संट)

अगणनीय (*agaṇanīy*) *a.* 1. innumerable, countless, incalculable 2. insignificant, unimportant

अगणित (*agaṇit*) *a.* innumerable, countless

अगण्य (*agaṇya*) *a.* 1. innumerable 2. (तुच्छ) trifling, commonplace

अगति (*agati*) I. *f.* 1. want of speed 2. (पहुँच का अभाव) want of approach 3. (उपाय का अभाव) want of remedy II. *m.* one whose funeral rites have not been properly performed

अगतिशील *a.* immobile

अगतिशीलता *f.* immobility

अगतिक (*agatik*) *a.* without resource

अगतिक-गति *f.* last resort, the only resort

अगद (*agad*) I. *m.* 1. medicine, drug 2. health, fitness II. *a.* free from disease, healthy

अगदित (*agadit*) *a.* unspoken, unsaid, untold

अगम (*agam*) I. *a.* 1. unfathomable 2. unapproachable, inaccessible 3. bottomless, deep II. *m.* future, futurity

अगमज्ञानी *m.* prophet, fortune-teller, soothsayer

अगम बात *f.* prophecy, prediction

अगम वक्ता *m.* prognosticator, soothsayer

अगम्य (*agamya*) *a.* 1. inaccessible, impassable 2. (पहुँच के बाहर) unapproachable 3. (अलभ्य) unattainable 4. (बुद्धि से परे) unintelligible 5. (कठिन) difficult, tedious 6. (अथाह) unfathomable

अगम्यता (*agamyatā*) *f.* impassability, inaccessibility, unapproachability, etc. (see अगम्य)

अगम्या (*agamyā*) *f.* a woman not to be cohabited with, a female with whom cohabitation is prohibited

अगम्यागमन *m.* incest

अगम्यागमन-निषेध *m.* incest taboo

अगम्यागामी *a.* incestuous

अगर[1] P (*agar*) *conj.* if, in case

अगर-मगर करना (*मु.*) *v.t.* (a) to argue (b) (हिचकिचाना) to dilly-dally, to hesitate

अगर-मगर मत करो *v.t.* do not dilly-dally

अगर[2] (*agar*) *m.* aloe wood

अगरदान *m.* vessel for holding incense stick

अगरबत्ती *f.* incense stick

अगरई (*agaraī*) *a.* of the colour of aloe wood

अगरचे (*agarce*) *conj.* although

अगरु (*agrū*) *m.* aloes wood (= अगर)

अगर्व (*agarv*) *a.* free from pride, meek

अगल-बगल (*agal-bagal*) *adv.* 1. (इधर-उधर) here and there, all about 2. (आस-पास) side by side

अगल-बगल रखना *v.t.* to place on either side

अगला (*aglā*) *a.* 1. foremost 2. next, following, forthcoming

अगला जन्म *m.* next or future life or existence

अगला दिन *m.* coming day

अगला धड़ *m.* forequarters

अगला पहिया *m.* front wheel

अगला-पिछला *m.* the whole lot, the past and the future

अगला साल *m.* next year

अगली चौकी *f.* forward post

अगली श्रेणी *f.* next class

अगले-पिछले *m.* & *pl.* ancestors and descendants, posterity and succeeding generations

अगवाई (*agvāī*) *f.* 1. reception, welcome 2. (पथ प्रदर्शन) guidance, direction, leadership (= अगवानी)

अगवाड़ा (*agvāṛā*) *m.* front, front part, facade, frontage

अगवानी (*agvānī*) *f.* 1. reception, welcome 2. (पथप्रदर्शन) guidance, direction, leadership

अगवानी करना *v.t.* to receive (guests),

to escort to one's home

अगवार (*agvār*) *m.* portion of grains set apart for village workers in lieu of services rendered

अगवाह (*agvāh*) *a.* proceeding/going further

अगवाह रास्ता *m.* thoroughfare

अगवासी (*agvāsī*) *f.* the wooden body of a plough

अगस्त E (*agast*) *m.* August (month)

अगस्त्य (*agastya*) *m.* 1. name of a star, Canopus 2. name of a tree *Aeschynomene grandiflora* 3. name of a rishi

अगहन (*aghan*) *m.* the ninth month of the Hindu calendar (मार्गशीर्ष)

अगहनी (*agahnī*) *f.* the crop which is reaped in the month of (अगहन)

अगहनी धान *m.* winter paddy

-**अगाऊ** (*agāū*) *a.* advance price

अगाऊ जाना *v.i.* to advance, to meet a guest

अगाऊ दाम *m.* advance price

अगाऊ भुगतान *m.* advance payment

अगाऊ सौदा *m.* forward dealing

अगाड़ (*agāṛ*) *f.* front, front part, facade, frontage (= अगवाड़ा)

अगाड़ी (*agāṛī*) I. *f.* 1. front, front part 2. rope to tie the forefeet of a horse 3. (धावा) onset, attack II. *adv.* in front, ahead

अगाड़ी चले जाओ go ahead

अगाड़ी-पिछाड़ी *f.* front and back ropes

अगाड़ी मारना *v.t.* to attack the advance guard

अगात्र (*agātra*) *a.* bodiless

अगाध (*agādh*) *a.* 1. bottomless, unfathomable, very deep 2. profound 3. immense

अगाध जल *m.* unfathomable water

अगाध ज्ञान *m.* profound knowledge

अगाध धन *m.* immense wealth

अगाध पांडित्य *m.* profound learning or scholarship

अगाध समुद्र *m.* bottomless/unfathomable sea

अगार (*agār*) *m.* store (better आगार)

भाण्डागार *m.* godown for utensils

अगिन (*agin*) *f.* fire

अगिन गोला *m.* incendiary bomb

अगिन बाव *f.* a disease of horses

अगिन बोट *f.* steamboat, steamer

अगिया (*agiyā*) *m.* /**अगिया बैताल** (*agiyābāitāl*) *m.* a ghost which emits fire, (*fig.*) a very wrathful person

अगियाना (*agiyānā*) *v.i.* to burn, to have a burning sensation

अगियारी (*agiyārī*) *f.* burning incense

अगीत (*agīt*) I. *a.* unsung, songless II. *m.* bad song

अगुंठित (*agunṭhit*) *a.* uncovered, unveiled, bared

अगुआ (*aguā*) *m.* 1. leader, pioneer 2. (पथप्रदर्शक) guide, demonstrator 3. initiator

अगुआई (*aguāī*) *f.* leadership, guidance

अगुआई करना *v.t.* to lead, to guide

अगुआनी (*aguānī*) *f.* 1. reception, welcome 2. (पथप्रदर्शन) guidance, direction, leadership (= अगवानी)

अगुण (*aguṇ*) I. *a.* 1. without merit, worthless 2. (अनाड़ी) unskilful II. *m.* defect, vice, fault, flaw

अगुणता (*aguṇtā*) *f.* /**अगुणल** (*aguṇal*) *m.* absence of good qualities, demerit

अगुणतावादी *a.* fault-finding, censorious

अगुणी (*aguṇī*) *a.* without virtue or merit, unskilful

अगुप्त (*agupta*) *a.* not hidden, unconcealed, obvious

अगुरु (*aguru*) *a.* 1. not heavy, light 2. (लघु) small, short (= अगरु)

अगुरु स्वर *m.* short vowel

अगूढ़ (*agūṛh*) *a.* 1. (प्रकट) unconcealed, unhidden, manifest 2. (स्पष्ट) clear, evident 3. (सहज) easy, simple

अगूढ़ स्वभाव *m.* transparent disposition, open heart

अगृह (*agṛh*) *a.* homeless

अगृहता (*agṛhtā*) *f.* homelessness

अगेय (*agey*) *a.* not to be sung, not singable

अगोचर (*agocar*) I. *a.* 1. not apparent, not manifest, invisible, intangible, imperceptible 2. (अगाध) unknowable, unfathomable, mysterious, hidden II. *m.* invisible, Supreme Being, God, Brahma

अगोट (*agoṭ*) *f.* 1. bar, hindrance 2. (सुरक्षित स्थान) safe place, resort

अगोत्र (*agotra*) *a.* of a different family or tribe

अगोपनीय (*agopnīy*) *a.* not confidential, not secret

अगोर (*agor*) *m.* /**अगोरा** (*agorā*) *m.* watchman, guard (over crops)

अगोरना (*agornā*) *v.t.* 1. (खेत) to watch, to guard, to take care of 2. (प्रतीक्षा करना) to wait for somebody 3. (रोकना) to confine

अगोलीय (*agolīy*) *a.* aspheric, not round

अगौंडी (*agauṁdi*) *m.* top of the sugarcane which is sowed for growing a new plant

अग्नि (*agni*) *f.* 1. fire 2. the fire in the stomach

अग्निकांड *m.* conflagration, arson

अग्निकुंड *m.* firepot, fireplace

अग्नि-कुक्कुट *m.* firebrand

अग्निकोण *m.* south-east corner

अग्निक्रिया *f.* burning of the dead body, cremation

अग्निक्रीड़ा *f.* fireworks, fire sports

अग्निगर्भ *a.* having fire inside, containing fire

अग्निगर्भा *f.* the earth

अग्निजीवी *a.* (one) dependent on fire for his vocation, as goldsmith, blacksmith

अग्निज्वाला *f.* flame of fire

अग्नितप्त *a.* heated by fire

अग्नितेजा *a.* having the energy or light of fire

अग्निदग्ध *a.* burnt with fire, cauterized

अग्निदाता *m.* one who sets the funeral fire

अग्निदान *m.* setting fire to the funeral pyre

अग्निदाह *m.* cremation

अग्निदीपक *a.* appetizer, digestive

अग्निदीपन *m.* appetizer

अग्निदेव *m.* Agni, god of fire

अग्निपरीक्षा *f.* ordeal by fire, acid test, crucial test

अग्निपिंड *m.* fireball

अग्निपूजक *m.* fire-worshipper

अग्निपूजन *m.* / **अग्निपूजा** *f.* fire worship

अग्नि-प्रतिष्ठा *f.* consecration by fire (especially at wedding)

अग्निप्रभ *a.* bright like fire

अग्निप्रभा *f.* lustre or brightness of fire

अग्नि-प्रवेश *m.* entering into fire, immolation

अग्नि-प्रस्तर *m.* fire-stone, flint

अग्नि-बीमा *m.* fire insurance

अग्नि-भीति *f.* pyrophobia

अग्नि-मंद हो जाना *v.i.* to lose appetite

अग्निमणि *m.* sunstone

अग्निमय *a.* fiery, full of fire

अग्निमांद्य *m.* dyspepsia

अग्निमूर्ति *a.* blazing like fire (person)

अग्निवर्धक *a.* appetizing, digestive

अग्निवर्धन *m.* /**अग्निवृद्धि** *f.* increase of appetite, improved digestion

अग्निवर्षक *m.* one who showers fire

अग्निवर्षा *f.* shower of fire, shower of bullets or shells

अग्निवाष्प *m.* fiery arrow, rocket

अग्निवादी *m.* Plutonist

अग्निवारक *a.* fire proof
अग्निशमन *m.* fire fighting, fire extinguishing
अग्निशामक *m.* fire extinguisher
अग्निशिखा *f.* flame of fire
अग्निशुद्धि *f.* ordeal by fire
अग्नि संस्कार *m.* cremation rites, consecration by fire
अग्निसखा *m.* a friend of fire, wind
अग्निसह *a.* fireproof
अग्निसात् *a.* burnt
अग्निस्तंभन *m.* anti-fire means
अग्निहोत्र *m.* sacrifice with medicinal herbs and butter offered in fire
अग्निहोत्री *m.* who performs fire sacrifice

अग्न्यस्त्र (*agnyāstra*) *m.* firearms, missile (e.g. cannon), artillery

अग्न्यागार (*agnyāgār*) *m.* house or place for keeping sacred fire

अग्न्याधान (*agnyādhān*) *m.* ceremony of preparing sacred fire

अग्न्याशय (*agnyāśay*) *m.* pancreas, an organ near the stomach
अग्न्याशय शोथ *m.* pancreatitis

अग्न्याशयी (*agnyāśayī*) *a.* pancreatic

अग्न्युत्पात (*agnayutpāt*) *m.* fiery portent, conflagration

अग्न्योद्गार (*agnyodgār*) *m.* volcanic eruption

अग्र (*agra*) I. *a.* 1. foremost, forward, frontal, front 2. pre-eminent, topmost II. *m.* foremost point or part, front
अग्र कुठजता *f.* forward curvature of the spine
अग्र क्रमिक उत्तराधिकारी *m.* preferential heir
अग्रगण्य *a.* first and foremost, distinguished
अग्रगति *f.* forward motion, advancement
अग्रगामी *a.* leading
अग्रगामी धारा *f.* leading current
अग्र चवर्णक *m.* premolar (tooth)
अग्र चित्र *m.* frontispiece
अग्रजन्मा *m.* Brahmin
अग्रजात *a.* acrogenous
अग्रजिह्वा *f.* front part of the tongue
अग्रतर *a.* further
अग्रदत्त *a.* given in advance
अग्रदल *m.* pilot party
अग्रदाय *m.* impress money (धन)
अग्र-दीप *m.* headlight
अग्रदूत *m.* herald, harbinger
अग्रधर्षक *m.* aggressor
अग्रधर्षण *m.* aggression
अग्रधर्षी *a.* aggressive
अग्रनीत *a.* carried forward
अग्रपाद *m.* fore part of leg
अग्रबाहु *f.* forearm
अग्रभाग *m.* front portion, forepart
अग्रमस्तिष्क *m.* fore-brain
अग्र-योजना *f.* pilot plan
अग्रलिखित *a.* pre-written
अग्रलेख *m.* leading article, editorial
अग्रवर्ती *a.* coming forward, situated in front
अग्रवर्धी *a.* acrogenous, growing at the apex
अग्रशेष *m.* balance brought forward
अग्रसंचारण *m.* forward transmission
अग्रसर करना *v.t.* to forward
अग्रसर होना *v.i.* to advance forward
अग्रसार *m.* lead
अग्रसारण *m.* forwarding
अग्रसारित *a.* forwarded
अग्रसारित करना *v.t.* to forward
अग्रसोच *f.* foresight, forecasting
अग्रसोची *a.* cautious
अग्रसोची सदा सुखी precaution is better than cure
अग्रहायण *m.* the ninth month of Hindu calendar

अग्रज (*agraj*) *m.* born before, elder brother

अग्रजा (*agrajā*) *f.* born earlier, elder sister

अग्रणी (*agraṇī*) I. *m.* foreman, leader II. *a.* foremost, leading

अग्रता (*agratā*) *f.* priority

अग्रता-क्रम *m.* order of precedence

अग्रता-सूची *f.* priority list

अग्रांकित (*agrāṅkit*) *a.* previously described

अग्रांग (*agrāṅg*) *m.* extremities (of body)

अग्रांश (*agrāṃś*) *m.* front portion, forepart (= अग्रभाग)

अग्राभिसारी (*agrābhisārī*) *a.* developing upward

अग्रामात्य (*agrāmātya*) *m.* chief minister

अग्राह्य (*agrāhya*) *a.* 1. unacceptable 2. inadmissible

अग्राह्य मान *m.* inadmissible value

अग्राह्य व्यक्ति *m.* persona non-grata

अग्रिम (*agrim*) I. *a.* 1. foremost 2. paid/given in advance II. *adv.* in advance III. *m.* advance, earnest money

अग्रिम अदायगी *f.* advance payment

अग्रिम अनुदान *m.* grant on account

अग्रिम छुट्टी *f.* advance leave

अग्रिम टुकड़ी *f.* **/दल** *m.* advance party

अग्रिम पंक्ति *f.* front or foremost row

अग्रिम प्रति *f.* advance copy

अग्रिम भेजना *v.t.* to send in advance

अग्रेषण (*agreṣaṇ*) *m.* forwarding

अग्रोन्मुख (*agronmukh*) *a.* prospective

अघ (*agh*) *m.* sin, evil

अघकारी *m.* sinner, criminal

अघनाशन *a.* & *m.* destroying sin or evil, destroyer of sin

अघट (*aghaṭ*) *a.* 1. impossible 2. unusual, unlikely 3. (अयोग्य) unworthy, incapable, unfit 4. (कठिन) difficult, tedious

अघटित (*aghaṭit*) I *a.* 1. not happened, not occurred 2. unlikely to occur, impossible II. *m.* unknown future

अघन (*aghan*) *a.* not solid, not compact

अघवाना (*aghvānā*) *v.t.* to feed well, to satiate

अघाई (*aghāī*) *f.* surfeit

अघात (*ahāt*) *m.* lack of damage or loss

अघातक (*aghātak*) *a.* non-fatal

अघातक दुर्घटना *f.* non-fatal accident

अघाना (*aghānā*) *v.i.* 1. to be satiated, to be fully satisfied 2. to become sick or fed up II. *v.t.* to satisfy, satiate

अघुलनशील (*aghulanśīl*) *a.* insoluble

अघोर (*aghor*) I. *m.* 1. a title of Shiva, Rudra 2. a dirty-looking man II. *a.* dreadful, terrible, formidable

अघोरपंथ *m.* an order or sect of Shaivites who eat anything and everything even dead bodies

अघोरपंथी *m.* (a) follower of अघोरपंथ (b) (पेटू) glutton

अघोरी (*aghorī*) *m.* glutton, gormandizer (= अघोरपंथी *q.v.*)

अघोरीपन (*aghorīpan*) *m.* filthiness, foulness, greediness, covetousness

अघोष (*aghoṣ*) *a.* & *m.* unvoiced/breath sound (as क, ख, च छ, p, t)

अघोषित (*aghoṣit*) *a.* undeclared

अघोषित युद्ध *m.* undeclared war

अघ्राणता (*aghrāṇtā*) *f.* anosmia, lack of smelling power

अघ्रेय (*aghrey*) I. *a.* not fit to be smelled II. *m.* wine

अचंचल (*acañcal*) *a.* 1. steady, steadfast, firm 2. not fickle-minded 3. restful, unwavering

अचंचलता (*acañcaltā*) *f.* 1. steadiness, firmness 2. restfulness

अचंड (*acaṇḍ*) *a.* gentle, meek, tractable

अचंडी (*acaṇḍī*) *f.* a mild or tractable cow, a gentle woman

अचंभा (*acambhā*) *m.* wonder, marvel, astonishment

अचंभे में आना/पड़ना *v.i.* to be amazed/surprised

अचंभे में डाल देना *v.t.* to amaze, to

astound

अचंभित (*acambhit*) *a.* amazed, surprised, astounded, bewildered

अचकचाना (*ackacānā*) *v.i.* 1. to be surprised, to be astonished, to be startled, to start, to be confounded 2. to hesitate, to be hesitant

अचकचाहट (*ackacāhaṭ*) *f.* 1. amazement, state of being confounded, astonishment 2. hesitation, hesitancy

अचकन (*ackan*) *m.* a tight-fitting long coat

अचकों (*ackoṁ*) *adv.* all of a sudden, suddenly

अचक्क (*acakka*) *adv.* unknowingly (also अचक्क में)

अचक्षु (*acakṣu*) I. *a.* without eyes, blind II. *m.* bad eye

अचक्षु विषय *m.* invisible object

अचतुर (*acatur*) *a.* 1. not clever, dull, stupid 2. artless, inefficient

अचपल (*acapal*) *a.* 1. not fickle, unwavering 2. calm, quiet 3. steady, firm

अचपलता (*acapaltā*) *f.* 1. not fickle 2. steadiness, firmness

अचर (*acar*) I. *a.* immovable, stationary, steady, invariable II. *m.* 1. inanimate object 2. (maths) constant

अचर पद *m.* absolute term

अचर रेखा *f.* invariable line

अचरज (*acraj*) *m.* 1. wonder 2. marvel 3. amazement, astonishment

अचरज कर दिखाना *v.t.* to do something marvellous, to perform a miracle

अचरज में आना/पड़ना *v.i.* to be lost in wonder, to get nonplussed

अचरज में डालना *v.t.* to surprise somebody

अचरितार्थ (*acaritārth*) *a.* unsuccessful, ungratified, unrealised

अचल (*acal*) *a.* 1. motionless, not moving 2. immovable, stable, firm, steady, stationary

अचल चित्र *m.* still photograph

अचल भार *m.* dead weight

अचल संपत्ति *f.* immovable property

अचलता (*acaltā*) *f.* 1. immovability, inertia 2. steadiness, firmness, stability

अचला (*aclā*) *f.* earth

अचलीकरण (*aclīkaraṇ*) *m.* immobilization

अचवन (*acvan*) *m.* rinsing of hands and mouth

अचवना (*acavnā*) *v.i.* to rinse hands and mouth

अचवाना (*acvānā*) *v.t.* to cause to rinse or gargle after eating

अचाक्षुष (*acākṣuṣ*) *a.* invisible, unperceived, unseen

अचातुर्य (*acāturya*) *m.* stillness, dullness

अचानक (*acānak*) *adv.* suddenly, accidentally, all of a sudden, unexpectedly, by chance

अचानक जाँच करना *v.t.* to make a surprise check

अचानक पकड़ना *v.t.* to take unawares

अचानकी (*acānakī*) *a.* sudden

अचानकी आय *f.* windfall income

अचानकी लाभ *m.* windfall profit

अचापल्य (*acāpalya*) *m.* steadiness, firmness, constancy, absence of fickleness

अचार (*acār*) *m.* pickle

अचार डालना *v.t.* to prepare pickles

अचारज (*acāraj*) *m.* a priest who performs funeral rites and gets donation in the name of the dead (see आचार्य)

अचारी (*acārī*) I. *a.* pickled, conserved II. *f.* jar for keeping pickles III. *f.* pickles made of fruits or vegetables

अचारी आम *m.* / **गोभी** *f.* pickled mango/ cauliflower

अचारु (*acāru*) *a*. ugly, unpleasant
अचालक (*acālak*) *a*. non-conductor
अचाह (*acāh*) *f*. lack of want, absence of desire
अचाहा (*acāhā*) *a*. 1. unwanted 2. unloved
अचिंत (*aciṁt*) *a*. 1. without worry 2. (बेफिक्र) without anxiety 3. (लापरवाह) careless, heedless, rash
अचिंतनीय (*aciṁtnīy*) *a*. 1. unthinkable 2. unconceivable, incomprehensible
अचिंता (*aciṁtā*) *f*. 1. negligence, inconsiderateness 2. carelessness
अचिंतित (*aciṁtit*) *a*. 1. unconceived, not thought of before, unpremeditated 2. (आकस्मिक) accidental, unexpected 3. (उपेक्षित) neglected, unregarded
अचिंत्य (*aciṁtya*) *a*. 1. inconceivable, incomprehensible 2. unthinkable
 अचिंत्यकर्मा *a*. & *m*. (one) performing inconceivable action, (one) who acts without thinking
अचिकित्सक (*acikitsak*) *m*. quack
अचिकित्स्य (*acikitsya*) *a*. incurable, irremediable
अचिकीर्षु (*acikīrṣu*) *a*. without desire for work, indolent, lazy
अचित्त (*acitt*) *a*. beyond understanding, inconceivable 2. devoid of intellect, dull
अचित्ति (*acitti*) *f*. ignorance, paucity of knowledge
अचिर (*acir*) I. *adv*. recently, shortly, just a while back II. *a*. 1. not lasting, not durable, transitory 2. recent, new
 अचिर-काल *m*. short time
 अचिर-प्रसूता *f*. a cow that has recently calved
 अचिर भविष्य में *adv*. in near future
अचिह्नित (*acihnit*) *a*. unmarked
अचीन्हा (*acīnhā*) *a*. unidentified, unknown
अचुंबकीय (*acumbakīy*) *a*. non-magnetic
अचूक (*acūk*) *a*. unerring, infallible, unfailing, unmistakable
 अचूक औषधि/दवा *f*. infallible medicine
 अचूक अस्त्र *m*. unfailing weapon
 अचूक निशाना *m*. unerring/unfailing aim
अचेत (*acet*) *a*. 1. senseless, unconscious 2. careless, heedless, regardless
 अचेत अवस्था *f*. trance, unconsciousness
 अचेत होना *v.i.* to be unconscious, to fall into a swoon, to faint
अचेतन (*acetan*) *a*. 1. unconscious 2. (निर्जीव) inanimate, lifeless
 अचेतन मन *m*. unconscious mind
 अचेतन पदार्थ *m*. inanimate object
अचेतनक (*acetanak*) *a*. anaesthetic, narcotic
अचेतनता (*acetantā*) *f*. unconsciousness, senselessness
अचेतना (*acetnā*) *f*. unconsciousness, senselessness
अचेतनावस्था (*acetnāvasthā*) *f*. unconscious state
अचेतनीकरण (*acetnīkaraṇ*) *m*. anaesthetization
अचेष्ट (*aceṣṭ*) *a*. effortless, without endeavour, inactive
अचेष्टित (*aceṣṭit*) *a*. benumbed
अचैतन्य (*acaitanya*) I. *a*. 1. unconscious, senseless, without sensation 2. inanimate, lifeless II. *m*. want of consciousness, lack of sensibility, unconsciousness
अचैतिकी (*acaitikī*) *f*. anaesthesiology
अचैन (*acain*) I. *a*. uneasy, uncomfortable II. *m*. uneasiness, discomfort
अच्छ (*acch*) *a*. clear, bright, transparent

अच्छा (*acchā*) I. *a.* 1. good, nice, fine 2. right II. *adv.* well, right III. *interj.* well, right well. Is it so !

अच्छा-अच्छा! yes, all right !

अच्छा करना *v.t.* (a) to do well (b) to cure (c) to heal (d) to do good

अच्छा काम *m.* right cause

अच्छा-ख़ासा *a.* quite good

अच्छा घर *m.* good and prosperous family

अच्छा दिन *m.* fine day

अच्छा-भला *a.* tolerably good

अच्छा लगना *v.i.* (a) to feel pleasant (b) to be agreeable, to be pleasant (c) to like

अच्छा सौदा *m.* profitable/good bargain

अच्छा स्वाद *m.* good taste

अच्छा होना *v.i.* to be cured

अच्छी नीयत *f.* good faith

अच्छे दिन *m.* better or prosperous times

अच्छे से अच्छा *a.* the very best, best of all

तुम अच्छे आये (a) you came at the right moment (b) you said you would come but you did not

आप अच्छे तो हैं ? I hope you are quite well?

अच्छी कही well said

अच्छी बीतना/कटना *v.i.* to spend a happy life

बहुत अच्छा all right, very well

अच्छों से पाला पड़ना having to deal with good people

अच्छाई (*acchāī*) *f.* good, virtue, goodness, merit

अच्छाई-बुराई *f.* merit-demerit, virtue- vice

अच्छापन (*acchāpan*) *m.* = अच्छाई

अच्युत (*acyut*) I. *a.* 1. imperishable, undecaying, immortal, eternal 2. infallible 3. constant, unchangeable, firm II. *m.* God, Vishnu

अच्युतानंद (*acyutānand*) I. *a.* having eternal bliss II. *m.* Almighty, Supreme Being

अछताना-पछताना (*achtānā-pachtānā*) *v.i.* to repent/regret again and again, to grieve, to repine

अछत्र (*achatra*) *m.* state of a fallen king

अछरौटी (*achrauṭī*) *f.* 1. alphabets 2. orthography

अछल (*achal*) *a.* without wile, simple, plain

अछवानी (*achvānī*) *f.* a dry fruit confectionery given to a woman after childbirth

अछिद्र (*achidra*) *a.* 1. without a hole, free from cleft 2. uninjured 3. (निर्दोष) flawless, unblemished, without defect

अछिद्रित (*achidrit*) *a.* unperforated

अछिन्न (*achinna*) *a.* 1. uncut 2. inseparable, intact

अछूत (*achūt*) *a.* & *m.* untouchable (person), not to be touched

अछूतपन *m.* untouchability

अछूता (*achūtā*) *a.* 1. untouched, unpolluted, untasted (food) 2. (कोरा) unused, fresh, new 3. (स्वच्छ) clean, pure, undefiled

अछूता विषय *m.* untouched or undealt-with subject

अछूती ज़मीन *f.* virgin soil

अछूतोद्धार (*achūtoddhār*) *m.* uplift of the untouchables (now they prefer दलितोद्धार)

अछेद्य (*achedya*) *a.* 1. impenetrable 2. indivisible 3. unbroken

अछोर (*achor*) *a.* without a beginning or end

अछोह (*achoh*) I. *a.* pitiless, without love or affection II. *m.* 1. want of love or affection 2. want of pity

अजंत (*ajant*) *m.* word ending in a vowel
अजंभ (*ajambh*) *a.* & *m.* toothless
अज[1] (*aj*) *a.* & *m.* self-existent, Supreme Being
अजधाम *m.* paradise
अज[2] (*aj*) *m.* male goat
अज-पथ / वीथि *m./f.* goat track
अजपाल *m.* goatherd
अज़[3] P (*az*) *pref.* from, by
अज़ख़ुद *adv.* of one's own accoıd, *suo motu*
अज़ ग़ैबी *a.* divine
अज़ सर ता पा from head to foot
अज़ सरे नौ *adv.* anew, afresh, *de novo*
अज़हद *a.* very much, too much
अजगर (*ajgar*) I. *m.* python, boa constrictor II. *a.* very heavy, ponderous, unwieldy
अजगरी (*ajgarī*) I. *a.* pythonic, pertaining to the python II. *f.* an indolent life
अजगरी वृत्ति *f.* leisurely attitude, sense of inertia
अजगाव (*ajgāv*) *m.* 1. a snake demon 2. a sacrificial vessel
अजगुत (*ajgut*) *f.* 1. a surprising thing 2. strange incident, wonderful happening
अजघन्य (*ajaghanya*) *a.* not meanest, neither the last nor the least
अजड़ (*ajaṛ*) *a.* animate, sensible, not torpid
अज़दहा P (*azdahā*) *m.* python (= अजगर)
अजन (*ajan*) I. *m.* mean person, lowly person II. *a.* 1. self-existing, eternal 2. desolate
अजनतंत्रीय (*ajantantrīy*) *a.* anti-democratic, undemocratic
अजनबी A (*ajnabī*) I. *m.* stranger, alien, foreigner II. *a.* strange, exotic, foreign, unknown, new
अजनबीपन A (*ajnabīpan*) *m.* strangeness, exoticism, alienation
अजन्मा (*ajanmā*) *a.* 1. unborn, unbegotten 2. (अनंत) eternal
अजन्य (*ajanya*) *a.* unfit for mankind, unfavourable to mankind
अजप (*ajap*) *m.* one who does not repeat prayer
अजपा (*ajapā*) *a.* unpronounced, unuttered
अजपा जाप *m.* repeating prayers in the mind
अजब A (*ajab*) I. *m.* wonder, wonderful thing II. *a.* 1. strange, peculiar 2. wonderful, surprising, marvellous, astonishing, amazing
अजब कुछ *m.* something wonderful
अज़मत A (*azmat*) *f.* greatness, dignity
अजमोद (*ajmod*) *m.* parsley, celery, *Apium graveolens*, a herb used for seasoning and garnishing (*syn.* अजवायन)
अजय (*ajay*) I. *a.* unconquerable, unvanquished II. *m.* defeat
अजया (*ajayā*) *f.* intoxicating hemp (shrub) (also भांग)
अजय्य (*ajayya*) *a.* unconquerable, invincible
अजर (*ajar*) *a.* not liable to decay, undecaying, not liable to old age, ever young
अजर-अमर *a.* free from decay or death, ever young and immortal
अजल (*ajal*) *a.* waterless, anhydrous
अजवायन (*ajvāyan*) *f. ligusticum, ajowan, Carum copticum*, caraway plant and its seeds
अजवायन का सत्त *m.* thymol
अजस्र (*ajasra*) I. *a.* incessant, perpetual, continuous, constant II. *adv.* incessantly, perpetually, continuously
अजस्र धारा *f.* incessant current
अजस्र बहना to flow or blow incessantly

अजस्रता (*ajasratā*) *f.* perpetuity, continuity

अजहत (*ajhat*) *a.* that which does not change (gram.)

अजहत्स्वार्था (*ajhatsvarthā*) *f.* metonymy (figure of speech)

अजा (*ajā*) *f.* (बकरी) she-goat

अजा-गलस्तन *m.* fleshy protuberance hanging under the neck of a goat

अजापाल/पालक *m.* goatherd

अजाइब A (*ajāib*) *m.* wonderful things (see अजायब)

अजाचार (*ajācār*) *m.* incest

अजात (*ajāt*) *a.* 1. unborn 2. undeveloped person

अजात बालक *m.* unborn child

अजात व्यवहार *a.* having no experience of business or dealings with others

अजातशत्रु *m.* & *a.* (one) having no enemy (born), without adversary or equal

अजाति (*ajāti*) I. *a.* not belonging to any caste II. *f.* low caste

अजान[1] (*ajān*) *a.* 1. ignorant, innocent 2. (सीधा-सादा) simple, artless 3. (अज्ञात) unknown, unacquainted

अजानपन *m.* (a) ignorance (b) simplicity

अजान में *adv.* unknowingly, unwittingly

अज़ान[2] A (*azān*) *f.* call to prayer (given from a mosque)

अज़ान देना *v.t.* to call (aloud) to pray

अज़ाब A (*azāb*) *m.* 1. misfortune, misery 2. (दंड) punishment 3. (पीड़ा) pain 4. (झंझट) botheration, difficulty

अज़ाब देना *v.t.* to torture

अज़ाब में पड़ना/फँसना *v.i.* to be involved in difficulty

अज़ाब मोल लेना *v.t.* to invite trouble, to bring difficulties on to oneself

अजायब A (*ajāyab*) *m.* & *pl.* (from अजब) objects of wonder

अजायबख़ाना *m.* /**अजायबघर** *m.* museum

अजित (*ajit*) (also *colloq.* अजीत) *a.* unconquered, unbeaten, unsubdued, invincible

अजित-विक्रम *a.* having an unsubdued power

अजितेंद्रिय (*ajitemdriy*) *a.* having unsubdued passions, of uncontrolled mind and senses, incontinent, intemperate

अजिन (*ajin*) *m.* pelt of an antelope or tiger, deer skin

अजिर (*ajir*) I. *m.* 1. courtyard 2. (शरीर) body 3. (वायु) air II. *a.* swift, fleet, rapid, quick

अजिल्द A (*ajild*) *a.* unbound (as पुस्तक book)

अजिह्व (*ajihva*) I. *a.* tongueless II. *m.* frog

अजी (*ajī*) *interj.* a particle used to call attention or to express surprise, hello! Sir ! I say, Sir ! Good Sir ! Madam !

अज़ीज़ A (*azīz*) I. *a.* dear, loving, greatly valued, respected, honoured II. *m.* dear friend, dear relative

अज़ीज़ चीज़ *f.* highly valued or precious thing

अज़ीज़ दोस्त *m.* dear friend

अज़ीज़ जानना *v.t.*/ **अज़ीज़ रखना** *v.t.* to hold dear, to esteem or value highly

अजीटन (*ajīṭan*) *m.* adjutant

अजीब A (*ajīb*) *a.* wonderful, peculiar, uncommon, odd

अजीब-ओ-ग़रीब *a.* (a) marvellous, wonderful, peculiar (b) baffling

अजीब लगना *v.i.* to look odd, to seem baffling

अजीरण (*ajīraṇ*) *m.* (*colloq.*) = अजीर्ण

अजीर्ण (*ajīrṇa*) *m.* indigestion (especially due to over eating)

अजीर्ण होना *v.i.* to suffer from indigestion, to be surfeited, to be glutted

अजीर्णी (*ajīrṇī*) *a.* suffering from indigestion

अजीव (*ajīv*) I. *a.* lifeless, inanimate II. *m.* inanimate body

अजीवन (*ajīvan*) I. *a.* destitute of livelihood II. *m.* want of life or existence, death

अजीवित (*ajīvit*) *a.* non-existent, not living, dead

अजुगुप्सित (*ajugupsit*) *a.* not disliked, not repugnant

अजूठा (*ajūṭhā*) *a.* untasted, untouched (food)

अजूबा A (*ajūbā*) *m.* wonder, wonderful thing

अजेतव्य (*ajetavya*) *a.* = अजेय *q.v.*

अजेय (*ajey*) *a.* unconquerable, invincible, insuperable, indomitable

अजेयता (*ajeytā*) *f.* invincibility, insuperability

अजैव (*ajaiv*) *a.* inorganic

अजैव वातावरण *m.* inorganic environment

अजैविक (*ajaivik*) *a.* non-organic

अजोड़ (*ajoṛ*) *a.* 1. without joint, disconnected 2. not matching, incongruous 3. unequalled, peerless, matchless

अजोत (*ajot*) *a.* uncultivated, untilled, waste

अजोत भूमि *f.* untilled/waste land, heath

अजौरी (*ajaurī*) *f.* advances, particularly to agricultural labourers

अजौं (*ajauṁ*) *adv.* even now

अज्ञ (*agya*) *a.* 1. without knowledge, ignorant 2. (मूर्ख) foolish, silly, stupid 3. (अचेतन) unconscious

अज्ञता (*agyatā*) *f.* 1. ignorance 2. folly, stupidity 3. unconsciousness

अज्ञात (*agyāt*) *a.* unknown, not understood

अज्ञात-कुल *a.* whose lineage is unknown

अज्ञातचेतन *a.* unconscious

अज्ञातनामा *a.* unknown, not famous, one who has not made a name

अज्ञातनामिक-पत्र *m.* dead letter

अज्ञात-पितृक *a.* whose father or forefather is not known

अज्ञातपूर्व *a.* not known from the beginning

अज्ञातयौवना *f.* damsel who is unaware of the advent of her youth

अज्ञातराशि *f.* unknown amount

अज्ञातवास *m.* dwelling in an undisclosed or hidden place, unknown dwelling place

अज्ञातशील *a.* one whose antecedents are not known

अज्ञान (*ajñān*) I. *a.* 1. ignorant 2. foolish, unwise II. *m.* ignorance, nescience, want of knowledge (= अजान)

अज्ञानकृत *a.* committed through ignorance, inadvertently done

अज्ञातजनित *a.* resulting from ignorance

अज्ञानवश *adv.* through ignorance, unknowingly

अज्ञानवाद *m.* agnosticism

अज्ञानतः (*ajñāntaḥ*) *adv.* due to ignorance, inadvertently

अज्ञानता (*ajñānta*) *f.* 1. ignorance, unconsciousness 2. folly, stupidity

अज्ञानी (*ajñānī*) *a.* & *m.* ignorant (person), fool

अज्ञेय (*ajñey*) *a.* unknowable, incomprehensible, beyond knowledge

अज्ञेयवाद *m.* agnosticism

अज्ञेयवादी *m.* & *a.* agnostic, one who believes that there can be knowledge only of material things

अज्ञेयता (*ajñeytā*) *f.* unknowability, incomprehensibility

अज्येष्ठ (*ajyeṣṭh*) *a.* 1. not the elder or the greatest 2. without having an elder brother or having no elder brother

अटंबर (*aṭambar*) *m.* 1. heap, pile 2. (of people) crowd, multitude

अटक (*aṭak*) *f.* 1. (रोक) bar, barrier 2. (अड़चन) hindrance, obstruction, obstacle, impediment 3. (उलझन) complication 4. (हिचक) hitch, hesitation 5. (देर) dilly-dally, delay

अटक-पटककर *adv.* hesitatingly, falteringly

अटक-मटक *f.* amorous dalliance, fond gestures

अटकन (*aṭkan*) *f.* hindrance, hesitation (= अटक)

अटकन-बटकन *m.* a children's game

अटकन-बटकन खेलना *v.i.* (a) to play this game (b) (*fig.*) wasteful activity

अटकना (*aṭaknā*) *v.i.* 1. to hesitate 2. to be entangled 3. to adhere 4. to stop, to pause, to keep back 5. to be held up, to get stuck

अटक-अटककर बोलना *v.i.* to stammer, to speak with pauses

गाड़ी, काम अटकना *v.i.* to come to a halt or standstill

पतंग अटकना *v.i.* to be entangled

मन अटकना *v.i.* to fall in love, to be enamoured

वेतन अटक गया witheld or unpaid salary

अटका बनिया देवे उधार *(मु.)* rule relaxation in hard times

अटकल (a*ṭkal*) *f.* guess, guesswork, conjecture, supposition

अटकलपच्चू *(मु.)* *adv.* at random, by guess

अटकलबाज़ *m.* expert conjecturer, guesser

अटकलबाज़ी *f.* conjecturing

अटकल लगाना/लड़ाना *v.t.* to conjecture, to speculate

अटकल से *adv.* by guess, at random, approximately

अटकाना (*aṭkānā*) *v.t.* 1. to stop 2. to detain, to restrain, to retard, to check, to impede 3. to hold up somebody, to obstruct, to prevent, to hinder

रोड़े अटकाना to place hurdles

अटका रखना *v.t.* to keep back, to put off, to postpone

दरवाज़े पर कुंडा अटकाना to bolt the door

दुश्मन को अटकाना to check an enemy

अटकाव (*aṭkāv*) *m.* obstacle, impediment, hindrance, obstruction

अटखट (*aṭkhaṭ*) I. *a.* disconnected, broken II. *f.* broken things

अटखेल (*aṭkhel*) *a.* 1. playful, sportive 2. wanton, frivolous 3. gay, merry

अटखेली (*aṭkhelī*) *f.* playfulness, frolicsomeness, merriment, gambolling (better अठखेली)

अटन (*aṭan*) *m.* roaming about, wandering about, travelling (जैसे देशाटन wandering about in the country)

अटना (*aṭnā*) *v.i.* 1. to be contained in, to fill in, to hold in 2. to be accommodated

बोरे में गेहूँ अटना to fill wheat in a sack

अटपट (*aṭpaṭ*) I. *a.* 1. disorderly, 2. topsy-turvy 3. intricate II. *m.* abuse, abusive language

अटपट बकना to abuse, to use bad language

अटपटा (*aṭpaṭā*) *a.* 1. strange, peculiar, odd 2. absurd 3. complicated, intricate 4. irregular, incoherent

अटपटाना (*aṭpaṭānā*) I. *v.i.* 1. to be confused 2. to be agitated, to be restless 3. to hitch, to hesitate 4. to speak incoherently or at random, to talk nonsense 5. to falter 6. to startle, to be frightened/startled II. *v.t.* to terrify, to scare, to startle, to frighten

अटल (*aṭal*) *a.* 1. immovable 2. unshakable, steady, firm, steadfast 3. (दृढ़) resolute, determined, unyielding 4. inevitable

अटल नियम *m.* immutable law

अटल विश्वास *m.* firm faith or belief

अटल रहना *v.i.* to remain firm, steady

अटवाटी-खटवाटी (*aṭvāṭī-khaṭvāṭī*) *f.* bed and belongings

अटवाटी-खटवाटी लेकर पड़ना *v.i.* to take to one's bed in a sulk

अटवी (*aṭvī*) *f.* 1. place to roam about 2. forest, jungle

अटसट (*aṭsaṭ*) *f.* /**अटसठ** (*aṭsaṭh*) *f.* 1. close alliance, league, intimacy 2. (चतुराई) shrewdness, astuteness, adroitness

से अटसट/अटसठ होना *v.i.* to be attached (to), to be in league (with)

अटा (*aṭā*) *f.* 1. thatched upper room, attic 2. a building with several rooms and storeys (= अटारी *q.v.*)

अटाटूट *a.* (a) immense (b) full, crammed

अटॉर्नी E (*aṭārnī*) *m.* attorney

अटारी (*aṭārī*) *f.* 1. thatched upper room, attic 2. a building with several rooms and storeys

अटाला (*aṭālā*) *m.* heap, pile, dump

अटाला करना *v.t.* to heap, to pile, to stack

अटाला लगाना *v.t.* to pile up a stack

अटाला लादना *v.t.* to overload a cart

अटाली (*aṭālī*) *f.* household effects and chattles, furniture

अटूट (*aṭūṭ*) *a.* 1. unbreakable, strong 2. unbroken, intact 3. (अपार) boundless, huge

अटूट प्रेम *m.* timeless love

अटूट संघर्ष *m.* ceaseless/continuous struggle

अटूट संपत्ति *f.* huge property

अटूट संबंध *m.* unbreakable or unbroken relationship

अटूट स्वास्थ्य *m.* unimpaired/sound health

अटेंड E (*aṭenḍ*) *m.* attend

अटेंशन E (*aṭenśan*) *m.* attention

अटेक (*aṭek*) *a.* without support, unsupported

अटेरन (*aṭeran*) *m.* 1. reel for winding up thread, spinning gadget 2. weavers' reel or shuttle

अटेरन कर देना (*मु.*) *v.t.* to make as thin as a stick, to reduce to a skeleton

अटेरन हो जाना *v.i.* to be reduced to a skeleton, to become thin

अटेरना (*aṭernā*) *v.t.* to wind thread for the purpose of forming into skeins, to wind (thread) on reel

रकम/पैसा अटेरना (*मु.*) to grab money

अटोक (*aṭok*) *a.* & *adv.* unrestricted, unhindered, freely

अट्ट (*aṭṭa*) *a.* very loud

अट्टहास *m.* /**अट्टहास्य** *m.* loud laugh, guffaw

अट्टहासी *m.* one who laughs loudly

अट्टहास करना to guffaw

अट्टक (*aṭṭak*) *m.* balcony

अट्ट-सट्ट (*aṭṭ-saṭṭ*) *a.* nonsense (= अनाप-शनाप *q.v.*)

अट्टा (*aṭṭā*) *m.* 1. top floor attic 2. big building, mansion, house of several storeys (= अट्टालिका, अटारी *q.v.*)

अट्टा-सट्टा (*aṭṭā-saṭṭā*) *m.* rough estimate or calculation

अट्टालिका (*aṭṭālikā*) *f.* 1. uppermost storey or floor, attic 2. big building, mansion, house of several storeys

अट्टी (*aṭṭī*) *f.* hank or skein of thread, reel of thread

अट्ठा (*aṭṭhā*) *f.* 1. aggregate of eight 2. eight at cards, eight of dice

अट्ठाईस (*aṭṭhāīs*) *a.* & *m.* twenty-eight, 28

अट्ठाईसवाँ (*aṭṭhāīsvāñ*) *a.* twenty-eighth, 28th

अट्ठानवे (*aṭṭhānve*) *a.* & *m.* ninety-eight, 98

अट्ठानवेवाँ (*aṭṭhānvevaṁ*) *a.* ninety-eighth, 98th

अट्ठावन (*aṭṭhāvan*) *a.* & *m.* fifty-eight, 58

अट्ठावनवाँ (*aṭṭhāvanvaṁ*) *a.* fifty-eighth, 58th

अट्ठासी (*aṭṭhāsī*) *a.* & *m.* eighty-eight, 88

अट्ठासीवाँ (*aṭṭhāsīvaṁ*) *a.* eighty-eighth, 88th

अट्ठे (*aṭṭhe*) *adv.* by eight

तीन अट्ठे चौबीस three by eight is twenty-four, three eights are twenty-four

अठ (*aṭh*) *comb.* unstressed form of आठ eight

अठगुना *a.* eight-times, eightfold

अठपहल *m.* /**अठपहला** *m.* eight-sided, octagonal, eight-faced

अठपहिया *a.* & *f.* eight-wheeled, eight-wheeler

अठपेजी *a.* octavo

अठमासा *m.* /**अठवाँसा** *m.* (a) eight-month pregnancy (b) child born in the eighth month of pregnancy

अठवारा *m.* eight days' time

अठखेली (*aṭhkhelī*) *f.* playfulness, frolicsomeness, merriment, gambol

अठखेलियाँ करना (*मु.*) to romp and rollick, to be playful, to frolic about

अठत्तीस (*aṭhattīs*) *a.* & *m.* thirty-eight, 38 (better अड़तीस)

अठन्नी (*aṭhannī*) *f.* eight-anna coin, 50 paise, half rupee

अठहत्तर (*aṭhhattar*) *a.* & *m.* seventy-eight, 78

अठहत्तरवाँ (*aṭhhattarvaṁ*) *a.* seventy-eighth, 78th

अठानवे (*aṭhānve*) *a.* & *m.* ninety-eight, 98

अठानवेवाँ (*aṭhānvevāṁ*) *a.* ninety-eighth, 98th

अठारह (*aṭhārah*) *a.* & *m.* eighteen, 18

अठारहवाँ (*aṭhārahvāṁ*) *a.* eighteenth, 18th

अठासी (*aṭhāsī*) *a.* & *m.* eighty-eight, 88

अठासीवाँ (*aṭhāsīvaṁ*) *a.* eighty-eighth, 88th

अठेल (*aṭhel*) *a.* not to be pushed out of its place, not to be put aside, immovable

अठोतर (*aṭhotar*) *a.* & *m.* one hundred and eight, 108

अठोतरी (*aṭhotarī*) *f.* rosary of 108 beads (for counting mantras)

अड़ंगा (*araṅgā*) *m.* 1. obstruction, obstacle, impediment, hindrance 2. barrier

अड़ंगा डालना/लगाना (*मु.*) *v.t.* to put an obstacle, to hinder, to put a spoke in one's wheel, to hamper

अड़ंगे पर चढ़ाना *v.t.* (in wrestling) to devise a method to throw the adversary, (*fig.*) to bring under one's control

अड़ंगे पर मारना या दे मारना *v.t.* to throw one by tripping

अड़ंगेबाज़ *m.* obstructionist, one who creates obstacles, filibuster

अड़ंगेबाज़ी *f.* filibustering, obstructing facts, obstructionism

अड़ंगा लगाने वाला *m.* meddlesome

अड़ंगी (*araṅgī*) *f.* leg trick (in wrestling)

अड़ (*ar*) *f.* 1. interruption 2. (ज़िद) obstinacy, obduracy, stubbornness 3. (रोक) bar, barrier, barricade 4. (कब्ज) constipation 5. dike or weir in a stream to catch fish

अड़ करना *v.t.* to be restive, to jib (as a horse), to stick

अड़-डंडा *m.* cross pole, bar, barricade

अड़ पकड़ना *v.i.* to assume a pertinacious attitude

अड़तल[1] *m.* shelter, screen

अड़तल[2] *m.* distant relative, pretending to be a relative

अड़मान *m.* deposit, pledge, security

अड़माप *m.* measure in excess of the standard

अड़गड़ा (*argarā*) *m.* place for holding and checking bullock carts

अड़गोड़ा (*argorā*) *m.* a piece of wood tied round the neck of cattle to prevent it from attacking

अड़चन (*arcan*) *f.* 1. hitch, difficulty 2. bottleneck, block, obstacle, hindrance

अड़चन डालना *v.t.* to impede, to obstruct

अड़चन पड़ना *v.i.* some difficulty to arise

अड़ड़पोपो (*ararpopo*) *m.* pretending to be a palmist

अड़तालीस (*artālīs*) *a.* & *m.* forty-eight, 48

अड़तालीसवाँ (*artālīsvāṁ*) *a.* forty-eighth, 48th

अड़तीस (*artīs*) *a.* & *m.* thirty-eight, 38

अड़तीसवाँ (*artīsvāṁ*) *a.* thirty-eighth, 38th

अड़दार (*ardār*) *a.* obstinate, perverse, stubborn

अड़ना (*aranā*) *v.i.* 1. to halt 2. to hesitate 3. to be restive 4. to get entangled 5. to come to stop or standstill 6. to stick to a place

अड़ के बैठ जाना *v.i.* to place oneself at a person's door with a demand, to be adamant

अड़ जाना (हड्डी गले में, काँटा पैर में) *v.i.* (a) to stick (b) to insist, to bet stake, to be stubborn

अड़े रहना *v.t.* to insist

अड़प-झड़प (*arap-jharap*) *f.* scramble, scuffle, tussle

अड़बंग (*arbaṅg*) *a.* /**अड़बंगा** (*arbaṅgā*) *a.* crooked, rough

अड़बल (*arbal*) I. *a.* recalcitrant, perverse, headstrong, mulish II. *m.* obstinate person (= अड़ियल *q.v.*)

अड़वार (*arvār*) *m.* door-check

अड़सठ (*arsaṭh*) *a.* & *m.* sixty-eight, 68

अड़सठवाँ (*arsaṭhvaṁ*) *a.* sixty-eighth, 68th

अड़हुल (*arhul*) *m.* a plant and its red flower which is usually offered to a goddess (same as जवाकुसुम)

अड़ा (*arā*) *a.* 1. checked 2. entangled 3. complicated

अड़ा-अड़ी *f.* vying

अड़े काम सँवारना *v.t.* to set things right, to remove difficulties

अड़े-जुड़े *a.* shaky, unsteady

अड़ाक (*arāk*) I. *a.* recalcitrant, perverse, headstrong, mulish II. *m.* obstinate person (= अड़ियल)

अड़ाना (*arānā*) *v.t.* 1. to cause to stop 2. to fasten one thing to another 3. to bar progress, to obstruct, to put impediments, to impede 4. (काम) to hold up (work), (बाल, धागा) to entangle 5. to jam

अड़ाकर *adv.* per force, by force

अड़ा देना *v.t.* to ram down tight, to jam, to block

टाँग अड़ाना *v.t.* to butt in, to interrupt, to impede

रोड़े अड़ाना *v.t.* to put obstacles

अड़ानी (*arānī*) *f.* 1. stopper 2. tripping with the leg (in wrestling)

अड़ाव (*arāv*) *m.* 1. obstacle, impediment 2. hitch 3. interruption

अड़ावा-तड़ावा (*arāvā-tarāvā*) *m.* taunts,

jeers

अड़ावे-तड़ावे मारना *v.t.* to taunt, to jeer, to ridicule

अड़ास (*aṛās*) *f.* narrowness, narrow-mindedness, scantiness, confinement

अडिग (*aḍig*) *a.* steady, steadfast, firm, unflinching, unwavering

अडिग रहना to remain firm, unwavering

अडिग विश्वास *m.* unwavering/firm faith

अड़ियल (*aṛiyal*) I. *a.* recalcitrant, perverse, headstrong, mulish II. *m.* obstinate person

अड़ियल टट्टू *m.* restive pony, headstrong/obstinate person

अड़ी (*aṛī*) I. *f.* difficulty, trouble, distress, adversity, misfortune, critical situation II. *a.* (हठी) obstinate, stubborn, perverse

किसी की अड़ी में काम आना to help in time of need, adversity

अड़ीस (*aṛīs*) *a.* unseen, invisible, latent

अड़ुआ (*aṛuā*) *a.* & *m.* 1. obstinate person 2. a jibbing horse

अड़ूसा (*aṛūsā*) *m.* a medicinal plant, Malabar nut, *ganderussa*

अडोल (*aḍol*) *a.* unflinching, firm, immovable, stationary

अड़ोस-पड़ोस (*aṛos-paṛos*) I. *m.* neighbourhood, vicinity II. *adv.* near, nearabout

अड़ोसी-पड़ोसी (*aṛosī, paṛosī*) *m.* neighbours

अड्डा (*aḍḍā*) *m.* 1. halting place 2. place of meeting 3. stand (as बस अड्डा bus stand) 4. den, the places where thieves, gamblers assemble 5. a square frame for embroidery 6. perch for birds 7. heel of a shoe 8. loom

अड्डा जमाना *(मु.) v.t.* to stay long

युद्ध का अड्डा *m.* war base

अड्डेदार (*aḍḍedār*) *m.* keeper or owner of a den or अड्डा

अड्रेस E (*aḍres*) *m.* address

अढ़तिया (*aṛhtiyā*) *m.* commission agent, broker (better आढ़तिया)

अढ़ाई (*aṛhāī*) *a.* two and a half

अढ़ाई गुना *a.* two and a half times as much

अढ़ाई सौ two and a half times one hundred = 100 × 2.5

अढ़ाना (*aṛhānā*) *m.* a musical form or ragini played or sung in the night (also अड़ाना)

अढ़िया (*aṛhiyā*) *f.* an iron pot for carrying mortar, a kind of hod

अढ़ैया (*aṛhaiyā*) *f.* 1. multiplication table of 2.5 2. a weight or measure which is two and a half times a seer, kilogram, or litre

अढ़ौना (*aṛhaunā*) *m.* task, work assigned

अणिमा (*aṇimā*) *f.* smallness, superhuman power or faculty of making oneself infinitesimally small

अणिमादिक (*aṇimādik*) *f.* the eight attainments, practices or faculties acquired by yogis, namely, smallness, bigness, lightness, weightiness, achievement, wishfulness, masterliness and control

अणी (*aṇī*) *f.* point or edge of a sharp instrument

अणु (*aṇu*) I. *m.* 1. minute particle 2. molecule 3. atom II. *a.* 1. minute, micro 2. atomic

अणु-अस्त्र/आयुध *m.* atomic weapon

अणु-जगत् *m.* microcosm

अणुजीव *m.* micro-organism, microbe

अणुजीवविज्ञान *m.* /**जैविकी** *f.* microbiology

अणुधूलि *f.* radioactive dust

अणु-परमाणु *m.* atom

अणु-परीक्षण *m.* atomic test

अणु-प्राणी *m.* microfauna
अणु-बम *m.* atomic bomb
अणु-भट्ठी *f.* atomic reactor
अणु-भार *m.* molecular weight
अणुमात्रिक *a.* in the form of a particle or atom
अणुयुद्ध *m.* atomic war
अणुवाद *m.* atomic theory
अणु-विस्फोट *m.* atomic explosion
अणु-वीक्षण *m.* microscopy, (*fig.*) fault-finding
अणुवीक्षण यंत्र *m.* microscope
अणुव्रत *m.* a Jain ascetic
अणु-शक्ति *f.* atomic energy/power

अण्वस्त्र (*aṇvastṛa*) *m.* atomic weapon

अतंत्र (*atantra*) *a.* 1. having no cord/string 2. unrestrained

अतंद्र (*atandra*) *a.* 1. alert, vigilant, cautious 2. (अश्रांत) indefatigable, tireless

अतः (*atah̩*) *conj.* therefore, hence
अतः परम *adv.* henceforth, further on

अतएव (*ataev*) *conj.* hence, therefore, whereas, so

अतट (*atat̩*) I. *a.* without shore, precipitous II. *m.* precipice
अतट प्रपात *m.* steep precipice

अतत (*atat*) *a.* unstretched

अतथ्य (*atathya*) I. *a.* unreal, untrue, inaccurate, false II. *m.* untruth
अतथ्यवादी *m.* liar

अतद्वत् (*atadvat*) *a.* not like that

अतनु (*atanu*) I. *a.* 1. not small, not thin, large 2. (अशरीरी) incorporeal, formless, bodiless II. *m.* (कामदेव) Cupid, god of love

अतप्त (*atapta*) *a.* unheated, cool
अतप्त तनु *a.* whose body is not practised in penance

अतमिस्र (*atamisra*) *a.* not dark or dingy, not benighted

अतर (*atar*) *m.* perfume, scent, otto, essence (better इत्र *q.v.*)

अतरल (*ataral*) *a.* 1. not liquid 2. not light 3. (गाढ़ा) thick, dense 4. (ठोस) solid
अतरल धन *m.* incovertible money

अतरलता (*ataraltā*) *f.* thickness, density

अतरसों (*atarsoṁ*) *adv.* 1. three days ago 2. three days after

अतर्क (*atark*) *m.* fallacious reasoning, futile argument, bad logic

अतर्कित (*atarkit*) *a.* 1. unargued 2. not thought of, unexpected
अतर्कित व्यय *m.* unexpected expenditure
अतर्कित आक्रमण *m.* ambush, surprise attack

अतर्क्य (*atarkya*) *a.* 1. beyond reasoning 2. incontrovertible, indisputable
अतर्क्य प्रमाण *m.* indisputable proof

अतर्पित (*atarpit*) *a.* 1. unsatisfied 2. restless

अतल (*atal*) *a.* bottomless, very deep
अतलस्पर्शी *a.* extremely deep
अतललोक *m.* infernal region

अतलता (*ataltā*) *f.* bottomlessness

अतलांत (*atalānt*) *a.* bottomless, very deep (= अतल *q.v.*)

अतलांतिक E (*atalāntik*) *a.* Atlantic

अतसी (*atsī*) *f.* linseed
अतसी का तेल *m.* linseed oil

अता A (*atā*)/ **अता करना** (*atā karnā*) *v.t.* to give away, to bestow

अताई (*atāī*) *m.* untrained musician, amateur
अताई चितेरा *m.* Sunday painter

अताना (*atānā*) *m.* (music) (a form of मालकौंस राग)

अतानित (*atānit*) *a.* unstretched

अता-पता (*atā-patā*) *m.* clue, whereabouts
अता-पता मिलना *v.i.* to get a clue

अतारांकित (*atārāṅkit*) *a.* unstarred
अतारांकित प्रश्न *m.* unstarred question

अतार्किक (*atārkik*) *a.* illogical
अताशे E (*atāśe*) *m.* (diplomatic) attache
अति (*ati*) I. *f.* very much, excessive II. *pref.* 1. over 2. super 3. ultra III. *f.* excess IV. *adv.* too, beyond
अति का भला न बरसना, अति की भली न धुप; अति का भला न बोलना अति की भली न चुप. too much of everything is bad
अति मत करो don't over-do
अति सर्वत्र वर्जयेत् *(लो.)* avoid extremeness
अति-अधिक (*ati-adhik*) I. *a.* very much, too much, excessive II. *adv.* to a great degree, excessively (better अत्यधिक)
अति अनुदारवादी (*ati-anudārvādī*) *a.* ultra-conservative
अति आधुनिक (*ati-ādhunik*) *a.* very modern (better अत्याधुनिक)
अति आवश्यक (*ati-āvaśyak*) *a.* very necessary (better अत्यावश्यक)
अति आश्रितता (*ati-āśrittā*) *f.* overdependency (better अत्याश्रितता)
अति उत्तम (*ati-uttam*) *a.* excellent (better अत्युत्तम)
अति उत्साही (*ati-utsāhī*) *a.* over-zealous, over-enthusiastic (better अत्युत्साही)
अतिकथ (*atikath*) I. *a.* exaggerated
अतिकथन (*atikathan*) *m.* 1. exaggeration 2. aggrandisement
अतिकथा (*atikathā*) *f.* 1. exaggerated talk or tale 2. exaggeration
अतिकर्षण (*aṭikarṣaṇ*) *m.* excessive exertion, too much labour
अतिकामुकता (*atikāmuktā*) *f.* excessive sexual urge
अतिकाय (*atikāy*) *a.* huge-bodied, gigantic, monstrous
अतिकायता (*atikāytā*) *f.* gigantism, monstrosity, hugeness
अतिकाल (*atikāl*) *m.* delay
अतिकाल देय *a.* overdue
अतिकुशल (*atikuśal*) *a.* highly skilled
अतिकृत (*atikṛt*) *a.* overdone, exaggerated
अतिक्रम (*atikram*) *m.* 1. encroachment 2. infringement 3. excess
अतिक्रमण (*atikramaṇ*) *m.* 1. infringement, violation 2. encroachment, transgression, trespass 3. deviation
अतिक्रमण करना *v.t.* (a) to exceed, to surpass, to transcend (b) to trespass, to encroach (upon)
नियमों का अतिक्रमण करना *v.t.* to violate the rules
अतिक्रमित (*atikramit*) *a.* /**अतिक्रांत** (*atikrāṅt*) *a.* 1. transgressed, trespassed 2. surpassed, overcome, overstepped 3. violated
अतिक्रामक (*atikrāmak*) /**अतिक्रामी** (*atikrāmī*) I. *a.* transgressive II. *m.* violator, transgresser
अतिक्रिया (*atikriyā*) *f.* hyperactivity
अतिक्षुधा (*atikṣudhā*) *f.* polyphagia
अतिगोपनीय (*atigopanīy*) *a.* top secret
अतिघ्न (*atighna*) *a.* very destructive
अतिघ्नी (*atighnī*) *f.* state of complete oblivion
अतिचर (*aticar*) *a.* transient, changeable
अतिचार (*aticār*) *m.* 1. trespass 2. defiance 3. violation
अतिचार करना *v.t.* to trespass, to violate
अतिचारी (*aticārī*) *m.* 1. trespasser 2. violator
अतिच्छादन (*aticchādan*) *m.* overlapping
अतिजलयुक्तता (*atijalyuktatā*) *f.* excessive hydration
अतिजव (*atijav*) I. *m.* extraordinary speed II. *a.* very fast
अतिजागर (*atijāgar*) *a.* very wakeful or

vigilant

अतिजीवन (*atijīvan*) *m.* 1. too long a life 2. survival

अतिजीविता (*atijīvitā*) *f.* survival

अतिजीवी (*atijīvī*) I. *a.* survived II. *m.* survivor

अतितप्त (*atitapta*) *a.* superheated

अतितापन (*atitāpan*) *m.* superheating

अतितुरंत (*atiturant*) *a.* most urgent

अतितृष्ण (*atitṛṣṇa*) *a.* 1. excessively thirsty 2. extremely greedy, rapacious

अतिथि (*atithi*) *m.* guest

अतिथि-अध्यापक *m.* visiting lecturer

अतिथि कलाकार *m.* visiting artist

अतिथि-गृह *m.* guest house

अतिथिदेव *m.* (god) in the form of a guest

अतिथि-धर्म *m.* hospitality

अतिथि-पूजन *m.* hospitality

अतिथि-भवन *m.* guest house

अतिथि-शाला *f.* /**अतिथि-सदन** *m.* guest house

अतिथि-सत्कार *m.* hospitality, honourable treatment of a guest

अतिथि-सेवा *f.* service rendered to a guest

अतिदर्शी (*atidarśī*) *a.* 1. long-sighted 2. prudent 3. visionary

अतिदाह (*atidāh*) *m.* excessive heat, violent heat

अतिदिष्ट (*atidiṣṭa*) *a.* 1. attracted 2. influenced 3. (प्रतिस्थापित) substituted

अतिदेय (*atidey*) *a.* overdue

अतिदेव (*atidev*) *m.* greatest of all gods, Shiva, Vishnu

अतिदेश (*atideś*) *m.* 1. attribution 2. transference 3. influence 4. attraction

अतिदौर्बल्य (*atidaurbalya*) *m.* excessive weakness

अतिद्रुतभाषिता (*atidrutbhāṣitā*) *f.* hyperlogia, fast speaking

अतिधन्वा (*atidhanvā*) *m.* peerless, bold man, unconquerable, courageous, warrior

अतिधृति (*atidhṛti*) *f.* 1. a certain metre of 19 syllables 2. nineteen in number

अतिनाटक (*atināṭak*) *m.* melodrama

अतिनिद्र (*atinidra*) *a.* given to excessive sleep, narcoleptic

अतिनिद्रालु (*atinidrālu*) *a* = अतिनिद्र

अतिनिद्रालुता (*atinidrālutā*) *f.* excessive sleepiness

अतिनिर्वात (*atinirvāt*) *a.* vacuum

अतिनिवेश (*atiniveś*) *m.* over investment

अतिनिविष्ट (*atiniviṣṭ*) *a.* over invested

अतिनिष्क्रिय (*atiniṣkriy*) *a.* over passive, too inactive

अतिपक्व (*atipakva*) *a.* over-ripe

अतिपत्ति (*atipatti*) *f.* going beyond, transgression

अतिपथ (*atipath*) *m.* best way, principal/main route

अतिपन्न (*atipann*) *m.* gone beyond, transgressed

अतिपरवलय (*atiparvalay*) *m.* a hyperbola

अतिपरोक्ष (*atiparokṣa*) *a.* far, out of sight

अतिपवित्र (*atipavitra*) *a.* sacrosanct

अतिपांडित्य (*atipānditya*) *m.* pedantry

अतिपात (*atipāt*) *m.* breach, violation, lapse, obstacle

अतिपातक (*atipātak*) *m.* heinous sin, crime

अतिपातकी (*atipātakī*) *m.* heinous sinner

अतिपातित (*atipātit*) *a.* completely displaced

अतिपुरुष (*atipuruṣ*) *m.* super human

अतिपुरातन (*atipurātan*) *a.* very old, hoary

अतिपूँजीकरण (*atipūñjīkaraṇ*) *m.* overcapitalization

अतिपूरित (*atipūrit*) *a.* overfilled, oversupplied

अतिपूर्ति (*atipūrti*) *f.* oversupply
अतिप्रकृत (*atiprakṛt*) *a.* supernatural
अतिप्रकृतिवाद (*atiprakṛtivād*) *m.* supernaturalism
अतिप्रज्ञ (*atiprajña*) *a.* super-intellectual
अतिप्रभार (*atiprabhār*) *m.* overcharge
अतिप्रभार लेना *v.t.* to overcharge
अतिप्रभाव्य (*atiprabhāvya*) *a.* highly susceptible
अतिप्रभाव्यता (*atiprabhāvyatā*) *f.* high susceptibility
अतिप्रवण (*atipravaṇ*) *a.* very steep
अतिप्राकृतिक (*atiprākṛtik*) *a.* supernatural
अतिबल (*atibal*) *a.* valiant, vigorous, very powerful
अतिबाहुल्य (*atibāhulya*) *m.* abundance, plethora
अतिभव्य (*atibhavya*) *a.* superb
अतिभार (*atibhār*) *m.* overload
अतिभारारोपण (*atibhārāropaṇ*) *m.* overloading
अतिभारित (*atibhārit*) *a.* 1. overloaded, overburdened 2. oppressed
अतिभावुकता (*atibhāvuktā*) *f.* over sentimentalism
अतिभोगिता (*atibhogitā*) *f.* debauchery
अतिभोगी (*atibhogī*) *a.* over-indulgent
अतिभौतिकवाद (*atibhautikvād*) *m.* metaphysics
अतिभौतिकतावादी (*atibhautiktāvādī*) *a.* metaphysical
अतिमति (*atimati*) *f.* haughtiness
अतिमद्यपता (*atimdyaptā*) *f.* alcoholism
अतिमर्त्य (*atimartya*) *a.* & *m.* superhuman
अतिमात्र (*atimātra*) *a.* exceeding the proper measure
अतिमात्रा (*atimātrā*) *f.* 1. overdose 2. excessive measure
अतिमान (*atimān*) *m.* 1. over estimation 2. haughtiness, vanity
अतिमानव (*atimānav*) *m.* superman, superhuman
अतिमानवीय (*atimānvīy*) *a.* superhuman
अतिमानस (*atimānas*) *m.* super mind
अतिमूत्रता (*atimūtratā*) *f.* polyuria
अतिमूल्यन (*atimūlyan*) *m.* over valuation, over-assessment
अतियथार्थवाद (*atiyathārthvād*) *m.* surrealism
अतिरंजन (*atira ñjan*) *m.* /**अतिरंजना** (*atirañjanā*) *f.* 1. exaggeration 2. overdrawing, hyperbole
अतिरंजना करना *v.t.* to exaggerate
अतिरंजित (*atira ñjit*) *a.* 1. exaggerated 2. overdrawn
अतिरंजित चित्र *m.* over drawn picture
अतिरथ (*atirath*) *m.* /**अतिरथी** (*atirathī*) *m.*great warrior, valiant fighter
अतिरक्तचाप (*atiraktacāp*) *m.* hypertension
अतिरति (*atirati*) *f.* sexual indulgence
अतिराष्ट्रवाद (*atirāṣṭravād*) *m.* chauvinism, extra-territoriality, ultra nationalism
अतिराष्ट्रीय (*atirāṣṭrīy*) *a.* super national, ultra national, chauvinistic
अतिराष्ट्रीयता (*atirāṣṭrīytā*) *f.* chauvinism, extra-territoriality, ultra nationalism (= अतिराष्ट्रवाद)
अतिरिक्त (*atirikta*) *a.* 1. extra 2. additional 3. excessive 4. auxiliary 5. supernumerary
इसके अतिरिक्त besides this, in addition to this
अतिरिक्त अनुदान *m.* additional grant
अतिरिक्त आय *f.* extra income
अतिरिक्त कार्य *m.* extra work
अतिरिक्त ग्रंथि *f.* extra gland
अतिरिक्त जनसंख्या *f.* surplus population
अतिरिक्त सचिव *m.* additional secretary
अतिरिक्त समय *m.* overtime

अतिरिक्त सामान *m.* extra luggage
अतिरेक (*atirek*) *m.* 1. excess, exuberance, superfluity 2. overflow
अतिरोग (*atirog*) *m.* tuberculosis
अतिलंघन (*atilaṅghan*) *m.* 1. transgression 2. infringement
अतिलघु (*atilaghu*) *a.* ultra short
अतिलाभ (*atilābh*) *m.* excess profit
अतिलाभ-कर *m.* excess profit tax
अतिलिप्त (*atilipta*) *a.* over involved
अतिलैंगिकता (*atilaiṅgiktā*) *f.* excessive sexual urge
अतिवक्ता (*ativaktā*) *m.* garrulous/talkative person
अतिवमन (*ativaman*) *m.* hyperemesis, excessive vomiting
अतिवर्षण (*ativarṣaṇ*) *m.* excessive rain, heavy downpour
अतिवात (*ativāt*) *m.* tempest, violent storm
अतिवाद (*ativād*) *m.* 1. extremism 2. exaggeration 3. boasting, bragging
अतिवादी (*ativādī*) I. *m.* 1. extremist 2. boaster, bragger II. *a.* extremist
अतिवादी दृष्टिकोण *m.* extremist view
अतिवास (*ativās*) *m.* a fast observed on the day before performing the 'shrad-dh'
अतिविश्रब्ध नवोढ़ा (*ativiśrabdha navoḍha*) *f.* fond but pert young woman
अतिविष (*ativiṣ*) *m.* antidote of poison
अतिवृद्धि (*ativṛddhi*) *f.* 1. hypertrophy 2. overgrowth
अतिवृष्टि (*ativṛṣṭi*) *f.* excessive rain, heavy downpour (see अतिवर्षण)
अतिवैयक्तिक (*ativaiyaktik*) *a.* very personal
अतिव्ययी (*ativyayī*) *a.* prodigal, extravagant, lavish
अतिव्यापन (*ativyāpan*) *m.* overlapping
अतिव्यापी (*ativyāpī*) *a.* overlapping
अतिव्याप्त (*ativyāpta*) *a.* overlapped
अतिव्याप्त होना *v.i.* to overlap
अतिव्याप्ति (*ativyāpti*) *f.* overlapping
अतिशय (*atiśay*) I. *a.* much, excessive II. *adv.* exceedingly, excessively
अतिशय कोटि *f.* superlative degree
अतिशयता (*atiśaytā*) *f.* excess, surplus
अतिशयार्थक (*atiśayārthak*) *a.* intensive
अतिशयार्थक क्रिया-विशेषण *m.* intensive adverb
अतिशयोक्त (*atiśayokta*) *a.* exaggerated
अतिशयोक्ति (*atiśayokti*) *f.* exaggeration, hyperbole, hyperbolic language
अतिशयोक्तिपूर्ण *a.* hyperbolic, exaggerated
अतिशीतन (*atiśītan*) *m.* over-cooling
अतिशीतित (*atiśītit*) *a.* over-cooled, supercooled
अतिशेष (*atiśeṣ*) *m.* balance (of account)
अतिशोध्य (*atiśodhya*) *a.* overdue (loan)
अतिश्रम (*atiśram*) *m.* overwork, strain
अतिश्रम करना to overwork, to strain
अतिसंतृप्त (*atisantṛpta*) *a.* saturated
अतिसंतृप्ति (*atisantṛpti*) *f.* saturation
अतिसंध (*atisandh*) *m.* breaking of promise/vow
अतिसंवेदनशील (*atisaṃvedanśīl*) *a.* over sensitive
अतिसंवेदनशीलता (*atisaṃvedanśīltā*) *f.* hypersensitivity
अतिसंवेदिता (*atisaṃveditā*) *f.* hyperaesthesia
अतिसार (*atisār*) *m.* diarrhoea, dysentery, excessive motions
अतिसारी (*atisārī*) *a.* 1. purgative 2. affected with diarrhoea
अतिसावधान (*atisāvdhān*) *a.* extra cautious, meticulous
अतिसुग्राहिता (*atisugrāhitā*) *f.* hypersensitiveness, hypersensitivity
अतिसुग्राही (*atisugrāhī*) *a.* hypersensitive
अतिसूक्ष्म (*atisūkṣma*) *a.* ultra microscopic, superfine
अतिसूक्ष्म संरचना *f.* superstructure

अतिसूक्ष्मदर्शी (*atisūkṣmadarśī*) *m.* microscope
अतिस्फीति (*atisphīti*) *f.* hyper inflation
अतिस्मृति (*atismṛti*) *f.* hypermnesia
अतिस्वन (*atisvan*) *a.* supersonic
  अतिस्वन विमान *m.* supersonic aircraft
अतिस्वेदलता (*atisvedaltā*) *f.* hyperhydrosis
अतींद्रिय (*atīndriy*) *a.* beyond the scope of senses, transcendental, supersensible
  अतींद्रिय ज्ञान *m.* telepathy
  अतींद्रिय ज्ञानी *m.* telepath, telepathist
  अतींद्रिय विद्या *f.* mystic science, metaphysics
अतींद्रियता (*atīndriytā*) *f.* transcendence
अतीत (*atīt*) I. *m.* past II. *a.* 1. past, gone by 2. beyond
  भारत का अतीत India's past
  अतीतकाल *m.* past times, ancient times, times of yore
  अतीत-गौरव *m.* past glory, the glorious past
  अतीत दिनांकित *a.* post-dated
  अतीतमुखी *a.* conservative
  आशातीत *a.* beyond hope
  कल्पनातीत *a.* beyond imagination
अतीव (*atīv*) I. *a.* much, utmost II. *adv.* exceedingly
  अतीव आवश्यक *a.* exceedingly essential
  अतीव सुंदर *a.* very beautiful
अतीस (*atīs*) *m.* a very poisonous root, *Aconitum*
अतुकांत (*atukānt*) *a.* rhymeless
  अतुकांत कविता *f.* blank verse
अतुंग (*atuṅg*) *a.* not tall, short, dwarfish
अतुल (*atul*) *a.* 1. without an equal, unparalleled, matchless 2. not weighable, inestimable, immeasurable 3. very great
  अतुल संपत्ति *f.* immense wealth
अतुलनीय (*atulnīy*) *a.* 1. without an equal, unparalleled, matchless 2. not weighable, inestimable, immeasurable 3. very great (= अतुल *q.v.*)
अतुलित (*atulit*) *a.* not weighed
अतुल्य (*atulya*) *a.* 1. without an equal, unparalleled, matchless 2. not weighable, inestimable, immeasurable 3. very great (= अतुल *q.v.*)
अतुष्ट (*atuṣṭa*) *a.* displeased, dissatisfied
अतुष्टि (*atuṣṭi*) *f.* displeasure, dissatisfaction
  अतुष्टिकर *a.* unsatisfactory
अतृप्त (*atṛpta*) *a.* unsatisfied, discontented, ungratified
  अतृप्त तृष्णा *f.* unquenchable thirst, unsatiated greed
अतृप्ति (*atṛpti*) *f.* 1. insatiability 2. want of satisfaction
अतेज (*atej*) *m.* 1. absence of brightness or vigour 2. feebleness, dullness
अतोषणीय (*atoṣṇīy*) *a.* unappeasable
अत्तार A (*attār*) *m.* perfumer, one who prepares and/or sells oils and perfumes
अत्तारी A (*attārī*) *f.* vocation or business of an अत्तार (perfumer)
अत्यंकन (*atyaṅkan*) *m.* overestimation
अत्यंत (*atyaṅt*) I. *a.* excessive, exceeding, much II. *adv.* very, extremely
  अत्यंत निवृत्ति *f.* complete detachment or retirement
  अत्यंत नूतन युग *m.* Pleistocene Age
  अत्यंत भाव *m.* eternity, infinity
  अत्यंत योग्य *a.* extremely capable
  अत्यंत सुंदर *a.* very/extremely beautiful
  अत्यंत हर्ष *m.* rapture
अत्यंतता (*atyaṅtatā*) *f.* excessiveness, superabundance
अत्यंताभाव (*atyaṅtābhāv*) *m.* 1. absolute

non-existence 2. extreme want or dearth

अत्यणु (*atyaṇu*) *a.* infinitesimal

अत्यधिक (*atyadhik*) I. *a.* very much, too much, excessive II. *adv.* in a great degree, excessively

अत्यधिक आवश्यकता *f.* dire necessity/need

अत्यधिक घना बसा हुआ *a.* very densely populated, overpopulated

अत्यधिक भीड़ *f.* overcrowding

अत्यधिक माँग *f.* excessive demand

अत्यधिक लाभकर *a.* very profitable

अत्यधिकता (*atyadhiktā*) *f.* excess, abundance, excessiveness

अत्यर्थ (*atyartha*) *a.* exorbitant, excessive, (महँगा) very dear

अत्यल्प (*atyalpa*) *a.* very little, trivial, insignificant

अत्याग्रह (*atyāgrah*) *m.* over insistence

अत्याचार (*atyācār*) *m.* 1. outrage, oppression, tyranny, persecution 2. (कष्ट) trouble, vexation 3. (अन्याय) injustice 4. (अनौचित्य) impropriety

अत्याचार करना *v.t.* to oppress, to tyrannise

अत्याचारी (*atyācārī*) I. *a.* outrageous, tyrannical, oppressive II. *m.* tyrant, oppressor

अत्याचारी शासक *m.* tyrant ruler

अत्याडंबर (*atyaḍambar*) *m.* pomposity, over ostentation

अत्याधान (*atyādhān*) *m.* 1. act of imposing or placing (upon) 2. (धोखा) deception, deceit 3. (अतिक्रमण) transgression, violation

अत्याधुनिक (*atyādhunik*) *a.* ultra modern

अत्यानंद (*atyānand*) *m.* excessive joy, mirth, jollity, ecstasy

अत्याय (*atyāy*) *m.* 1. transgression 2. impropriety of conduct

अत्यावधिक (*atyāvdhik*) *a.* overdue

अत्यावश्यक (*atyāvaśyak*) *a.* urgent, absolutely essential, vital

अत्यावश्यक कार्य *m.* very essential work

अत्यावश्यक तथ्य *m.* material facts

अत्यावश्यकता (*atyāvaśyaktā*) *f.* exigency, urgent need

अत्यासक्त (*atyāsakta*) *a.* 1. overindulgent 2. too much infatuated

अत्यासक्ति (*atyāsakti*) *f.* 1. overindulgence 2. too much attachment

अत्याहारी (*atyāhārī*) *m.* immoderate eater, glutton

अत्युक्त (*atyukta*) *a.* 1. exaggerated 2. described at length

अत्युक्ति (*atyukti*) *f.* 1. exaggeration, hyperbole 2. superfluous talk

अत्युक्ति करना *v.t.* to exaggerate

अत्युक्तिपूर्ण *a.* exaggerated, full of exaggeration

अत्युग्र (*atyugra*) *a.* very violent, very fierce

अत्युत्कृष्ट (*atyutkṛṣṭa*) *a.* exquisite, excellent

अत्युत्तम (*atyuttam*) *a.* very best, very good, exquisite, superfine

अत्युत्तम पदार्थ *m.* superfine thing, paragon

अत्युत्पादन (*atyutpādan*) *m.* over production, excessive growth

अत्र (*atra*) *adv.* here, herein, in this place

अत्र-तत्र *adv.* here and there

अत्र भवान *m.* Your Excellency

अत्रस्थ (*atrastha*) *a.* of this place, of this country or land

अत्रस्थ मंगल all is well here

अत्रि (*atri*) *m.* 1. name of a sage 2. one of the stars of the Great Bear, Ursa Major

अत्वक (*atvak*) *a.* skinless

अथ (*ath*) I. *adv.* here, now II. *m.* beginning

अथ शेष *m.* opening balance
अथ से इति तक from beginning to end
अथक (*athak*) *a.* unwearied, untired, unexhausted, unflagging, indefatigable
अथक परिश्रम *m.* unceasing labour
अथच (*athac*) *adv.* besides, moreover
अथर्व (*atharva*) *m.* name of a sage who first instituted hawan or fire sacrifice
अथर्ववेद *m.* the fourth and last Veda
अथवा (*athvā*) *conj.* or, likewise
अथाई (*athāī*) *f.* meeting place
अथॉरिटी E (*authoriṭī*) *m.* authority (see अधिकारी)
अथाह (*athāh*) *a.* bottomless, unfathomable, very deep, profound
अथाह ज्ञान *m.* profound knowledge
अथाह समुद्र *m.* unfathomable sea
अदंड (*adaṇḍ*) I. *a.* free from punishment, unpunished II. *m.* tax-free land
अदंड मान *m.* not fit for punishment
अदंडनीय (*adaṇḍnīya*) *a.* /**अदंड्य** (*adaṇḍya*) *a.* unpunishable
अदंडित (*adaṇḍit*) *a.* unpunished, not penalized
अदंत (*adaṅt*) *a.* toothless, edentate
अदंत्य (*adaṅtya*) *a.* non-dental
अदंभ (*adambh*) *a.* 1. not arrogant 2. simple, plain
अदंष्ट्र (*adaṅṣṭr*) *a.* without poisonous fangs
अदक्ष (*adakṣ*) *a.* inefficient, incompetent, unskilful
अदक्षता (*adakṣatā*) *f.* inefficiency, incompetence, unskilfulness
अदक्षिण (*adakṣiṇ*) *a.* 1. opposed 2. opposite
अदग्ध (*adagdha*) *a.* unburnt, unscorched
अदत्त (*adatta*) *a.* 1. not paid, unpaid 2. not given
अदत्त दान *m.* undisbursed gift
अदत्त पूँजी *f.* unpaid capital
अदत्तपूर्वा *f.* unbetrothed girl
अदत्त मत *a.* non-voted
अदत्त लाभांश *m.* unpaid dividend
अदत्ता (*adattā*) *f.* a girl not given in marriage, maid
अदद A (*adad*) *a.* 1. figure, whole number 2. piece
एक अदद रोटी one piece of bread
अदना A (*adnā*) *a.* low, lowly, inferior, insignificant
अदना व आला *a.* low and high
अदनीय (*adanīya*) *a.* edible, eatable
अदब A (*adab*) *m.* 1. regard, respect 2. literature
उर्दू अदब *m.* Urdu literature
अदब करना *v.t.* to regard, to respect
अदब-कायदा *m.* etiquette, decorum
अदब से *adv.* politely
अदबदाना (*adbadānā*) *v.i.* to be agitated, to be perplexed
अदबदाकर *adv.* certainly, knowingly, intentionally, deliberately
अदबी A (*adabī*) *a.* literary
अदबी दुनिया *f.* literary world
अदभ्र (*adabhra*) *a.* excessive, plentiful, abundant, very much
अदम A (*adam*) *m.* lack, want, absence
अदम अदायगी *f.* non-payment
अदम तामील *f.* non-compliance
अदम पैरवी *f.* non-pursuit
अदम फुरसत *f.* lack of leisure
अदम मौजूदगी *f.* (a) absence (b) non-existence
अदम वसूली *f.* non-realization (of money)
अदम सबूत *m.* want of proof
अदम हाज़िरी *f.* non-attendance, absence
अदम्य (*adamy*) *a.* 1. irrepressible, indomitable, intractable 2. (प्रबल) violent, wild
अदम्य उत्साह *m.* irrepressible fervour

अदम्य शक्ति *f.* wild strength
अदरक (*adrak*) *f.* ginger
अदर्शन (*adarśan*) I. *m.* 1. disappearance 2. invisibility 3. (उपेक्षा) negligence, disregard II. *a.* vanished, disappeared
अदर्शन होना *v.i.* to disappear, to go out of sight, to vanish
अदर्शनीय (*adarśanīy*) *a.* 1. not worth looking (at) 2. clumsy, ugly
अदल-बदल A (*adal-badal*) *m.* interchange, transmutation
अदल-बदल करना *v.t.* to exchange, to transmute
अदलतो-बदलता A (*adaltā-badaltā*) *a.* variable
अदला-बदला A (*adlā-badlā*) *m.* 1. interchange 2. barter
अदला-बदली A (*adlā-badlī*) *f.* exchange, interchange, rotation
अदले का बदला *m.* tit for tat
अदलीय (*adalīy*) *a.* non-party, nonaligned
अदवान (*advān*) *f.* string for tightening the ropes of a bedstead
अदह (*adah*) *a.* incombustible, asbestos
अदहन (*adahan*) *m.* water set to boil for cooking pulses
अदहनीय (*adahnīy*) *a.* /**अदह्य** (*adahya*) *a.* incombustible, which cannot catch fire
अदा[1] A (*adā*) *f.* 1. posturev2. manner 3. grace, elegance
अदाकार *m.* actor, artist
अदाकारी *f.* performance
अदा दिखाना *v.t.* to show blandishment, coquetting
अदा[2] A (*ada*) *m.* payment, performance
अदा करना to pay, to make payment
अदा करनेवाला *m.* /अदाकर्ता *m.* payer
कर्ज अदा करना *v.t.* to pay up the debt
पार्ट अदा करना (*मु.*) *v.t.* to act, to play the role
फ़र्ज अदा करना *v.t.* to do/perform one's duty
रस्म अदा करना (*मु.*) *v.t.* to perform a ritual
शुक्रिया अदा करना (*मु.*) *v.t.* to give thanks, to thank
अदानी (*adānī*) *a.* stingy, miserly
अदायगी A (*adāygī*) *f.* payment
लगान की अदायगी *f.* payment of land revenue
अदायगी सूचना *f.* advice of payment
अदायाद (*adāyād*) *a.* not entitled to be an heir
अदायिक (*adāyik*) *a.* heirless, not inherited
अदालत A (*adālat*) *f.* court of law
अदालत करना *v.t.* to administer or dispense justice
अदालत के ज़रिए *adv.* through a court, juridically
अदालत ख़फ़ीफ़ा *f.* small causes court
अदालत दीवानी *f.* civil court
अदालत द्वारा अवरोध *m.* restraint by a court
अदालत फ़ौजदारी *f.* criminal court
अदालतबाज़ *m.* litigant
अदालतबाज़ी *f.* litigation
अदालत बैठाना *v.t.* to set up a court of law
अदालत-संबंधी *a.* relating to court, juridical
अदालती A (*adāltī*) *a.* judicial, legal
अदालती अभिलेख *m.* judicial records
अदालती कार्रवाई *f.* legal proceedings
अदालती जाँच *f.* judicial enquiry
अदालती टिकट *m.* judicial stamp
अदालती नोटिस *m.* legal notice
अदालती पद judicial office
अदालती प्रयोगशाला *f.* forensic laboratory
अदालती विज्ञान *m.* forensic science
अदालती शहादत *f.* judicial evidence
अदालती संबंध-विच्छेद *m.* judicial sepa-

ration

अदालती स्टांप *m.* judicial stamp

अदावत A (*adāvat*) *f.* enmity, hostility, animosity

अदावत निकालना *v.t.* to avenge oneself, to gratify one's animosity

अदावत रखना *v.t.* to keep a grudge, to carry animosity, to bear malice

अदावती A (*adāvtī*) *a.* inimical, hostile, malicious

अदावी A (*adāvī*) *a.* unclaimed

अदावी माल *m.* unclaimed goods

अदाहक (*adāhak*) *a.* fireproof

अदाह्य (*adāhya*) *a.* incombustible, fireproof

अदिति (*aditi*) *f.* name of a goddess

अदिति सुत *m.* the sun

अदिन (*adin*) *m.* inauspicious day, bad day

अदिष्ट (*adiṣṭa*) *a.* fortune, unforeseen, invisible (see अदृष्ट)

अदीक्षित (*adīkṣit*) *a.* uninitiated

अदीन (*adīn*) *a.* 1. not low or depressed 2. high spirited 3. (उदार) lavish, generous

अदीब A (*adīb*) *m.* literary writer, litterateur

अदीयमान (*adīymān*) *a.* not fit to be given

अदीर्घ (*adīrgh*) *a.* short

अदीर्घसूत्री *a.* swift, quick

अदुर्ग (*adurga*) *a.* without fortification or fortress

अदूर (*adūr*) *adv.* not far away, not distant, close, near at hand

अदूरदर्शिता *f.* short-sightedness, improvidence, imprudence

अदूरदर्शितापूर्ण *a.* short-sighted

अदूरदर्शी *a.* short-sighted, improvident, inconsiderate

अदूषण (*adūṣaṇ*) *a.* blemishless, flawless

अदूष्य (*adūṣya*) *a.* incorruptible

अदृढ़ (*adṛṛh*) *a.* 1. infirm, unstable, feeble 2. fickle 3. loose

अदृश्य (*adṛśya*) *a.* hidden, invisible, opaque

अदृश्यता (*adṛśyatā*) *f.* invisibility, opaqueness

अदृष्ट (*adṛṣṭ*) I. *a.* unseen, unforeseen II. *m.* fate, destiny, fortune, luck

अदृष्टकर्मा *a.* without any experience or practice of work

अदृष्टपूर्व *a.* unforeseen, not seen before

अदृष्टवाद *m.* (doctrine of) fatalism

अदृष्टवादी *m.* fatalist

अदृष्टि (*adṛṣṭi*) I. *a.* without vision, blind, sightless II. *f.* evil or malicious eye

अदेय (*adey*) *a.* not fit to be given, inalienable, not transferable

अदेयता (*adeytā*) *f.* inalienability

अदेव (*adev*) I. *a.* 1. ungodly, godless 2. impious 3. not related to a god or God II. *m.* devil

अदेववाद *m.* atheism (नास्तिकवाद)

अदे-बदे (*ade-bade*) *m.* procrastination, evasion

अदे-बदे करना *v.t.* to evade, to put off

अदेशी (*adeśī*) *a.* alien, foreign

अदेह (*adeh*) I. *a.* bodiless II. *m.* Cupid, god of love

अदेही (*adehī*) *a.* incorporeal

अदैन्य (*adainya*) *m.* lack of misery or poverty

अदोष (*adoṣ*) *a.* faultless, flawless, guiltless, blameless, stainless, spotless, impeccable

अदोषता (*adoṣta*) *f.* impeccability, faultlessness

अद्धा (*addha*) I. *a.* half II. *m.* half measure, half bottle, half brick, half ticket, half receipt, (मुसन्ना) counterfoil

अद्धी (*addhī*) *f.* 1. a fine variety of muslin 2. a half dhoti 3. old coin of nominal value

अद्भुत (*adbhut*) I. *a.* wonderful, marvellous, phenomenal, singular, odd, stupendous II. *m.* wonderful feat, strange, astonishing

अद्भुत-दर्शन *m.* a wondrous or strange sight

अद्भुत-रस *m.* the sentiment of wonder

अद्भुत लेख *m.* wonderful or extraordinary writing, masterpiece

अद्य (*adya*) *adv.* today, this day

अद्यपूर्व *adv.* before this day

अद्य प्रभृति *adv.* from today/this day

अद्यतन *a.* up-to-date, current, modern

अद्यापि (*adyāpi*) *adv.* even today, even yet, still, even now

अद्यावधिक (*adyāvdhik*) *a.* up-to-date

अद्युति (*adyuti*) *a.* lustreless, without splendour

अद्रव (*adrav*) *a.* not liquid, not liquefiable

अद्रव्य (*adravya*) *a.* 1. not soluble 2. poor

अद्रि (*adri*) *m.* mountain

अद्रिकुक्षि *f.* cave, cavern

अद्रिद्रोणी *f.* valley

अद्रिपति/राज *m.* Himalayas

अद्रिशिखर/शृंग *m.* mountain peak

अद्रोह (*adroh*) *m.* absence of malice, mildness

अद्रोही (*adrohī*) *a.* free from malice

अद्वंद्व (*advandva*) *m.* quiet, tranquility, peace

अद्वितीय (*advitīy*) *a.* unique, peerless, second to none, unequalled, sole

अद्वितीयता (*advitīytā*) *f.* peerlessness, matchlessness, uniqueness

अद्वेष्ट (*adveṣṭ*) *a.* not hostile, friendly

अद्वैत (*advait*) I. *a.* absence of duality or difference II. *m.* non-duality, monism, monotheism, unity

अद्वैतवाद *m.* non-dualism, monism

अद्वैतवादी I. *m.* monist II. *a.* monistic

अद्वैतता (*advaitatā*) *f.* singleness, oneness, unity

अध (*adh*) *pref.* half (unstressed form of आधा)

अधकचरा *a.* (a) unripened (b) immature, premature (c) unassimilated (as ज्ञान knowledge) (d) raw

अधकच्चा *a.* half-baked

अधकपारी *f.* pain in half the head, hemicrania, migraine

अधकहा *a.* half-said, half-expressed

अधखिला *a.* half-bloom

अधखुला *a.* half open

अधगज़ा *m.* half a yard's breadth

अधजल *a.* half full of water, half empty

अधजल गगरी छलकत जाए (*मु.*) empty vessels make the most noise

अधजला *a.* half burnt

अधनंगा *a.* half naked

अधपका *a.* half ripe, half-baked, half cooked

अधपन्ना *m.* half sheet, counterfoil

अधपेट *a.* half-fed, with half-filled belly

अधबना *a.* half finished

अधबिच *adv.* halfway, in the middle

अधबेचानी *a.* semi-negotiable (जैसे हुंडी bill)

अधमढ़ा *a.* half mounted, half bound

अधमरा *a.* half-dead

अधमुँदा *a.* half-closed

अधमुआ *a.* half-dead

अधबाड़/वार *m.* half the cloth

अधः (*adhaḥ*) *pref.* down, below, under

अधःकाय *m.* lower part of the body

अधःक्रम *m.* descending order

अधःपतन *m.* (a) downfall (b) degradation, deterioration, moral turpitude

अधःपतित *a.* degenerated, degraded, deteriorated

अधःपात *m.* (a) downfall (b) degradation, deterioration, moral turpitude (= अधःपतन)

अधःस्तर *m.* substratum

अधःस्थ *a.* underlying

अधःस्थल *m.* below the surface

अधंग (*adhaṅg*) *m.* palsy

अधंगी (*adhaṅgī*) *a.* palsied, paralysed, paralytic

अधन (*adhan*) *a.* poor, needy, destitute

अधन्ना (*adhannā*) *m.* (old) half-anna coin

अधन्नी (*adhannī*) *f.* (old) half-anna coin

अधम (*adham*) I. *a.* mean, base, abject, ignoble, low II. *m.* a wretch, meanest person

अधमता (*adhamtā*) *f.* meanness, baseness, unworthiness, abjectness

अधमर्ण (*adhmarṇa*) *m.* debtor

अधमर्णता (*adhmarṇata*) *f.* indebtedness

अधमांग *m.* 1. lower part of the body 2. lower limb such as leg or foot

अधमाधम (*adhamādham*) *a.* lowliest, vilest of the vile, most wretched, very miserable

अधमोद्धारक (*adhamoddhārak*) *m.* emancipator (as the Supreme Being, God)

अधर (*adhar*) I. *a.* lower, of the lower portion II. *m.* 1. lower lip, lip 2. space between heaven and earth

अधरबुद्धि *a.* a person of inferior understanding

अधरपान *m.* sucking of the lips, kissing

अधर में उठा लेना *v.t.* to lift up into the air, to raise from the ground

अधर में झूलना या लटकना *v.i.* to suspend/hang in the middle, to remain in doubt, to be between two stools, to hang in the balance

अधर-रस *m.* moisture of the lips

अधराधर (*adharādhar*) *m.* lower lip

अधरोष्ठ (*adharoṣṭh*) *m.* lower lip

अधर्म (*adharma*) *m.* 1. unrighteousness, impiety 2. sin, sinful act 3. injustice 4. undutiful conduct

अधर्मचारी *a.* undutiful person, impious, irreligious

अधर्मज (*adharmaj*) *a.* illegitimate

अधर्मज संतान *f.* illegitimate offspring

अधर्मजता (*adharmajtā*) *f.* illegitimacy

अधर्मपरायण (*adharmaparāyaṇ*) *a.* unrighteous, sinful

अधर्मिता (*adharmitā*) *f.* profanity

अधर्मी (*adharmī*) I. *a.* impious, irreligious, unrighteous, sinful II. *m.* sinful person, sinner

अधस्तल (*adhastal*) *m.* the lower storey, basement, bottom

अधस्तल जल *m.* subsurface water

अधस्त्वक (*adhastvak*) *m.* hypodermic

अधस्त्वचीय (*adhastvacīy*) *a.* subcutaneous

अधस्थ (*adhasth*) *a.* underlying (better अधःस्थ see under अधः)

अधातु (*adhātu*) *m.* non-metal

अधात्विक (*adhātvik*) *a.* non-metallic

अधार्मिक (*adhārmik*) *a.* 1. irreligious, profane 2. unjust, immoral, unrighteous

अधि- (*adhi-*) *pref.* implying superiority in place, quality or quantity, over, above (as अधिनियम, अधिपुरुष, अधिराज, अधिवर्षिता etc)

अधिक (*adhik*) *a.* 1. much 2. many 3. more 4. additional 5. excessive

अधिक अदायगी *f.* excessive payment

अधिक अन्न उपजाना *v.t.* to grow more food

अधिक उपज *f.* high yield

अधिक कोण *m.* obtuse angle

अधिक ज़ोर डालना *v.t.* to overstress, to overstrain

अधिक भार *m.* overweight
अधिक भुगतान *m.* excess payment
अधिक मास *m.* additional month (to adjust solar months and lunar months in Hindu calendar)
अधिक मूल्य पर *adv.* above par, at a premium
अधिक वाक्योक्ति *f.* exaggeration
अधिक श्रेष्ठ *a.* much better
अधिक साल *m.* many years
अधिक से अधिक (a) *a.* maximum (b) *adv.* at the most
कहीं अधिक *a.* very much more
कुछ अधिक *a.* somewhat more, a little more
इससे अधिक *a.* more than this, in excess of this
बहुत अधिक *a.* very much

अधिकतम (*adhiktam*) *a.* most, highest, maximum
अधिकतम ताप *m.* maximum temperature
अधिकतम मूल्य *m.* maximum/highest price
अधिकतम सीमा *f.* ceiling, maximum limit

अधिकतर (*adhiktar*) I. *a.* 1. more than 2. for the most part II. *adv.* more often, usually, generally
अधिकतर लोग *m.* more people

अधिकता (*adhiktā*) *f.* plenty, abundance, surplus, excess

अधिकथन (*adhikathan*) *m.* pronouncement

अधिकर (*adhikar*) *m.* supertax, surtax

अधिकरण (*adhikaraṇ*) *m.* 1. tribunal 2. (*gram.*) locative case
आयकर अधिकरण Income Tax Tribunal

अधिकर्ता (*adhikartā*) *m.* official, master

अधिकर्म (*adhikarma*) *m.* supervision, superintendence

अधिकर्मी (*adhikarmī*) *m.* 1. foreman 2. supervisor 3. superintendent

अधिकल्पित (*adhikalpit*) *a.* imaginary
अधिकल्पित रेखा *f.* imaginary line

अधिकांश (*adhikāṃś*) *m.* majority, major part, greater part
अधिकांश में *adv.* mostly, generally

अधिकांशतः (*adhikāṃśtaḥ*) *adv.* mostly, generally

अधिकाई (*adhikāī*) *f.* excess, increase

अधिकाधिक (*adhikādhik*) I. *a.* maximum II. *adv.* at the most
अधिकाधिक उत्पादन *m.* maximum production

अधिकार (*adhikār*) *m.* 1. right 2. possession 3. authority 4. command, mastery 5. claim 6. power
अधिकार-अभिलेख *m.* record of rights
अधिकार का हस्तांतरण *m.* transfer of right/title
अधिकार-क्षेत्र *m.* jurisdiction, domain
अधिकार-चिह्न *m.* insignia
अधिकारच्युत *a.* deposed
अधिकार छोड़ना *v.t.* to abnegate
अधिकार जताना *v.t.* to press one's claim
अधिकार जमाना *v.t.* to take possession
अधिकार-त्याग *m.* abnegation, renunciation of title
अधिकार-त्याग करना *v.t.* to renounce the title
अधिकार-दान *m.* vesting authority
अधिकार देना *v.t.* to accredit, to authorize, to invest with power
अधिकार-पत्र *m.* charter or letter of authority
अधिकार-पात्र *m.* rightful person
अधिकारपूर्ण *a.* rightful, authoritative
अधिकारपूर्वक *adv.* with authority, authoritatively
अधिकार-पृच्छा-याचना *f. quo warranto writ*
अधिकारप्राप्त *a.* accredited, autho-

rized
अधिकार-प्रयोग *m.* exercising power
अधिकार मिलना *v.i.* to obtain the authority or power
अधिकारयुक्त *a.* accredited, authorised
अधिकार से परे beyond (one's) jurisdiction
जन्मसिद्ध अधिकार *m.* birthright
गणित पर अधिकार command or mastery over mathematics

अधिकारातीत (*adhikārātīt*) *a.* beyond power

अधिकारिणी (*adhikāriṇī*) *f.* 1. lady officer 2. female owner, mistress

अधिकारिता (*adhikāritā*) *f.* 1. jurisdiction 2. possession 3. right 4. mastery 5. ownership, proprietorship

अधिकारी (*adhikārī*) I. *m.* 1. officer, official 2. authority 3. possessor 4. owner, proprietor 5. rightful claimant II. *a.* 1. authoritative 2. vested with authority 3. rightful
अधिकारी-तंत्र *m.* bureaucracy
अधिकारी दावेदार *m.* deserving claimant
अधिकारी-वर्ग *m.* officialdom
अधिकारी विद्वान *m.* authority
अधिकारी होना *v.i.* to be entitled

अधिकृत (*adhikṛt*) *a.* 1. possessed, occupied 2. authorized
अधिकृत अनुवाद *m.* official translation
अधिकृत क्षेत्र *m.* occupied territory/area
अधिकृत पूँजी *f.* authorized capital
अधिकृत रूप से *adv.* authoritatively
अधिकृत विक्रेता *m.* authorised dealer
अधिकृत विवरण *m.* authorized version
अधिकृत व्यय *m.* authorized expenditure
अधिकृत सूत्रों से *adv.* from reliable sources
अधिकृत स्टॉक *m.* authorized stock

अधिकेंद्र (*adhikeṁdra*) *m.* epicentre, epicentral

अधिकोष (*adhikoṣ*) *m.* bank

अधिकोषण (*adhikoṣaṇ*) *m.* banking
अधिकोषण व्यवसाय *m.* banking business

अधिक्रम (*adhikram*) *m.* hierarchy

अधिक्रमण (*adhikramaṇ*) *m.* 1. encroachment 2. supersession
अधिक्रमण करना *v.t.* (a) to encroach (b) to supersede

अधिक्षिप्त (*adhikṣipta*) *a.* 1. thrown out 2. despatched, sent 3. overthrust

अधिक्षेप (*adhikṣep*) *m.* 1. contempt, insult 2. blame 3. taunt 4. impeachment
अधिक्षेप करना *v.t.* to impeach, to abuse, to blame

अधिगंतव्य (*adhigantavya*) *a.* 1. attainable 2. capable of being learnt/known

अधिगत (*adhigat*) *a.* 1. acquired, obtained 2. learnt, mastered 3. known

अधिगम (*adhigam*) *m.* 1. attainment, acquisition 2. (ज्ञान) comprehension, cognizance, acquisition of knowledge 3. (पहुँच) access, approach 4. (सीखना) learning, study

अधिगमन (*adhigaman*) *m.* 1. attainment, achievement 2. acquisition of knowledge

अधिगमनीय (*adhigamnīy*) *a.* /**अधिगम्य** (*adhigamya*) *a.* attainable, to be learnt, knowable, accessible

अधिगव (*adhigav*) *m.* anything gained from a cow

अधिगुण (*adhiguṇ*) *m.* superior qualities, special features

अधिगृहीत (*adhigṛhīt*) *a.* requisitioned, occupied
अधिगृहीत भवन *m.* requisitioned build-

ing
अधिग्रहण (*adhigrahaṇ*) *m.* acquisition
अधिग्रहण अधिकारी *m.* acquisition officer
अधिग्रहण-मोचन *m.* de-requisition
अधिचर्म (*adhicarm*) *m.* epidermis
अधिछात्रवृत्ति (*adhichātravṛtti*) *f.* scholarship, fellowship
अधिजठर (*adhijathar*) *a.* epigastric
अधिजन (*adhijan*) *a.* majority, large
अधिजन प्रतिवेदन *m.* majority report
अधिजन संप्रदाय *m.* majority community
अधिजिह्वा (*adhijihvā*) *f.* epiglottis, a growth of the tongue
अधिज्ञान (*adhijñān*) *m.* superior knowledge
अधित्यका (*adhityakā*) *f.* plateau, tableland, upland
अधित्याग (*adhityāg*) *m.* abdication
सिंहासन का अधित्याग abdication of the throne
अधिदंडनेता (*adhidaṇḍnetā*) *m.* the god of death (Yama)
अधिदंत (*adhidant*) *m.* redundant tooth, extra tooth
अधिदर्शक (*adhidarśak*) *m.* 1. overseer 2. microscope
अधिदान (*adhidān*) *m.* bounty, generous donation
अधिदिष्ट (*adhidiṣṭ*) *a.* mandated
अधिदेय (*adhidey*) *m.* 1. premium 2. allowance
अधिदेश (*adhideś*) *m.* mandate, official command
अधिदेश देना *v.t.* to dictate, to mandate
अधिदेश-प्राप्त *a.* mandatory
अधिदेशक (*adhideśak*) *a.* mandatory
अधिदेव (*adhidev*) *m.* presiding deity, higher god, guardian deity
अधिदैविक (*adhidaivik*) *a.* spiritual
अधिनद्ध (*adhinaddha*) *a.* annexed
अधिनद्ध भूभाग *m.* annexed territory
अधिनहन (*adhinahan*) *m.* annexation
अधिनायक (*adhināyak*) *m.* 1. dictator 2. commander
अधिनायकता (*adhināyaktā*) *f.* /**अधिनायकत्व** (*adhināyakatva*)*m.* dictatorship
अधिनायकी (*adhināyakī*) I. *f.* rank or work of a dictator/commander II. *a.* dictatorial
अधिनियम (*adhiniyam*) *m.* Act (of the legislature)
अधिनियम की प्रस्तावना *f.* preamble to an Act
अधिनियम बनाना *v.t.* to enact
अधिनियमन (*adhiniyman*) *m.* enactment
अधिनियमित (*adhiniymit*) *a.* enacted
अधिनिर्णय (*adhinirṇay*) *m.* award, verdict
अधिनिर्णय करना *v.t.* to adjudicate, to give a verdict
अधिनिर्णयन (*adhinirṇayan*) *m.* adjudication
अधिनिर्णायक (*adhinirṇāyak*) *m.* adjudicator, umpire
अधिनिष्कासन (*adhiniṣkāsan*) *m.* eviction
अधिनिष्कासन-आदेश *m.* eviction order (by a court)
अधिनिष्कासित (*adhiniṣkāsit*) *a.* evicted
अधिनिष्कासित करना *v.t.* to evict
अधिन्यस्त (*adhinyast*) *a.* assigned
अधिन्यास (*adhinyās*) *m.* assignment
अधिन्यास-पत्र *m.* letter of assignment
अधिन्यासक (*adhinyāsak*) *m.* assigner
अधिन्यासी (*adhinyāsī*) *m.* assignee
अधिन्यास्य (*adhinyāsya*) *a.* assignable
अधिप (*adhip*) *m.* 1. owner, lord, master 2. king, monarch, ruler
अधिपति (*adhipati*) *m.* overlord (= अधिप)
अधिपत्र (*adhipatra*) *m.* warrant
अधिपत्र-अधिकारी *m.* warrant officer
अधिपद (*adhipad*) *m.* 1. paragraph 2. article (of association of a company)

अधिपाल (*adhipāl*) *m.* overlord
अधिपुरुष (*adhipuruṣ*) *m.* 1. best of men 2. an official of high rank
अधिपूर्ति (*adhipūrti*) *f.* excess supply
अधिप्रचार (*adhipracār*) *m.* propaganda
अधिप्रचारक (*adhipracārak*) *m.* propagandist
अधिप्रज (*adhipraj*) *m.* a person who has many children
अधिप्रभार (*adhiprabhār*) *m.* surcharge
अधिप्रभार लेना *v.t.* to surcharge
अधिप्रमाणन (*adhipramāṇan*) *m.* authentication
अधिप्रमाणित (*adhipramāṇit*) *a.* authenticated
अधिप्रमाणित करना *v.t.* to authenticate
अधिप्राणवाद (*adhiprāṇvād*) *m.* vitalism, vitalistic theory of life
अधिप्रामाणिक (*adhiprāmāṇik*) *a.* authentic
अधिप्रामाणिक पाठ *m.* authentic version
अधिप्रामाणिकता (*adhiprāmāṇiktā*) *f.* authenticity
किसी चित्र की अधिप्रामाणिकता *f.* authenticity of a painting
अधिभार (*adhibhār*) *m.* overweight, encumbrance
अधिभावी (*adhibhāvī*) *a.* overriding
अधिभावी धारा *f.* overriding section
अधिभूत (*adhibhūt*) *a.* spiritual, metaphysical
अधिभोक्ता (*adhibhoktā*) *m.* occupant, occupier
अधिभोग (*adhibhog*) *m.* occupancy, occupation
अधिभोग-अधिकार *m.* occupancy rights
अधिभोग करना *v.t.* to occupy
अधिभोगी (*adhibhogī*) *m.* occupant, occupier (= अधिभोक्ता)
अधिभोगी किसान *m.* tenant farmer
अधिमत (*adhimat*) I. *m.* 1. verdict 2. canon II. *a.* preferred
अधिमांस (*adhimāṃs*) *m.* wart, fleshy excrescence, abscess, tumour
अधिमान (*adhimān*) *m.* preference, weightage
अधिमानव (*adhimānav*) *m.* superman
अधिमानात्मक (*adhimānātmak*) *a.* preferential
अधिमान्य (*adhimānya*) *a.* preferable, preferential
अधिमान्य प्रशुल्क *m.* preferential tariff
अधिमान्यता (*adhimānytā*) *f.* preference
अधिमास (*adhimās*) *m.* additional/leap month
अधिमिलन (*adhimilan*) *m.* accession of a state
अधिमिलित (*adhimilit*) *a.* acceded
अधिमिश्रित (*adhimiśrit*) *a.* admixed
अधिमुक्त (*adhimukta*) *a.* incline, propense
अधिमुक्ति (*adhimukti*) *f.* propensity, inclination
अधिमुद्रण (*adhimudraṇ*) *m.* overprint
अधिमूल्य (*adhimūlya*) *m.* premium
अधिमूल्य पर at a premium, above par
अधिमूल्यन (*adhimūlyan*) *m.* over valuation
अधिमूल्यन करना *v.t.* to overvalue
अधिया (*adhiyā*) *f.* half portion, two equal shares
अधिया पर फ़सल *f.* a crop at fifty-fifty share between landlord and tenant
अधियाचक (*adhiyācak*) *m.* pretender
अधियाचन (*adhiyācan*) *m.* demanding, requisition
अधियाचन पर्ची *f.* requisition slip
अधियाचना (*adhiyācanā*) *f.* demand
अधियाचना करना *v.t.* to demand
अधियाना (*adhiyānā*) *v.t.* to halve, to reduce to a half, to reduce by half
अधियुक्त (*adhiyukt*) *m.* employee
अधियुक्ति (*adhiyukti*) *f.* employment
अधियोक्ता (*adhiyoktā*) *m.* employer
अधियोग (*adhiyog*) *m.* auspicious conjunction of stars

अधियोजन (*adhiyojan*) *m.* employment
अधिरचना (*adhiracnā*) *f.* superstructure
अधिराज (*adhirāj*) *m.* supreme ruler, sovereign, emperor, king of kings, suzerain
अधिराजत्व (*adhirājatva*) *m.* suzerainty, sovereignty
अधिराज्य (*adhirājya*) *m.* empire, overlordship, suzerain state
अधिराट् (*adhirāṭ*) *m.* sovereign, emperor
अधिरानी (*adhirānī*) *f.* empress
अधिरूढ़ (*adhirūṛh*) *a.* ascended
अधिरूढ़ होना *v.t.* to ascend
अधिरोध (*adhirodh*) *m.* embargo
अधिरोपण (*adhiropaṇ*) *m.* 1. raising, mounting 2. superimposition
अधिरोपित (*adhiropit*) *a.* 1. raised, mounted 2. superimposed
अधिरोपित करना to superimpose
अधिरोह (*adhiroh*) *m.* climb, ascent
अधिरोहण (*adhirohaṇ*) *m.* ascending, climbing
अधिरोहण करना *v.t.* to ascend, to climb
अधिरोही (*adhirohī*) *a.* ascending, mounting, rising
अधिरोही क्रम *m.* ascending order
अधिलंबन (*adhilamban*) *m.* protraction
अधिलाभ (*adhilābh*) *m.* bonus
अधिवक्ता (*adhivaktā*) *m.* advocate
अधिवर्धन (*adhivardhan*) *m.* overgrowth, excessive development
अधिवर्ष (*adhivarṣ*) *m.* leap year
अधिवर्षिता (*adhivarṣitā*) *f.* superannuation
अधिवर्षिता भत्ता *m.* superannuation allowance
अधिवर्षी (*adhivarṣī*) *a.* supernumerary person or thing
अधिवास (*adhivās*) *m.* dwelling, domicile
अधिवास प्रमाणपत्र *m.* domicile certificate
अधिवासित (*adhivāsit*) *a.* 1. domiciled, settled 2. placed 3. perfumed, scented
अधिवासी (*adhivāsī*) *m.* 1. occupant 2. domiciled person, settler
अधिवासी नागरिक *m.* domiciled citizen
अधिवासी विदेशी *m.* domiciled alien
अधिविकर्ष (*adhivikarṣ*) *m.* overdraft
अधिविकर्षण (*adhivikarṣaṇ*) *m.* overdrafting
अधिविभव (*adhivibhav*) *m.* overpotential
अधिविष (*adhiviṣ*) *m.* toxin
अधिवृक्क (*adhivṛkka*) *m.* adrenal
अधिवृक्क ग्रंथि *f.* adrenal gland
अधिवृद्धि (*adhivṛddhi*) *f.* 1. overgrowth 2. aggravation
अधिवेशन (*adhiveśan*) *m.* session (of a conference), sitting
खुला अधिवेशन open session
अधिवोल्टता (*adhivolṭta*) *f.* excess voltage
अधिशासक (*adhiśāsak*) *m.* governor
अधिशासन (*adhiśāsan*) *m.* regimentation
अधिशासनिक (*adhiśāsnik*) *m.* governing
अधिशासी (*adhiśāsī*) *a.* & *m.* executive
अधिशासी अभियंता *m.* executive engineer
अधिशिक्षक (*adhiśikṣak*) *m.* rector
अधिशेष (*adhiśeṣ*) *m.* surplus
अधिशेष लाभ *m.* surplus profit
अधिशोधन (*adhiśodhan*) *m.* refinement
अधिशोषक (*adhiśoṣak*) *a.* absorbent
अधिशोषण (*adhiśoṣaṇ*) *m.* absorption
अधिशोषण करना *v.t.* to absorb
अधिशोषित (*adhiśoṣit*) *a.* absorbed
अधिश्रावक (*adhiśrāvak*) *m.* microphone
अधिश्रेणी (*adhiśreṇī*) *f.* hierarchy
अधिष्ठाता (*adhiṣṭhātā*) *m.* 1. chief, head, dean (*fem.* अधिष्ठात्री) 2. presiding deity

अधिष्ठान (*adhiṣṭhān*) *m.* 1. abode, residence, dwelling place 2. (आधार) base 3. (आश्रय) harbour, shelter 4. establishment

अधिष्ठायक (*adhiṣṭhāyak*) *a.* governor
  अधिष्ठायक वर्ग *m.* governing class

अधिष्ठित (*adhiṣṭhit*) *a.* 1. established 2. situated, placed

अधिसंख्य (*adhisaṅkhya*) *a.* supernumerary
  अधिसंख्य पद *m.* supernumerary post
  अधिसंख्य सदस्य *m.* supernumerary member

अधिसदस्य (*adhisadasya*) *m.* fellow of a senate or any educational body

अधिसदस्यता (*adhisadasyatā*) *f.* fellowship

अधिसामान्य (*adhisāmānya*) *a.* supernormal

अधिसूचन (*adhisūcan*) *m.* act of notifying, notification

अधिसूचना (*adhisūcnā*) *f.* notification

अधिसूचनीय (*adhisūcnīya*) *a.* notifiable

अधिसूचित (*adhisūcit*) *a.* notified
  अधिसूचित क्षेत्र *m.* notified area

अधिस्वर (*adhisvar*) *m.* overtone

अधिस्वामी (*adhisvāmī*) *m.* proprietor

अधिहरण (*adhiharaṇ*) *m.* forfeiture, confiscation
  अधिहरण करना *v.t.* to confiscate

अधिहृत (*adhihṛt*) *a.* forfeited, confiscated

अधीक्षक (*adhīkṣak*) *m.* superintendent

अधीक्षण (*adhīkṣaṇ*) *m.* superintendence
  अधीक्षण करना *v.t.* to superintend

अधीक्षिका (*adhīkṣikā*) *f.* lady superintendent

अधीत (*adhīt*) *a.* read, studied, learnt

अधीति (*adhīti*) *f.* perusal, study, reading

अधीन (*adhīn*) *a.* subordinate, under the authority of, dependent, subject
  अधीन करना *v.t.* to subjugate
  स्वामी के अधीन *m.* under the master
  अधीन राज्य *m.* dependency, vassal state

अधीनता (*adhīntā*) *f.* 1. subjection, subordination 2. dependence, subservience 3. submission
  अधीनता से submissively, obediently, humbly

अधीनस्थ (*adhīnastha*) *a.* 1. subordinate 2. subjugated
  अधीनस्थ अधिकारी *m.* subordinate officer
  अधीनस्थ कार्यालय *m.* sub-office
  अधीनस्थ क्षेत्र *m.* subjugated territory
  अधीनस्थ सेवा *f.* subordinate service

अधीनीकरण (*adhīnīkaraṇ*) *m.* subjugation

अधीनीकृत (*adhīnīkṛt*) *a.* subjugated

अधीयमान (*adhīymān*) *a.* which is being read or studied

अधीर (*adhīr*) *a.* 1. impatient 2. restless 3. nervous

अधीरता (*adhīrtā*) *f.* impatience, restlessness, nervousness, unsteadiness

अधीरा (*adhīrā*) *f.* impatient, restless woman, capricious wife/heroine, lightning

अधीश (*adhīś*) *m.* /**अधीश्वर** (*adhīśvar*)*m.* 1. lord, overlord, paramount 2. god of gods, God Almighty 3. king of kings, emperor, paramount king (*fem.* अधीश्वरी)

अधुना (*adhunā*) *adv.* now, at this moment

अधुनातन (*adhunātan*) *a.* up-to-date, latest, recent, current

अधूत (*adhūt*) *a.* unflinching, unperturbed, fearless

अधूमक (*adhūmak*) *a.* without smoke, smokeless (fire)

अधूरा (*adhūrā*) *a.* 1. half done, unfin-

ished, incomplete 2. inadequate 3. immature 4. inconclusive
अधूरा काम *m.* half-finished work
अधूरा जाना *v.i.* to miscarry
अधूरा ज्ञान *m.* imperfect knowledge
अधूरा रहना *v.i.* to remain unfinished, undone
अधूरी अवस्था *f.* half measure
अधूरी किताब *f.* incomplete book
अधूरी बहस *f.* inconclusive debate

अधूरापन (*adhūrāpan*) *m.* 1. incompleteness 2. imperfection

अधृत (*adhr̥t*) *a.* 1. not held 2. unrestrained, uncontrolled

अधृष्ट (*adhr̥ṣṭa*) *a.* not bold, modest, shy, timid

अधेड़ (*adheṛ*) *a.* middle-aged (of 30-50 years)

अधेड़पना (*adheṛpanā*) *m.* middle period of life, mature age

अधेला (*adhelā*) *m.* (old) half paisa coin

अधेली (*adhelī*) *f.* (old) half rupee coin, 50 paise

अधैर्य (*adhairya*) *m.* 1. impatience 2. restlessness, uneasiness 3. unsteadiness

अधो (*adho*) *pref.* low, below, down, downward, under, underneath (a form of अधः)

अधोगत (*adhogat*) *a.* degraded, decreased

अधोगति (*adhogati*) *f.* 1. downward movement, descent 2. (दुर्दशा) degradation, misery, downfall 3. hell

अधोगमन (*adhogaman*) *m.* going down, descent, downfall

अधोगर्भ (*adhogarbh*) *m.* inferior ovary

अधोगामी (*adhogāmī*) *a.* going down, descending

अधोजंभ (*adhojambh*) I. *m.* lower jaw II. *a.* submaxillary

अधोजठर (*adhojaṭhar*) *a.* hypogastric

अधोजनित खनिज (*adhojanit khanij*) *m.* inferior mineral

अधोजिह्व (*adhojihva*) *a.* sublingual
अधोजिह्व-ग्रंथि *f.* sublingual gland

अधोध्रुवीय (*adhodhruvīy*) *a.* sub-polar

अधोबिंदु (*adhobindu*) *m.* nadir, lowest point (in one's life)

अधोभाग (*adhobhāg*) *m.* 1. underground passage 2. anus

अधोभुवन (*adhobhuvan*) *m.* same as अधोलोक *q.v.*

अधोभूमि (*adhobhūmi*) *f.* subsoil

अधोमुख (*adhomukh*) *a.* with face hung downwards, downcast, sad, dejected

अधोमुखी (*adhomukhī*) *a.* facing downward, going down
अधोमुखी अपरदन *m.* downward erosion
अधोमुखी समंजन *m.* downward adjustment

अधोमूल्यन (*adhomūlyan*) *m.* undervaluation

अधोमूल्यित (*adhomūlyit*) *a.* undervalued

अधोरेखण (*adhorekhaṇ*) *m.* underlining

अधोरेखा (*adhorekhā*) *f.* 1. underline 2. lower bar

अधोरेखित (*adhorekhit*) *a.* underlined

अधोलग्न (*adholagn*) *a.* subjacent

अधोलिखित (*adholikhit*) *a.* written or mentioned below

अधोलोक (*adholok*) *m.* hell, a place of great torture or agony

अधोवर्ती (*adhovartī*) *a.* 1. inferior 2. existing or lying below or downwards

अधोवस्त्र (*adhovastra*) *m.* undergarment, clothes for lower (limbs of the) body

अधोहनु (*adhohanu*) *m.* lower jaw

अधोहस्ताक्षरित (*adhohastākṣarit*) *a.* undersigned

अधोहस्ताक्षरी (*adhohastākṣarī*) *m.* the undersigned

अधोहिमानी (*adhohimānī*) *a.* subglacial
अधोहिमालय प्रदेश (*adhohimālay prades*) *m.* sub-Himalyan region/zone
अधौड़ी (*adhauṛī*) *f.* hide, coarse leather
अध्यक्ष (*adhyakṣa*) *m.* 1. head 2. chairman, president 3. (of Lok Sabha) speaker
अध्यक्ष, कला संकाय *m.* dean of the faculty of arts
अध्यक्ष का आसन ग्रहण करना *v.t.* to take the chair (of the president)
अध्यक्ष-पद *m.* headship
अध्यक्ष-मंडल *m.* presidium
विभागाध्यक्ष *m.* head of the department
अध्यक्षता (*adhyakṣatā*) *f.* 1. headship 2. presidentship, chairmanship 3. speakership
अध्यक्षता करना *v.t.* to preside (over)
की अध्यक्षता में *adv.* under the chairmanship of
अध्यक्षर (*adhyakṣar*) *m.* the mystic mantra, Om (ओउम्)
अध्यक्षीय (*adhyakṣīy*) *a.* presidential
अध्यक्षीय भाषण *m.* presidential address
अध्ययन (*adhyayan*) *m.* study, perusal
अध्ययन-कक्ष *m.* the study, reading room
अध्ययन करना *v.t.* to study
अध्ययन काल *m.* period of study
अध्ययन क्षेत्र *m.* field of study
अध्ययनरत/शील *a.* engaged or absorbed in studies, studious
अध्ययनशीलता *f.* studiousness
अध्ययन सारणी *f.* study schedule
अध्ययनार्थ (*adhyayanārtha*) *a.* for study
अध्ययनार्थ छुट्टी *f.* study leave
अध्ययनावकाश (*adhyayanāvkāś*) *m.* 1. recess from study 2. study leave
अध्ययनीय (*adhyaynīy*) *a.* fit to be studied
अध्यर्थन (*adhyarthan*) *m.* claim
अध्यवसान (*adhyavasān*) *m.* attempt, effort, exertion
अध्यवसाय (*adhyavasāy*) *m.* perseverence, diligence, assiduity
अध्यवसायी (*adhyavsāyī*) *a.* resolute, diligent, assiduous
अध्यस्थि (*adhyasthi*) *f.* a bone growing over another
अध्यांतरण (*adhyāntaraṇ*) *m.* internalization
अध्यात्म (*adhyātma*) *m.* spiritual knowledge, knowledge of the Supreme Soul
अध्यात्म-तत्व *m.* metaphysics
अध्यात्मपरक *a.* spiritual
अध्यात्म-योग *m.* discipline involved in withdrawal of senses from mundane objects and their concentration on the Supreme Spirit
अध्यात्मवाद *m.* spiritualism
अध्यात्मवादी *m.* spiritualist
अध्यात्म-विद्या *f.* /**अध्यात्म-शास्त्र** *m.* Vedant philosophy, metaphysics
अध्यात्मिक (*adhyātmik*) *a.* belonging to the supreme spirit, spiritual (better आध्यात्मिक *q.v.*)
अध्यादेश (*adhyādeś*) *m.* ordinance
अध्यापक (*adhyāpak*) *m.* teacher
अध्यापक-कक्ष *m.* staff room
अध्यापक-संघ/महासंघ *m.* teacher's association/federation
अध्यापक-वर्ग *m.* teaching class
अध्यापक-समुदाय *m.* teaching community
प्रधानाध्यापक *m.* headmaster
अध्यापकी (*adhyāpakī*) *f.* teaching profession
अध्यापकी करना *v.t.* to do teaching work, to teach
अध्यापन (*adhyāpan*) *m.* teaching, instruction
अध्यापन-व्यवसाय *m.* teaching profession

अध्यापन-शास्त्र *m.* pedagogy, science of teaching

अध्यापन-सारणी *f.* teaching timetable

अध्यापिका (*adyāpikā*) *f.* lady teacher

प्रधानाध्यापिका *f.* headmistress

अध्यापित (*adhyāpit*) *a.* taught, instructed

अध्याप्त (*adhyāpta*) *a.* (of property) acquired

अध्याप्त करना *v.t.* to acquire

अध्याप्ति (*adhyāpti*) *f.* acquisition

अध्याय (*adhyāy*) *m.* chapter, lesson

तीसरा अध्याय third chapter

नया अध्याय new chapter

अध्यारूढ़ (*adhyārūṛh*) *a.* mounted (up), ascended

अध्यारोप (*adhyārop*) *m.* /**अध्यारोपण** (*adhyāropaṇ*) *m.* placing an object upon another, wrong attribution

अध्यारोप करना *v.t.* to superimpose

अध्यारोपणीय (*adhyāropaṇīy*) *a.* superimposable

अध्यारोपित (*adhyāropit*) *a.* superimposed

अध्यारोपित करना *v.t.* to superimpose, to impute

अध्यारोप्य (*adhyāropya*) *a.* imputable

अध्यारोप्यता (*adhyāropyatā*) *f.* imputability

अध्यारोहण (*adhyārohaṇ*) *m.* mounting (up), climbing, ascending

अध्यावेदक (*adhyāvedak*) *m.* memorialist

अध्यावेदन (*adhyāvedan*) *m.* memorial

अध्यास (*adhyās*) *m.* 1. error, mistake 2. false attribution, illusion, as a rope for a snake

अध्यासन (*adhyāsan*) *m.* 1. sitting down upon 2. occupation

अध्यासित (*adhyāsit*) *a.* 1. seated 2. settled 3. occupied

अध्यासी (*adhyāsī*) *a.* occupying

अध्यासी सेना *f.* occupying army

अध्यासीन (*adhyāsīn*) *a.* seated upon

अध्याहरण (*adhyāharaṇ*) *m.* 1. overdrawal 2. ellipsis 3. inference

अध्याहार (*adhyāhār*) *m.* 1. overdrawal 2. ellipsis 3. inference (= अध्याहरण)

अध्याहृत (*adhyāhṛt*) *a.* 1. understood 2. overdrawn 3. inferred

अध्युषित (*adhyuṣit*) *a.* inhabited, dwelt in

अध्यूढ़ (*adhyūṛh*) I. *a.* raised, exalted II. *m.* son of a woman pregnant before marriage

अध्यूढ़ा (*adhyūṛhā*) *f.* woman whose husband has married another woman

अध्येतव्य (*adhyetavya*) *a.* readable, to be studied

अध्येता (*adhyetā*) *m.* 1. reader, student, scholar 2. research fellow

अध्येतावृत्ति *f.* fellowship

अध्येषणा (*adhyeṣṇā*) *f.* solicitation, entreaty, prayer

अध्रुव (*adhruv*) *a.* 1. unstable, unfixed 2. doubtful, uncertain

अध्वर[1] (*adhvar*) *m.* road, passage, way

अध्वर[2] (*adhvar*) *m.* 1. sacrifice, yagya 2. the chief of the family

अध्वर्यु (*adhvaryu*) *m.* 1. one who institutes a yagya 2. priest/scholar of Yajurveda

अनंग (*anaṅg*) I. *a.* bodiless, incorporeal II. *m.* Cupid or Kamadeva (because Kamdeva was reduced to ashes by a glance of Shiva)

अनंग अराति *m.* enemy of Cupid, *i.e.* Shiva

अनंग-क्रीड़ा *f.* sexual enjoyment or indulgence

अनंग-लेख *m.* love letter

अनंगशर *m.* arrows of Cupid

अनंगीकार (*anaṅgīkār*) *m.* refusal

अनंगुलि (*anaṅguli*) *a.* destitute of fingers, fingerless

अनंजन (*anañjan*) *a.* 1. without collyrium 2. unblemished, flawless

अनंत (*anant*) I. *a.* endless, interminable, infinite, boundless II. *m.* infinity
अनंत आकाश *m.* infinite space
अनंत काल *m.* eternity
अनंतकालीन *a.* eternal, everlasting
अनंत निद्रा *f.* eternal sleep, death
अनंत वीर्य *a.* having infinite valour

अनंतता (*anantatā*) *f.* endlessness, boundlessness, infinity, infiniteness, eternity

अनंतर (*anantar*) *adv.* after, then, afterwards
इसके अनंतर *adv.* immediately after this

अनंतरणीय (*anantarṇīy*) *a.* non-transferable
अनंतरणीय अधिकार *m.* non-transferable right

अनंतरित (*anantarit*) *a.* unbroken, durable

अनंतात्मा (*anantātmā*) *f.* infinite/immortal spirit

अनंतिम (*anantim*) *a.* not final, provisional
अनंतिम कार्यसूची *f.* provisional agenda
अनंतिम निरीक्षण *m.* provisional inspection
अनंतिम मान्यता *f.* provisional supposition
अनंतिम सूचकांक *m.* provisional index number

अंनत्य (*anantya*) I. *a.* endless, interminable, infinite, boundless II. *m.* infinity (= अनंत *q.v.*)

अनंबर (*anambar*) I. *a.* without clothes, naked, stripped II. *m.* Jain sadhu (= अन् अंबर)

अनंश (*anaṃś*) *a.* portionless, without a share in inheritance

अन- (*an*) *pref.* not (as in अनपढ़, अनगढ़, etc.)

अनकस्मात् (*anakasmāt*) *adv.* not suddenly, not accidentally

अनकहा (*ankahā*) *a.* unsaid, unuttered, untold, unspoken
अनकही कहानी *f.* untold story
अनकहा शब्द *m.* unspoken word

अनक्ष (*anakṣ*) *a.* without eyes, blind

अनक्षर (*anakṣar*) *a.* illiterate, unlettered

अनख (*anakh*) *f.* 1. resentment, annoyance 2. (जलन) jealousy, malice, envy

अनखाना (*ankhānā*) *v.t.* to resent, to show displeasure

अनखिला (*ankhilā*) *a.* unbloomed, unblossomed

अनखुला (*ankhulā*) *a.* not open, covered, unexposed, closed

अनगढ़ (*angaṛh*) *a.* 1. unfashioned, unchiselled, unshaped 2. rough, crude, unpolished, ill-mannered
अनगढ़ पत्थर *m.* rubble
अनगढ़ पाषाण युग *m.* crude Stone Age

अनगढ़पन (*angaṛhpan*) *m.* crudity, naturalness

अनगिनत (*anginat*) *a.* countless, innumerable, numberless

अनगिना (*anginā*) *a.* uncounted, uncalculated
अनगिना महीना *m. lit.* the eighth month of pregnancy

अनघ (*anagh*) *a.* sinless, innocent, without evil

अनचाहा (*ancāhā*) *a.* unwanted, undesired, undesirable, unwelcome

अनचीता (*ancītā*) *a.* unthought of, unconsidered (= अनचाहा)

अनचीन्हा (*ancīnhā*) *a.* unacquainted, unfamiliar

अनछीला (*anchīlā*) *a.* not pared, unpeeled

अनजना (*anjanā*) *a.* not born, not produced

अनजला (*anjalā*) *a.* unburnt, unscorched

अनजान (*anjān*) I. *a.* 1. unknown, unfamiliar 2. (of person) unacquainted, unwary II. *m.* stranger
अनजान जगह *f.* unknown place

अनजान बनना *v.i.* to pretend ignorance
अनजान में *adv.* unknowingly, unwittingly
अनजान रास्ता *m.* unknown path
अनजान होना *v.i.* to pretend ignorance of a person or thing

अनजाने (*anjāne*) *adv.* unknowingly, unwittingly

अनजोखा (*anjokhā*) *a.* unweighed, unestimated

अनत (*anat*) *a.* not bent

अनति[1] (*anati*) *f.* want of politeness or humbleness

अनति[2] (*anati*) *a.* not much
अनतिकाल *m.* short time
अनतिक्रमणीय *a.* unsurpassable, inviolable
अनतिक्रांत *a.* unsurpassed, not transgressed
अनतिदीर्घ *a.* not very long
अनतिदूरवर्ती *a.* not very far off
अनतिपूर्व *adv.* not long before
अनतिविलंब *adv.* without much delay
अनतिव्यापी *a.* non-overlapping

अनदेखा (*andekhā*) *a.* unseen
अनदेखा चेहरा *m.* unseen face

अनद्यतन (*anadyatan*) *a.* 1. out of date 2. past
अनद्यतन भविष्य *m.* future indefinite tense
अनद्यतन भूत *m.* indefinite past tense

अनधिक (*anadhik*) *a.* not exceeding, not much

अनधिकार (*anadhikār*) *m.* unauthorisation, want of authority
अनधिकार-ग्रहण *m.* usurpation
अनधिकार-ग्रहण करना *v.t.* to usurp
अनधिकार-चर्चा *f.* interference
अनधिकार-चर्चा करना *v.t.* to interfere
अनधिकार-चेष्टा *f.* unwarranted effort, unauthorised attempt
अनधिकारपूर्ण *a.* officious
अनधिकार प्रवेशक *m.* trespasser, intruder
अनधिकार-प्रवेश करना *v.t.* trespass, to encroach
अनधिकार-हस्तक्षेप करना *v.t.* to poke one's nose

अनधिकारिक (*anadhikārik*) *a.* 1. unofficial 2. unauthorised
अनधिकारिक रूप से *adv.* unofficially
अनधिकारिक निर्माण *m.* unauthorised construction

अनधिकारी (*anadhikārī*) *a.* 1. not entitled, without right or authority 2. undeserving, not fit

अनधिकृत (*anadhikṛt*) *a.* 1. unauthorised 2. not possessed or occupied
अनधिकृत उपयोग *m.* unauthorised use
अनधिकृत क्षेत्र *m.* unoccupied area
अनधिकृत फेरी *f.* unauthorised hawking
अनधिकृत हड़ताल *f.* wildcat strike

अनधिगत (*anadhigat*) *a.* 1. unattained, unacquired, not mastered 2. unknown

अनधिप्रामाणिक (*anadhiprāmāṇik*) *a.* unauthentic, unauthorized

अनधियुक्त (*anadhiyukt*) *a.* unemployed

अनधिहरण (*anadhiharaṇ*) *m.* forfeiture

अनधीत (*anadhīt*) *a.* not perused, unread, unstudied

अनधीन (*anadhīn*) *a.* not subject to, not subordinate to, independent

अनधीनता (*andhīntā*) *f.* 1. insubordination 2. independence

अनधुला (*andhulā*) *a.* unwashed, uncleansed

अनध्ययन (*anadhyayan*) *m.* intermission in study

अनध्यवसाय (*anadhyavsāy*) *m.* laziness, indolence

अनध्याय (*anadhyāy*) *m.* 1. non-working day, off-day 2. break in study

अनध्याय काल *m.* vacation

अनध्याय दिवस *m.* holiday

अनध्याय मनाना *v.t.* to enjoy a holiday

अननुकरणीय (*ananukarṇīy*) *m.* inimitable, unfit for copying

अननुकूल (*ananukūl*) *a.* 1. unfavourable 2. unsuitable

अननुकूली (*ananukūlī*) *a.* non-adaptive

अननुकूलित (*ananukūlit*) *a.* unconditioned

अननुग्रह (*ananugrah*) *m.* 1. disfavour 2. unkindness

अननुज्ञात (*ananujñāt*) *a.* not permitted, unapproved, denied

अननुदिष्ट (*ananudiṣṭa*) *a.* uninstructed

अननुनासिक (*ananunāsik*) *a.* non-nasal

अननुनासिक ध्वनि *f.* non-nasal sound

अननुपालन (*ananupālan*) *m.* non-compliance

अननुभवनीय (*ananubhavnīy*) *a.* impeccable, unpalatable

अननुभूत (*ananubhūt*) *a.* not perceived, not experienced

अननुभूतपूर्व *a.* never felt or experienced before

अननुमत (*ananumat*) *a.* unapproved, unliked, not permitted

अननुमेय (*ananumey*) *a.* unimaginable, inestimable

अननुमोदन (*ananumodan*) *m.* disapproval

अननुमोदित (*ananumodit*) *a.* unapproved, unseconded

अननुमोदित व्यय *m.* unauthorised/unapproved expenditure

अननुशीलन (*ananuśilan*) *m.* want of study, intermission in study

अनन्नास (*anannās*) *m.* pineapple (tree and its fruit)

अनन्य (*ananya*) *a.* 1. exclusive, only 2. unique 3. entirely devoted (as to a deity)

अनन्यगति *a.* having no other alternative or means

अनन्यचित्त *a.* having undivided attention, fully concentrated

अनन्यचेता *a.* giving one's whole thought or attention

अनन्यदृष्टि *a.* gazing intently

अनन्यधर्मा *a.* having no other religion or faith

अनन्यपरता *f.* oneness, exclusiveness, exclusive loyalty

अनन्यपरायण *a.* not devoted to anyone else, exclusively devoted/loyal to one

अनन्यपूर्व *a.* not belonging to anyone

अनन्यभक्त *m.* entirely devoted to only one deity

अनन्यभक्ति *f.* exclusive devotion

अनन्यभाव *m.* exclusive loyalty, oneness of adoration

अनन्यमन से *adv.* with undivided or rapt attention

अनन्यमना/मनस्क *a.* fully concentrated, intent, deeply attentive

अनन्यवृत्ति *f.* exclusive avocation

अनन्यव्रत *a.* vowed to a single purpose

अनन्यशरण *f.* only or exclusive refuge

अनन्यसहाय *a.* having no one to help

अनन्यसुलभ *a.* rare

अनन्यता (*ananyatā*) *f.* 1. exclusiveness 2. uniqueness

अनन्याधिकार (*ananyādhikār*) *m.* exclusive right, monopoly (एकाधिकार)

अनन्याधिकार क्षेत्र *m.* exclusive jurisdiction

अनन्याश्रित (*ananyāśrit*) *a.* dependent on no other person

अनन्वय (*ananvay*) *m.* lack of concord or relationship (a figure of speech)

अनन्वित (*ananvit*) *a.* 1. unrelated, unconnected, disjointed 2. incoherent, irrelevant

अनपकरण (*anapkaraṇ*) *a.* not to cause harm

अनपकर्म (*anapkarma*) *a.* not to cause loss, non-payment of debt (law)
अनपकर्ष (*anapkarṣa*) *m.* non-degradation, upliftment
अनपकार (*anapkār*) *m.* inoffensiveness, harmlessness
अनपकारी (*anapkārī*) *a.* inoffensive, harmless
अनपकृत (*anapkr̥t*) *a.* unoffended, harmless
अनपच (*anpac*) *m.* indigestion
अनपचा (*anpacā*) *a.* undigested
अनपढ़ (*anpaṛh*) *a.* illiterate, unlettered, uneducated
अनपत्य (*anapatya*) *a.* without an issue, childless
अनपदेश (*anapdeś*) *m.* invalid argument
अनपनेय (*anapney*) *a.* indelible, irremovable
अनपराध (*anaprādh*) *a.* /**अनपराधी** (*anaprādhī*) *a.* innocent, guiltless, not guilty
अनपायी (*anapāyī*) *a.* firm, static, fixed
अनपेक्षा (*anapekṣā*) *f.* indifference, heedlessness, disregard
अनपेक्षित (*anapekṣit*) *a.* 1. unheeded, disregarded 2. unexpected 3. not required
अनपेत (*anapet*) *a.* 1. not past 2. not separated
अनफटा (*anphaṭā*) *a.* 1. unexploded 2. untorn
अनबन (*anban*) *f.* rift, discord, dissension, strained relationship
अनबिंधा (*anbindhā*) *a.* /**अनबिधा** (*anbidhā*) *a.* unpierced, unperforated
अनबिका (*anbikā*) *a.* unsold
अनबूझ (*anbūjh*) *a.* unintelligible
अनबोया (*anboyā*) *a.* unsown, unplanted
अनबोला (*anbolā*) *m.* state of not being on speaking terms
अनब्याहा (*anbyāhā*) *a.* & *m.* unmarried (person) (*fem.* अनब्याही)
अनभल (*anbhal*) *f.* 1. ill-luck, bad fortune 2. loss, harm
अनभाया (*anbhāyā*) *a.* disagreeable, unpleasant, displeasing, repugnant
अनभिज्ञ (*anabhijñ*) *a.* 1. unaware (of), ignorant 2. unacquainted
अनभिज्ञता (*anabhijñatā*) *f.* 1. unawareness, ignorance 2. unacquaintedness
अनभिनत (*anabhinat*) *a.* unbiased
अनभिनति (*anabhinati*) *f.* disinclination
अनभिप्राय (*anabhiprāy*) *a.* unintentional
अनभिप्रेत (*anabhipret*) *a.* 1. undesired 2. unintended 3. not implied
अनभिभूत (*anabhibhūt*) *a.* 1. not overwhelmed, unperplexed 2. undefeated
अनभिमत (*anabhimat*) *a.* disapproved
अनभिरुचि (*anabhiruci*) *f.* disinclination
अनभिरूप (*anabhirūp*) *a.* ugly, sinister, queer
अनभिलषित (*anabhilaṣit*) *a.* not desired
अनभिलाष (*anabhilāṣ*) *m.* absence of desire, indifference
अनभिव्यक्त (*anabhivyakt*) *a.* 1. unexpressed, implicit 2. unmanifested, implied
अनभिसंधान (*anabhisandhān*) *m.* disinterestedness
अनभिहित (*anabhihit*) *a.* not named
अनभीष्ट (*anabhīṣṭa*) *a.* 1. undesired 2. unintended 3. not implied (= अनभिप्रेत)
अनभ्यस्त (*anabhyasta*) *a.* 1. unaccustomed, not habituated 2. without practice, unpractised
अनभ्यास (*anabhyās*) *m.* lack or want of practice
अनभ्यासिक (*anabhyāsik*) *a.* non-habitual
  अनभ्यासिक अपराधी *m.* non-habitual offender
अनभ्र (*anabhra*) *a.* cloudless
  अनभ्र वज्रपात *m.* a bolt from the blue, accidental trouble
  अनभ्र वृष्टि *f.* rain without clouds,

unexpected gain

अनमढ़ा (*anmaṛhā*) *a.* unmounted

अनमन (*anman*) *a.* 1. agitated, confounded 2. thoughtless, absent-minded

अनमना (*anmanā*) *a.* 1. out of sorts, dejected 2. absent-minded, inattentive

अनमनी तबीयत *f.* indisposition

अनमने भाव से *adv.* absent-mindedly

अनमनापन (*anmanāpan*) *m.* 1. absent-mindedness 2. indisposition, distress of mind 3. confusion

अनमनीय (*anamnīy*) *a.* 1. inelastic, inflexible 2. uncompromising

अनमनीय अभिवृत्ति (रुख) *f.* uncompromising attitude

अनमनीय संविधान *m.* rigid constitution

अनमिल (*anmil*) *a.* 1. unsocial 2. disjointed 3. discordant

अनमेल (*anmel*) *a.* 1. discordant 2. ill-assorted 3. unsuitable 4. dissimilar 5. unmatched

अनमेल विवाह *m.* marriage between unmatched partners

अनमोल (*anmol*) *a.* priceless, invaluable, precious

अनम्य (*anamya*) *a.* 1. inelastic, inflexible 2. uncompromising (= अनमनीय)

अनम्र (*anamra*) *a.* impolite, not humble, impudent, rude

अनय (*anay*) *m.* 1. tyranny, torture 2. injustice

अनयन (*anayan*) *a.* without eyes, blind

अनरजिस्टर्ड E (*unrajistarḍ*) *a.* unregistered

अनरस (*anras*) *m.* lack of flavour or enjoyment, dullness

अनरीत (*anrīt*) *f.* /**अनरीति** (*anrīti*) *f.* 1. unceremoniousness 2. unmannerliness 3. unconventional act

अनर्गल (*anargal*) *a.* 1. unrestrained 2. uncontrollable 3. (बेरोक) incessant, continual, uninterrupted

अनर्गल प्रलाप *m.* nonsense, useless gossip, incoherent ravings

अनर्गलता (*anargaltā*) *f.* 1. absence of restraint 2. incoherence 3. absurdity

अनर्घ (*anargha*) *a.* /**अनर्घ्य** (*anarghya*) *a.* priceless, of little value, cheap

अनर्जक (*anarjak*) *a.* non-earning

अनर्जक-आश्रित *m.* non-earning dependant

अनर्जित (*anarjit*) *a.* unearned

अनर्जित आय *f.* unearned income

अनर्जित छुट्टी *f.* unearned leave

अनर्थ (*anarth*) I. *a.* meaningless, absurd II. *m.* disaster

अनर्थकर *a.* /**अनर्थकारी** *a.* (a) evil, wrong (b) disastrous, calamitous

अनर्थ करना *v.t.* to do some wrong, to kick up a fuss or row, to do injustice

अनर्थ होना (*मु.*) *v.i.* disaster to occur

अनर्थक (*anarthak*) *a.* 1. meaningless, nonsense 2. useless, fruitless, futile

अनर्ह (*anarh*) *a.* unqualified, unfit, unsuitable

अनर्ह ठहराना *v.t.* to disqualify

अनर्हक (*anarhak*) *a.* non-qualifying

अनर्हक सेवा *f.* non-qualifying service

अनर्हता (*anarhatā*) *f.* disqualification

अनर्हताकारक *a.* disqualifying

अनर्हीकरण (*anarhīkaraṇ*) *m.* disqualifying

अनर्हीकृत (*anarhīkr̥t*) *a.* disqualified

अनल (*anal*) *m.* 1. fire 2. god of fire, power of digestion

अनल-दीपन *m.* (a) lighting a fire (b) stimulating the digestion

अनल-वर्षण *m.* emitting fire

अनल-शिखा *f.* flame

अनलंकृत (*analaṅkr̥t*) *a.* 1. undecorated, unadorned 2. without a figure of speech

अनल्प (*analp*) *a.* not a little, not a few,

enough, much, many

अनवकलनीय (*anavkalnīy*) *a.* non-differentiable

अनवकाश (*anavkāś*) I. *m.* absence of leisure II. *a.* without interval

अनवगत (*anavgat*) *a.* uninformed, unaware, unknown

अनवगाह्य (*anavgāhya*) *a.* unfathomable, very deep

अनवगुंठित (*anavgunṭhit*) *a.* without veil

अनवच्छिन्न (*anavacchinn*) *a.* 1. uninterrupted 2. unbroken

अनवद्य (*anavadya*) *a.* unblameable, faultless, flawless

अनवद्यता (*anavadyatā*) *f.* blamelessness, faultlessness

अनवधान (*anavdhān*) I. *m.* inattention, inadvertency, carelessness II. *a.* inattentive, inadvertent, careless

अनवधानता (*anavdhāntā*) *f.* inattention, inadvertency, carelessness

अनवधि (*anavdhi*) *f.* limitlessness

अनवधिक (*anavdhik*) *a.* aperiodic

अनवरत (*anavarat*) I. *a.* incessant, interminable, constant II. *adv.* incessantly, continuously, ceaselessly

अनवरोध (*anavrodh*) I. *m.* 1. absence of obstruction 2. lifting a siege II. *a.* unobstructed

अनवलंब (*anavlamb*) *a.* without a support or refuge, resourceless

अनवलंबित (*anavlambit*) *a.* unsupported, not propped

अनवसर (*anavsar*) *m.* 1. inopportune time 2. lack of opportunity 3. wrong occasion

अनवसित (*anavasit*) *a.* not terminated

अनवस्था (*anavasthā*) *f.* 1. restlessness 2. vacillation 3. confusion

अनवस्थित (*anavasthit*) *a.* 1. unsteady 2. not settled 3. agitated 4. disarranged

अनवेक्षणीय (*anavekṣṇīy*) *a.* inscrutable

अनवेक्षित (*anavekṣit*) *a.* unforeseen

अनशन (*anaśan*) *m.* 1. fasting 2. hunger-strike

अनशन-क्लिष्ट *a.* worn out by starvation

अनशन-तोड़ना *v.t.* to terminate hunger-strike

अनशनकारी (*anaśankārī*) *a.* & *m.* (one) who goes on hunger-strike, hunger- striker

अनश्वर (*anaśvar*) *a.* imperishable, indestructible, everlasting, immortal

अनश्वरता (*anaśvartā*) *f.* state or quality of being अनश्वर, immortality

अनसुना (*ansunā*) *a.* unheard

सुना-अनुसना करना *v.t.* /**अनसुनी करना** *v.t.* not to pay any attention to, to ignore, to turn a deaf ear (to), to disregard

अनसुलझा (*ansuljhā*) *a.* unsolved

अनुसलझी समस्या *f.* unsolved problem

अनसूय (*anasūy*) *a.* not spiteful, not envious

अनसूया (*anasūyā*) *f.* freedom from spite, absence of ill-will or envy

अनस्तित्व (*anastitva*) *m.* 1. non-existence 2. absence, non-presence

अनहंकार (*anahankār*) *m.* absence of pride, humility

अनहदनाद (*anahadnād*) *m.* divine melody produced from within (in yoga)

अनहित (*anhit*) *m.* hostility, unfriendliness

अनहितु (*anhitu*) *a.* hostile, unfriendly

अनहोनी (*anhonī*) *f.* the impossible

अनहोनी होना *v.i.* occurrence of the impossible

अनहोनी होनी नहीं, होनी होय सो होय (लो.) there is no avoiding the dictates of providence

अनाकर्षक (*anākarṣak*) *a.* unattractive

अनाकार (*anākār*) *a.* shapeless, formless

अनाक्रमण (*anākramaṇ*) *m.* non-aggression

अनाक्रमण-संधि *f.*/**समझौता** *m.* non-aggression pact

अनाक्रमणात्मक (*anākramaṇātmak*) *a.* non-aggressive

अनाक्रांत (*anākrānt*) *m.* unassailed

अनाक्रांतता (*anākrāntatā*) *f.* state or quality of being unassailed

अनाक्रामक (*anākrāmak*) *a.* non-aggressive

अनाक्राम्य (*anākrāmya*) *a.* immune, unable to be harmed/attacked

अनाक्राम्यता (*anākrāmyatā*) *f.* immunity

अनाक्षरिक (*anākṣarik*) *a.* non-syllabic

अनागत (*anāgat*) *a.* 1. not come, not arrived 2. future

अनागम्य (*anāgamy*) *a.* 1. unapproachable, inaccessible 2. unattainable

अनागरिक (*anāgarik*) I. *a.* uncivil II. *m.* non-citizen, alien

अनाघ्रात (*anāghrāt*) *a.* unsmelled, fresh, not faded

अनाचरण (*anācaraṇ*) *m.* non-performance of what is right or customary

अनाचार (*anācār*) *m.* misconduct, unprincipled or improper conduct or practice

अनाचार करना *v.t.* to indulge in improper conduct

अनाचारपूर्ण *a.* outrageous

अनाचारिता (*anācāritā*) *f.* 1. indecency 2. corruption 3. immorality

अनाचारी (*anācārī*) *a.* 1. immoral 2. corrupt 3. indecent

अनाच्छादन (*anācchādan*) *m.* denudation, exposure

अनाच्छादित (*anācchādit*) *a.* uncovered, unroofed

अनाज (*anāj*) *m.* grain, cereal, corn

मोटा अनाज *m.* coarse grain

अनाज का दुश्मन *m.* glutton

अनाज का कीड़ा *m.* worm, weevil

अनाज-बखारी *f.* corn-bin, barn

अनाजी (*anājī*) *a.* of or pertaining to अनाज

अनाज्ञाकारिता (*anājñākāritā*) *f.* disobedience, insubordination

अनाज्ञाकारी (*anājñākārī*) *a.* disobedient, insubordinate

अनाडंबर (*anāḍambar*) *m.* absence of pomp and show, simple, unostentatious, plain

अनाड़ी (*anāṛī*) *a.* unskilled, inexpert, unpractised, raw hand

अनाड़ीपन (*anāṛīpan*) *m.* rawness, inexperience, uncouthness

अनात्म (*anātm*) I. *a.* not self 2. not spiritual 3. material II. m. 1. matter 2. something different from self

अनात्मवाद *m.* materialism

अनात्मवादी I. *m.* materialist II. *a.* materialistic

अनात्मीय (*anātmīy*) *a.* not related, unfriendly, hostile

अनात्म्य (*anātmya*) *m.* lack of affection or attachment for one's own people

अनाथ (*anāth*) I. *m.* orphan II. *a.* helpless, poor, destitute

अनाथनाथ *m.* protector of the unprotected

अनाथ आश्रम *m.* orphanage, a house for orphans

अनाथालय (*anāthālay*) *m.* orphanage, a house for orphans

अनादर (*anādar*) *m.* disregard, disrespect, irreverence

अनादर करना *v.t.* to disrespect

अनादरसूचक *a.* derogatory

अनादरण (*anādaraṇ*) *m.* dishonouring

चेक का अनादरण *m.* dishonouring of a cheque

अनादाय (*anāday*) *m.* non-realization, non-collection (particularly of money)

अनादि (*anādi*) *a.* without a beginning or origin, uncreated, eternal
अनादिकाल से *adv.* from time immemorial, from eternity
अनादिमध्यांत (*anādimadhyānt*) *a.* having no beginning, middle or end
अनादिष्ट (*anādiṣṭ*) *a.* not commanded, uninstructed
अनादृत (*anādṛit*) *a.* slighted, neglected, dishonoured
अनादेय (*anādey*) *a.* unfit or improper to be received, unacceptable
अनाद्यंत (*anādyant*) *a.* having neither beginning nor end, eternal, infinite
अनाधिकारिक (*anādhikārik*) *a.* unofficial (शुद्ध-अनधिकारिक)
अनाधुनिक (*anādhunik*) *a.* not modern, outmoded
अनाप-शनाप (*anāp-śanāp*) *m.* 1. nonsense, meaningless talk 2. rigmarole
अनाप-शनाप बकना *(मु.) v.t.* to talk nonsense
अनापत्ति (*anāpatti*) *f.* no-objection
अनापत्ति-प्रमाणपत्र *m.* no-objection certificate
अनाप्त (*anāpta*) *a.* unobtained, unattained
अनाम (*anām*) *a.* nameless, anonymous
अनाम लेखक *m.* anonymous writer
अनामय (*anāmay*) *a.* without disease, healthy
अनामिक (*anāmik*) *a.* anonymous
अनामिका (*anāmikā*) *f.* ring finger
अनामिष (*anāmiṣ*) *a.* vegetarian
अनामुख (*anāmukh*) *a.* 1. (one) whose face is inauspicious 2. ill-omened
अनायत (*anāyat*) *a.* uncontrolled, beyond control, out of hand, unchecked, independent
अनायास (*anāyās*) *adv.* 1. without effort 2. easily 3. spontaneously, involuntarily
अनायास लब्ध *a.* obtained with ease
अनायास लभ्य *a.* easily available
अनायोजित (*anāyojit*) *a.* unplanned
अनायोजित अर्थव्यवस्था *f.* unplanned economy
अनारंभ (*anārambh*) *m.* non-commencement, without beginning
अनार (*anār*) *m.* 1. pomegranate, *Punica granatum* 2. a kind of fireworks which shoots out sparks
अनारदाना *m.* pomegranate seed
अनारबिदाना *m.* a kind of pomegranate without seeds
अनार्जव (*anārjav*) *m.* 1. dishonesty 2. crookedness
अनार्तव (*anārtav*) *m.* pause in menses
अनार्तवा (*anārtavā*) *f.* a girl who has not attained puberty (the menstruation period)
अनार्द्र (*anārdra*) *a.* anhydrous, dry
अनार्य (*anārya*) *a.* 1. non-Aryan 2. low-born 3. barbarian
अनार्य जातियाँ *f.* non-Aryan tribes
अनार्यजातीय *a.* of non-Aryan race
अनालंब (*anālamb*) *a.* without support, unsupported
अनालोचित (*anālocit*) *a.* 1. unconsidered, imprudent 2. unexamined, unseen 3. uncriticized
अनालोचनीय (*anālocnīy*) *a.* not to be considered
अनावरण (*anāvaraṇ*) *m.* 1. unveiling 2. exposure
अनावरण करना v.t. to unveil (a painting)
अनावरण-उत्सव *m.* unveiling ceremony
अनावर्त (*anāvart*) *a.* non-recurring, aperiodic
अनावर्तक (*anāvartak*) *a.* non-recurring
अनावर्तन (*anāvartan*) *m.* non-recurrence
अनावर्ती (*anāvartī*) *a.* non-recurring
अनावर्ती अनुदान *m.* non-recurring grant
अनावर्ती गति *f.* aperiodic motion

अनावर्ती जमा *m.* non-recurring deposit

अनावर्षण (*anāvarṣaṇ*) *m.* lack of rain, drought

अनावश्यक (*anāvaśyak*) *a.* unnecessary, non-essential

अनावासिक (*anāvāsik*) *a.* 1. non-resident 2. non-residential

अनावासिक छात्र *m.* non-resident pupil

अनावासिक विद्यालय *m.* non-residential school

अनाविद्ध (*anāviddha*) *a.* not wounded, unhurt

अनाविल (*anāvil*) *a.* not turbid, clear, pure, not dirty

अनावृत (*anāvr̥t*) *a.* uncovered, unclosed, open, unveiled

अनावृत्त (*anāvr̥tt*) *a.* unrepeated

अनावृत्ति (*anāvr̥tti*) *f.* non-repetition

अनावृष्टि (*anāvr̥ṣṭi*) *f.* lack of rain, drought

अनावेदित (*anāvedit*) *m.* not notified, not made known

अनाशस्त (*anāśast*) *a.* not praised, unadmired

अनासक्त (*anāsakt*) *a.* 1. unattached, detached, without fondness 2. disinterested, indifferent

अनासक्ति (*anāsakti*) *f.* 1. unattachment, detachment 2. disinterestedness, indifference, unconcern

अनासन्न (*anāsann*) *a.* 1. (of place) not near, distant 2. (of time) not imminent

अनासादित (*anāsādit*) *a.* not met with, not encountered

अनासाद्य (*anāsādya*) *a.* 1. not attainable 2. improbable

अनासिक (*anāsik*) *a.* without a nose

अनासीन (*anāsīn*) *a.* unseated

अनासीन करना *v.t.* to unseat

अनास्था (*anāsthā*) *f.* 1. want of faith or devotion 2. dishonour, disrespect 3. unconcern

अनास्था-प्रस्ताव *m.* no-confidence motion

अनास्थावान (*anāsthāvān*) *a.* faithless

अनास्वाद (*anāsvād*) *a.* without taste, insipid

अनास्वादित (*anāsvādit*) *a.* untasted

अनास्वादितपूर्व *a.* (a) not tasted before (b) not enjoyed previously

अनाहत (*anāhat*) *a.* 1. unwounded, unhurt, uninjured 2. unbeaten

अनाहार (*anāhār*) *m.* fast, starvation, abstinence from food

अनाहारी (*anāhārī*) *a.* fasting, going without food

अनाहार्य (*anāhārya*) *a.* not to be seized

अनाहूत (*anāhūt*) *a.* uninvited, uncalled, unsolicited

अनाहूत अतिथि *m.* uninvited guest

अनाह्लादित (*anāhlādit*) *a.* not gladdened, unexalted

अनिंगित (*aniṅgit*) *a.* unhinted, not indicated

अनिंदनीय (*anindnīya*) *a.* 1. irreproachable, unblamable 2. virtuous, admirable 3. flawless

अनिंदित (*anindit*) *a.* not reproached, uncensured

अनिंद्य (*anindya*) *a.* 1. irreproachable, unblamable 2. virtuous, admirable 3. flawless (= अनिंदनीय)

अनिकेत (*aniket*) *a.* homeless, shelterless

अनिग्रह (*anigrah*) *m.* 1. without restraint 2. want of bar

अनिच्छा (*anicchā*) *f.* unwillingness, indifference, disinclination, reluctance

अनिच्छाकृत *a.* reluctantly done

अनिच्छापूर्वक *adv.* unwillingly, reluctantly

अनिच्छित (*anicchit*) *a.* not desired, unwanted

अनिच्छुक (*anicchuk*) *a.* 1. unwilling, reluctant, disinclined 2. disinterested
अनित्य (*anity*) *a.* not eternal, not everlasting, transient, ephemeral
अनित्य देह *f.* mortal body
अनित्य भाव *m.* transitoriness
अनित्य संसार *m.* transitory world
अनित्यता (*anityā*) *f.* transience, impermanence
अनिद्र (*anidr*) *a.* sleepless, wakeful
अनिद्रा (*anidrā*) *f.* sleeplessness, insomnia (अनिद्रा रोग)
अनिद्रित (*anidrit*) *a.* not asleep, awake
अनिधिक (*anidhik*) *a.* unfunded
अनिधिक ऋण *m.* unfunded debt
अनिपुण (*anipuṇ*) *a.* 1. unskilled 2. not expert, incompetent
अनिपुण श्रमिक *m.* unskilled labour
अनिपुणता (*anipuṇtā*) *f.* unskilfulness, inefficiency
अनिबद्ध (*anibaddh*) *a.* not bound, not tied down, unattached, free
अनिमंत्रित (*animantrit*) *a.* uninvited, uncalled
अनिमित्त (*animitt*) *a.* causeless
अनिमेष (*animeṣ*) *a.* without winking, winkless
अनिमेष दृष्टि *adv.* /**अनिमेष नयन** *adv.* /**अनिमेष नेत्र** *adv.* /**अनिमेष लोचन** *adv.* looking unwinkingly, gazing intently
अनियंत्रित (*aniyantrit*) *a.* uncontrolled, unrestricted, unrestrained
अनियंत्रित शासन *m.* unruly government
अनियत (*aniyat*) *a.* 1. not fixed, indeterminate, indefinite 2. irregular 3. casual, occasional
अनियतवृत्ति *f.* (a) (*gram.*) indefinite mood (b) *a.* having no fixed source of income
अनियतकालिक (*aniyatkālik*) *a.* casual, occasional, aperiodic
अनियम (*aniyam*) *m.* 1. irregularity 2. absence of fixed order
अनियमित (*aniyamit*) *a.* irregular, random, erratic, disorderly
अनियमित क्रियारूप *m.* strong conjugation
अनियमित भीड़ *f.* unruly mob
अनियमित रूप से *adv.* irregularly
अनियमित वर्षा *f.* erratic rain
अनियमित संबंध *m.* illicit connection
अनियमित सैनिक *m.* irregular soldier
अनियमितता (*aniyamitatā*) *f.* irregularity
अनियारा (*aniyārā*) *a.* pointed, sharp
अनियुक्त (*aniyukt*) *a.* not appointed
अनियोजित (*aniyojit*) *a.* 1. unplanned 2. unemployed
अनियोज्य (*aniyojy*) *a.* unemployable
अनिराकृत (*anirākṛt*) *a.* uncontradicted, unrepudiated
अनिरुद्ध (*aniruddh*) *a.* 1. unobstructed, unrestrained, unhindered 2. self-willed, headstrong
अनिरूपित (*anirūpit*) *a.* not dealt with, undetermined
अनिर्णय (*anirṇay*) *m.* indecision, non-settlement, uncertainty
अनिर्णीत (*anirṇīt*) *a.* unsettled, undetermined, inconclusive
अनिर्णीत दावा *m.* outstanding claim
अनिर्दिष्ट (*anirdiṣṭ*) *a.* unspecified, undetermined
अनिर्दिष्ट काल *m.* (*gram.*) aorist tense
अनिर्दिष्ट काल के लिए *adv.* *sine die*
अनिर्देश (*anirdeś*) *m.* indetermination, lack of instruction
अनिर्धारित (*anirdhārit*) *a.* undetermined
अनिर्धार्य (*anirdhārya*) *a.* 1. non-assessable 2. undeterminable
अनिर्धार्यता (*anirdhāryatā*) *f.* indeterminacy
अनिर्बंध (*anirbandh*) *a.* without condition, unrestrained, free, unrestricted

अनिर्वचनीय (*anirvacnīy*) *a*. unspeakable, inexpressible, indescribable
अनिर्वचनीय आनंद *m*. unutterable bliss
अनिर्वचनीय सौंदर्य *m*. indescribable beauty

अनिर्वचनीयता (*anirvacnīytā*) *f*. inexpressiveness, ineffableness

अनिर्वापित (*anirvāpit*) *a*. unextinguished
अनिर्वापित ज्वाला *f*. unextinguished flame

अनिर्वृत्त (*anirvr̥tt*) *a*. discontented, unhappy, depressed, uneasy

अनिल (*anil*) *m*. wind, air
अनिल कुमार *m*. /**अनिल सुत** *m*. Hanuman

अनिलय (*anilay*) *a*. having no resting place

अनिलामय (*anilāmay*) *m*. gout, rheumatism

अनिवारित (*anivārit*) *a*. unchecked, unhindered
अनिवारित प्रवेश *m*. free admission

अनिवार्य (*anivārya*) *a*. 1. unavoidable, inevitable 2. compulsory, essential, imperative
अनिवार्य कारण *m*. unavoidable cause
अनिवार्य तत्त्व *m*. essentials
अनिवार्य प्रशिक्षण *m*. compulsory training
अनिवार्य भर्ती *f*. compulsory recruitment, conscription
अनिवार्य समापन *m*. compulsory winding up
अनिवार्य सेवा-निवर्तन *m*. compulsory retirement

अनिवार्यतः (*anivāryataḥ*) *adv*. compulsorily, essentially

अनिवार्यता (*anivāryatā*) *f*. inevitability, unavoidability

अनिवासी (*anivāsī*) *a*. & *m*. non-resident

अनिश्चय (*aniscay*) *m*. 1. uncertainty, indecision 2. vacillation 3. doubt
अनिश्चयवाचक सर्वनाम *m*. indefinite pronoun (some, any)

अनिश्चित (*aniścit*) *m*. 1. undecided 2. uncertain, doubtful 3. indefinite, vague
अनिश्चित ऋतु *f*. uncertain weather
अनिश्चित काल के लिए *adv. sine die*
अनिश्चित रूप से *adv*. indefinitely

अनिश्चितता (*aniścitatā*) *f*. 1. undecided 2. uncertainty 3. vagueness

अनिषिद्ध (*aniṣiddh*) *a*. not prohibited, not disallowed

अनिष्ट (*aniṣt*) *m*. evil, harm
अनिष्टकारक *a*. /**अनिष्टकारी** *a*. harmful
अनिष्ट की आशंका *f*. misgiving
अनिष्ट ग्रह *m*. ominous planet
अनिष्टसूचक *a*. ominous

अनिष्ठा (*aniṣṭhā*) *f*. want of regard, disloyalty, want of faith, disbelief

अनी (*anī*) *f*. point (as of a sharp weapon), tip, end

अनीदार (*anīdār*) *a*. sharp-pointed

अनीक (*anīk*) *m*. 1. group, assembly 2. army, troops

अनीकिनी (*anīkinī*) *f*. army composed of 2,187 elephants, 2,187 chariots, 6, 561 horses and 10,935 foot soldiers

अनीड़ (*anīṛ*) *a*. having no nest or settled abode, shelterless

अनीति (*anīti*) *f*. 1. immorality 2. impropriety 3. wrong policy 4. injustice

अनीश्वर (*anīshvar*) *a*. godless, atheistic
अनीश्वरवाद *m*. atheism, agnosticism
अनीश्वरवादी *m*. atheist, atheistic

अनीह (*anīh*) *a*. 1. without desire 2. indifferent, apathetic

अनु- (*anu-*) *pref*. 1. after 2. according to 3. along 4. each, every 5. again and again 6. capable 7. mean, base

अनुकंपन (*anukampan*) *m*. /**अनुकंपा** (*anukampā*) *f*. compassion, pity

अनुकंपा प्रवण *a.* compassionate, pitiful

अनुकंपा भत्ता *m.* compassionate allowance

अनुकंपनीय (*anukampanīy*) *a.* /**अनुकंप्य** (*anukampya*) *a.* pitiable

अनुकथन (*anukathan*) *m.* conversation, dialogue

अनुकरण (*anukaraṇ*) *m.* imitation, copying, emulation

अनुकरण करना *v.t.* to imitate, to copy

अनुकरणपटु *a.* skilful in imitating

अनुकरणवाचक *a.* onomatopoeic

अनुकरणात्मक (*anukaraṇātmak*) *a.* imitative

अनुकरणीय (*anukaraṇīy*) *a.* 1. imitable 2. exemplary, ideal

अनुकर्ता (*anukartā*) *m.* imitator

अनुकल्प (*anukalpa*) *m.* 1. substitute 2. alternative

अनुकल्पवाद *m.* theory of substitution

अनुकारी (*anukārī*) *a.* imitating, mimic

अनुकूल (*anukūl*) *a.* 1. favourable 2. suitable, agreeable

अनुकूल अवसर *m.* favourable time, opportune moment

अनुकूल जलवायु *f.* agreeable or suitable climate

अनुकूल निबंधन *m.* favourable terms

अनुकूल परिस्थितियाँ *f.* favourable circumstances

अनुकूल विचारणा *f.* favourable consideration

अनुकूल होना *v.i.* to be in favour of, to agree

अनुकूलतम (*anukūltam*) *a.* optimum

अनुकूलतम योजना *f.* optimum plan

अनुकूलता (*anukūltā*) *f.* favourableness, adaptability, conformity

अनुकूलन (*anukūlan*) *m.* conditioning, adaptation

वातानुकूलन *m.* air-conditioning

अनुकूलनशील (*anukūlanśīl*) *a.* adaptable

अनुकूलनशीलता (*anukūlanśīlatā*) *f.* adaptability

अनुकूलित (*anukūlit*) *a.* conditioned, adapted

वातानुकूलित *a.* air-conditioned

अनुकूली (*anukūlī*) *a.* adaptive

अनुकूलीकरण (*anukūlīkaraṇ*) *m.* conditioning, adaptation

अनुकृत (*anukṛt*) *a.* imitated, emulated, followed

अनुक्त (*anukta*) *a.* unsaid, unuttered, untold

अनुक्रम (*anukram*) *m.* order, sequence

अनुक्रम सूची *f.* gradation list

अनुक्रम में *adv.* serially, in order

अनुक्रमण (*anukramaṇ*) *m.* 1. succession 2. following, going after 3. indexing

अनुक्रमणिका (*anukramaṇikā*) *f.* /**अनुक्रमणी** (*anukramanī*) *f.* index

अनुक्रमणीकार *m.* indexer

अनुक्रमांक (*anukramāṅk*) *m.* roll number, serial number

अनुक्रमिक (*anukramik*) *a.* sequent, successive, serial

अनुक्रिया (*anukriyā*) *f.* 1. response 2. (विज्ञान में) reaction

अनुक्रियाशील *a.* responsive

अनुक्रियाशीलता *f.* responsiveness

रासायनिक अनुक्रिया chemical reaction

अनुक्षेप (*anukṣep*) *m.* interpolation

अनुक्षेप करना *v.t.* to interpolate

अनुगणन (*anugaṇan*) *m.* calculation, reckoning

अनुगत (*anugat*) *a.* 1. followed 2. imitated 3. (अनुकूल) favourable 4. obedient, devoted

अनुगति (*anugati*) *f.* 1. following 2. obedience, devotion

अनुगम (*anugam*) *m.* 1. following, going after 2. (तर्कशास्त्र में) induction

अनुगमन (*anugaman*) *m.* following, going after

अनुगमन करना *v.t.* to follow

अनुगामी (*anugāmī*) I. *a.* 1. following, attending 2. obedient II. *m.* follower, chaser
अनुगुणत्व (*anuguṇatv*) *m.* conformability
अनुगूँज (*anugūṁj*) *f.* repeat, echo
अनुगृहीत (*anugṛhīt*) *a.* obliged
अनुगृहीत करना *v.t.* to oblige
अनुगृहीत करें *v.t.* please oblige
अनुगृहीत होना *v.i.* to be obliged
अनुग्रह (*anugrah*) *m.* favour, kindness, grace
अनुग्रह करना *v.t.* to favour, to oblige
अनुग्रह-काल *m.* days of grace
अनुग्रह के आधार पर *adv.* on compassionate grounds
अनुग्रह-धन *m.* gratuity
अनुग्रह-निधि *f.* relief fund
अनुग्रह-पात्र *m.* favourite
अनुग्रहपूर्ण *a.* compassionate, kind
अनुग्रहपूर्वक *adv.* ex-gratia (जैसे भुगतान payment)
अनुग्रहशील *a.* obliging
अनुग्रह-हुंडी *f.* accommodation bill
परमात्मा के अनुग्रह से by the grace of God
अनुग्रहांक (*anugrahāṅk*) *m.* grace marks
अनुग्राहक (*anugrāhak*) *m.* 1. patron, supporter 2. kind person
अनुग्राही (*anugrāhī*) *a.* obliging, accommodating
अनुघात (*anughāt*) *m.* concussion
अनुचर (*anucar*) *m.* 1. follower 2. servant, attendant
अनुचारी (*anucārī*) *a.* following, attending
अनुचिंतन (*anucintan*) *m.* /**अनुचिंता** (*anucintā*) *f.* 1. reconsideration 2. recollection, recalling 3. reflection
अनुचिंतित (*anucintit*) *a.* 1. reflected 2. recollected
अनुचित (*anucit*) *a.* (अन् उचित) 1. improper, unreasonable, unbecoming, unseemly 2. undue 3. unfair, unjust
अनुचित कार्य *m.* improper act
अनुचित पक्षपात *m.* undue favour
अनुचित प्रभाव *m.* undue influence
अनुचित प्रयोग *m.* improper use
अनुचित व्यवहार *m.* unbecoming behaviour
अनुचित संबंध *m.* illicik relation
अनुचित साधन *m.* unfair means
अनुचित हस्तक्षेप *m.* unjust meddlesomeness
अनुचिह्न (*anucinh*) *m.* trace, trail
अनुच्चरित (*anuccarit*) *a.* unpronounced, silent (as: *b* in debt)
अनुच्छिष्ट (*anucchiṣṭ*) *a.* 1. untouched food 2. untasted, pure
अनुच्छेद (*anucched*) *m.* 1. paragraph 2. section 3. article
अनुज (*anuj*) *m.* younger brother
अनुजा (*anujā*) *f.* younger sister
अनुजीवी (*anujīvī*) I. *a.* dependent (upon) II. *m.* servant, retainer
अनुज्ञप्त (*anujñapta*) *a.* licensed
अनुज्ञप्ति (*anujñapti*) *f.* licence
अनुज्ञा (*anujñā*) *f.* 1. permission 2. licence 3. permit
अनुज्ञा अधिकारी *m.* licensing officer
अनुज्ञाधारी *m.* licensee, licence holder
अनुज्ञात (*anujñāt*) *a.* 1. permitted, allowed 2. enjoined, directed
अनुज्ञात्मक (*anujñātmak*) *a.* permissive
अनुज्ञात्मक माता-पिता *m.* permissive parents
अनुज्ञापक (*anujñāpak*) *a.* granting sanction or permission
अनुज्ञापन (*anujñāpan*) *m.* 1. permit 2. permission 3. authorization
अनुज्ञापित (*anujñāpit*) *a.* 1. permitted, allowed 2. authorized 3. licensed
अनुज्ञेय (*anujñey*) *a.* permissible, allowable
अनुज्ञेय व्यय *m.* permissible expenditure
अनुज्ञेयता (*anujñeyatā*) *f.* 1. permissibil-

ity 2. permissiveness

अनुतट (*anutaṭ*) *adv.* along the coast, coast-wise

अनुतटीय (*anutaṭīy*) *a.* along the shore

अनुतान (*anutān*) *m.* intonation

अनुताप (*anutāp*) *m.* repentance, penitence, remorse

अनुतोष (*anutoṣ*) *m.* 1. gratification 2. relief

अनुतोषण (*anutoṣaṇ*) *m.* gratification

अनुत्क्रमणीय (*anutkramṇīy*) *a.* irreversible

अनुत्कर्ष (*anutkarṣa*) *m.* want of improvement, imperfection, inferiority

अनुत्तम (*anuttam*) *a.* not the best, worst

अनुत्तरदायित्व (*anuttardāyitva*) *m.* irresponsibility

अनुत्तरदायित्वपूर्ण *a.* irresponsible

अनुत्तरदायित्वपूर्वक *adv.* irresponsibly

अनुत्तरदायी (*anuttardāyī*) *a.* irresponsible

अनुत्तीर्ण (*anuttīrṇ*) *a.* unsuccessful, failed (as in examination)

अनुत्पन्न (*anutpanna*) *a.* not produced or grown, unborn

अनुत्पादक (*anutpādak*) *a.* unproductive, infertile

अनुत्पादन (*anutpādan*) *m.* want of production, non-production

अनुत्सुक (*anutsuk*) *a.* not eager, calm, moderate

अनुदात्त (*anudātta*) I. *a.* 1. unaccented (अक्षर syllable) 2. ignoble 3. not sublime II. *m.* grave accent

अनुदान (*anudān*) *m.* grant

अनुदान-ग्राही *m.* grantee

राजकीय अनुदान government grant

अनुदार (*anudār*) *a.* 1. illiberal, not generous 2. conservative, parochial

अनुदार दल *m.* conservative party

अनुदार दृष्टिकोण *m.* narrow outlook

अनुदारवाद *m.* conservatism

अनुदारता (*anudārtā*) *f.* conservatism, illiberality

अनुदित (*anudit*) *a.* not risen, not appeared, unrevealed

अनुदिन (*anudin*) *adv.* daily, day by day, everyday

अनुदेश (*anudeś*) *m.* instruction

अनुदेश देना *v.t.* to instruct, to teach

अनुदेशक (*anudeśak*) *m.* instructor, tutor

अनुदेशन (*anudeśan*) *m.* instruction

अनुदेशात्मक (*anudeśātmak*) *a.* instructive

अनुदैर्घ्य (*anudairghy*) *a.* longitudinal

अनुदैर्घ्य प्रसार *m.* longitudinal expansion

अनुद्गत (*anudgat*) *a.* not grown up

अनुद्धत (*anuddhat*) *a.* humble, polite, not domineering, meek

अनुद्धृत (*anuddhṛt*) *a.* unquoted, uncited

अनुद्यत (*anudyat*) *a.* not ready, unprepared

अनुद्यम (*anudyam*) *a.* /**अनुद्यमी** (*anudyamī*) *a.* not diligent, not laborious, lazy, inactive, idle

अनुद्योग (*anudyog*) *m.* absence of exertion, inactivity, indolence, laziness

अनुद्योगिता (*anudyogitā*) *f.* idleness, indolence

अनुद्योगी (*anudyogī*) *a.* & *m.* indolent or inactive person

अनुद्विग्न (*anudvigna*) *a.* free from perplexity, unperturbed

अनुद्वेग (*anudveg*) *m.* freedom from uneasiness

अनुधर्मता (*anudharmatā*) *f.* analogy

अनुधर्मी (*anudharmī*) *a.* analogous

अनुधावक (*anudhāvak*) *a.* pursuer

अनुधावक विमान *m.* pursuing aeroplane

अनुधावन (*anudhāvan*) *m.* pursuit, chasing

अनुधावन करना *v.t.* to run after, to pursue, to follow

अनुधावित (*anudhāvit*) *a.* pursued, chased

अनुध्यान (*anudhyān*) *m.* reflection, contemplation, recollection

अनुध्वनि (*anudhvani*) *f.* repeat, echo

अनुनय (*anunay*) *m.* 1. entreaty 2. persuasion 3. solicitation, supplication
अनुनय करना *v.t.* to entreat, to supplicate, to make an earnest request
अनुनयकर्ता *m.* solicitor, canvasser
अनुनयपूर्ण *a.* persuasive
अनुनय-विनय *f.* humble solicitation/supplication, entreaties

अनुनाद (*anunād*) *m.* echo, resonance, vibration

अनुनादक (*anunādak*) *m.* resonant box, soundbox, resonator

अनुनादित (*anunādit*) *a.* echoed, resounded, reverberated

अनुनादी (*anunādī*) *a.* resonant

अनुनासिक (*anunāsik*) *a.* nasal
अनुनासिक ध्वनि *f.* nasal sound

अनुनासिकता (*anunāsiktā*) *f.* nasality

अनुनासिकीकरण (*anunāsikīkaraṇ*) *m.* nasalization

अनुनीत (*anunīt*) *a.* 1. pacified, calmed 2. (प्रार्थित) solicited, entreated

अनुन्नत (*anunnat*) *a.* 1. not lifted up, not elevated 2. backward
अनुन्नत जातियाँ *f.* backward classes

अनुनेय (*anuney*) *a.* to be solicited

अनुन्मत्त (*anunmatt*) *a.* not mad, sane, sober

अनुन्मूलन (*anunmūlan*) *m.* state of not opening

अनुन्मुक्त (*anunmukta*) *a.* undischarged
अनुन्मुक्त दिवालिया *m.* undischarged insolvent

अनुपंथिता (*anupanthitā*) *f.* orthodoxy

अनुपंथी (*anupanthī*) *m.* orthodox

अनुपकार (*anupkār*) *m.* harm, mischief

अनुपकारक (*anupkārak*) *a.* harmful, injurious

अनुपकारिता (*anupkāritā*) *f.* harmfulness, mischief

अनुपकारी (*anupkārī*) *a.* unserviceable, not beneficial

अनुपजाऊ (*anupjāū*) *a.* infertile, unproductive, barren (भूमि land)

अनुपत्र (*anupatra*) *m.* appendage at the base of a leaf, stipule

अनुपदिष्ट (*anupdiṣṭ*) *a.* unadvised, uninstructed

अनुपथ (*anupath*) *m.* trace

अनुपनत (*anupnat*) *a.* not taken out, not brought out

अनुपपत्ति (*anuppatti*) *f.* 1. inconclusive argument, failure of proof 2. non-accomplishment

अनुपपन्न (*anuppanna*) *a.* inadequately supported (by argument), untenable, unproved, unaccomplished

अनुभुक्त (*anubhukt*) *a.* 1. unconsumed 2. unenjoyed

अनुपम (*anupam*) *a.* matchless, unequalled, unparalleled, incomparable

अनुपमेय (*anupmey*) *a.* = अनुपम *q.v.*

अनुपमेयता (*anupmeytā*) *f.* matchlessness, incomparableness, super excellence

अनुपयुक्त (*anupyukta*) *a.* 1. unsuitable, unfit 2. unreasonable 3. unserviceable, useless 4. improper
अनुपयुक्त काल/समय *m.* inopportune time
अनुपयुक्त साधन *m.* incompetent material

अनुपयुक्तता (*anupyuktatā*) *f.* 1. unfitness, unsuitability 2. unreasonableness 3. impropriety

अनुपयोग (*anupyog*) *m.* disuse

अनुपयोगिता (*anupyogitā*) *f.* uselessness, being of no utility

अनुपयोगी (*anupyogī*) *a.* 1. unfit, unworthy 2. unserviceable, useless, of no use

अनुपरत (*anuparat*) *a.* uninterrupted, unhindered

अनुपलक्षित (*anuplakṣit*) *a.* unobserved, unnoticed, unperceived

अनुपलब्ध (*anuplabdha*) *a.* unattainable, unavailable

अनुपलभ्य (*anuplabhya*) *a.* unavailable

अनुपस्थित (*anupasthit*) *a.* not present, absent

अनुपस्थित व्यक्ति *m.* absentee

अनुपस्थित होना *v.i.* to be absent

अनुपस्थितता (*anupasthitatā*) *f.* absenteeism

अनुपस्थिति (*anupasthiti*) *f.* absence, non-attendance

अनुपस्थिति भत्ता *m.* absentee allowance

उसकी अनुपस्थिति में in his absence

अनुपस्थिति विवरण *m.* absentee statement

अनुपात (*anupāt*) *m.* ratio, proportion

के अनुपात में *adv.* in ratio, pro rata

अनुपात का उत्तरपद/परपद *m.* consequent of a ratio

अनुपात का पूर्वपद *m.* antecedent of a ratio

अनुपाततः (*anupātataḥ*) *adv.* pro rata

अनुपातिक (*anupātik*) *a.* proportional

अनुपाती (*anupātī*) *a.* proportional

अनुपाती प्रतिनिधित्व *m.* proportional representation

अनुपादेय (*anupādey*) *a.* useless

अनुपादेयता (*anupādeyatā*) *f.* uselessness

अनुपान (*anupān*) *m.* a drink taken with a dose of medicine (such as अरिष्ट, आसव, milk)

अनुपाय (*anupāya*) *a.* 1. helpless 2. resourceless

अनुपार्जित (*anupārjit*) *a.* unearned

अनुपार्जित आय *f.* unearned income

अनुपालन (*anupālan*) *m.* 1. compliance, obedience 2. observance

आज्ञा का अनुपालन *v.i.* compliance of an order

अनुपालन करना *v.t.* to comply with, to obey

अनुपालनार्थ (*anupālanārth*) *adv.* for compliance

अनुपूरक (*anupūrak*) *a.* supplementary

अनुपूरक आय-व्ययक *m.* supplementary budget

अनुपूरक प्रश्न *m.* supplementary question

अनुपूरक प्राक्कलन *m.* supplementary estimate

अनुपूरक माँग *f.* supplementary demand

अनुपूरण (*anupūraṇ*) *m.* supplementation

अनुपूरित (*anupūrit*) *a.* supplemented

अनुपूरित अनुदान *m.* supplemented grant

अनुपूर्वी (*anupūrvī*) *a.* successive, consecutive

अनुपोषण (*anupoṣaṇ*) *m.* maintenance, support

अनुप्रमाणन (*anupramāṇan*) *a.* attestation

अनुप्रमाणित (*anupramāṇit*) *a.* attested

अनुप्रमाणित करना *v.t.* to attest

अनुप्रयुक्त (*anuprayukt*) *a.* applied

अनुप्रयुक्त नीतिशास्त्र *m.* applied ethics

अनुप्रयुक्त विज्ञान *m.* applied science

अनुप्रयोग (*anuprayog*) *m.* use, application

अनुप्रयोजित (*anuprayojit*) *a.* used, applied

अनुप्रयोज्य (*anuprayojy*) *a.* applicable

अनुप्रवाह (*anupravāh*) *a.* downstream

अनुप्रविष्ट (*anupraviṣṭ*) *a.* infiltrated, penetrated

अनुप्रवेश (*anupraveś*) *m.* infiltration, penetration

अनुप्रश्न (*anupraśn*) *m.* after-question

अनुप्रसम (*anuprasam*) *a.* abnormal
अनुप्रसमतः (*anuprasamtaḥ*) *adv.* abnormally
अनुप्रसमता (*anuprasamtā*) *f.* abnormality
अनुप्रस्थ (*anuprasth*) *a.* 1. latitudinal, horizontal 2. transverse
अनुप्रस्थ काट *f.* transverse/cross-section
अनुप्राणक (*anuprāṇak*) *a.* inspiring, animating, stimulating
अनुप्राणन (*anuprāṇan*) *m.* animation, stimulation, inspiration
अनुप्राणित (*anuprāṇit*) *a.* infused, inspired, stimulated, animated
अनुप्राणित करना *v.t.* to inspire, to animate, to infuse life (into)
अनुप्राणित होना *v.i.* to be inspired
अनुप्रास (*anuprās*) *m.* alliteration
अनुप्रासरहित पद्य *m.* blank verse
अनुप्रेरणा (*anupreraṇā*) *f.* inspiration
अनुप्रेरित (*anuprerit*) *a.* inspired, exhorted
अनुबंध (*anubandh*) *m.* 1. bond, agreement 2. contract 3. appendage
अनुबंध पत्र *m.* agreement form
अनुबंधन (*anubandhan*) *m.* 1. conditioning 2. binding 3. connection, relation
अनुबद्ध (*anubaddh*) *a.* 1. bound (to), tied (to) 2. stipulated 3. indentured
अनुबद्ध श्रमिक *m.* bound or indentured labourer
अनुबद्ध शर्तें *f.* indentured terms
अनुबिंब (*anubimb*) *m.* after-image
अनुबोध (*anubodh*) *m.* 1. recollection, afterthought, recapitulation 2. prompting
अनुबोधक (*anubodhak*) *m.* prompter
अनुभव (*anubhav*) *m.* experience
कटु अनुभव bitter experience
अनुभव करना *v.t.* to feel, to experience
अनुभववाद *m.* empiricism
अनुभववादी *a.* & *m.* empiricist
अनुभवसिद्ध *a.* empirical, established by experience
अनुभवहीन *a.* inexperienced
अनुभवहीनता *f.* inexperience
अनुभव होना *v.i.* to be felt
अनुभवातीत (*anubhavātīt*) *a.* transcendental, beyond experience
अनुभवातीतवाद *m.* transcendentalism
अनुभवी (*anubhavī*) *a.* experienced
अनुभवी व्यक्ति *m.* experienced person/hand
अनुभाग (*anubhāg*) *m.* section
अनुभाग अधिकारी *m.* section officer
अनुभागीय (*anubhāgīy*) *a.* sectional
अनुभाजन (*anubhājan*) *m.* apportionment, division
अनुभाव (*anubhāv*) *m.* influence, dignity, indicating feelings by look or gesture
अनुभावात्मक (*anubhāvātmak*) *a.* affective
अनुभूत (*anubhūt*) *a.* 1. felt 2. experienced, empirical
अनुभूति (*anubhūti*) *f.* 1. feeling, perception 2. emotional experience
अनुभूतिमूलक *a.* empirical
अनुभूतिवाद *m.* empiricism
अनुभूतिवादी *m.* empiricist
अनुमत (*anumat*) *a.* 1. permitted, allowed 2. approved
अनुमति (*anumati*) *f.* 1. permission, leave 2. approval, consent
अनुमति देना *v.t.* to permit, to allow, to consent
अनुमति-पत्र *m.* permit, written permission
अनुमति के बिना *adv.* without permission
अनुमतिसूचक *a.* permissive
अनुमत्यर्थ (*anumatyarth*) *adv.* for per-

mission, for approval
अनुमनन (*anumanan*) *m.* assent to, agreement, concurrence
अनुमस्तिष्क (*anumastiṣk*) *m.* the hinder and lower part of the brain, cerebellum
अनुमात (*anumāt*) *m.* estimator
अनुमान (*anumān*) *m.* 1. guess, conjecture 2. estimate 3. (logic) inference 4. supposition, speculation
अनुमान करना *v.t.* to guess, to infer, to suppose
अनुमान के अनुसार *adv.* as surmised
अनुमान लगाना *v.t.* to conjecture, to estimate
अनुमानसिद्ध *a.* inferential
अनुमान से *adv.* by conjecture
अनुमानतः (*anumāntaḥ*) *adv.* 1. by guess 2. by inference 3. by estimate
अनुमानित (*anumānit*) *a.* 1. supposed 2. inferred 3. estimated, guessed, conjectured
अनुमानित निचय *m.* estimated reserve
अनुमानित लागत *f.* estimated cost
अनुमानित व्यय *m.* estimated expenditure
अनुमानित स्टाक *m.* approximate stock
अनुमाप (*anumāp*) *m.* scale
अनुमापक (*anumāpak*) *m.* 1. criterion, principle of judgement 2. cause of inference
अनुमित (*anumit*) *a.* 1. supposed 2. inferred 3. estimated, guessed, conjectured (= अनुमानित)
अनुमिति (*anumiti*) *f.* inference, conclusion from given premises, deduction
अनुमुद्रा (*anumudrā*) *f.* stamp
अनुमुद्रित (*anumudrit*) *a.* stamped, printed
अनुमेय (*anumey*) *a.* 1. inferable, supposable, estimable 2. permissible
अनुमोदक (*anumodak*) *m.* 1. seconder 2. approver
अनुमोदन (*anumodan*) *m.* 1. endorsement 2. seconding 3. approval
अनुमोदन करना *v.t.* to endorse, to second
आपके अनुमोदन के लिए for your approval
अनुमोदन मिलने तक *adv.* pending approval
अनुमोदनाधीन (*anumodanādhīn*) *a.* under approval
अनुमोदनार्थ (*anumodanārtha*) *adv.* for approval
अनुमोदनार्थ मसौदा *m.* draft for approval
अनुमोदित (*anumodit*) *a.* 1. seconded 2. approved
अनुमोदित प्रस्ताव *m.* seconded resolution
अनुमोदित सूची *f.* approved list
अनुयाचक (*anuyācak*) *m.* canvasser
अनुयाचन (*anuyācan*) *m.* canvassing
अनुयाता (*anuyātā*) *m.* follower (= अनुयायी)
अनुयान (*anuyān*) *m.* trailer
अनुयायी (*anuyāyī*) *m.* 1. follower 2. supporter 3. disciple
अनुयायी वर्ग *m.* following, followers
अनुयुक्त (*anuyukt*) *a.* questioned, enjoined, inquired
अनुयुग (*anuyug*) *m.* period, epoch
अनुयोग (*anuyog*) *m.* 1. asking, soliciting, inquiring, questioning 2. inquiry
अनुयोगी (*anuyogī*) *m.* questioner, inquirer
अनुयोजन (*anuyojan*) *m.* 1. adaptation 2. annexation
अनुयोजित (*anuyojit*) *a.* 1. annexed 2. adapted
अनुयोजित करना *v.t.* to annex, to adapt
अनुरंजन (*anurañjan*) *m.* 1. conciliation 2. entertainment, recreation 3. colouring
अनुरंजित (*anurañjit*) *a.* conciliated, en-

tertained, coloured

अनुरक्त (*anurakt*) *a.* attached to, fond of, addicted to

अनुरक्ति (*anurakti*) *f.* attachment, fondness, addiction

अनुरक्षक (*anurakṣak*) *m.* escort, guard
अनुरक्षक पोत *m.* escort ship

अनुरक्षण (*anurakṣaṇ*) *m.* 1. escorting 2. maintenance
अनुरक्षण अनुदान *m.* maintenance grant
अनुरक्षण करना *v.t.* to maintain
अनुरक्षण प्रभार *m.* maintenance charges

अनुरक्षी (*anurakṣī*) *m.* escort

अनुरणन (*anuraṇan*) *m.* 1. resonance, reverberation, echo 2. onomatopoeia
अनुरणन ध्वनि *f.* reverberant sound
अनुरणनवाद *m.* onomatopoeic theory

अनुरणित (*anuraṇit*) *a.* echoed, resonant, resounded

अनुरत (*anurat*) *a.* attached to, fond of, addicted to (= अनुरक्त *q.v.)*

अनुरति (*anurati*) *f.* attachment, fondness, addiction (= अनुरक्ति *q.v.)*

अनुराग (*anurāg*) *m.* 1. love, affection 2. attachment, fondness 3. devotion 4. passion
अनुरागमय *a.* fond of, devoted, attached, passionate
अनुरागवश *adv.* out of affection/devotion
अनुरागविहीन *a.* not loving, apathetic, indifferent, callous

अनुरागी (*anurāgī*) I. *a.* loving, devoted, fond of, attached, impassioned II. *m.* lover, passionate admirer

अनुराधा (*anurādhā*) *f.* the seventeenth constellation or lunar mansion

अनुरुद्ध (*anuruddh*) *a.* solicited, requested, asked for

अनुरूप (*anurūp*) *a.* 1. similar, resembling, like 2. conforming
आशा के अनुरूप as per expectation
के अनुरूप in conformity with, in keeping with
अनुरूप होना *v.i.* to conform, to resemble

अनुरूपता (*anurūptā*) *f.* 1. resemblance, similitude, similarity 2. conformity 3. analogy

अनुरेख (*anurekh*) *m.* trace

अनुरेखक (*anurekhak*) *m.* tracer

अनुरेखण (*anurekhaṇ*) *m.* tracing
अनुरेखण करना *v.t.* to trace
अनुरेखण कागज़ *m.* tracing paper

अनुरेखित (*anurekhit*) *a.* traced

अनुरोध (*anurodh*) *m.* request, entreaty, solicitation
अनुरोध करना *v.t.* to request, to solicit

अनुरोधक (*anurodhak*) *m.* solicitor

अनुर्वर (*anurvar*) *a.* 1. not fertile, infertile, barren 2. sterile
अनुर्वर भूमि *f.* barren soil

अनुर्वरता (*anurvartā*) *f.* infertility, barrenness, sterility

अनुर्वरीकरण (*anurvarīkaraṇ*) *m.* sterilization

अनुलंब (*anulamba*) *a.* & *adv.* 1. longitudinal, vertical 2. (ज्यामिति) offset
अनुलंब अभिवृद्धि *f.* vertical accretion

अनुलग्न (*anulagn*) *a.* 1. enclosed, attached 2. pursuing or following after

अनुलग्नक (*anulagnak*) *m.* annexure, enclosure

अनुलाभ (*anulābh*) *m.* perquisite

अनुलिपि (*anulipi*) *f.* 1. duplicate copy, facsimile 2. transcript
अनुलिपि करना *v.t.* to copy, to duplicate
अनुलिपि निकालना *v.t.* to duplicate

अनुलिपित्र (*anulipitra*) *m.* duplicating machine

अनुलेख (*anulekh*) *m.* postscript

अनुलेखक (*anulekhak*) *m.* copyist, tracer

अनुलेखन (*anulekhan*) *m.* copying, tracing

अनुलेप (*anulep*) *m.* ointment, unction, perfumed paste

अनुलेपक (*anulepak*) *m.* anointer

अनुलेपन (*anulepan*) *m.* anointing, smearing

अनुलोम (*anulom*) I. *m.* 1. descending order 2. natural or regular way II. *a.* in descending or due order, regular, direct

अनुलोम क्रम से *adv.* in descending order, in succeeding order

अनुलोम परिणाम *m.* anabolism

अनुलोम परिवर्तन *m.* direct variation

अनुलोम विवाह *m.* morganatic marriage, marriage between a man of high caste with a woman of lower class

अनुलोमा (*anulomā*) *f.* woman of a lower class than that of her husband

अनुलोमी (*anulomī*) *a.* direct

अनुलोमी प्रतिक्रिया *f.* direct reaction

अनुल्लंघन (*anullaṅghan*) *m.* non-transgression, non-violation

अनुल्लंघनीय (*anullaṅghanīy*) *a.* not to be transgressed, inviolable

अनुल्लंघनीयता (*anullaṅghanīytā*) *f.* inviolability

अनुल्लिखित (*anullikhit*) *a.* unmentioned, not mentioned before, not referred to

अनुवंश (*anuvaṃś*) *m.* genealogy

अनुवंश-क्रम *m.* pedigree

अनुवचन (*anuvacan*) *m.* 1. clause 2. repetition 3. (भाषण) lecture, speech 4. instruction

अनुवर्तन (*anuvartan*) *m.* 1. following 2. (आज्ञापालन) compliance, obedience 3. (परिणाम) consequence, result

अनुवर्तन करना *v.t.* to follow, to comply with

अनुवर्ती (*anuvartī*) *a.* following, succeeding, consequent

अनुवर्ती अध्ययन *m.* follow-up study

अनुवर्ती कागज़ *m.* continuation sheet

अनुवर्ती कार्रवाई *f.* follow-up action

अनुवर्ती परिवर्तन *m.* consequent change

अनुवर्ती वर्ष *m.* following/ succeeding year

अनुवर्ती होना *v.i.* to follow, to be obedient

अनुवाक (*anuvāk*) *m.* chapter (of the Vedas)

अनुवाचक (*anuvācak*) *m.* reader

अनुवाचन (*anuvācan*) *m.* reading

अनुवाद (*anuvād*) *m.* translation, rendering

अनुवाद करना *v.t.* to translate, to render

अनुवादक (*anuvādak*) *m.* translator

अनुवाद्य (*anuvādya*) *a.* fit for translation, translatable

अनुवासन (*anuvāsan*) *m.* perfuming, scenting

अनुवासित (*anuvāsit*) *a.* perfumed, scented

अनुविद्ध (*anuviddha*) *a.* set in, joined into

अनुविधि (*anuvidhi*) *f.* proviso

अनुवृत्ति (*anuvṛtti*) *f.* 1. subsistence, livelihood 2. (आवृत्ति) repetition 3. learning by heart (a lesson etc)

अनुवेतन (*anuvetan*) *m.* pension

अनुवेदन (*anuvedan*) *m.* commiseration, sympathy

अनुवेश (*anuveś*) *m.* entry

अनुवेश-पत्र *m.* visa

अनुव्याख्यान (*anuvyākhyān*) *m.* a book which contains interpretations of Vedic hymns

अनुशंसा (*anuśaṃsā*) *f.* recommendation

अनुशंसित (*anuśaṃsit*) *a.* recommended

अनुशय (*anuśay*) *m.* 1. repentance, penitence 2. regret

अनुशयी (*anuśayī*) *a.* 1. repentant, penitent 2. regretful

अनुशासक (*anuśāsak*) *m.* 1. disciplinarian 2. proctor

अनुशासन (*anuśāsan*) *m.* discipline
  अनुशासन कायम रखना *v.t.* to maintain discipline
  अनुशासन की कार्यवाही *f.* disciplinary action
  अनुशासनबद्ध *a.* disciplined
  अनुशासनभंग *m.* breach of discipline
  अनुशासनहीन *a.* undisciplined
  अनुशासनहीनता *f.* indiscipline

अनुशासनात्मक (*anuśāsanātmak*) *a.* disciplinary
  अनुशासनात्मक कार्रवाई *f.* disciplinary action

अनुशासित (*anuśāsit*) *a.* disciplined
  अनुशासित करना *v.t.* to discipline

अनुशास्ति (*anuśāsti*) *f.* sanction

अनुशिक्षक (*anuśikṣak*) *m.* tutor, coach

अनुशिक्षण (*anuśikṣaṇ*) *m.* tuition, coaching

अनुशीलन (*anuśīlan*) *m.* 1. careful study 2. constant application
  अनुशीलन करना *v.t.* to study
  अनुशीलन सापेक्ष *a.* depending on practice

अनुशीलनीय (*anuśīlnīy*) *a.* worth studying

अनुशीलित (*anuśīlit*) *a.* studied carefully

अनुशेष (*anuśeṣ*) *m.* addendum

अनुशोक (*anuśok*) *m.* regret, remorse
  अनुशोक करना *v.i.* to regret, to repent

अनुशोचनीय (*anuśocnīy*) *a.* regrettable

अनुश्रुत (*anuśrut*) *a.* legendary

अनुश्रुति (*anuśruti*) *f.* 1. legend 2. hearsay

अनुषंग (*anuṣaṅg*) *m.* 1. association, attachment 2. predetermined result
  अनुषंगवाद *m.* associationism
  अनुषंग-सूत्र *m.* law of association

अनुषंगी (*anuṣaṅgī*) *a.* 1. ancillary 2. attached 3. subsidiary
  अनुषंगी नियम *m.* subsidiary rules
  अनुषंगी प्रभाव *m.* side effect

अनुषक्त (*anuṣast*) *a.* adherent

अनुष्टुप (*anuṣṭup*) *m.* a metre of poetry, initiated by Valmiki

अनुष्ठाता (*anuṣṭhātā*) *m.* 1. undertaker of any work 2. promoter, founder, introducer

अनुष्ठान (*anuṣṭhān*) *m.* 1. function, celebration (especially religious), ritual 2. undertaking
  अनुष्ठान करना *v.t.* to perform, to celebrate

अनुष्ठायी (*anuṣṭhāyī*) *m.* performer (of ritual)

अनुष्ठित (*anuṣṭhit*) *a.* performed, celebrated, observed

अनुष्ठेय (*anuṣṭhey*) *a.* worth performing or celebrating

अनुष्ण (*anuṣṇa*) *a.* 1. not hot, not warm, cold 2. indifferent, cool
  अनुष्ण-शोणित *a.* cold-blooded

अनुसंधाता (*anusandhātā*) *m.* researcher, investigator

अनुसंधान (*anusandhān*) *m.* research, investigation
  अनुसंधान करना *v.t.* to investigate
  अनुसंधानकर्ता *m.* researcher
  अनुसंधान केंद्र *m.* research centre
  अनुसंधानशाला *f.* research laboratory
  अनुसंधान संस्थान *m.* research institute

अनुसंधायक (*anusandhāyak*) *m.* researcher

अनुसंधित्सु (*anusandhitsu*) *m.* research student/scholar

अनुसंधेय (*anusandhey*) *a.* to be researched, to be investigated

अनुसचिव (*anusaciv*) *m.* under-secretary

अनुसमर्थन (*anusamarthan*) *m.* ratification

अनुसमुद्री (*anusamudrī*) *a.* maritime

अनुसर (*anusar*) *v.i.* to follow, to be consequent (upon)

अनुसरण (*anusaraṇ*) *m.* following, pursuit

अनुसरण करना *v.t.* to go after, to follow, to pursue

अनुसरण करनेवाला *m.* follower, adherent

अनुसार (*anusār*) *m.* according

के अनुसार in accordance with, according to, in keeping with, in conformity with

आवश्यकतानुसार according to the need

अनुसारतः (*anusārtaḥ*) *adv.* accordingly

अनुसारिता (*anusāritā*) *f.* conformity, accordance

अनुसारी (*anusārī*) *a.* following, pursuing, conforming

अनुसिद्धांत (*anusiddhānt*) *m.* corollary

अनुसीमन (*anusīman*) *m.* moderation

अनुसीमन करना *v.t.* to moderate

अनुसीमनकार *m.* moderator

अनुसीमा (*anusīmā*) *f.* abuttal

अनुसूचित (*anusūcit*) *a.* scheduled

अनुसूचित जनजाति *f.* scheduled tribe

अनुसूचित बैंक *m.* scheduled bank

अनुसूचित समय *m.* scheduled time

अनुसूची (*anusūcī*) *f.* 1. schedule 2. table of details or items

अनुसृत (*anusr̥t*) *a.* followed, conformed (to), pursued

अनुसेवी (*anusevī*) *a.* subservient, servile

अनुस्थापन (*anusthāpan*) *m.* orientation

अनुस्थापन करना *v.t.* to orientate

अनुस्पंदन (*anuspandan*) *m.* resonance, reverberation

अनुस्पर्धा (*anuspardhā*) *f.* emulation

अनुस्मरण (*anusmaraṇ*) *m.* recollection, anamnesis

अनुस्मरण करना *v.t.* to recollect

अनुस्मारक (*anusmārak*) *m.* reminder

अनुस्यूत (*anusyūt*) *a.* 1. strung together, plaited, intertwined 2. set in order 3. sewn together

अनुस्वार (*anusvār*) *m.* a dot above the letter marking a nasal consonant (as संत for सन्त, पंप for पम्प, अंग for अङ्ग)

अनुहरण (*anuharaṇ*) *m.* imitation, mimesis, mimicry

अनुहर्ता (*anuhartā*) *m.* mimic, person skilled in imitation

अनुहार (*anuhār*) *m.* 1. imitation 2. mimicry

अनुहारक (*anuhārak*) *m.* mimic

अनुहारी (*anuhārī*) *a.* imitating, copying, mimetic

अनूक्त (*anūkta*) *a.* spoken after

अनूठा (*anūṭhā*) *a.* uncommon, rare, unique, singular

अनूठापन (*anūṭhāpan*) *m.* 1. uniqueness, singularity 2. novelty

अनूढ़ (*anūṛh*) *a.* unmarried, (*fem.* अनूढ़ा)

अनूढ़ागमन (*anūṛhāgaman*) *m.* fornication

अनूढ़ागामी (*anūṛhāgāmī*) *m.* fornicator

अनूदित (*anūdit*) *a.* translated

अनूदित पुस्तक *f.* translated book

हिन्दी में अनूदित translated into Hindi

संस्कृत से अनूदित translated from Sanskrit

अनूद्य (*anūdya*) *a.* translatable, to be translated

अनूप[1] (*anūp*) *a.* unique, unparalleled, unequalled, unusual

अनूप[2] (*anūp*) *m.* swamp, marsh

अनूह (*anūh*) *a.* 1. thoughtless 2. heedless, careless

अनृण (*anr̥ṇ*) *a.* free from debt

अनृणता (*anr̥ṇtā*) *f.* freedom from debt

अनृत (*anr̥t*) *a.* & *m.* 1. false, untrue 2. falsehood, untruth

अनृतभाषी *m.* liar

अनृतवादिता *f.* untruthfulness, falsehood

अनृत वादी *m.* liar

अनृशंस (*anṛśaṃs*) *a.* not cruel, mild, soft

अनेक (*anek*) *a.* more than one, many, numerous

अनेकदेववाद *m.* pantheism

अनेक बार *f.* many times

अनेकरूप *a.* multiform

अनेकरूपता *f.* diversity, plurality, multiformity (विविधता)

अनेकविध *a.* of various kinds

अनेकता (*anektā*) *f.* 1. numerousness 2. diversity

अनेकता में एकता *f.* unity in diversity

अनेकतावाद *m.* pluralism

अनेकतावादी I. *m.* pluralist II. *a.* pluralistic

अनेकधा (*anekdhā*) *adv.* 1. in diverse ways 2. often (प्रायः)

अनेकविध (*anekvidh*) *a.* varied

अनेकानेक (*anekānek*) *a.* many and various

अनेकाकार (*anekākār*) *a.* multiform, varied

अनेकाक्षर (*anekākṣar*) *a.* polysyllabic

अनेकाक्षर शब्द *m.* polysyllabic word

अनेकार्थ (*anekārth*) *a.* /**अनेकार्थक** (*anekārthak*) *a.* equivocal, ambiguous, of doubtful meaning

अनेकार्थता (*anekārthatā*) *f.* /**अनेकार्थकता** (*anekārthaktā*) *f.* ambiguity, polyseme

अनेकेश्वरवाद (*anekeśvarvād*) *m.* polytheism, paganism, belief in many gods and goddesses

अनेरा (*anerā*) *a.* unnecessary, useless

अनैकांतिक (*anaikāntik*) *a.* 1. unsteady, variable 2. non-exclusive

अनैक्य (*anaikya*) *m.* 1. disunion, disunity, discord 2. inconsistency, disagreement

अनैच्छिक (*anaicchik*) *a.* unwished for, involuntary, non-optional

अनैच्छिक कर्म *m.* involuntary action

अनैतिक (*anaitik*) *a.* immoral, morally wrong, dissolute

अनैतिक आचरण *m.* immoral conduct

अनैतिकता (*anaitiktā*) *f.* immorality

अनैतिहासिक (*anaitihāsik*) *a.* unhistorical, legendary

अनैश्चित्य (*anaiścitya*) *m.* uncertainty

अनैस (*anais*) *a.* worthless, bad

अनैसर्गिक (*anaisargik*) *a.* unnatural

अनोखा (*anokhā*) *a.* 1. strange, unusual, peculiar, queer 2. unique, rare

अनोखापन (*anokhāpan*) *m.* queerness, uniqueness, rarity, novelty

अनोना (*anonā*) *a.* without salt, saltless

अनौचित्य (*anaucity*) *m.* impropriety, improper act

अनौजस्य (*anaujasy*) *m.* want of vigour, weakness

अनौपचारिक (*anaupcārik*) *a.* 1. informal 2. unofficial 3. unceremonious

अनौपचारिक टैस्ट मैच *m.* unofficial test match

अनौपचारिक रूप से *adv.* informally

अनौपचारिक शिक्षा *f.* informal education

अनौपचारिकता (*anaupcāriktā*) *f.* informality

अनौपचारिकता से *adv.* informally

अनौपम्य (*anaupamya*) *m.* incomparableness, unique

अनौरस (*anauras*) *m.* not one's real child or son, adopted child, foster child

अन् (*an*) *pref.* not, un, non (as in words अनौजस्य, अनौपचारिक etc.)

अन्न (*anna*) *m.* 1. food 2. grain

अन्नाहारी *m.* one who lives on rice, wheat, etc. as food

अन्न-उद्योग *m.* food project

अन्न का कष्ट *m.* scarcity of food, famine

अन्न का कीड़ा *m.* human being

अन्न का भंडार *m.* storehouse of grain

अन्न का वितरण *m.* distribution of

food
अन्न का संकट *m.* food crisis
अन्नकूट *m.* a festival falling in November
अन्न-चिंता *f.* food problem
अन्न-जल *m.* (a) food and drink, victuals (b) means of sustenance
अन्न-जल उठना *(मु.) v.i.* means of sustenance to end at one place
अन्न त्याग देना/छोड़ना *v.t.* to live without food and drink, to give up food and water
अन्नदाता *m.* bread-giver, benefactor, patron, supporter, sustainer
अन्नदान महादान *(लो.) m.* no charity like feeding the needy
अन्न-धन *m.* food and money
अन्नपति *m.* lord of food, the Sun, Shiv and Agni, the fire-god
अन्नपाक *m.* cooking food on fire
अन्नप्राण *m.* physical, vital
अन्न-प्रणाली *f.* alimentary system
अन्नप्राशन *m.* a ceremony when an infant is fed solid food for the first time
अन्न-वस्त्र *m.* food and clothing
अन्नवाही नली *f.* alimentary canal, gullet
अन्न-शेष *m.* leavings
अन्न-सत्र *m.* charity kitchen, alms house
अन्नहीन *a.* without food, famished, starving

अन्नमय (*annamay*) *a.* made of food
अन्नमय शरीर *m.* material body

अन्नागार (*annāgār*) *m.* granary

अन्य (*anya*) *a.* other
अन्यक्रमण *m.* act or process of alienation
अन्यगत *a.* attached to some other
अन्यगामिनी *f.* adultress
अन्यगामी *m.* adulterer
अन्यचित्त *a.* absent-minded
अन्यजन्म *m.* another birth, rebirth
अन्यजातीय *a.* belonging to another caste
अन्यदेशीय *a.* alien, foreign
अन्य पुरुष *m.* third person
अन्य बातों के साथ *adv. inter alia*
अन्यमनस्क/मना *a.* absent-minded
अन्यमनस्कता *f.* absent-mindedness
अन्यवादी *m.* false witness
अन्यसंक्रमण *m.* (the act or process of) alienation

अन्यच्च (*anyacc*) *adv.* further, moreover

अन्यतः (*anyataḥ*) *adv.* 1. from another 2. from elsewhere

अन्यतम (*anyatam*) *a.* best

अन्यतर (*anyatar*) *a.* 1. better 2. one of the two

अन्यत्र (*anyatra*) *adv.* elsewhere
अन्यत्रवासी *m.* absentee
अन्यत्रस्थिति *f.* alibi

अन्यथा (*anyathā*) *adv.* otherwise, or else
अन्यथा अनुपपत्ति *f.* impossibility of the existence of something in place of one thing
अन्यथा कथन *m.* misrepresentation
अन्यथा कथन करना *v.t.* to misrepresent
अन्यथा करना *v.t.* to undo, alter, nullify, to contradict
अन्यथाकरण *m.* changing, violation
अन्यथाकृत *a.* undone, altered
अन्यथावादी *m.* liar
अन्यथाभाव *m.* change of attitude

अन्यान्य (*anyānya*) *a.* many others
अन्यान्य कारणों से *adv.* due to many other reasons

अन्याय (*anyāy*) *m.* injustice, unjust action
अन्याय करना *v.t.* to do injustice
अन्यायपूर्ण *a.* unjust, iniquitous
अन्यायपूर्वक *adv.* unjustly
अन्यायमूलक *a.* inequitable

अन्यायी (*anyāyī*) *a.* 1. unfair, unjust

2. oppressive, tyrannical

अन्यायाचरण (*anyāyācaraṇ*) *m.* unlawful action, improper conduct

अन्याय्य (*anyāyy*) *a.* unjust, wrongful, unlawful, improper

अन्याय्यता (*anyāyyatā*) *f.* unjustness, wrongfulness, unlawfulness, impropriety

अन्यारोपण (*anyāropaṇ*) *m.* transference

अन्यार्थक (*anyārthak*) *a.* conveying some other meaning

अन्याश्रित (*anyāśrit*) *a.* depending on another

अन्यासक्त (*anyāsakt*) *a.* devoted to some other person, unfaithful

अन्यून (*anyūn*) *a.* not less, not defective, much

अन्योक्ति (*anyokti*) *f.* equivocal speech, allegory (a figure of speech)

अन्योदर (*anyodar*) *m.* stepbrother, one born of a stepmother (*cf.* सहोदर real brother)

अन्योन्य (*anyonya*) *a.* mutual, reciprocal, one another, each other

अन्योन्य-क्रियता *f.* interactionism

अन्योन्य-क्रिया *f.* interaction

अन्योन्य-प्रजनन *m.* cross-breeding

अन्योन्य संचार *m.* intercommunication

अन्योन्य-संबंध *m.* reciprocal relationship

अन्योन्य संदर्भ *m.* cross-reference

अन्योन्य-सापेक्ष *a.* interdependent, correlative

अन्योन्य स्थानांतरण *m.* reciprocal translocation

अन्योन्यता (*anyonyatā*) *f.* reciprocity

अन्योन्याश्रय (*anyonyāśray*) *m.* interdependence, mutual dependence

अन्योन्याश्रयवाद *m.* mutualism

अन्योन्याश्रित (*anyonyāśrit*) *a.* interdependent, mutually dependent

अन्वय (*anvay*) *m.* 1. proper order, systematised arrangement 2. relation, connection 3. relation of cause and effect, relation between positive and negative 4. (*gram.*) agreement, concord

अन्वय-योजना *f.* parsing

अन्वय-व्यतिरेक *m.* relation between opposites

अन्वयव्याप्ति *f.* affirmative agreement

अन्वयाभाव (*anvayābhāv*) *m.* disagreement, discord

अन्वयी (*anvayī*) *a.* 1. related, connected 2. agreeing, affirmative

अन्वर्थ (*anvarth*) *a.* 1. significant, appropriate 2. consistent with the meaning, intelligible

अन्ववेक्षा (*anvavekṣā*) *f.* regard, consideration

अन्वादिष्ट (*anvādiṣṭ*) *a.* mentioned after

अन्वादेश (*anvādeś*) *m.* a repeated mentioning, frequent repetition

अन्वित (*anvit*) *a.* connected (with), related (to)

अन्विति (*anviti*) *f.* 1. agreement, concord 2. follow-up

अन्वितित्रय *m.* the three unities (as of time, place, action) (in drama or fiction)

अन्वीक्ष (*anvīkṣ*) *m.* microscope

अन्वीक्षण (*anvīkṣaṇ*) *m.* inquiry, microscopic examination

अन्वीक्षा (*anvīkṣā*) *f.* examining, inquest, microscopic examination (especially of Vedic texts)

अन्वेषक (*anveṣak*) *m.* 1. investigator 2. explorer

अन्वेषक-दल *m.* investigators' group

अन्वेषण (*anveṣaṇ*) *m.* 1. investigation, research 2. exploration

अन्वेषण करना *v.t.* to investigate, to explore

अन्वेषणकर्ता *m.* investigator, discoverer, explorer

छिद्रान्वेषण *m.* fault-finding

अन्वेषणात्मक (*anveṣaṇātmak*) *a.* by one's own personal discovery, heuristic

अन्वेषणीय (*anveṣaṇīy*) *a.* to be investigated or explored, to be found

अन्वेषित (*anveṣit*) *a.* investigated, explored, discovered

अन्वेषी (*anveṣī*) *a.* investigating, exploratory, searching

अन्वेष्टव्य (*anveṣṭavy*) *a.* /**अन्वेष्य** (*anveṣya*) *a.* to be investigated, to be sought (for)

अपंग (*apaṅg*) I. *a.* 1. disabled, crippled 2. invalid, infirm 3. helpless II. *m.* man of defective body, man devoid of limbs, cripple

अपंगता (*apaṅgtā*) *f.* disablement, disability

अपंथी (*apanthi*) *m.* a heretic

अप- (*ap-*) *pref.* bad, inferior, removed, far, separated

अपकरण (*apkaraṇ*) *m.* harming, wrong doing, injuring

अपकर्ता (*apkartā*) *m.* evil-doer, miscreant, mischief-monger

अपकर्म (*apkarm*) *m.* wrong act, immoral act, wickedness, misdeed

अपकर्मी (*apkarmī*) *m.* & *a.* evil-doer, wrongdoer, wicked

अपकर्ष (*apkarṣ*) *m.* 1. deterioration, degradation 2. depreciation 3. downfall (opposite of उत्कर्ष)

अपकर्षक (*apkarṣak*) *a.* 1. derogatory 2. detracting 3. pejorative

अपकर्षण (*apkarṣaṇ*) *m.* 1. degradation, deterioration 2. extortion

अपकर्षित (*apkarṣit*) *a.* 1. derogatory, pejorative 2. degraded, deteriorated

अपकलंक (*apkalaṅk*) *m.* false accusation, unfounded charge, calumny

अपकल्मष (*apkalmaṣ*) *m.* pure, without stain

अपकार (*apkār*) *m.* wrong, harm, disservice

अपकार करना *v.t.* to do somebody wrong

अपकारपूर्ण *a.* harmful, injurious

अपकारक (*apkārak*) I. *a.* harmful, pernicious II. *m.* wrongdoer

अपकारी (*apkārī*) *a.* & *m.* (= अपकारक)

अपकिरण (*apkiraṇ*) *m.* scattering, spreading

अपकीर्ति (*apkīrti*) *f.* ill-fame, infamy, disrepute, ignominy

अपकीर्तिकर (*apkīrtikar*) *a.* ignominous

अपकृष्ट (*apkṛṣṭ*) *a.* bad, low, base, mean, degraded, degenerate, deteriorated (opposite of उत्कृष्ट)

अपकृत (*apkṛt*) *a.* harmed, injured, wronged

अपकृति (*apkṛti*) *f.* 1. harm 2. wrong

अपकेन्द्र (*apkendra*) *a.* /**अपकेन्द्री** (*apkendrī*) *a.* centrifugal

अपकेन्द्र बल *m.* centrifugal force

अपकेन्द्र विधि *f.* centrifugal method

अपक्रम (*apkram*) *m.* withdrawal, retreat

अपक्रिया (*apkriyā*) *f.* misdeed, malfunction, harm, injury

अपक्व (*apakva*) *a.* uncooked, unripe, raw, immature, unbaked, inexperienced

अपक्व अवस्था *f.* immature age

अपक्व फल *m.* unripe fruit

अपक्व बुद्धि *f.* immature mind

अपक्वता (*apakvatā*) *f.* 1. state of being unbaked, uncooked, etc. 2. immaturity, rawness

अपक्ष (*apakṣa*) *a.* 1. without wings 2. without assistance or favour 3. impartial

अपक्षपात *m.* impartiality

अपक्षय (*apkṣay*) *m.* weakening, decrement, atrophy

अपक्षरण (*apkṣaraṇ*) *m.* ablation

अपखंडन (*apkhaṇḍan*) *m.* rescinding
अपखंडन करना *v.t.* to rescind
अपगत (*apgat*) *a.* 1. passed away 2. removed, eliminated 3. withdrawn
अपगति (*apgati*) *f.* 1. misfortune, ill-luck 2. (दुर्व्यवहार) ill-behaviour, misdemeanour 3. downfall
अपगमन (*apgaman*) *m.* 1. departure 2. disappearance 3. retreat 4. separation
अपगा (*apagā*) *f.* river
अपगुण (*apguṇ*) *m.* demerit, fault
अपग्रह (*apgrah*) *m.* unfavourable or ominous star
अपघटक (*apghaṭak*) *a.* decomposing
अपघटन (*apghaṭan*) *m.* decomposition
अपघटन होना *v.i.* to decompose
अपघटित (*apghaṭit*) *a.* decomposed
अपघर्षक (*apgharṣak*) I. *m.* abradant II. *a.* abrasive
अपघर्षण (*apgharṣaṇ*) *m.* wearing away by rubbing, abrasion, corrosion
अपघर्षी (*apgharṣī*) *a.* abrasive
अपघात (*apghāt*) *m.* accidental/unnatural death, violent death
अपघातक (*apghātak*) *a.* & *m.* /**अपघाती** (*apghātī*) *a.* & *m.* murderous, murderer
अपच (*apac*) *m.* indigestion
अपचक्र (*apcakra*) *m.* vicious circle
अपचय (*apcay*) *m.* 1. loss, detriment, waste 2. fall, decline 3. failure 4. dissipation 5. reduction
अपचय करना *v.t.* to waste, to dissipate
अपचयन (*apcayan*) *m.* reduction, katabolism
अपचयन करना *v.t.* to reduce
अपचरण (*apcaraṇ*) *m.* trespassing, transgression
अपचायक (*apcāyak*) *m.* reductant, reducing agent
अपचायक गुणधर्म *m.* reducing quality
अपचार (*apcār*) *m.* 1. deviation from traditional practice 2. improper conduct, delinquency 3. corruption
अपचारी (*apcārī*) *a.* 1. delinquent 2. deviating from 3. corrupt
अपचित (*apcit*) *a.* squandered away, dissipated, wasted, reduced
अपचिति (*apciti*) *f.* 1. katabolism, reduction 2. (हानि) loss, damage
अपचेष्टा (*apceṣṭā*) *f.* evil intention, unfair or foul purpose
अपच्छेदन (*apacchedan*) *m.* cutting off, separation
अपच्छाया (*apacchāyā*) *f.* apparition, ghost, phantom
अपजात (*apjāt*) *a.* of low birth, degenerate
अपटु (*apaṭu*) *a.* 1. unskilled, unskilful, incompetent 2. inexpert
अपटुता (*apaṭutā*) *f.* awkwardness, lack of skill
अप-टु-डेट E (*ap-tu-det*) *a.* up-to-date
अपठित (*apaṭhit*) *a.* unread, unseen
अपठित उद्धरण *m.* unread quotation
अपठित परिच्छेद *m.* unseen passage
अपढ़ (*apaṛh*) *a.* unlettered, illiterate (also अनपढ़)
अपण्य (*apaṇya*) *a.* unmarketable, unsalable
अपतट (*aptaṭ*) *a.* off shore
अपतट-पवन *m.* off shore winds
अपतिक (*apatik*) *a.* without a master, without a husband, unmarried
अपतिव्रता (*apativratā*) *f.* an unfaithful wife, not keeping the marital vow
अपतुष्टि (*aptuṣṭi*) *f.* appeasement
अपतृण (*apt̥ṇ*) *m.* weed
अपतृणनाशी (*apt̥ṇnāśī*) *m.* weed-killer
अपत्नीक (*apatnīk*) *a.* without a wife, unmarried
अपत्नीक व्यक्ति *m.* bachelor or widower

अपत्य (*apatya*) *m.* offspring, descendant, son or daughter
अपत्यवाचक/वाची *a.* patronymic
अपत्य-स्नेह *m.* paternal love
अपत्यहीन *a.* without issue, childless

अपत्र (*apatra*) I. *a.* without leaves, leafless II. *m.* bare tree

अपत्रस्त (*aptrast*) *a.* terrified, apprehended

अपथ (*apatha*) *m.* wrong path
अपथगामी *a.* (one) following wrong path, aberrant

अपथ्य (*apathya*) *a.* 1. indigestible 2. unwholesome 3. harmful for health

अपदस्थ (*apadasth*) *a.* turned out from office, deposed
अपदस्थ करना *v.t.* to depose, to remove from office, to dismiss, to unseat

अपदारण (*apdāraṇ*) *m.* forcible separation

अपदार्थ (*apadārth*) I. *a.* useless, worthless, good-for-nothing II. 1. small matter 2. trifle

अपदेवता (*apdevtā*) *m.* demon, devil, Satan

अपदेश (*apdeś*) *m.* pretence, pretext, pretension

अपद्रव्य (*apdravya*) *m.* impure substance, bad thing

अपधर्म (*apdharm*) *m.* heresy

अपधर्मी (*apdharmī*) *a.* heretic

अपध्वंस (*apdhvaṃs*) *m.* sudden destruction, accidental collapse

अपध्वस्त (*apdhvast*) *a.* fully destroyed

अपनत्व (*apnatva*) *m.* feeling of oneness with others, affinity (= अपनापा)

अपनयन (*apnayan*) *m.* 1. removal, elimination 2. (भगा ले जाना) kidnapping, abduction 3. (खंडन) refutation 4. (ऋण परिशोधन) repayment of debt

अपना (*apnā*) I. *a.* &. *pron.* 1. one's own 2. personal 3. private II. *m.* one's own kindred, relative or friend
अपना अपना है पराया पराया blood is thicker than water
अपना उल्लू सीधा करना *(मु.)* to serve one's own purpose
अपना किया पाना to reap what one has sown
अपना घर भरना to feather one's own nest
अपना पूत सबको प्यारा every potter praises his own pot
अपना दुखड़ा सब रोते हैं every heart has its pain
अपना बचाव *m.* self defence
अपना दीजे दुश्मन कीजे lend your money and lose your friend
अपना मकान कोट समान everyman's home is a castle
अपना रोना रोना to express one's grievance
अपना समझना to regard somebody as one's own
अपना-सा मुँह लेकर रह जाना *(मु.)* to be ashamed, to be disappointed
अपना ही राग अलापना to blow one's own trumpet
अपनी अज्ञानता प्रकट करना to betray one's ignorance
अपनी-अपनी respective
अपनी-अपनी डफली अपना-अपना राग *(लो.)* many men many minds
अपनी-अपनी पड़ना *(मु.)* to think in terms of one's own interest
अपनी-अपनी जगह each at his own place
अपनी करनी अपनी भरनी *(लो.)* to suffer the consequences of one's actions
अपनी खाल में मस्त होना *(मु.)* to be happy and content with one's own circumstances
अपनी गली में कुत्ता शेर *(लो.)* a cock is bold (fights best) on its own dunghill

अपनी गौं का यार selfish person
अपनी जान प्यारी होना to hold one's life too dear to risk
अपनी नाक कटाना to spoil one's good name
अपनी नींद सोना अपनी भूख खाना *(मु.)* to be carefree
अपनी बात पर अड़ जाना to persist in one's own view
अपनी राह लेना to go one's own way, to mind one's own business
अपनी सुविधानुसार at your own convenience
अपनी ही कहते जाना to go on prattling
अपनी ही गाना to insist on one's own saying
अपने-आप automatically, by itself
अपने काम को काम समझना to attach due importance to one's own affairs
अपने काम से काम (सरोकार) रखना *(मु.)* to be concerned with one's own affairs **अपने किये का फल पाना, अपने किये की सज़ा पाना** *(मु.)* to suffer the consequences of one's deeds
अपने किये पर पछताना to regret one's own actions
अपने गीत गाना to sing one's own praises
अपने आपे से बाहर होना *v.i.* to lose self-control, to be beside oneself
अपने ढब का of one's own liking
अपने तक रखना to keep (a secret) to oneself
अपने मन से of one's own accord
अपने मुँह मियां मिट्ठू बनना *(मु.)* to indulge in self-praise
अपने रास्ते जाना to mind one's own business
अपने यहाँ at our place
अपने रंग में आना to come into one's own element
अपने हाथ जगन्नाथ *(लो.)* self-help is the best help
अपने हाथों कब्र खोदना to dig one's own grave
अपने हाथों (पाँव पर) कुल्हाड़ा मारना *(मु.)* to chop off one's own head

अपनाना (*apnānā*) *v.t.* 1. to own 2. to adopt (a child) 3. to make one's own **नीति अपनाना** *v.t.* to adopt a policy
व्यक्ति को अपनाना *v.t.* to make a person one's own
अपना लेना *v.t.* to assimilate

अपनापन (*apnāpan) m.*/**अपनापा** (*apnāpā*) *m.* feeling of oneness with others, affinity

अपनाम (*apnām*) *m.* ill-fame, infamy, bad name

अपनायत (*apnāyat*) *f.* relationship, kinship, affinity

अपनिंदा (*apnindā*) *f.* reproach, abuse

अपनिर्वचन (*apnirvacan*) *m.* misinterpretation

अपनिहित (*apnihit*) *a.* misplaced

अपनीत (*apnīt*) *a.* 1. removed 2. eliminated 3. kidnapped, abducted

अपनेता (*apnetā*) *m.* abductor, kidnapper

अपनेय (*apney*) *a.* removable

अपपत्रण (*appatraṇ*) *m.* defoliation

अपपलायन (*apapalāyan*) *m.* absconding

अपपाठ (*apapāṭh*) *m.* 1. misreading 2. mistake in reading

अपप्रदान (*apapradān*) *m.* 1. gratification 2. bribe

अपप्रयोग (*apaprayog*) *m.* 1. misuse 2. misapplication

अपप्राकृतिक (*apprākṛtik*) *a.* preternatural

अपप्रेरण (*appreraṇ*) *m.* incitement

अपभाषण (*apbhāṣaṇ*) *m.* bad words, abuse, vituperation

अपभाषा (*apbhāṣā*) *f.* vulgar speech, slang

अपभ्रंश (*apabhraṃś*) *m.* 1. corrupt or

ungrammatical language 2. name of the languages succeeding Prakrit

अपभ्रंशन (*apabhraṃśan*) *m.* degeneration

अपभ्रष्ट (*apabhraṣṭ*) *a.* corrupted, degenerated, vulgar

अपभ्रष्ट शब्द *m.* corrupt word

अपभ्रष्ट प्रयोग *m.* corruption, incorrect use

अपभ्रष्ट होना *v.i.* to degenerate

अपभ्रष्टता (*apabhraṣṭatā*) *f.* degeneracy, corruption

अपमान (*apmān*) *m.* disrespect, disgrace, insult

अपमानकारक/कारी *a.* insulting, disgraceful, humiliating, mortifying, derogatory

अपमानजनक *a.* = अपमानकारक

अपमानपूर्ण *a.* libellous

अपमानलेख *m.* libel

अपमानवीय (*apmānavīy*) *a.* subhuman

अपमानित (*apmānit*) *a.* disgraced, insulted, slighted

अपमानित करना *v.t.* to insult, to disgrace, to slight

अपमानित होना *v.i.* to be insulted

अपमानी (*apmānī*) *a.* dishonouring, disrespectful

अपमान्य (*apmānya*) *a.* deserving disrespect, dishonourable

अपमार्जक (*apamārjak*) *a.* detergent, deleting, scavenging

अपमार्जन (*apamārjan*) *m.* scavenging

अपमार्जित (*apamārjit*) *a.* 1. deleted 2. cleansed

अपमार्जित करना *v.t.* to delete, to cleanse

अपमिश्रण (*apamiśraṇ*) *m.* adulteration

अपमिश्रण करना *v.t.* to adulterate

अपमिश्रित (*apamiśrit*) *a.* adulterated

अपमिश्रित करना *v.t.* to adulterate

अपमृत्यु (*apamṛtyu*) *f.* unnatural death, sudden or untimely death

अपयश (*apyaś*) *m.* ill-fame, infamy, disrepute, bad name, disgrace

अपयश फैलाना *v.t.* to calumniate, to slander

अपयश लगाना *v.t.* to traduce

अपयशकर (*apyaśkar*) *a.* disgraceful, derogatory

अपयोग (*apyog*) *m.* 1. misuse, misapplication 2. miserable period 3. misfortune

अपयोजन (*apyojan*) *m.* misappropriation

अपरंच (*aparañc*) I. *adv.* moreover, besides, further II. *a.* and others

अपरंपार (*aparampār*) *a.* endless, boundless, limitless, infinite

अपर (*apar*) *a.* 1. other, another, different 2. additional

अपर देशीय *a.* (a) extra territorial (b) foreign

अपर देशीयता *f.* extra territoriality

अपर निषेचन *m.* cross-fertilization

अपरभाव *m.* indifference, indifferent feeling

अपररात्र *m.* the latter part of the night

अपररूप *m.* allotrope

अपररूपता *f.* allotropy

अपरलोक *m.* the other world, paradise

अपर-सचिव *m.* additional-secretary

अपरक्त (*aprakt*) *a.* disaffected

अपरक्ति (*aprakti*) *f.* disaffection

अपरक्राम्य (*aparkrāmya*) *a.* not negotiable

अपरजीवी (*aparjīvī*) *m.* non-parasite

अपरदन (*apardan*) *m.* erosion, corrosion **अपरदन होना** *v.i.* to erode

अपरदनकारी (*apardankārī*) *a.* erosive

अपरदेय (*apardeya*) *a.* non-transferable

अपरा[1] (*aparā*) *f.* 1. all knowledge excluding spiritual, worldly knowledge 2. Puranas (also अपरा विद्या)

अपरा² (*aparā*) *f.* 1. womb 2. placenta
अपराग (*aprāg*) *m.* disaffection, detachment
अपराजित (*aparājit*) *a.* undefeated, not vanquished
अपराजेय (*aparājey*) *a.* unconquerable, invincible, indomitable
अपराज्य (*aprājya*) *f.* non-defeat, victory
अपराध (*aprādh*) *m.* 1. crime, offence 2. wrong
  अपराध-अन्वेषण *m.* crime investigation
  अपराध करना *v.t.* to commit an offence or a crime
  अपराधकर्ता *m.* perpetrator
  अपराध-गोपन *m.* concealment of crime
  अपराधजनक *a.* criminal
  अपराधपूर्ण *a.* offensive, criminal
  अपराधमूलक कार्य *m.* criminal activities
  अपराध लगाना *v.t.* to accuse, to charge
  अपराधविज्ञ *m.* criminologist
  अपराधविज्ञान/शास्त्र *m.* criminology
  अपराधविज्ञानी/शास्त्री *m.* criminologist
  अपराध-स्वीकरण या स्वीकार *m.* confession of guilt
  अपराध स्वीकार करना *v.t.* to confess guilt, to plead guilty
अपराधिक (*aprādhik*) *a.* pertaining to crime or guilt आपराधिक
अपराधिता (*aprādhitā*) *f.* criminality
अपराधिनी (*aprādhinī*) *f.* female offender or criminal
अपराधी (*aprādhī*) *m.* guilty, criminal
  अपराधी का सुधार *m.* reformation of a criminal
  अपराधियों की बस्ती *f.* convict colony
  अपराधियों को आश्रय देना *v.t.* to harbour criminals
  अपराधी ठहराना *v.t.* to hold somebody guilty
  अपराधी सिद्ध होना *v.i.* to be proved guilty
अपरापर (*aparāpar*) *a.* all other
अपरार्ध (*aparārdha*) *a.* the other half, the latter half
अपरावर्तनीय (*aparāvartnīy*) *a.* 1. non-transferable 3. not withdrawable
अपरावर्ती (*aparāvartī*) *a.* 1. non-reflecting 2. non-rebounding
अपराह्न (*aparāhna*) *m.* *post meridiem* (p.m.), afternoon
अपरिकलित (*aparikalit*) *a.* unknown
अपरिकल्पित (*aparikalpit*) *a.* unthought of, not presumed, not imagined, unpremeditated
अपरिगृहीत (*aparigṛhīt*) *a.* not accepted, refused
अपरिग्रह (*aparigrah*) *m.* non-possession, renunciation, rejection
अपरिग्रही (*aparigrahī*) *m.* ascetic, sanyasi
अपरिग्राह्य (*aparigrāhya*) *a.* unfit or improper for acceptance, unacceptable
अपरिचय (*aparicay*) *m.* unacquaintedness, want of introduction
अपरिचित (*aparicit*) I. *a.* unacquainted, unfamiliar, unknown II. *m.* stranger
अपरिच्छिन्न (*aparicchinn*) *a.* 1. which cannot be cut or divided, undivided 2. continuous
अपरिज्ञात (*aparijñyāt*) *a.* unfamiliar, unknown
अपरिज्ञेय (*aparijñyey*) *a.* unknowable, inscrutable
अपरिणत (*apariṇat*) *a.* immature, young, tender
  अपरिणत अवस्था *f.* tender age
अपरिणय (*apariṇay*) *m.* celibacy
अपरिणीत (*apariṇīt*) *a.* unmarried, unwedded, celibate
अपरिपक्व (*aparipakva*) *a.* 1. unripe 2. immature 3. inexperienced 4. raw
अपरिपक्वता (*aparipakvatā*) *f.* 1. immaturity 2. inexperience 3. rawness 4. unripeness

अपरिपक्वावस्था (*aparipakvāvasthā*) *f.* 1. immature age 2. unripe condition

अपरिपुष्ट (*aparipuṣṭ*) *a.* unconfirmed, uncorroborated

अपरिपूर्ण (*aparipūrṇ*) *a.* incomplete, defective

अपरिमित (*aparimit*) *a.* 1. limitless, infinite, boundless, immense 2. indeterminable

अपरिमित भोजन *m.* overfeeding, overeating

अपरिमित भोजी *m.* glutton

अपरिमित संख्याएँ *f.* astronomical figures

अपरिमितता (*aparimitatā*) *f.* limitlessness, immensity, infiniteness

अपरिमेय (*aparimey*) *a.* immeasurable, enormous, vast

अपरिमेयता (*aparimeytā*) *f.* immeasurability, enormity, vastness

अपरिवर्तनीय (*aparivartanīy*) *a.* unchangeable, immutable, unalterable, inconvertible

अपरिवर्तित (*aparivartit*) *a.* unchanged, unaltered

अपरिवर्ती (*aparivartī*) *a.* invariable, steady

अपरिवर्ती प्रवाह *m.* steady flow

अपरिशुद्ध (*apariśuddh*) *a.* 1. impure, unclean 2. incorrect

अपरिशोधनीय (*apariśodhnīy*) *a.* unpayable

अपरिशोधनीय ऋण *m.* unpayable debt

अपरिष्कार (*aparișkār*) *m.* want of polish or finish, crudeness, coarseness

अपरिष्कृत (*apariṣkr̥t*) *a.* unrefined, crude, coarse

अपरिष्कृत रबड़ *m.* crude/raw rubber

अपरिस्फुट (*aparisphuṭ*) *a.* unexpressed, indistinct

अपरिस्फुट बोल *m.* lisping (as of a baby)

अपरिहार्य (*aparihārya*) *a.* indispensable, inevitable, unavoidable

अपरिहार्य परिस्थितियाँ *f.* unavoidable circumstances

अपरिहार्य हानि *f.* inevitable loss

अपरिहार्यता (*aparihāryatā*) *f.* indispensability, inevitability

अपरीक्षित (*aparīkṣit*) *a.* not examined, untried, untested

अपरूप (*aprūp*) I. *a.* 1. strange, queer 2. deformed, bad-looking II. *m.* deformity

अपरूपता (*aprūptā*) *f.* deformity, monstrosity

अपरेंटिस E (*aprentis*) *m.* apprentice

अपरेशन E (*apreśan*) *m.* (surgical) operation

अपरैल E (*aprail*) *m.* April

अपरोक्ष (*aparokṣa*) *a.* 1. not out of sight, visible, perceptible, seen 2. direct, not beyond reach

अपर्याप्त (*aparyāpt*) *a.* insufficient, inadequate.

अपर्याप्त कार्य *m.* inadequate work

अपर्याप्त ध्यान *m.* slight/inadequate attention

अपर्याप्त दृष्टि *f.* insufficient/inadequate vision

अपर्याप्त प्रकाश *m.* insufficient light

अपर्याप्तता (*aparyāptatā*) *f.* /**अपर्याप्ति** (*aparyāpti*) *f.* insufficiency, inadequacy

खाद्यपदार्थों की अपर्याप्तता insufficiency of food articles

अपलक (*apalak*) *a.* steadfast

अपलक नेत्र *m.* steadfast look, unblinking gaze

अपलक्षण (*aplakṣaṇ*) *m.* bad sign, ill-omen

अपलज्जा (*aplajjā*) *f.* immodesty

अपलाप (*aplāp*) *m.* concealment, suppression, evasion

तथ्यों का अपलाप *m.* 1. concealment/suppression of facts 2. denial

अपलाप करना *v.t.* to deny, to detract

अपलापी (*aplāpī*) *a.* concealing, suppressing, denying

अपलाभ (*aplābh*) *m.* speculation

अपलेख (*aplekh*) *m.* libel, libellous article

अपवंचक (*apvañcak*) I. *a.* evasive II. *m.* one who evades

अपवंचन (*apvañcan*) *m.* evasion

कर-अपवंचन evasion of tax

अपवचन (*apvacan*) *m.* abusive language, bad words, slander

अपवर्ग (*apvarg*) *m.* 1. emancipation of the soul, final beatitude, salvation 2. deliverance, liberation

अपवर्जन (*apvarjan*) *m.* 1. relinquishment, abandonment 2. exclusion

अपवर्जित (*apvarjit*) *a.* 1. relinquished, abandoned, 2. excluded

अपवर्जित करना *v.t.* to exclude

अपवर्तक (*apvartak*) *m.* 1. common number 2. submultiple 3. factor (in maths)

अपवर्तन (*apvartan*) *m.* 1. change, transformation 2. division without remainder 3. forfeiture, confiscation 4. (maths) factorization 5. (sc.) refraction

अपवर्तनशील *a.* refrangible

अपवर्तनशीलता *f.* refrangibility

अपवर्तनांक (*apvartanāṅk*) *m.* refractive index

अपवर्तनी (*apvartanī*) *f.* abductor, refractor

अपवर्तित (*apvartit*) *a.* 1. transferred, changed 2. factorized 3. refracted 4. confiscated, forfeited

अपवर्त्य (*apvarty*) *a.* 1. transferable 2. refractable 3. multiple

अपवश (*apvaś*) *a.* uncontrolled, independent

अपवहन (*apvahan*) *m.* miscarriage

अपवाद (*apvād*) *m.* 1. false accusation, scandal 2. exception (to the rule)

अपवादपूर्ण *a.* scandalous

अपवाद फैलाना *v.t.* to scandalize

अपवाद रूप में *adv.* /**अपवादस्वरूप** *adv.* as an exception

बिना अपवाद के *adv.* without an exception

अपवादक (*apvādak*) *m.* exceptional, occurring as a special case

अपवादात्मक (*apvādātmak*) *a.* 1. exceptional 2. scandalous

अपवारण (*apvāraṇ*) *m.* 1. concealment, evasion, avoidance 2. repelling

अपवारित (*apvārit*) I. *a.* 1. covered, concealed 2. avoided II. *adv.* aside

अपवाह (*apvāh*) *m.* catchment, drainage

अपवाह-क्षेत्र *m.* catchment area (as of a lake or river), drainage area

अपवाह-तंत्र *m.* drainage system

अपवाहिका (*apvāhikā*) *f.* sink, drain

अपवाहित (*apvāhit*) *a.* drained

अपवाही (*apvāhī*) *a.* pertaining to a drain

अपविंदुता (*apvindutā*) *f.* divergence

अपविकसित (*apvikasit*) *a.* degenerated, devolve into

अपविकास (*apvikās*) *m.* degeneration, devolution

अपविचार (*apvicār*) *m.* mischievous idea, evil thought

अपवितरण (*apvitaraṇ*) *m.* 1. wrong delivery 2. wrong distribution

अपवित्र (*apavitra*) *a.* unholy, impure, defiled

अपवित्र करना *v.t.* to defile, to desecrate, to pollute

अपवित्रता (*apavitratā*) *f.* unholiness, impurity, desecration

अपवित्रीकरण (*apavitrīkaraṇ*) *m.* defilement, desecration

अपविद्या (*apvidyā*) *f.* 1. Maya or illusion 2. spiritual ignorance

अपवृद्धि (*apvṛddhi*) *f.* 1. unnatural

growth 2. excrescence

अपव्यय (*apvyay*) *m.* 1. wastage 2. waste of money, wasteful expenditure, extravagance

अपव्यय करना *v.t.* to squander away (money)

अपव्ययिता (*apvyayitā*) *f.* extravagance, prodigality

अपव्ययी (*apvyayī*) *a.* extravagant, prodigal, spendthrift

अपव्यवहार (*apvyavhār*) *m.* misuse, abuse, wastage (of power)

अपशंक (*apśaṅk*) I. *a.* having no apprehension, fearless II. *adv.* fearlessly

अपशकुन (*apśakun*) *m.* foreboding, ill-omened, inauspicious omen

अपशब्द (*apśabd*) *m.* 1. abuse, abusive language 2. ungrammatical word

अपशब्द कहना *v.t.* to abuse, to use abusive language

अपशब्दपूर्ण *a.* abusive

अपशिष्ट (*apśiṣṭ*) I. *m.* worthless residue, wastage II. *a.* residual, waste

अपशोक (*apśok*) *a.* free from grief or sorrow

अपश्रुति (*apśruti*) *f.* ablaut

अपसंग्रह (*apsaṅgrah*) *m.* hoarding

अपसंग्रहकर्ता (*apsaṅgrahkartā*) *m.* hoarder

अपसंचय (*apsañcay*) *m.* hoarding

अपसंचय करना *v.t.* to hoard

अपसंचयी (*apsañcayī*) *m.* hoarder

अपसरक (*apsarak*) *m.* 1. runaway 2. escapee 3. deserter 4. fugitive

अपसरण (*apsaraṇ*) *m.* 1. retreat, withdrawal 2. drift (of population) 3. desertion 4. divergence

अपसरण करना *v.t.* to retreat, to withdraw, to drift away, to desert

अपसर्जन (*apsarjan*) *m.* 1. emancipation, liberation 2. abandonment

अपसव्य (*apsavya*) *adv.* on the right side of the body

अपसामान्य (*apsāmānya*) *a.* abnormal

अपसामान्य दूध *m.* subnormal milk

अपसामान्यता (*apsāmānyatā*) *f.* subnormality, abnormality

अपसारण (*apsāraṇ*) *m.* 1. shifting, transference 2. removal, expulsion 3. divergence

अपसारण करना *v.t.* to remove, to shift, to expel, to dismiss

अपसारित (*apsārit*) *a.* removed, dismissed, expelled

अपसारित करना *v.t.* to remove, to shift, to dismiss, to diverge

अपसारित होना *v.i.* to be removed, to be shifted, to be diverted

अपसारिता (*apsāritā*) *f.* 1. removal, dismissal 2. divergence

अपसारी (*apsārī*) *a.* divergent

अपसिद्धांत (*apsiddhānt*) *m.* 1. heresy 2. fallacious inference

अपसूत्र (*apsūtra*) *m.* wrong formula

अपसृत (*apsr̥t*) *a.* retreated, withdrawn

अपसृत होना *v.i.* to retreat, to withdraw

अपसृति (*apsr̥ti*) *f.* 1. deflation 2. retreat, withdrawal

अपसेवा (*apsevā*) *f.* disservice

अपसैद्धांतिक (*apsaiddhantik*) *a.* heretic

अपस्फीत (*apsphīt*) *a.* deflated

अपस्फीत करना to deflate

अपस्फीति (*apsphīti*) *f.* deflation

अपस्मार (*apasmār*) *m.* epilepsy, a disease of the brain, convulsion

अपस्मारी (*apasmārī*) *a.* epileptic, convulsed

अपस्वरण (*apasvaraṇ*) *m.* mistuning

अपहरण (*apharaṇ*) *m.* 1. kidnapping, abduction 2. robbing 3. usurpation 4. hijacking

अपहरण करना *v.t.* to kidnap, to abduct, to rob, to usurp, to hijack

अपहरणकर्ता *m.* hijacker, kidnapper, abductor

अपहर्ता (*aphartā*) *m.* 1. kidnapper, abductor 2. robber 3. usurper 4. hijacker

अपहानि (*aphāni*) *f.* detriment, harm, damage

अपहार (*aphār*) *m.* 1. loot, robbery 2. (ग़बन) embezzlement

अपहास (*aphās*) *m.* 1. mocking 2. teasing

अपहृत (*aphr̥t*) *a.* 1. robbed 2. kidnapped, abducted 3. hijacked

अपह्नुति (*apahnuti*) *f.* 1. denial, concealment of truth 2. (अलंकार) a simile in other than its true application

अपांग (*apāṅg*) I. *m.* sidelong look II. *a.* crippled, maimed

अपांग दृष्टि *f.* side glance

अपाक (*apāk*) *m.* indigestion

अपाकरण (*apākaraṇ*) *m.*1. removal, cancellation 2. (अर्थशास्त्र) liquidation

अपाकरण करना *v.t.* to cancel, to liquidate

अपाक्ष[1] (*apākṣ*) *a.* eyeless, blind

अपाक्ष[2] (*apākṣ*) *a.* without axle, abaxial

अपाचन (*apācan*) *m.* indigestion

अपाच्य (*apācya*) *a.* indigestible

अपाठ्य (*apāṭhya*) *a.* illegible

अपात्र (*apātra*) *a.* undeserving, unworthy, ineligible, unfit

अपात्रता (*apātratā*) *f.* 1. ineligibility 2. unworthiness

अपादान (*apādān*) *m.* ablation

अपादान कारक *m.* ablative case (showing-by, from)

अपान (*apān*) *m.* intestinal wind

अपानवायु *f.* anal wind, flatus

अपानयन (*apānayan*) *m.* smuggling

अपाप (*apāp*) *a.* sinless, innocent, impeccable

अपापता (*apāptā*) *f.* sinlessness, impeccability

अपाय (*apāy*) *m.* harm

अपायकर *a.* harmful, noxious

अपायी (*apāyī*) *a.* perishable, destructible

अपारंपरिक (*apāramparik*) *a.* unconventional, non-traditional

अपार (*apār*) I. *a.* boundless, limitless, vast, infinite II. *m.* the other side

अपारगम्य *a.* impenetrable

अपारगम्यता *f.* impenetrability

अपारदर्शिता *f.* opaqueness, opacity

अपारदर्शी *a.* opaque

अपारिभाषिक (*apāribhāṣik*) *a.* non-technical

अपारिभाषिक शब्द *m.* non-technical word

अपार्थ (*apārth*) *a.* 1. meaningless, nonsense 2. absurd

अपार्थिव (*apārthiv*) *a.* unearthly, immaterial, extra terrestrial

अपार्य (*apāry*) *a.* opaque

अपार्यता (*apāryatā*) *f.* opacity

अपालन (*apālan*) *m.* 1. non-compliance 2. non-observance

अपावन (*apāvan*) *a.* impure, not sacred

अपावरण (*apāvaraṇ*) *m.* uncovering, opening

अपावर्तन (*apāvartan*) *m.* turning away, retreat, repulse

अपाश्रय (*apāśray*) *a.* shelterless, without support, helpless

अपास्त (*apāst*) *a.* set aside

अपास्त करना *v.t.* to set aside

अपाहिज (*apāhij*) *a.* & *m.* crippled (person), incapacitated (person), disabled (person)

अपि (*api*) *adv.* 1. also 2. though, yet

अपिच (*apic*) *adv.* moreover, besides

अपितु (*apitu*) *adv.* but, however, even then

अपिनद्ध (*apinaddh*) *a.* closed, concealed

अपिनिहत (*apinihat*) *a.* inserted within, epenthetic

अपिनिहति (*apinihati*) *f.* (*ling.*) inserting within, epenthesis

अपीनस (*apīnas*) *m.* 1. dryness of the nose 2. loss of smelling power
अपील E (*apīl*) *f.* appeal
अपील अदालत *f.* court of appeal
अपील करना *v.t.* to appeal, to file an appeal
अपील करने का अधिकार *m.* right to appeal
अपील करने योग्य *a.* appealable
अपीलकर्ता *m.* appellant
अपील के आधार *m.* grounds of appeal
अपील क्षेत्राधिकार *m.* appellate jurisdiction
अपील ख़ारिज करना *v.t.* to dismiss an appeal
अपील दाखिल करना *v.t.* to file an appeal
अपील मंजूर/स्वीकार करना *v.t.* to allow an appeal
अपीलांट E (*apīlāṇṭ*) *m.* appellant
अपीलीट E (*apīlīṭ*) *a.* appellate
अपीलीट अधिकरण *m.* appellate tribunal/authority
अपुत्र (*aputra*) *a.* having no son
अपुनीत (*apunīt*) *a.* impure, unholy, dirty
अपुरुषोचित (*apuruṣocit*) *a.* unmanly, cowardly
अपुष्ट (*apuṣṭ*) *a.* 1. malnourished 2. unconfirmed, uncorroborated
अपुष्ट समाचार *m.* unconfirmed news
अपुष्टि (*apuṣṭi*) *f.* 1. ill-nourishment, malnutrition 2. non-confirmation 3. atrophy
अपुष्टिकर *a.* non-nutritive, non-nourishing
अपुष्टिकर आहार *m.* non-nutritive diet
अपूत (*apūt*) *a.* having no son (= अपुत्र *q.v.*)
अपूयिक (*apūyik*) *a.* aseptic
अपूरणीय (*apūraṇīy*) *a.* irrecoverable
अपूरणीय हानि *f.* irrecoverable loss, irreparable loss
अपूरित (*apūrit*) *a.* unfulfilled
अपूरित माँग *f.* unfulfilled demand
अपूर्ण (*apūrṇ*) *a.* incomplete, unaccomplished, imperfect
अपूर्ण काल *m.* imperfect tense
अपूर्ण भूत *m.* past imperfect
अपूर्ण वाक्य *m.* incomplete sentence
अपूर्ण वासना *f.* unfulfilled desire
अपूर्ण विराम *m.* comma (,)
अपूर्ण संग्रहण *m.* under stocking
अपूर्णता (*apūrṇatā*) *f.* imperfection, incompleteness
अपूर्ति (*apūrti*) *f.* unfulfilment
अपूर्य (*apūrya*) *a.* irreparable
अपूर्व (*apūrv*) *a.* 1. unprecedented 2. new, unusual, uncommon
अपूर्व अवसर *m.* rare chance
अपूर्व घटना *f.* unprecedented event
अपूर्व ज्ञान *m.* unusual/uncommon knowledge
अपूर्व सौंदर्य *m.* extraordinary beauty
अपूर्वता (*apūrvatā*) *f.* 1. extraordinariness 2. novelty
अपृथक् (*apṛthak*) *a.* not separated
अपृथक्करणीय *a.* inseparable
अपृष्ठवंशी (*apṛṣṭhvaṃśī*) *a.* invertebrate
अपेक्षक (*apekṣak*) *m.* expectant, dependant
अपेक्षणीय (*apekṣṇīy*) *a.* due, requisite
अपेक्षणीय सहायता *f.* requisite help
अपेक्षया (*apekṣayā*) *adv.* comparatively
अपेक्षा (*apekṣā*) *f.* 1. expectation, anticipation 2. requirement
अपेक्षा करना *v.t.* to expect, to anticipate, to require
की अपेक्षा *adv.* as compared to
अपेक्षाकृत (*apekṣākṛt*) *adv.* comparatively
अपेक्षाकृत-सस्ता *a.* comparatively cheap
अपेक्षाधिक (*apekṣādhik*) *a.* superfluous
अपेक्षित (*apekṣit*) *a.* required, requisite
अपेक्षित सहायता *f.* requisite help
अपेक्षित सूचना *f.* requisite informa-

tion/notice
अपेक्ष्य (*apekṣya*) *a.* due, requisite (= अपेक्षणीय)
अपैतृक (*apaitṛk*) *a.* not ancestral
अपोषण (*apoṣaṇ*) *m.* malnutrition
अपोह (*apoh*) *m.* reasoning, argument
अपौरुष (*apauruṣ*) *m.* unmanliness, cowardice
अपौरुषेय (*apauruṣey*) *a.* not man-made, not of human origin, superhuman, of divine origin
वेद अपौरुषेय हैं Vedas are of divine origin
अप्रकट (*aprakaṭ*) *a.* unmanifested, not apparent, latent, covert, not evident
अप्रकट व्यवहार *m.* unmanifested behaviour
अप्रकट समझौता *m.* tacit understanding
अप्रकटित (*aprakaṭit*) *a.* undisclosed
अप्रकटित आय *f.* undisclosed income
अप्रकाशित (*aprakāśit*) *a.* 1. not manifested, not expressed 2. unlighted 3. obscure, concealed 4. unpublished
अप्रकाश्य (*aprakāśya*) *a.* 1. not to be disclosed 2. not to be lighted 3. unfit for publication, not to be published
अप्रकृत (*aprakṛt*) *a.* unnatural, not real, spurious, artificial
अप्रकृष्ट (*aprakṛṣṭ*) *a.* base, abject, mean
अप्रगतिशील (*apragatiśīl*) *a.* non-progressive
अप्रगतिशीलता (*apragatiśīltā*) *f.* non-progressiveness
अप्रगल्भ (*apragalbh*) *a.* 1. not arrogant, modest, shy, bashful 2. puerile, childish
अप्रगामी (*apragāmī*) *a.* stationary
अप्रग्राह्य (*apragrāhya*) *a.* non-cognizable
अप्रचलन (*apracalan*) *m.* disuse, obsolescence, outdatedness
अप्रचलित (*apracalit*) *a.* obsolete, outmoded, out-of-date, not in vogue
अप्रचलित सिक्का *m.* obsolete coin
अप्रज (*apraj*) *a.* without progeny, childless
अप्रज्ञान (*aprajñān*) *m.* non-cognizance
अप्रज्ञेय (*aprajñey*) *a.* non-cognizable
अप्रज्वलनशील (*aprajvalanśīl*) *a.* incombustible
अप्रतिकरणीय (*apratikaraṇīy*) *a.* irremediable, irretrievable, not preventable
अप्रतिकार (*apratikār*) *m.* 1. absence of remedy 2. non-requital
अप्रतिग्रह (*apratigrah*) *m.* non-acceptance, rejection
अप्रतिग्राह्य (*apratigrāhya*) *a.* unacceptable, to be rejected, to be refused
अप्रतिच्छेदी (*apraticchedī*) *a.* non-intersecting
अप्रतिदेय (*apratidey*) *a.* irredeemable, unrealizable
अप्रतिदेय ऋण *m.* irredeemable debt
अप्रतिपत्ति (*apratipatti*) *f.* 1. loss of influence 2. indecision 3. failure 4. confusion
अप्रतिपन्न (*apratipann*) *a.* 1. undecided, indefinite 2. unaccomplished
अप्रतिबंधित (*apratibandhit*) *a.* unrestricted, open
अप्रतिबंधित नियम *m.* open law
अप्रतिबद्ध (*apratibaddh*) *a.* unobstructed, uninterrupted, smooth
अप्रतिभ (*apratībh*) *a.* 1. confused, embarrassed, nonplussed 2. without intelligence
अप्रतिभाव्य (*apratibhāvya*) *a.* non-bailable
अप्रतिम (*apratim*) *a.* matchless, peerless, unparalleled, unequalled, singular
अप्रतिरोधक (*apratirodhak*) *a.* non-resistant

अप्रतिष्ठ (*apratiṣṭh*) *a.* 1. without reputation or status 2. unstable, unsettled 3. not established

अप्रतिष्ठा (*apratiṣṭhā*) *f.* disrespect, insult, humiliation, disgrace

अप्रतिष्ठित (*apratiṣṭhit*) *a.* 1. unstable, unsettled 2. dishonoured, disgraced (see अप्रतिष्ठ)

अप्रतिष्ठित करना *v.t.* to disgrace

अप्रतिसम (*apratisam*) *a.* asymmetrical

अप्रतिहत (*apratihat*) *a.* uninterrupted, unhampered

अप्रतिहत गति *f.* unhampered movement

अप्रतिहत वेग *m.* unresisted velocity/force

अप्रतीति (*apratīti*) *f.* incredulity, noncomprehension, want of perception

अप्रतुल (*apratul*) *a.* unparalleled, unequalled, incomparable

अप्रत्यक्ष (*apratyakṣ*) *a.* 1. indirect 2. unapparent, not evident 3. imperceptible

अप्रत्यक्ष कथन *m.* indirect narration

अप्रत्यक्ष कर indirect taxes

अप्रत्यक्ष कराधान *m.* indirect assessment, indirect taxation

अप्रत्यक्ष निर्वाचन *m.* indirect election

अप्रत्यक्ष संकेत *m.* indirect indication

अप्रत्यक्षतः (*apratyakṣatah̤*) *adv.* indirectly

अप्रत्यय (*apratyay*) *m.* 1. disbelief, incredulity, doubt 2. distrust

अप्रत्ययी (*apratyayī*) I. *a.* distrustful, incredulous, sceptical II. *m.* sceptic

अप्रत्याशित (*apratyāśit*) *a.* unexpected, unforeseen

अप्रत्याशित परिस्थितियाँ *f.* unforeseen circumstances

अप्रत्याशित रूप से *adv.* unexpectedly

अप्रत्याशित लाभ *m.* windfall profit

अप्रत्यास्थ (*apratyāsth*) *a.* inelastic

अप्रत्युद्धरणीय (*apratyuddharaṇīy*) *a.* irrecoverable, not fit for upliftment

अप्रधान (*apradhān*) *a.* 1. secondary, inferior 2. low, minor 3. subordinate

अप्रधान कर्म *m.* minor or unimportant work

अप्रभ (*aprabh*) *a.* lustreless, lacklustre, dull, dim

अप्रभावित (*aprabhāvit*) *a.* uninfluenced, unaffected

अप्रभावी (*aprabhāvī*) *a.* null and void, ineffective

अप्रभावी लक्षण *m.* recessive characteristics

अप्रभेद्य (*aprabhedya*) *a.* indistinguishable

अप्रमत्त (*apramatt*) *a.* not intemperate, sober

अप्रमाणित (*apramāṇit*) *a.* unproved, unvouched, uncorroborated

अप्रमाणित होना *v.i.* to be disproved

अप्रमाद (*apramād*) *m.* 1. sobriety 2. vigilance

अप्रयुक्त (*aprayukt*) *a.* unused, unapplied, obsolete

अप्रयुक्त संसाधन *m.* idle resources

अप्रयोग (*aprayog*) *m.* disuse, inapplication

अप्रयोज्य (*aprayojya*) *a.* inapplicable, useless

अप्रवरण (*apravaraṇ*) *m.* non-selection

अप्रवरण-पद *m.* non-selection post

अप्रवर्तक (*apravartak*) *a.* inoperative

अप्रवृत्त (*apravr̥tt*) *a.* disinterested, indifferent, disinclined

अप्रवेश्य (*apraveśya*) *a.* impermeable, impervious

अप्रवेश्य शिला *f.* impervious rock

अप्रशस्त (*apraśast*) *a.* 1. not spacious, narrow 2. inauspicious

अप्रशस्त काल *m.* inauspicious time

अप्रशस्त मार्ग *m.* narrow path

अप्रशिक्षित (*apraśikṣit*) *a.* untrained

अप्रशिक्षित अध्यापक *m.* untrained teacher

अप्रसंज्ञेय (*aprasañjñey*) *a.* non-cognizable
अप्रसंज्ञेय अपराध *m.* non-cognizable offence
अप्रसन्न (*aprasanna*) *a.* displeased, unhappy, out of sorts
अप्रसन्नचित्त *adv.* with a bad grace
अप्रसन्नता (*aprasannatā*) *f.* displeasure, unhappiness
अप्रसाद (*aprasād*) *m.* dislike, displeasure
अप्रसिद्ध (*aprasiddh*) *a.* not famous, uncelebrated, unrenowned
अप्रसिद्धि (*aprasiddhi*) *f.* disrepute, infamy
अप्रस्तुत (*aprastut*) *a.* 1. absent 2. unprepared 3. unpresented 4. indirect
अप्रस्तुतप्रशंसा *f.* implied/indirect expression, allegory (fig. of speech)
अप्रस्तुतविधान *m.* trope (figure of speech)
अप्रस्तुति (*aprastuti*) *f.* 1. non-presentation 2. unpreparedness
अप्रस्तुतीकरण (*aprastutīkaraṇ*) *m.* non-presentation
अप्राकरणिक (*aprākarṇik*) *a.* (from प्रकरण) not connected with the subject matter
अप्राकृतिक (*aprākṛtik*) *a.* 1. unnatural 2. miraculous, marvellous
अप्राचुर्य (*aprācurya*) *m.* want of abundance, insufficiency, want
अप्राप्त (*aprāpt*) *a.* unobtained, unattained, unachieved, unreceived
अप्राप्त कड़ी *f.* missing link
अप्राप्त काल *a.* out of time, inopportune time
अप्राप्तयौवन *a.* in one's teens, adolescent, (girl) not arrived at puberty
अप्राप्तवय *a.* underage, minor
अप्राप्ति (*aprāpti*) *f.* non-attainment, non-acquisition, want
अप्राप्य (*aprāpya*) *a.* unavailable, unobtainable, (book) out of print, (goods) out of stock
अप्राप्य ऋण *m.* bad debt
अप्राप्य बकाया *m.* irrecoverable balance
अप्रामाणिक (*aprāmāṇik*) *a.* not authentic, unconfirmed, spurious, incredible
अप्रायिक (*aprāyik*) *a.* infrequent
अप्रार्थित (*aprārthit*) *a.* unsolicited, unrequested
अप्राविधिक (*aprāvidhik*) *a.* non-technical
अप्राविधिक पद *m.* non-technical post
अप्रासंगिक (*aprāsaṅgik*) *a.* irrelevant, extraneous, not to the point, out of place
अप्रासंगिक प्रश्न *m.* irrelevant question
अप्रिय (*apriy*) *a.* unpleasant, disliked, unlovable
अप्रिय घटना *f.* ugly incident
अप्रियभाषिणी *f.* termagant woman
अप्रियभाषी/वादी *a.* rude in speech, ill-tongued, harsh spoken
अप्रिय स्थिति *f.* ugly situation
अप्रियता (*apriyatā*) *f.* unpleasantness, offensiveness, disagreeability
अप्रीति (*aprīti*) *f.* disinterestedness, disaffection
अप्रीतिकर/जनक *a.* unpleasant, offensive
अप्रेंटिस E (*apreṁṭis*) *m.* apprentice, trainee
अप्रेंटिसगीरी *f.* apprenticeship
अप्रैल E (*aprail*) *m.* April, the fourth month in Gregorian calendar
अप्रैल फूल *m.* April fool, one befooled on the first of April
अप्रौढ़ (*aprauṛh*) *a.* adolescent, immature
अप्सरा (*apsarā*) *f.* 1. nymph, a female dancer in the court of Indra 2. fairy

अप्सरा-तुल्य/सम *a.* nymph-like
अप्सरा-संबंधी *a.* nymphal
अफ़ग़ान P (*afgān*) *m.* 1. native of Afghanistan 2. Pathan
अफरना (*apharnā*) *v.i.* 1. (of stomach) to swell out, to be distended, to be satiated, to be overloaded with food, to become corpulent 2. to be puffed up with pride, to boast
अफरा (*aphrā*) *m.* flatulence, swelling of the stomach
अफरा जाना *v.i.* to become swollen
अफ़रा-तफ़री (*afrā-tafrī*) *f.* 1. hurry-scurry, confusion, commotion 2. (आतंक) panic, consternation
अफराना (*aphrānā*) *v.t.* to feed till the stomach swells, to cram, to glut
अफल (*aphal*) *a.* 1. fruitless 2. unfruitful 3. unproductive, barren, sterile
अफ़लातून A (*aflātūn*) *m.* Plato (a Greek philosopher)
अफ़लातून का नाती *m.* **/अफ़लातून का साला** *m.* one who is proud and haughty, boaster
अफ़वाह A (*afvāh*) *f.* rumour, hearsay
अफ़वाह उड़ना *v.i.* rumoured, to be in the air
अफ़वाह उड़ाना या फैलाना *(मु.) v.t.* to spread a rumour
अफ़सर P (*afsar*) *m.* officer
कमान अफ़सर *m.* officer commanding
माल अफ़सर *m.* revenue officer
अफ़सरशाह (*afsarśāh*) *m.* bureaucrat
अफ़सरशाही (*afsarśāhī*) *a.* & *f.*/**अफ़सरियत** (*afsriyat*) *f.* /**अफ़सरी** (*afsarī*) *a.* & *f.* 1. bureaucratic 2. bureaucracy
अफ़साना P (*afsānā*) *m.* fiction, story
अफ़सानागो *m.* story-teller
अफ़सानागोई *f.* (a) story-telling (b) profession of a story-teller
अफ़सानानवीस/निगार *m.* story writer
अफ़सोस P (*afsos*) I. *m.* 1. sorrow, grief 2. regret II. *interj.* ah ! alas ! what a pity !
अफ़सोस करना *v.t.* (a) to grieve, to lament (b) to regret, to rue
मुझे अफ़सोस है I am sorry, I regret
अफ़ीम A (*afīm*) *f.* opium
अफ़ीम का सत्त *m.* morphine
अफ़ीमची A (*afīmcī*) *m.* opium-addict, opium-eater
अफुल्ल (*aphulla*) *a.* unbloomed (flower)
अफ़्रीकी (*afrīkī*) *a.* African
अफ़्रेशियाई *a.* Afro-Asian
अब (*ab*) I. *adv.* now, presently II. *interj.* what now !
अब का *a.* the present, recent, modern
अब की अब के साथ, तब की तब के साथ tomorrow will take care of itself
अबकी बार *adv.* (for) this time
अबकी बार बेड़ा पार on the last rung of success
अब के लोग *m.* people of this age/ generation
अब जाकर *adv.* at long last
अब-तक *adv.* till now, as yet, so far, hitherto, up-to-date
अब-तब *adv.* now and then
अब-तब होना *v.i.* to be dying
अब न तब *adv.* neither now nor then, never
अब पछताये होत क्या जब चिड़ियाँ चुग गईं खेत *(लो.)* why cry over spilt milk
अब भी *adv.* even now
अब से *adv.* from now on, hence, henceforth, now onwards
अब ही *adv.* just now, at this very moment (see अभी)
अबज़र्वेटरी E (*abzarveṭarī*) *f.* observatory
अबतर A (*abtar*) *a.* 1. bad, poor, miserable 2. precarious
अबतर करना *v.t.* to spoil, to make worse, to mar
अबतरी A (*abtarī*) *f.* 1. deterioration,

decay 2. poverty, miserableness

अबद्ध (*abaddh*) *a.* unbound, untied, unrestrained, loose

अबद्ध मूल *a.* without a solid structure or ground

अबरक (*abrak*) *m.* 1. talc 2. mica

अबरा P (*abrā*) *m.* outer fold of a double garment

अबरी (*abrī*) I. *a.* mottled, variegated, of different colours II. *f.* marble paper

अबरी कागज *m.* coated/marble paper

अबल (*abal*) *a.* weak, feeble, frail

अबलता (*abaltā*) *f.* weakness, feebleness, frailty

अबला (*ablā*) *f.* delicate/weak woman, woman, weaker sex

अबवाब A (*abvāb*) *m.* 1. cess imposed by the state on land revenue 2. tax given by traders of a village to the zamindar

अबा A (*abā*) *m.* loose cloak or apron

अबाध (*abādh*) *a.* unobstructed, unimpeded, unrestrained, uninterrupted

अबाध गति *f.* unrestricted movement

अबाध रूप से *adv.* unrestrictedly,

अबाध व्यापार *m.* free trade (better मुक्त व्यापार)

अबाध शक्ति *f.* absolute power

अबाधित (*abādhit*) *a.* 1. unimpeded, unobstructed, unrestricted 2. unrefuted 3. not forbidden

अबाध्य (*abādhy*) *a.* who cannot be compelled

अबाध्यता (*abādhyatā*) *f.* state or quality of being अबाध्य

अबाबील A (*abābīl*) *f.* swallow (a night bird)

अबिंदु (*abindu*) *a.* without a point or dot

अबिंदुकता (*abinduktā*) *f.* astigmatism, inability to focus on a point

अबीज (*abīj*) *a.* 1. seedless 2. (of a man) impotent

अबीर A (*abīr*) *m.* mica powder (commonly used at the Holi festival)

अबीरी A&P (*abīrī*) *a.* blackish red, of the colour of अबीर, red

अबुद्धि (*abuddhi*) *a.* stupid, foolish, dull

अबुद्धिगम्य *a.* inconceivable, unintelligible

अबुध (*abudh*) *a.* ignorant, unwise

अबूझा (*abūjhā*) *a.* not understandable, incomprehensible

अबे ! (*abe*) *interj.* hey, ho there ! you fellow !

अबे-तबे करना *v.t.* to converse insultingly, to address discourteously, to use contemptuous language

अबेर (*aber*) *f.* delay, late (= देर)

अबोध (*abodh*) *a.* 1. stupid, silly 2. innocent

अबोध बालक *m.* innocent child

अबोधगम्य *a.* incomprehensible, unknowable, unintelligible

अबोध्य (*abodhy*) *a.* (= अबोधगम्य *q.v.*)

अबोल (*abol*) *a.* voiceless, dumb

अबोल जीव *m.* dumb or mute animals

अबोला (*abolā*) *m.* 1. taciturnity 2. absence of speaking terms with another

अब्ज (*abj*) *m.* lotus (*syn.* जलज, कमल)

अब्द (*abd*) *m.* year

अब्दकोश *m.* yearbook

विक्रमाब्द *m.* Vikrami year

अब्धि (*abdhi*) *m.* sea, ocean (*syn.* जलधि, वारिधि)

अब्बा P (*abbā*) *m.* father (usually among Muslims)

अब्बाजान *m.* dear father

अब्बासी A (*abbāsī*) *a.* red colour

अब्याजी (*abyājī*) *a.* interest-free

अब्राह्मण (*abrāhmaṇ*) *m.* non-Brahman

अब्राह्मण्य (*abrāhmaṇya*) *m.* un-Brahmani-cal act

अभंग (*abhang*) I. *a.* unbroken, strong

II. *m.* a rhythm or tune in music
अभंजन (*abhañjan*) *a.* indivisible
अभंगुर (*abhaṅgur*) *a.* infrangible
अभक्त (*abhakt*) *a.* 1. not devoted, unbelieving 2. unbroken, undivided
अभक्ति (*abhakti*) *f.* irreverence, disloyalty, absence of devotion, want of faith
अभक्ष्य (*abhakṣya*) I. *a.* uneatable, inedible II. *m.* forbidden food
अभग्न (*abhagn*) *a.* 1. unbroken, intact 2. unobstructed
अभद्र (*abhadra*) *a.* ungentlemanly, undignified, unmannerly, indecent, impolite
अभद्र आचरण *m.* indecent conduct
अभद्र कार्य *m.* act of indecency
अभद्र भाषा *f.* impolite language
अभद्र व्यवहार *m.* ungentlemanly behaviour
अभद्रता (*abhadratā*) *f.* ungentlemanliness, indecency, impoliteness
अभय (*abhay*) I. *m.* fearlessness II. *a.* fearless
अभय-दान *m.* amnesty, guarantee of protection, assurance of safety
अभय-वचन *m.* safe conduct, pledge of safety or protection
अभय वन *m.* sanctuary
अभयारण्य (*abhayāraṇya*) *m.* sanctuary
अभर्तृका (*abhartṛkā*) *f.* a woman without a husband, unmarried woman, widow
अभागा (*abhāgā*) *a.* unlucky, unfortunate, ill-fated (*fem.* अभागिन)
अभाग्य (*abhāgya*) *m.* misfortune, ill-luck
अभाग्यवश *adv.* unfortunately, unluckily
अभिगृहीत (*abhigṛhīt*) *a.* adopted, seized
अभाजन (*abhājan*) *a.* & *m.* unworthy or undeserving (person)
अभाज्य (*abhājya*) *a.* indivisible, prime
अभाज्य संख्या *f.* prime number
अभारतीय (*abhārtīy*) *a.* non-Indian
अभाव (*abhāv*) *m.* 1. want, dearth, scarcity 2. non-existence 3. poverty, destitution, privation
अभावग्रस्त क्षेत्र *m.* deficit area
अभावग्रस्त जीवन *m.* privations of life
अभावग्रस्तता *f.* scarcity, poverty
अभावसूचक *a.* privative
पैसे के अभाव में for want of money
अभावात्मक (*abhāvātmak*) *a.* negative
अभावात्मक गुण *m.* negative attribute
अभावात्मक परिणाम *a.* negative result
अभावित (*abhāvit*) *a.* inconceivable, never thought of
अभावी (*abhavī*) *a.* & *f.* (what is) unlikely to happen, (what is) not destined
अभाषित (*abhāṣit*) *a.* unsaid, untold
अभि (*abhī*) *pref.* before, near, close, too much, great, towards
अभिकथन (*abhikathan*) *m.* accusation, allegation
अभिकथित (*abhikathit*) *a.* accused, alleged
अभिकरण (*abhikaraṇ*) *m.* agency
अभिकर्ता (*abhikartā*) *m.* agent
अभिकर्ष (*abhikarṣ*) *m.* gravity, gravitational attraction
अभिकलन (*abhikalan*) *m.* computation, calculation
अभिकल्प (*abhikalpa*) *m.* design
अभिकल्पक (*abhikalpak*) *m.* designer
अभिकल्पन (*abhikalpan*) *m.* designing
अभिकल्पना (*abhikalpanā*) *f.* 1. design 2. assumption
अभिकेन्द्री (*abhikeṁdrī*) *a.* centripetal
अभिक्रम (*abhikram*) *m.* 1. initiative 2. commencement 3. attempt, endeavour
अभिक्रमण (*abhikramaṇ*) *m.* assailing
अभिक्रमण करना *v.t.* to assail
अभिक्रांत (*abhikrānt*) *a.* displaced

अभिक्रांति (*abhikrānti*) *f.* displacement
अभिक्रामक (*abhikrāmak*) *m.* assailant
अभिक्रिया (*abhikriyā*) *f.* (sc.) reaction
अभिक्रियाशील *a.* reactive
अभिक्रियाशीलता *f.* reactivity
अभिक्षमता (*abhikṣamtā*) *f.* aptitude
अभिक्षिप्त (*abhikṣipt*) *a.* projected
अभिक्षेप (*abhikṣep*) *m.* projection, especially cylindrical projection
अभिक्षेप तल *m.* plane of projection
अभिख्यात (*abhikhyāt*) *a.* made known, famous, reputed
अभिख्यान (*abhikhyān*) *m.* fame, reputation, name
अभिगणन (*abhigaṇan*) *m.* computation
अभिगत (*abhigat*) *a.* 1. brought near, adjoining 2. (प्राप्त) acquired, gained
अभिगम (*abhigam*) *m.* approach, access
अभिगमन (*abhigaman*) *m.* 1. approaching, going near/forward 2. acquisition, gain 3. coition, sexual intercourse
अभिगम्य (*abhigamya*) *a.* accessible, approachable
अभिगम्यता (*abhigamyatā*) *f.* accessibility, approachability
अभिगामी (*abhigāmī*) *a.* approaching
अभिगृहीत (*abhigr̥hīt*) *a.* 1. occupied, seized 2. adopted
अभिगृहीत प्रदेश *m.* occupied territory
अभिगृहीत माल *m.* seizure
अभिग्रस्त (*abhigrast*) *a.* 1. devoured 2. annexed 3. seized
अभिग्रहण (*abhigrahaṇ*) *m.* 1. occupation, acquisition, seizure 2. adoption 3. reception
अभिग्रहण करना *v.t.* to occupy, to seize
अभिग्राहक (*abhigrāhak*) *m.* collector
अभिग्राही (*abhigrāhī*) *a.* & *m.* receiving, receiver
अभिग्राही केन्द्र *m.* receiving station
अभिघात (*abhighāt*) *m.* torture, trauma, oppression
अभिघातक (*abhighātak*) *a.* traumatic, oppressive, tortuous
अभिचर (*abhicar*) *m.* servant, attendant
अभिचार (*abhicār*) *m.* black magic, black art, sorcery, witchcraft, exorcism
अभिचार-क्रिया *f.* sorcery
अभिचार-मंत्र *m.* incantation
अभिचारक (*abhicārak*) *m.* 1. conjurer 2. witch, exorcist, wizard
अभिचारी (*abhicārī*) *a.* incantational (see अभिचारक)
अभिजन (*abhijan*) *m.* noble descent or family, aristocrat
अभिजन वर्ग *m.* aristocracy
अभिजागर (*abhijāgar*) *m.* invigilator
अभिजात (*abhijāt*) *a.* noble, well-born, aristocratic
अभिजात-तंत्र *m.* aristocracy
अभिजात वर्ग *m.* aristocracy, nobility
अभिजातवाद *m.* classicism
अभिजातता (*abhijātatā*) *f.* nobility
अभिज्ञ (*abhijña*) *a.* knowing, well-versed, conversant, aware
अभिज्ञता (*abhijñatā*) *f.* knowledge, awareness, conversance
अभिज्ञा (*abhijñā*) *f.* recognition, identification, detection
अभिज्ञा-पत्र *m.* identity card
अभिज्ञात (*abhijñāt*) *a.* 1. known 2. recognized, identified
अभिज्ञान (*abhijñān*) *m.* recognition, identification
अभिज्ञान-चिह्न *m.* identification mark
अभिज्ञान-पत्र *m.* identity card
अभिज्ञापक (*abhijñāpak*) *m.* announcer
अभिज्ञापन (*abhijñāpan*) *m.* announcement
अभिटिप्पण (*abhiṭippaṇ*) *m.* annotation, writing notes of explanation
अभिटिप्पणित (*abhiṭippaṇit*) *a.* annotated, with notes
अभितप्त (*abhitapt*) *a.* grieved, distressed,

afflicted

अभिताप (*abhitāp*) *m.* grief, distress, affliction

अभित्याग (*abhityāg*) *m.* 1. desertion 2. abdication

अभित्रस्त (*abhitrast*) *a.* intimidated, fearful

अभित्रस्त करना *v.t.* to intimidate, to make fearful

अभित्रास (*abhitrās*) *m.* intimidation, fearfulness

अभिदत्त (*abhidatt*) *a.* contributed

अभिदर्शन (*abhidarśan*) *m.* reconnaissance

अभिदर्शन सर्वेक्षण *m.* reconnaissance survey

अभिदाता (*abhidātā*) *m.* contributor

अभिदान (*abhidān*) *m.* 1. contribution 2. bounty

अभिदिष्ट (*abhidiṣṭ*) *a.* referred

अभिदेश (*abhideś*) *m.* reference

अभिदेशक (*abhideśak*) *m.* one who refers

अभिद्रोह (*abhidroh*) *m.* 1. cruelty, unkindliness 2. vexation, bitterness

अभिधर्षण (*abhidharṣaṇ*) *m.* possession by an evil spirit

अभिधा (*abhidhā*) *f.* 1. name 2. word, sound 3. (वाच्यार्थ) denotation, the literal power or denotation of a word or sentence

अभिधान (*abhidhān*) *m.* 1. name, designation, nomenclature 2. vocabulary, dictionary

अभिधानकार/कर्ता *m.* lexicographer, dictionary writer

अभिधारण (*abhidhāraṇ*) *m.* postulation

अभिधारणा (*abhidhārṇā*) *f.* postulate

अभिधार्य (*abhidhārya*) *m.* connotation, literal meaning

अभिधावक (*abhidhāvak*) *a.* aggressive

अभिधावक राष्ट्र *m.* aggressive nation

अभिधावन (*abhidhāvan*) *m.* aggression

अभिधावनशील *a.* aggressive

अभिधा वृत्ति (*abhidhā vr̥tti*) *f.* primary meaning of a word

अभिधेय (*abhidhey*) I. *a.* to be named, to be spoken of II. *m.* literal meaning, primary sense

अभिनंदन (*abhinandan*) *m.* ovation, felicitation, homage

अभिनंदन करना *v.t.* to greet, to pay homage, to felicitate

अभिनंदन-ग्रंथ *m.* felicitation/commemoration volume

अभिनंदन-पत्र *m.* address of welcome, letter of felicitation

अभिनंदनीय (*abhinandanīy*) *a.* to be felicitated, laudable

अभिनंदित (*abhinandit*) *a.* felicitated, applauded, greeted

अभिनंद्य (*abhinandya*) *a.* to be felicitated, laudable (= अभिनंदनीय *q.v.*)

अभिनत (*abhinat*) *a.* inclined, biased

अभिनति (*abhinati*) *f.* bias, inclination

अभिनय (*abhinay*) *m.* dramatic action, acting

अभिनय करना *v.t.* to act, to play the part

अभिनय-कला *f.* art of acting

अभिनयशाला *f.* theatre hall

अभिनय-सामग्री *f.* acting paraphernalia

अभिनव (*abhinav*) *a.* quite new, novel, recent

अभिनव काल *m.* recent times

अभिनवता (*abhinavtā*) *f.* newness, novelty

अभिनवन (*abhinavan*) *m.* innovation

अभिनवीकरण (*abhinavīkaraṇ*) *m.* rationalization

अभिनियम (*abhiniyam*) *m.* canon

अभिनियोग (*abhiniyog*) *m.* focussed concentration

अभिनिर्णय (*abhinirṇay*) *m.* verdict, judgement

अभिनिर्णयाधीन (*abhinirṇayādhīn*) *a.* sub judice

अभिनिर्णायक (*abhinirṇāyak*) *m.* referee, umpire

अभिनिर्धारण (*abhinirdhāraṇ*) *m.* identification

अभिनिविष्ट (*abhiniviṣṭ*) *a.* 1. absorbed (in), engrossed (in) 2. attentive
  अभिनिविष्ट चित्त से *adv.* attentively, intently

अभिनिवेश (*abhiniveś*) *m.* 1. profound attention, close application 2. purgation, catharsis 3. resolve, determination

अभिनिषिद्ध (*abhiniṣiddha*) *a.* proscribed
  अभिनिषिद्ध साहित्य *m.* proscribed literature

अभिनिषेध (*abhiniṣedh*) *m.* proscription, forbidding

अभिनिषेधात्मक (*abhiniṣedhātmak*) *a.* proscriptive

अभिनिष्पत्ति (*abhiniṣpatti*) *f.* 1. end, completion 2. (पूर्णता) perfection 3. (सिद्धि) attainment, fulfilment

अभिनिष्पन्न (*abhiniṣpann*) *a.* complete, perfect, finished, (सिद्ध) proved, judged

अभिनीत (*abhinīt*) *a.* acted, played, performed, staged

अभिनेता (*abhinetā*) *m.* actor, player (*fem.* अभिनेत्री actress)

अभिनेय (*abhiney*) *a.* 1. stageable, fit to be staged 2. to be represented dramatically

अभिनेयता (*abhineytā*) *f.* stageability

अभिन्न (*abhinn*) *a.* 1. not different, not distinct 2. inseparable 3. identical, same 4. integral
  अभिन्न-मित्र *m.* intimate friend
  अभिन्न-हृदय *a.* united in feeling, very close

अभिन्नता (*abhinnatā*) *f.* oneness, sameness, identical, closeness

अभिन्यास (*abhinyās*) *m.* layout

अभिन्यस्त (*abhinyast*) *a.* laid out

अभिपलायक (*abhipalāyak*) *m.* deserter

अभिपलायन (*abhipalāyan*) *m.* desertion
  अभिपलायन करना *v.t.* to desert

अभिपुष्ट (*abhipuṣṭ*) *a.* confirmed
  अभिपुष्ट करना *v.t.* to confirm

अभिपुष्टि (*abhipuṣṭi*) *f.* confirmation

अभिपोषण (*abhipoṣaṇ*) *m.* confirmation
  अभिपोषण सापेक्ष *a.* subject to confirmation

अभिपूर्ति (*abhipūrti*) *f.* implementation

अभिप्रचार (*abhipracār*) *m.* wide propaganda

अभिप्राय (*abhiprāy*) *m.* intention, purpose, aim, import, intent, object
  अभिप्राय से *adv.* by way of

अभिप्रेत (*abhipret*) *a.* intended, meant

अभिप्रेरक (*abhiprerak*) *a.* motivating
  अभिप्रेरक कारण *m.* motivating cause

अभिप्रेरण (*abhipreraṇ*) *m.* /**अभिप्रेरणा** (*abhi-preraṇā*) *f.* motivation

अभिप्रेरित (*abhiprerit*) *a.* motivated

अभिभव (*abhibhav*) *m.* 1. decline, fall 2. defeat, overthrow 3. (तिरस्कार) defiance, disregard

अभिभवनीय (*abhibhavnīy*) *a.* capable of being overcome, to be subdued

अभिभावक (*abhibhāvak*) *m.* guardian, patron, protector

अभिभावकत्व (*abhibhāvakatv*) *m.* guardianship, patronage

अभिभाविका (*abhibhāvikā*) *f.* female guardian

अभिभावी (*abhibhāvī*) *a.* prevailing
  अभिभावी होना *v.i.* to prevail (upon)

अभिभाषण (*abhibhāṣaṇ*) *m.* formal address

अभिभूत (*abhibhūt*) *a.* overwhelmed, overcome
  अभिभूत करना *v.t.* to overcome or overpower, to overwhelm, to bear down

अभिभूत होना *v.i.* to be overwhelmed

अभिभूति (*abhibhūti*) *f. m.* 1. decline, fall 2. defeat, overthrow 3. (तिरस्कार) defiance, disregard. (= अभिभव *q.v.*)

अभिमंत्रण (*abhimantraṇ*) *m.* consecration

अभिमंत्रित (*abhimantrit*) *a.* consecrated

अभिमत (*abhimat*) *m.* 1. opinion, view 2. consent

अभिमति (*abhimati*) *f.* 1. conviction 2. verdict 3. consent

अभिमान (*abhimān*) *m.* 1. pride 2. vanity, egotism, conceit 3. arrogance 4. unjustifiable pride

अभिमान करना *v.i.* to be proud, to be conceited

अभिमानी (*abhimānī*) *a.* proud, conceited, arrogant, egotist (*fem.* अभिमानिनी)

अभिमुक्ति (*abhimukti*) *f.* relieving from a post or office

अभिमुख (*abhimukh*) I. *a.* facing II. *adv.* in front of, in presence of

पूर्वाभिमुख *a.* facing east

अभिमुखता (*abhimukhtā*) *f.* state of being in front

अभियंता (*abhiyantā*) *m.* engineer

अभियंत्रण (*abhiyantraṇ*) *m.* engineering (work)

अभियांत्रिक (*abhiyāntrik*) *a.* engineering

अभियांत्रिक-कुशलता *f.* engineering skill

अभियांत्रिकी (*abhiyāntrikī*) *f.* engineering (science)

अभियाचक (*abhiyācak*) *m.* one who makes a demand

अभियाचना (*abhiyācnā*) *f.* demand

अभियाचना धन *m.* call money

अभियाचित (*abhiyācit*) *a.* demanded, asked for

अभियान (*abhiyān*) *m.* 1. campaign, expedition 2. inroad, invasion, drive

चुनाव-अभियान *m.* election campaign

अभियान चलाना *v.t.* to campaign

अभियान-दल *m.* expeditionary force/party

अभियानिक (*abhiyānik*) *a.* expeditionary

अभियुक्त (*abhiyukt*) *a.* & *m.* accused, charged (person)

अभियुक्ति (*abhiyukti*) *f.* accusation, charge

अभियोक्ता (*abhiyoktā*) *m.* persecutor, accuser, plaintiff

अभियोग (*abhiyog*) *m.* accusation, charge

अभियोग डायरी *f.* case diary (police)

अभियोग-पक्ष *m.* prosecution

अभियोग-पत्र *m.* chargesheet, bill of indictment

अभियोग लगाना *v.t.* to accuse, to allege, to indict, to incriminate

अभियोगाधीन (*abhiyogādhīn*) *a.* under trial

अभियोजक (*abhiyojak*) *m.* prosecutor, accuser

अभियोजन (*abhiyojan*) *m.* prosecution

अभियोजनकारी *m.* prosecutor

अभियोजित (*abhiyojit*) *a.* charged, indicted

अभियोज्य (*abhiyojya*) *a.* culpable, actionable

अभियोज्य मानव-हत्या *f.* culpable homicide

अभिरक्षक (*abhirakṣak*) *m.* custodian

अभिरक्षण (*abhirakṣaṇ*) *m.*/**अभिरक्षा** (*abhirakṣā*) *f.* custody

अभिरचना (*abhiracnā*) *f.* pattern

अभिरत (*abhirat*) *a.* deeply attached, devoted

अभिरति (*abhirati*) *f.* diligence, deep attachment

अभिराधन (*abhirādhan*) *m.* appeasement

अभिराम (*abhirām*) *a.* pretty, handsome, charming, lovely, fascinating

अभिरुचि (*abhiruci*) *f.* 1. interest 2. taste 3. predilection 4. liking

अभिरुचि पैदा करना *v.t.* to create an interest

अभिरूप (*abhirūp*) *a.* resembling, corresponding, similar, alike
अभिरोपण (*abhiropaṇ*) *m.* supplanting
अभिलक्षण (*abhilakṣaṇ*) *m.* characteristic, characteristic feature, marked feature
अभिलग्न (*abhilagn*) *a.* adherent
अभिलषित (*abhilaṣit*) *a.* desired, wished (for)
अभिलाष (*abhilāṣ*) *f.* /**अभिलाषा** (*abhilāṣā*) *f.* 1. desire, wish, longing, craving 2. aspiration
अभिलाषी (*abhilāṣī*) I. *a.* desirous II . *m.* one who desires or longs for
अभिलिखित (*abhilikhit*) *a.* recorded
  अभिलिखित-साक्ष्य *m.* recorded evidence
अभिलेख (*abhilekh*) *m.* record
  अभिलेख-कक्ष *m.* record room
  अभिलेखपाल *m.* record-keeper
  अभिलेखबद्ध करना *v.t.* to record
  अभिलेख में अंतःक्षेप करना *v.t.* to tamper with the record
अभिलेखक (*abhilekhak*) *m.* recorder
अभिलेखन (*abhilekhan*) *m.* recording
अभिलेखागार (*abhilekhāgār*) *m.* archives
अभिलेखित्र (*abhilekhitra*) *m.* recording machine, recorder
अभिलेखी (*abhilekhī*) *m.* recorder
अभिवंदन (*abhivandan*) *m.* 1. respectful salutation 2. prostration 3. salute (= अभिवादन *q.v.*)
अभिवंदनीय (*abhivandanīy*) *a.* /**अभिवंद्य** (*abhivandya*) *a.* deserving respectful greeting/salutation
अभिवक्ता (*abhivaktā*) *m.* pleader
अभिवचन (*abhivacan*) *m.* 1. pleading 2. plea
  अभिवचन पर रिहाई *f.* release on parole
अभिवर्धन (*abhivardhan*) *m.* 1. increase 2. development
अभिवहन (*abhivahan*) *m.* transit
अभिवांछा (*abhivāñchā*) *f.* 1. desire, wish, longing, craving 2. aspiration (= अभिलाषा *q.v.*)
अभिवांछित (*abhivāñchit*) *a.* desired, wished (for)
अभिवादक (*abhivādak*) *m.* saluter
अभिवादन (*abhivādan*) *m.* 1. respectful salutation 2. prostration 3. salute
  अभिवादन करना *v.t.* to salute
अभिवाद्य (*abhivādya*) *a.* to be saluted, worthy of salutation
अभिवासन (*abhivāsan*) *m.* to cover with a sheet
अभिवाही (*abhivāhī*) *a.* bringing inward, afferent
अभिविन्यस्त (*abhivinyast*) *a.* oriented
अभिविन्यास (*abhivinyās*) *m.* orientation
अभिवृत्ति (*abhivr̥tti*) *f.* attitude
अभिवृद्धि (*abhivr̥ddhi*) *f.* 1. increase 2. development 3. accretion 4. growth 5. enlargement
अभिवेचन (*abhivecan*) *m.* 1. censorship 2. censure
  अभिवेचन करना *v.t.* to censure
अभिवेदन (*abhivedan*) *m.* written representation
  अभिवेदन देना *v.t.* to represent
अभिव्यंजक (*abhivyañjak*) *a.* expressive
अभिव्यंजना (*abhivyañjanā*) *f.* expression
  अभिव्यंजनावाद *m.* expressionism
  अभिव्यंजनावादी *m.* expressionist
अभिव्यंजनात्मक (*abhivyañjanātmak*) *a.* expressive
अभिव्यंजित (*abhivyañjit*) *a.* expressed
अभिव्यक्त (*abhivyakt*) *a.* expressed, manifested
  अभिव्यक्त-सम्मति *f.* expressed consent
अभिव्यक्ति (*abhivyakti*) *f.* expression, manifestation
  अभिव्यक्ति-स्वातंत्र्य *m.* freedom of expression
अभिव्याप्त (*abhivyāpt*) *a.* diffused, spread out

अभिव्याप्ति (*abhivyāpti*) *f.* 1. co-extension 2. diffusion
अभिशंका (*abhiśaṅkā*) *f.* apprehension, fear, doubt
अभिशंसक (*abhiśaṃsak*) *m.* (public) prosecutor
अभिशंसन (*abhiśaṃsan*) *m.* prosecution, incrimination
अभिशंसन करना *v.t.* to prosecute, to charge
अभिशंसा (*abhiśaṃsā*) *f.* 1. prosecution 2. incrimination
अभिशंसा करना *v.t.* to incriminate
अभिशंसात्मक (*abhiśaṃsātmak*) *a.* convictive
अभिशंसित (*abhiśaṃsit*) *a.* 1. charged, prosecuted 2. convicted
अभिशप्त (*abhiśapt*) *a.* cursed, accursed
अभिशस्ति (*abhiśasti*) *f.* conviction
अभिशाप (*abhiśāp*) *m.* curse, imprecation, malediction
अभिशापन (*abhiśāpan*) *m.* cursing
अभिशासक (*abhiśāsak*) *m.* governor
अभिशासन (*abhiśāsan*) *m.* governance
अभिशासित (*abhiśāsit*) *a.* governed
अभिशीर्ष (*abhiśīrṣ*) *a.* headward
अभिश्रुति (*abhiśruti*) *f.* umlaut, vowel mutation
अभिश्लेषण (*abhiśleṣaṇ*) *m.* agglutination
अभिश्वसन (*abhiśvasan*) *m.* inhalation
अभिषंग (*abhiṣaṅg*) *m.* 1. copulation, sexual intercourse 2. intimate relation
अभिषंगी (*abhiṣaṅgī*) *m.* 1. accomplice 2. companion
अभिषिक्त (*abhiṣikt*) *a.* consecrated, anointed, ceremoniously installed
अभिषेक (*abhiṣek*) *m.* consecration, anointment, installation
राज्याभिषेक *m.* enthronement, coronation
अभिषेचन (*abhiṣecan*) *m.* 1. watering 2. anointing 3. crowning
अभिसंधि (*abhisandhi*) *f.* 1. intrigue, plot, conspiracy 2. fraud, deception
अभिसक्त (*abhisakt*) *a.* convergent
अभिसक्ति (*abhisakti*) *f.* convergence
अभिसत्त्व (*abhisattv*) *m.* privilege
अभिसमय (*abhisamay*) *m.* convention, settlement (of a dispute)
अभिसमुद्र (*abhisamudra*) *a.* seaward
अभिसमुद्र प्रवसन *m.* seaward migration
अभिसरक (*abhisarak*) *a.* convergent, tending to meet at one point
अभिसरण (*abhisaraṇ*) *m.* 1. travelling to meet the sweetheart 2. (maths) convergence
अभिसरित (*abhisarit*) *a.* converged
अभिसरित होना *v.i.* to converge
अभिसाक्ष्य (*abhisākṣy*) *m.* statement on oath
अभिसामयिक (*abhisāmayik*) *a.* conventional
अभिसामयिक उपमा *f.* conventional simile
अभिसार (*abhisār*) *m.* 1. dating of lovers, love tryst 2. rendezvous
अभिसारिका (*abhisārikā*) *f.* a woman on her journey of love
अभिसारी (*abhisārī*) I. *m.* a man on his journey of love II. *a.* (maths) convergent, converging
अभिसीमा (*abhisīmā*) *f.* range
अभिसूचक (*abhisūcak*) *m.* index
अभिस्थगन (*abhisthagan*) *m.* deferment
अभिस्थगित (*abhisthagit*) *a.* deferred
अभिस्रवण (*abhisravaṇ*) *m.* distillation
अभिस्वीकार (*abhisvīkār*) *m.* acknowledgement
अभिस्वीकार करना *v.t.* to acknowledge
अभिस्वीकृत (*abhisvīkṛt*) *a.* acknowledged
अभिस्वीकृति (*abhisvīkṛti*) *f.* acknowledgement

अभिहत (*abhihat*) *a.* beaten, subdued
अभिहरण (*abhiharaṇ*) *m.* kidnapping, abduction
अभिहार (*abhihār*) *m.* (= अभिहरण)
अभिहर्ता (*abhihartā*) *m.* kidnapper, abductor
अभिहस्तांतरण (*abhihastāntaraṇ*) *m.* (law) conveyance
अभिहित (*abhihit*) *a.* 1. called, designated 2. marked
अभिहित करना *v.t.* to designate
अभिहित-पूँजी *f.* marked capital
अभी (*abhī*) *adv.* at present, presently, just now, at this very moment, immediately, at once
अभी-अभी *adv.* right now
अभी का *a.* recent
अभी तक *adv.* yet, still, till now
अभी दिल्ली दूर है *(लो.)* it is a long way to the goal
अभी नहीं *adv.* not yet
अभी से *adv.* from now, with immediate effect
अभी हाल में *adv.* quite recently
अभीक्षक (*abhīkṣak*) *m.* invigilator
अभीक्षण (*abhīkṣaṇ*) *m.* invigilation
अभीप्सक (*abhīpsak*) *m.* aspirant
अभीप्सा (*abhīpsā*) *f.* 1. aspiration 2. desire, longing
अभीप्सापूर्ति *f.* fulfilment of a longing
अभीप्सित (*abhīpsit*) *f.* 1. aspired 2. longed for, desired
अभीप्सित-उद्देश्य *m.* desired object
अभीप्सु (*abhīpsu*) *m.* aspirant
अभीर (*abhīr*) *m.* cowherd
अभीरु (*abhīru*) *a.* not coward, undaunted, bold
अभीष्ट (*abhīṣṭa*) I. *a.* desired, wished (for), longed (for), cherished II. *m.* desired object
अभीष्ट देव/देवता *m.* ruling deity
अभीष्ट पूरा होना *v.i.* desired object to be obtained
अभीष्ट-लक्ष्य *m.* desired goal, cherished aim
अभीष्ट-सिद्धि *f.* attainment of the desired object or goal
अभुक्त (*abhukta*) *a.* 1. untouched, unpolluted 2. unused
अभुक्तपूर्व *a.* not consumed before
अभूत (*abhūt*) *a.* 1. not past, not outdated 2. non-existent
अभूत-दोष *a.* unblemished, without a flaw
अभूतपूर्व *a.* unprecedented
अभेद (*abhed*) *m.* absence of distinction or difference, identity
अभेद्य (*abhedya*) *a.* impregnable, invulnerable, impermeable
अभेद्यता (*abhedyatā*) *f.* impregnability, invulnerability, impenetrability
अभोग्य (*abhogya*) *a.* unfit for enjoying, incapable of being enjoyed
अभोजन (*abhojan*) *m.* abstinence from food, fast
अभोज्य (*abhojya*) *a.* unfit for eating, forbidden as food
अभौतिक (*abhautik*) *a.* non-material, unearthly, not mundane
अभौतिकता (*abhautiktā*) *f.* non-materiality, unearthliness
अभ्यंग (*abhyaṅg*) *m.* anointment
अभ्यंग-स्नान *m.* bathing after massage
अभ्यंजन (*abhyañjan*) *m.* 1. smearing the body with oil 2. applying collyrium to the eyes
अभ्यंतर (*abhyantar*) I. *a.* inner, internal, interior II. *adv.* internally III. *m.* inner part, interior, inside, inner self
अभ्यंतर प्रतिरोध *m.* internal resistance
अभ्यंश (*abhyaṃś*) *m.* quota
अभ्यनुकूलन (*abhyanukūlan*) *m.* (the act or process of) adaptation
अभ्यर्थक (*abhyarthak*) *m.* 1. receptionist

2. solicitor 3. beggar
अभ्यर्थन (*abhyarthan*) *m.* 1. solicitation 2. begging 3. asking (for a vote) 4. reception
अभ्यर्थना (*abhyarthanā*) *f.* 1. prayer, entreaty 2. reception
अभ्यर्थना करना *v.t.* to entreat, to pray (for), to welcome
अभ्यर्थनीय (*abhyarthanīy*) *a.* 1. deserving welcome or reception 2. worth requesting, worth supplication
अभ्यर्थिता (*abhyarthitā*) *f.* candidature, supplication
अभ्यर्थी (*abhyarthī*) *m.* candidate, supplicant
अभ्यर्पण (*abhyarpaṇ*) *m.* surrender
अभ्यर्पण-मूल्य *m.* surrender value
अभ्यर्पित (*abhyarpit*) *a.* surrendered
अभ्यर्पित करना *v.t.* to surrender, to resign
अभ्यसनीय (*abhyasnīy*) *a.* to be practised
अभ्यस्त (*abhyast*) *a.* practised, accustomed, habituated, experienced
अभ्यस्त-अपराधी *m.* habitual/seasoned criminal
अभ्याक्रमण (*abhyākramaṇ*) *m.* assailment
अभ्याक्रमण करना *v.t.* to assail
अभ्याक्रमणकारी *m.* assailant
अभ्यागत (*abhyāgat*) I. *m.* visitor, guest II. *a.* arrived, brought closer
अभ्यागम (*abhyāgam*) *m.* arrival, coming closer
अभ्यापत्ति (*abhyāpatti*) *f.* protest
अभ्यारोपण (*abhyāropaṇ*) *m.* indictment
अभ्यारोपण-सार *m.* abstract of indictment
अभ्यास (*abhyās*) *m.* 1. practice, exercise 2. (आदत) habit
अभ्यास करना *v.t.* to practise
अभ्यासगत *a.* practised, acquired by practice
अभ्यास डालना *v.t.* to form a habit
अभ्यास-पुस्तक *f.* exercise book
अभ्यासवश *adv.* due to practice
अभ्यास-सापेक्ष *a.* depending on practice or habit
अभ्यासिका (*abhyāsikā*) *f.* a study
अभ्यासी (*abhyāsī*) *a.* practising, exercising
अभ्यासी-अपराधी *m.* habitual offender
अभ्युक्त (*abhyukt*) *a.* stated, mentioned
अभ्युक्ति (*abhyukti*) *f.* statement, dictum, observation
अभ्युचित (*abhyucit*) *a.* traditional, customary
अभ्युच्चय (*abhyuccay*) *m.* rise, growth, progress
अभ्युत्थान (*abhyutthān*) *m.* 1. rising, getting up 2. elevation 3. prosperity
अभ्युत्थित (*abhyutthit*) *a.* risen, elevated
अभ्युदय (*abhyuday*) *m.* 1. rise 2. commencement 3. growth 4. (समृद्धि) prosperity
अभ्युदाहरण (*abhyudāharaṇ*) *m.* counterexample
अभ्युदित (*abhyudit*) *a.* 1. risen 2. elevated, exalted 3. prosperous
अभ्युपगत (*abhyupgat*) *a.* 1. approached 2. agreed upon, consented (to)
अभ्युपगम (*abhyupgam*) *m.* approach
अभ्युपगम सिद्धांत *m.* indirect proof, *reductio ad absurdum*
अभ्यूह (*abhyūh*) *m.* reasoning, argument
अभ्र (*abhr*) *m.* sky, cloud
अभ्रगंगा *f.* the Milky Way
अभ्रभेदी/स्पर्शी *a.* skyscraping, touching the sky
अभ्रक (*abhrak*) *m.* mica
अभ्रांत (*abhrānt*) *a.* unmistaken
अभ्रांत-चित्त से *adv.* confidently
अभ्रांत-लक्ष्य *m.* infallible aim
अभ्रांत-सत्य *m.* infallible truth
अमंगल (*amaṅgal*) I. *a.* inauspicious, evil II. *m.* misfortune, calamity

अमंगलकर *a.* ominous, causing evil
अमंगलसूचक *a.* ominous, foreboding evil

अमका (*amkā*) *a.* such a one, such and such
अमका-ढिमका *a.* this one and that one, somebody, anyone

अमचूर (*amcūr*) *m.* dried powder of mango peel
अमचूर होना *v.i.* to wither, to be emaciated

अमतदेय (*amatdey*) *a.* non-votable

अमत्त (*amatt*) *a.* not intoxicated, of cool temper, sober

अमन A (*aman*) *m.* peace, tranquillity, halcyon days
अमनपसंद *a.* peaceful, peace-loving, pacifist
अमनपसंदी *f.* pacifism

अमनस्क (*amanask*) *a.* 1. absent-minded 2. indifferent 3. heedless, careless 4. unwise

अमनस्कता (*amanasktā*) *f.* 1. absent-mindedness 2. indifference 3. carelessness

अमना (*amanā*) *a.* 1. absent-minded 2. indifferent 3. heedless, careless 4. unwise (= अमनस्क *q.v.*)

अमनुष्यता (*amanuṣyatā*) *f.* inhumanity, unmanliness

अमनोयोग (*amanoyog*) *m.* inattention, indifference, neglect

अमर (*amar*) I. *a.* immortal, free from death II. *m.* God
अमरगुरु *m.* Jupiter, the preceptor of gods (बृहस्पति)
अमर-धाम *m.* paradise, the abode of gods
अमरपति *m.* Indra, the king of gods
अमरबेल *f.* parasite creeper, dodder
अमरराज *m.* Indra
अमरलोक *m.* heaven, paradise
अमर हों! may you become immortal, may you live forever

अमरता (*amartā*) *f.* /**अमरत्व** (*amratva*) *m.* 1. immortality, deathlessness 2. divinity, godhead

अमरांगना (*amarāṅganā*) *f.* celestial damsel, nymph

अमराई (*amrāī*) *f.* mango grove

अमरात्मा (*amarātmā*) *f.* immortal spirit or soul

अमरापगा (*amarāpgā*) *f.* the Milky Way

अमरालय (*amarālay*) *m.* heaven, paradise (= अमरलोक *q.v.*)

अमरीकन E (*amrīkan*) *a.* /**अमरीकी** (*amrīkī*) *a.* American

अमरूद (*amrūd*) *m.* guava (tree and its fruit)

अमर्त्य (*amarty*) *m.* immortal, God
अमर्त्यलोक *m.* heaven, paradise

अमर्दित (*amardit*) *a.* untrodden, unvanquished

अमर्याद (*amaryād*) *a.* /**अमर्यादित** (*amaryādit*) *a.* 1. unlimited, limitless 2. intemperate, immodest 3. undignified

अमर्ष (*amarṣ*) *m.* 1. anger, indignation 2. intolerance 3. impatience

अमर्षी (*amarṣī*) *a.* wrathful, enraged

अमल[1] (*amal*) *a.* clear, clean, stainless
अमल-धवल *a.* clear and white, very white

अमल[2] A (*amal*) *m.* 1. deed, act, action 2. office, post 3. use, usage 4. intoxicant
अमल करना *v.t.* to act, to operate, to put into effect or practice
अमल-दर-आमद *a.* that which has come into use, a process
अमल-दर-आमद करना *v.t.* to put into practice, to act upon
अमल दर आमद होना *v.i.* to be put into practice, to be enforced
अमलदार *m.* administrator
अमलदारी *f.* administration, sway, rule

अमलनामा *m.* order, code of instructions

अमल-पट्टा *m.* power of attorney

अमल पढ़ना *v.t.* to pronounce a spell or incantation

अमल-पानी *m.* intoxicant of any kind

अमल-बेजा *m.* improper action, improper use

अमल में आना *v.i.* to come into use

अमल में लाना *v.t.* to bring into use or practice, to enforce, to put into effect

अमलतास (*amaltās*) *m.* Indian laburnum tree and its flowers, (commonly used as a purgative)

अमलतासी (*amaltāsī*) *a.* of the colour of अमलतास flowers, yellow

अमला A (*amlā*) *m.* staff, paraphernalia, officials and servants, staff

अमला-फैला *m.* personnel

अमली A (*amlī*) *a.* practical

अमली जामा पहनाना *v.t.* to give a practical shape

अमली तौर पर *adv.* practically

अमांस (*amāṃs*) *m.* vegetarian

अमा (*amā*) *f.* night of the new moon, the last day of the dark fortnight (= अमावस्या *q.v.*)

अमात्य (*amāty*) *m.* minister (in ancient times)

अमात्य वर्ग *m.* ministry, cabinet of ministers

अमातृक (*amātṛk*) *a.* without mother, motherless

अमान (*amān*) *a.* 1. immeasurable, vast, huge 2. disrespectful, unhonoured

अमानक (*amānak*) *a.* not standard, below norm

अमानत A (*amānat*) *f.* 1. security 2. deposit

अमानतख़ाना *m.* depository, storehouse

अमानतदार *m.* trustee, receiver, guardian

अमानतदारी *f.* guardianship

अमानत में ख़यानत करना (*लो.*) *v.t.* to commit breach of trust, criminal breach of trust

अमानत रखना *v.t.* to deposit in trust

अमानती A (*amāntī*) *a.* deposited, given in trust

अमानती सामान *m.* luggage deposited somewhere

अमानती सामानघर *m.* luggage deposit office, cloakroom

अमानवीय (*amānavīy*) *a.* inhuman

अमानवीय-व्यवहार *m.* inhuman behaviour

अमानवीयता (*amānavīytā*) *f.* inhuman conduct

अमाना (*amānā*) *v.i.* to go into, to fit into, to be contained

अमा-निशा (*amā-niśā*) *f.* dark night of the new moon

अमानी (*amānī*) *a.* based on daily wages

अमानुष (*amānuṣ*) I. *a.* not human, inhuman II. *m.* non-human creature, demon

अमानुषिक (*amānuṣik*) *a.* inhuman, brutal, beastly

अमानुषिक अत्याचार *m.* brutal oppression, inhuman outrage

अमानुषिकता (*amānuṣiktā*) *f.* 1. inhumanity, beastliness, brutality 2. inhuman behaviour

अमानुषीय (*amānuṣīy*) *a.* inhuman

अमान्य (*amāny*) *a.* untenable, invalid, null and void

अमान्य-चुनाव *m.* invalid election

अमान्य ठहराना *v.t.* to declare null and void

अमान्य-मत *m.* invalid vote

अमान्यता (*amānyatā*) *f.* untenability, invalidity

अमान्यन (*amānyan*) *m.* dismissal, refusal

अमान्यीकरण (*amānyīkaraṇ*) *m.* invalidation, non-accreditation

अमाप (*amāp*) *a.* immeasurable, vast

अमापनीय (*amāpnīy*) *a.* /**अमाप्य** (*amāpy*) *a.* immeasurable, vast (= अमाप *q.v.*)

अमाया (*amāyā*) *f.* lack of delusion

अमार्ग (*amārg*) *m.* evil path

अमार्जन (*amārjan*) *m.* 1. non-rectification 2. unrefined

अमार्जनीय (*amārjanīy*) *a.* unrectifiable, unpolishable

अमार्जित (*amārjit*) *a.* unrefined, unrectified

अमार्जित-रुचि *f.* unrefined or poor taste

अमालनामा (*amālnāmā*) *m.* character roll

अमावट (*amāvaṭ*) *f.* dried juice of ripe mango

अमावस (*amāvas*) *f.* /**अमावस्या** (*amāvasyā*) *f.* night of the new moon, the last day of the dark fortnight

अमिट (*amiṭ*) *a.* ineffaceable, indelible

अमिट-छाप *f.* indelible mark/impression

अमित (*amit*) *a.* immeasurable, huge, much, immense

अमित-बल *m.* boundless strength

अमितभाषी *a.* talkative

अमितराशि *f.* vast amount

अमितव्ययी *a.* extravagant, prodigal

अमितता (*amitatā*) *f.* immeasurability, immensity

अमिताचार (*amitācār*) *m.* intemperance

अमिताभ (*amitābh*) I. *a.* possessing unlimited brilliance, most glorious II. *m.* a title of Lord Buddha

अमिति (*amiti*) *f.* boundlessness, vastness

अमित्र (*amitr*) I. *m.* enemy, foe II. *a.* inimical, unfriendly

अमिश्रणीय (*amiśraṇīy*) *a.* immiscible

अमिश्र (*amiśr*) *a.* /**अमिश्रित** (*amiśrit*) *a.* unmixed, unadulterated, pure

अमिश्र, अमिश्रित-भग्नांश *m.* simple fraction

अमी (*amī*) *m.* nectar (= अमृत *q.v.*)

अमीन A (*amīn*) *m.* a petty revenue officer, bailiff

अमीनी A (*amīnī*) *f.* office and work of an अमीन

अमीबा E (*amībā*) *m.* amoeba

अमीर A (*amīr*) I. *a.* rich, wealthy II. *m.* noble, chieftain

अमीर-उमरा *m.* the nobility

अमीर-गरीब *m.* the rich and the poor, high and low

अमीरज़ादा *m.* (a) son of a rich man (b) aristocrat

अमीराना A (*amīrānā*) *a.* princely, aristocratic

अमीराना ठाठ *m.* aristocratic glamour

अमीराना रहन-सहन *m.* aristocratic way of life

अमीरी A (*amīrī*) *f.* 1. riches, wealth, wealthiness 2. nobility

अमीरी में ऐश करना *v.t.* to revel in luxury

अमुक (*amuk*) *a.* 1. so and so 2. such and such

अमुक वस्तु *f.* such and such thing

अमुक व्यक्ति *m.* so and so person

अमुग्ध (*amugdh*) *a.* not fascinated, not infatuated

अमुद्रांकित (*amudrāṅkit*) *a.* unstamped

अमूमन A (*amūman*) *adv.* generally, usually

अमूर्त (*amūrt*) *a.* 1. formless, shapeless 2. abstract

अमूर्तकला *f.* abstract art

अमूर्तचित्रण *m.* abstract painting

अमूर्तरूप *m.* abstract form

अमूल (*amūl*) *a.* /**अमूलक** (*amūlak*) *a.* rootless, baseless

अमूल्य (*amūlya*) *a.* priceless, invaluable

अमूल्य सेवा *f.* invaluable service

अमृत (*amṛt*) *m.* 1. nectar, ambrosia

2. anything sweet and pleasant
अमृतकर *m.* moon
अमृतकल्प *a.* nectar-like
अमृततुल्य *a.* nectar-like, very sweet
अमृतभाषी *a.* sweet-tongued
अमृत-मंथन *m.* churning of the sea for nectar
अमृत-मधुर *a.* sweet as nectar
अमृतमय *a.* full of nectar, full of sweetness
अमृतरूप *a.* immortal
अमृतलोक *m.* abode of the immortals, heaven, paradise, gods' abode

अमृतबान (*amṛtbān*) *m.* glazed jar

अमृता (*amṛtā*) *f.* wine, spirituous liquor

अमृतोपम (*amṛtopam*) *a.* nectar-like, nectarine, very sweet

अमृदु (*amṛdu*) *a.* not soft, hard

अमेय (*amey*) *a.* immeasurable, incommensurable

अमेरिकी E (*amerikī*) *a.* American

अमोघ (*amogh*) *a.* infallible, unfailing
अमोघ-अस्त्र *m.* infallible weapon
अमोघ-औषध *m.* unfailing medicine

अमोघता (*amoghtā*) *f.* infallibility

अमोनिया E (*amoniyā*) *m.* ammonia

अमोल (*amol*) *a.* priceless, invaluable, precious

अमौलिक (*amaulik*) *a.* not original, not fundamental, secondary

अम्पायर E (*ampāyar*) *m.* umpire

अम्मा (*ammā*) *f.* mother

अम्मी (*ammī*) *f.* mother

अम्ल (*aml*) I. *a.* sour II. *m.* acid
अम्लजनक *a.* causing acidity
अम्लपित्त *m.* gastric acidity
अम्लशूल *m.* heartburn
अम्लसह *a.* acid proof

अम्लता (*amlatā*) *f.* 1. sourness 2. acidity

अम्लान (*amlān*) *a.* 1. not faded or withered 2. (प्रफुल्ल) joyous, cheerful
अम्लान कुसुम *m.* unfaded flower

अम्लिका (*amlikā*) *f.* tamarind

अम्लिमा (*amlimā*) *f.* 1. sourness 2. acidity (= अम्लता *q.v.*)

अम्लीकरण (*amlīkaraṇ*) *m.* acidification

अम्लीय (*amlīy*) *a.* acidic

अम्हौरी (*amhaurī*) *f.* prickly heat

अयत (*ayat*) *a.* uncontrolled

अयत्न (*ayatn*) *m.* want of exertion, effortlessness
अयत्नकृत *a.* performed effortlessly, perfunctory
अयत्नपालित *a.* reared with little care
अयत्नलब्ध *a.* gained without effort
अयत्नशील *a.* effortless, inactive

अयत्नज (*ayatnaj*) *a.* /**अयत्नजात** (*ayatnajāt*) *a.* of spontaneous growth

अयथा (*ayathā*) *adv.* not as it was
अयथा करना *v.t.* to do otherwise
अयथा तथ *a.* not in the same way as desired, contrary, opposite
अयथातथ्य *m.* incorrectness, uselessness
अयथापूर्व *adv.* not as before

अयथार्थ (*ayathārth*) *a.* 1. unreal, false, untrue 2. inaccurate

अयथार्थता (*ayathārthatā*) *f.* 1. untruth, unreality 2. inaccuracy

अयथेष्ट (*ayatheṣṭ*) *a.* 1. undesired, unwanted, not longed for 2. insufficient

अयन (*ayan*) *m.* equinoctial point, solstice
अयनकाल *m.* interval between two solstices, i.e., summer solstice and winter solstice
अयनमंडल/वृत्त *m.* tropics, zodiac

अयनांत (*ayanānt*) *m.* solstices (both summer and winter)

अयश (*ayaś*) *m.* infamy, ill-reputation, disgrace, bad name

अयशस्कर (*ayaśaskar*) *a.* causing disgrace/infamy

अयशस्वी (*ayaśasvī*) *a.* inglorious, infamous, disgraced

अयश्चूर्ण (*ayaścūrṇa*) *m.* iron dust, iron filings

अयस् (*ayas*) *m.* iron

अयस्क (*ayaska*) *m.* ore

अयस्कांत (*ayaskānt*) *m.* a precious stone (अयस्कांत मणि)

अयांत्रिक (*ayāntrik*) *a.* non-mechanical

अयाचित (*ayācit*) *a.* unasked for, unsolicited

अयाचित-उपदेश *m.* unsolicited advice

अयान (*ayānā*). *m.* not moving, natural disposition

अयाना (*ayānā*) *a.* & *m.* I. ignorant, foolish, II. a fool

अयाल (*ayāl*) *m.* mane (of a horse)

अयुक्त (*ayukta*) *a.* 1. not united, unlinked, separate 2. foul, unfair, improper

अयुक्त-संभोग *m.* illicit intercourse

अयुक्तता (*ayuktatā*) *f.* impropriety

अयुक्ति (*ayukti*) *f.* illogical argument

अयुक्ति-युक्त *a.* unreasonable, illogical

अयुगल (*ayugal*) *a.* 1. separate, detached 2. sole, single 3. uneven, rough

अयुग्म (*ayugm*) *a.* unpaired, odd (= अयुगल)

अयुग्म संख्या *f.* odd number

अयुग्मित (*ayugmit*) *a.* unpaired

अयुत (*ayut*) *m.* ten thousand *a.* unattached

अये! (*aye*) *interj.* eh! oh!

अयोग (*ayog*) *m.* 1. separation, detachment, isolation 2. hard time, emergency

अयोग-क्षेम *m.* insecurity or negligence of gained property

अयोगवाह *m.* the nasal and vocalic sounds in Devanagari script (अं, अः)

अयोग्य (*ayogya*) *a.* 1. unfit, unworthy, worthless 2. ineligible, unqualified, disqualified

अयोग्य ठहराना *v.t.* to disqualify

अयोग्यता (*ayogyatā*) *f.* 1. unfitness, unworthiness 2. ineligibility 3. disqualification 4. inability

अयोद्धा (*ayoddhā*) *m.* non-combatant

अयोधी (*ayodhī*) *a.* non-combatant

अयोधी-बल *m.* non-combatant force

अयोधी-राष्ट्र *m.* non-combatant nation

अयोनिज (*ayonij*) I. *a.* not born of the womb, non-placental II. *m.* Brahma

अयौन (*ayaun*) *a.* asexual, agamic

अयौन-प्रजनन *m.* asexual reproduction

अरंडी (*araṇḍī*) *f.* 1. castor oil seed 2. a castor oil bush

अरंडी का तेल *m.* castor oil

अर (*ar*) *m.* 1. spoke (of a wheel) 2. spine

अरक (*arak*) *m.* distilled substance of a medicinal herb

अरक निकालना/उतारना (*मु.*) *v.t.* to extract by distillation

अरक निकालनेवाला/खींचनेवाला *m.* distiller

अरक्षणीय (*arakṣṇīy*) *a.* 1. not to be protected 2. not to be preserved 3. unmaintainable

अरक्षित (*arakṣit*) *a.* 1. unprotected, unguarded, insecure 2. unpreserved

अरक्तता (*araktatā*) *f.* anaemia

अरगजा (*argajā*) *m.* perfume made of sandalwood, rose water, camphor, musk, ambergris, butter and other ingredients

अरगनी (*arganī*) *f.* rope for hanging clothes

अरज A (*araj*) *f.* width, breadth (as of a cloth or piece of land), request (better अर्ज़ *q.v.*)

अरजस्वला (*arajasvalā*) *a.* /**अरजा** (*arajā*) *a.* not yet having menses

अरज़ी A (*arzī*) *f.* application, petition

(better अर्ज़ी *q.v.*)

अरणि (*araṇi*) *f.* /**अरणी** (*araṇī*) *f.* a small tree used for timber

अरणि, अरणी-प्रस्तर/पत्थर *m.* flint

अरण्य (*araṇya*) *m.* wood, forest, jungle

अरण्यचर *a.* wild

अरण्यरक्षक *m.* forester, keeper of a forest

अरण्यराज *m.* lion

अरण्यरोदन *m.* cry in wilderness

अरण्यवासी *m.* forest dweller

अरण्यानी (*araṇyānī*) *f.* large forest

अरत (*arat*) *a.* 1. idle, lethargic, slow 2. (विरक्त) apathetic, indifferent

अरति (*arati*) *f.* 1. disinclination, lethargy 2. apathy, indifference 3. repulsion, disgust

अरत्नि (*aratni*) *f.* the forearm

अरथाना (*arthānā*) *v.t.* to explain the meaning of, to make explicit

अरथी (*arthī*) *f.* bier, a frame of bamboo on which Hindus carry their dead to the cremation ground

अरदली (*ardalī*) *m.* orderly, peon

अरदास (*ardās*) *f.* prayer

अरदास करना to pray

अरना (*arnā*) *m.* wild buffalo

अरना भैंसा *m.* wild buffalo, a strong man

अरपना (*arapnā*) *v.t.* to present, to offer

अरब[1] (*arab*) *m.* one thousand million, billion

अरबपति *m.* billionaire

अरबों-खरबों *a.* innumerable, countless

अरब[2] A (*arab*) *m.* 1. Arabia 2. an Arab

अरबा (*arbā*) *m.* sun-dried rice

अरबी (*arbī*) I. *f.* Arabic language II. *a.* of Arabia, Arabian

अरमान P (*armān*) *m.* longing, yearning, intense desire

अरमान ठंडे पड़ना *v.t.* cooling down of desire

अरमान निकालना *(मु.) v.t.* to satisfy one's desire

अरमान पूरा करना *v.t.* to fulfil one's desire

अरमान रह जाना *(मु.) v.i.* to be disappointed, to have one's hope or desire ungratified

अरराना (*ararānā*) *v.i.* to fall or collapse suddenly, producing a vibrating sound

अरविंद (*arvind*) *m.* lotus flower

अरविंद-नयन *a.* having lotus-like eyes, lotus-eyed

अरवी (*arvī*) *f.* Indian taro (vegetable)

अरस (*aras*) *a.* 1. without juice, sapless 2. tasteless 3. dull, insipid

अरस-परस (*aras-paras*) *m.* a game of hide and seek

अरसज्ञ (*arasajñ*) *a.* 1. without any artistic taste 2. not witty

अरसठ (*arsaṭh*) *a.* sixty-eight, 68

अरसठवाँ (*arsaṭhvāṁ*) *a.* sixty-eighth, 68th अड़सठवाँ

अरसा A (*arsā*) *m.* period, time, duration

इतने अरसे तक *adv.* till so much time

इतने अरसे से *adv.* for such a long time

इस अरसे में *adv.* in the meantime

अरसिक (*arasik*) *a.* 1. devoid of taste, 2. not interested 3. dry and prosaic

अरहट (*arahaṭ*) *m.* Persian wheel (for raising water from a well) (see रहट)

अरहर (*arahar*) *f.* pigeon pea (pulse)

अरा (*arā*) *m.* 1. spoke (of a wheel) 2. spine (same as अर)

अराजक (*arājak*) *a.* anarchical

अराजक-काल *m.* period of anarchy

अराजक-तत्त्व *m.* anarchical elements

अराजकता (*arājaktā*) *f.* anarchy, disorder, chaos, lawlessness

अराजकता फैलाना *v.t.* to spread anarchy

अराजकतावाद *m.* anarchism

अराजकतावादी *m.* a supporter of anarchy, anarchist

अराजनैतिक (*arājnaitik*) *a.* non-political

अराजपत्रित (*arājpatrit*) *a.* non-gazetted

अराजपत्रित अधिकारी *m.* non-gazetted officer

अराजभक्त (*arājbhakt*) *a.* disloyal

अराज़ी A (*arāzī*) *f.* & *pl.* lands

अराति (*arāti*) *m.* I. enemy, foe II. indicative of six numbers

अरातिदमन *m.* suppression of an enemy

अरारोट E (*arāroṭ*) *m.* arrowroot, flour made from arrowroot

अराल (*arāl*) *a.* bent, slanting, crooked

अराष्ट्रीकरण (*arāṣṭrīkaraṇ*) *m.* denationalization

अराष्ट्रीकृत (*arāṣṭrīkṛt*) *a.* denationalized

अराष्ट्रीय (*arāṣṭrīy*) *a.* anti-national

अराष्ट्रीयता (*arāṣṭrīytā*) *f.* anti-nationalism

अरि (*ari*) *m.* enemy, foe

अरिकुल *m.* host of enemies

अरिदमन/सूदन *m.* suppressor and destroyer of enemies

अरिराष्ट्र *m.* enemy country

अरिंदम (*arindam*) I. *a.* subduing the enemy II. *m.* subduer of enemies

अरिघ्न (*arighn*) *a.* killer of enemies (शत्रुघ्न *q.v.*)

अरित्व (*aritv*) *m.* enmity, hostility

अरिष्ट[1] (*ariṣṭ*) *m.* 1. misfortune, calamity, disaster 2. enemy, foe 3. (logic) reasoning, argument

अरिष्ट[2] (*ariṣṭ*) *m.* soap-nut

अरिष्ट[3] (*ariṣṭ*) *m.* distilled mixture

अरी! (*arī*) *interj.* informal use of address for a woman

अरीति (*arīti*) *f.* improper practice or custom, improper usage

अरीतिक (*arītik*) *a.* informal, unconventional

अरीय (*arīy*) *a.* radial, radiative

अरुंतुद (*aruntud*) *a.* heartrending, distressing

अरुग्ण (*arugṇ*) *a.* not diseased, not sickly, healthy

अरुचि (*aruci*) *f.* 1. want of appetite, anorexia 2. indisposition, want of interest, aversion, disgust

अरुचिकर *a.* disagreeable, uninteresting

अरुचिजनक *a.* disgusting, odious

अरुचित (*arucit*) *a.* unpleasant, disliked

अरुज (*aruj*) *a.* without disease, hale and hearty

अरुझाना (*arujhānā*) *v.t.* to entangle

अरुण (*aruṇ*) I. *m.* 1. dawn, rising sun 2. colour of the rising sun, reddish/scarlet colour II. *a.* reddish, scarlet

अरुणकर *m.* the sun

अरुणचूड़ *m.* cock

अरुणज्वर *m.* scarlet fever

अरुणशिख *m.* cock

अरुणता (*aruṇtā*) *f.* reddishness

अरुणाई (*aruṇāī*) *f.* (= अरुणता)

अरुणाभ (*aruṇābh*) *a.* ruddy, reddish, purplish

अरुणिमा (*aruṇimā*) *f.* redness, rosy tint, reddish glow

अरुणोदय (*aruṇoday*) *m.* 1. rising of the sun, sunrise 2. dawn, daybreak

अरुणोत्पल (*aruṇotpal*) *m.* red gem, ruby

अरुष्ट (*aruṣṭ*) *a.* not enraged, not annoyed, not unhappy

अरूढ़ (*arūṛh*) *a.* 1. non-conventional 2. obsolete, not in use, outdated

अरूप (*arūp*) I. *a.* ugly, formless, shapeless II. *m.* formlessness, ugliness

अरे! (*are*) *interj.* 1. an informal form of addressing 2. an exclamation of surprise

अरे रे! alas! good gracious !

अरेखित (*arekhit*) *a*. unlined
अरोग (*arog*) *a*. 1. a healthy person 2. free of disease
अरोगी (*arogī*) *a*. not diseased, free from illness, healthy
अर्क (*ark*) *m*. the sun
अर्कदिन *m*. solar day
अर्कवर्ष *m*. solar year
अर्कांश (*arkāṃś*) *a*. a digit of the sun's disc
अर्गल (*argal*) *m*. 1. clog 2. bar, hindrance, obstruction 3. a wooden bar for fastening doors
अर्गला (*argalā*) *f*. crossbar, door bar, drawbar, catch
अर्घ (*argha*) *m*. 1. price, value 2. oblation
अर्घ चढ़ाना *v.t.* to make an oblation
अर्घ्य (*arghya*) *a*. 1. valuable 2. venerable
अर्चन (*arcan*) *m*. /**अर्चना** (*arcanā*) *f*. adoration, propitiation
अर्चा (*arcā*) *f*. adoration, devotion
अर्चि (*arci*) *f*. 1. flame 2. lustre, splendour
अर्चित (*arcit*) *a*. adored, revered
अर्ज़[1] A (*arza*) *m*. request
अर्ज़ करना *v.t.* to request, to submit, to report
अर्ज़[2] A (*arz*) *m*. width, breadth (as of a cloth or piece of land)
अर्जक (*arjak*) I. *m*. earner II. *a*. earning
अर्जक परिसंपत्ति *f*. earning assets
अर्जन (*arjan*) *m*. earning
अर्जनक्षमता *f*. earning capacity
अर्जन-सूचकांक *m*. index of earnings
अर्जनीय (*arjanīy*) *a*. to be earned, worth earning
अर्जित (*arjit*) *a*. earned
स्वार्जित *a*. self-earned
अर्जित करना *v.t.* to earn
अर्जित अवकाश *m*. earned leave
अर्ज़ी A (*arzī*) *f*. application, petition
अर्ज़ीदार *m*. applicant, petitioner
अर्ज़ीदावा *m*. petition of plaint
अर्ज़ीनवीस *m*. petition writer
अर्ज़ीनवीसी *f*. (profession or work of) petition-writing
अर्णव (*arṇav*) *m*. ocean
अर्थ[1] (*arth*) *m*. 1. meaning, sense, significance, import 2. purpose, object
अर्थगत *a*. concerning, meaning
अर्थगर्भित *a*. full of meaning, pithy
अर्थगौरव *m*. (a) depth of meaning (b) pride of wealth
अर्थ निकालना *v.t.* to comprehend the meaning
अर्थपूर्ण *a*. full of meaning, significant
अर्थवत्ता *f*. significance
अर्थविकार *m*. semantic change
अर्थविज्ञान *m*. semantics, science of meaning
अर्थविशेषज्ञ *m*. semanticist
अर्थविस्तार *m*. extension of meaning
अर्थ संकोच *m*. specialization of meaning
अर्थ संगति *f*. relevance or appropriateness of meaning
अर्थसापेक्ष *a*. depending on meaning
अर्थहीन *a*. (a) meaningless (b) destitute of wealth
यह वस्तु किसी अर्थ की नहीं है this thing is of no use
अर्थ[2] (*arth*) *m*. wealth, money
अर्थकर *a*. advantageous, useful
अर्थकरी फ़सल *f*. cash crop
अर्थचेष्टा *f*. endeavour for earning money
अर्थतंत्र *m*. economy
अर्थदंड *m*. fine, penalty
अर्थ-नीति *f*. economic policy
अर्थ-परामर्शक *m*. economic adviser
अर्थपरायण *a*. avaricious
अर्थपाल *m*. treasurer

अर्थपिपासा *f.* greed for wealth
अर्थपिशाच *m.* obsessive lover of gold or wealth
अर्थप्रद *a.* yielding money, lucrative
अर्थप्रणाली *f.* economic system
अर्थप्राप्ति *f.* acquisition of wealth
अर्थबंध *m.* deal, bargain
अर्थ मंत्री *m.* finance minister
अर्थ लाभ *m.* earning or gaining money
अर्थ-लालसा/लिप्सा *f.* avarice, cupidity
अर्थविद्या *f.* economics
अर्थव्यवस्था *f.* economy
अर्थशास्त्र *m.* economics
अर्थशास्त्री *m.* economist
अर्थ-संकट *m.* economic crisis, financial crisis
अर्थ-संग्रह *m.* accumulation of wealth
अर्थ-संबंधी *a.* economic, economical
अर्थ-समस्या *f.* monetary problem/ difficulty
अर्थ सलाहकार *m.* economic adviser
अर्थहीनता *f.* (a) want of money, poverty (b) absurdity
अर्थ अनर्थ का मूल है money is the root of all evils

अर्थच्छाया (*arthacchāyā*) *f.* shade of meaning, nuance

अर्थांतर (*arthāntar*) *m.* 1. variety of meaning 2. different meaning 3. semantic change

अर्थांतरण (*arthāntaraṇ*) *m.* 1. transference of meaning or money 2. semantic change

अर्थागम (*arthāgam*) *m.* 1. influx of money 2. proceeds 3. new meaning

अर्थात् (*arthāt*) *conj.* that is (i.e.), that is to say, namely, in other words

अर्थादेश (*arthādeś*) *m.* displacement of meaning

अर्थान्विति (*arthānviti*) *f.* semantic congruence

अर्थापत्ति (*arthāpatti*) *f.* 1. presumption 2. metonymy (figure of speech) 3. corollary

अर्थापकर्ष (*arthāpkarṣa*) *m.* pejoration of meaning

अर्थाभाव (*arthābhāv*) *m.* 1. dearth of money 2. absence of meaning, meaninglessness

अर्थार्थी (*arthārthī*) *a.* & *m.* (one) seeking wealth/money

अर्थालंकार (*arthālaṅkār*) *m.* semantic figure of speech

अर्थित (*arthit*) *a.* asked for, prayed for, desired, wanted

अर्थी (*arthī*) *a.* 1. seeking, solicitous 2. rich, wealthy

अर्थेतर (*arthetar*) *a.* 1. non-semantic 2. non-pecuniary

अर्थोत्कर्ष (*arthotkarṣ*) *m.* amelioration of meaning

अर्थोपाय (*arthopāy*) *m.* ways and means
अर्थोपाय समिति *f.* committee on ways and means

अर्थोपार्जन (*arthopārjan*) *m.* amassing wealth

अर्दन (*ardan*) *m.* 1. killing, destroying 2. paining

अर्दली (*ardalī*) *m.* orderly, peon (= अरदली *q.v.*)

अर्दित (*ardit*) *a.* 1. pained, harmed 2. killed, destroyed

अर्द्ध (*arddha*) *m.* & *a.* /**अर्ध** (*ardha*) *m.* & *a.* half, semi, hemi
अर्द्ध-अपराधी *m.* semi-criminal
अर्द्ध-आयु *f.* half-life (period)
अर्द्ध-एकाधिकार *m.* semi-monopoly
अर्द्ध-औसत वेतन *m.* half average pay
अर्द्धकथित *a.* half said
अर्द्धकालिक *a.* half-time
अर्द्धकालिक अध्यापक *m.* half-time teacher
अर्द्ध-कुशल *a.* semi-skilled
अर्द्ध-कृत *a.* half done, halved
अर्द्ध-गोल *a.* hemisphere

अर्द्ध-ग्रस्त *a.* half eclipsed
अर्द्ध-ग्रास *m.* half eclipse
अर्द्ध-चंद्र *m.* half-moon, crescent
अर्द्ध चंद्राकार *a.* semi-lunate, crescent-shaped
अर्द्ध-जीवित *a.* half alive
अर्द्ध-देवता *m.* semi god
अर्द्धनग्न *a.* half naked
अर्द्धनत *a.* half bent
अर्द्ध-नारीश्वर *m.* a god who is half man and half woman
अर्द्ध-निद्रित *a.* half asleep
अर्द्ध-निम्न *a.* submerged
अर्द्ध-निर्मित *a.* half made, half built
अर्द्ध-निश्चित *a.* semi-definite
अर्द्ध-न्यायिक *a.* quasi-judicial
अर्द्ध-परित्यक्त *a.* quasi-derelict
अर्द्ध-पारगम्य *a.* semi-permeable
अर्द्ध-भूमंडल *m.* hemi-sphere
अर्द्ध-मात्रा *f.* half the quantity, half the dose
अर्द्ध-मासिक *a.* bimonthly
अर्द्ध-मूर्च्छित *a.* semi-conscious
अर्द्ध-मृत *a.* half dead
अर्द्ध-राजनीतिक *a.* semi-political
अर्द्ध-रात्रि *f.* midnight
अर्द्ध-रासायनिक *a.* quasi-chemical
अर्द्ध-वार्षिक *a.* half-yearly (as exam)
अर्द्ध-विकसित *a.* under-developed
अर्द्ध-विक्षिप्त *a.* half mad
अर्द्ध-विराम *m.* semicolon
अर्द्धवृत्त *m.* semicircle
अर्द्ध-वृत्ताकार *a.* semi-circular
अर्द्ध-वेतन *m.* half pay
अर्द्ध-व्यास *m.* half diameter, radius
अर्द्ध-शताब्दी, शती *f.* half centenary
अर्द्ध-शासकीय *a.* semi-official
अर्द्धशिक्षित *a.* semi-educated
अर्द्ध-शीर्षी *f.* migraine
अर्द्ध-संविदा *f.* quasi-contract
अर्द्ध-सत्य *m.* half-truth
अर्द्ध-सभ्य *a.* half civilized
अर्द्ध-सरकारी *a.* semi-official
अर्द्ध-साप्ताहिक *a.* bi-weekly
अर्द्ध-सुप्त *a.* half asleep
अर्द्ध-सैनिक *a.* semi-military, para-military
अर्द्ध-स्वचल *a.* semi-automatic
अर्द्ध-स्वर *m.* semi-vowel
अर्द्ध-स्वायत्त *a.* quasi-autonomous

अर्धक (*ardhak*) *m.* bisector

अर्धन (*ardhan*) *m.* bisection

अर्धांग (*ardhāṅg*) *m.* 1. half the body 2. (पक्षाघात) palsy affecting half the body, hemiplegia (also अर्धांग-घात)

अर्धांगिनी (*ardhāṅginī*) *f.* better half, wife

अर्धांश (*ardhāṅś*) *m.* 1. half portion 2. half quantity

अर्धार्ध (*ardhārdha*) *a.* quarter, one-fourth, half of the half

अर्धाली (*ardhālī*) *f.* single line of (चौपाई couplet)

अर्धाशन (*ardhāśan*) *m.* half a meal, scanty meal

अर्धासन (*ardhāsaṇ*) *m.* half a seat
अर्धासन देना *v.t.* to extend equal status, to give respectable place

अर्धेन्दु (*ardhendu*) *m.* half-moon, crescent

अर्धोक्ति (*ardhokti*) *f.* inarticulate utterance, incomplete sentence

अर्धोच्चरित (*ardhoccarit*) *a.* half pronounced, half uttered, half said

अर्धोन्मीलित (*ardhonmīlit*) *a.* half-closed
अर्धोन्मीलित-नेत्र *m.* half-closed eyes

अर्पण (*arpaṇ*) *m.* 1. offering 2. present 3. dedication 4. surrendering
अर्पण करना *v.t.* (a) to present an offering (b) to devote, to dedicate (c) to surrender
अर्पण-संधि *f.* treaty of cessation

अर्पित (*arpit*) *a.* offered, dedicated, surrendered
अर्पित करना *v.t.* to offer, to dedicate, to surrender

अर्बुद[1] (*arbud*) *m*. one thousand million, 100 crore, one billion

अर्बुद[2] (*arbud*) *m*. tumour, node

अर्राना (*arrānā*) *v.i.* to produce a long rumbling sound (as at the fall of a building)

अर्वाचीन (*arvācīn*) *a*. not old, new, modern, recent

अर्श[1] (*arśa*) *m*. piles (disease), haemorrhoids

अर्शग्रस्त *a*. affected or stricken by piles

अर्श[2] A (*arśa*) *m*. sky, heaven

अर्श से फर्श तक *adv*. from heaven to earth

अर्हंत (*arhant*) *m*. follower of Lord Buddha, Buddhist

अर्ह (*arha*) *a*. qualified, competent

अर्हक (*arhak*) *a*. qualifying

अर्हक अंक *m*. qualifying marks

अर्हक परीक्षा *f*. qualifying test

अर्हत (*arhat*) *a*. & *m*. wise (man), learned (person)

अर्हता (*arhatā*) *f*. qualification

अर्हताप्राप्त *a*. qualified

अर्हता प्राप्त करना *v.t.* to qualify

अर्हित (*arhit*) *a*. qualified

अलंकरण (*alaṅkaraṇ*) *m*. 1. ornamentation, embellishment, decoration 2. ornaments

अलंकरणकर्ता *m*. decorator

अलंकार (*alaṅkār*) *m*. 1. ornament 2. figure of speech

अलंकारवाद *m*. formalism

अलंकारवादी *m*. formalist

अलंकारशास्त्र *m*. rhetoric

अलंकारशास्त्री *m*. rhetorician

अलंकारशास्त्रीय *a*. rhetorical

अलंकारिक (*alaṅkārik*) *a*. 1. (from अलंकार) figurative, rhetorical 2. ornamental, decorative (better आलंकारिक)

अलंकृत (*alaṅkṛt*) *a*. 1. ornate, decorated, embellished 2. exuberant

अलंकृत-शैली *f*. exuberant style

अलंकृति (*alaṅkṛti*) *f*. ornamentation, adornment, decoration

अलंघन (*alaṅghan*) *m*. not overstepping, non-transgression

अलंघनीय (*alaṅghnīy*) *a*. /**अलंघ्य** (*alaṅghya*) *a*. not unsurpassable, not passable, insurmountable

अलक (*alak*) *f*. lock of hair, curl of hair

अलकतरा (*alkatrā*) *m*. coal tar, tar

अलकस (*alkas*) *f*. idleness, laziness, lethargy

अलका (*alkā*) *f*. a girl of eight to ten years

अलकापति *m*. Kuber (god of wealth)

अलकापुरी *f*. hometown of Kuber (god of wealth)

अलकली E (*alkalī*) *f*. alkali

अलकावली (*alakāvlī*) *f*. lock of hair, ringlets

अलकोहल E (*alkohal*) *m*. alcohol

अलक्त (*alakt*) *m*. lac (dye)

अलक्त-रंजित *a*. dyed with lac

अलक्षण (*alakṣaṇ*) I. *m*. ill omen, bad sign, portent II. which or who has undesirable traits or characteristics

अलक्षित (*alakṣit*) *a*. unseen, unobserved

अलक्षित करना *v.t.* to put out of sight

अलक्षित गति *f*. invisible movement

अलक्ष्य (*alakṣya*) *a*. invisible, imperceptible

अलख (*alakh*) *a*. (= अलक्ष्य *q.v.*)

अलख जगाना (*मु.*) *v.i.* to invoke the invisible (God)

अलख निरंजन *m*. the invisible God

अलखधारी (*alakhdhārī*) *m*. a religious sect of the Hindus

अलग (*alag*) *a*. 1. detached, unconnected 2. separate 3. different

अलग-अलग *adv*. separately

अलग करना/कर देना *v.t.* to separate

अलग-थलग *a.* aloof, isolated, apart
अलग रखना *v.t.* to set apart
अलग रहना *v.i.* to live away (from), to live apart
अलग होना *v.i.* to be separated, to part with

अलगनी (*alganī*) *f.* a rope or bamboo to hang clothes on, clothes-line

अलग़रज़ A (*algarz*) *adv.* that is to say (i.e.)

अलगाना (*algānā*) *v.t.* 1. to separate, to isolate 2. to sort out, to single out 3. to disjoin, to disunite

अलगाव (*algāv*) *m.* 1. separation 2. segregation 3. isolation
अलगाववाद *m.* isolationism
अलगाववादी I. *m.* isolationist II. *a.* isolative

अलगोजा (*algojā*) *m.* a kind of flute, flageolet

अलगोझा (*algojhā*) *m.* 1. partition, division 2. separation

अलग्न (*alagna*) *a.* untagged, unattached, loose

अलजबरा E (*aljabrā*) *m.* algebra (बीजंगणित)

अलज्ज (*alajj*) *a.* shameless, impudent, brazen-faced

अलज्जित (*alajjit*) *a.* not ashamed

अलता (*altā*) *m.* lac dye, a kind of red dye (used by Hindu women for staining their feet red)

अलताई (*altāī*) *a.* of deep carmine colour

अलपाका E (*alpākā*) *m.* alpaca (a sheep-like animal of Peru, known for its wool)

अलफ़ा A (*alfā*) *m.* a shirt open on sides and worn by faqirs

अलफ़ाज़ A (*alfāz*) *m.* words (plural of लफ़्ज़)

अलबत्ता A (*albattā*) *conj.* albeit, however, nevertheless

अलबम E (*albam*) *m.* album

अलबास्तर E (*albāstar*) *m.* alabaster (stone)

अलबेला (*albelā*) I. *a.* 1. playful, sportive, fanciful 2. peculiar, singular 3. handsome, charming 4. foppish II. *m.* charming young boy, innocent-looking man

अलबेलापन (*albelāpan*) *m.* 1. playfulness 2. handsomeness 3. dandyism, foppishness

अलबेली (*albelī*) *f.* a charming young woman, belle

अलब्ध (*alabdh*) *a.* not obtained, unattained
अलब्धनाथ *a.* without a guardian
अलब्धनिद्र *a.* without sleep

अलभ्य (*alabhya*) *a.* 1. unattainable, unobtainable, unavailable 2. precious, costly

अलम्[1] (*alam*) *adv.* enough

अलम[2] A (*alam*) *m.* sadness, sorrow, grief
अलमनाक *a.* full of sorrow, agonizing

अलम[3] A (*alam*) *m. f.* flag
अलमबरदार *m.* flag-bearer

अलमस्त P (*almast*) *a.* 1. drunk, intoxicated 2. carefree

अलमारी (*almārī*) *f.* almirah

अलमास P (*almās*) *m.* diamond

अलमूनियम E (*almūniam*) *m.* aluminium

अलर्क (*alark*) *m.* mad dog

अलल (*alal*) *m.* nonsense
अलल-झप *a.* unsteady, fickle, wavering
अलल-टप्पू *a.* haphazard, at random
अलल-बछेरा *m.* frisky colt, a thoughtless person

अललाना (*alalānā*) *v.i.* to shout at the top of one's voice

अलल्ले-तलल्ले (*alalle-talalle*) *m.* & *pl.* festivity, revelry
अलल्ले-तलल्ले करना *v.t.* to revel, to waste money

अलवान A (*alvān*) *m.* a kind of woollen shawl
अलस (*alas*) *m.* lazy, idle, sluggish, indolent
अलसता (*alastā*) *f.* idleness, lethargy, laziness, indolence
अलसाना (*alsānā*) *v.i* 1. to feel sleepy or drowsy 2. to rest, to relax
अलसी (*alsī*) *f.* linseed
 अलसी का तेल *m.* linseed oil
 अलसी की खली *f.* linseed meal (for cattle)
अलसेट (*alseṭ*) *f.* obstruction, impediment, hindrance
 अलसेट डालना *v.t.* to obstruct, to put obstacle
अलसेटिया (*alseṭiyā*) *m.* an artful or crafty person
अलहदगी A (*alahadagī*) *f.* separation, aloofness, detachment
अलहदा A (*alahdā*) *a.* separate, aloof, detached
अलाउंस E (*alāuṃs*) *m.* allowance
अलाट E (*alāṭ*) *v.t.* allot
 अलाट करना *v.t.* to allot
अलाटमेंट E (*alāṭmeṁṭ*) *f.* allotment
अलात (*alāt*) *m.* a burning charcoal, fire brand
अलान (*alān*) *m.* post or rope to which an elephant is tied
अलाप (*alāp*) *m.* 1. (in music) tune, modulation of voice 2. prelude to a song
अलापना (*alāpnā*) *v.t.* to tune the voice, to warm up the voice before singing, to raise the voice
 राग अलापना *(मु.) m.* to go on harping one's own tune
 अपना राग अलापना *(मु.) m.* to tell one's own sorrows
अलाबू (*alābū*) *m.* gourd
अलाभ (*alābh*) *m.* want of profit or gain
अलाभकर (*alābhkar*) *a.* unprofitable, uneconomic, unremunerative
 अलाभकर/कारी योजना *f.* unremunerative plan
अलामत A (*alāmat*) *f.* symptom, sign, mark, indication
अलाय-बलाय (*alāy-balāy*) *f.* trouble, misfortune
अलार्म E (*alārm*) *m.* alarm
 अलार्म घड़ी *f.* time piece, alarm watch, alarm clock
 अलार्म बजना *v.i.* ringing of the alarm bell
 अलार्म लगाना *v.t.* to set the alarm
अलाव (*alāv*) *m.* bonfire, camp-fire
अलावा A (*alāvā*) *adv.* besides, except, in addition (to), moreover
 इसके अलावा, अलावा इसके *adv.* in addition to this, moreover
अलिंग (*aliṁg*) *a.* without any sign or distinguishing mark
अलिंगी (*aliṁgī*) *a.* asexual
 अलिंगी-जनन *m.* asexual reproduction
अलिंजर (*aliṁjar*) *m.* water jar
अलिंद (*aliṁd*) *m.* 1. portico, balcony, corridor 2. platform
अलि (*ali*) I. *m.* 1. bumblebee II. *f.* female friend
 अलिकुल *m.* swarm of bees
अलिखित (*alikhit*) *a.* unwritten
 अलिखित विधि *f.* unwritten law
 अलिखित संविधान *m.* unwritten constitution
अलिजिह्व (*alijihv*) *a.* uvular
अलिजिह्वा (*alijihvā*) *f.* uvula
अलिजिह्वीय (*alijihvīy*) *a.* uvular
अलिपिकवर्गीय (*alipikvargīy*) *a.* non-clerical
अलिप्त (*alipt*) *a.* unattached
अलिप्तता (*aliptatā*) *f.* non-attachment
अलिप्सा (*alipsā*) *f.* non-covetousness
अलिफ़ (*alif*) *m.* the first letter of Arabic script, (similar to A)

अलिफ़-बे ABC
वह तो अलिफ़-बे भी नहीं जानता he does not know even the ABC of it
अलीक (*alīk*) *a.* 1. false, untrue, fictitious 2. scanty, little
अलील A (*alīl*) *a.* indisposed, ailing
अलुक (*aluk*) *a.* not subject to elision
अलुक समास *m.* improper compound
अलैंगिक (*alaiṁgik*) *a.* asexual
अलोक (*alok*) *a.* 1. non-material, unworldly 2. not concerning the public
अलोकतांत्रिक *m.* & *a.* undemocratic
अलोकप्रिय *a.* unpopular
अलोकप्रियता *f.* unpopularity
अलोकन (*alokan*) *m.* disappearance, invisibility
अलोचन (*alocan*) *a.* without eyes, blind
अलोना (*alonā*) *a.* 1. without salt 2. insipid, tasteless
अलोप (*alop*) *a.* disappeared
अलोप हो जाना *v.i.* to disappear
अलोप्य (*alopya*) *a.* indefeasible
अलोमक (*alomak*) *a.* without hair, hairless, bald
अलोल (*alol*) *a.* not shaky, steady, fixed, firm
अलोलुप (*alolup*) *m.* not greedy, uncovetous,
अलौकिक (*alaukik*) *a.* 1. unworldly, unearthly, supernatural 2. uncommon, rare
अलौकिक क्षमता *f.* supernatural power
अलौकिकता (*alaukiktā*) *f.* unworldliness, supernaturalism
अलौह (*alauh*) *a.* non-ferrous
अलौह धातु *f.* non-ferrous metal
अल्कलायड E (*alkalāyaḍ*) *m.* alkaloid
अल्कली E (*alkalī*) *f.* alkali
अल्कोहल E (*alkohal*) *m.* alcohol
अल्टीमेटम E (*alṭīmeṭam*) *m.* ultimatum
अल्टीमेटम देना *v.t.* to give ultimatum
अल्ट्रावायोलेट E (*alṭrāvāyoleṭ*) *a.* ultraviolet
अल्ट्रावायोलेट किरणें *f.* ultraviolet rays
अल्ट्रासोनिक E (*alṭrāsonik*) *a.* ultrasonic
अल्ट्रासोनिक कराना *v.t.* to get ultrasonography
अल्प (*alp*) *a.* small, little, short, scanty, not much, low
अल्पकाल *m.* short time, a little while
अल्पकालिक *a.* ephemeral
अल्पकालीन *a.* temporary
अल्पकालीन नियुक्ति *f.* protem appointment
अल्पकालीन सूचना *f.* short notice
अल्पकोण *m.* narrow angle
अल्पजीवी *a.* short-lived
अल्पतंत्र *m.* oligarchy
अल्पदर्शिता *f.* /**अल्पदृष्टि** *f.* want of foresight, narrowness of outlook or vision, short sight
अल्पनिद्रा *f.* insomnia
अल्पपोषण *m.* undernourishment
अल्पप्राण *a.* unaspirate (consonant)
अल्पप्राणीकरण *a.* unaspiration
अल्पबचत *f.* small savings
अल्पबलाघात *m.* weak stress/accent
अल्पबुद्धि *a.* of little understanding, unintelligent, dull witted
अल्पभाषिता *f.* taciturnity, reticence
अल्पभाषी *a.* not talkative, taciturn
अल्पमत *m.* minority
अल्पमात्र *a.* a little, slight
अल्पमात्रा *f.* small quantity, small dose
अल्पमोली *a.* cheap, low-priced, of little price
अल्परक्तता *f.* anaemia
अल्परक्तदाब *m.* hypotension, low blood pressure
अल्परुधिरता *f.* anaemia
अल्पवय *a.* under-age
अल्पवयस्क *a.* under-age, minor
अल्पवयस्कता *f.* to be under-age, minority
अल्पवादी संदस्य *m.* back-bencher

अल्पविकसित *a.* underdeveloped (जैसे देश country)

अल्पविराम *m.* comma

अल्पश्रुत *a.* 1. inexperienced 2. unfamiliar

अल्पसंख्यक *a.* minority

अल्पसंख्यक संप्रदाय *m.* minority community

अल्पसंख्या *f.* small number, minority

अल्पसूचना *f.* short notice

अल्पस्थायी *a.* short-lived, transient

अल्पक (*alpak*) *a.* 1. diminutive, short 2. minimum

अल्पज्ञ (*alpajñ*) *a.* having shallow knowledge, inexperienced, unwise

अल्पज्ञता (*alpajñatā*) *f.* (state of being अल्पज्ञ)

अल्पतम (*alptam*) *a.* 1. minimum, minimal 2. least

अल्पतर (*alptar*) *a.* smaller, less, lesser

अल्पता (*alptā*) *f.* smallness, insignificance

अल्पशः (*alpśaḥ*) *adv.* little by little, slowly, gradually

अल्पांश (*alpāṃś*) *m.* small part, minority

अल्पाका E (*alpākā*) *m.* alpaca (cloth)

अल्पाक्षरिक (*alpākṣarik*) *a.* laconic

अल्पानुमान (*alpānumān*) *m.* underestimate

अल्पाम्लता (*alpāmlatā*) *f.* hypo-acidity

अल्पायु (*alpāyu*) *a.* short-lived, of short duration

अल्पार्थक (*alpārthak*) *a.* diminutive

अल्पावधिक (*alpāvdhik*) *a.* short-term

अल्पावधिक ऋण *m.* short-term debt/loan

अल्पावस्था (*alpāvasthā*) *f.* young age

अल्पाशय (*alpāśay*) *a.* 1. unambitious 2. mean-minded

अल्पाहार (*alpāhār*) *m.* 1. light refreshment 2. moderation in eating

अल्पाहारी (*alpāhārī*) *a.* moderate in eating, abstemious

अल्पीकरण (*alpīkaraṇ*) *m.* 1. diminution 2. derogation

अल्पेतर (*alpetar*) *a.* much, great, large, many

अल्पोन्माद (*alponmād*) *m.* hypomania

अल्पोष्ण (*alpoṣṇ*) *a.* lukewarm, tepid

अल्मीनियम E (*almīniyam*) *m.* aluminium (metal)

अल्ल (*all*) *f.* family name

अल्लम-गल्लम (*allam-gallam*) I. *m.* nonsense, rubbish, trash II. *a.* 1. useless, irrelevant 2. edible and inedible foodstuff

अल्लम-गल्लम करना *v.t.* to embezzle, to misappropriate

अल्लम-गल्लम बकना *v.i.* to talk nonsense

अल्ला A (*allā*) *m.* God (अल्लाह)

अल्ला करे *m.* may God do (so)

अल्ला को प्यारा हो जाना (*मु.*) *m.* to go to heaven, to die

अल्ला रखे *m.* may God protect (you)

अल्ला हो अकबर God is great (also see अल्लाह)

अल्लामा A (*allāmā*) *m.* scholar, enlightened person, a man of letters

अल्लाह A (*allāh*) *m.* (God = अल्ला)

अल्लाह ताला *m.* God the great

अल्लाह बेली *m.* God be with you as protector, *au revoir*

अल्हड़ (*alhaṛ*) *a.* innocent, childlike, simple

अल्हड़पन (*alhaṛpan*) *m.* (quality of being अल्हड़)

अव- (*av*) *pref.* downward, below, off, away (as in अवकलन, अवगुण, अवचेतन)

अवकरण (*avkaraṇ*) *m.* reduction

अवकर्षण (*avkarṣaṇ*) *m.* pulling, dragging

अवकल (*avkal*) *a.* differential

अवकलन (*avkalan*) *m.* 1. differentiation

2. subtraction

अवकलन करना *v.t.* to differentiate, to subtract

अवकलन गणित *m.* differential calculus

अवकाश (*avkāś*) *m.* 1. leave, vacation, recess 2. leisure

अवकाश-ग्रहण *m.* retirement

अवकाश-ग्रहण करना *v.t.* to retire

अवकाशप्राप्त *a.* retired

अवकाशप्राप्ति *f.* retirement

अवकाश मिलना *v.t.* to get some leisure

अवकाश-लेखा (*avkāś-lekhā*) *m.* leave account

अवकीर्ण (*avkīrṇ*) *a.* scattered, littered

अवकीर्णन (*avkīrṇan*) *m.* scattering, littering

अवकुत्सित (*avkutsit*) *a.* blamed, humiliated, insulted, degraded

अवकृष्ट (*avkṛṣṭ*) *a.* mean, low, vile, degraded

अवकेशी (*avakeśī*) *a.* a barren tree

अवक्तव्य (*avaktavya*) *a.* unutterable, inexpressible, unspeakable

अवक्रमण (*avkramaṇ*) *m.* devolution, degradation

अवक्रमण करना *v.t.* to devolve

अवक्रमित (*avkramit*) *a.* degraded, devolved

अवक्रय (*avkray*) *m.* price, value

अवक्रीत (*avkrīt*) *a.* 1. mercenary 2. borrowed

अवक्रीत सैनिक *m.* mercenary soldier

अवक्षय (*avkṣay*) *m.* /**अवक्षयण** (*avkṣayaṇ*) *m.* decadence, depreciation, depletion

अवक्षिप्त (*avkṣipt*) *a.* 1. thrown down 2. ridiculed, reproached

अवक्षेप (*avkṣep*) *m.* /**अवक्षेपण** (*avkṣepaṇ*) *m.* censure, jeer, ridicule

अवक्षेप करना *v.t.* to ridicule, to jeer (at)

अवखंडन (*avkhaṇḍan*) *m.* disintegration

अवगणित (*avgaṇit*) *a.* 1. left out of account, not accounted 2. insignificant

अवगत (*avgat*) *a.* apprised, aware

अवगत करना *v.t.* to make known, to apprise, to inform

अवगत होना *v.i.* to come to know, to learn

अवगति (*avgati*) *f.* 1. awareness 2. understanding, comprehension

अवगम (*avgam*) *m.* perception

अवगम्यता (*avgamyatā*) *f.* perceptibility

अवगाहन (*avgāhan*) *m.* 1. bathing 2. immersion 3. investigation

अवगाहन करना *v.t.* to get immersed, to investigate

अवगाहित (*avgāhit*) *a.* bathed, immersed

अवगीत (*avagīt*) *m.* reproach

अवगुंठन (*avguṇṭhan*) *m.* veil, mask

अवगुंठित (*avguṇṭhit*) *a.* veiled, covered, masked, hidden

अवगुंफित (*avgumphit*) *a.* knit, weaved, woven

अवगुण (*avguṇ*) *m.* demerit, disqualification, defect, fault, vice

अवगुणी (*avguṇī*) *a.* demeritorious, vicious

अवग्राह (*avagrāh*) *m.* drought

अवघट (*avghaṭ*) *a.* 1. rugged, uneven 2. inaccessible, unsurmountable

अवघात (*avghāt*) *m.* 1. unnatural or accidental death 2. fatal blow

अवघाती (*avghātī*) *a.* murderous, striking

अवघूर्णन (*avghūrṇan*) *m.* rolling, revolving

अवघोषक (*avghoṣak*) *m.* rumour monger

अवचनबद्धता (*avacanbaddhatā*) *f.* noncommitment

अवचय (*avcay*) *m.* depreciation

अवचूर्णन (*avcūrṇan*) *m.* grinding, pounding
अवचेतन (*avcetan*) *a.* subconscious
अवचेतन मन *m.* subconscious mind
अवचेतना (*avcetnā*) *f.* subconsciousness
अवच्छाया (*avacchāyā*) *f.* phantom
अवज्ञा (*avajñā*) *f.* 1. defiance, disobedience, insubordination 2. scorn, contempt 3. disregard, disrespect
अवज्ञा करना *v.t.* to defy, to despise, to look down upon, to hold in contempt
अवज्ञा का दोषी *a.* guilty of insubordination/contempt
अवज्ञाकारी *a.* contemptuous, derogatory, disregarding
अवज्ञापूर्ण *a.* defiant, contemptuous
अवज्ञेय (*avajñey*) *a.* defiable, contemptible
अवतरण (*avtaraṇ*) *m.* 1. descent 2. landing 3. quotation 4. incarnation
अवतरण करना *v.t.* to descend, disembark, to land
अवतरण-चिह्न *m.* quotation marks (" ")
अवतरण-भूमि *f.* landing ground
देवता का अवतरण incarnation of a god
अवतरणिका (*avtaraṇikā*) *f.* preface, prelude, prologue
अवतरित (*avtarit*) *a.* 1. descended, alighted 2. born as incarnation of god, incarnated
अवतल (*avtal*) *a.* concave
अवतलता (*avtaltā*) *f.* concavity
अवतान (*avtān*) *m.* extent, extension
अवतार (*avtār*) *m.* incarnation, embodiment or descent of a deity
अवतार धारण करना *v.t.* to reincarnate, to become incarnate
अवतार लेना *v.t.* to appear, incarnate
अवतारवाद *m.* doctrine of incarnation of god Vishnu
अवतारणा (*avtāraṇā*) *f.* 1. preface, introduction 2. appearance of an evil spirit 3. presentation of a dramatic scene
अवतारी (*avtārī*) *a.* incarnate
अवतारी पुरुष god incarnate in the form of a distinguished person
अवतीर्ण (*avtīrṇ*) *a.* 1. descended, alighted 2. incarnated, born or appeared
अवतीर्ण होना *v.i.* to appear on earth as incarnation
अवदशा (*avda śā*) *f.* misfortune, ill-luck, calamity
अवदात (*avadāt*) *m.* a bright colour
अवदान (*avdān*) *m.* 1. contribution 2. donation
अवदारण (*avdāraṇ*) *m.* breaking open, shattering
अवदारित (*avdārit*) *a.* broken, shattered
अवदीर्ण (*avdīrṇ*) *a.* broken, torn out, cut out
अवद्य (*avadya*) *a.* 1. condemnable 2. low, inferior, vulgar 3. not suitable for conversation or discussion
अवधाता (*avdhātā*) *m.* caretaker
अवधात्री (*avdhātrī*) *f.* caretaker
अवधात्री सरकार caretaker government
अवधान (*avdhān*) *m.* careful attention, caution
अवधान-परायण *a.* attentive, cautious
अवधानता (*avdhāntā*) *f.* careful attention, caution (same as अवधान)
अवधानी (*avdhānī*) *a.* attentive
अवधायक (*avdhāyak*) *m.* caretaker
अवधायक अधिकारी *m.* caretaker officer
अवधारक (*avdhārak*) *a.* determining, intensive, emphatic
अवधारण (*avdhāraṇ*) *m.* 1. determination, ascertainment 2. conception 3. restriction of meaning

अवधारण करना *v.t.* to determine, to ascertain
अवधारणा (*avdhāraṇā*) *f.* 1. concept 2. emphasis 3. determination
अवधारणीय (*avdhāraṇīy*) *a.* to be determined or settled
अवधारित (*avdhārit*) *a.* determined, ascertained, settled
अवधार्य (*avdhārya*) *a.* to be determined or settled (= अवधारणीय)
अवधि (*avdhi*) *f.* 1. period, time 2. limit, duration
अवधि बढ़ाना *v.i.* to extend the period
अवधि-बाधित *a.* time-barred
अवधि-बाधित दावा *m.* time-barred claim
इस अवधि में *adv.* during this period
अवधी (*avdhī*) *f.* a dialect of Hindi
अवधीरण (*avdhīraṇ*) *m.* treating with contempt
अवधूत (*avdhūt*) I. *a.* 1. agitated 2. defied, slighted 3. free from worldly attachment 4. naked II. *m.* a sadhu, one who has renounced worldly obligations
अवधूपन (*avadhūpan*) *m.* perfuming with incense
अवधेय (*avdhey*) *a.* 1. worthy of attention 2. knowable, cognizable
अवध्य (*avadhya*) *a.* not to be killed, unfit to be slain
अवनत (*avnat*) *a.* bowed or bent down
अवनत भूमि *f.* lowland
अवनत-मस्तक *a.* with head bowed down
अवनति (*avnati*) *f.* 1. downfall 2. deterioration, degradation
अवनद्ध (*avnaddha*) *a.* bound, tied
अवनमन (*avanaman*) *m.* depression, bowing down, bending
अवनयन (*avnayan*) *m.* bowing, stooping
अवनम्य (*avnamya*) *a.* pliable, easily bent, flexible
अवनम्यता (*avnamyatā*) *f.* pliability, flexibility
अवनि (*avni*) *f.* earth
अवनितल *m.* level of the earth
अवनिधर *m.* mountain
अवनिपति *m.* king
अवनिर्धारण (*avnirdhāraṇ*) *m.* under assessment
अवनी (*avnī*) *f.* the earth
अवनीप *m.* lord of the earth
अवनीश (*avnīś*) *m.* king
अवपतन (*avpatan*) *m.* downfall
अवपात (*avpāt*) *m.* 1. descent, downfall 2. depression 3. pitfall 4. slump
अवपीड़क (*avpīṛak*) *a.* coercive
अवपीड़न (*avpīṛan*) *m.* coercion, duress
अवप्रभार (*avprabhār*) *m.* under charge
अवप्रेरक (*avprerak*) *m.* abettor
अवप्रेरण (*avpreraṇ*) *m.* abetment, act of incitement
अवबुद्ध (*avbuddh*) *a.* 1. watchful, vigilant 2. known, perceived
अवबोध (*avbodh*) *m.* 1. theological or spiritual knowledge 2. learning, wisdom 3. perception
अवबोधन (*avbodhan*) *m.* 1. instruction 2. perception, knowledge
अवभाषा (*avbhāṣā*) *f.* vernacular
अवभासित (*avbhāsit*) *a.* illuminated
अवम (*avma*) *a.* 1. inferior 2. lowest
अवमत (*avmat*) *a.* insulted, slighted, disregarded, contempted
अवमज्जन (*avmajjan*) *m.* submersion
अवमर्दन (*avmardan*) *m.* 1. crushing, trampling 2. oppressing, torturing, tyrannizing
अवमर्दित (*avmardit*) *a.* 1. crushed, trampled 2. oppressed, tortured, tyrannized
अवमान (*avmān*) *m.* insult, disregard, contempt
अवमानपूर्ण *a.* contemptuous, abominable
न्यायालय का अवमान contempt of court

अवमानक (*avmānak*) *a.* sub-standard
अवमानना (*avmānanā*) *f.* insult, defamation, contempt
अवमानव (*avmānav*) *m.* sub-man
अवमानवीय (*avmānvīya*) *a.* subhuman
अवमानित (*avmānit*) *a.* disrespected, insulted, slighted, humiliated
अवमान्य (*avmānya*) *a.* fit to be insulted
अवमूल्य (*avmūlya*) *m.* low price
अवमूल्य पर below par, at a discount
अवमूल्यन (*avmūlyan*) *m.* devaluation
अवमूल्यन करना *v.t.* to devalue
अवयव (*avayav*) *m.* 1. part, portion 2. (अंग) part of the body, limb 3. component, ingredient
अवयव-रूपक *m.* a simile by which two things are compared with regard to their parts
अवयव होना *v.i.* to constitute
अवयस्क (*avayask*) *a.* under age, minor
अवयस्कता (*avayaskatā*) *f.* to be underage, minority
अवर (*avar*) *a.* lower, under, inferior
अवर न्यायाधीश *m.* puisne judge
अवर सचिव *m.* under secretary
अवर सदन *m.* lower house
अवरक्त (*avrakt*) *a.* infra-red
अवरण (*avaraṇ*) *m.* non-selection
अवरण पद *m.* non-selection post
अवरणात्मक (*avaraṇātmak*) *a.* non-selective
अवरत (*avrat*) *a.* stopped, ceased
अवरति (*avrati*) *f.* stoppage, cessation, rest
अवरावर (*avarāvar*) *a.* lowest, smallest, most inferior
अवरुद्ध (*avruddha*) *a.* 1. hindered, restrained, obstructed 2. detained 3. arrested, imprisoned
अवरूप (*avrūp*) *a.* deformed, misshapen
अवरेब (*avreb*) *m.* diagonal cutting (of a cloth)
अवरोक्त (*avarokt*) *a.* mentioned below
अवरोध (*avrodh*) *m.* 1. detention 2. blockade 3. obstacle, bottleneck, obstruction, hindrance 4. siege
अवरोध करना *v.t.* to block, to lay siege to, to besiege
अवरोधक (*avrodhak*) I. *a.* 1. restraining, checking 2. obstructing, hindering 3. arresting II. *m.* (बिजली का) insulator
अवरोधक आदेश *m.* restraining order
अवरोधककारी सैन्य *m.* besieging army
अवरोधन (*avrodhan*) *m.* 1. restraint 2. obstruction, blockade 3. besieging 4. imprisonment 5. interception
अवरोधित (*avrodhit*) *a.* 1. restricted 2. blocked, hindered 3. besieged 4. intercepted
अवरोधी (*avrodhī*) *a.* 1. restraining, checking 2. obstructing, hindering, 3. arresting (= अवरोधक *q.v.*)
अवरोपण (*avropaṇ*) *m.* uprooting
अवरोपित (*avropit*) *a.* uprooted
अवरोह (*avroh*) *m.* 1. descent, coming down 2. descending scale in Indian music (*i.e.*, from a higher tone to a lower tone, cadence)
अवरोह-पत्र *m.* landing permit
अवरोहपात *m.* descending node
अवरोहण (*avrohaṇ*) *m.* 1. act of descending, coming down, landing 2. (in music) decrescendo
अवरोहण करना *v.t.* to descend
अवरोही (*avrohī*) I. *a.* descending II. *m.* descending tone
अवरोही-क्रम *m.* descending order
अवरोही बलाघात *m.* cadence stress
अवर्गित (*avargit*) *a.* ungraded, unclassified, unassorted
अवर्गीकृत (*avargīkṛt*) *a.* unclassified, undistinguished
अवर्जनीय (*avarjanīy*) *a.* unavoidable
अवर्ण (*avarṇ*) *a.* colourless, achromatic
अवर्णता (*avarṇatā*) *f.* achromatism
अवर्णनीय (*avarṇanīy*) *a.* 1. undescrib-

able, inexpressible 2. undefinable
अवर्णीकरण (*avarṇīkaraṇ*) *m.* achromatization, discolouration
अवर्णीकृत (*avarṇīkṛt*) *a.* achromatic, discoloured
अवर्तमान (*avartmān*) *a.* 1. not present 2. non-existent, absent
अवर्धमान (*avardhmān*) *a.* not growing, not increasing, not rising
अवर्धित (*avardhit*) *a.* abortive
अवर्षण (*avarṣaṇ*) *m.* dearth or failure of rains, drought
अवलंब (*avlamb*) *m.* support, mainstay
कुटुंब का अवलंब supporter of the family
अवलंबन (*avlamban*) *m.* 1. support, prop 2. dependence
अवलंबन करना *v.t.* (a) to depend on, to rely on (b) to hold, to grasp
अवलंबनहीन *a.* helpless
अवलंबनहीनता *f.* indigence, helplessness
अवलंबित (*avlambit*) *a.* supported, propped, dependent
अवलंबी (*avlambī*) *a.* depending (on), relying (on)
अवलक्ष्य (*avlakṣya*) I. *m.* inauspicious or evil omen II. *a.* unlucky
अवलग्न (*avlagn*) *a.* hanging down from
अवलि (*avali*) *f.* /**अवली** (*avalī*) *f.* series, line
अवलिप्त (*avlipt*) *a.* plastered, smeared
अवलुंठन (*avluṇṭhan*) *m.* 1. rolling about, wallowing 2. robbing, looting
अवलुंठित (*avluṇṭhit*) *a.* 1. rolled, wallowed 2. robbed, looted
अवलेखन (*avlekhan*) *m.* underwriting
अवलेह (*avleh*) *m.* chutney, medicine (in the form of jelly)
अवलोकन (*avlokan*) *m.* 1. perusal 2. looking (at), beholding, observing
अवलोकन करना *v.t.* to look at, to see, to observe
अवलोकना (*avloknā*) *v.t.* (= अवलोकन करना *q.v.*)
अवलोकनार्थ (*avlokanārth*) *a.* for perusal
अवलोकनीय (*avlokanīy*) *a.* to be looked at, to be seen, to be observed
अवलोकित (*avlokit*) *a.* seen, looked at, watched, observed
अवलोक्य (*avlokya*) *a.* to be looked at, to be seen, to be observed (अवलोकनीय *q.v.*)
अवलोभन (*avlobhan*) *m.* sexual desire
अवशंसा (*avśaṃsā*) *f.* blame
अवश (*avaś*) *a.* 1. helpless 2. uncontrolled, ungovernable, unrestrained
अवशप्त (*avśapta*) *a.* cursed
अवशिष्ट (*avśiṣṭ*) I. *a.* 1. remaining, residual 2. surviving II. *m.* remnant, residue
अवशिष्ट अधिकार *m.* residuary powers
अवशिष्ट मूल्य *m.* scrap value
अवशिष्ट राख *f.* clinker
अवशिष्ट रूप *m.* relic form, fossil form
अवशिष्ट शक्तियाँ *f.* residual powers
अवशीत (*avśīt*) *a.* chilly
अवशीतन (*avśītan*) *m.* process of chilling
अवशेष (*avśeṣ*) *m.* 1. relic, remains 2. remainder, residue
अवशोषक (*avśoṣak*) I. *a.* absorbent II. *m.* absorber
अवशोषण (*avśoṣaṇ*) *m.* absorption
अवशोषण करना *v.t.* to absorb
अवशोषण शक्ति *f.* absorptive power
अवशोषित (*avśoṣit*) *a.* absorbed
अवशोषी (*avśoṣī*) *a.* absorptive
अवश्यंभाविता (*avaśyambhāvitā*) *f.* inevitability, unavoidability
अवश्यंभावी (*avaśyambhāvī*) *a.* unavoidable, inevitable, certain
अवश्य (*avaśya*) *adv.* without fail, definitely, surely, certainly, of course

अवश्यमेव (*avaśyamev*) *adv.* definitely, by all means

अवश्या (*avaśyā*) *f.* hoar-frost, fog

अवश्याय (*avśyāy*) *m.* frost, fog

अवश्रुति (*avśruti*) *f.* apophony, vowel gradation

अवष्टंभ (*avaṣṭambh*) *m.* 1. support 2. shelter 3. vanity, pride 4. boldness, courage 5. paralysis, palsy

अवष्टब्ध (*avaṣṭabdh*) *a.* 1. dependent 2. confined, bound 3. obstructed, hindered

अवसन्न (*avsann*) *a.* sunk in spirit, sad, languid, distressed, dejected

अवसन्न होना *v.i.* to be dejected

अवसन्नता (*avsannatā*) *f.* dejection, sadness, dispiritedness

अवसर (*avsar*) *m.* opportui ity, occasion

अवसर आना *v.i.* to get an opportunity

अवसर आने पर *adv.* when the opportunity or occasion arises

अवसर की समानता *f.* equality of opportunity

अवसर को हाथ से न खोना *v.t.* to avail oneself of the opportunity

अवसर खोना *v.t.* to lose/miss an opportunity

अवसर चूकना *(मु.)* *v.i.* to miss an opportunity

अवसर देखना *v.t.* to watch for an opportunity

अवसर न चूकना *v.i.* not to miss an opportunity

अवसरपरक *a.* opportune

अवसर पाना *v.t.* to get an opportunity

अवसर प्राप्त *a.* retired (from work)

अवसर मिलने पर *adv.* time permitting

अवसरवाद *m.* opportunism

अवसरवादिता *f.* opportunism

अवसरवादी *m.* opportunist, time-server

अवसरानुकूल (*avsarānukūl*) *a.* opportune

अवसर्ग (*avsarg*) *m.* liberation, emancipation

अवसव्य (*avsavya*) *a.* not left, right

अवसाद (*avsād*) *m.* 1. depression of spirits, melancholy 2. gloom 3. sediment

अवसादकारक/जनक *a.* causing gloom

अवसादक (*avsādak*) *a.* depressing, frustrating

अवसादन (*avsādan*) *m.* the state of being depressed, depression, (sc.) sedimentation

अवसादी (*avsādī*) *a.* depressing, frustrating (same as अवसादक *q.v.)*

अवसादी मनस्ताप *m.* depressive, psychosis

अवसान (*avsān*) *m.* 1. end, termination, close 2. death, demise

अवसान करना *v.t.* to end, to finish

अवसान होना *v.i.* to come to an end, to end

अवसानक (*avsānak*) *a.* terminal

अवसामान्य (*avsāmānya*) *a.* subnormal

अवसामान्यता (*avsāmānyatā*) *f.* subnormality

अवसायक (*avsāyak*) *m.* liquidator

अवसायी (*avsāyī*) *a.* liquidating

अवसिक्त (*avsikt*) *a.* 1. consolidated 2. sprinkled

अवसित (*avasit*) *a.* 1. unsettled, unestablished 2. ended, finished, terminated, culminated

अवसृष्ट (*avsṛṣṭ*) *a.* 1. let loose, given up 2. dismissed, retrenched

अवस्कंद (*avaskand*) *m.* assault, attack

अवस्कर (*avaskar*) *m.* 1. ordure, faeces 2. (कूड़ा) sweepings

अवस्तु (*avastu*) *f.* nonentity, nothing

अवस्त्र (*avastr*) *a.* naked, stripped

अवस्था (*avasthā*) *f.* 1. condition, state 2. position 3. stage 4. age

अवस्था-चतुष्टय *m.* four stages of life—

childhood, adolescence, youth, and old age

अवस्था-त्रय *m.* three stages of human mind

अवस्थाहीन *a.* needy, poor

अवस्थान (*avasthān*) *m.* 1. sojourn, halt 2. abode, residence 3. site, locality 4. station 5. stability

अवस्थान करना *v.i.* to stay, to dwell

अवस्थापन (*avasthāpan*) *m.* 1. placement, substitution 2. determination 3. settling, establishing

अवस्थापन्न (*avasthāpann*) *a.* well-to-do, rich, wealthy

अवस्थापित (*avasthāpit*) *a.* 1. substituted, replaced 2. established

अवस्थित (*avasthit*) *a.* 1. situated 2. engrossed 3. settled, fixed

अवस्थित चित्त *a.* mentally engrossed

अवस्थिति (*avasthiti*) *f.* 1. situation, location, place 2. stability

अवस्फीत (*avsfīt*) *a.* deflated

अवस्फीति (*avsfīti*) *f.* deflation

अवहनन (*avhanan*) *m.* threshing, winnowing

अवहार (*avhār*) *m.* 1. truce, ceasefire, armistice 2. refusal 3. apostasy

अवहार्य (*avhāry*) *a.* 1. fit to be taken back 2. to be paid

अवहित (*avahit*) *a.* alert, attentive, concentrative

अवहृत (*avhṛt*) *a.* 1. taken off, stolen 2. quoted

अवहेलना (*avhelna*) *f.* /**अवहेला** (*avhelā*) *f.* 1. disregard, disrespect 2. defiance, flouting

अवहेलना करना *v.t.* to disregard, to defy, to flout

अवहेलित (*avhelit*) *a.* 1. disregarded, disrespected 2. defied, slighted

अवांछनीय (*avāñchanīy*) *a.* undesirable

अवांछनीयता (*avāñchanīytā*) *f.* undesirability

अवांछित (*avāñchit*) *a.* unwanted, unwelcome, undesired

अवांतर (*avāntar*) *a.* 1. extraneous, irrelevant 2. (मध्यवर्ती) intermediary 3. (गौण) secondary

अवांतर लक्षण *m.* secondary symptom

अवांत्यानुप्रास (*avāntyānuprās*) *m.* approximate rhyme

अवाई (*avāī*) *f.* 1. approach, advance 2. deep ploughing

अवाक् (*avāk*) *a.* 1. dumbfounded, speechless, mute 2. wonder-struck

अवाचीन (*avācīn*) *a.* southern

अवाच्य (*avācy*) *a.* 1. unutterable, unspeakable 2. censurable, indecent 3. inexpressible

अवात (*avāt*) *a.* devoid of air, airless

अवात पंप *m.* vacuum pump

अवात श्वास-क्रिया *f.* anaerobic respiration

अवाप्त (*avāpt*) *a.* acquired, attained

अवाप्ति (*avāpti*) *f.* acquisition, attainment

अवाम A (*avām*) *m.* general public

अवार (*avār*) *m.* this side

अवार-पार across, on both sides

अवारणीय (*avāraṇīya*) *a.* inevitable, indispensable, unpreventable

अवारित (*avārit*) *a.* unbarred, unobstructed, unopposed

अवारित द्वार *m.* (a) open door (b) free access

अवास्तविक (*avāstavik*) *a.* unreal

अवास्तविक लेखा *m.* fictitious account

अवास्तविकता (*avāstaviktā*) *f.* unreality

अवि (*avi*) *m.* the sun

अविकच (*avikac*) *a.* unblossomed, unbloomed

अविकत्थन (*avikatthan*) *a.* not boasting, not proud

अविकल (*avikal*) *a.* 1. exact, unimpaired, intact 2. unperturbed, calm

अविकल अनुवाद *m.* exact translation

अविकल प्रतिलिपि *f.* true copy

अविकल सत्य *m.* perfect truth

अविकलता (*avikaltā*) *f.* 1. integrity 2. calmness

अविकल्प (*avikalp*) *a.* without an alternative, without option

अविकसन (*aviksan*) *m.* aplasia, absence of growth or development

अविकसित (*avikasit*) *a.* undeveloped

अविकसित क्षेत्र *m.* undeveloped area

अविकार (*avikār*) *m.* changeless state, normal condition

अविकारी (*avikārī*) *a.* 1. invariable, immutable, unchanging 2. (*gram.*) indeclinable, inflexible

अविकारी कारक *m.* direct case

अविकारी शब्द *m.* indeclinable word

अविकार्य (*avikāry*) *a.* 1. invariable, immutable, unchanging 2. (gram.) indeclinable, inflexible (= अविकारी *q.v.)*

अविकास (*avikās*) *m.* absence of development or growth

अविकृत (*avikṛt*) *a.* 1. unchanged 2. not deformed, unimpaired, intact

अविकृति (*avikṛti*) *f.* changelessness, immutation

अविक्रेय (*avikrey*) *a.* unsaleable

अविक्रेय माल *m.* dead stock

अविक्षिप्त (*avikṣipt*) *a.* 1. not restless, composed, calm 2. not frustrated

अविगत (*avigat*) *a.* 1. not past, not gone off, present, living 2. unknown, unperceived

अविग्रह (*avigrah*) *a.* bodiless, formless, incorporeal

अविचल (*avical*) *a.* 1. motionless, unmoved, steady 2. resolute, firm

अविचलन (*avicalan*) *m.* non-deviation, steadiness

अविचलित (*avicalit*) *a.* undeviated (see अविचल)

अविचलित किरण *f.* undeviated ray

अविचार (*avicār*) *m.* 1. thoughtlessness 2. injustice

अविचारित (*avicārit*) *a.* 1. not well-considered, ill-judged 2. hasty

अविचारी (*avicārī*) *a.* unjust, inconsiderate, indiscreet

अविचार्य (*avicāry*) *a.* unthinkable

अविच्छिन्न (*avicchinn*) *a.* 1. unseparated 2. unbroken, continuous

अविच्छिन्नता (*avicchinnatā*) *f.* 1. unbrokenness, continuity 2. inseparableness

अविच्छेद्य (*avicchedy*) *a.* unbreakable, inseparable

अविच्छेद्य संबंध *m.* inseparable connection

अविज्ञ (*avijñ*) *a.* unwise, ignorant

अविज्ञता (*avijñatā*) *f.* unwiseness, ignorance

अविज्ञात (*avijñāt*) *a.* 1. unknown 2. not celebrated, not reputed

अवितथ (*avitath*) *a.* exact, precise

अवितथता (*avitathatā*) *f.* exactitude, precision

अवितरण (*avitaraṇ*) *a.* 1. non-distribution 2. non-delivery

अवितर्कित (*avitarkit*) *a.* unforeseen, unthought of

अविदग्ध (*avidagdha*) *a.* dull, foolish, silly

अविदित (*avidit*) *a.* not known, not apprised

अविद्य (*avidy*) *a.* unlearned, unwise

अविद्यमान (*avidyamān*) *a.* not present, absent, not existing

अविद्यमानता (*avidyamāntā*) *f.* absence, non-existence

अविद्या (*avidyā*) *f.* 1. ignorance, illusion 2. false knowledge

अविधिक (*avidhik*) *a.* non-legal, unlawful, illegal

अविधिमान्य (*avidhimāny*) *a.* invalid

अविधेय क्रिया (*avidhey kriyā*) *f.* non-finite verb

अविनय (*avinay*) *f.* 1. impoliteness, rudeness, indecorum, impudence, arrogance, immodesty

अविनयी (*avinayī*) *a.* haughty, arrogant, rude

अविनश्वर (*avinaśvar*) *a.* imperishable, immortal, eternal

अविनाश (*avināś*) *m.* freedom from destruction

अविनाशिता (*avināśitā*) *f.* indestructibility, immortality

अविनाशी (*avināśī*) *a.* imperishable, immortal, eternal (= अविनश्वर *q.v.*)

अविनीत (*avinīt*) *a.* impolite, immodest, impertinent, insolent

अविनीत भाव *m.* insolence, impudence

अविनिमेय (*avinimey*) *a.* inconvertible, non-negotiable

अविनिमेय मुद्रा *f.* inconvertible currency

अविन्यास (*avinyās*) *m.* want of arrangement, disorder

अविपर्यय (*aviparyay*) *m.* non-inversion

अविपाक (*avipāk*) *m.* indigestion, dyspepsia

अविपाल (*avipāl*) *m.* shepherd

अविभक्त (*avibhakt*) *a.* undivided, unbroken, entire, complete

अविभागीय (*avibhāgīy*) *a.* non-departmental

अविभाजित (*avibhājit*) *a.* undivided, unbroken, entire, complete (= अविभक्त *q.v.*)

अविभाज्य (*avibhājya*) *a.* indivisible, inseparable

अविभाज्य अंग *m.* inseparable part

अविभाज्य संपत्ति *f.* impartible property

अवियुक्त (*aviyukta*) *a.* not detached, linked

अवियोजित (*aviyojit*) *a.* undissociated, unseparated

अवियोज्य (*aviyojy*) *a.* inalienable

अविरत (*avirat*) *a.* incessant, unremitting, continuous, unceasing, constant

अविरति (*avirati*) *f.* 1. intemperance 2. fondness, addiction

अविरल (*aviral*) *a.* 1. continuous 2. dense, thick 3. uninterrupted

अविरल गति *f.* uninterrupted speed

अविरल गाड़ी *f.* through train

अविरल धारा *f.* continuous current

अविराम (*avirām*) *m.* incessant, non-stop, unremitting

अविराम ज्वर *m.* unremitting fever

अविरोधी (*avirodhī*) *a.* 1. not opposing 2. consistent

अविलंब (*avilamb*) I. *m.* haste, hurry II. *adv.* without delay, immediately, forthwith

अविलंब राशि *f.* call money

अविलंबता (*avilambtā*) *f.* urgency

अविलंबित (*avilambit*) *a.* not delayed, prompt, immediate

अविलेय (*aviley*) *a.* insoluble

अविलेयता (*avileyatā*) *f.* insolubility

अविवक्षित (*avivakṣit*) *a.* not implied, not meant

अविवाद (*avivād*) *m.* absence of dispute, want of conflict

अविवाद्य (*avivādy*) *a.* indisputable, incontrovertible

अविवाहित (*avivāhit*) *a.* unmarried, bachelor, celibate, single (*fem.* अविवाहिता)

अविवेक (*avivek*) *m.* 1. absence of wisdom or discretion 2. ignorance 3. imprudence

अविवेकी (*avivekī*) *a.* 1. inconsiderate, indiscreet, injudicious 2. irrational

अविवेचना (*avivecnā*) *f.* 1. absence of wisdom or discretion 2. ignorance, 3. impudence (= अविवेक)

अविशंकित (*aviśaṅkit*) *a.* unafraid, unalarmed

अविशेषित (*aviśeṣit*) *a.* not distinguished, not differentiated

अविश्रांत (*aviśrānt*) *a.* unceasing, unremitting, incessant

अविश्वसनीय (*aviśvasnīya*) *a.* unworthy of belief, not to be believed, unbelievable, incredible, untrustworthy

अविश्वस्त (*aviśvast*) *a.* untrustworthy, unreliable

अविश्वास (*aviśvās*) *m.* distrust, disbelief

अविश्वास प्रस्ताव *m.* no-confidence motion

अवीरा (*avīrā*) *f.* & *a.* having neither a husband nor a child, lonely, single

अवृत्ति (*avr̥tti*) *f.* 1. want of livelihood 2. unemployment

अवृष्टि (*avr̥ṣṭi*) *f.* want of rain, drought

अवेक्षक (*avekṣak*) *m.* observer, supervisor

अवेक्षण (*avekṣaṇ*) *m.* observation, surveillance, supervision

अवेक्षण करना *v.t.* to supervise

अवेक्षा (*avekṣā*) *f.* 1. supervision, observation 2. probation

अवेक्षाधीन (*avekṣādhīn*) *a.* probationary

अवेक्षित (*avekṣit*) *a.* observed, supervised

अवेद्य (*avedy*) *a.* incomprehensible, imperceptible

अवेद्यता (*avedyatā*) *f.* incomprehensibility, impenetrability

अवेध्य (*avedhy*) *a.* impenetrable

अवेध्यता (*avedhyatā*) *f.* impenetrability

अवेर (*aver*) *f.* delay

अवेर करना *v.t.* to dilly-dally

अवेर-सवेर *adv.* sooner or later, at any time

अवेला (*avelā*) *f.* inopportune time, unearthly hour

अवैज्ञानिक (*avaijñānik*) *a.* unscientific

अवैज्ञानिकता (*avaijñāniktā*) *f.* the state of being unscientific

अवैतनिक (*avaitanik*) *a.* honorary

अवैतनिक पद *m.* honorary post

अवैतनिक सचिव *m.* honorary secretary

अवैदिक (*avaidik*) *a.* non-Vedic

अवैध (*avaidh*) *a.* 1. unlawful, illegal 2. illegitimate, illicit

अवैध आचरण *m.* illegal conduct

अवैध प्रवेश *m.* unlawful entry

अवैध मद्य-व्यापार *m.* bootlegging

अवैध रूप से *adv.* illegally

अवैध व्यापारी *m.* trafficker

अवैधता (*avaidhtā*) *f.* illegality

अवैधानिक (*avaidhānik*) *a.* unconstitutional, illegal

अवैधानिकता (*avaidhāniktā*) *f.* unconstitutionality

अवैमत्य (*avaimaty*) *m.* unanimity, complete agreement

अवैयक्तिक (*avaiyaktik*) *a.* impersonal

अवैया (*avaīyā*) *a.* coming, future

अव्यक्त (*avyakt*) I. *a.* 1. not manifest, indistinct, 2. unseen, imperceptible 3. hidden, latent II. *m.* divine being

अव्यक्त ध्वनि *f.* inarticulate sound

अव्यक्त राशि *f.* unknown number/amount

अव्यक्त व्यवहार *m.* implicit behaviour

अव्यक्तिक (*avyaktik*) *a.* impersonal (better अवैयक्तिक *q.v.*)

अव्यग्र (*avyagra*) *a.* not ardent or eager, listless, indifferent

अव्यथ (*avyath*) *a.* 1. not bitter or sarcastic, soft-hearted, generous 2. without pain

अव्यय (*avyay*) *a.* 1. indeclinable, inflectionable 2. indeclinable words—adverb, preposition, conjunction, interjection

अव्ययित (*avyayit*) *a.* unspent

अव्ययित शेष *m.* unspent balance

अव्ययीभाव समास (*avyayībhāv samās*) *m.* indeclinable compound word, adverbial compound

अव्यवधान (*avyavdhān*) *m.* uninterruption

अव्यवसायी (*avyavsāyī*) *a.* non-professional, amateur

अव्यवसायी रंगमंच *m.* amateur theatre or stage

अव्यवस्था (*avyavasthā*) *f.* 1. disorder, disarrangement 2. lawlessness, chaos 3. mismanagement 4. confusion

अव्यवस्थित (*avyavasthit*) *a.* 1. disordered, out of order 2. irregular 3. mismanaged 4. unmethodical

अव्यवस्थित चित्त *a.* fickle minded

अव्यवहार (*avyavhār*) *m.* 1. disuse 2. misbehaviour

अव्यवहार्य (*avyavhāry*) *a.* 1. unserviceable 2. impracticable

अव्यवहार्यता (*avyavhāryatā*) *f.* impracticability

अव्यवहित (*avyavhit*) *a.* 1. adjoining 2. immediate

अव्यवहित घटक *m.* immediate constituent

अव्यवहित सेवा *f.* uninterrupted service

अव्यवहृत (*avyavhṛt*) *a.* 1. unused 2. out of use

अव्यस्त (*avyast*) *a.* not busy

अव्याकृत (*avyākṛt*) *a.* unmatured, undeveloped

अव्याख्येय (*avyākhyey*) *a.* inexplicable, obscure

अव्याघात (*avyāghāt*) *a.* constant, continuous, non-stop

अव्यापारिक (*avyāpārik*) *a.* non-commercial, unbusinesslike

अव्याप्ति (*avyāpti*) *f.* 1. limitation 2. deficiency of a definition 3. non-distribution

अव्यावसायिक (*avyāvsāyik*) *a.* non-professional, amateur

अव्यावहारिक (*avyāvhārik*) *a.* impracticable, not feasible

अव्याहत (*avyāhat*) *a.* unimpeded, unobstructed

अव्याहत गति *f.* unrestricted movement

अव्युत्पन्न (*avyutpanna*) *a.* 1. inexperienced, raw 2. not derived

अव्वल A (*avval*) I. *a.* first, foremost II. *m.* the first

अव्वल दर्जे का first-class

अव्वल रहना *v.i.* to stand first

अव्वल से आख़िर तक from the first to the last, from beginning to end

अशंक (*aśaṅk*) *a.* 1. fearless, bold, undaunted 2. doubtless

अशकुन (*aśakun*) *m.* foreboding, ill-omened, inauspicious omened (see अपशकुन)

अशक्त (*aśakt*) *a.* 1. weak, feeble, invalid 2. (असमर्थ) incapable, helpless, disabled

अशक्तता (*aśaktatā*) *f.* 1. weakness, feebleness 2. disablement

अशक्तता छुट्टी *f.* disability leave

अशक्तता पेंशन *f.* disability/invalidity pension

अशक्य (*aśaky*) *a.* 1. that which cannot be done or which cannot take place, impracticable, impossible 2. difficult to achieve

अशन (*aśan*) *m.* 1. eating 2. food, meal

अशन नाल *m.* gullet, elementary canal

अशन-वसन *m.* food and clothing

अशनि (*aśani*) *m.* thunder, flash of lightning, lightning

अशनिपात *m.* thunderclap

अशरण (*aśaraṇ*) *a.* shelterless, homeless, destitute

अशरफ़ी P (*aśarfī*) *f.* gold coin

अशरफ़ियाँ लुटें कोयलों पर मोहर *(लो.)* penny wise pound foolish

अशराफ़ (*aśrāf*) *a.* & *m.* noble (man), gentle (man)

अशरीर (*aśarīr*) **/अशरीरी** (*aśarīrī*) I. *a.* bodiless, incorporeal II. *m.* God

अशस्त्रीकरण (*aśastrīkaraṇ*) *m.* disarmament

अशान्त (*aśānt*) *a.* restless, perturbed, agitated

अशांति (*aśāṅti*) *f.* unrest, disorder, disturbance, confusion

अशाम्य (*aśāmy*) *a.* unappeasable

अशासन (*aśāsan*) *m.* 1. indiscipline 2. mismanagement 3. anarchy, misrule

अशास्त्रीय (*aśāstrīy*) *a.* 1. not according to the principles of the Shastras 2. non-classical (जैसे-अशास्त्रीय विवाह)

अशिक्षित (*aśikṣit*) *a.* uneducated, illiterate

अशिव (*aśiv*) I. *a.* 1. inauspicious 2. evil, not propitious II. *m.* evil

अशिष्ट (*aśiṣṭ*) *a.* impolite, uncivil, ill-behaved, uncouth, rude, impudent

अशिष्टता (*aśiṣṭatā*) *f.* impoliteness, insolent, rudeness, impudence, incivility, bad manners

अशिष्टाचार (*aśiṣṭācār*) *m.* indecorum, rude behaviour, discourtesy

अशील (*aśīl*) *a.* impolite, uncivil, ill-behaved, uncouth, rude, impudent (= अशिष्ट *q.v.*)

अशुचि (*aśuci*) *a.* impure, unholy, unchaste

अशुचिता (*aśucitā*) *f.* impurity, unholiness, uncleanliness

अशुद्ध (*aśuddh*) *a.* 1. impure, contaminated, unholy 2. incorrect, wrong

अशुद्धता (*aśuddhatā*) *f.* 1. impurity, uncleanliness 2. imperfection

अशुद्धि (*aśuddhi*) *f.* mistake, error

  अशुद्धि-पत्र *m.* table of errata

  अशुद्धि-शोधन *m.* correction of errors

अशुभ (*aśubh*) I. *a.* inauspicious, ominous, unpropitious II. *m.* evil, calamity

  अशुभ चिंतक *m.* not a well-wisher

  अशुभ-सूचक *a.* indicating evil, ominous

अशेष (*aśeṣ*) *a.* 1. endless, boundless, limitless 2. countless, innumerable 3. entire, whole, full 4. complete, finished

अशेषज्ञ (*aśeṣajñ*) *a.* all-knowing, omniscient

अशेषज्ञता (*aśeṣajñatā*) *f.* omniscience

अशेषता (*aśeṣtā*) *f.* completeness, totality, entirety

अशोक (*aśok*) I. *a.* sorrowless, cheerful II. *m.* 1. the Fonesia asoka tree 2. emperor Asoka

  अशोकचक्र *m.* wheel of Asoka

  अशोकस्तंभ - *m.* Asokan pillar

अशोच (*aśoc*) *m.* politeness, tranquillity, absence of anxiety

अशोच्य (*aśocy*) *a.* not to be lamented or deplored

अशोधित (*aśodhit*) *a.* 1. irrecoverable, unredeemed 2. not purified 3. not corrected (जैसे-proof)

  अशोधित शेष *m.* unredeemed balance

अशोध्य (*aśodhy*) *a.* 1. unpurified 2. irrecoverable, not repayable (as loan or debt)

अशोभन (*aśobhan*) *a.* unbecoming, undignified, inelegant

अशौच (*aśauc*) *m.* 1. impurity, foulness 2. mourning, period of mourning

अश्क P (*aśk*) *m.* tears

अश्ममुद्रणीय (*aśmamudraṇīy*) *a.* lithographic

अश्मरी (*aśmarī*) *f.* stone, calculus (as in the gall bladder)

अश्रद्ध (*aśraddh*) *a.* 1. disrespectful 2. unfaithful

अश्रद्धा (*aśraddhā*) *f.* irreverence, disre-

gard, want of devotion or faith
अश्रव्य (*aśravy*) *a.* inaudible
अश्रव्यता (*aśravyatā*) *f.* inaudibility
अश्रांत (*aśrānt*) *a.* 1. tireless, unwearied 2. incessant, continuous
अश्रांति (*aśrānti*) *f.* 1. untiredness, unweariness 2. continuity
अश्राव्य (*aśrāvya*) *a.* inaudible, not worth listening (to)
अश्रु (*aśru*) *m.* tear(s)
अश्रुगैस *f.* tear-gas
अश्रुग्रंथि *f.* lachrymal gland
अश्रुजल *m.* tears
अश्रुधारा *f.* stream of tears
अश्रुपात *m.* flow of tears
अश्रुपूर्ण *a.* tearful
अश्रुत (*aśrut*) *a.* 1. unheard (of) 2. wonderful, unprecedented
अश्रुतपूर्व *a.* unheard before
अश्रेय (*aśrey*) I. *a.* bad, evil, harmful II. *m.* evil, harm
अश्रेयकर *a.* harmful, uncongenial
अश्रोत्रिय (*aśrotriy*) *m.* a Brahman who does not have knowledge of Vedas
अश्रौत (*aśraut*) *a.* not sanctioned by the Vedas
अश्लिष्ट (*aśliṣṭ*) *a.* 1. having only one meaning 2. disjointed, disunited 3. isolated
अश्लील (*aślīl*) *a.* dirty, nasty, obscene, smutty
अश्लील भाषा *f.* obscene language, abuse, abusive language
अश्लीलता (*aślīltā*) *f.* obscenity, vulgarity
अश्लेषा (*ásleṣa*) *f.* 1. name of the ninth constellation 2. disunion, disjunction
अश्व (*aśva*) *m.* horse, stallion
अश्व कोविद *a.* equestrian
अश्वगंधा *f.* a medicinal plant
अश्व-चिकित्सक *m.* a veterinary surgeon
अश्वधावन *m.* horse-race
अश्वपालन *m.* horse-breeding
अश्वबल *m.* horsepower
अश्वमेध *m.* a Vedic horse-sacrifice
अश्वशक्ति *f.* horsepower
अश्वशाला *f.* stable
अश्वतर (*aśvatar*) *m.* mule
अश्वत्थ (*aśvatth*) *m.* holy peepal tree
अश्वा (*aśvā*) *f.* mare
अश्वारूढ़ (*aśvārūṛh*) *a.* mounted on a horse, riding a horse
अश्वारोही (*aśvārohī*) I. *m.* horseman, cavalier II. *a.* riding a horse
अश्वारोही सेना *f.* cavalry
अश्विनी (*aśvinī*) *f.* the first lunar mansion (in Aries)
अश्वेत (*aśvet*) *a.* non-white
अश्वेत जातियाँ *f.* non-white races
अषाढ़ (*aṣāṛ*) *m.* name of the month in Hindu calendar between June and July, the first month of the rainy season (better आषाढ़)
अष्ट (*aṣṭ*) *m.* & *a.* eight
अष्टअस्त्र *m.* eight weapons of eight principal gods
अष्टकोण *m.* octagon
अष्टगंध *m.* collection of eight perfumes for worship
अष्टछाप *m.* a group of eight poets of Krishna cult
अष्टताल *m.* the eight rhythms of Indian music
अष्टदल I. *m.* the lotus with eight petals II. *a.* having eight corners
अष्टदिक् *m.* eight quarters (Indra, Agni, Yama, Nairrita, Varuna, Marut, Kuber and Ishan)
अष्टधातु *f.* eight metals (gold, silver, copper, lead, tin, zinc, iron and mercury)
अष्ट नाग *m.* eight serpents
अष्ट नायिका *f.* eight goddesses (Mangala, Vijaya, Bhadra and oth-

ers), eight kinds of heroines

अष्टपद *a.* having eight stanzas

अष्टपदी *f.* octameter

अष्टपाद *m.* octopod, spider

अष्ट प्रहर/याम *adv.* day and night, all day

अष्टबाहु/भुज *m.* (a) octopus (insect) (b) octagon

अष्टवर्ग *m.* a class of eight principal medicines

अष्टवर्षा *a.&f.* (a girl) eight years old

अष्टवसु *m.* eight demi-gods (Apa, Dhruva, Soma, Anala, Anila, Dhara, Pratyusha and Prabhava)

अष्टविध *a.* of eight kinds, eightfold

अष्टसिद्धि *f.* eight achievements of yoga

अष्टक (*aṣṭak*) *m.* 1. set of eight 2. octave 3. one-eighth part of Rigveda

अष्टधा (*aṣṭadhā*) *adv.* in eight ways

अष्टम (*aṣṭam*) *a.* eighth (8th)

अष्टम स्वर *m.* octave (note)

अष्टमी (*aṣṭamī*) *f.* eighth day of lunar fortnight

अष्टांग (*aṣṭāṅg*) I. *m.* eight parts of the body concerned in yoga II. *a.* consisting of eight parts

अष्टांग आयुर्वेद *m.* eight branches of Indian system of medicine

अष्टांग प्रणाम *m.* prostration with eight parts of the body

अष्टादश (*aṣṭādaś*) *a.* & *m.* eighteen, 18

अष्टाधिक (*aṣṭādhik*) *a.* more than eight

असंकुल (*asaṅkul*) *a.* 1. not crowded 2. (खुला) open, bare

असंक्रांत (*asaṅkrānt*) *a.* 1. not transformed, not exchanged 2. not infected

असंक्रामक (*asaṅkrāmak*) *a.* non-infectious

असंक्रामक रोग *m.* non-infectious disease

असंक्रामी (*asaṅkrāmī*) *a.* non-infective

असंक्राम्य (*asaṅkrāmya*) *a.* 1. not transferable, inalienable 2. immune, not infectious

असंक्राम्य अधिकार *m.* inalienable right

असंक्राम्यता (*asaṅkrāmyatā*) *f.* 1. immunity 2. inalienability

असंक्षिप्त (*asaṅkṣipt*) *a.* unabridged

असंख्य (*asaṅkhy*) *a.* numberless, innumerable, uncountable

असंग (*asaṅg*) *a.* 1. free from ties 2. independent 3. having no attachment 4. solitary, alone, single

असंगठित (*asaṅgaṭhit*) *a.* 1. unorganized 2. disunited, loose

असंगत (*asaṅgat*) *a.* 1. irrelevant, incompatible, inconsistent, anomalous, incongruous 2. unreasonable, pointless

असंगत आचरण *m.* improper conduct

असंगत कथन *m.* absurd statement

असंगत वृद्धि *f.* anomalous growth

असंगतता (*asaṅgatatā*) *f.* /**असंगति** (*asaṅgati*) *f.* 1. irrelevance 2. absurdity, incompatibility 3. anomaly, discrepancy

असंगतता प्रदर्शन *m. reductio ad absurdum*

असंचयी (*asañcayī*) *a.* non-cumulative

असंत (*asant*) *a.* not a saint, roguish

असंतत (*asantat*) *a.* discontinuous

असंतुलन (*asantulan*) *m.* imbalance, disequilibrium

असंतुलित (*asantulit*) *a.* unbalanced, erratic, lop-sided

असंतुष्ट (*asantuṣt*) *a.* dissatisfied, discontented

असंतुष्टि (*asantuṣṭi*) *f.* /**असंतोष** (*asantoṣ*) *m.* dissatisfaction, grouse

असंतुष्टिजनक/प्रद *a.* unsatisfactory

असंतृप्त (*asantṛpt*) *a.* unsaturated

असंतृप्ति (*asantṛpti*) *f.* unsaturation

असंतोषी (*asantoṣī*) *a.* 1. dissatisfied, discontented 2. (लोभी) avaricious

असंदिग्ध (*asandigdh*) *a.* doubtless, unequivocal, certain, unambiguous

असंदिग्धता (*asandigdhatā*) *f.* doubtless, unequivocalness, unambiguity

असंपादित (*asampādit*) *a.* 1. unedited 2. not executed

असंपुष्ट (*asampuṣṭ*) *a.* uncorroborated

असंबद्ध (*asambaddha*) *a.* 1. unconnected 2. irrelevant, inconsistent

असंबद्धता (*asambaddhatā*) *f.* 1. want of connection 2. irrelevancy, inconsistency

असंभव (*asambhav*) *a.* impossible, improbable, unlikely

असंभवता (*asambhavtā*) *f.* impossibility

असंभावना (*asambhāvnā*) *f.* improbability, impossibility

असंभावित (*asambhāvit*) *a.* unexpected, unanticipated

असंभाव्य (*asambhāvya*) *a.* improbable, unthinkable

असंभाव्यता (*asambhāvyatā*) *f.* improbability, unthinkability

असंभ्रम (*asambhram*) *a.* calm, quiet, tranquil

असंयत (*asaṃyat*) *a.* 1. unrestrained, unconstrained 2. intemperate 3. extravagant 4. indulgent

असंयम (*asaṃyam*) *m.* (same as असंयति)

असंयमित (*asaṃyamit*) *a.* 1. unrestraint, unconstrained 2. intemperate 3. extravagant 4. indulgent (= असंयत *q.v.*)

असंयमी (*asaṃyamī*) *a.* (of person) intemperate, incontinent, indulgent

असंवादिता (*asaṃvāditā*) *f.* dissonance

असंवादी (*asaṃvādī*) *a.* dissonant

असंवैधानिक (*asaṃvaidhānik*) *a.* unconstitutional

असंसक्त (*asaṃsakt*) *a.* unattached, incoherent, divided, separated

असंसक्ति (*asaṃsakti*) *f.* disunion, incoherence

असंसदीय (*asaṃsadīy*) *a.* unparliamentary

असंस्कृत (*asaṃskṛt*) *a.* uncultured, unpolished, unrefined, unmannerly

असंस्कृत भाषा *f.* uncultured language

असंहत (*asaṃhat*) *m.* 1. diffused, not concentrated 2. loose

असगंध (*asgandh*) *m.* winter cherry, *physalis flexuosa* (a medicinal plant)

असगुन (*asagun*) *m.* ill-omen, inauspicious sign (better अपशकुन)

असज्जन (*asajjan*) *m.* wicked/crooked person, villain

असत् (*asat*) *a.* 1. non-existing 2. untrue 3. unfair

असत् कर्म *m.* misdeed

असत् संग *m.* bad company

असतत (*asatat*) *a.* discontinuous

असती (*asatī*) *a.* & *f.* unchaste (wife), unfaithful (woman)

असतीत्व (*asatītv*) *m.* absence of chastity

असत्य (*asaty*) I. *a.* untrue, false, wrong II. *m.* untruth

असत्यवादी *m.* liar, untruthful person

असद् (*asad*) *a.* 1. non-existing 2. untrue 3. unfair (variation of असत् *q.v.*)

असद्भाव *m.* mala fide, ill-will

असद्वृत्ति *f.* low or degrading occupation

असद्व्यवहार *m.* misbehaviour

असदानीरा (*asadānīrā*) *f.* non-perennial stream

असन्निहित (*asannihit*) *a.* remote, not near, distant

असफल (*asaphal*) *a.* unsuccessful

असफल प्रयत्न *m.* unsuccessful effort

असफलता (*asaphaltā*) *f.* unsuccessfulness, failure, fiasco

असफलतापूर्वक *adv.* unsuccessfully

असबाब A (*asbāb*) *m.* luggage, baggage, chattels

असभ्य (*asabhy*) *a.* uncivilized, uncivil, unrefined, rude

असभ्यता (*asabhyatā*) *f.* incivility, barbarity

असमंजस (*asamañjas*) *m.* suspense, quandry
असमंजस में पड़ना *v.i.* to be in suspense, to hang in the balance
असमंजित (*asamañjit*) *a.* unadjusted
असमंजित शेष *m.* unadjusted balance
असम (*asam*) *a.* 1. unequal 2. uneven 3. unbalanced
असमकक्ष *a.* not a match (for)
असमत A (*asmat*) *f.* chastity, sanctity
असमत फ़रोश *m.* chastity-monger
असमता (*asamtā*) *f.* inequality, disparity
असममित (*asamamit*) *f.* asymmetrical
असममिति (*asamamiti*) *f.* asymmetry
असमय (*asamay*) I. *m.* improper time II. *adv.* out of place III. *a.* 1. untimely, inopportune 2. premature
असमयोचित (*asamayocit*) *a.* inopportune, untimely
असमर्थ (*asamarth*) *a.* 1. unable, incapable, powerless, incompetent 2. feeble, weak, invalid, helpless
असमर्थ बनाना *v.t.* to incapacitate
असमर्थता (*asamarthatā*) *f.* 1. disablement, invalidity 2. inability, incapability
असमान (*asamān*) *a.* 1. unequal, unparalleled 2. unlike, dissimilar
असमानता (*asamāntā*) *f.* 1. inequality 2. dissimilarity, disparity
असमापिका (*asamāpikā*) *a.* infinite
असमापिका क्रिया *f.* infinite verb, participle
असमाप्त (*asamāpt*) *a.* incomplete, unfinished
असमाप्त छुट्टी *f.* unexpired leave
असमायोजित (*asamāyojit*) *a.* unadjusted
असमायोजित लेखा *m.* unadjusted account
असमाहार (*asamāhār*) *m.* separation, detachment, disunion
असमीकरण (*asamīkaraṇ*) *m.* unassimilation
असमीकृत (*asamīkr̥t*) *a.* unassimilated
असम्मत (*asammat*) *a.* 1. unwilling, averse, reluctant 2. unaccepted, refused, rejected
असम्मत होना *v.i.* to dissent, to refuse,
असम्मेय (*asammey*) *a.* incommensurable
असम्मेयता (*asammeytā*) *f.* incommensurability
असम्यक् (*asamyak*) *a.* undue
असम्यक् प्रभाव undue influence
असर A (*asar*) *m.* 1. effect 2. influence 3. impression
असर करना *v.t.* to have or take effect, to affect
कोई असर न होना to have no effect
असल A (*asal*) I. *a.* 1. real, true 2. genuine II. *m.* root, origin III. *m.* principal amount
असल का *a.* legitimate
असल में in reality, really (also दरअसल)
असलियत A (*asliyat*) *f.* reality, truth, fact
असली A (*aslī*) *a.* 1. genuine, pure 2. real, true, bona fide
असली सिक्का *m.* genuine coin
असवर्ण (*asavarṇ*) *a.* 1. not of the high caste 2. not of the same caste
असवर्ण विवाह *m.* exogamy
असह (*asah*) *a.* unbearable
असहकार (*asahkār*) *m.* non-co-operation
असहनशील (*asahanśīl*) *a.* intolerant, short-tempered, unforbearing
असहनीय (*asahnīy*) *a.* intolerable, unbearable, insufferable
असहमत (*asahmat*) *a.* disagreeing
असहमत होना *v.i.* to disagree
असहमति (*asahmati*) *f.* disagreement, dissent, discord
असहयोग (*asahyog*) *m.* non-co-operation
असहयोग आंदोलन *m.* non-co-operation movement

असहयोगवादी *m.* follower of nonco-operative principles
असहयोगी (*asahyogī*) I. *a.* non-co-operating II. *m.* non-co-operator
असहाय (*asahāy*) *a.* 1. helpless 2. miserable, poor
असहाय अवस्था में marooned, desolated
असहिष्णु (*asahiṣṇu*) *a.* 1. unable to bear, intolerant 2. (अधीर) impatient
असहिष्णुता (*asahiṣṇutā*) *f.* 1. intolerance 2. impatience
असह्य (*asahy*) *a.* unbearable, intolerable
असांप्रदायिक (*asāmpradāyik*) *a.* non-communal, undenominational, secular
असांप्रदायिकता (*asāmpradāyiktā*) *f.* non-communalism, non-denomination
असांसद (*asāṃsad*) *a.* /**असांसदिक** (*asāṃsadik*) *a.* unparliamentary
असांसद, असांसदिक अभिव्यक्ति *f.* unparliamentary expression
असांसारिक (*asāṃsārik*) *a.* unworldly, unearthly
असांसारिकता (*asāṃsāriktā*) *f.* unworldliness, unearthliness
असाक्षिक (*asākṣik*) *a.* unwitnessed, unattested
असाढ़ (*asāṛh*) *m.* the fourth month of Hindu calendar, June-July
असाढ़ी (*asāṛhī*) *f.* summer harvest
असातत्य (*asātaty*) *m.* (from सतत) discontinuation, discontinuity
असाथ (*asāth*) *m.* bad company
असादृश्य (*asādṛśy*) *m.* dissimilarity, non-resemblance
असाध (*asādh*) *a.* unrighteous, wicked, evil-minded
असाधपन (*asādhpan*) *m.* unrighteousness, wickedness
असाधारण (*asādhāraṇ*) *a.* uncommon, extraordinary, singular
असाधारण अधिकार *m.* extraordinary right or power
असाधारण बैठक *f.* extraordinary meeting
असाधारणता (*asādhāraṇtā*) *f.* uncommonness
असाधु (*asādhu*) *a.* 1. bad, wicked, immoral 2. wrong
असाधु प्रयोग wrong use
असाधुता (*asādhutā*) *f.* unrighteousness, wickedness
असाध्य (*asādhy*) *a.* 1. incurable, irremediable 2. out of reach, unfeasible
असामयिक (*asāmayik*) *a.* 1. inopportune, untimely 2. premature, early
असामयिक मृत्यु *f.* untimely death
असामरिक (*asāmarik*) *a.* non-combatant
असामर्थ्य (*asāmarthy*) *f.* weakness
असामाजिक (*asāmājik*) *a.* asocial, antisocial
असामाजिक तत्त्व *m.* antisocial element
असामान्य (*asāmānya*) *a.* uncommon, abnormal, extraordinary, unusual, singular, exceptional
असामी A (*asāmī*) *m.* client
असाम्य (*asāmya*) *m.* 1. dissimilarity, disparity 2. inequality 3. imbalance, disequilibrium
असार (*asār*) I. *a.* 1. sapless, pithless 2. hollow 3. unsubstantial, immaterial 4. vain, useless II. *m.* useless part
असारता (*asārtā*) *f.* vanity, worthlessness, unsubstantiality
असार्थक (*asārthak*) *a.* non-significant, meaningless
असार्थकता (*asārthaktā*) *f.* insignificance, meaninglessness
असालतन A (*asāltan*) *adv.* in person, personally
असावधान (*asāvdhān*) *a.* careless, unguarded, unwary, off one's guard
असावधानता (*asāvdhāntā*) *f.* careless-

ness, inadvertence, unwariness

असावधानतापूर्वक *adv.* carelessly, inadvertently

असावधानी (*asāvdhānī*) *f.* carelessness, inadvertence, unwariness (see असावधानता)

असावरी (*asāvarī*) *f.* a musical mode played early in the morning

असाहचर्य (*asāhcary*) *m.* disassociation

असाहसी (*asāhsī*) *a.* spiritless, cowardly, chicken-hearted

असि (*asi*) *f.* sword

असिकोष *m.* sheath

असिपत्र *m.* blade of a sword

असित (*asit*) *a.* not white, dark

असितांग (*asitāṅg*) *a.* dark-complexioned, swarthy, *m.* Lord Shiva

असिद्ध (*asiddh*) *a.* 1. unproved 2. (कच्चा) immature, raw 3. (अपूर्ण) incomplete, unaccomplished, unfinished 4. (असफल) unsuccessful

असिद्धि (*asiddhi*) *f.* 1. imperfection, imperfect accomplishment 2. (असफलता) failure 3. want of proof

असिस्टेंट E (*asisṭenṭ*) *m.* assistant

असिस्टेंट कलक्टर *m.* assistant collector

असिस्टेंट संपादक *m.* assistant editor

असींचा (*asīñcā*) *a.* not watered, not irrigated

असीम (*asīm*) *a.* 1. boundless, unlimited, endless, immense 2. absolute

असीमित (*asīmit*) *a.* (same as असीम)

असील A (*asīl*) *a.* of good lineage or pedigree, of pure breed (as मुर्गा cock, or घोड़ा horse)

असीस (*asīs*) *f.* blessing, benediction

असीस देना *v.t.* to bless

असीसना (*asīsnā*) *v.t.* to bless

असुंदर (*asundar*) *a.* not handsome, ugly

असुख (*asukh*) *m.* 1. unhappiness 2. affliction 3. difficulty 4. illness

असुधार्य (*asudhārya*) *a.* incorrigible

असुर (*asur*) *m.* 1. demon, monster 2. wicked or crooked person

असुरविद्या *f.* demonology

असुरक्षा (*asurakṣā*) *f.* insecurity

असुरक्षित (*asurakṣit*) *a.* insecure, unsafe

असुरारि (*asurārī*) *m.* enemy of demons, Vishnu

असुविधा (*asuvidhā*) *f.* inconvenience, difficulty

असुविधाजनक *a.* inconvenient

असुस्थ (*asusth*) *a.* sick, ill, unwell

असुलभ (*asulabh*) *a.* not easily available, rare, costly

असूक्ष्म (*asūkṣm*) *a.* not fine or subtle

असूक्ष्मदर्शिता *f.* want of insight

असूयक (*asūyak*) *m.* 1. fault-finder, cynic 2. (ईर्ष्यालु) envious, jealous, malicious

असूया (*asūyā*) *f.* 1. jealousy, malice, envy 2. cynicism, fault-finding

असूर्यंपश्या (*asūryampaśyā*) *f.* whose beauty is not exposed to the sun, confined to the harem

असेंबली E (*asemblī*) *f.* assembly

असेवित (*asevit*) *a.* unattended, not served, neglected

असेसमेन्ट E (*asesmenṭ*) *m.* assessment

असेसर E (*asesar*) *m.* assessor or juryman

असैनिक (*asainik*) I. *a.* non-military, civil II. *m.* civilian

असैनिक प्राधिकारी *m.* civil authority

असैनिकीकरण (*asainikīkaraṇ*) *m.* demilitarization

असैनिकीकृत (*asainikīkr̥t*) *a.* demilitarized

असोची (*asocī*) *a.* thoughtless, careless

असोज (*asoj*) *m.* the seventh month of the Vikrami calendar (see क्वार)

असोसिएशन E (*asosieśan*) *m.* association

असौंदर्य (*asaum̐dary*) *m.* lack of beauty, ugliness

असौहार्द (*asauhard*) *m.* want of friendship, unfriendliness

अस्कत (*askat*) *f.* inactivity, tardiness, indolence

अस्कती (*askatī*) *a.* inactive, lazy, remiss, tardy, indolent

अस्तंगत (*astaṅgat*) *a.* set (as the sun)
  सूर्य अस्तंगत हो गया the sun sank

अस्त (*ast*) *a.* set, sunken, (of the sun) setting
  अस्त होना to set

अस्तव्यस्त (*astavyast*) *a.* helter-skelter, rough and tumble, off the rails
  अस्तव्यस्त करना *v.t.* to derange, to dislocate

अस्तव्यस्तता (*astavyastatā*) *f.* disorderliness

अस्तबल A (*astabal*) *m.* stable (for a horse)

अस्तब्ध (*astabdh*) *a.* fickle, unsteady, not firm

अस्तर P (*astar*) *m.* 1. lining (as for a coat) 2. base (of a painting)

अस्तरित (*astarit*) *a.* unstratified

अस्ताचल (*astācal*) *m.* (imaginary) western mountain behind which the sun sets

अस्ति (*asti*) *f.* 1. existence 2. affirmation
  अस्तिवाचक *a.* affirmative

अस्तित्व (*astitv*) *m.* existence, being, reality
  अस्तित्व में आना *v.i.* to come into existence
  अस्तित्ववाद *m.* existentialism
  अस्तित्ववादी *m.* existentialist
  अस्तित्वहीन *a.* non-existent

अस्तु (*astu*) *p.p.* all right, then, well !

अस्तुरा P (*asturā*) *m.* razor (better उस्तरा *q.v.*)

अस्तेय (*astey*) *m.* non-stealing
  अस्तेय व्रत *m.* vow of non-stealing

अस्तोदय (*astoday*) *m.* time from sunset to sunrise

अस्त्र (*astr*) *m.* missile, weapon
  अस्त्रजीवी *m.* professional soldier
  अस्त्रधारी *a.* bearing arms, armed
  अस्त्रविज्ञान *m.* ballistics
  अस्त्रविराम *m.* ceasefire
  अस्त्रशाला *f.* ordnance depot, armoury, magazine
  अस्त्रहीन *a.* unarmed, defenceless

अस्त्रागार (*astrāgār*) *m.* armoury, arsenal, magazine

अस्त्रीकरण (*astrīkaraṇ*) *m.* militarization

अस्थानिक (*asthānik*) *a.* adventitious

अस्थानीय (*asthānīy*) *a.* non-local

अस्थायित्व (*asthāyitv*) *m.* instability, transitoriness

अस्थायी (*asthāyī*) *a.* provisional, temporary
  अस्थायी नियुक्ति *f.* temporary appointment
  अस्थायी बस्ती *f.* temporary settlement
  अस्थायी सेवा *f.* temporary service

अस्थावर (*asthāvar*) *a.* movable
  अस्थावर संपत्ति *f.* movable wealth

अस्थि (*asthi*) *f.* bone
  अस्थिकलश *m.* urn
  अस्थिकांड *m.* bone shaft
  अस्थिक्षय *m.* caries
  अस्थिचर्म bone and skin
  अस्थिपंजर *m.* skeleton
  अस्थिपात्र *m.* urn
  अस्थिप्रवाह *m.* immersion of bones/ashes
  अस्थिबंधन *m.* ligature
  अस्थिभंग *m.* fracture
  अस्थिमय *a.* bony
  अस्थिमात्र *a.* nothing but bones, extremely feeble
  अस्थिमान *a.* bony, vertebrate
  अस्थिविज्ञान *m.* osteology
  अस्थिविज्ञानी *m.* osteologist
  अस्थिशिल्प *m.* bone work
  अस्थिशेष *a.* reduced to a skeleton

अस्थिशोथ *m.* osteitis

अस्थिसंचय *m.* collection of ashes after cremation

अस्थित (*asthit*) *a.* unsettled, unfixed, infirm

अस्थिर (*asthir*) *a.* unsteady, volatile, unstable, fickle, labile, unsettled

अस्थिरचित्त *a.* fickle-minded

अस्थिरता (*asthirtā*) *f.* instability, unsteadiness, fickleness

अस्थिल (*asthil*) *a.* bony

अस्थैर्य (*asthairya*) *m.* instability, unsteadiness, fickleness (= अस्थिरता *q.v.)*

अस्पंद (*aspand*) *a.* not vibrating, motionless

अस्पताल E (*aspatāl*) *m.* hospital

अस्पताली (*aspatālī*) *a.* of or pertaining to hospital

अस्पताली गाड़ी *f.* ambulance car/van

अस्पर्धी (*aspardhī*) *a.* non-competitive

अस्पर्शी (*asparśī*) *a.* intangible, not palpable

अस्पष्ट (*aspaṣṭ*) *a.* 1. not clear, indistinct, equivocal, vague, blurred, obscure 2. dim, hazy

अस्पष्ट प्रतिबिंब *m.* blurred reflection

अस्पष्ट लेख *m.* illegible writing

अस्पष्ट सुझाव *m.* ambiguous suggestion

अस्पष्टता (*aspaṣṭatā*) *f.* 1. lack of clarity 2. vagueness, ambiguity

अस्पृश्य (*aspr̥śya*) *a.* untouchable

अस्पृश्यता (*aspr̥śyatā*) *f.* untouchability

अस्पृश्यता निवारण *m.* elimination of untouchability

अस्पृष्ट (*aspr̥ṣṭ*) *a.* untouched

अस्पृष्ट अक्षर *m.* a syllable or letter not touching any organ of articulation

अस्पृह (*aspr̥h*) *a.* 1. innocent 2. disinterested, indifferent

अस्फाल्ट E (*asfālṭ*) *m.* asphalt

अस्फाल्ट बिछाना *v.t.* to cover with asphalt

अस्फुट (*asphuṭ*) *a.* inarticulate, indistinct

अस्फुट विचार *m.* indistinct thought

अस्फुट पुष्प *m.* unblossomed flower

अस्मत A (*asmat*) *f.* chastity

अस्मदीय (*asmadīy*) *pron.* our

अस्मिता (*asmitā*) *f.* pride, vanity, egotism, identity

अस्ल A (*asla*) I. 1. real, true 2. genuine II. *f.* root, origin 3. pure (see असल, असली, etc.)

अस्वच्छ (*asvacch*) *a.* not clean, dirty

अस्वर (*asvar*) I. *m.* 1. consonant 2. low voice II. *a.* not clear voice

अस्वस्थ (*asvasth*) *a.* 1. unhealthy, ill, indisposed 2. not fit

अस्वस्थता (*asvasthatā*) *f.* illness, indisposition, unhealthiness

अस्वाभाविक (*asvābhāvik*) *a.* unnaturalness, artificial

अस्वाभाविकता (*asvābhāviktā*) *f.* unnaturalness, artificiality

अस्वामिक (*asvāmik*) *a.* unowned, ownerless

अस्वामिक संपत्ति *f.* unclaimed property

अस्वास्थ्य (*asvāsthy*) *m.* illness, indisposition, unhealthiness (= अस्वस्थता *q.v.*)

अस्वीकार (*asvīkār*) *m.* dissent, denial, refusal

अस्वीकार करना *v.t.* to deny, to refuse, to disclaim, to disavow, to not accept

अस्वीकार्य (*asvīkāry*) *a.* unacceptable, deniable

अस्वीकृत (*asvīkr̥t*) *a.* not accepted, not admitted, rejected, refused

अस्वीकृति (*asvīkr̥ti*) *f.* non-acceptance, denial, refusal, dissent

अस्सी (*assī*) *a.* & *m.* eighty, 80

अस्सी की आमदनी चौरासी खर्च *(लो.)* earning five spending seven

अस्सीवाँ (*assīvāṁ*) *a.* eightieth, 80th

अहं (*aham*) *m.* ego
अहंकार *m.* egotism, self-consciousness, pride, vanity
अहंकारी *a.* proud, conceited, arrogant
अहंकेंद्रिक *a.* egocentric
अहंकेंद्रिकता *f.* egocentricity
अहंभाव *m.* egoism, solipsism
अहंमन्य *a.* egotist
अहंमन्यता *f.* egotism
अहद A (*ahad*) *m.* pledge, commitment
अहदनामा *m.* agreement
अहदी A (*ahadī*) *a.* slothful, lazy, indolent
अहम A (*aham*) *a.* vital, significant, important
अहमक A (*ahamak*) *a.* & *m.* blockhead, idiot, simpleton, foolish (person)
अहमियत A (*ahmiyat*) *f.* significance, importance
अहरन (*aharan*) *f.* anvil
अहर्निश (*aharniś*) *m.* day and night
अहलकार A (*ahalkār*) *m.* official, worker
अहलमद A (*ahalmad*) *m.* record keeper (in a law court)
अहसान A (*ahasān*) *m.* obligation, favour (better एहसान *q.v.*)
अहस्तक्षेप (*ahastakṣep*) *m.* non-intervention, *laissez-faire*
अहस्तक्षेप नीति *f. laissez-faire*
अहस्तक्षेप्य (*ahastakṣepy*) *a.* not to be interfered with, non-cognizable
अहस्तांतरित (*ahastāntarit*) *a.* not transferred
अहस्तांतरीय (*ahastāntarīy*) *a.* untransferable
अहह (*ahah*) *interj.* ah ! (expressing sorrow, agony, etc.)
अहा (*ahā*) *interj.* aha ! excellent, wonderful (expressing surprise, support), good !
अहाता (*ahātā*) *m.* compound, enclosed space
अहानिकर (*ahānikar*) *a.* unharmful, non-detrimental, undamaging
अहिंदी (*ahindī*) *a.* 1. non-Hindi 2. non-Indian
अहिंदीभाषी *m.* non-Hindi speaker
अहिंदू (*ahindū*) *m.* non-Hindu
अहिंसक (*ahiṃsak*) *a.* non-violent (person)
अहिंसा (*ahiṃsā*) *f.* non-violence
अहिंसात्मक (*ahiṃsātmak*) *a.* non-violent (act)
अहिंसात्मक आंदोलन *m.* non-violent movement
अहिंसावाद (*ahiṃsāvād*) *m.* the cult or creed of non-violence
अहिंसावादी (*ahiṃsāvādī*) *m.* non-violent, believer in the cult of non-violence
अहिंस्र (*ahiṃsr*) *a.* non-violent, not ferocious, harmless
अहि (*ahi*) *m.* 1. snake 2. serpent
अहिफेन *m.* opium
अहिच्छत्रक *m.* mushroom
अहिनिर्मोक *m.* slough
अहित (*ahit*) *m.* harm, damage, evil
अहितकर *a.* harmful, damaging, detrimental to one's interest
अहितेच्छा (*ahitecchā*) *f.* malevolent intention
अहिवात (*ahivāt*) *m.* woman's married life or state
अहीर (*ahīr*) *m.* milkman
अहेतु (*ahetu*) *m.* absence of motive or selfishness
अहेतुक (*ahetuk*) *a.* & m. /**अहेतुकी** (*ahetukī*) *a.* & *f.* without a motive, without any rhyme or reason
अहेर (*aher*) *m.* game, hunting
अहेरी (*aherī*) *m.* stalker, hunter
अहैतुक (*ahaituk*) *a.* & *m.* /**अहैतुकी** (*ahaitukī*) *a.* & *f.* without a motive, without any rhyme or reason (same as अहेतुक *q.v.*)
अहो (*aho*) *inter* j. oh, O !

आ

आ[1] (*ā*) the second vowel of the Devanagari syllabary

आ[2] (*ā*) *pref.* till, up to, for, (as in आजन्म, आमरण)

आँक (*āṁk*) *m.* mark, spot

आँकड़ा (*āṁkṛā*) *m.* 1. (generally *pl.*) figures, statistics, data 2. hook
आँकड़ा-निर्वचन interpretation of data
आँकड़ा-विश्लेषण *m.* analysis of data
कच्चे आँकड़े rough figures
पक्के आँकड़े exact figures

आँकड़ेदार (*āṁkṛedār*) *a.* hooked
आँकड़ेदार रेखा hooked stroke

आँकना (*āṁknā*) *v.t.* to assess, to appraise, to estimate, to reckon
आँका मूल्य appraised value

आंकिक (*āṅkik*) *a.* (from अंक number) numeral
आंकिक परीक्षण numerical test

आँख (*āṁkh*) *f.* 1. eye 2. vision 3. regard 4. grace (= अँखुआ)
आँख अंजनी *f.* stye
आँख आना *(मु.)* to suffer from some eye disease such as ophthalmia
आँख उठाकर देखना *v.t.* to cast a glance, to have a look, to see
आँख उठाकर भी न देखना *(मु.)* to pay no regard, to take no notice, to treat with disdain
आँख उठाना *(मु.)* to raise one's eyes
आँख ऊँची न करना *v.t.* not to raise one's eyes, to feel abashed
आँख ओझल दिल से गायब *(लो.)* out of sight, out of mind
आँख ओट पहाड़ ओट *(लो.)* out of sight, out of mind
आँख का अंधा नाम नैनसुख *(लो.)* a Negro named Mr. White, an irony of fate
आँख का काँटा *(मु.)* an eyesore, a pain in the neck
आँख का डेला eyeball
आँख का तारा *(मु.)* cynosure of one's eye, darling, favourite
आँख-कान खुले रखना *v.t.* to keep eyes and ears open, to be alert
आँख का परदा उठ जाना *v.t.* to lose all sense of shame
आँख का पानी उतर/ढल जाना *(मु.)* to become shameless
आँख की किरकिरी *(मु.)* an eyesore, a pain in the neck (= आँख का काँटा)
आँख की पुतली *(मु.)* pupil of the eye, (*fig.*) pet, favourite, darling
आँख के डोरे *adv.* sockets of the eye distended with blood, streaks of blood in the eye
आँख खुलना *(मु.)* to wake up, to be aware/cautious
आँख खोलना *(मु.)* to open one's eyes, to make aware/conscious
आँख गड़ाना *(मु.)* to stare (at)
आँख गरम करना *v.t.* to refresh one's eyes, to comfort oneself, to feast the eyes (= आँख सेंकना)
आँख चढ़ना *v.i.* to have eyes heavy or drowsy
आँख चढ़ाना *(मु.)* to look angry, to frown
आँख चमकाना *v.t.* to make the eyes

flash
आँख चुराना *v.t.* to avoid taking notice, to avoid exchange of looks
आँख चूकना *v.i.* to miss a look
आँख छिपाना *v.t.* to feel shy, to avoid looking at
आँख जमना *v.i.* to look steadily
आँख झपकते *adv.* in the twinkling of an eye
आँख झपकाना *v.t.* to blink, to wink
आँख टेढ़ी करना *v.t.* to look with disfavour, to frown
आँख ठंडी करना *v.t.* to cool the eyes, to freshen one's eyes, to get consolation
आँख डालना *(मु.)* to look, to glance
आँख तरेरना *(मु.)* to browbeat, to forbid by signs
आँख दबना *v.i.* to forbid by gestures
आँख दिखाना *(मु.)* to look at angrily, to stare defiantly, to browbeat
आँख न उठा सकना *v.i.* to not dare to challenge or revolt
आँख न ठहरना *v.i.* to be unable to fix (one's) glance, to be dazzled
आँख न लगना *v.i.* to get no sleep
आँख निकालना *(मु.)* to deprive a person of his eye
किसी पर आँख पड़ना *v.i.* to meet somebody by chance
आँख पथराना *v.i.* to be dead
आँख फड़कना *(मु.)* to feel a pulsation in the eye to have a premonition
आँख बंद करके *adv.* heedlessly, at random
आँख बंद कर लेना *v.t.* to ignore
आँख बचाकर निकल जाना *v.t.* to avoid, to shirk away stealthily
आँख बराबर न कर सकना *v.t.* not to be able to look face to face, to be shy
आँख भर आना *v.i.* to have the eyes filled with tears, to be about to weep
आँख भर (के) देखना *(मु.)* to stare long and with satisfaction, to cast amorous glances
आँख-भौंह टेढ़े करना *v.t.* to look disgusted, to be angry
आँख मारना *(मु.)* to wink, to look with wanton eyes
आँख मिलाना *(मु.)* to look in the face
आँख में आँख डालना *v.t.* (a) to look intently (b) to look shamelessly at
आँख में आँख मिलाना *v.t.* to look boldly
आँख में खटकना *v.i.* (a) to rattle (b) to rankle (c) to apprehend, doubt (see खटकना)
आँख में खुभना *v.i.* to be irked
आँख मैली करना *v.t.* to frown
आँख रखना *v.t.* to have an eye on, to choose as a target
आँख लगना *(मु.)* to fall in love, to fall asleep
आँख लगाना *(मु.)* to cast amorous glances, to fix the eyes on something
आँख लजाना *v.t.* the eyes to be lowered out of shame or modesty
आँख लड़ना *(मु.)* to fall in love
आँख लड़ाना *(मु.)* to exchange amorous glances
आँख सेंकना *v.t.* to refresh one's eyes, to comfort oneself, to feast the eyes
आँख से उतर/गिर जाना *(मु.)* to be degraded, to lose favour
आँख से ओझल होना *v.i.* to be out of sight
आँख से गिरना *v.i.* to fall in the esteem (of)
आँखें ऊपर उठाना *v.t.* to raise (one's) eyes
आँखें खुल जाना *v.i.* to be conscious/cautious, to be warned
आँखें खुली की खुली रह जाना *v.t.* to be stunned
आँखें गड़ाना *v.t.* to gaze piercingly

आँखें चढ़ना *(मु.)* to be drowsy
आँखें चमक उठना *v.i.* eyes to flash with joy/success
आँखें चार होना *(मु.)* to look into each other's eyes
आँखें चुराना *(मु.)* to avoid taking notice, to avoid the exchange of looks (see आँख चुराना)
आँखें चौंधिया जाना *v.i.* to be dazzled
आँखें छलछलाना *v.i.* (eyes) to overflow with tears
आँखें जमाना *v.t.* to fix one's gaze
आँखें झपकाना *v.t.* to blink
आँखें झुकाना *v.t.* to downcast one's eyes
आँखें ठंडी करना *v.t.* to cool the eyes, to freshen one's eyes, to get consolation (see आँख ठंडी करना)
आँखें डबडबा आना *v.t.* to have the eyes filled with tears
आँखें (डलना) *v.t.* to die
आँखें तरसना *v.i.* to long to see, to crave for a meeting
आँखें तरेरना *v.t.* to browbeat, to forbid by signs (see आँख तरेरना)
आँखें दिखाना *(मु.) v.t.* (a) to scold, to rebuke, (b) to get examined
आँखें निकालना *v.t.* (a) to look angrily (b) to gouge the eyes
आँखें नीची होना *(मु.)* to be humiliated, to feel shy
आँखें नीली-पीली करना या होना *v.t.* to become livid with anger
आँखें पथराना *(मु.)* eyes to petrify, eyes to become dim by constant gazing
आँखें पोंछना *v.t.* to wipe away tears
आँखें फटना *v.i.* to feel the eyes bursting with pain
आँखें फाड़-फाड़कर देखना *v.t.* to stare eagerly or closely
आँखें फूटना *v.i.* to lose eyes, to become blind
आँखें फेर लेना *(मु.)* to avoid, to look the other way
आँखें फोड़ लेना *v.t.* to ruin one's eyesight
आँखें बंद कर लेना *(मु.)* to shut the eyes, to fall asleep, to take no notice
आँखें बदलना *v.t.* to withdraw one's favours or regard
आँखें बिछाना *(मु.)* to welcome warmly, to hold in esteem
आँखें भर आना *(मु.)* to have eyes filled with tears
आँखें मटकाना *v.t.* to roll the eyes
आँखें मिचकाना *v.t.* to shut and open eyes repeatedly
आँखें मिलाना *v.t.* to look squarely in the eyes
आँखें मूँदना *v.t.* to close one's eyes
आँखें लड़ाना *(मु.)* to exchange amorous glances (see आँख लड़ाना)
आँखें लाल-पीली होना *v.i.* to become livid with anger (= आँखें नीली-पीली होना)
आँखों-आँखों में *adv.* (to talk) in sign language
आँखों का काजल चुराना *v.t.* to steal from under somebody's nose
आँखों का तेल निकालना *v.t.* to strain the eyes sorely
आँखों के तीर चलाना *v.t.* to cast wanton glances
आँखों के सामने अँधेरा छाना *v.i.* to have a blackout, to be shocked
आँखों-देखा a first-hand
आँखों-देखा वर्णन/हाल *m.* running commentary
आँखों पर चरबी चढ़ना *(मु.)* to be blinded with pride/arrogance
आँखों पर ज़ोर डालना *v.t.* to strain one's eyes
आँखों पर ठीकरी रख लेना *v.t.* to be indifferent to all shame
आँखों पर बैठाना *(मु.)* to give respect,

to adore, to hold dear

आँखों पर हाथ रख लेना *v.t.* (a) to forget others' favours and kindness (b) to be ungrateful

आँखों में आँखें डालना *(मु.)* to look deep into somebody's eyes

आँखों में खटकना *(मु.)* to be an eye-sore

आँखों में ख़ार (काँटा) होना *v.i.* to be very unpleasant

आँखों में घर करना *v.i.* to persist in one's loving memory

आँखों में चुभ जाना *(मु.)* to attract, to fascinate

आँखों में चर्बी छाना *v.i.* to be blinded by pride

आँखों में धूल डालना या झोंकना *(मु.)* to throw dust in somebody's eyes, to hoodwink, to cheat

आँखों में बसना *(मु.)* to have a liking (for)

आँखों में बैठाना *v.t.* to receive with all respect

आँखों में रात काटना *v...* to pass a sleepless night

आँखों में समाना *(मु.)* to be ever present in one's eyes/mind

आँखों में सलाई फेरना *v.t.* to deprive somebody of eyesight, to blind

आँखों से खून टपकना *v.i.* to have bloodshot eyes

आँखों ही आँखों में *adv.* at a glance

आँगन (*āṁgan*) *m.* courtyard, enclosed space adjoining a house, quadrangle

आंगिक (*āṅgik*) *a.* 1. pertaining to the body, bodily, corporeal 2. organic

आंगिक अभिनय *m.* acting by gestures

आंगिक अभिव्यक्ति *f.* physical expression

आंगिक एकता *f.* organic unity

आंगिक मनस्ताप *m.* organic psychosis

आंग्ल (*āṅgla*) *a.* Anglo-

आंग्ल-अमरीकी *a.* Anglo-American

आंग्ल-भारतीय *a.* Anglo-Indian

आंग्ल भाषा *f.* English language

आँच (*āṁc*) *f.* 1. fire 2. flame 3. heat 4. (*fig.*) harm, damage 5. passion, lust

आँच आना *(मु.)* to suffer a loss, to run a risk, to come to harm

साँच को आँच नहीं *(मु.)* fire has no effect on truth, truth has nothing to fear

आँचल (*āṁcal*) *m.* 1. border or edge of a veil or saree 2. (*fig.*) breasts or bosom of a woman

आँचल देना *v.t.* to give the breast (to an infant), to breastfeed

आँचल पसारना *(मु.)* to beg, to beseech

आँचल में (गाँठ) बाँधना *(मु.)* to tie a knot at the edge of a mantle or sheet (by way of reminder), to bear in mind, to keep in memory

आँचल लेना *v.t.* to cover one's upper body/ head with a veil or saree

आंचलिक (*āñcalik*) *a.* regional, zonal

आंचलिक उपन्यास *m.* regional novel

आंचलिक कार्यालय *m.* zonal office

आंचलिकता (*āñcaliktā*) *f.* regionalism

आँजना (*āṁjnā*) *v.t.* to apply collyrium to the eyes

आंजनेय (*āñjñey*) *m.* one of the names of Hanuman

आँजी (*āṁjī*) *f.* (selvage) of a piece of cloth, hem of a handkerchief, etc. selvedge

आँट[1] (*āṁṭ*) *f.* 1. knot, joint (of a finger) 2. a peculiar fold of a dhoti 3. knot 4. entanglement 5. antagonism, opposition, enmity, grudge

आँट पड़ना *v.i.* to become knotted or entangled, to have a feeling of antagonism

आँट-साँट *f.* intrigue, plot

आंट[2] E (*āṇṭ*) *f.* /**आंटि** (*āṇṭi*) *f.* aunt,

auntie

आँटी (*āṁṭī*) *f.* fold of a dhoti around the waist

आँडू (*āṁṛū*) *a.* uncastrated (e.g. bull), having large testicles

आँड़े-बाँड़े (*āṁṛe-bāṁṛe*) *m. & pl.* strolling, rambling

आँड़े-बाँड़े खाना *v.i.* to walk about slowly, to take a stroll, to ramble

आंत (*ānt*) *a.* last, final, ultimate, at last, finally, ultimately

आँत (*āṁt*) *f.* intestine, entrails

आँत उतरना *v.i.* protrusion of the intestine, hernia

आँतें कुलबुलाना *(मु.)* to feel very hungry

आँत गिरना *v.i.* to pass loose white stools

आँतें गले पड़ना *v.i.* to get involved in some unpleasant job

आँतें मुँह को आना *(मु.)* to feel suffocated, to feel uneasy

आँतें समेटना *v.t.* to go without food

आंतर (*āntar*) *a.* inner, internal, intrinsic

आंतर इन्द्रिय *f.* internal sense

आंतर उद्दीपन *m.* internal stimulus

आंतर गुण intrinsic quality

आंतर मूल्य intrinsic value

आंतर रूप inner form

आंतर श्वसन *m.* internal respiration

आंतरांग (*āntarāṅg*) I. *m.* internal organs (heart, brain, liver, etc.), viscera II. of inner organs, visceral

आंतरांग धमनियाँ *f.* visceral arteries

आंतरागारिक (*āntarāgārik*) *a.* of or pertaining to a storekeeper

आंतरायिक (*āntarāyik*) *a.* (from अंतराय interruption) interrupted, intermittent

आंतरायिक धारा *f.* intermittent current

आंतरायिक वर्षा *f.* intermittent rain

आंतरिक (*āntarik*) *a.* (from अंतर) 1. internal, inner 2. domestic 3. organic

आंतरिक अनुशास्ति *f.* internal sanction

आंतरिक क्षेत्र *m.* inner zone

आंतरिक खपत *f.* internal consumption

आंतरिक राजनीति *f.* domestic politics

आंतरिक संगति *f.* organic coherence

आंतर्जातिक (*āntarjātik*) *a.* inter-caste

आंतर्जातिक विवाह *m.* inter-caste marriage (*syn.* अंतर्जातीय)

आंत्र (*āntra*) *m.* intestine

आंत्रच्छेदन *m.* enterectomy

आंगज्वर *m.* intestinal fever

आंत्रनाल *f.* enteric canal

आंत्रशोथ *m.* gastro-enteritis

आंत्रिक (*āntrik*) *a.* intestinal, enteric

आंदोलक (*āndolak*) I. *a.* swinging, shaking II. *m.* agitator

आंदोलन (*āndolan*) *m.* 1. agitation 2. movement

आंदोलन करना *v.t.* to campaign, to agitate

आंदोलन चलाना *v.t.* to start a movement

आंदोलन शुरू करना *v.t.* to launch a movement

राजनीतिक आंदोलन *m.* political agitation

श्रमिक आंदोलन *m.* labour agitation

आंदोलनकर्ता (*āndolankartā*) *m.* agitator, campaigner

आंदोलनकारी (*āndolankārī*) I. *a.* agitational II. *m.* agitator

आंदोलित (*āndolit*) *a.* 1. agitated, moved 2. perturbed

आंदोलित होना *v.t.* to be agitated/perturbed

आँधी (*āṁdhī*) *f.* duststorm, hurricane

आँधी आना *v.i.* a storm to blow

आँधी उठना *v.i.* a storm to be raging

आँधी की तरह आना, बगूले की तरह जाना *(मु.)* to come suddenly and leave abruptly

आँधी के आम *(मु.)* things obtained cheap, unexpected gain, windfall

आंध्य (*āndhya*) *m.* 1. blindness 2. darkness, dimness

आँय-बाँय (*āṁy-bāṁy*) *m.* nonsensical talk, gossip, prattling

आँव (*āṁv*) *f.* mucus passed in dysentery

आँव आना/पड़ना *v.i.* dysentery

आँवल (*āṁval*) *m.* a thick mass binding the unborn child to its mother's womb, placenta

आँवल-नाल *m.* the navel string of a newborn infant, umbilical cord

आँवला (*āṁvlā*) *m.* the tree myrobalan and its fruit (also आमला)

आमले का तेल amla (hair) oil

आँवा (*āṁvā*) *m.* potter's kiln

आँवा का आँवा ख़राब/चौपट है *(मु.)* the whole lot is rotten (also आवा)

आंशिक (*āṁśik*) *a.* partial, part

आंशिक अशक्तता *f.* partial disability

आंशिक घात *f.* partial paralysis, paresis

आंशिक भुगतान *m.* part payment

आंशिक रूप से *adv.* partially

आंशिक समृद्धि *f.* partial enrichment/prosperity

आँसू (*āṁsū*) *m.* tear, tears

आँसू आना *v.i.* to have tears (in one's eyes)

आँसू टपकाना *v.t.* to shed tears

आँसू पीकर रह जाना *(मु.)* to suppress (one's) tears

आँसू पोंछना *(मु.)* to wipe away tears, (*fig.*) to console, to comfort

आँसू बहना tears to flow

आँसू बहाना *(मु.)* to shed tears

आँसू भर आना *v.i.* to have the eyes filled with tears

आँसुओं से मुँह धोना *v.t.* /**आठ-आठ आँसू रोना** *v.t.* to weep copiously, to weep bitterly, to shed copious tears

आइंदा P (*āindā*) I. *adv.* in future, hereafter II. *a.* coming, future

आइंदा ज़माना *m.* future times

आई (*āī*) I. coming, approaching II. *f.* end, death, fate

आई-गई हो गई it was all ignored

आई नहीं टलती the inevitable must happen

आई बला *f.* approaching calamity

आईन A (*āīn*) *m.* law, rule

आईन-ए-अकबरी (king) Akbar's laws

आईना A (*āīnā*) *m.* mirror, looking glass

अंधा आईना *m.* blind mirror

आईना दिखाना *v.t.* to make somebody see in the mirror, (*fig.*) to expose one's weakness

पहले अपना मुँह तो आईने में देखो *(मु.)* first deserve and then desire

आईनासाज़ *m.* maker of mirrors

आउ (*āuṭ*) *f.* span of life, age

आऊ-माऊ (*āū-māū*) *m.* irrelevant talk

आऊटसोर्स *E* (*āut sours) v.* to arrange for somebody outside a company to do work or provide goods for that company

आकंठ (*ākaṇṭh*) I. *a.* brimful II. *adv.* up to the brim

आकंठ पात्र *m.* brimful vessel/utensil

आकंठ भरा हुआ *adv.* full to the brim

आकंप (*ākamp*) *m.* trembling motion, mild shaking, tremor, vibration

आकंपन (*ākampan*) *m.* trill, vibration

आक (*āk*) *m. swallow-wort* plant, *Calotropis gigantea* (*syn.* मदार)

आकबत A (*ākbat*) *f.* 1. (मृत्यु) death 2. (स्वर्ग) heaven

आकबत बिगाड़ना *v.t.* to jeopardize one's transmundane existence

आकर (*ākar*) *m.* 1. (खान) mine 2. (उत्पत्ति-स्थान) source, origin 3. (कोष) treasure

आकर ग्रंथ *m.* source book
आकर भाषा *f.* source language
ज्ञान का आकर *m.* mine/treasure of knowledge

आकरिक (*ākarik*) I. *a.* mineral II. *m.* miner

आकर्ण (*ākarṇa*) *a.* & *adv.* up to or from the ears

आकर्णन (*ākarṇan*) *m.* listening, hearing

आकर्ष (*ākarṣ*) *m.* attraction, fascination

आकर्षक (*ākarṣak*) *a.* attractive, fascinating, winsome
आकर्षक व्यक्तित्व magnetic personality

आकर्षकता (*ākarṣaktā*) *f.* attractiveness, (see आकर्षण)

आकर्षण (*ākarṣaṇ*) *m.* 1. attraction, fascination 2. charm 3. appeal
आकर्षण परिधि *f.* sphere of attraction
आकर्षण शक्ति *f.* attraction force
गुरुत्वाकर्षण *m.* force of gravitation

आकर्षित (*ākarṣit*) *a.* attracted, fascinated, drawn
आकर्षित करना *v.t.* to attract

आकर्षी (*ākarṣī*) *a.* attracting
आकर्षी प्रश्न leading question

आकलक (*ākalak*) *m.* estimator

आकलन (*ākalan*) *m.* 1. estimation 2. (ग्रहण) acceptation 3. (इकट्ठा करना) collection 4. (गिनना) reckoning, calculation
आकलन करना *v.t.* to estimate, to collect, to reckon

आकलनीय (*ākalnīy*) *a.* calculable

आकलित (*ākalit*) *a.* calculated, estimated
आकलित करना *v.t.* to calculate, to estimate, to collect

आकल्प (*ākalpa*) *adv.* till the end of the world
आकल्प स्थायी *a.* lasting till the end of the world

आकस्मिक (*ākasmik*) *a.* & *adv.* 1. sudden, accidental 2. casual 3. contingent
आकस्मिक आक्रमण *m.* surprise attack
आकस्मिक घटना *f.* accident
आकस्मिक छुट्टी *f.* casual leave
आकस्मिक त्रुटि *f.* accidental error
आकस्मिक निधि *f.* contingency fund
आकस्मिक राज्यपरिवर्तन *m.* coup d'etat
आकस्मिक रिक्ति *f.* casual vacancy
आकस्मिक व्यय *m.* contingent expenses
आकस्मिक हड़ताल *f.* wildcat strike

आकस्मिकता (*ākasmiktā*) *f.* 1. suddenness 2. contingency 3. abruptness
परिवर्तन की आकस्मिकता *f.* abruptness of change

आकांक्षा (*ākāṅkṣā*) *f.* 1. strong desire, longing, craving, ambition 2. aspiration
आकांक्षा करना *v.t.* to long (for)
आकांक्षा होना *v.i.* to aspire

आकांक्षित (*ākāṅkṣit*) *a.* wished for, craved, aspired

आकांक्षी (*ākāṅkṣī*) I. *a.* 1. desirous, expectant 2. ambitious 3. aspirant II. *m.* an expectant, aspirant

आकांक्ष्य (*ākāṅkṣya*) *a.* desirable, wished for

आक़ा T (*āqā*) *m.* master, lord

आकार[1] (*ākār*) *m.* the letter आ
आकारांत *a.* ending in आ (as the words बाधा, नया, राजा, गया)

आकार[2] (*ākār*)*m.* 1. form, shape 2. appearance 3. size
आकार विज्ञान *m.* morphology
आकारहीन *a.* formless, shapeless, amorphous

आकारवान् (*ākārvān*) *a.* having a form/shape

आकारिक (*ākārik*) *a.* formal
आकारिक आधार *m.* formal grounds

आकारिकी (*ākārikī*) *f.* morphology

(= आकार विज्ञान)

आकालिक (*ākālik*) *a.* 1. untimely, out of season 2. momentary, transient, instantaneous

आकाश (*ākāś*) *m.* 1. sky 2. space

आकाशकुसुम *(मु.) m.* flower of heaven, something wonderful, impossible

आकाशगंगा *f.* the Milky Way, galaxy, nebula

आकाश गवाक्ष *m.* roof-light

आकाशगामी *a.* moving through the sky

आकाशचुंबी इमारत *f.* skyscraper

आकाश छूना *(मु.)* to be very high/tall

आकाशदीप *m.* lamp attached to a pole and lit in honour of Lakshmi or Vishnu

आकाशधुरी *f.* axis of the celestial sphere

आकाश-पाताल एक कर देना *(मु.)* to leave no stone unturned

आकाश-पाताल का अंतर *(मु.)* vast difference

आकाश बेल *f.* a rootless creeper

आकाश मंडल *m.* celestial sphere

आकाश यात्रा *f.* cosmic journey

आकाशवाणी *f.* oracle, divine call, radio, radio station (in India)

आकाशवृत्ति *f.* uncertain source of subsistence, hand to mouth living

आकाशी (*ākāśī*) I. *a.* ethereal, aerial II. *m.* aerial (for a radio)

आकाशी क्षेत्र *m.* air space

आकाशी निरीक्षण *m.* aerial inspection

आकाशीय (*ākāśīy*) *a.* of or pertaining to the sky/space, spatial, aerial, atmospherical

आकाशीय पिंड *m.* aerial object/body

आकिंचन्य (*ākiñcanya*) *m.* poverty

आक़िल A (*āqil*) (from अक़्ल) *a.* & *m.* wise (man), talented (person)

आकीर्ण (*ākīrṇa*) *a.* diffused, scattered

कंटकाकीर्ण *a.* full of thorns, thorny

आकुंचक (*ākuñcak*) *m.* retractor

आकुंचक पेशी *f.* retractor muscle

आकुंचन (*ākuñcan*) *m.* 1. contraction, shrinkage 2. flexion

आकुंचनशील contractible, flexible, elastic, retractile

आकुंचनीय (*ākuñcanīy*) *a.* compressible, shrinkable, elastic, flexible

आकुंचित (*ākuñcit*) *a.* contracted, shrunk

आकुंचित करना to shrink, to contract

आकुंठन (*ākunṭhan*) *m.* 1. abashment 2. clogging, blocking

आकुंठित (*ākunṭhit*) *a.* 1. abashed 2. clogged, blocked

आकुंठित स्मरणशक्ति *f.* clogged/blocked memory

आकुंठित होना *v.i.* to get confounded/abashed

आकुल (*ākul*) *a.* 1. (उत्सुक) eager, anxious 2. (बेचैन) restless, uneasy 3. (चिंतायुक्त) worried 4. (हैरान) confounded, puzzled, perplexed

आकुलता (*ākultā*) *f.* eagerness, anxiousness, restlessness, uneasiness, worry, distraction, distress of mind

आकुलित (*ākulit*) *a.* anxious, restless, agitated, confounded, perplexed, depressed

आकूति (*ākūti*) *f.* intention, purpose, motivation

आकृति (*ākṛti*) *f.* 1. (रूप) appearance, form, shape 2. (शरीर) body, figure 3. contour 4. pattern

आकृति-आभास *m.* apparition, ghost-like figure

आकृतिगत *a.* in shape, physical

आकृतिमूलक *a.* morphological

आकृति-रेखा *f.* contour

आकृति विद्या/विज्ञान *f./m.* morphology, physiognomy

आकृति विज्ञानी/विशेषज्ञ *m.* physiognomist, morphologist

आकृतिक (*ākṛtik*) *a.* 1. morphological

2. formal

आकृष्ट (*ākṛṣṭa*) *a.* 1. (from आकर्ष) attracted, drawn 2. (लुब्ध) enticed, allured, charmed

आकृष्ट-चित्त *a.* fascinated

आकोप (*ākop*) *m.* slight anger or annoyance

आक्रंदन (*ākrandan*) *m.* 1. (रोना) crying, weeping 2. (चिल्लाना) shouting, loud noises 3. (पुकारना) calling, invoking

आक्रंदित (*ākrandit*) *a.* called, invoked, lamented

आक्रंदी (*ākrandī*) *a.* invoking in a weeping tone

आक्रम (*ākram*) *m.* heroism, gallantry, acquisition

आक्रमण (*ākramaṇ*) *m.* attack, onslaught, sortie, aggression, offensive

आक्रमण करना *v.t.* to attack, to invade, to fall upon

आक्रमणकारी I. *m.* aggressor, invader, incursionist, assailant II. *a.* attacking, aggressive

आक्रमणवाद *m.* aggressiveness

आक्रमणवादी *m.* & *a.* aggressive, aggressor

आक्रमणात्मक (*ākramaṇātmak*) *a.* attacking, invasive, aggressive

आक्रमणात्मक कार्रवाई *f.* invasive/aggressive action

आक्रमित (*ākramit*) *a.* (better आक्रांत *q.v.*)

आक्रांत (*ākrānt*) *a.* 1. attacked, invaded, assaulted 2. (पराभूत) defeated, conquered, overpowered, subjugated 3. (कष्टग्रस्त) afflicted, troubled

रोग से आक्रांत *a.* afflicted with disease

आक्रामक (*ākrāmak*) I. *a.* aggressive, offensive II. *m.* aggressor

आक्रामक आयुध *m.* aggressive weapons

आक्रामक कार्रवाई *f.* offensive action

आक्रामक देश *m.* aggressor country

आक्रामक नीति *f.* aggressive policy

आक्रामक प्रवृत्ति *f.* aggressive policy

आक्रामक सेना *f.* storm troops

आक्रामकता (*ākrāmaktā*) *f.* aggressiveness

आक्राम्य (*ākrāmya*) *a.* susceptible, sensitive

आक्राम्य क्षेत्र *m.* sensitive area

आक्राम्यता (*ākrāmyatā*) *f.* susceptibility, sensitiveness

सैनिक शिविर की आक्राम्यता sensitiveness of a military camp

आक्रुष्ट (*ākruṣṭa*) *a.* 1. angry, wrathful 2. cursed

आक्रोश (*ākroś*) *m.* 1. anger, wrath 2. (नाराज़गी) resentment 3. (कटूक्ति) dirty words, abusive speech, filthy or rough language

आक्रोशक (*ākrośak*) *m.* 1. one who curses 2. angry/wrathful person

आक्रोशन (*ākrośan*) *m.* 1. (कोसना) cursing 2. (बुरा भला कहना) abusing, condemning

आक्लांत (*āklānt*) *a.* /**आक्लिन्न** (*āklinna*) *a.* 1. (थका मांदा) fatigued, weary, tired 2. (करुणार्द्र) pitiful, merciful, pathetic 3. (गीला) wet

आक्लेद (*ākled*) *m.* 1. (भीगना) wetting 2. (करुणा) pity, mercy 3. (उबाव) boredom 4. (थकान) fatigue

ऑक्शन E (*ākśan*) *m.* auction

आक्षरिक (*ākṣarik*) *a.* 1. (from अक्षर) of letters, letter for letter 2. syllabic

आक्षरिक अनुवाद literal translation

आक्षरिक भाषा syllabic language

आक्षरी (*ākṣarī*) *a.* lettered

अंत्याक्षरी *f.* a poetical game/ a pastime in which the participants recite verses in turn

आक्षिप्त (*ākṣipta*) *a.* 1. (फेंका गया) thrown 2. (आरोपित) attacked, blamed, censured, convulsed 3. (अभिभूत) victimised, defeated, conquered, subjugated 4. (बाहर निकाला हुआ) projected 5. (निर्दिष्ट) mentioned, indicated 6. (निंदित) blamed

आक्षीरी (*ākṣīrī*) *a.* (from क्षीर) lactiferous, producing milk

आक्षेप (*ākṣep*) *m.* 1. (फेंक) throwing, toss 2. (खींचना) drawing, dragging 3. (अपवाद) accusation, blame, calumny, allegation, charge, dig, stricture

आक्षेप करना *v.t.* to allege, to accuse, to blame, to attack, to assail

आक्षेपपूर्ण *a.* scandalous

आक्षेप लगाना *v.t.* to blame, to cast aspersions

आक्षेपक (*ākṣepak*) *m.* one who blames or censures

आक्षेपित (*ākṣepit*) *a.* 1. (फेंका गया) thrown 2. (आरोपित) attacked, blamed, censured, convulsed 3. (अभिभूत) victimized, defeated, conquered, subjugated 4. (बाहर निकाला हुआ) projected 5. (निर्दिष्ट) mentioned, indicated 6. (निंदित) blamed (better आक्षिप्त *q.v.*)

आक्षेप्य (*ākṣepya*) *a.* blameable

ऑक्साइड E (*aksāiḍ*) *m.* oxide

आयरन ऑक्साइड E *m.* iron oxide

ऑक्सीकरण (*aksīkaraṇ*) *m.* oxidation, oxidization

आक्सीकृत (*aksikṛt*) *a.* oxidised

ऑक्सीजन E (*oksījan*) *f.* oxygen

आख़ता P (*ākhtā*) *a.* castrated

आखता घोड़ा, बैल *m.* castrated horse, bull

आखनिक (*ākhanik*) *m.* 1. digger, miner, ditcher 2. (सेंधमार) burglar

आखात (*ākhāt*) *m.* a natural pool/pond of water, bay, gulf

आख़िर P (*ākhir*) I. *adv.* at last, after all II. *m.* end III. *a.* last

आखिरकार *adv.* at last, ultimately, at length

आखिर में in the end

आखिर वक्त *m.* last breath, the moment before death

आख़िरी P (*ākhirī*) *a.* last, final, ultimate

आख़िरी किस्त *f.* last instalment

आख़िरी लाइन *f.* last line

आख़िरी वक्त *m.* last time, end, end of life

आख़िरी सिरा *m.* the fag end

आख़ीर (*ākhīr*) *m.* end, termination

गली के आख़ीर में at the end of the street

आखेट (*ākheṭ*) *m.* hunting, chasing and killing (wild beasts)

आखेटजीवी *m.* hunting people

आखेट पशु *m.* beast of chase, wild animal

आखेट-यात्रा *f.* hunting expedition

आखेटक (*ākheṭak*) *m.* hunter

आखेटी (*ākheṭī*) *a.* chasing, hunting

आखेटी कुत्ता *m.* hunting dog

आख्या (*ākhyā*) *f.* 1. name, designation, appellation 2. (ख्याति) renown, fame, celebrity 3. (विवरण) account, narrative, description 4. report, statement

आख्या-पत्र *m.* report

आख्यात (*ākhyāt*) *a.* 1. named, designated, called 2. (वर्णित) described, mentioned 3. (प्रसिद्ध) famous, well-known, reputed

आख्यात अश्वशक्ति *f.* nominal horse-power

आख्याता (*ākhyātā*) *m.* instructor, guide

आख्याति (*ākhyāti*) *f.* 1. name, appellation 2. (प्रसिद्धि) fame, reputation, renown

आख्यान (*ākhyān*) *m.* 1. (वर्णन) narration, description 2. (कथा) myth, legend, tale, narrative

आख्यानक (*ākhyānak*) *m.* short narrative

आख्यानक नृत्य *m.* ballad dance

आख्यानिक (*ākhyānik*) *a.* legendary, fabulous

आख्यानिक नायक *m.* legendary hero

आख्यापक (*ākhyāpak*) *m.* 1. narrator

2. announcer

आख्यापन (*ākhyāpan*) *m.* 1. narration 2. announcement

आख्यापन करना to narrate, to announce

आख्यापित (*ākhyāpit*) *a.* 1. narrated, mentioned 2. announced

आख्यापित करना to narrate, to mention, to announce

आख्यायक (*ākhyāyak*) *m.* 1. narrator 2. (संदेशवाहक) messenger, harbinger of information or news

आख्यायिका (*ākhyāyikā*) *f.* 1. short narrative, short tale or story 2. legendary tale, legend

आख्यायिकाकार *m.* story writer

आख्येय (*ākhyey*) *a.* 1. to be narrated 2. having a good reputation, reputable

आगन्तुक (*āgantuk*) I. *a.* 1. incidental 2. adventitious II. *m.* 1. (अजनबी) stranger, newcomer 2. (अतिथि) visitor, guest

आगन्तुक ध्वनि *f.* adventitious sound

आगन्तुक पंजी *f.* visitors' book

आग (*āg*) *f.* 1. fire 2. excessive heat 3. (वासना) passion, lust 4. irritation 5. quarrel

आग का जला छाछ फूँक-फूँक कर पीता है (*मु.*) a man once burnt dreads every kind of fire

आग का पुतला firebrand, hot-tempered or hot-headed man

आग खाना अंगार हगना (*मु.*) to get excessively heated and to emit fumes (of anger)

आग जलना *v.i.* fire (to burn)

आग जलाना *v.t.* to light fire

आग दबाना *v.t.* (*मु.*) to control or quell passion, to cover embers with ashes

आग देना *v.t.* to set fire (to), to burn, (चिता जलाना) perform funeral rites, to light the funeral pyre

आग धधकना fire (to blaze)

आग पर तेल छिड़कना (*मु.*) to fan the flame, to provoke/incite trouble

आग पर पानी डालना *v.t.* to extinguish fire, to quell trouble, to pacify an infuriated person

आग पर लोटना (*मु.*) to roll on fire, to be restless or uneasy, (ईर्ष्या करना) to be consumed with jealousy

आग-पानी/फूस का बैर *m.* innate or natural hostility (as that of water with fire)

आग फूँकना/देना *v.t.* to fan the fire/flames, to enflame, to excite

आग बबूला/भभूका होना (*मु.*) to get enraged, to be wild with anger

आग बरसना *v.t.* (*मु.*) to rain fire, to be very hot

आग बरसाना to rain fire (upon), to bombard

आग बीमा *m.* fire insurance

आग बुझाना *v.t.* to extinguish fire, to satisfy hunger or lust, to quell disturbance

आग बोना *v.t.* to create a quarrel or friction

आग भड़काना *v.t.* to fan the fire, to incite a quarrel, to cause anger or annoyance

आग में कूदना (*मु.*) to jump into the fire, to put oneself into trouble

आग में गिरना *v.i.* to fall into the flames

आग में घी डालना (*मु.*) to add fuel to the fire

आग में झोंकना (झोंक देना) (*मु.*) to fling into the fire, to burn

आग में पानी डालना (*मु.*) to extinguish the fire, to cause a quarrel to end, to appease, to reconcile, to cool down the temper

आग लगना *v.i.* to be set on fire, to become agitated or incited with temper, to be annoyed, (prices) to rise sharply

आग लगा कर/के तमाशा देखना (*मु.*) to enjoy stirring up trouble

आग लगा कर/के पानी को दौड़ना (*मु.*) to run for water after setting fire (to), to pretend to appease a quarrel which one has purposefully excited

आग लगाना (*मु.*) to set something on fire, to set fire (to), to burn, to foment a quarrel, to provoke, to enrage, to ruin, to discard, to despise

आग लगे पर कुआँ खोदना (*मु.*) to dig a well after the fire has broken out, to shut the stable door after the horse is stolen

आग लगे पर बिल्ली का मूत ढूँढना (*लो.*) to look for cat's urine when the house is on fire; to go in quest of a remedy, that too rare and worthless, to meet a present great danger; to excuse oneself on vain pretences

आग सुलगाना to kindle fire, to inflame

आग से पानी हो जाना (*मु.*) to recover from a violent fit of anger, to cool down

आग होना (हो जाना) (*मु.*) to become furious, to burn with rage, to be enraged

आगजनी (*āgzanī*) *f.* arson

आगजनी और लूट arson and loot

आगत (*āgat*) I. *a.* 1. arrived, reached, come 2. inward 3. loaned, borrowed 4. (प्राप्त) gained, obtained II. *m.* 1. guest 2. (आय) income

आगत और निर्गत *m.* income and expenditure

आगतपतिका/भर्तृका *f.* a lady or heroine whose husband or lover has returned or arrived from another place

आगत परेषण *m.* inward consignment

आगत भाषा *f.* input language

आगत माल *m.* inward goods

आगत रवन्ना *m.* inward waybill

आगत शब्द *m.* loan word

आगत-स्वागत *m.* warm reception of guests, hospitality

आगम (*āgam*) *m.* 1. future 2. earning, income 3. (शास्त्र) shastra, the sacred text 4. (ज्ञान) knowledge, intuition 5. (तर्कशास्त्र) induction 6. (वृद्धि) increase, augmentation 7. (कानून में) voucher, document 8. (आयात) import

आगम और निर्गम *m.* receipts and issues

आगम और व्यय *m.* revenue and expenditure

आगम कहना *v.t.* to foretell, to forecast

आगमज्ञानी/वक्ता *m.* foreteller, prophet

आगम नियामक *m.* controller of imports

आगम प्रणाली *f.* inductive method

आगम-शृति *f.* tradition

आगमन (*āgaman*) *m.* 1. arrival, coming, advent 2. (प्राप्ति) attainment, achievement 3. (उत्पत्ति) origin, birth 4. (तर्कशास्त्र में) induction

आगमन विधि *f.* inductive method

आगमन संवाद *m.* news of somebody's arrival

आगमनात्मक (*āgamanātmak*) *a.* inductive

आगमनात्मक तर्कशास्त्र *m.* inductive logic

आगमनात्मक योग्यता *f.* inductive ability

आगमनिक (*āgamanik*) *a.* inductive

आगमित (*āgamit*) *a.* 1. brought from outside, imported 2. known, learnt, studied

आगर (*āgar*) *m.* 1. (खान) mine 2. (भंडार)

store, stock 3. (घर) house, abode 4. (ढेर) heap

आगरी (*āgrī*) *m.* miner, especially salt-miner

आगल (*āgal*) *m.* bar, barrier, bolt (of a door)

आगस्त्य (*āgastya*) *m.* southerner (descendant of मुनि अगस्त्य)

आगा[1] (*āgā*) *m.* front, front of the body, front of a house, front of a garment, front of an army, vanguard

आगा-तागा लेना *v.t.* to look after, to attend (to)

आगा-पीछा (a) front and rear (b) pros and cons (c) hesitation, vacillation

आगा-पीछा करना *(मु.)* to dilly-dally, to shilly-shally

आगा-पीछा देखना *v.t.* to look before and after, to be cautious, to take care

आगा-पीछा सोचना *(मु.)* to consider the pros and cons

आगा भारी होना *v.t.* to be heavy in the front part of the body, to be pregnant

आगा मारना *v.t.* to attack the vanguard

आगा लेना *v.i.* to go forward, to proceed, to take the lead

आगा सँभालना (= आगा लेना)

आग़ा[2] T (*āġā*) *m.* 1. elder brother 2. chief, chieftain 3. master 4. Pathan, inhabitant of Kabul

आगाध (*āgādh*) *a.* bottomless

आग़ाज़ P (*āġāz*) *m.* beginning, start

आगामी (*āgāmī*) *a.* (forth)coming, future, next, following

आगामी अंक *m.* next issue

आगामी कल *m.* & *adv.* tomorrow

आगामी परसों day after tomorrow

आगामी मास का *a.* proximo

आगामी वर्ष coming year, ensuing/following year

आगार (*āgār*) *m.* 1. (घर) house, abode 2. (भंडार) store

अस्त्रागार *m.* arsenal, armoury

कारागार *m.* prison, jail

आगाह P (*āgāh*) *a.* informed, apprised, forewarned

आगाह करना, कर देना *v.t.* to apprise, to forewarn, to caution

आगाही P (*āgāhī*) *f.* awareness, knowledge, information

आगू (*āgū*) *m.* leader

आगू होना *v.i.* to lead, to take the lead, to go ahead

आगे (*āge*) *adv.* 1. ahead, onward 2. before, previously 3. before, in front 4. in future, henceforth 5. afterwards

आँखों के आगे *adv.* before the eyes

आगे-आगे *(मु.)* ahead, by and by, in future, foremost

आगे-आगे देखिए होता है क्या *exclm.* let us see what will happen

आगे आना *v.t.* to come forward, to advance

आगे ऐसा न करना *imp.* don't do this again

आगे करना *v.t.* to place before, to present

आगे कर देना to present, to offer

आगे कर लेना *v.t.* to put something or bring somebody before

आगे की कार्रवाई *f.* further action

आगे की राम जाने *exclm.* God knows what is there in future

आगे कुआँ पीछे खाई, आगे खाई पीछे नाग *(मु.)* between the devil and the deep sea

आगे चलकर *adv.* hereinafter

आगे चलना *v.t.* to go ahead

आगे जाना *v.i.* to go forward

आगे देखना *v.t.* to be cautious

आगे देखा जाएगा later on it will be seen

आगे दौड़ पीछे छोड़ to advance leaving

some task incomplete, haste makes waste

आगे निकलना/निकल जाना *v.i.* to surpass, to excel

आगे-पीछे *adv.* in the line, one after the other, sooner or later

आगे-पीछे कोई न होना *(मु.)* to be without any kith or kin

आगे बढ़ना *v.i.* to get on, to make headway, to progress, to go beyond, to surpass, to excel

आगे बढ़ाना *v.t.* to further, to pass on

आगे भेजना *v.t.* to send forward, to forward

आगे लाना *v.t.* to bring forward

आगे से *adv.* in future, in advance

आगे से ठानना/ठहराना *v.t.* to predetermine, to preconceive, to presume

आगे से लेना *(मु.)* to receive

आगे होकर लेना *(मु.)* to step forward to accord a special welcome

आगे होना *v.i.* to lead, to be in the front, to go forward

आग्नेय (*āgney*) *a.* 1. pertaining to fire, igneous, fiery 2. volcanic

आग्नेय-गिरि *m.* volcanic mountain

आग्नेय-द्वीप *m.* volcanic island

आग्नेय-शिला *f.* igneous rock

आग्नेयास्त्र (*āgneyāstra*) *m.* firearm, fire-emitting missile

आग्नेयी (*āgneyī*) *adj.* stimulating digestion, the south-east quarter

आग्रह (*āgrah*) *m.* insistence, pertinacity, emphasis

आग्रह करना *v.t.* to emphasize, to insist

आग्रहपूर्ण *a.* insistent, emphatic

आग्रहपूर्वक *adv.* emphatically, insistently

सत्याग्रह *m.* passive resistance

आग्रहण (*āgrahaṇ*) *m.* taking, drawing (money)

आग्रही (*āgrahī*) *a.* 1. persistent, insistent, obstinate 2. (इच्छुक) desirous, eager

आघट्टन (*āghaṭṭan*) *m.* occurrence, happening

आघात (*āghāt*) *m.* 1. blow, percussion 2. (चोट) injury, hurt 3. (सदमा) shock 4. (जोर) accent, stress

आघात करना *v.t.* to give a blow, to strike, to hurt, to wound

आघात-प्रत्याघात *m.* blow and counterblow, action and reaction

आघात स्थान *m.* slaughter house

आघातहीन *a.* without accent, unaccented

आघातन (*āghātan*) *m.* accentuation, stressing

आघूर्णित (*āghūrṇit*) *a.* turned round, revolved, tossed about

आघोष (*āghoṣ*) *m.* 1. invocation 2. shouting or crying loudly 3. proclamation, announcement

आघ्रात (*āghrāt*) *a.* smelled, scented

आघ्रात करना *v.t.* to smell, to scent

आचमन (*ācaman*) *m.* the act of sipping a little water from the palm of the right hand by way of purification before meals or religious ceremonies

आचमन करना *v.t.* to have a sip of water

आचमनीय (*ācamanīy*) I. *a.* fit for sipping II. *m.* a spoon or vessel used in the process of taking आचमन

आचरण (*ācaraṇ*) *m.* 1. conduct, behaviour 2. (चरित्र) character 3. rule, custom, practice

आचरण करना *v.t.* to behave, to make a practice (of)

आचरण नियमावली *f.* conduct rules

आचरण-पंजी, पुस्तक *f.* conduct book/roll, character roll

आचरणसंहिता *f.* moral code, code of conduct

आचरणहीन *a.&m.* characterless
आचरणीय (*ācaraṇīy*) *a.* to be practised, observable, proper
आचरित (*ācarit*) *a.* 1. (किया) done, acted, performed, observed 2. (निर्दिष्ट) determined, settled, prescribed, pointed out
आचार (*ācār*) *m.* 1. conduct, manner of life 2. (आचरण विधि) usage, practice, custom, established rule
आचारनिष्ठ *a.* devoted to established practice, orthodox, religious
आचारभ्रष्ट *a.* debased, demoralized, degenerated
आचार भ्रष्ट करना *v.t.* to demoralize
आचारवर्जित *a.* irregular, out of rule
आचारवान् *a.* of sound character, virtuous
आचार-विचार, व्यवहार *m.* established rule, custom
आचार शास्त्र *m.* ethics
आचार शास्त्रीय *a.* ethical
आचारसंहिता *f.* code of conduct
आचारहीन *a.&m.* unscrupulous, characterless, depraved
दुराचार *m.* bad conduct
सदाचार *m.* good conduct
आचार्य (*ācārya*) *m.* founder of some sect or of philosophical school of learning, professor, guru, preceptor, a degree in Sanskrit learning, a very learned man, principal
आचार्यत्व (*ācāryatva*) *m.* professorship, learnedness
आचार्या (*ācāryā*) *f.* female spiritual teacher, professor or principal
आचार्यानी (*ācāryānī*) *f.* wife of a preceptor, guru, principal or professor
आच्छद (*ācchad*) *m.* lid, cover, sheath
आच्छन्न (*ācchanna*) *a.* 1. covered, overcast 2. (छिपा हुआ) concealed, hidden
तिमिराच्छन्न *a.* covered with darkness
मेघाच्छन्न *a.* overcast with clouds
आच्छाद (*ācchād*) *m.* 1. dress, clothing, garment 2. sheath 3. covering
आच्छादक (*ācchādak*) *m.* 1. cover, covering 2. lid, case
आच्छादन (*ācchādan*) *m.* 1. covering, cover 2. (छत) roof, especially thatched roof 3. (छिपाव) concealing, hiding 4. (पहरावा) dress, clothing, garment
आच्छादन करना *v.t.* to cover, to conceal, to wear a dress
आच्छादित (*ācchādit*) *a.* 1. covered, overcast 2. (छिपा हुआ) concealed, hidden (= आच्छन्न *q.v.*)
आच्छादी (*ācchādī*) *a.* covering, sheathing
आच्छादी परत *f.* covering layer
आच्छिन्न (*ācchinna*) *a.* cut, severed
आच्छेदन (*ācchedan*) *m.* cutting off, excision
आज (*āj*) *adv.* today, this day
आज-कल *adv.* today or tomorrow, presently, nowadays, in a day or two, recently
आज-कल करना (*मु.*) to put off from day to day, to procrastinate, to linger, to shilly-shally
आज-कल का *a.* of the present day or age, of the present generation, recent
आज-कल में *adv.* in a couple of days, soon
आज का *a.* modern, fresh, new
आज का काम कल पर छोड़ना/टालना *v.t.* to put off the day's work till tomorrow
आज की रात *adv.* tonight, this night
आज के दिन/रोज़ *adv.* this day
आज तक *adv.* till today, till now, to date
आज मरे कल दूसरा दिन (*मु.*) unpleasant memories do not last long, dead

persons are soon forgotten
आज रात *adv.* tonight
आज रात को *adv.* today at night
आज सुबह *adv.* this morning
आज से *adv.* from today, from today or this day
आज से चार दिन पहले *adv.* four days ago

आजन्म (*ājanma*) *adv.* since (one's) birth, for life
आजन्म अंधा *a.* blind by birth, born blind

आज़माइश P (*āzmāiś*) *f.* 1. (परीक्षण) trial, test 2. (परीक्षार्थ प्रयोग) experiment
आज़माइश करना *v.t.* to try, to test, to have a trial, to put to test

आज़माइशी P (*āzmāiśī*) *a.* tentative, experimental

आज़माना P (*āzmānā*) *v.t.* to try, to test, to experiment
आज़मा देखना *v.t.* to test
आज़माया हुआ, आज़मूदा *a.* tested, tried
किस्मत आज़माना *v.t.* to try one's luck

आजा (*ājā*) *m.* paternal grandfather (दादा)
आजा गुरु *m.* guru's guru, grand guru

आज़ाद P (*āzād*) *a.* free, independent
आज़ाद करना *v.t.* to set free, to liberate, to release
आज़ाद ख़याल *a.* of a free or liberal temperament
आज़ाद तबीयत *a.* open-hearted, broad-minded, liberal
आज़ाद व्यापार *m.* free trade
आज़ाद हिन्दुस्तान *m.* free India
आज़ाद होना/हो जाना *v.i.* to be free, to throw off the yoke, to be free from care or anxiety

आज़ादी P (*āzādī*) *f.* freedom, liberation, emancipation, independence
आज़ादी की लड़ाई *f.* war of independence

आजानु (*ājānu*) *adv.* reaching up to the knees, down to the knees
आजानुबाहु *a.* having (long) arms extending to the knees
आजानुलंबित *a.* reaching down to the knees

आज़ार P (*āzār*) *m.* trouble, pain, ailment

आजिज़ A (*ājiz*) *a.* 1. lacking power, weak 2. dejected, frustrated 3. fed up 4. humble, meek
आजिज़ आना *v.i.* to be fed up
आजिज़ कर देना या करना *v.t.* to render helpless, to humble, to make soft

आजिज़ी A (*ājizī*) *f.* 1. powerlessness 2. (विनय) softness, meekness, submissiveness
आजिज़ी से *adv.* humbly, meekly

आजी (*ājī*) *f.* grandmother

आजीवन (*ājīvan*) I. *adv.* as long as life lasts, for life, till death II. lifelong
आजीवन कारावास *m.* life imprisonment
आजीवन कार्यकाल *m.* life tenure
आजीवन कालापानी *m.* imprisonment for entire life
आजीवन निर्वासन *m.* imprisonment for life
आजीवन पट्टा *m.* life lease
आजीवन पट्टेदार *m.* life tenant/lessee
आजीवन बीमा पालिसी *f.* life insurance policy
आजीवन वार्षिकी *f.* life annuity
आजीवन संपदा *f.* life estate
आजीवन सदस्य *m.* life member
आजीवन हित *m.* life interest

आजीविका (*ājīvikā*) *f.* means of livelihood, subsistence
आजीविका कमाना *v.t.* to earn (one's) livelihood
आजीविका कर *m.* vocational/professional tax

आजीव्य (*ājīvya*) I. *a.* capable of making one's own livelihood II. *m.* means of living, calling, vocation

आजू-बाजू (*ājū-bājū*) *adv.* hereabout, around

आज्ञप्त (*ājñapta*) *a.* (from आज्ञा) ordered, commanded, permitted, allowed

आज्ञा (*ājñā*) *f.* 1. (हुक्म) order 2. (इजाज़त) permission

आज्ञा करना *v.t.* to order, to command

आज्ञाकर्ता *m.* one who orders, authority

आज्ञाकारक *m.* instructor, ruler

आज्ञाकारिता *f.* obedience

आज्ञाकारी *a.* obedient, dutiful, submissive, humble

आज्ञाचक्र *m.* a mystical circle in the body

आज्ञा देना *v.t.* to give permission, to permit, to allow

आज्ञा न मानना *v.t.* to disobey

आज्ञापत्र *m.* a written order, permission letter, commission

आज्ञा-पालन *m.* obedience

आज्ञा पालना *v.t.* to obey

आज्ञा-भंग *m.* breach of order, disobedience, insubordination, defiance of order

आज्ञा मानना *v.t.* to obey

आज्ञा में रखना *v.t.* to keep under authority/subjection

आज्ञा में रहना *v.i.* to be under authority/subjection

आज्ञा लेना *v.t.* to take permission

आज्ञाधीन (*ājñādhīn*) *a.* docile, amenable to authority, submissive, obedient

आज्ञाधीनता (*ājñādhīntā*) *f.* obedience, submissiveness

आज्ञानुयायी (*ājñānuyāyī*) *a.* following an order, according to orders

आज्ञानुरूप (*ājñānurūp*) *a.* following an order

आज्ञानुवर्ती (*ājñānuvartī*) *a.* obedient, submissive

आज्ञानुसार (*ājñānusār*) *adv.* according to orders

आज्ञापक (*ājñāpak*) *m.* one who orders

आज्ञापन (*ājñāpan*) *m.* ordering, commanding, issuing of an order

आज्ञापित (*ājñāpit*) *a.* ordered

आज्ञार्थ (*ājñārtha*) *m.* imperative mood

आज्ञार्थक (*ājñārthak*) *a.* imperative, jussive

आज्ञार्थक वृत्ति *f.* imperative mood

आज्य (*ājya*) *m.* clarified butter (especially for daily religious rites)

आटा (*āṭā*) *m.* flour

आटा कर देना *v.t.* to reduce to powder

आटाकल/चक्की *f.* flour mill

आटा गीला करना *v.t.* to leaven flour, to form dough

आटा गीला होना *v.i.* to be plunged into difficulties, to face misfortune, to get into hot water

आटे-दाल का भाव मालूम होना *(मु.)* to have practical worldly knowledge, to be conscious of one's miserable condition

आटे-दाल की चिंता होना *v.i.* to be worried for bare necessities

आटे में नमक के बराबर *adv.* very little

आटा हो जाना *v.i.* to be reduced to powder

गरीबी में आटा गीला *(लो.)* misfortune in addition to poverty

गेहूँ का आटा *m.* wheat flour

जौ का आटा *m.* barley flour

ऑटो E (*āṭo*) *m.* auto, (in India) autorickshaw, (in America) car

ऑटोग्राफ़ E (*āṭogrāf*) *m.* autograph

ऑटोमैटिक E (*āṭomaitik*) *a.* automatic

आटोप (*āṭop*) *m.* 1. (ढेर) heap, multitude 2. (आडंबर) ostentation, pomp, eclat

आठ (*āṭh*) *a.* & *m.* eight, the number eight, 8

आठ-आठ आँसू रोना *(मु.)* to weep bitterly

आठ कोनिया I. *a.* octangular II. *m.*

any eight-cornered thing
आठ खंभा *m.* a canopy or any other structure supported by eight pillars
आठ पहर *m.* twenty-four hours
आठ पहरिया *m.* a watchman doing twenty-four hours' duty
आठों गाँठ कुम्मैत *(मु.)* I. *a.* wicked, crooked II. *m.* every inch a crook
आठों पहर सूली पर रहना *v.i.* to be in a state of trouble all the time

आठवाँ (*āṭhvāṁ*) *a.* eighth

आडंबर (*āḍambar*) *m.* pomp, show, ostentation, affectation
आडंबरपूर्ण *a.* ostentatious, showy, grandiose
आडंबरप्रियता *f.* vanity
आडंबररहित *a.* **आडंबरहीन** *a.* unostentatious, not showy

आडंबरी (*āḍambarī*) *a.* 1. ostentatious, showy (person) 2. sophisticated
आडंबरी फैशन *m.* sophisticated fashion
आडंबरी भाषा *f.* high-flown language
आडंबरी वस्त्र *m.* sophisticated clothes

आडंबरोक्ति (*āḍambarokti*) *f.* bombast, high-sounding insincere words

आड़ (*āṛ*) *f.* 1. cover, screen, curtain. 2.(रोक) bar, check, impediment, obstacle 3. (बचाव) safety, security, shield, 4. (कष्ट) trouble 5. (संगीत में) a rhythm in music
आड़ करना *v.t.* to put up a screen or cover, to shield, to shelter, to conceal
आड़ देना *v.t.* to give shelter, to put up a fence or screen
आड़ मिलना *v.i.* to get a shelter, to secure a safe place
आड़ में रहना *v.i.* to keep (oneself) behind a cover or screen
आड़ लेना *v.t.* to get behind a shelter, to take cover

आड़-गोड़ (*āṛ-goṛ*) *m.* 1. rubbish 2. transaction, dealing

आड़ा (*āṛā*) *a.* 1. crooked, traversed, transverse, diagonal, athwart, oblique 2. (असंतुष्ट) displeased, cross, dissatisfied 3. horizontal
आड़ा ताल *m.* striking of foot in dance
आड़ा-तिरछा *a.* criss-cross
आड़ा-तिरछा चित्रण *m.* criss-cross painting
आड़ा-तिरछा होना *v.t.* to bend or double oneself, to be traversed
आड़ी खाई *f.* cross trench
आड़ी दीवार *f.* traverse wall
आड़ी रेखा *f.* slant stroke, oblique
आड़े आ जाना (आना) *(मु.)* to serve as an impediment, to come in between, to intervene, to come to somebody's rescue
आड़े वक़्त काम आना *v.i.* to do a good turn in somebody's difficulty, to help in time of need
आड़े हाथों लेना *(मु.)* (a) to take to task, to rebuke, to put to shame by sarcasm (b) to embrace, to hug

ऑडिट E (*āḍiṭ*) *m.* audit, checking of accounts

ऑडिटर E (*āuḍiṭar*) *m.* auditor

ऑडिटोरियम E (*āḍiṭoriyam*) *m.* auditorium

आड़ी (*āṛī*) *f.* a kind of musical mode, a tune

आड़ू (*āṛū*) *m.* peach (tree and fruit), *Prunus persica*

आढ़त (*āṛhat*) *f.* 1. agency, brokerage, jobbery, business of weighing or selling the merchandise of dealers 2. remuneration or commission for this service, brokerage

आढ़तिया (*āṛhatiyā*) *m.* commission agent, broker, factor

आढ्य (*āḍhya*) *a.* 1. opulent, wealthy, rich 2. (संपन्न) richly endowed, abounding in (as in धनाढ्य, बलाढ्य *q.v.*)

आढ्यता (*āḍhyatā*) *f.* opulence, richness

आणव (*āṇav*) *a.* 1. atomic, molecular 2. sharp, keen, minute

आणविक (*āṇavik*) *a.* atomic, molecular

आणविक आकर्षण *m.* molecular attraction

आणविक बम *m.* atomic bomb

आणविक विप्रकर्षण *m.* atomic repulsion

आणविक वेग *m.* molecular velocity

आणविक शक्ति *f.* atomic power

आणविक शस्त्र/अस्त्र *m.* atomic/ molecular weapon

आतंक (*ātaṅk*) *m.* terror, panic

आतंक फैलाना *v.t.* to spread panic/ terror

आतंक फैलाने वाला *m.* panic monger

आतंक बढ़ाना *v.t.* to inspire terror

आतंक युद्ध *m.* war of nerves

आतंक राज्य *m.* reign of terror

आतंकवाद *m.* terrorism

आतंकवादी *m.* terrorist

आतंकित (*ātaṅkit*) *a.* terrified, terror-stricken, terrorized, panicky, panic-struck

आतंकित करना *v.t.* to terrorize, to overawe

आतंच (*ātañc*) *m.* clot, especially of blood

आतत (*ātat*) *a.* 1. spread, extended, tense, stretched 2. (बढ़ा हुआ) long drawn

आततायी (*ātatāyī*) 1. (जालिम) tyrant, oppressor 2. (हत्यारा) murderer 3. (अपराधी) criminal

आततायी डाकू *m.* gangster

आतप (*ātap*) *m.* heat (of the sun), sunshine, sunlight

आतप आवास *m.* sunny habitat

आतपघात *m.* sunstroke

आतपदाह *m.* sunburn

आतपशुष्क *a.* dried in the sun

आतपसह *a.* sunproof

आतपस्नान *m.* sunbath

आतपत्र (*ātapatra*) *m.* small umbrella, parasol

आतपन (*ātapan*) *m.* heating, insolation

आतपी (*ātapī*) I. *m.* sun II. *a.* of or pertaining to sunshine

आतश P (*ātaś*) *f.* /**आतिश** (*ātiś*) *f.* fire, heat

आतश/आतिश का परकाला *m.* (a) spark, incendiary (b) handsome person

आतश/आतिशख़ाना *m.*, **आतश/आतिशगाह** *f.* a room where fire is kept

आतश/आतिशज़नी arson (= आगज़नी *q.v.*)

आतश/आतिशदान *m.* furnace, grate

आतश/आतिशपरस्त *m.* fire-worshipper

आतश/आतिशपरस्ती *f.* fire-worship

आतश/आतिशबाज़ *m.* one who makes fireworks or crackers, pyrotechnic

आतश/आतिशबाज़ी *f.* fireworks

आतश/आतिशमिज़ाज *a.* fiery, ill-tempered

आतशक P (*ātaśak*) *m.* syphilis, a venereal disease

आतशी P (*ātaśī*) *a.* pertaining to fire, burning

आतशी आईना/शीशा *m.* magnifying glass

आता (*ātā*) *a.* 1. coming 2. in which one is well-versed

आता-जाता *m.* wayfarer

न आता छोड़े न जाता मोड़े *(लो.)* take what comes your way

आतिथेय (*ātithey*) *m.* a hospitable person, host

आतिथेया (*ātitheyā*) *f.* woman who receives guests

आतिथ्य (*ātithya*) *m.* hospitality

आतिथ्य करना *v.t.* to show hospitality

आतिथ्यकारी *a.* hospitable

आतिथ्य ग्रहण *m.* acceptance of hos-

pitality
आतिथ्य भत्ता *m.* sumptuary allowance
आतिथ्य विमुख *a.* inhospitable
आतिथ्यशील *a.* hospitable
आतिथ्य-सत्कार *m.* hospitality with all respects

आतिरेक्य (*ātirekya*) *m.* excess, exuberance

आतिश P (*ātiś*) *f.* fire, heat (see आतश्)

आतिशमिज़ाज (*ātiśmizāj*) *a.* of fiery temperament

आतिशय्य (*ātiśayya*) *m.* (from अतिशय) excess, superabundance

आती-पाती (*ātīpātī*) *f.* the game of hide and seek

आतुर (*ātur*) *a.* 1. affected, suffering, diseased 2. (अधीर) restless, impatient 3. (उत्सुक) eager
आतुरशाला *f.* hospital, clinic

आतुरता (*āturtā*) *f.* restlessness, disturbance, eagerness

आतुरालय (*āturālay*) *m.* dispensary, clinic

आत्म (*ātma*) *a.* pertaining to the soul, own, self, auto-
आत्म अधिमूल्यन *m.* self-aggrandizement
आत्म-अवमूल्यन *m.* self-devaluation
आत्म आलोचना *f.* self-criticism
आत्मकथा *f.* autobiography
आत्मकथात्मक *a.* autobiographical
आत्मकथा लेखक *m.* autobiographer
आत्मकल्याण *m.* one's own good, self-welfare
आत्मकार्य *m.* one's own business or work
आत्मकृत *a.* done or performed by oneself
आत्मकेन्द्रित *a.* self-centred, egocentric
आत्मगत *a.* kept to oneself, relating to self, subjective
आत्मगरिमा *f.* /आत्मगर्व *m.* self-glorification, vanity, conceit
आत्मगौरव *m.* self-respect
आत्मग्लानि *f.* remorse, compunction, self-reproach
आत्मघात *m.* suicide
आत्मघातक *a.* आत्मघाती *a.* suicidal, prejudicial to one's own interest
आत्मघातिन *a.* suicidal
आत्मघाती नीति *f.* suicidal policy
आत्मचरित *m.* autobiography
आत्मचिंतन *m.* self contemplation, self introspection
आत्मचेतन/आत्मचेता *a.* self-conscious
आत्म-चेतना *f.* self-consciousness
आत्मज *m.* son, self-begotten, one's own offspring, progeny
आत्मजा *f.* daughter
आत्मजीवनी *f.* autobiography
आत्म-जिज्ञासा *f.* self-curiosity
आत्मज्ञान *m.* self-knowledge, self-realization
आत्मज्ञानी *m.* one who has spiritual knowledge
आत्मतत्त्व *m.* reasoning faculty of the self or the Supreme, the true nature of the soul
आत्मतत्त्वज्ञ *a.* gifted with self-knowledge, acquainted with the knowledge of the soul
आत्मताड़न *m.* self-punishment
आत्मतुल्य *a.* self-like
आत्मतुष्ट *a.* self-satisfied
आत्मतुष्टि *f.* self-gratification, self-satisfaction
आत्म-तृप्त *a.* self-contented, complacent
आत्म-तृप्ति *f.* self-satisfaction, complacency
आत्म-त्याग *m.* self-abnegation, self-denial, self-sacrifice
आत्म-त्यागी I. *m.* self-abnegating person, self-denying person II. *a.* self-

sacrificing, self-denying
आत्मत्राण *m.* defence of one's self
आत्मदंडन *m.* self-punishment
आत्मदमन *m.* self-repression, self-restraint
आत्मदर्शन *m.* self-examination, introspection
आत्म-दान *m.* self-sacrifice, self-denial
आत्मदाह *m.* self-immolation by burning
आत्मद्रोह *m.* self-torture
आत्मधृति *f.* freehold
आत्मनाश *m.* self-destruction
आत्मनिंदा *f.* self-reproach, self-condemnation
आत्मनिग्रह *m.* self-restraint, self-control
आत्मनिग्रही *a.* self-controllor
आत्मनियंत्रण *m.* reserve, self-control
आत्मनिरीक्षण *m.* introspection, self-observation
आत्मनिर्णय *m.* self-determination
आत्मनिर्धारण *m.* self-determination
आत्मनिर्भर *a.* self-sufficient
आत्मनिर्भरता *f.* self-sufficiency, self-reliance
आत्मनिवेदन *m.* self-sacrifice, self-dedication
आत्मनिषेध *m.* abnegation
आत्मनिष्ठ *a.* selfish, subjective
आत्मनिष्ठता *f.* viability
आत्मनिष्ठा *f.* subjectivity
आत्मपक्ष *m.* one's own side, one's own people
आत्मपक्ष-समर्थन *m.* self-defence
आत्मपरायण *a.* selfish
आत्मपरिचय *m.* one's identity, self-introduction
आत्मपरिरक्षण *m.* self-preservation
आत्मपरिष्कार *m.* self purification
आत्मपीड़क *m.* masochist, one who inflicts pain on oneself
आत्मपीड़ा *f.* self-torture, masochism, self-infliction of pain
आत्मपूर्ण *a.* self-sufficient, autarchic
आत्मपूर्णता *f.* self-sufficiency, autarchy
आत्मप्रकाश *m.* self-revelation
आत्मप्रतारणा *f.* pricks of conscience
आत्मप्रत्याख्यान *m.* self refutation
आत्मप्रदर्शन *m.* self display, exhibitionism
आत्मप्रवंचना *f.* self-deception
आत्मप्रवाद *m.* dogmas about the soul or supreme spirit
आत्मप्रशंसा *f.* self-praise, self applause
आत्मबंधु *m.* one's own kin
आत्मबल *m.* spiritual power, morale
आत्मबलरहित *a.* spineless
आत्मबलिदान *m.* self-sacrifice, martyrdom, dedication of one's self
आत्मबलिदानी *m.* self-sacrificer, martyr
आत्मबोध *m.* self-knowledge, self-realization, self enlightenment
आत्मभर्त्सना *f.* self-reproach, self-contempt
आत्मभाव *m.* feeling of oneness, close affinity
आत्ममंथन *m.* deep introspection, self-analysis
आत्ममर्यादा *f.* self-respect, sense of one's own dignity
आत्ममोह *m.* narcissism, love for one's own body as an object of sexual pleasure
आत्मरक्षा *f.* self-defence, self-protection, self-preservation
आत्मरक्षा करना *v.t.* to protect one's own self
आत्मरत *a.* egocentric, self-centred
आत्मरति *f.* self-love
आत्मलीन *a.* self-absorbed
आत्मलीनता *f.* self-absorption

आत्मलोप *m.* self concealment
आत्मवंचना *f.* self-deception
आत्मवध *m.* suicide
आत्मवश *a.* self-controlled, self-dependent
आत्मवाद *m.* spiritualism
आत्मवादी *m.* spiritualist
आत्मविकास *m.* self-development
आत्मविजय *f.* conquest of the self, self triumph
आत्मविद् *m.* one who has spiritual knowledge (= आत्मज्ञानी *q.v.*)
आत्मविद्या *f.* science of the knowledge of mind or soul, spiritual knowledge, theology
आत्मविरोध *m.* self-contradiction
आत्मविरोधी *a.* self-contradictory
आत्मविलोपन *m.* self-effacement
आत्मविश्लेषण *m.* self-analysis
आत्मविश्वास *m.* self-confidence
आत्मविसर्जन *m.* self-abnegation
आत्मविस्मृत *a.* self-forgetful, oblivious of one's self, absent-minded
आत्म-विस्मृति *f.* self-oblivion, absent-mindedness, self-forgetfulness
आत्मविह्वल *a.* bewildered, confounded
आत्मशक्ति *f.* one's inherent power, will power
आत्मशासन *m.* self-government
आत्मशिक्षा *f.* self-education
आत्मश्लाघा *f.* self-praise, self-adulation, boasting, bragging
आत्मश्लाघी *a.* vaunting, vain
आत्मसंकोच *m.* self-contraction
आत्मसंघर्ष *m.* inner conflict
आत्मसंतोष *m.* self-satisfaction
आत्मसंतोषी *a.* self-contented
आत्मसंदेह *m.* self-doubt
आत्मसंयम *m.* self-restraint, self-discipline
आत्मसंयमी *a.* self-contented, self-restrained
आत्मसंरक्षण *m.* / **आत्मसंरक्षा** *f.* self-defence, self-protection
आत्मसंवेदन *m.* self-consciousness
आत्मसंशोधन *m.* self- correction
आत्मसमर्पण *m.* surrender, dedication of one's self
आत्मसमीक्षा *f.* introspection
आत्मसम्मान *m.* self-esteem, self-respect
आत्मसात करना to assimilate
आत्मसात्करण *m.* assimilation
आत्मसिद्धि *f.* self-realization, actualization
आत्मसुधार *m.* self-improvement
आत्मसेवी *a.* & *m.* self-seeking, self-seeker, self-serving
आत्मस्तुति *f.* self-praise, self-adulation
आत्मस्वीकृति *f.* confession
आत्महत्या *f.* suicide
आत्महित *m.* self-interest

आत्मक (*ātmak*) *a.* containing, resulting in, having (as प्रश्नात्मक, रचनात्मक)

आत्मा (*ātmā*) *f.* soul, spirit
आत्मा ठंडी होना *v.i.* to be gratified, soul to obtain solace
आत्मा दुःखी होना *v.i.* (soul) to feel sad
परमात्मा *m.* the Supreme Soul, God

आत्माधीन (*ātmādhīn*) *a.* self-dependent, independent

आत्मानुभूति (*ātmānubhūti*) *f.* self experience

आत्मानुरूप (*ātmānurūp*) *a.* consistent with oneself

आत्मानुशासन (*ātmānuśāsan*) *m.* self-discipline

आत्मानुसंधान (*ātmānusandhān*) *m.* /**आत्मान्वेषण** (*ātmānveṣaṇ*)*m.* self-investigation, self-examination

आत्माभिमान (*ātmābhimān*) *m.* self-respect, self-conceit, arrogance, vanity, pride

आत्माभिमानी (*ātmābhimānī*) *a.* self-respecting, self-conceited, snob, vain, proud, haughty

आत्मार्जित (*ātmārjit*) *a.* self earned

आत्मार्जित संपत्ति *f.* self earned property

आत्मार्थक (*ātmārthak*) *a.* reflexive

आत्मार्थक सर्वनाम *m.* reflexive pronoun

आत्मार्थी (*ātmārthī*) *a.* egoistic, selfish

आत्माभिव्यंजना (*ātmābhivyañjanā*) *f.* /**आत्माभिव्यक्ति** (*ātmābhivyakti*) *f.* self-expression

आत्मावज्ञा (*ātmāvajñā*) *f.* self debasement

आत्मावलंबन (*ātmāvlamban*) *m.* self-reliance, self-sufficiency

आत्मावलंबी (*ātmāvlambī*) *a.* self-sufficient, self-reliant, self-supporting

आत्माश्रय (*ātmāśray*) *m.* self-dependence, self-reliance

आत्माहुति (*ātmāhuti*) *f.* self-immolation, self-sacrifice, martyrdom, dedication of one's self (see आत्मबलिदान)

आत्माहुति देना *v.t.* to immolate oneself

आत्मिक (*ātmik*) *a.* psychic, pertaining to the soul, spiritual, pertaining to self

आत्मिकता (*ātmiktā*) *f.* identity, sameness, likeness

आत्मिकी (*ātmikī*) *f.* psychics

आत्मिकीय (*ātmikīy*) *a.* psychic, pertaining to the soul

आत्मिकीय शक्ति *f.* psychic power

आत्मीकरण (*ātmīkaraṇ*) *m.* assimilation

आत्मीकृत (*ātmīkr̥t*) *a.* assimilated

आत्मीय (*ātmīya*) I. *a.* related to one's own self or family, own, cognate, kin, intimate II. *m.* friend, relative, kinsman

आत्मीयता (*ātmīytā*) *f.* relationship, kinship, intimacy, close affinity

आत्मोक्ति (*ātmokti*) *f.* monologue

आत्मोत्कर्ष (*ātmotkarṣ*) *m.* self-improvement, self elevation

आत्मोत्पन्न (*ātmotpann*) *a.* 1. self-born, self-produced 2. one born or begotten by oneself, son

आत्मोत्सर्ग (*ātmotsarga*) *m.* self-sacrifice, self-immolation, self-dedication, self-surrender

आत्मोद्धार (*ātmoddhār*) *m.* self upliftment, self-improvement

आत्मोद्‌भव (*ātmodbhav*) *m.* 1. born or produced from oneself, son 2. self-born, Cupid, god of lust or sex

आत्मोन्नति (*ātmonnati*) *f.* self elevation, self-advancement, self sublimation

आत्मोपकार (*ātmopkār*) *m.* one's own good or welfare

आत्मोपकारी (*ātmopkārī*) *a.* self-serving, selfish

आत्मोपजीवी (*ātmopjīvī*) *a.* living by one's own labour

आत्मोपम (*ātmopam*) *a.* like oneself, similar to oneself

आत्मोपलब्धि (*ātmoplabdhi*) *f.* self-realization, self achievement

आत्यंतिक (*ātyantik*) *a.* 1. (from अत्यंत) excessive, extreme 2. (अबाधित) incessant, continuous, uninterrupted (सार्वकालिक) endless, infinite

आत्यंतिक निषेध *m.* absolute negativity **आत्यंतिक प्रलय** *m.* final destruction or annihilation of the universe

आत्यंतिकता (*ātyantiktā*) *f.* excessiveness, extremity, endlessness, continuity

आदत A (*ādat*) *f.* habit, wont, nature, custom, practice

आदत डालना *v.t.* to inculcate or adopt a habit

आदत पड़ना *v.i.* to make a habit, to be habituated

आदत बिगड़ना *v.i.* to form a bad habit

आदत लगना *v.i.* to be addicted to

आदत से मजबूर होना *v.i.* to be helpless by habit

आदतन A (*ādatan*) *adv.* by habit, habitually, by nature

आदम A (*ādam*) *m.* 1. Adam, the first man 2. man

आदमकद *a.* lifesize, of human size

आदमकद मूर्ति *f.* lifesize statue

आदमखोर *a.* & *m.* maneater, cannibal

आदमखोरी *f.* cannibalism

आदमज़ाद *a.* & *m.* born of Adam, man, human being

बाबा आदम के ज़माने का *a.* old, of old times

आदमियत A (*ādmiyat*) *f.* humaneness, civility, good breeding, gentlemanliness

आदमियत दिखाना *v.t.* to behave properly, to act politely

आदमियत पकड़ना *v.t.* to become humanized or civilized, to acquire good manners, to learn to be courteous

आदमियत सिखाना *v.t.* to teach good manners or politeness, to polish, to civilize

आदमियत सीखना *v.t.* to become refined, to learn good manners

आदमी A (*ādmī*) *m.* 1. man, human being 2. (व्यक्ति) individual, person 3. (पति) husband 4. (नौकर) servant, attendant

आदमी बनना *v.i.* to learn good manners, to behave like a good man

आदमी बनाना *v.t.* to humanize, to civilize

आदमीयत A (*ādmīyat*) *f.* humaneness, civility. good breeding, gentlemanliness (see आदमियत)

आदर (*ādar*) *m.* respect, esteem, honour, regard

आदर करना, आदर देना *v.t.* to esteem, to show respect (to), to regard, to honour

आदर पाना *v.t.* to meet with respect or attention, to receive honour, to be honoured

आदरसूचक *a.* honorific (= आदरार्थक *q.v.*)

आदर से *adv.* respectfully, with due honour

आदरणीय (*ādarṇīya*) *a.* respectable, esteemable, respected

आदरार्थक (*ādarārthak*) *a.* honorific

आदरार्थक शब्द *m.* honorific word

आदरार्थक सर्वनाम *m.* honorific pronoun (as आप)

आदरी (*ādarī*) *a.* honorary

आदरी संचालक *m.* honorary director

आदर्श (*ādarś*) I. *m.* 1. ideal, model 2. sample, specimen II *a.* ideal, perfect

आदर्श अनुबंध *m.* model agreement

आदर्श चरित्र *m.* ideal character

आदर्श पाठशाला *f.* model school

आदर्श पुरुष *m.* ideal man

आदर्श राज्य *m.* ideal state

आदर्श लोक *m.* utopia

आदर्शवाद *m.* idealism

आदर्शवादी I. *m.* idealist II. *a.* idealistic

आदर्श से विमुख/पतित होना *v.i.* to depart from one's ideals

आदर्श स्त्री *f.* ideal woman/wife

आदर्शक (*ādarśak*) *a.* 1. mirror, looking glass 2. normative

आदर्शक व्याकरण *m.* normative grammar

आदर्शित (*ādarśit*) *a.* shown, exhibited

आदर्शीकरण (*ādarśīkaraṇ*) *m.* idealization

आदाता (*ādātā*) *m.* 1. receiver 2 donee, payee

आदान (*ādān*) *m.* receiving, taking

आदान आदेश *m.* receiving order

आदान-प्रदान *m.* bargaining, mutual taking and giving , interchange

आदान-प्रदान करना *v.t.* to give and take, reciprocate

आदाब P (*ādāb*) *m.* & *pl.* compliments, respects, greetings

आदाब अर्ज़ करना/आदाब बजा लाना *v.t.* to compliment, to greet

आदायक (*ādāyak*) *m.* receiver

आदायी (*ādāyī*) I. *a.* inclined to receive II. *m.* receiver

आदि (*ādi*) I. *a.* primordial, first, initial, primitive, archaic, primeval, foremost (मूल) original II. *m.* beginning, commencement, starting point III. et cetera.

आदि-अंत, (आद्यंत) *a.* the first and the last, from beginning to end, throughout

आदिकल्प *m.* archaeozoic age/era

आदिकवि *m.* the first poet

आदिकालिक *a.* primordial

आदिकालीन *a.* primitive, primordial

आदिजीवी *a.* protozoic

आदिदेव *m.* the first of gods, Vishnu

आदिदोष *m.* inherent defect

आदिपुराण *m.* the first of Puranas (also ब्रह्मपुराण)

आदिपुरुष *m.* primeval man

आदिप्ररूप *m.* prototype

आदिप्राणी *m.* protozoa

आदिभाषा *f.* proto-language

आदिमानव *m.* primitive man

आदिमानव युग *m.* palaeoanthropic age

आदिरस *m.* erotic sentiment

आदिवासी *m.* aborigines

आदिशक्ति *f.* the primeval power, goddess Durga

आदिशेष *m.* opening balance

आदिस्वन-लोप *m.* apheresis

आदिस्वरलोप *m.* aphesis

आदिक (*ādik*) *a.* initial, beginning (with)

आदितः (*āditaḥ*) *adv.* from the beginning, *ab initio*

आदित्य (*āditya*) *m.* sun

आदित्य-मंडल *m.* solar sphere, the disc or orbit of the sun

आदित्यवार *m.* Sunday

आदित्व (*āditva*) *m.* priority, precedence

आदिम (*ādim*) *a.* 1. primitive 2. aboriginal

आदिम जातियाँ *f.* primitive races/tribes, aborigines

आदिल A (*ādil*) *a.* just, upright

आदिष्ट (*ādiṣṭa*) *a.* ordered, advised, directed

आदी A (*ādī*) I. *a.* habitual, habituated, accustomed II. *f.* (अदरक) ginger

आदी बनाना *v.t.* to habituate

आदी होना *v.i.* to be habituated, to be accustomed

आदृत (*ādṛt*) *a.* honoured, respected, esteemed

आदेय (*ādey*) I. *a.* fit to be taken, worthy to be received, acceptable, leviable II. *m.* assets

आदेश (*ādeś*) *m.* order, command, injunction, dictation

आदेश करना/देना *v.t.* to order, to command, bid

आदेश-निर्मित *a.* made to order

आदेश-पत्र *m.* written order

आदेश-पुस्तक *f.* order book

आदेशपूर्ण *a.* commanding

आदेशप्राप्त *a.* mandated

आदेशप्राप्त शासक *m.* mandated ruler

आदेश प्रार्थनीय (है) for favour of orders

आदेशवाद *m.* dogmatism

आदेश से *adv.* by order

आदेशक (*ādeśak*) *m.* one who orders, commanding authority

आदेशन (*ādeśan*) *m.* the act of commanding

आदेशात्मक (*ādeśātmak*) *a.* expressing order or command, imperative

आदेशाधीन (*ādeśādhīn*) *a.* under orders

आदेशानुसार (*ādeśānusār*) *adv.* as per

order, according to the order(s)
आदेशिका (*ādeśikā*) *f.* precept
आदेशिती (*ādeśitī*) *m.* drawee or payee (as of a cheque or money order)
आद्यंत (*ādyant*) *adv.* from beginning to end, all along, through, alpha and omega
आद्य (*ādya*) *a.* 1. primordial, primitive, prior, initial 2. (मूल) original
आद्यइतिहास *m.* protohistory
आद्यदेव *m.* protogod
आद्यप्ररूप *m.* archetype
आद्यबलाघात *m.* initial stress
आद्यमानव *m.* proto-homo
आद्ययुग *m.* primitive age
आद्यक्षर (*ādyakṣar*) *m.* initials
आद्यक्षरित (*ādhyakṣarit*) *a.* initialled
आद्यक्षरित करना *v.t.* to initial
आद्या (*ādyā*) *f.* the primary goddess, Durga
आद्याशक्ति *f.* the primordial power or goddess
आद्योपांत (*ādyopānt*) *adv.* from beginning to end, from start to finish, from a to z
आध (*ādh*) *a.* half
एक-आध *a.* small in number, a few
एक-आध घंटे में *adv.* in an hour or so
एक-आध बार *adv.* once or twice
आधा (*ādhā*) *a.* & *m.* half
आधा करना *v.t.* to halve, to bisect, to divide into two equal parts
आधा तीतर आधा बटेर *(मु.)* neither fish nor fowl
आधा साझा *m.* equal partnership
आधा सीसी *f.* pain in half the forehead, hemicrania
आधी छुट्टी *f.* half-holiday
आधी बात *f.* half the story
आधी रात *f.* midnight
आधे औसत वेतन पर छुट्टी *f.* leave on half average pay
आधो-आध *a.* half-and-half, fifty-fifty
आधाता (*ādhātā*) *m.* pledger, depositor
आधान (*ādhān*) *m.* 1 placing, depositing (as गर्भाधान *q.v.*) 2. (पत्र) receptacle, container
आधार (*ādhār*) *m.* 1. base, basis, ground 2. container 3. (आलंबन) support, footing
आधार-आधेय *m.* receptacle, content
आधारतल *m.* postulates
आधारपटल *m.* keyboard
आधारपत्र *m.* voucher
आधारभूत *a.* fundamental
आधारभूमि *f.* base
आधारमूल्य *m.* original value
आधाररूप I. *m.* base form II. *a.* basic
आधाररूप आवश्यकताएँ *f.* basic needs
आधाररेखा *f.* baseline
आधार वर्ष *m.* base year
आधारवाक्य *m.* premise
आधार वेतन *m.* basic pay
आधार-शक्ति *f.* nature
आधारशिला *f.* foundation stone, corner-stone
आधारशैल *m.* bedrock
आधार-सामग्री *f.* data
आधार-स्तंभ *m.* mainstay, backbone
आधारहीन *a.* baseless
के आधार पर *adv.* on grounds of, on basis of, by virtue of
आधारिक (*ādhārik*) *a.* 1. basic 2. fundamental
आधारिक भाषा *f.* basic language
आधारित (*ādhārit*) *a.* based (on), founded (on)
आधारी (*ādhārī*) *a.* & *m.* living on, maintaining (on)
दूध-आधारी *m.* (one) who lives on/ maintains himself on milk
आधि[1] (*ādhi*) *f.* 1. mental agony or ailment 2. (बंधक) pawn, pledge
आधिकर्त्ता *m.* pawner
आधिदाता *m.* pledger
आधि-व्याधि *f.* mental and physical

agonies or ailments

आधि[2] *(ādhi) pref.* above (from अधि)

आधिदैविक *a.* supernatural, arising from divine agency

आधिभौतिक *a.* physical, belonging or relating to created things

आधिकारिक (*ādhikārik*) *a.* 1. authoritative 2. official

आधिकारिक कथन *m.* official statement

आधिकारिक रिपोर्ट *f.* authoritative/official report

आधिकारिक रूप से *adv.* officially

आधिक्य (*ādhikya*) *m.* excess, abundance

आधिपत्य (*ādhipatya*) *m.* 1. supremacy 2. mastery 3. occupation, possession 4. sway, lordship

आधिपत्य का क्षेत्र *m.* zone of occupation

आधिपत्य जमाना *v.t.* to hold one's sway (over)

आधिराज्य (*ādhirājya*) *m.* supremacy, dominion, supreme sway

आधुनिक (*ādhunik*) *a.* new, recent, of the present time, modern

आधुनिक ढंग का बनाना *v.t.* to modernise

आधुनिकतम *a.* most modern, latest

आधुनिकता (*ādhuniktā*) *f.* modernity, novelty

आधुनिकतावाद *m.* modernism

आधुनिकतावादी *a.* modernist, modernistic

आधुनिका (*ādhunikā*) *f.* modern lady

आधुनिकीकरण (*ādhunikīkaraṇ*) *m.* modernization, making up-to-date

आधूत (*ādhūt*) *a.* agitated, shaken

आधृत (*ādhr̥t*) *a.* based, supported, held

आधेय (*ādhey*) *m.* 1. support 2. anything contained, contents

आध्मात (*ādhmāt*) *a.* 1. inflated, blown, puffed up, swollen 2. (*fig.*) haughty, proud

आध्मान (*ādhmān*) *m.* puffing, flatulence, boasting

आध्यात्मिक (*ādhyātmik*) *a.* belonging to the supreme spirit, spiritual

आध्यात्मिक आनंद *m.* spiritual bliss

आध्यात्मिक उत्थान *m.* spiritual upliftment

आध्यात्मिक शक्ति *f.* spiritual power

आध्यात्मिकता (*ādhyātmiktā*) *f.* spirituality, metaphysics

आध्यात्मिकी (*ādhyātmikī*) *f.* spiritual science, metaphysics

आनंद (*ānand*) *m* 1. merriment, joy, delight, happiness 2. (spiritual) bliss, ecstasy

आनंदकंद *m.* root or source of joy/happiness

आनंदघन *m.* bounty or store of pure joy

आनंदचित्त *a.* hearty, cheerful

आनंददायक *a.* pleasant, cheering

आनंदपूर्वक *adv.* delightfully, happily

आनंदप्रद *a.* / **आनंददायक** *a.* cheerful

आनंद-बधावा *m.* felicitation on an auspicious occasion

आनंद-मंगल *m.* joy and welfare, full enjoyment, rapture

आनंद-मग्न *a.* absorbed in joy/bliss

आनंदमय *a.* happy, joyful, cheerful, blissful

आनंदमयी *f.* joyous/cheerful woman, goddess Durga

आनंद-मेला *m.* fete

आनंद-लहरी *f.* wave of joy, surge of delight

आनंद लेना *v.t.* to enjoy

आनंदवर्धक *a.* (anything) which adds to one's delight

आनंदवाद *m.* hedonism, the theory propounding the attainment of eternal bliss as the main aim of life

आनंदवादी *m.* & *a.* hedonist, hedonistic

आनंद विभोर *a.* lost/absorbed in delight

आनंद सागर *m.* sea of joy, source of endless joy

आनंद होना *v.i.* to be joyous, to be happy

आनंदातिरेक (*ānandātirek*) *m.* boundless joy/happiness, ecstasy

आनंदाश्रु (*ānandāśru*) *m.* tears of joy/delight

आनंदित (*ānandit*) *a.* pleased, delighted, joyful, cheerful

आनंदित करना *v.t.* to gladden, to delight

आनंदित होना *v.i.* to be delighted, to be glad/happy

आनंदोत्सव (*ānandotsav*) *m.* festivity

आन[1] (*ān*) *f.* 1. prestige, grandeur, dignity, respectability, grace, elegance 2. (सजधज) fashion, pomp and show, splendour 3. (वचन) promise 4. (शर्म) shyness, modesty, bashfulness 5. (आदत) habit, usage, custom

आन-बान *f.* grace and elegance

आन-बान से रहना *v.i.* 1. to live handsomely, to lead an elegant life

आन-मान *m.* honour with dignity

आन-मान रखना *v.t.* to keep one's pledge or honour

आन रखना *v.t.* to save face

आन[2] A (*ān*) *f.* moment, instant

आन की आन में *adv.* in an instant, in a moment

आनत (*ānat*) *a.* 1. bent, bowed, stooped, inclined 2. (नम्र) humble, polite

आनति (*ānati*) *f.* 1. bending, bowing 2. (विनती) submission, humility, modesty 3. (नमस्कार) salutation, greeting, showing respect by bowing down 4. (झुकाव) inclination

आनद्ध (*ānaddha*) *a.* 1. bound, fastened, tied 2. (of drum) covered with hide

आनन (*ānan*) *m.* face

आननतंत्रिका *f.* facial nerve

आननपेशी *f.* facial muscle

आनन-फानन में A *adv.* (a) instantaneously, at once, forthwith, promptly, in the space of a moment (b) (लगातार) constantly

आनमन (*ānaman*) *m.* bending

आनमित (*ānamit*) *a.* bent, bowed down, inclined

आनम्य (*ānamya*) *a.* flexible, pliable

आनम्यता (*ānamyatā*) *f.* flexibility, pliability

आनयन (*ānayan*) *m.* 1. act of bringing, fetching 2. (पास ले जाना) drawing nearer

आनरेरी E (*ānarerī*) *a.* honorary

आना[1] (*ānā*) *m.* an old, Indian coin which was equal to 1/16th of a rupee

सोलह आने *(मु.)* hundred per cent

सोलह आने सही *a.* hundred per cent correct

आना[2] (*ānā*) *v.i.* 1. to come, to approach, to reach, to arrive 2. (होना, घटित होना) to come to pass, to come to happen, 3. (अभ्यास या ज्ञान होना) to know, to know how 4. (उगना) to grow, to rise 5. (मिलना) to get, to gain 6. (लौटना) to return, to come back

आ खड़ा होना to appear unexpectedly

आ गिरना *v.i.* to fall down

आ घेरना *v.t.* to besiege, to surround, to come suddenly

आ चलना *v.i.* to be about to come/arrive

आ जाना *v.i.* to have come, to happen to come, to befall, to appear

अवसर आ जाना *v.i.* opportunity to arise

काम आ जाना *v.i.* to serve some purpose

कोई कला आ जाना *v.i.* to learn an art

गुस्सा आ जाना *v.i.* to get angry

चाल/चकमे में आ जाना *v.i.* to be taken in

जिम्मेवारी आ जाना *v.i.* responsibility to fall upon

जूता आ जाना *v.i.* shoe (to fit)
तंग आ जाना *v.i.* to be fed up
नज़र आ जाना *v.i.* to appear, to become visible
नींद आ जाना *v.i.* to feel sleepy
बुखार आ जाना *v.i.* to have fever
याद आ जाना *v.i.* to recollect
रुपए में आ जाना *v.i.* to be obtained in one rupee
समझ में आ चलना *v.i.* to begin to understand
समझ में आ जाना *v.i.* to understand
हाथ आना *v.i.* to fall into one's hand
आ टपकना *v.i.* to come unexpectedly, to drop in
आ धमकना *v.i.* to come uninvited and suddenly
आ निकलना *v.i.* to make a sudden appearance, to come suddenly, to chance to come
आ पकड़ना *v.i.* to overtake
आ पड़ना *v.i.* to befall, to come down on, to devolve, to beset
आ पहुँचना *v.i.* to arrive, to draw near
आ फँसना *v.i.* to be caught unawares
आ बनना *v.i.* to happen, to befall
आ बसना *v.i.* to immigrate
आ बैल मुझे मार *(लो.)* to invite trouble
आ मिलना *v.i.* to come in contact (with), to meet, to join
आ रहना *v.i.* to come or to come to reside
आ लगना *v.i.* to catch, to hit
आता-जाता passer-by
आना-जाना *(मु.)* visiting, arrival and departure, coming and going
आनी-जानी *a.* unsteady, transient, fleeting
आया-गया guest
मुसीबत आ गई *v.i.* to be overtaken by disaster/misery
यह कालर मुझे पूरा नहीं आता this collar does not fit me well
उसे गणित नहीं आता he does not know mathematics
वह दिल्ली से आ गया है he has returned from Delhi
हमारा काम किनारे आ लगा our work has come to an end

आनाकानी (*ānākānī*) *f.* 1. evasion, turning a deaf ear 2. (टाल-मटोल) putting off
आनाकानी करना *(मु.)* to turn a deaf ear, to make excuses, to pay no heed, to overlook

आनीत (*ānīt*) *a.* brought, fetched
आनीत शेष carried forward

आनील (*ānīl*) I. *a.* light blue, bluish II. *m.* a black horse

आनुकूल्य (*ānukūlya*) *m.* (from अनुकूल) favourableness, suitability (= अनुकूलता)

आनुक्रमिक (*ānukramik*) *a.* sequential, successive
आनुक्रमिक विकास *m.* sequential evolution

आनुतोषिक (*ānutoṣik*) *m.* gratuity

आनुपातिक (*ānupātik*) *a.* proportional
आनुपातिक प्रतिनिधित्व *m.* proportional representation
आनुपातिक मान proportional measure

आनुपूर्विक (*ānupūrvik*) *a.* in gradual succession, in regular order, from beginning to end
आनुपूर्विक वर्णन करना *v.t.* to describe/state in order of succession, to narrate in detail

आनुपूर्वी (*ānupūrvī*) *a.* successive
शब्दानुपूर्वी literal

आनुपूर्व्य (*ānupūrvya*) *m.* sequence

आनुभविक (*ānubhavik*) *a.* empirical, based on observation and experience
आनुभविक नियम *m.* empirical rule
आनुभविक परीक्षण *m.* empirical test

आनुभविक विधि *f.* empirical method
आनुभविक सामान्यीकरण *m.* empirical generalization

आनुमानिक (*ānumānik*) *a.* (from अनुमान) inferential, conjectural, hypothetical, inferred

आनुमानिक दोष *m.* inferential fallacy

आनुरूप्य (*ānurūpya*) *m.* resemblance, likeness, similarity

आनुलोमिक (*ānulomik*) *a.* 1. in line, 2. (क्रमबद्ध) in regular order, in gradual succession 3. appropriate

आनुवंशिक (*ānuvaṃśik*) *a.* 1. hereditary, inherited 2. genetic, geneological

आनुवंशिक वर्गीकरण genetic classification
आनुवंशिक विज्ञान *m.* genetics
आनुवंशिक विज्ञानी *m.* geneticist

आनुवंशिकता (*ānuvaṃśiktā*) *f.* heredity

आनुवंशिकी (*ānuvaṃśikī*) *f.* genetics

आनुवर्णिक (*ānuvarṇik*) *a.* alphabetical

आनुवर्णिक सूची alphabetical list/catalogue

आनुशासनिक (*ānuśāsnik*) *a.* disciplinary

आनुशासनिक कार्रवाई *f.* disciplinary action

आनुषंगिक (*ānuṣaṅgik*) *a.* accompanying, ancillary, consequential, incidental, contingent

आनुषंगिक प्रभार *m.* incidental charges
आनुषंगिक प्रमाण *m.* collateral evidence
आनुषंगिक व्यय *m.* incidental expenses

आनुष्ठानिक (*ānuṣṭhānik*) *a.* ritual

आनुष्ठानिक पवित्रता *f.* ritual purity

आनेवाला (*ānevālā*) I. *a.* coming II. *m.* person (who is) coming

आनेवाला वर्ष *m.* coming year

आन्वयिक (*ānvayik*) *a.* (from अन्वय) orderly, systematic

आन्वीक्षिकी (*ānvīkṣikī*) *f.* 1. logic, dialectics 2. (अध्यात्म शास्त्र) metaphysics 3. investigation, inquiry

आप (*āp*) *pron.* 1. self, oneself, myself 2. you (honorific), he (honorific)

आप-आप करना *v.t.* to flatter, to address somebody respectfully
आपका your, yours
आपका आज्ञाकारी yours obediently
आपका मुँह है it is out of regard for you
आपका विश्वासपात्र yours faithfully
आपका सत्यैषी yours truly
आपका सद्भावी yours sincerely
आपका सम्मानकारी yours respectfully
आप-काज महा-काज self-done is well-done
आपकाजी *a.* selfish
आपके पत्र के संदर्भ में *adv.* with reference to your letter
आपको (to) you
आप खाये बिल्ली को बताये to blame others for one's own fault
आप जानें आपका काम जाने do as you like, you are responsible for your actions
आप डाल-डाल मैं पात-पात I am not any less clever than you
आप डूबे तो जग डूबा death's day is doomsday
आपबीती *f.* story of one's own experiences, one's own life story
आपबीती सुनाना to relate one's own sufferings or experiences
आप भला तो जग भला everyone is good to the good
आप मरे जग परलोक after me the deluge, death's day is doomsday
आप से with you, from you, by you
आप-से-आप by itself, automatically, voluntarily
आप ही yourself, itself
आप ही आप of himself, of itself
तू/तुम आप you/yourself
मैं आप I myself
वह आप he himself
वे आप they themselves

हम-आप we ourselves

आपण (*āpaṇ*) *m.* 1. marketing, trade, commerce 2. (दुकान) shop

आपणिक (*āpaṇik*) I. *a.* mercantile, of a shop or market II. *m.*1. shopkeeper, merchant, trader, dealer 2. (बाज़ार) market, shop centre

आपत् (*āpat*) *f.* calamity, emergency, mishappening, adversity

आपत्काल *m.* time of adversity, days of misery, emergency

आपत्काल उपाय emergency measures

आपत्कालीन *a.* emergent

आपत्कृत ऋण *m.* money borrowed during hard times

आपत्ति (*āpatti*) *f.* 1. (संकट) calamity 2. (एतराज़) objection, remonstrance, protest

आपत्ति उठाना *v.t.* to raise an objection, to object (to)

आपत्ति करना *v.t.* to take objection, to take exception

आपत्तिकर्त्ता *m.* objector

आपत्ति काले मर्यादा नास्ति(लो०) necessity knows no law

आपत्तिजनक *a.* objectionable, questionable

आपत्ति योग्य *a.* objectionable

आपत्य (*āpatya*) *a.* 1. relating to children 2. parental, having to do with one's offspring 3. (*gram*) patronymic

आपत्य अधिकार legal right of a child

आपद् (*āpad*) *f.* calamity, emergency, mishappening, adversity (same as आपत्)

आपद्ग्रस्त *a.* involved in calamity, distressed, ill-fated

आपद्धर्म *m.* a course of action usually regarded as improper but allowed only in days of distress

आपदा (*āpadā*) *f.* calamity, misfortune

आपन्न (*āpanna*) *a.* reached (as संकटापन्न), distressed, inflicted (= प्राप्त)

आपराधिक (*āprādhik*) *a.* culpable, criminal

आपराधिक अभित्रास *m.* criminal intimidation

आपराधिक गर्भपात *m.* criminal abortion

आपराधिकी (*āprādhikī*) *f.* criminology

आपरेशन E (*āpreśan*) *m.* (surgical) operation

(का) आपरेशन करना *v.t.* to operate upon

आपरेटर E (*āpreṭar*) *m.* (mechanical) operator

आपस (*āpas*) *m.* reciprocity, mutual relationship, intimate group

आपस का *adv.* between two or more persons, mutual, private

आपस की फूट *f.* internal or domestic discord

आपस की बात *f.* mutual affair

आपसदारी *f.* mutual relationship

आपस में *adv.* mutually

आपस में रहना *v.i.* to live together

आपस वाले *m.* kith and kin

आपसी (*āpsī*) *a.* mutual, reciprocal

आपसी झगड़ा *m.* their own quarrel

आपसी पंचनिर्णय *m.* private arbitration

आपसी संबंध *m.* mutual relationship

आपसी समझौता *m.* mutual compromise

आपा[1] (*āpā*) *m.* self, ego

आपा खोना *(मु.)* to lose one's vanity, to be submissive

आपा तजना *v.t.*to give up pride or vanity

आपा-धापी *f.* (a) a race or competition (b) confusion, disorder (c) self-seeking

आपा मिटाना *v.t.* to lose consciousness of self

आपे में आना या होना to come to proper senses, to recover one's senses

आपे में न रहना *v.i.* to be crazy or angry, to lose one's senses, to be out of temper, to have no control on one's self, to be beside oneself

आपे से बाहर होना to be beside oneself, to lose self-control, to be in a fury

आपा संभालना *v.t.* to take charge of oneself

आपा² (*āpā*) *f.* elder sister

आपाक (*āpāk*) *m.* potter's kiln, the pit in which a potter bakes his pottery

आपात (*āpāt*) *m.* casualty, contingency, emergency, serious happening

आपात अधिकारी *m.* emergency officer

आपात कक्ष *m.* emergency ward

आपात काल *m.* period of emergency

आपात डाक्टरी सहायता *f.* emergency medical aid

आपात स्थिति *f.* emergency

आपाततः (*āpatataḥ*) *adv.* 1. all of a sudden, suddenly, unexpectedly 2. finally, at last

आपातिक (*āpātik*) *a.* emergent, contingent

आपातिक बैठक *f.* emergent meeting

आपातिक विक्रय *m.* distress sale

आपातिक संवर्ग *m.* emergency cadre

आपाती (*āpātī*) *a.* 1. incidental, casual 2. relating to emergency, emergent

आपाती अधिवेशन *m.* emergent session

आपाती आयोग *m.* emergency commission

आपाद (*āpād*) I. *m.* 1. receipt 2. prize II. *conj.* from the feet, to the feet

आपादमस्तक from head to foot, from top to toe

आपानक (*āpānak*) *m.* cocktail, cocktail party (also आपानक गोष्ठी)

आपीड़न (*āpīṛan*) *m.* 1. squeezing, drawing tightly 2. clasping, embracing 3. hurting, giving pain

आपीड़ित (*āpīṛit*) *a.* 1. squeezed, pressed tightly, compressed 2. embraced, clasped 3. pained, afflicted

आपीत (*āpīt*) *a.* 1. yellowish 2. drunk to the dregs

आपूर (*āpūr*) *m.* 1. flood 2. excess, abundance

आपूरण (*āpūraṇ*) *m.* supply

आपूरित (*āpūrit*) *a.* supplied

आपूरित माँग *f.* fulfilled demand

आपूर्ण (*āpūrṇa*) *a.* full, full to the brim, complete in all respects

आपूर्ति (*āpūrti*) *f.* supply

आपूर्ति मंत्री minister of supplies

आपृच्छा (*āpr̥cchā*) *f.* curiosity, inquisitiveness

आपेक्षिक (*āpekṣik*) *a.* relative

आपेक्षिक आर्द्रता *f.* relative humidity

आपेक्षिक गति *f.* relative motion

आपेक्षिक घनत्व *m.* relative density

आपेक्षिक ताप *m.* specific or relative heat

आपेक्षिकवाद/सिद्धांत *m.* theory of relativity

आपेक्षिक वेग *m.* relative velocity

आपेक्षिकता (*āpekṣiktā*) *f.* relativity

आपेक्षिकीय (*āpekṣikīy*) *a.* relativistic

ऑपेरा E (*āperā*) *m.* opera (musical play)

आप्त (*āpta*) *a.* 1. reached, arrived 2. (नियुक्त) appointed, engaged 3. (विश्वसनीय) trustworthy, reliable, trusted 4. (प्रामाणिक) authentic 5. (युक्तिसंगत) reasonable, logical 6. (पूर्ण) complete, perfect, full 7. (कुशल) efficient, skilful

आप्तकाम *a.* gratified, self-satisfied, whose desires are fulfilled

आप्तपुरुष *m.* authority

आप्तप्रमाण trustworthy or reliable testimony

आप्तमित्र *m.* intimate friend

आप्तवचन/वाक्य *m.* authoritative statement, presumptive truth as that of the holy scriptures, authority

आप्तवर्ग *m.* inner circle, group of intimate friends

आप्तोक्ति (*āptokti*) *f.* motto

आप्यायित (*āpyāyit*) *a.* 1. delighted 2. (तृप्त) contented, gratified 3. (बलवान) strong and healthy, stout

आप्रच्छन्न (*āpracchanna*) *a.* secret, hidden, latent

आप्रवास (*āpravās*) *m.* / **आप्रवासन** (*āpravāsan*) *m.* immigration

आप्रवास /आप्रवासन करना to immigrate

आप्रवासी (*āpravāsī*) *a.* & *m.* immigrant

आप्रवासी जनसंख्या immigrant population

आप्रेषक (*āpreṣak*) *m.* 1. addresser 2. despatcher, sender

आप्रेषी (*āpreṣī*) *m.* addressee

आप्लाव (*āplāv*) *m.* /**आप्लावन** (*āplāvan*) *m.* inundation, flood, overflowing

आप्लावित (*āplāvit*) *a.* /**आप्लुत** (*āplut*) *a.* inundated, overflowed

आप्लावी जलमार्ग (*āplāvī jalmārg*) *m.* overflow channel

आप्सरिक (*āpsarik*) *a.* nymphal, of or pertaining to fairies

आफ़त A (*āfat*) *f.* calamity, distress, trouble

आफ़त आना *v.i.* calamity (to befall)

आफ़त उठाना *v.t.* to suffer pain, to take trouble

आफ़त का टुकड़ा *m.* sharp/astute fellow, daredevil

आफ़त का परकाला (*मु.*) *m.* daredevil, wicked and mischievous fellow

आफ़त का मारा (*मु.*) *a.* distress-stricken, afflicted

आफ़त खड़ी करना *v.t.* to start trouble

आफ़त डालना *v.t.* to cause trouble

आफ़त ढाना/ढाहना (*मु.*) to work havoc

आफ़त मचाना *v.t.* to create a furore, to make excessive haste or fuss

आफ़त में पड़ना/फँसना *v.i.* to be involved in misfortune/trouble, to be entangled in difficulties

आफ़त मोल लेना (*मु.*) to invite trouble, to court misfortune

आफ़त सिर पर पड़ना *v.i.* to be involved in misfortune/trouble, to be entangled in difficulties (= आफ़त में पड़ना)

आफ़ताब P (*āftāb*) *m.* the sun

आफ़ताबा P (*āftābā*) *m.* a water pot with a spout, ewer

आफ़ताबी P (*āftābī*) I. *a.* pertaining to the sun, solar II. *m.* (आतिशबाज़ी) a kind of firework

आफ़सेट E (*āfseṭ*) *m.* offset (printing)

आफ़सेट मुद्रक *m.* offset printer

आफ़ात A (*āfāt*) *f.* (*pl.* of आफ़त) disasters, misfortunes, calamities, troubles

आफ़ियत A (*āfiyat*) *f.* welfare, safety, good

आफ़िस E (*āfis*) *m.* 1. office 2. (पद) rank, post

आफ़िसर E (*āfisar*) *m.* officer, government official

आफ़रीं P (*āfrīṁ*) I. *interj.* well done, bravo II. *f.* acclamation, laudation

आब P (*āb*) I. *m.* 1. water 2. (शराब) wine, liquor 3. (आँसू) tears II. *f.* 1. lustre, brightness, brilliance 2. (प्रतिष्ठा) honour, prestige

आब उतरना *v.i.* to lose lustre, to sacrifice one's honour

आबकार *m.* distiller, one who makes and sells wine

आबकारी *f.* distilling, distillery, wine shop, excise (department)

आबख़ोरा *m.* an earthen cup
आब चढ़ाना *v.t.* to polish, to temper
आब-ताब *f.* brightness, gracefulness
आब-दस्त *m.* water for washing after easing oneself
आब-दस्त लेना *v.t.* to use water for toilet
आबदार *a.* lustrous
आबदार मोती *m.* shining pearl
आबदारी *f.* lustre
आबपाशी *f.* watering, irrigation
आबहवा *f.* climate
पौधों पर आबपाशी करना *v.t.* to water the plants

आबंध (*ābandh*) *m.* engagement

आबद्ध (*ābaddha*) *a.* bound, pledged, engaged
आबद्ध माल *m.* bonded goods
कानून से आबद्ध *m.* bound by law
नियमों से आबद्ध *m.* tied by rules

आबनूस P (*ābnūs*) *m.* ebony (tree and wood)

आबनूसी P (*ābnūsī*) *a.* of the colour of ebony, black, made of ebony

आबरू P (*ābrū*) *f.* honour, dignity, respect
आबरू उतारना *v.t.* to dishonour (somebody), to humiliate
आबरू ख़ाक में मिलाना *v.t.* to destroy somebody's respectability
आबरू में बट्टा लगाना *v.t.* to tarnish somebody's honour
आबरू लुट जाना *v.i.* honour (to be lost), modesty (to be outraged)

आबला P (*āblā*) *m.* blister, pustule, bubble

आबशार P (*ābśār*) *m.* waterfall

आबाई A (*ābāī*) *a.* patrimonial, ancestral, descending from paternal ancestors
आबाई जायदाद *f.* ancestral property

आबाद P (*ābād*) *a.* 1. (of place) inhabited, populated 2. (of person) flourishing, prosperous, happy 3. (of land) well-irrigated and planted 4. (of householder) to have wife and children
आबाद करना *v.t.* to inhabit, to make (a place) habitable, to populate, to turn waste or barren land into a flourishing land
आबाद होना *v.i.* to be peopled, to be prosperous and happy, to be married and have children

आबादी P (*ābādī*) *f.* 1. inhabited place 2. (जनसंख्या) population 3. (खुशहाली) prosperity

आबाधा (*ābādhā*) *f.* 1. pain 2. (चिंता) care, worry, anxiety 3. (बेचैनी) uneasiness, restlessness

आबाल (*ābāl*) *adv.* down to or including children
आबाल वृद्ध *adv.* the young and the old, children to elders, all

आबियाना (*ābiyānā*) *m.* water-tax

आबी P (*ābī*) *a.* 1. pertaining to water 2. living in water 3. (of colour) light green
आबी/दरियाई घोड़ा *m.* hippopotamus
आबी जानवर aquatic animals

आबेहयात P (*ābehayāt*) *m.* life-giving water, nectar

आबोदाना P (*ābodānā*) *m.* livelihood

आबोहवा P (*ābohavā*) *f.* climate (*fig.*), atmosphere
आबोहवा बदलना *v.t.* (to change) the climate
आबोहवा माफ़िक आना *v.i.* climate (to suit)

आब्दिक (*ābdik*) *a.* (from अब्द) yearly, annual

आब्दिकी (*ābdikī*) *f.* yearbook

आभरण (*ābharaṇ*) *m.* 1. ornament, jewellery 2. maintenance 3. decoration

आभरित (*ābharit*) *a.* decorated, ornamented, maintained

आभा (*ābhā*) *f.* 1. lustre, glow, splendour, brightness 2. (छाया) tint, tinge, shade

आभामंडल *m.* halo

आभा मारना *v.t.* to show a tinge or shade

आभार (*ābhār*) *m.* gratefulness, gratitude, obligation, thankfulness

आभार और दायिताएँ obligations and liabilities

आभार प्रकट/प्रदर्शित करना *v.t.* to express (one's) gratefulness

आभार मानना *v.t.* to feel under obligation, to acknowledge gratefulness

आभारी (*ābhārī*) *a.* obliged, grateful

आभारी होना *v.i.* to be obliged, to be grateful

आभाष (*ābhāṣ*) *m.* 1. (बोलचाल) conversation 2. (भूमिका) introduction, preface, prologue

आभास (*ābhās*) *m.* 1. appearance, semblance, likeness 2. inkling, vague idea, possible suggestion 3. (संकेत) indication, hint

आभास मिलना *v.i.* to have a vague idea or hint

आभासित (*ābhāsit*) *a.* indicated, suggested, hinted

आभासित होता है it appears

आभासी (*ābhāsī*) *a.* 1. pseudo, unreal 2. (दिखाऊ) virtual, apparent

आभासी क्षितिज *m.* apparent horizon

आभासी धातु *f.* pseudo-metal

आभासी प्रतिबिंब *m.* virtual image

आभासी मुद्रा *f.* illusory money

आभासी साहचर्य *m.* illusory association

आभिजात्य (*ābhijātya*) *m.* (from अभिजात) noble birth, blue blood, nobility, aristocracy

आभिजात्य वर्ग *m.* nobility, group of people of highest social order

आभिधानिक (*ābhidhānik*) I. *a.* (from अभिधान) belonging to or contained in a dictionary, lexicographical II. *m.* lexicographer

आभिमुख्य (*ābhimukhya*) *m.* (from अभिमुख) 1. frontal side, frontage 2. state of being about to do something 3. being face to face

आभीर (*ābhīr*) *m.* 1. the name of a community of cowherds 2. cowhand, cowherd

आभीर-पल्ली *f.* village of cowherds

आभीरी (*ābhīrī*) *f.* 1. a woman of Abhir community 2. wife of an Abhir 3. the language of the Abhir tribe

आभुक्ति (*ābhukti*) *f.* tenement, property rented by tenant

आभूषण (*ābhūṣaṇ*) *m.* 1. ornament, jewellery 2. finery, ornamentation, decoration

आभूषित (*ābhūṣit*) *a.* ornamented, decorated by jewels

आभूषित करना *v.t.* to ornament, to decorate

आभेरी (*ābherī*) *f.* name of a mode or ragini in Indian music

आभोग (*ābhog*) *m.* 1. use, utilization 2. (भोजन) food, diet 3. (तृप्ति) satiety, satisfaction 4. concluding lines of a poem containing the poet's surname 5. (law) tenement

आभोग्य (*ābhogya*) *a.* unfit for use

आभ्यंतर (*ābhyantar*) I. *a.* internal, inner, inward, interior II. *m.* interior

आभ्यंतर कोण *m.* interior angle

आभ्यंतर प्रयत्न *m.* internal effort

आभ्यंतरिक (*ābhyantarik*) *a.* internal, inner, interior

आभ्यंतरिक अशांति *f.* inner unrest

आभ्यंतरित (*ābhyantarit*) *a.* internalized, placed in the interior

आभ्यासिक (*ābhyāsik*) *a.* (from अभ्यास) habitual

आभ्यासिक अपराधी *m.* habitul criminal

आभ्युदयिक (*ābhyudayik*) *a.* (from अभ्युदय) performed or done for the sake of prosperity, leading to welfare (जैसे यज्ञ sacrifice)

आमंत्रण (*āmantraṇ*) *m.* 1. calling, sending for 2. invitation

आमंत्रण-पत्र *m.* invitation card

आमंत्रयिता (*āmantrayitā*) *m.* caller, one who invokes, one who invites, host

आमंत्रित (*āmantrit*) *a.* sent for, called, invited

आमंत्रित लोग *m.& pl.* invitees

आम[1] (*ām*) *m.* mango (tree as well as fruit)

आम खाने से काम, पेड़ गिनने से नहीं be concerned with eating the mangoes not counting the mango trees

आम टपकना *v.i.* dropping of ripe mangoes

आम में बौर आना *v.i.* blossoming of mango trees

आम[2] (*ām*) *m.* mucus voided in cases of dysentery (= आँव) *q.v.*

आम अतिसार *m.* dysentery

आम शूल *m.* colic pain

आम[3] A (*ām*) *a.* general, common, ordinary, usual, plain, simple, public

आम आदमी *m.* the common man

आम-ख़ास *m.* the rich and the poor, high and low

आम चुनाव *m.* general election

आम ज़बान *f.* common parlance

आम जलसा *m.* public meeting

आम जानकारी *f.* general information

आम तौर पर *adv.* generally, usually

आम तौर से *adv.* as a rule

आम दिन की तरह *adv.* as usual

आमफ़हम *a.* generally intelligible, easy and simple

आम बहस *f.* general discussion

आम रास्ता *m.* public thoroughfare

आम रिवाज़ *m.* general custom

आम लोग *m.* the common people, general public

आम हड़ताल *f.* general strike

खुलेआम *adv.* publicly, in public

आमद P (*āmad*) *f.* 1. coming, approach, arrival 2. (आय) income, receipts

आमदरफ़्त *f.* / **आमदोरफ़्त** *f.* traffic

आमद-व-ख़र्च *m.* income and expenditure, receipts and disbursements

माल की आमद *f.* incoming of goods

आमदनी P (*āmadni*) *f.* 1. income, receipts 2. (नफ़ा) returns, profit, perquisites

आमदनी और अख़राजात income and expenses

ऊपर की आमदनी *f.* extra income

आमना-सामना (*āmnā-sāmnā*) *m.* 1. encounter, confrontation, coming face to face 2. (भेंट) meeting

आमने-सामने (*āmne-sāmne*) *adv.* opposite, in front, face to face, facing each other, vis-a-vis

आमने-सामने करना *v.t.* to put side by side, to make (two persons) come face to face

आमने-सामने की टक्कर *f.* head-on collision

आमने-सामने होना *v.i.* to confront, to come face to face

आमय (*āmay*) *m.* sickness, ailment, disease

आमरण (*āmaraṇ*) *a.* till death

आमरण अनशन *m.* fast unto death

आमरण देशसेवा करना *v.t.* to serve one's country till death

आमरण स्थायी *a.* lasting till the end, continuing throughout life

आमरस (*āmras*) *m.* mango-juice

आमर्दन (*āmardan*) *m.* 1. clasping, hugging, embracing 2. (दबाना) pressing 3. (निचोड़ना) compressing, squeezing, crushing

आमर्ष (*āmarṣ*) *m.* 1. anger, wrath 2.

(चिड़चिड़ापन) fretfulness, peevishness 3. (विद्वेष) rancour

आमलक (*āmalak*) *m.* the tree myrobalan and its fruit (= आँवला *q.v.*)

आमवात (*āmvāt*) *m.* nettlerash, (urticaria), gout, rheumatism, torpor of the bowels with flatulence

आमला (*āmlā*) *m.* the tree myrobalan and its fruit (same as आमलक, आँवला *q.v.*)

आमातिसार (*āmātisār*) *m.* dysentery (see आम अतिसार)

आमात्य (*āmātya*) *m.* minister, counsellor (in ancient administrative system)

आमादा P (*āmādā*) *a.* 1. prepared, ready, alert 2. bent upon, intent (on)

आमादा करना to rouse, to incite

आमादा होना to be ready

आमाल A (*āmāl*) *m.* acts

आमालनामा (*āmālnāmā*) *m.* character book or sheet

आमाशय (*āmāśay*) *m.* stomach

आमाशय रस *m.* gastric juice or acid

आमाशय शोथ *m.* gastritis

आमाशयी (*āmāśayī*) *a.* gastric

आमाहल्दी (*āmāhaldī*) *f.* a medicinal plant whose roots are like those of turmeric

आमिल A (*āmil*) *m.* 1. agent, government official 2. (साधु-फ़कीर) saint 3. conjuror, magician

आमिष (*āmiṣ*) *m.* 1. flesh, meat 2. (शिकार) prey

आमिष भोजन *m.* non-vegetarian meal

आमिष भोजी *m.* non-vegetarian, meat-eater

आमिषी (*āmiṣī*) *a.* one who eats meat, one who takes a non-vegetarian diet

आमीन A (*āmīn*) *interj.* amen, be it so!

आमीलन (*āmīlan*) *m.* the act of closing (the eyes)

आमुक्त (*āmukta*) *a.* 1. put off, left off 2. released, freed, rescued 3. (धारण किया हुआ) possessed, retained, held

आमुख (*āmukh*) *m.* 1. commencement, beginning 2. (प्रस्तावना) preamble, preface, prelude, prologue

आमुष्मिक (*āmuṣmik*) *a.* 1. of that state, belonging there 2. (परलोक संबंधी) otherworldly, heavenly

आमूल (*āmūl*) *a.* to or from the root, fundamental, radical, thorough

आमूल-चूल *a.* & *adv.* root and branch

आमूल-चूल परिवर्तन *m.* /**आमूल परिवर्तन** *m.* radical change

आमूल परिवर्तनवादी *a.* & *m.* radicalist

आमूल सुधार *m.* radical reform

आमूल सुधारवाद *m.* radicalism

आमोद (*āmod*) *m.* 1. pleasure, joy, fun 2. merriment, joyousness, festivity

आमोद-प्रमोद *m.* gaiety

आमोद-प्रिय *a.* gay, sportive, witty

आमोद-यात्रा *f.* short trip for merry-making, festive journey, pleasure trip

आमोदन (*āmodan*) *m.* rejoicing, merriment, enjoyment, recreation

आमोदित (*āmodit*) *a.* amused, gladdened, delighted, rejoiced

आमोदित करना *v.t.* to delight, to amuse, to please

आमोदी (*āmodī*) *a.* jolly, humorous, sportive

आम्नाय (*āmnāy*) *m.* 1. Vedas, holy scripture of the Hindus 2. sacred tradition, traditional usage

आम्र (*āmra*) *m.* mango tree and fruit (also आम)

आम्र-कानन *m.* mango grove/garden

आम्ल (*āmla*) *m.* sourness, acidity, bitterness

आम्लिक (*āmlik*) *a.* acidic

आम्लिक आक्साइड *m.* acidic oxide

आम्लिक संघात *m.* acidic fermenta-

tion

आम्लिका (*āmlikā*) *f.* tamarind tree (see इमली)

आयंत-पायंत (*āyant-pāyant*) *m.* upper and lower end of a bedstead (also आयंती-पायंती)

आयंदा A (*āyanda*) I. *adv.* in future II. *m.* future (see आइंदा)

आय (*āy*) *f.* income, receipts, revenue, proceeds

आयकर *m.* income tax

आयकर अधिकारी *m.* income tax officer

आय-व्यय *m.* income and expenditure

आय-व्ययक *m.* budget

आय-व्यय निरीक्षण/परीक्षण *m.* audit

आय-व्यय परीक्षा *f.* audit

अनर्जित आय *f.* unearned income

ऊपरी आय *f.* extra/additional income

राष्ट्रीय आय *f.* national income

आयत[1] (*āyat*) I *a.* long, extended, enlarged II. *m.* rectangle, oblong

आयत लोचन *a.* having long-drawn eyes

आयत लोचना *f.* a woman with long-drawn eyes

आयत[2] A (*āyat*) *f.* words or sayings from the Quran

आयतन (*āytan*) *m.* 1. volume, bulk 2. (लंबाई-चौड़ाई) extent, length and breadth, dimension 3. (यज्ञस्थान) sanctuary, shed for sacrifices 4. (आश्रय) shelter 5. (घर) home, abode, dwelling place, house

आयतनी (*āytanī*) *a.* volumetric

आयतनी विश्लेषण *m.* volumetric analysis

आयताकार (*āyatākār*) *a.* rectangular

आयताकृति (*āyatākṛti*) *f.* rectangular shape

आयत्त (*āyatta*) *a.* dependent, within control or check, subjugated independent on, subject to अधीन; आश्रित, अवलम्बित

आयत्तता (*āyattatā*) *f.* dependence, subjugation

आयन[1] (*āyan*) *m.* movement

आयन[2] E (*āyan*) *m.* ion

आयनमंडल *m.* /**आयनवृत्त** *m.* ionosphere

आय-व्ययक (*āyvyayak*) *m.* budget

आयस (*āyas*) *m.* iron or armour made of iron

आयसीय (*āyasīy*) *a.* made of iron, of or pertaining to iron

आया[1] PO (*āyā*) *f.* nurse, ayah, maid, female attendant on children

आया[2] (*āyā*) *v.i.* past and past participle of आना, came

आया-गया (*मु.*) *m.* visitor

आया-गया होना to be a thing of the past

आया-राम गया-राम *m.* defector

बात आई-गई हो गई the matter was done away with

आये-गये का सत्कार due regard for a casual guest

आये दिन *adv.* often, constantly

वह आया he came

वह आया था he had come

आया[3] P (*āyā*) *conj.* whether

आयात (*āyāt*) I. *m.* import II. *a.* 1. imported 2.brought 3.(फैलाया हुआ) expanded, extended, stretched

आयात करना to import

आयातकर्ता *m.* importer

आयात-निर्यात *m.* import and export

आयात व्यापार *m.* import trade

आयात शुल्क *m.* import duty

आयातक (*āyātak*) *m.* importer

आयातित (*āyātit*) *a.* imported

आयातित माल *m.* imported goods

आयाम (*āyām*) *m.* dimension, amplitude, largeness of space

आयामिक (*āyāmik*) *a.* dimensional

आयास (*āyās*) *m.* effort, endeavour, exertion, toil

आयासपूर्ण *a.* arduous, difficult

आयासक (*āyāsak*) *a.* causing effort or weariness

आयु (*āyu*) *f.* lifetime, lifespan, age

आयु काल *m.* longevity

आयु शेष *m.* last stage of life, remaining days of life

आयु सीमा *f.* age-limit

आयुक्त (*āyukta*) I. *m.* commissioner II. *a.* appointed, commissioned

उपायुक्त *m.* deputy commissioner

आयुत (*āyut*) *a.* joined, linked, combined

आयुध (*āyudh*) *m.* ordnance, weapon, armament

आयुधजीवी *m.* warrior

आयुध-नियंत्रण *m.* arms control

आयुधपाल *m.* supervisor of an arsenal

आयुध प्रतिस्पर्धा *f.* arms race

आयुधशाला *f.* armoury, arsenal

आयुधागार (*āyudhāgār*) *m.* ordnance depot

आयुधिक (*āyudhik*) I. *a.* of or relating to arms, living by one's weapons II. *m.* man-at-arms, warrior

आयुर्- (*āyur*) *f.* lifetime, duration of life, age

आयुर्बल *m.* period of life

आयुर्योग *m.* conjunction of planets enabling an astrologer to predict the course of a man's life

आयुर्विज्ञान *m.* medical science

आयुर्विज्ञानी *m.* medical scientist

आयुर्वृद्धि *f.* rise or increase in age, longevity

आयुर्वेद *m.* ancient Indian treatise on medical science, (Ayurvedic) medical system

आयुर्वेदिक *a.* pertaining to the आयुर्वेद

आयुर्वेदी *m.* doctor in the Indian (Ayurvedic) science of medicine

आयुष् (*āyūṣ*) *f.* lifetime, duration of life, age (same as आयुर् or आयु in संधि)

आयुष्कर *a.* causing or creating a long life

आयुष्मति *f.* & *a.* long-lived, blessed with longevity

आयुष्मान् *a.* & *m.* long-lived, blessed with long life

आयुष्मान भव *excl.* may you live long !

आयुष्य (*āyuṣya*) *m.* 1. life force 2. longevity, abundance of life

आयोग (*āyog*) *m.* commission (e.g. वित्त आयोग finance commission, वैज्ञानिक शब्दावली आयोग commission for scientific terminology, विधि आयोग law commission)

आयोजक (*āyojak*) *m.* 1. organizer 2. promoter 3. planner 4. convener

आयोजन (*āyojan*) *m.* 1. arrangement, provision 2. convening 3. organising 4. planning

आयोजना (*āyojanā*) *f.* plan

आयोजना अधिकारी *m.* planning officer

आयोजना आयोग *m.* planning commission

आयोजित (*āyojit*) *a.* 1. planned 2. organised

आयोजित अर्थव्यवस्था *f.* planned economy

आयोजित प्रगति *f.* planned progress

आयोजित यात्रा *f.* conducted tour

आयोजित सभा *f.* convened or organised meeting

आयोडीन E (*āyoḍīn*) *f.* iodine

आरंभ (*ārambh*) *m.* 1. beginning, commencement, start 2. (शुरू का हिस्सा) the initial part, initial stage 3. (उत्पत्ति) origin

आरंभ में *adv.* in the beginning, at the outset, to start with

आरंभ से *adv.* from the beginning, since inception, *ab initio*

आरंभ से अंत तक *adv.* from beginning to end, from start to finish
आरंभ से ही *adv.* from the very beginning/inception
आरंभक (*ārambhak*) *m.* beginner
आरंभतः (*ārambhtaḥ*) *adv.* in the beginning, at the outset
आरंभना (*ārambhnā*) *v.t.* to begin, to start, to commence
आरंभिक (*ārambhik*) *a.* 1. initial 2. elementary 3. starting
आरंभिक परिकल्पना *f.* pilot project
आरंभिक माल *m.* opening stock
आरंभिक स्थिति *f.* initial stage
आर[1] A (*ār*) *f.* 1. enmity 2. (घृणा) hatred 3. (शर्म) shame, bashfulness
आर[2] (*ār*) *f.* goad, sharp probe at the end of a stick
आर मारना *v.t.* to prick with a goad, to goad, to spur
आर[3] (*ār*) *m.* this side
आर-पार *adv.* across
न आर न पार *adv.* neither on this side nor on the other
आरकेस्ट्रा E (*ārkesṭrā*) *m.* orchestra, band or chorus
आरक्त (*ārakta*) *a.* flesh-coloured, reddish, purplish
आरक्त नयन I. *m.* reddened eyes, bloodshot eyes II. *a.* having red eyes
आरक्तिम (*āraktim*) *a.* flesh-coloured, reddish, purplish (= आरक्त)
आरक्तिमा (*āraktimā*) *f.* reddishness
आरक्षक (*ārakṣak*) *m.*1. protector 2. policeman
आरक्षक बल *m.* police force
आरक्षक त्वरित बल *m.* police squad
आरक्षण (*ārakṣaṇ*) *m.* 1. reservation 2. guarding, protecting, defending
आरक्षा (*ārakṣā*) *f.* 1. reservation 2. safety, security 3. police
आरक्षित (*ārakṣit*) *a.* 1. reserved 2. secured, protected
आरक्षित करना *v.t.* to reserve, to secure
आरक्षित निधि *f.* reserve fund
आरक्षित बल *m.* reserve force
आरक्षित वन *m.* reserve forest
आरक्षित स्थान *m.* reserved accommodation
आरक्षी (*ārakṣī*) *m.* policeman, constable
आरक्षी दल *m.* police picket, police party
आरचित (*āracit*) *a.* 1. arranged, organized 2. (तैयार किया हुआ) prepared, made ready
आरज़ी A (*ārzī*) *a.* temporary
आरज़ी तौर पर *adv.* temporarily
आरज़ू P (*ārzū*) *f.* wish, desire, longing, craving, yearning
आरज़ूमंद *a.* desirous, eager
आरज़ूमंदी *f.* wishfulness, eagerness
आरज़ू-मिन्नत *f.* supplication, request, beseeching
आरज़ू-मिन्नत करना *v.t.* to beseech, to cajole
आरण्य (*āraṇya*) I. *m.* forest, jungle II. *a.* wild, forest-grown
आरण्यकांड *m.* title of the third chapter of Ramayan describing Rama's exile to the forest
आरण्यक (*āranyak*) I. *m.* name of treatises on Vedic philosophy composed by rishis in their forest hermitages II. *a* of or pertaining to a forest, wild
आरति (*ārati*) *f.* pain, infliction, distress
आरती (*ārtī*) *f.* 1. ceremonial adoration of God 2. hymns recited in adoration of God 3. dish used in performing आरती
आरती उतारना/करना (*मु.*) to perform this ceremony, to pay homage
आरती लेना *v.t.* to receive blessings
आरब्ध (*ārabdha*) *a.* started, com-

menced, begun

आरभट (*ārabhaṭ*) *m.* brave man

आरभटी (*ārabhaṭī*) *f.* 1. courage, bravery, boldness 2. a style or mode in dancing

आरभमाण (*ārabhmāṇ*) *a.* incipient

आरभमाण रोग *m.* incipient disease

आरसी (*ārsī*) *f.* 1. mirror, looking glass 2. a ring inset with a small mirror (worn usually on the thumb by women)

आरा (*ārā*) *m.* saw (tool for cutting wood)

आराकश *m.* one who uses a saw

आराकशी *f.* sawing

आरा चल जाना *v.i.* to be sawed

आरा चलाना *v.i.* to saw

आरा मशीन/मिल *f.* sawmill

आरा सिर पर चलाना *v.t.* to torture, to treat cruelly

आरे से काटना/चीरना to saw

आराइश P (*ārāiś*) *f.* decoration, dressing, embellishment

आराई P (*ārāī*) *f.* decorating, embellishing, adorning

आराज़ी A (*ārāzī*) *f.* lands, fields, usually cultivated fields

आराति (*ārāti*) *m.* enemy, foe, opponent

आराधक (*ārādhak*) I. *m.* worshipper II. *a.* worshipping, adoring

आराधन (*ārādhan*) *m.* /**आराधना** (*ārādhanā*) *f.* 1. worship, religious service 2. (प्रसादन) propitiation

आराधन करना *v.t.* to worship, to propitiate, to adore

आराधनीय (*ārādhanīya*) *a.* to be worshipped or adored, adorable

आराधनीय देवता *m.* the god one worships

आराधयिता (*ārādhayitā*) *m.* worshipper, adorer, devotee

आराधित (*ārādhit*) *a.* worshipped, adored, propitiated

आराध्य (*ārādhya*) *a.* to be worshipped, adorable

आराध्यमान *a.* being worshipped or adored

आराम[1] P (*ārām*) *m.* 1. rest 2. comfort 3. ease 4. peace 5. relief

आराम करना *v.i.* to rest, to recline, to repose

आरामकुर्सी *f.* easy chair

आरामगाह *f.* bedroom, sleeping room

आरामतलब *a.* fond of ease, idle, lazy, indolent

आरामतलबी *f.* idleness, inactivity, indolence

आरामदिल *a.* of an easy mind or temperament

आराम देना *v.t.* to give ease, to comfort, to afford relief, to assuage

आरामदेह *a.* comfortable

आरामपसंद *a.* indolent, lazy, lotus-eater

आराम पहुँचाना *v.t.* to give ease, to comfort, to afford (= आराम देना)

आराम पाना *v.t.* to obtain relief, to find rest or repose, (बीमारी से) to recover, to regain health, to get well

आराम होना, हो जाना *v.i.* to derive comfort, to find rest, to become well, to recover health

आराम[2] (*ārām*) *m.* pleasure garden

बौद्ध आराम *m.* resting place for Buddhists

आरी (*ārī*) *f.* 1. small saw 2. shoemaker's awl

कलेजे पर आरी चलना *v.i.* to suffer pangs of jealousy

गरदन पर आरी चलना *v.i.* to be tortured

गरदन पर आरी चलाना *v.t.* to torture

आरुंधन (*ārundhan*) *m.* 1. restraining, checking 2. (दम घोंटना) strangling, squeezing the windpipe

आरूढ़ (*ārūṛh*) *a.* mounted, ascended (जैसे अश्वारूढ़ mounted on a horse)

आरूढ़ यौवना *f.* a woman who has

reached the peak of youth
आरूढ़ होना *v.i.* to mount, to ascend
आरूढ़ि (*ārūṛhi*) *f.* ascent, mounting
आरेख (*ārekh*) *m.* drawing, diagram
आरेख पट्ट *m.* drawing board
आरेखण (*ārekhaṇ*) *m.* act of drawing
आरेखी (*ārekhī*) *a.* diagrammatic
आरेखी निरूपण *m.* diagrammatic representation
आरेचित (*ārecit*) *a.* empty, vacant
आरोगण (*ārogaṇ*) *m.* cure, restoration to health, convalescence
आरोग्य (*ārogya*) *m.* healthfulness, freedom from disease
आरोग्य आश्रम/धाम *m.* sanatorium
आरोग्यकारी *a.* sanitary
आरोग्यजनक *a.* sanitary
आरोग्य निवास *m.* sanatorium
आरोग्यप्रद *a.* health-giving, hygienic, salubrious
आरोग्य प्रमाणक/प्रमाणपत्र *m.* certificate of fitness
आरोग्यलाभ *m.* convalescence
आरोग्य लाभ करना *v.t.* to convalesce
आरोग्य शाला *f.* clinic, nursing home
आरोग्य शास्त्र *m.* hygiene
आरोग्य सदन *m.* sanatorium
आरोग्य स्नान *m.* recovery bath
आरोग्यता (*ārogytā*) *f.* physical fitness
आरोग्यता प्रमाणपत्र *m.* certificate of physical fitness
आरोध (*ārodh*) *m.* hurdle
आरोप (*ārop*) *m.* 1. attribution, assignation, imputation 2. allegation, accusation, charge
आरोपपत्र *m.* charge-sheet
आरोप लगाना *v.t.* to impute, to indict, to allege, to make one guilty of, to accuse
झूठा आरोप *m.* false accusation
आरोपक (*āropak*) *m.* 1. ascriber, accuser 2. planter
आरोपण (*āropaṇ*) *m.* 1. imputation of blame, accusation, attribution 2. planting
दोषारोपण *m.* attribution of blame
वृक्षारोपण *m.* planting of trees, implantation
आरोपणीय (*āropaṇīya*) *a.* to be blamed, accusable, to be charged
आरोपना (*āropnā*) *v.t.* 1. to plant 2. to establish, to fix, to set
आरोपित (*āropit*) *a.* 1. attributed, ascribed, imputed 2. (मिथ्या कल्पित) feigned, illusioned 3. (स्थापित) planted, fixed
आरोपित करना *v.t.* to attribute, to ascribe, to plant
आरोप्य (*āropya*) *a.* 1. accusable 2. to be planted
आरोह (*āroh*) *m.* 1. ascent, elevation 2. (in music) ascending mode
आरोह-क्रम *m.* ascending order
आरोह-अवरोह *m.* (a) ascent and descent (b) (in music) cadence, modulation
आरोहक (*ārohak*) *m.* rider
आरोहण (*ārohaṇ*) *m.* 1. rising, ascending 2. riding, mounting 3. (अँखुआ फूटना) growing of shoots of a plant
आरोहित (*ārohit*) *a.* mounted, ascended (= आरूढ़ *q.v.*)
आरोही (*ārohī*) I. *a.* ascending, mounting, climbing, rising II. *m.* rider
आरोही क्रम *m.* ascending order
आरोही तान *f.* rising tone
आरोही पादप *m.* climbing plant
आरोही प्रक्रम *m.* ascending process
आरोही बलाघात *m.* rising crescendo
आरोही लता *f.* ascending creeper
अश्वारोही *m.* horse-rider
आर्क E (*ārk*) *m.* arc, flow of electricity
आर्क दीप *m.* arc lamp
आर्क वर्णालि *f.* arc spectrum
आर्केस्ट्रा E (*ārkesṭrā*) *m.* orchestra
आर्गन E (*ārgan*) *m.* (musical) organ

(also आर्गन बाजा)

आर्जव (*ārjav*) *m.* 1. (from ऋजु) rectitude 2. (सरल व्यवहार) straightforwardness, sincerity, honesty, candour, fair dealing 3. (नम्रता) politeness, humbleness

आर्जुनि (*ārjuni*) *m.* descendant of Arjuna, son of Arjun, i.e. Abhimanyu

आर्ज़ू P (*ārzū*) *f.* wish, desire, longing, craving, yearning (= आरज़ू)

आर्ट E (*ārṭ*) *m.* art (*syn.* कला)

आर्ट गैलरी *f.* art gallery

आर्ट पेपर *m.* art paper

आर्ट स्कूल *m.* art school

आर्टिस्ट E (*arṭisṭ*) *m.* 1. artist 2. artiste (*syn.* कलाकार)

ऑर्डर E (*orḍar*) *m.* order, command

ऑर्डर चेक *m.* order cheque

ऑर्डर देना *v.t.* to order

ऑर्डर बुक करना *v.t.* to book/register an order (*syn.* आदेश)

आर्डिनेंस E (*ārḍineṃs*) *m.* ordinance

राष्ट्रपति का आर्डिनेंस *m.* ordinance by the President (*syn.* अध्यादेश)

आर्त (*ārt*) *a.* distressed, afflicted, pained, aggrieved

आर्त ध्वनि *f.* /**आर्त नाद** *m.* cry of distress or affliction (also आर्त वचन)

आर्त वाणी/आर्त स्वर *f./m.* note of distress

आर्तता (*ārtatā*) *f.* distress, affliction, pain, painfulness

आर्तव (*ārtav*) *m.* (from ऋतु) menses, menstruation, menstrual discharge

आर्ति (*ārti*) *f.* distress, affliction, grief

आर्तिनाशन *m.* one who removes distress

आर्तिहर *a.* analgesic

आर्थिक (*ārthik*) *a.* 1. economic 2. monetary 3. financial

आर्थिक अनुदान *m.* monetary grant

आर्थिक अवस्था *f.* economic condition

आर्थिक असमानता *f.* economic disparity

आर्थिक क्लेश *m.* pecuniary difficulties, monetary trouble

आर्थिक क्षतिपूर्ति *f.* pecuniary compensation

आर्थिक क्षमता *f.* economic capacity

आर्थिक क्षेत्राधिकार *m.* economic jurisdiction

आर्थिक दबाव *m.* financial pressure

आर्थिक दायित्व *m.* pecuniary liabilities

आर्थिक प्रतिबंध *m.* economic sanction

आर्थिक भूगोल *m.* economic geography

आर्थिक वर्ष *m.* financial year

आर्थिक विवरण *m.* financial statement

आर्थिक व्यवस्था *f.* economy, economic set-up

आर्थिक संकट *m.* economic crisis

आर्थिक समस्या *f.* economic problem

आर्थिक सहायता *f.* monetary help, subvention

आर्थिक हानि *f.* financial loss

आर्थिक हिसाब *m.* financial accounts

आर्थी (*ārthī*) *a.* semantic, of or pertaining to meaning

आर्द्र (*ārdra*) *a.* 1. wet, moist, humid, damp 2. compassionate, softened

आर्द्र कंठ से *adv.* in a voice choked with compassion

आर्द्र करना *v.t.* to wet, to moisten

आर्द्रक (*ārdrak*) *m.* wetting agent

आर्द्रता (*ārdratā*) *f.* humidity, wetness, dampness, moisture

आर्द्रता मापी *m.* hygrometer

आर्द्रता मिति *f.* hygrometry

आर्द्रता विज्ञान *m.* hygrology

आर्द्रित (*ārdritā*) *a.* moistened

आर्द्रीकरण (*ārdrīkaraṇ*) *m.* damping, softening

आर्मी E (*ārmī*) *f.* army

आर्मेचर E (*ārmecar*) *m.* armature

आर्य (*ārya*) *m.* & *a.* Arya, Aryan, of

noble/good family or breed, respectable person
आर्य जाति *f.* Aryan race
आर्यपुत्र *m.* husband (as addressed in Sanskrit dramas)
आर्य भाषा *f.* Aryan language
आर्यसमाज *m.* a socio-religious sect founded by Swami Dayanand Saraswati
आर्यसमाजी *a.* (a) of or pertaining to Arya Samaj (b) one who follows the ideologies of Arya Samaj
आर्यावर्त *m.* abode of the Aryans, Northern India

आर्ष (*ārṣa*) *a.* (from ऋषि) belonging to or authorised by ancient sages
आर्ष ग्रंथ *m.* the books revealed to the ancient sages, the Vedas
आर्ष प्रयोग *m.* sacred and authoritative usage
आर्ष वचन *m.* statement emanating from authority
आर्ष विवाह *m.* one of the eight forms of marriage as mentioned in Manusmriti

आर्षेय (*ārṣey*) *a.* 1. relating to or enjoined by the rishis 2. venerable, respectable

आर्हत (*ārhat*) I. *a.* 1. pertaining to Jain religion or अर्हत 2. wise man, learned person II. *m.* Jain, follower of Jain doctrines
आर्हत धर्म *m.* Jainism
आर्हत सिद्धांत *m.* Jain doctrines or principles

आलंकारिक (*ālaṅkārik*) *a.* 1. (from अलंकार) figurative, rhetorical 2. ornamental, decorative
आलंकारिक प्रयोग *m.* figurative use
आलंकारिक भाषा *f.* figurative language
आलंकारिक शैली *f.* decorative style

आलंग (*ālaṅg*) *m.* heat of a female animal

आलंब (*ālamb*) I. *m.* 1. prop, support 2. fulcrum (as of a pair of scales) 3. (geometry) perpendicular II. *a.* hanging down by support, suspended

आलंबन (*ālamban*) *m.* 1. support, dependence 2. supporter 3. shelter, refuge 4. (poetics) causes that give rise to sentiment, source of emotion 5. suspension

आलंबित (*ālambit*) *a.* 1.(आश्रित) supported, upheld, sheltered 2. (लटका हुआ) hung, hanging (from or on)

आलंभ (*ālambh*) *m.* 1. joining 2. seizing

आल-औलाद A (*āl-aulad*) *f.* progeny, offspring

आलकस (*ālkas*) *m.* laziness, sloth, lethargy, idleness (= आलस, आलस्य)

आलकसी (*ālkasī*) *a.* lazy (person), indolent (fellow), slothful (person) (= आलसी)

आलती-पालती (*āltī-pāltī*) *f.* **/आलथी- पालथी** (*ālthī-palthī*) *f.* mode of sitting on hams, squatting with crossed legs
आलती-पालती/आलथी-पालथी करना/लगाना *v.i.* to squat, to sit with crossed legs

आलन (*ālan*) *m.* 1. a mixture of pulse (दाल) and dough 2. straw mixed with mud (गारा)

आलपिन Portu (*ālpin*) *f.* (metal) pin

आलम A (*ālam*) *m.* 1. the world, universe 2. (भीड़) crowd, gathering, multitude 3. (अवस्था) state, condition
आलमआरा *f.* adornment or ornament of the world
आलमगीर *m.* conqueror of the world
आलमपनाह *m.* shelter or asylum for the world, emperor
जवानी का आलम *m.* youthful state

आलमी A (*ālmī*) *a.* all-world
आलमी कान्फ्रेंस *f.* all-world conference

आलमारी PO (*ālmārī*) *f.* almirah

आलय (*ālay*) *m.* 1. abode, dwelling,

residence 2. (आधार) base, support 3. (आश्रय) shelter, resort (see चिकित्सालय, विद्यालय, हिमालय)

आलस (*ālas*) *m.* laziness, sloth, lethargy, idleness

आलस आना *v.i.* to feel lazy or lethargic

आलसी (*ālsī*) *a.* & *m.* lazy (person), indolent (fellow), slothful (person)

आलस्य (*ālasya*) *m.* laziness, sloth, lethargy, idleness (= आलस)

आलस्य-त्याग *m.* shaking off of indolence

आलस्यपरायण *a.* given to idleness, slothful, lazy, indolent

आला[1] (*ālā*) *m.* niche, a small recess in a wall

आला[2] A (*ālā*) *m.* tool, apparatus

आला[3] A (*ālā*) *a.* fine, best, excellent, first-class

आला दर्जे का *a.* of superior quality, of the first order, of high merit

वज़ीर-ए-आला *m.* chief minister

आलात (*ālāt*) *m.* firebrand, live coal

आलान (*ālān*) *m.* 1. the post to which an elephant is tied 2. rope or chain that binds an elephant

आलाप (*ālāp*) *m.* 1. talk, speaking (as in वार्तालाप conversation) 2. seven tunes of music, musical tunes or melodies 3. modulation of the voice preparatory to singing

आलापक (*ālāpak*) *m.* 1. one who converses, talker 2. singer

आलापन (*ālāpan*) *m.* 1. talk 2. singing a tune or melody 3. singing

आलापना (*ālāpnā*) *v.t.* to tune the voice, to catch the proper key

अपना राग आलापना *v.t.* to talk about oneself

आलापित (*ālāpit*) *a.* 1. uttered 2. sung

आलापी (*ālāpī*) *m.* conversationalist, sociable person

आलाबू (*ālābū*) *m.* pumpkin, gourd, *Cucurbita pepo*

आलारासी (*ālārāsī*) *a.* 1. slow, tardy 2. lazy, slothful, indolent

आलिंगन (*āliṁgan*) *m.* embracing, hugging, embrace

आलिंगन करना *v.t.* to embrace, to hug

आलिंगित (*āliṁgit*) *a.* embraced, hugged, clasped in arms

आलिंगी (*āliṁgī*) *a.* one who embraces, embracing, hugging

आलिंग्य (*āliṁgya*) *a.* to be embraced, to be clasped in arms

आलि (*āli*) *f.* 1. bumblebee 2. (सखी) woman's female friend 3. (पंक्ति) line, row 4. (मेड़) ridge (dividing fields)

आलिखित (*ālikhit*) *a.* delineated, written, painted, drawn

आलिप्त (*ālipta*) *a.* 1. anointed, smeared 2. implicated, involved

आलिप्त करना to anoint, to smear, to implicate

आलिम A (*ālim*) *m.* a learned man, scholar, a man of letters

आलिम अल-गैब *a.* omniscient, all-knowing (i.e., God, one who knows the visible and the invisible)

आली[1] A (*ālī*) *a.* high, eminent, elevated, exalted, grand

आली खानदान *a.* of high/noble family

आली जनाब *m.* sir

आली दिमाग *a.* intelligent, wise

आलीशान *a.* magnificent, grand, majestic, stately

आली[2] (*ālī*) *f.* (a woman's) female friend (also see आलि)

आलू (*ālū*) *m.* potato

आलू-चाप *m.* potato chop

आलूबुखारा *m.* (Persian) plum, dried plum

दम-आलू a dish made of whole potatoes

आलूचा (*ālūcā*) *m.* a small plum, *Prumus ovalifolia*

आलेख (*ālekh*) *m.* 1. writing, script 2. drawing, graph 3. sketch
आलेखन (*ālekhan*) *m.* 1. writing, scribbling 2. drawing 3. sketching
आलेखनी (*ālekhanī*) *f.* artist's pencil, brush
आलेखी (*ālekhī*) *a.* graphical
आलेखी रचना *f.* graphical construction
आलेख्य (*ālekhya*) *a.* to be written or delineated, to be drawn or sketched
आलेप (*ālep*) *m.* liniment, ointment
आलेपन (*ālepan*) *m.* smearing, anointing
आले-बाले (*āle-bāle*) *m.* & *pl.* avoiding, evasion, shuffling
आले-बाले करना *v.t.* to evade, to put off
आलोक (*ālok*) *m.* 1. light, illumination 2. enlightenment
आलोक चित्र *m.* photograph
आलोक चित्रण *m.* photography
आलोक तड़ित *m.* photo-electricity
आलोक विज्ञान *m.* /**आलोक विद्या** *f.* optics
आलोक संकेत *m.* beacon, signal of light
आलोक स्तंभ *m.* lighthouse
आलोकन (*ālokan*) *m.* 1. lighting 2. seeing, looking
आलोकनीय (*ālokanīya*) *a.* 1. to be looked at 2. to be considered 3. to be lighted
आलोकित (*ālokit*) *a.* 1. lighted, illuminated, bright, lit 2. enlightened
आलोकित करना *v.t.* to light, to illuminate
आलोचक (*ālocak*) *m.* critic
आलोचन (*ālocan*) *m.* /**आलोचना** (*ālocanā*) *f.* 1. criticism 2. review
आलोचना करना *v.t.* to criticize
आलोचनात्मक (*ālocanātmak*) *a.* critical
आलोचनात्मक चर्चा *f.* critical discussion
आलोचनीय (*ālocanīy*) *a.* to be discussed, to be considered, under consideration, to be criticized, under review
आलोचित (*ālocit*) *a.* considered, discussed, examined, criticized
आलोच्य (*ālocya*) *a.* to be discussed, to be considered, under consideration, to be criticized, under review (= आलोचनीय)
आलोच्य विषय *m.* subject under review/study
आलोड़न (*āloṛan*) *m.* 1. stirring, shaking, agitating 2.(मर्दन) trampling 3. investigation
आलोड़न-विलोड़न *m.* brooding, profound contemplation of pros and cons
आलोड़ित (*āloṛit*) *a.* 1. stirred up, shaken, agitated 2. investigated
आलोल (*ālol*) *a.* slightly trembling, tremulous, rolling slowly
आलोहित (*ālohit*) *a.* reddish, pink
आल्हा (*ālhā*) *m.* 1. the name of a certain warrior/hero and his heroic deeds 2. a long poetic narrative, ballad
आल्हा का पँवारा *m.* too long a description or story
आल्हा गाना *v.t.* to narrate one's own exploits and experiences at length
आवंटन (*āvaṇṭan*) *m.* allotment
आवंटन करना *v.t.* to allot
आवंटित (*āvaṇṭit*) *a.* allotted
आवक (*āvak*) I. *m.* receipt II. *a.* inward, incoming
आवक डाक *f.* inward mail
आवक यातायात *m.* inward traffic
आवक लिपिक receipt clerk
आवक्ष (*āvakṣa*) *a.* up to the chest
आवक्ष प्रतिमा/मूर्ति *f.* bust
आवधिक (*āvdhik*) *a.* durative, periodical
आवधिक उपज *f.* periodical produce
आवधिक जमा *m.* term deposit
आवधिक टिकट *m.* season ticket

आवधिक निरीक्षण *m.* periodical inspection
आवधिक समीक्षा *f.* periodical review
आवनेय (*āvney*) *m.* name of the planet Mars
आवपन (*āvapan*) *m.* process of sowing or weaving
आवभगत (*āvbhagat*) *f.* hospitality, welcome, reception
आवभगत करना *v.t.* to entertain, to welcome
आवभाव (*āvbhāv*) *m.* civility, courtesy (see आवभगत)
आवरक (*āvarak*) *m.* cover, curtain
आवरण (*āvaraṇ*) *m.* 1. covering, cover 2.(छिपाना) concealment 3. (ढाल) shield 4. (परदा) screen, curtain
आवरण पृष्ठ *m.* cover page (of a book)
आवरण शक्ति *f.* the power of illusion (*ant.*अनावरण unveiling)
आवर्जन (*āvarjan*) *m.* 1. attracting 2. (तुष्ट करना) propitiating, pleasing 3.(पराभूत करना) overcoming 4. (झुकाना) bending
आवर्जित (*āvarjit*) *a.* 1. inclined, bent down, prone 2. (परित्यक्त) abandoned, cast aside 3. (पराभूत) overcome, humbled
आवर्त (*āvarta*) *m.* 1. whirlpool, eddy, vortex 2. circular motion 3. turn over 4. recurring
आवर्त मणि *m.* a king of precious stone, amethyst
आवर्तक (*āvartak*) *a.* 1. recurrent 2. (maths) periodic
आवर्तक अनुदान *m.* recurrent grant
आवर्तक दशमलव *m.* recurrent decimal
आवर्तन (*āvartan*) *m.* recurrence
आवर्तन करना *v.t.* to recur
आवर्तनी (*āvartanī*) *f.* 1. crucible 2. churning rod
आवर्तनीय (*āvartanīy*) *a.* to be turned round, to be revolved
आवर्तित (*āvartit*) *a.* 1. turned round 2. recurred
आवर्ती (*āvartī*) *a.* 1. recurring 2. periodical 3. revolving
आवर्ती अनुदान *m.* recurring grant
आवर्ती उच्चावचन *m.* cyclical fluctuation
आवर्ती जमा *m.* recurring deposit
आवर्ती तरंग *f.* periodic wave
आवर्ती द्वार *m.* revolving door
आवर्ती प्रभार *m.* recurring charges
आवर्ती लागत *f.* recurring cost
आवर्ती व्यय *m.* recurring expenditure
आवर्धक (*āvardhak*) I. *m.* magnifier, augmenter II. *a.* magnifying, augmenting
आवर्धक लेन्स *m.* magnifying lens
आवर्धन (*āvardhan*) *m.* magnification, augmentation
आवर्धन करना *v.t.* to magnify
आवर्धन संबंधी *a.* augmentative
आवर्धित (*āvardhit*) *a.* magnified, augmented
आवर्धित करना *v.t.* to magnify
आवलि (*āvli*) *f.* /**आवली** (*āvlī*) *f.* row, range, line (as in रत्नावली, प्रश्नावली)
आवली-सावली *adv.* in a line/row
आवश्यक (*āvaśyak*) *a.* necessary, needful, essential, requisite
आवश्यक अर्हताएँ *f.* necessary qualifications
आवश्यक कार्रवाई करना *v.t.* to take necessary action, to do the needful
आवश्यक गुण *m.* requisites
आवश्यक परिवर्तन के साथ *adv.* with necessary modifications, *mutatis mutandis*
आवश्यक बनाना *v.t.* to necessitate
आवश्यक रूप से *adv.* necessarily
आवश्यक व्यवस्था *f.* essential arrangement
आवश्यक शर्त *f.* requisite condition,

sine qua non

आवश्यकता (*āvaśyaktā*) *f.* need, necessity

आवश्यकतानुसार *adv.* as necessary, according to the need

आवश्यकता पड़ने पर *adv.* in case of need

आवश्यकीय (*āvaśyakīy*) *a.* necessary, needful, essential, requisite (= आवश्यक)

आवसरिक (*āvsarik*) *a.* (from अवसर) occasional

आवसरिक अभ्यागत *m.* occasional visitor

आवसरिक बैठक *f.* occasional sitting

आवसानिक (*āvsānik*) *a.* (from अवसान) terminal

आवसानिक कर *m.* terminal tax

आवह (*āvah*) *m.* weather, atmosphere

आवहविद् *m.* meteorologist

आवह विद्या *f.* **/आवह शास्त्र** *m.* meteorology

आवह मंडल *m.* atmosphere, atmospheric region

आवा (*āvā*) *m.* **/आवाँ** (*āvāṁ*) *m.* potter's kiln (= आँवा)

आवें का आवाँ ही बिगड़ा है *(मु.)* the whole system is rotten

आवागमन (*āvāgaman*) *m.* 1. coming and going, ingress and egress 2. transmigration (of soul)

आवाज़ P (*āvāz*) *f.* 1. voice 2. sound

आवाज़ उठाना *(मु.) v.t.* to raise (one's) voice, to speak out

आवाज़ ऊँची करना *v.t.* to raise the voice

आवाज़ करना *v.t.* to call aloud, to cry for alms

आवाज़ खुल जाना *v.i.* voice (to become clear)

आवाज़ देना *(मु.) v.t.* to call, to cry out, to shout

आवाज़ निकालना *v.t.* to give out a shout, to make a sound

आवाज़ पड़ना (कान में) *v.i.* to catch a sound/voice, to happen to hear

आवाज़ बिगड़ जाना *v.i.* to become hoarse

आवाज़ बुलंद करना *v.t.* to raise one's voice, to protest

आवाज़ बैठना *v.i.* to become hoarse

आवाज़ भर्राना, भारी होना *v.i.* to become hoarse, to have (the voice) become hoarse

आवाज़ मारना *v.t.* to shout, to call out

आवाज़ में लोच होना *v.i.* to have a soft and melodious voice

धीमी आवाज़ *f.* low voice

भर्राई आवाज़ *f.* hoarse voice

आवाज़ा P (*āvāzā*) *m.* 1. fame, reputation 2. (व्यंग्य) taunt, sarcasm, irony

आवाज़ाकशी *f.* taunting

आवाज़ा कसना *v.t.* to taunt, to jeer at

आवाज़ा बुलंद होना *v.i.* to have a good reputation

आवाजाई (*āvā-jāī*) *f.* **/आवाजाही** (*āvājāhī*) *f.* to pay visits, to make calls (at)

आवार (*āvār*) *m.* 1. shelter 2. (रक्षण) protection

आवारगी P (*āvārgi*) *f.* loafing, vagabondage, profligacy, recklessness, extravagance

आवारा P (*āvārā*) I. *a.* 1. vagrant, wandering, loafing 2. (परित्यक्त, जैसे पशु) let off, given off, roaming about, abandoned 3. (निकम्मा) dissolute, licentious, unemployed, idle II. *m.* loafer, vagabond, reckless fellow

आवारा करना *v.t.* to make a vagabond (of)

आवारागर्द *a.* & *m.* 1. vagrant, wandering, loafing 2. (परित्यक्त, जैसे पशु) let off, given off, roaming about, abandoned 3. (निकम्मा) dissolute, licentious, unemployed, idle II. *m.* loafer, vagabond, reckless fellow (= आवारा)

आवारागर्दी *f.* loafing, loitering, vagrancy
आवारागर्दी करना *v.i.* to loaf about, to knock about
आवारा फिरना *v.i.* to loaf about, to wander about, to go loafing about
आवारा होना *v.i.* to become a profligate or loafer
आवास (*āvās*) *m.* 1. abode, dwelling, residence, habitat 2. domicile, home
आवास कार्यालय *m.* residence-cum-office
आवास गृह *m.* residential house
आवास भूमि/स्थल *f./m.* dwelling place, native land
आवासिक (*āvāsik*) *a.* residential
आवासिक मजिस्ट्रेट *m.* resident magistrate
आवासिक लिपिक *m.* resident clerk
आवासित (*āvāsit*) *a.* domiciled
आवासी (*āvāsī*) *m.* resident
आवासीय (*āvāsīy*) *a.* residential, habitable, to be resident
आवाह (*āvāh*) *m.* catchment
आवाह क्षेत्र *m.* catchment area or basin
आवाहन (*āvāhan*) *m.* 1. act of calling 2. call 3. invocation of a deity
आवाहन करना *v.t.* to call, to invoke
आवाहित (*āvāhit*) *a.* 1. invoked, called 2. brought near, conducted (better आहूत)
आविद्ध (*āviddha*) *a.* 1. pierced 2.(तोड़ा हुआ) broken 3. (मुड़ा हुआ) curved, crooked 4. (मूर्ख) foolish, stupid, idiot
आविर्भाव (*āvirbhāv*) *m.* 1. manifestation, appearance (as of a deity, advent) 2. (उत्पत्ति) birth (of a great person or incarnation) 3. emergence 4.(उतार) descent
आविर्भाव होना *v.i.* to appear, to emerge, to be born, to descend
आविर्भूत (*āvirbhūt*) *a.* 1. appeared, revealed, manifested 2. (अवतीर्ण) descended, come down 3. (उत्पन्न) born
आविर्भूत होना *v.i.* to appear, to manifest, to become manifest, to come down, to be born
आविल (*āvil*) *a.* not clear, turbid, dirty, muddy
आविलता (*āviltā*) *f.* turbidity, dirtiness, muddiness
आविष्करण (*āviṣkaraṇ*) *m.* 1. (old use) manifestation, revealing 2. act of inventing, invention
आविष्करण करना *v.t.* to find out, to invent
आविष्कर्ता (*āviṣkartā*) *m.* 1. inventor 2. designer
आविष्कार (*āviṣkār*) *m.* invention, the thing invented
आविष्कारक (*āviṣkārak*) *m.* inventor (= आविष्कर्ता)
आविष्कारिणी (*āviṣkāriṇī*) *a.* inventive
आविष्कारिणी प्रतिभा *f.* inventive genius
आविष्कृत (*āviṣkṛt*) *a.* invented, designed
आविष्कारी (*āviṣkārī*) *a.* inventive
आविष्कारी मन *m.* inventive mind
आविष्ट (*āviṣṭa*) *a.* 1. absorbed, engrossed 2. (by an evil spirit) possessed 3. (by a sentiment or feeling) overcome, overwhelmed 4. (by electric current) charged
आवृत (*āvṛt*) *a.* 1. covered, veiled, concealed 2. (घेरा हुआ) surrounded, encircled
आवृत्त (*āvṛtta*) *a.* 1. covered, veiled 2. (दोहराया हुआ) repeated, recurring, recurred
आवृत्ति (*āvṛtti*) *f.* 1. repetition, recurrence, frequency 2. (of ailment) relapse 3.(संस्करण) edition 4. (बार-बार होना) frequency
आवृत्ति सूत्र *m.* recurring formula
आवृत्तिक (*āvṛttik*) *a.* frequent, repetitive

आवेग (*āveg*) *m.* 1. impulse, emotion 2. (उतावली) hurry/haste (produced by excitement) 3. (अशांति) uneasiness, flurry

आवेगपूर्ण *a.* emotive, impulsive

आवेगी (*āvegī*) *a.* 1. impulsive, emotive 2. exciting

आवेदक (*āvedak*) *m.* 1. applicant, suitor, petitioner 2. (बतानेवाला) informer, reporter

आवेदन (*āvedan*) *m.* 1. application, petition 2. request, prayer, appeal

आवेदन करना *v.t.* petition to, to request, to make an application

आवेदन पत्र *m.* written application, petition

आवेदन प्रपत्र या फार्म *m.* application form

आवेदनीय (*āvedanīy*) *a.* to be solicited, to be appealed

आवेदित (*āvedit*) *a.* applied to or for, solicited, appealed, prayed

आवेश (*āveś*) *m.* 1. flurry, excitement, demonical frenzy 2. (गुस्सा) anger, wrath, annoyance 3. (घमंड) vanity, arrogance 4. (मूर्च्छा) faint, fit 5. (अभिनिवेश) profound affection, close application 6. (by an evil spirit) obsession 7. charge

आवेशपूर्ण *a.* wrathful, vehement

आवेशपूर्ण आलोचना *f.* vehement criticism

आवेश में आकर *adv.* vehemently, in a flurry of excitement

आवेशन (*āveśan*) *m.* electrification, charging

आवेशित (*āveśit*) *a.* 1. absorbed, engrossed 2. (by an evil spirit) possessed 3. (by a sentiment or feeling) overwhelmed 4. (by electric current) charged (= आविष्ट)

आवेशित करना *v.t.* to charge

आवेष्टक (*āveṣṭak*) *m.* 1. enclosure, fence 2. (जाल) net, snare

आवेष्टन (*āveṣṭan*) *m.* 1. wrapping, rolling round 2. (बाँधना) binding, tying 3. (बेठन) wrapper, envelope 4. (चारदीवारी) four walls, boundary walls

आवेष्टित (*āveṣṭit*) *a.* 1. surrounded, enclosed, wrapped 2. (छिपा हुआ) hidden, latent

आव्रजन (*āvrajan*) *m.* immigration

आव्रजक (*āvrajak*) *m.* immigrant

आशंकनीय (*āśaṅkanīya*) *a.* 1. to be suspected, suspicious, doubtful, questionable 2. dreadful

आशंका (*āśaṅkā*) *f.* 1. doubt, suspicion, uncertainty 2. apprehension, terror, fear, dread, alarm

आशंका करना *v.t.* to fear, to suspect, to apprehend

आशंकित (*āśaṅkit*) *a.* 1. apprehensive, afraid 2. doubted, suspected, suspicious

आशंकी (*āśaṅkī*) *a.* 1. fearing, apprehending 2. doubtful, hesitating

आशंसन (*āśaṃsan*) *m.* appreciation, appreciating

आशंसा (*āśaṃsā*) *f.* 1. appreciation 2. blessing 3. anticipation, expectation

आशंसित (*āśaṃsit*) *a.* 1. appreciated 2. blessed 3. anticipated, expected 4. (विचारित) considered, brooded over, thought of or over

आशना P (*āśnā*) *m.* 1. acquaintance 2. paramour, lover

आशनाई P (*āśnāī*) *f.* 1. illegal sexual connection 2. acquaintance

आशय (*āśay*) *m.* 1. import, purport, implication, intent, object, sense, meaning 2. receptacle 3. (पुण्य) virtue (जैसे जलाशय water reservoir, पित्ताशय gall bladder, महाशय highly virtuous)

आशा (*āśā*) *f.* hope, expectation

आशा करना *v.t.* to hope, to expect, to

look up to
आशा छोड़ना *v.t.* to give up hope
आशाजनक *a.* hopeful, promising
आशा टूटना *v.i.* hope to end, to get disappointed
आशा तंतु *m.* faint hope
आशा तोड़ना *v.t.* to disappoint
आशा देना *v.t.* to give hope, to encourage
आशा-निराशा *f.* hope and despair
आशा पिशाचिका *f.* false hope
आशापूर्ण *a.* hopeful
आशाप्रद *a.* hope-inspiring, promising
आशाबद्ध *a.* hopeful
आशा बाँधना *v.t.* to have one's hope raised
आशा भंग *m.* disappointment, frustration, despair
आशा रखना *v.t.* to entertain/have hope
आशारहित *a.* without hope
आशावंत *a.* hopeful (= आशावान्)
आशावाद *m.* optimism
आशावादिता *f.* optimism
आशावादी *a.* & *m.* optimist, optimistic
आशावान् *a.* hopeful
आशा वृत्ति *f.* optimistic disposition
आशाहीन *a.* hopeless, despondent
आशाहीनता *f.* hopelessness, despondency

आशातिरिक्त (*āśātirikta*) *a.* = आशातीत

आशातीत (*āśātīt*) *a.* beyond hope or expectation
आशातीत फसल *f.* bumper crop

आशानुरूप (*āśānurūp*) *a.* up to the expectation

आशान्वित (*āśānvit*) *a.* hopeful, expectant

आशिक A (*āśiq*) I. *m.* lover, suitor II. *a.* enamoured, loving
आशिक मिज़ाज *a.* loving, given to love-making, amorous by disposition
आशिक होना *v.i.* to be enamoured, to fall in love

आशिकाना A (*āśiqānā*) *a.* 1. befitting or peculiar to a lover 2. full of amour, amorous
आशिकाना तबीयत *f.* amorous temperament

आशिकी A (*āśiqī*) *f.* love-making, courtship

आशियाना P (*āśiyānā*) *m.* nest

आशिष (*āśis*) *f.* /**आशिस** (*āśis*) *f.* blessing, benediction
आशिष, आशिस देना *v.t.* to bless, to bestow blessings

आशीर्वचन (*āśīrvacan*) *m.* words of benediction or blessing

आशीर्वाद (*āśīrvād*) *m.* blessing, benediction
आशीर्वाद देना *v.t.* to bless, to bestow blessings

आशीर्वादक (*āśīrvādak*) *m.* one who blesses

आशु (*āśu*) *a.* 1. quick, speedy, rapid 2. impromptu
आशुकवि *m.* extempore poet
आशुकारी *a.* swift-handed, prompt
आशुकाव्य *m.* extempore poetic composition
आशुगामी *a.* swift-footed
आशुटंकक *m.* stenotypist
आशुतोष *m.* one who is easily pleased, an epithet of Lord Shiva
आशुधान्य *m.* rice grown in the rainy season, autumnal paddy
आशुलिपि *f.* shorthand
आशुलिपिक *m.* stenographer
आशुलेख *m.* stenography
आशुलेखन *m.* stenography
आशुलोपी रंग *m.* colour which is not fast

आशोधित (*āśodhit*) *a.* modified, amended

आश्चर्य (*āścarya*) *m.* wonder, surprise
आश्चर्य करना *v.i.* to wonder, to marvel, to be surprised
आश्चर्यकारक *a.* wonderful, surprising, amazing
आश्चर्यचकित *a.* astonished, surprised, wonderstruck, bewildered, flabbergasted
आश्चर्यजनक *a.* wonderful, surprising, amazing (= आश्चर्यकारक)
आश्चर्य प्रतिहत *a.* wonderstruck
आश्चर्य में डालना *v.t.* to astonish
आश्चर्य होना *v.i.* to be surprised

आश्चर्यान्वित (*āścaryānvit*) *a.* surprised, astonished, amazed, taken aback

आश्मरिक (*āśmarik*) *a.* suffering from stones in the gall bladder, gall bladder stones

आश्मिक (*āśmik*) *a.* (from अश्म, stone) stony

आश्रम (*āśram*) *m.* 1. hermitage 2. shelter, home 3. one of the four stages in the life of a Hindu–celibacy, householder, reclusion, asceticism
आश्रमधर्म *m.* duty or duties of each stage of a Hindu's life
आश्रमभ्रष्ट *a.* fallen from one's religious order or stage of life
आश्रमवासी *m.* inmate of a hermitage or shelter home
विधवा आश्रम *m.* widow home
वृद्धाश्रम *m.* old age home

आश्रमी (*āśramī*) *a.* & *m.* (person) living in an ashram, hermit

आश्रय (*āśray*) *m.* 1. shelter, resort, retreat, asylum 2. (आधार) support, base, ground 3. (सहायता) assistance, help 4. (व्याकरण में उद्देश्य) subject 5. (phil.) the five senses and mind
आश्रय ग्रहण करना *v.t.* to take refuge
आश्रयदाता *m.* one who gives shelter or support
आश्रय देना *v.t.* to give shelter or support, to harbour
आश्रय प्रार्थी *a.* & *m.* (one) who seeks shelter or support, refugee
आश्रयहीन *a.* without shelter or support, unprotected

आश्रित (*āśrit*) I. *a.* 1. sheltered 2. (अवलंबित) dependent, supported II. *m.* protege
आश्रित उपवाक्य *m.* subordinate clause, dependent clause
आश्रित परिवर्तन *m.* conditioned/heteronomous change
आश्रित पालक *m.* patron, maintainer of dependants
आश्रित बलाघात *m.* conditional stress
आश्रित राज्य *m.* dependency

आश्रितता (*āśritatā*) *f.* dependence

आश्रुत (*āśrut*) *a.* 1. keenly listened 2. (सुनने योग्य) audible 3. (वचनबद्ध) promised, agreed, confessed

आश्लिष्ट (*āśliṣṭa*) *a.* 1. connected, attached, linked, adjoined 2. (आलिंगित) embraced, hugged

आश्लेष (*āśleṣ*) *m.* 1. connection, attachment, union 2. (आलिंगन) embrace

आश्लेषण (*āśleṣaṇ*) *m.* 1. adherence 2. dependence, reliance

आश्लेषित (*āśleṣit*) *a.* 1. connected, attached, linked, adjoined 2. (आलिंगित) embraced, hugged (= आश्लिष्ट)

आश्लेषी (*āśleṣī*) *a.* osculatory
आश्लेषी वृत्त *m.* osculatory circle

आश्वस्त (*āśvasta*) *a.* assured
आश्वस्त करना *v.t.* to assure
आश्वस्त होना *v.i.* to be assured

आश्वस्ति (*āśvasti*) *f.* 1. assurance 2. warranty

आश्वास (*āśvās*) *m.* breath, breathing

आश्वासक (*āśvāsak*) *m.* assurer

आश्वासन (*āśvāsan*) *m.* assurance

आश्वासन देना/दिलाना *v.t.* to give assurance, to assure
आश्वासनीय (*āśvāsnīy*) *a.* assurable
आश्वासित (*āśvāsit*) *a.* assured (by somebody) (see आश्वस्त)
आश्वासी (*āśvāsī*) *a.* reliable
आश्वास्य (*āśvāsya*) *a.* to be assured, to be comforted, assurable
आश्विक (*āśvik*) I. *a.* (from अश्व) of or pertaining to a horse, equestrian II. *m.* horse-rider, horseman
आश्विन (*āśvin*) *m.* the Hindu month from the middle of September to the middle of October, commonly known as क्वार
आषाढ़ (*āṣāṛh*) *m.* name of the month in Hindu calendar in between June and July, the first month of the rainy season
आषाढ़ा (*āṣāṛhā*) *f.* the two stars (i.e., पूर्वाषाढ़ा and उत्तराषाढ़ा)
आषाढ़ी (*āṣāṛhī*) I. *f.* the full moon day of the Hindu month of Asharh (आषाढ़) II. *a.* pertaining to the month of आषाढ़
आसंग (*āsaṅg*) *m.* 1. attachment, assiduity 2. (आसक्ति) fondness, close relationship 3. contingence
आसंगी (*asaṅgī*) I. *a.* clinging (to), attached (to) II. *m.* attaché
सैनिक आसंगी *m.* military attaché
आसंजक (*āsañjak*) *a.* adhesive
आसंजक द्रव्य *m.* adhesive substance
आसंजकता (*āsañjaktā*) *f.* adhesiveness
गोंद की आसंजकता *f.* adhesiveness of glue
आसंजन (*āsañjan*) *m.* 1. adhesion, joining together 2. attachment
आसंजनशील *a.* adhesive
आसंजित (*āsañjit*) *a.* attached, adherent

आस (*ās*) *f.* hope, expectation
आस करना *v.t.* to hope, to expect
आस छूटना, आस टूटना *v.i.* to lose hope, to become despondent
आस छोड़ना *v.t.* to give up hope
आस जाती रहना *v.i.* losing all hope
आस तोड़ना *v.t.* to lose hope
आस न औलाद *adv.* neither any issue nor any expectancy thereof
आस पूजना *v.i.* /**आस पूरी होना** *v.i.* to be gratified, to realize one's hope
आस बँधाना *v.t.* to extend assurances, to arouse hopes
आस बाँधना *v.t.* to entertain hope
आस लगाना *v.t.* to look forward hopefully, to cherish hope
आस से होना *v.i.* to be in the family way, to be pregnant
आस होना *v.i.* to have hope
आसक्त (*āsakta*) *a.* 1. fond, addicted, devoted, attached. 2. enamoured, infatuated
आसक्त चित्त *a.* of loving or romantic temperament
आसक्त होना *v.i.* to be fond of, to be loving, to be enamoured
आसक्ति (*āsakti*) *f.* 1. intimate connection, attachment. 2. fondness, infatuation 3. addiction
आसज्जा (*āsajjā*) *f.* 1. readiness 2. equipment 3. make-up
आसति (*āsati*) *f.* 1. intimate connection, attachment, 2. fondness, infatuation 3. addiction (= आसक्ति)
आसन (*āsan*) *m.* 1. seat 2. posture 3. yogic exercise
आसन उखड़ना *v.i.* moorings to be lost
आसन करना *v.t.* to do yogic exercises
आसन जमना *v.i.* to remain fixed in a posture
आसन जमाना (*मु.*) *v.t.* to sit down firmly, to strengthen one's position or right firmly

आसन डिगना/डोलना *(मु.) v.i.* to feel shaky or insecure, to get panicky or nervous, to be allured or tempted
आसन देना *v.t.* to offer a seat (chair, mat or anything)
आसन मार के बैठना *v.t.* to sit on the hams/haunches
आसन लगाना *v.t.* to take up a posture, to do yogic exercises
आसन हिलना *v.i.* to become unstable or shaky

आसनी (*āsanī*) *f.* a small carpet

आसन्न (*āsanna*) *a.* near, close, adjacent
आसन्न कोण *m.* adjacent angle
आसन्न क्षेत्र *m.* adjoining territory
आसन्न भय *m.* impending or imminent danger
आसन्न भविष्यत् *m.* near future
आसन्न भूत *m.* present perfect
आसन्न मान *m.* approximate value
आसन्न मृत्यु *f.* approaching death
आसन्न संकट *m.* impending crisis

आस-पास (*ās-pās*) I. *m.* vicinity, neighbourhood II. *adv.* around, about, near about
आस-पास का *a.* adjacent, neighbouring
आस-पास का वातावरण *m.* environs, surroundings
आस-पास के लोग *m.* neighbours

आसमान P (*āsmān*) *m.* sky
आसमान की खबर लाना *v.t.* to fly very high
आसमान के तारे तोड़ना *(मु.) v.t.* to accomplish a very difficult task
आसमान छूना *v.t.* to rise sky high
आसमान-ज़मीन एक कर देना *v.t.* to leave no stone unturned
आसमान-ज़मीन का फ़र्क *m.* vast difference
आसमान-ज़मीन के कुलाबे मिलाना *v.t.* to connect things totally unconnected
आसमान टूट पड़ना *(मु.) v.t.* to be overtaken by misfortune, to be overwhelmed with troubles
आसमान पर उड़ना *(मु.) v.i.* to build castles in the air
आसमान पर चढ़ाना *(मु.) v.t.* to exalt, to extol, to glorify
आसमान पर थूकना *(मु.) v.t.* to try to defame a highly placed person
आसमान पर थूका मुँह पर आवे (लो.) *v.i.* he who spits into the air gets it back on his own face
आसमान पर दिमाग होना *(मु.) v.i.* to be very conceited, to give oneself airs
आसमान में छेद होना *v.i.* to rain heavily, to have a non-stop downpour
आसमान में थिगली लगाना *(मु.) v.t.* to attempt the impossible, to be too skilful and crafty
आसमान सिर पर उठा लेना *(मु.) v.t.* to make too much noise, to create havoc
आसमान से गिरा खजूर में अटका *(मु.)* from the frying pan into the fire
आसमान से बातें करना *(मु.) v.t.* to rise sky-high

आसमानी P (*āsmānī*) *a.* 1. airy, belonging to the sky 2. heavenly 3. (of colour) sky blue, azure
आसमानी किताब *f.* the revealed book
आसमानी ग़ज़ब टूटना या आसमानी बला गिरना *v.i.* to be overtaken by a natural calamity
आसमानी गोला *m.* a bolt from the blue

आसमुद्र (*āsamudra*) *adv.* up to the sea, as far as the sea
आसमुद्र हिमालय *m.* extending from the (Indian) Ocean to the Himalayas

आसरा (*āsrā*) *m.* 1. support 2. means of protection, shelter, refuge 3. (प्रतीक्षा) waiting
आसरा ढूँढ़ना/तकना *v.t.* to look for help or support
आसरा देना *v.t.* to give hope, to encourage

आसरा लेना *v.t.* to take shelter
किसी का आसरा देखना *v.t.* to wait for somebody
आसव (*āsav*) *m.* liquor, wine
आसव कारखाना/यंत्र *m.* distillery
आसव निकालना *v.t.*to distil
आसवक (*āsvak*) *m.* distiller, brewer
आसवन (*āsavan*) *m.* distillation, brewing
आसवन करना *v.t.*to distil
आसवित (*āsavit*) *a.* distilled, brewed
आसवित जल *m.* distilled water
आसवनी (*āsavnī*) *f.* distillery, brewery
आसाइश P (*āsāiś*) *f.* ease, comfort
आसादन (*āsādan*) *m.* attainment, procurement
आसादित (*āsādit*) *a.* gained, obtained, procured
आसान P (*āsān*) *a.* 1. easy, simple, facile 2. feasible 3. convenient 4. unencumbered
आसान करना *v.t.* to facilitate, to clear away
आसान होना *v.i.* to be easy, to be convenient, to be manageable
आसानी P (*āsānī*) *f.* 1. ease 2. convenience 3. facility
आसानी के साथ *adv.* easily, conveniently
आसानी से *adv.* easily
आसामी[1] (*āsāmī*) I. *a.* pertaining to Assam II. *f.* Assamese language
आसामी[2] A (*āsāmī*) *m.* 1. debtor 2. customer 3. tenant (better असामी)
आसार A (*āsār*) *m & pl.* signs, symptoms, indications
आसावरी (*āsāvarī*) *f.* a particular mode of Indian music sung early in the morning
आसीन (*āsīn*) *a.* seated
आसीन सदस्य *m.* sitting member
सिंहासन पर आसीन *a.* seated on the throne
आसीवन (*āsīvan*) *m.* sewing together
आसीस (*āsīs*) *f.* blessing, benediction (= आशिष *q.v.*)
आसुत (*āsut*) *a.* distilled
आसुत जल *m* distilled water
आसुर (*āsur*) I. *a.* of or pertaining to a demon II. *m.* a form of marriage in which the bridegroom entices or purchases the bride
आसुरिक (*āsurik*) *a.* diabolic, demonic, barbarous
आसुरी (*āsurī*) *a.* = आसुरिक *q.v.*
आसूचना (*āsūcnā*) *f.* intelligence, secret information
आसूदगी P (*āsūdgī*) *f.* opulence, prosperity
आसूदा P (*āsūdā*) *a.* opulent, prosperous, well-to-do
आसेक (*āsek*) *m.* sprinkling, wetting
आसेचन (*āsecan*) *m.* watering, putting into water
आसेतु हिमालय (*āsetu himālaya*) *adv.* from the bridge (across Sri Lanka) to the Himalayas
आसेध (*āsedh*) *m.* 1. restraint on passion 2. legal arrest, confinement
आसेधाज्ञा (*āsedhājñā*) *f.* injunction, legal order
आसेवन (*āsevan*) *m.* assiduous practice or performance
आस्तरण (*āstaraṇ*) *m.* 1. spreading, expanding 2. carpet or mattress 3. cloth or blanket for cattle
आस्तिक (*āstik*) *a.* & *m.* (one) who believes in God and His works, theist, theistic
आस्तिकवाद *m.* theism
आस्तिकवादी *m.* & *a.* theist, theistic
आस्तिकता (*āstiktā*) *f.* theism, belief in God and His works
आस्तिक्य (*āstikya*) *m.* = आस्तिकता
आस्तीन (*āstīn*) *f.* sleeve
आस्तीन का साँप (*मु.*) *m.* a foe in the

garb of a friend

आस्तीन चढ़ाना *(मु.) v.t.* to prepare for a quarrel or fight

आस्तीन झाड़ना *v.t.* to be prepared to attack

आस्थगन *(āsthagan) m.* deferment

कार्रवाई का आस्थगन *m.* deferment of action

आस्थगित *(āsthagit) a.* in abeyance, deferred

आस्थगित करना *v.t.* to defer

आस्थगित भुगतान *m.* deferred payment

आस्थगित रखना *v.t.* to keep in abeyance

आस्था *(āsthā) f.* faith

आस्था डगमगाना *v.i.* faith to be shaken

आस्था रखना *v.t.* to have faith

आस्थावान् *a.* faithful, devoted

आस्थान *(āsthān) m.* 1. place of sitting 2. station 3. place for recreation 4. shelter

आस्थित *(āsthit) a.* 1. placed 2. seated 3. settled 4. stationed

आस्पद *(āspad) m.* site, place, venue

आस्फालन *(āsphālan) m.* 1. splashing 2. flapping (wings) 3. boasting, vaunting

आस्फोटन *(āsphoṭan) m.* 1. clapping 2. stroke, blow 3. swelling 4. blooming, flowering

आस्य *(āsya) m.* 1. mouth 2. face

आस्यूत *(āsyūt) a.* sewn together

आस्रव *(āsrav) m.* 1. flow 2. discharge

आस्वाद *(āsvād) m.* 1. flavour 2. relish

आस्वादन *(āsvādan) m.* 1. tasting 2. relishing, enjoying

आस्वादन करना *v.t.* to relish, to enjoy

आस्वादनीय *(āsvādnīy) a.* relishing, enjoyable, palatable

आस्वादित *(āsvādit) a.* relished, enjoyed

आह *(āh)* I. *interj.* ah ! alas! (an expression of pain, sorrow, etc.) II. *f.* sigh

आह करना *v.i.* /**आह भरना** *(मु.) v.i.* to heave a sigh

आहट *(āhaṭ) f.* approaching sound of footsteps

आहट पाना *v.t.* /**आहट मिलना** *v.t.* to infer (somebody's coming) from the sound of footsteps

आहट लेना *v.t.* to be on the *qui vive* (for approaching sound of footsteps etc.)

आहत *(āhat) a.* 1. hurt, wounded, injured 2. struck, punch-marked

आहत मुद्रा *f.* punch-marked coin

आहत रणन *m.* percussive timbre

आहत सूची *f.* casualty list

आहनन *(āhanan) m.* the act of striking, beating, hammering

आहननीय *(āhananīy) a.* to be beaten, to be hammered

आहरण *(āharaṇ) m.* 1. bringing, fetching 2. (लेना) taking, accepting 3. collecting 4. drawing (money), withdrawal

आहरण राशि *f.* withdrawn amount

आहरणीय *(āharaṇīy) a.* 1. to be brought together 2. to be gathered, to be collected

आहरित *(āharit) a.* 1. brought 2. withdrawn 3. collected

आहर्ता *(āhartā) m.* 1. collector 2. drawing officer

आहाँ *(āhām̐) interj.* sound for calling or crying out for help

आहा *(āhā) interj.* 1. aha! denoting pleasure 2. O ! bravo ! excellent ! well done ! wonderful !

आहार *(āhār) m.* food, meal, diet

आहार करना *v.t.* to take a meal

आहार की मात्रा *f.* quantity of diet

आहार गृह *m.* dining hall

आहार तंत्र *m.* alimentary system

आहारदाता *m.* provider of food, supporter

आहार देना *v.t.* to feed

आहार नाल *f.* alimentary canal, food passage

आहार भत्ता *m.* diet allowance

आहार विज्ञान *m.* dietetics

आहारविद् m. dietician

आहुति (*āhuti*) *f.* an oblation or offering (esp. to a deity); a sacrifice

आहूत (*āhūt*) *a.* invited, summoned

आहूत पूँजी (*āhūt puṁjī*) *f.* invited, summoned, called up capital

आह्निक (*āhnik*) *m.* the constant or daily ceremonies of religion, daily work

आह्लाद (*āhlād*) *m.* delight, joy, mirth

आह्लादित (*āhlādit*) *a.* delighted, full of joy

आह्वान (*āhvān*) *m.* a call, summons, respectful invitation

आह्वान करना *v.t.* to invoke, to summon

इ

इ (*i*) the third vowel of the Devanagari syllabary

इंक E (*iṅk*) *f.* ink

इंक पैड *m.* ink-pad

इंकपॉट *m.* ink pot

इंगला (*iṅglā*) *f.* one of the three nerves in the body as described in yoga इड़ा, पिंगला, सुषुम्ना (also called इड़ा)

इंगलिश E (*iṅgliś*) I. *f.* English (language) II. *a.* English (as in इंगलिश कंपनी English Company)

इंगलिस्तान (*iṅglistān*) *m.* England

इंगलिस्तानी (*iṅglistānī*) I. *a.* English II. *m.* Englishman

इंगलैंड (*iṅglaiṁḍ*) *m.* England

इंगित (*iṅgit*) I. *m.* 1. hint, sign, signal, inkling 2. indication II. *a.* hinted, signalled, indicated

इंगित करना *v.t.* to hint, to give a hint, to indicate

इंगिताभिव्यक्ति (*iṅgitābhivyakti*) *f.* expressing something by gestures

इंगुद (*iṅgud*) *m.* /**इंगुदी** (*iṅgudī*) *f.* a medicinal tree, *Terminalia catappa*, which has oily berries

इंगुर (*iṅgur*) *m.* vermilion, red lead

इंगुरौटी (*iṅgurauṭī*) *f.* a small box for vermilion

इंच E (*iñc*) *m.* inch

इंच इंच करके *adv.* inch by inch

इंचार्ज E (*iñcārj*) *m.* in-charge

इंचार्ज अफ़सर *m.* officer-in-charge

इंजन E (*iñjan*) *m.* engine

इंजनकर्मी *m.* engine crew

इंजनघर *m.* loco shed

इंजनशक्ति *f.* engine power

इंजीनियर E (*iñjīniyar*) *m.* engineer

इंजीनियरिंग E (*iñjīniyariṅg*) *f.* /**इंजीनियरी** (*iñjīniyarī*) *f.* engineering

इंजील (*iñjīl*) *f.* the Bible

इंजेक्शन E (*iñjekśan*) *m.* injection

इंटरनेट E (*internet*) *m.* internet, an international computer network connecting other networks and computers

इंटरनेशनल E (*iṇṭarneśnal*) *a.* international

इंटरमीडिएट E (*iṇṭarmīḍieṭ*) *a.* intermediate (also इंटर)

इंटरमीडिएट कक्षा (क्लास) intermediate class

इंटरमीडिएट परीक्षा *f.* intermediate examination

इंटरवल E (*iṇṭarval*) *m.* interval

इंटरव्यू E (*iṇṭarvyū*) *m.* interview

इंटिया लाल (*iṇṭiyā lāl*) *a.* brick red

इंट्रैंस E (*iṇṭraiṁs*) *m.* entrance (examination)

इंडवा (*iṇḍvā*) *m.* a round fold or roll used for carrying a burden on the head

इंडेंट E (*iṇḍeṁṭ*) *m.* indent

इंडेक्स E (*iṇḍeks*) *m.* index

इंतक़ाम A (*intaqām*) *m.* revenge

इंतक़ाल A (*intqāl*) *m.* 1. transfer of one's property or rights 2. death, demise

इंतक़ाल करना/होना या कर जाना (*मु.*) to pass away

इंतख़ाब A (*intakhāb*) *m.* 1. selection 2. election

इंतख़ाब करना *v.t.* to select, to elect

इंतज़ाम A (*intazām*) *m.* 1. management 2. arrangement 3. order

इंतज़ाम करना *v.t* to make arrangements, to set in order
इंतज़ाम रखना *v.t.* to keep order, to maintain order or system
इंतज़ार A (*intazār*) *m.* 1. waiting 2. expectation
इंतज़ार करना *v.t.* to wait (for)
किसी का इंतज़ार है somebody is expected
इंतहा A (*intahā*) *f.* 1. end 2. limit
इंतहा का *a.* extreme
इंतहापसंद *m.* & *a.* extremist
इंतहाई A (*intahāī*) *a.* extreme, utmost
इंदरजौ (*indarjau*) *m.* the seed of *Nerium antilysentricum* (plant)
इंदराज A (*indrāj*) *m.* insertion, entry, putting or writing in
इंदराज जमा *m.* credit entry
इंदराज नामे *m.* debit entry
इंदराज प्रतिकूल *m.* adverse entry
इंदराज शोधन *m.* rectifying entry
इंदराज समापन *m.* closing entry
इंदिरा (*indirā*) *f.* 1. goddess of wealth, Lakshmi 2. (कांति) splendour, glamour, charm
इंदीवर (*indīvar*) *m.* blue lotus
इंदु (*indu*) *m.* moon
इंदु-कला *f.* digit (one-sixteenth) of the moon's disc (see चंद्र)
इंदुजा (*indujā*) *f.* the river Narmada
इंदुर (*indur*) *m.* rat, mouse
इंद्र (*indra*) *m.* Indra, god of rain and king of gods
इंद्र का अखाड़ा *(मु.)* *m.* a place of amusement
इंद्रगोप *m.* a species of red insects, carnelian
इंद्रजाल *m.* magic, witchcraft
इंद्रजाली *m.* magician
इंद्रचाप/धनुष *m.* rainbow, iris
इंद्रधनुषी *a.* of rainbow colour
इंद्रनील *m.* sapphire
इंद्रलोक *m.* heaven, paradise
इंद्रपुरी *f.* abode of Indra = स्वर्गलोक
इंद्रवधू *f.* a species of red insects, carnelian (= इंद्रगोप)
इंद्रायण (*indrāyaṇ*) *m.* bitter gourd, colocynth
इंद्रायण का फल (*fig.*) hot-tempered person
इंद्रायुध (*indrāyudh*) *m.* thunderbolt
इंद्रासन (*indrāsan*) *m.* throne of Indra
इंद्रिय (*indriya*) *f.* organs, senses
इंद्रियगत *a.* sensual, sensuous
इंद्रिय गोचर/ग्राह्य *a.* perceptible, sensible
इंद्रिय ग्राम *m.* all the senses collectively
इंद्रियजन्य *a.* sensory
इंद्रियजय *f.* self-restraint
इंद्रियजित *a.* self-restrained
इंद्रियतुष्टि *f.* sense of gratification
इंद्रियदमन/निग्रह *m.* control over the senses, restraint of sensual desire
इंद्रियदोष *m.* sensual libidinousness
इंद्रियनिष्ठ *a.* sensuous
इंद्रियपरायण *a.* sensuous
इंद्रियलालसा/लिप्सा *f.* sensuality, voluptuousness
इंद्रियलोलुप *a.* & *m.* profligate, voluptuous
इंद्रियवाद *m.* sensualism, hedonism
इंद्रियवादी I. *m.* sensualist, hedonist II. *a.* sensualistic, hedonistic
इंद्रिय वासना *f.* sensual desire
इंद्रिय सुख *m.* sensual pleasure
कर्मेन्द्रिय *f.* organs of action (hands, feet, voice, genitals and anus)
ज्ञानेन्द्रिय *f.* organs of sense (eyes, ears, nose, tongue and skin)
इंद्रियातीत (*indriyātīt*) *a.* trans-sensual, transcendental, beyond the senses
इंद्रियानुभव (*indriyānubhav*) *m.* direct experience
इंद्रियानुभव परक *a.* empirical
इंद्रियानुभव परक नियम *m.* empirical law

इंद्रियानुभव वाद *m.* empiricism
इंद्रियासक्त (*indriyāsakta*) *a.* sensuous
इंद्रियासक्ति (*indriyāsakti*) *m.* attachment to sensual pleasures
इंधरौड़ा (*indharauṛā*) *m.* fuel-store
इंशा-अल्ला(ह) A (*inśāallāh*) *adv.* God-willing
इंश्योरेन्स E (*iṃśyorens*) *f.* insurance
इंश्योरेन्स कंपनी *f.* insurance company
इंसान A (*iṃsān*) *m.* human being, man
इंसान बनाना *v.t.* to humanize
इंसानियत A (*iṃsāniyat*) *f.* 1. humanity, human nature 2. civility, politeness, affability
इंसाफ़ A (*iṃsāf*) *m.* justice, equity, fairness
इंसाफ़ करना *v.t.* to do justice
इंसाफ़ का तकाज़ा *m.* demand of justice
इंसाफ़पसंद *a.* justice-loving
इंसाफ़ पाना *v.t.* to receive/get justice
इंस्टीट्यूट E (*iṃstīṭyūt*) *m.* institute
इंस्पेक्टर E (*iṃspekṭar*) *m.* inspector
इंस्पेक्टर जनरल *m.* inspector-general
इक (*ik*) *a.&m.* prestressed form of एक, one
इकटक *adv.* staring unblinkingly
इकतरफ़ा *a.* one-sided, ex parte
इकतरा *m.* intermittent fever
इकतान *a.* monotonous
इकतारा *m.* one-stringed instrument, monochord
इकतालीस *a.&m.* forty-one, 41
इकतीस *a.&m.* thirty-one, 31
इकलड़ा *m.* one-stringed necklace
इकसठ *a.&m.* sixty-one, 61
इकसार *a.* even, smooth, plane, uniform
इकट्ठा (*ikaṭṭhā*) *a.* 1. collected, gathered 2. united
इकट्ठा करना *v.t.* to collect, to gather
इकट्ठा होना *v.i.* to gather, to collect, to assemble
इकट्ठे (*ikaṭṭhe*) *adv.* together
इकट्ठे आना इकट्ठे जाना *v.i.* to come together and to go together
इकन्नी (*ikannī*) *f.* (old use) one-anna coin
इक़बाल A (*iqbāl*) *m.* 1. confession 2. prosperity, grace
इक़बाल करना *v.t.* to confess, to admit
इक़बालमंद *a.* prosperous, lucky
जुर्म का इक़बाल *m.* confession of crime
इक़बाली A (*iqbālī*) *m.* approver (also इक़बाली गवाह)
इकमुँहा (*ikmumhā*) *a.* unifacial, having one face/mouth
इकमुश्त P (*ikmuśta*) *a.* (a) lump sum, handful (b) in full payment, all in one instalment (see एकमुश्त)
इक़रार A (*iqrār*) *m.* promise, vow, pledge
इक़रार करना *v.t.* to promise, to pledge oneself
इक़रारनामा *m.* agreement, deed of agreement
इक़रारी A (*iqrārī*) *a.* pertaining to agreement
इकलाई (*iklāī*) *f.* a fine variety of cotton sari
इकलौता (*iklautā*) *a.* single, only, sole
इकलौता बेटा *m.* only son
इकहत्तर (*ikhattar*) *a.* & *m.* seventy-one, 71
इकहत्तरवाँ (*ikhattarvāṁ*) seventy-first, 71st
इकहरा (*ikahrā*) *a.* single-folded
इकहरा बदन/शरीर *m.* slim body
इकहरी यात्रा *f.* single journey
इकहरी लाईन *f.* single line
इकाई (*ikāī*) *f.* unit
इकाई अंक *m.* the figures in units
इकाई लागत *f.* unit cost
इकानवे (*ikānve*) *a.* & *m.* ninety-one, 91
इकानवेवाँ (*ikānavevāṁ*) *a.* ninety-first, 91st

इकार (*ikār*) *m.* the letter इ
इकारांत (*ikārānt*) *a.* (of a word) ending in इ or ि (as in जाति jāti)
इकोत्तर (*ikottar*) *a.* one more (than)
इकोत्तर सौ one more than a hundred, hundred and one, 101
इकौंज (*ikauṁj*) *f.* a woman who has given birth to one child only
इक्का (*ikkā*) I. *a.* one, alone, single, solitary II. *m.* 1. ace (at cards or dice) 2. one-horse vehicle
इक्का-दुक्का *a.* very few, stray
इक्कीस (*ikkīs*) *a.* & *m.* twenty-one, 21
इक्कीसवाँ (*ikkīsvāṁ*) *a.* twenty-first, 21st
इक्केवान (*ikkevān*) *m.* coachman
इक्यानवे (*ikyānve*) *a.* & *m.* ninety-one, 91
इक्यानवेवाँ (*ikyānvevāṁ*) *a.* ninety-first, 91st
इक्यावन (*ikyāvan*) *a.* & *m.* fifty-one, 51
इक्यावनवाँ (*ikkyāvanvāṁ*) *a.* fifty-first, 51st
इक्यासी (*ikyāsī*) *a.* & *m.* eighty-one, 81
इक्यासीवाँ (*ikyāsīvāṁ*) *a.* eighty-first, 81st
इक्षु (*ikṣu*) *m.* sugarcane
इक्षु प्रमेह *m.* diabetes
इक्षु शर्करा (*ikṣuśarkarā*) *f.* cane sugar, sucrose
इख़राज A (*ikhrāj*) *m.* 1. ejection, evacuation 2. cost, charge
इख़राजात A (*ikhrājāt*) *m.* expenses, expenditure
इख़लाक़ A (*ikhlāq*) *m.* to make old, to be old, antiquity (better-इख़्लाक़)
इख़लास A (*ikhlās*) *m.* intimacy, attachment
इख़्तियार A (*ikhtiyār*) *m.* authority, jurisdiction, power
इख़्तियार करना *v.t.* to assume
इख़्तियार देना *v.t.* to authorise
इख़्तियार मिलना *v.i.* to be invested with power
इख़्तियार रखना *v.t.* to be entitled to
इख़्तिलाफ़ A (*ikhtilāf*) *m.* 1. difference of opinion, discord 2. opposition
इच्छा (*icchā*) *f.* desire, wish, will, longing
इच्छा करना *v.t.* to wish, to desire
इच्छापत्र *m.* written will
इच्छापत्रहीन *a.* intestate
इच्छाबोधक *a.* volitive, desiderate
इच्छाशक्ति *f.* will-power
इच्छाधीन (*icchādhīn*) *a.* voluntary, optional
इच्छानुसार (*icchānusār*) *adv.* at will, at pleasure, *ad libitum*, according to one's desire
इच्छार्थक (*icchārthak*) *a.* optative, volitive (वृत्ति mood)
इच्छित (*icchit*) *a.* desired, wished for
इच्छुक (*icchuk*) *a.* desirous, willing
इजरा (*ijrā*) *m.* issue (of decree), execution
इजलास A (*ijlās*) *m.* 1. sitting, session 2. court of justice (better-इज्लास)
इजलास करना *v.t.* to sit in a court
इज़हार A (*izahār*) *m.* expression, disclosure, display (better-इज़्हार)
इज़हार करना *v.t.* to express
गवाह का इज़हार *m.* deposition of a witness
शिकायत का इज़हार *m.* expression of one's grievance
इजाज़त A (*ijāzat*) *f.* permission, leave
इजाज़त चाहना *v.t.* to seek permission, to ask for leave
इजाज़त देना *v.t.* to give permission, to permit
इजाज़त लेना *v.t.* to take leave, to get permission
इज़ाफ़ा A (*izāfā*) *m.* addition, increase, augmentation
इजारदार A (*ijāredār*) *f.* /**इजारदारी** P (*ijārdārī*) 1. lease 2. monopoly (see इजारा)
इज़ारबंद P (*izārband*) *m.* string for pyjamas
इजारबंद का ढीला *a.* libidinous
इजारा A (*ijārā*) *m.* 1. lease 2. monopoly

इजारादार *m.* leaseholder, the holder of monopoly

इजारादारी *f.* leaseholding, monopoly

इज़्ज़त A (*izzat*) *f.* honour, prestige, respect

इज़्ज़त उतारना *(मु.) v.t.* to disgrace, to strip off the honour

इज़्ज़त करना *v.t.* to respect, to honour

इज़्ज़त खोना/गँवाना *v.i.&t.* to lose respect

इज़्ज़त डुबोना *v.t.* to ruin somebody's reputation

इज़्ज़त देना *v.t.* to confer honour, to exalt

इज़्ज़त पर हाथ डालना *v.t.* to attempt to violate somebody's modesty

इज़्ज़त बिगाड़ना *v.t.* to destroy somebody's honour, to dishonour

इज़्ज़त में फ़र्क आना *v.i.* to lose one's honour or dignity

इज़्ज़त में बट्टा लगना *v.i.* to have one's honour sullied

इज़्ज़त रखना *v.t.* to preserve one's honour

इज़्ज़त लुटना *(मु.) v.i.* to lose one's reputation

इज़्ज़त लूटना *v.t.* to outrage somebody's modesty

इज़्ज़त लेना *v.t.* to dishonour, to disgrace

इज़्ज़तदार A (*izzatdār*) *a.* respectable, honourable

इटालिक E (*iṭālik*) *m.* italic (type)

इटालियन E (*iṭāliyan*) I. *a.* Italian II. *m.* a kind of cloth especially used as lining

इटैलिक E (*iṭailik*) *m.* italic (type) (same as इटालिक *q.v.)*

इठलाना (*iṭhlānā*) *v.i.* 1. to strut, to give oneself airs, to put on airs 2. to behave conceitedly

इठलाकर चलना *v.i.* to walk struttingly or affectedly or coquettishly

इठलाहट (*iṭhlāhaṭ*) *f.* strut

इड़ा (*iṛā*) *f.* 1. earth, 2. one of the three nerves—इड़ा, पिंगला, सुषुम्ना described in yoga (see इंगला)

इडली (*iḍlī*) *f.* a rice preparation

इतना (*itnā*) *a.* as much, this much, so much

इतना बल *m.* so much force

इतना ही *adv.* only this much, exactly this much

इतनी बार *f.* so many times

इतनी-सी जान गज़ भर की ज़बान *(लो.)* to be too talkative for one's age

इतने दिन *m.* so many days

इतने में *adv.* in the meanwhile, just then, upon this

इतने से उतना होना *v.t.* to rise from rags to riches

इतने पर भी *adv.* even then

इतबार (*itbār*) *m.* faith, confidence, trust (better एतबार *q.v.)*

इतमीनान A (*itmīnān*) *m.* 1. satisfaction, content 2. peace, rest, quiet 3. (भरोसा) confidence, trust

इतमीनान का आदमी *m.* trustworthy or reliable person

इतमीनान दिलाना *v.t.* to set at ease, to satisfy

इतमीनान से *adv.* in peace

इतर (*itar*) *a.* 1. lower, inferior 2. other

इतर जाति *f.* lower tribe

इतर जीवी पौधे *m.* heterotrophic plants

इतर प्राणि *m.* lower animals

इतर भूमिका *f.* other role

इतर यातायात *m.* foreign traffic

इतर लोक *m.* the other world

इतर वर्ण *m.* exotic letter

इतराना (*itrānā*) *v.i.* 1. to show off 2. to behave in a boastful and arrogant way (see इठलाना)

इतराया (*itrāyā*) *a.* 1. conceited, arrogant 2. wanton, coquettish

इतराहट (*itrāhaṭ*) *f.* conceit, haughtiness, pride

इतरेतर (*itaretar*) *adv.* mutually, with or between each other
इतवार (*itvār*) *m.* Sunday
इतस्ततः (*itastataḥ*) *adv.* here and there, hither and thither
इति (*iti*) I. *f.* end, conclusion, finish II. *adv.* this much
इतिवृत्त (*itivṛtta*) *m.* narrative, annals, chronicle
इतिवृत्तकार *m.* /**इतिवृत्त लेखक** *m.* chronicler, annalist
इतिशेष (*itiśeṣ*) *m.* opening balance
इतिश्री (*itiśrī*) *f.* end, finish
इतिसिद्धम् (*iti-siddham*) *phr.* QED (*quod erat demonstrandum)*
इतिहास (*itihās*) *m.* history
इतिहासकार *m.* historian
इतिहास दर्शन *m.* philosophy of history
इतिहास परिषद् *f.* historic association
इतिहास लेखक *m.* historian
इतिहासवेत्ता *m.* one well-versed in history
राजनीतिक इतिहास political history
इतिहासज्ञ (*itihāsajña*) *m.* scholar of history
इत्तफ़ाक़ A (*ittafāq*) *m.* 1. chance 2. unity 3. happening, event
इत्तफ़ाक़ पड़ना *v.t.* to come about, to happen, to occur
इत्तफ़ाक़ में ताक़त है unity is strength
इत्तफ़ाक़ से *adv.* by chance, suddenly, accidentally
इत्तफ़ाक़ होना *v.i.* (a) to happen (by chance) (b) to have unity
इत्तफ़ाक़न A (*ittafāqan*) *adv.* by chance, suddenly, accidentally
इत्तफ़ाक़िया A (*ittafāqiyā*) *a.* incidental, unexpected
इत्तला A (*ittalā*) *f.* notice, information
इत्तला करना/देना *v.t.* to intimate, to inform, to apprise
इत्तला नामा *m.* notification, report
इत्तहाद A (*ittahād*) *m.* union, unity
इत्तहादी A (*ittahādī*) *m.* unionist, protagonist of unity
इत्यादि (*ityādi*) *a.* so on and so forth, et cetera, and others (of this kind)
इत्र A (*itra*) *m.* perfume, scent, essence
इत्र खींचना *v.t.* to extract perfume
इत्रदान *m.* a vessel for scent, scent-case
इत्र लगाना *v.t.* to rub scent, to apply perfume
इत्रसाज़ *m.* perfumer
इत्वरी (*itvarī*) *f.* adulteress, unchaste woman
इधर (*idhar*) *adv.* hither, here, this way
इधर-उधर *adv.* here and there, all around
इधर-उधर कर देना *(मु.) v.t.* to disarrange, to throw into disorder
इधर-उधर की हाँकना *(मु.) v.t.* to boast
इधर-उधर में रहना *v.t.* to kill time
इधर-उधर से *adv.* from various directions
इधर का उधर करना *v.t.* to misplace
इधर की उधर लगाना *(मु.) v.t.* to carry tales, to backbite
इधर की दुनिया उधर हो जाना *(मु.) v.i.* to be topsy-turvy, to be entirely changed
इधर के न उधर के *phr.* neither this nor that
इधर या उधर *adv.* this way or that
इधर-उधर से *adv.* from unknown quarters
इधर या उधर होना *v.i.* to decide one way or the other
इन (*in*) *pron.& pl.* these, them, their
इनका घर *m.* their house
इनको *pron.* them, to them
इनको दे दो *imp.* give (it) to them
इन दिनों *adv.* these days
इनसे *adv.* from them, by them
यह घर इनका है this house is theirs
इनकम *E* (*inkam*) *f.* income
इनकम टैक्स *m.* income tax
इनक़लाब A (*inqalāb*) *m.* revolution

इनक़लाब ज़िंदाबाद long live revolution
इनक़लाबी A (*inqalābī*) *a.* revolutionary
इनकार A (*inkār*) *m.* 1. denial, disavowal 2. refusal, rejection
इनकार करना *v.t.* 1. to deny, to disavow 2. to disown 3. to refuse, to reject
इनचार्ज E (*incārj*) *m.* in-charge
इनाम A (*inām*) *m.* prize, reward, talent money, award
इनाम देना *v.t.* to reward, to give a reward (to), to award a prize
इनाम पाना *v.t.* to receive a prize
इनायत A (*ināyat*) *f.* 1. favour 2. kindness (also कृपा)
इनायत करना *v.t.* to do a favour, to grant
इने-गिने (*ine-gine*) *a.* a few, the selected few
इनेमल E (*inemal*) *m.* enamel
इनेमल करना *v.t.* to enamel
इन्क्रीमेन्ट E (*iṅkrīmeṁṭ*) *m.* increment
इन्क्वाइरी E (*iṅkvāirī*) *f.* inquiry
इन्टरव्यू E (*inṭarvyū*) *m.* interview (see इंटरव्यू)
इन्टरेस्ट E (*inṭaresṭ*) *m.* interest
इन्डस्ट्री E (*inḍasṭrī*) *f.* industry
इन्स्टालमेन्ट E (*iṃsṭālmeṁṭ*) *f.* instalment
इन्स्टीट्यूट E (*iṃsṭīṭyūṭ*) *m.* institute
इन्सान A (*insān*) /**इन्सानियत** (*insāniyat*) human being, man (see इंसान)
इन्हीं (*inhīṁ*) *pl. & pron.* surely these
इन्हें (*inheṁ*) *pl. & pron.* them, these
इन्होंने (*inhoṁne*) *pl. & pron.* they
इप्सु (*ipsu*) *a.* 1. avaricious, covetous, greedy 2. (इच्छुक) anxious, desirous
इफ़रात A (*ifrāt*) *f.* plenty, abundance, exuberance
इबरानी A (*ibrānī*) I. *a.* Jewish II. *m.* 1. Hebrew language, 2. Jew
इबादत A (*ibādat*) *f.* worship, adoration
इबादत करना *v.t.* to worship
इबादतखाना *m.* / **इबादतगाह** *f.* place of worship, mosque, temple
इबारत A (*ibārat*) *f.* 1. writing 2. style or mode of writing 3. text, written passage
इब्तिदा A (*ibtidā*) *f.* beginning, start, commencement
इब्तिदाई A&P (*ibtidāī*) *a.* primary
इब्तिदाई तालीम *f.* primary education
इब्तिदाई रिपोर्ट *f.* first information report (FIR)
इमकान A (*imkān*) *m.* possibility
इमदाद A (*imdād*) *f.* help, aid, assistance, succour
इमदाद देना *v.t.* to help, to assist
इमदादी A (*imdādī*) *a.* aided, assisted
इमदादी फ़ौज *f.* auxiliary force
इमदादी स्कूल *m.* aided school
इमरती (*imartī*) *f.* a kind of sweetmeat made from pulse
इमला A (*imlā*) *f.* dictation, orthography
इमलानवीस *m.* orthographer
इमला बोलना *v.t.* to give dictation
इमला लिखना *v.t.* to take dictation
इमली (*imlī*) *f.* the tamarind (*Tamarindus indica*) tree and its fruit
इमाम A (*imām*) *m.* 1. (Muslim) spiritual or religious leader, high priest, patriarch 2. the large bead in a rosary 3. the flag of Moharram
इमामबाड़ा *m.* the place where taziya is kept during Moharram
इमामदस्ता A&P (*imāmdastā*) *m.* iron mortar and pestle
इमारत A (*imārat*) *f.* building
इमारत खड़ी करना *v.t.* to erect a building
इमारती A (*imārtī*) *a.* of or pertaining to a building
इमारती लकड़ी *f.* timber
इमारती सामान *m.* building material
इम्तहान A (*imtahān*) *m.* 1. trial, test 2. examination
इम्तहान देना *v.t.* to take an examination
इम्तहान में पास होना *v.i.* to pass an examination
इम्तहान लेना *v.t.* to try, to test, to hold an

examination

इम्तियाज़ A (*imtiyāz*) *m.* 1. distinction, discrimination 2. discernment

इम्प्रूवमेन्ट E (*imprūvmemṭ*) *f.* & *m.* improvement

इयत्ता (*iyattā*) *f.* 1. limit 2. fixed measure or quantity

इयरपीस E (*iyarpīs*) *m.* earpiece (a part of telephone)

इरा (*irā*) *f.* earth, one of the three nerves इड़ा, पिंगला, सुषुम्ना described in Yoga (same as इड़ा)

इराक़ी (*irāqī*) I. *a.* of or belonging to Iraq II. *m.* a breed of horses

इरादतन A (*irādatan*) *adv.* deliberately, wilfully, purposefully

इरादा A (*irādā*) *m.* 1. intention 2. determination, object

इरादा करना *v.t.* to intend, to propose

इरादा रखना *v.t.* to have the intention

इस इरादे से *adv.* with this in view, with the intention of, in order to

इर्द-गिर्द P (*ird-gird*) *adv.* all about, all around, on all sides

इलज़ाम A (*ilzām*) *m.* blame, accusation, charge, indictment

इलज़ाम देना/लगाना *v.t.* to blame, to accuse, to indict

इलहाम A (*ilhām*) *m.* inspiration, enlightenment, revelation

इला (*ilā*) *f.* earth, one of the three nerves इड़ा, पिंगला, सुषुम्ना described in Yoga (same as इड़ा *q.v.*)

इलाक़ा A (*ilāqā*) *m.* 1. area, region 2. territory 3. limit, boundary

इलाक़ाई (*ilāqāī*) *a.* regional

इलाक़ेदार P (*ilāqedār*) *m.* estate-holder

इलाक़ेदारी (*ilāqedārī*) *f.* estate

इलाक़ेवार P (*ilāqevār*) *adv.* region-wise, area-wise

इलाज A (*ilāj*) *m.* 1. remedy, medical treatment 2. cure

इलाज करना *v.t.* to treat

कोई इलाज नहीं no remedy

इलायची (*ilāycī*) *f.* cardamom (spice)

इलायचीदाना *m.* cardamom seed

इलाही A (*ilāhī*) *a.* divine

इलाही खर्च *m.* excessive expenditure

इलाही तौबा *f.* O God, be merciful

इलेक्ट्रानिक E (*ilekṭrānik*) *a.* electronic

इलेक्ट्रानिकी (*ilekṭrānikī*) *f.* electronics

इलेक्ट्रिक E (*ilekṭrik*) *a.* electric

इल्तिजा A (*iltijā*) *f.* request, entreaty

इल्तिजा करना *v.t.* to request, to solicit

इल्म A (*ilm*) *m.* 1. knowledge, learning 2. skill

इल्म-अदब *m.* literature

इल्म कलाम *m.* rhetorics

इल्मी A (*ilmī*) *a.* 1. scientific 2. academic

इल्मी बहस *f.* academic discussion

इल्लत A (*illat*) *f.* 1. nuisance 2. illness 3. addiction

इल्लत लगा लेना *v.t.* to become an addict

इल्लती A (*illatī*) *a.* addicted to vice or bad habit

इल्ली (*illī*) *f.* caterpillar

इवज़ A (*ivaz*) *m.* 1. reward 2. exchange 3. substitution (better-एवज़)

इवज़ी P (*ivazī*) *a.* substitute, officiating, acting (better-एवज़ी)

इवज़ी (काम) करना *v.t.* to act as a substitute

इवज़ी देना *v.t.* to supply a substitute

इवज़ी रखना *v.t.* to appoint as a substitute

इशरत A (*iśrat*) *f.* pleasure, enjoyment

इशाअत A (*iśāat*) *f.* 1. circulation 2. publication 3. advertisement

इशारा A (*iśārā*) *m.* hint, signal, indication, nod, gesture

इशारा करना *v.t.* to nod, to hint, to indicate, to signal

इशारों पर चलना *v.i.* to be in somebody's control, to be at somebody's beck and call, to dance to the tune (of)

आँख का इशारा *m.* wink

इश्क़ A (*iśq*) *m.* love, fondness, passion
इश्क़बाज़ *m.* amorous philanderer, rake
इश्क़बाज़ी *f.* amorousness, philandering, love-making
इश्क़ लड़ाना *v.t.* to indulge in love-making
इश्तहार A (*iśtahār*) *m.* 1. advertisement 2. poster
इश्तहार छपवाना *v.t.* to get posters printed
इश्तहार देना *v.t.* to advertise
इश्तहारबाज़ी *f.* propaganda through posters
इषु (*iṣu*) *m.* arrow
इष्ट (*iṣṭa*) I. *m.* 1. (personal) deity 2. goal 3. desire, wish II. *a.* 1. desired 2. favourable 3. adored
इष्टकर्म *m.* good deeds
इष्टदेवता *m.* tutelary deity
इष्टमित्र *m.* close friend
इष्टलाभ *m.* fulfilment of one's desire
इष्टवियोग *m.* separation from a dear one (because of death), bereavement
इष्टतम (*iṣṭatam*) *a.* most desired, optimum
इष्टतम वृद्धि *f.* optimum growth
इष्टाम (*iṣṭām*) *m.* stamp, stamped paper
इष्टार्थ (*iṣṭārtha*) *m.* intentioned meaning
इष्टिका (*iṣṭikā*) *f.* brick (also ईंट)
इस (*is*) *pron.* oblique form of यह this
इसका *pron.* its, his, her
इसके अलावा *conj.* besides this
इस तरह *adv.* in this manner/way
इस बरस *adv.* this year
इसलिए *conj.* therefore
इसको *pron.* to this, to him, to her
इसमें *adv.* in it, in him, in her
इससे *adv.* by this, by him, by her
इस से पहले *adv.* prior to this, previously
इस क़दर *adv.* to this extent, as much as this
इस कारण *conj.* therefore, on this account
इस वक़्त *adv.* at this time, now, presently
इसपंज E (*ispañj*) *m.* sponge
इसबगोल (*isabgol*) *m.* a medicinal plant *Plantago ovata* and its laxative seeds
इसपात (*ispāt*) *m.* steel (also इस्पात)
इसराइली (*isrāilī*) *a.* citizen of Israel
इसरार A (*isrār*) *m.* insistence
इसरार करना *v.t.* to insist
इसलाम A (*isalām*) *m.* /**इस्लाम** (*islām*) *m.* Islam
इसलामी A (*isalāmī*) *m.* /**इस्लामी** (*islāmī*) *a.* Islamic
इसी (*isī*) *a.* this exactly, this very
इसी जगह *adv.* at this very place
इसी से *adv.* for this very reason
इसे (*ise*) *pron.* this (see इसको)
इस्तग़ासा A (*istaġāsā*) *m.* 1. plaint 2. appeal
इस्तमरारी A (*istamrārī*) *a.* permanent
इस्तमरारी बंदोबस्त *m.* permanent settlement
इस्तिरी (*istirī*) *f.* an iron
इस्तिरी करना *v.t.* to iron
इस्तीफ़ा A (*istīfā*) *m.* resignation
इस्तीफ़ा देना *v.t.* to resign
इस्तेमाल A (*istemāl*) *m.* 1. use, application 2. consumption
इस्तेमाल करना *v.t.* to use, to apply, to consume
इस्तेमाल की चीज़ें *f.* articles of use
इस्तेमाल में लाना *v.t.* to put to use
इस्पात (*ispāt*) *m.* steel
इस्पात धूसर *a.* steel grey
इस्म A (*ism*) *m.* 1. name 2. noun
आपका इस्मे-शरीफ *interr.* may I know your name, please?
इह (*ih*) *a.* this
इहकाल *m.* this time
इहलीला *f.* this worldly existence
इहलोक *m.* this world
इहलौकिक *a.* mundane, earthly

ई

ई (*ī*) the fourth vowel of the Devanagari syllabary

ई-मेल *E* (e-mail) *n.* a way of sending messages and data by means of computers connected together in a network

ईंगुर (*īṁgur*) *m.* vermilion, red lead (*syn.* सिंदूर)

ईंट (*īṁt*) *f.* 1. brick 2. suit of diamond in playing cards 3. block

ईंट का घर मिट्टी करना *v.t.* to reduce a good house to dust

ईंट का जवाब पत्थर से देना *(मु.) v.t.* to give tit for tat, to retaliate sharply

ईंट की चिनाई *f.* bricklaying

ईंट पाथना *v.t.* to make bricks

ईंट से ईंट बजाना *(मु.) v.t.* to demolish, to lay in ruins, to destroy

कच्ची ईंट *f.* mud brick, unbaked brick

ढाई ईंट की मस्जिद अलग बनाना *v.t.* to follow an uncommon usage

पक्की ईंट *f.* baked brick

लखौरी ईंट *f.* small brick

सोने की ईंट gold brick

ईंडुरी (*īṁḍurī*) *f.* a small round roll, coil or ring for carrying burden on head

ईंधन (*īṁdhan*) *m.* fuel, firewood

ईंधन तेल *m.* fuel oil

ईकार (*īkār*) *m.* the letter ई or ी

ईकारांत (*īkārānt*) *a.* (of a word) ending in ई or ी (as in भाई, पानी)

ईकारादि (*īkārādi*) *a.* (of a word) beginning with ई

ईक्षण (*īkṣaṇ*) *m.* 1. supervision, care 2. sight, observation

ईक्षा (*īkṣā*) *f.* 1. vision, glimpse 2. observation

ईक्षित (*īkṣit*) *a.* seen, perceived, observed

ईख (*īkh*) *f.* sugarcane

ईजाद A (*ījād*) *f.* invention

ईजाद करना *v.t.* to invent, to devise

ईजादकर्ता (*ījādkartā*) *m.* inventor

ईति (*īti*) *f.* calamity (of the season, as drought, excessive rain, attack of locusts)

ईद A (*īd*) *f.* Id, a Muslim festival

ईद उल-जुहा *f.* festival falling in the Hijri calendar month of Zilhij

ईद उल-फ़ितर *f.* festival falling in the Hijri calendar month of Shawwal

ईद का चाँद हो जाना *(मु.)* to be rarely seen

ईदगाह *f.* place where Id prayers are held

ईदी A&P (*īdī*) *f.* the gift made on Id,

ईदृश (*īdr̥ś*) *a.* such, similar

ईप्सा (*īpsā*) *f.* desire or wish to obtain, craving

ईप्सित (*īpsit*) *a.* wished (for), desired, longed (for), craved

ईप्सु (*īpsu*) *a.* wishing to obtain, desirous

ईमन (*īman*) *m.* a tune/mode of music

ईमन कल्याण *m.* a mixed mode of music

ईमान A (*īmān*) *m.* 1. faith, trustworthiness 2. faith, belief (particularly in God and Holy Quran) 3. honesty, fairplay 4. religion

ईमान का सौदा *(मु.) m.* fair-dealing, honest deal

ईमान की कहना *v.t.* to speak out the

truth

ईमान खोना *v.i.* to lose one's honour, faith or integrity

ईमान छोड़ना *v.t.* to forsake one's faith or integrity

ईमान डिगना/डोलना *v.i.* to have one's integrity shaken

ईमानदार (a) *a.* honest, faithful, upright (b) *m.* believer

ईमानदारी *f.* honesty, fidelity

ईमान बेचना *(मु.) v.t.* to sacrifice one's integrity, to sell one's conscience

ईमान लाना *v.t.* to have faith in

ईरानी (*īrānī*) *a.* & *m.* Iranian, Persian (language, people)

ईर्षणा (*īrṣṇā*) *f.* 1. jealousy, envy 2. spite, malice

ईर्ष्य (*īrṣya*) *a.* enviable

ईर्ष्या (*īrṣyā*) *f.* jealousy, envy

ईर्ष्या करना *v.t.* to envy

ईर्ष्यालु (*īrṣyālu*) *a.* 1. envious, jealous 2. spiteful, malicious

ईश (*īś*) *m.* 1. lord, master 2. God

ईशनिंदा *f.* blasphemy

ईशता (*īśtā*) *f.* /**ईशत्व** (*īśatva*) *m.* superiority, supremacy, pre-eminence

ईशान (*īśān*) *m.* north-east (region)

ईशान कोण *m.* north-east corner

ईश्वर (*īśvar*) *m.* 1. lord, master 2. God, Supreme Being

ईश्वर आराधना *f.* worship/adoration of God

ईश्वर का विधान *m.* act of God

ईश्वर कृपा *f.* God's grace

ईश्वरकेंद्रवाद *m.* theocentricism

ईश्वरदत्त *a.* God-given, bestowed by God

ईश्वरनिष्ठ *a.* devout

ईश्वरपरायण *a.* godly, devoted

ईश्वरपरायणता *f.* godliness, devotion

ईश्वरप्रेरित *a.* divinely inspired

ईश्वरभाव *m.* divinity, Godhead

ईश्वरवाद *m.* theism

ईश्वरवादी *m.* theist, *a.* theistic

ईश्वरविरोधी *m.* Satan, devil

ईश्वरसाधना *f.* contemplation and realization of God

ईश्वरता (*īśvartā*) *f.* /**ईश्वरत्व** (*īśvaratva*) *m.* 1. godhead, godliness 2. supremacy, lordship

ईश्वरी (*īśvarī*) *f.* 1. title of goddesses and saktis, Durga and Lakshmi

ईश्वरीय (*īśvarīy*) *a.* divine

ईश्वरीय ज्ञान *m.* divine knowledge

ईश्वरीय देन *f.* divine gift

ईश्वरोपासना (*īśvaropāsnā*) *f.* worship of God

ईषणा (*īṣaṇā*) *f.* desire, longing, eagerness

ईषत् (*īṣat*) *a.* & *adv.* slight, a little, partly

ईषत् विवृत *a.* partly open

ईषत् संवृत *a.* partly closed

ईषत् स्पृष्ट *a.* partly stopped/touched (vowel)

ईषद् (*īṣad*) *a.* slight, a little, partly (same as ईषत्)

ईषद् उष्ण *a.* slightly warm

ईसाई (*īsāī*) *a.* & *m.* Christian

ईसाई धर्म *m.* Christian religion, Christianity

ईसाई धर्म नियम *m.* canon law

ईसाई हो जाना *v.i.* to become a Christian, to embrace/adopt Christian religion

ईस्टर E (*īsṭar*) *m.* Easter (festival)

ईस्वी (*īsvī*) *a.* Christian

ईस्वी पूर्व before Christ

ईस्वी सन् Christian era

ईहा (*īhā*) *f.* craving, longing, strong desire

ईहा मृग *m.* animal of fancy, chimaera

ईहित (*īhit*) *a.* longed (for), wished (for), craved

उ

उ (*u*) the fifth vowel of the Devanagari syllabary

उँ (*uṁ*) *interj*. expresses anger, contempt or interrogation

उँगनी (*uṁganī*) *f.* lubricating a wheel

उंगल (*uṅgal*) *f.* 1. finger 2. finger-breadth, digit

उँगली (*uṁglī*) *f.* finger

उँगली उठाना *(मु.) v.t.* (a) to point a censuring finger (b) to make a sign

उँगली काटना *v.t.* to show amazement

उँगली दिखाना *(मु.) v.t.* to point with a finger

उँगली धरना *v.t.* (a) to point out an error, to find fault with (b) to harass (c) to place the finger (upon) (= उँगली रखना)

उँगली न लगाना *v.t.* not to touch at all, to show complete indifference

उँगली पकड़ना *v.t.* to take support

उँगली पकड़ते पहुँचा पकड़ना *(मु.) v.t.* to draw more and more benefit from somebody

उँगली रखना *v.t.* (a) to point out an error, to find fault with (b) to harass (c) to place the finger (upon)

उँगली लगाना *v.t.* (a) to touch with a finger (b) to lay a finger (on) (c) to strike

उँगलियाँ चटखाना *v.t.* to snap fingers, (*fig.*) to pass time leisurely

उँगलियों पर नचाना *(मु.) v.t.* to make somebody dance to one's tune, to make a fool of

उँगलियों पर नाचना *(मु.) v.i.* to dance at one's bidding, to act as somebody's stooge

आँखों में उँगली करना *v.t.* to jeer at somebody, to do somebody a wrong

कानी उँगली *f.* little finger

कानों में उँगलियाँ देना *(मु.) v.t.* to turn a deaf ear, to avoid hearing

दांतों में उँगली डालना/देना to express astonishment, sorrow or suddenness

पाँचों उँगलियाँ घी में होना *(मु.)* to flourish, to have every kind of gain

उँघाई (*uṁghāī*) *f.* drowsiness, dozing

उंचास (*uñcās*) *a.* & *m.* forty-nine, 49

उँछ (*uṁch*) *m.* the act of gleaning grains from the field after the crop is harvested

उँडप (*uṁḍap*) *m.* raft, float

उँड़ेलना (*uṁḍelnā*) *v.t.* to pour (water, ink, milk, etc.)

उऋण (*uṛṇ*) *a.* free from debt

उऋण होना *v.i.* to pay off a debt

उकठना (*ukaṭhnā*) *v.i.* 1. to wither away 2. to dry up and become hard as wood

उकड़ूँ (*ukṛūṁ*) *a.* squatting with the feet flat on the ground

उकड़ूँ बैठना *v.i.* to squat

उकताना (*uktānā*) *v.i.* 1. to be fed up, to be tired or bored, to be sick of 2. to chafe, to fret

उकताहट (*uktāhaṭ*) *f.* 1. boredom, tedium 2. uneasiness

उकलाई (*uklāī*) *f.* sickness, nausea

उकलाना (*uklānā*) *v.i.* to be confused, to feel uneasy

उकसना (*ukasnā*) *v.i.* 1. to struggle to rise 2. to emerge, to start up 3. to sprout

उकसाना (*uksānā*) *v.t.* 1. to instigate, to incite, to provoke 2. to induce, to kindle 3. to abet

उकसावा (*uksāvā*) *m.* 1. instigation, stimulus, impetus 2. abetment

उकसाहट (*uksāhaṭ*) *f.* 1. excitement 2. stimulation, instigation

उक़ाब A (*uqāb*) *m.* eagle

उकार (*ukār*) *m.* the letter उ or ु

उकारांत (*ukārānt*) *a.* (word) ending in उ or ु (as is जंतु, लघु)

उकीरना (*ukīrnā*) *v.t.* to root out, to dig

उकेरना (*ukernā*) *v.t.* to carve, to engrave

उक्त (*ukta*) *a.* uttered, said, spoken, mentioned

उक्ति (*ukti*) *f.* utterance, statement, dictum, saying

उक्ति प्रत्युक्ति *f.* statement and counter-statement

उखड़ना (*ukharṇā*) *v.i.* 1. to be rooted out, to be pulled out 2. (plaster) to break off, to blow off, to scatter 3. to be eradicated 4. (of a bone) to be dislocated 5. to break up

उखड़ना-पुखड़ना *v.i.* to be plucked, to be uprooted

बटन उखड़ना *v.i.* button (to get loose)

साँस उखड़ना *v.i.* to get out of breath

सेना के पैर उखड़ना *v.i.* army (to take to flight)

उखड़वाना (*ukharvānā*) *v.t.* to cause to be uprooted or plucked, to have (a thing) pulled out

उखड़ा-पुखड़ा (*ukharā pukharā*) *a.* 1. disjointed 2. desultory

उखड़ी-पुखड़ी बातें करना *(मु.) v.i.* to talk irrelevantly

उखली (*ukhlī*) *f.* mortar of wood or stone for pounding grain

उखाड़ना (*ukhāṛnā*) *v.t.* to uproot, to pull out, to eradicate

गड़े मुर्दे उखाड़ना *(मु.) v.t.* to raise old quarrels, to rake up old wounds

उगना (*ugnā*) *v.i.* 1. to grow, to sprout 2. (of the sun) to rise

उग आना *v.i.* to shoot

उगते ही जल जाना *v.i.* to be nipped in the bud

उगलना (*ugalnā*) *v.t.* 1 to spit out 2. (उल्टी करना) to vomit out 3. to give back something hidden or stolen, (अपराध) to admit an offence, to confess 4. (*fig.*) to disclose a secret, to reveal

आग उगलना *v.t.* to speak violently

ज़हर उगलना *v.t.* to talk rancorously

उगलवाना (*ugalvānā*) *v.t.* to extract a confession, to cause to give back (money), to make somebody vomit

उगाना (*ugānā*) *v.t.* 1. to grow (दाढ़ी उगाना, पेड़ उगाना), to develop 2. to raise, to pull up

हथेली पर सरसों उगाना *(मु.) v.t.* to attempt the impossible

उगाल (*ugāl*) *m.* spittle

उगालदान *m.* spittoon

आपका उगाल मेरा उधार *(लो.)* to depend on someone totally

उगाहना (*ugāhanā*) *v.t.* 1. to collect 2. (वसूल करना) to realize, to raise money or funds 3. to take subscription

उगाही (*ugāhī*) *f.* 1. collections 2. collection of rent or subscription 3. (वसूली) realization of money, recovery 4. money realized

उगाही करना *v.t.* to collect subscription, to realize money

उग्र (*ugra*) *a.* aggressive, violent, strong, malignant, acrid

उग्र अपराधी *m.* violent criminal

उग्रकर्मा *a.* ferocious, fierce, cruel

उग्र गंध *f.* strong scent
उग्र दल *m.* radical party
उग्रपंथी *m.* extremist
उग्र राष्ट्रीयता *f.* chauvinism
उग्रवाद *m.* extremism
उग्रवादी *m.* extremist, radicalist
उग्र विचारधारा *f.* aggressive ideology
उग्र स्वभाव *m.* violent temperament

उग्रता (*ugratā*) *f.* aggressiveness, violence, intensity

उग्रह (*ugrah*) *m.* end of an eclipse

उघटना (*ughaṭnā*) *v.t.* to disclose a secret

उघड़ना (*ugharṇā*) *v.i.* 1. to be unveiled 2. to be laid bare 3. to be denuded or uncovered 4. to be exposed, to be revealed
उघड़कर नाचना *v.i.* to dance openly, (*fig.*) to act shamelessly

उघाड़ना (*ughārṇā*) *v.t.* 1. to unveil, to uncover, to denude, to open 2. (नंगा करना) to lay bare, to strip off 3. to expose, to disclose

उघाड़ा (*ughāṛā*) I. *a.* 1. bare, undressed, naked 2. open 3. exposed II. *m.* exposure

उचंत (*ucant*) *m.* suspense
उचंत खाता *m.* suspense account
उचंत बिक्री *f.* sale on return basis
उचंत माल *m.* goods on approval

उचकना (*ucaknā*) *v.i.* 1. to leap, to bound up, to spring up, to jump up 2. to stand on tiptoe
उचककर चढ़ना *v.i.* to mount with a leap
उचक ले जाना *v.t.* to snatch away

उचकाना (*uckānā*) *v.t.* 1. to lift/raise up 2. to shrug shoulders

उचक्का (*ucakkā*) *m.* & *a.* swindler, shoplifter, pickpocket, pilferer
उचक्कापन *m.* swindling, pilfering

उचटना (*ucaṭnā*) *v.i.* 1. to come off (as plaster from a wall) 2. to be sad or unhappy, to be disheartened 3. (मन) to be weary (of) 4. to be bored
नींद उचटना *v.i.* to get disturbed

उचाट (*ucāṭ*) *a.* wearied, disgusted
उचाट होना *v.i.* to be disgusted, to be tired

उचाटन (*ucāṭan*) *m.* 1. separation, isolation 2. uprooting, extirpation 3. sorrowful, estrangement, dejection

उचाटना (*ucāṭnā*) *v.t.* 1. to drive or turn away, to scare away, to dissuade from 2. (निराश करना) to discourage, to dishearten

उचाड़ना (*ucāṛnā*) *v.t.* to uproot, to pull out, to eradicate (= उखाड़ना *q.v.)*

उचापत (*ucāpat*) *m.* 1. credit 2. goods taken on credit

उचित (*ucit*) *a.* 1. proper, appropriate, just, fair 2. reasonable 3. justifiable 4. valid
उचित उत्तर *m.* appropriate or fitting reply
उचित किराया *m.* fair rent
उचित ठहराना *v.t.* to justify
उचित मूल्य *m.* fair price
उचित रूप से *adv.* properly, legitimately
उचित व्यवहार *m.* fair dealing
उचित सुविधाएं *f.* reasonable facilities

उच्च (*ucca*) *a.* 1. high, lofty, tall, elevated 2. upper 3. (स्वर) loud
उच्च आदर्श *m.* high ideals
उच्च आय वर्ग *m.* high income group
उच्च आयुक्त *m.* high commissioner
उच्च आवृत्ति *f.* high frequency
उच्च कोटि का *a.* high grade
उच्च तापमान *m.* high temperature
उच्च न्यायालय *m.* high court
उच्च प्राथमिकता *f.* top priority
उच्च भूमि *f.* highland
उच्च वर्ग *m.* high class, upper class
उच्च विचार *m.* high thinking

उच्च शिक्षा *f.* higher education
उच्च सदन *m.* upper house
उच्च सीमा *f.* upper limit
उच्च स्तर *m.* higher level
उच्चतम (*uccatam*) *a.* highest, maximum
उच्चतम सीमा *f.* highest limit
उच्चतर (*uccatar*) *a.* higher
उच्चतर माध्यमिक *a.* higher secondary
उच्चतर स्तर *m.* higher level, higher standard
उच्चता (*uccatā*) *f.* height, excellence, high position
चरित्र की उच्चता *f.* morality of character
स्तर की उच्चता *f.* high standard
उच्चतापसह (*uccatāpsah*) *a.* refractory
उच्चतापसह ईंट *f.* refractory brick
उच्चय (*uccay*) *m.* 1. choosing, picking up 2. (ढेर) collection, heap, pile 3. (अभ्युदय) rise, prosperity
उच्चरित (*uccarit*) *a.* pronounced, spoken, uttered
उच्चाकांक्षा (*uccākāṅkṣā*) *f.* high hopes, ambition
उच्चाकांक्षी (*uccākāṅkṣī*) *a.* ambitious, aspiring
उच्चाटन (*uccāṭan*) *m.* eradication, extirpation, uprooting
उच्चाटित (*uccāṭit*) *a.* driven away, carried off
उच्चादर्श (*uccādarśa*) *m.* high/sublime ideal
उच्चाधिकारी (*uccādhikārī*) *m.* high official/officer
उच्चापचय (*uccāpacay*) *m.* prosperity and decline, rise and fall, ups and downs
उच्चायोग (*uccāyog*) *m.* high commission
उच्चार (*uccār*) *m.* utterance
उच्चारण (*uccāraṇ*) *m.* pronunciation, phonation, articulation
उच्चारण करना *v.t.* to pronounce
उच्चारण-प्रशिक्षण *m.* speech training
उच्चारण यंत्र *m.* speech mechanism
उच्चारण स्थान *m.* point of articulation
उच्चारणात्मक (*uccāraṇātmak*) *a.* pronouncing, articulatory
उच्चारणीय (*uccāraṇīy*) *a.* utterable, (fit) to be pronounced
उच्चारना (*uccārnā*) *v.t.* to pronounce, to speak out, to utter
उच्चारित (*uccārit*) *a.* pronounced, articulated, spoken
उच्चार्य (*uccārya*) *a.* utterable, (fit) to be pronounced (= उच्चारणीय *q.v.*)
उच्चालक (*uccālak*) *m.* elevator
उच्चालन (*uccālan*) *m.* elevation
उच्चावच (*uccāvac*) *a.* up and down, high and low
उच्चावच मानचित्र *m.* relief map
उच्चावचन (*uccāvacan*) *m.* fluctuation
उच्चित (*uccit*) *a.* gathered, collected
उच्चित्र (*uccitra*) *m.* a relief, projected moulding or carving
उच्छिन्न (*ucchinna*) *a.* ruined, destroyed, laid waste, dilapidated
उच्छलन (*ucchalan*) *m.* swelling up, bumping up
उच्छलित (*ucchalit*) *a.* raised up, swollen high, overflowing, gushing
उच्छित्र (*ucchitra*) *a.* cut off, uprooted
उच्छिष्ट (*ucchiṣṭ*) I. *a.* waste, left out II. *m.* leftover food
उच्छू (*ucchū*) *f.* gasping due to choking of the wind pipe, suffocation, choking of the throat
उच्छू आना *v.i.* to be choked or suffocated
उच्छृंखल (*ucchr̥ṅkhal*) *a.* 1. undisciplined 2. unrestrained, perverse, out of control 3. wanton, self-willed
उच्छृंखलता (*ucchr̥ṅkhaltā*) *f.* perversity, wantonness, licentiousness
उच्छृंग (*ucchr̥ṅg*) *m.* cliff
उच्छेद (*ucched*) *m.* 1. cutting or rooting

out, extermination, extraction 2. (नाश) ruin, destruction

उच्छेदक (*ucchedak*) *m.* exterminator, ejector, destroyer

उच्छेदन (*ucchedan*) *m.* 1. extirpation, eradication 2. ruin, destruction 3. uprooting

उच्छेदनीय (*ucchednīy*) *a.* /**उच्छेद्य** (*ucchedya*) *a.* 1. to be eradicated or ejected 2. to be destroyed, to be ruined

उच्छोषण (*ucchoṣaṇ*) *m.* 1. sucking 2. drying

उच्छ्वसन (*ucchvasan*) *m.* exhalation, breathing out

उच्छ्वसित (*ucchvasit*) *a.* exhaled, blown

उच्छ्वास (*ucchvās*) *m.* 1. long-drawn breath, deep sigh 2. division of a book

उच्छवासित (*ucchvāsit*) *a.* 1. cheered up, delighted 2. raised, lifted up 3. (थका) exhausted, tired, fatigued

उछंग (*uchaṅg*) *m.* 1. lap 2. heart

उछल-कूद (*uchal-kūd*) *f.* leaping and jumping, romping, gambol

उछल-कूद मचाना *v.t.* to gambol about, to romp about

उछलना (*uchalnā*) *v.i.* 1. to leap, to bound, to jump 2. to dance about 3. to bounce up, to shoot up 4. (*fig.*) to assume airs 5. (पानी का) to gush out, to spurt out, to flow out, to overflow

उछलवाना (*uchalvānā*) *v.t.* to cause to leap and jump, to cause to gush out or flow out

उछाल (*uchāl*) *f.* leap, jump, hop

उछाल भरना/मारना *v.t.* to take a jump/leap

घोड़े को उछलवाना *v.t.* to cause a horse to jump over (a fence)

उछालना (*uchālnā*) *v.t.* to toss up, to throw up

किसी की पगड़ी उछालना *v.t.* to insult somebody publicly, to disgrace somebody

सिक्का उछालना *v.t.* to toss a coin

उछाल फेंकना *v.t.* to throw far off/away

उछाला (*uchālā*) *m.* 1. excitement, agitation 2. vomiting 3. steep rise

उछाह (*uchāh*) *m.* 1. enthusiasm, zeal 2. encouragement 3. (उद्यम) fortitude, perseverance (more common उत्साह)

उजड़ना (*ujaṛnā*) *v.i.* to be ruined, to be laid waste, to become deserted, to fall into ruins

उजड़वाना (*ujaṛvānā*) *v.t.* to cause to be ruined or laid waste, to cause to devastate, to cause to lay waste

उजड़ा (*ujaṛā*) *a.* deserted, ruined

उजड़ा-पुजड़ा *a.* ruined, in ruins, razed to the ground, desolate

उजड्ड (*ujaḍḍa*) *a.* boorish, rude, rash, vulgar, ill-mannered

उजड्डपन (*ujaḍḍapan*) *m.* boorishness, rudeness, vulgarity

उज़बक T (*uzbak*) I. *m.* 1. a Tartar 2. uncivilized person II. *a.* foolish, stupid, idiotic

उजरत A (*ujrat*) *f.* 1. remuneration 2. wages

उजरतिया A (*ujartiyā*) *m.* hired worker, part-time worker

उजरती A (*ujartī*) *a.* on piece-rate basis

उजरती काम *m.* part- time work

उजला (*ujlā*) *a.* 1. white 2. clean 3. bright

उजला चेहरा *m.* bright face

उजला मुँह करना *v.t.* to bring credit (to)

उजला होना *v.i.* to be polished and clean

उजलाई (*ujlāī*) *f.* 1. price paid for cleaning 2. cleanness, brightness

उजलापन (*ujlāpan*) *m.* 1. whiteness 2. cleanliness 3. brightness

उजागर (*ujāgar*) *a.* 1. splendid, shining

bright 2. manifest 3. famous, reputed 4. conspicuous

बाप-दादा का नाम उजागर करना *v.t.* to bring glory to one's ancestors

उजाड़ (*ujāṛ*) *a.* 1. desolate, ruined 2. deserted

उजाड़ बस्ती I. *f.* deserted colony II. *f.* (a) uninhabited place, wilderness (b) desolation

उजाड़ हो जाना *v.i.* to become desolate

उजाड़ना (*ujāṛnā*) *v.t.* to ruin, to lay waste, to render desolate

उजाड़ डालना *v.t.* to ruin completely

उजाड़ू (*ujāṛū*) I. *a.* 1. squandering, wasting 2. prodigal, spendthrift II. *m.* spoiler, waster, extravagant/prodigal person

उजाला (*ujālā*) *m.* 1. brightness 2. light

उजाला पाख *m.* the bright half of the month

उजाला होना *v.i.* to be lit up, to be lighted, to dawn

उजेला (*ujelā*) *m. colloq.* 1. brightness 2. light (= उजाला *q.v.)*

उज्जीवित (*ujjīvit*) *a.* 1. revived, resuscitated 2. renovated

उज्ज्वल (*ujjval*) *a.* bright, shining, radiant

उज्ज्वल भविष्य *m.* bright future, bright prospects

उज्ज्वल होना *v.i.* to be luminous or bright

नाम उज्ज्वल करना *v.t.* to bring glory to one's name

उज्ज्वलता (*ujjvaltā*) *f.* brightness, radiance, lustre, shine

उज्ज्वलित (*ujjvalit*) *a.* brightened, lighted up

उज़्र A (*uzra*) *m.* objection

उज़्रदार *m.* objector

उज़्रदारी *f.* filed objection, cross-plea

उझकना (*ujhaknā*) *v.i.* to raise oneself on tiptoe, to rise to have a peep

उटंग (*uṭaṅg*) *a.* /**उटंगा** (*uṭaṅgā*) *a.* short of length (pyjamas, coat, etc.)

उटज (*utaj*) *m.* thatched hut

उठंगना (*uṭhaṅgnā*) *v.i.* to lean/rest against a support

उठक-बैठक (*uṭhak-baiṭhak*) *f.* rising and squatting, knee bends (the exercise, also a school punishment)

उठता (*uṭhtā*) *a.* rising, ascending

उठती जवानी *(मु.) f.* budding youth, adolescence

उठते-बैठते *adv.* all the time

उठना (*uṭhnā*) *v.i.* 1. to rise, to get up 2. to rise up 3. to wake up 4. to arise, to go away 5. to begin, to start (as दर्द pain) 6. to be built (as दीवार wall)

उठ खड़ा होना *v.i.* to stand up, to be alert/ready, to stand up suddenly

उठ चलना *v.i.* to set off

उठ जाना *v.i.* (a) to get up from bed or from a seat, (दुकान) to close, (दुनिया से) to die, (मकान) to be let out, (सिर से साया) to be deprived of protection, (हाथ) to beat somebody (b) to go away, to disappear, to go up, to soar, to rise higher

उठना-बैठना *m.* (a) association (b) deportment

अक्षर नहीं उठे letters are not distinct

उसका नाम उठ गया *v.i.* his name has gone into oblivion

अन्न-जल उठ जाना *(मु.) v.i.* livelihood to cease at a certain place

कहीं से बरात उठना *v.i.* the marriage party to start from some place

खमीर उठना *v.i.* fermentation to occur

तूफ़ान उठना *v.i.* storm (to arise), to agitate furiously

पैंठ उठ गई the weekly bazar is over

मन में विचार उठना *v.i.* idea to occur in one's mind

रिवाज़ उठ जाना *v.i.* a custom to become out-of-date

संसार से उठ जाना *(मु.) v.i.* to pass away

काँप उठना *v.i.* to tremble violently

चिल्ला उठना *v.i.* to cry out

बोल उठना *v.i.* to exclaim

उठल्लू (*uṭhallū*) *m.* one who is without a fixed abode, vagabond

उठवाना (*uṭhvānā*) *v.t.* 1. to cause to be lifted or raised 2. to get something removed 3. to cause to abduct or elope 4. (दीवार) to have it set up

गीता उठवाना *v.t.* to make somebody swear by the Bhagavad Gita

सामान उठवाना *v.t.* to have the luggage carried

उठा देना *v.i.* to raise up, to remove, to eject

उठा-बिठाना *v.t.* to make one rise and sit up

उठा रखना *v.t.* to do away with, to postpone, to support

उठा ले जाना *v.t.* to run off/away with, to carry off, to abduct, to kidnap

उठा लेना *(मु.) v.t.* to take up, to lift up, to pick up

उठवैया (*uṭhvaiyā*) *m.* one who raises or helps to raise (भार load)

उठाईगीर (*uṭhāīgīr*) *m.* pilferer, petty thief

उठाईगीरी (*uṭhāīgīrī*) *f.* pilferage, shoplifting

उठाऊ (*uṭhāū*) *a.* portable

उठाऊ चूल्हा *m.* portable oven

उठाऊ पुल *m.* drawbridge

उठान (*uṭhān*) *f.* 1. growth 2. height, elevation, altitude 3. flight, soaring

उठाना (*uṭhānā*) *v.t.* 1. to lift, to raise 2. to pick up 3. to erect 4. to hoist (flag) 5. to begin, to start 6. to bear (ख़र्च) expenses 7. to close work, to break up 8. to awaken 9. to give on rent, to let out

उठा देखना *v.t.* to try to lift

उठा देना *v.t.* to abolish

उठा न रखना *v.t.* to spare nothing

उठा रखना *v.t.* to put off, to postpone

उठा ले जाना *v.t.* to carry away

उठा लेना *v.t.* (a) to make off with, to elope, to steal (b) to select (c) to endure (d) to pick up

आवाज़ उठाना *(मु.) v.t.* to protest

आसमान सिर पर उठाना *(मु.) v.t.* to create an uproar, to agitate vigorously

उँगली उठाना *(मु.) v.t.* to raise a finger, to make an object of reproach, to censure

कष्ट उठाना *v.t.* to take the trouble

क़सम उठाना *v.t.* to swear

खमीर उठाना *v.t.* to ferment

गंगाजली उठाना *(मु.) v.t.* to swear by the Ganga water

ज़िम्मेदारी उठाना *v.t.* to take up responsibility

तकलीफ उठाना *v.t.* to take the trouble (of)

नुकसान उठाना *v.t.* to bear/suffer a loss

पर्ची उठाना *v.t.* to draw a chit

बीड़ा उठाना *(मु.) v.t.* to take responsibility

समस्या, सवाल उठाना *v.t.* to raise a problem/question

सिर उठाना *(मु.) v.t.* to look up, to rebel, to revolt

स्कूल से उठा लेना *v.t.* to withdraw from the school

हाथ उठाना *(मु.) v.t.* to attempt to beat or to afflict injury

उठाव (*uṭhāv*) *m.* 1. growth 2. height, a rise

उठावनी (*uṭhāvnī*) *f.* funerary rites performed after cremation

उड़ंकू (*uṛaṅkū*) I. *a.* wandering, migratory II. *m.* 1. absconder 2. flier

उडुंबर (*uḍumbar*) *m.* 1. the tree *Ficus glomerata* 2. a kind of leprosy

उडुगण (*uḍgaṇ*) *m.* stars, the starry firmament

उड़ता (*uṛtā*) *a.* flying

उड़ती ख़बर *(मु.)* *f.* rumour, hearsay

उड़ती चिड़िया पहचानना *(मु.)* *v.t.* to know one's mind, to know a crook at sight

उड़द (*uṛad*) *m.* horsebean, black gram (a pulse)

उड़न (*uṛan*) *a.* flying, flight

उड़नअनार *m.* a firework emitting sparks

उड़नकिला *m.* flying fortress

उड़नखटोला *m.* a mythical flying bedstead

उड़नछू होना *v.i.* to disappear, to vanish

उड़नतश्तरी *f.* flying dish/saucer (also उड़न थाल)

उड़नदस्ता *m.* flying squad

उड़नशील तेल *m.* volatile oil

उड़ना (*uṛnā*) *v.i.* 1. to fly, to soar (up) 2. to run fast 3. to disappear

अफ़वाह उड़ना *v.i.* a rumour to spread, (घोड़ा) to run fast, (चोर) to run away, to escape, (छत) to be blown out, (नींद) to disappear, (पैसा) to be spent, (रंग) to fade (as colour)

उड़ चलना *v.i.* to put on airs, to feel proud, to live beyond one's means

उड़ जाना *v.i.* to vanish, to disappear

कागज़-पत्र उड़ गए the papers have scattered

चेहरे पर हवाइयाँ उड़ना *v.i.* to be struck with panic, to be fear stricken

बहुत कमाया, अब उड़ने लगा है he has earned enough and is now putting on airs

होश उड़ना *v.i.* to lose sense

उड़वाना (*uṛvānā*) *v.t.* to cause to fly, to cause to squander, to cause to be blown out, to cause to be stolen, to cause to elope

उड़ाँक (*uṛāṁk*)/**उड़ाँकू** (*uṛaṁkū*) *a.* flying, wandering, roaming

उड़ाऊ (*uṛāū*) *a.* & *m.* extravagant (person), spendthrift, squanderer

उड़ाऊ-खाऊ *m.* squanderer, prodigal person

उड़ाका (*uṛākā*) I. *m.* flier, aviator II. *a.* capable of flying

उड़ाका दल *m.* flying squad

उड़ाकू (*uṛākū*) I. *a.* flying, capable of flying II. *m.* aviator

उड़ान (*uṛān*) *f.* 1. flight 2. range of a flight

उड़ान घाई *f.* fraud, dodge

उड़ान पट्टी *f.* runway

उड़ान भरना *v.t.* to take off

उड़ाना (*uṛānā*) *v.t.* 1. to fly, to let fly, to cause to fly 2. to wave (झंडा flag) 3. to steal away (कोई चीज़ anything), to pilfer 4. (पुल) to blast, to blow up 5. to run (with), to make off with, to squander away

उड़ाना-पुड़ाना *v.t.* to squander, to spend lavishly

उड़ा ले चलना *v.i.* to fly off with

उड़ा ले जाना *v.t.* to entice away, to kidnap

उड़ा लेना *v.t.* to embezzle

अफ़वाह उड़ाना *v.t.* to spread rumour

खिल्ली उड़ाना *v.t.* to ridicule

दाग उड़ाना *v.t.* to remove a stain

धज्जियाँ उड़ाना *v.t.* to reduce to shreds

बेपर की उड़ाना *v.t.* to talk shop

मज़ाक उड़ाना *v.t.* to make fun of, to ridicule

मौज उड़ाना *v.t.* to enjoy oneself

हँसी में उड़ाना *v.t.* to laugh away

उड़िया (*uṛiyā*) I. *f.* Oriya language II. *m.* inhabitant of Orissa III. *a.* of or pertaining to Orissa

उडु (*uḍu*) *m.* star

उडुगण *m.* stars

उडुपति *m.* the moon

उडुप (*uḍup*) *m.* raft, boat

उड़ौहा (*uṛaūhā*) *a.* flying, ready to fly

उड्डयन (*uḍḍayan*) *m.* flying, aviation

उड्डयन विभाग *m.* aviation department

नागरिक उड्डयन *m.* civil aviation

उड्डीयमान (*uḍḍīymān*) *a.* flying, soaring, in flight

उढ़काना (*uṛhkānā*) *v.t.* to shut (a door)

उढ़री (*uṛharī*) *f.* concubine

उढ़ाना (*uṛhānā*) *v.t.* causative of ओढ़ना, to cause to dress, to cover with a sheet or quilt

उढ़ारना (*uṛhārnā*) *v.t.* to abduct another's wife, to elope (with)

उढ़ावनी (*uṛhāvnī*) *f.* a woman's sheet covering the head and upper part of the body (= ओढ़नी *q.v.*)

उतना (*utnā*) *a.* that much, as much as that

उतना जितना *a.* as much as

उतरन (*utaran*) *f.* cast off clothes, used garments

उतरता (*utartā*) *a.* descending

उतरता-चढ़ता *a.* fluctuating

उतरता चांद *m.* waning moon

उतरना (*utarnā*) *v.i.* 1. to get down, to descend 2. to come down, to alight 3. to disembark 4. to land 5. to dismount 6. to decrease, to abate 7. to fall (in price or value or estimation) 8. to cross over (as नदी river) 9. to be imitated or copied

उतर आना *v.i.* to go to the extent of

आँखों में खून उतर आना *(मु.)* to become extremely angry

आंत उतरना *v.i.* to suffer from hernia

ऋण उतरना *v.i.* debt to be paid off

किसी के मन से उतरना *v.i.* to lose somebody's favour

क्रोध उतर जाता है anger abates

गले के नीचे उतरना *(मु.) v.i.* to swallow

गाड़ी से उतरना *v.i.* to alight from a car/train

चित्त से उतरना *v.i.* to be forgotten, to go down in one's estimation

चेहरा उतर गया the face withered

चेहरा उतरना *v.i.* to become gloomy, face to become pale

नशा उतरना *v.i.* to become sober, to sober up

बाँह उतर गई the arm was dislocated

बुखार उतर गया fever came down

बोझ उतरना *v.i.* to be relieved of a burden

मन से उतरना *v.i.* to forget, to feel low

रंग उतरना *v.i.* colour (to fade)

वादे पर पूरा उतरना *v.i.* to be true to one's promise

सीढ़ियां उतरना *v.i.* to go down the stairs

हड्डी उतरना *v.i.* bone (to dislocate)

हवाई जहाज़ उतरना *v.i.* aeroplane (to land)

होटल में उतरना *v.i.* to lodge or stay in a hotel

उतरवाना (*utarvānā*) *v.t.* to cause to descend, alight, etc., to get something taken down, to be lowered, to cause to be pulled down

इज़्ज़त उतरवाना *v.t.* to get insulted or disgraced

कपड़े या जूते उतरवा लेना *v.t.* to have clothes or shoes removed

खाल उतरवाना *v.t.* to get (an animal) skinned

गहने या घड़ी उतरवा लेना *v.t.* to have ornaments or watch taken off

ट्रक से माल उतरवाना *v.t.* to get goods unloaded from a truck

दुश्मन की गर्दन उतरवा लेना *v.t.* to get the enemy beheaded

फोटो उतरवाना *v.t.* to get oneself photographed

लिखत की नकल उतरवाना *v.t.* to have a copy of the document made

उतराई *(utarāī) f.* 1. descent 2. slope 3. landing 4. ferry toll

उतराई प्रभार *m.* unloading charges

उतराई व्यवस्था *f.* ferry service

उतराना *(utarānā) v.i.* to float, to be afloat

नदी में लट्ठा उतराना *v.i.* to float a log in the river

उतराव *(utarāv) m.* 1. descent 2. slope 3. decline

उतान *(utān) a.* lying on the back, lying supine

उतार *(utār) m.* 1. descent 2. dismounting 3. disembarkment 4. slope 5. decrease, abatement 6. ebb tide 7. to come down (as of fever)

उतार-चढ़ाव *m.* fluctuation, ups and downs, ascent and descent, vicissitudes of life

जाड़े का उतार *m.* fag-end of winter

शराब का नशा उतार *m.* antidote of alcoholic intoxication

उतारन *(utāran) f.* used clothes

उतारना *(utārnā) v.t.* 1. to take down/off 2. to remove 3. to lower 4. to cause to alight 5. to bring down 6. to cause to pass over, to convey over or across 7. to unload (goods) 8. (नकल उतारना) to copy, to imitate

उतार देना *v.t.* to pull down

उतार लेना *v.t.* to copy, to take down

आरती उतारना *v.t.* to move a lighted lamp and offerings around an idol

किसी की इज़्ज़त उतारना to insult/disgrace somebody

ऋण उतारना *v.t.* to pay off debt

कमीज़ उतारना *v.t.* to take off one's shirt

किसी का नशा उतारना *v.t.* to bring somebody back to his senses

किसी की पगड़ी उतारना *v.t.* to insult somebody

किसी की गर्दन उतारना *v.t.* to behead somebody

किसी को शीशे में उतारना *v.t.* to bring somebody under one's influence

किसी को गाड़ी/बस से उतारना *v.t.* to help somebody to get down from a train or bus

किसी को घोड़े से उतारना *v.t.* to help somebody to dismount a horse

गुस्सा उतारना *v.t.* to give vent to one's rage

छत से उतारना *v.t.* to take down from the roof

जूता उतारना *v.t.* to take off one's shoes

ज्वर उतारना *v.t.* to lessen or remove fever

तस्वीर उतारना *v.t.* to trace out a picture

दवा गले के नीचे उतारना *v.t.* to swallow or gulp down medicine

नशा उतारना *v.t.* to nullify the effect of intoxication

पोत उतारना *v.t.* to launch a ship

भूत उतारना *v.t.* to cast out an evil spirit, to exorcise

राजा को गद्दी से उतारना *v.t.* to dethrone a king

हवाई जहाज़ (को) उतारना *v.t.* to land an aeroplane

उतारा *(utārā) m.* 1. crossing (of a river) 2. ford, ferry 3. duplicate copy, facsimile 4. halting place for travellers 5. offering made to ward off an evil spirit

उतारे का माल *m.* second-hand or used goods

उतारू *(utārū) a.* 1. determined, bent upon 2. ready

उतारू होना *v.i.* to be ready (for), to engage or embark in

उतावल *(utāval) f.* 1. haste, hurry

2. impatience, restlessness 3. promptness, quickness

उतावल करना *v.t.* to make haste, to hurry

उतावला (*utāvlā*) *a.* 1. hasty, rash 2. prompt, quick 3. eager

उतावलापन (*utāvlāpan*) *m.* 1. hastiness, hurry 2. promptness 3. quickness

उतावली (*utāvlī*) *f.* 1. haste, hurry 2. impatience, restlessness 3. promptness, quickness (= उतावल *q.v.)*

उत् (*ut*) *pref.* over, above, up

उत्कंठ (*utkaṇṭh*) *a.* 1. eager, anxious 2. ready, prompt, earnest, serious

उत्कंठा (*utkaṇṭhā*) *f.* 1. eagerness, longing, craving 2. (बेचैनी) restlessness, uneasiness 3. hastiness

उत्कंठित (*utkaṇṭhit*) *a.* 1. curious 2. eager 3. desirous

उत्कंठिता (*utkaṇṭhitā*) *f.* a woman longing after her absent husband or lover

उत्कट (*utkaṭ*) *a.* 1. radical 2. intense, excessive 3. strong, sharp, very powerful 4. predominant 5. horrible, formidable, huge 6. unbearable

उत्कट इंद्रियानुभववाद *m.* radical empiricism

उत्कट प्रेम *m.* intense love

उत्कटता (*utkaṭtā*) *f.* 1. radical 2. intense, excessive 3. strong, sharp, very powerful 4. predominant 5. horrible, formidable, huge 6. unbearable (state or quality of being उत्कट)

उत्कर्णता (*utkarṇatā*) *f.* 1. attention 2. eagerness

उत्कर्तन (*utkartan*) *m.* incision, cutting off

उत्कर्तित (*utkartit*) *a.* incised, cut off

उत्कर्ष (*utkarṣ*) *m.* 1. elevation, excellence, exaltation 2. eminence, superiority, distinction 3. rise, progress 4. ascendance

उत्कर्षण (*utkarṣaṇ*) *m.* act of drawing upwards, rising

उत्कर्षित (*utkarṣit*) *a.* 1. ameliorated 2. exalted, elevated

उत्कलिका (*utkalikā*) *f.* 1. bud 2. wave, stream 3. anxiety, care, worry 4. missing any person or thing

उत्कलित (*utkalit*) *a.* 1. progressive, improving 2. developed 3. without restraint, chainless

उत्कीर्ण (*utkīrṇa*) *a.* 1. engraved, carved, inscribed 2. scattered 3. cut out

उत्कीर्णन (*utkīraṇan*) *m.* 1. carving, engraving 2. scattering

उत्कीर्तन (*utkīrtan*) *m.* 1. shouting, crying 2. (घोषणा करना) proclaiming, declaring 3. (प्रशंसा करना) admiring, praising, lauding

उत्कीर्तित (*utkīrtit*) *a.* 1. announced, declared, proclaimed 2. (प्रशंसित) praised, admired, appreciated

उत्कूल (*utkūl*) *a.* floating over the bank (of a river)

उत्कूलित (*utkūlit*) *a.* thrown ashore, landed on the shore

उत्कृष्ट (*utkr̥ṣṭa*) *a.* 1. superior 2. outstanding 3. excellent 4. (श्रेष्ठ) best, eminent

उत्कृष्ट कृति *f.* masterpiece

उत्कृष्ट पदार्थ *m.* quality product

उत्कृष्ट रचना *f.* excellent composition

उत्कृष्ट श्रेणी *f.* superior class

उत्कृष्टता (*utkr̥ṣṭatā*) *f.* excellence, eminence, superiority

उत्केंद्र (*utkeṁdra*) *a.* /**उत्केंद्रक** (*utkeṁdrak*) *a.* eccentric

उत्केंद्र, उत्केंद्रक चक्र *m.* eccentric wheel

उत्केंद्र, उत्केंद्रक शक्ति *f.* eccentric power/energy

उत्केंद्रता (*utkeṁdratā*) *f.* eccentricity

उत्कोच (*utkoc*) *m.* bribe, illegal gratification

उत्कोच-ग्रहण *m.* accepting a bribe

उत्कोचग्राही *m.* one who takes bribe
उत्कोच देना *v.t.* to bribe
उत्कोच लेना *v.t.* to receive a bribe

उत्कोचक (*utkocak*) *m.* one who gives bribe

उत्क्रम (*utkram*) *m.* 1. going or passing beyond 2. leap, bound, jump 3. (क्रमभंग) deviation, reversal, transgression

उत्क्रमण (*utkramaṇ*) *m.* 1. rising or moving up 2. surpassing, exceeding 3. deviation, reversion, reversal

उत्क्रमणीय (*utkramaṇīya*) *a.* reversible
उत्क्रमणीय परिवर्तन *m.* reversible change

उत्क्रमणीयता (*utkramaṇīyatā*) *f.* reversibility

उत्क्रमित (*utkramit*) *a.* reversed
उत्क्रमित अवयव *m.* reversed mechanism

उत्क्रांत (*utkrānt*) *a.* surpassed, transgressed

उत्क्रांति (*utkrānti*) *f.* 1. reversal 2. rising, ascent

उत्क्राम (*utkrām*) *m.* = उत्क्रमण

उत्क्रोश (*utkroś*) *m.* shout, outcry, hullabaloo, clamour

उत्क्लेश (*utkleś*) *m.* 1. uneasiness, restlessness 2. (क्षोभ) grief, sorrow 3. excitement, disquietude 4. poor state of health

उत्क्षिप्त (*utkṣipta*) *a.* 1. (of a consonant) flapped 2. thrown/tossed up 3. thrown out, ejected

उत्क्षेप (*utkṣep*) *m.* 1. toss 2. vomiting 3. ejection 4. upthrust

उत्क्षेपक (*utkṣepak*) *m.* 1. thrower 2. one who ejects

उत्क्षेपण (*utkṣepaṇ*) *m.* 1. throwing upwards 2. vomiting 3. ejection

उत्खचित (*utkhacit*) *a.* 1. interwoven, mixed 2. fixed, firm

उत्खनक (*utkhanak*) *m.* digger, excavator

उत्खनन (*utkhanan*) *m.* 1. digging, excavation, quarrying 2. rooting out

उत्खात (*utkhāt*) *a.* 1. dug out, excavated 2. uprooted

उत्तट (*uttaṭ*) *a.* rising upwards

उत्तप्त (*uttapta*) *a.* 1. heated, hot 2. highly excited 3. (चिंतित) worried

उत्तम (*uttam*) *a.* 1. best 2. fine, finest, excellent, grand
उत्तम खेती मद्धम बान, नखिद चाकरी भीख निदान *(मु.)* agriculture is best, trade second best, service worse and begging worst
उत्तम पुरुष *m.* (gram.) first person (I, we)
उत्तम हुंडी *f.* gilt-edged securities

उत्तमतया (*uttamtayā*) *adv.* well, the best way, thoroughly

उत्तमता (*uttamtā*) *f.* excellence, fineness, greatness

उत्तमर्ण (*uttamarṇa*) *m.* creditor, moneylender

उत्तमांग (*uttamāṅg*) *m.* the chief part of the body, head

उत्तमा (*uttamā*) *f.* 1. a good woman 2. a degree of high standard in Hindi
उत्तमा नायिका *f.* a heroine who behaves affectionately with her lover and husband

उत्तमार्ध (*uttamārdha*) *a.* the last or remaining half

उत्तमावस्था (*uttamāvasthā*) *f.* superlative degree (of an adjective or adverb)

उत्तमोत्तम (*uttamottam*) *a.* the very best, choicest, excellent

उत्तरंग (*uttaraṅg*) *m.* the last sound or letter of a conjunct consonant

उत्तर[1] (*uttar*) *m.* north
उत्तर अयनांत *m.* summer solstice
उत्तर कटिबंध *m.* northern zone
उत्तर-पश्चिम *m.* north-west
उत्तर-पश्चिमी हवाएं *f.* north-west

winds
उत्तर-पूर्व *m.* north-east
उत्तर-ध्रुव *m.* North Pole
उत्तर-ध्रुवीय *a.* Arctic

उत्तर[2] (*uttar*) *m.* reply, answer
उत्तर आना *v.i.* to get an answer
उत्तरदाता *m.* responsible, answerable, accountable (= उत्तरदायी)
उत्तरदायित्व *m.* responsibility, accountability
उत्तरदायी *a.* responsible, answerable, accountable
उत्तर देना *v.t.* to reply
उत्तर-प्रत्युत्तर *m.* reply and counter-reply
उत्तर माँगना *v.t.* to call for an explanation
उत्तर मिलना to receive a reply
उत्तर मिलाना *v.t.* to tally the answer (of a sum)
उत्तरवादी *m.* defendant
उत्तरवादिता *f.* liability
उत्तर साक्षी *m.* defence witness

उत्तर[3] (*uttar*) *pref.* after, subsequent, later
उत्तरकाल *m.* future
उत्तरकालीन *a.* of later time
उत्तरजीवन *m.* survival
उत्तरजीविता *f.* survival
उत्तरजीवी *m.* survivor
उत्तरजीवी होना *v.i.* to survive
उत्तरदान *m.* legacy, bequest
उत्तर दिनांकित *a.* post-dated
उत्तर-पट *m.* upper garment
उत्तर-पद *m.* the last member of a compound word
उत्तर-पाषाण युग Neolithic age
उत्तर प्रभाव *m.* after-effect
उत्तर भोग्य *m.* reversionary
उत्तर भोगी *m.* reversioner
उत्तर-मध्यकालीन *a.* post-mediaeval
उत्तरमीमांसा *f.* the second or theoretical division of Mimansa philosophy
उत्तरवर्ती *a.* subsequent, coming after
उत्तर-सेवा *f.* after-care

उत्तराधिकार (*uttarādhikār*) *m.* right of succession, inheritance
उत्तराधिकार प्रमाणक *m.* /**उत्तराधिकार प्रमाण- पत्र** *m.* succession certificate
उत्तराधिकार में प्राप्त *a.* inherited
उत्तराधिकार शुल्क *m.* succession duty, death tax/duty

उत्तराधिकारिता (*uttarādhikāritā*) *f.* heirship

उत्तराधिकारी (*uttarādhikārī*) *m.* heir, successor (*fem.* उत्तराधिकारिणी)
उत्तराधिकारी होना *v.i.* to succeed, to inherit

उत्तरापेक्षी (*uttarāpekṣī*) *a.* expecting a reply, waiting for a reply

उत्तराभाद्रपद (*uttarābhādrapad*) *m.* the twenty-sixth lunar mansion

उत्तरायण (*uttarāyaṇ*) *m.* sun's progress to the north, summer solstice

उत्तरार्ध (*uttarārdha*) *m.* latter half

उत्तराशा (*uttarāśā*) *f.* 1. north side 2. waiting for a reply

उत्तराषाढ़ (*uttarāṣāṛh*) *m.* the twenty-first lunar month

उत्तरी (*uttarī*) *a.* northern
उत्तरी ध्रुव *m.* North Pole, Arctic

उत्तरीय (*uttarīya*) *m.* covering veil, upper garment

उत्तरोत्तर (*uttarottar*) *a.* successive, gradual
उत्तरोत्तर अधिक प्रयोग *m.* progressive use
उत्तरोत्तर विकास *m.* progressive/gradual development

उत्तरोत्तरता (*uttarottartā*) *f.* 1. order of progression 2. succession

उत्तल (*uttal*) *a.* convex
उत्तल ढाल *f.* convex slope
उत्तल दर्पण *m.* convex mirror

उत्तल लेंस *m.* convex lens

उत्तलता (*uttaltā*) *f.* convexity

उत्तलावतल (*uttalāvtal*) *a.* convex-concave

उत्तान (*uttān*) *a.* 1. extended, spread 2. supine, lying on the back (i.e., with face upwards)

उत्तानशायी *a.* lying/sleeping on the back

उत्तानहृदय *a.* open-hearted

उत्तानन (*uttānan*) *m.* supination

उत्तानित (*uttānit*) *a.* 1. extended, stretched 2. open, wide

उत्ताप (*uttāp*) *m.* 1. intense heat 2. (उत्तेजना) excitement 3. ardour, energy 4. (चिन्ता) anxiety, worry 5. mental agony

उत्तापमापी *m.* pyrometer

उत्तापित (*uttāpit*) *a.* 1. heated 2. excited, agitated 3. pained, distressed

उत्तारण (*uttāraṇ*) *m.* 1. transporting 2. rescuing, liberating 3. landing

उत्ताल (*uttāl*) *a.* 1. high, tall 2. (प्रचंड) violent, fierce 3. (विशाल) huge, vast

उत्ताल तरंग *f.* high wave, billow

उत्तीर्ण (*uttīrṇa*) *a.* 1. crossed, gone over 2. (of examination) passed

परीक्षा उत्तीर्ण करना/परीक्षा में उत्तीर्ण होना *v.i.* to pass an examination

उत्तीर्णांक (*uttīraṇāṅk*) *m.* pass marks

उत्तुंग (*uttuṅg*) *a.* high, tall, lofty

उत्तुंग हिमालय *m.* high Himalayas

उत्तुंगता (*uttuṅgtā*) *f.* elevation, height

उत्तुंगता भीति *f.* acrophobia

उत्तू (*uttū*) *m.* a kind of needlework or embroidery, puckering, ornamental plaits or folds of cloth

उत्तू कर देना *v.t.* to plait, to pucker

उत्तूकश/गर *m.* plaiter, one who makes ornamental folds in clothes

उत्तू बनाना *v.t.* (*fig.*) to make a fool (of), to stupefy

उत्तेजक (*uttejak*) I. *a.* 1. excitant, irritant, stimulating 2. provocative II. *m.* exciting or stimulating agent

उत्तेजन (*uttejan*) *m.* 1. excitation, activation, stimulation 2. instigation, provocation

उत्तेजनशीलता *f.* irritability, excitability

उत्तेजना (*uttejanā*) *f.* 1. excitement, exacerbation, actuation, provocation, stimulation 2. impetus, encouragement

उत्तेजनाजनक *a.* exciting, thrilling, irritating

उत्तेजनाप्रद *a.* = उत्तेजनाजनक

उत्तेजनापूर्ण *a.* provocative, stimulating

उत्तेजनात्मक (*uttejanātmak*) *a.* provocative

उत्तेजनीयता (*uttejanīytā*) *f.* excitability, provocativeness

उत्तेजित (*uttejit*) *a.* 1. excited, provoked, irritated 2. (प्रेरित) encouraged, activated, animated

उत्तेजित करना *v.t.* to excite, to activate, to irritate

उत्तेजित होना *v.i.* to be excited, to be encouraged

उत्तोलक (*uttolak*) *m.* 1. lift 2. lever 3. crane 4. anything that lifts up

उत्तोलन (*uttolan*) *m.* 1. raising, lifting up 2. (of flag) hoisting

उत्तोलित (*uttolit*) *a.* raised, lifted up, elevated, hoisted

उत्थान (*utthān*) *m.* 1. elevation, rise 2. uplift

उत्थान पतन *m.* rise and fall, fluctuation

उत्थापक (*utthāpak*) *m.* (mech.) lift, elevator

उत्थापन (*utthāpan*) *m.* 1. raising up, uplifting 2. (जगाना) awakening 3. (प्रेरणा) encouraging

उत्थापनीय (*utthāpanīya*) *a.* 1. to be raised

2. to be discussed

उत्थाप्य (*utthāpya*) *a.* that can be raised or elevated

उत्थित (*utthit*) *a.* 1. elevated, raised 2. eminent 3. produced, originated 4. advancing, growing

उत्पतन (*utpatan*) *m.* 1. flying upwards, ascending 2. (कूदना) leaping, jumping 3. (फेंकना) throwing

उत्पतित (*utpatit*) *a.* 1. flown up 2. ascended, risen

उत्पत्ति (*utpatti*) *f.* 1. origin, birth, genesis 2. (उत्पादन) production 3. (आरंभ) beginning 4. (उपज) produce, crop

उत्पत्तिधाम *m.* birthplace, native place

उत्पत्तिमूलक *a.* genetic

उत्पत्तिस्थल *m.* source

उत्पथ (*utpath*) *m.* wrong path, evil course

उत्पन्न (*utpanna*) *a.* 1. born 2. originated, created 3. produced

उत्पन्न करना *v.t.* to create

उत्पन्न होना *v.i.* to be born, to be created, to come into being

से उत्पन्न होना *v.i.* to accrue from, resulting from

उत्परिवर्तन (*utparivartan*) *m.* mutation

उत्परिवर्तन सिद्धांत *m.* mutation theory

उत्परिवर्तित (*utparivartit*) *a.* mutant

उत्पल (*utpal*) *m.* blue lotus, *Nymphea-cerulia*

उत्पलनयन/नेत्र *m.* blue-lotus-eyed

उत्पाचित (*utpācit*) *a.* boiled or heated thoroughly

उत्पाटक (*utpāṭak*) *m.* one who uproots or eradicates, destroyer

उत्पाटन (*utpāṭan*) *m.* plucking (of roots), uprooting, extirpation, eradication

उत्पाटित (*utpāṭit*) *a.* 1. pulled up by roots, eradicated, extirpated 2. driven out/away, removed

उत्पात (*utpāt*) *m.* 1. disturbance, nuisance 2. mischief 3. violence, riot

उत्पात मचाना *v.t.* to create disturbance, mischief

उत्पाती (*utpātī*) *a.* 1. mischievous 2. oppressive 3. violent 4. miscreant

उत्पाद (*utpād*) *m.* product, yield, output, produce

उत्पादक (*utpādak*) I. *a.* productive, fertile II. *n.* producer

उत्पादक माल *m.* producers goods

उत्पादकता (*utpādaktā*) *f.* productivity, fecundity, fertility

उत्पादन (*utpādan*) *m.* production, output, yield

उत्पादन करना *v.t.* to produce, to raise

उत्पादन-क्षमता *f.* productivity, production capacity

उत्पादन दर *f.* production rate

उत्पादन लागत *f.* cost of production

उत्पादन शुल्क *m.* excise duty

उत्पादन सूचकांक *m.* production index

उत्पादनीय (*utpādnīy*) *a.* to be produced, producible, to be grown

उत्पादित (*utpādit*) *a.* produced, generated

उत्पादित करना *v.i.* to produce

उत्पादित वस्तु *f.* product

उत्पादिता (*utpāditā*) *f.* productivity, fecundity, fertility

उत्पादी (*utpādī*) *a.* productive, fecund, fertile

उत्पाद्य (*utpādya*) *a.* to be produced, producible, to be grown (= उत्पादनीय *q.v.*)

उत्पीड़क (*utpīṛak*) I. *a.* 1. oppressive 2. suppressive II. *m.* oppressor

उत्पीड़न (*utpīṛan*) *m.* 1. oppression 2. extortion, harassment

उत्पीड़न करना *v.t.* to oppress, to torture, to harass

उत्पीड़ित (*utpīṛit*) *a.* oppressed, outraged, tortured, harassed

उत्पीड़ित करना *v.i.* to oppress, to harass, to torture

उत्पुलक (*utpulak*) *a.* horripilated

उत्प्रवास (*utpravās*) *m.* emigration

उत्प्रवास करना *v.t.* to emigrate

उत्प्रवास होना *v.i.* to live abroad

उत्प्रवासी (*utpravāsī*) *m.* emigrant

उत्प्रसव (*utprasav*) *m.* abortion

उत्प्रेक्षण (*utprekṣaṇ*) *m.* 1. observing, noticing 2. foreseeing, anticipating 3. comparing, illustrating by a simile

उत्प्रेक्षा (*utprekṣā*) *f.* 1. indifference, carelessness 2. oversight 3. comparison 4. a figure of speech, hypothesis

उत्प्रेरक (*utprerak*) I. *a.* catalytic, catalysing II. *m.* catalysing agent, catalyser

उत्प्रेरण (*utpreraṇ*) *m.* inducement, catalysis, activation

उत्प्रेरणा (*utpreraṇā*) *f.* catalysis, incentive

उत्प्रेरित (*utprerit*) *a.* induced, catalysed

उत्प्रेरित करना *v.t.* to induce, to catalyse

उत्प्लवन (*utplavan*) *m.* 1. floating 2. leap, jump, leaping up, springing up

उत्प्लावक (*utplāvak*) *m.* floater

उत्प्लावकता (*utplāvaktā*) *f.* buoyancy, keeping afloat

उत्प्लावन (*utplāvan*) *m.* upthrust

उत्फुल्ल (*utphulla*) *a.* 1. blown wide open 2. fully grown up 3. blossomed, efflorescent 4. swollen, bloated, puffed up 5. delighted, gladdened

उत्फुल्लता (*utphullatā*) *f.* 1. growth 2. blossoming, efflorescence 3. delight

उत्संग (*utsaṅg*) *m.* 1. lap 2. fleshy part of the hip, haunch 3. attachment 4. peak, height

उत्संगी (*utsaṅgī*) *m.* associate

उत्संजन (*utsañjan*) *m.* raising up, tossing

उत्संबोधन (*utsambodhan*) *m.* apostrophe

उत्स (*utsa*) *m.* 1. source 2. fountain, spring

उत्सन्न (*utsanna*) *a.* 1. feeble, weak 2. (नष्ट) ruined, uprooted 3. vanished, disappeared

उत्सर्ग (*utsarga*) *m.* 1. detaching, isolating 2. giving up, quitting 3. (त्यागना) abandoning 4. (समर्पण) dedication, offering 5. Vedic rite, sacrifice 6. excreta

उत्सर्ग करना *v.t.* to give up, to relinquish, to dedicate, to devote

उत्सर्ग पत्र *m.* dedication

उत्सर्गतः (*utsargataḥ*) *adv.* generally, commonly

उत्सर्जक (*utsarjak*) *m.* emitter

उत्सर्जकता (*utsarjaktā*) *f.* emissivity

उत्सर्जन (*utsarjan*) *m.* 1. dedication 2. abandonment 3. oblation 4. Vedic sacrifice 5. excretion 6. emission

उत्सर्जन क्षमता *f.* emissive power

उत्सर्जित (*utsarjit*) *a.* 1. abandoned, quitted 2. dedicated, offered 3. emitted

उत्सव (*utsav*) *m.* festival

उत्सव करना *v.t.* to hold a festival, to indulge in merrymaking

उत्सव मनाना *v.t.* to observe or celebrate a festival

उत्सवमय *a.* full of festivities

उत्सवाग्नि (*utsavāgni*) *f.* bonfire

उत्सादक (*utsādak*) *m.* one who disturbs, one who destroys

उत्सादन (*utsādan*) *m.* 1. destroying 2. abolition

उत्सादन करना *v.t.* to set aside, to eradicate

उत्सादनीय (*utsādanīya*) *a.* to be destroyed, to be uprooted, to be abolished, eradicable

उत्सादित (*utsādit*) *a.* 1. eradicated, uprooted, abolished 2. lifted, elevated

उत्सारक (*utsārak*) *m.* one who drives or keeps (something) away, door-keeper

उत्सारण (*utsāraṇ*) *m.* 1. removal 2. driving away

उत्साह (*utsāh*) *m.* 1. enthusiasm, zeal 2. encouragement 3. (उद्यम) fortitude, perseverance

उत्साहपूर्ण *a.* enthusiastic, zealous

उत्साहपूर्वक *adv.* enthusiastically

उत्साहभंग *m.* loss of enthusiasm

उत्साहभंग करना *v.t.* to discourage, to demoralise

उत्साह भरना *v.t.* to encourage, to invigorate

उत्साहवर्धक *a.* encouraging

उत्साहवर्धन *m.* encouragement

उत्साहशील *a.* enthusiastic, zealous

उत्साहक (*utsāhak*) I. *a.* active, persevering II. *m.* encourager

उत्साहन (*utsāhan*) *m.* encouraging, stimulating, excitement, incitement

उत्साहित (*utsāhit*) *a.* encouraged, animated, stimulated, incited

उत्साही (*utsāhī*) I. *a.* energetic, persevering, enthusiastic II. *m.* enthusiast

उत्सिक्त (*utsikta*) *a.* 1. besprinkled 2. flooded, immersed 3. proud, haughty

उत्सुक (*utsuk*) *a.* keen, keenly desirous, eager, anxious, zealous, curious

उत्सुकता (*utsuktā*) *f.* 1. eagerness, ardour, zealousness 2. curiosity

उत्सुकता के साथ/से *adv.* eagerly, zealously

उत्सुकता पूर्वक *adv.* eagerly, zealously

उत्सृत (*utsṛt*) *a.* flowed up

उत्सृत कूप *m.* artesian well

उत्सृष्ट (*utsṛṣṭa*) *a.* 1. abandoned, left off 2. set free

उत्सृष्टि (*utsṛṣṭi*) *f.* abandonment, emission

उत्सेक (*utsek*) *m.* 1. spouting out/over, foaming upward 2. increase

उत्सेचन (*utsecan*) *m.* overflowing

उत्सेचन करना *v.i.* to overflow

उत्सेध (*utsedh*) *m.* height, altitude, elevation, prominence

उत्स्रुत कूप *(utsrut kūp) m.* artesian well

उत्स्रुत झरना *(utsrut jharnā) m.* artesian spring

उत्स्वन (*utsvan*) *m.* loud sound

उथल-पुथल (*uthal-puthal*) *f.* upheaval, turmoil, chaos, cataclysm, debacle, utter disorder

उथल-पुथल मचाना *v.t.* to cause or create upheaval

उथल-पुथल होना *v.i.* to be topsy-turvy, to be upset, to be at sixes and sevens

उथलना (*uthalnā*) *v.i.* to turn over, to turn upside down

उथला (*uthlā*) *a.* shallow, superficial

उथलापन (*uthlāpan*) *m.* shallowness, superficiality

उदंत (*udant*) *m.* news, report, tiding

उदक (*udak*) *m.* water

उदक क्रिया *f.* **/उदकदान** *m.* offering of water to the manes, oblation

उदकधर *m.* cloud

उदक बिंदु *m.* drop of water

उदकांत (*udakānt*) *m.* water's edge, bank, shore

उदकार्थी (*udakārthī*) *a.* desirous of water, thirsty

उदकोदर (*udakodar*) *a.* dropsy (disease) (commonly जलोदर)

उदग (*udag*) *m.* north (also उदीची)

उदग गति *f.* the sun's progress to the north of the equator, summer solstice

उदग्र (*udagra*) *a.* 1. pointing upwards, vertical 2. high, tall 3. (प्रचंड) violent,

furious, formidable
उदजन (*udjan*) *m.* hydrogen
उदजन बम *m.* hydrogen bomb
उदड़-गुदड़ (*udaṛ-gudaṛ*) *m.* rags and tatters
उदधि (*udadhi*) *m.* ocean, sea
उदधि मेखला *f.* earth
उदधि सुत *m.* the moon
उदधि सुता *f.* goddess Lakshmi
उदय (*uday*) *m.* rise
उदय गिरि/पर्वत *m.* the eastern mountain from which the sun rises
उदय से अस्त तक *adv.* from sunrise to sunset
उदय होना *v.i.* to rise, to originate, to begin
चंद्रोदय *m.* rise of the moon
भाग्योदय *m.* rise in fortune
सूर्योदय *m.* sunrise
उदयास्त (*udayāst*) *m.* rising and setting
उदयी (*udayī*) *a.* rising, prospering
उदयोन्मुख (*udayonmukh*) *a.* about to rise, on the point of rising
उदरंभर (*udarambhar*) *a.* nourishing one's own belly, gluttonous, greedy
उदर (*udar*) *m.* belly, abdomen, stomach
उदर कृमि *m.* worms in the stomach
उदर ज्वाला *f.* hunger
उदरपरता *f.* gluttony
उदरपरायण *a.* voracious, gluttonous, greedy
उदरपाद *a.* gastropod
उदर-पिशाच *a.* gluttonous, demon bellied, voracious
उदरपूर्ति *f.* sustenance
उदर रस *m.* gastric juice
उदर वृद्धि *f.* dropsy
उदर शूल *m.* colic pain
उदरस्थ (*udarastha*) *a.* devoured, eaten, swallowed
उदरस्थ करना *v.t.* to eat, to swallow
उदराग्नि (*udarāgni*) *f.* digestive fire of the stomach
उदरामय (*udarāmay*) *m.* stomach ailment
उदरीय (*udarīy*) *a.* of the stomach, abdominal
उदरीय ग्रंथि *f.* abdominal gland
उदश्रु (*udaśrū*) *a.* tearful, weeping
उदात्त (*udātta*) I. *a.* 1. high, lofty, elevated 2. great, noble, sublime 3. (of syllable) acutely accented, pronounced with a sharp tone II. *m.* one of the three rhythms or tunes, acute, sharp tone
उदात्तीकरण (*udāttīkaraṇ*) *m.* sublimation
उदान (*udān*) *m.* one of the five vital winds, guttural air
उदार (*udār*) *a.* generous, liberal, munificent, broad-minded
उदार चरित *a.* magnanimous, kind-hearted
उदार चेता *a.* /**उदार मनस्क** *a.* noble-minded, generous, broad-minded
उदार नीति *f.* liberal policy
उदारपंथी *a.* liberal
उदार भाव *m.* liberality
उदारवाद *m.* liberalism
उदारवादी *m.* liberal, liberalist
उदारता (*udārtā*) *f.* liberality, generosity, nobility
उदारता के साथ *adv.* liberally, generously
उदारतापूर्ण *a.* liberal, generous, magnanimous
उदारतापूर्वक *adv.* liberally
उदारीकरण (*udārīkaraṇ*) *m.* liberalization
उदारीकृत (*udārīkr̥t*) *a.* liberalized
उदास (*udās*) *a.* sad, depressed, dejected, morose, downcast
उदास चेहरा *m.* sad face
उदास रंग *m.* fading colour
उदास रात *f.* gloomy night
उदासी (*udāsī*) *f.* sadness, dejection,

sullenness, despondency

उदासी छाना या बरसना *v.i.* to become dull or sad, to be clouded with sorrow

उदासीन (*udāsīn*) *a.* 1. indifferent, unconcerned, apathetic, disinterested 2. (निष्पक्ष) unprejudiced, just, neutral

उदासीन भागीदार *m.* sleeping partner

उदासीन शक्ति *f.* latent power

उदासीन स्वर *m.* neutral vowel

उदासीनता (*udāsīntā*) *f.* indifference, disinterestedness, unconcern, apathy, nonchalance, coldness, neutrality

उदासीनीकरण (*udāsīnīkaraṇ*) *m.* neutralisation

उदासीनीकृत (*udāsīnīkr̥t*) *a.* neutralised

उदाहरण (*udāharaṇ*) *m.* example, instance, illustration

उदाहरण उपदेश से अच्छा है example is better than precept

उदाहरण देकर समझाना *v.t.* to explain with illustration

उदाहरण देना *v.t.* to give/cite an example

उदाहरण प्रस्तुत करना *v.t.* to set an example

उदाहरणस्वरूप *adv.* for example, as an illustration

उदाहरणतः (*udāharaṇtaḥ*) *adv.* /**उदाहरणतया** (*udāharaṇtayā*) *adv.* for example, as an illustration

उदाहरणार्थ (*udāharaṇārtha*) *adv.* for instance, for example, as an illustration

उदाहृत (*udāhr̥t*) *a.* illustrated, quoted as an example

उदित (*udit*) *a.* risen, ascended

उदित यौवन *m.* rising youth

उदीची (*udīcī*) *f.* north

उदीचीन (*udīcīn*) *a.* northern, turned towards the north

उदीच्य (*udīcya*) *a.* northern, being or living in the north

उदीच्य वृत्त *m.* Arctic Circle

उदीयमान (*udīymān*) *a.* 1. rising, prospering 2. promising

उदीयमान कवि *m.* promising poet

उदीयमान सूर्य *m.* rising sun

उदीरण (*udīraṇ*) *m.* 1. casting, throwing up 2. stirring up, exciting, stimulation

उदीरित (*udīrit*) *a.* 1. cast, thrown up 2. stirred up, stimulated, excited

उदीर्ण (*udīrṇa*) *a.* 1. risen, grown 2. excited, stimulated, incited 3. conceited, haughty

उदुंबर (*udumbar*) *m.* the fig tree, *Ficus glomerata*

उदूखल (*udūkhal*) *m.* mortar

उद्गत (*udgat*) *a.* risen, emergent

उद्गति (*udgati*) *f.* 1. ascent, climb 2. emergence

उद्गम (*udgam*) *m.* 1. source, origin 2. (जन्म) birth

उद्गमस्थल *m.* /**स्थान** *m.* place of origin, birthplace

उद्गमन (*udgaman*) *m.* 1. ascent, climb 2. emergence (= उद्गति)

उद्गाता (*udgātā*) *m.* 1. singer 2. one of the four priests who chants Samveda while performing a sacrifice

उद्गार (*udgār*) *m.* outpouring, ejaculation, expression of (inner) feelings, expressed ideas, eruption

उद्गीति (*udgīti*) *f.* chanting Samvedic mantra, a variety of Arya metre

उद्गीथ (*udgīth*) *m.* chanting Samvedic mantra, the second volume of Samved, the sound ओउम्

उद्गीरण (*udgīraṇ*) *m.* 1. ejection, throwing out 2. eruption

उद्गीर्ण (*udgīrṇa*) *a.* 1. cast up, ejected, thrown out 2. erupted

उद्गेय (*udgey*) *a.* to be chanted, fit to be sung

उद्ग्रहण (*udgrahaṇ*) *m.* levy
उद्ग्राह (*udgrāh*) *m.* crop or money collected by loan, levy
उद्ग्रीव (*udgrīv*) *a.* having the neck turned upwards
उद्घटित (*udghaṭit*) *a.* opened, revealed, uncovered, unveiled, inaugurated
उद्घर्षण (*udgharṣaṇ*) *m.* 1. rubbing up, scrapping 2. learning by rote
उद्घाटक (*udghāṭak*) *m.* inaugurator, opener, revealer
उद्घाटन (*udghāṭan*) *m.* inauguration, opening, uncovering
उद्घाटन करना *v.t.* to inaugurate, to unveil, to open
उद्घाटन समारोह *m.* inaugural ceremony, inauguration
रहस्य का उद्घाटन revealing a secret
उद्घाटित (*udghāṭit*) *a.* 1. inaugurated, opened, uncovered, unveiled 2. revealed
उद्घाटित करना *v.t.* (a) to inaugurate, (b) to reveal
उद्घोष (*udghoṣ*) *m.* 1. announcement, loud proclamation, declaration 2. loud call
उद्घोषक (*udghoṣak*) *m.* 1. announcer, proclaimer 2. herald
उद्घोषण (*udghoṣaṇ*) *m.* proclamation, announcement, declaration
उद्घोषित (*udghoṣit*) *a.* proclaimed, declared
उद्घोषित अपराधी *m.* proclaimed criminal
उद्दंड (*uddaṇḍ*) *a.* 1. impertinent, unruly, rude 2. bold, courageous
उद्दंडता (*uddaṇḍtā*) *f.* 1. impertinence, rudeness 2. boldness, courage
उद्दंतुर (*uddantur*) *a.* having projecting teeth
उद्दांत (*uddāṇt*) *a.* 1. humble, polite, meek 2. (उत्साही) energetic, zealous
उद्दाम (*uddām*) *a.* 1. unrestrained, unchained, unobstructed, free 2. (प्रचंड) violent, intense, strong 3. (असीम) boundless, limitless 4. (घमंडी) haughty, conceited
उद्दाम वासना *f.* strong passion
उद्दिष्ट (*uddiṣṭa*) *a.* 1. mentioned 2. intended, desired, aimed at
उद्दीपक (*uddīpak*) I. *a.* 1. flaming 2. stimulating, stimulant, exciting II. *m.* stimulus, incentive
उद्दीपन (*uddīpan*) *m.* 1. stimulus 2. stimulation, instigation, inciting 3. kindling, blazing up
उद्दीपनीय (*uddīpanīy*) *a.* 1. to be kindled, to be flamed 2. excitable, to be stimulated/incited
उद्दीप्त (*uddīpta*) *a.* 1. inflamed, kindled 2. (उत्तेजित) excited, stimulated, incited 3. (चमकीला) bright, luminous, shining
उद्दीप्ति (*uddīpti*) *f.* glow, incandescence, luminosity
उद्देशिका (*uddeśikā*) *f.* preamble
उद्देश्य (*uddeśya*) *m.* 1. aim, object, motive, purpose, goal 2. (*gram.*) subject with its enlargements
उद्देश्यपूर्ण *a.* purposeful
उद्देश्यवाद *m.* teleology
उद्देश्यविहीन *a.* aimless
उद्योतित (*udyotit*) *a.* 1. lighted up, flared up, enkindled 2. (चमकीला) luminous, bright, radiant
उद्योतित करना *v.t.* to stimulate
उद्धत (*uddhat*) *a.* 1. ill-behaved, rude, impertinent, insolent 2. overbearing, heady 3. supercilious, presumptuous
उद्धत भाषी *a.* rude in speech
उद्धत राष्ट्रवादिता *f.* jingoism
उद्धत राष्ट्रवादी *m.* jingo
उद्धत स्वभाव *a.* arrogant, rude in behaviour
उद्धतता (*uddhatatā*) *f.* presumption, de-

fiance, rudeness, insolence, arrogance, rashness

उद्धरण (*uddharaṇ*) *m.* 1. quotation, excerpt, citation extract 2. emancipation, deliverance, freedom

उद्धरण चिह्न *m.* (a) quotation marks, inverted commas

उद्धरणी (*uddharaṇī*) *f.* 1. repetition, reading of a lesson several times for committing to memory 2. recital

उद्धरणीय (*uddharaṇīy*) *a.* 1. to be rescued, to be emancipated 2. to be cited or quoted

उद्धर्ष (*uddharṣ*) I. *m.* cheerfulness, gladness, joy II. *a.* cheerful, glad, happy

उद्धर्षण (*uddharṣaṇ*) *m.* stimulation

उद्धार (*uddhār*) *m.* deliverance, emancipation, rescue, redemption

उद्धार करना *v.t.* to emancipate, to rescue

उद्धारकर्ता *m.* rescuer, saviour

उद्धार गृह/भवन *m.* rescue home

उद्धारक (*uddhārak*) *m.* rescuer, deliverer, saviour, liberator, redeemer

उद्धारण (*uddhāraṇ*) *m.* reclamation, salvage, emancipation, deliverance, redemption

उद्धूत (*uddhūt*) *a.* shaken off, thrown off/away, tossed up

उद्धृत (*uddhṛt*) *a.* quoted, cited

उद्धृत करना *v.t.* to quote, to cite

उद्ध्वंस (*uddhvaṃs*) *m.* 1. dilapidation, destruction, ruin 2. great epidemic

उद्ध्वस्त (*uddhvasta*) *a.* dilapidated, ruined, destructed

उद्बल (*udbal*) *a.* strong, powerful

उद्बुद्ध (*udbuddha*) *a.* 1. awakened, roused 2. enlightened 3. made to think or remember, reminded

उद्बोध (*udbodh*) *m.* 1. awakening 2. enlightenment 3. recollection 4. recovery of consciousness

उद्बोधक (*udbodhak*) I. *a.* 1. exhortative, hortatory 2. stimulant, excitant II. *m.* reminder

उद्बोधन (*udbodhan*) *m.* awakening, reminding, evocation

उद्भट (*udbhaṭ*) *a.* great, eminent, extraordinary

उद्भट विद्वान् *m.* great scholar

उद्भव (*udbhav*) *m.* 1. birth, descent, origin 2. (वृद्धि) growth, rise

उद्भवन (*udbhavan*) *m.* incubation

उद्भवन अवधि *f.* incubation period

उद्भाव (*udbhāv*) *m.* 1. imagination 2. production, generation

उद्भावक (*udbhāvak*) *a.* causing to rise or grow, producing

उद्भावना (*udbhāvanā*) *f.* 1. thought, reflection 2. (उत्पत्ति) generation, production 3. (कल्पना) imagination, fancy 4. invention

उद्भावनीय (*udbhāvanīy*) *a.* 1. fit to be invented or devised 2. imaginable

उद्भावित (*udbhāvit*) *a.* 1. invented, devised, thought of 2. imagined

उद्भास (*udbhās*) *m.* 1. radiance, lustre 2. appearance

उद्भासक (*udbhāsak*) *a.* illuminating, enlightening

उद्भासन (*udbhāsan*) *m.* 1. illuminating 2. exposition, elucidation 3. exposure

उद्भासित (*udbhāsit*) *a.* 1. illuminated, enlightened, radiant, luminous 2. (अलंकृत) ornamented, decorated 3. (व्यक्त) manifested, revealed, appeared

उद्भिज (*udbhij*) I. *m.* trees and plants in general, vegetation II. *a.* sprouting, germinating

उद्भिद् (*udbhid*) I. *a.* coming or growing up, sprouting, germinating II. *m.* vegetation, tree, plant

उद्भिद् विज्ञान *m.* study of plants,

botany

उद्भिद्वेत्ता *m.* botanist

उद्भिन्न (*udbhinna*) *a.* 1. germinated, full-blown 2. (उत्पन्न) produced, born, grown

उद्भूत (*udbhūt*) *a.* 1. produced, created 2. manifested

से उद्भूत arising out of

उद्भृत (*udbhṛt*) *a.* carved out

उद्भृत नक्काशी *f.* relief carving

उद्भेद (*udbhed*) *m.* 1. sprouting, shooting up of the germ of a plant 2. manifestation, unfolding, appearing

उद्भेदन (*udbhedan*) *m.* 1. act of breaking through, eruption, bursting out 2. growing, blooming 3. coming out after breaking open, manifestation

उद्भ्रमण (*udbhramaṇ*) *m.* 1. roaming, wandering 2. moving upwards, rising, ascending

उद्भ्रांत (*udbhrānt*) *a.* bewildered, perplexed, confounded, distracted

उद्भ्रांत चित्त *a.* frantic, distraught

उद्यत (*udyat*) *a.* 1. ready, bent on, prepared 2. lifted, raised

उद्यत खड्ग *a.* with the sword raised up

उद्यत दंड *a.* having a rod raised and ready (to punish)

उद्यत रहना *v.i.* to be ready

उद्यम (*udyam*) *m.* 1. enterprise 2. diligence 3. effort, perseverance, exertion

उद्यम करना *v.t.* to exert oneself, to endeavour

उद्यमकर्ता *m.* entrepreneur

उद्यमशील *a.* enthusiastic, enterprising, diligent

उद्यमशीलता *f.* enthusiasm, diligence

उद्यमी (*udyamī*) *a.* enthusiastic, enterprising, diligent (see उद्यमशील)

उद्यान (*udyān*) *m.* garden, park, grove

उद्यान कृषि *f.* horticulture

उद्यान गृह *m.* garden house

उद्यान पाल *m.* gardener

उद्यान भोज *m.* picnic

उद्यान वाटिका *f.* pleasure garden

उद्यान विज्ञान *m.* horticulture

उद्यान विज्ञानी *m.* horticulturist

उद्योक्ता (*udyoktā*) *m.* promoter, organizer

उद्योग (*udyog*) *m.* 1. endeavour, venture 2. industry

उद्योग करना *v.t.* to endeavour, to venture

उद्योग-धंधा *m.* industry

उद्योगपति *m.* industrialist, owner of an industry

उद्योगवाद *m.* industrialism

उद्योगशाला *f.* factory, mill

उद्योगशील *a.* industrious

उद्योग संकट *m.* industrial crisis

उद्योग-संबंधी *a.* industrial

उद्योगों का तर्कानुकूलन *m.* rationalization of industries

उद्योगी (*udyogī*) *a.* industrious, diligent, laborious, persevering, active

उद्योगीकरण (*udyogīkaraṇ*) *m.* industrialization

उद्योगीकृत (*udyogīkṛt*) *a.* industrialized

उद्योगेतर (*udyogetar*) *a.* non-industrial

उद्योत (*udyot*) I. *m.* brightness, radiance, lustre II. *a.* luminous, radiant, bright

उद्रिक्त (*udrikta*) *a.* 1. increased, augmented 2. excessive 3. (प्रचुर) abundant 4. (स्पष्ट) clear, plain, apparent

उद्रेक (*udrek*) *m.* 1. abundance, exuberance 2. excess 3. (उपक्रम) commencement, beginning 4. outburst, outbreak

उद्वर्त (*udvarta*) *m.* 1. paste for applying on the body 2. superfluous, redundant

उद्वर्तित (*udvartit*) *a.* upturned

उद्वर्ध (*udvardha*) *m.* outgrowth

उद्वाचन (*udvācan*) *m.* decipher

उद्वाचन करना *v.t.* to decipher

उद्‌वासन (*udvāsan*) *m.* 1. destruction, ruin 2. uprooting, displacement 3. taking out/away, evacuation 4. deportation

उद्‌वासित (*udvāsit*) *a.* 1. uprooted, displaced 2. evacuated 3. deported

उद्‌विकास (*udvikās*) *m.* evolution

उद्विग्न (*udvigna*) *a.* 1. perturbed, agitated 2. (चिंतित) worried 3. (खिन्न) grieved, distressed

उद्विग्नता (*udvignatā*) *f.* 1. perturbation, perplexity 2. uneasiness 3. distress

उद्‌वृत्त (*udvṛtta*) *a.* vertical

उद्वेग (*udveg*) *m.* 1. agitation, perplexity 2. restlessness, uneasiness 3. anxiety, worry, care

उद्वेगी (*udvegī*) *a.* 1. depressed, dejected 2. (चिंताजनक) causing anxiety 3. perplexing

उद्वेजक (*udvejak*) *a.* = उद्वेगी

उद्वेजित (*udvejit*) *a.* 1. grieved, afflicted, distressed, 2. annoyed

उद्वेलन (*udvelan*) *m.* 1. overflowing, ebullience, bursting forth 2. perturbation

उद्वेलित (*udvelit*) *a.* 1. ebullient, overflowed 2. perturbed

उद्वेष्ट (*udveṣṭa*) *m.* spasm

उद्वेष्टकर *a.* spasmodic

उद्वेष्टन (*udveṣṭan*) *m.* 1. spasm, twist, convulsion 2. wrapping 3. surrounding

उद्वेष्टित (*udveṣṭit*) *a.* 1. twisted 2. wrapped 3. surrounded

उधड़ना (*udharṇā*) *v.i.* 1. to open, to be laid or ripped open 2. seam to be undone, to be unsewn 3. to be disjointed

उधर (*udhar*) *adv.* 1. there, thither, that way 2. on that side

उधर से *adv.* from that side, from the other side

उधर ही *adv.* only there

उधलना (*udhalnā*) *v.i.* to be carried off, to elope, to run away with a lover

उधली (*udhlī*) *a. f.* lascivious, lustful

उधार (*udhār*) *m.* loan, credit

उधार का कागज़ *m.* hand note, credit note

उधार खाए फिरना या बैठना (*मु.*) *v.i.* to be bent upon (doing something)

उधारखाता *m.* credit account

उधार खाना *v.t.* to live on loan

उधार खरीद *f.* credit purchase

उधार दर *f.* borrowing rate

उधार दाता *m.* creditor

उधार देना *v.t.* to lend, to advance

उधार पात्र *m.* to whom credit is given

उधार पात्रता *f.* credit worthiness

उधार पर लेना *v.t.* to borrow

उधार बिक्री *f.* credit sale

उधार माँगना *v.t.* to ask on loan

उधार लेना *v.t.* to borrow, to buy on credit

उधार लेने का अधिकार *m.* borrowing power, right of borrowing

उधेड़ना (*udheṛnā*) *v.t.* 1. to open, to lay bare, to strip 2. to rip open the seam, to unsew 3. to unravel, to unfold, to disclose

चमड़ी उधेड़ना (*मु.*) *v.t.* to tear or rip open somebody's skin

बख़िया उधेड़ना (*मु.*) *v.t.* to reveal the (hidden) truth

उधेड़बुन (*udheṛbun*) *f.* 1. reverie, reflection 2. undecidedness

उधेड़-बुन में पड़ना (*मु.*) *v.i.* to be in a fix

उन (*un*) *pron.* (*pl.* of उस, inflected form of वह)

उनका *pron.* their, theirs

उनकी दृष्टि में *adv.* in his (respectful sing.) view
उनके लिए *pron.* for them
उनको *pron.* them, to them
उनमें *pron.* in them
उनसे *pron.* from them
उनचास (*uncās*) *a.* & *m.* forty-nine, 49
उनचासवाँ (*uncāsvāṁ*) *a.* forty-ninth, 49th
उनतालीस (*untālīs*) *a.*&*m.* thirty-nine, 39
उनतालीसवाँ (*untālīsvāṁ*) *a.* thirty-ninth 39th
उनतीस (*untīs*) *a.* & *m.* twenty-nine, 29
उनतीसवाँ (*untīsvāṁ*) *a.* twenty-ninth 29
उनसठ (*unsaṭh*) *a.* & *m.* fifty-nine, 59
उनसठवाँ (*unsaṭhvāṁ*) *a.* fifty-ninth, 59th
उनहत्तर (*unhattar*) *a.*&*m.* sixty-nine, 69
उनहत्तरवाँ (*unhattarvāṁ*) *a.* sixty-ninth 69th
उनासी (*unāsī*) *a.* & *m.* seventy-nine, 79 (also उन्नासी)
उनाह (*unāh*) *m.* steam
उनाह लेना *v.t.* to take a steam bath
उनींदा (*unīṁdā*) *a.* drowsy, dozing
उनींदापन (*unīṁdāpan*) *m.* drowsiness
उन्नत (*unnat*) *a.* 1. lofty, high, elevated 2. advanced 3. improved
उन्नत उद्योग *m.* advanced industry
उन्नत करना *v.t.* to elevate, to raise high, to uplift
उन्नत चरित्र *a.* of lofty or noble character
उन्नत चेता *a.* high-minded, noble-hearted
उन्नत जीवन-स्तर *m.* better living standard
उन्नत देश *m.* advanced countries
उन्नत मस्तक *m.* exalted head, erect head
उन्नत लेखाविधि *f.* /**उन्नत लेखाशास्त्र** *m.* advanced accountancy
उन्नत विचार *m.* lofty/noble ideas
उन्नतांश (*unnatāṃś*) *m.* altitude
उन्नति (*unnati*) *f.* 1. rise, prosperity 2. progress, advancement, development
उन्नति करना *v.t.* to advance, to make progress, to rise
उन्नतिशील *a.* rising, progressive, thriving, prosperous
पद में उन्नति *f.* promotion (better पदोन्नति)
भौतिक उन्नति *f.* material advancement
वेतन में उन्नति *f.* increase in salary
उन्नतोदर (*unnatodar*) *a.* convex
उन्नतोदर ढाल *f.* convex slope
उन्नतोदर शीशा *m.* convex lens
उन्नद्ध (*unnaddha*) *a.* 1. bound up, tied 2. (घमंडी) arrogant, conceited, haughty
उन्नयन (*unnayan*) *m.* 1. lifting up, uplifting 2. elevation 3. development 4. upgrading
उन्नयन क्षेत्र *m.* development area
उन्नाद (*unnād*) *m.* a cry, noise, uproar, the sound of birds' singing
उन्नाब A (*unāb*) *m.* jujube tree and its fruit
उन्नाबी A (*unābī*) *a.* red, of red colour, light maroon
उन्नायक (*unnāyak*) *a.* uplifter
समाज का उन्नायक *m.* uplifter of the society
उन्निद्र (*unnidra*) *a.* sleepless, awake
उन्निद्र रोग *m.* insomnia
उन्नीस (*unnīs*) *a.* & *m.* nineteen, 19
उन्नीस-बीस slight
उन्नीस-बीस का अंतर *(मु.)* slight difference
उन्नीस होना *v.i.* to be less, to be inferior to
उन्नीसवाँ (*unnīsvāṁ*) *a.* nineteenth, 19th
उन्मज्जक (*unmajjak*) *a.* rising up, emerging
उन्मज्जन (*unmajjan*) *m.* emerging, emergence, rising up (as from water)
उन्मत्त (*unmatta*) *a.* 1. mad, amuck, insane, lunatic 2. intoxicated, drunk

उन्मत्त प्रलाप *m.* ravings, delirious talks

उन्मत्तता (*unmattatā*) *f.* 1. madness, insanity, lunacy 2. drunkenness

उन्मथन (*unmathan*) *m.* shaking up, agitating

उन्मथन करना *v.t.* to shake up

उन्मथित (*unmathit*) *a.* 1. ruffled, agitated 2. crushed

उन्मन (*unman*) *a.* /**उन्मनस्क** (*unmanask*) *a.* 1. excited 2. perplexed 3. worried 4. absent-minded 5. indifferent, cold-hearted

उन्माद (*unmād*) *m.* 1. madness, insanity, mania, craziness 2. excessive fondness

उन्मादक (*unmādak*) *a.* 1. maddening, causing insanity 2. intoxicating, causing drunkenness

उन्मादी (*unmādī*) *a.* 1. mad, lunatic, maniac, insane 2. morbidly delirious, lascivious

उन्मार्ग (*unmārga*) *m.* wrong path, evil course

उन्मार्गी (*unmārgī*) *a.* wayward, erring, going astray

उन्मार्जन (*unmārjan*) *m.* wiping off, effacing

उन्मार्जित (*unmārjit*) *a.* 1. cleansed 2. wiped off 3. brightened

उन्मिषित (*unmiṣit*) *a.* 1. opened (as the eyes) 2. bloomed, budded

उन्मीलन (*unmīlan*) *m.* 1. opening (as of eyes) 2. coming forth, appearance 3. (of flowers) budding, blossoming 4. reappearance (of eclipsed body)

उन्मीलित (*unmīlit*) *a.* 1. opened (eyes) 2. made visible 3. (of flowers) bloomed, blossomed

उन्मुक्त (*unmukta*) *a.* 1. let loose, set free, set at liberty, free 2. open 3. unreserved 4. immune

उन्मुक्त करना *v.t.* to set free

उन्मुक्त भूम्यधिकार *m.* freehold property

उन्मुक्त वातावरण *m.* open atmosphere

छूत से उन्मुक्त *m.* immune from infection

उन्मुक्ति (*unmukti*) *f.* 1. freedom, liberty 2. immunity

उन्मुख (*unmukh*) *a.* 1. looking up/at, facing 2. eager, anxious

उन्मुख होना *v.i.* to turn towards, to face, to be eager

उन्मुखता (*unmukhtā*) *f.* 1. expectation 2. raising the face 3. eagerness

उन्मुखर (*unmukhar*) *a.* loud-sounding, noisy, clamorous

उन्मुद्र (*unmudra*) *a.* unsealed, without stamp or seal

उन्मूलक (*unmūlak*) *a.* that which uproots, eradicant

उन्मूलन (*unmūlan*) *m.* 1. uprooting, extirpation, eradication, extermination 2. abolition

उन्मूलन करना *v.t.* to uproot, to eradicate

उन्मूलनवाद *m.* abolitionism

उन्मूलनवादी *m.* abolitionist

ज़मींदारी का उन्मूलन *m.* abolition of landlordism

रोगों का उन्मूलन *m.* eradication of diseases

सती-प्रथा का उन्मूलन *m.* eradication of sati system

उन्मूलनीय (*unmūlanīy*) *a.* eradicable, to be extirpated

उन्मूलयिता (*unmūlayitā*) *m.* extirpator, eradicator

उन्मूलित (*unmūlit*) *a.* 1. uprooted, extirpated, eradicated 2. abolished

उन्मेष (*unmeṣ*) *m.* 1. appearance, coming forth 2. rise (of a thought), striking 3. opening (of the eyes) 4. budding, blooming (of a flower)

उन्मोचन (*unmocan*) *m.* 1. liberation, discharge, release, setting at liberty 2. loosening

उन्मोचित (*unmocit*) *a.* 1. released, liberated, set free 2. let loose

उन्यासी (*unyāsī*) *a.&m.* seventy-nine, 79

उन्यासीवाँ (*unyāsīvāṁ*) *a.* seventy-ninth, 79th

उन्हीं (*unhīṁ*) *pron.* they alone (उन ही)

उन्हें (*unheṁ*) *pron.* them (objective form of उन, उनको)

उप (*up*) *pref.* 1. sub, under, towards, near to, by the side of 2. deputy, assistant, vice

उप-अधीक्षक *m.* deputy superintendent

उप-अनुच्छेद *m.* sub-paragraph

उप-आचार्य *m.* assistant professor

उप-आयुक्त *m.* deputy commissioner

उप-खंड *m.* subsection

उप-चुनाव by-election

उप-नगर *m.* suburb

उप-मंत्री *m.* deputy minister

उप-सभापति *m.* vice-chairman

उपकंठ (*upkaṇṭh*) *a.* near, approximate

उपकंद (*upkand*) *m.* pseudo-bulb

उपकक्ष (*upkakṣa*) *m.* antechamber

उपकथा (*upkathā*) *f.* episode, sub-plot

उपकर (*upkar*) *m.* cess

उपकर निर्धारण *m.* cess assessment

उपकरण (*upkaraṇ*) *m.* 1. apparatus 2. accessories, supplementary articles of food 3. equipment

उपकर्ता (*upkartā*) *m.* benefactor

उपकर्षण (*upkarṣaṇ*) *m.* drawing near

उपकला (*upkalā*) *f.* epithelium

उपकल्पित (*upkalpit*) *a.* 1. prepared, ready 2. arranged

उपकार (*upkār*) *m.* benefaction, beneficence, good

उपकार करना *v.t.* to do good

उपकार निधि *f.* benefit fund

उपकार मानना *v.t.* to feel obliged/grateful

उपकारक (*upkārak*) I. *a.* 1. beneficial, advantageous, useful 2. (अनुकूल) favourable II. *m.* benefactor

उपकारिता (*upkārita*) *f.* kindliness

उपकारी (*upkārī*) *a.* beneficent, benevolent, beneficial, useful

उपकार्य (*upkārya*) *a.* deserving good, to be benefited

उपकिरण (*upkiraṇ*) *m.* scattering, throwing over, spreading

उपकीर्ण (*upkīrṇa*) *a.* scattered, spread out

उपकुलपति (*upkulpati*) *m.* vice-chancellor (better कुलपति)

उपकूल (*upkūl*) I. *a.* coastal, littoral II. *m.* bank, shore

उपकूल वाणिज्य *m.* coastal trade

उपकृत (*upkṛt*) *a.* 1. benefitted 2. obliged, grateful

उपकृति (*upkṛti*) *f.* beneficence

उपकोटि (*upkoṭi*) *f.* subcategory

उपक्रम (*upkram*) *m.* 1. inception, beginning 2. preparation (यात्रा का for a journey) 3. (प्रस्तावना) prologue, introduction 4. undertaking

उपक्रम करना *v.t.* to begin, to undertake

उपक्रम होना *v.i.* to be about to

उपक्रमण (*upkramaṇ*) *m.* 1. commencing an undertaking 2. arrangement 3. preparation

उपक्रमणिका (*upkramaṇikā*) *f.* index, synopsis

उपक्रांत (*upkrānt*) *a.* 1. begun, commenced 2. undertaken

उपक्षार (*upkṣār*) *m.* alkaloid

उपक्षेत्र (*upkṣetra*) *m.* sub-area

उपखंड (*upkhanḍ*) *m.* sub-clause

उपखनिज (*upkhanij*) *m.* accessory minerals

उपगत (*upgat*) *a.* 1. approached, drawn near 2. known, understood 3. obtained, gained 4. dead, expired

उपगम (*upgam*) *m.* 1. access, approach 2. knowing, learning

उपगमन (*upgaman*) *m.* 1. going towards/near, approaching 2. getting, gaining, obtaining

उपगम्य (*upgamya*) *a.* 1. approachable 2. obtainable

उपगिरि (*upgiri*) *m.* hill, artificial hill

उपगुप्त (*upgupta*) *a.* hidden, concealed

उपगूहन (*upgūhan*) *m.* 1. act of hiding, concealing 2. embracing

उपगृह (*upgr̥h*) *m.* annexe

उपगृहीत (*upgr̥hīt*) *a.* confiscated

उपग्रह (*upgrah*) *m.* satellite, minor planet, secondary planet

उपग्रहण (*upgrahaṇ*) *m.* 1. confiscation 2. comprehension 3. taking prisoner

उपघात (*upghāt*) *m.* 1. stroke, injury, blow 2. ruin, destruction 3. (आक्रमण) invasion, assault

उपघातक (*upghātak*) *a.* /**उपघाती** (*upghātī*) I. *a.* 1. striking, hitting 2. hurting, offending II. *m.* striker, hitter

उपचय (*upcay*) *m.* 1. accumulation, collection 2. heap, pile 3. increase, growth 4. excess, abundance, plenty

उपचयन (*upcayan*) *m.* 1. oxidation 2. (act of) accumulation

उपचरित (*upcarit*) *a.* nursed, attended, nourished

उपचर्या (*upcaryā*) *f.* 1. nursing, attendance 2. medical treatment

उपचार (*upcār*) *m.* 1. medical treatment, remedy 2. nursing
  उपचार करना *v.t.* to treat, to cure
  उपचारगृह *m.* (a) nursing home, clinic (b) operation theatre
  उपचारविधि *f.* method/mode of treatment
  उपचारशाला *f.* (a) nursing home, clinic (b) operation theatre (= उपचार गृह)

उपचारक (*upcārak*) I. *a.* remedial II. *m.* male nurse

उपचारार्थ (*upcārārtha*) *a.* remedial, therapeutic

उपचारिका (*upcārikā*) *f.* female nurse

उपचार्य (*upcārya*) *a.* to be nursed, to be attended upon

उपचित (*upcit*) *a.* 1. accumulated, gathered, culled 2. (बढ़ा होना) to be raised, to accrue
  उपचित आय *f.* accrued income
  उपचित होना *v.i.* to accrue

उपचिति (*upciti*) *f.* 1. accumulation, heap, pile 2. (लाभ) profit, benefit, advantage

उपचीयमान (*upcīymān*) *a.* being increased, being accumulated

उपचिह्न (*upcina*) *m.* diacritical mark

उपचेतन (*upcetan*) *a.* subconscious

उपचेतना (*upcetanā*) *f.* subconsciousness

उपचेय (*upcey*) *a.* to be collected, to be accumulated

उपच्छद (*upacchad*) *m.* 1. lid, covering 2. mask 3. bedsheet

उपच्छाया (*upacchāyā*) *f.* phantom, penumbra

उपज (*upaj*) *f.* 1. produce, product, yield, crop 2. product of the mind/brain, imagination

उपजनन (*upjanan*) *m.* procreation

उपजना (*upajnā*) *v.i.* 1. to be produced 2. to sprout, to shoot out, to spring up 3. to grow 4. to originate
  उपज आना *vi.* to shoot out by itself
  दिमाग में उपजना *v.i.* to occur/spring up in one's mind

उपजाऊ (*upjāū*) *a.* fertile, productive

उपजाऊपन (*upjāūpan*) *m.* fertility, productivity

उपजात (*upjāt*) I. *a.* engendered, created, procreated II. *m.* by-product

उपजाति (*upjāti*) *f.* species, sub-class, sub-caste

उपजाति गत *a.* specific

उपजाति गुण *m.* specific attributes

उपजाति वर्धन *m.* propagation of species

उपजाना (*upjānā*) *v.t.* 1. to produce 2. to cause to grow, to grow 3. to bring forth

उपजित (*upjit*) *a.* produced, engendered, procreated

उपजिह्वा (*upjihvā*) *f.* uvula, soft palate, epiglottis

उपजीविका (*upjīvikā*) *f.* 1. livelihood, means of subsistence 2. subsidiary employment or occupation

उपजीवी (*upjīvī*) *m.* subsisting on (others), living on, dependent

उपज्ञा (*upajñā*) *f.* 1. primitive knowledge 2. innate knowledge 3. discovery

उपज्ञात (*upajñāt*) *a.* discovered

उपटन (*upaṭan*) *m.* a cleansing paste for skin, paste (composed of gram-flour, turmeric, oil and perfume) for skin (see उबटन)

उपटना (*upaṭnā*) *v.i.* to be uprooted, to be dislodged, to be pulled out

उप डाकघर (*updākghar*) *m.* sub-post office

उपतंत्र (*uptantra*) *m.* subsystem

उपतटवर्ती (*uptaṭvartī*) *a.* sub-coastal, sub-littoral

उपतप्त (*uptapta*) *a.* distressed, afflicted, pained

उपताप (*uptāp*) *m.* distress, affliction, pain

उपतारामंडल (*uptārāmaṇḍal*) *m.* sub-constellation

उपतालिका (*uptālikā*) *f.* auxiliary schedule

उपत्यका (*upatykā*) *f.* land at the foot of a mountain, lowland

उपत्वचा (*uptvacā*) *f.* cuticle

उपदंश (*updaṃś*) *m.* syphilis

उपदर्शक (*updarśak*) *m.* overseer, demonstrator, conductor

उपदर्शन (*updarśan*) *m.* illustration, demonstration, explanation

उपदर्शित (*updarśit*) *a.* illustrated, demonstrated

उपदर्शित करना *v.t.* to illustrate, to show

उपदान (*updān*) *m.* gratuity, subsidy

उपदिष्ट (*updiṣṭa*) *a.* 1. instructed, directed 2. advised

उपदूत (*updūt*) *m.* vice-consul

उपदेवता (*updevatā*) *m.* secondary deity, demigod

उपदेश (*updeś*) *m.* 1. sermon 2. advice, precept, counsel

उपदेश कथा *f.* fable

उपदेश देना *v.t.* to deliver a sermon, to give advice

उपदेशवाद *m.* didacticism

उपदेशवादी *m.* didactician, *a.* didactic

उपदेशक (*updeśak*) *m.* 1. sermonizer, preacher 2. adviser, counsellor (*fem.* उपदेशिका)

उपदेशात्मक (*updeśātmak*) *a.* didactic

उपदेष्टा (*updeṣṭā*) *m.* 1. sermonizer, preacher 2. adviser, counsellor (*fem.* उपदेशिका) (= उपदेशक)

उपद्रव (*upadrav*) *m.* 1. disturbance, turmoil, rowdyism, fracas 2. riot

उपद्रव करना *v.t.* to cause disturbance, to kick up a row, to raise dust, to excite

उपद्रवग्रस्त *a.* disturbed, riot-ridden

उपद्रवग्रस्त क्षेत्र disturbed/riot-ridden area

उपद्रव मचाना *v.t.* to brawl

उपद्रवी (*upadravī*) I. *a.* unruly, turbulent, outrageous, riotous II. *m.* 1. rowdy/unruly person 2. rioter

उपद्रवी समाज *m.* predatory society

उपद्वीप (*updvīp*) *m.* islet, isle

उपधर्म (*updharma*) *m*. inferior or secondary religion
उपधा (*upadhā*) *f*. 1. fraud, trick 2. penultimate letter
उपधातु (*updhātu*) *f*. an alloy
उपधान (*updhān*) *m*. 1. pad 2. pillow
उपधारण (*updhāraṇ*) *m*. 1. consideration, reflection 2. postulation, contemplation
उपधारण करना *v.t.* to postulate, to contemplate
उपधारा (*updhārā*) *f*. sub-clause
उपधारित (*updhārit*) *a*. presumed
उपधारित करना *v.t.* to presume
उपधूपन (*updhūpan*) *m*. fumigation
उपधूपित (*updhūpit*) *a*. fumigated, enveloped in smoke
उपध्रुवी (*updhruvī*) *a*. sub-arctic
उपध्रुवी जलवायु *m*. sub-arctic climate
उपनक्षत्र (*upnakṣatra*) *m*. minor constellation
उपनगर (*upnagar*) *m*. suburb, suburban town
उपनगरीय (*upnagarīy*) *a*. suburban
उपनत (*upnat*) *a*. 1. brought near 2. bent, stooped 3. polite, meek
उपनति (*upnati*) *f*. 1. approach 2. inclination, trend
उपनद्ध (*upnaddha*) *a*. 1. inlaid, mashed 2. tied, fixed
उपनयन (*upnayan*) *m*. ceremony of wearing sacred thread
उपनहन (*upnahan*) *m*. tying up
उपनाम (*upnām*) *m*. nickname, alias, family name, *nom de plume*
उपनायक (*upnāyak*) *m*. side hero (*fem.* उपनायिका)
उपनिक्षेप (*upnikṣep*) *m*. open deposit
उपनिगमन (*upnigaman*) *m*. corollary
उपनिदेशक (*upnideśak*) *m*. deputy director
उपनिधाता (*upnidhātā*) *m*. bailer
उपनिबंधक (*upnibandhak*) *m*. sub-registrar
उपनियम (*upniyam*) *m*. sub-rule
उपनिरीक्षक (*upnirīkṣak*) *m*. sub-inspector
उपनिर्वाचन (*upnirvācan*) *m*. by-election
उपनिविष्ट (*upniviṣṭa*) *a*. 1. colonized 2. inhabited
उपनिवेश (*upniveś*) *m*. new settlement, colony
उपनिवेशवाद *m*. colonialism
उपनिवेशवादी *m*. colonialist
उपनिवेशवासी *m*. colonist
उपनिवेशक (*upniveśak*) *m*. colonist
उपनिवेशन (*upniveśan*) *m*. colonization
उपनिवेशित (*upniveshit*) *a*. 1. inhabited 2. colonized
उपनिवेशी (*upniveśī*) I. *m*. colonist, coloniser II. *a*. colonial
उपनिवेशीय (*upniveśīy*) *a*. (see उपनिवेशी *q.v.*)
उपनिषद् (*upniṣad*) *f*. the philosophical books on spiritual knowledge of the Veda
उपनिहित (*upnihit*) *a*. deposited
उपनीत (*upnīt*) *a*. 1. brought near to 2. invested with sacred thread
उपनेता (*upnetā*) *m*. deputy leader
उपन्यस्त (*upnyasta*) *a*. pledged, deposited
उपन्यास (*upanyās*) *m*. novel
उपन्यासकार *m*. novelist
उपन्यास लेखक *m*. novel writer
उपन्यासिका (*upanyāsikā*) *f*. novelette, short novel
उपपति (*uppati*) *m*. lover (of a married woman)
उपपत्ति (*uppatti*) *f*. 1. logic, reasoning 2. inference 3. adverse finding 4. proof
उपपत्नी (*uppatnī*) *f*. concubine
उपपत्र (*uppatra*) *m*. (bot.) stipule
उपपद (*uppad*) *m*. 1. article (*gram.*) 2. subsidiary term in a compound

उपपन्न (*uppanna*) *a.* 1. proved 2. competent, capable, fit, worthy
उपप्रधान (*uppradhān*) *m.* deputy head
उपप्रमेय (*uppramey*) *m.* corollary
उपप्रविष्टि (*uppraviṣṭi*) *f.* sub-entry
उपप्रश्न (*upprašan*) *m.* secondary question
उपप्लुत (*upplut*) *a.* afflicted, distressed
उपबंध (*upbandh*) *m.* provision
  उपबंध करना *v.t.* to provide
उपबाहु (*upbāhu*) *a.* lower arm (from wrist to elbow)
उपबृंहण (*upabr̥ṃhaṇ*) *m.* amplification
उपबोधन (*upbodhan*) *m.* counselling
उपभवन (*upbhavan*) *m.* annexe, a supplementary building
उपभाषा (*upbhāṣā*) *f.* dialect
उपभुक्त (*upbhukta*) *a.* consumed, used up
उपभुक्ति (*upbhukti*) *f.* consumption, use
उपभूमि (*uphbhūmi*) subsoil
उपभेद (*upbhed*) *m.* subdivision, subcategory
उपभोक्ता (*upbhoktā*) *m.* consumer
  उपभोक्ता उद्योग *m.* light industry
  उपभोक्ता परामर्श समिति consumers consultative committee
  उपभोक्ता वस्तुएँ *f.* consumer goods
उपभोग (*upbhog*) *m.* 1. consumption, use 2. enjoyment, indulgence
  उपभोग आधिक्य *m.* over consumption
  उपभोग करना *v.t.* (a) to consume (b) to enjoy
उपभोग्य (*upbhogya*) *a.* 1. enjoyable, to be enjoyed 2. fit for consumption, consumable
उपभोज्य (*upbhojya*) *a.* = उपभोग्य
उपमंडल (*upmaṇḍal*) *m.* subdivision (of a state)
उपमंत्री (*upmantrī*) *m.* deputy minister
उपमहाद्वीपीय (*upmahādvīpīy*) *m.* sub-continental
उपमा (*upamā*) *f.* 1. likeness, resemblance, similarity 2. simile (figure of speech)
  उपमा देना *v.t.* to compare
उपमाता (*upmātā*) *f.* wet-nurse, foster-mother, step mother
उपमान (*upmān*) *m.* object of comparison
उपमार्ग (*upmārga*) *m.* subway, bypass
उपमेय (*upmeya*) I. *m.* subject of comparison II. *a.* comparable
उपमेयोपमा (*upameyopamā*) *f.* reciprocal comparison
उपयाचित (*upyācit*) *a.* solicited, requested, asked for, importuned
उपयुक्त (*upyukta*) *a.* 1. appropriate 2. suitable
  उपयुक्त आपत्तियाँ *f.* due objections
  उपयुक्त न्यायालय *m.* proper court
  उपयुक्त पात्र *m.* deserving person
  उपयुक्त रूप से *adv.* properly
उपयुक्तता (*upyuktatā*) *f.* fitness, appropriateness, suitability, propriety
उपयोक्ता (*upyoktā*) *m.* user
उपयोग (*upyog*) *m.* utility, usefulness, use
  उपयोग करना *v.t.* to use, to utilize
  उपयोग में आना *v.i.* to come into use
  उपयोग में लाना *v.t.* to bring to use, to utilize
उपयोगिता (*upyogitā*) *f.* 1. usefulness, utility 2. suitability
  उपयोगितावाद *m.* utilitarianism
  उपयोगितावादी *m.* utilitarian
उपयोगी (*upyogī*) *a.* useful, serviceable, needful
उपयोजन (*upyojan*) *m.* 1. application, adaptation 2. appropriation
  उपयोजन प्रतिवेदन *m.* appropriation report
  उपयोजन विवरण *m.* appropriation statement
उपयोजित (*upyojit*) *a.* 1. appropriated,

adjusted 2. used

उपयोज्य (*upyojya*) *a.* 1. adjustable 2. usable

उपरक्त (*uprakta*) *a.* 1. materially satisfied, gratified 2. involved in danger, overtaken by calamity

उपरत (*uprat*) *a.* 1. indifferent, detached 2. ceased, stopped 3. withdrawn from, retired from

उपरति (*uprati*) *f.* 1. detachment, indifference, apathy 2. desisting from sensual enjoyment, quietism 3. abstinence

उपरत्न (*upratna*) *m.* semi-precious stone

उपरना (*uparnā*) *m.* covering over the shoulders

उपरफट (*uparphaṭ*) *a.* /**उपरफट्ट** (*uparphaṭṭa*) *a.* superfluous, extra

उपरमण (*upramaṇ*) *m.* 1. abstinence (from worldly desires) 2. ceasing

उपरला (*uparlā*) *a.* upper

उपरांत (*uparāṅt*) *adv.* after

इसके उपरांत *adv.* after this

उपराग (*uprāg*) *m.* colour, colouration, sensual pleasures

उपराचढ़ी (*uprācaṛhī*) *f.* emulation, rivalry, competition

उपराजदूत (*uprājdūt*) *m.* charge d' affaires

उपराज्यपाल (*uprājyapāl*) *m.* lieutenant governor

उपराष्ट्रपति (*uprāṣṭrapati*) *m.* vice-president

उपरि (*upari*) *pref.* over, on, upon, above, on the top of, towards the upper side of

उपरि-आय *f.* extra income

उपरि-कर *m.* surtax

उपरि-तल *m.* superstratum

उपरि-तल भाषा *f.* superstratum language

उपरि-निर्दिष्ट *a.* referred to above, specified above

उपरि-भाग *m.* upper part, top

उपरि-मुखी गति *f.* upward motion

उपरि-लिखित *a.* above given, above-mentioned

उपरि-लेखन *m.* overwriting

उपरि-व्यय *m.* overhead expenditure

उपरि-स्तर *m.* upper standard

उपरुद्ध (*upruddha*) *a.* 1. obstructed, impeded, hindered 2. (घेरा हुआ) surrounded, encircled 3. (कैद किया हुआ) imprisoned, detained, locked up

उपरुद्ध सैन्य *m.* besieged army

उपरूपक (*uprūpak*) *m.* a secondary or lower category of रूपक which is a dramatic composition

उपरोक्त (*uparokta*) *a.* above-mentioned, aforesaid (better उपर्युक्त *q.v.)*

उपरोधक (*uprodhak*) *m.* obstructing

उपरोधन (*uprodhan*) *m.* a. obstruction 2. impediment

उपर्युक्त (*uparyukta*) *a.* above-mentioned, aforesaid

उपल (*upal*) *m.* 1. pebble 2. (ओला) hail (stone)

उपलक्षण (*uplakṣaṇ*) *m.* 1. indication 2. metaphorical or elliptical expression, metonymy

उपलक्षणा (*uplakṣaṇā*) *f.* metonymy, synecdoche

उपलक्षित (*uplakṣit*) *a.* 1. indicated, implied, expressed by implication, inferred 2. marked, characterized

उपलक्ष्य (*uplakṣya*) *m.* 1. object, aim, purpose 2. sign, implication

के उपलक्ष्य में *adv.* on the occasion of

उपलब्ध (*uplabdha*) *a.* 1. obtained, got, attained 2. available

उपलब्धि (*uplabdhi*) *f.* 1. attainment, achievement 2. knowledge 3. realization, recovery

उपलब्धि करना *v.t.* to realize, to recover

उपलभ्य (*uplabhya*) *a.* 1. obtainable,

available 2. realizable, to be known
उपलभ्यता (*uplabhyatā*) *f.* availability
उपल-वृष्टि (*upal-vr̥ṣṭi*) *f.* hailstorm
उपला (*uplā*) *m.* dried cow-dung cake (used as fuel)
उपलिप्त (*uplipta*) *a.* plastered, besmeared over, anointed
उपलेप (*uplep*) *m.* 1. plaster 2. ointment
उपलेपन (*uplepan*) *m.* 1. anointing 2. plastering 3. plastering with cow-dung
उपल्ला (*upallā*) I. *m.* the upper fold of a cloth as in a saree II. *a.* upper
उपवंश (*upvaṃś*) *m.* subfamily, subgenus
उपवन (*upvan*) *m.* 1. small forest 2. grove, park
उपवर्ग (*upvarga*) *m.* subgroup, subclass, subsection
उपवर्णन (*upvarṇan*) *m.* minute description
उपवसन (*upvasan*) *m.* 1. fasting 2. living or dwelling in neighbourhood
उपवाक्य (*upvākya*) *m.* clause
उपवास (*upvās*) *m.* fast
उपवास करना *v.i.* to fast
उपवासी (*upvāsī*) *m.* one who is on a fast
उपविद्या (*upvidyā*) *f.* inferior knowledge
उपविधि (*upvidhi*) *f.* bye-law
उपविभाग (*upvibhāg*) *m.* subdivision, sub-department
उपविभाजित (*upvibhājit*) *a.* subdivided
उपविष्ट (*upviṣṭa*) *a.* seated, sitting
उपविष्ट होना *v.i.* to be seated, to sit (down)
उपविषय (*upviṣay*) *m.* 1. auxiliary subject 2. subdivision
उपवीथिका (*upvīthikā*) *f.* bylane
उपवेद (*upved*) *m.* the four subsidiary works attached to the four Vedas धनुर्वेद (from अथर्ववेद), आयुर्वेद (from ऋग्वेद), गंधर्ववेद (from सामवेद) and स्थापत्यवेद (from यजुर्वेद)
उपवृत्ति (*upvr̥tti*) *f.* avocation, side-profession
उपवेलांचलीय (*upvelāñcalīy*) *a.* sub-littoral
उपवेशन (*upveśan*) *m.* the act of sitting
उपवेष्टन (*upveṣṭan*) *m.* wrapping up, enveloping
उपवेष्टित (*upveṣṭit*) *a.* 1. wrapped, enveloped 2. surrounded, encircled
उपव्यवसाय (*upvyavsāy*) *m.* side business
उपशब्द (*upśabda*) *m.* ungrammatical word
उपशम (*upśam*) *m.* 1. cessation of longing, suppression of desires 2. (विश्रांति) relaxation, rest 3. (उपाय) remedy
उपशमक (*upśamak*) *a.* soothing, allaying
उपशमन (*upśaman*) *m.* 1. pacification, tranquillization 2. alleviation 3. (घटाना) abatement 4. (दबाना) suppression 5. (लुप्त होना) extinction
उपशमन करना *v.t.* to abate, to pacify, to suppress
उपशमित (*upśamit*) *a.* relieved, pacified, abated, suppressed, mitigated
उपशाखा (*upśākhā*) *f.* sub-branch, section
उपशामक (*upśāmak*) *a.* calming, sedative, assuasive
उपशायी (*upśāyī*) *a.* lying or sleeping near to or by the side of
उपशाला (*upśālā*) *f.* lobby
उपशिक्षक (*upśikṣak*) *m.* assistant teacher, tutor
उपशिष्य (*up śiṣya*) *m.* disciple of a disciple, pupil of a pupil
उपशीर्षक (*upśīrṣak*) *m.* subtitle, subheading
उपशुल्क (*upśulka*) *m.* rate, toll
उपशुल्क संग्राहक *m.* toll collector
उपशोभित (*upśobhit*) *a.* decked, adorned, decorated
उपश्रुत (*upśrut*) *a.* 1. listened 2. (प्रतिज्ञात)

promised, vowed, assured
उपश्रुति (*upśruti*) *f.* 1. range of listening 2. (वचन) promise, vow
उपसंगी (*upsaṅgī*) *a.* subsidiary, auxiliary
उपसंचालक (*upsañcālak*) *m.* deputy director
उपसंधान (*upsandhān*) *m.* adding, augmentation
उपसंपादक (*upsampādak*) *m.* sub-editor
उपसंवाद (*upsaṃvād*) *m.* mutual understanding, negotiation
उपसंविदा (*upsaṃvidā*) *f.* subcontract
उपसंवीत (*upsaṁvīt*) *a.* wrapped up, covered up
उपसंहार (*upsaṃhār*) *m.* 1. conclusion, end, finalé 2. (सारांश) summary
  उपसंहार करना *v.t.* to conclude, to sum up
उपसंहारात्मक (*upsaṃhārātmak*) *a.* concluding
उपसंहित (*upsaṃhit*) *a.* 1. attached, connected 2. placed before for consideration, taken into consideration
उपसंहृत (*upsaṃhṛt*) *a.* concluded, finished
उपसचिव (*upsaciv*) *m.* deputy secretary
उपसत्र (*upsatra*) *m.* term
  उपसत्र परीक्षण *m.* term test
उपसना (*upasnā*) *v.i.* 1. to smell, to become stale 2.(सड़ना) to rot
उपसभापति (*upsabhāpati*) *m.* vice-chairman
उपसमिति (*upsamiti*) *f.* sub-committee
उपसमूह (*upsamūh*) *m.* subgroup
उपसरण (*upsaraṇ*) *m.* 1. going near, approaching, approach 2. accumulation of blood, congestion
उपसर्ग (*upsarga*) *m.* prefix
उपसागर (*upsāgar*) *m.* bay, gulf
उपसाधक (*upsādhak*) *m.* accessorial
उपसृष्ट (*upsṛṣṭa*) *a.* 1. obscured, covered, concealed 2. eclipsed (by Rahu)
उपसेचन (*upsecan*) *m.* wetting, watering, sprinkling
उपसेवा (*upsevā*) *f.* enjoyment, addiction, consumption
उपसेवित (*upsevit*) *a.* 1. enjoyed, consumed 2. attended upon 3. honoured, adored, respected
उपस्कर (*upaskar*) *m.* 1. equipment 2. household articles 3. furniture
उपस्कृत (*upaskṛt*) *a.* 1. furnished 2. prepared, made ready 3. gathered, collected, heaped, piled
उपस्तंभ (*upstambha*) *m.* support, stay, stand
उपस्थ (*upastha*) *m.* 1. lower part 2. genital organ
  उपस्थनिग्रह *m.* control of sexual desire, continence
उपस्थान (*upasthān*) *m.* 1. going or coming near to 2. proximity, nearness 3. place of worship
उपस्थापक (*upasthāpak*) *m.* mover, proposer, introducer
उपस्थापन (*upasthāpan*) *m.* proposing, presentation
  उपस्थापन करना *v.t.* to propose, to present
उपस्थापित (*upasthāpit*) *a.* placed, presented, proposed, submitted
उपस्थित (*upasthit*) *a.* present
  उपस्थित करना *v.t.* to present, to furnish
  उपस्थित बुद्धि *f.* presence of mind
  उपस्थित होना *v.i.* to be present
उपस्थिति (*upasthiti*) *a.* presence, attendance
  उपस्थिति पंजी *f.* attendance register
  उपस्थिति वेतन *m.* call pay, attendance allowance
  किसी की उपस्थिति में *adv.* in the presence of somebody
उपस्पर्श (*upsparśa*) *m.* contact
उपस्पर्शक (*upsparśak*) *m.* sub-tangent

उपस्वन (*upsvan*) *m.* allomorph
उपस्वनिक (*upsvanik*) *a.* allomorphic
उपहत (*uphat*) *a.* 1. struck, hurt, hit, wounded, injured 2. deformed, impaired
उपहसित (*uphasit*) *a.* jeered, ridiculed, derided, laughed at
उपहार (*uphār*) *m.* gift, present
उपहार कर *m.* gift tax
उपहार देना *v.t.* to make a gift or present
उपहारी (*uphārī*) *m.* one who makes a gift
उपहास (*uphās*) *m.* ridicule, jeering
उपहास करना *v.t.* to laugh at, to scoff, to ridicule, to make fun of
उपहास का पात्र *m.* butt
उपहासास्पद (*uphāsāspad*) I. *m.* object of laughter, butt of ridicule II. *a.* fit to be ridiculed, ridiculous
उपहास्य (*uphāsya*) *a.* laughable, ridiculous
उपांग (*upāṅg*) *m.* 1. accessory organ/ limb, minor organ, appendage 2. something supplementary
उपांत (*upānt*) *m.* 1. corner (of the eye) 2. neighbourhood, vicinity 3.closeness, nearness, proximity 4. margin
उपांत अवशेष *m.* marginal balance
उपांत उपज *f.* marginal yield
उपांत उपयोगिता *f.* marginal utility
उपांत टीका *f.* marginal note
उपांत निक्षेप *m.* marginal deposit
उपांत प्रतिफल *m.* marginal return
उपांत लाभ *m.* marginal profit
उपांत वर्ण *m.* penultimate letter
उपांत शेष *m.* marginal balance
उपांतस्थ (*upāntastha*) *a.* marginal, subterminal
उपांतिक (*upāntik*) *a.* 1. approximate, near 2. marginal
उपांतिका (*upāntikā*) *f.* lobby
उपांतिम (*upāntim*) *a.* /**उपांत्य** (*upāntya*) *a.* 1. last but one, penultimate 2. semifinal
उपांतिम, उपांत्य-पूर्व *a.* ante-penultimate
उपाकरण (*upākaraṇ*) *m.* 1. summoning, invitation to hold an office 2. preparation 3. a particular prayer offered before a sacrifice
उपाकर्म (*upākarma*) *m.* ritual performed on Sravan Purnima before commencing recital of the Veda
उपाक्ष (*upākṣa*) *m.* minor axis
उपाख्यान (*upākhyān*) *m.* 1. episode, anecdote 2. legend
उपागत (*upāgat*) *m.* 1. approached, reached, arrived 2. happened, occurred
उपागम (*upāgam*) *m.* 1. approach, access 2. occurrence, happening
उपागम्य (*upāgamya*) *a.* approachable
उपागम्यता (*upāgamyatā*) *f.* approachability
उपाग्र (*upāgra*) *m.* front
उपाचार्य (*upācārya*) *m.* assistant professor
उपाटना (*upāṭnā*) *v.t.* /**उपाड़ना** (*upāṛnā*) *v.t.* to root out, to uproot, to eradicate
उपादान (*upādān*) *m.* 1. substance, material 2. factor 3. ingredient, constituent
उपादान कारण *m.* material or proximate cause
उपादान लक्षणा *f.* implied significance
उपादेय (*upādey*) *a.* 1. accepted, admissible 2. useful, beneficial
उपादेयता (*upādeytā*) *f.* 1. admissibility 2. usefulness, utility
उपाधि (*upādhi*) *f.* 1. title 2. degree 3. epithet 4. betrayal, cheating, fraud 5. (चिह्न) sign, mark
उपाधिधारी *m.* degree-holder
उपाधिपत्र *m.* diploma

उपाध्यक्ष (*upādhyakṣa*) *m.* deputy chairman, deputy speaker, vice-president

उपाध्याय (*upādhyāy*) *m.* 1. teacher 2. spiritual preceptor 3. a sub-caste of Brahmins (*fem.* उपाध्यायानी)

उपानह (*upānah*) *m.* shoe, slipper

उपापचयन (*upāpcayan*) *m.* metabolism

उपाभिकर्ता (*upābhikartā*) *m.* sub-agent

उपाय (*upāy*) *m.* 1. means, course 2. remedy 3. device

उपाय करना *v.t.* to find a way out

उपाय निकालना *v.t.* to devise

उपायुक्त (*upāyukta*) *m.* deputy commissioner

उपायोजन (*upāyojan*) *m.* 1. attachment 2. adaptation

उपार्जक (*upārjak*) *m.* earner

उपार्जन (*upārjan*) *m.* earning

उपार्जन करना *v.t.* to earn

उपार्जनक्षम *a.* able to earn, earning

उपार्जनशील *a.* earning, breadwinning

उपार्जित (*upārjit*) *a.* earned, acquired

उपार्जित आय *f.* earned income

उपार्जित गुण *m.* acquired qualities or virtues

उपार्जित रुचि *f.* acquired interest

उपार्जित लक्षण *m.* acquired characteristics

उपालंभ (*upālambha*) *m.* 1. complaint, grievance 2. censure, blame

उपालंभन (*upālambhan*) *m.*1 complaining, reproaching 2.censuring

उपालब्ध (*upālabdha*) *a.* reproached, censured

उपावृत्त (*upāvṛtt*) *a.* free from worldly affairs/attachments

उपाश्रय (*upāśray*) *m.* resort, refuge, shelter

उपाश्रयी (*upāśrayī*) *a.*& *m.* incumbent

उपाश्रित (*upāśrit*) *a.* sheltered, protected

उपासक (*upāsak*) *m.* worshipper, devotee (*fem.* उपासिका)

उपासना (*upāsanā*) *f.* worship, devotion, adoration

उपासना करना *v.t.* to worship, to adore

उपासना पद्धति *f.* method of worship

उपासनीय (*upāsanīy*) *a.* fit/worthy to be worshipped

उपासा (*upāsā*) *a.* keeping fast

उपासित (*upāsit*) *a.* worshipped, adored

उपास्थि (*upāsthi*) *f.* cartilage

उपास्थियुक्त *a.* cartilaginous

उपास्य (*upāsya*) *a.* worthy of worship, adorable, fit to be revered

उपास्य देवता *m.* god worthy of worship, adorable god

उपाहार (*upāhār*) *m.* light refreshment

उपाहार गृह *m.* refreshment room, canteen

उपाहृत (*upāhṛt*) *a.* collected, gathered, accumulated

उपेंद्र (*upeṁdra*) *m.* an epithet of Vishnu

उपेक्षण (*upekṣaṇ*) *m.* neglecting, overlooking

उपेक्षणीय (*upekṣaṇīy*) *a.* 1. negligible, fit to be overlooked/ignored 2. insignificant, trifling

उपेक्षणीयता (*upekṣaṇīyatā*) *f.* 1 negligibility 2. insignificance

उपेक्षा (*upekṣā*) *f.* 1. neglect, negligence, indifference 2. disregard, apathy

उपेक्षा करना *v.t.* to neglect, to overlook, to pass over, to set at nought, to ignore

उपेक्षाकारी *a.* negligent

उपेक्षापूर्ण *a.* disregardful

उपेक्षापूर्ण आचरण *m.* negligent conduct

उपेक्षापूर्ण ढंग से *adv.* casually, in a casual manner

उपेक्षित (*upekṣit*) *a.* 1. neglected, disregarded, overlooked 2. ignored, discarded

उपेक्षित बालक *m.* neglected child

उपेक्ष्य (*upekṣya*) *a.* 1. negligible 2. insignificant

उपोढ़ (*upoṛh*) *a.* heaped up, piled up

उपोत्पाद (*upotpād*) *m.* by-product

उपोद्घात (*upodghāt*) *m.* 1. foreword, preface 2. beginning, commencement

उपोष्ण (*upoṣṇa*) *a.* subtropical

उपोष्ण देश *m.* subtropical countries

उफ़ A (*uf*) *interj*.oh! alas! ugh!

उफ़ न करना *(मु.) v.t.* not to express distress or vexation, to endure in silence, not to cry in pain

उफनना (*uphananā*) *v.t.* 1. to boil over, to bubble, to foam 2. to seethe or foam with rage

उफन पड़ना *v.i.* (a) to boil over all at once (b) to seethe or foam with rage suddenly

दूध उफन आना *v.i.* mass of small bubbles formed when milk is boiled

उफान (*uphān*) *m.* ebullition, effervescence, froth

उबकना (*ubkanā*) *v.i.* 1. to feel like vomiting 2. to eject

उबकाई (*ubkāī*) *f.* feeling of vomiting, retching, nausea

उबकाना (*ubkānā*) *v.t.* to cause (somebody) to vomit

उबटन (*ubaṭan*) *m.* paste (composed of gram-flour, turmeric, oil and perfume) for skin

उबटना (*ubaṭnā*) *v.t.* to anoint and rub the body with paste made of gram-flour, turmeric, oil and perfume for skin

उबरना (*ubarnā*) *v.i.* 1. to be saved/relieved (from difficulty or worry) 2. to be free from work

ऋण से उबरना *v.i.* to be relieved of debt

एहसान से उबरना *v.i.* to be redeemed of an obligation

उबलना (*ubalnā*) *v.i.* 1. to boil 2. to boil (over), to rise while boiling

उबल पड़ना *(मु.) v.i.* to bubble over, to swell with rage or pride

खून उबलना *(मु.) v.i.* to be in a rage

उबसना (*ubasnā*) *v.i.* 1. to give foul smell, to become fetid 2. (सड़ना) to rot, to become rancid

उबसाना (*ubsānā*) *v.t.* to cause to rot, to cause to putrefy/ferment

उबाक (*ubāk*) *m.* tendency to vomit

उबाकना (*ubāknā*) *v.i.* to vomit

उबाना (*ubānā*) *v.i.* to bore, to tire out, to be fed up

किसी को उबाना *v.t.* to bore someone, to cause to get fed up

उबार (*ubār*) *m.* deliverance, rescue

उबारना (*ubāranā*) *v.t.* to rescue, to save (from a difficult situation), to deliver, to emancipate

उबाल (*ubāl*) *m.* boiling, foaming, ebullition

उबाल आना *v.t.* /**आ जाना** *v.i.* to commence boiling, (*fig.*) to have a fit of passion

उबालना (*ubālnā*) *v.t.* 1. to boil 2. to cook by boiling

उबासी (*ubāsī*) *f.* yawn

उबासी लेना *v.t.* to yawn

उभड़ना (*ubhaṛnā*) *v.i.* 1. to rise, to spring up, to emerge, to shoot out 2. to protrude 3. to be sexually aroused/stirred 4. to come into limelight, to gain in prominence (= उभरना *q.v.)*

उभय (*ubhay*) *a.* both, the two

उभय अपघटन *m.* double decomposition

उभयचर *a.* living in water and also on land or air, amphibian

उभयनिष्ठ *a.* loyal to both

उभयपक्षीय *a.* bilateral

उभयप्रतिरोधी *a.* buffer

उभयभावी ambivalent

उभयमुखता *f.* ambiversion

उभयमुखी *a.* ambivert
उभयलिंग *m.* common gender
उभयलिंगी *a.* hermaphrodite
उभयलेन्स *m.* biconvex lens
उभयविध *a.* of two kinds/sides
उभयसंकट *m.* dilemma, quandary

उभयतः (*ubhaytāḥ*) *adv.* 1. both ways 2. in both cases 3. on both sides

उभयवती (*ubhayvatī*) *a.* present or existing in both, common

उभयतोमुख (*ubhaytomukh*) *a.* double-faced

उभयार्थ(क) (*ubhayārtha*) (*k*) *a.* ambiguous, vague

उभयावतल (*ubhayāvtal*) *a.* biconcave, double concave

उभयोत्तल (*ubhayottal*) *a.* biconvex, double convex

उभयोष्ठ्य (*ubhayoṣṭhya*) *a.* bilabial

उभरता (*ubhartā*) *a.* rising
उभरता तट *m.* rising coast

उभरना (*ubharnā*) *v.i.* 1. to rise, to spring up, to emerge, to shoot out 2. to protrude 3. to be sexually aroused/stirred 4. to come into limelight, to gain in prominence
उभर आना *v.i.* to crystallize, to swell up
उभर पड़ना *v.i.* (a) to appear all at once (b) to come up or swell up unawares
उभरी नक्काशी *f.* carving in relief
आँसू उभर आना *v.i.* tears to fill the eyes

उभाड़ (*ubhāṛ*) *m.* 1. swelling, bulge 2. protuberance 3. relief 4. development (of the breasts of girls) (= उभार)

उभाड़ना (*ubhāṛnā*) *v.t.* 1. to raise high, to lift up 2. to cause to swell 3.(बढ़ाना) to increase, to augment 4. (भड़काना) to incite, to excite, to infuriate, to instigate, to induce (= उभारना)

उभार (*ubhār*) *m.* 1. swelling, bulge 2. protuberance 3. relief 4. development (of the breasts of girls)
उभारदार *a.* swelled, bulging, protruding

उभारना (*ubhārnā*) *v.t.* 1. to raise high, to lift up 2. to cause to swell 3.(बढ़ाना) to increase, to augment 4. (भड़काना) to incite, to excite, to infuriate, to instigate, to induce
कोई घटना उभारना *v.t.* to call forth some event
यादें उभारना *v.t.* to arouse or bring back memories

उमंग (*umaṅg*) *f.* 1. excessive joy, rapture, mirth 2. enthusiasm, zeal, gusto
उमंग में आना *v.i.* to be filled with mirth, gusto

उमड़ना (*umaṛnā*) *v.i.* 1. to swell up (आँसू/भीड़, प्यार tears, crowd, love) 2. to flow over, to overflow (नदी stream)
मन उमड़ पड़ा *v.i.* heart was moved

उमदा A (*umdā*) *a.* nice, fine, excellent (see उम्दा)

उमर A (*umar*) *f.* 1. age 2. life, lifetime (better उम्र *q.v.*)

उमराव (*umrāv*) *m.* & *pl.* aristocrat

उमस (*umas*) *f.* sultriness, stuffiness
उमसदार *a.* sultry, stuffy

उमसना (*umasnā*) *v.i.* to rot, to putrefy

उमाह (*umāh*) *m.* 1. excessive joy, rapture, mirth 2. enthusiasm, zeal, gusto (= उमंग *q.v.*)

उमेठना (*umeṭhnā*) *v.t.* 1. to twist 2. to wind
उमेठ डालना *v.t.* to turn or twist rather violently
किसी के कान उमेठना *v.t.* to twist somebody's ears
चाबी उमेठना *v.t.* to turn the key

उम्दा A (*umdā*) *a.* nice, fine, excellent

उम्मत A (*ummat*) *f.* 1. people of the same faith or race 2. sect

उम्मीद P (*ummīd*) *f.* hope
उम्मीद दिलाना *v.t.* to give hope
उम्मीद बर आना *v.i.* to have a wish fulfilled, to have a hope/desire realized
उम्मीदवार *m.* candidate
उम्मीदवारी *f.* (a) candidature (b) pregnancy
उम्मीद से होना *v.i.* to be pregnant
उम्मेद P (*ummed*) *f.* hope (better उम्मीद *q.v.*)
उम्मेदवार (*ummedvār*) *m.* candidate (better उम्मीदवार *q.v.*)
उम्मेदवारी (*ummedvārī*) *f.* candidature (better उम्मीदवारी *q.v.*)
उम्र A (*umra*) *f.* 1. age 2. life, lifetime
उम्रकैद *f.* life sentence, imprisonment for life
उम्रकैदी *m.* one sentenced to life imprisonment
उम्र-भर *adv.* throughout life
उम्र-भर का *a.* lifelong
कच्ची उम्र *f.* young age
उर (उरस्) (*ur*) *m.* breast, bosom, chest
उरपीड़ा *f.* heartache, grief
उरफल *m.* breast bone, sternum
उरशूल *m.* angina pectoris
उरस्थल *m.* region of the breast
उरग (*urag*) *m.* snake, serpent
उरग-शत्रु *m.* eagle
उरगारि (*uragāri*) *m.* enemy of snakes, eagle
उरच्छद (*uracchad*) *m.* breastplate, cuirass
उरद (*urad*) *m.* vetch, *Dolichos pilosus* (a pulse) (*also* उड़द)
उरस्य (*urasya*) *a.* of or pertaining to the chest, pectoral
उरु (*uru*) *m.* thigh
उरूज A (*urūj*) *m.* rise, ascendancy
उरेहना (*urehnā*) *v.t.* 1. to etch 2. to draw, to paint
उरोज (*uroj*) *m.* /**उरोरुह** (*uroruh*) *m.* the female breast
उरोस्थि (*urosthi*) *f.* sternum, chest bone
उरोस्थि-पर्शुका *f.* sternal rib
उर्द (*urd*) *m.* vetch, *Dolichos pilosus* (a pulse) (same as उरद or उड़द)
उर्दू T (*urdū*) I. *m.* 1. camp 2. cantonment, II. *f.* Urdu
उर्दूदान *m.* one versed in Urdu
उर्दू बाज़ार *m.* cantonment market
उर्फ़ A (*urf*) *m.* alias
उर्वर (*urvar*) *a.* fertile, productive, fruitful
उर्वर बनाना *v.t.* to make fertile, to fertilize
उर्वर भूमि *f.* fertile land
उर्वर मस्तिष्क *m.* fertile brain
उर्वरक (*urvarak*) *m.* fertilizer
उर्वरक उद्योग *m.* fertilizer industry
उर्वरक संयंत्र *m.* fertilizer plant
उर्वरकारी (*urvarkārī*) *a.* fertilizing
उर्वरण (*urvaraṇ*) *m.* fertilization
उर्वरता (*urvartā*) *f.* fertility, productivity, fecundity
उर्वरा (*urvarā*) *a.* & *f.* fertile, prolific, fecund, productive
उर्वराशक्ति *f.* fertility
उर्वरीकरण (*urvarīkaraṇ*) *m.* fertilization
उर्वी (*urvī*) *f.* earth
उर्वीधर *m.* mountain
उर्वीरुह *m.* tree, plant
उर्स A (*ursa*) *m.* Muslim saint's death anniversary
उलंघना (*ulaṅghanā*) *v.t.* 1. to leap, jump over 2. to disobey
उलचना (*ulacnā*) *v.t.* to throw out water with hands or some pot, to drain out or bail out (water) (= उलीचना *q.v.*)
उलझन (*uljhan*) *f.* 1. complication, intricacy 2. imbroglio, quandry, impasse 3. embarrassment 4. entanglement
उलझन खड़ी करना *v.i.* to create complication, embarrassment
उलझनदार *a.* complicated
उलझन में डालना *v.t.* to embarrass
उलझन में पड़ना *v.i.* to be involved in

an imbroglio

उलझना (*ulajhna*) *v.i.* 1. to be entangled 2. to be involved, to get engaged 3. to be delayed 4. (किसी से) to quarrel, to fall out with 5. to get mixed up with

उलझाना (*uljhānā*) *v.t.* 1. to entangle 2. to complicate 3. to involve, to implicate 4. to confuse

उलझा देना *v.t.* to intricate (a case, matters), to get something complicated

उलझा रखना *v.t.* to keep (somebody) diverted or beguiled

उलझा हुआ *a.* intricate, complicated

उलझाव (*uljhāv*) *m.* 1. involvement 2. perplexity, uneasiness (= उलझन)

उलझेड़ा (*uljheṛā*) *m.* (झगड़ा) quarrel, broil (= उलझन)

उलटना (*ulaṭnā*) I. *v.t.* 1. to overturn, to upset, to capsize, to tilt over, to turn upside down, to turn inside out 2. (बदलना) to invert, to reverse 3. (गिराना) to overthrow 4. (कै करना) to vomit 5. (खोदना) to dig out, to root out 6. (विरोध करना) to refute, to contradict, to oppose 7. (उँड़ेलना) to pour out, to make empty 8. (लौटाना) to return, to come or go back 9. to turn over leaves of a book II. *v.i.* to be overturned, to turn turtle (also उलट जाना)

उलटना-पलटना *v.t.* to turn (a few pages of a book)

उलट पड़ना *v.i.* to change direction, to turn back suddenly

अर्थ उलटना *v.t.* to distort a meaning

आस्तीन उलटना *v.t.* to turn up sleeves

निर्णय उलटना *v.t.* to reverse a decision

रुख उलटना *v.t.* to change the trend

सरकार का तख्ता उलटना *(मु.)* *v.t.* to overthrow a government

उलट-पलट (*ulaṭ-palaṭ*) *f.* 1. shuffle 2. reversal

उलट-फेर (*ulaṭ-pher*) *m.* change, vicissitudes

उलटा (*ulṭā*) *a.* 1. inverse, inverted 2. reverse, contrary, the other way, the other side 3. topsy-turvy, upturned, upside down

उलटा करना *v.t.* to turn upside down

उलटा कदम *m.* retrograde step

उलटा क्रम *m.* reverse order

उलटा घड़ा बाँधना *v.t.* to counteract

उलटा चोर कोतवाल को डाँटे *(लो.)* the thief turns round and threatens the police, criminal chiding the judge

उलटा जनना *v.i.* to be born with feet foremost

उलटा ज़माना *m.* untoward times

उलटा जवाब *m.* impertinent answer, retort

उलटा जवाब देना *v.t.* to answer back, to retort

उलटा तवा *a.* jet black, dark (complexion)

उलटा पाठ पढ़ाना *v.t.* to misguide (= उलटी पट्टी पढ़ाना)

उलटा फिरना *v.i.* to return

उलटा समझना *v.i.* to misunderstand

उलटा-सीधा *a.* wrong, improper

उलटा हाथ *m.* left hand

उलटी साँस चलना *(मु.)* *v.i.* to take last breaths

उलटी माला फेरना *(मु.)* *v.t.* to invoke a curse, to invite bad luck

उलटी खोपड़ी (का) *m.* dullard, blockhead, stupid

उलटी गंगा बहाना *(मु.)* *v.t.* to go against norms or traditions

उलटी पट्टी पढ़ाना *(मु.)* *v.t.* to misguide

उलटी-सीधी सुनाना *(मु.)* *v.t.* to chide, to rebuke, to scold, to insult

उलटी हवा बहना *v.i.* adverse times,

unfavourable tidings
उलटे चले जाना *v.i.* to retrace steps
उलटे छुरे से मूँड़ना *(मु.) v.t.* to defraud, to betray, to guile
उलटे पाँव लौटना/फिरना *(मु.) v.i.* to return immediately
उलटाना (*ulṭānā*) *v.t.* 1. to reverse 2. to return 3. to turn (pages) (also see उलटना)
उलटाव (*ulṭāv*) *m.* reversal
उलटी (*ulṭī*) *f.* vomiting
उलफ़त A (*ulfat*) *f.* love
उलाँघना (*ulāṅghnā*) *v.t.* 1. to leap over 2. to climb over, to get over 3. to cross, (*fig.*) to transgress (a law or rule)
उलार (*ulār*) *f.* imbalance, more weighty on one side
उलाहना (*ulāhnā*) *m.* complaint
उलाहना देना *v.t.* to complain
उलिचना (*ulicnā*) *v.i.* to be bailed or drained out (as from a boat or house)
उलीचना (*ulīcnā*) *v.t.* to throw out water with hands or some pot, to drain out or bail out (water)
उलूक (*ulūk*) *m.* owl (common उल्लू)
उलूखल (*ulūkhal*) *m.* mortar
उलेढ़ना (*uleṛhna*) *v.t.* to hem, to border
उल्का (*ulkā*) *f.* meteor, shooting star
उल्कापात *m.* falling of a meteor
उल्कापिंड *m.* meteorite
उल्कावृष्टि *f.* shower of meteors
उल्काश्म (*ulkāśma*) *m.* meteorite, meteor rock
उल्टा (*ulṭā*) *a.* 1. inverse, inverted 2. reverse, contrary, the other way, the other side 3. topsy-turvy, upturned, upside down (= उलटा *q.v.*)
उल्था (*ulthā*) *m.* rendition, translation, rendering
उल्लंघन (*ullaṅghan*) *m.* 1. violation, infringement, contravention, transgression 2. (लांघना) passing over, overstepping
उल्लंघन करना *v.t.* to infringe, to violate, to transgress, to contravene, to pass over
उल्लंघनकर्ता *m.* transgressor
नियमों का उल्लंघन *m.* violation of rules
सीमा का उल्लंघन *m.* overstepping of limits
उल्लंघनीय (*ullaṅghanīy*) *a.* to be violated, to be transgressed
उल्लंघित (*ullaṅghit*) *a.* 1. violated, infringed 2. overstepped, crossed, exceeded
उल्लंब (*ullamb*) *a.* vertical
उल्लंब छेद *m.* vertical section
उल्लंब तल *m.* vertical plane
उल्लंबित (*ullambit*) *a.* 1. hanging 2. elevated, raised
उल्लसन (*ullasan*) *m.* merry making, revelry, jubilation
उल्लसित (*ullasit*) *a.* elated with joy, exhilarated, jubilant, merry, exulted, delighted
उल्लसित करना *v.i.* to elate
उल्लाघ (*ullāgh*) *m.* convalescence
उल्लाघ गृह *m.* convalescent home
उल्लाघ देख-भाल *f.* convalescent care
उल्लाप (*ullāp*) *m.* calling out in a loud voice, shouting, shout
उल्लास (*ullās*) *m.* 1. elation, exhilaration, exultation 2. merriment, rapture, ecstasy
उल्लासजनक *a.* exhilarating, mirthful
उल्लासोन्माद (*ullāsonmād*) *m.* euphoria
उल्लिखित (*ullikhit*) *a.* 1. written above 2. above-mentioned, specified above
उल्लू (*ullū*) *m.* 1. owl 2. a stupid fellow, blockhead
उल्लू का पट्ठा *(मु.) m.* a great idiot, perfect dunce
उल्लू का मांस खाना *v.t.* to become

foolish or idiot
उल्लू फँसाना *v.t.* to trap a fool
उल्लू बनना *v.i.* to be befooled
उल्लू बनाना *(मु.) v.t.* to befool
उल्लू बोलना *(मु.) v.i.* to be ruined
उल्लू सीधा करना *(मु.) v.t.* to achieve one's own objective
काठ का उल्लू *(मु.) m.* dunce, dullard

उल्लूपन (*ullūpan*) *m.* owlishness, stupidity, foolishness

उल्लेख (*ullekh*) *m.* mention, reference
उल्लेख करना *v.t.* to mention, to refer

उल्लेखन (*ullekhan*) *m.* 1. delineating 2. mentioning, referring, alluding

उल्लेखनीय (*ullekhanīy*) *a.* **/उल्लेख्य** (*ullekhya*) *a.* mentionable, worth mentioning, noteworthy, notable, remarkable

उल्लोल (*ullol*) *a.* dangling, shaking

उशबा A (*uśbā*) *m. a.* medicinal plant *Separitta*

उशीर (*uśīr*) *m.* the fragrant root of the plant *Andropogon muricatus* or khaskhas (grass)

उषा (*uśā*) *f.* dawn, daybreak (also उषा काल)
उषा कालीन *a.* of dawn, pertaining to the early morning
उषापान *m.* first drink of water in the morning (better उषःपान)

उष्ट्र (*uṣṭra*) *m.* camel (*fem.* उष्ट्रिका)
उष्ट्र पक्षी *m.* ostrich
उष्ट्रयान *m.* camel-cart

उष्ण (*uṣṇa*) *a.* hot
उष्ण-कटिबंध *m.* torrid zone, tropics
उष्ण-कटिबंध जलवायु *m.* tropical climate
उष्ण काल *m.* summer
उष्ण-देशीय *a.* tropical
उष्ण निश्वास *m.* hot breath
उष्ण प्रकृति *a.* **/उष्ण स्वभाव** *a.* hot tempered
उष्ण प्रदेश *m.* tropics
उष्ण प्रधान *a.* hot, torrid
उष्ण रक्तक *a.* hot-blooded

उष्णता (*uṣṇatā*) *f.* heat, warmth
उष्णता-रोधक *a.* heat-proof

उष्णीष (*uṣṇīṣ*) *m.* 1. turban 2. (मुकुट) coronet, diadem

उष्णोष्ण (*uṣṇoṣṇa*) *a.* very hot

उष्म (*uṣma*) *a.* hot

उष्मज (*usmaj*) *m.* any living being born of heat, sweat, etc. (as louse, gnat, etc.)

उष्मांक (*uṣmāṅk*) *m.* calorie

उष्मा (*uṣmā*) *f.* 1. heat, warmth 2. (उष्मा काल भी) hot season, summer 3. (क्रोध) wrath, anger, annoyance

उस (*us*) *pron.* inflected form of वह, it, he, she, that
उसका *pron.* his, her, its
उसके अधीन *adv.* subject thereto, under it
उसके आस पास *adv.* about it
उसके नाम पर *adv.* under his/her name
उसके लिए *pron.* for him/her
उसको *pron.* to that/it, him, her
उस दम *adv.* at that moment
उस दिन *adv.* the other day
उस पर भी *adv.* still, for all that, even then
उसमें *adv.* in it, in that, in him/her
उस विषय में *adv.* in that connection
उस समय *adv.* at that time

उसकाना (*uskānā*) *v.t.* 1. to instigate, to incite, to provoke 2. to induce, to kindle, to abet (better उकसाना)

उसना (*usnā*) *a.* boiled
उसना चावल *m.* rice husked after boiling

उसाँस (*usāṁs*) *f.* 1. long-drawn breath 2. deep sigh (= उच्छ्‌वास *q.v.*)

उसाना (*usānā*) *v.t.* to separate the husk, to winnow

उसारना (*usārnā*) *v.t.* to construct a wall

उसासना (*usāsnā*) *v.i.* to breathe, to respire

उसी (*usī*) *pron.* that very, him or her alone, himself, herself, itself (= उस ही)

उसी का *pron.* his or her alone

उसी घर में *adv.* in that very house

उसी दम *adv.* at that very moment

उसी ने किया he did it himself

उसूल A (*usūl*) *m.* principle

उसूलन A (*usūlan*) *adv.* on principle

उसूली A (*usūlī*) *a.* 1. (of a person) of principles 2. doctrinal

उसे (*use*) *pron.* accusative form of वह, him, her, to him, to her

उस्तरा (*ustarā*) *m.* razor

उस्ताद P (*ustād*) 1. master, skilful man, adept, expert 2. teacher, tutor 3. clever person, tactful person

उस्तादी P (*ustādī*) I. *f.* 1. teaching, profession of a teacher 2. skill, expertise 3. cleverness, artfulness II. *a.* masterly, skilful

उस्तादी चाल *f.* masterstroke

उस्तादी हाथ *m.* masterstroke

उस्तानी P (*ustānī*) *f.* 1. wife of a teacher 2. lady teacher

उस्तुरा P (*usturā*) *m.* razor (= उस्तरा *q.v.*)

ऊ

ऊ (*ū*) the sixth vowel of the Devanagari syllabary

ऊँगना (*ūṁgnā*) *v.t.* to grease the axle of a carriage

ऊँघ (*ūṁgh*) *f.* doze, snooze, drowsiness

ऊँघता (*ūṁghtā*) *a.* dozing, drowsing

ऊँघना (*ūṁghnā*) *v.i.* to doze, to snooze, to feel drowsy, to nap, to nod

ऊँघ लेना *v.i.* to doze for a while

ऊँघाई (*ūṁghāī*) *f.* doze, snooze, drowsiness (= ऊँघ *q.v.*)

ऊँच-नीच (*ūṁc-nīc*) *m.* 1. unevenness, inequality 2. undulating ground 3. ups and downs of life, vicissitudes

ऊँच-नीच का विचार *m.* distinction between high and low

ऊँचा (*ūṁcā*) *a.* high, tall, lofty

ऊँचा करना *v.t.* to raise high, to uplift, to elevate

ऊँचा चढ़ना *v.i.* to mount high, to rise high

ऊँचा दर्जा *m.* upper class

ऊँचा-नीचा *a.* irregular, rugged, rough, uneven

ऊँचा बोल बोलना *v.i.* to talk proudly or boldly, to brag

ऊँचा विचार *m.* lofty idea, noble idea

ऊँचा सुनना *(मु.)* *v.i.* to be hard of hearing, to be slightly deaf

ऊँचा हाथ रखना *v.t.* to have the upper hand, to excel

ऊँची आवाज़ *f.* loud voice

ऊँची कीमत *f.* high price

ऊँची दुकान फीका पकवान *(लो.)* great boast little roast

ऊँचे इरादे *m.* high intentions

ऊँचे दर्जे का *a.* of high order

ऊँचे-नीचे पाँव पड़ना *(मु.)* *v.i.* to go astray, to make mistakes

ऊँचे बोल का मुँह काला pride goeth before a fall, the proud ones are humiliated sooner or later

ऊँचाई (*ūṁcāī*) *f.* 1. height, loftiness 2. elevation 3. altitude 4. greatness, nobility

ऊँचान (*ūṁcān*) *f.* = ऊँचाई

ऊँट (*ūṁṭ*) *m.* camel

ऊँट-कटारा *m.* a kind of thistle of which camels are fond of, *Echinops echinatus*, heliotrope

ऊँट किस करवट बैठता है let us see how the wind blows, let us wait and watch how things turn up

ऊँट की चोरी और झुके-झुके to try to conceal the conspicuous

ऊँट के मुँह में जीरा *(मु.)* a drop in the ocean

ऊँट चढ़े कुत्ता काटे misfortune has long arms for the unfortunate

ऊँट निगल जाये, दुम से परहेज करे to challenge a lion and fear a lamb

ऊँट मक्के को ही भागता है water finds its own level

ऊँटनी (*ūṁṭnī*) *f.* she-camel

ऊँहूँ (*ūṁhūṁ*) *interj.* nay! no, no! no, never!

ऊः (*ūḥ*) *interj.* oh! pooh!

ऊकार (*ūkār*) *m.* the letter ऊ or its sound

or symbol

ऊक-चूक (*ūk-cūk*) *f.* omission, slip, oversight

ऊकारांत (*ūkārānt*) *a.* ending in ऊ or ॣ

ऊके-चूके (*ūke-cūke*) *adv.* by mistake, once in a blue moon, rarely

ऊख (*ūkh*) *m.* sugarcane, the hot season

ऊख पेरना *v.t.* to crush juice from sugarcane

ऊखल (*ūkhal*) *m.* mortar of stone or wood

ऊखली (*ūkhlī*) *f.* small mortar of stone or wood

ऊटक-नाटक (*ūṭak-nāṭak*) *m.* 1. useless work, haphazard work 2. aimless wandering

ऊटपटाँग (*ūṭpaṭāṅg*) *a.* 1. haphazard, random 2. useless, worthless 3. absurd, nonsense, meaningless 4. quixotic, grotesque, ridiculous

ऊढ़ (*ūṛh*) *a.* married, wedded

ऊढ़ा (*ūṛhā*) *f.* married (woman)

ऊत (*ūt*) *a.* & *m.* 1. blockhead, dunce, stupid person 2. issueless, childless

ऊत का ऊत stupid son of a stupid father

ऊतक (*ūtak*) *m.* tissue

ऊतक क्षय *m.* necrosis

ऊतक विज्ञान *m.* histology

ऊतपना (*ūtpanā*) *m.* stupidity

ऊतर-पातर (*ūtar-pātar*) *a.* paid off, squared, balanced (as accounts)

ऊति (*ūti*) *f.* 1. enjoyment 2. means of refreshing 3. help, favour

ऊद A (*ūd*) *m.* aloe wood (see अगर)

ऊदबिलाव (*ūdbilāv*) *m.* otter

ऊदबिलाव की ढेरी *f.* never ending quarrel

ऊदा (*ūdā*) I. *a.* violet, purple II. *m.* purple-coloured horse

ऊधम (*ūdham*) *m.* 1. noise, clamour, uproar, row 2. disturbance

ऊधम मचाना *v.t.* to make a row, to raise commotion

ऊधमी (*ūdhamī*) *a.* uproarious, blatant, turbulent, mischievous, miscreant

ऊन[1] (*ūn*) *a.* less, wanting, deficient

ऊनवाचक संज्ञा *f.* diminutive noun

ऊन[2] (*ūn*) *m.* wool

ऊनता (*ūntā*) *f.* deficiency, want, insufficiency

ऊना (*ūnā*) *a.* wool (= ऊन)

ऊनी (*ūnī*) *a.* made of wool, woollen

ऊनी कपड़ा *m.* woollen cloth

ऊपर (*ūpar*) *adv.* up, atop, above, over, on, upon

ऊपर अंकित *a.* above written or mentioned

ऊपर आना *v.i.* to come up, to rise

ऊपर-ऊपर *adv.* without contact superficially, externally

ऊपर-ऊपर का *a.* outer, external

ऊपर कहा हुआ *a.* aforesaid

ऊपर का काम *m.* extra work

ऊपर की आमदनी *(मु.) f.* extra income

ऊपर की शायिका *f.* upper berth

ऊपर-तले/नीचे *adv.* one above the other

ऊपर-तले के बच्चे *m.* children born in succession

ऊपरवाला *m.* the Supreme Being

ऊपरवालियाँ *f.* female servants

ऊपरवाले *m.* superiors, officers, dwellers in the upper storey

ऊपर से *adv.* from above, in addition to, on the top of it all, on the face of it

अपने ऊपर लेना *v.t.* to take (as responsibility or blame) upon oneself

सबसे ऊपर *a.* above all

ऊपरी (*ūprī*) *a.* 1. upper 2. superficial, cursory 3. showy, pompous 4. overhead 5. additional, extra

ऊपरी आमदनी *f.* additional or extra

income

ऊपरी आयु सीमा *f.* upper age limit

ऊपरी तौर से *adv.* cursorily, superficially

ऊपरी निरीक्षण *m.* surface inspection

ऊपरी व्यय *m.* overhead expenses

ऊपरी संवेदना *f.* showy sympathy

ऊपरी सड़क-पुल *m.* road overbridge

ऊपरी सीमा *f.* upper limit

ऊब (*ūb*) *f.* feeling of aversion, repugnance, monotony, tedium, weariness, boredom

ऊबड़-खाबड़ (*ūbaṛ-khābaṛ*) *a.* rough, rugged, uneven, bumpy

ऊबना (*ūbnā*) *v.i.* to feel irksome, to be bored, to feel fed up or tired

ऊबा हुआ *a.* bored

ऊरु (*ūru*) *m.* thigh, shank

ऊरुपर्व *m.* joint of the thigh

ऊरुफलक *m.* thigh bone

ऊरुभंग *m.* fracture of the thigh bone

ऊरुसंधि *f.* knot or joint of the thigh

ऊरुस्तंभ *m.* paralysis of the thigh

ऊर्ज (*ūrja*) *a.* 1. strong, powerful 2. energetic, vigorous

ऊर्ज(स्) (*ūrja(s)*) *m.* 1. power, strength 2. zeal, enthusiasm

ऊर्जस्वान (*ūrjasvān*) *a.* 1. strong, powerful 2. zealous, enthusiastic

ऊर्जस्विता (*ūrjasvitā*) *f.* energy, vitality, power, strength, vigour

ऊर्जस्वी (*ūrjasvī*) *a.* energetic, vigorous, powerful

ऊर्जा (*ūrjā*) *f.* energy, vigour

ऊर्जा क्षति *f.* loss of energy

ऊर्जा विज्ञान *m.* energetics

ऊर्जा संरक्षण *m.* conservation of energy

ऊर्जा स्रोत *m.* source of energy

ऊर्जित (*ūrjit*) *a.* invigorated, energetic

ऊर्जित करना *v.t.* to energise

ऊर्ण (*ūrṇa*) *m.* wool (= ऊन)

ऊर्ध्व (*ūrdhva*) *a.* 1. high, lofty 2. vertical, upward

ऊर्ध्व ओष्ठ *m.* dorsel or upper lip

ऊर्ध्वकाय *m.* upper half of the body

ऊर्ध्वक्रम *m.* ascending order

ऊर्ध्वगत *a.* raised, ascended, elevated

ऊर्ध्वगति *f.* ascent, elevation, upward motion, deliverance, salvation

ऊर्ध्वगामी *a.* going upwards, ascending

ऊर्ध्वतल *m.* surface

ऊर्ध्वपाद *a.* with feet turned upwards

ऊर्ध्व भाग *m.* upper part

ऊर्ध्वमंडल *m.* upper region

ऊर्ध्वमान *m.* altitude

ऊर्ध्वमुख *a.* with the face turned upwards

ऊर्ध्वमुखी गति *f.* upward motion

ऊर्ध्वरिता *a.* self-restrained, celibate

ऊर्ध्वलोक *m.* world above, heaven, paradise

ऊर्ध्व विस्तार *m.* upward extension

ऊर्ध्वश्वास *m.* last breath, deep breath

ऊर्ध्व संख्या *f.* highest number

ऊर्ध्व संस्थिति *f.* erect posture

ऊर्ध्व सीमा *f.* highest limit

ऊर्ध्व हनु *m.* upper jaw

ऊर्ध्वांग (*ūrdhvāṅg*) *m.* upper part of the body

ऊर्ध्वाधर (*ūrdhvādhar*) *a.* vertical

ऊर्ध्वाधर परिवर्धन *m.* vertical enlargement

ऊर्ध्वाधर रेखा *f.* vertical line

ऊर्मि (*ūrmi*) *f.* 1. wave, surge, billow 2. current, flow

ऊर्मिका (*ūrmikā*) *f.* wavelet, ripple

ऊर्मिमान (*ūrmimān*) *a.* 1. wavy, billowy 2. curled, crumpled (hair)

ऊर्मिल (*ūrmil*) *a.* wavy, undulatory

ऊर्मिल धारा *f.* undulatory current

ऊल-जलूल (*ūl-jalūl*) *a.* 1. awkward, clumsy 2. stupid 3. irrelevant

ऊषा (*ūṣā*) *f.* dawn, early morning,

daybreak

ऊष्म (*ūṣma*) I. *a.* hot II. *m.* heat

ऊष्मसह *a.* heat-proof

ऊष्मक (*ūṣmak*) *m.* heater

ऊष्मांक (*ūṣmāṅk*) *m.* heat index

ऊष्मा (*ūṣmā*) *f.* heat

ऊष्मा अवशेष *m.* heat absorber

ऊष्माचालक *m.* heat conductor

ऊष्माधारिता *f.* thermal capacity

ऊष्मा प्रतिरोधक *a.* heat resistant

ऊष्मामापी *m.* calorimeter

ऊष्मा विकिरण *m.* thermal radiation

ऊष्मासह *a.* heat-proof

ऊष्मायन (*ūṣmāyan*) *m.* incubation

ऊष्मीय (*ūṣmīy*) *a.* thermal

ऊसर (*ūsar*) I. *a.* (of land) barren, unproductive II. *m.* fallow land, deserted soil

ऊसर भूमि *f.* wasteland

ऊह (*ūh*) *m.* /**ऊहा** (*ūhā*) *m.*1. deliberation 2. reasoning, logic 3. conjecture

ऊहात्मक (*ūhātmak*) *a.* conjectural, fantastic

ऊहापोह (*ūhāpoh*) *m.* 1. consideration of the pros and cons of a question 2. indecisive reflection

ऊहापोह में पड़ा होना *v.i.* to be in two minds

ऋ

ऋ (*r̥*) the seventh vowel of the Devanagari syllabary

ऋकार (*r̥kār*) *m.* the letter and sound ऋ

ऋकारांत (*r̥kārānt*) *a.* (of a word) ending in ृ (as मातृ)

ऋक् (*r̥k*) *m.* Vedic hymn, a verse of the Rigveda

ऋक् संहिता *f.* collection of Vedic hymns (i.e. the Rigveda)

ऋक्थ (*r̥ktha*) *m.* legacy, inheritance, inherited property

ऋक्थ-ग्रहण *m.* inheriting property

ऋक्थग्राह(क) *m.* inheritor, successor, heir

ऋक्थदान *m.* bequest

ऋक्थभाग *m.* share of the ancestral property

ऋक्थभागी *m.* inheritor, successor, heir

ऋक्ष (*r̥kṣa*) *m.*1. (*fem.* ऋक्षी) bear 2. (ज्यो.) planet, star, constellation of the bears, *Pleiades*

ऋक्षपति/राज *m.* lord/chief of the stars, moon

ऋग् (*r̥g*) *m.* Vedic hymn, a verse of the Rigveda (= ऋक्)

ऋग्वेद *m.* the Rigveda, the earliest and most important of the four Vedas which contains ten books and 1017 hymns

ऋग्वेदी *m.* scholar or follower of the Rigveda

ऋचा (*r̥cā*) *f.* 1. Vedic hymn, verse, stanza, text (especially of the Rigveda) 2. magical invocation 3. lustre, splendour

ऋजिमा (*r̥jimā*) *f.* 1. uprightness 2. honesty, sincerity

ऋजु (*r̥ju*) *a.* 1. straight, upright 2. sincere, honest 3. direct

ऋजु अपघटन *m.* direct decomposition

ऋजुकरण *m.* straightening, (रसा. rectification)

ऋजुकाय *a.* straight-bodied

ऋजु कोर *m.* straight edge

ऋजु नीति *f.* morality, moral aptitude

ऋजु रेखा *f.* straight line

ऋजुता (*r̥jutā*) *f.* 1. straightness, uprightness, rectitude 2. straightforwardness, honesty, sincerity

ऋण (*r̥ṇ*) *m.*1. debt, loan 2. obligation 3. minus, negative quantity

ऋण उठाना *v.t.* to raise/contract debt

ऋण उतारना *(मु.) v.t.* to repay debt

ऋणकर्ता *m.* borrower, debtor

ऋणग्रस्त *a.* in debt, indebted

ऋणग्रस्त हो जाना *v.i.* to be involved in debt

ऋणग्रस्तता *f.* indebtedness

ऋण चढ़ना *(मु.) v.i.* to be in debt

ऋणचिह्न *m.* minus sign

ऋण चुकाना *(मु.) v.t.* to pay off debt

ऋण छोर *m.* (बैटरी का) minus end

ऋणत्रय *m.* the three debts (देवऋण) that of the gods or nature (ऋषिऋण) that of the sages, teachers (पितृऋण) that of our parents or ancestors

ऋणदाता *m.* creditor, lender

ऋण देयता *f.* indebtedness

ऋण ध्रुव *m.* cathode
ऋण पक्ष *m.* debit side
ऋणपत्र *m.* bond, debenture
ऋणपत्रधारी *m.* debenture-holder
ऋण परिशोधन *m.* amortization of debt
ऋण भरना *(मु.) v.t.* to pay off debt
ऋण भार *m.* encumbrance
ऋण भुगतान *m.* repayment of debt, amortization
ऋणमुक्त *a.* debt-free, free from debt
ऋणमुक्त करना *v.t.* to free from debt
ऋणमुक्ति *f.* acquittance, discharge of debt, repayment
ऋण विद्युत् negative current
ऋण व्यवस्था *f.* credit system
ऋण शुद्धि *f.*/**ऋण शोधन** *m.* amortization, repayment of debt
ऋण शेष *m.* minus balance
ऋणशोधनाक्षम *a.* insolvent
ऋणशोधनाक्षमता *f.* insolvency
ऋण संपरिवर्तन *m.* conversion of debt

ऋणात्मक (*ṛṇātmak*) *a.* negative
ऋणात्मक निवेश *m.* negative investment

ऋणाधार (*ṛṇādhār*) *m.* security

ऋणी (*ṛṇī*) I. *a.* 1. indebted, in debt 2. obliged, under obligation II. *m.* debtor
ऋणी होना *v.i.* to be indebted/obliged

ऋणोद्ग्रहण (*ṛṇodgrahaṇ*) *m.* realization of debt

ऋणोद्धार (*ṛṇoddhār*) *m.* payment or discharge of debt

ऋतंभर (*ṛtambhar*) I. *a.* placid, sober, tranquil II. *m.* God

ऋतंभरा (*ṛtambharā*) *f.* placid intellect, sober-mindedness

ऋत (*ṛt*) *m.* divine law/ truth, righteousness, truth personified
ऋतपति *m.* lord of pious deeds
ऋतवादी *a.* & *m.* truthful (person)
ऋतव्रत *a* vowed to truth, truthful

ऋतानृत (*ṛtānṛt*) *m.* truth and falsehood

ऋतु (*ṛtu*) *f.* 1. season, weather, the six seasons are (वसंत) spring, (ग्रीष्म) summer, (वर्षा) rains, (पतझड़) autumn, (हेमंत) cold, (शिशिर) winter 2. monthly course (of a woman), menstruation, menses, menstrual discharge
ऋतुकाल *m.* menstrual period, mating season, time for procreation
ऋतुगमन *m.* sexual intercourse, coitus
ऋतुचर्या *f.* regimen, way of living according to seasons
ऋतुदान *m.* coupling with a woman after menstruation (for conception)
ऋतुनाथ/पति/राज *m.* lord of seasons (i.e., spring)
ऋतुप्राप्त *a.* about to menstruate
ऋतुमती *a.* menstruant, in menses
ऋतुविकार *m.* menstrual disorder
ऋतुविज्ञान *m.* /**ऋतु शास्त्र** *m.* meteorology
ऋतुविज्ञानी *m.* meteorologist
ऋतुसंधि *f.* junction of two seasons, change of season
ऋतु-संबंधी *a.* seasonal, of the season
ऋतुसह *a.* weather-proof
ऋतु सह्यकरण *m.* acclimatization
ऋतु सूचक *a.* meteorological
ऋतुस्नान *m.* bath after menstruation
ऋतुस्राव *m.* menstrual discharge

ऋत्विक (*ṛtvik*) *m.* /**ऋत्विज** (*ṛtvij*) *m.* priest in yagya (sacrifice), Vedic brahmin

ऋद्ध (*ṛddha*) *a.* 1. prosperous, thriving, wealthy 2. amassed, increased

ऋद्धि (*ṛddhi*) *f.* 1. growth, affluence, prosperity 2. good fortune
ऋद्धि-सिद्धि *f.* prosperity and accomplishment or success

ऋभु (*ṛbhu*) *m.* semi-divine beings known for their art and magic

ऋषभ (*ṛṣabh*) *m.* 1. bull 2. (in compounds) eminent, the best (as पुरुष) 3. (music) the second note in the Indian gamut

ऋषभ-पुरुषर्षभ *m.* the best/eminent man

ऋषि (*ṛṣi*) *m.* sage, seer, anchorite, rishi

ऋषि-ऋण *m.* debt of the rishis and preceptors in the form of knowledge

ऋषि-कल्प *a.* saint-like, saintly

ऋषि-कुल *m.* hermitage

ऋषि-तर्पण *m.* oblations to rishis

ऋषि-यज्ञ *m.* sacrifice in repayment of debt due to rishis, study of the Veda

ऋषिराज *m.* the great rishi

ऋषित्व (*ṛṣitva*) *m.* sagehood, saintliness, the order or state of a rishi

ऋषीश्वर (*ṛṣīśvar*) *m.* chief among rishis

ऋष्टि (*ṛṣṭi*) *f.* weapons such as lance, spear, sword

ऋष्य (*ṛṣya*) *m.* a spotted and white-footed antelope

ए

ए (*e*) the eighth vowel of the Devanagari syllabary

एंच-पेंच (*eṁc-peṁc*) *m.* 1. entanglement 2.(धोखा) fraud, deceit

एंच-पेंच नहीं जानता a straightforward person

एंड़ा-बेड़ा (*eṁṛā-beṛā*) *a.* 1. topsy-turvy, unsystematic 2. incoherent

एंपोरियम E (*emporiyam*) *m.* emporium

एंबुलेंस E (*embuleṃs*) *m.* ambulance

एक (*ek*) *a.* 1. one 2. single, solitary 3. united 4. same 5. similar, alike

एक अनार सौ बीमार (*लो.*) small quantity huge demand, one post and a lot of candidates

एक आँख न भाना (*मु.*) *v.i.* not liked at all

एक-आध *a.* one or two, a few

एक-एक करके (*मु.*) *adv.* one by one, singly

एक-एक कौड़ी दाँत से पकड़ना *v.t.* to be very stingy

एक एजेंट *m.* sole agent

एक ओर *adv.* on one side

एक ओर से *adv.* from one side

एक और *a.* one more, another

एक और एक ग्यारह होते हैं (*मु.*) unity is strength

एक करना *v.t.* to combine, to unite

एक कलम (*मु.*) *adv.* (a) at one stroke of the pen (b) all at once (c) altogether, entirely

एककालिक *a.* synchronic

एककालिक भाषाविज्ञान *m.* synchronic linguistics

एककालीन *a.* contemporaneous

एक की चार लगाना (*मु.*) *v.t.* to multiply charges

एक की दस सुनाना *v.t.* to give one a volley of abuses, to pay back with interest, to retaliate more sharply

एक के दो करना *v.t.* to divide into two, to make cent per cent profit

एक के दस करना *v.t.* to earn enormous profit

एक के बाद एक *adv.* one after the other, one by one

एक कोशिक *a.* unicellular

एक कोषिक *a.* unicellular

एक चना भाड़ नहीं फोड़ सकता (*लो.*) one person cannot work for many

एकचर *a.* wandering or living alone, solitary

एकचित्त *a.* (a) single-minded, attentive (b) resolute

एकचित्त होना *v.i.* to be attentive

एकच्छत्र *a.* having undisputed sway, supreme, paramount

एकच्छत्र राज्य *m.* absolute monarchy

एक-जन व्यवसाय *m.* single-man business

एकज़बान *a.* with one voice, unanimous

एकज़बान होकर *adv.* unanimously

एकजाई *a.* living at the same place

एकजान *a.* blended together, intimate

एकजुट *a.* united

एकजुट होकर *adv.* together

एकटंगा *a.* one-legged

एकटक *a.* with fixed look, without a wink, without blinking

एक ढंग से *adv.* systematically
एकतंत्र *m.* monarchy, autocracy
एकतंत्र शासन *m.* autocratic government
एकतंत्र प्रणाली *f.* monarchical system
एकतंत्रात्मक *a.* monarchical, autocratic
एकतंत्रीय *a.* = एकतंत्रात्मक
एकत *adv.* from one side
एकतरफ़ *adv.* aside
एकतरफ़ा *a.* unilateral, ex parte
एकतरफ़ा कार्रवाई *f.* unilateral action
एकतरफ़ा डिगरी *f.* ex parte decree
एकतला *a.* having only one floor, single-storeyed
एक तवे की रोटी, कोई मोटी कोई छोटी (*लो.*) people of same heritage/family do differ
एकतान *a.* mono-tonous
एकतानता *f.* monotony
एकतारा *m.* single-stringed instrument
एकताल *a.* harmonious
एकताल करना *v.t.* to harmonize
एक तो *adv.* in the first instance, firstly
एक थैली के चट्टे-बट्टे (*मु.*) all of the same kind
एकदंत *a.* having one tooth
एक दफा *adv.* once, once upon a time
एकदम *adv.* all at once, all of a sudden, suddenly, outright, forthwith, immediately, instantly
एक दरा *m.* single-door (room)
एक दल *m.* /**एक दलीय** *a.* of one party
एकदलीय सरकार *f.* one-party government
एक दाम *m.* fixed price
एकदिल *a.* of one mind, unanimous
एकदिली *f.* accord
एकदिशी *a.* unidirectional
एक-दूसरे का *a.* mutual, reciprocal
एकदेववाद *m.* monotheism
एकदेशीय *a.* belonging to the same country
एकधर्मा *a.* having the same properties, homogenous, analogous
एकधर्मी *a.* professing the same religion, co-religionist
एकध्रुवीय *a.* unipolar
एक न एक (*मु.*) one or the other, either
एक न चलना *v.i.* to be helpless
एक न सुनना (*मु.*) *v.t.* to turn a dea f ear
एक नज़ीर सौ नसीहत a lone example is better than a hundred precepts
एक न शुद दो शुद misfortune never comes alone
एकनिष्ठ *a.* devoted to only one, loyalty to one only
एकनिष्ठता *f.* /**एकनिष्ठा** *f.* single-minded devotion, loyalty to one person
एक नेत्र. *a.* one-eyed
एक पंथ दो काज (*लो.*) to kill two birds with one stone
एकपक्षीय (a) one-sided, unilateral (b) prejudicial
एकपक्षीय अनुबंध *m.* unilateral agreement
एकपक्षीय कार्रवाई *f.* unilateral action
एकपक्षीय निर्धारण *m.* ex parte assessment
एकप्रत्याख्यान *m.* unilateral repudiation
एकपक्षीयता *f.* one-sidedness
एकपतित्व *m.* monandry
एकपति प्रथा *f.* monandry
एकपत्नीक *a.* having one wife
एकपत्नीत्व *m.* monogamy
एकपत्नीव्रत *m.* monogamist
एकपत्नीव्रती *m.* monogamist
एकपदी *a.* one-footed, one-legged
एक पर एक one after another
एक परहेज़ सौ इलाज prevention is better than cure

एकपहिया ठेला *m.* wheel-barrow
एक पाँव रिकाब में होना *v.i.* to be ever ready for a journey
एक पात्री नाटक *m.* monodrama
एकपार्श्वता *f.* unilaterality
एकपार्श्विक *a.* unilateral, one-sided
एकपाद *a.* single-footed, lame
एकपितृक *a.* having the same father
एक पेट से *a.* of the same mother, uterine
एकप्रसू *a.* uniparous
एक-फसली खेती *f.* one-crop farming
एक-ब-एक *adv.* all of a sudden, suddenly, all at once
एक बगल *adv.* aside
एक बार *adv.* once upon a time, at the same time
एकबारगी *adv.* at once, immediately
एकभाव *m.* uniformity of feeling
एकभक्ति *f.* devotion to one god only
एकभाषी *a.* monolingual
एक भी नहीं not even one
एकमंज़िला *a.* one-storeyed
एक मछली सारे तालाब को गंदा कर देती है *(लो.)* one (rotten) fish infects the whole pond
एकमत *a.* unanimous
एकमत होकर *adv.* with one accord, unanimously
एकमतावलंबी *a.* of the same faith or creed
एकमन से *adv.* with undivided attention
एकमना *a.* single-minded, attentive
एक माँ-बाप से/के *a.* of the same parents
एकमातृक *a.* born of the same mother, real brothers and sisters
एकमात्र *a.* only one, single, sole
एकमुँहा *a.* single-faced
एकमुश्त (a) lump sum, handful (b) in full payment, all in one instalment
एक म्यान में दो तलवारें नहीं समातीं *(लो)* two of a trade never agree
एकरंग *a.* uniform
एकरंगा *a.* of one colour
एकरस *m.* (a) monotonous (b) unchangeable
एकरसता *f.* monotony
एकराट् *m.* monarch
एकराय *a.* of one opinion
एकराय से *adv.* unanimously
एकराय होना *v.i.* to agree
एकरुखा *a.* one-sided, (of paper) written or printed on one side
एकरूप *a.* of the same form, of the same shape, identical, uniform
एकरूपता *f.* uniformity
एक लाठी से सबको हाँकना *(मु.) v.t.* to rule all men with the same rod, to treat all men alike
एकलिंग *a.* /**एकलिंगी** *a.* unisexual
एकलिंगता *f.* unisexuality
एक-वंशागत *a.* of common descent
एकवचन *m.* singular number
एक वर्ण *a.* /**एक वर्णी** *a.* of one colour, monochromatic
एकवर्षीय *a.* yearly
एकवाक्यता *f.* agreement, concord, harmony
एकविंश *a.&m.* twenty-one
एकविध *a.* same, identical
एकविम *a.* uni-dimensional
एकविवाह (प्रथा) monogamy
एकवेणी *a.* (of a woman) having a single braid
एक व्यवसायी *a.* following the same trade
एक शरण *f.* the only shelter
एक शासन *m.* monarchy, autocracy
एक शेष *m.* the only remainder
एकसंग *adv.* together
एकसत्तावाद *m.* dictatorship
एकसदनी *a.* unicameral
एकसदस्यीय चुनाव क्षेत्र *m.* single member constituency

एक सम *a.* /**एक समान** *a.* same, alike, uniform
एक-सा *a.* alike, similar, identical
एकसाथ *adv.* together, in a body, simultaneously
एकसाला *a.* yearly, annual
एकसुरा *a.* monotonous
एकसुरापन *m.* monotony
एकसूत्र में बाँधना (*मु.*) *v.t.* to unite
एकसूत्रता *f.* co-ordination
एक से एक बढ़कर *a.* one better than the other
एक से दो होना *v.i.* to get married
एक स्वर से *adv.* with one voice
एक हाथ से ताली नहीं बजती *(लो.)* it takes two to make a quarrel
एक ही *a.* unique, same
एक ही रट लगाये रखना *v.t.* to keep harping on the same tune

एकक (*ekak*) I. *m.* unit II. *a.* single, solitary

एकड़ *(ekaṛ) m.* acre

एकतरा (*ekatrā*) *m.* fever that comes on alternate days

एकता (*ektā*) *f.* 1. unity, oneness 2. identity, sameness 3. solidarity
एकतावाद *m.* unionism
एकतावादी *m.* unionist

एकत्र (*ekatra*) *a.* together, in one
एकत्र करना *v.t.* to gather, to collect
एकत्र होना *v.i.* to assemble, to collect

एकत्रित (*ekatrit*) *a.* gathered, collected, together, agglomerated
एकत्रित बस्ती *f.* agglomerated settlement

एकत्रीकरण (*ekatrīkaraṇ*) *m.* gathering, pooling

एकत्व (*ekatva*) *m.* 1. unity, oneness 2. identity, sameness 3. solidarity (= एकता *q.v.)*

एकदा (*ekdā*) *adv.* once, once upon a time

एकधा *(ekdhā) adv.* singly

एकन्नी (*ekannī*) *f.* (old use) one-anna coin (= इकन्नी *q.v.)*

एकल (*ekal*) *a.* sole, single, lonely, alone, solitary, isolated
एकल प्राणी *m.* solitary being
एकल मत *m.* single vote
एकल विरोध *m.* isolated opposition

एकस्व (*ekasva*) *m.* patent (right)
एकस्व प्रणाली *f.* patent system

एकहरा (*ekahrā*) *a.* 1. single 2. of one twist 3. of single fold 4. one-stranded

एकांकी (*ekāṅkī*) I. *a.* one-act II. *m.* one-act play

एकांग (*ekāṅg*) *a.* 1. one-limbed 2. having one limb 3. having a unique shape or form 4. consisting of one part only
एकांग घात *m.* monoplegia

एकांगी (*ekāṅgī*) *a.* one-sided
एकांगी दृष्टिकोण *m.* one-sided view
एकांगी निर्णय *m.* one-sided judgement

एकांत (*ekānt*) I. *a.* 1. secluded, sequestered, solitary 2. private II. *m.* 1. solitude, seclusion 2. privacy, secrecy
एकांत कारावास *m.* /**एकांत कैद** *f.* solitary imprisonment
एकांत कोठरी *f.* solitary cell
एकांतप्रिय *a.* one who enjoys solitude
एकांत भेंट *f.* private audience
एकांत में *adv.* in solitude, in privacy
एकांतवास *m.* solitude, retirement
एकांतवासी *m.* recluse
एकांत स्वरूप *a.* detached (from the world)

एकांतता (*ekāntatā*) *f.* 1. privacy, secrecy 2. loneliness, solitude, seclusion, solitariness

एकांतर (*ekāntar*) *a.* alternate, every other
एकांतर कोण *m.* alternate angle

एकांतर क्रम से *adv.* alternately
एकांतर श्रेणी *f.* alternating series
एकांतरण (*ekāntaraṇ*) *m.* alternation
एकांतरतः (*ekāntartaḥ*) *adv.* alternately
एकांतिक (*ekāntik*) *a.* exclusive
एकांतिक क्षेत्राधिकार *m.* exclusive jurisdiction
एका (*ekā*) *m.* unity, unison, oneness
एकाउंट E (*ekāuṇt*) *m.* account
एकाउन्टेंट E (*ekāuṇteṁṭ*) *m.* accountant
एकाएक (*ekāek*) *adv.* suddenly, all of a sudden, all at once, abruptly
एकाकार (*ekākār*) *a.* 1. of the same shape or form, similar, alike 2. united, intermingled
एकाकिनी (*ekākinī*) *a.&f.* alone, solitary
एकाकी (*ekākī*) *a.* 1. lonely, single, solitary 2. isolated
एकाकी द्वीप *m.* single island
एकाकीपन *m.* feeling of loneliness
एकाक्ष (*ekākṣa*) *a.* 1. one-eyed, blind of one eye 2. having one axle, uniaxial
एकाक्षर (*ekākṣar*) I. *m.* monosyllable II. *a.* monosyllabic
एकाक्षर भाषा *f.* monosyllabic language
एकाक्षरता (*ekākṣartā*) *f.* monosyllabism
एकाक्षरी (*ekākṣarī*) *a.* monosyllabic
एकाक्षरी कोश *m.* glossary of monosyllabic words
एकाग्र (*ekāgra*) *a.* closely attentive, concentrated
एकाग्रचित्त *a.* deeply or closely attentive, fully concentrated
एकाग्रचित्त से *adv.* with undivided attention
एकाग्रचित्तता *f.* concentration, undivided attention
एकाग्र दृष्टि *a.* having the eyes focussed on one particular object or point
एकाग्रता (*ekāgratā*) *f.* concentration (of mind)
एकाग्रित (*ekāgrit*) *a.* concentrated
एकात्म (*ekātma*) I. *a.* 1. very intimate or close 2. integrated (into one), unitary 3. identical II. *m.* universal spirit, immanence of spirit
एकात्मक-कर प्रणाली *f.* unitary tax system
एकात्मवाद *m.* doctrine of universal spirit
एकात्मवादी *m.* one holding the theory of universal spirit
एकात्मक (*ekātmak*) *a.* unitary
एकात्मक राज्य *m.* unitary state
एकात्मक संविधान *m.* unitary constitution
एकात्मक सरकार *f.* unitary government
एकात्मीभवन (*ekātmībhavan*) *m.* identification
एकात्म्य (*ekātmya*) *m.* identity
एकादश (*ekādaś*) *a.&m.* 1. eleven 2. eleventh
एकादशाह (*ekādaśāh*) *m.* obsequies on the eleventh day after the death of a person
एकादशी (*ekādaśī*) *f.* eleventh day of a lunar fortnight
एकाध (*ekādh*) *a.* one or two, a few (see एक आध)
एकाधिक (*ekādhik*) *a.* more than one, many, multiple
एकाधिकार (*ekādhikār*) *m.* exclusive right, monopoly
एकाधिकार करना *v.t.* to monopolize
एकाधिकार क्षेत्र *m.* exclusive jurisdiction
एकाधिकारवादी *m.* totalitarian
एकाधिकार संबंधी *a.* monopolistic
एकाधिकारी (*ekādhikārī*) I. *m.* monopolist II. *a.* having exclusive right
एकाधिकृत (*ekādhikṛt*) *a.* monopolized
एकाधिपत्य (*ekādhipatya*) *m.* 1. sole and absolute right/sovereignty, su-

premacy 2. autocracy
एकार (*ekār*) *m*. the letter ए
एकारांत (*ekārānt*) *a*. (of word) ending in ` (as in के)
एकार्थ (*ekārtha) a*. /**एकार्थक** (*ekārthak*) *a*. having one meaning, univocal
एकार्थ, एकार्थक पद *m*. univocal word
एकालाप (*ekālāp*) *m*. monologue
एकावलि (*ekāvli*) *f*. 1. single row 2. single string of pearls or beads
एकाश्म (*ekāśma*) *m*. monolith
एकाश्मक (*ekāśmak*) *a*. monolithic
एकाह (*ekāh*) *m*. 1. period of one day 2. religious ceremony lasting one day
एकाहारी (*ekāhārī*) *a*. & *m*. (one) who takes only one meal in a day
एकीकरण (*ekīkaraṇ*) *m*. 1. unification, integration 2. amalgamation 3. consolidation
एकीकृत (*ekīkṛt*) *a*. 1. unified, integrated 2. amalgamated 3. consolidated
एकीकृत लेखे *m*. integrated accounts
एकीभवन (*ekībhavan*) *m*. merging, unification, coalition
एकीभाव (*ekībhāv*) *m*. complete union, perfect unity, coalescence
एकीभूत (*ekībhūt*) *a*. 1. merged 2. fused 3. consolidated 4. integrated 5. unified
एकेंद्रिय (*ekeṁdriy*) *a*. having only one organ or sense
एकेडमी E (*ekedamī*) *f*. /**एकेदमी** (*ekedami*) *f*. academy
एकेश्वर (*ekeśvar*) *m*. only one God
एकेश्वरवाद *m*. monotheism
एकेश्वरवादी (a) *m*. monotheist (b) *a*. monotheistic
एकोतरसौ (*ekotarsau*) *a*. one hundred and one
एकोत्तर (*ekottar*) *a*. one more than the previous number (as from five to six)
एकोद्देशी (*ekoddeśī*) *a*. having a single object or purpose
एकोद्देशी समिति *f*. single-purpose committee
एकोन्माद (*ekonmād*) *m*. monomania
एक्का (*ekkā*) *m*. gig, ekka
एक्कावान *m*. ekka-driver
एक्की (*ekkī*) *f*. ace in cards
एच-पेच (*ec-pec*) *m*. 1. twist 2. fraud
एटम E (*eṭam*) *m*. atom
एटम बम *m*. atom bomb
एड्स E (*aids*) *m*. AIDS, an illness which attacks the body's ability to fight infection and is usually fatal
एड़ (*eṛ*) *f*. 1. heel 2. spur
एड़ मारना/लगाना *v.t.* to spur, to apply spurs
एड़ी (*eṛī*) *f*. heel (of foot), heel of a shoe
एड़ी-चोटी का ज़ोर लगाना *v.t.* to put in utmost force
एड़ी-चोटी का पसीना एक करना *v.t.* to make great effort
एड़ी से चोटी तक *adv*. from top to toe, from head to foot
एड़ियाँ घिसना/रगड़ना *v.t.* (fig.) to be in straitened circumstances
एढ़ा-टेढ़ा (*eṛhā-ṭeṛhā*) *a*. /**एढ़ा-मेढ़ा** (*eṛhā-meṛhā*) *a*. 1. crooked 2. irregular, uneven
एण (*eṇ*) *f*. a species of deer
एणमद *m*. musk
एतत्पूर्व (*etatpūrva*) *a*. & *adv*. before this, here-to-fore
एतद् (*etad*) *pron*. this
एतद्देशीय *a*. pertaining to this country
एतद्द्वारा *adv*. through this
एतदनुसार *adv*. according to this
एतदर्थ *adv*. ad hoc, in this behalf, for this purpose
एतदर्थ समिति *f*. ad hoc committee
एतबार A (*etbār*) *m*. faith, confidence,

trust

एतबार करना *v.t.* to trust

एतबार खोना *v.t.* to lose credit/confidence

एतबार होना *v.i.* to have faith

एतबारी A (*etbārī*) *a.* fit for keeping confidence, trustworthy, credible

एतराज़ A (*etrāz*) *m.* objection

एतराज़ करना *v.t.* to object, to question

एतराज़ छोड़ देना *v.t.* to waive an objection

एतराज़ दाख़िल करना *v.t.* to file an objection

एतवार (*etvār*) *m.* Sunday

एतवारी (*etvārī*) *a.* of or concerning Sunday

एतादृश (*etādr̥ś*) *a.* like this, similar to this

एतावत् (*etāvat*) *a.* so much

एतावत् काल *m.* so much time

एतावत मात्र *adv.* /**एतावन्मात्र** *adv.* only so much

एन. सी. ओ. E (*en-sī-o*) *m.* N.C.O. (non-commissioned officer)

एनामल (*enāmal*) *m.* /**एनैमल** E (*enaimal*) *m.* enamel

एनीमा E (*enīmā*) *m.* enema

एपैंडिसाइटिस E (*epaiṁḍisāitis*) *m.* appendicitis

एप्रिल E (*epril*) *m.* April

एप्रूवर E (*eprūvar*) *m.* approver

एम E (*em*) *m.* a measure equal to 1/6 inch

एमन (*eman*) *m.* a musical mode

एयर E (*eyar*) *f.* air (in combinations)

एयर-कंडीशंड *a.* air-conditioned

एयर कमोडोर *m.* air commodore

एयर-क्राफ़्ट *m.* aircraft

एयर गन *f.* air gun

एयर फ़ोर्स *m.* air force

एयर मार्शल *m.* air marshal

एयर मेल *f.* air mail

एरंड (*eraṇḍ*) *m.* castor oil plant and seed, *Patma christi ricinus*

एरंड तेल *m.* castor oil

एरियल E (*eriyal*) *m.* aerial

एलची (*elcī*) *m.* emissary, ambassador, envoy

एलचीगीरी *f.* job or office of an emissary, ambassadorship

एलबम E (*elbam*) *m.* album

एला (*elā*) *f.* cardamom plant and its fruit/seeds

एलान A (*elān*) *m.* public declaration or announcement

एलान करना *v.t.* to announce

एलानिया A (*elāniyā*) *adv.* publicly

एलार्म E (*elārm*) *m.* alarm

एलार्म घड़ी *f.* alarm watch/clock

एलोपैथी E (*elopaithī*) *f.* allopathy

एल्युमिनियम E (*elyūminiam*) *m.* aluminium

एवं (*evaṁ*) *conj.* as, as well as, also, and

एव (*ev*) *part.* only, of course

अतएव therefore, hence

एतदेव only that, etc.

एवज़ A (*evaz*) *m.* substitute

इसके एवज़ में in lieu of this, in place of this

एवज़ी A (*evazī*) *a.* officiating, substitute

एवज़ी एजंट *m.* substitute agent

एवज़ी छुट्टी *f.* compensatory leave

एवज़दार *m.* substitute

एवमस्तु (*evamastu*) *phr.* be it so

एशियन (*eśiyan*) *a.* /**एशियाई** (*eśiyāī*) *a.* Asian

एषणा (*eṣṇā*) *f.* ardent desire

एषणीय (*eṣṇīya*) *a.* 1. to be sought or aimed at 2. desirable

एष्य (*eṣya*) *a.* = एषणीय

एसिड E (*esiḍ*) *m.* acid

एसिडता (*esiḍtā*) *f.* acidity

एसिडीकरण (*esiḍīkaraṇ*) *m.* acidification

एसेंस E (*esemṣ*) *m.* essence
एस्टिमेट E (*esṭimeṭ*) *m.* estimate
एहतियात A (*ehtiyāt*) *f.* precaution, care
एहतियात रखना *v.t.* to take precaution
एहतियात से *adv.* with great care, carefully
एहतियातन A (*ehtiyātan*) *adv.* by way of precaution
एहतियाती A (*ehtiyātī*) *a.* precautionary
एहतियाती उपाय *m.* precautionary measures
एहतियाती कार्रवाई *f.* safeguard
एहसान A (*ehsān*) *m.* obligation, favour
एहसान करना *v.t.* to do an act of kindness, to oblige
एहसान जताना *v.t.* to remind one of the favours done
एहसान-फ़रामोश *a.* ungrateful
एहसान-फ़रामोशी *f.* ungratefulness, ingratitude
एहसानमंद *a.* obliged, grateful
एहसानमंदी *f.* gratefulness
एहसान मानना *v.t.* to feel obliged/grateful, to acknowledge somebody's kindness
एहसान लेना *v.t.* to be under obligation
एहसास A (*ehsās*) *m.* 1. feeling 2. consciousness
एहसास होना *v.i.* to feel, to be conscious

ऐ

ऐ (*ai*) the ninth vowel of the Devanagari syllabary

ऐ (*ai*) *interj*. O!

ऐं (*aiṁ*) *interj*. 1. please repeat! 2. ah! (in wonder)

ऐंगुद (*aiṁgud*) *a*. coming from the plant इंगुद *q.v.*

ऐंग्लो E (*aiṁglo*) *a*. Anglo (as in ऐंग्लो-अमेरिकन Anglo-American)

ऐंग्लो-इंडियन *a*. & *m*. Anglo-Indian

ऐंग्लो-वर्नाक्युलर *a*. Anglo-vernacular

ऐंच (*aiṁc*) *f*. drawing, tightening, pulling

ऐंचना (*aiṁcanā*) *v.t.* to draw, to pull, to tighten

ऐंचाताना (*aiṁcātānā*) *a*. squint-eyed

ऐंचातानी (*aiṁcātānī*) *f*. stretching and straining, tugging and pulling

ऐंठ (*aiṁṭh*) *f*. 1. twist, coil 2. stiffness 3. (घमंड) conceit, vanity

ऐंठदार *a*. twisted, haughty

ऐंठ दिखाना *v.t.* to show off airs

ऐंठबाज़ *m*. conceited person

ऐंठन (*aiṁṭhan*) *f*. 1. twist, coil, contortion 2. spasm, wrench, cramp

ऐंठन (रस्सी की) *f*. kink

ऐंठन खोलना *v.t.* to uncoil

ऐंठन रोक *a*. anti-spasmodic

ऐंठना (*aiṁṭhnā*) *v.i.* & *v.t.* 1. to twist, to distort, to convulse, to writhe 2. to tighten 3. to squeeze 4. to show arrogance 5. to take by force or fraud

ज़बान या शरीर ऐंठना *v.t.* to stiffen

किताब ऐंठना *v.t.* to crinkle, to curve

पेट या हाथ ऐंठना *v.t.* to feel spasm or cramp in the stomach

लकड़ी ऐंठना *v.t.* to warp (wood)

व्यक्ति ऐंठना *v.t.* to get conceited

ऐंठवाना (*aiṁṭhvānā*) *v.t.* to get twisted, to cause to tighten, to get extorted

ऐंठू (*aiṁṭhū*) *a*. 1. boastful, arrogant, conceited 2. obstinate

ऐंड़-बैंड़ (*aiṁṛ-baiṁṛ*) *a*. crooked, zigzag

ऐंडी-बैंडी (*aiṁṛī-baiṁṛī*) *f*. abuses

ऐंडी-बैंडी सुनाना *v.t.* to abuse, to call names

ऐंद्र (*aiṁdra*) *a*. of or belonging to Indra

ऐंद्रजालिक (*aiṁdrajālik*) I. *a*. magical II. *m*. magician, conjurer

ऐंद्रजालिक कर्म *m*. magic

ऐंद्रिय (*aiṁdriy*) *a*. of or pertaining to senses, sensuous

ऐंद्रिय सुख *m*. sensuous pleasure

ऐंधन (*aiṁdhan*) *a*. produced from fuel

ऐकपत्य (*aikpatya*) *m*. totalitarianism

ऐकमत्य (*aikmatya*) *m*. unanimity, concurrence, agreement, complete accord

ऐकांतिक (*aikāntik*) *a*. (from एकांत) 1. solitary 2. exclusive, without exception

ऐकार (*aikār*) *m*. the letter ऐ

ऐकारांत (*aikārānt*) *a*. ending in ऐ,

ऐकिक (*aikik*) *a*. unitary

ऐकिक विधि *f*. unitary method

ऐकार्थ्य (*aikārthya*) *m.* 1. oneness of object or intention 2. sameness of meaning

ऐक्य (*aikya*) *m.* 1. union, unity 2. harmony 3. uniformity

ऐक्षव (*aikṣav*) *a.* produced from sugarcane

ऐच्छिक (*aicchik*) *a.* voluntary, optional

ऐच्छिक चंदा *m.* voluntary subscription

ऐच्छिक विषय *m.* optional subject

ऐच्छिक सेवा *f.* voluntary service

ऐज़न A (*āizan*) *a.* the same, ditto

ऐतिहासिक (*aitihāsik*) *a.* historical

ऐतिहासिक अनुसंधान *m.* historical research

ऐतिहासिक अभिलेख *m.* historic record

ऐतिहासिक पृष्ठभूमि *f.* historical background

ऐतिहासिक प्रमाण *m.* historical evidence

ऐतिहासिक महत्त्व *m.* historical importance

ऐतिहासिक स्मारक *m.* historical monument

ऐतिहासिकता (*aitihāsiktā*) *f.* historical genuineness

ऐन A (*ain*) *a.* exact, just

ऐन वक्त पर *adv.* just in time, in the nick of time

ऐनक P (*ainak*) *f.* spectacles, eyeglasses

ऐनकसाज़ *m.* one who makes or repairs spectacles

ऐन्टेना E (*ainṭenā*) *m.* antenna

ऐब A (*āib*) *m.* 1. fault, defect 2. vice, shortcoming

ऐबगो *m.* slanderer, calumniator

ऐब छिपाना *v.t.* to whitewash one's shortcomings

ऐबदार *a.* defective

ऐब निकालना *v.t.* to find fault

ऐबपोशी *f.* concealment of fault, to connive at vices

ऐब लगाना *v.t.* to stigmatise, to impute fault, to blame, to accuse

ऐबी A (*aibī*) *a.* 1. defective, faulty 2. vicious

ऐयार A (*aiyār*) I. *m.* spy, secret service agent II. *a.* crafty, cunning

ऐयारी A (*aiyārī*) *f.* 1. espionage 2. wickedness 3. fraud

ऐयाश A (*aiyāś*) I. *a.* lewd, voluptuous, libidinous II. *m.* sexy person, voluptuary, debauch

ऐयाशी A (*aiyāśī*) *f.* voluptuousness, lewdness, debauchery

ऐरा-ग़ैरा (*airāg̱airā*) *a.* outsider, stranger, anyone

ऐरा-ग़ैरा नत्थू-खैरा *(मु.)* *m.* any Tom, Dick and Harry

ऐलान A (*ailān*) *m.* public declaration or announcement (= एलान *q.v.*)

ऐश A (*aiś*) *m.* 1. merrymaking, enjoyment 2. luxury 3. sensuality, sensuous enjoyment, voluptuousness

ऐश करना *v.t.* to enjoy oneself

ऐशमहल *m.* place of pleasure, harem

ऐश-ओ-आराम *m.* pleasure and comfort

ऐशपरस्त *a.* luxury-seeking, epicurean

ऐशपरस्ती *f.* luxury, epicureanism

ऐशपसंद *a.* luxury-loving

ऐश्वर्य (*aiśvarya*) *m.* 1. (from ईश्वर) (original meaning) godliness, divinity 2. prosperity, affluence 3. grandeur, glory 4. wealth 5. supremacy

ऐश्वर्यवान् *a.* (a) prosperous, affluent, wealthy (b) grand, glorious

ऐश्वर्यशाली *a.* prosperous, wealthy, opulent, majestic

ऐष्टक (*aiṣṭak*) *a.* made of bricks

ऐसा (*āisā*) *a.* such, like this, of this kind or type

ऐसा-तैसा *a.* so-so, such and such

ऐसा नहीं होगा it will not be so
ऐसा नहीं हो सकता it is not possible
ऐसा-वैसा *a*. (*fem*. ऐसी वैसी) (a) middling, insignificant, of little importance (b) inferior, poor (c) undesirable, improper
ऐसी की तैसी *f*. to make a mockery (of)
ऐसी-तैसी *f*. disgrace, infamy

ऐसे (*aise*) *adv*. thus, in this way/manner, similarly
ऐसे ही *adv*. just, precisely, as though, by the way

ऐहलौकिक (*aihalaukik*) *a*. of this world, worldly, mundane

ऐहलौकिकता (*aihalaukiktā*) *f*. worldliness, mundaneness

ऐहिक (*aihik*) *a*. worldly, mundane
ऐहिकदर्शी *a*. worldly-minded
ऐहिक विधि *f*. temporal law

ऐहिकता (*aihiktā*) *f*. 1. worldliness, mundaneness 2. materialism
ऐहिकतापरक *a*. worldly, secular

ओ

ओ (*o*) the tenth vowel of the Devanagari syllabary

ओं (*oṁ*) *m.* mystic name of God, ओउम्

ओंकार (*oṁkār*) *m.* 1. the symbol Om, the incantation ओउम् 2. (आरंभ) beginning, commencement (fig)

ओँगना (*oṁgnā*) *v.t.* to lubricate the axle of a wheel

ओँठ (*oṁṭh*) *m.* lip (also ओठ, होंठ, होठ)

ओ (*o*) *interj.* used in calling somebody, o, hello, ho there !

ओक[1] (*ok*) *m.* cup formed by joining both hands, palms of hands put/folded together

ओक से पानी पीना *v.t.* to drink water from the cup formed by joining the palms of the hands

ओक[2] (*ok*) *m.* 1. abode, dwelling 2. refuge, shelter, asylum

ओकना (*oknā*) *v.i.* 1. to vomit 2. to bellow like a buffalo

ओक लेना *v.i.* to vomit for relief

ओकाई (*okāī*) *f.* nausea, vomiting sensation

ओकार (*okār*) *m.* the letter ओ, or its sound

ओकारांत (*okārānt*) *a.* (of a word) ending in ओ, ो (as in जो)

ओखली (*okhlī*) *f.* mortar (generally of wood)

ओखली में सिर देना *(मु.)* to be ready to endure any hardship, to take risk deliberately

ओघ (*ogh*) *m.* 1. current, torrent 2. heap, pile

ओछा (*ochā*) *a.* 1. mean, low, vulgar, frivolous 2. shallow, lacking depth

ओछी बातचीत *f.* shallow talk

ओछापन (*ochāpan*) *m.* shallowness, meanness, frivolity

ओज (*oj*) *m.* 1. vigour, power, prowess, vitality 2. (कांति) lustre, splendour, glow

ओजपूर्ण *a.* 1. vigorous 2. splendid, lustrous

ओजस्वल (*ojasval*) *a.* 1. energetic, mighty, powerful 2. bright, lustrous

ओजस्विता (*ojasvitā*) *f.* 1. vigour, might, strength 2. lustre, splendour, radiance

ओजस्वी (*ojasvī*) *a.* 1. vigorous, powerful, virile, valiant 2. lustrous, radiant

ओज़ोन E (*ozon*) *m.* ozone, allotropic form of oxygen

ओझ (*ojh*) *m.* belly, stomach

ओझल (*ojhal*) *a.* 1. hidden, concealed, screened 2. out of sight, invisible

ओझल करना *v.t.* to put out of sight, to cause to disappear, to hide

ओझल होना *v.i.* to get out of sight, to disappear

ओझा (*ojhā*) *m.* 1. diviner, soothsayer, sorcerer, exorcist, witch doctor, wizard 2. a caste of Brahmins (*fem.* ओझाइन)

ओझाई (*ojhāī*) *f.* 1. sorcery, divination 2. profession of an ओझा

ओट (*oṭ*) *f.* 1. cover, screen 2. protection, shelter, refuge 3. (छिपाव) con-

cealment, hiding place
ओट करना *v.t.* to cover, to hide, to conceal
ओट में रहना *v.i.* to remain under cover/shelter

ओटना *(oṭnā) v.t.* to pick or separate seeds (from cotton), to thrum, to gin (cotton)

ओटनी *(oṭnī) f.* ginning machine, instrument for separating seeds from cotton

ओटा *(oṭā) m.* one who picks or separates seeds from cotton

ओटाना *(oṭānā) v.t.* to boil (milk)

ओटावनी *(oṭāvnī) f.* earthen vessel for boiling milk

ओठ *(oṭh) m.* lip
ओठ चबाना *(मु.) v.t.* to press the lower lip under the teeth
ओठ फड़कना *v.i.* throbbing of the lips (signifying suppressed rage)
ओठों पर *adv.* on the verge of being uttered

ओड़ *(oṛ) f.* protection (as from a blow)

ओड़ा *(orā) m.* basket, pannier

ओढ़ना *(oṛhanā)* I. *v.t.* 1. to cover with a cloth, to put on 2. to wrap (in a shawl) II. *m.* wrapper, covering, sheet or quilt
ओढ़ना उतारना *v.t.* to humiliate
ओढ़ना-बिछौना *m.* covering and bedding
चुप्पी ओढ़ना *v.i.* 1. to keep mum, to make no reply 2. to take upon oneself (as a fault or responsibility)

ओढ़नी *(oṛhnī) f.* a woman's sheet or shawl
ओढ़नी बदलना *v.t.* to exchange mantles as a token of friendship

ओढ़वाना *(oṛhvānā) v.t.* to cause somebody to cover anything or a person with a cloth or something

ओढ़ाना *(oṛhānā) v.t.* to cover somebody with cloth or blanket

ओतप्रोत *(otprot) a.* 1. cross-threaded, cross-lined 2. imbued, soaked 3. completely mixed up
ओतप्रोत होना *v.i.* to be saturated

ओदक *(odak) m.* animal living in water

ओदन *(odan) m.* boiled rice

ओदा *(odā) a.* wet, moist, damp

ओनामासी *(onāmāsī) f.* beginning, commencement

ओप *(op) f.* shine, lustre, gloss, polish
ओप देना *v.t.* to give lustre, to polish, to glaze

ओपची *(opacī) m.* glazer, polisher

ओफ *(of) interj.* oh! ah me! (expression of pain, grief, wonder)

ओबरा[1] *(obarā) a.* excessive

ओबरा[2] *(obarā) a.* tasteless, insipid

ओम् *(om) m.* Om, mystic name of God, Om (see ओं)
ओम् नमः I salute God
ओम् नमः सिद्धम् I prostrate before God for success

ओर *(or) f.* side, direction
ओर-छोर *m.* the two ends, beginning and the end
किस ओर *interj.* which side/direction
चारों ओर *adv.* on all sides
मेरी ओर से *adv.* from me, on my behalf

ओलंदेज़ *(olandez) m.* of Holland

ओलंपिक E *(olampik) a.* Olympic
ओलंपिक खेल *m.* Olympic games

ओल *(ol) f.* 1. personal bail or security 2. (बंधक) pledge, pawn

ओलती *(oltī) f.* eaves of a thatched house

ओला *(olā) m.* hail(stone)
ओले गिरना/पड़ना *v.i.* to hail, to be stricken by misfortune
ओला-पाला *m.* frost and hail
ओलावर्षण *m.* hailstorm

सिर मुंड़ाते ही ओले पड़े (*मु.*) misfortune befalling the very first venture

ओषजन (*oṣjan*) *f.* oxygen

ओषधि (*oṣadhi*) *f.* /**ओषधी** (*oṣadhī*) *f.* medicine, medicinal herb

ओष्ठ (*oṣṭha*) *m.* lip (= ओठ)

ओष्ठ-तालव्य *a.* labio-palatal

ओष्ठ-पठन *m.* lip-reading

ओष्ठ-पुट *m.* the space between lips

ओष्ठ्य (*oṣṭhya*) I. *a.* labial II. *m.* labial sound (प, ब)

ओष्ठ्य वर्ण *m.* labial letter (उ ऊ, प फ ब भ म)

ओस (*os*) *f.* dew

ओस का मोती *m.* pearl-like, dewdrop

ओस चाटने से प्यास नहीं बुझती *(लो.)* a small quantity of a thing cannot meet a heavy demand

ओस पड़ जाना *v.i.* (a) dew (to fall) (b) to be blighted, to despair, to feel disappointed

ओस वाला *a.* dewy

ओसांक (*osāṅk*) *m.* dew-point

ओसाई (*osāī*) *f.* winnowing, cleaning

ओसाई मशीन *f.* winnower

ओसाना (*osānā*) *v.t.* to winnow or fan (अनाज corn)

ओसारा (*osārā*) *m.* penthouse, porch, verandah

ओसीला (*osīlā*) *a.* dewy

ओह (*oh*) *interj.* oh! ha! good heavens!

ओहदा A (*ohdā*) *m.* rank, office

ओहदे पर बैठना *v.t.* to take charge of an office

ओहदा पाना *v.t.* to obtain a post/rank

ओहदे से हटाया जाना *v.t.* to be relieved of a rank, to be removed from a post

ओहदेदार A (*ohdedār*) *m.* rank holder, office-holder

ओहो ! (*oho*) *interj.* oho, heigh! (expression of regret)

औ

औ (*au*) the eleventh vowel of the Devanagari syllabary

औंगना (*auṁgnā*) *v.t.* to lubricate

औंघना (*auṁghnā*) *v.i.* to doze, to snooze, to feel drowsy, to nap, to nod (= ऊंघना *q.v.*)

औंघाई (*auṁghāī*) *f.* drowsiness, sleepiness

औंडा (*auṁḍā*) *a.* deep

औंधा (*auṁdhā*) *a.* inverted, upside down, topsy-turvy, overturned, with the face downwards

औंधा लेटना *v.i.* to lie with the face downward

औंधा होना *v.i.* to turn upside down

औंधी खोपड़ी *(मु.) a.* blockhead, fool, stupid (person)

औंधी बुद्धि/समझ *f.* dull intelligence

औंधे मुँह गिरना *(मु.) v.i.* to fall headlong, (*fig.*) to be humiliated, to be defeated

औंधाना (*auṁdhānā*) *v.t.* to turn or put upside down, to overturn, to upset (as बर्तन vessel)

औक़ात A (*auqāt*) *f.* 1. means, capacity 2. wealth, riches 3. status, position

औक़ात बसरी करना *v.t.* to earn one's livelihood

औक़ात वाला आदमी *m.* a rich man, man of status/position

अपनी औक़ात से *adv.* according to one's own means

औकान (*aukān*) *m.* pile of grain and chaff ready for winnowing

औकार (*aukār*) *m.* the letter and the sound औ, ौ

औकारांत (*aukārānt*) *a.* (of a word) ending in औ (as सौ, जौ)

औगाह (*augāh*) *a.* deep, unfathomable

औगुन (*augun*) *m.* demerit, disqualification, defect, fault (= अवगुण *q.v.*)

औघट (*aughaṭ*) *a.* 1. rough, uneven 2. difficult of access

औघड़ (*aughaṛ*) I. *a.* 1. ill-formed, awkward, uncouth 2. filthy, detestable II. *m.* 1. a base person, wag 2. a fantastic or whimsical sadhu

औचक (*aucak*) *adv.* unexpectedly, suddenly, accidentally, abruptly

औचट (*aucaṭ*) I. *f.* difficulty, predicament, quandry II. *adv.* suddenly, unexpectedly

औचट में पड़ना *v.i.* to be in a difficulty or problem

औचित्य (*aucitya*) *m.* (from उचित) aptness, propriety, appropriateness, fairness, justification

औचित्यपूर्ण *a.* proper, fair, apt

औचित्यपूर्वक *adv.* aptly, properly, appropriately

औजसिक (*aujasik*) *a.* (from ओजस्) energetic, vigorous, enthusiastic

औजस्य (*aujasya*) *m.* (from ओजस्) energy, vigour, vitality

औज़ार A (*auzār*) *m.* tool, implement, instrument

औज़ार-निर्माता *m.* toolmaker

औझड़ (*aujhaṛ*) *a.* capricious, whimsical

औटना (*auṭnā*) *v.t.* to boil, to thicken by boiling (as milk)

औटाना (*auṭānā*) *v.t.* to boil, to thicken by boiling

औड्र (*auḍra*) *m.* inhabitant of Orissa

औढर (*auḍhar*) *a.* 1. self-willed 2. easily propitiated

औढरदानी *m.* bountiful donor, liberal giver

औतिकी (*autikī*) *f.* (from ऊतक tissue) histology

औत्कंठ्य (*autkaṅṭhya*) *m.* intense desire, longing, craving (also उत्कंठा)

औत्कर्ष्य (*autkarṣya*) *m.* (from उत्कर्ष) excellence, greatness, eminence

औत्तमर्णिक (*auttamarṇik*) *a.* (from उत्तमर्ण) borrowed on interest

औत्पातिक (*autpātik*) *a.* (from उत्पात) calamitous, portentous

और्त्वानिल (*aurtvānil*) *m.* submarine fire

औत्स (*autsa*) *a.* of or pertaining to a fountain

औत्सर्गिक (*autsargik*) *a.* 1. general, generally valid 2. natural, inherent, inborn 3. relinquishing

औत्सुक्य (*autsukya*) *m.* (from उत्सुक) 1. curiosity, anxiety, care 2. ardent desire, craving (also उत्सुकता *q.v.*)

औथरा (*authrā*) *a.* shallow, not deep

औदक (*audak*) *a.* (from उदक) living or growing in water, aquatic

औदयिक (*audayik*) *a.* (from उदय) starting from sunrise

औदरिक (*audarik*) *a.* 1. relating to stomach or belly 2. gluttonous, voracious

औदरिकता (*audariktā*) *f.* gluttony, voraciousness

औदार्य (*audārya*) *m.* (from उदार) liberality, generosity, magnanimity, nobility (उदारता *q.v.*)

औदासीन्य (*audāsīnya*) *m.* indifference, unconcern, disinterestedness (also उदासीनता *q.v.*)

औदीच्य (*audīcya*) *a.* northern

औद्धत्य (*audhatya*) *m.* arrogance, insolence, impertinence, rudeness

औद्योगिक (*audyogik*) *a.* (from उद्योग) industrial

औद्योगिक अधिकरण *m.* industrial tribunal

औद्योगिक उन्नति *f.* industrial development

औद्योगिक क्रांति *f.* industrial revolution

औद्योगिक क्षेत्र *m.* industrial area

औद्योगिक जड़ता *f.* industrial inertia

औद्योगिक धंधा *m.* industrial pursuit

औद्योगिक नीति *f.* industrial policy

औद्योगिक प्रगति *f.* industrial progress

औद्योगिक प्रसार *m.* industrial expansion

औद्योगिक बस्ती *f.* industrial estate

औद्योगिक संकट *m.* industrial crisis

औद्योगिक संपदा *f.* industrial estate

औद्योगिक संवेग *m.* industrial momentum

औद्योगीकरण (*audyogīkaraṇ*) *m.* industrialization

औद्योगीकृत (*audyogīkṛt*) *a.* industrialized

औनलाइन E (*aūnline*) *adj.* controlled by or connected to a computer or the internet

औना-पौना (*aunā-paunā*) *a.* a little less

औने-पौने करके, औने-पौने दामों पर *adv.* at a discount, below par

औपचारिक (*aupcārik*) *a.* formal

औपचारिक रूप से *adv.* formally

औपचारिकता (*aupcāriktā*) *f.* formality

औपचारिकतावाद *m.* formalism

औपचारिकतावादी *m.* formalist

औपदेशिक (*aupdeśik*) *a.* (from उपदेश) instructive, advisory

औपनिधिक (*aupnidhik*) *a.* relating to or forming a deposit

औपनिवेशक (*aupniveśak*) *a.* colonial

औपनिवेशक देश *m.* colonial power
औपनिवेशकता (*aupniveśaktā*) *f.* colonialism
औपनिवेशीकरण (*aupniveśīkaraṇ*) *m.* colonization
औपनिषदिक (*aupniṣadik*) *a.* of or pertaining to the Upanishads
औपन्यासिक (*aupanyāsik*) *a.* pertaining to a novel, of the mode or fashion of a novel
औपपत्तिक (*auppattik*) *a.* (from उपपत्ति) 1. present, ready 2. (सैद्धांतिक) theoretical 3. logical, reasonable, just
औपल (*aupal*) *a.* made of stone, stony
औपसर्गिक (*aupsargik*) *a.* 1. relating to a prefix 2. (अशुभ) portentous, ominous 3. infectious
औपस्थ्य (*aupasthya*) *m.* sexual enjoyment or pleasure
औपहारिक (*auphārik*) *a.* (from उपहार) fit to be presented or gifted
औरंगजेबी P (*auraṅgzebī*) *f.* a kind of cloth
औरंगजेबी फोड़ा *m.* carbuncle
और (*aur*) I. *conj.* and II. *pron.* other, another III. *a.* other, different IV. *adv.* more
और अधिक *a.* still more
और एक *adj.* one more
और और *a.* different
और कहीं *adv.* somewhere else
और का और *(मु.) adv.* something different, something unexpected
और कुछ *adv.* anything else, something more, something different
और कोई *pron.* any other, anyone else, different
और क्या? what else? of course! you know!
और तो और this thing apart let alone other considerations
और दिन *m.* some other day
और नहीं तो *adv.* and otherwise
और भी *adv.* and still more, also
और सुनो *adv.* hark ! ye this
और ही *adj.* quite
औरत (*aurat*) *f.* 1. woman, lady 2. wife
औरत की जात *f.* womankind, the female sex
औरस (*auras*) *a.* legitimate
औरस बनाना *v.t.* to legitimize
औरस संतान *f.* legitimate child
औरसता (*aurastā*) *f.* legitimacy
औरसी (*aurasī*) *f.* a legitimate daughter
औलाद A (*aulād*) *f.* progeny, offspring, children
औला-दौला/मौला (*aulā-daula/maula*) *a.* 1. self-willed 2. careless, heedless 3. unmannerly
औलिया A (*auliyā*) *m.* Muslim saint, apostle
औवल A (*auval*) *a.* first, firstly (better अव्वल)
औषध (*auṣadh*) *f.* & *m.* medicine, drug
औषधकोश *m.* pharmacopoeia
औषधनिर्माण *m.* pharmacy
औषध निर्माणशास्त्र *m.* pharmaceutics
औषधनिर्माता *m.* pharmaceutist
औषध-पत्र *m.* prescription
औषध-युक्त *a.* medicated
औषधविक्रेता *m.* druggist
औषधविज्ञान *m.* pharmacology
औषधविज्ञानी *m.* pharmacologist
औषधशाला *f.* pharmacy
औषधालय (*auṣadhālay*) *m.* 1. pharmacy 2. drug-shop, dispensary
औषधि (*auṣadhi*) *f.* medicinal herb, medicine
औषधीय (*auṣadhīy*) 1. pharmaceutical 2. medicinal
औषधीय उपयोगिता *f.* medicinal utility or value
औषधीय गुण *m.* medicinal property
औषधोपचार (*auṣadhopcār*) *m.* medical treatment, cure
औष्ट्र (*auṣṭra*) *a.* relating to a camel

औसत A (*aūsat*) *m.* average, mean
औसत आय *f.* average income
औसत दर *f.* average rate
औसत दर्जे का *a.* mediocre
औसत निकालना *v.t.* to average out
औसत मान *m.* mean value
औसत लागत *f.* average cost
औसत वेतन *m.* average pay
औसतन A (*ausatan*) *adv.* on an average
औसर (*ausar*) *m.* opportunity, occasion (= अवसर)
औसर चूकी डोमनी, गाए ताल बेताल a singer out of time sings out of tune
औसान P (*ausān*) *m.* & *pl.* 1. presence of mind 2. senses
औसान ख़ता होना *(मु.) v.i.* to lose one's senses, to lose one's presence of mind, to be stupefied
औसाना (*ausānā*) *v.t.* to ripen (produce) by covering it with straw

क

क (*ka*) the first consonant of the Devanagari syllabary

कंक (*kaṅk*) *m.* heron

कंक-पत्र *m.* heron's feather

कंकड़ (*kaṅkaṛ*) *m.* stone particles, gravel, pebble

कंकड़-पत्थर *m.* pebbles and stones, rubbish, trash

कंकड़ी (*kaṅkaṛī*) *f.* small piece or particle of pebble or anything else

कंकड़ीला (*kaṅkaṛīlā*) *a.* gritty, gravelly, stony

कंकड़ीला रास्ता *m.* pathway strewn with uneven pieces of stone

कंकण (*kaṅkaṇ*) *m.* 1. a metal bracelet 2. a dagger

कंकत (*kaṅkat*) *m.* hair-comb

कंकताकार *(kankatākār) a.* comb-shaped, pectinate

कंकताकार शृंगिका *f.* pectinate antenna

कंकतित (*kaṅkatit*) *a.* combed

कंकती (*kaṅkatī*) *a.* combed, comb-like

कंकती संरचना *f.* comb-like structure

कंकर (*kaṅkar*) *m.* coarse limestone, nodule of limestone (= कंकड़)

कंकरी (*kaṅkarī*) *f.* small piece or particle of pebble or anything else (= कंकड़ी *q.v.*)

कंकरीट E (*kaṅkarīṭ*) *m.* concrete

कंकरीट का गारा *m.* concrete mortar

कंकरीला (*kaṅkarīlā*) *a.* gritty, gravelly, stony (same as कंकड़ीला *q.v.*)

कंकाल (*kaṅkāl*) *m.* skeleton

कंकाल काय *a.* all skeleton, weak and thin

कंकाल शेष *a.* reduced to a skeleton

कंकालिन (*kaṅkālin*) *f.* witch, sorceress

कंकाली (*kaṅkālī*) *f.* 1. shrewd or quarrelsome woman 2. a name of Durga

कंगन (*kaṅgan*) *m.* bracelet, bangle

कंगना (*kaṅgnā*) *m.* 1. bracelet 2. a wedding song

कंगना खोलना *m.* untying of wedding thread

कंगनी (*kaṅgnī*) *f.* 1. small bracelet 2. Italian millet, *Sataria italica*

कंगला (*kaṅglā*) I. *a.* poor, indigent II. *m.* beggar, pauper

कंगारू (*kaṅgārū*) *m.* kangaroo (an Australian pouched quadruped)

कंगाल (*kaṅgāl*) *a.* & *m.* poor, destitute, miserable (person)

कंगाल कर देना *v.t.* to make poor

कंगाल-बाँका *a.* poor and impertinent, miserable and insolent

कंगाल हो जाना *v.i.* to be reduced to poverty

कंगालपन (*kaṅgālpan*) *m.* poverty, destitution, indigence, miserable state or condition

कंगाली (*kaṅgālī*) *f.* poverty, indigence, pauperism

कंगाली आना *v.t.* **कंगाली छाना** *v.i.* to be steeped in poverty

कंगाली में आटा गीला *(लो.)* yet another misery for an already miserable person

कंगूरा (*kaṅgūrā*) *m.* 1. parapet, wall

battlement 2. turret, pinnacle
कंगूरेदार *a.* turreted, spired
कंगूरी (*kaṅgūrī*) *a.* turreted
कंघा (*kaṅghā*) *m.* 1. hair-comb 2. comb-shaped appliance for weaving
कंघी (*kaṅghī*) *f.* hair-comb
कंघी करना *v.t.* to comb (hair)
कंघी-चोटी *f.* making-up, dressing up, hairdo
कंघी-चोटी करना *(मु.) v.i.* to dress the hair
कंघी सँवारना *v.t.* to adjust the hair
कँघेरा (*kaṁgherā*) *m.* manufacturer of combs
कंचन (*kañcan*) *m.* 1. gold 2. wealth, riches
कंचनकाया *f.* beautiful physical frame, comely figure
कंचन बरसना *(मु.) v.i.* to be prosperous, to become rich
कंचुक (*kañcuk*) *m.* 1. coat of mail 2. overcoat, tunic 3. snake's slough
कंचुकित (*kañcukit*) *a.* furnished with a coat of mail
कंचुकी (*kañcukī*) I. *m. valet de chambre*, doorkeeper II. *f.* bodice, brassiere
कंचुली (*kañculī*) *f.* snake's slough
कंचेरा (*kañcerā*) *m.* one who prepares glass, glass-blower
कंज (*kañj*) *m.* lotus
कंजड़ (*kañjaṛ*) *m.* /**कंजर** (*kañjar*) I. *m.* nomad, member of a class of gypsies II. rough and uncultured, low, mean
कंजफ़ीर A (*kañjfīr*) *f.* an old woman
कंजरपना (*kañjarpanā*) *m.* roughness, uncultured behaviour, meanness
कंजरी (*kañjrī*) *f.* 1. a woman of gypsy class 2. (वेश्या) prostitute, harlot
कंजा (*kañjā*) *a.* 1. blue-eyed 2. crooked
कंजी आँखें *f.* blue eyes
कंजूस (*kañjūs*) I. miserly, niggardly, close-fisted, stingy II. *m.* miser, niggard, stingy person
कंजूस-मक्खीचूस *m.* very miserly person
कंजूसपना (*kañjūspanā*) *m.* = कंजूसी *q.v.*
कंजूसी (*kañjūsī*) *f.* miserliness, niggardliness
कंजूसी करना *v.t.* to show niggardliness
कंटक (*kaṇṭak*) *m.* 1. thorn 2. (*fig.*) nuisance, a source of trouble or hindrance 3. first, fourth, seventh and tenth place in the horoscope
कंटकमय *a.* thorny, prickly, full of nuisance
कंटकशय्या *f.* bed of thorns
कंटक-शोधन *m.* removal of obstacles and troubles
कंटकाकीर्ण (*kaṇṭakākīrṇa*) *a.* thorny, prickly, full of nuisance (= कंटकमय *q.v.*)
कंटकाशन (*kaṇṭkāśan*) *m.* a camel
कंटकाष्ठील (*kaṇṭkāṣṭhil*) *m.* a kind of fish
कंटकित (*kaṇṭakit*) *a.* 1. pricked with a thorn 2. thrilling
कंटकीय (*kaṇṭakīya*) *a.* barbed
कंटर (*kaṇṭar*) *m.* decanter
कंटिका (*kaṇṭikā*) *f.* spicule, stylus
कंटिया (*kaṇṭiyā*) *f.* 1. small nail 2. hook 3. fish hook, spicule
कँटीला (*kaṁṭīlā*) *a.* thorny, prickly
कँटीला काबला *m.* jag
कँटीला तार *m.* barbed wire
कँटीलापन *m.* thorniness
कँटीली झाड़ी *f.* bramble
कँटीली वेधनी *f.* barbed point
कंटूनमेंट E (*kaṇṭūnmemt*) *m.* cantonment
कंटोप (*kaṇṭop*) *m.* a cap covering the ears
कंट्रैक्ट E (*kaṇṭraikṭ*) *m.* contract
कंट्रैक्टर E (*kaṇṭraikṭar*) *m.* contractor
कंट्रोल E (*kaṇṭrol*) *m.* control

कंट्रोल करना *v.t.* to control

कंठ (*kaṇṭh*) *m.* 1. throat, larynx 2. (आवाज़) voice

कंठ खुलना *(मु.) v.i.* to speak

कंठगत *a.* committed to memory

कंठ-तालव्य *a.* gutturo-palatal

कंठ निकलना *v.i.* to attain the age of puberty

कंठपिटक *m.* glottis

कंठ बैठना *v.i.* throat (to become hoarse)

कंठमणि *m.* a jewel worn at the throat

कंठमाला *f.* goitre, scrofula

कंठशूल *m.* adenoids

कंठशोथ *m.* laryngitis

कंठ संगीत *m.* vocal music

कंठस्थ करना *v.t.* to commit to memory

कंठस्थ होना *v.i.* to be committed to memory

कंठस्वर *m.* voice

कंठहार *m.* necklace

कंठरोध (*kaṇṭhrodh*) *m.* choking

कंठा (*kaṇṭhā*) *m.* 1. necklace of large beads, torque 2. gold necklace

कंठाग्र (*kaṇṭhāgra*) *a.* by rote, committed to memory

कंठाग्र करना *v.t.* to commit to memory, to learn by heart

कंठाग्र होना *v.i.* to be committed to memory, to be learnt by heart

कंठावरोध (*kaṇṭhāvrodh*) *m.* choking

कंठी (*kaṇṭhī*) *f.* necklace of small beads, beaded neckband

कंठीधारी *m.* (a) one wearing a कंठी (b) one initiated in Vaishnava sect

कंठी तोड़ना *v.t.* to become non-Vaishnava

कंठी बाँधना *(मु.) v.t.* to be initiated as a Vaishnava

कंठौष्ठ्य (*kaṇṭhauṣṭhya*) *a.* gutturo-labial

कंठ्य (*kaṇṭhya*) I. *a.* faucial, velar, guttural II. *m.* guttural letter or sound

कंठ्य ध्वनि *f.* vocal sound

कंड (*kaṇḍ*) *m.* smut

कंड कवक *m.* smut fungi

कंडक्टर E (*kaṇḍakṭar*) *m.* conductor

कंडक्टर गार्ड *m.* conductor guard

बस कंडक्टर *m.* bus conductor

कंडरा (*kaṇḍrā*) *f.* tendon

कंडा (*kaṇḍā*) *m.* a piece of dry dung

कंडाल (*kaṇḍāl*) *m.* trough

कंडियारी (*kaṇḍiyārī*) *f.* spiny wood

कंडी (*kaṇḍī*) *f.* 1. a scrap of dried (cow) dung 2. basket 3. faecal matter

कंडील (*kaṇḍīl*) *m.* candle lamp (usually made of paper or mica)

कंडू (*kaṇḍū*) *f.* 1. scratching, itching, itch 2. ringworm

कंडीरा (*kaṇḍīrā*) *m.* heap of cow-dung cakes

कंत (*kant*) *m.* 1. lover 2. husband 3. God

कंतभाव *m.* disposition of a wife towards her husband

कंथा (*kanthā*) *f.* 1. patched cloth or garment, a covering of rags and patches 2. beggar's bedding

कंथी (*kanthī*) *m.* one who wears a patched garment, beggar, mendicant

कंद (*kand*) *m.* a bulbous root, tuber

कंद-मूल *m.* rootlet, rhizome

कंदर (*kandar*) *m.* 1. cave 2. valley, glen

कंदरा (*kandarā*) *f.* /**कंदरी** (*kandarī*) *f.* cavern, abyss, cave

कंदरावासी *m.* cave-dweller, troglodyte

कंदर्प (*kandarpa*) *m.* god of sex, Cupid

कंदल (*kandal*) *m.* 1. the forehead 2. gold 3. war 4. discussion, debate 5. a kind of plantain

कंदा P (*kandā*) *a.* engraved, carved

कंदा करना *v.t.* to engrave, to carve

कंदाकार (*kandākār*) *a.* bulb-shaped,

tuberous

कंदील (*kandīl*) *f.* candle lamp (usually made of paper or mica) (= कंडील *q.v.*)

कंदु (*kandu*) *m.*1. boiler 2. iron utensil 3. oven

कंदु पक्व *a.* parched or roasted in a pan

कंदुक (*kanduk*) *m.* ball

कंदुक-क्रीड़ा *f.* playing with a ball

कंधर (*kandhar*) *m.* neck, throat

कंधर-वध *m.* punishment by cutting neck or throat

दसकंधर *m.* Ravana who had ten necks

कंधा (*kandhā*) *m.* shoulder

कंधा डाल देना *(मु.)* (a) to lose spirit (b) (of a bullock) to throw off a yoke

कंधा देना *(मु.) v.t.* (a) to bear on the shoulder, to lend a shoulder (b) to carry a dead body (c) to help

कंधा पकड़कर चलना *v.i.* to lean on somebody's shoulders, to walk with somebody's help

कंधे लगना a shoulder (of an animal) to be galled

कंधे से कंधा छिलना *(मु.) v.i.* to be jostled in a big crowd

कंधे से कंधा मिलाकर चलना *v.i.* to walk shoulder to shoulder, to go hand in hand

कंधे हिलाना *v.t.* to shrug shoulders

अपने कंधों पर लेना *v.t.* to shoulder (as responsibility)

कंधेला (*kandhelā*) *m.* the end of a sari worn over the shoulder

कंप (*kamp*) *m.* trembling, tremor

कंपज्वर *m.* malarial fever

कंपमान *a.* (a) shaky, tremulous (b) vibrating

कँपकँपी (*kaṁp kaṁpī*) *f.* shivering

कँपकँपी छूटना *(मु.) v.i.* to start shivering

कंपन (*kampan*) *m.* 1. trembling, quivering 2. trill, vibration

कंपन गति *f.* vibratory movement

कंपन प्रतिक्रिया *f.* vibratory reaction

कंपन विज्ञान *m.* seismology

कंपन संवेदना *f.* vibratory sensation

कँपना (*kaṁpnā*) *v.i.* 1. to tremble, to quiver, to shiver 2. to become filled with fear or shock (= काँपना *q.v.*)

कंपनी E (*kampanī*) *f.* 1. company, corporation, board 2. companionship 3. subdivision of a battalion

कंपनी कमांडेंट *m.* company commandant

कंपनी कानून *m.* company law

कंपनी वित्तीयन *m.* corporate financing

कंपमान (*kampmān*) *a.* trembling, shaking, vibrating

कंपा (*kampā*) *m.* a long stick or the end section of a long rod on which birdlime is smeared and used by fowlers as a snare

कंपा मारना/लगाना *v.t.* to catch (birds) with a *kaṁpa,* to ensnare

कँपाना (*kaṁpānā*) *v.t.* to make somebody tremble/shiver

कंपायमान (*kampāymān*) *a.* 1. oscillating, wavering 2. trembling, shivering

कंपार्टमेंट E (*kampārṭmemṭ*) *m.* compartment

कंपास E (*kampās*) *m.* compass

कंपास लगाना *v.t.* to set up a theodolite, to make a survey

कंपास का महकमा *m.* the land survey department

कंपास वाला *m.* a surveyor

कंपित (*kampit*) *a.* shaken, trembled, thrilled

कंपित कर *m.* trembling hands

कंपित्र (*kampitra*) *m.* vibrato

कंपोन्माद (*kamponmād*) *m.* delirium, tremors

कंप्यूटर E (*kampyūṭar*) *m.* computer

कंबख्त P (*kambakhta*) *a.* 1. unfortunate,

unlucky 2. wretched

कंबख़्ती P *(kambakhtī) f.* 1. misfortune 2. misery, calamity

कंबल *(kambal) m.* 1. blanket, rug 2. dewlap (of a bull)

कंबली *(kambalī)* I. *f.* light blanket II. *m.* a bull having a dewlap

कंबली वाला *m.* a sadhu whose only garment is a blanket

कंबु *(kambu) m.* /**कंबुक** *(kambuk) m.* conch, conch-shell

कंबु, कंबुक ग्रीव *a.* having a neck lined like a conch

कँवल *(kaṁval) m.* lotus, *Mymphrea nelumo*

कँवलककड़ी *f.* lotus root

कँवलकलि *f.* lotus bud

कँवलगट्टा *m.* (edible) seed of lotus

कँवलबाई *f.* jaundice

कँवल-सा खिलना *v.i.* to be overjoyed

कंस *(kaṃs) m.* bell-metal, white brass

कंसताल *(kaṃstāl) m.* a cymbal made of bronze plates

कंसर्ट E *(kaṃsarṭ) f.* concert

कंसर्ट हाल *m.* concert hall

कँसुआ *(kaṃsuā) m.* a caterpillar that attacks young shoots of sugar-cane

कई *(kaī) pron.* several

कई एक *a.* several, many

कई दफा/बार *adv.* many a time

कई दिन/रोज़ *m.* several days

कई रोज़ तक *adv.* for several days

कई लोग *m.* several people

ककड़ी *(kakṛī) f.* cucumber, *Cucumis sativus*

ककड़ी का चोर (मु.) *m.* one who involves oneself in a minor offence

ककड़ी के चोर को कटारी से मारना *v.t.* to give severe punishment for a minor offence

ककड़ी-खीरा समझना *v.t.* to belittle, to look down upon

ककरेजा *(kakrejā) m.* the purple colour

ककरेजी *(kakrejī) a.* purple

ककरौंदा *(kakraūṁdā) m.* a plant and its fruit

ककहरा *(kakahrā) m.* 1. from क to ह, alphabet 2. basic concept of something

ककार *(kakār) m.* the letter or sound क

ककारांत *(kakārānt) a.* (word) ending in क

ककुद *(kakud) m.* 1. hump 2. (प्रधान) chief, head

ककुद्मान *(kakudmān)* I. *a.* 1. high, elevated 2. having a hump II. *m.* bullock

ककूड़ा *(kakūṛā) m. Momordica muricata* (plant)

ककून E *(kakūn) m.* cocoon

ककैया *(kakaiyā) f.* a strong but small brick

कक्का *(kakkā) m.* 1. (in eastern India) paternal uncle, father's younger brother 2. (in western India) child (= काका *q.v.)*

कक्ष *(kakṣa) m.* 1. armpit 2. (कमरा) room, chamber 3.(ग्रहपथ) orbit (of a planet)

कक्षक *(kakṣak) m.* 1. cubicle 2. orbital

कक्षा *(kakṣā) f.* 1. class 2. classroom 3. orbit

कक्षा-अध्यापक *m.* class teacher

कक्षा-नायक *m.* monitor

कक्षा-विभाजन *m.* class-division

कक्षा-शिक्षण m. classroom teaching

कक्षांतर *(kakṣāntar) m.* antechamber, private apartment

कक्षाधिपाल *(kakṣādhipāl) m.* ward master

कक्षिका *(kakṣikā) f.* cell, small chamber

कक्षीय *(kakṣīy) a.* 1. orbital 2. auxiliary

कक्षीय ऊर्जा *f.* orbital energy

क ख ग *(ka kha ga) m.* 1. alphabet 2. ABC, elementary knowledge of some subject, rudiments

कखौरी (*kakhaurī*) *f.* boil in the armpit
कगर (*kagar*) *m.* 1. projecting portion in a wall 2. boundary between two fields 3. precipice 4. cornice
कगरदार *a.* ledged
कगार (*kagār*) *m.*1. scarp, steep slope 2. (किनारा) verge 3. high bank (of a river) 4. (टीला) mount
सर्वनाश के कगार पर *adv.* on the verge of destruction/ruin
कच[1] (*kac*) *m.* hair
कच-बंध *m.* hair-band
कच[2] (*kac*) *a.* raw, unripe, green, uncooked, unbaked, immature, inexperienced, crude, rough (compounding form of कच्चा)
कचदिला *a.* feeble-minded, weak-hearted, coward
कचक (*kacak*) *f.* 1. sudden jerk, strain 2. sharp shooting pain
कचकच (*kackac*) 1. squabble 2. grittiness, grating (= किचकिच *q.v.)*
कचकचाना (*kackacānā*) *v.i.* to gnash/grit or grind one's teeth, e.g. in anger (= किचकिचाना *q.v.)*
कचकचाहट (*kackacāhaṭ*) *f.* 1. gnashing the teeth 2. squabble (= किचकिचाहट *q.v.)*
कचकचिया (*kackaciyā*) *m.* chatterbox
कचकना (*kacaknā*) *v.i.* to receive a jerk or sprain
कचकोल (*kackol*) *m.* beggar's bowl
कचड़ा (*kacṛā*) *m.* sweepings, rubbish (= कचरा *q.v.)*
कचनार (*kacnār*) *m.* a tree bearing edible flowers and beans, *Bauhinia variegata*
कचपच (*kacpac*) *f.* prating, babble, gibberish
कचपन (*kacpan*) *m.* 1. rawness 2. inexperience
कचर-कचर (*kacar-kacar*) *f.* 1. sound made in eating raw fruit 2. squabble (= किचकिच)
कचरकूट (*kacar-kūṭ*) *m.*1. severe beating 2. eating heavily
कचरघान (*kacarghān*) *m.* hotch-potch
कचरना (*kacarnā*) *v.t.* 1. to crush 2. to eat to one's fill
कचरा (*kacrā*) *m.* sweepings, rubbish
कचरा पेटी *f.* dustbin
कचरी (*kacrī*) *f.* dried vegetable
कचलोन (*kaclon*) *m.* black salt which promotes digestion
कचलोहा (*kaclohā*) *m.* untempered iron
कचहरिया (*kacahariyā*) *a.* & *m.*(one) attending or hanging about courts
कचहरी (*kacahrī*) *f.* court of law
कचहरी करना *v.t.* to hold a court, to try cases in a court
कचहरी चढ़ना *v.i.* to go to a court and file a case
कचहरी चढ़ाना *v.t.* to bring a law-suit against somebody
कचहरी बरखास्त करना *v.t.* to close or adjourn a court
कचहरी लगाना *v.t.* to hold a court, (*fig.*) to collect a crowd
कचाई (*kacāī*) *f.* 1. rawness 2. immaturity 3. imperfection 4. want of experience
कचायँध (*kacāyaṁdh*) *f.* smell of rawness
कचायन (*kacāyan*) *f.* 1. dispute, quarrel 2. uproar, noise
कचालू (*kacālū*) *m.* the esculent root *Arum colocasia*
कचियाना (*kaciyānā*) *v.i.* 1. to be half-hearted 2. to be ashamed
कचियाहट (*kaciyāhat*) *f.* 1. timidity 2. shyness
कचूमर (*kacūmar*) *m.* 1 pickle or jam of a fruit 2. anything crushed
कचूमर निकालना/निकाल देना *(मु.) v.t.* (a) to crush to the pulp (b) to beat severely

कचूर (*kacūr*) *m.* a medicinal plant or drug prepared from it

कचोट (*kacoṭ*) *f.* vexation, galling feeling

कचोटना (*kacoṭnā*) I. *v.i.* 1. to smart 2. to ache II. *v.t.* to pierce, to pinch
उसकी याद कचोटती है to vex, to gall (one's remembrance)

कचौड़ी (*kacauṛī*) *f.* a variety of fried and puffed pastry

कच्चा (*kaccā*) *a.* raw, unripe, green, uncooked, unbaked, immature, inexperienced, crude, rough etc.
कच्चा असामी *m.* unreliable party
कच्चा आदमी *m.* raw/inexperienced hand
कच्चा आलेख *m.* rough sketch
कच्चा करना *(मु.) v.t.* to put to shame
कच्चा कागज़ *m.* provisional document
कच्चा कोढ़ *m.* tumid itch
कच्चा खाता *m.* rough account
कच्चा घड़ा *m.* unbaked pitcher
कच्चा घर *m.* mud house
कच्चा चमड़ा *m.* raw hide
कच्चा चिट्ठा *(मु.) m.* exposed truths, inside story
कच्चा चूना *m.* unslaked lime
कच्चा जाकड़ *m.* rough credit account
कच्चा जाना *m.* miscarriage
कच्चा जी *(मु.) m.* nausea
कच्चा तेल *m.* crude oil
कच्चा दिल *m.* soft/tender heart
कच्चा धागा *m.* loose-spun thread
कच्चा-पका *a.* half-cooked, half-ripe
कच्चा-पक्का *a.* unconfirmed
कच्चा पनीर *m.* uncooked cheese
कच्चा पानी *m.* unboiled water
कच्चा बंदोबस्त *m.* temporary arrangement
कच्चा बाँध *m.* earthen dam
कच्चा बाट *m.* substandard weight
कच्चा बीजक *m.* informal invoice
कच्चा भात *m.* under-cooked rice
कच्चा भोजन *m.* meal cooked and prepared with use of water
कच्चा मकान *m.* mud house
कच्चा मसौदा *m.* rough draft
कच्चा मांस *m.* raw flesh
कच्चा माल *m.* raw material, unfinished material
कच्चा रेशम *m.* raw silk
कच्चा लोहा *m.* pig iron
कच्चा साथ *m.* family of small children
कच्चा हाथ *m.* untrained hand
कच्ची आमदनी *f.* gross proceeds
कच्ची ईंट *f.* mud brick
कच्ची उम्र *f.* immature age
कच्ची कली *f.* new bud, budding girl
कच्ची गोलियाँ खेलना *(मु.) v.t.* to behave childishly
कच्ची चीनी *f.* raw or unrefined sugar
कच्ची ज़बान *f.* loose talk, slander, abuse
कच्ची धातु *f.* raw metal
कच्ची नकल *f.* uncertified copy
कच्ची नींद *f.* unsound sleep
कच्ची नौकरी *f.* temporary service
कच्ची पेशी *f.* preliminary hearing
कच्ची बही *f.* waste/rough book
कच्ची रसीद *f.* provisional receipt
कच्ची लकड़ी *f.* sapwood
कच्ची सड़क *f.* unmetalled road
कच्ची सिलाई *f.* rough stitching, basting
कच्चे घड़े पानी भरवाना *(मु.) v.t.* to make one pass through a difficult situation **कच्चे-बच्चे** *m.* many children

कच्चापन (*kaccāpan*) *m.* 1. unripeness, rawness, etc. 2. inexperience 3. immaturity 4. crudity

कच्चाहट (*kaccāhaṭ*) *f.* unripeness

कच्छ (*kaccha*) *m.* 1. land bordering on water 2. marṣh
कच्छ-गृह *m.* marsh-dwelling

कच्छप (*kacchap*) *m.* 1. tortoise 2. one of the ten incarnations of Vishnu

कच्छी (*kacchī*) I *.a.* of or belonging to a marshy place *q.v.* II. *m. a.* horse from marshy place

कछनी (*kachnī*) *f.* lower garment reaching the knees

कछार (*kachār*) *f.* moist lowland, swamp, marshy land, alluvial soil, flood plain

कछारी (*kachārī*) *a.* alluvial

कछारी भूमि *f.* alluvial soil

कछारी मिट्टी *f.* alluvial soil

कछुआ (*kachuā*) *m.* /**कछुवा** (*kachuvā*) *m.* turtle, tortoise

कछुआ, कछुवा डाबर *a.* & *m.* uneven (land) with pools of water

कछौटा (*kachauṭā*) *m.* /**कछौटी** (*kachautī*) *f.* a cloth worn between the legs (to conceal the private parts)

कज (*kaj*) I. *a.* crooked, curved II. *m.* defect, flaw

कज निकालना *v.t.* to remove the flaw

कजरा (*kajrā*) I. *a.* jet black II. *m.* bullock with jet black eyes (see काजल)

कजराई (*kajrāī*) *f.* blackness

कजरारा (*kajrārā*) *a.* jet black

कजरारी आँखें *f.* jet black eyes

कजरी (*kajrī*) *f. a* class of folk songs sung in rainy season

कजरौटा (*kajrauṭā*) *m.* a small box for keeping collyrium

कजला (*kajlā*) *m.* lamp-black, collyrium (= काजल *q.v.*)

कजलाना (*kajlānā*) *v.i.* 1. to apply collyrium 2. to become dim 3. to become mouldy or mildewed

कजली (*kajlī*) 1. cow having black eyes 2. a kind of fish (see कजरी) 3. a song

कजली वन *m.* forest frequented by elephants

कजलौटा (*kajlauṭā*) *m.* /**कजलौटी** (*kajlautī*) *f.* a pot for keeping collyrium

क़ज़ा A (*qazā*) *f.* death

क़ज़िया A (*qaziyā*) *m.* 1. quarrel, wrangle, brawl 2. botheration

कज्जल (*kajjal*) *m.* lamp-black, collyrium (= काजल *q.v.*)

क़ज़्ज़ाक T (*qazzāk*) *m.* 1. Cossack 2. robber, freebooter, highwayman

क़ज़्ज़ाकी (*qazzākī*) *f.* robbery, a vocation of a highwayman

कटक[1] (*kaṭak*) *f.* army, legion, troop of soldiers

कटक[2] (*kaṭak*) *f.* ridge

कटकट (*kaṭkaṭ*) *f.* 1. sound produced by clicking teeth 2. (photo) snap, click

कटकटाना (*kaṭkaṭānā*) *v.i.* 1. to grind teeth 2.to produce snapping or cracking sound, to chatter

सर्दी दाँतों को कटकटाती है *v.t.* cold makes the teeth chatter

कटखना (*kaṭkhanā*) *a.* (of a dog) prone to bite

कटखना कुत्ता *m.* biting dog

कटघरा (*kaṭgharā*) *m.* 1. large cage (for an animal), stockade, palisade 2. witness box

कटजीरा (*katjīrā*) *m.* black cumin seed

कटड़ा (*kaṭṛā*) *m.* buffalo-calf (see कटरा *q.v.*)

कटन (*kaṭan*) *f.* 1. incision 2. mark of cutting 3. erosion

कटना (*kaṭnā*) *v.i.* 1. to be cut off or divided 2. to be bitten 3.(समय time) to pass, to be spent 4. to come to an end 5. to be run over (by train) 6. (नाम name) to be struck off 7. to be ashamed 8. to be separated 9.(राशि amount) to be deducted 10. (तर्क/दलील argument) to be refuted 11. (of sum) to be divided 12. (फल, सब्जी fruit, vegetable) to be cut into pieces

जेब कटना *v.i.* pocket to be picked

नाक कटना *(मु.) v.i.* to lose reputation

नौकरी कटना *v.i.* to be dismissed

फसल कटना *v.i.* to be reaped
बातचीत कटना *v.i.* to be interrupted
बिजली कटना *v.i.* to be disconnected
रास्ता कटना *(मु.) v.i.* to be covered
व्यक्ति कटना *v.i.* to become separated
व्यक्ति व्यक्ति से कटता है become jealous
सैनिक कट मरा soldier fought to death, killed in war
हाथ कटना *v.i.* (a) to be cut off, to be amputated (b) (*fig.*) to become helpless

कटनी (*kaṭnī*) *f.* 1. cutting, harvesting 2. harvest time, reaping season
कटनी करना *v.t.* to reap

कटफल (*kaṭphal*) *m.* the tree *Fragaria vesca* and its fruit used in medicine and cosmetics

कटर E (*kaṭar*) *m.* cutter

कटर-कटर (*kaṭar-kaṭar*) *f.* crunching or munching sound

कटरा (*kaṭrā*) *m.* 1. a piece of land enclosed and inhabited 2. market complex

कटवाँ (*kaṭvāṁ*) *a.* 1. ripped up 2. wavy (border)
कटवाँ बाट *m.* slotted weight
कटवाँ ब्याज *m.* simple interest (on principal amount)

कटवाना (*kaṭvānā*) *v.t.* 1. to cause to be cut 2. to cause (money) to be deducted 3. to get (name) struck off
बाल कटवाना *v.t.* to have a haircut
किसी का सिर या हाथ कटवाना *v.t.* to get somebody's head or hand cut off

कटहरा (*kaṭahrā*) *m.* 1. large cage (for an animal), stockade, palisade 2. witness box (= कटघरा *q.v.)*

कटहल (*kaṭahal*) *m.* jackfruit and tree, *Artocarpus heterophyllus*

कटहा (*kaṭahā*) *a.* given to biting (= कटखना *q.v.)*

कटाई (*kaṭāī*) *f.* 1. cutting, clipping 2. harvesting 3. harvest, crop 4. wages for cutting
बाल कटाई *f.* hair cutting

कटा-कटी (*kaṭā-kaṭī*) *f.* 1. cutting and clipping 2. bloody quarrel 3. bitter enmity

कटाक्ष (*kaṭākṣa*) *m.*1. side look, side glance 2. sarcasm
कटाक्ष करना *v.t.* (a) to cast a side glance (b) to make a sarcastic remark

कटा-छटा (*kaṭā-chaṭā*) *a.* well-pruned

कटा-छनी (*kaṭā-chanī*) *f.* 1. cutting and clipping 2. bloody quarrel 3. bitter enmity (= कटाकटी *q.v.)*

कटान (*kaṭān*) *f.* 1. erosion 2. cutting
कटान बिक्री *f.* under-sale

कटाना (*kaṭānā*) *v.t.* to cause to cut or bite
टिकट कटाना *v.t.* to have a ticket issued
बाल कटाना *v.t.* to have one's hair cut

कटा-फटा (*kaṭā-phaṭā*) *a.* 1. torn and mutilated (as currency note) 2. jagged
कटा-फटा टिकट *m.* mutilated ticket

कटार (*kaṭār*) *f.* /**कटारी** (*kaṭarī*) *f.* dagger, whinger, stiletto

कटाव (*kaṭāv*) *m.* 1. cutting, incision 2. notch 3. erosion 4. breach, reaping 5. harvest, crop 6. bank (as of a river)
कटावदार *a.* notched, bevelled

कटाह (*kaṭāh*) *m.* cauldron, pan

कटि (*kaṭi*) *f.* waist, loins
कटि-केहरी *a.* having a waist like that of a lion, slim-waisted
कटि-ज़ेब *f.* waist ornament, woman's belt, girdle
कटिदेश *m.* the waist
कटिबंध *m.* (a) belt (b) zone

कटिबद्ध *a.* having the loins girded, ready, prepared

कटिबद्ध होना *v.i.* to gird up one's loins

कटि-भूषण *m.* ornament worn on the waist

कटिरेखा *f.* waistline

कटिशूल *m.* sciatica

कटिसूत्र *m.* waist string

उष्ण कटिबंध *m.* tropical zone

चुंबकीय कटिबंध *m.* (a) magnetic zone (b) waistband, girdle, belt

कटिया (*kaṭiyā*) *f.* 1. fishing hook 2. hook 3. female calf of a buffalo

कटीला (*kaṭīlā*) *a.* sharp-edged, piercing, penetrating

कटीली आँखें *f.* piercing eyes

कटु (*kaṭu*) *a.* 1. pungent, acrid 2. bitter

कटु अनुभव *m.* bitter experience

कटुभाषी *a.* scurrilous, rude in speech

कटु-वचन *m.* scurrilous language, filthy speech

कटुआ (*kaṭuā*) *m.* insect which attacks rice

कटुता (*kaṭutā*) *f.* 1. pungency 2. bitterness, bad blood

कटुतापूर्ण *a.* bitter, unpleasant

कटूक्ति (*kaṭūkti*) *f.* bitter remark, unpleasant utterance

कटैया (*kaṭaiyā*) I. *m.* one who cuts, cutter II. *f.* a prickly wild plant having yellow flowers

कटैला (*kaṭailā*) *m.* amethyst (gemstone)

कटोरदान (*kaṭordān*) *m.* metal pot or vessel with a cover

कटोरा (*kaṭorā*) *m.* metal bowl, goblet

कटोराकार (*kaṭorākār*) *a.* bowl-shaped

कटोरी (*kaṭorī*) *f.* small metal bowl

कटौती (*kaṭautī*) *f.* 1. abatement, deduction 2. discount, rebate

कटौती प्रस्ताव *m.* cut motion

कट्टर (*kaṭṭar*) *a.* 1. strict 2. uncompromising, determined 3. orthodox 4. bigoted

कट्टरपंथी *a.* & *m.* orthodox, sectarian

कट्टरपन *m.* orthodoxy, sectarianism, bigotry

कट्टर समर्थक *m.* bigoted supporter

कट्टरता (*kaṭṭartā*) *f.* orthodoxy, bigotry, fanaticism

कट्टा (*kaṭṭā*) *m.* faggot, bundle of fuel sticks

कट्ठा (*kaṭṭhā*) *m.* 1. a measure of land (8o sq. yards) 2. a corn measure of five *ser*

कठ (*kaṭh*) *a.* & *m.* short form of the word काठ which means wood, of wood, wooden

कठकेला (*kaṭhkelā*) *m.* plantain or banana which has hard peel

कठकेला गुलाब *m.* wild rose, *Rosa chinensis*

कठघरा (*kaṭhgharā*) *m.* wooden cage, palisade

कठजामुन (*kaṭhjāmun*) *m.* inferior rose, apple or black plum

कठड़ा (*kaṭhṛā*) *m.* wooden tub

कठपुतली (*kaṭhputlī*) *f.* puppet, a wooden doll, (*fig.*) stooge

कठपुतली की तरह नाचना (*मु.*) *v.i.* to dance to somebody's tune

कठपुतली सरकार *f.* puppet government

कठफला (*kaṭhfalā*) *m.* fungus, mushroom

कठफोड़ा (*kaṭhphoṛā*) *m.* woodpecker (bird)

कठबहन (*kaṭhbahan*) *f.* step-sister

कठबाप (*kaṭhbāp*) *m.* step-father

कठबोली (*kaṭhbolī*) *f.* jargon

कठवैद (*kaṭhvaid*) *m.* quack, bogus physician

कठमुल्ला (*kaṭhmullā*) *m.* 1. crude man 2. puritan 3. inexpert theologian

कठला (*kaṭhlā*) *m.* charm put on a child's neck

कठहँसी (*kaṭhhaṁsī*) *f.* forced or affected smile

कठिन (*kaṭhin*) *a.* hard, difficult

कठिन कार्य *m.* difficult work, uphill task

कठिन घड़ी *f.* critical moment

कठिन परिश्रम *m.* hard labour

कठिन परिस्थिति *f.* tight position

कठिन परीक्षा *f.* severe test, ordeal

कठिन समस्या *f.* dìfficult problem

कठिनाई (*kaṭhināī*) *f.* difficulty, hardness

कठिनाई में पड़ना/फँसना *v.i.* to get into a difficulty

कठिनाई से *adv.* with difficulty

कठियाना (*kaṭhiyānā*) *v.i.* to become dry and hard like wood

कठोर (*kaṭhor*) *a.* 1. hard, stiff 2. strict, rigid 3. unkind, cruel 4. drastic

कठोर अनुशासन *m.* strict discipline

कठोर उपाय *m.* strong measures

कठोर कारावास *m.* rigorous imprisonment

कठोर कार्रवाई *f.* serious or drastic action

कठोरचित्त *a.* callous, unkind

कठोर ताल *m.* hard palate

कठोर नियम *m.* iron rule

कठोर पदार्थ *m.* hard substance

कठोर बनना *v.i.* to harden, to be strict

कठोर व्यक्ति *m.* cruel person

कठोर श्रम *m.* hard labour

कठोरहृदय *a.* hard-hearted

कठोरता (*kaṭhortā*) *f.* 1. hardness 2. rigidity 3. strictness 4. rigour, rigorousness 5. (निर्दयता) unkindness 6. cruelty

कठोरीकरण (*kaṭhorīkaraṇ*) *m.* hardening, induration

कठोरीभूत (*kaṭhorībhūt*) *a.* hardened, indurated

कठोरीभूत तलछट *f.* hardened sediment

कठौता (*kaṭhautā*) *m.* wooden tub

कठौती (*kaṭhautī*) *f.* 1. wooden bowl or dish 2. a small wooden trough 3. kneading trough

कड़ंगा (*kaṛaṅgā*) *a.* having hard limbs, strong and stout

कड़क (*kaṛak*) *f.* snap, loud sound

बिजली की कड़क *f.* thunderclap, burst

कड़कड़ (*kaṛkaṛ*) *f.* 1. cracking sound 2. clap of thunder

कड़कड़ाना (*kaṛkaṛānā*) *v.i.* 1. (of oil) to crackle while boiling 2. to decrepitate

बादल कड़कड़ाना *v.i.* clouds to thunder/roar

कड़कड़ाहट (*kaṛkaṛāhaṭ*) *f.* 1. cracking sound 2. thundering sound, clap 3. decrepitation

कड़कना (*kaṛaknā*) *v.i.* 1. (बिजली) to thunder, (गुस्से से) to crackle 2. to roar, to bawl, to bellow

कड़क पड़ना *v.i.* to roar/bawl, thunder violently

कड़का (*kaṛkā*) *m.* 1. crack, crash 2. shout 3. song of triumph

कड़खा (*kaṛkhā*) *m.* victory song

कड़खैत (*kaṛkhait*) *m.* one who sings martial or heroic songs

कड़वा (*kaṛvā*) *a.* bitter, astringent

कड़वा-कसैला *a.* bitter and pungent, painful

कड़वा घूँट पीना *v.t.* to tolerate painful words

कड़वा तेल *m.* mustard oil

कड़वा बोल *m.* harsh words

कड़वा मुँह *m.* bitter or astringent taste in the mouth

कड़वाहट (*kaṛvāhaṭ*) *f.* 1. bitter taste 2. bitterness, pungency

कड़ा[1] (*kaṛā*) *a.* 1. stiff, severe, hard 2. difficult 3. rigid 4. strict, stern 5. tough (and other meanings in con-

texts)
कड़ा आदमी *m.* strict person
कड़ा करना *v.t.* to harden
कड़ा जी करना *v.t.* to take courage in both hands (better जी कड़ा करना)
कड़ा दिल करके देना *v.t.* to give grudgingly
कड़ा नियम *m.* rigid rule
कड़ा पड़ना *v.i.* to become hard, to stiffen
कड़ा पदार्थ *m.* hard substance
कड़ा मुकाबला *m.* keen competition
कड़ी कैद *f.* rigorous imprisonment, penal servitude
कड़ी निगरानी *f.* strict supervision
कड़ी बात कहना *v.i.* to use harsh words
कड़े शब्द *m.* strong language
कड़ी सज़ा *f.* rigorous punishment

कड़ा² *(kaṛā) m.* 1. metal bangle 2. big ring 3. a large thick beam 4. a ring attached to a cauldron or frying pan

कड़ाई (*kaṛāī*) *f.* 1. stiffness, hardness, strictness, toughness 2. stern attitude 3. rough behaviour
कड़ाई करना *v.t.* to practise severity, to be strict
कड़ाई से *adv.* strictly

कड़ाका (*kaṛākā*) *m.* 1. loud cracking sound, crash, clap 2. sharpness, intensity 3. fast, living without food
कड़ाके का जाड़ा *m.* intense cold, biting cold
कड़ाका होना *(मु.) v.i.* to suffer severely

कड़ापन (*kaṛāpan*) *m.* 1. hardness, rigidity, stiffness 2. harshness, strictness

कड़ाबीन (*kaṛābīn*) *f.* a carbine

कड़ाह (*kaṛāh*) *m.* 1. a deep pan, cauldron 2. a kind of pudding prepared in ghee

कड़ाही (*kaṛāhī*) *f.* a deep round pan for boiling or frying
कडाही चढ़ाना *(मु.) v.t.* to put the cauldron on fire

कड़ियल (*kaṛiyal*) *a.* 1. hard, stiff, tough 2. muscular, bony

कड़ी (*kaṛi*) *a.* & *f.* 1. hard, tough, 2. ring, circular object made of iron 3. link 4. beam rafter 5. a stanza in a song (see कड़ा)
हथकड़ी *f.* handcuff
कड़ी का टूट जाना *v.i.* to lose thread or link (of a story or talk)
कड़ी मिलाना *v.t.* to interlink

कड़ुआ *(kaṛuā) a.* bitter, astringent (= कड़वा *q.v.)*

कड़ुआना (*kaṛuānā*) *v.i.* 1. to become bitter or pungent 2. to become angry 3. (आँखें) to burn for want of sleep

कड़ुआपन (*kaṛuāpan*) *m.* bitterness, pungency, acridity, acrid taste

कड़ुआहट (*kaṛuahaṭ*) *f.* 1. bitter taste 2. bitterness, pungency (= कड़वाहट *q.v.)*

कढ़ना (*kaṛhānā*) *v.i.* 1. to be embroidered, to be portrayed 2. to be drawn out, to be extracted 3. to come out, to rise 4.to get out, to escape 5. (liquid) to boil well, to thicken

कढ़वाना (*kaṛhvānā*) *v.t.* causative of कढ़ना, to get embroidered, drawn out, to get (milk) boiled, etc.

कढ़ाई (*kaṛhāī*) *f.* 1. embroidery 2. the process, act or wages of embroidering

कढ़ाना (*kaṛhānā*) *v.t.* 1. to get embroidered 2. to get drawn out 3. to get boiled

कढ़ी (*kaṛhī*) *f.* curry prepared with curd and pulse dressed with spices
बासी कढ़ी में उबाल आना *(मु.) v.i.* an old man being surcharged with emotions

कण (*kaṇ*) *m.* 1. particle 2. drop 3. grain,

a single seed

कणमात्र *a.* very little

कणविद्या *f.* the science of crystallography

कणहीन *a.* non-granular

कणकी (*kaṇkī*) *f.* 1. a particle of broken rice 2. grain of corn

कणिकी (*kaṇikī*) *f.* small particle, granule, corpuscle

कणिकीमय *a.* granular

कणिकीमयता *f.* granularity

कणिकीयित *a.* granulated

कणीकरण *m.* disintegration, granulator

क़तई A (*qataī*) I. *adv.* 1. wholly 2. absolutely II. *a.* conclusive, final

क़तई फैसला *m.* final decision, last judgement

कतना (*katnā*) *v.i.* to be spun

कतर-छाँट (*katar-chāṁṭ*) *f.* chopping, cutting, clipping

कतरन (*kataran*) *f.* 1. cutting, clipping, parings 2. scrap

कतरना (*katarnā*) *v.t.* to cut (with scissors), to clip, to trim

भेड़ें या भेड़ों के बाल कतरना *v.t.* to shear sheep

कतरनी (*katarnī*) *f.* clipper, scissors

कतरनी की तरह ज़ुबान चलना *(मु.) v.i.* to chatter, to talk too much

कतर-ब्योंत (*katar-byoṁt*) *f.* 1. curtailing (say in account) 2. manipulation

कतर-ब्योंत करना *v.t.* (a) to cut and clip, to deduct (b) to purloin (c) to manipulate

कतरवाई (*katarvāī*) *f.* wages for cutting out

कतरवाना (*katarvānā*) *v.t.* causative of कतरना, to have hair, paper, cloth, etc. cut with scissors, to have sheep sheared

क़तरा A (*qatrā*) *m.* drop (of water, blood)

क़तरा-क़तरा *adv.* drop by drop

कतराई (*katrāī*) *f.* 1. work of cutting 2. wages for cutting

कतराना (*katrānā*) *v.i.* to fight shy of, to elude, to get out of the way, to slink away, to avoid, evade

कतराकर निकल जाना *v.i.* to avoid meeting and walk away

कर्तव्य से कतराना *v.i.* to shirk one's duty

क़तल A (*qatal*) *m.* murder, assassination (better क़त्ल *q.v.)*

क़तला (*qatlā*) *m.* a slice (as of meat)

क़तली (*qatlī*) *f.* a piece of sweetmeat in the form of a lozenge

कतवाई (*katvāī*) *f.* price paid for spinning

कतवाना (*katvānā*) *v.t.* to cause somebody to get (सूत, रुई yarn, cotton) spun, to have spun

कतवार (*katvār*) *m.* sweepings, rubbish, refuse

कतवारखाना *m.* refuse-bin

क़ता A (*qatā*) *m.* cutting

क़ता करना *v.t.* to cut, to cut short

क़ता कलाम *m.* interruption in somebody's talk

क़ता ताल्लुक करना *v.t.* to break off all connections

कताई (*katāī*) *f.* 1. spinning 2. wages or price for spinning

कताई करके *adv.* by spinning

कताई करना *v.t.* to spin

कताई की मशीन *f.* spinning machine

कताईघर *m.* spinning mill

कताई-बुनाई *f.* spinning and weaving

कतान (*katān*) *m.* a kind of muslin

कताना (*katānā*) *v.t.* to get spun

क़तार A (*qatār*) *f.* line, row

क़तार बाँधना *v.i.* to line up, to form a queue

क़तार में *adv.* in a line, in an order or series

कतिपय (*katipay*) *a.* 1. some, a few,

several 2. of a certain number, so many

कतीरा (*katīrā*) *m.* a kind of gum used in medicine

कतौनी (*katau̇nī*) *f.* 1. spinning 2. wages or price for spinning (= कताई)

कत्तल (*kattal*) *f.* slice, piece, chip (especially of stone or brick)

कत्ता (*kattā*) *m.* a small and crooked sword

कत्थई (*katthaī*) *a.* of the colour of catechu, chocolate (colour)

कत्थक[1] (*katthak*) *m.* a variety of north Indian classical dance

कत्थक[2] (*katthak*) *m.* a person whose profession is to narrate stories

कत्थन (*katthan*) *m.* 1. boasting 2. praising

कत्था (*katthā*) *m.* catechu, *Terra japonica*

क़त्ल A (*qatl*) *m.* murder, assassination

क़त्ल-ए-आम *m.* general massacre, mass murder

क़त्ल करना *v.t.* to kill, to slay, to murder, to assassinate, to massacre

क़त्ल का मुकदमा *m.* murder case

कथक (*kathak*) *m.* narrator, reciter, teller of old stories

कथक्कड़ (*kathakkaṛ*) *m.* a person who always repeats old traditional stories, professional story-teller

कथन (*kathan*) *m.* 1. statement 2. assertion 3. viewpoint 4. description, narration

कथनानुसार (*kathanānusār*) *adv.* according to one's statement

कथनी (*kathanī*) *f.* anything said

कथनी और करनी का अंतर *m.* difference between saying and doing, difference between profession and practice

कथनीय (*kathanīya*) *a.* to be said, fit to be stated, worth saying, requiring to be said

कथरी (*kathrī*) *f.* a patched cloth or garment, a beggar's bedding (of rags)

कथांतर (*kathāntar*) *m.* 1. digression 2. side-story (especially during a conversation)

कथा (*kathā*) *f.* 1. story, tale 2. narrative 3. (mythological) fable

कथाकली *f.* a kind of South Indian classical dance

कथा करना/बाँचना *v.t.* to read or recite a story

कथाकार *m.* story-teller, story writer

कथानायक *m.* hero (in a story)

कथापुरुष *m.* legendary person

कथामुख *m.* lead plot, introductory part of a story

कथावस्तु *f.* plot

कथावाचक *m.* narrator, reciter

कथा-वार्ता *f.* (a) conversation (b) religious discourse

कथाशेष *m.* end of a story

कथासार *m.* summary of a story

कथासाहित्य *m.* fiction, light literature

कथासूत्र *m.* theme, clue of a story

कथात्मक (*kathātmak*) *a.* containing a story, pertaining to a story, narrative

कथानक (*kathānak*) *m.* plot of a story, drama, novel

कथारंभ (*kathārambha*) *m.* beginning of a story

कथित (*kathit*) *a.* 1. said, uttered, spoken 2. narrated 3. alleged

कथितव्य (*kathitavya*) *a.* worth relating or telling, fit to be narrated, describable

कथीर (*kathīr*) *m.* pewter

कथोद्घात (*kathodghāt*) *m.* 1. beginning of a tale 2. opening of the drama by the first actor

कथोपकथन (*kathopkathan*) *m.* dialogue,

discourse, conversation

कथ्य (*kathya*) *m.* subject-matter (see कथनीय)

कदंब (*kadamb*) *m. Nauclea cadamba* tree and its bell-shaped flower

क़द P (*qad*) *m.* height, size

क़ददार *a.* having a fine or good size

क़द निकालना *v.t.* to grow tall

आदमक़द *a.* of the height of a man

आदमक़द तस्वीर *f.* life-size portrait

छोटे क़द का लड़का *m.* a boy of short stature

पस्तक़द *a.* of small stature

कदक्षर (*kadakṣar*) *m.* bad handwriting, illegible writing

कदन्न (*kadanna*) *m.* 1. coarse grain 2. bad or unclean food

क़दम A (*qadam*) *m.* footstep, step, pace

क़दम आगे रखना/बढ़ाना *v.t.* to advance forward

क़दम उखड़ना *(मु.) v.i.* to be swept off one's feet, to lose ground, to retreat

क़दम उठाकर चलना *v.i.* to walk fast

क़दम उठाना *(मु.) v.t.* to take a step

क़दम-क़दम *adv.* step by step, at an easy pace

क़दम-क़दम पर *adv.* at every step

क़दम गाड़ना *v.t.* to plant the foot firmly

क़दम चूमना *(मु.) v.t.* to kiss the feet (showing veneration)

क़दम छूना *v.t.* to touch the feet (showing respect)

क़दम डगमगाना *v.i.* to stagger

क़दम पर क़दम रखते चलना *v.i.* to follow step by step, to follow closely

क़दम फूँक-फूँक कर चलना *v.i.* to move cautiously

क़दम-ब-क़दम *adv.* step by step, by degrees, slowly

क़दम बढ़ाना *v.t.* to walk fast, to take long steps

क़दमबोसी A&P *f.* kissing the feet, touching the feet (showing respect)

क़दमबोसी करना *v.t.* to pay respect, to honour

क़दम मिलाकर चलना *v.i.* to keep pace (with)

क़दम रखना *v.t.* to set foot

क़दम लड़खड़ाना *v.i.* to stagger, to totter

क़दमचा P (*qadamcā*) *m.* 1. footboard 2. footrest (as in a latrine)

कदमा (*kadmā*) *f.* a variety of sweetmeat in the shape of कदम्ब flower

क़दर A (*qadar*) *f.* 1. worth 2. regard 3. importance 4. value 5. appreciation 6. merit (better क़द्र *q.v.*)

कदर्थ (*kadartha*) I. *m.* 1. wrong meaning, wrong interpretation 2. sweepings II. *a.* useless, worthless

कदर्थना (*kadarthnā*) *f.* 1. miserable condition 2. distortion of meaning 3. censure

कदर्थित (*kadarthit*) *f.* 1. distorted, slighted 2. involved in miserable condition

कदर्य (*kadarya*) I. *a.* 1. ugly, clumsy, awkward 2. miserly, niggardly, stingy II. *m.* miser

कदर्यता (*kadaryatā*) 1. ugliness, clumsiness 2. stinginess, miserliness

कदली (*kadlī*) *f.* plantain or banana

कदा (*kadā*) *adv.* when, at what time

यदा-कदा *adv.* sometimes, off and on

कदाकार (*kadākār*) *a.* deformed, ill-shaped, clumsy

कदाचन (*kadācan*) *adv.* 1. ever, at any time 2. perhaps

कदाचनिक (*kadācanik*) *a.* sporadic

कदाचार (*kadācār*) *m.* misconduct, misbehaviour, misdemeanour

कदाचार करना *v.t.* to misbehave

कदाचारी (*kadācārī*) *a.* wicked, profligate, delinquent

कदाचित (*kadācit*) *adv.* 1. scarcely,

hardly ever, sometimes 2. (यदि) if 3. probably, perhaps, possibly

कदापि (*kadāpi*) *adv.* ever, at any time

कदापि नहीं *adv.* never, under no circumstances

कदाशय (*kadāśay*) *a.* mala fide

कदाशयता (*kadāśaytā*) *f.* mala fides

क़दीम A (*qadīm*) *a.* old, ancient, archaic

कदुष्ण (*kaduṣṇ*) *a.* warm

क़द्दावर (*qaddāvar*) *a.* tall and towering, large-sized, possessing an imposing stature

कद्दू (*kaddū*) *m.* pumpkin, gourd, *Cucurbita longenaria*

कद्दूकस *m.* an instrument for making very fine slices of pumpkin, potato, etc.

कद्दूदाना *m.* intestinal worm

क़द्र A (*qadra*) *f.* 1. worth 2. regard 3. importance 4. value 5. appreciation 6. merit

किस क़द्र *interr.* to what extent/ degree

किसी क़द्र *a.* somewhat, a little

क़द्र करना *v.t.* to have regard (for)

क़द्र खो देता है हर रोज़ का आना-जाना (मु.) too much familiarity breeds contempt

क़द्रदान *a.* & *m.* (one) knowing the worth/value, true judge of worth, (one) who appreciates

क़द्रदानी *f.* just appreciation of merit, due regard to the worth

क़द्रदानी करना *v.t.* to appreciate, to esteem, to value

कन[1] (*kan*) *m.* 1. particle 2. drop 3 grain, a single seed (same as कण *q.v.*)

कन[2] (*kan*) *m.* compounding form of ear (as in कनकटा *q.v.*)

कनक (*kanak*) *m.* 1. gold 2. wheat (as it is like gold to a farmer) 3. thorn apple

कनकक्षार *m.* borax

कनकमय *a.* abounding in gold

कनकटा (*kankaṭā*) *a.* having ear or ears cut off

कनकना (*kanakanā*) *a.* 1. crisp, fragile 2. irritable, sensitive 3. itching 4. disgusting

कनकनाना (*kankanānā*) *v.i.* 1. to be disgusting 2. producing itch 3. to be startled

कनकी (*kankī*) *f.* particle of a grain (especially rice)

कनकौवा (*kankauvā*) *m.* kite

कनकौवा उड़ाना *v.t.* to fly a kite

कनकौवाबाज़ *m.* kite-flier, one who is addicted to kite-flying

कनकौवाबाज़ी *f.* kite-flying

कनकौवा लड़ाना *v.t.* to set one kite against another, to attempt to cut another's kite

कनखजूरा (*kankhajūrā*) *m.* centipede

कनखियाना (*kanakhiyānā*) *v.i.* to look by a side-glance, to cast a side glance

कनखा (*kankhā*) *m.* sprout

कनखी (*kankhī*) *f.* 1. corner of the eye 2. side glance

कनखी मारना *v.t.* to wink at

कनखियों से देखना *v.t.* to look through the corner of the eye, to wink

कनखोदनी (*kankhodnī*) *f.* a pin-like tool for clearing out wax from ears

कनछेदन (*kanchedan*) *m.* the ceremony of piercing a child's ears

कनटोप (*kanṭop*) *m.* a cap which covers the ears

कनपटी (*kanpaṭī*) *f.* temple, the part of the face between the forehead and ears

कनपेड़ा (*kanpeṛā*) *m* mumps

कनफटा (*kanphaṭā*) *a.* & *m.* (designation of members of the Nath Yogi sect), slit-eared

कनफुँकना (*kanphuṁknā*) *m.* /**कनफुका** (*kan-*

phukā) m. a religious teacher who whispers some mantras or instructions into a pupil's ears

कनफुसी (*kanphusi*) *f.* 1. whispering, whispered word, tales 2. sudden noise made in a child's ear (also कानाफूसी *q.v.)*

कनफूल (*kanphūl*) *m.* an ear-ornament shaped like a flower

कनबतिया (*kanbatiyā*) *f.* words or talk uttered in whispers

कनमनाना (*kanmanānā*) *v.i.* to move from side to side in sleep

कनमैलिया (*kanmailiyā*) *m.* one who removes wax from the ears

कनरस (*kanras*) *m.* taste or pleasure of listening to music or talk

कनवाई E (*kanvāī*) *f.* convoy

कनवास E (*kanvās*) *m.* canvas(cloth)

कनवोकेशन E (*kanvokeśan*) *m.* convocation

कनसलाई (*kansalāī*)) *f.* a small worm like a centipede

कनसुई (*kansuī*) *f.* overhearing, eavesdropping

कनसुई लेना *v.t.* to eavesdrop

कनसुई लेनेवाला *m.* eavesdropper

कनस्तर E (*kanastar*) *m.* canister

कनाई (*kanāī*) *f.* sprouting twig

कनागत (*kanāgat*) *m.* dark fortnight of Ashwin month

कनात T (*kanāt) f.* an enclosure of canvas or of any thick cloth, tent wall

कनियाना (*kaniyānā*) *v.i.* 1. to move aside, to incline one way, to sulk away 2. to avoid, to shun 3. to feel shy

कनियाहट (*kaniyāhaṭ*) *f.* 1. sulking, avoiding 2. shyness

कनिष्ठ (*kaniṣṭha*) *a.* 1. youngest 2. junior 3. little

कनिष्ठ अधिकारी *m.* junior officer

कनिष्ठ उंगली *f.* little finger

कनिष्ठ भ्राता *m.* youngest brother

कनिष्ठा नायिका *f.* younger/junior heroine

कनिष्ठिका (*kaniṣṭhikā*) *f.* little/last finger

कनी (*kanī*) *f.* 1. particle, granule 2. a small piece of crystal or diamond 3. piece of rice or grain 4. a portion of rice which remains unboiled

कनी खाना/चाटना *v.t.* to commit suicide by swallowing a particle of diamond

कनीज़ P (*kanīz*) *f.* slave girl, hand-maid

कनीन (*kanīn*) *a.* young, of young age

कनीनक (*kanīnak) m.*1. young boy 2. pupil of the eye, eyeball

कनीनका (*kanīnakā) f.* /**कनीनिका** (*kaninikā*) *f.* 1. young girl 2. pupil of the eye, eyeball

कनीय (*kanīy*) *a.* junior, subordinate

कनीय अधिकारी *m.* junior officer

कनीय पदक्रम *m.* junior grade

कनीय मान *m.* junior scale

कनीयता (*kanīytā*) *f.* juniority, junior position

कनेठी (*kaneṭhī*) *f.* twisting the ear, pulling the ear

कनोखी (*kanokhī*) *f.* connivance

कनोखी करना *v.t.* to connive at

कनौड़ा (*kanauṛā*) *a.* 1. shy 2. abashed 3. diffident, distrustful, one-eyed II. 1. shy person 2. obliged person 3. slave

कनौती (*kanautī*) *f.* pointed tip of an animal's ear

कनौतियां उठाना या खड़ा करना *v.t.* to prick up the ears, to assume a cautious posture

कंडक्टर E (*kaṇḍakṭar*) *m.* conductor

कन्ना (*kannā*) *m.* part of kite where the string is tied

कन्ना बाँधना *v.t.* to tie string to a kite

कन्ने से कटना *v.i.* to be cut off from the knot

कन्नी (*kannī*) *f.* 1. edge of a kite 2.

corner 3. mason's trowel 4. border of a loincloth

कन्नी काटना *(मु.)* *v.t.* to shun, to evade, to slink away

कन्नी खाना *v.t.* (of a kite) to incline to one side

कन्नी दबना *v.i.* to submit

कन्नी बाँधना *v.t.* to fillet the lighter side of a paper kite

कन्यका (*kanyakā*) *f.* (= कन्या *q.v.*)

कन्या (*kanyā*) *f.* 1. unmarried girl 2. daughter 3. (राशि) sixth zodiac sign, Virgo

कन्याक्रय *m.* bride purchase

कन्यादान *m.* giving away one's daughter in marriage

कन्या पाठशाला *f.* girls' school

कन्या प्रतिनिधि *m.* girl guide

कन्याभार *m.* burden of marrying off a grown-up girl

कन्या महाविद्यालय *m.* college for women

कन्याराशि (a) possessing effeminate temper (b) weakling (c) unlucky, unfortunate

कप E (*kap*) *m.* cup

कप विजेता *m.* winner of the cup

कपट (*kapaṭ*) *m.*1. deception, fraud 2. hypocrisy, duplicity

कपट करना *v.t.* to cheat, to deceive

कपट-कार्य *m.* fraud, deceit

कपटचारिता *f.* (a) hypocrisy (b) deception, fraud

कपटचारी *a.* fraudulent, deceitful, hypocritical

कपटजाल *m.* stratagem

कपटपुरुष *m.* (a) camouflage (b) scarecrow

कपटपूर्ण *a.* fraudulent, underhand, deceitful

कपटपूर्ण नीति *f.* underhand policy

कपटपूर्ण व्यवहार *m.* foul play, double-dealing

कपटप्रबंध *m.* fraudulent plot, trick

कपटयोजना *f.* fraudulent plan, conspiracy

कपटरूप *m.* disguise

कपटरूपधारी *m.* one in disguise

कपटलीला *f.* fraud, fraudulent act

कपट लेख्य *m.* forged document

कपटवेष *m.* disguise (= कपट रूप)

कपटवेषी *m.* one in disguise (= कपट रूपधारी)

कपटसंधि *f.* collusion

कपट से *adv.* hypocritically, deceitfully

कपटता (*kapaṭta*) *f.* 1. hypocrisy 2. deceitfulness

कपटी (*kaptī*) *a.* 1. deceitful, fraudulent 2. insincere, hypocritical 3. ill-disposed

कपड़ (*kapaṛ*) *m.* an allomorph of कपड़ा used as the first member in compound words

कपड़कीड़ा *m.* clothes' moth

कपड़कोट *m.* tent

कपड़गंध *f.* odour of a burning cloth

कपड़छन *m.* straining through a piece of cloth

कपड़छन करना *v.t.* to strain through cloth, sift thoroughly

कपड़छान *m.* substance obtained by straining through cloth

कपड़ा (*kapṛā*) *m.* 1. cloth 2. garment

कपड़ा उतारना *v.t.* to put off or take off clothes

कपड़ा उद्योग *m.* textiles, textile industry

कपड़ा ओढ़ना/पहनना *v.t.* to put on a dress

कपड़ा-लत्ता *m.* belongings, clothes, garments

कपड़े आना *v.i.* to menstruate, to have menses

कपड़े उतारना *v.t.* to take off one's clothes

कपड़ों में न समाना *v.i.* to be very fat, to be overjoyed

कपड़ों से होना *v.i.* to have menses

किसी के कपड़े उतार लेना *v.t.* to strip off somebody, to strip somebody naked, to denude somebody, to deprive one of all belongings

कपर्दिका (*kapardikā*) *f.* small shell or cowrie (also कौड़ी *q.v.*)

कपाट (*kapāṭ*) *m.* 1. door 2. panel 3. valve

कपाट वक्ष *a.* having a broad chest

कपाटिका (*kapāṭikā*) *f.* valve

कपाल (*kapāl*) *m.* 1. skull 2. skull bone, cranium

कपालक्रिया *f.* the Hindu rite of breaking the skull when cremating the dead body

कपाल खुलना *v.i.* to have a favourable turn of fortune

कपालगुहा *f.* cranial cavity

कपालच्छेदन *m.* craniotomy

कपालदोष *m.* misfortune

कपाल पीटना *v.t.* to grieve over one's misfortune

कपाल फूटना *v.i.* to be unfortunate

कपालविद्या *f.* phrenology, craniology

कपालिका (*kapālikā*) *f.* 1. small skull 2. potsherd 3. piece of a vessel 4. an epithet of goddess Kali

कपाली (*kapālī*) I. *m.* 1. a sadhu donning human skull (s) 2. shrewd or cunning person II. *a.* 1. shrewd, cunning 2. donning skull(s)

कपाली आसन *m.* one of the postures of a sadhu (head-stand)

अर्ध-कपाली *f.* pain in half the head, hemicrania

कपालीय (*kapālīy*) *a.* cranial

कपास (*kapās*) *f.* cotton plant and its flower, *Gossypium herbaceum*

कपास ओटना *v.t.* to gin cotton

कपास ओटनी *f.* cotton gin

कपासी (*kapāsī*) *a.* 1. made of or from cotton, cotton 2. of the colour of cotton flower, yellowish

कपिंजल (*kapiṁjal*) *m.* heathcock, hawk, cuckoo

कपि (*kapi*) *m.* ape, monkey

कपि-केश *a.* brown-haired

कपिपति *m.* lord or chief of the monkeys

कपित्थ (*kapittha*) *m.* elephant apple, *Feronia elephantum*

कपिल (*kapil*) *a.* 1. reddish brown, of the colour of copper 2. brown-haired

कपिल धारा *f.* a pilgrimage near Banares

कपिला (*kapilā*) *f.* reddish brown coloured cow

कपिश (*kapiś*) *a.* ash-coloured, monkey coloured, darkish brown

कपींद्र (*kapiṁdra*) *m.*1. monkey-chief, lord of monkeys 2. Hanuman

कपूत (*kapūt*) *m.* bad or undutiful son, wicked son

कपूती (*kapūtī*) *f.* 1. badness (in a son) 2. conduct improper for a son

कपूर (*kapūr*) *m.* camphor

कपूर-कचरी *f.* root of the fragrant grass *Hedychium spicasum*

कपूरी (*kapūrī*) *a.* 1. as white as camphor 2. as fragrant as camphor 3. made of camphor

कपोत (*kapot*) *m.* 1. pigeon 2. dove

कपोतवृत्ति *f.* living from hand to mouth, living by odd means

कपोतव्रत *m.* silently ignoring the coming calamity, suffering quietly

कपोती (*kapotī*) I. *a.* pigeon-coloured, tawny white II. *f.* female pigeon or dove

कपोल (*kapol*) *m.* cheek

कपोल-कल्पना *f.* fanciful imagination,

mere imagination
कपोल-कल्पित *a.* false, unreal, imaginative
कपोलराग *m.* colour or glow on the cheek
कप्तान (*kaptān*) *m.* captain
कप्तानी (*kaptānī*) *f.* captaincy, office or rank of a captain
कप्पी (*kappī*) *f.* pulley
कफ[1] (*kaph*) *m.* cough, phlegm, mucus
कफकारक *a.* phlegmatic
कफ निस्सारक *a.* & *m.* expectorant
कफ़[2] E (*kaf*) *m.* cuffs (of a shirt)
कफ़न A (*kafan*) *m.* shroud, winding sheet for a dead body
कफ़न को कौड़ी न होना (*मु.*) *v.i.* to be a pauper
कफ़नखसोट *m.* greedy
कफ़नखसोटी *f.* greediness
कफ़नचोर *m.* shroud snatcher, a shameless thief/ruffian, miscreant
कफ़न-दफ़न *m.* burial, funeral rites
कफ़न फाड़कर उठना (*मु.*) *v.i.* to rise from the grave
कफ़न फाड़कर चिल्लाना *v.i.* to shriek unexpectedly, to appear suddenly
कफ़न सिर में बाँधना (*मु.*) *v.t.* to be ready to court death, to engage in perilous venture
कफ़नाना A (*kafnānā*) *v.t.* to shroud a dead body
कफ़नी (*kafnī*) *f.* a long and wide-sleeved garment (which some mendicants wear)
क़फ़स A (*qafas*) *m.*1. cage 2. narrow place 3. prison, jail
कफी (*kaphī*) *a.* phlegmatic, filled with mucus, afflicted with rheum
कफोणी (*kaphoṇī*) *f.* elbow
कफोत्सारक (*kaphotsārak*) *a.* & *m.* expectorant
कबंध (*kabandh*) *m.* 1. headless trunk 2. belly, stomach 3. Rahu (planet)
कब (*kab*) *adv.* when, at what time
कब का *adv.* (a) of what time (b) since long, since when
कब तक *adv.* till when, up to what time, how long
कब-कब *adv.* when, occasionally
कब से *adv.* since when
कबड्डी (*kabaḍḍī*) *f.* a game
क़बर A (*qabar*) *f.* grave, tomb (better क़ब्र *q.v.*)
कबरा (*kabrā*) *a.* variegated, spotted, speckled
क़बरिस्तान A (*qabristān*) *m.* burial ground, graveyard, cemetery
कबरी (*kabarī*) *f.* braid
क़बा A (*qabā*) *m.* long and wide-sleeved garment (worn by some Muslim mendicants) (see कफ़नी *q.v.*)
कबाड़ (*kabāṛ*) *m.* broken or rejected pieces of things, junk, salvage, lumber
कबाड़खाना *m.* junkyard, lumber-store
कबाड़ा (*kabāṛā*) *m.* mess, imbroglio
कबाड़ा कर देना *v.t.* make a mess of things
कबाड़ा हो जाना *v.i.* to be undone, to lose everything
कबाड़िया (*kabāṛiyā*) *m.* /**कबाड़ी** (*kabāṛī*) *m.* junk dealer, a dealer of old and broken articles
कबाब P (*kabāb*) *m.* roasted meat, dollops or slices of meat
कबाब करना (*मु.*) *v.t.* to roast, to burn
कबाब में हड्डी होना (*मु.*) *v.i.* to have an unpalatable ingredient in a delicious dish, to be an unwelcome intruder
कबाब हो जाना (*मु.*) *v.i.* to be roasted, to be scorched/burnt, to be enraged
क़बायली A (*qabāylī*) *a.* & *m.* tribal, tribesman (better क़बाइली)
कबायली क्षेत्र *m.* tribal area
क़बाला A (*qabālā*) *m.* title deed (of gift),

will

क़बालानवीस *m.* title deed-writer

कबीर A (*kabīr*) I. *a.* 1. big, great 2. full-grown, elderly II. *m.* 1. nobleman, grandee 2. a famous poet-saint

कबीरपंथ *m.* the sect or followers of Saint Kabir

कबीरपंथी *a.* & *m.* follower of Kabir's teachings

क़बीला A (*qabīlā*) *m.* 1. tribe 2. clan 3. family

कबुलवाना (*qabulvānā*) *v.t.* to cause to admit a mistake/fault or crime, make one reveal a secret

कबूतर (*kabūtar*) *m.* pigeon

कबूतरखाना *m.* pigeon house, dove-cote

कबूतरबाज़ *m.* one who breeds pigeons, pigeon-fancier, professional pigeon-flier

कबूतरबाज़ी *f.* pigeon-flying, vocation of breeding pigeons

कबूतरी (*kabūtarī*) *f.* 1. female pigeon 2. dancing girl

क़बूल A (*qabūl*) *m.*1. acceptance 2. confession, admission 3. assent

क़बूल करना, क़बूलना *v.t.* to assent, to confess, to admit, to accept

क़बूलसूरत *a.* comely, handsome

क़बूलसूरती *f.* handsomeness, comeliness

क़बूल होना *v.i.* to be accepted, to be granted, to be acknowledged

क़बूलना A (*qabūlnā*) *v.t.* 1. (fault, crime) to confess, to admit 2. (प्रस्ताव) to assent to, to agree 3. (दावत, रुपया, पुरस्कार) to accept

क़बूलियत A (*qabūliyat*) *f.* written agreement

क़ब्ज़ A (*qabz*) *m.* constipation

क़ब्ज़ करना *v.t.* to constipate, to produce constipation

क़ब्ज़ होना *v.i.* to have constipation

क़ब्ज़ा A (*qabzā*) *m.* 1. possession, occupancy 2. handle, hilt 3. hinge (of a door)

क़ब्ज़ा उठाना *v.t.* to leave possession

क़ब्ज़ा करना *v.t.* to take possession, to acquire

क़ब्ज़ा दिलाना *v.t.* to put in possession

क़ब्ज़ा देना *v.t.* to give over possession

क़ब्ज़ा पाना *v.t.* to obtain possession, to be in possession

क़ब्ज़ेदार *a.* hinged

क़ब्ज़ेदार पल्ला *m.* hinged door

क़ब्ज़े में करना *v.t.* to get hold of

क़ब्ज़े में रखना *v.t.* to keep in possession

क़ब्ज़े में लाना *v.t.* to bring into one's possession

क़ब्ज़ियत A (*qabzīyat*) *f.* constipation, costiveness

क़ब्र A (*qabra*) *f.* grave, tomb

क़ब्र के मुरदे उखाड़ना *v.t.* to dig up the dead from the grave, (*fig.*) to rake up old grievances

क़ब्र खोदना *v.t.* to dig out a grave, (*fig.*) to adopt measures to ruin (somebody)

क़ब्रगाह *f.* graveyard, burial ground, cemetery (= कब्रिस्तान *q.v.*)

क़ब्र में पाँव लटकाना या लटकाए रखना (*मु.*) to be on the verge of death, to be very old

क़ब्र से उठ(कर) आना *v.i.* to escape death, to get a fresh lease of life (after illness), to recover from a very serious disease

क़ब्रिस्तान A (*qabristān*) *m.* graveyard, burial ground, cemetery

क़ब्ल A (*qabl*) *prep.* prior to, before

क़ब्ल इसके *adv.* prior to this

कभी (*kabhī*) *adv.* ever, sometime or other, sometimes

कभी-कभार *adv.* /**कभी-कभी** *adv.* now

and then, occasionally
कभी का *a.* & *adv.* long time ago
कभी तो *adv.* sometime, of course
कभी न कभी *adv.* sometime or another, sooner or later
कभी नहीं *adv.* never, by no means

कमंचा (*kamañcā*) *m.* a tool of carpenters

कमंडल (*kamaṇḍal*) *m.* /**कमंडलु** (*kamaṇḍalu*) *m.* a pot or vessel with a spout

कमंद P (*kamand*) *f.* 1. a scaling ladder or cord 2. lasso
कमंद डालना *v.t.* to throw up a scaling ladder

कम P (*kam*) *a.* 1. less 2. short, scanty, inadequate, insufficient
कम आमदनी *f.* little income
कम उत्पादन *m.* under-production
कम करना *v.t.* to diminish, to reduce, to bring down
कम-ज़्यादा *a.* more or less
कम दामों में बेचना *v.t.* to undersell
कम पड़ना *v.i.* to run short
कम समझना *v.t.* to underestimate
कम होना *v.i.* to be short of

कमअक्ल A (*kamaqla*) *a.* of little wit or sense, stupid, foolish

कमअक्ली A (*kamaqlī*) *f.* want of understanding, stupidity, foolishness

कमअसबाबी A (*kamasbābī*) *f.* deficiency of belongings, poverty

कमअस्ल P (*kamasal*) *a.* of low descent, base-born, ignoble

कमउम्र P (*kamumra*) *a.* of young age, juvenile

कमक़द्री P (*kamqadrī*) *f.* want of appreciation, disregard

कम क़ीमती P (*kamqīmatī*) *a.* low-priced

कमखर्च P (*kamkharca*) *a.* thrifty, economical, close-fisted
कमखर्च बालानशीं a thrifty person is well-off, good quality at low cost

कमखर्ची P (*kamkharcī*) *f.* expenditure within one's means

कमख़्वाब P (*kamkhvāb*) *m.* brocade

कमख़्वाबी P (*kamkhvābī*) *f.* want of good sleep

कमख़ोर P (*kamkhor*) *a.* eating little, abstemious

कमगो P (*kamgo*) *a.* who speaks little, taciturn

कमज़ोर P (*kamzor*) *a.* weak, feeble, infirm
कमज़ोर करना *v.t.* to weaken

कमज़ोरी P (*kamzorī*) *f.* weakness

कमतर P (*kamtar*) *a.* smaller, lesser

कमती (*kamtī*) I. *a.* less, little, small II. *f.* decrease
कमती-बढ़ती *f.* increase and decrease

कमतरीन P (*kamtarīn*) *a.* smallest, least

कमनज़र P (*kamnazar*) *a.* short-sighted, dim-witted

कमनसीब P (*kamnasīb*) *a.* unfortunate, unlucky

कमनिगाह P (*kamnigāh*) *a.* inattentive, neglectful

कमनिगाही P (*kamnigāhī*) *f.* inattention, neglectfulness, disregard

कमनीय (*kamanīy*) *a.* comely, seemly, lovely

कमनीयता (*kamanīytā*) *f.* comeliness, seemliness, loveliness

कमनैत (*kamnait*) *m.* archer

कमनैती (*kamnaitī*) *f.* archery

कमबख़्त P (*kambakhta*) *a.* unfortunate, unlucky, miserable
कमबख़्त कहीं का *interj* you wretch!

कमबख़्ती P (*kambakhtī*) *f.* lucklessness, misfortune
कमबख़्ती आना *v.i.* to be overtaken by adversity
कमबख़्ती का मारा *a.* wretched, accursed
कमबख़्ती के दिन *m.* hard times, evil days

कमर P (*kamar*) *f.* waist

कमर कसना *(मु.) adv.* to gird up one's loins
कमर का ढीला *a.* weak in the loins, physically weak
कमर खोलना *(मु.) v.t.* to be ready to relax
कमर खोल बैठना *v.i.* to sit at ease
कमर झुकना *v.i.* to bend with age
कमर टूटना *(मु.) v.i.* (a) *lit.* to have the spine broken (b) (*fig.*) to lose confidence or courage (c) to give way under the pressure of some loss
कमरतोड़ *a.* very toilsome, extremely strenuous
कमर तोड़ना *(मु.) v.t.* to break the back-bone
कमरतोड़ परिश्रम *m.* relentless toil
कमरतोड़ बुखार *m.* aching fever
कमरबंद *m.* waistband, girdle, belt, string for pyjamas
कमरबंदी *f.* (a) girding up one's loins (b) getting ready, preparing
कमर बाँधना *(मु.) v.t.* to get ready
कमर लगना *v.i.* (a) to have backache (b) to have sores on the back
कमर सीधी करना *(मु.) v.t.* to relax awhile

कमरख (*kamrakh*) *m.* 1. (*bot.*) a very sour fruit of *Averrhoa carambola* 2. (वास्तु.) gadroon

कमरा (*kamrā*) *m.* room, chamber, apartment
किराये का कमरा *m.* room on rent
खाने का कमरा *m.* dining room
लिखने-पढ़ने का कमरा *m.* study room
सजा हुआ कमरा *m.* furnished room
सोने का कमरा *m.* bedroom, sleeping room

कमल (*kamal*) *m.* 1. lotus 2. (रोग) jaundice
कमलकंद *m.* root of lotus
कमलककड़ी *f.* stalk of lotus
कमलकली *f.* lotus bud
कमल खिलना *v.i.* to be jubilant
कमलगट्टा *m.* seed of lotus
कमलगर्भ *m.* parasol of lotus
कमलदल *m.* lotus petal
कमलनयन *a.* /**कमलनेत्र** *a.* lotus-eyed
कमलनयनी *f.* woman having eyes like a lotus
कमलनाल *f.* stalk of a lotus
कमलपत्र *m.* lotus leaf
कमलबाई *f.* a kind of jaundice
कमलयोनि *m.* one born in lotus, an epithet of Brahma

कमला (*kamalā*) *f.* 1. beautiful lady 2. an epithet of Lakshmi, the goddess of wealth

कमलाकर (*kamlākar*) *m.* 1. mass of lotuses 2. lotus pool/lake

कमलाक्ष (*kamalākṣa*) *a.* lotus-eyed

कमलासन (*kamalāsan*) *m.* 1. one seated on a lotus, an epithet of Brahma 2. a posture in Yoga

कमलिनी (*kamalinī*) *f.* 1. small lotus 2. lotus pond

कमली (*kamlī*) *f.* light or small blanket
अपनी कमली में मस्त होना *v.i.* to glory in one's own state of affairs

कमवाना (*kamvānā*) *v.t.* 1. to cause to earn 2. to cause to work 3. (चमड़ा) to get curried or processed 4. (पाख़ाना) to get cleaned

कमांड E (*kamāṇḍ*) *f. a.* & *m.* command

कमांडर E (*kamāṇḍar*) *m.* commander
कमांडर-इन-चीफ़ *m.* commander-in-chief

कमांडेंट E (*kamāṇḍenṭ*) *m.* commandant

कमाई (*kamāī*) *f.* 1. earning 2. earned money 3. (लाभ) gain, profit
कमाई करना *v.t.* to earn, to work for money
पसीने की कमाई *f.* hard-earned money, income earned with the sweat of brow

कमाऊ (*kamāū*) *a.* earning, industrious

कमाऊ-खाऊ *a.* who earns and also spends freely
कमाऊ-खाऊ अर्थव्यवस्था *f.* hand-to-mouth economy
कमाऊ धन *m.* property by which one earns a living
कमाऊ पूत/बेटा *m.* earning son
कमाच (*kamāc*) *m.* a silken cloth
कमाची (*kamācī*) *f.* twig
कमान[1] P (*kamān*) *f.* 1. bow 2. command (of an army) 3. command, order
कमान अफ़सर *m.* commanding officer
कमान उतारना *v.t.* to loosen or unbend a bow
कमान खींचना/ (*मु.*) *v.t.* to draw a bow
कमान-गर *m.* bowmaker
कमान चढ़ना (*मु.*) *v.i.* (a) supremacy (b) (fig.) to scowl
कमान चढ़ाना *v.t.* to draw a bow
कमानदार *a.* (a) armed with a bow (b) arched
कमानदार खिड़की *f.* bow-shaped window
कमाने अब्रू *m.* arched eyebrow
कमान[2] (*kamān*) *f.* command
कमानचा P (*kamancā*) *m.* 1. small bow 2. arch
कमाना (*kamānā*) *v.t.* 1. to earn, to acquire money 2. to perform some domestic work 3. to clean latrines, to scavenge
खाना-कमाना *v.t.* to earn and spend
खेत कमाना *v.t.* to dress or prepare land (by tilling)
चमड़ा कमाना *v.t.* to tan a hide
नाम कमाना (*मु.*) to gain reputation
कमानिया (*kamāniyā*) *m.* archer, bowman
कमानी (*kamānī*) *f.* spring
कमानीदार *a.* fitted with a spring, springer
छोटी कमानी *f.* featherspring
बड़ी कमानी *f.* mainspring
बाल कमानी *f.* hairspring
कमान्डो E (*kamāṇḍo*) *m.* commando
कमाल A (*kamāl*) *m.* 1. perfection, completion 2. excellence 3. wonderful work 4. feat
कमाल करना *v.t.* to show perfect skill, to exhibit marvellous work
कमाल तक पहुँचाना *v.t.* to bring to perfection, to complete
कमाल दर्जे का आदमी *m.* a man with excellent credentials
कमाल हासिल करना *v.t.* to attain perfection
कमासुत (*kamāsut*) *a.* & *m.* earning (man), worthy person
कमिया (*kamiyā*) *m.* labourer
कमिशन E (*kamiśan*) *m.* commission
कमिशनर E (*kamiśnar*) *m.* commissioner (also आयुक्त)
कमिशनरी (*kamiśnarī*) *f.* office or rank of a commissioner, commissionership
कमी P (*kamī*) *f.* 1. lack, want, scarcity, shortage, dearth 2. defect, deficiency, deficit 3. abatement, reduction 4. shortcoming
कमी का बजट *m.* deficit budget
कमी न करना *v.t.* not to leave any stone unturned
कमी पूरी करना *v.t.* to make up the deficiency, to recoup, to compensate
कमी होना, कमी पड़ जाना *v.i.* to fall short
अक्ल की कमी *f.* lack of wisdom
कमीज़ A (*qamīz*) *f.* shirt
कमीनगी (*kamīngī*) *f.* meanness, lowliness (= कमीनापन *q.v.*)
कमीना P (*kamīnā*) *a.* low, mean, ignoble, base
कमीनापन *m.* meanness, lowliness
कमीला (*kamīlā*) *m.* a drug obtained from a special plant

कमीशन E (*kamīśan*) *m.* 1. commission 2. discount
कमीशन देना *v.t.* to allow commission or discount
कमीशन पर बिक्री *f.* sale on commission
कमीशनप्राप्त *a.* commissioned
कमीशन बैठाना *v.t.* to hold the commission
कमेटी E (*kameṭī*) *f.* committee
कमेरा (*kamerā*) *m.* 1. labourer, workman 2. (नौकर) servant
कमेला (*kamelā*) *m.* slaughterhouse
कमोड E (*kamoḍ*) *m.* commode
कमोडोर E (*kamoḍor*) *m.* commodore
कम्पार्टमेंट E (*kampārṭmeṁṭ*) *m.* compartment
कम्पास E (*kampās*) *f.* compass
कम्पोस्ट E (*kamposṭ*) *m.* compost
कम्प्यूटर E (*kampyūṭar*) *m.* computer
कम्यूनिज़्म E (*kamyūnizm*) *m.* communism (better साम्यवाद)
कम्यूनिस्ट E (*kamyūnisṭ*) *m.* communist (also साम्यवादी)
क़याम A (*qayām*) *m.* 1. stay, stoppage 2. halting place, resting place
क़याम करना *v.i.* to stay, to make a halt
क़यामत A (*qayāmat*) *f.* 1. catastrophe, doom 2. last day of judgement, the day of resurrection
क़यामत उठाना, ढाना, मचाना *(मु.)* *v.t.* to raise a commotion, to create a stir, to bring a devastating crisis (also क़यामत बरपा करना)
क़यामत का दिन *m.* doomsday, day of judgement
क़यामतकार *a.* destructive, oppressive
क़यामत की घड़ी *f.* moment of extreme crisis
क़यास A (*qayās*) *m.* 1. guess, conjecture 2. (कल्पना) imagination
क़यास करना *v.t.* to guess, to imagine
क़यास के बाहर *adv.* beyond imagination
क़यासी A (*qayāsī*) *a.* 1. guessed, inferred, conjectured 2. (माना हुआ) supposed, granted 3. (अटकलपच्चू) at random, uncertain, indefinite
करंट E (*karanṭ*) *f.* current (of electricity)
करंट अकाउंट E (*karanṭ akāunṭ*) *m.* current account
करंड (*karanḍ*) *m.* 1. bamboo basket
करंड कोशिका *f.* basket cell
करंडी (*karanḍī*) *f.* pseudo silken cloth
करंतीन E (*karantīn*) *m.* quarantine
कर[1] (*kar*) *m.* 1. hand 2. trunk of an elephant 3. beam, ray
कर-कंडूयन *m.* itching of the palm
करकमल *m.* lotus-like hand
कर-कोष *m.* hollow of the hand or palm
करगत *a.* obtained in hand
कर जोड़कर *adv.* with folded hands, humbly
कर जोड़ना *v.t.* to join the hands, to entreat (= हाथ जोड़ना)
करतल *a.* palm (of the hand)
करतल करना *v.t.* to keep under one's palm, to keep under control
करतलगत *a.* (a) caught into one's palm (b) got into one's clutches/control
करतलधृत *a.* held in the palm, restrained
करतलध्वनि *f.* cheers, clapping, applause
करताल *m.* cymbals
करताली *f.* clap, clapping of hands
करपल्लव *m.* hand as tender as a twig
करपुट *m.* folded hand
करपृष्ठ *m.* back of the hand
करमूल *m.* the wrist
करस्पर्श *m.* touch of the hand

करवीर *m.* oleander plant and its flower

कर² *(kar) m.* tax

कर-अपवंचन *m.* evasion of tax

कर उगाहना *v.t.* to collect taxes

कर चुकाना *v.t.* to pay up taxes

कर-छूट *f.* concession in tax

करदाता *m.* tax-payer

करदेय *a.* taxable

करदेयता *f.* taxability, taxable capacity

कर-निर्धारक *m.* tax assessor

कर-निर्धारण *m.* tax assessment

कर-निर्धारिती *m.* assessee

कर-नीति *f.* taxation policy

कर-प्रणाली *f.* tax system, taxation system

कर-भार *m.* burden of taxes

करमुक्त *a.* tax-free

करमुक्त आय *f.* tax-free income

करमुक्ति *f.* exemption from taxation

करयोग्य *a.* taxable

करयोग्य मूल्य *m.* taxable value

कररहित *a.* untaxed

कर राजस्व *m.* tax revenue

कर लगाना *v.t.* to impose taxes, to tax

कर-व्यवस्था *f.* system of taxation

कर-समाहर्ता *m.* tax collector

करई *(karaī) f.* a small earthen pot with a spout

करक *(karak) f.* a sharp stinging pain

करकच *(karkac) m.* tumult, uproar

करकट *(karkaṭ) m.* /**कूड़ा-करकट** *(kūṛā-karkaṭ) m.* sweepings, rubbish

करकना *(karaknā) v.i.* to pain, to ache

करकरा *(karkarā) a.* 1. harsh, unkind 2. crisp

करकराना *(karkarānā) v.i.* to crackle

करकराहट *(karkarāhaṭ) f.* cracking, snapping

करका *(karkā) m.* hail

करकापात *(karkāpāt) m.* hailstorm

करखा *(karkhā) m.* soot

करखा पोतना *v.t.* to smear somebody's face with soot, *(fig.)* to sully somebody's honour

करघा *(karghā) m.* (a) loom (b) the hollow in the ground in which a weaver's feet work the treadle

करघा उद्योग *m.* handloom industry

करचंग *(karcañg) f.* tambourine, a small drum

करछनी *(karchanī) f.* iron skimmer, scraper

करछा *(karchā) m.* big ladle

करछी *(karchī) f.* ladle

करछुल *(karchul) m.* /**करछुली** *(karchulī) f.* ladle

करण *(karaṇ) m.* 1. instrument, tool 2. senses 3. causing, producing 4. articulation 5. (maths) the number which has no square root

करणकारक *m.* instrumental case

करणी *(karaṇī) f. & m.* surd, surd root, an irrational quantity (math)

करणीय *(karaṇīya) a.* fit to be done, practicable, feasible

करतब *(kartab) m.* 1. art, skill 2. wonderful performance, feat

करतब दिखाना *v.t.* to show one's skill, to perform a feat

करतबी *(kartabī)* I. *m.* 1. one performing wonderful feats 2. cheat, deceiver II. *a.* clever, skilful

करतल *(kartal) m.* palm

करतार *(kartār) m.* the Creator, God

करतूत *(kartūt) f.* evil deed, misdeed, mischief

करधनी *(kardhanī) f.* girdle

करनफूल *(karanphūl) m.* an ear ornament in the shape of a flower

करना *(karnā) v.t.* 1. to do 2. to perform 3. to make 4. to act 5. to transact 6. to conduct 7. to hold 8. to put on, to wear 9. to solve

अपराध करना *v.t.* to commit a crime/

offence
आत्महत्या करना *v.t.* to commit suicide
आशा करना *v.t.* to hope
उगाही करना *v.t.* to collect
ऊँचा करना *v.t.* to raise, to elevate
एहसान करना *v.t.* to oblige
कम करना *v.t.* to reduce, to subtract, to lessen
कर्तव्य करना *v.t.* to do/perform one's duty
काम करना *v.t.* to do one's work, to work
कुछ कर दिखाना *v.t.* to show some deed
कुछ कर देना *v.t.* to do something, to do some evil
कुछ कर बैठना *v.t.* to have done thoroughly
कुछ कर लेना *v.t.* to perform something
कुछ करना *v.t.* to do something
ख़त्म करना *v.t.* to finish
ख़ून करना *v.t.* to commit murder
ख़्याल करना *v.t.* to think, to mind
गड़बड़ करना *v.t.* to bungle, to make a mess
गर्व करना *v.t.* to pride in
गोल करना *v.t.* (a) to make/score a goal (b) to pinch something (c) to make something round
चेष्टा करना *v.t.* to endeavour
चोट करना *v.t.* to strike, to give a blow
चौका-चूल्हा करना *v.t.* to do chores, to work in the kitchen
चौका-बर्तन करना *v.t.* to do chores
छल करना *v.t.* to cheat
जादू करना *v.t.* to enamour, to enchant
ठीक करना *v.t.* to set right, to correct
तैयार करना *v.t.* to prepare, to get ready
दान करना *v.t.* to donate, to give in charity
दिखावा करना *v.t.* to make a show of
दुकान करना *v.t.* to run a shop
धोखा करना *v.t.* to deceive
ध्यान करना *v.t.* to meditate
न करना *v.t.* to refuse/deny
नक्ल करना *v.t.* to copy, to imitate
नियंत्रित करना *v.t.* to control
नौकरी करना *v.t.* to serve
न्याय करना *v.t.* to do justice
पुकार करना *v.t.* to call, to cry
पेशाब करना *v.i.* to urinate
पूरा करना *v.t.* to complete
पैदा करना *v.t.* to produce
प्रकट करना *v.t.* to express, to expose
प्रणाम करना *v.t.* to salute, to offer greetings
प्यार करना *v.t.* to love
प्रतीक्षा करना *v.t.* to wait
प्रस्ताव करना *v.t.* to make a proposal
प्राप्त करना *v.t.* to obtain, to receive
फ़रमाइश करना *v.t.* to make a specific request
बड़ा करना *v.t.* to enlarge
बात करना *v.t.* to talk
भेंट करना *v.t.* to meet
मन करना *v.i.* to feel like
माँग करना *v.t.* to make a demand
मुक्त करना *v.i.* to free
यात्रा करना *v.i.* to travel
वकालत करना *v.t.* to practise law, to plead a case
विचार करना *v.t.* to think
शर्म करना *v.i.* to feel shy, to be ashamed
शुरू करना *v.t.* to begin, to start
सभा करना *v.t.* to hold a meeting
सम्मान करना *v.t.* to honour
सवाल करना *v.t.* to question, to solve a sum
हज़म करना *v.t.* to digest
हल करना *v.t.* to solve
करने योग्य *a.* fit to be done, practicable

करनाटकी (*karnāṭakī*) *m.* 1. inhabitant of Karnatak 2. juggler 3. magician, sorcerer

करनाल (*karnāl*) *m.* 1. big trumpet 2. a kind of gun, cannon

करनी (*karnī*) *f.* 1. deed 2. misdeed 3. trowel

करनी का फल *m.* fruit of one's actions

जैसी करनी वैसी भरनी (*मु.*) as you sow so shall you reap

करपत्र (*karpatra*) *m.* saw (tool for cutting)

करपत्र से चीरना *v.t.* to cut with a saw

करनैल (*karnail*) *m.* colonel

करफ्यू E (*karfyū*) *m.* curfew

करफ्यू उठाना *v.t.* to lift curfew

करफ्यू लगाना *v.t.* to impose curfew

करम (*karam*) *m.* fate, luck (see कर्म *q.v.*)

करम का धनी *a.* lucky, fortunate

करम को रोना *v.i.* to repent or lament over one's misfortune

करम गति टारे न टरी fate cannot be avoided

करम फूटना (*मु.*) *v.i.* to have bad luck, to be struck by misfortune

करम भोगना *v.t.* to suffer the consequences of one's deeds

करम रेख *f.* (a) mark or line of fate (in any part of the body) (b) fate, luck (= कर्मरेखा *q.v.*)

करमकल्ला (*karamkallā*) *m.* cabbage

करवट (*karvaṭ*) *f.* 1. the position of lying on one's side 2. the side on which the body lies

करवट बदलना (*मु.*) *v.t.* to change side (in bed), to take a turn, to adopt a new line, to take a new turn

करवट लेना *v.t.* to change side while lying or sleeping

करवटों में रात काटना *v.t.* to toss about all night, to have a disturbed sleep

करवा (*karvā*) *m.* a pot with a spout

करवा चौथ (*karvā cauth*) *f.* the fourth day of dark fortnight in Kartik month when Hindu married ladies observe a fast for the welfare of their husbands

करवाना (*karvānā*) *v.t.* to cause to be done, to get something done, to induce, to cause to make, to get made

करवाल (*karvāl*) *m.* nail (of the finger or toe), sword

करवाली (*karvālī*) *f.* a small sword

करवीर (*karvīr*) *m.* a kind of fragrant plant and its flower

करवैया (*karvaiyā*) *m.* 1. doer 2. operator 3. one who acts as instrument in bringing about the required result

कराई[1] (*karāī*) *f.* husk of cereal

कराई[2] (*karāī*) *f.* 1. work got done 2. charges for getting a work done

कराधान (*karādhān*) *m.* taxation

कराधान नीति *f.* taxation policy

कराधेय (*karādhey*) *a.* taxable

कराना (*karānā*) *v.t.* 1. to cause to be done 2. to cause to be made

करापात (*karāpāt*) *m.* incidence of tax

करामात A (*karāmāt*) *f.* 1. miracle 2. miraculous or supernatural power

करामाती A (*karāmātī*) *a.* 1. miraculous 2. possessing miraculous powers

क़रार A (*qarār*) *m.* 1. pact, agreement 2. (चैन) rest, repose 3. patience, calmness, steadiness

क़रार आना *v.i.* to get or find rest

क़रारनामा *m.* written agreement

करारा (*karārā*) *a.* 1. crisp (as a biscuit) 2. harsh (as a rebuff)

करारा जवाब *m.* retort

कराल (*karāl*) *a.* dreadful

कराल-विकराल *a.* gigantic, formidable

कराह (*karāh*) *f.* moaning sound, moan

कराहना (*karāhnā*) *v.i.* to moan, to cry in pain, to groan

करिश्मा P (*kariśmā*) *m.* miracle, miraculous feat, charisma

करिश्मा दिखाना *v.t.* to perform a miracle

करिश्माई P (*kariśmāī*) *a.* miraculous, charismatic

करिश्माई सत्ता *f.* charismatic authority

करी (*karī*) *m.* elephant

करिकुंभ *m.* frontal globe or sinus of an elephant

करिवर *m* /**करिश्रेष्ठ** *m.* chief of the elephants, large elephant

क़रीना A (*qarīnā*) *m.* 1. system, mode, manner 2. (क्रम) order, series

क़रीनेदार *a.* systematic, methodical, orderly

क़रीने से करना *v.t.* to do (something) methodically

क़रीने से रखना या लगाना *v.t.* to arrange or put in order

क़रीब A (*qarīb*) *adv.* 1. near, close by, near about, nearby 2. nearly, almost, about, approximately

क़रीब-क़रीब *adv.* (a) almost, approximately (b) close to each other, adjacent

क़रीब से *adv.* from close quarters

मरने के क़रीब *adv.* on the point of death

क़रीबन A (*qarīban*) *adv.* nearly, about, approximately

क़रीबी A (*qarībī*) *a.* 1. near 2. intimate

क़रीबी दोस्त *m.* close/intimate friend

क़रीबी रिश्तेदार *m.* near relative

करीर (*karīr*) *m.* /**करील** (*karīl*) *m.* a thorny leafless shrub, *Capparis aphylla* and its fruit

करुण (*karuṇ*) *a.* 1. sad 2. pitiful 3. pathetic

करुणकथा *f.* pathetic story

करुणचित्त *a.* tender-hearted

करुणरस *m.* pathos

करुणरोदन *m.* pitiful cry

करुणहृदय *m.* compassionate heart

करुणा (*karuṇā*) *f.* pity, pathos, compassion

करुणाकर *a.* pitiful, pathetic

करुणाजनक *a.* pathetic, touching

करुणादृष्टि *f.* a look of compassion, compassionate attitude

करुणानिधान *a.* full of compassion or pity, merciful

करुणानिधि *a.* compassionate, pitiful

करुणामय *a.* full of compassion

करुणावाद *m.* humanitarianism

करुणात्मक (*karuṇātmak*) *a.* pitiful, touching

करुणार्द्र (*karunārdra*) *a.* moved with pity, melted with pity, tender-hearted

करेंट E (*kareṁṭ*) *f.* current (of electricity)

करेंट खाता *m.* current account

करेंसी E (*kareṁsī*) *f.* currency

करेंसी अधिमूल्यन *m.* overvaluation of currency

करेंसी अधोमूल्यन *m.* undervaluation of currency

करेंसी नोट *m.* currency notes

करेला (*karelā*) *m.* bitter gourd, *Momordica charantia*

करेला और फिर नीम चढ़ा (मु.) evil nature that has been further incited

करैत (*karait*) *m.* a kind of poisonous snake, krait

करैल (*karail*) *f.* black earth found on the banks of rivers or lakes

करोटि (*karoṭi*) *f.* skull

करोटन E (*karoṭan*) *m.* the croton plant

करोड़ (*karoṛ*) *a.* & *m.* crore, ten million

करोड़पति *m.* millionaire

करोड़ों लोग crores/millions of people

करोड़ी (*karoṛī*) *m.* 1. one having crores of rupees 2. cashier 3. tax-gatherer

करौंदा (*karauṁdā*) *m.* *Carissa carandas*, Bengal currant (plant and its fruit)

करौंदिया (*karauṁdiyā*) *a.* of deep red

colour

करौली (*karaulī*) *f.* small dagger, poniard, scimitar

कर्कंधु (*karkandhu*) *m.* jujube berry, *Zizyphus jujuba*

कर्क (*karka*) *m.* crab

कर्क-राशि *f.* the sign of Cancer in the zodiac

कर्क-रेखा *f.* tropic of Cancer

कर्क-संक्रांति *f.* summer solstice

कर्कट (*karkaṭ*) *m.* crab (= same as कर्क)

कर्कट-रोग *m.* cancer (disease)

कर्कटी (*karkaṭī*) *f.* 1. female crab 2. (ककड़ी) cucumber, *Cucumis utilissimus*

कर्कर (*karkar*) I. *a.* 1. hard, stiff 2. (दृढ़) steady, firm II. *m.* 1. (कंकड़) broken pieces of stone 2. piece of skull bone

कर्कश (*karkaś*) *a.* 1. harsh, rough, jarring 2. (of a person) rude, impolite

कर्कश वाक्य *m.* rough or harsh words

कर्कश स्वर *m.* harsh/jarring tone

कर्कशता (*karkaśtā*) *f.* 1. harshness, roughness 2. rudeness, impoliteness

कर्कशा (*karkaśā*) *f.* violent-tempered or quarrelsome woman, termagant

कर्का (*karkā*) *f.* war-song

क़र्ज़ A (*qarza*) *m.* debt, loan

क़र्ज़ अदा करना, उतारना *v.t.* to discharge or pay up the debt or loan

क़र्ज़ उठाना *v.t.* to incur/contract debt/loan

क़र्ज़ खाना *v.t.* to be under debt

क़र्ज़खाह *m.* lender, creditor

क़र्ज़ चुकाना *v.t.* to discharge or pay off debt

क़र्ज़दार *m.* debtor, borrower

क़र्ज़दारी *f.* indebtedness

क़र्ज़ देना *v.t.* to lend money, to give a loan

क़र्ज़ पत्र *m.* promissory note, hand note

क़र्ज़ लेना *v.t.* to take a loan, to borrow, to incur debt

क़र्ज़ा A (*qarzā*) *m.* debt, loan (= क़र्ज़ *q.v.*)

क़र्ज़े से दबा *a.* burdened with debt

कर्ण[1] (*karṇa*) *m.* ear

कर्ण-कटु *a.* harsh, jarring, disagreeable to the ear

कर्ण-कीट *m.* ear-worm

कर्णकुंडल *m.* ear disc

कर्णकुहर/कूप *m.* ear-hole, auditory passage

कर्ण-गूथ *m.* ear-wax

कर्णगोचर *a.* audible, within hearing

कर्णगोचर होना *v.i.* to be audible

कर्ण-जलूका *f.* ear leach

कर्ण-धमनी *f.* auricular artery

कर्णनाद *m.* singing in the ear

कर्णपटह *m.* eardrum, tympanum, membrane tympanum

कर्ण-पथ/पुट *m.* auditory passage

कर्णपात *m.* listening

कर्णपात करना *v.t.* to lend ear to, to listen

कर्णपात न करना *v.t.* to turn a deaf ear

कर्णपाली *f.* lobe of the ear, pinna

कर्णपूर *m.* capital of the ear

कर्णप्रिय *a.* pleasing to the ear, melodious

कर्णफूल *m.* an ear pendant or stud, a flower-shaped ear-ornament

कर्ण-भूषण *m.* ear-ornament

कर्ण-मल *m.* ear-wax

कर्ण-मूल *m.* root of the ear

कर्णमूल फूलना *m.* mumps

कर्ण-रंध्र *m.* ear-hole, auditory passage

कर्ण-रोग *m.* ear disease

कर्णलतिका *f.* lobe of the ear

कर्णविज्ञान *m.* otology

कर्णवेध *m.* /**कर्ण वेधन** *m.* boring/piercing of the ear (act and rite)

कर्णवेधनी *f.* an instrument for piercing ears

कर्णशूल *m.* ear-ache

कर्णशोथ *m.* otitis

कर्णस्राव *m.* discharge from the ear

कर्ण² *(karṇa) m.* corner

कर्णकूट *m.* corner turret

कर्णशिला *f.* corner-stone

कर्ण³ *(karṇa) m.* (geom.) hypotenuse

कर्ण⁴ *(karṇa) m.* oar, helm

कर्णधार *m.* man at the helm, helmsman, steersman

कर्णातीत (*karṇātīt*) *a.* beyond hearing, out of hearing range

कर्णालंकार (*karṇālaṅkār*) *m.* ear-ornament

कर्णावर्त (*karṇāvart*) *m.* cochlea

कर्णावर्त अस्थि *f.* osseous cochlea

कर्णाश्रित (*karṇāśrit*) *a.* (geom.) about the diagonal

कर्णिका (*karṇikā*) *f.* 1. the pericarp of a lotus 2. an earring 3. middle finger

कर्णेंद्रिय (*karṇeṁdriy*) *f.* organ of hearing, ear

कर्तन (*kartan*) *m.* 1. cutting, chopping, clipping, trimming 2. spinning (of cotton)

कर्तन करना *v.t.* to cut, to chop, to clip, to lop off

कर्तनी (*kartanī*) *f.* 1. scissors 2. reaping knife

कर्तब (*kartab*) *m.* 1. deed 2. feat

कर्तव्य (*kartavya*) *m.* duty

कर्तव्य-कर्म *m.* essential work, obligation, duty

कर्तव्यच्युत *a.* fallen from or failed in duty, undutiful

कर्तव्यच्युति *f.* dereliction of duty

कर्तव्य-ज्ञान *m.* sense of duty

कर्तव्य निभाना *v.t.* to fulfil one's duty

कर्तव्यनिष्ठ *a.* /**कर्तव्यपरायण** *a.* devoted to duty, dutiful

कर्तव्यनिष्ठा/परायणता *f.* dutifulness

कर्तव्य-पालन *m.* performance of duty

कर्तव्य-पालन करना *v.t.* to perform/discharge one's duty

कर्तव्य-भावना *f.* sense of duty

कर्तव्यविमुख *a.* averse to duty, negligent of duty

कर्तव्यविमुखता *f.* negligence of duty, dereliction of duty

कर्तव्यशील *a.* dutiful

कर्तव्य-सूची *f.* duty-list

कर्तव्यता (*kartavyatā*) *f.* dutifulness, obligation

कर्तव्याकर्तव्य विवेचन (*kartavyākartavya vivecan*) *m.* discrimination between right and wrong

कर्तव्यानुराग (*kartavyānurāg*) *m.* love for duty, devotion to duty

कर्तव्यानुरागी (*kartavyānurāgī*) *a.* lover of duty, dutiful

कर्ता (*kartā*) *m.* 1. doer 2. maker 3. Creator, God 4. head of a family 5. agent 6. author 7. (*gram.*) subject (of a verb)

कर्ताधर्ता *m.* all-in-all, sole managing member of a family or institution

कर्तार (*kartār*) *m.* Creater, God

कर्तृ (*kartṛ*) *m.* (in compounds) (*gram.*) subject

कर्तृप्रधान क्रिया *f.* active verb

कर्तृप्रधान वाक्य *m.* a sentence wherein the subject dominates

कर्तृवाचक संज्ञा *f.* verbal noun

कर्तृवाच्य *m.* active voice

कर्तृवाच्य क्रिया *f.* transitive verb

कर्तृक (*kartṛk*) *m.* person who acts in a religious ceremony, priest, preceptor

कर्तृत्व (*kartṛtva*) *m.* 1. deed 2. authorship 3. performance 4. execution

कर्तृत्व शक्ति *f.* executive power

कर्दम (*kardam*) *m.* mud, clay

कर्दममय/युक्त *a.* muddy, dirty

कर्नल (*karnal*) *m.* colonel

कर्पट (*karpaṭ*) *m.* old or patched garment, rag

कर्पटी (*karpaṭī*) *m.* one wearing ragged garments, beggar

कर्पर (*karpar*) *m.* 1. stewpot 2. (कपाल) skull, head 3. earthen pot
कर्पास (*karpās*) *m.* (undressed) cotton
कर्पूर (*karpūr*) *m.* camphor
कर्पूरगौर *a.* white as camphor
कर्पूरतैल *m.* camphor oil
कर्पूरमणि *m.* a particular white medicinal mineral
कर्पूरवासित *a.* camphorated
कर्फ्यू E (*karfyū*) *m.* curfew
कर्फ्यू में ढील देना *v.t.* to relax curfew
कर्फ्यू लगाना *v.t.* to impose curfew
कर्फ्यू हटाना *v.t.* to lift curfew
कर्बुर (*karbur*) *a.* variegated, mottled, spotted
कर्बुरता (*karburtā*) *f.* spotting, variegation
कर्बुरित (*karburit*) *a.* mottled
कर्बुरित कागज़ *m.* mottled paper
कर्म (*karma*) *m.* 1. deed, action, work 2. (*gram.*) object 3. (भाग्य) fate, luck, fortune
कर्मकर *m.* worker, workman, labourer
कर्मकर्ता *m.* (a) worker (b) master of ceremony
कर्मकांड *m.* rituals
कर्मकांडवाद *m.* ritualism
कर्मकांडवादी *m.* (a) ritualist (b) celebrant, one who performs rites
कर्मकार *m.* labourer, worker
कर्मकारक *m.* (*gram.*) objective case
कर्म का लिखा *a.* what is destined, fate, destiny
कर्म का हेठा *a.* unlucky, miserable
कर्मकुंठ *a.* averse to work, indolent, lazy
कर्मकुशल *a.* expert in work, efficient
कर्मकौशल *m.* workmanship, efficiency in work
कर्मक्लांत *a.* overworked, tired out
कर्मक्षम *a.* (a) active, diligent, laborious (b) efficient, skilful (c) competent
कर्मक्षेत्र *m.* place of activities, field of action, sphere of business
कर्म-गुण *m.* merit of work
कर्मगति *f.* the effects of karma
कर्मघात *m.* loss of work
कर्मचारिगण *m.* /**कर्मचारिवृंद** *m.* staff, personnel
कर्मचारी *m.* functionary, employee, worker
कर्मचारी-तंत्र *m.* bureaucracy
कर्मचारी-प्रशासन *m.* personnel administration
कर्मचारी-वर्ग *m.* staff, personnel
कर्मच्युत *a.* dismissed or discharged from work
कर्मजली *a.* & *f.* unfortunate, poor
कर्म जागना *v.i.* fortune or luck taking favourable turn
कर्मत्याग *m.* resignation from duty, renunciation from worldly affairs
कर्मत्यागी *m.* one abstaining from duty or work, one withdrawn from worldly life
कर्म-दोष *m.* (a) evil consequence of action (b) fault
कर्मधारय समास *m.* adjectival or attributive compound
कर्म-धारा *f.* method of work, procedure
कर्मनिष्ठ *a.* devoted to one's duty, dutiful
कर्मनिष्ठता *f.* devotion to work or duty, dutifulness
कर्मनिष्ठा *f.* devotion to work or duty, diligence
कर्म-पद्धति *f.* method of work, line of action, procedure
कर्मपरायण *a.* dutiful
कर्मपलायन *m.* truancy
कर्मप्रधान (वाक्य) *a.* sentence wherein the object dominates
कर्मफल *m.* result of one's actions/

deeds, nemesis

कर्म फूटना *v.i.* fate taking adverse course

कर्म-बंधन *m.* bondage of action

कर्मभूमि *f.* field of action

कर्म-भोग *m.* reaping the consequences of (previous) actions

कर्मयुग *m.* the age of actions

कर्मयोग *m.* philosophy of actions, its nature and result

कर्मयोगी *m.* follower of the philosophy of कर्मयोग, person who performs functions as a religious duty

कर्म-रेखा *f.* (a) mark or line of fate (in any part of the body) (b) fate, luck

कर्मवश *a.* dependent on fate or destiny

कर्मवाचक क्रिया *f.* passive verb

कर्मवाचक संज्ञा *f.* verbal noun indicating the object, past passive participle

कर्मवाच्य *m.* passive voice

कर्मवाद *m.* doctrine of action as the chief end of life

कर्मवादी *m.* one who believes in कर्मवाद

कर्म-विपर्यय *m.* (a) subversion of action (b) upsetting of a plan

कर्म-विपाक *m.* future reward or punishment for actions

कर्मवीर *m.* man of action, untiring worker

कर्मशाला *f.* working place or room

कर्मशील *a.* active, diligent, laborious

कर्मशीलता *f.* diligence, laboriousness

कर्मशूर *a.* very active, assiduous, industrious

कर्म-संन्यास *m.* retirement from worldly affairs

कर्म-साधन *m.* performance or implementation of work

कर्म-साक्षी *m.* witness of all actions

कर्म सापेक्ष *a.* depending on work done

कर्मसिद्धि *f.* accomplishment of an undertaking or act

कर्मसूत्र *m.* line of action

कर्मस्थल *m.* /**कर्मस्थली** *f.* place of work

कर्महीन *a.* luckless, unlucky, unfortunate

कर्माक्षम (*karmākṣam*) *a.* incapable, unable to do any work

कर्माधीन (*karmādhīn*) *a.* depending on one's actions, destined, fated

कर्माध्यक्ष (*karmādhyakṣa*) *m.* head/manager of any work or working body

कर्मानुबंध (*karmānubandh*) *m.* contract for work

कर्मानुराग (*karmānurāg*) *m.* love for work, devotion to work

कर्मानुरागी (*karmānurāgī*) *a.* devoted to work

कर्मानुरूप (*karmānurūp*) *a.* 1. conforming to an action 2. following as a result of one's actions of the previous birth(s)

कर्मानुष्ठाता (*karmānuṣṭhātā*) *m.* 1. performer of action or duty 2. organiser of any work or ceremony

कर्मानुष्ठान (*karmānuṣṭhān*) *m.* performance of work/duty or rite

कर्मारंभ (*karmārambh*) *m.* initiation or commencement of an undertaking or a function

कर्मठ (*karmaṭh*) *a.* working diligently, industrious, assiduous

कर्मठता (*karmaṭhṭā*) *f.* diligence, industriousness, assiduousness

कर्मणा (*karmaṇā*) *adv.* by action, by deed

कर्मणि (*karmaṇi*) *a.* passive

कर्मणि प्रयोग *m.* passive voice

कर्मणि भूतकालिक कृदंत *m.* passive past participle

कर्मण्य (*karmaṇya*) *a.* 1. hardworking, diligent, industrious 2. energetic

कर्मण्यता (*karmaṇyatā*) *f.* diligence, industriousness, devotion to work

कर्मण्यक (*karmaṇyak*) *a.* & *m.* activating, activator

कर्मांत (*karmānt*) *m.* end or completion of an action or work

कर्माश्रया भृति (*karmāśrayā bhṛti*) *f.* wage according to work, equal wage for equal labour

कर्मिष्ठ (*karmiṣṭha*) *a.* very active (= कर्मनिष्ठ *q.v.*)

कर्मी (*karmī*) *m.* worker, labourer

कर्मी-दल *m.* personnel

कर्मी-नियोक्ता *m.* personnel employer

कर्मेंद्रिय (*karmeṁdriya*) *f.* organs of action (hand, feet, etc.)

कर्मोपलक्षी (*karmoplakṣī*) *a.* functional

कर्ष (*karṣa*) *m.* 1. drawing, pulling, dragging 2. (जुताई) tilling, cultivating

कर्षक (*karṣak*) I. *a.* attractive II. *m.* 1. puller, one who draws 2. tiller, cultivator

कर्षण (*karṣaṇ*) *m.* 1. tilling, cultivating 2. traction 3. drag 4. pull 5. plucking

कर्षण करना *v.t.* to till, to cultivate, to plough

कर्षण गाड़ी *f.* traction train

कर्षणी (*karṣaṇī*) *f.* hook for pulling fish

कर्षणीय (*karṣaṇīy*) *a.* 1. to be drawn or pulled, to be attracted 2. fit to be tilled or ploughed, arable

कर्षिका (*karṣikā*) *f.* tentacles

कर्षित (*karṣit*) *a.* 1. drawn, pulled, attracted 2. tilled, ploughed, cultivated

कर्षित भूमि *f.* tilled or ploughed land / field

कलंक (*kalaṅk*) *m.* 1. spot, stain, stigma 2. blemish, ignominy

कलंककर *a.* defaming, scandalous

कलंक का टीका *m.* mark of infamy, stigma

कलंक-कालिमा *f.* black stain of infamy

कलंक-भंजन *m.* vindication of one's good name, exoneration

कलंक लगना *v.i.* to be stigmatised, to get a bad name

कलंक लगाना *v.t.* to tarnish somebody's name, to stigmatise, to scandalise

कलंकित (*kalaṅkit*) *m.* disgraced, defamed, defiled, blemished, stigmatised

कलंकित करना *v.t.* to defame, to blot, to stigmatise, to blemish

कलंकिनी (*kalaṅkinī*) *f.* unchaste or impure woman, a woman of bad character

कलंकी (*kalaṅkī*) I. *a.* disgraced, sullied, blemished II. *m.* disreputed person, a man of bad repute

कलंगा (*kalaṅgā*) *m.* an ornament for the head

कलंगी (*kalaṅgī*) *f.* 1. crest, plume, red fleshy comb of a fowl 2. an ornament for the head 3. an ornament attached to a turban or cap (better कलगी *q.v.*)

कलंडर E (*kalaṇḍar*) *m.* calendar, almanac

क़लंदर P (*qalandar*) *m.* 1. Muslim mendicant of wandering nature 2. monkey or bear dancer

कल[1] (*kal*) *adv.* 1. yesterday 2. tomorrow

कल आना *v.i.* come tomorrow

कल-कल करना *v.t.* to dilly-dally, to put off

कल आया था had come yesterday

कल का *adv.* of or relating to yesterday

कल का छोकरा *m.* an inexperienced person, raw youth

कल की बात *f.* a matter of yesterday, a recent occurrence

कल की कल पर रहने दो *interj.* the result will be seen tomorrow, leave the future for the future

कल[2] *(kal) f.* 1. rest, repose, comfort 2. (शांति) calm, peace, tranquillity

कल आना/पड़ना *v.i.* to be at ease

बेकल होना *v.i.* to be restless, to be agitated

कल[3] *(kal) f.* machine, instrument, apparatus

कल उमेठना/घुमाना *v.t.* to try to persuade, to give a sudden turn to one's thinking

कल का बना हुआ *a.* made by machine

कल-कारख़ाना *m.* factory, workshop in which machinery is installed

कल-पुर्जे *m.* parts of a machine, machinery

कल हाथ में होना *v.i.* to have full sway (over)

रुई की कल *f.* cotton machine

सीने की कल *f.* sewing machine

कल[4] *(kal)* short for काला (prestressed) black

कल-जिभा I. *a.* black-tongued, malignant II. *m.* one who is ill-omened

कल-मुँहा *a.* black-faced, blemished, stigmatised, unlucky

कल[5] *(kal) a.* (used to make compounds) sweet, pleasing, melodious

कल-कंठ *a.* of a low sweet tone, possessing a sweet voice

कल-धौत *m.* gold or silver

कल-कल *m.* sweet and soft sound (of a flowing stream or spring)

कल-ध्वनि *f.* sweet and gentle voice, melodious tone

कलनाद *m.* melodious sound

कलरव *m.* (a) twittering of the birds (b) uproar, tumult

क़लई A *(qalaī) f.* 1. tin coating 2. tinplating 3. whitewash 4. lime for whitewashing

क़लई करना *v.t.* to coat with tin, to tinplate

क़लई कराना *v.t.* to get whitewashed

क़लई का कुश्ता *m.* calx of tin

क़लई खुलना *(मु.) v.i.* to be found out, to be exposed, to be unmasked

क़लई खोलना *v.t.* (a) to expose somebody, to lay bare the reality (b) to open out the plating

क़लईगर *m.* tinner, tinman, one who tinplates or whitewashes

क़लईगरी *f.* business of tinning pots

क़लई चढ़ाना *v.t.* to tinplate, to galvanise

क़लईदार *a.* tinplated

क़लक A *(qalak) m.* 1. deep regret 2. penitence

कलकली *(kalkalī) f.* wrath, anger, rage

कलक्टर E *(kalakṭar) m.* collector

कलक्टरी *(kalakṭarī) f.* collectorate, rank, office or tenure of a collector

कलगट *(kalgaṭ) m.* an axe

कलगा *(kalgā) m.* plant having flowers of dark red colour, cock's comb

कलगी P *(kalgī) f.* 1. crest, plume, red fleshy comb of a fowl 2. an ornament for the head 3. ornamental tassel worn on a turban or cap

कलगी लगना *v.i.* to have a feather added to one's bonnet

कलगी लगाना *v.t.* to add a feather to somebody's bonnet

कलछा *(kalchā) m.* a large spoon or ladle with big handle

कलछी *(kalchī) f.* a small ladle

कलजुग *(kaljug) m.* the fourth or present age (see कलियुग) evil times

कलत्र *(kalatra) m.* wife

कलन *(kalan) m.* counting, numbering, calculus

कलन-विधि *f.* algorithm

कलपना *(kalapnā) v.i.* to grieve, to wail, to lament, to repine

कलप उठना *v.i.* to burst out wailing
रोना-कलपना *v.t.* to cry and bemoan

कलपाना (*kalpānā*) *v.t.* 1. to distress, to afflict, to oppress 2. to vex, to tease, to tantalise 3. to cause pain

कलफ़ (*kalaf*) *m.* starch
कलफ़दार *a.* starched

कलबल (*kalbal*) *m.* 1. contrivance, device 2. entire force
कलबल के साथ *adv.* with the entire force/troops

कलबूत P (*kalbūt*) *m.* 1. frame, mould 2. wooden shoe model of a shoemaker

क़लम A (*qalam*) *f.* 1. reed pen, pen 2. (bot.) graft, cutting 3. painter's brush 4. hair on a man's temples
क़लम उठाना *v.t.* to start writing
क़लमकार *m.* writer, engraver, painter
क़लमकारी *f.* writing, engraving, workmanship
क़लम घसीटना *v.t.* to scribble
क़लम चलाना *(मु.) v.t.* to drive the pen, to write
क़लमचोर *m.* plagiarist
क़लम चूमना *(मु.) v.t.* to feel like kissing one's pen, to appreciate one's own writing
क़लमतराश *m.* penknife
क़लम तराशना *v.t.* to mend a pen, to cut the point of the pen
क़लम तोड़ना *v.t.* to write
क़लम-दवात *f.* pen and ink (pot)
क़लमदान *m.* pen-case
क़लमदान देना *v.t.* to give charge of a post/office
क़लम फेरना *v.t.* to strike out what is written, to cancel
क़लमबंद *a.* penned, noted down, scribbled, written
क़लमबंद करना *v.t.* to record, to note down, to enter in a book, to write down
क़लमबंदी *f.* (a) writing, enrolling, entry (b) signing an agreement
क़लम बनाना *v.t.* (a) to mend a pen (b) to shave the upper part of the beard
क़लम मारना *v.t.* to cross, to obliterate
क़लमरोक हड़ताल *f.* pen-down strike
क़लम लगाना *v.t.* to graft, to plant cuttings

कलमल (*kalmal*) *f.* 1. flutter 2. twist, wriggle 3. restlessness, uneasiness

कलमलाना (*kalmalānā*) *v.i.* 1. to be restless or uneasy 2. to flutter, to toss about 3. to writhe, to wriggle, to change sides in restlessness

कलमा A (*kalmā*) *m.* (Muslim) prayer, confessional words
कलमा पढ़ना *v.t.* to recite the kalma, to embrace Islam, to be converted to Islam
कलमा पढ़ाना *v.t.* to make one recite the kalma, to convert somebody to Islam

क़लमी P (*qalmī*) *a.* 1. written, in writing 2. produced from graft, grafted 3. crystallised
क़लमी आम *m.* grafted mango
क़लमी करारनामा *m.* written agreement
क़लमी शोरा *m.* crystallised saltpetre

कलवरिया (*kalvariyā*) *f.* tavern

कलवार (*kalvār*) *m.* 1. distiller 2. dealer in spirits and liquors 3. a caste of Hindus who formerly dealt in liquors

कलश (*kalaś*) *m.* 1. pinnacle of a temple, dome, spire 2. water jar, pitcher

कलसा (*kalsā*) *m.* water pot, pitcher

कलसी (*kalsī*) *f.* small pitcher

कलह (*kalah*) *m.* quarrel, fray, strife, wrangle
कलह करना *v.t.* to quarrel, to brawl
कलहकर *m.* strife-making, brawling,

quarrelsomeness
कलहकारी *a.* & *m.* quarrelsome (fellow), contentious man
कलहप्रिय *a.* contentious, cantankerous, quarrelsome, turbulent
कलहप्रियता *f.* turbulence, contentiousness

कलहांतरिता (*kalahāntaritā*) *f.* heroine separated from her lover as a consequence of a quarrel

कलहारा (*kalhārā*) *m.* (from कलह) a quarrelsome man, brawler

कलहारी (*kalhārī*) *f.* a quarrelsome woman, termagant, vixen

कलहासक्त (*kalahāsakta*) *a.* deeply engaged or involved in a contention/quarrel

कलाँ P (*kalāṅ*) *a.* 1. large 2. big 3. elder

कला (*kalā*) *f.* 1. art 2. phase of the moon 3. degree 4. minute 5. membrane
कलाकार *m.* artist
कलाकारिता *f.* artistry
कला-कुशल *a.* skilled in fine arts, adept in some art
कलाकृति *f.* a work of art, artistic work
कलाकेंद्र *m.* art centre
कला-कौशल *m.* (a) artistic skill (b) art and craft (c) workmanship
कलादीर्घा *f.* art gallery
कलाध्वंस *m.* vandalism
कलानिधि *m.* the moon
कलापारखी *m.* /**कलामर्मज्ञ** *m.* connoisseur of art
कलापूर्ण *a.* artistic
कलापूर्ण वर्णन *m.* artistic description
कला प्रदर्शनी *f.* art exhibition
कलांप्रेमी *m.* lover of art
कलाबाज़ *m.* acrobat
कलाबाज़ी *f.* somersault
कलाबाज़ी खाना *v.i.* to turn a somersault
कलाभवन *m.* art gallery
कलाविद् *m.* art connoisseur, virtuoso
कला विषय *m.* arts
कला संकाय *m.* arts faculty
कला संकायाध्यक्ष *m.* dean of the faculty of arts
कला समीक्षक *m.* art critic

कलाई (*kalāī*) *f.* wrist
कलाई घड़ी *f.* wrist-watch

क़लाक़ंद P (*qalāqand*) *m.* a sweetmeat of condensed milk

कलात्मक (*kalātmak*) *a.* artistic
कलात्मक सृजन *m.* artistic creation

कलाबतून T (*kalābatūn*) *m.* gold or silver thread

कलाबत्तू T (*kalābattū*) *m.* silken thread covered with silver or golden fibres

कलाम A (*kalām*) *m.* 1. word 2. conversation 3. composition, narration 4. talk 5. poetic work
कलाम करना *v.t.* to talk
इक़बाल का कलाम *m.* poetic works of Iqbal

कलाल (*kalāl*) *m.* distiller and seller of liquors, tavern-keeper
कलालख़ाना *m.* tavern, liquor shop (*fem.* कलालिन, कलाली)

कलावंत (*kalāvant*) *m.* 1. one trained/skilled in arts and crafts 2. a well-versed musician

कलावती (*kalāvatī*) *f.* a beautiful talented woman

कलावा (*kalāvā*) *m.* a red and yellow thread (tied on the wrist by the Hindus on auspicious occasions)

कलिंगड़ा (*kaliṁgrā*) *m.* a mode of classical Indian music

कलि (*kali*) *m.* quarrel, strife, contention
कलि-काल *m.* the fourth (and last) or present age (= कलियुग)
कलिप्रिय *a.* quarrelsome, mischievous

कलियुग *m.* /**कलयुग** *m.* the fourth (and last) or present age

कलियुगी *a.* 1. of or relating to the fourth (and last) or present age 2. wicked, sinful

कलिका (*kalikā*) *f.* bud

कलित (*kalit*) *a.* 1. counted, numbered, calculated 2. gained, obtained, acquired

कलिया A (*qaliyā*) *m.* meat curry

कलियान (*kaliyān*) *m.* a small simple kind of smoking device

कलियाना (*kaliyānā*) *v.i.* to bud, to bloom, to blossom

कलिल (*kalil*) *a.* 1. covered, masked 2. mixed up 3. done, completed, perfected

कली (*kalī*) *f.* 1. bud 2. new feather 3. a triangular piece of cloth of a garment, gusset 4. block of lime

कली आना *v.i.* to bud, to blossom

कली का चूना *m.* quicklime

कली खिलना *v.i.* to blossom, to bloom, (*fig.*) to feel happy

कली फूटना *v.i.* to have new feathers, to bud, to blossom,

कली फेरना *v.t.* to whitewash

कच्ची कली *f.* half-bloomed bud, young girl

कलीसा (*kalīsā*) *m.* Christian church, cathedral

कलीसाई (*kalīsāī*) I. *a.* of a church II. *m.* Christian

कलीसिया (*kalīsiyā*) *f.* Christiandom, Christian community

कलुष (*kaluṣ*) *m.* 1. filth 2. stain, black spot 3. sin 4. impurity

कलुषचेता *a.* wicked, mischievous

कलुषनाशन *a.* purificative, purifying

कलुषता (*kaluṣtā*) *f.* 1. impurity, filthiness 2. sinfulness

कलुषित (*kaluṣit*) *a.* 1. defiled 2. tarnished

कलुषित करना *v.t.* to sully, to tarnish

कलूटा (*kalūṭā*) *a.* dark complexioned, jet black (as काला कलूटा)

कलेंडर E (*kaleṁḍar*) *m.* calendar

कलेक्टर E (*kalekṭar*) *m.* collector

कलेजा (*kalejā*) *m.* 1. liver 2. heart

कलेजा उछलना *(मु.) v.i.* (a) to leap with joy, to be overjoyed (b) heart (to throb/palpitate)

कलेजा उलटना *v.i.* (a) to feel exhausted with excessive vomiting (b) to feel sick, to loathe

कलेजा कटना *v.i.* heart (to pain)

कलेजा कड़ा करना *v.t.* to take courage

कलेजा काँपना *(मु.) v.i.* to shiver with cold, to be afraid, to tremble with fear

कलेजा खाना *(मु.) v.t.* to tease too much, to pester

कलेजा खिल उठना *v.i.* to leap with joy

कलेजा छलनी होना *(मु.) v.i.* to suffer heavy shock

कलेजा छेदना *(मु.) v.i.* to grieve deeply, to cause to suffer heavy shocks

कलेजा जलना *v.i.* to suffer pain or sorrow, heart (to burn with jealousy)

कलेजा जलाना *v.t.* (a) to annoy, to irritate (b) to torment

कलेजा टूक-टूक होना *(मु.) v.i.* /**कलेजा टूटना** *v.i.* to be broken-hearted, heart (to break), to lose hope or faith, to be disheartened/frustrated

कलेजा ठंडा करना *(मु.) v.t.* to satisfy one's heart's longing, to be comfortable

कलेजा ठंडा होना *(मु.) v.i.* to get satisfaction, to be appeased

कलेजा तर होना *v.i.* (a) to have a fresh mind (b) to be at ease (c) to be well off

कलेजा थामकर बैठना *(मु.) v.i.* to be stunned

कलेजा थामकर रह जाना *(मु.) v.i.* to suppress one's feelings, to suppress grief or pain
कलेजा दहलना *v.i.* to be terror-stricken
कलेजा धँसना *v.i.* heart to sink
कलेजा धक-धक करना *(मु.) v.i.* the heart to beat/throb
कलेजा धक से रह जाना *v.i.* (a) to be suddenly afraid (b) to be taken aback
कलेजा धड़कना *(मु.) v.i.* the heart to throb/palpitate or beat
कलेजा निकालकर रख देना *(मु.) v.t.* (a) to offer oneself for any sacrifice (b) to express oneself frankly
कलेजा पक जाना *(मु.) v.i.* (a) to be deeply troubled at heart (b) to endure too much
कलेजा पत्थर करना *(मु.) v.t.* (a) to make oneself strong in order to endure sorrow or pain (b) to be callous or unkind
कलेजा पसीजना *v.i.* to be moved with compassion
कलेजा फट जाना *v.i.* (a) to feel pity (b) to burst with jealousy
कलेजा बढ़ जाना *v.i.* to be encouraged, to take courage
कलेजा बैठ जाना *v.i.* (a) heart (to sink) (b) to feel depressed in spirits
कलेजा मुँह को आना *(मु.) v.i.* (a) to be agitated with grief (b) to feel sick, to loathe
कलेजा सुलगना *(मु.) v.i.* the heart (to smoulder/burn)
कलेजा हिलना *v.i.* the heart (to shake)
कलेजे का टुकड़ा *(मु.) m.* a part of one's heart, the son
कलेजे की बीमारी *f.* (a) heart disease (b) liver trouble
कलेजे पर चोट लगना *v.i.* to suffer a shock or blow, to be heartbroken
कलेजे पर छुरी चल जाना *(मु.) v.i.* (a) the heart (to be pierced) (b) to have bitter pain
कलेजे पर साँप लोटना *(मु.) v.i.* to suffer jealousy, to repine
कलेजे पर हाथ रखना *(मु.) v.t.* to feel one's own conscience
कलेजे में आग लगना *(मु.) v.i.* (a) to feel burning sensation (b) to feel extremely thirsty
कलेजे में डाल रखना *v.t.* to cherish in one's heart
कलेजे में तीर लगना *v.i.* to have piercing pain in the heart
कलेजे से लगाना *(मु.) v.t.* (a) to embrace (b) to cherish, to hold dear

कलेजी (*kalejī*) *f.* 1. liver (of animals, especially goat or sheep) 2. flesh of the heart

कलेवर (*kalevar*) *m.* body
कलेवर बदलना *(मु.) v.t.* (by transmigration) from one body to another

कलेवा (*kalevā*) *m.* light morning meal, breakfast, a tiffin carried by travellers, labourers
कलेवा करना *(मु.) v.t.* to have breakfast

कलैया (*kalaiyā*) *f.* somersault
कलैया खाना *v.i.* to turn a somersault

कलोंजी (*kaloṁjī*) *f.* 1. the black aromatic seed of onion, nigella 2. stuffed preparation of vegetable (like brinjal, potato, etc.) (better कलौंजी *q.v.)*

कलोटा (*kaloṭā*) *a.* 1. dark complexioned 2. jet black (काला-कलूटा) (same as कलूटा *q.v.)*

कलोर (*kalor*) *f.* heifer

कलोल (*kalol*) *f.* 1. play, sport, frolic, gambol 2. wantonness 3. merry-making
कलोल करना *v.t.* to frolic, to gambol

कलौंजी (*kalauṁjī*) *f.* 1. the black aromatic seed of onion, nigella 2.

stuffed preparation of vegetable (like brinjal, potato, etc.)

कलौंस (*kalaums*) *f.* 1. blackness 2. spot, stain

कल्क (*kalk*) *m.* 1. viscous deposit of oily substances 2. oil-cake 3. filth, dirt 4. earwax 5. (दंभ) arrogance

कल्कि (*kalki*) *m.* the tenth incarnation of Vishnu (yet to appear)

कल्प (*kalpa*) *m.* 1. pious or religious performance 2. sacred law as prescribed by the Vedas 3. one of the six Vedangas describing methods of ceremonials 4. epoch 5. single day and night of Brahma, a period of 432 million solar years 6. toxicology, toxicological portion of Indian science of medicine 7. heavenly tree 8. resolve, determination 9. aeon

कल्प-कथा *f.* fiction

कल्पक्षय *m.* destruction of the world, deluge, doom

कल्पतरु *m.* /**कल्पवृक्ष** *m.* the imaginary tree of Indra's paradise which grants all desires or wishes

कल्पलता *f.* imaginary creeper of Indra's garden

कल्पवास *m.* leading a religious life on the banks of Ganga in the month of Magh (Jan.-Feb.)

कल्पक (*kalpak*) *m.* 1. one who imagines 2. one who cuts 3. barber

कल्पन (*kalpan*) *m.* 1. forming, fashioning 2. imagination 3. decorating

कल्पना (*kalpanā*) *f.* 1. imagination 2. hypothesis, inference, assumption, supposition 3. contrivance, invention

कल्पना करना *v.t.* to assume, to suppose, to visualise, to envisage, to contrive

कल्पना-कौतुक *m.* freak of fancy, trick of imagination

कल्पनागीत *m.* fantasia

कल्पना-चित्र *m.* imaginary picture

कल्पना-प्रवण *a.* imaginative

कल्पना-प्रवाह *m.* fantasy

कल्पना-प्रसूत *a.* born of or produced by imagination

कल्पनालोक *m.* reverie, utopia

कल्पना-विलास *m.* fancy

कल्पनाविलासी *m.* dreamer, visionary

कल्पनाशक्ति *f.* power of imagination, faculty of imagination

कल्पनाशील *a.* imaginative

कल्पना-सृष्टि *f.* imaginary creation (story, etc.)

कल्पना से *adv.* by hypothesis, by supposition

कोरी कल्पना *f.* mere imagination, pure fancy

मिथ्या कल्पना *f.* false assumption

कल्पनातीत (*kalpanātīt*) *a.* beyond imagination, unimaginable

कल्पनात्मक (*kalpanātmak*) *a.* imaginative, conceptual

कल्पनात्मक चिंतन *m.* imaginative thinking

कल्पनीय (*kalpanīy*) *a.* 1. to be imagined, imaginable 2. to be supposed, to be inferred, to be conceived

कल्पांत (*kalpānt*) *m.* 1. end of an era 2. end of the world

कल्पांतर (*kalpāntar*) *m.* 1. another era 2. from one era (कल्प) to another, from era to era

कल्पित (*kalpit*) *a.* 1. imagined, fancied 2. fictitious 3. supposed, inferred, assumed 4. devised, planned 5. mythical

कल्पित कथा *f.* cock and bull story, foolish and improbable story

कल्पित कारण *m.* fictitious cause

कल्पित कार्य *m.* virtual work

कल्पित नाम *m.* assumed name, pseudonym, *nom de plume*

कल्पितार्थ (*kalpitārtha*) *m.* hypothesis, assumption
कल्पितोपमा (*kalpitopamā*) *f.* pseudo-simile
कल्मष (*kalmaṣ*) *m.* 1. dirt, filth 2. stain, spot 3. sin 4. impurity
कल्माष (*kalmāṣ*) *m.* variegated
कल्य (*kalya*) I. *m.* early morning, dawn, daybreak II. *a.* efficient, skilful (शुभ) auspicious, favourable
  कल्यवर्त *m.* morning meal, breakfast
कल्याण (*kalyāṇ*) *m.* welfare, good
  कल्याणकर *a.* beneficial
  कल्याण करना *v.t.* to do good
  कल्याण-कामना करना *v.t.* to wish one well, to bless
  कल्याणकारी *a.* beneficial
  कल्याणकारी राज्य *m.* welfare state
  कल्याणकारी समाज *m.* welfare society
  कल्याणजनक *a.* causing prosperity, propitious
  कल्याण-निधि *f.* welfare fund
  कल्याण संस्था *f.* welfare institution
  कल्याण होना *v.i.* to be propitious, to prosper, to flourish
  तुम्हारा कल्याण हो *interj.* may you have good luck, may God grant you prosperity and happiness
कल्याणी (*kalyāṇī*) *f.* 1. a woman harbinger of good luck and prosperity 2. auspicious cow
कल्लर (*kallar*) *m.* 1. saline soil 2. barren land 3. salt, saltpetre
कल्ला (*kallā*) *m.* 1. sprout 2. bud 3. head
  कल्ला-ठल्ला *m.* noise and bustle, pomp and grandeur
  कल्लातोड़ जवाब *m.* a befitting answer or reply, retort
  कल्ला दबाना *v.t.* to prevent from uttering, to stop one from speaking
  कल्ला-पायचा *m.* the flesh of animal's head and feet
  कल्ला-ब-कल्ला *adv.* face to face
  कल्ला-ब-कल्ला लड़ना *v.t.* to fight face to face
कल्लाना (*kallānā*) *v.i.* 1. to burn, to be inflamed 2. to feel pain due to inflammation over the skin 3. to feel the pain of something missing
कल्लेदराज़ (*kalledarāz*) *a.* talkative
कल्लोल (*kallol*) *m.* 1. billow, surge, surging wave 2. roaring of the sea 3. (आनंद) mirth, pleasure, joy
कल्लोलित (*kallolit*) *a.* wavy, billowy
कल्लोलिनी (*kallolinī*) *f.* river with big waves, river
कवक (*kavak*) *m.* fungus, mould
  कवकनाशी *a.* & *m.* fungicide
  कवक विज्ञान *m.* mycology
  कवक विज्ञानी *m.* mycologist
कवच (*kavac*) *m.* 1. armour 2. shield 3. rind, shell 4. guard 5. amulet, talisman
  कवच धारण करना *v.t.* (a) to put on an armour (b) to wear an amulet
  कवचधारी *m.* armoured person
कवचित (*kavacit*) *a.* armoured
  कवचित यान *m.* armoured car
कवयिता (*kavayitā*) *m.* poet
कवयित्री (*kavayitrī*) *f.* poetess
कवर E (*kavar*) *m.* 1. cover, a paper over the binding of a book or exercise book 2. lid 3. envelope 4. covering of a book
कवरी (*kavrī*) *f.* lock of hair, fillet, chignon
कवर्ग (*kavarga*) *m.* the set of five of Devanagari alphabet guttural consonants क, ख, ग, घ and ङ
कवर्गीय (*kavargīy*) *a.* pertaining to कवर्ग *q.v.*
कवल (*kaval*) *m.* morsel, mouthful
कवलित (*kavalit*) *a.* 1. devoured, eaten, swallowed down 2. possessed, occupied

काल-कवलित *a.* devoured by death, dead, died

क़वाम A (*qavām*) *m.* 1. anything thickened by boiling 2. a honey-like sap made from tobacco to be taken with betel-leaf

क़वायद A (*qavāyad*) *f.* drill, parade

क़वायद करना *v.t.* to do physical exercises

क़वायद शिक्षक *m.* drill master

कवि (*kavi*) *m.* poet

कवि-कर्म *m.* versification, composition of poems

कवि-कल्पना *f.* poetic imagination, poet's fancy

कवि-कल्पित *a.* fancied or imagined by a poet

कविगुरु *m.* chief among poets

कविराज *m.* (a) eminent poet (b) a title of Ayurvedic physicians

कविसमय *m.* poetic conventions or assumptions

कविता (*kavitā*) *f.* poem, poetry, verse

कविता-पाठ *m.* recital of poem(s)

कवित्त (*kavitt*) *m.* a particular form and metre of verse

कवित्व (*kavitva*) *m.* 1. poetic quality, poetic spirit, poetic talent 2. poetic sentiment, poetic charm 3. poetic composition, poetry

कवित्वपूर्ण *a.* poetical

कवित्वशक्ति *f.* poetic talent

कवीन्द्र (*kavīndra*) *m.* /**कवीश्वर** (*kavīśvar*) *m.* eminent poet

कवोष्ण (*kavoṣṇ*) *a.* lukewarm, tepid

क़व्वाल A (*qavvāl*) *m.* singer of qavvali

क़व्वाली A (*qavvālī*) *f.* a form of choral song in praise of God or some godman

कश P (*kaś*) *m.* puff, act of smoking

कश लगाना/लेना *v.t.* to take a puff, to smoke

कशमकश P (*kaśmakaś*) *f.* 1. contention, struggle 2. repeated or mutual pulling 3. hitch, hesitation

कशा (*kaśā*) *f.* 1. whip, lash 2. (रस्सी) rope

कशाघात (*kaśāghāt*) *m.* whipping, lashing, scourging, flogging

कशाघात करना *v.t.* to whip, to flog

कशिश P (*kaśiś*) *f.* 1. attraction, pulling 2. gravitation 3. tendency 4. attraction 5. infatuation 6. tendency of bodies to attract and approach each other

कशीदगी P (*kaśīdgī*) *f.* displeasure, unpleasantness

कशीदा P (*kaśīdā*) *m.* embroidery, needlework

कशीदा काढ़ना *v.t.* to do needlework, to embroider

कशीदाकारी *f.* embroidery

कशेरुक (*kaśeruk*) *m.* a kind of grass, *Scirpus kysoor*

कशेरुक तंत्रिका *f.* vertebral nerve

कशेरुकी (*kaśerukī*) *a.* vertebrate

कश्ती P (*kaśtī*) *f.* boat, vessel

कश्ती चलाना *v.t.* to ply or row a boat

कश्मीरी (*Kaśmīrī*) I. *a.* of Kashmir II. *m.* Kashmiri inhabitant (*fem.* कश्मीरिन) III. *f.* Kashmiri language

कष (*kaṣ*) *m.* 1. rubbing 2. (कसौटी) touchstone 3. streak

कषण (*kaṣaṇ*) *m.* 1. rubbing 2. scratching 3. testing (gold) by the touchstone

कषाय (*kaṣāy*) I. *a.* 1. of astringent taste or flavour 2. fragrant, aromatic 3. red-brown 4. sweet-voiced II. *m.* 1. red-brown colour 2. astringent taste or flavour 3. ointment, gum

कषायित (*kaṣāyit*) *a.* 1. reddened (eyes) 2. red-coloured 3. anointed

कष्ट (*kaṣṭa*) *m.* 1. affliction, pain 2. trouble, hardship 3. suffering, distress

कष्ट उठाना *v.t.* to suffer, to take the

trouble

कष्टकर *a.* painful, troublesome

कष्ट करना *v.t.* to take the trouble

कष्ट झेलना *v.i.* to suffer, to endure pain/trouble

कष्टदायक *a.* /**कष्टदायी** *a.* troublesome

कष्ट देना *v.t.* to give trouble, to harass, to hurt

कष्टनिवारण *m.* redress of trouble

कष्ट पहुँचाना *v.t.* to trouble, to hurt

कष्ट पाना *v.t.* to get trouble, to suffer

कष्ट प्रसव *m.* difficult delivery/birth

कष्टप्रद *a.* painful, troublesome

कष्टसह/सहिष्णु *a.* hardy

कष्टसाध्य *a.* onerous, to be accomplished with effort

कष्टों से जूझना *v.i.* to face troubles

कष्टार्जित (*kaṣṭārjit*) *a.* hard-earned

कस[1] (*kas*) *m.* 1. rubbing 2. कसौटी (touchstone) 3. streak, stamina, power of endurance (see कष)

कसदार *a.* strong, sturdy

कसबल *m.* power, strength

कस[2] (*kas*) *m.* prestressed form of bronze (see काँसा)

कस-कुट *m.* an alloy of copper and zinc

कस-हंडिया *f.* a large bronze pitcher

कसक (*kasak*) *f.* 1. twitch, pang, dragging pain, throbbing pain 2. longing, craving

कसक निकालना *v.t.* /**कसक मिटाना** *(मु)* *v.t.* to relieve pain, to assuage pain or suffering

कसक रह जाना *v.i.* heart's desire (to remain unfulfilled)

कसकना (*kasaknā*) *v.i.* to feel aching (of the bones), to have lingering pain

फोड़ा कसकना *v.i.* boil (to give pain)

कसकस (*kaskas*) *f.* grittiness

कसकसा (*kaskasā*) *a.* gritty, sandy

कसकसाना (*kaskasānā*) *v.i.* 1. to become gritty 2. to feel pain on both sides

कसन (*kasan*) *f.* 1. tightening 2. tying, fastening 3. (of a horse) leather thong 4. pain

कसना (*kasnā*) I. *v.t.* 1. to tie, to bind, to fasten 2. to tighten 3. to gird up 4. to rub on a touchstone 5. to test II. *v.i.* to become tight, to be tightened, to be tested

कद्दू कसना *v.t.* to grate pumpkin

क़सब A (*kasab*) *m.* 1. trade, profession, pursuit 2. prostitution, harlotry

कसब कमाना *v.t.* to earn by prostitution

क़सबा A (*qasbā*) *m.* small town

क़सबाती P (*qasbātī*) I. *a.* urban II. *m.* townsman

कसबी A (*kasbī*) *f.* prostitute, harlot

कसबी ख़ाना *m.* brothel

क़सम A (*qasam*) *f.* oath

क़सम उतारना *(मु.)* *v.t.* to set free from the bonds of oath

क़सम खाकर कहना *v.i.* to say by taking an oath

क़सम ख़ाना *(मु.)* *v.t.* to swear, to take an oath

क़सम तोड़ना *v.t.* to break or violate an oath or vow

क़सम दिलाना *(मु.)* *v.t.* to administer an oath, to charge on oath, abjure

कसमसाना (*kasmasānā*) *v.i.* 1. to wriggle, to writhe 2. to become restless, to fidget 3. to hesitate

कसमसाहट (*kasmasāhaṭ*) *f.* 1. uneasiness, restlessness 2. hesitation, indecision

क़समा-क़समी (*qasmā-qasmī*) *f.* swearing by both parties, mutual oath-taking

क़समिया (*qasmiyā*) *adv.* on oath

कसर A (*kasar*) *f.* 1. want, lack, shortcoming, deficiency 2. (arith.) fraction 3. loss

कसर करना *v.t.* to leave something lacking, to show parsimony

कसर खाना *v.t.* to suffer a loss
कसर न छोड़ना *v.t.* to do one's best
कसर निकल जाना *v.i.* shortcoming (to be removed)
कसर निकालना *(मु.) v.t.* to compensate for loss or damage, to make amends
कसर रह जाना *v.i.* something to remain lacking

कसरत A (*kasrat*) *f.* 1. physical exercise 2. excess, plenty
कसरत करना *v.t.* to take exercise
कसरत राय से *adv.* by majority vote
कसरत से *adv.* in plenty

कसरती A (*kasratī*) I. *m.* athlete, gymnastic II. stout, sturdy
कसरती खेल *m.* gymnastic games
कसरती शरीर *m.* body built up by physical exercises

कसरहट्टा (*kasarhaṭṭā*) *m.* market place for bronze utensils

कसवाना (*kasvānā*) *v.t.* 1. to cause to be tightened or fastened 2. to get gold tested

क़साइन (*qasāin*) *f.* 1. wife of a butcher 2. any woman of butcher family

क़साई A (*qasāī*) *m.* 1. butcher 2. meat seller
क़साई का पिल्ला *m.* a butcher's pup, smug person
क़साई की नज़र से देखना *v.t.* to look with cruel eyes
क़साई के खूँटे से बँधना *v.i.* to be entrusted to a cruel person, to be wedded to a merciless man
क़साई के खूँटे से बाँधना *(मु.) v.t.* to hand over to a merciless fellow/ butcher
क़साईख़ाना *m.* slaughterhouse, butchery
क़साईपना *m.* cruelty, tyranny

कसा-कसाया (*kasā-kasāyā*) *a.* 1. fully harnessed and ready 2. ready after being tested

कसाकसी (*kasākasī*) *f.* 1. tension 2. antagonism

कसाना[1] (*kasānā*) *v.t.* 1. to get assayed or tested 2. to get fastened, to get tightened 3. to get tied or bound 4. to become astringent or acrid in taste
सोना कसाना to get gold tested

कसाना[2] (*kasānā*) *v.t.* (कद्दू कसाना) to have (pumpkin) grated

कसार (*kasār*) *m.* fried flour with sugar

कसाला (*kasālā*) *m.* 1. effort, toil, labour 2. trouble
कसाला करना *v.t.* to take the trouble

कसाव (*kasāv*) *m.* 1. tightness 2. strain 3. astringent taste

कसावट (*kasāvaṭ*) *f.* 1. tightness 2. strain 3. astringency 4. tension

कसियाना (*kasiyānā*) *v.i.* (of curd, etc.) to become astringent

क़सीदा A (*qasīdā*) *m.* 1. a type of Urdu or Persian poem of the form of gazal, but longer than gazal
क़सीदागो *m.* a writer or reciter of odes or eulogies

कसीला (*kasīlā*) *a.* well-strung, well-knit, compact, tight

कसीस (*kasīs*) *m.* blue or green vitriol, sulphate of copper

क़सूर A (*qasūr*) *m.* 1. fault 2. offence, guilt 3. flaw (better **क़ुसूर**)
क़सूर करना *v.t.* to commit an offence, to err
क़सूरवार *a.* guilty, at fault

कसेरा (*kaserā*) *m.* bronze smith, brazier, pewterer (*fem.* कसेरिन)

कसैला (*kasailā*) *a.* astringent, acrid, pungent
कसैलापन *m.* astringency, pungency

कसोरा (*kasorā*) *m.* earthen bowl or cup of baked clay

कसौटी (*kasauṭī*) *f.* 1. touchstone 2. criterion (*pl.* criteria), standard

कसौटी पर कसना/लगाना *(मु.) v.t.* to rub and test upon a touchstone, to have a trial

कसौटी पर खरा उतरना *v.i.* /कसौटी पर पूरा उतरना *v.i.* to stand a test

कस्टम E (*kasṭam*) *f.* 1. custom, practice 2. customs (duty)

कस्टम हाउस *m.* customs house

कस्तूरा (*kastūrā*) *m.* muskdeer

कस्तूरिया (*kastūriyā*) *a.* 1. of the musk-deer 2. impregnated with musk 3. of the colour of musk-deer

कस्तूरी (*kastūrī*) *f.* musk

कस्तूरी-मृग *m.* musk-deer

क़स्बा A (*qasbā*) *m.* town, township

क़स्बाती P (*qasbātī*) I. *a.* belonging to a town II. *m.* townsman

कस्बी A (*kasbī*) I. *m.* artisan, artificer II. *f.* prostitute

कस्बीख़ाना *m.* house of ill-fame, brothel

कस्बीबाज़ *m.* whoremonger

कस्बीबाज़ी *f.* harlotry, prostitution

क़स्साब A (*qassāb*) *m.* butcher

क़स्साबख़ाना *m.* slaughterhouse, butchery

कहकशां P (*kahkaśāṁ*) *m.* Milky Way, heavenly Ganga

क़हक़हा (*qahqahā*) *m.* loud laugh, hoarse laugh, burst of laughter, guffaw

क़हक़हे लगाना *(मु.) v.t.* to laugh aloud, to burst out with laughter

क़हत A (*qahat*) *m.* famine

क़हतसाली *f.* period of famine, dearth, drought

कहना (*kahnā*) I. *v.t.* to say, tell II. 1. *m.* word 2. advice, instruction 3. command

कह आना *v.i.* to leave a message

कह उठना *v.i.* to speak out, to say somehow

कह डालना *v.t.* to say willy-nilly

कह देना *v.t.* to tell

कहना करना *v.t.* to do the bidding, to carry out the instructions

कहना न मानना *v.t.* to ignore somebody's advice or instructions, to disobey

कहना मानना *v.t.* to obey the orders

कहने के लिए *adv.* (a) for the sake of argument (b) as a formality

कहने को *adv.* nominally

कहने में *adv.* under somebody's command

कहने में आना *v.i.* to be misled

कहने में रहना to be obedient

कहना-सुनना *v.i.* to argue

कहे खेत की सुने खलिहान की *(मु.)* what you say is different from what is understood

किसी को मूर्ख कहना *v.t.* to call somebody a fool

सच कहना *v.t.* to speak the truth

कहनावत (*kahnāvat*) *f.* 1. a saying 2. proverb

कहनी-अनकहनी (*kahnī-ankahnī*) *f.* unpleasant utterance, vituperation

क़हर A (*qahar*) *m.* calamity, mishap, disaster

क़हर का *a.* (a) outstanding (b) very great, huge (c) excessive (d) terrible, formidable

क़हर का आदमी *m.* outstanding person

क़हर की गर्मी *f.* excessive/terrible heat

क़हर टूटना *(मु.) v.i.* calamity (to befall), to have a bolt from the blue

क़हर ढाना *v.t.* to bring about disaster, to create havoc

ख़ुदा का क़हर *m.* divine wrath

कहरवा (*kaharvā*) *m.* a form of folk-song

कहरुबा P (*kahrubā*) *m.* amethyst (stone), amber

कहलवाना (*kahalvānā*) *v.t.* 1. (indirect causative of कहना) to send a word to somebody 2. to cause somebody to tell (another person) to send a message 3. to be named or called

कहलवा भेजना *v.t.* to send somebody to inform someone

कहलाना (*kahlānā*) *v.t.* 1. to inform (through somebody), to send word by or through somebody 2. to be called, to go by the name of

क़हवा A (*qahvā*) *m.* coffee

कहवाख़ाना *m.* coffee house

कहाँ (*kahāṁ*) *adv.* where, at which place

कहाँ-कहाँ *adv.* at how many places

कहाँ का *adv.* (a) of what place (b) of unknown destination (c) far off

कहाँ का न्याय no justice at all

कहाँ तक *adv.* how far, to what extent, how long

कहाँ पर *adv.* where, at what place

कहाँ से *adv.* from where, whence

कहा (*kahā*) I. *a.* said, told II. *m.* advice, instruction

कहा मानना *v.t.* to heed the bidding, to obey

कहा-कही *f.* (a) talk, dialogue, discussion (b) altercation, brawl

कहा-सुना *m.* remark

कहा-सुनी *f.* wordy altercation

किसी का कहा करना *v.t.* to do somebody's bidding, to carry out somebody's instructions, to obey

कहानी (*kahānī*) *f.* 1. story, tale 2. description 3. details

कहानीकार *m.* story-writer

कहानी गढ़ना/जोड़ना *v.t.* to concoct or fabricate a story

कहानी सुनाना *v.t.* to narrate a story

यात्रा की कहानी *f.* description of a journey

रामकहानी *f.* (a) one's tale of woe (b) a lengthy account

कहार (*kahār*) *m.* member of a lower caste of Hindus whose business is to carry palanquins or do domestic chores, water carrier/bearer (*fem.* कहारिन)

कहावत (*kahāvat*) *f.* proverb, adage

कहीं (*kahīṁ*) *adv.* 1. anywhere, at any place 2. wherever, whithersoever 3. lest 4. not

कहीं और *adv.* elsewhere, somewhere else

कहीं ऐसा न हो *adv.* lest it might be so

कहीं-कहीं *adv.* here and there, at some place or the other

कहीं का *adv.* of any place, of some unknown place

कहीं का कहीं *adv.* at the wrong place

कहीं का न छोड़ना *v.t.* to leave one nowhere

कहीं का न रहना *(मु.) v.i.* to be completely undone

कहीं की ईंट कहीं का रोड़ा, भानमती ने कुनबा जोड़ा (लो.) queer combination of heterogeneous elements/parts

कहीं न कहीं *adv.* somewhere or the other

कहीं नहीं *adv.* nowhere

कहीं बूढ़े तोते भी पढ़ते हैं *(मु.)* you can't teach an old dog new tricks

कहीं से *adv.* from anywhere, from any place

और कहीं *adv.* somewhere else

उल्लू कहीं का *interj.* stupid indeed

जहाँ कहीं *adv.* wherever, wheresoever

हर कहीं *adv.* everywhere

काँइयाँ (*kāṁiyāṁ*) *a.* crafty, cunning, crooked

कांक्षणीय (*kāṅkṣaṇīy*) *a.* to be desired

कांक्षा (*kāṅkṣā*) *f.* desire, wish, longing

कांक्षित (*kāṅkṣit*) *a.* desired, wished, longed (for)

कांक्षिणी (*kāṅkṣiṇī*) *a.* & *f.* desirous, longing, expecting

सौभाग्यकांक्षिणी *a.* expecting to be married

कांक्षी (*kāṅkṣī*) I. *a.* desirous, longing, expecting II. *m.* expectant

काँख (*kāṁkh*) *f.* armpit

काँख में दबाना *v.t.* (a) to press under one's armpit (b) keep possession of

काँखना (*kāṁkhnā*) *v.i.* to groan, to moan, to cry in pain or grief

काँगड़ी (*kāṁgṛī*) *f.* small fire-pot with wicker-work which Kashmiris carry about in winter

कांग्रेस E (*kāṅgres*) *f.* 1. Congress, Indian National Congress 2. American Parliament 3. conference

कांग्रेस कमेटी *f.* Congress Committee

कांग्रेस पार्टी *f.* Congress Party

कांग्रेसमैन/वाला *m.* Congressman

कांग्रेसी (*kāṅgresī*) *m.* Congressman

काँच (*kāṁc*) *m.* 1. glass 2. anal membrane, *Intestinum rectum*

काँच उद्योग *m.* glass industry

काँच का सामान *m.* glassware

काँच की प्लेट *f.* glass plate

काँच निकालना *v.t.* to beat severely

कांचन (*kāñcan*) I. *m.* 1. gold 2. radiance, brightness, lustre II. *a.* golden, made of gold

कांची (*kāñcī*) *f.* girdle

काँचुली (*kāṁculī*) *f.* bodice, brassiere, vest

काँजी (*kāṁjī*) *f.* sour drink of mustard and salt

कांजीघर/हाउस (*kāñjīghar/hāus*) *m.* kine house, cattle pound

काँटा (*kāṁṭā*) *m.* 1. thorn 2. nail 3. fishbone 4. balance, scale

काँटा गड़ना/चुभना/लगना *v.i.* to be pricked by a thorn

काँटा डालना *v.t.* to angle

काँटा निकालना *(मु.) v.t.* to extricate a thorn, to clear the way

काँटा मारना *v.t.* to underweigh

काँटा-सा खटकना *v.i.* to prickle like a thorn

काँटा होना (सूखकर) *(मु.) v.i.* to become lean and thin

काँटे का आदमी *m.* tactful man

काँटे का मुकाबला *m.* neck-to-neck competition

काँटे की तोल *(मु.) f.* exact weight

काँटे की लड़ाई *f.* very keen contest

काँटेदार *a.* thorny, prickle, barbed

काँटे बोना *v.i.* to sow/plant thorns, (*fig.*) to create problems for oneself

काँटे में तुलना *v.i.* to be very valuable

काँटे में तुलकर बिकना *v.i.* to be precious (a commodity)

काँटों का ताज *m.* crown of thorns

काँटों की सेज *f.* bed of thorns

काँटों पर लोटना *(मु.) v.i.* to roll on thorns, (*fig.*) to be in great distress or pain

काँटों में घसीटना *(मु.) v.t.* to drag into a sad position, to torment, to embarrass

काँटी (*kāṁṭī*) *f.* 1. small nail 2. hook

काँठा (*kāṁṭhā*) *m.* bank, shore

कांड (*kāṇḍ*) *m.* 1. chapter or section of a book 2. canto of epic poetry 3. untoward happening, unseemly incident 4. stem of a tree 5. hollow tubular stalk 6. shaft 7. trunk

काँड़ा (*kāṁṛā*) *m.* worm (of wood or teeth)

काँड़ी (*kāṁṛī*) *f.* rafter

कांत (*kānt*) I. *a.* 1. lovely, handsome 2. dear, amiable II. *m.* 1. husband 2. lover

कांतर (*kāntar*) *m.* centipede

कांता (*kāntā*) *f.* 1. beloved, sweetheart 2. wife

कांतार (*kāntār*) *m.* dense woods or forest

कांति (*kānti*) *f.* 1. lustre, radiance, brightness, brilliance, splendour 2. beauty, loveliness

कांतिदायक *a.* (a) beautifying (b) graceful, splendid

कांतिमान *a.* (a) lustrous, bright (b) handsome, beautiful
कांतिहीन *a.* lustreless
काँती (*kāṁtī*) *f.* lower grade iron
काँदला (*kāṁdlā*) I. *a.* muddy, dirty II. *m.* mud
कांदव (*kāndav*) *m.* iron pan for roasting
कांदविक (*kāndavik*) *a.* & *m.* 1. (one) who roasts grain 2. baker
कांदा (*kāndā*) *m.* onion, *Allium cepa*
काँदू (*kāṁdū*) *m.* grain parcher
काँदो (*kāṁdo*) *m.* mud, slim
काँधना (*kāṁdhnā*) *v.t.* 1. to take upon one's shoulders 2. to bear burden 3. to lift up, to raise
काँप (*kāṁp*) *f.* 1. bow of a paper kite 2. an ear ornament 3. cutting, slice, piece
काँपना (*kāṁpnā*) *v.i.* 1. to tremble, to quiver, to shiver 2. to become filled with fear or shock
काँप उठना *v.i.* to shudder, to startle
काँप जाना *v.i.* to shiver abruptly, to quiver with shock
काँय-काँय (*kāṁy-kāṁy*) *f.* /**काँव-काँव** (*kāṁv-kāṁv*) *m.* 1. cawing 2. confused noise, clamour
काँय-काँय, काँव-काँव करना *(मु.) v.t.* (a) to caw, (b) to shout, to make confused noise
काँवर (*kāṁvar*) *f.* a bamboo pole with baskets to carry water from sacred rivers
काँवरिया (*kāṁvariyā*) *m.* one who carries the काँवर
काँस (*kāṁs*) *m.* a tall species of grass which grows luxuriantly on wasteland (also कास)
काँसा (*kāṁsā*) *m.* bell-metal, bronze, an amalgam of zinc and copper
काँसागर *m.* bronze smith, brazier
काँसागरी *f.* the business of bronze work
कांसुल E (*kāṃsul*) *m.* consul
कांसुलेट E (*kāṃsuleṭ*) *m.* consulate
कांस्टीट्यूशन E (*kāṃstītyūśan*) *m.* constitution
कांस्टेबल E (*kāṃstabel*) *m.* constable
कांस्य (*kāṃsya*) I. *m.* bell-metal, bronze II. *a.* made of bronze
कांस्य पदक *m.* bronze medal
कांस्य भाजन *m.* vessel of bell-metal, bronze utensil
कांस्य युग *m.* Bronze Age
कांस्य पीत (*kāṃsyapīt*) *a.* bronze yellow
का (*kā*) *ppn.* of, belonging to, made of, concerning, consisting, prepared from or by
उनका *pron.* their
उसका *pron.* his
किनका *intr. pron.* whose
किसका *intr. pron.* whose
क़ाइदा A (*qāidā*) *m.* 1. rule 2. method 3. manner 4. practice 5. primer (book) 6. system (= क़ायदा *q.v.*)
काइयाँ (*kāiyāṁ*) *a.* shrewd, cunning
काई (*kāī*) *f.* water-moss, algae
काई छुड़ाना *v.t.* to remove the moss or filth, (*fig.*) to remove misery or distress
काई-सा फटना *v.i.* to get scattered
काउंटर E (*kāuṇṭar*) *m.* counter
काउंसिल E (*kāuṃsil*) *f.* council
काक (*kāk*) *m.* crow
काक-गोलक *m.* the (single) eyeball of a crow
काक-चेष्टा *f.* alertness like that of a crow
काक-पक्ष *m.* side locks, ringlets
काक-पद *m.* the mark of omission
काक-भीरु *a.* fearful like a crow
काक-रव *a.* coward
काक-वंध्या *f.* a woman who gives birth to only one child
काकड़ा (*kākṛā*) *m.* stiff leather
काकड़ासिंगी *f.* a medicinal plant

Pistacia integerrima and its fruit
काकतालीय न्याय (*kāktālīy nyāy*) *m.* chance happening
काक़रेज़ P (*kāqrez*) *m.* blue-black colour
काक़रेज़ी (*kāqrezī*) *a.* blue-black coloured
काकरोच E (*kākroc*) *m.* cockroach
काकल (*kākal*) *m.* 1. larynx, sound-box 2. black crow
काकल-ध्वनि *f.* glottal sound
काकल-शोथ *m.* laryngitis
काकलक (*kakalak*) *m.* uvula
काकलि (*kākali*) *f.* low sweet voice or sound, pleasing tone
काका (*kākā*) *m.* 1. (in eastern India) paternal uncle, father's younger brother 2. (in western India) child
काकातुआ (*kākātuā*) *m.* cockatoo, a species of large parrot
काकिणी (*kākiṇī*) *f.* cowrie shell
काकी (*kākī*) *f.* paternal aunt, wife of father's younger brother
काकु (*kāku*) *m.* level of quality in tone, timbre
काकुल P (*kākul*) *m.* ringlets of hair on the side face, curling lock
काग (*kāg*) *m.* 1. crow 2. cork
काग़ज़ P (*kāgaz*) *m.* 1. paper 2. handnote, document
काग़ज़ काला करना *(मु.)* *v.t.* to write silly stuff, to scribble, to waste paper and ink
काग़ज़ की नाव *(मु.)* *f.* transitory or frail thing
काग़ज़ के घोड़े दौड़ाना *v.t.* to keep up vain correspondence, to indulge in unproductive efforts
काग़ज़ दबाकर बैठना *v.i.* to sit over the papers
काग़ज़-पत्र *m.* documents, papers
काग़ज़ रंगना *v.t.* to do unnecessary paperwork
कच्चा काग़ज़ *m.* (a) paper of inferior quality (b) rough document
कोरा काग़ज़ *m.* blank paper
पक्का काग़ज़ *m.* (a) superior paper (b) authorised document
काग़ज़ी P (*kāgzī*) *a.* of or relating to paper
काग़ज़ी कार्रवाई *f.* action on paper, red- tapism
काग़ज़ी जिल्द *f.* paperback
काग़ज़ी नींबू *m.* lemon with thin rind
काग़ज़ी बादाम *m.* almond with thin shell
काग़ज़ी महल *m.* castles in the air
काग़ज़ी मुद्रा *f.* paper currency
काग़ज़ी लेन-देन *m.* paper transaction
काग़ज़ी सबूत *m.* documentary proof
काग़दाबक (*kāgdābak*) *m.* cork-presser, cork-squeezer
कागवेधक (*kāgvedhak*) *m.* cork-borer
काच (*kāc*) *m.* glass
काच-घर *m.* hothouse, conservatory
काच-चित्रण *m.* glass painting
काच-नली *f.* glass tube
काच-पात्र *m.* glass vessel
काच-मणि *m.* crystal quartz
काच-मल *m.* slag
काच-लवण *m.* alkaline salt
काचक (*kācak*) *m.* glazier
काचन (*kācan*) *m.* glazing
काचनीय (*kācnīy*) *a.* vitrifiable
काचाभ (*kācābh*) *a.* glassy, vitreous
काचित (*kācit*) *a.* glazed
कांचित करना *v.t.* to glaze
काचीय (*kācīy*) *a.* glazy, glassy
काचीय द्रव्य *m.* glassy material
काछ (*kāch*) *m.* 1. upper part of the thigh 2. end of dhoti tucked into the back of the waist
काछ खोलना *v.t.* to strip oneself
काछ बाँधना *v.t.* to tuck the end of dhoti
काछना (*kāchnā*) *v.t.* 1. to tie up the end of dhoti 2. to skim

काछनी (*kāchnī*) *f.* waist cloth, drawers
काछा (*kāchā*) *m.* drawers coming up to the knees
काछा कसना, काछना *v.t.* to tie up the काछा
काछा खोलना *v.t.* **ढीला होना** *v.i.* to lose heart
काछा लगना *v.i.* to produce friction on the thigh
काछी (*kāchī*) *m.* (caste) of vegetable sellers/gardeners
काज[1] (*kāj*) *m.* work
काज करना *v.t.* to work, to perform a deed, work (to be accomplished)
काज भुगताना *v.t.* to finish the work
काज[2] (*kāj*) *m.* buttonhole
काज बनाना *v.t.* to make a buttonhole
काजल (*kājal*) *m.* lamp-black, collyrium
काज़ल की कोठरी (*मु.*) *f.* (a) sooty chamber (b) (*fig.*) abode of evil
काजल लगाना *v.t.* to apply collyrium to the eyes
क़ाज़ी[1] A (*qāzī*) *m.* 1. judge who enforces Muslim law 2. Muslim priest who conducts weddings
क़ाज़ी जी दुबले क्यों, शहर के अंदेशे से (*मु.*) to be worried about affairs that are not one's concern
काजी[2] (*kājī*) *a.* working, active
काजी आदमी *m.* active person
कामकाजी स्त्री *f.* working woman
काजू (*kājū*) *m.* cashew nut, *Anacardium occidentale*
काजू-भोजू (*kājū-bhojū*) I. *m.* artisan, craftsman II. *a.* showy
काट (*kāṭ*) *f.* 1. cut, slash 2. erosion
काट-कपट *m.* deceitful conduct
काट-कपट करना *v.t.* to cut stealthily or in an improper way
काट करना *v.t.* (a) to cut (b) to corrode (c) to contradict, to counter
काट-कूट *f.* cancellation, writing off, striking off
काट खाना *v.t.* to bite
काट-छाँट *f.* (a) pruning, trimming (b) retrenchment
काट-छाँट करना *v.t.* to trim, to retrench
तर्क की काट *f.* rebuttal of argument
तिरछी काट *f.* (of cloth) oblique cut
कॉट E (*koṭ*) *m.* cot
काटना (*kāṭnā*) *v.t.* 1. to cut, to chop 2. to trim, to prune 3. to disjoin, to disconnect, to separate 4. to bite, to sting 5. to cancel, to strike off, to rescind 6. to refute 7. shoe (to pinch) 8. to cause wound 9. (of lines) to intersect
चक्कर काटना *v.t.* to hover about
फसल काटना *v.t.* to reap
बात काटना *v.t.* to interrupt
रास्ता काटना *v.t.* to cross the path
समय काटना *v.t.* to pass or to while away time
काट लेना *v.t.* to cut off, to bite off
काटा (*kāṭā*) *m.* 1. cut 2. bite, sting
काटू (*kāṭū*) *a.* 1. cutting 2. pungent, acrid 3. causing corrosion 4. (of an animal or insect) biting, stinging
काट्य (*kāṭya*) *a.* 1. capable of being cut down 2. refutable (तर्क argument)
काठ (*kāṭh*) *m.* 1. timber 2. wood
काठ-कबाड़ *m.* wooden and other useless articles, lumber, scrap
काठबंदी *f.* timbering
काठ का उल्लू (*मु.*) *m.* a great blockhead, fool, dunce
काठ की घोड़ी *f.* bier (टिकटी)
काठ की हाँडी *f.* anything perishable and frail
काठ मार जाना (*मु.*) *v.i.* to be stunned
काठ मारना (*मु.*) *v.t.* to hold in wooden clamps, to ignore
काठ होना या हो जाना *v.i.* to become petrified or paralysed, to become

frozen or still

काठड़ा (*kāṭhṛā*) *m.* wooden vessel

काठा (*kāṭhā*) *a.* of or like wood

काठा अखरोट *m.* hard walnut

काठा बादाम *m.* almond having hard shell

काठिन्य (*kāṭhinya*) *m.* (from कठिन) 1. hardness, stiffness, rigidity 2. difficulty, trouble 3. sternness, strictness

काठी (*kāṭhī*) *f.* 1. saddle 2. physique, body, bodily structure

काठी कसना *v.t.* to saddle

काठी छोड़ना *v.t.* to die

काड E (*kāḍ*) *m.* cod (fish)

काडलिवर आयल *m.* cod liver oil

काडर E (*kāḍar*) *m.* cadre, a basic unit of servicemen

काड़ी (*kāṛī*) *f.* 1. blade (of grass) 2. bit of straw 3. matchstick

काढ़ना (*kāṛhnā*) *v.t.* 1. to draw (out), to take out, to pull out, to extricate 2. to embroider 3. to boil

कशीदा काढ़ना *v.t.* to do needlework

घूँघट काढ़ना *v.t.* to cover the face with veil

दूध काढ़ना *v.t.* to boil milk to thicken

काढ़ा (*kāṛhā*) *m.* medicinal decoction

कातना (*kātnā*) *v.t.* to spin

सूत कातना *v.t.* to spin cotton

कातर (*kātar*) *a.* 1. afflicted, distressed 2. impatient, restless 3. helpless 4. cowardly, faint-hearted

कातर दृष्टि/भाव से *adv.* with a look of helplessness

कातरता (*kātartā*) *f.* 1. dejection, depression 2. impatience, restlessness 3. cowardice 4. helplessness

कातर्य (*kātarya*) *m.* (same as कातरता *q.v.*)

काता (*kātā*) *m.* spun thread

बुढ़िया का काता *m.* (a) old woman's spinning (b) sweetmeat made of threadlike spreads of candied pumpkin

कातिक (*kātik*) *m.* the eighth month of the Hindu (Vikrami) calendar (Oct.-Nov.) (also कार्तिक)

कातिब A (*kātib*) *m.* 1. writer of documents 2. scribe 3. calligrapher

क़ातिल A (*qātil*) I. *m.* murderer, assassin II. *a.* deadly, fatal, murderous

क़ातिलाना P (*qātilānā*) *a.* murderous

क़ातिलाना वार *m.* murderous assault

क़ातिलाना हमला *m.* murderous attack

काती (*kātī*) *f.* 1. knife 2. scissors 3. cutter 4. (goldsmith's) pincers, clippers

कादंबरी (*kādambarī*) *f.* 1. wine made of Kadamb flowers 2. cuckoo (bird) 3. an epithet of Saraswati, the goddess of learning

कादंबिनी (*kādambinī*) *f.* 1. mass of clouds 2. a mode/tune of music

क़ादिरी (*qādirī*) *f.* bodice

कान (*kān*) *m.* 1. ear, the organ of hearing 2. (of a scale or balance) counterbalance 3. (of a cot) curve, crookedness 4. (of a lute or violin) peg 5. (of a boat) helm, rudder

कान उठाना *v.t.* (a) to be ready for hearing (b) to be alert

कान उमेठना/ऐंठना *(मु.)* *v.t.* to twist (somebody's) ears by way of punishment

कान कतरना *v.t.* to outwit

कान का कच्चा *(मु.)* *a.* credulous, ready to believe

कान काटना *(मु.)* *v.t.* to outwit, to get the better of, to surpass

कान का परदा *m.* eardrum, tympanum

कान का बाला *m.* earring

कान का मैल *m.* earwax

कानखजूरा *m.* centipede

कान खड़े करना *v.t.* to be all ears, to be alert

कान खड़े होना *(मु.) v.i.* to be stunned, to be alarmed
कान खाना *(मु.) v.t.* (a) to worry, to pester (b) to make too much noise
कान खुजाने की फुरसत न होना *v.i.* to be extremely busy
कान खोलकर सुनना *(मु.) v.t.* to listen attentively
कान खोलना *v.t.* to make somebody alert, to apprise, to caution, to warn
कान गरम करना *(मु.) v.t.* (a) to rub the ears (b) to slap on the ear
कान छेदना *v.t.* to pierce the earlobe
कान झुकाना *v.t.* (to bend) ears, to desire to hear
कान दबाकर चला जाना *v.i.* to slink away
कान दिखाना *v.t.* to have the ears checked up and cleaned
कान देकर सुनना *v.t.* **/कान देना/कान धरना** *(मु.) v.t.* to listen carefully, to attend to
कान न देना *v.t.* to turn a deaf ear
कान न हिलाना *v.t.* (a) to be timid or docile (b) to assent quietly
कान पकड़कर निकाल देना *v.t.* to turn out unceremoniously
कान पक जाना *(मु.) v.i.* to be fed up by hearing something repeatedly
कान पकड़ना *(मु.) v.t.* (a) to hold ears to express one's vow never to repeat such a misdeed (b) to twist somebody's ears to warn
कान पड़ना *v.i.* to be heard
कान पड़ी आवाज़ सुनाई न देना *v.t.* to be in the midst of deafening noise
कान पर जूँ न रेंगना *(मु.) v.i.* to be utterly heedless, to be indifferent
कान पर हाथ रखना *v.i.* to close the ears, (*fig.*) to deny, to refuse
कान पूँछ दबाकर चले जाना *(मु.) v.i.* to go away without remonstrance
कान फटना *(मु.) v.i.* to be deafened by loud noise
कान फाड़ना *v.t.* to make a deafening noise
कान फूट जाना *v.i.* to become deaf
कान फोड़ना *v.t.* (a) to deafen (b) to make a great noise
कान बंद कर लेना *(मु.) v.t.* to refuse to hear
कान बजना *v.i.* to have a (ringing) sound in the ear, to fancy that one hears somebody's voice
कान बहना *(मु.) v.i.* to discharge pus from the ear(s)
कान बहरा करना *v.t.* to turn a deaf ear
कान बहरा होना *v.i.* to become deaf
कान बिंधवाना *v.t.* to have the ears pierced
कान भरना *(मु.) v.t.* to tell tales, to excite dissension
कान मरोड़ना या मलना *v.t.* to twist the ear, to chastise
कान में आवाज़ पड़ना *v.i.* to happen to hear
कान में उँगली दे रखना *v.t.* to refuse to hear, to turn a deaf ear
कान में डालना या डाल देना *(मु.) v.t.* to whisper into the ear, to inform/warn
कान में तेल या रुई डाल रखना *v.t.* to be unattending and indifferent, to pay no heed
कान में पड़ना *(मु.) v.i.* to reach the ears
कान में पारा या सीसा भरना *v.t.* (a) to pretend not to listen (b) to make somebody deaf
कान में फूँकना *v.t.* (a) to whisper into the ears (b) to tutor or to excite quarrel
कान रखना *v.t.* to lend an ear, to listen
कान लगाकर सुनना *(मु.) v.t.* to listen attentively

कान लगाना *(मु.) v.t.* (a) to listen (b) to overhear
कान हिलाना *v.t.* to make a sign of acquiescence
कान होना *v.i.* to be warned, to comprehend
कानों-कान ख़बर न होना *v.i.* to be in the dark about something, not to allow a secret to be divulged, to keep a veil of secrecy

कानन (*kānan*) *m.* forest, grove, wood, jungle
कानन कोतार *m.* woods, wilderness
काननवासी *m.* woodman, forester

काना (*kānā*) *a.* 1. blind of one eye, one-eyed, monocular 2. (of fruit or vegetable) partly eaten by insects
काने के ब्याह में सौ-सौ जोखिम (*मु.*) one-eyed person's path to matrimonial bliss is strewn with a hundred hazards
कानी कौड़ी न होना *(मु.) v.i.* to be utterly destitute or poor
पल्ले कानी का न होना *v.i.* to be penniless

कानी उँगली (*kānī umglī*) *f.* the little finger
कानी हाउस *m.* kine house, cattle pound (also काँजी हाउस *q.v.*)

क़ानून A (*qānūn*) *m.* 1. law 2. rule
क़ानून अधिकारी *m.* law officer
क़ानून और व्यवस्था *f.* law and order
क़ानून का पाबंद *a.* law-abiding
क़ानून का पालन करना *v.t.* to obey the law
क़ानून का विषय *m.* subject of law
क़ानूनगो *m.* a petty revenue officer over lekhpals
क़ानून छाँटना/बघारना *(मु.) v.t.* to be too much of a legalist
क़ानून तोड़ना *v.t.* to break the law, to violate rules
क़ानूनदान/दाँ *m.* one well-versed in law, jurist
क़ानूनदानी *f.* legal knowledge
क़ानून द्वारा निषिद्ध *m.* prohibited by law
क़ानून दीवानी *m.* civil law
क़ानून फ़ौजदारी *m.* criminal law
क़ानून बनाना *v.t.* to make laws, to legislate
क़ानून-सम्मत बना देना *v.t.* to legalise

क़ानूनन A (*qānūnan*) *adv.* legally

क़ानूनियत A (*qānūniyat*) *f.* legality

क़ानूनिया (*qānūniyā*) *m.* pettifogger

क़ानूनी (*qānūnī*) *a.* legal, lawful
क़ानूनी अधिकार *m.* legal right
क़ानूनी आधार *m.* legal grounds
क़ानूनी उपबंध *m.* legal provision
क़ानूनी उपाय *m.* legal remedy
क़ानूनी कार्रवाई *f.* legal action, legal proceedings
क़ानूनी गर्भपात *m.* legal abortion
क़ानूनी गिरफ्तारी *f.* legal arrest
क़ानूनी निर्योग्यता *f.* legal disability
क़ानूनी प्रमाण *m.* legal proof
क़ानूनी वारिस *m.* legal heir
क़ानूनी सलाहकार *m.* legal adviser

कॉन्फ्रेंस E (*kānfrems*) *f.* conference

कॉन्वाय E (*kānvāy*) *m.* convoy

कॉन्वेन्ट E (*kānvenṭ*) *m.* convent
कान्वेन्ट स्कूल *m.* convent school

कॉन्सल E (*kaunsal*) *m.* consul

कॉन्सली (*kaunsalī*) *a.* consular

कान्ह (*kānh*) *m.* an epithet of Krishna

कान्हड़ा (*kānhaṛā*) *m.* a mode of Indian music

कापट्य (*kāpaṭya*) *m.* deceitfulness, fraud, deception

कापालिक (*kāpālik*) *m.* 1. worshipper of Shiva or Kali 2. a sadhu who carries and uses a skull for religious purposes

कॉपी E (*kaupī*) *f.* 1. copy 2. copybook, exercise book 3. manuscript for a printer or publisher
कॉपीनवीस *m.* copywriter

कॉपीराइट *m.* copyright, right of an author or artist on his work

कापुरुष (*kāpurus̩*) *m.* 1. coward, timid fellow 2. (नीच) mean or ugly person

कापुरुषता (*kāpurus̩tā*) *f.* cowardliness, cowardice

कापुरुषोचित (*kāpurus̩ocit*) *a.* cowardly

कापुरुषोचित कार्य *m.* cowardly deed

कॉफ़ लेदर E (*kāf ledar*) *m.* calf leather

क़ाफ़िया A (*qāfiyā*) *m.* rhyme, the last letter in a poem

क़ाफ़िया तंग कर देना (*मु.*) *v.t.* to exhaust all rhymes, to put somebody into a tight corner, to reduce to great straits

क़ाफ़िया तंग होना (*मु.*) *v.i.* to be hard-pressed in difficulties

क़ाफ़िया मिलाना (*मु.*) *v.t.* to rhyme

काफ़िर A (*kāfir*) *m.* non-believer, infidel, heathen, non-Muslim

काफ़िरी A (*kāfirī*) *f.* atheism, infidelity, non-belief

काफ़िला A (*kāfilā*) *m.* caravan, convoy

काफ़िला सालार *m.* the chief of a caravan

काफ़ी A (*kāfī*) *a.* enough, adequate, sufficient

काफ़ी से ज्यादा *a.* more than enough

काफ़ी होना *v.i.* to be enough, to suffice

कॉफ़ी E (*kāfī*) *f.* coffee

कॉफ़ी घर *m.* coffee house

काफ़ूर P (*kāfūr*) *m.* camphor

काफ़ूर हो जाना (*मु.*) *v.i.* to vanish, to disappear

काफ़ूरी P (*kāfūrī*) *a.* of or made of camphor, camphorate

काफ़ूरी रंग *m.* camphor colour

क़ाबला P (*qāblā*) *m.* bolt

क़ाबला और ढिबरी *f.* bolt and nut

क़ाबले की चूड़ी *f.* thread of a bolt

काबली चने (*kāblī cane*) *m.* white gram

क़ाबिज़ A (*qābiz*) *a.* 1. occupant, in possession 2. constipated

क़ाबिल A (*qābil*) *a.* able, capable, competent

क़ाबिल बनाना *v.t.* (a) to enable (b) to make worthy (of)

क़ाबिल होना या हो जाना *v.i.* to be or become able or competent

इनाम के क़ाबिल *a.* deserving the prize

एतबार के क़ाबिल *a.* reliable, trustworthy

तारीफ़ के क़ाबिल *a.* praiseworthy

क़ाबिलीयत A (*qābilīyat*) *f.* 1. ability, capability 2. wisdom, erudition, learning 3. fitness

काबुक (*kābuk*) *m.* box or nest for pigeons, pigeon house, dovecote

काबुली (*kābulī*) I. *a.* of or belonging to Kabul II. *m.* a person belonging to Kabul

क़ाबू T (*qābū*) *m.* 1. control, hold, grasp 2. possession

क़ाबू करना *v.t.* (a) to bring under control (b) to take possession

क़ाबू करा देना *v.t.* to put into possession

क़ाबू का *a.* controllable

क़ाबू चलना *v.i.* to show control or authority

क़ाबू पाना *v.t.* to control, to get power over somebody

क़ाबू में आना *v.i.* to come under one's control

क़ाबू में करना *v.t.* to bring under control, to subdue

क़ाबू में रखना *v.t.* to keep under one's control or thumb

क़ाबू में लेना *v.t.* to take into possession

क़ाबू से बाहर होना *v.i.* to get out of control or hold

काम[1] (*kām*) *m.* 1. work, task, job 2. business, occupation 3. duty 4. use 5. purpose 6. needlework 7. workmanship

काम अटकना *v.i.* work to come to a stop

काम आना (मु.) *v.i.* (a) to come into use, to be of use (b) to die in battlefield

काम करना (मु.) *v.t.* (a) to work, to do work (b) to do business

काम का (मु.) *a.* useful, of use

कामकाज *m.* (a) business, occupation (b) chores

कामकाजी *a.* working, laborious, industrious

कामकाजी लड़कियाँ *f.* (a) working girls

काम का भार *m.* load of work

काम का समय *m.* hours of business, working time/hours

काम की बात *f.* matter of importance

काम के घंटे *m.* hours of work

काम को काम सिखाता है (मु.) practice makes man perfect

कामगार *m.* worker

काम चमकना *v.i.* to have flourishing business

काम चलना (मु.) *v.i.* work to go on or pull on

कामचलाऊ *a.* makeshift, stopgap, provisional

कामचलाऊ सरकार *f.* caretaker government

कामचलाऊ व्यवस्था *f.* makeshift arrangement

काम चलाना *v.t.* (a) to keep the work going, to manage (b) to pull on somehow

कामचोर *m.* shirker, skulker, malingerer

काम चौपट होना *v.i.* work (to fail), collapsing of business

काम तमाम करना (मु.) *v.t.* (a) to finish the work/task (b) to put an end to (c) to kill

काम तमाम होना *v.i.* (a) to be killed (b) task (to come to an end)

कामदार I. *a.* embroidered II. *m.* man of business

काम देखना *v.t.* (a) to check work (b) to inspect or supervise work (c) to prove useful (d) to serve the purpose

काम देना *v.t.* to give some work or business, to engage

काम-धंधा *m.* occupation, business

काम-धाम *m.* miscellaneous work

काम निकालना *v.t.* (a) to get work done (b) to make capital out of

काम निपटाना *v.t.* to dispose of work/business

काम पड़ना (मु.) *v.i.* (a) to have business with (b) to come to use

काम पर जाना *v.i.* to go to perform one's duty

काम पर लगना *v.i.* to get employed, to receive appointment

काम पर होना *v.i.* to be on duty

काम प्यारा होता है, चाम नहीं (मु.) handsome is that handsome does

काम बंद करना *v.t.* to stop work, to wind up

कामबंदी हड़ताल *f.* 'no work' strike

काम बनना *v.i.* to gain one's end

काम बनाना *v.t.* to accomplish one's work

काम बिगड़ना *v.i.* (of some business) collapse, be upset

काम बिगाड़ना *v.t.* to sabotage/to spoil or mar the work, to make a mess of the work, to put a spoke in the wheel

काम बैठना *v.i.* work (to settle)

काम भुगताना *v.t.* to finish the work

काम में आना *v.i.* to serve the purpose

काम में लगना *v.i.* (a) to be employed, to get some work (b) to be busy

काम में लगाना *v.t.* to put to work, to engage in some business, to em-

ploy
काम में लाना *v.t.* to put to use
कामयाब *a.* successful
कामयाबी *f.* success
कामरोको प्रस्ताव *m.* adjournment motion
काम लगना *v.i.* work to start, to get employment
काम लगाना *v.t.* to start some work, to put to work, to employ, to engage
काम लेना *v.t.* to use, to make use of
काम संभालना *v.t.* to take up work, to take charge, to join
काम सुपुर्द करना *v.t.* to make over charge
काम से काम आता है *(लो.)* practice makes a man perfect
काम से काम रखना *(मु.)* *v.t.* to mind one's own business
काम से जाते रहना *v.i.* to become unfit for work or use
काम से जी चुराना *v.t.* to shirk work
काम हो जाना *v.i.* to have the purpose served
काम होना *v.i.* to have some business, to have some work done

काम[2] *(kām)* *m.* 1. sex 2. lust, sexual desire/urge 3. passion 4. love 5. desire, longing, craving 6. god of love, Cupid
काम-अभिघात *m.* sexual trauma
काम-कला *f.* art of giving and taking sexual pleasure
काम-कामी *a.* (a) passionate (b) having various cravings (c) one who follows dictates of passion
कामकूट (*kamkūṭ*) *a.* lustful
कामकेलि/क्रीड़ा *f.* coition, sexual intercourse
कामगंध *f.* taint of lust
कामचार *a.* /**कामचारी** *a.* (a) libidinous, licentious (b) moving freely, unrestricted
कामजित *a.* who has conquered sexual or sensuous desires
कामज्वर *m.* inordinate sexual urge, fit of lust
कामतरु *m.* mythical tree which yields whatever is wished
कामदहन *m.* burning up of Cupid (by Shiva)
कामदा *f.* /**कामधेनु** *f.* the mythical cow that fulfils any wish
कामदूती *f.* bawd, procuress
कामदेव *m.* god of love, Cupid
कामप्रद *a.* wish yielding
काम-प्रवृत्ति *f.* sexual or sensuous tendency
कामप्रिय *a.* lustful, sexy, sensuous
काम-प्रेरणा *f.* sex appeal
काम-भावना *f.* sexual or amorous instinct or feeling
काममूढ़ *a.* infatuated with lust
कामरिपु *m.* enemy of Cupid (Shiva)
कामरूप *a.* very beautiful
कामवती *a.* passionate, amorous
कामवल्लभा *f.* (a) moonlight, a moonbeam
कामवासना *f.* libido, sexual craving
कामवृत्ति *f.* the instinct of sex
कामशास्त्र *m.* (a) sexual science, sexology (b) a book/treatise on sex

कामदार (*kāmdār*) I. *a.* embroidered II. *m.* agent, employee

कॉमन E (*kauman*) *a.* common
कॉमन रूम *m.* common room

कामना (*kāmnā*) *f.* desire, wish, longing
कामना-सिद्धि *f.* fulfilment of a desire or longing

कामरेड E (*kāmreḍ*) *m.* comrade, usually fellow member of trade union

कामला (*kāmlā*) *m.* a form of jaundice

कामांगना (*kāmāṅgnā*) *f.* vamp, woman with sexual attraction

कामांध (*kāmāndh*) *a.* blinded by lust or sex, lustful, passionate

कामांधता (*kāmāndhtā*) *f.* lustfulness, blind passion
कॉमा E (*komā*) *m.* comma (,)
कामाग्नि (*kāmāgni*) *f.* violent urge for sex, lust, desire for amorous sport
कामातुर (*kāmātur*) *a.* lustful, libidinous, lovesick, very eager for sex
कामातुरता (*kāmāturtā*) *f.* lustfulness, libidinousness, eagerness for sex
कामार्त (*kāmārta*) *a.* afflicted by passion, lovesick
कामार्तता (*kāmārtatā*) *f.* lovesickness, violent urge for sex
कामाद्रि (*kāmādri*) *m.* name of a hill in Assam
कामार्थी (*kāmārthī*) *a.* amorous, lascivious, wanton, licentious
कामासक्त (*kāmāsakta*) *a.* indulging in sex, libidinous, amorous, lustful
कामासक्ति (*kāmāsakti*) *f.* indulgence in sex, libidinousness, libido
कामिक्स E (*kāmiksa*) *m.* comics, children's periodicals in the form of comic strips
कामिनी (*kāminī*) *f.* 1. woman feeling sexual urge 2. beautiful delicate woman, charming lady
कामिल A (*kāmil*) *a.* accomplished, perfect
कामी (*kāmī*) *a.* lustful, lascivious, passionate, libidinous
कामुक (*kāmuk*) *a.* full of sexual desire, sexy, lustful, voluptuous, passionate
कामुकता (*kāmuktā*) *f.* lustfulness, sex, sexuality, libidinousness
कामुका (*kāmukā*) *f.* a woman desirous of wealth and prosperity
कामेंद्रिय (*kāmeṁdriy*) *f.* sex organ
कामेच्छा (*kāmecchā*) *f.* sex urge, libido
कामोत्कंठा (*kāmotkaṇṭhā*) *f.* sexual craving, urge, sexual yearning
कामोत्तेजक (*kāmottejak*) *a.* aphrodisiac, erotic
कामोत्तेजना (*kāmottejnā*) *f.* sex excitement
कामोद (*kāmod*) *m.* a musical mode sung at night
कामोद्दीपक (*kāmoddīpak*) *a.* aphrodisiac, erotic, exciting passion, promoting lustful desire
कामोद्दीपन (*kāmoddīpan*) *m.* the act of exciting passion or lust
कामोन्माद (*kāmonmād*) *m.* erotomania, abnormal lust for sex
कामोपशामक (*kāmopśāmak*) *a.* an aphrodisiac, soothing the lust for sex
काम्य (*kāmya*) a. desirable, covetable
  काम्य-कर्म *m.* rites or any supererogatory work performed for fulfilment of one's desire
  काम्य-फल *m.* desired result
  काम्य-मरण *m.* voluntary death
  काम्य-व्रत *m.* vow with a special aim or desire
काम्यता (*kāmyatā*) *f.* desirability, covetousness
काँय-काँय (*kāṁy-kāṁy*) *m.* cawing
काय (*kāy*) *f.* body
  काय-चिकित्सक *m.* physician
  काय-चिकित्सा *m.* medicine
कायद्रव्य (*kayadravya*) *m.* somatoplasm
कायक (*kāyak*) *a.* of or relating to the body, bodily, corporeal, physical
क़ायदा A (*qāydā*) *m.* 1. rule 2. method 3. manner 4. practice 5. primer (book) 6. system
  क़ायदा कानून *m.* rules and regulations
  क़ायदा बाँधना *v.t.* to establish a rule
  क़ानून क़ायदे से *adv.* in a proper manner
क़ायम A (*qāyam*) *a.* 1. established firm, fixed
  क़ायम करना *v.t.* to fix up, to set up, to establish, to render permanent

क़ायम मिजाज़ *a.* of a firm mind, determined

क़ायम मुक़ाम *a.* officiating

क़ायम रखना *v.t.* (a) to keep firm/fixed (b) to preserve

क़ायम रहना *v.i.* to remain firm/fixed, to stick (to), to be steadfast

क़ायम होना *v.i.* to be established, to be settled, to stand firm

कायर (*kāyar*) *a.* & *m.* coward, timid, cowardly person, timorous fellow

कायरता (*kāyartā*) *f.* cowardice, timidity

क़ायल A (*qāyal*) *a.* 1. convinced 2. confessing 3. unable to answer back

क़ायल करना *(मु.) v.t.* to convince

क़ायल होना *(मु.) v.i.* (a) to admit, to be convinced (b) to confess

कायांतरण (*kāyāntaraṇ*) *m.* metamorphosis, metamorphic change, change in bodily form

कायांतरित (*kāyāntarit*) *a.* metamorphosed, physically changed

काया (*kāyā*) *f.* body, the corporeal frame

कायाकल्प *m.* (a) rejuvenation (b) a rejuvenating process of treatment

कायाकल्प करना *v.t.* to rejuvenate

कायाक्लेश *m.* bodily suffering

कायापलट *m.* metamorphosis, transformation of body

कायापलट करना *v.t.* to transform, to metamorphose

कायिक (*kāyik*) *a.* bodily, physical, corporeal, somatic

कायिक परिश्रम *m.* physical labour, bodily toil

कायिक मनोविक्षिप्ति *f.* metapsychosis

कायिक विकार *m.* somatic/physical disorder

कायिकी (*kāyikī*) *f.* physiology

कार[1] P (*kār*) *m.* 1. act, action, work 2. business 3. affair

कारामद *a.* useful, serviceable

कारकुन *m.* (a) an official (b) worker (c) agent

कारख़ाना *m.* workshop, factory, mill

कारगर P *a.* effective, efficacious

कारगर रोकथाम *f.* effective check

कारगर दवा *f.* efficacious medicine

कारगुज़ार *a.* skilful in work

कारगुज़ारी *f.* performance of work

कारनामा *m.* account of actions or deeds, a record of stirring deeds

कारबार *m.* work, business, occupation, employment

कारबारी *m.* trader, businessman

कार्रवाई *f.* action

कार[2] E *(kār) f.* (motor) car

कार[3] *(kār) suffix* doer, maker

उपन्यासकार *m.* novel-writer, novelist

कहानीकार *m.* story-writer

चित्रकार *m.* picturemaker, painter

स्वर्णकार *m.* goldsmith

-कार[4] *(-kār) suff.* sound

चीत्कार *m.* cry

-कार[5] *(-kār) pref.* sound or letter

अकार *m.* the sound or letter अ

इकार *m.* the sound or letter इ

पकार *m.* the sound or letter प

कारक[1] (*kārak*) *m.* 1. factor 2. agent 3. (*gram.*) case

कारक चिह्न *m.* case signs (as का, से, में, को, पर etc.)

कारक विभक्ति *f.* case inflexion

कारक रचना *f.* declension, formation of cases

कारक[2] *(kārak) a. suff.* producer of result (as हानिकारक, विस्मयकारक)

कारख़ानेदार *(kār-khānedār) m.* mill owner

कारज (*kāraj*) *m.* 1. work 2. marriage, wedding 3. last rites

कारज सिद्धि *f.* attainment of an object

कारण (*kāraṇ*) *m.* cause, reason
कारण गुण *m.* attribute of a cause
कारणजात *a.* derived from a cause
कारण बताना *v.t.* to show cause
कारण बताओ नोटिस *m.* show cause notice
कारणवश *adv.* due to a certain cause
कारणवाचक *a.* causal
कारण शरीर *m.* causal body, the original source of body existing
इस कारण *adv.* for this reason, hence
इसके कारण *adv.* due to this, in consequence of this, owing to this
कारण से *adv.* by reason of
कारणता (*kāraṇtā*) *f.* causation, causality
कारणात्मक (*kāraṇātmak*) *a.* causal
कारणिक (*karaṇik*) *a.* having a cause
कारणिकता (*karaṇikta*) *f.* causality
कारतूस (*kārtūs*) *m.* cartridge
कारतूस भरना *v.t.* to load (a gun) with cartridges
कारतूस पेटी *f.* bandoleer
कारनामा (*kārnāmā*) *m.* deed, heroic deed
कारनिस E (*kārnis*) *f.* cornice
कारनिवाल E (*kārnivāl*) *m.* carnival (fete)
कारपोरल E (*kārporal*) *m.* corporal (non-commissioned army officer)
कारपोरेशन E (*kārporeśan*) *m.* corporation (also निगम)
कारबंकल E (*kārbaṁkal*) *m.* carbuncle, poisonous boil
कारबन E (*kārban*) *m.* 1. carbon 2. carbon paper
कारबाइड E (*kạrbāiḍ*) *m.* carbide
कारबोलिक E (*kārbolik*) *a.* & *m.* carbolic
कारवाँ P (*kāravāṁ*) *m.* caravan, a large company of travellers and merchants
कारवाँ सराय *f.* inn, rest house
कारसाज़ P (*kārsāz*) *a.* adroit, skilful
कारसाज़ी P (*kārsāzī*) *f.* 1. adroitness, skilfulness 2. trickery
कारस्तानी P (*kārastānī*) *f.* 1. mischief 2. misdeed 3. manipulation
कारा (*kārā*) *f.* /**कारागार** (*kārāgār*) *m.* prison, jail, gaol
कारागार/गृह *m.* prison house
कारागार पाल *m.* jailor
कारागार महानिरीक्षक *m.* inspector-general of prisons
कारागार मुक्त *a.* released from prison
कारागार मुक्ति *f.* release from captivity
कारागार रुद्ध *a.* imprisoned, confined, jailed
कारागारवास *m.* imprisonment
कारागारवास भोगना *v.t.* to undergo imprisonment
कारागारवासी *m.* prisoner
कारागारिक (*kārāgārik*) *a.* of or relating to a prison
काराधीक्षक (*kārādhīkṣak*) *m.* superintendent of a prison
कारिंदा P (*kāriṁdā*) *m.* work agent
कॉरिडर E (*kāridar*) *m.* corridor
कारी[1] P (*kāī*) *a.* 1. effective 2. penetrative
कारी चोट *f.* /**कारी घाव** *m.* (a) deep wound (b) fatal wound
-कारी[2] (*-kārī*) *suff.* doing, workmanship
चित्रकारी *f.* painting
-कारी[3] (*-kārī*) *suff.* showing effect (as गुणकारी)
कारीगर P (*kārīgar*) I. *m.* mechanic, artificer, artisan, craftsman II. *a.* skilful
कारीगरी P (*kārīgarī*) *f.* workmanship, mechanical skill, craftsmanship, artistry, ingenuity
कारुणिक (*kāruṇik*) *a.* compassionate, merciful, pitiful
कारुण्य (*kāruṇya*) *m.* compassion, mercy, mercifulness, pity

क़ारूँ का ख़ज़ाना P *(मु.)* *m.* immense wealth

क़ारूरा A (*qārūrā*) *m.* sample of urine (for test)

कारोबार P (*kārobār*) *m.* business, trade

कारोबार करना *v.t.* to do business, to trade

कारोबार चलाना *v.t.* to run a business

कारोबारी (*kārobārī*) *a.* & *m.* (one) carrying on business, businesslike, businessman

कारोबारी चलन/प्रथा *f.* business practice

कार्क E (*kārk*) *m.* cork

कार्क-वेधक *m.* cork-borer

कार्क-स्क्रू *m.* corkscrew

कार्टून E (*karṭūn*) *m.* cartoon

कार्टूनिस्ट E (*kārṭūnisṭ*) *m.* cartoonist

कार्ड E (*kārḍ*) *m.* card

कार्ड-बोर्ड *m.* cardboard

पोस्टकार्ड *m.* postcard

कार्तिक (*kārtik*) *m.* the eighth month of Hindu calendar (Oct.-Nov.)

कार्तिक उत्सव *m.* /**कार्तिक पूर्णिमा** *f.* full moon festival day in Kartik month, hunter's moon

कार्तिकी (*kārtikī*) *a.* of the month of Kartik

कार्तिकी स्नान *m.* sacred bath during Kartik

कार्निस E (*kārnis*) *f.* cornice (same as कारनिस *q.v.*)

कार्पण्य (*kārpaṇya*) *m.* (from कृपण) miserliness, niggardliness, parsimony

कार्पास (*kārpās*) *m.* 1. cotton 2. cotton plant, *Gossypium hirsutum*

कार्पासी (*kārpāsī*) *a.* of or made of cotton

कार्पेट E (*kārpeṭ*) *m.* carpet

कार्बन E (*kārban*) *m.* 1. carbon 2. carbon paper (see कारबन)

कार्बनिक E (*kārbanik*) *a.* carbonic

कार्बूरेटर E (*cārbūreṭar*) *m.* carburettor

कार्बोलिक अम्ल (*kārbolic aml*) *m.* carbolic acid

कार्मिक (*kārmik*) *m.* personnel

कार्य (*kārya*) *m.* 1. work 2. deed, act 3. function (also see काम)

कार्य अधिकार *m.* executive power

कार्यकर *a.* effective, useful

कार्य करना *v.t.* to work

कार्यकर्ता *m.* worker, functionary, doer, agent

कार्यकलाप *m.* activities

कार्यकारक *m.* doer of an action, performer, worker

कार्य-कारण *m.* cause and effect

कार्य-कारण भाव *m.* causality

कार्य-कारण संबंध *m.* causal relation, relationship of cause and effect

कार्यकारिणी *f.* executive committee

कार्यकारिता *f.* effectiveness, usefulness

कार्यकारी *a.* (a) acting (b) executive (c) effective

कार्यकारी अध्यक्ष *m.* executive president

कार्यकारी आदेश *m.* executive order

कार्यकारी सूत्र *m.* working formula

कार्यकाल *m.* (a) tenure of office, period of service (b) term (c) duration

कार्यकुशल *a.* efficient, competent, dextrous

कार्यकुशलता *f.* competence, efficiency

कार्यक्रम *m.* programme

कार्यक्रमण *m.* programming

कार्यक्रम बनाना *v.t.* to chalk out a programme

कार्यक्रम सूची *f.* programme schedule

कार्यक्षम *a.* capable, competent, fit

कार्यक्षमता *f.* capacity to work, competence, capability, fitness

कार्यक्षेत्र *m.* work area, sphere of duty

कार्यगोष्ठी *f.* workshop

कार्यग्रहण *m.* taking over of charge
कार्यग्रहण अवधि *f.* joining period, joining time
कार्यग्रहण करना *v.t.* to take over one's duty, to join one's duty or office
कार्यचालन *m.* conduct of business
कार्यच्युत *a.* dismissed (from office)
कार्यतत्पर *a.* prompt in work
कार्यदर्शी *a.* supervising
कार्य दिन/दिवस *m.* working days, man days
कार्यदूत *m.* charged'affaires
कार्यधारा *f.* procedure of work
कार्य-नियम *m.* rules of business
कार्यनिरीक्षक *m.* work inspector
कार्य-नियोजन *m.* assignment of work
कार्य-निर्वाह *m.* accomplishment of task
कार्य-निर्वाहक *m.* performer of a work
कार्यनिष्पत्ति *f.* completion of a work
कार्यनिष्पादन *m.* execution or completion of a work
कार्यपंजी *f.* logbook
कार्यपद्धति/प्रणाली *f.* mode of operation, procedure or method of a work, methodology, system of working
कार्यपाल *m.* executive
कार्यपाल अधिकारी *m.* executive officer
कार्यपालिका *f.* the executive
कार्यभार *m.* charge of office, burden of duty, responsibility
कार्यभार ग्रहण करना *v.t.* to take over charge, to assume charge
कार्यभार छोड़ना *v.t.* to make over or relinquish charge
कार्यभार सँभालना *v.t.* to take over charge
कार्यभार सौंपना *v.t.* to hand over charge
कार्यभारी/प्रभारी *a.* in charge
कार्यभारी मंत्री *m.* minister in charge
कार्यभारी सहायक *m.* assistant in charge
कार्यमुक्त *a.* discharged from office, relieved, retired
कार्यमुक्ति *f.* discharge
कार्यरत *a.* engaged in work/business
कार्यवश *adv.* for the sake of duty, on account of work
कार्यवहन भत्ता *m.* acting allowance
कार्यवाहक *a.* acting
कार्यवाहक अधिकारी *m.* acting officer
कार्यवाहक संख्या *f.* quorum
कार्यवाही *f.* (a) action (b) proceedings
कार्यविधि *f. modus operandi*, procedure
कार्यविधिक नियमावली *f.* procedural manual
कार्य-विवरण *m.* (minutes of) proceedings
कार्यवृत्त *m.* account of proceedings of a meeting, minutes
कार्य-विश्लेषण *m.* job analysis
कार्यशील *a.* energetic, active
कार्यशील पूँजी *f.* working capital
कार्य-संचालन *m.* conduct of business
कार्य-संपादन *m.* accomplishment or completion of a work
कार्यसमय *m.* business hours, working hours
कार्यसमिति *f.* working/executive committee
कार्यसाधक *a.* expedient, efficacious
कार्यसिद्धि *f.* accomplishment of object
कार्यसूची *f.* agenda
कार्यसूची का विषय *m.* item on agenda
कार्यस्तर *m.* quality of work
कार्य स्तर की जाँच *f.* quality check
कार्यस्थगन *m.* adjournment
कार्यस्थगन प्रस्ताव *m.* adjournment motion
कार्यहीन घटक *m.* idle component

कार्य-हेतु *m.* (a) objective (b) cause of action

कार्यांतर (*kāryāntar*) *m.* some different work

कार्याकार्य (*kāryākārya*) *m.* good and bad actions

कार्याकार्य विवेचन *m.* discrimination between right and wrong

कार्याधिकारी (*kāryādhikārī*) *m.* officer in charge

कार्याध्यक्ष (*kāryādhyakṣa*) *m.* head of business concern

कार्यान्वयन (*kāryānvayan*) *m.* implementation, execution

कार्यान्वित (*kāryānvit*) *a.* implemented, executed

कार्यान्वित करना *v.t.* to implement, to carry into effect

कार्यान्विति (*kāryānviti*) *f.* implementation

कार्यार्थ (*kāryārtha*) *a.* for the sake of work, in connection with one's work or duty

कार्यार्थ छुट्टी *f.* duty leave

कार्यार्थी (*kāryārthī*) *a.* & *m.* one seeking work or employment, candidate

कार्यालय (*kāryālay*) *m.* office

कार्यालय अधीक्षक *m.* office superintendent

कार्यालय अध्यक्ष *m.* head of the office

कार्यालय का नित्यकर्म *m.* office routine

कार्यालय नियमावली *f.* office manual

कार्यालय प्रति *f.* office copy

कार्यालयीय (*kāryālayīy*) *a.* of or pertaining to an office

कार्यावली (*kāryāvalī*) *f.* agenda

कार्यासक्त (*kāryāsakta*) *a.* devoted to work

कार्योत्सुक (*kāryotsuk*) *a.* eager for work

कार्योत्तर (*kāryottar*) *a.* ex post facto

कार्योत्तर मंजूरी *f.* ex post facto sanction

कार्योद्धार (*kāryoddhār*) *m.* 1. completion of work 2. fulfilment or accomplishment of an object

कार्रवाई P (*kārravāī*) *f.* 1. action 2. proceedings

कार्रवाई करना *v.t.* to take action, to deal according to procedure

कानूनी कार्रवाई *f.* legal action or proceedings

कार्श्य (*kārśya*) *m.* (from कृश) thinness, emaciation

कालंगड़ा (*kālaṅgṛā*) *m.* a mode of Indian music

काल[1] (*kāl*) *m.* 1. time 2. period 3. age 4. duration

कालक्रम *m.* (a) course of time (b) chronological order

कालक्रम विज्ञान *m.* chronology

कालक्रम विपर्यय *m.* anachronism

कालक्रमानुसार *adv.* chronologically

कालक्रमिक *a.* chronological

कालक्षेप *m.* (a) passing or spending time (b) loss of time, delay

कालक्षेप करना *v.t.* to pass/spend time, to delay

काल गँवाना *v.t.* to waste time/ to lose time

कालचक्र *m.* wheel of time

कालजयी *a.* classic

कालज्ञ *m.* one who has knowledge of all time (past, present and future)

कालत्रय *m.* three periods or tenses of time past, present and future

काल-दोष *m.* anachronism

काल-धर्म *m.* (a) rules of different times (b) peculiarities of different seasons (c) an event occurring in due season

काल-निरूपण *m.* ascertainment of time, chronology

काल-निरूपण करना *v.t.* to ascertain time

कालनेमि *m.* name of a demon killed by Hanuman

काल पाकर *adv.* after a lapse of time, in due course
कालपूर्व *a.* premature
काल-प्रभाव *m.* the influence/spirit of times, the passage or flow of time
कालबोध *m.* time sense
काल-मान *m.* timescale
कालमापी *m.* chronograph
कालयापन *m.* passing or spending of time
काल-रात्रि *f.* (a) the inauspicious time of night (b) the fearful night (c) the night of death (d) a particular night on the seventh day of the seventh month of the seventy-seventh year of one's life
कालवाचक (*gram.*) *a.* temporal
काल-विपाक *m.* time set for accomplishing a deed or work
काल-वेला *f.* inauspicious time of the day
काल-वैषम्य *m.* anachronism
कालशुद्धि *f.* auspiciousness of time (for religious act or ceremony)
कालसूचक *a.* temporal

काल² (*kāl*) *m.* 1. Yama, the god of death 2. death, demise
काल आना *v.i.* death (to come)
कालकवलित होना *v.i.* to die
कालकोठरी *f.* dungeon, black hole
काल के गाल में *adv.* into the jaws or clutches of death
काल-ग्रास *m.* morsel of death, prey of death
काल-चिह्न *m.* symptoms or signs of approaching death
कालनियोजित *a.* destined by death
कालपाश *m.* Yama's noose of death
काल-पुरुष *m.* Yama
काल पूर्ण होना *v.i.* to approach death, to be at the point of death
कालवश *adv.* in the clutches of death or fate
कालस्वरूप *a.* death-like, fatal

कालकूट (*kālkūṭ*) *m.* deadly poison

कालख (*kālakh*) *f.* 1. lamp-soot 2. black spot, stain
कालख लगना *v.i.* (a) to be stained (b) to be vilified, to get a bad name
कालख लगाना *v.t.* to stain/sully, to give a bad name, to brand, to vilify (also see कालिख)

कालबूत P (*kālbūt*) *m.* framework, structure (as for the building of an arch)

कॉल-सेंटर E (*kal-senter*) *n.* an office in which people work using only telephone as taking orders and answering questions

कॉलम E (*kolam*) *m.* column, a vertical division of page

कॉलर E (*kolar*) *m.* 1. collar (of a garment) 2. dog's band of leather

कालांक (*kālāṅk*) *m.* time constant

कालांजन (*kālāñjan*) *m.* lamp-black

कालांतक (*kālāntak*) *m.* destroyer, death, Yama

कालांतर (*kālāntar*) *m.* interval of time
कालांतर में *adv.* in due course, after sometime

काला (*kālā*) I. *a.* black, dark complexioned, dark skinned II. *m.* 1. black snake 2. dark complexioned man
काला करना *v.t.* (a) to make black, to blacken (b) to scribble, to write
काला-कलूटा *a.* jet black, coal black
काला कानून *m.* law or ordinance against public opinion
काला कौवा *m.* black crow, raven
काला चोर (*मु.*) *m.* a master thief
काला जादू *m.* black magic, witchcraft
काला ज़ीरा *m.* cumin, caraway, *Nigella sativa*
काला तिल *m.* black sesame
काला दाना *m.* indigo seed

काला देव *m.* black and fearful man, demon
काला धन *(मु.) m.* black money
काला नमक *m.* black rock salt
काला नाग *(मु.) m.* black cobra, a wicked or crooked person
कालापन *m.* blackness
काला पानी *m.* beyond the sea, (formerly) the prison in Andamans for life prisoners
काला बाज़ार *(मु.) m.* black market, illicit traffic in scarce commodities
काला-बाज़ारी *f.* black marketing
काला मुँह करना *v.t.* to blacken one's face, (*fig.*) to humiliate, to turn out with disgrace, to get rid of somebody, to do something shameful
काला सागर *m.* Black Sea
काली आँधी *f.* hurricane
काली करतूत *f.* evil deed
काली किताब *f.* black book
काली खाँसी *f.* whooping cough
काली घटा *f.* dark rain-bearing cloud
काली छाया *f.* an ominous shadow
काली ज़बान/जीभ *f.* black tongue (inauspicious)
काली तुलसी *f.* basil plant
काली मिर्च *f.* black pepper
काली शीतला *f.* malignant kind of small-pox
काली सूची *f.* black list (of) persons (under suspicion)
काली हाँड़ी सिर पर धरना *v.t.* to put to shame, to bring disgrace or infamy
काले कारनामे *m.* evil deeds
काले कोसों दूर *adv.* very far off, long way off
काले दिल का आदमी *m.* evil-hearted person, wicked fellow

कालातीत (*kālātīt*) *a.* 1. time-barred, lapsed 2. beyond time
कालातीत दावा *m.* time-barred claim
कालातीत होना *v.i.* to lapse

कालानुक्रम (*kālānukram*) *m.* sequence of time, chronological order, chronology

कालावधि (*kālāvadhi*) *f.* 1. time limit 2. period 3. duration

कालिंग (*kāliṅg*) *m.* 1. elephant 2. snake, serpent

कालिंदी (*kālindī*) *f.* 1. a sort of vessel 2. a mode of music (रागिनी) 3. the river Yamuna

कालिक[1] (*kālik*) *f.* 1. lamp-black 2. black spot, stain (= कालख *q.v.)*

कालिक[2] (*kālik*) *a.* 1. temporal, timely 2. existing for a period of time
अल्पकालिक *a.* short-lived
दीर्घकालिक *a.* long-lived

कालिका (*kālikā*) *f.* 1. goddess Kali, Durga 2. stain, spot 3. ink 4. succession or array of clouds

कालिख (*kālikh*) *f.* 1. lamp-black 2. black spot, stain (same as कालख *q.v.)*
कालिख का टीका *m.* black mark, stain, stigma
कालिख पुतना या लगना *v.i.* to be stigmatised, to have one's reputation sullied

कालिज E (*kālij*) *m.* /**कालेज** E (*kālej*) *m.* college

कालिमा (*kālimā*) *f.* 1. blackness 2. black spot, stain, blot

काली (*kālī*) *f.* 1. goddess Kali, Durga 2. dark-complexioned woman 3. (रात्रि) night 4. the serpent who lived in the Yamuna river
काली माँ के गोरे बच्चे black hen lays white eggs

कालीचा (*kālīcā*) *m.* small carpet

क़ालीन[1] A (*qālīn*) *m.* carpet, rug

-कालीन[2] (*kālīn*) *a.* of or belonging to a certain time
मध्यकालीन *a.* mediaeval, belonging to middle ages

कालुष्य (*kāluṣya*) *m.* (from कलुष) 1. foulness, filthiness 2. impurity 3. uncleanliness

कालोचित (*kālocit*) *a.* expedient, timely, opportune

कालोचितता (*kālocitatā*) *f.* expediency

कालोनी E (*kālonī*) *f.* colony

कालौंछ (*kālauṁch*) *f.* blackness, sootiness

काल्पनिक (*kālpanik*) *a.* imaginary, fictitious, fanciful

काल्पनिक पता *m.* fictitious address

काल्पनिक प्रश्न *m.* hypothetical question

काल्पनिकता (*kālpaniktā*) *f.* 1. imagination, fancy 2. (पाखंड) hypocrisy, pretension

कावड़ (*kāvaṛ*) *f.* a bamboo having slings or baskets to carry water from sacred rivers (= काँवर *q.v.*)

कावा P (*kāvā*) *m.* horse to run around in an enclosed circular

कावा काटना *v.t.* to run in a circle

काव्य (*kāvya*) *m.* poetry

काव्य-कला *f.* art of poetry

काव्य-कृति *f.* poetic work

काव्य-ग्रंथ *m.* book of verses or poems

काव्यत्व *m.* poetical quality

काव्यपाठ *m.* recitation of poems

काव्यमय *a.* steeped in poetry, poetical

काव्य-मर्मज्ञ *m.* connoisseur of poetry

काव्य-रस *m.* poetic sentiment, taste for poetical composition

काव्यलिंग *m.* a figure of speech in which a statement is made clearer by giving the reason for it

काव्यशैली *f.* poetic style

काव्यशास्त्र *m.* poetics

काव्यात्मक (*kāvyātmak*) *a.* poetic

काव्यात्मकता (*kāvyātmaktā*) *f.* poetic quality

काव्यानुभूति (*kāvyānubhūti*) *f.* poetic experience

काश P (*kāś*) *interj.* denoting wish or desire, would that, would to heaven that

काशीफल (*kāśīphal*) *m.* squash (pumpkin), gourd

काश्त P (*kāśta*) *f.* cultivating, cultivation, tillage, husbandry

खुदकाश्त *a.* self-cultivated

काश्तकार *m.* cultivator, farmer, peasant

काश्तकारी *f.* farming, agriculture

काश्तकारी नियम *m.* land tenancy act

काश्तकारी पद्धति *f.* land tenancy system

काश्मीरा (*kāśmīrā*) *m.* a sort of woollen cloth

काश्मीरी (*kāśmīrī*) I. *a.* of or relating to Kashmir II. *m.* inhabitant of or a person from Kashmir

काषाय (*kāṣāy*) I. *a.* dyed in saffron colour II. *m.* saffron dress, ochre-coloured garment (as of a sadhu)

काष्ठ (*kāṣṭha*) *m.* wood, timber

काष्ठ-उत्कीर्णन *m.* wood-engraving

काष्ठ उद्योग *m.* wood industry

काष्ठ-कला *f.* woodcraft

काष्ठखंड *m.* block of wood

काष्ठ-चित्रण *m.* woodcut

काष्ठ-पादुका *f.* wooden sandal

काष्ठफलक *m.* plank

काष्ठ-लुगदी *f.* wood pulp

काष्ठा (*kāṣṭhā*) *f.* 1. boundary 2. horse-riding ground

काष्ठाभ (*kāṣṭhābh*) *a.* ligneous

काष्ठीय (*kāṣṭhīy*) *a.* wooden

काष्ठोत्कीर्णन (*kāṣṭho:tkīrṇan*) *m.* wood engraving

कास (*kās*) *m.* cough

कासमर्द *m.* a plant *Senna occidentalis*

कासघ्न (*kāsaghn*) *a.* pectoral

कासनी P (*kāsnī*) I. *f.* chicory, *Cichorium intybus.* II. *a.* light blue (as the colour of कासनी flowers)

कासार (*kāsār*) *m.* pond, pool, tank

क़ासिद A (*qāsid*) *a.* messenger

क़ासिम A (*qāsim*) *a.* one who distributes

काहिल A (*kāhil*) *a.* lazy, idle, indolent, languid, slothful

काहिल मिजाज़ *m.* indolent nature

काहिल होना *v.i.* (a) to become sluggish/slow (b) to become weak, to emaciate, to get thinner

काहिलपना A (*kāhilpanā*) *m.* = काहिली

काहिली A (*kāhilī*) *f.* laziness, tardiness, indolence, sloth

काही P (*kāhī*) *a.* blackish green

काहीदगी P (*kāhīdgī*) *f.* lack, reduction

काहू (*kāhū*) *m.* a hardwood tree *Lactuca sativa*

काहे (*kāhe*) *interj.* & *adv.* why

काहे को *adv.* what for

किंकर (*kiṁkar*) *m.* servant, attendant

किंकरी (*kiṁkarī*) *f.* female servant, maid

किंकर्तव्यविमूढ़ (*kiṁkartavyavimūṛh*) *a.* in a fix, at wit's end

किंकिणी (*kiṁkiṇī*) *f.* a girdle with small bells

किंगिरी (*kiṁgirī*) *f.* a small stringed instrument

किंचित (*kiṁcit*) *a.* & *adv.* some, a little

किंचिदपि (*kiṁcidapi*) *a.* but a little, even a little

किंजल्क (*kiṁjalka*) *m.* filament of a plant

किंतु (*kiṁtu*) *conj.* but, however, nevertheless, still

किंदील A (*kiṁdīl*) *f.* paper lantern

किंपुनः (*kiṁpunaḥ*) *phr.* what else, and further ?

किंपुरुष (*kiṁpuruṣ*) *m.* a despicable man

किंवदंती (*kiṁvadantī*) *f.* 1. hearsay 2. rumour, traditional saying, popular talk

किंवा (*kiṁvā*) *conj.* or, either, either/or, moreover, and more, further

किंशुक (*kiṅśuk*) *m.* the tree named *palas, Butea frondosa*, and its red flowers

कि (*ki*) *conj.* that, in order that, so that, because, for, or

मैं कहता हूँ कि वह मूर्ख है I say that he is a fool

तुम करोगे कि नहीं? will you do it or not?

किकियाना (*kikiyānā*) *v.i.* to screech, to scream, to shriek, to cry

किचकिच (*kickic*) *f.* 1. squabble 2. grittiness, grating

किचकिच करना/मचाना *v.t.* to squabble, to gnash, to grate

किचकिचाना (*kickicānā*) *v.i.* to gnash or grind, grit one's teeth (e.g. in anger)

किचकिचाहट (*kickicāhaṭ*) *f.* 1. gnashing the teeth 2. squabble

किचकिचिया (*kickiciyā*) *m.* 1. wrangler 2. a chatterbox

किचड़ाना (*kicṛanā*) *v.i.* to have dried mucus (in the eyes)

किचन E (*kican*) *m.* kitchen

किचपिच (*kicpic*) *f.* 1. mud, mire, filth 2. crowd, rush 3. obscure waiting

किज़्ब A (*kizb*) *m.* lie, untruth

किज़्लिक P (*kizlik*) *m.* a small knife

किटकिट (*kiṭkiṭ*) *f.* 1. useless prattling 2. quarrel, wrangle

किटकिटाना (*kiṭkiṭānā*) *v.t.* to gnash/grit one's teeth, to make a rat-tat, to chatter or click the teeth (with cold or fear)

किट्ट (*kiṭṭa*) *m.* 1. sediment, dregs 2. rust

किण्व (*kiṇva*) *m.* ferment

किण्वन (*kiṇvan*) *m.* 1. fermentation 2. brewing

किण्वन करना *v.t.* to ferment

किण्वित (*kiṇvit*) *a.* fermented

किण्वित करना *v.t.* to ferment

कितना (*kitnā*) *adv.* how much

कितना ही *adv.* however much, howsoever

कितने (*kitne*) *a.* how many

कितने दिन तक *adv.* in how many days

कितने में *adv.* for how much

कितव (*kitav*) *m.* 1. gangster 2. shrewd/clever person 3. wicked fellow, crooked or mischievous person

क़िता A (*qitā*) *m.* 1. piece 2. piece of land, plot 3. a piece of poem in praise of somebody

किताब A (*kitāb*) *f.* book

किताब का कीड़ा/किताबी कीड़ा *(मु.) m.* bookworm

किताबघर *m.* book house/shop

किताब चाट जाना *v.i.* to peruse the book thoroughly

किताबफ़रोश *m.* bookseller

किताबत A (*kitābat*) *f.* writing, calligraphy

ख़त किताबत *f.* correspondence

किताबी A (*kitābī*) *a.* of a book, bookish

किताबी ज्ञान *m.* bookish knowledge, theoretical knowledge

किदारा (*kidārā*) *m.* a musical mode sung at midnight in summer

किधर (*kidhar*) *adv.* where, whither, in what direction

किधर से *adv.* from where ? whence ?

किन (*kin*) *pron.* plural form of किस

किनका whose

किनके लिए *interr. pron.* for whom

किनको *interr. pron.* (to) whom

किनसे *interr. pron.* from whom

किनका (*kinkā*) *m.* 1. particle 2. broken rice/grain (see कण)

किनारा P (*kinārā*) *m.* 1. edge 2. bank, shore 3. border 4. side

किनारा करना *(मु.) v.t.* to go aside, to keep aloof

किनारा खींच लेना *v.t.* to break off, to withdraw

किनारे करना *v.t.* to put something aside

किनारे-किनारे *adv.* (a) along the bank/shore (b) along the side, by the sides

किनारेदार *a.* having a border, bordered

किनारे न जाना *(मु.) v.i.* refrain from going near

किनारे पर *adv.* on the margin, on the shore

किनारे लगना *(मु.) v.i.* to reach the goal

किनारे लगाना *v.t.* (a) to bring/put to shore (b) to bring to a conclusion

किनारे हो जाना *v.i.* to step aside, to keep aloof, to withdraw

किनाराकश P (*kinārākaś*) *a.* (one) who keeps aloof

किनाराकशी P (*kinārākaśī*) *f.* keeping aloof

किनारी (*kinārī*) *f.* 1. lace 2. border, hem

किनारीदार (*kinārīdār*) *a.* bordered, hemmed

किन्नर (*kinnar*) *m.* a mythical class of celestial persons known for their riches

किफ़ायत A (*kifāyat*) *f.* 1. thrift, frugality, economy 2. saving

किफ़ायत करना *v.t.* to economise, to save

किफ़ायतशार *a.* thrifty

किफ़ायतशारी *f.* thrift, thriftiness

किफ़ायत से *adv.* economically

किफ़ायती A (*kifāyatī*) *a.* 1. economical 2. cheap

क़िबला A (*qiblā*) *m.* 1. the holy place of Muslims in Mecca 2. a venerable person

किम् (*kim*) *pron.* what ? which ?

किमख़ाब P (*kimkhāb*) *m.* brocade

किमपि (*kimapi*) *adv.* 1. somewhat, rather 2. whatever

क़िमाम A (*qimām*) *m.* a preparation of solidified tobacco leaves

किया (*kiyā*) *v.t.* & *p.p.* (of करना) did, done, made

किया-कराया I. *a.* already done II. accomplishment

अपना किया पाना *v.t.* to reap what one has sown, to get the fruit of one's deeds

अपने किये पर पछताना *v.i.* to repent over one's own doings

क़ियामत A (*qiyāmat*) *f.* 1. the last day of the universe, universal annihilation 2. great calamity (better क़यामत)

क़ियामत टूटना *v.i.* calamity (to befall)

क़ियामत तोड़ना *v.t.* to bring calamity or distress, to oppress grievously

किरंटा (*kiranṭā*) *m.* (*pej.*) Christian of low social order

किरका (*kirakā*) *m.* very small particles of grit or sand

किरकिर (*kirkir*) *f.* 1. grating sensation 2. sound of anything gritty (under the teeth)

किरकिर करना *v.t.* to be gritty

किरकिरा (*kirkirā*) I. *a.* 1. gritty, sandy 2. spoiled, marred II. *m.* a tool of ironmongers

किरकिरा करना *v.t.* (a) to make gritty (b) to spoil

मज़ा किरकिरा होना *v.i.* rejoicing/fun (to be spoiled)

किरकिराना (*kirkirānā*) *v.i.* (sand or pebble) 1. to grate 2. to creak, to crackle, to crunch, to sound grittily

किरकिरापन (*kirkirāpan*) *m.* = किरकिराहट

किरकिराहट (*kirkirāhaṭ*) *f.* grating sensation, grittiness

किरकिरी (*kirkirī*) *f.* 1. grittiness, sandiness 2. particle of sand or any stiff substance 3. disgrace, dishonour

किरकिरी होना *(मु.)* *v.i.* to be disgraced

किरकिला (*kirkilā*) *m.* kingfisher bird

किरच (*kirac*) *f.* 1. bayonet 2. pointed bit

किरचा (*kircā*) *m.* 1. segment, slice, particle 2. splinter

किरण (*kiraṇ*) *f.* beam (of light), ray, sunbeam, moonbeam

किरण-जाल *m.* rays (in plenty)

किरण-चिकित्सा *f.* actino-therapeutics

किरण-पात *m.* shedding of lustre or light

किरणपुंज *m.* mass of rays

किरण फूटना *(मु.)* *v.t.* ray (to shoot forth), dawn to break

किरणमय *a.* bright, luminous

किरणित (*kiraṇit*) *a.* irradiated

किरन (*kiran*) *f.* beam (of light), ray, sunbeam, moonbeam (= किरण *q.v.*)

किरमिच (*kirmic*) *m.* canvas

किरमिच का जूता *m.* canvas shoe

किरमिज़ (*kirmiz*) *m.* 1. crimson colour 2. crimson-coloured horse

किरमिज़ी (*kirmizī*) *a.* crimson, of crimson colour

किरांची (*kirāñcī*) *f.* (bullock) cart

किरात (*kirāt*) *m.* a sub-Himalayan tribe and its members, Kiratas (*fem.* किरातिन)

किराना (*kirānā*) I. *m.* grocery II. *v.t.* to sift in a winnowing basket

किराने की दुकान *f.* grocery shop

किरानी (*kirānī*) *m.* 1. clerk, especially in an English office 2. convert Christian

किराया A&P (*kirāyā*) *m.* 1. rent 2. fare 3. hire 4. freight

किराया उगाहना *v.t.* to collect/realise rent

किराया-जीवी *m.* rentier

किरायादार *m.* tenant

किरायादारी *f.* tenancy

किराया-नामा *m.* rent deed

किराया-सारिणी *f.* fare-table

किराये का टट्टू *m.* hack

किराये का सिपाही *m.* mercenary soldier

किराये की गाड़ी *f.* hackney carriage

किराये के लिए खाली है to let

किराये पर उठाना *v.t.* to rent out, to hire out

किराये पर करना *v.t.* to rent, to hire
किराये पर चढ़ाना/चलाना *v.t.* to let on rent, to give on hire
किराये पर लेना *v.t.* to rent
ज़मीन का किराया *m.* ground rent
टिकट का किराया fare for a ticket

किरासन E (*kirāsan*) *m.* kerosene (also मिट्टी का तेल)

किरिच (*kiric*) *f.* 1. bayonet 2. pointed tool, knife, sword, dagger

किरीट (*kirīṭ*) *m.* tiara, diadem, coronet
किरीटधारी *m.* one wearing a coronet, king, prince

किरीटी (*kirīṭī*) *a.* crested

किर्च (*kirca*) *f.* 1. bayonet 2. pointed tool, knife, sword, dagger (= किरिच *q.v.*)

किर्मिज़ (*kirmiz*) *m.* 1. crimson colour 2. crimson-coloured horse (= किरमिज़ *q.v.*)

किर्मिज़ी (*kirmizī*) *a.* crimson, of crimson colour (= किरमिज़ी *q.v.*)

किलक (*kilak*) *f.* joyful outcry

किलकना (*kilaknā*) *v.i.* to shout with joy, to cry out with ecstasy

किलकारी (*kilkārī*) *f.* sound or expression of joy, especially a child's
किलकारी भरना/मारना *v.t.* to shriek with intense joy

किलकिला[1] (*kilkilā*) *m.* sound or expression of ecstasy

किलकिला[2] (*kilkilā*) *m.* kingfisher (a bird)

किलकिलाना (*kilkilānā*) *v.i.* to laugh aloud, to tittle (also किलकारना)

किलकिलाहट (*kilkilāhaṭ*) *f.* loud sound

किलनी (*kilnī*) *f.* tick, dog-louse

किलबिल (*kilbil*) *f.* 1. crawling of an insect, creeping 2. indistinct voice of a child

किलबिलाना (*kilbilānā*) *v.i.* 1. to crawl, to creep 2. to move with contortions of the body, to wriggle 3. to be restless/impatient

किलवाना (*kilvānā*) *v.t.* to have nails driven into (something to avert the influence of an evil spirit)

क़िला (*qilā*) *m.* fort, castle
क़िला जीतना *v.t.* to triumph
क़िला टूटना *v.i.* fort (to fall)
क़िलाबंदी *f.* fortification, ramparts
क़िलाबंदी करना *v.t.* to fortify
क़िलेदार *m.* commander of a fort, keeper of a fort
क़िला बाँधना *v.t.* to build fortification, to fortify
क़िलेदारी *f.* position or rank of a क़िलेदार
हवाई क़िले बनाना *v.t.* to build castles in the air

किलो (*kilo*) *m.* kilogram, kg., 1,000 grams

किलोमीटर E (*kilomīṭar*) *m.* kilometre (0.62 mile) 1,000 metres

किलोल (*kilol*) *m.* frolics
किलोल करना *v.t.* to frolic

किलोलीटर E (*kilolīṭar*) *m.* kilolitre

किलोवाट E (*kilovāṭ*) *m.* kilowatt

किलोसाइकल E (*kilosāikal*) *m.* kilocycle

क़िल्लत P (*qillat*) *f.* 1. scarcity, paucity, shortage 2. want, indigence, poverty

किल्ला (*killā*) *m.* nail or peg
किल्ला गाड़ना *v.t.* to thrust in a peg
किल्ला गाड़कर बैठना *(मु.)* to settle permanently, to become adamant

किल्ली (*killī*) *f.* 1. peg, wedge 2. latch of a door
किल्ली किसी के हाथ में होना *v.i.* to be under somebody's control
किल्ली घुमाना *(मु.)* *v.t.* to direct an operation, to manoeuvre, to beguile

किल्विष (*kilviṣ*) *m.* 1. offence, transgression 2. (दोष) fault, blame

किवाड़ (*kivāṛ*) *m.* door, leaf or panel of a door
किवाड़ खटखटाना *v.t.* to knock at the door

किवाड़ देना/लगाना *v.t.* to shut the door

किवाड़ बंद हो जाना *v.i.* the door (to close or shut)

किवाड़ी (*kivāṛī*) *f.* a small door

किशमिश P (*kiśmiś*) *f.* raisin, dried grape

किशमिशी P (*kiśmiśī*) *a.* 1. raisin-coloured, reddish brown 2. like a raisin 3. made from raisins

किशमिशी शराब *f.* wine

किशोर (*kiśor*) I. *m.* teenager, juvenile II. *a.* adolescent, young, tender-aged

किशोर अपराधी *m.* juvenile criminal

किशोर अवस्था *f.* tender age, adolescence

किशोर न्यायालय *m.* juvenile court

किशोरी (*kiśorī*) *f.* teenaged girl, adolescent girl, maid

किश्त P (*kiśta*) *f.* checkmate (in chess)

किश्त देना *v.t.* to check

किश्ती P (*kiśtī*) *f.* boat

किश्ती चलाना/खेना *v.t.* to row a boat

किश्तीनुमा *a.* of the shape of a boat, boat-shaped

किस (*kis*) *pron.* oblique singular form of कौन who, what, which

किस क़द्र *adv.* to what extent ? to what degree ? how much ?

किसका *interr. pron.* whose ?

किस-किस *interr. pron.* which one ?

किसको *interr. pron.* (to) whom ?

किस खेत की मूली है *(मु.)* what is his worth ? who cares for him ?

किस गिनती में है *(मु.)* what does he count for ?

किस चिड़िया का नाम है *(मु.)* who the hell is he ? he is a nonentity

किस तरफ़/ओर *adv.* in what direction?

किस तरह/प्रकार *adv.* how, in what manner ?

किस मुँह से कहते हैं have no cheek to say

किसलिए *adv.* why? on what account?

किस समय *adv.* when, at what time ?

किसलय (*kislay*) *m.* sprout, shoot, young leaf

किसान (*kisān*) *m.* ploughman, peasant, farmer, cultivator, husbandman

किसान वर्ग *m.* peasantry

किसानी (*kisānī*) *f.* husbandry, farming, tilling, ploughing, agriculture, cultivation

किसी (*kisī*) *pron.* oblique singular form of कोई, any

किसी एक का *adv.* anyone's

किसी एक से *adv.* from anyone

किसी क़द्र *adv.* somewhat, a little, to some extent

किसी काम से *adv.* for some or a certain work

किसी की कृपा होना *v.i.* to be in somebody's good books

किसी के काम में रोड़ा अटकाना *v.t.* to put a spoke in somebody's wheel

किसी तरह *adv.* somehow

किसी दिन *adv.* any day, on a certain day

किसी न किसी तरह/प्रकार *adv.* somehow or the other

किसी न किसी से *adv.* from someone or the other

किसी प्रकार नहीं *adv.* in no way

किसी बात के अन्यथा होते हुए भी *adv.* notwithstanding anything on the contrary

किसी विशेष प्रयोजन के लिए अलग रखना *v.t.* to earmark for a special purpose

किसे (*kise*) *pron.* (to) whom, which (see किसको)

क़िस्त A (*qista*) *f.* 1. instalment 2. premium

क़िस्त देना *v.t.* to pay the instalment

क़िस्तबंदी *f.* payment in instalments

क़िस्त बाँधना *v.t.* to agree to pay by

instalments, to settle payment by instalments
क़िस्त भरना *v.t.* to pay the instalment
क़िस्तवार *adv.* by instalments
क़िस्तों में *adv.* by instalments
माहवारी क़िस्त *f.* monthly instalment
वार्षिक क़िस्त *f.* yearly instalment

क़िस्म A (*qisma*) *f.* 1. kind, type, sort 2. variety, quality 3. category 4. species
क़िस्म-क़िस्म का *a.* of different kinds/types
क़िस्म-क़िस्म की चीजें *f.* things of various kinds
क़िस्म-क़िस्म के लोग *m.* all sorts of people
क़िस्मवार *adv.* according to the species or quality or kind
क़िस्मवार जमाबंदी *f.* statement of revenue assessed according to the quality of soil
नयी क़िस्म का कीड़ा *m.* insect of a new species

क़िस्मत A (*qismat*) *f.* luck, fortune, fate
क़िस्मत आज़माई *f.* trying one's luck
क़िस्मत आज़माना *(मु.)* *v.t.* to try one's luck
क़िस्मत उलट जाना *v.i.* luck/fortune to take an adverse turn
क़िस्मत का खेल *m.* (unpredictable) turn of fate
क़िस्मत का चक्कर/फेर *(मु.)* *m.* ups and downs of fortune
क़िस्मत का धनी *(मु.)* *a.* very fortunate/lucky
क़िस्मत का बंदा *m.* slave of destiny
क़िस्मत का बदा *a.* as destined
क़िस्मत का लिखा *(मु.)* (a) *m.* the decree of fate, dictates of destiny (b) *adv.* as destined
क़िस्मत का हेठा *a.* unfortunate
क़िस्मत की बात *f.* matter of luck
क़िस्मत खुलना/चमकना/जागना *(मु.)* *v.i.* fortune (to take a favourable turn)
क़िस्मत पलटना/उलट जाना *v.i.* luck to change for better or worse
क़िस्मत फिरना *v.i.* to be in luck again
क़िस्मत फूटना *v.i.* to become unlucky
क़िस्मत लड़ना *(मु.)* *v.i.* to have a chance of good luck
क़िस्मत लड़ाना *v.t.* to try (one's) luck
क़िस्मतवर *a.* /**क़िस्मतवाला** *a.* lucky, fortunate
क़िस्मत से *adv.* luckily, fortunately, by chance
क़िस्मत सो जाना *v.i.* fortune (not to favour)
क़िस्मत हाथ में होती है man is the architect of his own fate

क़िस्सा A (*qissā*) *m.* tale, story, fable
क़िस्सा-कहानी *f.* fiction
क़िस्सा-कोताह (a) *m.* sum and substance of the matter (b) *adv.* in short, briefly
क़िस्सा खड़ा करना *v.t.* to create a problem, to raise a dispute
क़िस्सा ख़त्म/तमाम करना *v.t.* (a) to put an end to the matter (b) to stop a dispute (c) to drive a nail into one's own coffin
क़िस्सा ख़त्म होना *v.i.* the matter to come to an end
क़िस्सागो *m.* story-teller
क़िस्सा गढ़ना *v.t.* to concoct a story
क़िस्सा पाक करना *v.t.* (a) to settle a dispute (b) to kill, to put an end to

की[1] (*kī*) *postp.* possessive case-ending, feminism form of का
की तुलना में *adv.* in comparison to
की हैसियत से *adv.* in the capacity of (also see का)
सीता की लड़की *f.* daughter of Sita

की[2] (*kī*) *v.t.* past tense singular of करना in feminine gender

की[3] E (*kī*) *f.* key
की-बोर्ड *m.* keyboard

कीक (*kīk*) *f*. 1. scream 2. uproar
कीकना (*kīknā*) *v.i.* to scream, to shriek
कीकर (*kīkar*) *m*., a small tree found mainly in dry regions, *Acacia arabica*
कीकर का गोंद *m*. gum of acacia (also बबूल)
कीच (*kīc*) *m*. mud, grime, mire, slush (= कीचड़ *q.v.*)
कीचक (*kīcak*) *m*. hollow bamboo
कीचड़ (*kīcaṛ*) *m*. mud, grime, mire, slush
कीचड़ उछालना *(मु.) v.t.* (a) to throw/fling mud (b) to indulge in denunciatory remarks, to cast aspersions
कीचड़ में फंसना *(मु.) v.i.* to be entangled in a quarrel, to fall into a morass
कीजिए (*kījie*) *v.t.* honorific imperative of करना, please do
कीट (*kīṭ*) *m*. worm, maggot, insect, slug
कीट-कोष *m*. cocoon
कीटनाशक दवा *f*. insecticide
कीट-पतंग *m*. insects, moths, etc.
कीटभक्षी/भोजी *a*. insectivorous
कीट-मणि *m*. glow-worm, insectivorous
कीटविज्ञान *m*. entomology
कीटविज्ञानी *m*. entomologist
कीटक (*kīṭak*) *m*. a small insect, microbe
कीटघ्न (*kīṭaghna*) *a*. worm-killer, insecticide
कीटाणु (*kīṭāṇu*) *m*. germ, bacillus, bacteria
कीटाणुनाशक *a*. & *m*. germicide, disinfectant
कीटाणु-युद्ध *m*. bacterial warfare
कीड़ा (*kīṛā*) *m*. 1. worm, insect, maggot 2. reptile, snake
कीड़ा खाया *a*. worm-eaten
कीड़ा लगनां *v.i.* to be worm-eaten
कीड़े पड़ना *(मु.) v.i.* to be infested with worms
कीड़े-पतंगे *m*. worms, insects, etc.
कीड़े-मकोड़े *m*. worms, insects, etc.
कीड़े मारने की दवा *f*. insecticide
कीड़ी (*kīṛī*) *f*. 1. a small worm or insect 2. ant
कीनना (*kīnanā*) *v.t.* to buy, to purchase
कीना P (*kīnā*) *m*. rancour, grudge, malice, spite
कीनाकश/वर *a*. malicious, spiteful
कीनाकशी/वरी *f*. maliciousness, spitefulness, rancour, malignity
कीना रखना *v.t.* to nurse grudge or malice
कीने से *adv*. maliciously, grudgingly
कीप P (*kīp*) *f*. funnel
कीपाकार (*kīpākār*) *a*. infundibular, funnel-shaped
क़ीमत P (*qīmat*) *f*. price, value, worth
क़ीमत आँकना *v.t.* to estimate the price
कीमत कम करना *v.t.* to beat down the price
कीमत गिरना *v.i.* prices to fall/reduce
क़ीमत चढ़ना *v.i.* prices to rise/increase
क़ीमत चुकाना *v.t.* to pay the price
क़ीमत ठहराना *v.t.* to settle a price
क़ीमत नियंत्रण *m*. price control
क़ीमत निर्धारण *m*. determination of price
क़ीमत पाना *v.t.* to sell at a good price
क़ीमत लगाना *v.t.* to fix price, to evaluate
किसी क़ीमत पर *adv*. at any cost
किसी भी क़ीमत पर नहीं *adv*. not at any cost whatsoever
हर क़ीमत पर *adv*. at all costs
क़ीमती P (*qīmtī*) *a*. costly, precious, valuable
क़ीमा A (*qīmā*) *m*. minced meat, mash
क़ीमा करना *v.t.* (a) to make mincemeat, to mince (b) to hack, to chop

off, to mangle

कीमिया A (*kīmiyā*) *m.* alchemy, turning base metal into gold

कीमियागर *m.* alchemist

कीर (*kīr*) *m.* 1. parrot 2. hunter, fowler

कीर्ण (*kīrṇa*) *a.* 1. scattered, strewn 2. covered, wrapped

कीर्तन (*kīrtan*) *m.* 1. congregational singing (of hymns), carol 2. fame, glory, praise

कीर्तनकार *m.* performer of hymns

कीर्तनयोग्य *a.* worthy of praise, praiseworthy, admirable

कीर्तनिया (*kīrtaniyā*) *m.* performer of hymns (same as कीर्तनकार *q.v.*)

कीर्तनीय (*kīrtanīy*) *a.* 1. fit to be sung or recited 2. worthy of praise, deserving praise

कीर्ति (*kīrti*) *f.* 1. fame, renown, reputation 2. prestige, honour, glory

कीर्ति अर्जित करना *v.t.* to make a name, to earn a reputation

कीर्तिकर *a.* which spreads one's fame

कीर्ति-कलाप *m.* glorious deeds, achievements

कीर्ति-गान *m.* glorification, song in praise

कीर्ति-ध्वजा *f.* standard of reputation or victory

कीर्ति फैलाना *v.t.* to spread reputation, to glorify

कीर्तिमान् I. *a.* (a) renowned, famous (b) praised, admired II. *m.* record

कीर्तिमान स्थापित करना *v.t.* to establish a record

कीर्तिशेष *a.* who has left behind nothing but name and fame, dead

कीर्ति-स्तंभ *m.* monument or memorial of fame, tower of victory

कीर्तित (*kīrtit*) *a.* glorified, admired, praised, sung, made famous

कील (*kīl*) *f.* 1. nail 2. nose-pin (an ornament) 3. pimple 4. rivet in the centre of a millstone

कील-काँटा *m.* tools

कील-काँटे से दुरुस्त/लैस *a.* equipped with all requirements

कील ठोंकना/लगाना *v.t.* to fix in or drive a nail, to rivet

कीलक (*kīlak*) *m.* 1. hook 2. fastener 3. pivot 4. a spell or mantra to destroy the effect of some evil

कीलकित (*kīlakit*) *a.* pivoted

कीलना (*kīlnā*) *v.t.* 1. to drive a nail (into) or to pin down nails into the ground in order to cast a spell or to avert an evil or to harm an enemy 2. to tie, to fasten 3. to make a mantra ineffective 4. to stop the increasing power of somebody 5. to exorcise, to destroy by magic 6. to fasten board with nails, to nail up a door

कीला (*kīlā*) *m.* nail, peg

कीलाक्षर (*kīlākṣar*) *m.* cuneiform characters

कीलित (*kīlit*) *a.* 1. nailed 2. stopped, controlled

कीली (*kīlī*) *f.* 1. peg 2. (धुरा) axis, pivot, spindle 3. a particular trick in wrestling

कीली का खटका न होना *lit. v.i.* to have no apprehensions about pins or pegs, (*fig.*) to be free from anxiety or fear

कीसा P (*kīsā*) *m.* purse, pocket

कुँअर (*kuṁar*) *m.* 1. son, boy 2. (राजकुमार) prince

कुँअरी (*kuṁarī*) *f.* 1. daughter, girl, virgin 2. (राजकुमारी) princess

कुँआ (*kuṁā*) *m.* well (see कुआँ)

कुँआरा (*kuṁārā*) I. *a.* unmarried II. *m.* bachelor (*fem.* कुँआरी)

कुँआरी धरती *f.* virgin soil

कुंकुम (*kuṅkum*) *m.* 1. saffron 2. a face paint prepared from lime mixed with turmeric

कुंकुमा (*kuṅkumā*) *m.* 1. a hollow ball filled with red powder 2. vessel filled with red powder, (अबीर) to play at the Holi festival
कुंचन (*ku ñcan*) *m.* 1. shrinking 2. wrinkling 3. curling 4. bending, curving 5. contortion
कुंचिका (*kuñcikā*) *f.* 1. key 2. reed
कुंचित (*kuñcit*) *a.* 1. shrunk 2. wrinkled 3. curled 4. curved
कुंचित केश *m.* curled or curly hair
कुंज (*kuñj*) *m.* bower, grove, alcove
कुंज-कानन *m.* bower, grove
कुंज-कुटीर *m.* bowery alcove
कुंजगली *f.* grove lane, alameda
कुंजबिहारी *m.* an epithet of Lord Krishna
आम्रकुंज *m.* mango-grove
कुँजड़ा (*kumjṛā*) *m.* vegetable-grower, greengrocer (*fem.* कुँजड़िन, कुँजड़ी)
कुँजड़ा-कसाई *m.* any person of low caste
कुँजड़े का गल्ला *m.* greengrocer's till
कुँजड़ों की लड़ाई *f.* bickering over trifles
कुंजर (*kuñjar*) I. *m.* elephant II. *a.* pre-eminent, best, excellent
कुंजी (*kuñjī*) *f.* 1. key 2. annotation of a book
कुंजी घुमाना *v.t.* to turn the key
कुंजी छिद्रण *m.* keypunching
कुंजीपटल *m.* keyboard
कुंजी लगना *v.i.* key to fit in
कुंजी हाथ में होना *(मु.) v.i.* to have somebody under one's thumb
कुंठ (*kuṇṭh*) *a.* 1. blunt 2. lazy, indolent 3. foolish, blockhead 4. dull
कुंठा (*kuṇṭhā*) *f.* 1. bluntness 2. dullness 3. (psychological) complex 4. frustration
कुंठाग्रस्त *a.* frustration-ridden, frustrated
कुंठाग्र (*kuṇṭhāgra*) *a.* obtuse
कुंठित (*kuṇṭhit*) *a.* 1. blunted, blunt 2. dull, stupid 3. frustrated, disappointed
कुंठित खड्ग *m.* blunt sword
कुंठित बुद्धि *a.* dull
कुंठित मस्तिष्क *a.* dull-head
कुंठित व्यक्ति *m.* frustrated person
कुंड (*kuṇḍ*) *m.* 1. basin, cistern, trough 2. pond 3. reservoir 4. furrow
कुंडक (*kuṇḍak*) *m.* water jar, vessel
कुंडकोदर (*kuṇḍakodar*) *a.* having a belly like a pitcher
कुंडरा (*kuṇḍrā*) *m.* a big wide-mouthed earthen pot
कुंडल (*kuṇḍal*) *m.* 1. coil 2. an ornament of the ears, a large earring
कुंडल डालना *v.t.* to form into coils, to form a halo around
कुंडल मारना *v.t.* (of a snake) to coil up
कुंडलन (*kuṇḍalan*) *m.* winding, coiling
कुंडलाकार (*kuṇḍalākār*) *a.* circular, ring-shaped, annular, round
कुंडलित (*kuṇḍalit*) *a.* 1. coiled, twisted into a coil 2. annulated, rounded
कुंडलिनी (*kuṇḍalinī*) *f.* a serpent-like coiled vein in the body which represents the active power of the universe, helix
कुंडलिनी जगाना *v.t.* to awaken (by yoga) the power of coiled vein
कुंडलिया (*kuṇḍaliyā*) *f.* a form of poetical metre in Hindi
कुंडली (*kuṇḍalī*) *f.* 1. horoscope 2. coil 3. loop
कुंडली देखना *v.t.* to consult/decipher the horoscope
कुंडली बनाना *v.t.* to prepare or make a horoscope
कुंडलीभवन *m.* coiling
कुंडली मारना *v.t.* to form into a coil (as does a serpent), to coil up
कुंडली मिलाना *v.t.* to tally/collate (boy's and girl's) horoscope (as for

marriage)

कुंडा (*kuṇḍā*) *m.* 1. large water bowl 2. hasp (of a door) 3. illegitimate son, a son born in adultery

कुंडिका (*kuṇḍikā*) *f.* 1. cistern 2. basin

कुंडी[1] (*kuṇḍī*) *f.* a small hasp or chain for a door

कुंडी खटखटाना/खड़खड़ाना *v.t.* to knock on by the hasp or latch

कुंडी खोलना *v.t.* to open the door by removing the hasp

कुंडी देना या मारना *v.t.* to bolt the door

कुंडी[2] (*kuṇḍī*) *f.* basin

कुंतल[1] (*kuntal*) *m.* lock of hair, a curl of hair, tresses

कुंतल[2] E (*kuntal*) *m.* quintal, 100 kilograms

कुंद[1] P (*kund*) *a.* 1. blunt 2. dull

कुंद छुरी से हलाल करना (*मु.*) *v.t.* to give much suffering/pain

कुंद ज़ेहन *a.* dull-witted

कुंद[2] (*kund*) *m.* lotus flower

कुंदन (*kundan*) I. *m.* pure gold, the finest gold II. *a.* as pure and bright as pure gold, luminous, lustrous, sparkling, (सुंदर) beautiful, lovely

कुँदरू (*kuṁdrū*) *m.* the creeper ivy gourd, *Tricosanthes*, and its fruit

कुंदा (*kundā*) *m.* 1. block of wood, log 2. (of a gun) butt

कुंदी (*kundī*) *f.* calendering (paper, cloth, etc.)

कुंदी करना *v.t.* to calender

कुंदीगर *m.* calenderer

कुंबा (*kumbā*) *m.* 1. kinsfolk, kith and kin, near relations 2. family 3. household (better कुनबा *q.v.*)

कुंभ (*kumbh*) *m.* 1. water pot, pitcher 2. the frontal lobe on the head of an elephant 3. (एक राशि) Aquarius 4. a Hindu religious festival celebrated at four different places after every twelve years

कुंभ का मेला *m.* the Kumbh fair

कुंभकार *m.* potter

कुंभकारी *f.* pot-making

कुंभ लग्न *m.* part of the day when Aquarius rises above the horizon

कुंभक (*kumbhak*) *m.* retention of breath in the process of yogic breathing

कुंभाकार (*kumbhākār*) *a.* pitcher-shaped

कुंभिका (*kumbhikā*) *f.* a small pot, a prostitute, a kind of aquatic plant

कुंभिल (*kumbhil*) *m.* 1. housebreaker, burglar 2. (ग्रंथचोर) plagiarist

कुंभी (*kumbhī*) *f.* 1. a small jar or pot

कुंभीपाक *m.* (a) a thing cooked in a small pot (b) hell

कुंभीर (*kumbhīr*) *m.* long-nosed alligator

कुंभीर अश्रु *m.* crocodile tears

कुँवर (*kuṁvar*) *m.* 1. prince 2. son (*fem.* कुँवरी)

कुँवारा (*kuṁvārā*) *m.* & *a.* unmarried (young man), bachelor

कुँवारा नाता *m.* relationship after betrothal and before marriage

कुँवारापन *m.* bachelorship, virginhood

कुँवारी (*kuṁvārī*) *f.* & *a.* unmarried (girl), virgin, maiden

कु (*ku*) *pref.* bad, evil,

कुकर्म *m.* misdeed, evil deed

कुअवसर (*kuavsar*) *m.* unfit opportunity

कुआँ (*kuāṁ*) *m.* well

कुआँ खोदना (*मु.*) *v.t.* to dig a well

कुआँ चलाना *v.t.* to work a well, to water a field from the well

कुआँ झँकाना (*मु.*) *v.t.* to tease, to harass

कुआँ झाँकना (*मु.*) *v.i.* to look into the well, to search here and there

कुआँ पूजना *v.t.* to worship a well (on the birth of a son)

कुएँ का मेंढक *m.* a frog in the well (ignorant person)

कुएँ की मिट्टी कुएँ में लगना *v.i.* to spend the earnings from where they were obtained, ill-got ill-spent

कुएँ पर से प्यासे लौट आना *(मु.)* to be disappointed from where something was most expected

कुएँ में धकेलना *(मु.) v.t.* to ruin the life of somebody, to push somebody into a ditch

कुएँ में बाँस डालना *v.t.* to make a frantic search

कुएँ में बोलना *v.i.* to utter unintelligibly

कुएँ में भांग पड़ना *(मु.)* all members (of a group) to have lost their wits/ taken leave of their senses

खारी कुआँ *m.* well yielding brackish water

मीठा कुआँ *m.* well yielding sweet water

कुआर (*kuār*) *m.* the seventh month of the lunar calendar (=आश्विन Sept-oct)

कुआरा (*kuārā*) *m.* & *a.* bachelor, unmarried (see कुँआरा)

कुआरी[1] (*kuārī*) *f.* & *a.* virgin, unmarried (see कुँआरी)

कुआरी[2] (*kuārī*) *a.* of or belonging to the month of कुआर (क्वार, Ashwin)

कुआरी फ़सल *f.* autumn crop (see ख़रीफ़)

कुई (*kuī*) *f.* water lily

कुकर्मी (*kukarmī*) I. *m.* evil-doer, malefactor II *a.* wicked, depraved, miscreant

कुकामना (*kukāmnā*) *f.* evil desire, ill-will

कुकीर्ति (*kukīrti*) *f.* ill-fame, infamy, disrepute

कुकुर (*kukur*) *m.* dog

कुकुरखाँसी *f.* whooping cough

कुकुरनिंदिया *f.* slumber of a dog

कुकुरमुत्ता *m.* mushroom, toadstool, agaric

कुक्कुट (*kukkuṭ*) *m.* cock

कुक्कुट-ध्वनि *f.* crowing of a cock

कुक्कुट-पालन *m.* poultry-farming

कुक्कुट व्रत *m.* a fast observed by women on the seventh day of the bright half of Bhadon (Aug.-Sept.)

कुक्कुटी (*kukkuṭī*) *f.* 1. hen 2. a small house-lizard

कुक्रिया (*kukriyā*) *f.* bad or unfair act, evil performance

कुक्ष (*kukṣa*) *m.* belly, stomach

कुक्षि (*kukṣi*) *f.* 1. belly, the cavity of the abdomen 2. (गर्भाशय) womb

कुखेत (*kukhet*) *m.* bad place, bad field

कुख्यात (*kukhyāt*) *a.* notorious, ill-famed, ill-reputed

कुख्याति (*kukhyāti*) *f.* infamy, disrepute, bad reputation, notoriety, bad name

कुगंध (*kugandh*) *f.* bad odour, offensive smell, stench

कुगठन (*kugaṭhan*) *m.* uncouth features, misshaped figure

कुग्रह (*kugrah*) *m.* unfavourable star, inauspicious planet, ill-luck, misfortune

कुघात (*kughāt*) *m.* ambush, plot

कुचंदन (*kucandan*) *m.* red sandalwood

कुच (*kuc*) *m.* female breast, woman's breast or bosom

कुचकुचाना (*kuckucānā*) *v.t.* to pierce with a pointed thing

कुचक्र (*kucakra*) *m.* 1. vicious circle 2. intrigue, conspiracy

कुचक्र रचना *v.t.* to intrigue

कुचक्री (*kucakrī*) *m.* conspirator, intriguer

कुचर्या (*kucaryā*) *f.* evil/bad conduct, wickedness

कुचलना (*kucalnā*) I. *v.t.* 1. to suppress 2. to run over 3. to crush, to crush or kill by running over 4. to tread, to trample II. *v.i.* to be crushed by being run over

कुचल डालना/देना *v.t.* to suppress, to repress, to trample, to crush completely
अरमान कुचलना *v.t.* to suppress one's desires or hopes
रोग को कुचलना *v.t.* to overcome an illness
कुचला (*kuclā*) *m. Nux vomica* (plant and its seed)
कुचला सत्त *m.* strychnine
कुचाग्र (*kucāgra*) *m.* nipple (of a woman's breast), teat
कुचाल (*kucāl*) *f.* evil move, misdemeanour
कुचालक (*kucālak*) *m.* bad conductor
कुचाली (*kucālī*) *a.* wicked, iniquitous
कुचिकित्सक (*kucikitsak*) *m.* unqualified physician, quack
कुचिकित्सा (*kucikitsā*) *f.* wrong medical treatment, quackery
कुचिया (*kuciyā*) *f.* a small *chapati* or *puri*
कुचेष्टा (*kuceṣṭā*) *f.* evil attempt, crooked means
कुचैन (*kucain*) *m.* unrest, uneasiness, trouble
कुचैला (*kucailā*) *a.* ragged, tattered
मैला, कुचैला *a.* very dirty
कुछ (*kuch*) I. *indef. pron.* something, anything, a little, some II. *a.* some, any, a few III. *adv.* somewhat, a little
कुछ-एक *a.* a few, a little
कुछ ऐसा *a.* somewhat like this
कुछ और *a.* & *adv.* some more, somewhat more, something else
कुछ करना *v.t.* to do something
कुछ कर देना *(मु.) v.t.* to accomplish something, to make something else of
कुछ कर बैठना *v.i.* to do something wrongly, to take a wrong step
कुछ कहना *v.t.* to say something
कुछ कह बैठना *v.*i. to say something undesirable
कुछ का कुछ *adv.* something else, something different
कुछ का कुछ समझ लेना *v.t.* to take something amiss
कुछ का कुछ हो जाना *v.i.* to become (something different), to happen (something unthought of), to become (entirely changed)
कुछ-कुछ *adv.* somewhat, a little, to some extent
कुछ को छोड़कर *adv.* barring a few
कुछ खा लेना *v.t.* to consume something dubious or poisonous
कुछ गुड़ ढीला कुछ बनिया/कुछ सोना खोटा कुछ सोनार *(मु.)* there is something wrong on either side
कुछ डर नहीं *adv.* there is nothing to fear, it does not matter, never mind
कुछ तो *adv.* just a little, somewhat
कुछ न कुछ *adv.* something or the other
कुछ न गिनना/समझना *v.t.* to count (somebody) as nonentity
कुछ न चलना *v.i.* to be helpless, to have no voice
कुछ न पूछिए it defies description
कुछ नहीं *adv.* nothing
कुछ परवाह नहीं *adv.* never mind
कुछ पल्ले न पड़ना *(मु.) v.i.* to gain nothing
कुछ भी नहीं *adv.* nothing at all
कुछ भी हो *adv.* come what may
कुछ समझना *v.t.* to assume airs
कुछ होकर रहेगा something unthinkable must happen
कुछ हो जाना *v.i.* something untoward to happen
चाहे कुछ हो *adv.* come what may
जो कुछ *a.* whatever, whatsoever
सब कुछ *a.* everything, the whole
कुजाति (*kujāti*) *f.* low caste, low breed
कुजोगी (*kujogī*) *m.* pretentious person,

pretender
कुज्जा (*kujjā*) *m.* earthen cup/bowl
कुज्झटिका (*kujjhaṭikā*) *f.* fog, mist
कुटका (*kuṭkā*) *m.* piece, fragment
कुटकी (*kuṭkī*) *f.* 1. a medicinal plant, *Panicum miliare* 2. a small piece of any substance
कुटकुट (*kuṭkuṭ*) *f.* 1. itch, irritation 2. munching or nibbling sound
कुटनपना (*kuṭanpanā*) *m.* the nature or profession of a procurer
कुटना[1] (*kutnā*) *m.* procurer, panderer, go-between
कुटना[2] (*kuṭnā*) *v.i.* 1. to be beaten 2. (धान, मसाला, etc.) to be pounded/crushed
कुटना[3] (*kuṭnā*) *m.* a tool for pounding things
कुटनी (*kuṭnī*) *f.* procuress, bawd
कुटवाना (*kuṭvānā*) *v.t.* 1. to cause to be beaten 2. to cause to be pounded or crushed, to get something pounded
कुटाई (*kuṭāī*) *f.* 1. beating 2. pounding 3. charges for pounding
कुटास (*kuṭās*) *f.* beating, cudgelling
कुटिया (*kuṭiyā*) *f.* hutment, cottage
कुटिल (*kuṭil*) *a.* 1. crooked, bent, curved 2. tortuous, fraudulent
  कुटिलगामी *a.* tortuous, winding
  कुटिलचरित *a.* hypocritical
  कुटिलमति *a.* crooked, deceitful
कुटिलता (*kuṭiltā*) *f.* 1. crookedness 2. perversity, hypocrisy
कुटिला (*kuṭilā*) *f.* 1. a particular phase in the retrograde course of a planet 2. a form of ancient script with curved lettering
कुटी (*kuṭī*) *f.* hut, cottage
कुटीर (*kuṭīr*) *m.* hut, cottage
  कुटीर उद्योग *m.* cottage industry
कुटुंब (*kuṭumb*) *m.* 1. kinsfolk, kith and kin, near relatives, close family 2. household
  कुटुंब-कबीला *m.* (a) kinsfolk, all relatives (b) family
  कुटुंब-भत्ता *m.* family allowance
  कुटुंब-वंशावली *f.* family pedigree
कुटुंबिनी (*kuṭumbinī*) *f.* 1. mother of the family 2. household woman
कुटुंबी (*kuṭumbī*) I. *m.* 1. kinsman, relative 2. householder, family man II. *a.* having a large family or household
कुटेक (*kuṭek*) *f.* /**कुटेव** (*kuṭev*) *f.* bad habit, wicked or evil nature
कुट्टन (*kuṭṭan*) *m.* 1. pounding, grounding 2. cutting
कुट्टनी (*kuṭṭanī*) *f.* bawd, procuress
कुट्टित (*kuṭṭit*) *a.* pounded, powdered
कुट्टिनी (*kuṭṭinī*) *f.* bawd, procuress (= कुट्टनी *q.v.*)
कुट्टिम (*kuṭṭim*) *m.* 1. mosaic 2. pavement, inlaid or paved floor (also कुट्टिम फर्श)
कुट्टी (*kuṭṭī*) *f.* chopped straw or fodder
  कुट्टी करना (*मु.*) *v.t.* (a) to cut up, to chop (b) to break off (friendship)
  कुट्टी काटना *v.t.* to chop up straw or fodder
  कुट्टी की मशीन *f.* fodder cutting machine, chaff-cutter
कुठला (*kuṭhlā*) *m.* 1. a small storeroom 2. small granary 3. a large earthen vessel for storing grains
कुठाँव (*kuṭhāṁv*) *m.* wrong or unsuitable place
  कुठाँव मारना *v.t.* to strike at a vital part of the body and kill
कुठार[1] (*kuṭhār*) *m.* axe, hatchet
कुठार[2] (*kuṭhār*) *m.* a large earthen vessel for storing grain
  कुठार चलाना/मारना *v.t.* to strike with an axe
कुठाराघात (*kuṭhārāghāt*) *m.* 1. violent blow 2. wound caused by an axe
कुठारी (*kuṭhārī*) *m.* storekeeper
कुठाली (*kuṭhālī*) *f.* melting pot (as of a

goldsmith)

कुठौर (*kuṭhaur*) *adv.* out of place, misplaced (see कुठाँव)

कुड़क (*kuṛak*) *f.* 1. clucking, the call of a hen to its chickens 2. the state of a hen that has ceased laying eggs 3. (*fig.*) blank, nothing

कुड़क मुर्गी *f.* clucking hen

कुड़कना (*kuṛaknā*) *v.i.* 1. to murmur, to grumble 2. to cluck, to cackle

कुड़की (*kuṛakī*) *f.* confiscation, attachment, forfeiture, distraint (better कुर्की *q.v.*)

कुड़कुड़ (*kuṛkuṛ*) *f.* 1. munching sound 2. cackle, clucking sound (of a hen)

कुड़कुड़ाना (*kuṛkuṛānā*) *v.i.* to cluck, to cackle

कुड़कुड़ी (*kuṛkuṛī*) *f.* rumbling in the stomach

कुड़कुड़ी होना *v.i.* to be eager to expose a secret

कुड़बुड़ाना (*kuṛbuṛānā*) *v.i.* to grumble or mutter with pain or grief

कुड़री (*kuṛarī*) *f.* a circular fold of cloth put on the head while carrying some load

कुड़ल (*kuṛal*) *m.* twisting or distortion of muscles, cramp

कुडौल (*kuḍaul*) *a.* ill-formed, ill-shaped, ugly

कुढंग (*kuḍhaṅg*) *m.* wrong method

कुढंगा (*kuḍhaṅgā*) *a.* 1. malformed, ugly, clumsy 2. of bad nature 3. unmannerly

कुढंगापन (*kuḍhaṅgāpan*) *m.* malformation (see कुढंगी *q.v.*)

कुढंगी (*kuḍhaṅgī*) *f.* unmannerliness, rudeness

कुढब (*kuḍhab*) *a.* deformed, ill-shaped, ugly

कुढ़न (*kuṛhan*) *f.* 1. jealousy, envy, malice 2. vexing, fretting, repining

कुढ़ना (*kuṛhnā*) *v.i.* 1. to be vexed, to be annoyed or irritated 2. to fret, to repine 3. to grudge, to become jealous of, to burn with jealousy

कुढ़ाना (*kuṛhānā*) *v.t.* 1. to annoy 2. to irritate 3. to tease, to displease 4. to offend or hurt 5. to make somebody jealous

कुढ़ापन (*kuṛhāpan*) *m.* vexed or jealous state

कुढ़ापा (*kuṛhāpā*) *m.* 1. vexation 2. irritation 3. repining, fretting

कुणप (*kuṇap*) *m.* dead body of an animal, carcass

कुतका (*kutkā*) *m.* cudgel, mace

कुतना (*kutnā*) *v.i.* to be estimated, to be evaluated

कुतरन (*kutran*) *f.* bits gnawed by mice or birds, nibblings

कुतरना (*kutarnā*) *v.t.* 1. to gnaw, to nibble, to cut with teeth, to bite 2. to cut with a machine

कुतरवाना (*kutarvānā*) *v.t.* to get cut by a machine, to cause to be cut or broken into pieces

कुतर्क (*kutark*) *m.* wrong reasoning, false argument, bad logic, sophism, sophistry

कुतर्कपूर्ण *a.* sophistic, illogical

कुतर्की (*kutarkī*) *m.* sophist, unfair arguer

कुतिया (*kutiyā*) *f.* 1. bitch 2. an abuse (for a woman)

कुतिया का पिल्ला *m.* (a) pup, puppy (b) an abuse (among men), illegitimate son

कुतुप (*kutup*) *m.* eighth part of the day

कुतुब[1] A (*kutub*) *m.* (*pl.* of किताब) books

कुतुबख़ाना *m.* (a) book shop (b) library

कुतुबफ़रोश *m.* bookseller

क़ुतुब[2] A (*qutub*) *m.* pole star

क़ुतुबनुमा *m.* compass

क़ुतुबनुमा की सुई *f.* compass needle

कुतूहल (*kutūhal*) *m.* 1. curiosity, inquisitiveness 2. suspense 3. (अचंभा) wonder

कुतूहलपूर्ण *a.* (a) curious (b) wonderful

कुतूहलवश *adv.* out of curiosity

कुतूहली (*kutūhalī*) *a.* 1. curious, inquisitive, eager 2. sportive, fond of festivity

कुत्ता (*kuttā*) *m.* 1. dog 2. an abuse

कुत्ते का *a.* canine

कुत्ते का कुत्ता बैरी (*लो.*) *prov.* colleagues tend to become rivals

कुत्ते की दुम *f.* an obdurate person

कुत्ते की दुम टेढ़ी की टेढ़ी (*मु.*) old habits die hard

कुत्ते की मौत मरना (*मु.*) *v.i.* to die a miserable death

कुत्ते के भौंकने से हाथी नहीं डरते (*लो.*) a strong man does not care for threats of a weakling

कुत्ते को घी हज़म नहीं होता (*लो.*) a mean person will always give himself out

क्या पागल कुत्ते ने काटा है ? *interr.* have you become mad?

कुत्तेख़ाना *m.* kennel

कुत्ती (*kuttī*) *f.* bitch, an abuse (better कुतिया *q.v.*)

कुत्सा (*kutsā*) *f.* 1. scandal, slander, calumny 2. disgust

कुत्साजनक *a.* (a) scandalous, slanderous (b) disgusting

कुत्सावादी *m.* slanderer, calumniator

कुत्सित (*kutsit*) *a.* despicable, nauseous, repulsive, disgusting, nasty

कुत्सित व्यवहार *m.* nasty or dirty behaviour, shabby treatment

कुदकना (*kudaknā*) *v.i.* to jump, to leap, to hop, to frisk about

कुदक्कड़ (*kudakkaṛ*) *a.* & *m.* jumping person, (one) who leaps about

कुदक्कड़ा (*kudakkaṛā*) *m.* /**कुदक्का** (*kudakkā*) *m.* jump, leap, hop, frisk

कुदरत A (*qudrat*) *f.* nature

कुदरत का खेल *m.* play of nature, display of nature or God

कुदरत का तमाशा *m.* = कुदरत का खेल

कुदरती P (*qudratī*) *a.* 1. natural 2. real 3. divine 4. inborn

कुदर्शन (*kudarśan*) *a.* ugly, grotesque

कुदाँव (*kudāṁv*) *m.* deceitful move, foul play

कुदाई (*kudāī*) *f.* 1. jumping, leaping 2. reward for jumping

कुदान (*kudān*) *f.* 1. jump, leap 2. the distance covered in jumping

कुदान भरना *v.i.* to take a jump, to jump, to leap

कुदाना (*kudānā*) *v.t.* 1. to make somebody or an animal jump/leap 2. (उत्तेजित करना) to excite, to incite

कुदाल (*kudāl*) *f.* hoe, mattock, pick

कुदाली (*kudālī*) *f.* small hoe or mattock

कुदिन (*kudin*) *m.* 1. evil day, inauspicious day 2. hard times 3. cloudy day

कुदृश्य (*kudṛśya*) I. *m.* bad sight, ugly scene II. *a.* bad looking, ugly

कुदृष्टि (*kudṛṣṭi*) *f.* 1. evil eye 2. sinister look

कुदृष्टि लगना *v.i.* to be affected by an evil eye

कुधातु (*kudhātu*) *f.* 1. inferior metal, base metal 2. iron

कुधान्य (*kudhānya*) *m.* inferior grain or corn

कुनकुना (*kunkunā*) *a.* warm, tepid, lukewarm (water)

कुनकुनापन (*kunkunāpan*) *m.* tepidity, lukewarmness

कुनबा (*kunbā*) *m.* 1. kinsfolk, kith and kin, near relatives 2. family 3. household

कुनबा इकट्ठा करना *v.t.* to establish a family, to produce children

कुनबापरस्त *a.* nepotist

कुनबापरस्ती *f.* /**कुनबापरवरी** *f.* nepotism

कुनमुनाना (*kunmunānā*) *v.i.* 1. to whine,

to whimper, to cry 2. to express regret or unwillingness

कुनाई (*kunāī*) *f.* 1. sawdust 2. wages for turning a lathe

कुनाम (*kunām*) I. *m.* bad name, bad reputation, infamy II. *a.* having bad reputation, ill-famed

कुनैन E (*kunain*) *f.* quinine

कुपंथ (*kupanth*) *m.* /**कुपथ** (*kupath*) *m.* 1. bad road 2. evil course or ways (of conduct)

कुपंथ /कुपथगामी *a.* (a) going astray, taking a wrong path or an evil course (b) given to evil ways

कुपंथ /कुपथ प्रदर्शक *m.* person who leads astray, one who misleads, seducer

कुपथ्य (*kupathya*) *m.* bad diet, unwholesome food, unsavoury meal

कुपरिणाम (*kuparịṇām*) *m.* ill-effect, bad result

कुपरामर्श (*kuparāmarś*) *m.* evil counsel, bad advice

कुपात्र (*kupātra*) *a.* & *m.* unfit or undeserving (person), unworthy (person)

कुपित (*kupit*) *a.* provoked, irritated, enraged, angry, displeased

कुपुत्र (*kuputra*) *m.* unworthy son, wicked or disobedient son

कुपुरुष (*kupuruṣ*) *m.* base or vulgar fellow, ugly man

कुपूत (*kupūt*) *m.* unworthy son, wicked or disobedient son (= कुपुत्र/more common कपूत)

कुपूती (*kupūtī*) *f.* badness, unworthiness (in a son)

कुपोषण (*kupoṣaṇ*) *m.* malnutrition

कुप्पा (*kuppā*) *m.* 1. large leather container (for oil or ghee) 2. bulky person

कुप्पा लुढ़ना *v.i.* to die

कुप्पा-सा मुँह करना *v.i.* to sulk in anger

कुप्पा होना *(मु.) v.i.* to become fat or plump

फूलकर कुप्पा हो जाना *v.i.* to grow plump with joy

कुप्पी (*kuppī*) *f.* leather bottle (for oil etc.)

कुप्रचार (*kupracār*) *m.* vicious propaganda

कुप्रथा (*kuprathā*) *f.* evil custom

कुप्रबंध (*kuprabandh*) *m.* bad arrangement, mismanagement

कुप्रभाव (*kuprabhāv*) *m.* evil effect, ill-effect

कुप्रवृत्ति (*kupravṛtti*) *f.* evil propensity, bad tendency

कुप्रशासन (*kupraśāsan*) *m.* maladministration

कुफल (*kuphal*) *m.* bad/evil result, untoward outcome, unfair effect

कुफ्र A (*kufra*) *m.* 1. belief contrary to Islamic faith, heresy 2. atheism

कुफ्र बकना *v.t.* to utter blasphemous words, to talk nonsense

कुबड़ा (*kubṛā*) *a.* & *m.* hunchbacked (person), humpbacked (man)

कुबड़ापन (*kubṛāpan*) *m.* hunchbackedness

कुबड़ी (*kubṛī*) *a.* & *f.* hunchbacked or humpbacked (woman)

कुबुद्धि (*kubuddhi*) I. *f.* 1. mischievous or wicked propensity, crooked intelligence 2. evil counsel 3. wickedness II. *a.* perverse, wicked

कुबेर का ख़ज़ाना *(मु.)* (*kuber kā khazānā*) *m.* immense wealth

कुब्ज (*kubja*) *a.* & *m.* hunchbacked (person)

कुब्जा (*kubjā*) *a.* & *f.* hunchbacked or humpbacked (woman) (= कुबड़ी *q.v.*)

कुभागी (*kubhāgī*) *a.* unlucky, unfortunate, ill-starred, ill-fated

कुभाग्य (*kubhāgya*) *m.* bad luck, ill-fate, hard luck

कुभाव (*kubhāv*) *m.* 1. ill feeling, bad sentiment 2. malice 3. evil motive
कुभार्या (*kubhāryā*) *f.* 1. unchaste wife 2. treacherous woman
कुमंत्र (*kumantra*) *m.* evil counsel, bad advice
कुमंत्रणा (*kumantraṇā*) *f.* 1. evil counsel or advice 2. intrigue, conspiracy 3. sinister motive
कुमंत्रित (*kumantrit*) *a.* ill-advised
कुमकुमा (*kumkumā*) *m.* 1. globe 2. bulb
कुमति (*kumati*) *f.* & *a.* 1. mischievous or wicked propensity, crooked intelligence 2. evil counsel 3. wickedness II. *a.* perverse, wicked (= कुबुद्धि *q.v.)*
कुमार (*kumār*) *m.* 1. prince 2. boy, lad 3. son 4. bachelor
कुमार-तंत्र *m.* science dealing with children and their diseases, paediatrics
कुमार-भृत्य *m.* the science of easy child-birth
कुमारपन (*kumārpan*) *m.* the time or condition of youth, youthfulness
कुमारावस्था (*kumārāvasthā*) *f.* teenage
कुमारिका (*kumārikā*) *f.* = कुमारी *q.v.*
कुमारी (*kumārī*) *f.* 1. unmarried girl, virgin, miss 2. princess
कुमार्ग (*kumārga*) *m.* bad path/way, evil course
कुमार्ग पर जाना *v.i.* to follow an evil course
कुमार्गी (*kumārgī*) *m.* & *a.* (one) going wrong, follower of an evil course
कुमुक T (*kumuk*) *f.* 1. aid 2. (military) reinforcement, supporting troops
कुमुद (*kumud*) *m.* white water lily, *Rottlera tinctoria*
कुमुदिनी (*kumudinī*) *f.* 1. lily plant 2. cluster of lotus flowers
कुमेरु (*kumeru*) *m.* south pole
कुमेरु ज्योति *f.* aurora australis
कुमेल (*kumel*) *a.* 1. uncongenial, unappropriate 2. ill-joined 3. inharmonious
कुमैत (*kumait*) *m.* /**कुम्मेत** (*kummet*) *m.* /**कुम्मैत** (*kummait*) *m.* 1. red-brown colour 2. red-brown coloured horse
आठों गाँठ कुमैत/कुम्मेत/कुम्मैत (मु.) *a.* wily and cunning, very shrewd
कुम्हड़ा (*kumhaṛā*) *m.* regina, pumpkin
कुम्हड़े की बतिया *(मु.)* (a) an unripe small fruit (b) weakling, feeble person
कुम्हलाना (*kumhalānā*) *v.i.* 1. to wither, to fade, to wilt 2. (of face) to fall, to lose its lustre
कुम्हार (*kumhār*) *m.* potter (*fem.* कुम्हारिन)
कुम्हार का आँवा *m.* potter's kiln
कुम्हार का चाक *m.* potter's kiln
कुम्हारी (*kumhārī*) *f.* 1. female potter 2. work or profession of a potter 3. pottery 4. an insect similar to a wasp which builds its home of clay
कुम्हीर (*kumhīr*) *m.* a long-nosed alligator
कुयश (*kuyaś*) *m.* ill-fame, bad reputation
कुयोग (*kuyog*) *m.* inauspicious or unfavourable conjunction of planets
कुरंग (*kuraṅg*) *m.* 1. antelope 2. bad colour 3. bad feature 4. ill-omen
कुरंड (*kuraṇḍ*) *m.* 1. corundum (stone) 2. (अंडवृद्धि) hydrocele
कुरअ A (*qura*) *m.* raffle, petty lottery
कुरअ डालना *v.t.* to cast/draw lots
कुरअ फेंकना *v.t.* to throw dice
कुरआन A (*qurān*) *m.* the holy Quran
कुरआन उठाना *v.t.* to swear by the Quran
कुरकी P (*qurqī*) *f.* attachment (of property), seizure, confiscation (=कुर्क़ी)
कुरकुर (*kurkur*) *f.* sound produced by

breaking a crisp object
कुरकुरा (*kurkurā*) *a.* crisp, brittle
कुरकुराना (*kurkurānā*) *v.t.* to grind, to crush
कुरकुराहट (*kurkurāhaṭ*) *f.* sound produced by breaking a crisp object (= कुरकुर *q.v.*)
कुरकुरी (*kurkurī*) *f.* 1. rumbling in the bowels 2. cartilage
कुरखेत (*kurkhet*) *m.* a land which is ploughed but not planted
कुरता P (*kurtā*) *m.* a loose fitting collarless shirt or tunic
कुरती P (*kuratī*) *f.* 1. jacket, a waistcoat 2. bodice (see कुर्ती)
कुरबान A (*qurbān*) *a.* sacrifice
कुरबान करना *v.t.* to sacrifice
कुरबानगाह *f.* a place for sacrifice
कुरबान जाना *v.i.* to sacrifice oneself
कुरबान होना *v.i.* to sacrifice oneself
कुरबानी P (*qurbānī*) *f.* 1. sacrifice, offering 2. self-sacrifice
कुरबानी का बकरा *m.* scapegoat
कुरमुर (*kurmur*) *f.* murmuring, grumbling
कुरमुर क़रना *v.t.* to murmur, to grumble
कुररी (*kurarī*) *f.* sandpiper (bird), tern
कुरव (*kurav*) *m.* dull or inauspicious sound
कुरस (*kuras*) *a.* sour, bitter
कुरसी A (*kursī*) *f.* 1. chair 2. plinth of a building 3. base of a pillar
कुरसी का जादू *m.* spell of power
कुरसी का भूखा *a.* power hungry
कुरसी तोड़ना *v.i.* to idle away time, resting in a chair
कुरसी देना *(मु.) v.t.* (a) to respect somebody by offering a chair (b) to make somebody president or chairman
कुरसीनामा *m.* genealogy
कुरसी पर बैठना *v.i.* to occupy a chair (of authority)
कुरसी मिलना *v.t.* to be invested with power
कुरान A (*qurān*) *m.* the holy Quran (see कुरआन)
कुराह (*kurāh*) *f.* 1. uneven road or street 2. improper course
कुराही (*kurāhī*) I. *m.* a traveller gone astray II. *f.* wickedness, crookedness
कुरीति (*kurīti*) *f.* bad custom, evil practice
कुरुचि (*kuruci*) *f.* bad taste
कुरुचि पूर्ण *a.* in bad taste
कुरूप (*kurūp*) I. *m.* ugly form or countenance II. *a.* ugly, bad looking, hideous, uncouth, awkward
कुरूप बनाना *v.t.* to disfigure
कुरूपता (*kurūptā*) *f.* 1. malformation 2. deformity 3. ugliness
कुरूपा (*kurūpā*) *f.* ugly or awkward woman
कुरेद (*kured*) *f.* search, investigation
कुरेदना (*kurednā*) *v.t.* 1. to scratch, to scrape, to rake 2. to poke, to stir 3. to search out, to probe into
कुरेद-कुरेद कर पूछना *v.t.* to put several probing questions
कुरेदनी (*kuredanī*) *f.* raker, poker
कुर्क़ T (*qurq*) *a.* attached, confiscated, forfeited
कुर्क़ अमीन *m.* a petty officer in charge of attaching a defaulter's property, bailiff
कुर्क़ करना *v.t.* to attach, to confiscate
कुर्क़नामा *m.* confiscation order in writing
कुर्क़ होना *v.i.* to be confiscated, to be attached or forfeited
कुर्क़ी P (*qurqī*) *f.* confiscation, attachment (of property), forfeiture, distraint
कुर्क़ी आना *v.i.* confiscation warrant to come

कुर्की उठा लेना *v.t.* to withdraw an attachment or distraint

कुर्की का परवाना या वारंट *m.* warrant of attachment, writ of execution of distraint

कुर्की बिठाना *v.t.* to set a guard over the distrained/confiscated order

कुर्की भेजना *v.t.* to send a bailiff with a warrant to attach property

कुर्कुर (*kurkur*) *m.* dog

कुर्ता P (*kurtā*) *m.* loose collarless shirt

कुर्ती P (*kurtī*) *f.* 1. jacket, a waistcoat 2. bodice

क़ुर्बान A (*qurbān*) *a.* sacrificed (see कुरबान)

क़ुर्बानी P (*qurbānī*) *f.* 1. sacrifice, offering 2. self-sacrifice (see कुरबानी)

कुर्मी (*kurmī*) *m.* member of a backward class of Hindus who grow and sell vegetables

कुर्सी P (*kursī*) *f.* chair (see कुरसी)

कुर्राना (*kurrānā*) *v.i.* chirping of birds

कुलंग (*kulang*) *m.* 1. cock of a large and good breed 2. crane

कुलंजन (*kulañjan*) *m.* the plant *Alpinia galanga*, pepper betel

कुलंभर (*kulambhar*) *m.* one who maintains family traditions

कुल[1] (*kul*) *m.* 1. family 2. clan 3. pedigree, lineage, descent

कुल-कंटक *m.* black sheep of the family, scandal of or disgrace to the family

कुल-कर्म *m.* family custom, family tradition

कुल-कलंक *m.* blemish or disgrace to the family

कुल-कलंकिनी *f.* woman who is the cause of infamy to the family

कुल-कलंकी *a.* (one) disgracing the family

कुल-कानि *f.* the honour of the family

कुलकामिनी *f.* respectable woman of good heritage

कुल-क्रमागत *a.* hereditary, ancestral

कुलक्षय *m.* ruin or destruction of a family

कुलक्षयकारी *a.* damaging the prestige or name of the family

कुलगत *a.* of or concerning a family

कुलगरिमा *f.* pride of descent

कुलगुरु *m.* (a) head of the family (b) family preceptor (c) Vice-Chancellor of a university

कुल-चिह्न *m.* totem

कुलच्युत *a.* expelled from the family, deprived of privileges of the family, outcaste

कुलजात *a.* born of a good family

कुलतंत्र *m.* (a) oligarchy (b) hereditary rule

कुलतारण *m.* the saviour of one's family

कुलतिलक/कुलदीप/दीपक *m.* the light or glory of a family, most illustrious person in a family

कुलदूषण *m.* (one) who brings disgrace to the family

कुलदेवता *m.* family god or goddess

कुलद्रोही *m.* (one) who tarnishes the name of the family

कुल-धर्म *m.* family practices, family traditions

कुल-नाम *m.* family name, surname

कुलपति *m.* (a) head of the family (b) Vice-Chancellor

कुल-परंपरा *f.* (a) series of generations (b) family tradition

कुल-परिवार *m.* all the relations in the same family

कुल-पिता *m.* patriarch

कुलपुरुष *m.* man of good family

कुलपूज्य *m.* the object of reverence in a family

कुलबोड़/बोरन *m.* cause of disgrace to one's family

कुलमर्यादा *f.* 1. honour or prestige of a family 2. family tradition
कुलमाता *f.* matriarch
कुलराज्य *m.* rule of a dynasty, oligarchy
कुललक्ष्मी *f.* presiding goddess of a family
कुलवधू *f.* the virtuous lady of the family
कुल-वैर *m.* family feud
कुलशील *m.* the character of one's family
कुलश्रेष्ठ *m.* the best person in the family
कुलसचिव *m.* registrar (of a university)

कुल[2] A *(kul) a.* all, entire, whole, gross
कुल अंक *m.* aggregate marks, total marks
कुल आमदनी/आय *f.* gross income
कुल कमाई *f.* gross earnings
कुल ख़र्च *m.* total expenditure
कुल जोड़ *m.* grand total
कुल परिसंपत्तियाँ *f.* gross assets
कुल बिक्री *f.* total sale
कुल मालिक *m.* the sole proprietor/owner
कुल मिलाकर *adv.* all told, on the whole
कुल योग *m.* grand total, sum total
कुल लागत *f.* total cost
कुल हानि *f.* total loss, dead loss
कुल हाल *m.* the whole case, full particulars

कुलक (*kulak*) *m.* 1. the head of a class of artisans 2. group, multitude 3. set (of similar things)

कुलकुल A (*kulkul*) *m.* rippling (of water), bubbling
कुलकुल करना *v.i.* to ripple

कुलकुलाना (*kulkulānā*) *v.i.* 1. to make rippling/gurgling sound 2. to show restlessness
पेट या आँतें कुलकुलाना *v.i.* to be very hungry, to feel discomfort

कुलकुली (*kulkulī*) *f.* uneasiness, restlessness

कुलक्षण (*kulakṣaṇ*) I. *m.* ill-omen, unlucky sign II. bad, inauspicious

कुलक्षणी (*kulakṣaṇī*) *f.* woman of bad manners and character

कुलचा (*kulcā*) *m.* a cake (of bread)

कुलटा (*kulṭā*) *f.* unchaste or impure woman, harlot

कुलफ़ा (*kulfā*) *m.* green, green herb, purslane

कुलफ़ी P (*kulfī*) *f.* milk-rich ice-cream frozen in a conical container

कुलबुल (*kulbul*) *f.* 1. uneasiness, restlessness 2. twisting, wriggling

कुलबुलाना (*kulbulānā*) *v.i.* 1. to be restless or uneasy 2. to flutter about, to wriggle, to writhe with pain 3. to wriggle (of warms) (= कुलकुलाना *q.v.)*

कुलबुलाहट (*kulbulāhaṭ*) *f.* 1. uneasiness, restlessness 2. twisting, wriggling (= कुलबुल *q.v.)*

कुलवंती (*kulvantī*) *f.* (a woman) of noble family

कुलवान् (*kulvān*) *a.* /**कुलवंत** (*kulvant*) *a.* belonging to a noble family

कुलह P (*kulah*) *f.* a special kind of cap (worn under a turban)

कुलांगना (*kulāṅgnā*) *f.* chaste and virtuous woman, lady from a noble family

कुलांगार (*kulāṅgār*) *m.* a man who mars the prestige of his family, one who disgraces his family

कुलाँच (*kulāṁc*) *f.* long jump (as a deer jumps)
कुलांचें भरना *v.i.* to take long jumps

कुलाचार (*kulācār*) *m.* family custom, family tradition

कुलाचार्य (*kulācārya*) *m.* family preceptor or priest

कुलाधिपति (*kulādhipati*) *m.* chancellor (of a university)

कुलानुशासक (*kulānuśāsak*) *m.* proctor (in a university)

कुलाबा A (*qulābā*) *m.* hinge, hasp, staple, hook

ज़मीन-आसमान के कुलाबे मिलाना (*मु.*) to bring heaven and earth closer, to indulge in fantastic planning, to build castles in the air

कुलाल (*kulāl*) *m.* potter (*fem.* कुलाली)

कुलाह[1] (*kulāh*) *m.* 1. horse of a light brown colour with black knees

कुलाह[2] P (*kulāh*) *f.* cap, crown

कुलिंग (*kuliṁg*) *m.* the fork-tailed shrike

कुलिया (*kuliyā*) *f.* 1. sub-canal, minor channel 2. small earthen crucible

कुलिया में गुड़ फोड़ना *v.t.* to do a thing secretly, not let anyone have an inkling of one's doing

कुलिश (*kuliś*) *m.* 1. axe, hatchet 2. thunderbolt

कुली (*kulī*) *m.* coolie, porter

कुली-कबाड़ी *m.* people of low status, vulgar and rustic people

कुलीगीरी *f.* work or vocation of a coolie

कुलीन (*kulīn*) *a.* of high or noble family, rank

कुलीन तंत्र *m.* aristocracy

कुलीन साँड़ *m.* pedigree bull

कुलीनता (*kulīntā*) *f.* nobility of descent, respectability of family, gentility

कुलेल (*kulel*) *f.* friskiness, restiveness

कुलोद्भव (*kulodbhav*) *a.* 1. born in a particular family 2. (कुलीन) born of a noble family

कुल्या (*kulyā*) *f.* 1. canal 2. drain

कुल्ला (*kullā*) *m.* rinsing or washing the mouth

कुल्ला करना *v.t.* to cleanse or rinse the mouth with water

कुल्ला-दातुन *m.* brushing the teeth and cleansing the mouth

कुल्ली (*kullī*) *f.* rinsing or washing the mouth (same as कुल्ला)

कुल्हड़ (*kulhaṛ*) *m.* small earthen bowl

कुल्हाड़ा (*kulhaṛā*) *m.* axe, hatchet (*dim.* कुल्हाड़ी)

कुल्हाड़ा चलाना *v.t.* to strike with an axe

कुल्हिया (*kulhiyā*) *f.* 1. small earthen vessel 2. crucible

कुवाँ (*kuvāṁ*) *m.* well (better कुआँ *q.v.*)

कुवक्ता (*kuvaktā*) *m.* bad speaker or orator

कुवचन (*kuvacan*) *m.* indecent words, scurrilous language, abusive words

कुवलय (*kuvalaya*) *m.* the blue water lily, the night lotus

कुवाचक (*kuvācak*) *a.* & *m.* (one) using bad or filthy language

कुवाच्य (*kuvācya*) I. *a.* unfit to be related, bad to be uttered, improper (speech) II. *m.* bad language

कुवातन (*kuvātan*) *m.* bad ventilation

कुविचार (*kuvicār*) *m.* 1. unfair or wrong decision 2. bad thought

कुवितरण (*kuvitaraṇ*) *m.* maldistribution

कुवृत्ति (*kuvṛtti*) *f.* 1. degrading occupation or livelihood, unworthy calling 2. evil tendency

कुवेला (*kuvelā*) *f.* unreasonable or unsuitable time

कुवेश (*kuveś*) *m.* unworthy or improper dress

कुवैद्य (*kuvaidya*) *m.* inexpert physician or doctor

कुव्यवहार (*kuvyavhār*) *m.* 1. maltreatment, ill-treatment 2. misbehaviour

कुव्वत A (*quvvat*) *f.* strength, vigour

कुव्वत देना *v.t.* to impart strength

हाज़मा की कुव्वत *f.* digestive power

कुश (*kuś*) *m.* a sacrificial grass, reed

कुशकुन (*kuśakun*) *m.* omen foreboding

evil, ill-omen

कुशल (*kuśal*) I. *a.* expert, skilful, proficient, competent II. *m.* well-being, welfare

कुशल-क्षेम *m.* health and well-being

कुशलजनक *a.* producing or causing well-being

कुशल जिज्ञासा *f.* enquiry about one's well-being

कुशलपूर्वक *adv.* safely

कुशल-मंगल *m.* welfare and happiness

कुशल श्रमिक *m.* skilled labour

कुशल-समाचार *m.* news of somebody's well-being, welfare tidings

कुशल-समाचार या कुशल-मंगल पूछना *v.t.* to enquire about somebody's welfare

कुशल होना *v.i.* to be well

कुशलता (*kuśaltā*) *f.* 1. competence, skilfulness, dexterity 2. well-being, welfare, safety

कुशा (*kuśā*) *f.* 1. sacrificial grass, reed 2. bridle, bit and reins (of a horse)

कुशाग्र (*kuśāgra*) I. *m.* tip of a reed, the sharp point of reed grass II. *a.* sharp

कुशाग्र बुद्धि I. *f.* keen intellect II. *a.* keen-witted, sagacious, perspicacious

कुशादा P (*kuśādā*) *a.* 1. expanded 2. spacious 3. open

कुशासन[1] (*kuśāsan*) *m.* (आसन) mat or seat made of reed grass

कुशासन[2] (*kuśāsan*) *m.* (कु + शासन) maladministration, bad governance

कुशील (*kuśīl*) *a.* ill-mannered, ill-tempered, wicked, rude

कुशीलता (*kuśīltā*) *a.* misconduct, ill-temper, bad disposition

कुश्तमकुश्ता P (*kuśtamkuśtā*) *m.* tussle, contest, wrestling, interlocking duel

कुश्तमकुश्ता होना *v.i.* to be interlocked in wrestling

कुश्ता P (*kuśtā*) *m.* calx, mercury compound (used as tonic)

कुश्ती P (*kuśtī*) *f.* wrestling, wrestling bout

कुश्ती करना/लड़ना *v.i.* to wrestle

कुश्तीबाज़ *m.* wrestler

कुश्ती मारना *(मु.)* *v.t.* to win a bout

कुश्ती लड़ाना *v.t.* to train in wrestling

कुष्ट (*kuṣṭ*) *m.* leprosy (also कुष्ठ रोग)

कुष्ट-निवारण *m.* eradication of leprosy

कुष्टपीड़ित *a.* suffering from leprosy, leprous

कुष्टालय (*kuṣṭālay*) *m.* leper home

कुष्टाश्रम (*kuṣṭāśram*) *m.* leper asylum

कुष्टित (*kuṣṭit*) *a.* leprous, affected with leprosy

कुष्टी (*kuṣṭī*) *m.* leper

कुष्ठ (*kuṣṭha*) *m.* leprosy (better कुष्ट *q.v.)*

कुष्मांड (*kuṣmāṇḍ*) *m.* pumpkin, gourd

कुसंकट (*kusaṅkaṭ*) *m.* very severe calamity or crisis

कुसंग (*kusaṅg*) *m.* evil company

कुसंग होना *v.i.* to have a bad company

कुसंगति (*kusaṅgati*) *f.* bad company, bad companions

कुसंगति में पड़ना *v.i.* to fall in bad company

कुसंस्कार (*kusaṃskār*) *m.* 1. evil thoughts 2. evil 3. prejudiced view 4. bad or wrong impression 5. wrongful ceremony

कुसगुन (*kusagun*) *m.* ill-omen

कुसमय (*kusamay*) *m.* 1. improper or unsuitable time 2. bad times, hard time

कुसीद (*kusīd*) *m.* usury, lending money on interest

कुसीद जीविका *f.* living by usury

कुसीदजीवी *m.* usurer, moneylender

कुसीद वृद्धि *f.* growth of interest on

loaned money

कुसीदिक (*kusīdik*) *m.* /**कुसीदी** (*kusīdī*) *m.* usurer

कुसुंभ (*kusumbh*) *m.* 1. safflower 2. red dye of safflower

कुसुम (*kusum*) *m.* flower

कुसुम कलिका/कली *f.* flower-bud

कुसुम कुंतला *a.* & *f.* (woman) with flowers in her hair

कुसुम कोमल *a.* soft like a flower

कुसुम-शय्या *f.* flowery bed, bed of flowers

कुसुमांजन (*kusumāñjan*) *m.* collyrium, ointment for eyes

कुसुमांजलि (*kusumāñjali*) *f.* an offering of a handful of flowers

कुसुमाकर (*kusumākar*) *m.* 1. place abounding with flowers, garden 2. spring (season)

कुसुमावली (*kusumāvalī*) *f.* 1. rows or lines of flowers 2. bunch of flowers

कुसुमित (*kusumit*) *a.* flowered, bloomed, blossomed, in bloom

कुसुमित होना *v.i.* to blossom

क़ुसूर A (*qusūr*) *m.* 1. fault, guilt, offence 2. defect, shortcoming, default

कुसूर करना *v.i.* to commit an offence

कुसूरमंद *a.* /**क़ुसूरवार** *a.* at fault, defaulter

कुस्वप्न (*kusvapna*) *m.* bad dream, nightmare

कुस्वप्न देखना *v.t.* to have a nightmare or unpleasant dream

कुस्वभाव (*kusvabhāv*) I. *m.* evil disposition, bad nature, bad temperament II. *a.* ill-tempered, perverse, depraved

कुहक (*kuhak*) I. *f.* cooing of a cuckoo II. *m.* magic, jugglery, sorcery

कुहकजीवी *m.* magician, juggler, sorcerer

कुहकवृत्ति *f.* witchcraft, sorcery

कुहकना (*kuhaknā*) *v.i.* to coo, to chirp, to warble, to utter a shrill cry

कुहकनी (*kuhaknī*) *f.* cuckoo (the Indian species)

कुहकिनी (*kuhakinī*) *f.* female magician, female juggler

कुहकुहाना (*kuhkuhānā*) *v.i.* to coo, to chirp, to warble, to utter a shrill cry (= कुहकना *q.v.*)

कुहकी (*kuhakī*) *m.* magician, juggler, sorcerer

कुहनी (*kuhanī*) *f.* elbow (better कोहनी *q.v.*)

कुहरा (*kuharā*) *m.* fog (better कोहरा *q.v.*)

कुहराम A (*kuhrām*) *m.* 1. outcry, furore, tumult 2. lamentation, weeping and crying

कुहराम मचाना (*मु.*) *v.t.* to create a furore, to lament

कुहासा (*kuhāsā*) *m.* fog, mist, haze

कुहासिया (*kuhāsiyā*) *m.* fog-man, fogger

कुहासिये की गुमटी *f.* kiosk or booth

कुहुक (*kuhuk*) *f.* I. *f.* cooing of a cuckoo II. *m.* magic, jugglery, sorcery (= कुहक *q.v.*)

कुहुकना (*kuhuknā*) *v.i.* to coo, to chirp, to warble, to utter a shrill cry (= कुहकना *q.v.*)

कुहू[1] (*kuhū*) *f.* coo, the cry of a cuckoo

कुहू[2] (*kuhū*) *f.* the day of the new moon (also अमावस्या)

कूँचना (*kūṁcanā*) *v.t.* to crush, to grind

कूँचा (*kūcā*) *m.* broom, broomstick

कूँची (*kūcī*) *f.* painting brush

कूँची फेरना *v.t.* (a) to paint (b) to whitewash

कूँज (*kūṁj*) *f.* a species of crane, heron

कूँड़ (*kuṁṛ*) *f. a.* furrow

कूँड़दार *a.* furrowed

कूँडा (*kūṁṛā*) *m.* /**कूँड़ा** (*kūṁrā*) *m.* 1. a small tub like vessel, trough 2. jar

कूँड़ी (*kūṁṛī*) *f.* /**कूँडी** (*kūṁḍī*) *f.* 1. stone mortar 2. small trough

कूँडी खुटका/सोंटा *m.* mortar and pestle

कूक (*kūk*) *f.* 1. cooing or chattering of a cuckoo 2. warble 3. winding of a watch or gramophone

कूक देना *v.t.* to wind

कूक मारना *v.t.* (a) to cry, to shriek (b) to wail, to moan, to cry in pain

कूकना (*kūknā*) *v.i.* 1. to cry, to shriek 2. to cry with pain, to whine 3. to coo, to chirp 4. to wind (a watch or clock)

कूकर (*kūkar*) *m.* /**कूकुर** (*kūkur*) *m.* dog (*fem.* कूकरी, bitch)

कूकर/कूकुर कास/खाँसी *f.* whooping cough

कू-कू (*kūkū*) *f.* cooing, warbling, chirping

कूच P (*kūc*) *m.* (especially of troops) marching, decamping, moving forward

कूच करना *v.i.* to march, to depart

कूच कर जाना (*मु.*) *v.i.* to depart, to die

कूच का डंका बजाना (*मु.*) *v.t.* to sound the departure (of camping troops)

कूच बोलना (*मु.*) *v.t.* to order a march

कूचा[1] P (*kūcā*) *m.* lane, street

कूचा-ब-कूचा from one lane to another, here and there, everywhere

कूचागर्द *m.* streetwalker, vagabond

कूचाबंदी *f.* marking off the boundaries of lanes

कूचा[2] (*kucā*) *m.* weaver's brush

कूचिया (*kūciyā*) *f.* the tamarind tree, lobe of the ear

कूची (*kūcī*) *f.* 1. small brush 2. forked beard

कूची करना/फेरना *v.t.* to whitewash

कूज (*kūj*) *f.* /**कूजन** (*kūjan*) *f.* 1. chatter, chirp 2. rattling sound of a wheel

कूजना (*kūjnā*) *v.i.* 1. to coo, to warble 2. to make sweet sound 3. to speak in a low and sweet voice

कूज़ा P (*kūzā*) *m.* 1. an earthen jug with a spout and long narrow neck 2. sugar crystallised in an earthen pot

कूज़ा-मिसरी *f.* sugar candy crystallised in a small earthen pot

कूजित (*kūjit*) *a.* 1. resonant with chirping sounds 2. filled with sweet and musical notes

कूट[1] (*kūṭ*) *a.* 1. fraudulent, tricky 2. false, pseudo, untrue 3. unreal, artificial, counterfeit, forged

कूटकर्मा *m.* fraud, evil-doer, bad character

कूटकृत *a.* forged

कूटक्षेत्र *m.* strategic region

कूटचाल *f.* stratagem, subterfuge

कूटतुला *f.* false balance

कूटधातु *f.* base metal, pseudo-metals

कूटनीति *f.* diplomacy, deceitful policy, stratagem

कूटनीतिक *a.* diplomatic

कूटनीतिज्ञ *m.* diplomat

कूटप्रश्न *m.* puzzle, confusing problem

कूटमुद्रा *f.* base currency, counterfeit coin

कूटबोली *f.* secret dialect, argot

कूटबुद्धि *f.* shrewdness, crookedness

कूटभाषा *f.* code language

कूटयक्ष्मा *f.* pseudo-tuberculosis

कूटयुक्ति *f.* artifice, intrigue

कूटयुद्ध *m.* (a) sham warfare (b) unfair warfare

कूटयोजक *m.* racketeer

कूटयोजना *f.* (a) racketeering (b) intrigue, plot

कूटयोधी *m.* diplomatic combatant

कूटरचना *f.* (a) artifice (b) stratagem (c) forgery, concoction

कूटरचित *a.* forged, concocted

कूटलिपि *f.* code script

कूटलेख *m.* cipher, cryptogram, code writing

कूटव्यापार *m.* racket, racketeering

कूटव्यापारी *m.* racketeer
कूटशब्द *m.* code word
कूटसंकेत *m.* code
कूटसाक्षी *m.* false witness
कूटसाक्ष्य *m.* false evidence

कूट[2] (*kūṭ*) *m.* 1. peak of a mountain or hill 2. heap 3. mystic writing

कूटपद *m.* mystic verse
अन्नकूट *m.* heap of corn
चित्रकूट *m.* name of a place with such peaks

कूट-काटकर (*kūṭ-kāṭkar*) *adv.* by dint of cutting and pounding

कूटना (*kūṭnā*) *v.t.* 1. to pound, to pulverise, to crush, to thrash, to beat 2. (अनाज) thresh

कूटस्थ (*kūṭastha*) *a.* 1. standing at the top (position) 2. uniform, unchangeable 3. impartial, indifferent

कूटाख्यान (*kūṭākhyān*) *m.* 1. fictitious story, imaginative tale 2. story written in obscure/ambiguous language

कूटार्थ (*kūṭārtha*) *m.* ambiguity of sense, far-fetched meaning

कूटू (*kūṭū*) *m.* buckwheat

कूड़ा (*kūṛā*) *m.* sweepings, refuse, rubbish

कूड़ा-करकट *m.* trash, rubbish, waste matter
कूड़ाखाना/घर *m.* place where rubbish is stored, refuse collection centre
कूड़ादान *m.* dustbin
कूड़े के भी दिन फिरते हैं (*मु.*) every dog has his day
कूड़े में डालना *v.t.* to dump

कूढ़ (*kūṛh*) *m.* dull, slow

कूढ़मग्ज *a.* dullard, dull-headed, thick-headed

कूत (*kūt*) *f.* rough estimate, vague idea, appraisement, appraisal

कूतकात (*kūtkāt*) *f.* rough estimation, appraisement

कूतना (*kūtanā*) *v.t.* to estimate, to appraise, to make a guess

कूद (*kūd*) *f.* jump, spring, bound, leap

कूद-फाँद *f.* leaping and jumping
कूद मारना *v.i.* to jump, to leap, to take a jump

कूदना (*kūdanā*) *v.i.* 1. to jump, to leap, to hop, to bound 2. to jump over, to cross 3. to jump upon 4. to jump out (of the window)

कूद के चलना *v.i.* to go by leaps and bounds, to hobble
कूद जाना *v.i.* /कूद पड़ना *v.i.* to jump in, to jump down, to take a jump or leap
कूदना-फाँदना *v.i.* to frisk about, to play about
किसी के बल पर कूदना *v.i.* to make much of oneself with the support of another person
झगड़े में कूद पड़ना *v.i.* to get mixed up in a quarrel
रस्सी कूदना *v.i.* to skip (with a rope)

कूप (*kūp*) *m.* well

कूपकार *m.* well digger
कूपमंडूक (*मु.*) *m.* (a) frog of/in a well (b) a person with a very limited experience or knowledge, one without broad outlook

कूपक (*kūpak*) *m.* 1. a small well 2. (mine) shaft 3. mast (of a boat) (see कुप्पा)

कूपन E (*kūpan*) *m.* coupon

कूपी (*kūpī*) *f.* 1. a very small oil-lamp 2. small well

कूबड़ (*kūbaṛ*) *m.* hunch, hump, hump/hunchback

कूबड़ निकलना *v.i.* to develop a hunch/hump

कूर्च (*kūrca*) *m.* 1. brush, painter's brush 2. feather of a peacock 3. bundle of straw or sticks 4. stock, store

कूर्चाकार *(kūrcākār) a.* brush-shaped

कूर्चिका *(kūrcikā) f.* 1. small brush, pencil brush 2. (कुंजी) key

कूर्दन *(kūrdan) m.* jumping, leaping, springing

कूर्म *(kūrma) m.* tortoise, turtle

कूर्मावतार *(kūrmāvtār) m.* the second of the ten incarnations of Vishnu in the form of a tortoise

कूल *(kūl) m.* 1. bank, shore, coast 2. proximity, nearness

कूल-किनारा *m.* (a) bank, shore (b) edge, margin

कूलप्लावी *a.* overflowing the banks

कूलक *(kūlak) m.* 1. bank, shore, coast 2. mound, heap, pile

कूल्हा *(kūlhā) m.* haunch, hip, buttocks

कूल्हे मटकाना *v.t.* to make flirtatious movements of the hips

कूवत A *(qūvat) f.* physical strength (better कुव्वत *q.v.)*

कूष्मांड *(kūṣmāṇḍ) m.* gourd

कृंतक *(kṛntak)* I. *m.* incisor II. *a.* gnawing

कृंतक प्राणी *m.* rodent

कृंतन *(kṛntan) m.* 1. cutting, chopping 2. gnawing

कृकाट *(kṛkāṭ) m.* joint or knot of the throat, Adam's apple

कृकाटिका *(kṛkāṭikā) f.* projected portion of the throat or neck

कृच्छ्र *(kṛcchra)* I. *a.* 1. painful, troublesome 2. (कठिन) difficult, hard, severe II. *m.* 1. pain 2. misery

कृच्छ्रसाधन *m.* austerities and penances

कृच्छ्रसाधना *f.* practice of austerities and penances, self-castigation

कृच्छ्रसाध्य *a.* to be performed with difficulty, hard to be performed

कृच्छ्रता *(kṛcchratā) f.* austerity, severity

कृच्छ्रातिकृच्छ्र *(kṛcchrātikṛcchra) m.* self-castigation of 21 days when milk is the only food

कृत्[1] *(kṛt) m.* primary suffix, suffix added to verbal roots

कृत[2] *(kṛt) a.* done, performed, accomplished, executed

कृतकर्म *m.* anything done, work done

कृतकर्मा *a.* (a) skilful, proficient (b) well settled

कृतकाम *a.* (one) whose desire or object is fulfilled

कृतकार्य *a.* (one) who has accomplished his work, (one) who has succeeded in attaining his object

कृतकार्यता *f.* fulfilment of an object, accomplishment of one's deed, success in one's act

कृतकृत्य *a.* (a) (one) who has accomplished his purpose (b) satisfied

कृतनिश्चय *a.* determined

कृतपूर्व *a.* previously done or accomplished

कृतप्रतिज्ञ *a.* (one) who fulfils a promise or vow

कृतयत्न *a.* diligent, industrious, persevering

कृतविद्य *a.* scholarly, learned

कृतश्रम *a.* painstaking, energetic

कृतसंकल्प *a.* determined

कृतक *(kṛtak) a.* 1. fake 2. assumed 3. false, fictitious

कृतकनाम *m.* assumed name

कृतघ्न *(kṛtaghna) a.* ungrateful

कृतघ्नता *(kṛtaghnatā) f.* ungratefulness, ingratitude

कृतज्ञ *(kṛtajña) a.* grateful, obliged

कृतज्ञता *(kritajñatā) f.* gratefulness, gratitude, thankfulness

कृतज्ञतापूर्वक *adv.* gratefully

कृतज्ञता-प्रकाश *m.* thanksgiving

कृतयुग *(kṛtyug) m.* the first of the four ages (*yuga*) of the world, the golden age = सतयुग

कृतांक (*kr̥tāṅk*) *a.* marked, branded, numbered

कृतांजलि (*kr̥tāñjali*) *a.* with folded hands

कृतांत (*kr̥tānt*) I. *a.* 1. causing an end 2. deadly, fatal II. *m.* 1. Yama 2. death 3. Saturn

कृताकृत (*kr̥tākr̥t*) *a.* & *m.* (acts) of commission and omission

कृतात्मा (*kr̥tātmā*) *a.* & *m.* (one) whose spirit is disciplined, one whose heart and mind are pure and clean

कृतापराध (*kr̥tāprādh*) *a.* criminal, guilty

कृताभिषेक (*kr̥tābhiṣek*) *a.* installed, consecrated

कृतार्थ (*kr̥tārtha*) *a.* 1. obliged, beholden 2. satisfied, gratified 3. successful

कृतार्थता (*kr̥tārthatā*) *f.* 1. satisfaction, gratification 2. success

कृति (*kr̥ti*) *f.* 1. act, deed, action 2. performance 3. work 4. accomplishment 5. creation, composition 6. composed or manufactured object 7. writing, written work

कृतिकार *m.* (a) author (b) creator

कृति-स्वाम्य *m.* authorship, copy-right

कृतिक बल (*kr̥tik bal*) *m.* task force

कृतित्व (*kr̥titva*) *m.* 1. competence, ability 2. excellence, achievement, accomplishment 3. work

कृती (*kr̥tī*) *a.* 1. competent, skilful, (one) who has succeeded in attaining his object 2. lucky, fortunate 3. successful

कृते (*kr̥te*) *adv.* on behalf of, for

कृत्ति (*kr̥tti*) *f.* deerskin

कृत्तिका (*kr̥ttikā*) *f.* a constellation

कृत्तिवास (*kr̥ttivās*) *m.* a title of Shiva, author of Bengali Ramayan

कृत्य (*kr̥tya*) *m.* 1. deed, work 2. function 3. religious performance

दैनिक कृत्य *m.* routine work

कृत्यका (*kr̥tyakā*) *f.* enchantress, witch

कृत्या (*kr̥tyā*) *f.* 1. incantation, magic spells 2. enchantress, female magician, witch

कृत्याकृत्य (*kr̥tyākritya*) *m.* acts of commission and omission

कृत्रिम (*kr̥trim*) *a.* 1. artificial, synthetic 2. unnatural, unreal

कृत्रिम उपग्रह *m.* man-made artificial satellite

कृत्रिम उर्वरक *m.* artificial fertilizer

कृत्रिम कीटनाशी *m.* synthetic insecticide

कृत्रिम गर्भाधान *m.* artificial insemination

कृत्रिम दंतावली *f.* denture

कृत्रिम नभोमंडल *m.* planetarium

कृत्रिम रंग *m.* synthetic colour

कृत्रिम रबड़ *m.* synthetic rubber

कृत्रिम श्वसन *m.* artificial respiration

कृत्रिम सीमा *f.* artificial boundary

कृत्रिमता (*kr̥trimtā*) *f.* 1. artificiality 2. affectation, unnaturalness

कृदंत (*kr̥dant*) *m.* word ending in a कृत् suffix, primary derivative

भूत कृदंत *m.* past participle

वर्तमान कृदंत *m.* present or imperfective participle

कृदंतीय (*kr̥dantīy*) *a.* terminated or formed with a primary suffix

कृदंतीय संज्ञा *f.* a noun formed with a कृत् suffix

कृपण (*kr̥paṇ*) I. *a.* 1. miserly, niggardly, stingy, parsimonious 2. mean, vile, contemptible, low II. *m.* miser, niggard

कृपणता (*kr̥paṇtā*) *f.* miserliness, niggardliness, parsimony, stinginess

कृपणता करना *v.t.* to be miserly

कृपया (*kr̥payā*) *adv.* kindly, please

कृपा (*kr̥pā*) *f.* kindness, favour, grace

कृपा करके *adv.* kindly

कृपा करना *v.t.* to show kindness, to do a favour

कृपादृष्टि *f.* kindness, kind or gra-

cious look, kindly attitude
कृपादृष्टि करना *v.t.* to regard with kindness, to be kind
कृपानाथ *m.* lord of compassion, merciful Lord or God
कृपानिधान *m.* the storehouse of kindness
कृपापात्र *m.* the object of kindness or favour, the favoured one
कृपापूर्वक *adv.* kindly
कृपामूर्ति *a.* His Grace
कृपासिंधु *m.* ocean of compassion, God

कृपाकांक्षी (*kr̥pākānkṣī*) *a.* (one) seeking favour or kindness

कृपाण (*kr̥pāṇ*) *f.* sword
कृपाणपाणि *a.* armed with a sword

कृपाणिका (*kr̥pāṇikā*) *f.* small sword, dagger

कृपालु (*kr̥pālu*) *a.* kind, compassionate, tender-hearted

कृपालुता (*kr̥pālutā*) *f.* kindness, compassion, tenderness of heart

कृमि (*kr̥mi*) *m.* worm, insect
कृमिकोष *m.* cocoon (of a silkworm)
कृमिनाशी *a.* germicide, insecticide
कृमिनाशक *m.* insecticide
कृमिरूप *a.* vermiform
कृमिविज्ञान *m.* entomology, helminthology
कृमिरोग विज्ञानी *m.* helminthologist
कृमिहर *a.* anthelmintic, vermifuge

कृमिक (*kr̥mik*) *m.* small worm or insect

कृश (*kr̥ś*) *a.* lean, thin, feeble
कृशकाय *a.* /**कृशतनु** *a.* lean, emaciated

कृशता (*kr̥śtā*) *f.* leanness, thinness, feebleness, emaciation

कृशोदर (*kr̥śodar*) *a.* slender-bellied, slender-waisted (*fem.* कृशोदरी)

कृषक (*krişak*) *m.* ploughman, husbandman, peasant, farmer, cultivator
कृषक-क्रांति *f.* agrarian revolution
कृषक वर्ग *m.* peasantry

कृषकीय (*kr̥ṣakīy*) *a.* agrarian

कृषाण (*kr̥ṣāṇ*) *m.* ploughman, husbandman, peasant, farmer, cultivator (= कृषक *q.v.*)

कृषि (*kr̥ṣi*) *f.* agriculture, husbandry, farming, cultivation
कृषि अर्थव्यवस्था *f.* agricultural economy
कृषि आय *f.* agricultural income
कृषि उपकरण *m.* agricultural tools
कृषि उद्योग *m.* agro-industry
कृषि उपज *f.* agricultural produce
कृषिकर्म *m.* agriculture husbandry
कृषिकार *m.* ploughman, husbandman, peasant, farmer, cultivator (= कृषक *q.v.*)
कृषिगत *a.* under cultivation
कृषि-प्रणाली *f.* agrarian system
कृषि मंत्री *m.* minister of agriculture
कृषि योग्य *a.* arable, cultivable
कृषि-विज्ञान *m.* agriculture, agronomy
कृषि विज्ञानी *m.* agronomist
कृषि श्रमिक *m.* farm labourer
कृषि संभार *m.* agricultural stock

कृषिक (*krişik*) *a.* agricultural

कृषित (*krişit*) *a.* cultivated, ploughed, tilled
कृषित जोत *f.* cultivated holding

कृष्ट (*krişṭa*) *a.* cultivated, ploughed, tilled (= कृषित *q.v.*)
कृष्ट भूमि *f.* tilled field/soil

कृष्टि (*krişṭi*) *f.* cultivation, ploughing, tilling the soil

कृष्ण (*krişṇa*) *a.* black, dark
कृष्णकाय *a.* darkcomplexioned
कृष्णनील *a.* dark blue
कृष्णपक्ष *m.* dark fortnight of lunar month
कृष्णवर्ग *m.* dark colour, black colour
कृष्णवर्ण *a.* dark, darkcomplexioned
कृष्ण सागर *m.* Black Sea
कृष्ण हरित *a.* blackish green, dark

green

कृष्णत्व (*krisnatva*) *m.* darkness, blackness

कृष्णाजिन (*krisnājin*) *m.* hide of a black deer

कृष्णाभ (*krisnābh*) *a.* blackish

कृष्णाष्टमी (*krisnāstamī*) *f.* 1. birthday of Lord Krishna (also जन्माष्टमी) 2. eighth day of dark fortnight in the month of Bhadon (Aug.-Sept.)

कृष्णिमा (*krisnimā*) *f.* darkness, blackness

कृष्य (*krisya*) *a.* ploughable, arable, cultivable

कृष्य भूमि *f.* arable land

केंकड़ा (*keṁkara*) *m.* crab

केंकड़े की चाल *f.* wicked way/mode of living

केंचुआ (*keṁcuā*) *m.* 1. earthworm 2. worm of the intestines

केंचुल (*keṁcul*) *f.* /**केंचुली** (*keṁculī*) *f.* slough or skin of a snake

केंचुल/केंचुली छोड़ना/झाड़ना *v.t.* to cast or shed off slough, (*fig.*) to be a turncoat

केंचुल/केंचुली बदलना *(मु.) v.t.* to change the slough

केंचुल/केंचुली में आना *v.i.* to be about to put on a new slough

केंद्र (*keṁdra*) *m.* 1. centre 2. station 3. bureau

केंद्र निदेशक *m.* station director

केंद्रबिंदु *m.* central point, focus

केंद्रमंडल *m.* centro-sphere

केंद्रशासित क्षेत्र *m.* union territory

केंद्रक (*keṁdrak*) *m.* nucleus, centroid

केंद्रक रस *m.* nucleus sap

केंद्रकीय (*keṁdrakīy*) *a.* nucleus

केंद्रकीय झिल्ली *f.* nucleus membrane

केंद्रण (*keṁdraṇ*) *m.* centralize, centralization

केंद्रस्थ (*keṁdrastha*) *a.* centrally situated or located, central

केंद्रापसारी (*keṁdrāpsārī*) *a.* centrifugal (force)

केंद्राभिमुख (*keṁdrābhimukh*) *a.* centripetal (force)

केंद्राभिसारी (*keṁdrabhisārī*) *a.* centripetal

केंद्रित (*keṁdrit*) *a.* centred

केंद्रित खरीद *f.* centred purchase

केंद्रीकरण (*keṁdrīkaraṇ*) *m.* centralisation, polarisation

केंद्रीकृत (*keṁdrīkṛt*) *a.* centralised

केंद्रीभूत (*keṁdrībhūt*) *a.* centred, focused (as attention)

केंद्रीय (*keṁdrīy*) *a.* central

केंद्रीय आबकारी *f.* central excise

केंद्रीय आसूचना ब्यूरो *m.* central intelligence bureau

केंद्रीय कारागार *m.* central jail

केंद्रीय तापन *m.* central heating

केंद्रीय तारघर *m.* central telegraph office

केंद्रीय बिंदु *m.* central point

केंद्रीय शासन *m.* /**केंद्रीय सरकार** *f.* central government

केंद्रीय समिति *f.* central committee

के (*ke*) *m.* case-ending showing possession or relation

के अतिरिक्त/अलावा besides, in addition to

के अधिकार से *adv.* by the authority of

के अनुकूल बनाना *v.t.* to adapt oneself to

के अनुरूप *adv.* in conformity with

के अनुसार *adv.* according to, in accordance with, in compliance with

के आधार पर *adv.* on the basis of

के आशय का *adv.* to the effect of

के कहने पर *adv.* at the instance of

के कारण *adv.* due to, owing to, because of

के दौरान *adv.* during, in course of

के द्वारा *adv.* through, by, care of

के नाम *adv.* in the name of, addressed to

के नाम डालना *v.t.* to debit to

के पहले *adv.* before

के पास *adv.* near to, beside

के पीछे *adv.* after, behind

के प्रति *adv.* to, toward

के प्रसाद पर्यंत *adv.* during the pleasure of

के बदले *adv.* in place of, in lieu of, instead of

के बाद *adv.* after

के बिना *adv.* without

के रूप में *adv.* in the form of, by way of

के लिए *adv.* for, for the sake of

के विचार से *adv.* in view of, in consideration of

के विरुद्ध *adv.* against

के संदर्भ में *adv.* with reference to

के संबंध में *adv.* with regard to, about, relating to

के साथ *adv.* with, along with

के सिवाय *adv.* except, save, besides

केकड़ा (*kekṛā*) *m.* crab

केकड़ा मंडल *m.* the tropic of Cancer

केकड़े की चाल *f.* wicked way or mode of living

केकनी (*keknī*) *f.* peahen

केका (*kekā*) *f.* cry or cackle of a peacock

केकी (*kekī*) *m.* peacock

केचुआ (*kecuā*) *m.* 1. earthworm 2. worm of the intestines (see केंचुआ)

केड़ा (*keṛā*) *m.* a sapling, a youth

केतकी (*ketkī*) *f.* screw-pine plant and flower (*syn.* केवड़ा)

केतन (*ketan*) *m.* flag, banner

केतली (*ketlī*) *f.* kettle

केतु (*ketu*) *m.* 1. flag, banner 2. (चिह्न) sign, mark 3. meteor, descending node 4. eminent person 5. a mythology demon

केदार (*kedār*) *m.* 1. field 2. bed of flowers

केदारखंड *m.* small mound, ridge of a field

केदारा (*kedārā*) *m.* a mode of classical Indian music

केबल E (*kebal*) *m.* cable

केबलग्राम *m.* cablegram

केबिनेट E (*kebineṭ*) *m.* cabinet, cabinet (of ministers)

केबिस (*kebis*) *f.* a red clay

केयूर (*keyūr*) *m.* bracelet

केराना (*kerānā*) I. *m.* grocery II. *v.t.* to sift in a winnowing basket (better किराना *q.v.*)

केराव (*kerāv*) *m.* a small type of pea (often sown with other crops)

केरासीन E (*kerāsīn*) *m.* kerosene

केरी (*kerī*) *f.* small unripe green mango

केला (*kelā*) *m.* plantain and its fruit, banana

केलास (*kelās*) *m.* crystal

केलासन (*kelāsan*) *m.* crystallization

केलि (*keli*) *f.* 1. game, play 2. frolic 3. art of love, amorousness, dalliance

केलि-गृह *m.* pleasure house

केवट (*kevaṭ*) *m.* 1. oarsman, boatman 2. fisherman

केवटाई (*kevaṭāī*) *f.* oarsmanship

केवड़ई (*kevṛaī*) *a.* slightly green and yellow (of the colour of केवड़ा)

केवड़ा (*kevṛā*) *m.* screw-pine and its strong-scented flower

केवड़ा-रूह *f.* scent or perfume made of केवड़ा flower

केवल (*keval*) *adv.* only, solely, merely, exclusively

केवलात्मा (*kevalātmā*) I. *a.* whose nature is absolute unity II. *m.* God, the Supreme Spirit

केवली (*kevlī*) *m.* a person (ascetic) who is devoted to the doctrine of absolute unity of spirit

केश (*keś*) *n.* hair

केश कर्तन *m.* haircut

केशकर्म *m.* hairdressing
केश-कल्प *m.* hairdye, hairtonic
केश-कीट *m.* louse of the hair
केश-गुच्छ *m.* tress or lock of hair
केश-ग्रहण *m.* seizing by the hair
केश तेल *m.* hair oil
केशपाश *m.* tuft/curl of hair
केशप्रसाधन *m.* hairdressing, coiffure
केशप्रसाधनी/मार्जनी *f.* comb
केश-बंधनी *f.* hair-band
केश-मुंडन/वपन *m.* shaving
केश-रंजन *m.* dyeing of the hair
केशलुंचन *m.* pulling off hair, epilation
केशविन्यास *m.* hairdo, coiffure, hairdressing
केश-संभारण *m.* hairdressing

केशर (*keśar*) *m.* saffron, *Crocus sativus* (= केसर[1] *q.v.*)

केशरी (*keśarī*) *m.* 1. one having manes 2. lion

केशव (*keśav*) *m.* 1. one having long pretty hair, long-haired 2. an epithet of Vishnu or Lord Krishna

केशान्त (*keśānt*) *m.* 1. shaving 2. lock of hair, tuft

केशाकेशि (*keśākeśi*) *f.* fighting by pulling each other's hair

केशिका (*keśikā*) *f.* capillary, hairline
केशिका नली *f.* capillary tube

केशिनी (*keśinī*) *f.* woman with long, soft and beautiful hair

केशी (*keśī*) *a.* having long and fine hair

केस[1] (*kes*) *m.* hair (see केश)

केस[2] E (*kes*) *m.* 1. case (legal, medical) 2. occurrence, incident 3. receptacle

केसर[1] (*kesar*) *m.* saffron, *Crocus sativus*

केसर[2] (*kesar*) *m.* manes, long hair on the neck of certain animals

केसर[3] (*kesar*) *m.* saffron or yellow colour

केसरिया (*kesariyā*) *a.* coloured or dyed with saffron or yellow colour
केसरिया बाना *m.* saffron-coloured dress/robes

केसरी (*kesarī*) *m.* maned lion

केसारी (*kesārī*) *f.* pea-like gram

क़ैंची (*qaiṁcī*) *f.* 1. scissors 2. sticks tied crosswise 3. a mode of gymnastics
कैंची करना *v.t.* to clip, to cut, to prune, to trim
कैंची बाँधना *v.i.* to sit crosswise on a horse
कैंची-सी ज़बान चलना *v.i.* **/या चलाना** *v.t.* to talk very fast

कैंडा (*kaiṁḍā*) *m.* 1. rough measurement 2. rough plan 3. gauge 4. (ढंग) mode, tact
कैंडा करना *v.t.* to make a rough estimate
कैंडे का आदमी *m.* tactful person

कैंप E (*kaiṁp*) *m.* camp
कैंप कमांडेंट *m.* camp commandant

कैंसर E (*kaiṁsar*) *m.* cancer

क़ै A (*qāi*) *f.* vomiting
क़ै आना *v.i.* to feel like vomiting
क़ै करना *v.t.* to vomit
क़ै लाना *v.t.* to produce vomiting
क़ै लानेवाला *a.* causing vomiting, emetic

कैटभ (*kaiṭabh*) *m.* name of a demon killed by Vishnu

कैतव (*kaitav*) I. *m.* fraud, treachery, deception II. *a.* deceitful, cheat

कैथ (*kaith*) *m.* **/कैथा** (*kaithā*) *m.* wood-apple, elephant apple, *Feronia elephantum*

क़ैद A (*qaid*) *f.* 1. imprisonment, confinement 2. restraint
क़ैद करना *v.t.* to imprison, to jail
क़ैद काटना *v.i.* **/क़ैद भुगतना** *v.i.* to undergo a term of imprisonment
क़ैदख़ाना *m.* prison (house), gaol
क़ैद महज़ *f.* simple imprisonment
क़ैद रखना *v.t.* to detain in confinement, to keep in custody

कैद लगाना *v.t.* to restrict, to limit, to attach conditions

कैद सख़्त *f.* rigorous imprisonment

कैद सादा *f.* simple imprisonment

कैद होना *v.i.* to be imprisoned or confined, to be jailed or fettered

कैदी A (*qaidī*) *m.* prisoner, captive

कैदी को हाज़िर करने का आवेदन *m.* habeas corpus application

कैदिन (*qaidin*) *f.* female prisoner

कैनवस E (*kainvas*) *m.* canvas

कैफ़ीयत A (*kaifīyat*) *f.* 1. statement, account 2. explanation 3. state of affairs 4. remarks, particulars

कैफ़ीयत का खाना *m.* column for remarks

कैफ़ीयत तलब करना (*मु.*) *v.t.* to call for explanation or detailed account

कैफ़ीयत देना *v.t.* to describe in detail, to offer an explanation

कैफ़ीयत पूछना *v.t.* to enquire about somebody's state of affairs

कैरम बोर्ड E (*kairamborḍ*) *m.* carrom board

कैफ़ीन E (*kaifīn*) *f.* caffeine

कैफ़े E (*kaife*) *m.* cafe

कैबिनेट E (*kāibineṭ*) *f.* 1. an almirah with drawers 2. cabinet, council of ministers

कैमरा E (*kaimrā*) *m.* camera

कैमिस्ट E (*kaimisṭ*) *m.* chemist

कैम्प E (*kaimp*) *m.* camp

कैम्पस E (*kaimpas*) *m.* campus

कैरट E (*kairaṭ*) *m.* carat, a measure for testing the purity of gold

22/24 कैरट सोना *m.* 22/24 carat gold

कैरव (*kairav*) *m.* white waterlily or lotus 2. enemy, foe

कैरवी (*kairavī*) *f.* moonlight

कैरा (*kairā*) I. *m.* grey colour II. *a.* 1. grey, blue 2. blue-eyed 3. squint-eyed

कैरी (*kairī*) *f.* 1. small unripe green mango 2. eyes, the pupil of which is bluish grey

कैलोरी E (*kailorī*) *f.* calorie, unit of measurement for the energy value of food; unit of heat

कैल्कुलेटर E (*kailkuleṭar*) *m.* calculator

कैल्सियम E (*kailsiyam*) *m.* calcium

कैवर्त (*kaivarta*) *m.* fisherman (see केवट)

कैवर्तीय (*kaivartīya*) *a.* of or relating to a fisherman

कैवल्य (*kaivalya*) *m.* absolute identity with divinity, eternal emancipation, beatitude

कैशोर्य (*kaiśorya*) *m.* (from किशोर) youth, adolescence, teenage

कैसा (*kaisā*) *a.&adv.* what like ?, what sort/kind of ? of what manner ?

कैसा-वैसा होना *v.i.* to have a strange feeling

कैसा ही *adv.* in what manner, howsoever

कैसी-कैसी सुनाना *v.t.* to give a mouthful

कैसे (*kaise*) *adv.* 1. how ? in what manner ? 2. for what purpose ? 3. by what means ?

तुम कैसे आए? *interr.* (a) by what means did you come? (b) for what purpose did you come? what did you come for?

तुम कैसे हो? *interr.* how do you do ?

कोंच (*koṁc*) *f.* prick, thrust, stab

कोंचना (*koṁcnā*) *v.t.* 1. to prick, to pierce 2. to poke 3. to stab, to thrust, to gore

कोंछ (*koṁch*) *f.* edge or border of a garment especially that of a saree

कोंछना (*koṁchnā*) *v.t.* to tuck the edge of a garment into the waist

कोंड़ (*koṁṛ*) *m.* young shoot of a plant

कोंढ़ा (*koṁṛhā*) *m.* pumpkin

कोंपल (*koṁpal*) *f.* a new leaf just sprouting, sprout, shoot

कोंपल निकलना/फूटना *v.i.* to sprout, to shoot, to spring forth

कोंहड़ा (*koṁharā*) *m.* gourd, sweet pumpkin

को (*ko*) *postp.* to, for, in, on, at, toward

उसको to him

रात को at night

शाम को in the evening, towards the evening

सैर को for a walk

कोआ (*koā*) *m.* 1. cocoon 2. ripe fruit of *Cassia latifolia* or *Bassia latifolia* 3. slice of ripe jackfruit

कोई (*koī*) I. *pron.* any, anyone, someone, somebody II. *a.* any, some III. *adv.* about, nearly

कोई और *pron.* someone else

कोई कसर न उठा रखना *v.t.* to leave no stone unturned

कोई-कोई *pron.* some, a few, hardly any

कोई दम का मेहमान *m.* on the verge of death

कोई दम में *adv.* soon, shortly

कोई दस रुपए *m.* about ten rupees

कोई दूसरा *a.* someone else, any other

कोई न कोई *(मु.)* somebody, someone or anyone

कोई नहीं *pron.* there is nobody, no one

कोई भी *pron.* anyone, whosoever

कोई भी नहीं *pron.* none, no one at all

कोई-सा *a.* any, anyone

कोई सूरत नज़र न आना *v.i.* to find no way out

कोई है ? is there anyone waiting ?

कोई हो *pron & a.* be it anyone

जो कोई *pron & a.* whosoever

सब कोई *pron & a.* everyone, everybody

कोक[1] (*kok*) *m.* ruddy goose

कोक-कला *f.* art of sex

कोकशास्त्र *m.* a treatise on sex

कोक[2] E (*kok*) *m.* coke

कोकटी (*kokaṭī*) *f.* a variety of cotton having a reddish colour (source of a fine cloth)

कोकनद (*koknad*) *m.* red lotus

कोका (*kokā*) *a.* not real

कोका पंडित *m.* unlearned Brahmin

कोका भाई *m.* foster-brother

कोकाह (*kokāh*) *m.* a white horse

कोकिल (*kokil*) *m.* **/कोकिला** (*kokilā*) *f.* black Indian cuckoo, *Cuculus indicus*

कोकिल *a.* **/कोकिला कंठ** *a.* sweet-voiced like cuckoo

कोकिल *a.* **/कोकिला कूजित** *a.* resounding with the cry of cuckoo

कोकी (*kokī*) *f.* female ruddy goose (also चकवी)

कोकीन E (*kokīn*) *m.* **/कोकेन** (*koken*) *m.* cocaine (an intoxicating drug)

कोकून (*kokūn*) *m.* cocoon

कोको (*koko*) I. *f.* crowing, caw-caw, a word to distract babies II. *m.* cocoa

कोख (*kokh*) *f.* 1. abdomen 2. womb

कोख उजड़ जाना *v.i.* to lose a child

कोख की ममता *f.* yearning or warmth of motherhood

कोख खुलना *(मु.)* *v.i.* to have a baby after a long time

कोखजली *a* woman whose children do not survive

कोख बंद होना *v.i.* **/कोख मारी जाना** *(मु.)* *v.i.* to become barren

कोख से ठंडी भरी-पूरी होना *v.i.* to be blessed with children

कोच E (*koc*) *m.* coach, cart

कोचवान *m.* coachman

कोचवानी *f.* work or profession of a coachman

कोचना (*kocnā*) *v.t.* to rip, to tear, to lacerate, to pierce, to prick

कोचनी (*kocnī*) *f.* tool for pricking or piercing

कोचा (*kocā*) *m.* 1. slight wound (caused by a pricking object) 2. piercing word, taunt

कोट (*koṭ*) *m.* fort, stronghold

कोटपाल *m.* castellan, keeper of a fort or castle

कोटपीस (*koṭpīs*) *m.* a game of playing cards

कोटर (*koṭar*) *m.* 1. hollow of a tree 2. cavity 3. socket 4. sinus 5. hole

कोटला (*koṭlā*) *m.* fortress

कोटा E (*koṭā*) *m.* quota

कोटा-धारी *m.* quota-holder

कोटा-प्रणाली *f.* quota system

कोटि (*koṭi*) *f.* 1. grade, rank, quality 2. class, category 3. the third division of zodiac 4. crore, ten million 5. (maths) ordinate

कोटिकरण *m.* categorization

कोटिक्रम *m.* gradation

कोटिगत *a.* categoric

कोटिच्युत *a.* degraded

कोटिबद्ध *a.* graded

उच्च कोटि का *a.* of a high grade or class

कोटिक (*koṭik*) *a.* uncountable, innumerable

कोटिज्या (*koṭijyā*) *f.* cosine (of an angle in a right-angled triangle)

कोटिशः (*koṭiśaḥ*) *adv.* millions, many

कोटिशः धन्यवाद *m.* many-many thanks

कोटी (*koṭī*) *f.* waistcoat, jacket

कोठड़ी (*koṭhṛī*) *f.* /**कोठरी** (*koṭhrī*) *f.* small room, close apartment, tenement, cell

काली कोठरी *f.* solitary confinement cell

कोठा (*koṭhā*) *m.* 1. flat top or roof of a house 2. upper storey 3.brothel 4. stomach

कोठे का सख्त *a.* having constipation

कोठा बिगड़ना (*मु.*) *v.i.* stomach (to become upset)

कोठा भरना *v.t.* to eat to the fill

कोठे पर बैठना (*मु.*) *v.i.* to earn a living as a prostitute

कोठेवाली *f.* prostitute

कोठार (*koṭhār*) *m.* 1. storeroom 2. cornbin, claybin, granary

कोठारी (*koṭhārī*) *m.* storekeeper

कोठी (*koṭhī*) *f.* 1. big building, bungalow, mansion 2. mercantile house or firm 3. barn, granary

कोठी खोलना (*मु.*) *v.t.* to set up a factory or business house

कोठी बैठना *a.* house to collapse, a business to fail

कोठीवाल *m.* wholesale merchant

कोड E (*koḍ*) *m.* code

कोडकार *m.* codifier

कोड़ना (*koṛnā*) *v.t.* to dig up/out, to scrape out

कोड़ा (*koṛā*) *m.* lash, whip

कोड़ा की मार *f.* whipping, lashing

कोड़ा/कोड़ेबाज़ *m.* flogger

कोड़ा मारना/लगाना *v.t.* to lash, to flog, to whip

कोड़ाई (*koṛāī*) *f.* 1. act of digging 2. cost or wages for digging

कोड़ाना (*koṛānā*) *v.t.* to cause to be hollowed or dug out, to have something carved or engraved

कोड़ी (*koṛī*) *f.* aggregate of twenty, one score

कोढ़ (*koṛh*) *m.* leprosy

कोढ़ चूना/टपकना *v.i.* to be afflicted with leprosy

कोढ़ पड़ना *v.i.* to be affected with leprosy

कोढ़िन (*koṛhin*) *f.* leprous woman, female leper

कोढ़ी (*koṛhī*) *m.* 1. leper 2. grievous sinner

कोढ़ी मरे संगाती चाहे (*मु.*) a drowning man seeks a companion

कोण (*koṇ*) *m.* 1. angle 2. corner, nook
कोणमापक *m.* protractor
कोणशिला *f.* cornerstone
कोणांक (*koṇāṅk*) *m.* amplitude
कोणिक (*koṇik*) *m.* /**कोणीय** (*koṇīya*) *m.* angular
कोतल (*kotal*) *m.* 1. spare horse kept for show 2. anything supernumerary
कोतल सेना *f.* reserve force
कोतवाल (*kotvāl*) *m.* kotwal, chief police officer of a town
कोतवाली (*kotvālī*) *f.* 1. status or office of a kotwal 2. principal police station
कोताह P (*kotāh*) *a.* short, brief
कोताह नज़र *a.* short-sighted
किस्सा-कोताह *m.* the story in short
कोताही P (*kotāhī*) *f.* 1. shortness, brevity 2. (कमी) lack, want
कोताही करना *v.t.* to fall short, to be lacking, to fail
कोथ (*koth*) *f.* gangrene
कोथयुक्त *a.* inflicted with gangrene
कोथमीर (*kothmīr*) coriander plant
कोथला (*kothlā*) *m.* 1. large bag, sack 2. stomach, belly
कोथला भरना *v.t.* to fill in the belly
कोथली (*kothlī*) *f.* small bag
कोदंड (*kodaṇḍ*) *m.* 1. bow 2. eyebrow
कोदों (*kodoṁ*) *m.* coarse grain (like millet)
कोदों देकर पढ़ना *(मु.)* *v.t.* to receive cheap and inferior education, to remain illiterate
कोन E (*kon*) *m.* cone
कोनदार *a.* conical
कोना (*konā*) *m.* corner
कोना अंतरा *m.* /**कोना कुचड़ा** *m.* every nook and corner
कोना-कोना छांन मारना *v.t.* to search every nook and corner
कोने-कोने में *adv.* in every nook and corner
कोना झाँकना *(मु.)* *v.t.* to look aside, to avert the eyes (in embarrassment or confusion)
कोनेदार *a.* angular
कोनिया (*koniyā*) *m.* 1. a niche in the corner of a room 2. set square 3. a T-shaped plate
कोप (*kop*) *m.* anger, rage
कोपकटाक्ष *m.* /**कोपदृष्टि** *f.* angry look, wrathful glance
कोप करना *v.i.* to be angry
कोपदीप्त *a.* vexed with anger
कोप-भवन *m.* a chamber where an enraged or spurned heroine lady retires
कोपभाजन *m.* victim or target of anger
कोपयुक्त *a.* angry, enraged
कोपवान *a.* angry, wrathful
कोपवेग *m.* violent anger
कोपशील *a.* of irritable nature, choleric
कोपन (*kopan*) I. *a.* irritable II. *m.* angry disposition, irritable temperament
कोपन स्वभाव *a.* of irritable temper, ill-tempered, irascible
कोपित (*kopit*) *a.* angry, enraged
कोपी (*kopī*) *a.* & *m.* irritable, irascible, wrathful (person)
कोफ़्त P (*koft*) *f.* 1. trouble, difficulty 2. disgust
कोफ़्त उठाना *v.t.* to take the trouble of
इससे कोफ़्त होती है feel disgusted with it
कोफ़्ता P (*koftā*) *m.* ball of minced and fried meat or vegetable
कोबाल्ट E (*kobālṭ*) *m.* cobalt, a silvery white magnetic metal
कोबाल्ट नीला *a.* venetian blue
कोबाल्ट पीत *a.* cobalt yellow
कोमल (*komal*) *a.* 1. soft, tender 2.(सुकुमार) delicate 3.(अपरिपक्व) immature
कोमलचित्त *a.* /**कोमलहृदय** *a.* tender-

hearted, kind, generous
कोमल तालु *m.* soft palate, velum
कोमल तालव्य *a.* velar
कोमल स्वर *m.* polite tone, soft note, flat note

कोमलता (*komaltā*) *f.* 1. softness, tenderness 2. immaturity

कोमलांग (*komalāṅg*) *a.* (one) having tender/delicate limbs

कोमलांगी (*komalāṅgī*) *f.* a frail and graceful woman

कोमला (*komalā*) *f.* 1. nutmeg 2. (रेशम) silk

कोमा E (*komā*) *m.* coma, deep unconsciousness

कोयर (*koyar*) *m.* 1. green fodder 2. vegetables

कोयरी (*koyarī*) *m.* cultivator

कोयल (*koyal*) *f.* black Indian cuckoo, *Cuculus indicus*

कोयला (*koyalā*) *m.* (पत्थर का) coal, (लकड़ी का) charcoal
कोयला क्षेत्र *m.* coalfield
कोयला खनक *m.* coalminer
कोयला खान *f.* /**कोयले की खान** *f.* coalmine
कोयले की दलाली में मुँह/हाथ काला *(मु.)* only disgrace is earned by evil work; an evil association does leave some evil impression
जलकर कोयला हो जाना *(मु.) v.i.* to burn with jealousy

कोया (*koyā*) *m.* 1. eyeball 2. cocoon 3. seed or pulp of jackfruit

कोरंड (*koraṇḍ*) *m.* 1. hydrocele 2. bone joint

कोर (*kor*) *f.* 1. point, tip 2. edge 3. end of a garment 4. cutting edge of a weapon, blade 5. enmity, malice
कोर-कसर *f.* flaw, deficiency
कोर-कसर न रखना *v.t.* /**न रहने देना** *(मु.) v.t.* to avoid every possible flaw, to do one's best

कोरदार *a.* having a corner or edge, flanged
कोरदार नेज़ा *m.* flanged spear

कोरम E (*koram*) *m.* quorum
कोरम पूरा न होने के कारण for want of quorum

क़ोरमा (*qormā*) *m.* lightly spiced fried curry

कोरा (*korā*) I . *a.* 1. unused, unhandled 2. unwashed 3. plain, blank 4. undefiled II. *m.* ignorant person, blockhead
कोरा कपड़ा *m.* unwashed cloth
कोरा कागज़ *m.* blank/plain paper
कोरा चैक *m.* blank cheque, carte blanche
कोरा जवाब *m.* flat refusal
कोरा पन्ना *m.* flyleaf
कोरा पिंडा *m.* undefiled body
कोरा बर्तन *m.* new/unused utensil
कोरा लौटाना *v.t.* to return empty-handed
कोरा हीरा *m.* rough diamond
कोरी कल्पना *f.* sheer fancy, wishful thinking, mere imagination
कोरी बातें *f.* empty talk
कोरी मिट्टी *f.* virgin/natural soil
कोरे रह जाना *v.i.* to remain unprofited, to get nothing in return

कोरापन (*korāpan*) *m.* 1. newness 2. plainness

कोर्ट E (*korṭ*) *m.* court
कोर्ट आफ वार्ड्स *m.* court of wards
कोर्ट-इंस्पेक्टर *m.* court inspector
कोर्ट-फीस *f.* court fee
कोर्ट-मार्शल *m.* court martial

कोर्स E (*kors*) *m.* 1. (educational) course 2. course (of meal) 3. course (of some medicine)

कोलतार E (*koltār*) *m.* coal-tar

कोलन E (*kolan*) *m.* colon (:)

कोलाहल (*kolāhal*) *m.* uproar, loud noise, tumult, hubbub

कोलाहल पूर्ण *a.* noisy, uproarious, tumultuous

कोलाहल मचाना *v.t.* to create an uproar

कोलाहली (*kolāhalī*) *a.* (of a person) noisy, rowdy

कोलियरी E (*koliyarī*) *f.* colliery, coal-mine

कोलिया (*koliyā*) *f.* a narrow lane

कोलियाना (*koliyanā*) *v.t.* to embrace

कोल्ड क्रीम E (*koldkrīm*) *f.* cold cream

कोल्हू (*kolhū*) *m.* crusher, oil press

कोल्हू काटकर मुँगरी बनाना *(मु.) v.t.* to waste a bigger thing and make a smaller object out of it

कोल्हू का बैल *(मु.) m.* ox driving an oil press drudge, very hard-working person

कोल्हू के बैल की तरह पिलना *v.i.* to work like a galleyslave

कोल्हू में पिलवा देना *v.t.* to crush/macerate in a mill, to crush to death

कोविद (*kovid*) *a.* & *m.* 1. learned man 2. skilled person, expert, dextrous person

कोश[1] (*koś*) *m.* dictionary, lexicon

कोशकला *f.* lexicography

कोशकार *m.* lexicographer

कोशगत *a.* lexical

कोशगत अर्थ *m.* dictionary meaning

कोशगत उच्चारण *m.* lexical pronunciation

कोशविज्ञान *m.* lexicography

कोशविज्ञानी *m.* lexicographist

कोश[2] (*koś*) *m.* shell, sac

कोशलिक (*koślik*) *m.* a bribe

कोशाकार (*kośākār*) *a.* saccular

कोशाकार ग्रंथि *f.* saccular gland

कोशिका (*kośikā*) *f.* cell, pocket, shell

कोशिका-विज्ञान *m.* cytology

कोशिकाहीन *a.* non-cellular

कोशिकीय (*kośikīya*) *a.* cellular, cytological

कोशिश P (*kośiś*) *f.* effort, attempt, endeavour

कोशिश करना *v.t.* to endeavour, to strive, to try, to make an attempt

कोष (*koṣ*) *m.* 1. treasury, repository, treasure 2. cocoon 3. store, granary 4. sheath 5. shell 6. cell 7. testicle

कोषकक्ष *m.* strongroom

कोषपाल *m.* treasurer

कोष-विज्ञान *m.* cytology (also see कोश)

कोषवृद्धि *f.* enlargement of testicles/scrotum

कोषागार (*koṣāgār*) *m.* treasury

कोषाधिकारी (*koṣādhikārī*) *m.* treasury officer

कोषाध्यक्ष (*koṣādhyakṣa*) *m.* treasurer

कोष्ठ (*koṣṭha*) *m.* 1. apartment, inner apartment, chamber 2. booth 3. storehouse 4. stomach 5. bracket 6. sheath 7. pouch

कोष्ठबद्धता *f.* constipation

कोष्ठ-शुद्धि *f.* purging of the intestines, evacuation of bowels

कोष्ठक (*koṣṭhak*) *m.* 1. bracket, parenthesis 2. cell 3. column

कोष्ठागार (*koṣṭhāgār*) *m.* granary, store

कोष्ठागारिक (*koṣṭhāgārik*) *m.* 1. creature living in a cell 2. storekeeper

कोष्ठाग्नि (*koṣṭhāgni*) *f.* digestive fire, digestive faculty

कोष्ठिका (*koṣṭhikā*) *f.* 1. horoscope 2. cell, small chamber

कोष्ठिका गणक *m.* horoscope maker, astrologer

कोष्ठिका गणना *f.* casting of a horoscope

कोष्ण (*koṣṇa*) *a.* lukewarm, moderately warm, tepid

कोस (*kos*) *m.* distance of three kilometres

कड़ा कोस *m.* distance of more than three kilometres

काले कोसों दूर *adv.* very far off, great way off
नरम कोस *m.* distance of a little less than three kilometres
कोसन (*kosan*) *f.* cursing, curses
कोसना (*kosn*ā) *v.t.* 1. to curse, to imprecate 2. to insult, to humiliate
पानी पी-पीकर कोसना *v.t.* to shower curses upon, to indulge in utter damnation
कोसली (*koslī*) *f.* name of a musical mode
कोसाइन E (*kosāin*) *m.* (maths) cosine
कोसाइन वृत्त *m.* cosine circle
कोसा-कोसी (*kosā-kosī*) *f.* cursing, imprecation
कोसा-कोसी करना *v.t.* to curse
कोहँड़ा (*kohaṁṛā*) *m.* pumpkin (= कुम्हड़ा *q.v.*) the wax gourd *Benincasa hispida*
कोह P (*koh*) *m.* mountain
कोह-काफ *m.* Caucasus mountain range
कोहनूर *m.* the famous diamond, Kohinoor
कोहनी (*kohnī*) *f.* elbow
कोहनीदार कुरसी *f.* armchair
कोहनी मारना *v.t.* to elbow, to jostle
कोहबर (*kohbar*) *m.* family temple
कोहरा (*koharā*) *m.* fog, haze
कोहरा धुंध *f.* smoke, dust clouds
कोहराम A (*kohrām*) *m.* tumult
कोहराम मचना (*मु.*) *v.i.* tumult to be created
कोहान P (*kohān*) *m.* hump of a bull or camel
कोहिस्तान P (*kohistān*) *m.* 1. hilly place or country 2. range of mountains
कोहिस्तानी P (*kohistānī*) I. *m.* inhabitant of a hilly place II. *a.* mountainous, hilly
कोही P (*kohī*) *a.* mountainous, hilly
कौंच (*kaumc*) *f.* a creeper like bean
कौंचा P (*kaumcā*) *m.* ladle
कौंध (*kaumdh*) *f.* flash, dazzling light
कौंध जाना *v.i.* to flash upon
बिजली की कौंध *f.* flash of lightning
कौंधना (*kaumdhnā*) *v.i.* to flash, to glare, to glitter, (idea) to come all of a sudden to one's mind
कौंधा (*kaumdhā*) *m.* flash, dazzling light (same as कौंध *q.v.*)
कौंला (*kaumlā*) *m.* reddish colour 2. a type of large, sweet orange
कौंसल E (*kaumsal*) *f.* counsel
कौंसल करना *v.t.* (a) to consult (b) to intrigue, to plot
कौंसिल E (*kaumsil*) *f.* council
कौंसिलर E (*kaumsilar*) *m.* councillor
कौआ (*kauā*) *m.* 1. crow, raven 2. cunning or wicked fellow 3. larynx, uvula
कौआ-उड़ानी *f.* (a) woman engaged to scare crows (in a field) (b) a disgraced woman
कौआपरी *f.* a dark complexioned woman
कौए उड़ाना *v.t.* to indulge in useless work
कौकृत्य (*kaukṛtya*) *m.* foul deed, evil, doing, mischief
कौटिल्य (*kauṭilya*) *m.* 1. (from कुटिल) crookedness, wickedness 2. diplomat in the court of Chandragupt Maurya
कौटुंब (*kauṭumb*) *m.* 1. the necessities to keep up the family, household 2. family relationship, blood relation, affinity
कौटुंबिक (*kauṭumbik*) *a.* of or relating to family relationship, familial
कौटुंबिक संगठन *m.* family organisation
कौड़ा (*kauṛā*) *m.* a big cowrie, shell
कौड़ियाला (*kauṛiyalā*) *a.&m.* I. spotted, coloured, marked II. a kind of braided or spotted snake
कौड़िल्ला (*kauṛillā*) *m.* a bird similar to

a kingfisher

कौड़ी (*kaurī*) *f.* cowrie, a small shell

कौड़ी कफ़न को न होना *(मु.) v.i.* to be absolutely penniless or poor

कौड़ी का आदमी *m.* worthless fellow

कौड़ी का हो जाना *v.i.* to become worthless

कौड़ी के काम का नहीं *a.* not worth a cowrie or penny, good-for-nothing

कौड़ी के तीन-तीन होना *(मु.) v.i.* to be very cheap, to be of little value

कौड़ी के मोल *a.* very cheap, dirt cheap

कौड़ी को भी न पूछना *(मु.) v.i.* to regard as worthless

कौड़ी-कौड़ी अदा करना या चुका देना *(मु.) v.t.* to pay off every farthing

कौड़ी-कौड़ी का हिसाब लेना *v.t.* to take account of every penny spent

कौड़ी-कौड़ी को तंग होना *v.i.* to be pinched for every cowrie/penny, to be reduced to abject poverty, to be in great distress

कौड़ी-कौड़ी को मुहताज *(मु.) a.* in abject poverty

कौड़ी-कौड़ी जोड़ना *(मु.) v.t.* to save up every penny, to accumulate penny by penny

कौड़ी-कौड़ी दाँत से पकड़ना *(मु.) v.t.* to be very stingy

कौड़ी गलत पकड़ना *v.i.* to miss the target

कौड़ी भर *a.* some, very little

कौड़ियाँ खेलना *v.t.* to gamble with cowries

कौड़ियों के मोल *adv.* at a throw-away price

कानी/फूटी कौड़ी *a.* bad cowrie, base coin

दो कौड़ी का *a.* good-for-nothing

पल्ले कौड़ी न होना *v.i.* to be penniless

कौणिक (*kauṇik*) *a.* (from कोण) angular

कौणिक अपसारण *m.* angular divergence

कौणिक गति *f.* angular motion

कौणिक त्वरण *m.* angular acceleration

कौणिक वेग *m.* angular velocity

कौतुक (*kautuk*) *m.* 1. wonder, curious phenomenon 2. trick, fun

कौतुक-प्रिय *a.* fond of fun, sportive

कौतुक वस्तु *f.* curio

कौतुकी (*kautuki*) I. *m.* 1. jester 2. performer of tricks II. *a.* 1. curious, inquisitive 2. sportive

कौतूहल (*kautūhal*) *m.* curiosity, inquisitiveness

कौतूहलजनक *a.* exciting curiosity

कौतूहल-निवृत्ति *f.* satisfaction of curiosity

कौन (*kaun*) *pron.* who

कौन जाने *pron.* who knows

कौन-सा *adj.* which, which one, which sort of

कौन-सी बात *f.* which thing, what particular one. (also see किस, किसी, किन...)

कौपीन (*kaupīn*) *f.* small loincloth, strip of cloth for wearing round the loins

कौपीनधारी *m.* one wearing a कौपीन

कौब्ज्य (*kaubjya*) (from कुब्ज) humpbacked

क़ौम (*qaum*) *f.* 1. people, community, nation 2.(जाति) race, caste, tribe

क़ौमपरस्त *a.* & *m.* nationalist

क़ौमपरस्ती *f.* nationalism

कौमार्य (*kaumārya*) *m.* (from कुमार) 1. celibacy 2. virginity 3. vow of lifelong celibacy or (in the case of woman) virginity

कौमार्य भंग करना *v.t.* to have the first sexual intercourse, to deprive a woman of her virginity, to deflower

कौमार्य-व्रत *m.* vow of celibacy or virginity

क़ौमियत A (*qaumiyat*) *f.* 1. nationality

2. nationalism

क़ौमी A (*qaumī*) *a.* national, communal, racial, tribal

क़ौमी ज़ुबान *f.* national language

क़ौमी तराना *m.* national song

क़ौमी नारा *m.* national or communal slogan

कौमुदिक (*kaumudik*) *a.* of or pertaining to lotus

कौमुदी (*kaumudī*) *f.* 1. moonlight 2. the full moon (especially in the month of Ashwin or Kartik)

कौमुदी-महोत्सव *m.* festivities during full moon in Kartik month

कौर (*kaur*) *m.* a mouthful, morsel

कौर छीनना (किसी के मुँह का) *v.t.* to rob somebody of his share, to deprive somebody of his subsistence

कौरव (*kaurav*) *m.* a family or a descendant of the King Kuru

कौलंज (*kaulañj*) *m.* pain below the chest bones

क़ौल A (*qaul*) *m.* vow, promise

क़ौल करना *v.t.* to pledge, to give one's word, to make a promise

क़ौल-करार *m.* mutual agreement

क़ौल का पक्का/पूरा/सच्चा *(मु.) a.* true to one's word

क़ौल तोड़ना *v.t.* to go back on one's word, to break one's promise

क़ौल देना *v.t.* to give word, to promise

क़ौलनामा *m.* written agreement

क़ौल हारना *v.t.* to fulfil one's promise

कौलटिनेय (*kaulṭiney*) *m.* (from कुलटा) bastard, illegitimate child

कौलालिक (*kaulālik*) I. *a.* (from कुलाल) of or made by a potter II. *m.* earthenware, earthen pots or vessels

कौलिक (*kaulik*) *a.* (from कुल) of a family or race, ancestral

कौलिक परंपरा *f.* family tradition

कौलीन्य (*kaulīnya*) *m.* (from कुलीन) nobility, noble or high birth

कौवा (*kauvā*) *m.* crow (better कौआ)

कौवाल (*kauvāl*) *m.* singer of praises (see कव्वाल)

कौवाली (*kauvālī*) *f.* a form of group song in praise of God or some godman (see कव्वाली)

कौशल (*kauśal*) *m.* 1. skill, skilfulness 2. efficiency, capability 3. strategy, diplomacy

कौशल-कला *f.* device, manoeuvre, dodge

कौशलपूर्ण *a.* (a) workmanlike, skilful (b) strategic

रणकौशल *m.* war strategy

कौशेय (*kauśey*) I. *m.* 1. silk 2. silken cloth or garment II. *a.* silken, of silk

कौसीद (*kausīd*) I. *m.* usurer, one who lives on interest II. *a.* usurious, pertaining to loan or debt

कौसीद्य (*kausīdya*) *m.* 1. usury, living on interest 2.(आलस्य) laziness, indolence, sloth

कौसुंभ (*kausumbh*) *a.* dyed with saffron or orange colour

कौसुम (*kausum*) *a.* made or full of flowers

क्या (*kyā*) *pron.* & *a.* what

क्या अच्छा ! how fine, well done !

क्या कहने excellent

क्या कुछ *(मु.)* what all

क्या कुछ नहीं what is not, what is not done

क्या-क्या what things, severally

क्या खाक है it is mere trifle, useless

क्या खूब *(मु.)* how fine, well done

क्या गुल खिला what a strange thing came to light?

क्या दिन क्या रात day or night, no matter or no difference

क्या नाम what do you call it?

क्या बात है ? (a) what is the matter? (b) excellent (c) it goes without say-

ing

क्या मुँह लेकर *adv.* with what face, how dare you

क्या हुआ ? what has happened ? what is the matter ? what has become of it ?

क्या है ? what is it? what do you say? what is the matter?

उसकी क्या ताकत है ? what power has he ? what can he do ?

ऐसा क्या ? why so ?

और क्या ? what else?

तुम क्या हो what is your worth ?

क्यारी (*kyārī*) *f.* flower bed, vegetable plot

क्यारी बनाना *m.* to prepare flower beds

क्यू E (*kyū*) *m.* queue, line, sequence of persons, vehicles, etc.

क्यूरेटर E (*kyūreṭar*) *m.* curator

क्यों (*kyoṁ*) *adv.* 1. why 2. for this reason, that's why

क्योंकर *adv.* how, in what manner, by what means

क्योंकि *conj.* because, for

क्यों जी ? how is it, sir ?

क्यों नहीं *(मु.)* why not, certainly, surely

क्यों न हो why should it not be so?

क्रंदन (*krandan*) *m.* lamentation, crying out, bewailing

क्रंदन करना *v.i.* to bewail, to lament, to cry

करुण-क्रंदन *m.* pathetic lamentation or cry

क्रंदसी (*krandsī*) *f.* wailing woman

क्रंदित (*krandit*) *a.* 1. grieved, pained 2. lamented

क्रकच (*krakac*) *m.* saw

क्रकचपाद *m.* lizard, chameleon

क्रतु (*kratu*) *m.* 1. sacrifice 2. prayer to a god or God

क्रतुपति *m.* sacrificer

क्रतुपशु *m.* sacrificial animal

क्रम (*kram*) *m.* order, grade, serial

क्रम-क्रम से *adv.* step by step, little by little, by degrees

क्रम-परिवर्तन *m.* change in order

क्रमबद्ध *a.* orderly, serial, systematic

क्रमबद्धता *f.* orderliness, gradation

क्रमभंग *m.* disorder, disarrangement

क्रमवर्ती *a.* successive

क्रम-विपर्यय *m.* reverse order

क्रमसंख्या *f.* serial number

क्रमसूचक *a.* ordinal

क्रमसूचक संख्या *f.* ordinal number

क्रम से *adv.* in order

क्रम हीन *a.* without any order

अकारादि क्रम से *adv.* in alphabetical order

क्रमचय (*kramcay*) *m.* permutation

क्रमण (*kramaṇ*) *m.* gradation

क्रमशः (*kramśaḥ*) *adv.*1. respectively 2. step by step, gradually, by degrees, little by little

क्रमांक (*kramāṅk*) *m.* serial number

क्रमांकन (*kramāṅkan*) *m.* numbering, calibration

क्रमांकन करना *v.t.* to number in order, to calibrate

क्रमांकन मशीन *f.* numbering machine

क्रमांकनानुसार (*kramāṅkanānusār*) *adv.* respectively, turn by turn, in order

क्रमांकित (*kramāṅkit*) *a.* numbered, calibrated

क्रमागत (*kramāgat*) *a.* in direct succession, successive, coming one after another, consecutive

क्रमागत संख्याएँ *f.* consecutive numbers

क्रमानुसार (*kramānusār*) *adv.* according to an order, in order, respectively

क्रमिक (*kramik*) *a.* 1. successive 2. gradual

क्रमिक आयवृद्धि *f.* increasing income

क्रमिक कार्यक्रम *m.* phased programme

क्रमिक परिवर्तन *m.* gradual change
क्रमिक विकास *m.* progressive development
क्रमिक विचार *m.* successive ideas

क्रमिकता (*kramiktā*) *f.* succession, gradualness
क्रमिकतावाद *m.* gradualism, policy of gradual reform

क्रमित (*kramit*) *a.* graduated, ordered, placed in order

क्रमीकरण (*kramīkaraṇ*) *m.* serialization, ordering

क्रमोत्कर्ष (*kramotkarṣa*) *m.* gradual amelioration

क्रमोत्क्रम (*kramotkram*) *m.* disorder, irregularity

क्रमोन्नत (*kramonnat*) *a.* acclivitous, gradually rising or ascending, gradually promoted

क्रमोन्नति (*kramonnati*) *f.* upgrading, gradual promotion

क्रय (*kray*) *m.* purchase, buying, purchasing
क्रयकर्ता *m.* purchaser
क्रय-दर *f.* purchasing rate
क्रय-बही *f.* purchase register
क्रयमूल्य *m.* cost price
क्रय-विक्रय *m.* marketing, merchandising, trade
क्रय-विक्रय करना *v.t.* to buy and sell, to trade
क्रय-विक्रय कर्ता *m.* trader
क्रय-विक्रय संघ *m.* marketing federation
क्रयशक्ति *f.* purchasing power, buying capacity

क्रयण (*krayaṇ*) *m.* buying, purchasing

क्रयी (*krayī*) *m.* purchaser, buyer

क्रय्य (*krayya*) *a.* purchasable, fit to be bought or purchased

क्रव्य (*kravya*) *m.* flesh, raw meat, carrion

क्रव्याद (*kravyād*) I. *a.* & *m.* carnivorous (beast or bird) II. *m.* beast of prey

क्रांत (*krānt*) *a.* 1. passed 2. crossed, overcome, overpowered 3. suppressed

क्रांति (*krānti*) *f.* 1. revolution 2. total change
क्रांतिकारी *a.* & *m.* revolutionary
क्रांतिकारी गुट *m.* revolutionary junta
क्रांतिवादी I. *m.* revolutionist II. *a.* revolutionary
क्रांति-विरोधी *a.* anti-revolutionary, counter-revolutionary
क्रांतिवृत्त *m.* (*astr.*) ecliptic, sun's path
श्वेतक्रांति *f.* white revolution (in production of milk)
हरितक्रांति *f.* green revolution (in agricultural products)

क्राउन E (*krāun*) *m.* crown
क्राउन साइज़ *a.* & *m.* (of paper) crown size

क्राकरी E (*krākarī*) *f.* crockery

क्रानिक E (*krānik*) *a.* chronic
क्रानिक रोग *m.* chronic disease

क्रॉस E (*kraus*) *m.* 1. the symbol of the Christian religon 2. (of animal breed) cross 3. short intersecting lines, cross (x)
क्रॉस कर देना *v.t.* to cross out

क्रॉसिंग (*krausiṅg*) *f.* (of roads) crossing
रेलवे क्रॉसिंग *f.* railway crossing

क्रिकेट E (*kriket*) *m.* cricket
क्रिकेट का खिलाड़ी *m.* cricket player
क्रिकेट का खेल *m.* cricket game
क्रिकेट का बॉल *m.* cricket ball

क्रियमाण (*kriymāṇ*) *n.* operative

क्रिया (*kriyā*) *f.* 1. act, action 2. religious rite/duty 3. verb
क्रिया करना *v.t.* to do, to act
क्रिया कर्ता *m.* doer
क्रिया-कर्म *m.* funeral rites, obsequies
क्रियाकलाप *m.* (a) activity (b) religious rites, ceremonies

क्रियाकारी *a.* operative
क्रियाकुशल *a.* expert, skilful, adroit
क्रियात्मक *a.* of use, practical
क्रिया धातु *f.* verbal root
क्रिया नामक *m.* action nominal
क्रिया निकाय *m.* functioning body
क्रियानिष्ठ *a.* regular in performing daily religious duties
क्रिया-पटु *a.* dextrous, clever
क्रियापद *m.* (a) verb (b) verbal phrase
क्रिया-प्रसंग *m.* course of action
क्रियाफल *m.* result of an action, consequence of a performance
क्रियारत *a.* engaged in work
क्रियारूप *m.* conjugation
क्रियावाचक संख्या *f.* verbal noun
क्रियावान *a.* active, engaged in action
क्रियाविधि *f.* procedure, methodology
क्रिया-विशेषण *m.* adverb
क्रिया-शक्ति *f.* energy, faculty, power of doing things
क्रियाशील *a.* active by disposition, diligent, laborious
क्रियाशून्य *a.* (a) lazy, idle (b) numb
क्रियासिद्ध *a.* successful in one's work
क्रियासिद्धि *f.* successful accomplishment
अकर्मक क्रिया *f.* intransitive verb
प्रेरणार्थक क्रिया *f.* causative verb
सकर्मक क्रिया *f.* transitive verb

क्रियात्मक (*kriyātmak*) *a.* operative, functional, practical
क्रियात्मक ज्ञान *m.* practical knowledge
क्रियात्मक रूप से *adv.* practically

क्रियात्मकता (*kriyātmaktā*) *f.* practicability

क्रियातिपत्ति (*kriyātipatti*) *f.* a poetic embellishment

क्रियान्वयन (*kriyānvayan*) *m.* implementation, putting into effect

क्रियान्वित (*kriyānvit*) *a.* implemented, put into effect

क्रियान्विति (*kriyānviti*) *f.* implementation, putting into effect, translation into action

क्रियार्थक (*kriyārthak*) *a.* verbal
क्रियार्थक नाम *m.* /**क्रियार्थक संज्ञा** *f.* action noun, verbal noun, gerund

क्रिश्चियन (*kriściyan*) *a.* & *m.* Christian (see क्रिस्तान)

क्रियेन्द्रिय (*kriyeṁdriy*) *f.* sense organs

क्रिस्टल E (*krisṭal*) *m.* crystal
क्रिस्टल विज्ञान *m.* crystallography

क्रिस्टलीकरण (*krisṭalīkaraṇ*) *m.* crystallization

क्रिस्टान (*krisṭān*) *m.* /**क्रिस्तान** E (*kristān*) *m.* Christian
क्रिस्टान, क्रिस्तान बनाना/करना *v.t.* to convert to Christianity
क्रिस्टान, क्रिस्तान हो जाना *v.i.* to become Christian, to be converted to Christianity

क्रिस्मस E (*krismas*) *m.* Christmas, Xmas

क्रीड़क (*krīṛak*) *m.* player, sportsman

क्रीड़न (*krīṛan*) *m.* playing, sporting

क्रीड़मान (*krīṛmān*) *a.* playing, sportive

क्रीड़ा (*krīṛā*) *f.* 1. play, sport, game 2. pastime 3. frolic
क्रीड़ा-कंदुक *m.* playing ball
क्रीड़ा करना *v.t.* to play
क्रीड़ा-कौतुक *m.* games, sports
क्रीड़ाक्षेत्र *m.* (a) area of activity (b) playground
क्रीड़ागृह *m.* (a) pleasure house (b) games hall
क्रीड़ामय *a.* playful, sportive
क्रीड़ा-शिक्षक *m.* games master
क्रीड़ाशील *a.* playful, sportive
क्रीड़ा-स्थल *m.* playground, place for games and sports
क्रीड़ा-स्थली *f.* area of activity
जल-क्रीड़ा *f.* aquatic sports

क्रीत (*krīt*) *a.* bought, purchased
क्रीत दास *m.* bondsman, serf

क्रीम E (*krīm*) *f.* cream
क्रुद्ध (*kruddha*) *a.* angry, wrathful, displeased, indignant, irritated
क्रुद्ध होकर *adv.* angrily
क्रुद्ध होना *v.i.* to be angry
क्रूर (*krūr*) *a.* 1. cruel 2. fearful, fierce
क्रूरकर्म *m.* cruel deed
क्रूरकर्मा *a.* pitiless, cruel
क्रूरमति *a.* (a) merciless, unkind (b) mischievous, malicious
क्रूरता (*krūrtā*) *f.* cruelty, brutality
क्रूरतापूर्ण *a.* cruel, fierce
क्रूरतापूर्वक *adv.* cruelly
क्रूरात्मा (*krūrātmā*) *a.* & *m.* (a man) of cruel or wicked nature
क्रूराचार (*krūrācār*) *m.* cruel practice/custom
क्रूराशय (*krūrāśay*) *a.* having a cruel or relentless disposition
क्रेता (*kretā*) *m.* purchaser, buyer
क्रेय (*krey*) *a.* purchasable, worth buying, fit to be purchased or bought
क्रोड़ (*kroṛ*) *m.* 1. bosom, lap 2. core 3. hollow of a tree 4. internal position of anything
क्रोड़-पत्र *m.* (a) a marginal writing (b) supplement
क्रोड़ीकरण (*kroṛīkaraṇ*) *m.* embracing, clasping to bosom
क्रोध (*krodh*) *m.* anger, wrath, rage, indignation
क्रोध उद्दीप्त करना *v.t.* to incite anger
क्रोध करना *v.t.* to be angry
क्रोध पी जाना *(मु.)* *v.i.* to suppress one's anger
क्रोध में आना *v.i.* to get angry
क्रोधवान *a.* angry, wrathful
क्रोध से *adv.* angrily
क्रोधाग्नि (*krodhāgni*) *f.* fiery anger, ire, wrath
क्रोधाग्नि भड़क उठना *v.i.* to be in a great rage
क्रोधान्वित (*krodhānvit*) *a.* angry, furious, enraged
क्रोधान्वित करना *v.t.* to enrage, to incite, to anger
क्रोधान्वित होना *v.i.* to be angry
क्रोधालु (*krodhālu*) *a.* wrathful by temperament, passionate
क्रोधित (*krodhit*) *a.* enraged, irritated, angry
क्रोधी (*krodhī*) *a.* wrathful by temperament, irascible, passionate, choleric, hot-tempered
क्रोधी स्वभाव *m.* hot tempered
क्रोधोद्दीपक (*krodhoddīpak*) *a.* exciting anger, infuriating, provocative
क्रोधोद्दीपन (*krodhoddīpan*) *m.* exciting to anger, provocation, enraging
क्रोधोद्दीप्त (*krodhoddīpta*) *a.* enraged, infuriated, provoked to anger
क्रोधोन्मत्त (*krodhonmatta*) *a.* maddened with rage, highly enraged, insensate with anger
क्रोम E (*krom*) *m.* chrome, a yellow pigment for shining surfaces
क्रोम चर्म *m.* chrome leather
क्रोमियम E (*kromiyam*) *m.* chromium
क्रोमियम की प्लेट *f.* chromium plate
क्रोश (*kroṣ́*) *m.* 1. crying, moaning 2. shouting 3. calling aloud
क्रोश-विक्रय *m.* auction
क्रौंच (*kraumc*) *m.* curlew or heron, *ardea jamlator*
क्लच E (*klac*) *m.* clutch
क्लच-पैडल *m.* clutch pedal
क्लब E (*klab*) *m.* club (association)
क्लर्क E (*klarka*) *m.* clerk
क्लर्की (*klarkī*) *f.* clerical profession
क्लर्की करना *v.t.* to work as a clerk
क्लांत (*klānt*) *a.* 1. fatigued, wearied, tired 2. dejected, depressed 3. frustrated
क्लांति (*klānti*) *f.* 1. fatigue, wearisomeness, langour, tiresomeness 2. dejection, depression 3. frustration

क्लांतिहर *a.* allaying or relieving fatigue

क्लिन्न (*klinna*) *a.* 1. wet, moistened 2. (गंदा) rotten, putrefied

क्लिप E (*klip*) *f.* clip

क्लिष्ट (*klișța*) *a.* 1. difficult, obscure, hard (to understand) 2. frail, worn out

क्लिष्ट कल्पना *f.* far-fetched or tormenting imagination

क्लिष्ट कल्पित *a.* hard to conceive, far-fetched

क्लिष्टता (*klișțatā*) *f.* /**क्लिष्टत्व** (*klișțatva*) *m.* 1. obscurity, difficulty of understanding 2. frailty

क्लीट E (*klīț*) *m.* cleat (to strengthen wood work)

क्लीव (*klīv*) *a.* 1. impotent 2. cowardly, timid 3. powerless

क्लीवता (*klīvtā*) *f.* /**क्लीवत्व** (*klīvatva*) *m.* 1. impotency, imbecility 2. timidity, cowardliness 3. powerlessness

क्लेद (*kled*) 1. moisture 2. moistly dirt or filth 3. pain, affliction 4. sweat

क्लेदक (*kledak*) *a.* 1. moistly, moistening 2. sweaty

क्लेश (*kleś*) *m.* mental pain, anguish, affliction, distress

क्लेशकर/दायक *a.* distressing, troublesome, vexatious

क्लेश मचाना *v.t.* to create trouble

क्लेशार्जित (*kleśārjit*) *a.* hard-earned

क्लेशित (*kleśit*) *a.* 1. put to hardship, hardpressed 2. pained, afflicted

क्लैम्प E (*klaimp*) *m.* clamp, branchia

क्लैव्य (*klaivya*) *m.* 1. impotency, imbecility 2. timidity, cowardness 3. powerlessness (= क्लीवता *q.v.*)

क्लोम (*klom*) *m.* gill, branchia, an organ (of fishes, etc.) for respiration

क्लोमावरण (*klomāvaraṇ*) *m.* branchial membrane

क्लोरीन E (*klorīn*) *f.* chlorine

क्लोरोफार्म E (*klorofārm*) *m.* chloroform

क्वचित (*kvacit*) *a.* & *adv.* rare, hardly any, seldom

क्वणन (*kvaṇan*) *m.* 1. rattling (sound), twang 2. ringing of a string instrument 3. echo

क्वणित (*kvaṇit*) *a.* 1. resounded, twanged, rung 2. echoed, vibrated

क्वथ (*kvath*) *m.* decoction

क्वथन (*kvathan*) *m.* 1. decoction 2. thickening a fluid by boiling or evaporating 3. boiling, ebullition

क्वथनांक (*kvathnāṅk*) *m.* boiling point

क्वथित (*kvathit*) *a.* 1. boiled, steamed 2. thickened by boiling 3. decocted

क्वाँरा (*kvāṁrā*) *a.* & *m.* bachelor

क्वाथ (*kvāth*) *m.* decoction

क्वार (*kvār*) *m.* name of the seventh lunar month (Ashwin) (Sept.-Oct.)

क्वारा (*kvārā*) *a.* & *m.* unmarried (person), bachelor

क्वारापन (*kvārāpan*) *m.* bachelorhood, virginity

क्वारी (*kvārī*) *a.* & *f.* unmarried (woman), virgin

क्षंतव्य (*kșantavya*) *a.* pardonable, forgivable, excusable

क्षकार (*kșakār*) *m.* the letter क्ष or the sound क्ष

क्षण (*kșaṇ*) I. *m.* 1. instant, moment 2. a measure of time equal to four seconds II. *adv.* for a moment

एक क्षण रुक जाइए! wait (for) a moment !

क्षण-क्षण *adv.* every moment, continually

क्षणजीवी *a.* short-lived, evanescent, momentary

क्षणदीप्ति *f.* flash

क्षणद्युति *f.* lightning

क्षणध्वंसी *a.* perishing in a moment, momentary, transitory

क्षणप्रभा *f.* shining or flashing for a

moment

क्षणभंगुर *a.* ephemeral, evanescent, momentary, transient

क्षणभंगुरता *f.* transitoriness, momentariness

क्षणभर में *adv.* in just a moment

क्षणस्थायी *a.* lasting for a moment, transitory, evanescent

क्षणदा (*kṣaṇdā*) *f.* night

क्षणदाकर *m.* the moon

क्षणांतर (*kṣaṇāntar*) *m.* the next moment, a moment afterward

क्षणिक (*kṣaṇik*) *a.* momentary, transient, transitory

क्षणिकवाद *m.* the doctrine of continual decay of things

क्षणिका (*kṣaṇikā*) *f.* lightning

क्षणिनी (*kṣaṇinī*) *f.* night

क्षत (*kṣat*) *m.* wound, injury, lesion

क्षतचिह्न *m.* scar, cicatrix

क्षतयोनि *a.* deflowered (woman)

क्षत-विक्षत *a.* wounded and dismembered, mauled, mangled

क्षता (*kṣatā*) *f.* deflowered or violated girl

क्षति (*kṣati*) *f.* 1. injury, hurt 2. damage, loss

क्षति उठाना *v.t.* suffer/sustain loss

क्षतिग्रस्त *a.* (a) injured (b) damaged (c) affected

क्षतिग्रस्त परिवार *m.* affected family

क्षतिग्रस्त माल *m.* damaged goods

क्षति पहुँचाना *v.t.* to damage, to hurt

क्षतिपूरक *a.* compensatory

क्षतिपूरक उपादान *m.* compensation, gratuity

क्षतिपूरक छुट्टी *f.* compensatory leave

क्षतिपूरण *m.* indemnification

क्षतिपूर्ति *f.* compensation

क्षतिपूर्ति करना *v.i.* to compensate, to indemnify, to make good

क्षतिपूर्ति बंधपत्र *m.* indemnity certificate/bond

क्षतिपूर्ति भत्ता *m.* compensatory allowance

क्षात्र (*kṣatra*) *m.* 1. power, might, strength 2.(धन) wealth 3. warrior, Kshatriya

क्षत्र कर्म/धर्म *m.* the function or duty of a Kshatriya (also क्षात्रकर्म/धर्म)

क्षत्रपति *m.* king, emperor

क्षत्रविद्या *f.* warfare

क्षत्रप (*kṣatrap*) *m.* prince, king, the title of Mandalik kings

क्षत्राणी (*kṣatrāṇī*) *f.* woman of the Kshatriya class

क्षत्रिय (*kṣatriy*) *m.* a man or member of the Kshatriya class or warrior class, warrior by caste

क्षत्रियत्व (*kṣatriyatva*) *m.* attribute of a Kshatriya, heroism

क्षत्रिया (*kṣatriyā*) *f.* woman of military caste

क्षत्री (*kṣatrī*) *m.* a man or member of the Kshatriya class or warrior class, warrior by caste (better क्षत्रिय *q.v.)*

क्षपणक (*kṣapṇak*) *m.* Jain mendicant

क्षपांत (*kṣapant*) *m.* dawn, morning

क्षपा (*kṣapā*) *f.* night

क्षपाकर *m.* the moon

क्षपाचर *m.* evil spirit, demon

क्षपानाथ/पति *m.* the moon

क्षपित (*kṣapit*) *a.* 1. destroyed 2. oppressed, cursed

क्षम (*kṣam*) *a.* 1. competent, capable, fit 2. tolerant, forbearing (more common सक्षम *q.v.*)

क्षमणीय (*kṣamṇiy*) *a.* pardonable, excusable

क्षमता (*kṣamtā*) *f.* competence, capacity, capability, fitness

क्षमता-परीक्षण *m.* endurance test

क्षमा (*kṣamā*) *f.* 1. pardon, forgiveness 2. patience, forbearance

क्षमा करना *v.t.* to pardon, to forgive, to excuse, to condone

क्षमा करने योग्य *a.* pardonable, forgivable, excusable

क्षमा करने वाला *m.* /**क्षमाकर्ता** *m.* condoner

क्षमादान *m.* clemency, condonation

क्षमाप्रार्थी *a.* & *m.* (one) who seeks forgiveness

क्षमा मांगना *v.t.* to apologise, to tender an apology

क्षमायाचना *f.* apology

क्षमायाची *a.* & *m.* apologetic, (one) who seeks forgiveness

क्षमायोग्य *a.* pardonable, excusable, forgivable

क्षमावान *a.* of forgiving nature

क्षमाशील *a.* (one) of a patient or forgiving disposition

क्षमाशीलता *f.* forgiving disposition

क्षमालु (*kṣamālu*) *a.* of forgiving nature (= क्षमावान *q.v.*)

क्षमित (*kṣamit*) *a.* forgiven, pardoned

क्षम्य (*kṣamya*) *a.* pardonable, forgivable, excusable

क्षयंकर (*kṣayaṅkar*) *m.* destroyer

क्षय (*kṣay*) *m.* 1. loss, waste 2. decay, decadence 3. fall 4. dissipation 5. end 6. (रोग) tuberculosis, TB

क्षयकारी *a.* dissipative

क्षयकास *m.* consumptive cough

क्षयजनक *a.* destructive, decaying, wasting

क्षयपक्ष *m.* fortnight of the waning moon

क्षयरोगी *m.* consumptive

क्षयशील *a.* liable to decay

क्षयिष्णु (*Kśayiṣṇu*) *a.* fated to decay

क्षयी (*kṣayī*) *a.* 1. decaying, decadent, waning 2. perishable

क्षयोन्मुख (*kṣayonmukh*) *a.* decadent, decaying

क्षय्य (*kṣayya*) *a.* perishable

क्षर (*kṣar*) *a.* 1. melting away, perishing 2. perishable

क्षरण (*kṣaraṇ*) *m.* 1. dripping, oozing 2. diminishing, decreasing 3. leakage 4. erosion

क्षरित (*kṣarit*) *a.* 1. decreased, decayed 2. oozed, dripped 3. eroded

क्षांत (*kṣānt*) *a.* enduring, forbearing, tolerant

क्षांति (*kṣānti*) *f.* forbearance, endurance, indulgence, toleration

क्षात्र (*kṣātra*) *a.* of or pertaining to a Kshatriya

क्षात्रतेज *m.* brilliance or heroism typical of a Kshatriya, military acumen

क्षात्रधर्म *m.* the duty or function of a Kshatriya

क्षाम (*kṣām*) *a.* weak, lean and thin

क्षामा (*kṣāmā*) *f.* the earth

क्षार (*kṣār*) *m.* 1. alkali 2.(राख) ash 3. borax

क्षारभूमि *f.* saline land

क्षारमय *a.* alkaline

क्षारमिति *f.* alkalinity

क्षारक (*kṣārak*) *a.* caustic

क्षारता (*kṣārtā*) *f.* alkalinity

क्षारीय (*kṣārīy*) *a.* alkaline

क्षारीय जल *m.* alkaline water

क्षारोद (*kṣārod*) *m.* alkaloid

क्षालन (*kṣālan*) *m.* washing, cleansing

क्षालित (*kṣālit*) *a.* 1. washed, cleansed 2. wiped away

क्षिति (*kṣiti*) *f.* 1. abode, dwelling, habitation 2. the earth 3. loss, destruction

क्षिति-तल *m.* crust of the earth

क्षितिधर *m.* mountain

क्षितिज (*kṣitij*) *m.* 1. horizon 2. earth-born, the planet Mars

क्षितीश (*kṣitīś*) *m.* /**क्षितीश्वर** (*kṣitīśvar*)

m. king

क्षिप्त (*kṣipta*) *a.* 1. thrown, cast, despatched 2. projected 3. mad, distracted in mind (also क्षिप्तचित्त)

क्षिप्र (*kṣipra*) *a.* 1. fast, quick 2. nimble, agile

क्षिप्रकारिता *f.* quickness in action, agility, nimbleness

क्षिप्रकारी *m.* prompt, quick, fast, nimble, agile

क्षिप्रगति *f.* swift movement

क्षिप्रगामी *a.* fast, swift, moving rapidly

क्षिप्रचेता *a.* alert

क्षिप्रहस्त *a.* nimble, agile, doing a work quickly

क्षिप्रता (*kṣipratā*) *f.* 1. nimbleness, agility, alacrity 2. speed

क्षिप्रानुमान (*kṣiprānumān*) *m.* quick estimate, prompt estimate

क्षीण (*kṣīṇ*) *a.* 1. diminished, worn away, decayed 2. torn, broken 3. emaciated, weak, feeble, lean and thin 4. poor, miserable

क्षीणकाय *a.* lean and thin

क्षीणकारी *a.* attenuator

क्षीणपुण्य *a.* one whose merits are lost

क्षीणप्रकृति *a.* of mean nature

क्षीणबुद्धि *a.* feeble-minded

क्षीणबुद्धिता *f.* feeble-mindedness

क्षीणमति *f.* weak intellect

क्षीणमन *m.* weak mind

क्षीणमनस्कता *f.* feeble mindedness (disease)

क्षीणरोग *m.* wasting disease

क्षीणस्वर *m.* light vowel

क्षीणता (*kṣīṇtā*) *f.* 1. attenuation, atrophy 2. decay 3. feebleness, weakness 4. leanness, thinness, emaciation

क्षीणन (*kṣīṇan*) *m.* attenuation, thinning

क्षीणार्थ (*kṣīṇārtha*) *a.* (one) whose property is lost/destroyed, poor, impoverished

क्षीय (*kṣīy*) *a.* 1. in a decaying state, on the wane 2. dying, on the verge of death

क्षीर (*kṣīr*) *m.* 1. milk 2. milky juice or sap

क्षीरद्रुम *m.* a tree which gives out milky sap

क्षीरधात्री *f.* wet-nurse

क्षीरधेनु *f.* milch cow

क्षीरनिधि *m.* ocean of milk

क्षीर-नीर करना *v.t.* to discriminate (as between good and bad)

क्षीर व्रत *m.* vow to take milk only

क्षीरसागर *m.* (*myth.*) ocean of milk (of gods)

क्षीराब्धि (*kṣīrābdhi*) *m.* ocean of milk (see क्षीरसागर)

क्षीरी (*kṣīrī*) *a.* yielding milk

क्षीरोद (*kṣīrod*) *m.* the ocean of milk

क्षीरोद तनय *m.* the moon

क्षीरोदन (*kṣīrodan*) *m.* (खीर) rice cooked in milk

क्षीव (*kṣīv*) *a.* 1. intoxicated 2. excited

क्षुण्ण (*kṣuṇṇa*) *a.* 1. pounded, crushed, pulverised 2. broken 3. violated

क्षुत् (*kṣut*) *f.* hunger

क्षुत् पिपासा *f.* hunger and thirst

क्षुद्र (*kṣudra*) *a.* 1. mean, low, vile, base 2. small, little 3. niggardly 4. insignificant

क्षुद्रग्रह *m.* planetoid, asteroid

क्षुद्र जंतु/जीव *m.* small insect, lower animal

क्षुद्र धान्य *m.* inferior grain, coarse grain

क्षुद्रप्रकृति *a.* mean, mean-spirited

क्षुद्रबुद्धि *a.* of little understanding, silly

क्षुद्र रोग *m.* minor disease

क्षुद्र व्यक्ति *m.* mean fellow

क्षुद्रहृदय *a.* low-minded

क्षुद्रता (*kṣudratā*) *f.* 1. meanness, abjectness 2. smallness 3. inferiority, insignificance

क्षुद्रल (*kṣudral*) *a.* 1. very mean, base 2. very small 3. unimportant, insignificant

क्षुद्रांत्र (*kṣudrāntra) m.* small intestine, ileum

क्षुद्रा (*kṣudrā*) *f.* 1. low woman, base or despicable woman 2. harlot, prostitute

क्षुद्रात्मा (*kṣudrātmā*) *a.* of a low character

क्षुद्राभूषण (*kṣudrābhūṣaṇ*) *m.* trinket, trifling ornament

क्षुधा (*kṣudhā*) *f.* 1. hunger 2. appetite

क्षुधा-अभाव *m.* loss of appetite, anorexia

क्षुधानाश *m.* loss of appetite

क्षुधापीड़ित *a.* oppressed with hunger, hungry, famished

क्षुधावर्धक *a.* & *m.* appetising, appetiser

क्षुधातुर (*kṣudhātur*) *a.* oppressed with hunger, very hungry

क्षुधार्त (*kṣudhārta*) *a.* pained with hunger

क्षुधित (*kṣudhit*) *a.* hungry

क्षुप (*kṣup) m.* shrub, bush

क्षुपक (*kṣupak) m.* small shrub or bush

क्षुब्ध (*kṣubdha*) *a.* 1. perturbed, disturbed 2. agitated, excited

क्षुभित (*kṣubhit*) *a.* agitated, disturbed

क्षुर[1] (*kṣur) m.* razor

क्षुरकर्म *m.* /**क्षुरक्रिया** *f.* shaving

क्षुर[2] (*kṣur*) *m.* hoof (of a horse)

क्षुरिका (*kṣurikā*) *f.* knife

क्षेत्र (*kṣetra*) *m.* 1. field 2. area 3. region, zone 4. sphere, sphere of action 5. scope

क्षेत्र-अनुसंधान *m.* field investigation

क्षेत्र-कार्य *m.* field-work

क्षेत्र-कार्यकर्ता *m.* field-worker

क्षेत्रगणित *m.* field-geometry

क्षेत्र डाक/तार घर *m.* field post/telegraph office

क्षेत्रपंजी *f.* field book

क्षेत्रपति *m.* landlord, landowner

क्षेत्रपाल *m.* guard/manager of the area

क्षेत्र-प्रचार-कार्य *m.* field publicity

क्षेत्रफल *m.* area

क्षेत्रबही *f.* field book

क्षेत्रमिति *f.* mensuration

क्षेत्र मुख्यालय *m.* zonal headquarter

क्षेत्र-संन्यास *m.* reclusive life in a limited area

क्षेत्र-सीमा *f.* boundaries of a place or region

क्षेत्रक (*kṣetrak*) *m.* sector

क्षेत्रज्ञ (*kṣetrajña*) *a.* clever, dexterous, shrewd

क्षेत्राधिकार (*kṣetrādhikār) m.* 1. jurisdiction 2. territorial rights

क्षेत्राधिकारी (*kṣetrādhikārī*) *m.* area officer

क्षेत्रिक (*kṣetrik) m.* owner or cultivator of a field, agriculturist

क्षेत्रीय (*kṣetrīy*) *a.* territorial, regional, zonal

क्षेत्रीय कार्यालय *m.* regional/zonal office

क्षेत्रीय भाषा *f.* regional language

क्षेत्रीय भाषा-विज्ञान *m.* geographical linguistics

क्षेप (*kṣep*) *m.* 1. throw, cast 2. (आघात) stroke 3. instalment

क्षेपक (*kṣepak*) *m.* 1. thrower 2. interpolated passage, interpolation

क्षेपकांश (*kṣepkāṃś) m.* interpolated passage, interpolation

क्षेपण (*kṣepaṇ*) *m.* 1. throwing, casting, thrusting 2. (कालक्षेपण) passing away time 3. suspension

क्षेपणास्त्र (*kṣepaṇāstra*) *m.* missile

क्षेपणी (*kṣepṇī*) *f.* sling

क्षेपणीय (*kṣepṇīy*) *a.* 1. to be thrown or

cast away 2. to be placed into 3. to be added

क्षेप्य (*kṣepya*) *a.* = क्षेपणीय *q.v.*

क्षेमंकर (*kṣemaṅkar*) *a.* conferring happiness, auspicious

क्षेम (*kṣem*) *m.* 1. prosperity 2. well-being, safety

क्षेम-धर्म *m.* duty of wishing safety and prosperity

क्षेमवान *a.* happy and prosperous

कुशल-क्षेम *m.* welfare and prosperity, health and well-being

क्षेमी (*kṣemī*) *a.* 1. safe, secure 2. happy, prosperous

क्षेम्य (*kṣemya*) *a.* comfortable, peaceful

क्षैतिज (*kṣaitij*) *a.* horizontal

क्षैतिज काट *f.* horizontal section/cut

क्षैतिज गति *f.* horizontal motion

क्षैत्रिक (*kṣaitrik*) *a.* agrarian

क्षैत्रिक नीति *f.* agrarian policy

क्षोणि (*kṣoṇi*) *f.* the earth

क्षोभ (*kṣobh*) *m.* 1. perturbance, disturbance 2. distress, anguish 3. agitation, irritation

क्षोभशील *a.* irritable, emotional

क्षोभशीलता *f.* irritability, sensitivity

क्षोभकारी (*kṣobhkārī*) *a.* causing irritation or perturbance, perturbing

क्षोभित (*kṣobhit*) *a.* 1. perturbed, disturbed 2. agitated, excited (= क्षुब्ध *q.v.*)

क्षोभ्य (*kṣobhya*) *a.* irritable

क्षोभ्यता (*kṣobhytā*) *f.* irritability

क्षौद्र (*kṣaudra*) *m.* (from क्षुद्र) 1. smallness 2. meanness 3. niggardliness

क्षौर (*kṣaur*) *m.* shave

क्षौरकर्म *m.* shaving

क्षौरगृह *m.* barber's saloon

क्षौरालय (*kṣaurālay*) *m.* saloon of the barber

क्षौरिक (*kṣaurik*) *m.* barber

क्ष्मा (*kṣmā*) *f.* the earth

ख

ख (*kha*) *m.* the second consonant of the Devanagari syllabary

खंक (*khaṅk*) *a.* 1. old, worn out 2. (सूखा) dry 3. (ख़ाली) empty 4. (कमज़ोर) weak, feeble 5. (दरिद्र) poor, penniless

खंकर (*khaṅkar*) *m.* lock of hair

खंख (*khaṅkh*) *a.* empty, vacant

खंखड़ (*khaṅkhaṛ*) I. *a.* hard and crackling, shrivelled II. *m.* skeleton

खँखार (*khaṁkhār*) *m.* 1. the sound of clearing throat, rattling of phlegm in the throat 2. (कफ निकालना) expectoration

खँखारना (*khaṁkhārnā*) *v.t.* 1. to clean the throat of phlegm 2. to expectorate 3. to cough

खंग (*khaṅg*) *m.* sword

खंगर (*khaṅgar*) *m.* 1. burnt and vitrified brick 2. any dry and hard substance

खंगवा (*khaṅgvā*) *m.* a disease of the hoofs of horses

खंगहा (*khaṅgahā*) *m.* (सींगवाला) rhinoceros

खँगालना (*khaṁgālnā*) *v.t.* to wash out, to rinse out (a utensil, etc.), (*fig.*) to ransack, to probe thoroughly

खंगी (*khaṅgī*) *f.* scarcity, lack

खँगैल (*khaṁgail*) *a.* (of animal) having large teeth (as elephant, rhino)

खँचना (*khaṁcnā*) *v.i.* to be drawn or marked

खँचाना (*khaṁcānā*) *v.t.* to get drawn or marked

खँचिया (*khaṁciyā*) *f.* small basket

खंज (*kha ñj*) *a.*& *m.* lame (person), crippled

खंजक (*khañjak*) *a.* limping

खँजड़ी (*khaṁjṛī*) *f.* tambourine, timbrel (डफली)

खंजन (*khañjan*) *m.* wagtail (bird)

खंजन रति *f.* secret sexual enjoyment

खंजनासन (*khañjanāsan*) *m.* a small carpet for worship

खंजर (*khañjar*) *m.* dagger, poniard

खंजर उठाना *v.t.* to wield a dagger

खंजरी (*khañjarī*) *f.* tambourine, timbrel (डफली) (same as खंजड़ी *q.v.*)

खंजरीट (*khañjarīt*) *m.* wagtail (bird) (= खंजन *q.v.*)

खंड (*khaṇḍ*) *m.* 1. piece, bit, fragment 2. (भाग) part, position 3. (भाग) division, section 4. (घटक) factor 5. (तला) storey 6. (of a book) volume

खंड करना *v.t.* to cut into pieces

खंडकाव्य *m.* a long narrative poem, a near-epic poem

खंडग्रहण *m.* partial eclipse (of the sun or moon)

खंड-तालु *m.* cleft palate

खंडपति *m.* king

खंड-पीठ *m.* division bench of court

खंडप्रलय *m.* partial destruction of the world

खंड वर्षा *f.* sporadic rain

खंड वाक्य *m.* clause

खंड-विकास अधिकारी *m.* Block Development officer

खांडशीला *f.* (a) wicked woman (b) prostitute, harlot

खंडक (*khaṇḍak*) *m.* 1. chopper 2. chopping tool 3. block

खंडन (*khaṇḍan*) *m.* 1. contradiction, refutation 2. fragmentation, cutting into pieces, reducing to pieces 3. breaking 4. cutting, intersecting 5. interrupting 6. thwarting 7. rescinding

खंडन करना *v.t.* (a) to break/cut into pieces (b) to divide (c) to demolish (d) to contradict, to disprove, to negate

खंडनकारी *a.* (a) rebutting, refuting (b) cutting

खंडनकारी साक्ष्य *m.* rebutting evidence

खंडन-मंडन *m.* polemics, discussion in pros and cons

खंडनात्मक (*khaṇḍnātmak*) *a.* 1. segmental 2. repudiative 3. destructive

खंडनात्मक आलोचना *f.* destructive criticism

खंडनीय (*khaṇḍanīy*) *a.* 1. to be broken or divided 2. refutable 3. destructible

खंडर (*khaṇḍar*) *m.* ruins (of a building), debris (better खंडहर *q.v.*)

खंडल (*khaṇḍal*) *a.* containing pieces

खंडला (*khaṇḍlā*) *m.* slice, piece

खंडशः (*khaṇḍaśaḥ*) *adv.* 1. bit by bit, piecemeal, in parts 2. clause by clause

खंडशः विचार-विमर्श *m.* clause by clause discussion

खंडसारी (*khaṇḍsārī*) *f.* unprocessed sugar, raw sugar

खंडसाल (*khaṇḍsāl*) *f.* sugar mill

खंडहर (*khaṇḍhar*) *m.* ruins (of a building), debris

खंडहर हो जाना *v.i.* to fall into ruins

किले के खंडहर *m.* ruins of a fort

खंडाभ्र (*khaṇḍābhra*) *m.* scattered clouds

खंडिक (*khaṇḍik*) *m.* 1. a student who studies different chapters irregularly 2. ancient sage

खंडिका (*khaṇḍikā*) *f.* instalment

खंडित (*khaṇḍit*) *a.* 1. broken, segmented, fragmented 2. divided 3. destroyed 4. repudiated, contradicted, controverted

खंडित करना *v.t.* (a) to break (b) to destroy (c) to interrupt (d) to refute, to contradict, to divide

खंडित देश *m.* divided country

खंडित विग्रह *m.* mutilated/maimed body

खंडित व्यक्तित्व *m.* split personality

खंडिता (*khaṇḍitā*) *f.* woman whose husband/lover has been unfaithful

खंडी (*khaṇḍī*) *f.* 1. groove 2. instalment of payment

खंडीकरण (*khaṇḍīkaraṇ*) *m.* fragmentation

खंडेश्वर (*khaṇḍeśvar*) *m.* lord of an estate, owner of an estate

खंडोष्ठ (*khaṇḍoṣṭha*) *m.* harelip, cleft lip

खंड्य (*khaṇḍya*) *a.*1. breakable 2. divisible 3. destructible 4. refutable

खंति (*khanti*) *f.* ardent desire

खंती (*khantī*) *f.* spade

ख़ंदक़ A (*k͟handaq*) *f.* 1. moat, deep ditch 2. burrow, pit

खंदोली (*khandolī*) *f.* bed for a baby

खंबा (*khambā*) *m.* /**खंभा** (*khambhā*) *m.* 1. pillar, column 2. stake, post, pole

बिजली का खंबा, खंभा *m.* electric pole

खकार (*khakār*) *m.* letter ख or its sound

खखार (*khakhār*) *m.* phlegm, expectoration, cough (better खँखार)

खखारना (*khakhārnā*) *v.i.* 1. to eject phlegm 2. to clear the throat by expectoration, 3. to hawk (खँखारना)

खखेरना (*khakhernā*) *v.t.* 1. to overcome, to overpower 2. (मार भगाना) to drive away 3. (घायल करना) to injure, to hurt

खग (*khag*) *m.* 1. moving in the air 2. heavenly body 3. bird 4. cloud

खगपति *m.* the king of birds, eagle

खगांतक (*khagāntak*) *m.* bird of prey, hawk

खगेन्द्र (*khagendra*) *m.* /**खगेश** (*khageś*) *m.* king of birds, garuda, eagle

खगोल (*khagol*) *m.* celestial sphere

खगोल घड़ी *f.* astronomical clock

खगोल-भौतिकी *f.* astrophysics

खगोलविज्ञानी *m.* astronomer

खगोलविद्या *f.* astronomy

खगोलिकी (*khagolikī*) *f.* astronomy

खगोलीय (*khagolīy*) *a.* celestial, astronomical

खगोलीय क्षितिज *m.* celestial/ geometrical horizon

खगोलीय देशांतर *m.* celestial longitude

खगोलीय पिंड *m.* celestial body/object

खगोलीय स्थिरांक *m.* astronomical constant

खग्रास (*khagrās*) *m.* total eclipse (of the sun or moon)

खचखच (*khackhac*) *f.* 1. noise made by walking in mire, etc. 2. splash

खचड़ा (*khacṛā*) *a.* crowded

खचना (*khacnā*) *v.i.* 1. to be stuck together 2. to be embedded 3. to be inlaid, to be set in 4. to be studded 5. to be marked

खाचरा (*khacarā*) *a.* 1. crossbred 2. wicked 3. cunning 4. of jestful nature

खचाखच (*khacākhac*) *a.*1. (भरा हुआ) crowded 2. (घना) thick, dense 3. closely packed, crammed, stuffed

खचाखच भरना *v.t.* to pack closely, to cram, to stuff

खचाना (*khacānā*) *v.t.* to stuff together, to fill to the utmost

खचावट (*khacāvaṭ*) *f.* stuffing, close packing

खचित (*khacit*) *a.* 1. embedded, studded, inlaid, set in 2. marked, figured 3. stuffed, filled to t e utmost

खचित कार्य *m.* inlay work

खचेड़ना (*khaceṛnā*) *v.t.* /**खचेरना** (*khacernā*) *v.t.* to drag (along)

खच्चर (*khaccar*) *m.* 1. mule 2. crossbred person

खच्चरी (*khaccarī*) *f.* she-mule

ख़ज़ांची P (*k͟hazāñcī*) *m.* (= खजानची *q.v.*)

ख़ज़ानची P (*k͟hazāncī*) *m.* 1. treasurer 2. cashier 3. accountant

ख़ज़ाना A (*khazānā*) *m.* 1. treasure 2. treasury 3. storehouse, repository

ख़ज़ाना अधिकारी/अफ़सर *m.* treasury officer

ख़ज़ाने की रसीद *f.* treasury receipt

ख़ज़ाने की हुंडी *f.* treasury bill

खुले-ख़ज़ाने *adv.* in broad daylight, openly

ख़जिल P (*khajil*) *a.* ashamed

खजुरहट (*khajurhaṭ*) *f.* date palm--the leaves of which are used for making mats

खजुली (*khajulī*) *f.* itch, scabies, mange (better खुजली *q.v.*)

खजूर (*khajūr*) *m.* 1. date tree 2. date (fruit) 3. a variety of Indian sweetmeat

खजूर-रस *m.* juice or extract of date used to leaven bread and also used as a liquor

खजूरी (*khajūrī*) *a.* of or pertaining to date palm

खट[1] (*khaṭ*) *f.* knocking or rapping sound, knock, rap, clatter

खट करना *v.t.* to knock, to rap

खट-पट *f.* wrangling

खटखटा *m.* (a) discord (b) trouble, difficulty (c) (चिंता) anxiety

खटपचरा *a.* mischievous, mischief maker

खट से *adv.* in no time

खट[2] (*khaṭ*) *pref. & a.* sour (short form of खट्टा)

खटबास *f.* rancid flavour

खट-मिट्ठा *a.* of sour and sweet taste

खट[3] *(khaṭ) m.* cot, bedstead (compounding form of खाट)

खटकीड़ा *m.* bug (= खटमल)

खटपाटी *f.* side of a bedstead

खटमल *m.* bed-bug

खटबुना *m.* bedweaver

खटवाटी *f.* side of a bedstead (= खटपाटी)

खटवाटी ले बैठना *v.i.* to feign sickness, to take to bed (in the dumps)

खट[4] *(khaṭ) m.* six (colloquial form of षट्)

खटपद *m.* a species of large black bee (better षट्पद)

खटमुख *m.* 1. an epithet of Kartikeya, god of war 2. uproar, dispute (better षण्मुख)

खटराग *m.* (a) tumult (b) wrangling

खटराग अलापना *v.t.* to make a noise, to create discord

खटक (*khaṭak*) *f.* misapprehension, suspicion, doubt

खटकना (*khaṭaknā*) *v.i.* 1. to rattle 2. to be doubtful 3. to prick, to ramble, to rankle 4. to feel hesitant 5. to apprehend

खटकरम (*khaṭakaram*) *m.* work which is full of (various) troubles and impediments

खटकरमी (*khaṭkarmī*) *m.* one who is involved in fruitless jobs

खटका (*khaṭkā*) *m.* 1. rattling sound, knock, rap 2. sound of footsteps 3. (सिटकिनी) bolt, catch 4. misapprehension, misgiving

खटका लगना *v.i.* (a) to have a misgiving (b) to have a fear (c) to have an apprehension

खटका लेना *v.t.* to listen for the sound of footsteps

बेखटके *adv.* without hesitation, without apprehension or fear

खटकना (*khaṭaknā*) *v.i.* 1. to clatter 2. to arouse suspicion

आपस में खटकना *v.i.* to have discord

खटकाना (*khaṭkānā*) *v.t.* 1. to knock, to tap, to rap at 2. (खड़खड़ाना)to rattle 3. to create discord 4. to raise suspicion

खटखट (*khaṭkhaṭ*) *f.* 1. knocking sound, clatter, rap 2. hostility, strained relations

खटखटाना (*khaṭkhaṭānā*) *v.t.* 1. to knock or rap at (a door) 2. to remind somebody of something (= खटकाना *q.v.)*

खटखटिया (*khaṭkhaṭiyā*) I. *f.* wooden shoe, wooden sandal (a form of खड़ाऊँ *q.v.)* II. *a.* (a) noisy (b) restless

खटना (*khaṭnā*) I. *v.i.* 1. to hold fast, to remain firm 2. to work hard, to be engaged in cumbersome work II. *v.t.* to earn (money)

खटपट (*khaṭpaṭ*) *f.* wrangling, quarrel, squabbling, tiff, contention

खटपट होना *v.i.* to have a tiff

खटपटिया (*khaṭpaṭiyā*) *m.* & *a.* quarrelsome person, mischievous (fellow)

खटरिया (*khaṭariyā*) *m.* a kind of insect

खटाई (*khaṭāī*) *f.* 1. sourness, tartness, acridity 2. souring matter, acidic object

खटाई में डालना *(मु.) v.t.* to lay aside, to keep in a state of suspense, to put into cold storage

खटाई में पड़ना *v.i.* to be kept in abeyance, to be put or laid aside

खटाक (*khaṭāk*) *m.* rap, snap

खटाक से *adv.* at once, in no time

खटाका (*khaṭākā*) *m.* crash, crashing sound

खटाखट (*khaṭākhaṭ*) I. *f.* continuous rattle or tapping/rapping noise II. *adv.* 1. with a rapping noise 2. quickly, briskly 3. in quick succession 4. in no time

खटाना (*khaṭānā*) I. *v.t.* to make somebody work hard, to engage somebody to do cumbersome work II. *v.i.* to get sour

खटास (*khaṭās*) *f.* sourness

खटिक (*khaṭik*) *m.* a person or a class of people who grow and sell vegetables and fruits

खटिया (*khaṭiyā*) *f.* 1. small bedstead 2. (अरथी) bier

उसकी खटिया निकले (curse) may he die, his/her bier may be carried out

खटीक (*khaṭīk*) *m.* 1. hunter 2. a man or class of people who rear pigs and poultry and whose occupation is skinning, taming, mounting 3. tanner

खटोला (*khaṭolā*) *m.* (*dim.* खटोली) small bedstead or cot, flying cot

खट्टा (*khaṭṭā*) *a.* sour, tart, acrid

खट्टा चूक/चूड़ *a.* very sour, acetous

खट्टा नीबू *m.* citric lemon

खट्टापन *m.* (a) sourness, acidity (b) sternness, harshness

खट्टा हो जाना *v.i.* to become/turn sour

खट्टी-मीठी यादें *f.* mixed memories-some happy some sad

जी/दिल खट्टा होना *v.i.* to be displeased, to be embittered or offended

किसी के दाँत खट्टे करना *v.t.* to vanquish/defeat somebody

जी खट्टा-मीठा होना *v.i.* to be tempted

खट्टिक (*khaṭṭik*) *m.* tanner, tanners' caste

खट्टू (*khaṭṭū*) *m.* labourer, wage-earner

खट्वांग (*khaṭvāṅg*) *m.* 1. foot of a bedstead 2. (आधार) support, backbone

खट्वा (*khaṭvā*) *f.* bedstead, cot, charpoy

खड़ंजा (*khaṛañjā*) *m.* 1. a row or layer laid upright or on edge (especially of bricks) 2. a pavement of bricks or stones

खड (*khad*) *m.* /**खड्ड्** (*khadd*) *m.* chasm, fissure, khud

खड़क[1] (*khaṛak*) *f.* rattling sound, clatter

खड़क[2] (*khaṛak*) *f.* cowhouse, cowshed

खड़कना (*khaṛknā*) *v.i.* 1. (दरवाज़ा door) to rattle, to clatter 2. (पत्ते leaves) to rustle 3. (पैसे coins) to jingle 4. to be startled, to be frightened, to be scared 5. to be warned

खड़काना (*khaṛkānā*) *v.t.* 1. to knock, to thump, to rattle 2. to slam (a door) 3. to startle, to frighten, to scare 4. to warn

खड़खड़ (*khaṛkhaṛ*) *f.* hustle, bustle, fracas

खड़खड़ा (*khaṛkhaṛā*) *m.* rickety vehicle

खड़खड़ाना (*khaṛkhaṛānā*) I. *v.i.* (दरवाज़ा door) to clatter, to rattle, (पहिया wheel) to creak, (सूखे पत्ते dry leaves) to crackle II. *v.t.* to chide, to scold, to admonish

खड़खड़ाहट (*khaṛkhaṛāhaṭ*) *f.* creaking, rattling noise, clatter, rustle

खड़खड़िया (*khaṛkhaṛiyā*) *f.* 1. a kind of palanquin, litter 2. a rattling or rickety vehicle

खड़बड़ (*khaṛbaṛ*) *f.* 1. bustle, rustle 2. tumult, uproar 3. commotion, confusion, disorder

खड़बड़ाना (*khaṛbaṛānā*) *v.i.* 1. to rustle, to clatter 2. to be perplexed, to be confused

खड़बड़ाहट (*khaṛbaṛāhaṭ*) *f.* 1. rustling, clattering (sound) 2. perplexity, embarrassment, confusion

खड़बड़ी (*khaṛbaṛī*) *f.* confusion, disorder

खड़सान (*khaṛsān*) *m.* grindstone, whetstone

खड़ा (*khaṛā*) *a.* 1. standing 2. erect, upright 3. vertical, perpendicular

खड़ा एरियल *m.* vertical aerial
खड़ा करना *(मु.) v.t.* (a) to make one stand up, to lift up (b) to raise (c) to set up (d) (of construction) to erect, to construct (e) (of a tent) to pitch (f) (of a vehicle) to stop, to bring to a stop (g) (as witness) to present
खड़ा खेत *m.* unharvested farm, standing crop
खड़ा दाब *m.* normal pressure
खड़ा पहाड़ *m.* steep mountain
खड़ा पानी *m.* stagnant water
खड़ा या खड़े रखना *v.t.* to keep standing
खड़ा या खड़े रहना *v.i.* to remain standing, to wait
खड़ा या खड़े होना *v.i.* (a) to stand up (b) to stand as a candidate (c) to rise (d) to arise (e) to stop, to come to a stop, to halt
खड़ा हिसाब *m.* overdue account
खड़ी ढाल *f.* precipitous slope, steep (slope)
खड़ी पाई *f.* upright line/full stop
खड़ी फसल *f.* standing crop
खड़ी बोली *f.* standard language
खड़ी सीढ़ी *f.* straight ladder
खड़ी हुंडी *f.* overdue bill
खड़े-खड़े *adv.* while standing all the while, forthwith, instantly, then and there, just now
खड़े घाट धुलाई *f.* express washing service
खड़े पाँव *adv.* on the spot, without tarrying, promptly
खड़े बल *adv.* vertically
अपने पैरों पर खड़ा होना *v.i.* to stand on one's own feet
उम्मीदवार खड़ा करना *v.t.* to put up as a candidate
झगड़ा खड़ा करना *v.t.* to stir up or rouse a quarrel
किसी को खड़ा कर रखना *v.t.* to keep somebody waiting
दाम खड़े करना *v.t.* to turn into ready cash
मुसीबत खड़ी कर लेना *v.t.* to create trouble or difficult position for oneself
समस्या खड़ी करना *v.t.* to create a problem

खड़ाऊँ (*kharāuṁ*) *f.* a wooden sandal
खड़िया (*khaṛiyā*) *f.* 1. chalk 2. white clay, pipe clay 3. piece of chalk (also खड़िया मिट्टी)
खड़िया चूर्ण *m.* chalk dust

खड्ग (*khaḍga*) *m.* sword
खड्ग-कोष *m.* sheath, scabbard
खड्गधर/धारी *m.* swordsman
खड्ग-प्रहार *m.* assault with a sword
खड्ग हस्त *a.* ready to strike with a sword

खड्गाधार *(khaḍgādhār) a.* sheath
खड्गी (*khaḍgī*) *m.* swordsman, one who holds a sword
खड्ड (*khaḍḍa*) *f.* chasm, fissure, khud, abyss, ravine
खड्डी (*khaḍḍī*) *f.* loom
ख़त A (*khat*) *m.* 1. handwriting, character 2. letter, postcard 3. line 4. hair near the temple (on the face)
ख़त आना *v.i.* coming of first hair of the beard
ख़त-ओ-किताबत *f.* correspondence
ख़त खींचना *v.t.* to draw a line
ख़त पकड़ना *v.t.* to intercept (somebody's) letter
ख़त बनाना *v.t.* to trim the sideburns
ख़त बिगड़ जाना *v.t.* sideburns to have become misshapen
खुश ख़त *m.* good handwriting
खुश ख़ती *f.* calligraphy
जवाबी ख़त *f.* reply-paid postcard

ख़तना[1] A (*khatnā*) *m.* circumcision, cutting the foreskin of the penis
ख़तना करना *v.t.* to circumcise

ख़तना[2] (*khatnā*) *v.i.* to be entered in an account book

ख़तम (*khatam*) *f.* finished, concluded, ended, completed (better ख़त्म *q.v.*)

ख़तरा A (*khatrā*) *m.* danger, peril

ख़तरा-क्षेत्र *m.* danger zone

ख़तरा मोल लेना *v.t.* to invite risk

ख़तरा सिगनल *m.* danger signal

ख़तरे की घंटी *f.* alarm

ख़तरे की घंटी बजाना *v.t.* to raise alarm

ख़तरे की ज़ंजीर *f.* alarm chain

ख़तरे की सीटी *f.* alarm siren

ख़तरे में डालना *v.t.* to endanger, to imperil

ख़तरे में पड़ना *v.i.* to expose oneself to danger, to take risk

ख़तरे से खाली *a.* free from danger

ख़तरनाक P (*khatarnāk*) *a.* dangerous, hazardous, perilous

खतरानी (*khatrānī*) *f.* 1. a woman of Khatri caste 2. wife of a Khatri

खतरेटा (*khatreṭā*) *m.* son of a Khatri (as खत्री *q.v.*)

ख़ता A (*khatā*) *f.* 1. fault, guilt 2.(भूल) mistake, lapse, error

ख़तावार *a.* blameworthy, guilty

ख़ताई (*khatāī*) *f.* a sweet, puffed biscuit

खतावनी (*khatāvnī*) *f.* 1. ledger, account book 2. a classifed list of cultivated holdings of a village

खतियान (*khatiyān*) *m.* ledger-posting, entry

खतियाना (*khatiyānā*) *v.t.* 1. to enter in a ledger 2. to record

खतौनी (*khataunī*) *f.* annual land revenue record

खत्ता (*khattā*) *m.* 1. subterranean granary or barn 2. store, stock

खत्ती (*khattī*) *f.* a small subterranean granary, covered grain pit

ख़त्म A (*khatma*) *a.* finished, concluded, ended, completed

ख़त्म कर देना *v.t.* (a) to finish off, to complete (b) to do away with (c) to kill

ख़त्म करना *v.t.* to finish, to conclude, to end

ख़त्म होना, हो जाना *v.i.* (a) to end (b) to die, to expire, to pass away

खत्रानी (*khatrānī*) *f.* 1. woman of the Khatri caste 2. wife of a Khatri

खत्री (*khatrī*) *m.* 1. a caste of non-Brahmin Hindus 2. a member of that caste

खदबद (*khadbad*) *f.* sound of boiling or bubbling

खदबद करना *v.t.* to boil, to bubble

खदबदाना (*khadbadānā*) *v.i.* to bubble, to boil, to simmer, to make a bubbling sound

ख़दशा A (*khadśā*) *m.* 1. danger, fear, apprehension 2. (शंका) doubt

खदान (*khadān*) *f.* mine

खदानकार *m.* miner

खदिर (*khadir*) *m.* 1. the catechu tree, *Mimosa catechu* (खैर) 2. the resin extracted from this tree (कत्था)

खदेड़ना (*khadeṛnā*) *v.t.* 1. to chase away, to give chase to 2. to drive away

खदेड़ देना *v.t.* to rout

खद्दर (*khaddar*) *m.* hand-spun cloth, handloom cloth

खद्दरधारी *m.* one who wears khaddar

खद्योत (*khadyot*) *m.* a light in the sky, a firefly

खद्योतक (*khadyotak*) *m.* = खद्योत

खन[1] (*khan*) *f.* clink, jingle, tinkle

खन-खन *f.* tinkling sound

खन[2] (*khan*) *m.* moment (क्षण)

खन[3] (*khan*) *m.* 1. portion (of a house) 2. storey, floor

खनक[1] (*khanak*) *f.* ring, clink, jingle, tinkling sound

खनक[2] (*khanak*) *m.* digger (of earth/soil), excavator, miner

खनकना[1] (*khanaknā*) *v.i.* to clink, to chink, to ring, to jingle, to clank

खनकना[2] (*khanaknā*) *v.i.* (साँकल chain, बेड़ियाँ bonds), to rattle, to clatter

खनकता सिक्का *m.* jingling coin

खनकाना (*khankānā*) *v.t.* to ring, to cause to jingle/clink

खनकार (*khankār*) *m.* ring, clink, jingle, tinkling sound (= खनक[1])

खनन (*khanan*) *m.* the act of digging, mining

खनन उद्योग *m.* mining industry

खनना (*khananā*) *v.t.* to dig, to excavate

बालू या मिट्टी खनना *v.t.* to dig out sand or earth

खनवाना (*khanvānā*) *v.t.* to cause something to get dug or excavated

खना (*khanā*) *a.* biting (as in कटखना, a biting dog)

खनाई (*khanāī*) *f.* 1. the act of digging 2. the wages for digging

खनाना (*khanānā*) *v.t.* to make somebody dig or excavate

खनि (*khani*) *f.* mine

खनिकर्म *m.* mining

खनिकूप *m.* mine shaft

खनिगर्त *m.* mine crater

खनिवसति *f.* mining settlement

खनिक (*khanik*) *m.* miner

खनिज (*khanij*) *m.* mineral

खनिज अयस्क *m.* mineral ore

खनिज उर्वरक *m.* mineral fertiliser

खनिज तेल *m.* mineral/rock oil

खनिज विज्ञान *m.* mineralogy

खनिज विज्ञानी *m.* mineralogist

खनिज संपदा *f.* mineral resources

खनिज साधन *m.* mineral resources

खनिजीभवन *m.* mineralization

खनी (*khanī*) *f.* a pit in which grain is stored

खपची (*khapcī*) *f.* /**खपच्ची** (*khapaccī*) *f.* splint, splinter, close embrace, hug

खपच्ची भरना *v.t.* to hug, to hold in close embrace

खपड़ा (*khapṛā*) *m.* 1. roofing tile 2. earthen begging pot 3. potsherd

खपड़ी (*khapṛī*) *f.* 1. a small earthen pot for parching grain 2. skull (खोपड़ी)

खपड़ैल (*khaprail*) I. *a.* tiled II. *f.* 1. tiled roof 2. tile

खपत (*khapat*) *f.* 1. consumption (of goods) 2. (माँग) demand, requisition 3. expenditure

खपना (*khapnā*) *v.i.* 1. to be wiped out 2. (माल goods) to be sold, to be disposed of 3. (निगला जाना) to be swallowed up 4. (उपभोग किया जाना) to be consumed 5. (खर्च किया जाना) to be expended, to be used up, to be exhausted 6. (सोखा जाना) to be dried up or absorbed 7. (बिकना) to sell 8. (घुलमिल जाना) to be mixed up 9. (खटना) to be engaged in toilsome work, to be tired out 10. to be destroyed

खपरैल (*khaprail*) I. *a.* tiled II. *f.* 1. tiled roof 2. tile (= खपड़ैल)

खपरैल डालना *v.t.* to tile, to put tiling

खपरैल वाला *a.* tiled

खपाची (*khapācī*) *f.* 1. splinter 2. lean person

खपाना (*khapānā*) *v.t.* 1. to destroy, to make an end of 2.(बरबाद करना) to destroy, to ruin 3. (समाप्त करना) to finish, to exhaust, to tire out 4. (खर्च करना) to use up, to consume 5. (चूसना) to absorb 6. (मिला देना) to mix up, to assimilate 7. (निगलना) to swallow up 8. (बेच डालना) to dispose of, to sell off 9. to waste 10. to take in or into

सिर खपाना *v.t.* to tax the brain, to bore

खपाव (*khapāv*) *m.* 1. consumption (of goods) 2. (माँग) demand, requirement

खपिंड (*khapiṁḍ*) *m.* celestial/heavenly body

खपुष्प (*khapuṣpa*) *m.* impractical venture, impossibility as flower blooming in the sky

खप्पर (*khappar*) *m.* 1. skull, cranium 2. skull used by beggars as bowl 3. a gourd shell 4. cupel

खप्पर भरना *v.t.* to fill a mendicant's bowl, to give alms

ख़फ़्क़ान A (*khafqān*) *m.* 1. hysteria 2. madness

ख़फ़्क़ानी A (*khafqānī*) *a.* (of person) hysterical, mad

ख़फ़गी P (*khafgī*) *f.* displeasure, anger, wrath

ख़फ़ा P (*khafā*) *a.* angry, enraged, displeased

ख़फ़ीफ़ A (*khafīf*) *a.* 1. small 2. insignificant 3. (तुच्छ) petty 4. (हल्का) light

अदालत ख़फ़ीफ़ा *f.* court of petty causes and small amounts

ख़बत A (*khabat*) *m.* 1. craze, fatuity, eccentricity 2. madness, insanity (better ख़ब्त *q.v.*)

ख़बर A (*khabar*) *f.* 1. news, tidings 2. fresh information 3. report 4. (जानकारी) knowledge 5. (परवाह) heed, care 6. intelligence

ख़बर उड़ना *(मु.) v.i.* rumour (to float)

ख़बर उड़ाना *v.t.* to spread a rumour

ख़बर करना *v.t.* to inform, to apprise

ख़बर देना *v.t.* to send news, to give information, to inform, to report

ख़बरनवीस *m.* news reporter, news correspondent

ख़बरनवीसी *f.* news reporting

ख़बर पहुँचाना *v.t.* to send/communicate news

ख़बर मिलना *v.i.* news to be received, to get information, to come to know, to become aware

ख़बर रखना *v.t.* to bear in mind, to take care, to heed

ख़बर लगना *(मु.)* news to be received, to get information, to come to know, to become aware (= ख़बर मिलना)

ख़बर लेना *v.t.* (a) to enquire about (b) to take to task

ख़बर सुनाना *v.t.* to break news

उड़ती ख़बर *f.* news (in the air), rumour

गरम ख़बर *f.* hot news, fresh news

गरमागरम ख़बर *f.* latest news

बसंत की ख़बर पूछना *(मु.) v.t.* to be extremely ignorant

ख़बरदार A (*khabardār*) *a.* wary, cautious, watchful, on one's guard

ख़बरदार करना *v.t.* to forewarn, to make cautious, to give an alarm

ख़बरदार रहो! beware, take care!

ख़बरदार होना *v.i.* to take care, to be forewarned

ख़बरदारी A (*khabardārī*) *f.* 1. wariness, watchfulness 2. informing 3. charge, custody

ख़बरदारी करना *v.i.* (a) to be cautious (b) to take care (of), to look after

ख़बीस A (*khabīs*) *a.* & *m.* 1. wicked person, notorious fellow 2. miserly person, miser

ख़ब्त A (*khabta*) *m.* 1. craze, fatuity, eccentricity 2. madness, insanity

ख़ब्त सवार होना to be crazy about

ख़ब्ती A (*khabtī*) *a.* 1. crazy, eccentric 2. mad, insane

ख़ब्तुल हवास A (*khabtulhavās*) *a.* eccentric, absent-minded

ख़म P (*kham*) *m.* bend, curve, twist

ख़म खाना *(मु.) v.t.* (a) to bend, to stoop (b) to yield, to accept defeat

ख़म ठोंककर *adv.* with a resolute mind, determined

ख़म ठोकना *(मु.) v.t.* to challenge (for fighting)

ख़मदार *a.* bent, curved

दमख़म *m.* courage

खमध्य (*khamadhya*) *m.* zenith

ख़मसा A (*khamsā*) *a.* a metrical poem of five lines

खमाच (*khamāc*) *f.* name of an Indian musical mode

ख़मियाज़ा P (*khamiyāzā*) *m.* retribution, loss

ख़मियाज़ा उठाना/भुगतना *v.t.* to reap the fruit (of), to suffer punishment/ loss

ख़मीर A (*khamīr*) *m.* yeast, leaven, ferment

ख़मीर उठना *v.i.* to be fermented

ख़मीर उठाना *v.t.* to ferment, to leaven

ख़मीरा P (*khamīrā*) *m.* a thick syrup, a kind of scented tobacco

ख़मीरी A (*khamīrī*) *a.* leavened, yeasted

ख़मीरी रोटी *f.* bread of yeasted flour

खम्माच (*khammāc*) *f.* a kind of ragini or mode of Indian music

ख़यानत P (*khayānat*) *f.* 1. breach of trust 2. defalcation, misappropriation 3. embezzlement

अमानत में ख़यानत करना *v.t.* to commit breach of trust by defalcation

ख़याल P (*khayāl*) *m.* 1. thought, idea, notion 2. opinion, view (*pl.* ख़यालात)

ख़याल आना *v.i.* to come to mind, to recollect, to remember

ख़याल करना *v.t.* (a) to think (b) to consider (c) to mind (d) to take care

ख़याल पड़ना *v.i.* to occur in one's mind, to recall to mind, to remember

ख़याल बाँधना *v.t.* to frame an idea

ख़याल में न लाना *v.t.* to give no thought, to disregard, to show no consideration (for)

ख़याल में लाना *v.t.* to recall to mind

ख़याल में समाना *v.t.* to be ever present in mind

ख़याल रखना *v.t.* to look after, to mind, to bear in mind

ख़याल से उतरना *v.i.* to slip out of mind, to forget

ख़याल से बाहर *adv.* unthinkable, unconceivable

ख़ाम ख़याल *m.* vain or ridiculous idea

झूठा ख़याल *m.* misconception, wrong notion

ख़याली P (*khayālī*) *a.* imaginary, fanciful, visionary

ख़याली दुनिया *f.* world of imagination, utopia

ख़याली पुलाव पकाना *v.t.* to build castles in the air, to indulge in vain fancies

खरंख (*kharaṅkh*) *a.* dry and brittle

खर[1] (*khar*) *m.* 1. grass, straw 2. weed

खरपतवार *f.* weedings, cuttings

खर[2] (*khar*) *a.* 1. hard, harsh 2. (ऊबड़-खाबड़) rough, rugged 3. uneven 4. (तेज़) sharp 5. (तीक्ष्ण) biting, cutting

ख़र[3] P (*khar*) *m.* ass

ख़र दिमाग *a.* stupid, ass

ख़रमस्त *a.* wicked, naughty

ख़रमस्ती *f.* wickedness, mischief

खरक (*kharak*) *m.* enclosure (for cattle), cowshed

खरका (*kharkā*) *m.* 1. a thin and hard straw 2. toothpick

खरका करना *v.t.* to use a toothpick

खरखर (*kharkhar*) *f.* 1. snoring 2. (बिल्ली की) purring 3. (गले की) gurgling

खरखर करना *v.t.* to snore, purr

खरखरा (*kharkharā*) *m.* curry-comb

खरखरिया (*kharkhariyā*) *f.* palanquin, litter

खरगोश P (*khargoś*) *m.* hare, rabbit

खरच P (*kharac*) *m.* 1. expenses, expenditure 2. charge 3. price, cost 4. disbursement 5. outlay (better खर्च *q.v.*)

खरचना (*kharacnā*) *v.t.* to spend, to use up, to consume, to bring into use

खरच बैठना *v.i.* to squander and repent

खरचा P (*kharcā*) *m.* expenses, cost, expenditure, outlay

खरची P (*kharcī*) *f.* pocket money, money for odd expenses, maintenance allowance

खरचीला P (*kharcīlā*) *a.* lavish, expensive, prodigal, extravagant

खरज (*kharaj*) *m.* bass voice/tone

खरतल (*khartal*) *a.* outspoken, blunt

खरधार (*khardhār*) *a.* (of weapon) having sharp edge or point

खरा असामी *m.* good paymaster, one fair in dealings

खरपा[1] (*kharpā*) *m.* side seam of a garment

खरपा[2] (*kharpā*) *m.* a woman's shoe

खरब (*kharab*) *a.* & *m.* hundred billion, ten thousand million

ख़रबर (*kharbar*) *f.* 1. stir, commotion 2. tumult, turmoil, hubbub 3. sensation (better खलबल or खलबली *q.v.)*

ख़रबूज़ा P (*kharbūzā*) *m.* musk melon, *Cucumis melo*

ख़रबूज़े को देखकर ख़रबूज़ा रंग बदलता है *(मु.)* association breeds affinity

ख़रबूज़ी P (*kharbūzī*) *a.* of the colour of a musk melon

खरल (*kharal*) *m.* mortar(stone)

खरल करना *(मु.) v.t.* to grind or pound (in a mortar), to powder

खरसान (*kharsān*) *f.* whetstone

खरहरा (*kharaharā*) *m.* curry-comb (for horses)

खरहरा करना *v.t.* to do curry-comb

खरहा (*kharhā*) *m.* (खरगोश) hare, (शशक) rabbit

खरा (*kharā*) *a.* 1. genuine, real 2. good, excellent 3. (शुद्ध) pure, unalloyed undebased 4. (of a person) straightforward, upright, plain speaking 5. up to the mark 6. (सच्चा) true, faithful, sincere

खरा आदमी *m.* frank and honest person, a man of integrity

खरा उतरना *v.i.* to pass the test

खरा खेल *m.* fairplay, honest and plain dealings

खरा-खोटा *a.* good and bad, genuine and spurious

खरा-खोटा परखना *(मु.) v.t.* to distinguish between good and bad, to judge right and wrong

खरा सौदा *m.* square deal

खरी-खरी बातें *f.* plain-speaking, home truths

खरी-खरी सुनाना *(मु.) v.t.* to be outspoken

खरी-खोटी सुनाना *(मु.) v.t.* to give someone a bit of one's mind

खरी मज़दूरी चोखा काम *(मु.)* good wages, good service

खराइन (*kharāin*) *f.* smell like that of urine

ख़राद P (*kharād*) *m.* lathe

ख़राद पर चढ़ना *(मु.) v.i.* to be put on the lathe, to be polished or sophisticated

ख़राद पर चढ़ाना *(मु.) v.t.* to turn on a lathe, to reform or mend, to polish

ख़रादन (*kharādan*) *f.* turnings

ख़रादना P (*kharādnā*) *v.t.* to turn on a lathe

ख़रादी P (*kharādī*) *m.* latheman, turner

ख़राब A (*kharāb*) *a.* 1. bad, vitiated 2. faulty, defective 3. corrupt 4. wasted, spoiled 5. contaminated 6. (machine) out of order 7. wicked

ख़राब करना *v.t.* to corrupt, to spoil, to contaminate, to waste

ख़राब दिमाग़ *m.* unsound mind

ख़राब माल *m.* inferior or defective goods

ख़राब मौसम *m.* bad weather

ख़राब होना *v.i.* to be spoiled, to be out of order

दिन ख़राब होना *v.i.* day (to be wasted)
मिट्टी ख़राब होना *v.i.* to be humiliated, to be put in a miserable plight
ख़राबी P (*kharābī*) *f.* 1. fault, defect 2. evil 3. badness 4. wickedness 5. demerit
खराहंद (*kharāhand*) *f.* 1. smell of burnt grass or straw 2. any offensive smell 3. burnt taste
ख़राश P (*kharāś*) *f.* 1. scraping 2. irritation (as in the throat)
ख़रीता A (*kharītā*) *m.* 1. bag 2. (जेब) pocket 3. large envelope
ख़रीद P (*kharīd*) *f.* 1. purchase 2. the thing purchased 3. cost price
ख़रीदार *m.* purchaser, buyer, customer
ख़रीदारी *f.* shopping
ख़रीद-फ़रोख़्त *f.* buying and selling, shopping
ख़रीद बही *f.* purchase book
ख़रीदना (*kharīdnā*) *v.t.* to buy, to purchase
ख़रीदा हुआ *a.* purchased, bought
ख़रीफ़ A (*kharīf*) *f.* 1. autumnal crops 2. autumn, period of time from July till mid December (also ख़रीफ़ की फसल)
खरोंच (*kharoṁc*) *f.* scraping, scratch, abrasion
खरोंच लगना *v.i.* to bruise
खरोंचना (*kharoṁcnā*) *v.t.* (नाखून से, चाकू से) to scrape or to scratch with one's nail or with knife
खरोंच डालना *v.t.* to scratch out completely
ख़र्च P (*kharc*) *m.* 1. expenses, expenditure 2. charge 3. price, cost 4. disbursement 5. outlay
ख़र्च उठाना *(मु.) v.t.* to bear the expenses
ख़र्च करना *v.t.* to spend, to disburse
ख़र्च खानगी *f.* household expenses
ख़र्च घटाना *v.t.* to economise
ख़र्च देना *v.t.* to give money for expenses
ख़र्च पर काबू रखना *v.t.* to hold the purse strings
ख़र्च में डालना *v.t.* to debit
ख़र्च लेना *v.t.* to take money for expenses incurred or to be incurred
ख़र्च होना *v.i.* (a) to be spent (b) to be consumed
ज़ाती ख़र्च *m.* personal expenses
जेब ख़र्च *m.* pocket money
दैनिक ख़र्च *m.* daily expenses
फुटकर ख़र्च *m.* miscellaneous expenses
राह ख़र्च *m.* travelling expenses
ख़र्चना (*kharcanā*) *v.t.* 1. to spend 2. (बरतना) to bring into use
ख़र्चा P (*kharcā*) *m.* **/ख़र्ची** *(kharcī) f.* 1. expenses, cost, cost price 2. pocket money, money for odd expenses, maintenance allowance **/ख़र्चीला** (*kharcilā*) *a.* lavish, expensive, prodigal, extravagant (see ख़रचा, ख़रची, ख़रचीला)
खर्जु (*kharju*) *f.* itching, itch, scab
खर्जुर (*kharjur*) *m.* 1. date tree 2. date (fruit) 3. a variety of Indian sweetmeat (= खजूर *q.v.)*
खर्पर (*kharpar*) *m.* 1. skull, cranium 2. skull used by beggars as bowl 3. a gourd shell 4. cupel (= खप्पर *q.v.)*
खर्ब (*kharva*) *a.* & *m.* hundred billion, ten thousand millions (= खरब *q.v.)*
खर्रट (*kharraṭ*) *a.* forceful, vigorous
खर्रा (*kharrā*) *m.* 1. roll 2. rough draft, sketch 3. (तालिका) schedule 4.(स्मरण-पत्र) memorandum
खर्राट (*kharrāṭ*) *a.* cunning, shrewd, very clever
खर्राटा (*kharrāṭā*) *m.* snoring
खर्राटे भरना/लेना *(मु.) v.t.* to snore
खल (*khal*) *a.* & *m.* mean/vile fellow,

base person

खलनायक *m.* villain, wicked person

ख़लक़त A (*khalqat*) *f.* 1. people 2. crowd, rush (better ख़िलक़त)

खलखल (*khalkhal*) *f.* sound of boiling water

खलखलाना (*khalkhalānā*) I. *v.t.* to boil II. *v.i.* to grumble

खलड़ी (*khalṛī*) *f.* hide, skin

खलना (*khalnā*) *v.t.* 1. to offend, to hurt 2. to be disgusting, to be displeasing

खलबल (*khalbal*) *f.* /**खलबली** (*khalbalī*) *f.* 1. stir, commotion 2. tumult, turmoil, hubbub 3. sensation

खलबल, खलबली मचना *(मु.) v.i.* commotion to be created, tumult to arise

खलबल/खलबली मचाना *v.t.* to create a stir

खलबलाना (*khalbalānā*) *v.i.* 1. to bubble 2. to be agitated/excited

खलबलाहट (*khalbalāhaṭ*) *f.* 1. bubbling, 2. commotion, agitation

खलभल (*khalbhal*) *f.* 1. stir, commotion 2. tumult, turmoil, hubbub 3. sensation (= खलबल/खलबली *q.v.*)

ख़लल A (*<u>kh</u>alal*) *m.* obstruction, interruption, interference, disturbance

खलल डालना *v.t.* to create disturbance, to interfere, to interrupt

खलल पड़ना *v.i.* to be obstructed, to be interfered, to be interrupted

ख़लास A (*<u>kh</u>alās*) *a.* 1. redeemed 2. finished 3. free, released 4. discharged

ख़लासी[1] A (*<u>kh</u>alāsī*) *f.* redemption, release, liberation, emancipation, deliverance

ख़लासी करना *v.t.* to let go, to release

ख़लासी पाना *v.t.* to be redeemed

ख़लासी[2] P (*<u>kh</u>alāsī*) *m.* 1. cleaner of a bus or engine 2. servant on board a ship 3. all-round worker in a mechanical workshop

खलियान (*khaliyān*) *m.* 1. threshing floor 2. stack of corn to be threshed

ख़लिश P(*<u>kh</u>aliś*) *f.* pain, prick, pricking sensation

खलिहान (*khalihān*) *m.* 1. threshing floor 2. stack of corn to be threshed (= खलियान *q.v.*)

खली (*khalī*) *f.* oilcake, dregs of crushed oilseeds

ख़लीज A (*<u>kh</u>alīj*) *f.* bay, gulf

ख़लीता A (*<u>kh</u>alītā*) *m.* 1. (झोला) bag, pocket (better ख़रीता) 2. a loose garment

ख़लीफ़ा A (*<u>kh</u>alīfā*) *m.* 1. a line of kings after Prophet Mohammed in Baghdad, caliph 2. old and veteran Muslim

खलु (*khalu*) *adv.* truly, surely, certainly

खलैत (*khalait*) *m.* 1. pilferer, pickpocket 2. (जुआरी) gambler

ख़ल्क़ A (*<u>kh</u>alqa*) *f.* the world, creation

खल्लड़ (*khallaṛ*) *m.* 1. hide 2. leather bag 3. mortar with pestle

खल्ला (*khallā*) *m.* 1. threshing floor 2. granary

खल्वाट (*khalvāṭ*) I. *a.* bald, bald-headed II. *m.* baldness

खवा (*khavā*) *m.* shoulder, shoulder-blade

खवे से खवा छिलना *v.i.* to be overcrowded, to have a large jostling crowd

ख़वास A (*<u>kh</u>avās*) *m.* personal attendant of nobles and landlords

ख़वासी P (*khavāsī*) *f.* attendance or service of a ख़वास *q.v.*

खवैया (*khavaiyā*) *m.* 1. one who eats much, glutton 2. one who feeds, feeder

ख़स[1] P (*<u>kh</u>as*) *m.* a fragrant grass, *Indra pogon murieatum*

ख़स की टट्टी *f.* screen of this grass

खस[2] (*<u>kh</u>as*) *m.* name of a tribe and its

region

खसकना (*khasaknā*) *v.i.* 1. to move away slowly, to slip down, to slip or steer out of, to steal away, to slink away 2. (पीछे हटना) to draw backward (better खिसकना *q.v.*)

खसकाना (*khaskānā*) *v.t* 1. to move something away, to shift, to remove 2. to shove off, to draw away 3. to pinch 4. to put off, to postpone 5. to push 6. to decamp with, to carry off, to steal (better खिसकाना *q.v.)*

ख़सख़स[1] P (*k͟hask͟has*) *m.* poppy seed

खसरस *m.* juice of poppy seeds, opium

खसखस[2] (*khaskhas*) *m.* an aromatic rough grass

खसखस[3] (*khaskhas*) *f.* sound of grinding teeth

खसखसाना (*khaskhasāna*) *v.i.* to grind the teeth

ख़सख़ास P (*k͟hask͟hās*) *m.* poppy seed

ख़सख़ासी (*k͟hask͟hāsī*) *a.* 1. of the colour of poppy seed, bluish white 2. of the size of khaskhas, tiny

ख़सख़ासी बाल *m.* well-trimmed hair

खसना (*khasnā*) *v.i.* to drop off, to sink, to loosen, to open

ख़सम A (*k͟hasam*) *m.* 1. husband, master 2. an enemy

ख़सम करना *v.t.* to take (as) a husband

ख़समपीटी *f.* (abuse) may you become a widow

ख़सरा[1] P (*k͟hasrā*) *m.* 1. village map (especially of fields) 2. rough account 3. register of agricultural transactions

खसरा[2] (*k͟hasrā*) *m.* measles

ख़सलत A (*k͟haslat*) *f.* habit, nature

ख़सारा A (*k͟hasārā*) *m.* loss, damage

खसिया (*khasiyā*) *a.* castrated, impotent (animal)

ख़सी A (*k͟hasī*) *a.* castrated (esp. a goat)

ख़सी करना *v.t.* to castrate (see ख़स्सी)

ख़सीस A (*k͟hasīs*) *a.* miserly, niggardly, parsimonious

खसोट (*khasoṭ*) *f.* 1. plucking, tearing out 2. pilfering, plundering, grabbing

खसोटना (*khasoṭnā*) *v.t.* 1. to pluck, to tear out 2. to snatch, to grab 3. to plunder

ख़सीसी A (*k͟hasīsī*) *f.* miserliness, niggard-liness

खसोटा[1] (*khasoṭā*) *m.* a trick in wrestling

खसोटा[2] (*khasoṭā*) *m.* pilferer, plunderer, grabber

ख़स्तगी (*khastgī*) *f.* crispness

ख़स्ता P (*k͟hastā*) *a.* brittle, crisp

ख़स्ता कचौड़ी *f.* puffed patty saturated with clarified butter

ख़स्ता पापड़ *m.* crisp as पापड़ *q.v.*

ख़स्ता हाल *m.* bad (personal) state or circumstances

ख़स्सी A (*k͟hassī*) *a.* castrated

ख़स्सी करना *v.t.* to geld, to castrate, to caponise (an animal esp. a goat)

ख़स्सी घोड़ा *m.* geld

ख़ाँ P (*k͟hāṁ*) *m.* a form of ख़ान, chief, lord

खाँखर (*khāṁkhar*) *a.* 1. of coarse texture 2. full of holes, porous

खाँग[1] (*khāṁg*) *m.* 1. spike 2. thorn

खाँग[2] (*khāṁg*) *m.* foot disease of animals

खाँगड़ (*khāṁgar*) *a.* 1. thorny 2. armed 3. strong, powerful

खाँच (*khāṁc*) *f.* a big basket

खाँचना (*khāṁcnā*) *v.t.* to scratch a groove or line

खाँचा[1] (*khāṁcā*) *m.* 1. notch, slot, groove 2. furrow 3. (फटन) cavity, hollow (चीरा) incision

खाँचा/खाँचेदार *a.* grooved, notched,

sulcate

खाँचा[2] (*khāṁcā*) *m.* a big basket

खाँची (*khāṁcī*) *f.* small basket

खाँड़ (*khāṁṛ*) *f.* unrefined sugar, treacle, molasses

खाँड़सारी *f.* a refiner of sugar (also कच्ची खाँड़)

खाँड़ साल *f.* sugar mill

कच्ची खाँड़ *f.* raw or uncrystallized sugar

खांडा[1] (*khāṇḍā*) *m.* small sword, scimitar, dagger

खांडा बजना *v.i.* to start fighting with a sword

खांडे की धार पर चलना *v.i.* to walk on the edge of a sword, to move steadily and cautiously

खाँडा[2] (*khāṁḍā*) *m.* 1. piece 2. slice, bit

खाँप (*khāṁp*) *f.* slice, bit

खाँसना (*khāṁsnā*) I. *v.i.* to cough II. *m.* coughing

खाँस चुकना *v.i.* to have stopped coughing

खाँसी (*khāṁsī*) *f.* cough

कफ खाँसी *f.* phlegmatic cough

तर खाँसी *f.* loose cough

पुरानी खाँसी *f.* chronic cough

सूखी खाँसी *f.* dry cough

खाई (*khāī*) *f.* ditch, trench, moat

खाई खोदना *v.t.* to dig a trench

खाई पाटना, भरना *v.t.* to fill/stop a gap, to bridge a gulf

खाई-बंदी *f.* entrenchment

खाऊ (*khāū*) *a.* 1. voracious, gluttonous 2. (one) who takes bribes

खाऊ-उड़ाऊ *a.* spendthrift, extravagant, prodigal

खाऊ-कमाऊ *a.* (one) who earns but spends as much

खाऊ यार *m.* selfish person, self-seeking fellow

खाऊ वीर *m.* glutton

ख़ाक P (*k͟hāk*) *f.* dust, earth

ख़ाक उड़ना *(मु.)* *v.i.* to be clouded with dust, to get ruined, to be desolate

ख़ाक उड़ाना *(मु.)* *v.t.* to loiter about, to hang about, to linger idly, to raise dust

ख़ाक करना/कर देना *v.t.* to reduce to ashes, to level with the ground, to ruin

ख़ाक का पुतला *m.* mortal being, man

ख़ाक चाटना *v.t.* to lick the dust, to get humiliated

ख़ाक छानना *(मु.)* *v.t.* to knock about from place to place, to exert oneself to no purpose, to wander aimlessly

ख़ाक डालना *(मु.)* *v.t.* to throw dust (on), to bury the hatchet, to conceal a disgraceful affair

ख़ाकदान *m.* dustbin, dust pit

ख़ाक पत्थर *m.* trash, trifle, something insignificant

ख़ाक फाँकना *(मु.)* *v.t.* to wander about

ख़ाक में मिलना *(मु.)* *v.i.* to be laid waste, to be ruined, to die

ख़ाक में मिलाना *v.t.* to reduce to dust/ashes, to level with the ground, to ruin

ख़ाक रोब *m.* sweeper

ख़ाकसार *a.* & *m.* humble servant

ख़ाकसारी *f.* humbleness

ख़ाक सियाह करना *v.t.* to lay waste, to be reduced to ashes

ख़ाक सिर पर डालना *v.t.* to mourn, to lament

ख़ाक होना *v.i.* to be reduced to dust, to be ruined

वह ख़ाक जानता है he knows nothing

ख़ाका P (*k͟hākā*) *m.* 1. sketch, layout, sketch map 2. plan, scheme 3. outline, draft

ख़ाका उतारना *v.t.* (a) to trace (b) to caricature

ख़ाका खींचना *v.t.* to draw a sketch

ख़ाकी P (*k͟hākī*) I. *a.* 1. of the dust, earthy 2. dust-coloured, almond-coloured II. *m.* khaki, almond-coloured cloth, regimental uniform

यह ख़ाकी बदन *m.* this earthy body

खाज (*khāj*) *f.* itch, scabies, mange

खाज उठना *v.i.* itch (to break out), to have the itch

कोढ़ की खाज *f.* one calamity upon another

कोढ़ में खाज *f.* one misfortune with another

खाजा (*khājā*) *m.* 1. food 2. a kind of sweetmeat

खाट (*khāṭ*) *f.* bedstead, cot, charpoy

खाट-खटोला *m.* bag and baggage, goods and chattels

खाट तोड़ना *v.t.* to idle away time

खाट पर पड़ जाना *v.i.* to be bedridden, to be confined to bed

खाट-बुना *m.* bed-weaver

खाट से उतरना *v.i.* to leave the sick-bed

खाट से उतारना *v.i.* to bring down a dead body from the deathbed

खाट से लगना/लग जाना *(मु.) v.i.* to become bedridden, to become very weak

खाड़ी (*khāṛī*) *f.* bay, gulf

खाड़ी-मुख/शीर्ष *m.* bay head

बंगाल की खाड़ी *f.* Bay of Bengal

खात (*khāt*) *m.* 1. pit 2. ditch 3. (कुआँ) well 4. underground granary 5. pit for depositing manure, refuse

ख़ातमा A (*k͟hātamā*) *m.* 1. end, finish 2. conclusion 3. death (better ख़ातिमा)

ख़ातमा कर देना *v.t.* to finish, to complete, to kill

खाता[1] (*khātā*) *a.* eating

खाता-पीता *a.* in easy circumstances, well off, well-to-do, flourishing

खाते-पीते लातें मारना *v.t.* to be ungrateful in the midst of enjoying abundance

खाता[2] *(khātā) m.* 1. account 2. account book, ledger or day-book

खाता करना *v.t.* to enter or post in the ledger

खाता खोलना *(मु.)* to open an account

खातानवीस *m.* ledger keeper

खातानामे *m.* debit account

खाता पन्ना *m.* ledger folio

खाता बंदी *f.* abstract of individual account

खाता बही/बही खाता *f./m.* ledger, day-book

खाता शेष *m.* ledger balance

खाते में डालना *v.t.* to enter in the ledger

उचंत खाता *m.* suspense account

उधार खाता *m.* credit account

कच्चा खाता *m.* rough account

चालू खाता *m.* current account

जमा खाता *m.* deposit account

पूँजी खाता *m.* capital account

बट्टा खाता *m.* loss account, bad debt

बिक्री खाता *m.* sales account

खाति (*khāti*) *f.* excavation

खातिका (*khātikā*) *f.* furrow

ख़ातिर A (*k͟hātir*) *f.* 1. mind 2. consideration, regard 3. hospitality

ख़ातिर करना *v.t.* (a) to entertain, to show hospitality, to regale (b) to fondle, to show affection

किसी की ख़ातिर कुछ करना *v.t.* to do something for the sake of somebody

ख़ातिर-ख़्वाह *a.* to one's satisfaction

ख़ातिर जमा *f.* contentment, satisfaction

ख़ातिर जमा रखना *(मु.) v.t.* to set the mind at ease, to rest assured

ख़ातिरदारी *f.* consideration, gratification, hospitality

ख़ातिरदारी करना *v.t.* to treat with

kindness, to show hospitality, to entertain

ख़ातिर में रखना *v.t.* to bear in mind, to mind

ख़ातिर में लाना *v.t.* to allow to enter the mind, to think of, to attend to

ख़ातिरी (*khātirī*) *f.* 1. regard 2. hospitality 3. satisfaction

खाती (*khātī*) *m.* carpenter

ख़ातून T (*khātūn*) *f.* lady (a title)

खातेदार (*khātedār*) *m.* 1. tenure-holder, tenant 2. account holder

ख़ात्मा (*khātmā*) *m.* end (see खातमा)

खाद (*khād*) *f.* manure, compost

खाद डालना *v.t.* to manure

कृत्रिम खाद *f.* synthetic manure

रासायनिक खाद *f.* chemical manure

खादन (*khādan*) *m.* 1. eating 2. food

खादनीय (*khādanīy*) *a.* to be eaten, eatable, edible

खादर (*khādar*) *m.* low alluvial land

खादित (*khādit*) *a.* eaten, devoured

ख़ादिम A (*khādim*) *m.* servant, attendant

खादी (*khādī*) *f.* hand spun thick cotton cloth

खादी भंडार *m.* khadi store

खाद्य (*khādya*) I. *a.* fit to be eaten, eatable, edible II. *m.* food, eatables

खाद्य-कुक्कुट *m.* table fowl

खाद्य कोष्ठ *m.* granary

खाद्य द्रव्य *m.* provision, foodstuff

खाद्य नीति *f.* food policy

खाद्य पदार्थ *m.* foodstuff

खाद्य परिरक्षण *m.* food preservation

खाद्य मंत्रालय *m.* food ministry

खाद्य मंत्री *m.* food minister

खाद्य संकट *m.* food crisis

खाद्य समस्या *f.* food problem

खाद्यान्न (*khādyānna*) *m.* foodgrains (as wheat, gram, barley, rice, etc.)

खाद्याभाव (*khādyābhāv*) *m.* food shortage, food privation

खाद्योत्पादन (*khādyotpādan*) *m.* food production

खान[1] (*khān*) *f.* 1. mine, source, quarry 2. store, treasury 3. abundance

ज्ञान की खान *f.* ample source of knowledge

कोयले की खान *f.* coal mine

खान[2] (*khān*) *m.* 1. act of eating 2. food 3. manner of eating

खानपान *m.* food and drink

खानपान सेवा *f.* catering service

ख़ान[3] T (*khān*) *m.* 1. chief, lord 2. title of Pathans

ख़ानख़ाना *m.* chief of chiefs

ख़ानसामा *m.* steward, storekeeper, (now) cook

ख़ानकाह P (*khānkāh*) *f.* /**ख़ानगाह** (*khāngāh*) *f.* Muslim shrine where faqirs live

ख़ानगी P (*khāngī*) I. *a.* domestic household II. *f.* prostitute, harlot

ख़ानदान P (*khāndān*) *m.* 1. family 2. (वंश) lineage, descent 3. (of a prince) dynasty

ख़ानदानी P (*khāndānī*) *a.* of good/noble family, of noble descent

खाना[1] (*khānā*) *v.t.* to eat, to feed on

खाना-कमाना (*मु.*) *v.t.* to earn one's livelihood

खाना खाना *v.t.* to take meals, to have food

खा जाना *v.t.* /**खा डालना** *v.t.* (a) to eat away (b) to squander (c) to embezzle

खाने का कमरा *m.* dining room

खाने का सोडा *m.* baking soda

खाने को दौड़ना to be aggressive, to be surly, to pounce upon

खाने-पहनने/पीने से सुखी *a.* well-to-do, leading a prosperous life

खाने योग्य *a.* eatable, edible

खानेवाला I. *a.* (a) eating (b) corrosive (c) caustic II. *m.* eater, consumer

कच्चा खा जाना *v.t.* to swallow up unroasted, (denotes an angry outburst)
कसम खाना *v.t.* to take oath
ग़म खाना *v.t.* to suffer grief, to have patience
गोली खाना *v.t.* (a) to take a tablet (b) to be hit by a bullet
घूँस खाना *v.t.* to take a bribe
चोट खाना *v.t.* to be hurt or injured
जिसका खाना उसी को गुर्राना *(मु.) v.t.* to not acknowledge gratitude
जेल की हवा खाना *v.t.* to be put in a prison
दवा खाना *v.t.* to take medicine
धोखा खाना *v.t.* to be cheated, deceived, to be taken in
पैसा खाना *v.t.* to misappropriate, to embezzle
मार खाना *v.t.* to be beaten
मुँह की खाना *v.t.* to receive a knock-out blow, to eat humble pie
सरदी खाना *v.t.* to catch cold
हवा खाना *v.t.* to go for a walk in open air
हार खाना *v.t.* to be defeated, to suffer defeat

खाना[2] *(khānā) m.* food, meal
खाना करना या देना *v.t.* to give a feast or banquet
खाना खाना *v.t.* to take meals
खाना ठंडा होना *v.i.* food (to become cold)
खाना-दाना *m.* foodstuff
खाना न पचना *v.i.* food not to be digested
खाना-पीना *m.* food and drink
खाना हज़म न होना *v.i.* food not to be digested

ख़ाना[3] P *(k͟hānā) m.* 1. house, dwelling place 2. column (as of a newspaper) 3. compartment 4. case, receptacle 5. drawer 6. pigeonhole (of a shelf) 7. square (of a chessboard) 8. head (in an account or statement)
ख़ाना आबादी *f.* prosperity
ख़ाना ख़राबी *f.* ruin of a household
ख़ानाजंगी *f.* (a) family quarrel (b) civil war
ख़ानातलाशी *f.* house search
ख़ानादारी *f.* house-keeping
ख़ानापूरी *f.* entering in respective columns (as of an index) *(fig.)* formal action
ख़ानाबदोश *a. & m.* nomadic, nomad, gypsy, nomadic tribe
ख़ानाबदोशी *f.* nomadism, nomadic life, vagrancy
ख़ानाबरबादी *f.* destruction of a house or family, breaking of a home or household, rift in the family
ख़ानाशुमारी *f.* census
चश्मे का ख़ाना *m.* case for spectacles
दौलतख़ाना *m.* residence

खानि *(khāni) f.* mine

ख़ानेदार *(k͟hānedār) a.* having columns or pigeonholes
ख़ानेदार अलमारी *f.* almirah with shelves
ख़ानेदार रोकड़-बही *f.* cash book with columns

खापट *(khāpaṭ) f.* soil having large quantity of iron

ख़ाब *(k͟hāb) m.* dream (better ख़्वाब)

खाबड़ *(khābaṛ) a.* rough and uneven, rugged

ख़ाम P *(k͟ham) m.* an envelope

ख़ाम P *(k͟hām) a.* (कच्चा) raw, unripe, inexperienced, not baked
ख़ामख़याली *f.* vain thinking, whim

ख़ामख़ाह P *(k͟hāmk͟hāh) adv.* without any rhyme or reason, for nothing, unnecessarily (better ख़्वाहमख़्वाह)

ख़ामी P *(k͟hāmī) f.* 1. rawness 2. (कमी) deficiency 3. (दोष) fault, flaw, loop-

hole, defect
ख़ामी दूर करना *v.t.* to remove the defect/flaw
ख़ामोश P (*k͟hāmoś*) *a.* silent, quiet, calm
ख़ामोश रहना *v.i.* to keep quiet/silent
ख़ामोशी P (*k͟hāmośī*) *f.* silence, calmness, quiet(ness)
ख़ामोशी छाना *v.i.* silence (to prevail)
खाया-पिया लगना (*khāyā-piyā lagnā*) *v.i.* to assimilate food
खार[1] (*khār*) *m.* 1. alkali 2. potash 3. ashes
खार लगना *v.i.* to be impregnated with alkaline salts
ख़ार[2] P (*k͟hār*) *m.* thorn
ख़ारदार *a.* (a) thorny, prickly (b) barbed (c) (दुःखदायी) troublesome, arduous
ख़ार[3] P (*k͟hār*) *m.* grudge, malice, jealousy
ख़ार खाना (*मु.*) *v.t.* to bear a grudge or malice, to be jealous of
ख़ार निकालना *v.t.* to satisfy one's grudge
ख़ार होना *v.i.* to have a grudge or malice
खारा[1] (*khārā*) *a.* 1. alkaline 2. saline, brackish
खारापन *m.* alkalinity, saltishness, salinity, brackishness
खारा पानी *m.* saline water, soda water, mineral water
खारी झील *f.* salt lake
खारी मिट्टी *f.* saline soil
खारा[2] (*khārā*) *m.* 1. big basket 2. net for holding grass 3. a cage of bamboo
ख़ारिज A (*k͟hārij*) *a.* 1. discharged, expelled 2. rejected 3. dismissed
ख़ारिज करके *adv.* putting aside, excluding
ख़ारिज करना *v.t.* to exclude, to reject
ख़ारिज होना *v.i.* to be excluded, to be rejected
नाम ख़ारिज करना *v.t.* to strike off a name
मुकद्दमा ख़ारिज करना *v.t.* to dismiss a case
ख़ारिजी A (*k͟hārijī*) *a.* exterior, extraneous
ख़ारिजी पालिसी *f.* foreign policy
ख़ारिश P (*k͟hāriś*) *f.* itch, mange, scab
ख़ारिश होना *v.i.* to feel itching sensation
खाल (*khāl*) *f.* 1. skin, hide 2. (धौंकनी) bellows 3. (मृत शरीर) dead body, corpse
खाल उतारना *v.t.* to skin, to flay
खाल उधेड़ना/खींचना (*मु.*) *v.t.* to take the skin off, to flay, (*fig.*) to beat excessively, to punish severely
खाल उपाड़ *m.* one who takes the skin off, cobbler
खाल फूँका *m.* one who operates the bellows
अपनी खाल में मस्त *a.* satisfied with one's own lot
ख़ालसा A (*k͟hālsā*) *m.* 1. (in medieval times) crown-land, reserved land 2. Sikh (ordained as a warrior)
खाला[1] (*khālā*) *m.* 1. hole, pit, cavity 2. lowland 3. (कंदरा) ravine
ख़ाला[2] P (*k͟hālā*) *f.* mother's sister, aunt
ख़ाला जी का घर समझना (*मु.*) *v.t.* to consider a thing very easy, to take something as a simple job
ख़ालिक़ A (*k͟hāliq*) *m.* creator, God
ख़ालिस A (*k͟hālis*) *a.* 1. pure, unadulterated 2. genuine
ख़ाली A (*k͟hāli*) *a.* 1. empty 2. vacant 3. free 4. unemployed, jobless
ख़ाली करना *v.t.* to empty, to vacate, to clear out
ख़ाली घंटा *m.* free period
ख़ाली घर *m.* vacant house
ख़ाली जगह *f.* vacant post, vacancy
ख़ाली दिन *m.* day of leisure or no

work

ख़ाली पेट *m.* empty stomach

ख़ाली बातें *f.* empty talk

ख़ाली बैठना *v.i.* (a) to sit idle (b) to be unemployed

ख़ाली समय *m.* spare time

ख़ाली हाथ *a.* (a) empty-handed (b) unarmed

ख़ाली हाथ लौटना *v.i.* to return disappointed

ख़ाली हाथ होना *v.i.* to be penniless

ख़ाली होना *v.i.* to be emptied, to be vacated, to be free, to be unoccupied

निशाना ख़ाली जाना *v.i.* to miss the aim/mark

वचन ख़ाली जाना *v.i.* the promise not to fulfil

वार ख़ाली जाना *v.i.* to miss the aim/mark (= निशाना ख़ाली जाना)

ख़ालू A (*k͟hālū*) *m.* husband of mother's sister

ख़ाविंद P (*k͟hāviṁd*) *m.* 1. lord, master 2. (पति) husband

ख़ास A (*k͟hās*) *a.* 1. special 2. particular 3. main 4. private 5. noble, best

ख़ास-ओ-आम *a.* noble and plebeian (commoner), high and low, all people

ख़ास कमरा/महल *m.* private apartment (for ladies)

ख़ासकर *adv.* in particular, particularly, especially

ख़ास-ख़ास *a.* special, selected

ख़ास तौर पर/से *adv.* especially, particularly

ख़ासनवीस *m.* (in medieval times) private secretary

ख़ास बनारस का of or belonging to proper Banaras

ख़ासा[1] A (*k͟hāsā*) I. *a.* good, good enough II. *adv.* quite, particularly

अच्छा-ख़ासा (a) *a.* quite good, good enough (b) much better, hale and hearty

ख़ासा[2] A (*k͟hāsā*) *m.* king's meal, a horse or elephant on which a prince rides, white cotton cloth of a very fine texture

ख़ासियत A (*k͟hāsiyat*) *f.* 1. speciality, peculiarity, special feature or characteristic 2. quality 3. habit, nature

ख़ास्सा A (*k͟hāssā*) *m.* 1. special quality 2. (स्वभाव) nature 3. particular habit

ख़ाहाँ P (*k͟hāhāṁ*) *a.* desirous, willing

ख़ाहिश P (*k͟hāhiś*) *f.* desire, wish, longing, yearning

ख़ाहिशमंद *a.* desirous, willing

ख़िंग P (*k͟himg*) *m.* horse of white colour

ख़िंगरी P (*khiṁgrī*) *f.* a food preparation of flour with sugar and almonds

खिंचना (*khiṁcana*) *v.i.* 1. to be drawn, to be pulled 2. (आकर्षित किया जाना) to be attracted 3. (चित्रित किया जाना) to be delineated, to be photographed 4. (फैलाया जाना) to be stretched, to be expanded, 5. (व्यक्ति) to be repelled or repulsed 6. (कसा जाना) to be tightened 7. (चूसा जाना) to be absorbed, to be sucked 8. (चुआया जाना) to be distilled

खिंचे-खिंचे रहना *v.i.* to avoid meeting

खिंचवाना (*khiṁcvānā*) *v.t.* to cause to be drawn, to get pulled tight, to be tightened

खाल खिंचवाना *v.t.* to flay, to thrash

खिंचा (*khiṁcā*) *a.* drawn, pulled, attracted, photographed, extended, tightened, tight, tense, attenuated

खिंचा-खिंचा रहना (*मु.*) *v.i.* to be/remain estranged

खिंचा चला आना/जाना *v.i.* to be greatly attracted, to move fast towards

खिंचाई (*khiṁcāī*) *f.* 1. act of pulling or extending 2. wages paid for drawing or tightening

किसी की खिंचाई करना *v.t.* to take somebody to task

खिंचाव (*khiṁcāv*) *m.*1. pull 2. attraction 3. tension, strain 4. (कलह) discord, contention

खिंचाव पड़ना *v.i.* relations to become strained

खिचड़ी (*khicṛī*) *f.* a dish of rice mixed with pulse

खिचड़ी करना या कर देना *v.t.* to make a mess of, to mix up

खिचड़ी पकना *(मु.)* *v.i.* plan to be concocted, plot to be hatched

खिचड़ी पकाना *(मु.)* *v.t.* (a) to concoct schemes or plans, to plot, to hatch conspiracy (b) to make a mess of

खिचड़ी भाषा *f.* mixed language, medley speech, jargon

ढाई चावल की खिचड़ी अलग पकाना *(मु)* *v.t.* to do something against the custom or general practice

खिजना (*khijnā*) *v.i.* to be vexed (see खिझना)

खिजलाना (*khijlānā*) *v.t.* to vex, to irritate (better खिझलाना *q.v.*)

खिजलाहट (*khijlāhaṭ*) *f.* irritation (better खिझलाहट *q.v.*)

ख़िज़ाँ P (*khizāṁ*) *f.* autumn (पतझड़), fall

ख़िज़ाब A (*khizāb*) *m.* hairdye

ख़िज़ाब लगाना *v.t.* to dye the hair, to apply hairdye

ख़िज़ाबी (*khizābī*) *a.* one who uses hair dye

खिझ (*khijh*) *f.* vexation (better खीझ)

खिझ निकालना *v.t.* to vex

खिझना (*khijhnā*) *v.i.* to fret, to get vexed, to get teased, to become irritated

खिझलाना (*khijhlānā*) *v.t.* to tease, to assail playfully or maliciously

खिझलाहट (*khijhlāhaṭ*) *f.* fretting, irritation, vexation

खिझाना (*khijhānā*) *v.t.* to tease, to assail playfully or maliciously

खिझावट (*khijhāvaṭ*) *f.* fretting, irritation, vexation (= खिझलाहट *q.v.*)

खिड़की (*khiṛkī*) *f.* 1. window 2. backdoor, postern gate 3. trapdoor 4. opening

खिड़कीदार *a.* having a window

खिड़कीबंद *a.* an independent apartment on rent

ज्ञान की खिड़की *f.* window of knowledge, source of knowledge

ख़िताब A (*khitāb*) *m.* title

ख़िताब देना *v.t.* to confer a title

ख़ित्ता A (*khittā*) *m.* tract of land

ख़िदमत A (*khidmat*) *f.* service, attendance

ख़िदमत करना *v.t.* to serve, to wait on

ख़िदमतगार *m.* servant, attendant

ख़िदमतगारी *f.* service, attendance, readiness to serve

ख़िदमत बजा लाना *v.t.* to carry out master's orders

ख़िदमती P (*khidmatī*) *a.* serving, requiring service or attendance, pertaining to service

खिन्न (*khinna*) *a.* 1. distressed, suffering from pain or uneasiness 2. displeased, unhappy, sad, heavy hearted, sorrowful

खिन्नता (*khinnatā*) *f.* distress, uneasiness, sadness, depression, dejection

ख़ियानत P (*khiyānat*) *f.* embezzlement, breach of trust (better ख़यानत)

ख़ियानत करना *v.t.* to embezzle, to misappropriate

ख़िरक़ा A (*khirqā*) *m.* patched garment, rags

ख़िरदमंद P (*khiradmand*) *a.* intelligent, wise

खिरनी (*khirnī*) *f.* a certain tree named *Mimusops hexandra* and its small and sweet fruit

ख़िराज A (*khirāj*) *m.* 1. tax, duty 2. tri-

bute, payment made periodically, to the ruler to show dependence
ख़िराज लगाना *v.t.* to impose a tax

खिरिसा (*khirisā*) *m.* a dish made with beestings

ख़िलअत A (*khilat*) *f.* robe of honour (bestowed by a ruler or superior authority)

ख़िलक़त A (*khilqat*) *f.* 1. creation, world 2. (जन समूह) people, mankind 3. (भीड़) crowd

खिलखिल (*khilkhil*) *f.* 1. giggling, tittering 2. burst of laughter

खिलखिलाना (*khilkhilānā*) *v.i.* to burst out laughing, to laugh heartily
खिलखिलाकर हँसना *v.i.* to laugh aloud, to burst out laughing

खिलखिलाहट (*khilkhilāhaṭ*) *f.* peel of laughter, guffaw, burst of laughter

खिलना (*khilnā*) *v.i.* 1. to bloom, to blossom, to flower 2. (फटना) to open with a burst 3. to look well 4. to rejoice 5. (of a dress) to suit, to fit in
चेहरा खिलना *v.i.* face to light up with joy
पगड़ी खिलना *v.i.* turban to suit well
फूल खिलना *v.i.* flower to blossom, (चमकना) to become radiant

ख़िलवत A (*khilvat*) *f.* 1. solitude 2. (निर्जन स्थान) solitary place
ख़िलवतख़ाना *m.* private room or chamber
ख़िलवत में *adv.* in solitude, in privacy

खिलवाड़ (*khilvāṛ*) *m.* 1. play, sport 2. fun
खिलवाड़ करना *v.t.* to toy with
किसी काम को खिलवाड़ समझना *v.t.* to take something as a child's play, to take something lightly

खिलवाड़ी (*khilvārī*) *a.* 1. playful, sportive 2. humorous, funny

खिलवाना (*khilvānā*) *v.t.* 1. to cause to get fed 2. to cause to be played with
किसी को दवा खिलवाना *v.t.* to get somebody administered medicine

खिला[1] (*khilā*) (खिला हुआ) *a.* 1. blossomed, bloomed 2. opened, blown 3. rejoiced

ख़िला[2] (*khilā*) *f.* 1. vacuum 2. emptiness 3. gap

खिलाई (*khilāī*) *f.* 1. act of feeding 2. charges for feeding 3. nurse
खिलाई-पिलाई *f.* (a) maintenance (b) charges for maintenance

खिलाऊ (*khilāū*) I. *a.* fond of feeding II. *m.* feeder, supporter

खिलाड़ (*khilāṛ*) *f.* playful woman, wanton woman
खिलाड़पन *m.* playfulness, sportiveness, wantonness

खिलाड़ी (*khilāṛī*) *m.* 1. player, sportsman 2. gambler 3. (धूर्त) trickster
खिलाड़ीपन *m.* sportsmanship
खिलाड़ीपन की भावना *f.* spirit of sportsmanship
कच्चा खिलाड़ी *m.* raw or untrained player
पक्का खिलाड़ी *m.* experienced player
सधा हुआ खिलाड़ी *m.* experienced and expert player

खिलाना[1] (*khilānā*) *v.t.* 1. to cause to eat, to make one eat 2. to feed, to give food
खिलाने वाला *m.* one who feeds, supporter, sustainer
ज़हर खिलाना *v.t.* to give poison
दवा खिलाना *v.t.* to administer medicine
शपथ खिलाना *v.t.* to administer an oath

खिलाना[2] (*khilānā*) *v.t.* 1. to cause to play 2. to play with 3. to amuse
गोद में खिलाना *v.t.* to nurse, to bring up
बच्चों को खिलानेवाली *f.* babysitter,

nurse

खिलाना[3] (*khilānā*) *v.t.* to cause to bloom/ blossom

ख़िलाफ़ A (*khilāf*) *a.* contrary, opposite

ख़िलाफ़ कहना *v.t.* to make a contradictory statement

ख़िलाफ़ मर्ज़ी *adv.* contrary to the will (of), against the wish of

ख़िलाफ़ हुक्म *adv.* contrary to orders

ख़िलाफ़ होना *v.i.* to oppose, to be opposed to, to be against

किसी के ख़िलाफ़ कुछ करना *v.t.* to do something against somebody

के ख़िलाफ़ *adv.* against, contrary to

ख़िलाफ़त A (*khilāfat*) *f.* 1. succession after Prophet Mohammad, caliphate 2. anti-British organisation, anti-British movement (आंदोलन)

खिलौना (*khilaunā*) *m.* toy, a plaything

किसी के हाथ का खिलौना *a.* mere puppet in somebody's hands

खिल्ली[1] (*khillī*) *f.* fun, jest, joke

खिल्ली उड़ाना *(मु.) v.t.* (a) to make fun of (b) to make a fool of somebody (c) to ridicule

खिल्ली करना *v.t.* to jest, to joke

खिल्लीबाज़ *a.* & *m.* playful/jocular fellow, joker, jester

खिल्लीबाज़ी *f.* jesting, jocularity

खिल्ली में उड़ाना *v.t.* to pass off as a joke

खिल्ली[2] (*khillī*) *f.* betel leaf wrapped and made up for chewing

खिवैया (*khivaiyā*) *m.* oarsman, rower

खिसकना (*khisaknā*) *v.i.* 1. to move away slowly, to slip down, to slip or steer out of, to steal away, to slink away 2. (पीछे हटना) to draw back

खिसक आना/जाना *v.i.* = खिसकना

खिसकाना (*khiskānā*) *v.t.* 1. to move something away, to shift, to remove 2. to shove off, to draw away 3. to pinch 4. to put off, to postpone 5. to push 6. to decamp with, to carry off, to steal

खिसकू (*khiskū*) *a.* 1. about to slink away 2. (one) who draws back or slinks away

खिसलाहट (*khislāhaṭ*) *f.* 1. slipping, sliding 2. (फिसलन) slipperiness

ख़िसारा A (*khisārā*) *m.* loss, damage

ख़िसारा उठाना/सहना *v.t.* to bear the loss (better ख़सारा)

खिसारी (*khisārī*) *f.* a certain pulse, chickling vetch

खिसियाना (*khisiyānā*) *v.i.* 1. to be abashed, to be mortified, to feel embarrassed, to be harassed 2. to grin 3. to look blank

खिसिया जाना *(मु.) v.i.* to look/feel small, to feel humiliated

खिसियाहट (*khisiyāhaṭ*) *f.* chagrin, mortification, abashment, humiliation, shamefacedness

खींच (*khīṁc*) *f.* 1. pull, draw 2. stretch

खींच-खांचकर *adv.* by pulling, by stretching

खींचतान *f.* tugging, twisting (e.g. the meaning of a word)

खींचतान करना *v.t.* to stretch a point

रबड़ की खींच *f.* stretch of rubber

खींचना (*khīṁcnā*) *v.t.* 1. to pull, to draw 2. to attract 3. (तानना) to stretch 4. (कसना) to tighten 5. (of photograph) to take 6. (चूसना) to absorb, to suck 7. (चुआना) to extract 8. to delineate

खींच-तानके *adv.* with difficulty, with great effort

खींच लाना *v.t.* to bring round, to draw near

किसी का ध्यान खींचना *v.t.* to draw one's attention

किसी की ज़बान खींचना *v.t.* to pull out somebody's tongue

किसी की टाँग खींचना *v.t.* to pull somebody's leg
किसी के कान खींचना *v.t.* to pull somebody's ears
किसी को अपनी ओर खींचना *v.t.* to attract somebody to one's self
कुएँ से पानी खींचना *v.t.* to draw water from a well
खाल खींचना *v.t.* to thrash somebody, to beat hard, to flay
गाड़ी खींचना *v.t.* to pull a cart
चित्र खींचना *v.t.* to draw a picture
ज़ंजीर खींचना *v.t.* to pull a chain
तलवार खींचना *v.t.* to draw one's sword
दाढ़ी खींचना *v.t.* to pull somebody's beard
फ़ोटो खींचना *v.t.* to take a photograph
यह मिट्टी पानी खींच लेती है this soil absorbs water
रबड़ खींचना *v.t.* to stretch rubber
रेखा खींचना *v.t.* to draw a line
साँस खींचना *v.t.* to catch one's breath
हाथ खींच लेना *v.t.* to withdraw, to sever connection, to cease to take interest

खींचा-तानी (*khīṁcātānī*) *f.* pulling and hauling, scrimmage, (*fig.*) tug-of-war

खीज (*khīj*) *f.* /**खीझ** (*khījh*) *f.* chagrin, annoyance, vexation, displeasure, irritation, fretfulness
खीज/खीझ पैदा करनेवाला *a.* annoying

खीजना (*khījnā*) *v.i.* /**खीझना** (*khījhnā*) *v.i.* 1. to feel vexed, to be teased, to get annoyed 2. to be or become irritated 3. (चिढ़ना) to fret

खीर (*khīr*) *f.* dish of rice cooked in milk with sugar
खीर-चटाई *f.* ceremony of feeding an infant solid food for the first time
खीर का दलिया हो जाना *v.i.* to change into a coarse meal, (*fig.*) to suffer a reversal of luck
टेढ़ी खीर *f.* arduous task

खीरा (*khīrā*) *m.* cucumber, *Cucumis sativus*
खीरा-ककड़ी समझना *v.t.* to consider somebody of little importance or regard
खीरे-ककड़ी की तरह काटना *(मु.)* to kill or slaughter at large

खीरी (*khīrī*) *f.* udder (of a cow or buffalo)

खील[1] (*khīl*) *f.* parched grain or rice

खील[2] (*khīl*) *f.* minute particle
खील कर देना *v.t.* to break into pieces
खील होना/हो जाना *v.i.* to be broken into particles or pieces

खीला (*khilā*) *m.* nail, peg, wooden stake

खीली (*khīlī*) *f.* 1. betel leaf duly packed in some other leaf, folded betel leaf 2. small nail

खीस (*khīs*) *f.* 1. grin, showing of teeth in bashfulness 2. grimace
खीस निकालना *(मु.) v.t.* to grin, to put on a grin

खीसा (*khīsā*) *m.* 1. purse, small bag 2. (जेब) pocket

खुंगाह (*khuṅgāh*) *m.* horse of black colour

खुंडला (*khuṇḍlā*) *m.* 1. dilapidated house 2. small thatched hut

खुंभी (*khumbhī*) *f.* (eatable) mushroom, agaric

खुक्ख (*khukkh*) *a.* /**खुख** (*khukh*) *a.* 1. empty 2. empty-handed, poor, destitute 3. (खोखला) hollow 4. (बेकार) worthless, good-for-nothing

खुक्खड़ी (*khukkharī*) *f.* /**खुखड़ी** (*khukharī*) *f.* 1. roll of thread turned out from the spindle, skein 2. a kind of Nepali dagger

खुगीर P (*khugīr*) *m.* saddle

खुचड़ (*khucaṛ*) *f.* /**खुचर** (*khucar*) *f.* defect, flaw, fault
खुचड़, खुचर निकालना *v.t.* to find minutest faults
खुजलाना (*khujlānā*) *v.i.&t.* to scratch, to itch, to feel an itching sensation
खुजला उठना *v.t.* to start itching
सिर खुजलाना *v.t.* to scratch one's head
खुजलाहट (*khujlāhaṭ*) *f.* 1. itching 2. scratching, itchiness 3. (सिहरन) titillation
खुजली (*khujlī*) *f.* itch, scabies, mange
खुजली उठना/होना *v.i.* itch to break out, to have the itch
खुजवाना[1] (*khujvānā*) *v.t.* to get or have scratched or itched
खुजवाना[2] (*khujvānā*) *v.t.* (from खोजना) to cause to be searched for, to make somebody search for somebody or something
खुजाई[1] (*khujāī*) *f.* act of scratching, itching
खुजाई[2] (*khujāī*) *f.* wages for searching out something
खुजाना (*khujānā*) *v.t.* to scratch, to itch, to feel an itching sensation (better खुजलाना *q.v.*)
खुटक (*khuṭak*) *f.* 1. fear 2. apprehension, doubt 3. anxiety
खुटकना (*khuṭaknā*) *v.t.* 1. to peck 2. to nibble 3. to peel off with the teeth
खुटका (*khuṭkā*) *m.* apprehension
खुट-खुट (*khuṭ-khuṭ*) *f.* a tapping sound
खुटचाल (*khuṭcāl*) *f.* 1. wickedness, mischief, mischievousness 2. (नीचता) meanness 3. (अशांति) disturbance
खुटचाली (*khuṭcālī*) *a.* wicked, mischievous
खुटपन (*khuṭpan*) *m.* 1. wickedness, crookedness 2. insincerity, dishonesty 3. falsehood 4. fault, flow (= खोटापन or खोटाई *q.v.*)
खुटला (*khuṭlā*) I. *m.* an ear-ornament II. *a.* counterfeit (खोटा)
खुटाई (*khuṭāī*) *f.* /**खोटाई** (*khoṭāī*) *f.* 1. wickedness, crookedness, 2. insincerity, dishonesty 3. falsehood 4. fault, flow (= खोटापन) *q.v.*
खुटिला (*khutilā*) *m.* a kind of ear-ring
खुट्टी[1] (*khuṭṭī*) *f.* severance of mutual friendship (by children), cutting off the bond of friendship
खुट्टी करना *v.t.* to sever speaking terms, to break off friendly relations
खुट्टी[2] (*khuṭṭī*) *f.* a kind of hard toffee
खुड्डी (*khuḍḍī*) *f.* 1. small pit or hollow 2. space, gap, chink 3. gap caused by extracted tooth 4. footrest in an Indian-type latrine
ख़ुतबा A (*khutbā*) *m.* 1. praise, eulogy 2. proclamation of a king ascending the throne
अकबर के नाम का ख़ुतबा पढ़ा गया Akbar was proclaimed as king
खुत्थी (*khutthī*) *f.* portion of stalk of plants left in the field after harvesting
ख़ुद P (*khud*) *pron.* self (my, your, him, her, in person)
ख़ुद काश्त *f.* cultivation by the owner himself, direct farming
ख़ुदकुशी *f.* suicide
ख़ुदकुशी करना *v.t.* to commit suicide
ख़ुदगर्ज़ *a.* self-interested, selfish
ख़ुदगर्ज़ी *f.* selfishness
ख़ुदपरस्त *a.* self-indulgent, self-conceited
ख़ुदपरस्ती *f.* self-conceit, self-indulgence
ख़ुद-ब-ख़ुद *adv.* of or by oneself, of one's own accord, voluntarily
ख़ुदमुख़्तार *a.* (a) independent, free, autonomous (b) free agent
तुम ख़ुद you yourself

मैं ख़ुद मुख़्तार I myself
यह ख़ुद it itself
ये ख़ुद मुख़्तार they themselves
वह ख़ुद मुख़्तार he himself, she herself
वे खुद मुख़्तार they themselves
हम ख़ुद we ourselves

खुदना (*khudnā*) *v.i.* 1. to be dug (out), to be excavated 2. to be hollowed out, to be engraved 3. to be carved

खुदनी (*khudnī*) *f.* pick
कनखुदनी *f.* ear pick
दंतखुदनी *f.* toothpick

खुदरा[1] (*khudrā*) *a.* rough, rugged
खुदरा फ़र्श *m.* rough floor
खुदरी ज़मीन *f.* rugged ground (खुरदरा)

खुदरा[2] (*khudrā*) I. *a.* retail, petty II. *m.* small change (of a big note or coin)
खुदरा दाम *m.* retail price
खुदरा बाज़ार *m.* retail market
खुदरा रोकड़ *m.* petty cash
खुदरा व्यापार *m.* retail business, retailing
खुदरा व्यापारी *m.* retailer
खुदरा बिक्री *f.* retail sale

खुदवाई (*khudvāī*) *f.* 1. digging 2. engraving 3. carving, wages for digging, charge for engraving/carving

खुदवाना (*khudvānā*) *v.t.* to cause to be dug/excavated, to get dug/hollowed out, to get bored, to have engraved or carved

ख़ुदा P (*k͟hudā*) *m.* God Almighty
ख़ुदा का घर *m.* place of worship, mosque, temple, church
ख़ुदा करे *interj.* may God
ख़ुदा की मार *f.* divine punishment
ख़ुदा-ख़ुदा करके *(मु.) adv.* with great difficulty
ख़ुदा जाने *interj.* God knows
ख़ुदा न करे, ख़ुदा न ख़्वास्ता God forbid
ख़ुदापरस्त *m.* worshipper of God, pantheist
ख़ुदापरस्ती *f.* worship of God, theism
ख़ुदावंद *m.* God the Almighty
ख़ुदाहाफ़िज़ *interj.* may God protect you

ख़ुदाई[1] (*k͟hudāī*) *f.* 1. creation, world 2. people

खुदाई[2] (*khudāī*) *f.* 1. digging, excavation 2. engraving, carving

खुदाना (*khudānā*) *v.t.* 1. to get dug 2. to cause to engrave 3. to cause to carve

ख़ुदी P (*k͟hudī*) *f.* 1. pride, vanity, conceit 2. self

खुद्दी (*khuddī*) *f.* small particles of rice or pulse

खुनकी (*khunkī*) *f.* coolness, slight cold

खुनखुना (*khunkhunā*) *m.* 1. rattling sound, rattle 2. rattling toy

खुनस (*khunas*) *f.* 1. spite, grudge, rancour 2. (ईर्ष्या) envy 3. (क्रोध) anger, wrath

खुनसाना (*khunsānā*) *v.t.* to be angry, to be enraged, to be displeased

खुनसी (*khunsī*) *a.* 1. irritable, wrathful, peevish 2. spiteful, rancorous

ख़ुफ़िया A (*k͟hufiyā*) *a.* secret
ख़ुफ़िया चाल *f.* undercurrent
ख़ुफ़िया पुलिस *f.* spy police for criminal investigation
ख़ुफ़िया ब्यूरो *m.* intelligence bureau
ख़ुफ़िया महकमा *m.* intelligence department
ख़ुफ़िया रखना *v.t.* to keep something secret

ख़ुबानी P (*k͟hubānī*) *f.* apricot (better ख़ूबानी)

खुभना (*khubhnā*) *v.i.* 1. to prick, to pierce, to stick into 2. to affect

खुभाना (*khubhanā*) *v.t.* to thrust into, to pierce

ख़ुमार A (*k͟humār*) *m.* 1. intoxication 2. effect of intoxication, crapulence 3. drowsiness, languor 4. languish-

ing

ख़ुमारी A (*khumārī*) *f.* (same as ख़ुमार *q.v.*)

खुमी[1] (*khumī*) *f.* edible mushroom, agaric

खुमी[2] (*khumī*) *f.* pin fitted to the teeth

खुरंट (*khuranṭ*) *m.* /**खुरंड** (*khuranḍ*) *m.* scab, crust formed on a healing wound or sore, callus

खुरंट/खुरंड जमना *m.* formation of scab, dry crustation

खुर (*khur*) *m.* hoof

खुरदार *a.* hoofed

खुरपका *m.* a disease of hoof and mouth afflicting animals

खुर मार्ग *m.* cattle trail

खुरक (*khurak*) *f.* 1. apprehension 2. anxiety 3. itch

खुरखुर (*khurkhur*) *f.* hoarse rattling sound in the throat caused by cough

खुरखुरा (*khurkhurā*) *a.* rough, rugged, uneven (= खुरदरा *q.v.*)

खुरखुराना (*khurkhurānā*) *v.i.* 1. to cough with rattling sound 2. to become rough/uneven (to the touch)

खुरखुराहट (*khurkhurāhaṭ*) *f.* rattling

खुरचन (*khurcan*) *f.* 1. scraping 2. scrapings, a milk sweetmeat

खुरचना (*khurcanā*) *v.t.* 1. to scrape (off) 2. to scratch 3. to erase, to scratch out

खुरचनी (*khurcanī*) *f.* 1. scraper (instrument) 2. eraser

खुरचाल (*khurcāl*) *f.* 1. wickedness, mischief 2. (नीचता) meanness, baseness 3. (बाधा) impediment

खुरचाली (*khurcālī*) I. *a.* wicked, mischievous II. *m.* mischief-maker

खुरजी (*khurjī*) *f.* double bag, haversack, saddlebag

खुरट (*khuraṭ*) *m.* a hoof disease

खुरदरा (*khurdarā*) *a.* rough, rugged, uneven

खुरदरापन *m.* roughness, ruggedness, unevenness

खुरदरी सतह *f.* rough surface

खुरपा (*khurpā*) *m.* hoe (for grubbing up grass), weeding knife

खुरपी (*khurpī*) *f.* 1. small hoe or weeding knife 2. scraper

ख़ुरमा P (*khurmā*) *m.* 1. a kind of sweetmeat prepared from wheat flour 2. (छुहारा) dry date

ख़ुरहरा (*khurhaṛā*) *m.* an instrument for rubbing down horses (= खरहरा *q.v.*)

ख़ुराक P (*khurāk*) *f.* 1. food 2. eatables 3. diet 4. one dose of medicine

ख़ुराकी P (*khurākī*) *f.* subsistence money, diet-money, food allowance

ख़ुराफ़ात A (*khurāfāṭ*) *f.* 1. mischief 2. trivial talk, nonsense 3. abusive language

ख़ुराफ़ात करना *v.t.* to make mischief, to cause disturbance

ख़ुराफ़ात बकना *v.i.* to talk nonsense, to use abusive language

ख़ुराफ़ाती (*khurāfātī*) I. *a.* 1. mischievous 2. nonsense II. *m.* mischief-maker

खुरिया (*khuriyā*) *f.* 1. knee-pan, knee bone 2. small bowl

खुरी[1] (*khurī*) *f.* hoof-mark

खुरी करना *v.t.* (a) to be restless to start (b) scratching the ground with hoofs

ख़ुरी[2] (*khurī*) *f.* wickedness, crookedness

ख़ुर्द P (*khurda*) *a.* small, little

ख़ुर्दबीन *f.* microscope

ख़ुर्द-बुर्द *a.* (a) scattered (b) ruined

ख़ुर्द-बुर्द कर देना *v.t.* (a) to destroy (b) to grab

ख़ुर्दनी P (*khurdanī*) *f.* eatable things, victuals, food

ख़ुर्रम P (*khurram*) *a.* happy, pleased

ख़ुश और ख़ुर्रम *a.* happy and pleased

खुर्रांट (*khurrāṇṭ*) *a.* 1. very old and experienced 2. crafty, cunning

खुर्राट (*khurrāṭ*) *a.* 1. shrewd, cunning, clever 2. old and experienced

खुलना (*khulnā*) *v.i.* 1. to open 2. to expand 3. to open out, to unravel 4. to be disentangled 5. to be untied, unfastened 6. to be uncovered, to be unfolded 7. to be exposed 8. to become clear/evident 9. to get loose 10. to be discovered 11. to start, to leave (also other meanings in contexts)

खुल कर/के *adv.* (a) openly, publicly (b) at ease

खुलना-खेलना *v.i.* (a) to do or act openly (b) to indulge freely in vices

आँख खुलना *v.i.* eyes to open

आकाश खुलना *v.i.* the sky to become clear

किस्मत खुलना *v.i.* luck to turn for the better

खाता खुलना *v.i.* account to open

गाँठ खुलना *v.i.* knot to untie

गाड़ी खुलना *v.i.* the train to leave/depart or start

ज़बान खुलना *v.i.* tongue to become loose

दिमाग खुलना *v.i.* outlook to broaden

धड़का खुलना *v.i.* fright to be overcome

पोशाक खुलना *v.i.* garment to become loose

बोतल खुलना *v.i.* bottle to be uncorked

भूख खुलना *v.i.* appetite to be restored

भेद खुलना *v.i.* secret to be revealed

मशीन खुलना *v.i.* the machine to be opened into parts

मुँह खुलना *v.i.* to speak

रस्सी खुलना *v.i.* rope to be unfastened/unhitched

रुपए खुलना *v.i.* money to be spent

रेडियो खुलना *v.i.* radio to be switched on

सामान खुलना *v.i.* luggage to be unpacked

हाथ खुलना *v.i.* to get into the habit of beating

खुलवाना (*khulvānā*) *v.t.* to cause to be opened (see खुलना)

खुला (*khulā*) *a.* 1. open, unclosed 2. uncovered 3. overt 4. clear, manifest 5. untied 6. unobstructed 7. free

खुला अधिवेशन *m.* open session

खुला कुत्ता *m.* untied dog

खुला द्वार *m.* open door

खुला बाज़ार *m.* free/open market

खुला माल *m.* loose goods

खुला समुदाय *m.* open community

खुला समुद्र *m.* high sea

खुली कार्रवाई *f.* direct action

खुली खान *f.* quarry

खुली छूट *f.* blanket permission

खुली सड़क *f.* unobstructed road

खुली सुनवाई *f.* public trial

खुलेआम *(मु.) adv.* openly, publicly

खुले-खज़ाने *(मु.) adv.* openly (= खुले आम, खुले-खुले)

खुले दिल से *adv.* with open arms

खुले बाल *m.* loose or dishevelled hair

खुले मैदान *(मु.) adv.* in the open

खुले रूप से *adv.* freely, expressly

खुलाई (*khulāī*) *f.* 1. act of opening 2. wage for opening something

खुलाना (*khulānā*) *v.t.* 1. to cause to open 2. to cause to expand (see खुलना)

ख़ुलासा A (*khulāsā*) I. *a.* open, wide II. *m.* gist, abstract

ख़ुला-सा मकान *m.* open and airy house

खुली-सी जगह *f.* wide space

खुल्लम-खुल्ला (*khullam-khullā*) *adv.* openly, publicly, in broad daylight, overtly

ख़ुश P (*khuś*) *a.* 1. happy, glad 2. good
ख़ुशकिस्मत *a.* lucky, fortunate
ख़ुशखत *m.* fine writing, good hand-writing
ख़ुशख़ती *f.* calligraphy
ख़ुशखबरी *f.* glad tidings, good news
ख़ुशखुर्रम *a.* happy and pleased
ख़ुशगवार *a.* agreeable, pleasant, fine
ख़ुशदिल *a.* cheerful, merry, humorous, witty
ख़ुशनसीब *a.* lucky, of happy lot
ख़ुशनसीबी *f.* good fortune/luck
ख़ुशनुमा *a.* pleasant
ख़ुशबू *f.* perfume, fragrance
ख़ुशबूदार *a.* sweet smelling, scented, fragrant, aromatic
ख़ुशमिज़ाज *a.* cheerful, good tempered, jovial
ख़ुश रखना *v.t.* to appease, to amuse
ख़ुश रहना *v.i.* to be happy, to be pleased
ख़ुशहाल *a.* prosperous, well-to-do, in easy circumstances
ख़ुशहाली *f.* prosperity

ख़ुशामद P (*khuśāmad*) *f.* flattery, sycophancy
ख़ुशामद करना *v.t.* to flatter
ख़ुशामदतलब *a.* seeking flattery, fond of being flattered

ख़ुशामदी P (*khuśāmadi*) I. *a.* obsequious, given to flattery II. *m.* flatterer, sycophant
ख़ुशामदी टट्टू *(मु.)* *m.* too much of a flatterer, one always engaged in flattery, sycophant

ख़ुशी P (*khuśī*) *f.* 1. joy, happiness, delight, gladness, pleasure 2. cheerfulness, gaiety 3. will
ख़ुशी करना *v.t.* to celebrate some happy and/ or auspicious occasion
ख़ुशी का दिन *m.* day of rejoicing
ख़ुशी का सौदा *m.* matter of choice
ख़ुशी की बात *f.* occasion for rejoicing
ख़ुशी-ख़ुशी *adv.* cheerfully, happily, with pleasure, joyfully, willingly, by all means
ख़ुशी मनाना *v.t.* to rejoice, to celebrate an occasion
ख़ुशी से *adv.* cheerfully, happily, with pleasure, joyfully, willingly, by all means (= खुशी-खुशी)
ख़ुशी से फूल उठना *v.i.* to be overjoyed, to feel jubilant
ख़ुशियाँ देखना *v.t.* to see some happy or auspicious occasions

ख़ुश्क[1] P (*khuśka*) *a.* 1. dry 2. uninteresting 3. without lodging
ख़ुश्क आबहवा *f.* dry climate
ख़ुश्क मिज़ाज *m.* rough temperament
ख़ुश्क मेवा *m.* dry fruit
ख़ुश्क रोटी *f.* (a) unbuttered bread (b) board without lodging
ख़ुश्क वेतन *m.* pay without any perks
ख़ुश्क विषय *m.* uninteresting subject

ख़ुश्क[2] P (*khuśkī*) *m.* 1. (भात) boiled rice 2. dry flour for dough

ख़ुश्की P (*khuśkī*) *f.* 1. dryness, aridity 2. (dry) land 3. drought
ख़ुश्की के रास्ते *adv.* by land

खुसर-फुसर (*khusar-phusar*) *f.* whispering
खुसर-फुसर करना *v.t.* to talk in whispers

ख़ुसरू (*khusrū*) *m.* king, emperor

ख़ुसिया A (*khusiyā*) *m.* testicles, scrotum

ख़ुसूसन A (*khusūsan*) *adv.* especially, particularly

ख़ुसूसियत A (*khusūsiyat*) *f.* special feature, quality

ख़ूँ P (*khūṁ*) *m.* blood (= ख़ून)

ख़ूँखार P (*khūṁkhār*) *a.* 1. ferocious, bloodthirsty 2. cruel, heartless

खूँट[1] (*khūṁṭ*) *m.* 1. side, quarter, direction 2. corner, nook
चारों खूँट *m.* four corners or quarters

खूँट[2] (*khūṁt*) *m.* ear-wax

खूँटना (*khūṁṭanā*) *v.t.* 1. to vex, to tease 2. (तोड़ना) to pluck 3. to interrupt

खूँटा (*khūṁṭā*) *m.* 1. stump 2. stake, wooden peg

खूँटे के बल बछड़ा कूदे/नाचे *(मु.)* to show off or brag on the basis of someone's support or backing

खूँटा गाड़ना *(मु.) v.t.* (a) to fix a stake (b) to fix limit or boundary, to determine demarcation

खूँटे पर मारना *(मु.)* (a) to scorn (b) to deride (c) to ignore

खूँटे से बाँधना *v.t.* (a) to tie to a butcher's stake, to expose to danger (b) to put in an unpleasant situation (c) to keep under control or restraint

खूँटी (*khūṁṭī*) *f.* 1. peg, cog 2. stump or stubble

खूँटी लगाना *v.t.* to fix in a peg, to demarcate boundary

बाल की खूँटी *f.* root of the hair

खूँड़ (*khūṁṛ*) *m.* furrow

खूँद (*khūṁd*) *f.* pawing of a horse in a small place

खूँदना (*khūṁdnā*) *v.i.* 1. pawing of horse while standing 2. (कुचलना) to trample, to tread upon (नष्ट-भ्रष्ट करना) to destroy by trampling

ख़ूँरेज़ी P (*kh̲ūñrezī*) *f.* bloodshed, slaughter

ख़ू P (*kh̲ū*) *f.* 1. habit 2. nature

ख़ून P (*kh̲ūn*) *m.* 1. blood 2. murder

ख़ून उबलना *(मु.) v.i.* the blood to boil

ख़ून करना *(मु.) v.t.* to murder

ख़ून का घूँट पीना *v.t.* to swallow an insult or humiliation

ख़ून का जोश *m.* love or feelings for the family

ख़ून का दौरा *m.* blood circulation

ख़ून का प्यासा *a.* bloodthirsty

ख़ून का रिश्ता *m.* blood relation

ख़ून के आँसू रोना *(मु.) v.i.* to lament very much, to be in utter sorrow

ख़ून-ख़च्चर *m.* /**ख़ून-ख़राबा** *m.* bloodshed, slaughter

ख़ून चढ़ाना *v.t.* to transfuse blood

ख़ून-पसीना एक करना *(मु.) v.t.* to toil by the sweat of one's brow

खून-पसीने की कमाई *f.* hard-earned money

खून पीना *(मु.) v.t.* to cause non-stop harassment

खून बहना *v.i.* (a) bleeding (b) to bleed

खून बहाना *v.t.* to shed blood, to butcher, to kill

खून सफ़ेद करना *v.t.* (a) to be unkind (b) to be displeased

खून सफ़ेद होना *v.i.* to lack natural affection, to be unkind

ख़ून सिर पर चढ़ना या सवार होना *(मु.)* to be in a murderous mood, to run amuck

ख़ून सूखना *v.i.* to be stunned with fear, to be mortally terrified

आँखों में ख़ून उतरना *v.i.* eyes (to be bloodshot with rage), to be livid with rage

ख़ून मुँह को लग जाना *v.i.* to get addicted to

ख़ूनी P (*kh̲ūnī*) I. *a.* 1. bloody 2. full of blood 3. blood-red II. *m.* murderer

ख़ूनी आँखें *f.* bloodshot eyes

ख़ूनी बवासीर *m.* bleeding piles

ख़ूनी रंग *m.* blood-red colour

ख़ूनी लड़ाई *f.* bloody battle

ख़ूनी वार *m.* fatal attack

ख़ूब P (*kh̲ūb*) I. *adv.* (very) well, excellently II. *interj.* well done ! bravo ! III. *a.* good, very much, plenty

ख़ूब अच्छा very good

ख़ूब किया did well, well done

ख़ूब-ख़ूब how beautiful, lovely

ख़ूब फंसे well caught

ख़ूबसूरत *a.* beautiful, handsome

ख़ूबसूरती *f.* beauty

क्या ख़ूब कही well said

ख़ूबरू P (*k͟hūbrū*) *a.* handsome-looking, comely

ख़ूबानी P (*k͟hūbānī*) *f.* apricot, *Prunus armeniaca*

ख़ूबी P (*k͟hūbī*) *f.* 1. goodness, excellence 2. (सुंदरता) beauty 3. (गुण) quality

ख़ूबी से *adv.* beautifully, elegantly, excellently

खूसट (*khūsaṭ*) I. *a.* 1. decrepit 2. lazy 3. useless, worthless 4. insensitive to beauties of life and nature II. *m.* 1. decrepit old person 2. worthless fellow 3. (उल्लू) owl

खूसटपना *m.* (a) worthlessness (b) senility

खेंचना (*kheṁcanā*) *v.t.* 1. to pull, to draw 2. to attract 3. (तानना) to stretch 4. (कसना) to tighten 5. (of photograph) to take 6. (चूसना) to absorb, to suck 7. (चुआना) to extract 8. to delineate (= खींचना)

खेकसा (*kheksā*) *m.* /**खेखसा** (*khekhsā*) *m.* a kind of vegetable

खेचर (*khecar*) *m.* 1. the sun and planets (moving in the sky) 2. clouds 3. birds

खेचरता (*khecartā*) *f.* levitation

खेट (*kheṭ*) *m.* /**खेटक** (*kheṭak*) *m.* 1. small village, hamlet 2. (ढाल) shield 3. hunting, chase

खेटकी (*kheṭakī*) *m.* hunter, chaser

खेटी (*kheṭī*) *m.* villager

खेड़ (*kheṛ*) *m.* village, hamlet

खेड़ना (*kheṛnā*) *v.t.* to drive, to chase, to pursue

खेड़ा (*kheṛā*) *m.* 1. field, land 2. hamlet 3. mound of ruins, site of an ancient village or town

खेड़ापति *m.* headman of a village or hamlet

खेड़ा बसाना *v.t.* to people a village or hamlet

खेड़े की दूब *f.* trivial or useless thing

खेड़ी[1] (*kheṛī*) *f.* dirt which comes out after metal is melted, slag

खेड़ी[2] (*kheṛī*) *f.* placenta

खेड़ी गिरना या गिराना abortion

खेत (*khet*) *m.* 1. field, land, soil 2. farm 3. battlefield

खेत आना/रहना *(मु.) v.i.* to be killed in the battlefield

खेत कमाना *v.t.* to prepare the field, to till and manure the field

खेत काटना *v.t.* to reap the crop

खेत-खलिहान *m.* farm, field and its outskirts

खेत छोड़ देना *v.t.* to flee from the battlefield

खेत जोतना *v.t.* to till the soil

खेत निराना *v.t.* to weed a field

खेत बोना *v.t.* to sow seeds in a field

खेत रखना *v.t.* to kill an enemy in the battlefield

खेत रहना *v.i.* to be slain in the battlefield

खेतिहर (*khetihar*) *m.* farmer, cultivator

खेती (*khetī*) *f.* husbandry, agriculture, cultivation, tillage, farming

खेती की आमदनी *f.* agricultural income

खेती की उपज *f.* agricultural produce

खेती करना *v.t.* to cultivate

खेतीबाड़ी *f.* farming

खेती भूमि *f.* agricultural land

खेती मज़दूर *m.* agricultural labour, cultivating labour

खेतीहर (*khetīhar*) *m.* cultivator, farmer, peasant

अगैती खेती *f.* early crop

गहरी खेती *f.* intensive cultivation/farming

पिछैती खेती *f.* late crop

सहकारी खेती *f.* co-operative cultivation or farming

खेद (*khed*) *m.* 1. regret, grief 2. depres-

sion, despondency, lassitude
खेद का विषय *m.* matter of regret
खेदजनक *a.* deplorable, regrettable
खेद-पत्र *m.* letter of regret
खेद प्रकट करना *v.t.* to express regret or sorrow
खेद है is regretted
खेद होना *v.i.* to regret

खेदना (*khednā*) *v.t.* 1. to chase, to drive away 2. (पछाड़ देना) to repulse, to repel, (पीछा करना) to pursue, to run after (the game) (more common खदेड़ना)

खेदा (*khedā*) *m.* 1. chase, hunt 2. (शिकार) prey, game 3. trap or enclosure for entrapping game (especially elephants) 4. a stockade for catching elephants etc.

खेदाई (*khedāī*) *f.* act of chasing or enticing a game

खेदित (*khedit*) *a.* 1. distressed, afflicted, grieved 2. sorrowful 3. regretful (better खिन्न)

खेना (*khenā*) *v.t.* 1. to row a boat, to paddle 2. to drag
खेनेवाला *m.* oarsman
जीवन खेना *v.t.* to pass one's life somehow

खेप (*khep*) *f.* 1. load 2. weight which may be taken at one time 3. instalment
खेप भरना *v.t.* to pay an instalment
इतनी खेपों में *adv.* in so many instalments

खेपड़ी (*khepṛī*) *f.* an oar for rowing a boat

खेपना (*khepnā*) I. *v.i.* to pass time with difficulty II. *v.t.* (सहना) to bear, to endure

ख़ेमा A (*k͟hemā*) *m.* tent, camp
ख़ेमा गाड़ना *v.t.* (a) to pitch a tent (b) to reside in a tent
ख़ेमा लगाना *v.t.* to encamp

खेरना (*khernā*) *v.i.* to turn, to flow

खेरा (*kherā*) *m.* small village (=खेड़ा)

खेरी (*kherī*) *f.* 1. a kind of grass 2. membrane in which the foetus develops

खेल (*khel*) *m.* 1. game, sport 2. play 3. pastime 4. fun
खेल करना *(मु.)* *v.t.* to play with something
खेलकूद *f.* sports, games, gambols, athletics
खेल-खिलाड़ी *a.* games, playing
खेल खिलाना *v.t.* to play with somebody
खेल खेलना *(मु.)* *v.t.* to play (a game)
खेल-खेल में *adv.* (just) in fun
खेल टिप्पणीकार *m.* sports commentator
खेल दिखाना *v.t.* to display a feat
खेलबाज़ी *f.* (a) play and sport (b) making fun
खेल बिगड़ना *(मु.)* *v.i.* (a) sport or play to be spoiled (b) whole business to be spoiled
खेल बिगाड़ना *(मु.)* *v.t.* to spoil the sport or play
खेल संवाददाता *m.* sports correspondent/reporter
खेल समझना *(मु.)* *v.t.* to regard as a child's play, to take something lightly
खेल समीक्षा *f.* sports review
बायें हाथ का खेल *(मु.)* *m.* an easy task

खेलना (*khelnā*) *v.i.* to play
खेलना-खाना *(मु.)* *v.t.* to enjoy, to eat, drink and be merry
खेलना-खालना *v.i.* to play about, to amuse oneself
खेलने-खाने के दिन *m.* time to enjoy life
जान या जी पर खेलना *v.i.* to do a thing at the risk of one's life
जुआ खेलना *v.t.* to gamble, to make a risky investment
नाटक खेलना *v.t.* to perform a drama

शतरंज खेलना *v.t.* to play chess
शिकार खेलना *v.t.* to hunt
सिर पर मौत खेलना *(मु.) v.t.* death (to hover over the head)

खेलवाड़ (*khelvāṛ*) *m.* 1. play, sport 2. fun (better खिलवाड़ *q.v.*)

खेलवाना (*khelvānā*) *v.t.* to cause to be played with, to cause to be amused by another

खेलाई (*khelāī*) *f.* 1. act of playing 2. reward given for playing

खेलाड़ी (*khelāṛī*) *m.* 1. player, sportsman 2. gambler 3. (धूर्त) trickster (better खिलाड़ी *q.v.*)

खेलाना (*khelānā*) *v.t.* 1. to cause to play, to engage somebody in playing 2. to amuse 3. to engage somebody in tricks or idle talk
खेलाना-खाना *v.t.* to enjoy life with others, to eat, drink and be merry in a company

खेलौना (*khelaunā*) *m.* a toy, a thing of amusement (better खिलौना *q.v.*)

खेवट[1] (*khevaṭ*) *m.* oarsman, boatman

खेवट[2] (*khevaṭ*) *m.* record or register of shares in land
खेवट-खतौनी *f.* detailed record of village showing distribution of lands and rights of the occupants

खेवनहार (*khevanhār*) *m.* 1. oarsman 2. saviour 3. God

खेवा (*khevā*) *m.* 1. fleet of boats 2. boat 3. ferry 4. ferry tax 5. passage money
खेवा पार करना *v.t.* to row a boat across

खेवैया (*khevaiyā*) *m.* 1. oarsman 2. saviour 3. God (= खेवनहार *q.v.*)

खेस (*khes*) *m.* a kind of thick and fissured bedspread

खेसारी (*khesārī*) *f.* a kind of coarse pulse

खेह (*kheh*) *f.* 1. dust 2. (भस्म) ashes
खेह खाना *v.i.* (a) to waste time (b) to loiter about (c) to suffer

खैंच (*khaiṁc*) *f.* 1. drawing, pulling 2. draw, pull 3. attraction
खैंचाखैंची *f.* /**खैंचातानी** *f.* (a) pulling and hauling, stretching and straining (b) (कलह) scuffle, contention

खैंचना (*khaiṁcnā*) *v.t.* 1. to pull, to draw 2. to attract 3. (तानना) to stretch 4. (कसना) to tighten 5. (of photograph) to take 6. (चूसना) to absorb, to suck 7. (चुआना) to extract 8. to delineate (better खींचना *q.v.*)

खैर[1] (*khair*) *m.* the tree acacia, catechu
खैर सार *m.* catechu extract (कत्था)

ख़ैर[2] A (*khair*) *f.* 1. well, good 2. welfare, well-being, weal
ख़ैर-आफ़ियत *f.* well-being
ख़ैर-ख़बर *f.* any news or information
ख़ैरख़्वाह *m.* well-wisher
ख़ैरख़्वाही *f.* well-wishing, good intentions
ख़ैर पूछना *v.t.* to enquire about somebody's welfare
ख़ैर मनाना *(मु.) v.t.* to pray for the good (of), to wish one well
ख़ैर-सल्ला *f.* well-being, does not matter
ख़ैर है it is all well
ख़ैर तो है ? what's the matter?
अपनी ख़ैर मनाओ guard yourself

खैरा (*khairā*) I. *a.* of the colour of catechu, brown, bluish grey II. *m.* animal of bluish grey colour (especially a pigeon)

ख़ैरात A (*khairāt*) *f.* largesse, charity, alms, donation
ख़ैरात-ख़ाना *m.* alms-house, poorhouse
ख़ैरात बाँटना *v.t.* to give alms

ख़ैराती A (*khairātī*) *a.* charitable
ख़ैराती अस्पताल/दवाख़ाना *m.* charitable dispensary
ख़ैराती और धर्मार्थ दान *m.* charitable

and religious endowment
खैराती न्यास *m.* charitable trust
खैराती संस्था *f.* charitable institution

ख़ैरीयत A (*<u>kh</u>airīyat*) *f.* 1. well-being, welfare 2. safety
ख़ैरीयत पूछना *v.t.* to enquire about somebody's well-being
ख़ैरीयत से *adv.* safely (also see ख़ैर)

खैरी मिट्टी (*khairī miṭṭī*) *f.* brown earth

खैला (*khailā*) *m.* a young calf not yet used for ploughing

खोंखना (*khoṁkhnā*) *v.i.* to cough

खोंखी (*khoṁkhī*) *f.* cough

खों-खों (*khoṁkhoṁ*) *f.* sound of coughing

खोंच (*khoṁc*) *f.* scratch, rent (in a cloth, caused by a nail or some pointed thing)
खोंच आना/लगना *v.i.* to get a scratch or rip, to be ripped

खोंचा[1] (*khoṁcā*) *m.* 1. thrust 2. stuffing
खोंचा-खाँची *f.* 1. thrusting and stuffing 2. mutual wrangling

खोंचा[2] (*khoṁcā*) *m.* a bamboo device for catching birds

खोंचा[3] (*khoṁcā*) *m.* hawker's tray or basket

खोंचिया (*khoṁciyā*) *m.* 1. fowler 2. beggar

खोंची[1] (*khoṁcī*) *f.* stuffing, padding

खोंची[2] (*khoṁcī*) *f.* 1. trifling purchases 2. grain, vegetable, etc. given by a shopkeeper to a beggar 3. grain given to workers and beggars

खोंची[3] (*khoṁcī*) *f.* projected or extended portion of land or house

खोंट (*khoṁṭ*) *m.* act of plucking or pruning

खोंटना (*khoṁṭnā*) *v.t.* 1. to pluck, to prune (upper part of plant) 2. to break into pieces

खोंडर (*khoṁḍar*) *m.* hollow in the trunk of a tree (also कोटर)

खोंड़ा[1] (*khoṁṛā*) *a.* 1. having some front teeth broken 2. having some limb maimed, disabled

खोंड़ा[2] (*khoṁṛā*) *m.* a big pot for keeping grain

खोंता (*khoṁtā*) *m.* nest

खोंप (*khoṁp*) *f.* 1. rift, crack, rent 2. rough stitching

खोंपना (*khoṁpnā*) *v.t.* to pierce

खोंपा[1] (*khoṁpā*) *m.* shed for storing grass or straw

खोंपा[2] (*khoṁpā*) *m.* (women's) hair-knot, topknot

खोंसना (*khoṁsnā*) *v.t.* to infix, to insert, to thrust in, to tuck in
कान में रुई खोंसना *v.t.* to stuff cotton in one's ear
धोती के फेंटे में नोट खोंसना *v.t.* to tuck away notes in the waistband of one's dhoti

खोआ (*khoā*) *m.* milk condensed and thickened by boiling

खोई[1] (*khoī*) *f.* leftover crushed sugarcane (from which juice has been pressed)

खोई[2] (*khoī*) *f.* 1. parched rice 2. light corn

खोई[3] (*khoī*) *f.* blanket or cloth folded into a conical shape and put on the head as a defence against rain

खोऊ (*khoū*) *a.* prodigal, extravagant, wasteful

खोखला (*khokhlā*) *a.* 1. hollow 2. worm-eaten 3. empty
खोखला दाँत *m.* decayed tooth
खोखलापन *m.* hollowness, emptiness
खोखली बातें *f.* hollow talks

खोखा[1] (*khokhā*) *m.* boy, lad

खोखा[2] (*khokhā*) *m.* stall, booth

खोखा[3] (*khokhā*) *m.* 1. paid bill of exchange kept as a voucher 2. paper or deed for this bill

खो-खो (*kho-kho*) *f.* a game played by

two teams

ख़ोगीर P (*k͟hogīr*) *m.* saddle

खोज (*khoj*) *f.* 1. search, quest, investigation 2. (शोध) research 3. discovery 4. trace, clue

खोज करना *v.t.* to explore, to search for

खोजकर्ता *m.* researcher, discoverer

खोज-ख़बर *f.* enquiry about somebody's welfare

खोज-खाज *f.* (a) close/strict search (b) strenuous effort

खोज खोना *v.i.* to miss the trace/clue

खोज-दल *m.* search party

खोज निकालना *v.t.* to find a track or clue

खोज-बत्ती *f.* searchlight

खोज मिटाना *v.t.* to wipe out traces or clues

खोज मिलना *v.i.* to find a track or trace, to get an inkling

खोज लगाना *v.t.* to trace, to detect

खोजना (*khojnā*) *v.t.* 1. to search for, to seek, to investigate 2. (शोध करना) to explore, to research

खोज डालना *v.t.* to search about, to discover

खोज निकालना *v.t.* to discover, to evolve, to trace out

खोजनेवाला *m.* investigator, seeker, searcher

खोजवाना (*khojvānā*) *v.t.* to cause to get searched, to cause somebody to make a search

ख़्वाजा P (*k͟hojā*) *m.* 1. palatial eunuch 2. name of a Muslim sect

खोजी (*khojī*) *m.* searcher, explorer, discoverer

खोट (*khoṭ*) *f.* 1. vice, evil, wickedness 2. (दोष) fault, flaw, defect, blemish 3. (बुरी प्रवृत्ति) evil propensity or disposition 4. substance which adulterates a genuine product, adulterant, alloy

खोट निकालना *v.t.* 1. to detect fault, to find fault 2. to remove adulterant

खोट मिलाना *v.t.* to debase, to adulterate, to alloy

मन में खोट होना *v.i.* to bear malice or ill-will

खोटा (*khoṭā*) *a.* 1. false, base, spurious, counterfeit, forged 2. alloyed, adulterated 3. (दोषयुक्त) faulty 4. insincere, dishonest 5. (भ्रष्ट) corrupt 6. (अधम) wicked, vicious

खोटा इरादा *m.* sinister design

खोटा आदमी *m.* wicked/insincere fellow

खोटा करना *v.t.* to do mischief

खोटा काम *m.* evil or wicked deed

खोटापन *m.* 1. wickedness, crookedness 2. falsehood 3. insincerity

खोटा सिक्का *m.* counterfeit coin

खोटी कहना *v.t.* to speak ill, to backbite

खोटी-खरी *f.* foul language

खोटी सलाह *f.* ill-advice

खरा-खोटा *a.* good and bad

खरा-खोटा देखना *v.t.* to distinguish between true and false or good and bad

खरी-खोटी सुनाना *(मु.) v.t.* to chide, to rebuke, to scold

खोटे बाट *m.* false weights

खोटाई (*khoṭāī*) *f.* 1. wickedness, crookedness 2. insincerity, dishonesty 3. falsehood 4. fault, flow

खोदना (*khodnā*) *v.t.* 1. to dig, to excavate 2. (खोखला करना) to scoop out, to hollow 3. (जड़ काटना) to undermine 4. (उत्कीर्ण करना) to engrave

खोदकर मूर्ति बनाना *v.t.* to carve

खोद-खोदकर पूछ-ताछ करना *v.t.* to enquire closely, to investigate

खोद-खोदकर पूछना *(मु.) v.t.* to cross-examine

कान या दाँत खोदना *v.t.* to pick one's ear or tooth

कुआँ या गड्ढा खोदना *v.t.* to dig a well or pit

घर खोदना या खोद मारना *v.t.* to ransack a house

ज़मीन खोदना *v.t.* to dig the ground

खोदनी (*kodnī*) *f.* 1. digging 2. searching, investigating 3. spade 4. engraving or carving tool, toothpick

कानखोदनी *f.* ear-pick

खोदवाना (*khodvānā*) *v.t.* to cause to get (it) dug, to cause to be dug upon, to be engraved

खोदाई (*khodāī*) *f.* 1. act of digging 2. (धातु पर) engraving 3. (लकड़ी पर) carving 4. wages for digging, engraving or carving (= खुदाई)

ख़ोनचा P (*khoncā*) *m.* tray or large dish containing some eatables carried by a pedlar for sale (better= ख़्वानचा)

ख़ोनचा लगाना *v.t.* to set up such a large tray, to do a pedlar's job

खोना (*khonā*) *v.t.&i.* to lose, to get lost

खो जाना *v.i.* to be lost

खो डालना/देना *v.t.* (a) to lose (b) to destroy (c) to get rid of

खोया-खोया (सा) रहना *v.i.* to look lost, to be in the dumps, to be lost to oneself

खोप[1] (*khop*) *f.* 1. cave 2. chasm, gap, fissure, rent

खोप[2] (*khop*) *f.* long stitch

खोप भरना *v.t.* to sew with long stitches, to baste

खोपड़ा[1] (*khopṛā*) *m.* 1. skull, cranium 2. (derog.) brain

खोपड़ा[2] (*khopṛā*) *m.* 1. dried coconut 2. kernel of a coconut

खोपड़े का तेल *m.* coconut oil

खोपड़ी[1] (*khopṛī*) *f.* skull, a shell (as of a coconut or a tortoise) cranium

खोपड़ी खा जाना/चाट जाना *(मु.) v.i.* to pester with complaints or demands, to vex, to harass

खोपड़ी ख़ाली हो जाना *(मु.) v.i.* brain to be taxed

खोपड़ी खुजलाना *(मु.) v.t.* to invite beating, (*lit.*) to scratch one's head

खोपड़ी गंजी करना *(मु.) v.t.* to beat severely, to thrash well, to beat soundly

खोपड़ी चटकना *v.i.* to feel out of sorts due to excessive heat

खोपड़ी में घुसना *v.t.* to understand or comprehend

औंधी खोपड़ी का *a.* foolish, stupid, or comprehend

खोपरा (*khoprā*) *m.* copra, kernel of coconut

खोपरे का तेल *m.* coconut oil

खोपा[1] (*khopā*) *m.* 1. kernel or shell of a coconut

खोपा[2] (*khopā*) *m.* braided hair of a woman

खोपा[3] (*khopā*) *m.* side of the house facing the road

खोबार (*khobār*) *m.* pigsty (= खोबारा)

खोभ (*khobh*) *f.* piercing, pricking, thrusting

खोभना (*khobhnā*) *v.t.* to prick, to pierce a pointed thing into a soft thing (better खुभाना)

खोम (*khom*) *m.* a crowd, band

ख़ोय (*khoy*) *f.* 1. habit 2. practice, custom

खोया[1] (*khoyā*) *m.* thickened milk product

खोया[2] (*khoyā*) *v.i.&t.* lost (past tense singular, masculine of खोना)

खोर[1] (*khor*) *f.* lane, narrow path

खोर[2] (*khor*) *f.* trough for the cattle

खोर[3] (*khor*) *a.* whose any limb is broken

खोर[4] *(khor) suff.* one who eats

खोरा *(khorā) m.* tumbler

ख़ोराक P *(<u>kh</u>orāk) f.* 1. food 2. eatables 3. diet 4. one dose of medicine (better खुराक *q.v.*)

ख़ोराकी P *(<u>kh</u>orākī) f.* subsistence-money, diet-money, food allowance (better खुराकी *q.v.*)

खोरी[1] *(khorī) f.* lane, narrow street, narrow path

खोरी[2] *(khorī) f.* fault, flaw, defect

खोरी[3] *(khorī) f.* hesitation

खोरी[4] *(khorī) f.* (छोटी कोठरी) cell

ख़ोल[1] P *(<u>kh</u>ol) m.* outer covering, case, shell

खोल[2] *(khol) m.* cavity, hollow

खोल[3] *(khol) m.* covering cloth (as pillow case)

खोल[4] *(khol) m.* sheath, scabbard

खोलना *(kholnā) v.t.* 1. to open 2. to loosen 3. to unfold 4. to set free, to let out 5. to unfasten, to untie 6. to unlock 7. to disentangle 8. to explain 9. to uncover, to lay bare (other meanings in context) (see खुलना)

खोलकर *adv.* openly, plainly, without reservation, without mincing words, frankly

खोलकर बताइए elucidate, elaborate

खोलकर रख देना *v.t.* to bring to light

खाता खोलना *v.t.* to open an account

गाँठ खोलना *v.t.* to untie a knot

गुत्थी खोलना *v.t.* to solve a problem

धोती खोलना *v.t.* (a) to become naked (b) to exhibit one's pennilessness

नाव खोलना *v.t.* to set sail, to start a boat

बखिया खोलना *v.t.* to open stitches

बटन खोलना *v.t.* to unbutton

भेद खोलना *v.t.* to expose, to disclose/divulge a secret

मशीन खोलना *v.t.* to dismantle/open a machine

रस्सी खोलना *v.t.* (a) to untie a rope (b) to disentangle a rope

रास्ता खोलना *v.t.* to throw open a way/path

रोज़ा खोलना *v.t.* to break a fast

हस्पताल खोलना *v.t.* to open/start a hospital

खोली[1] *(kholī) f.* 1. covering 2. case of cloth 3. sheath, wrapper

खोली[2] *(kholī) f.* cell, closet

खोवा *(khovā) m.* a thickened milk product

खोसा[1] *(khosā) m.* 1. upper covering 2. case 3. rind 4. shell

खोसा[2] *(khosā) m.* man with thin or no beard

खोह *(khoh) f.* 1. cave, cavern, den 2. deep pit

खोही *(khohī) f.* umbrella made of leaves

खौं-खौं *(khauṁ-khauṁ) f.* coughing, sound of coughing

ख़ौफ़ A *(<u>kh</u>auf) m.* dread, terror, fear

ख़ौफ़ खाना *v.i.* to become dreaded/terrorised

ख़ौफ़ दिखाना *v.t.* to terrorise

ख़ौफ़नाक A *(<u>kh</u>aufnāk) a.* 1. dreadful, terrifying 2. ferocious

खौर *(khaur) m.* 1. crescent shaped mark of sandal paste which Hindus paint on their foreheads 2. a ladies' ornament worn on the forehead 3. a kind of net for catching fish

खौरना *(khaurnā) v.t.* to make crescent mark of sandal or saffron paste on forehead

खौरहा *(khaurhā) a.* 1. bald-headed 2. patient of mange, affected with bad itch

खौरा *(khaurā)* I. *m.* 1. a kind of bad itch or mange 2. disease in which the hair falls II. *a.* mangy, one infected with mange

खौलता *(khaultā) a.* boiling, boiling hot

खौलना (*khaulnā*) *v.i.* 1. to boil, to seethe 2. to be enraged, to get angry

ख़ून खौलना *v.i.* blood (to boil) with rage

खौलाना (*khaulānā*) *v.t.* 1. to boil 2. to annoy, to enrage

दूध खौलाना *v.t.* to boil milk

खौवा (*khauvā*) *a.* /**खौहा** (*khauhā*) *a.* 1. voracious, gluttonous 2. dependent on others for livelihood

ख्यात[1] (*khyāt*) *a.* 1. known 2. well-known, famous, reputed, renowned

ख्यातनामा *a.* whose name is well-known

ख्यात[2] (*khyāt*) *m.* 1. heroic poem 2. eulogy

ख्याति (*khyāti*) *f.* renown, fame, repute, reputation

ख्यातिप्राप्त *a.* renowned, famous, reputed

ख्यापक (*khyāpak*) *m.* 1. one who declares, one who proclaims 2. one who confesses his fault or conviction

ख्यापन (*khyāpan*) *m.* 1. declaration, proclamation 2. confession of fault

ख्याल (*khyāl*) *m.* a mode of Indian music (= ख्याल *q.v.*)

ख्यालिया (*khyāliyā*) *m.* one expert in singing ख्याल

ख़्याली P (*<u>kh</u>yālī*) *a.* 1. whimsical 2. (काल्पनिक) imaginary 3. supposed, fancied

ख़्याली पुलाव पकाना *(मु.) v.t.* to be lost in reverie, to build castles in the air

ख्रिस्टान (*khrisṭān*) *m.* Christian

ख्रिस्टीय (*khrisṭiya*) *a.* 1. of or concerning Jesus Christ 2. relating to Christianity

ख्रीस्ट (*khrīsṭ*) *m.* Jesus Christ

ख़्वाजा P (*<u>kh</u>vājā*) *m.* 1. master 2. Muslim mendicant of high rank 3. chief of a household establishment, butler

ख़्वान P (*<u>kh</u>vān*) *m.* large flat metal tray for meals

ख़्वानचा *m.* small tray to sale eatables

ख़्वानपोश *m.* cloth or wrapper for such a tray

दस्तरख़्वान *m.* dining cloth

ख़्वाब P (*<u>kh</u>vāb*) *m.* dream

ख़्वाबगाह *f.* room or place for sleeping

ख़्वाब देखना *v.t.* to see dreams, to dream

ख़्वाब हो जाना *v.i.* to become a thing of the past

ख़्वाबों की दुनिया *f.* world of dreams, world of fantasy

ख़्वार P (*<u>kh</u>vār*) *a.* 1. embarrassed 2. distressed

ख़्वारी P (*<u>kh</u>vārī*) *f.* 1. embarrassment 2. distress, trouble

ख़्वास्ता P (*<u>kh</u>vāstā*) *a.* desired, willed

ख़ुदा न ख़्वास्ता God forbid

ख़्वाह P (*<u>kh</u>vāh*) *a.* wishing, desiring

ख़्वाह-ख़्वाह *conj.* either ... or

ख़्वाह पत्र लिखो, ख़्वाह तार भेजो either write a letter or send a telegram

ख़्वाह-म-ख़्वाह *adv.* for no rhyme or reason, willy-nilly

दिलख़्वाह *a.* heart warming, pleasing

ख़्वाहाँ P (*<u>kh</u>vāhāṁ*) *a.* 1. desirous, wishing 2. entreating

ख़्वाहिश P (*<u>kh</u>vāhiś*) *f.* wish, strong desire

ग

ग (*ga*) *m.* the third consonant of the Devanagari syllabary

गंग (*gaṅg*) *f.* the river Ganga, *m.* a Hindi poet of medieval age

गंग-गति लेना/को प्राप्त होना to die

गंगबरार *f.* alluvial soil left behind by a river, especially by the Ganga

गंगा (*gaṅgā*) *f.* the river Ganga or Ganges

गंगा क्षेत्र *m.* Ganga and the region extending about six and half kilometres on either side of its banks

गंगा-जमुनी I. *a.* made up of two colours or two metals (like gold and silver) II. *f.* an earring of alloy

गंगा-जमुनी मंत्रिमंडल *m.* coalition cabinet

गंगा-जमुनी संस्कृति *f.* composite culture

गंगाजल *m.* sacred water of the Ganga

गंगाजली *f.* small metal vessel for keeping Ganga water

गंगाजली उठाना *v.t.* to swear by the Ganga water

गंगा-द्वार *m.* place where the Ganga rises from the mountain

गंगाधर *m.* an epithet of Shiva

गंगा नहाना *(मु.) v.i.* (a) to take bath in the Ganga (b) to be relieved of some heavy duty (c) to be free from sins

गंगा-पुत्र *m.* (a) epithet of Bhishma (b) priest who conducts ceremonies on the banks of Ganga

गंगा-प्राप्ति *f.* (a) dying on the banks of river Ganga *(fig)* (b) gain of having one's ashes immersed in the Ganga

गंगालहरी *f.* ripples of the Ganga

गंगालाभ *m.* (a) attainment of the Ganga (b) death (c) gain of having one's ashes immersed in the Ganga (= गंगाप्राप्ति)

गंगासागर *m.* place where the Ganga meets the sea in the Bay of Bengal

गंगाराम (*gaṅgārām*) *m.* parrot

गंगाल (*gaṅgāl*) *m.* a large container of metal for holding water

गंगाला (*gaṅgālā*) *m.* land subject to inundation of the Ganga

गंगावतरण (*gaṅgāvtaraṇ*) *m.* the descent of the Ganga from heaven

गंगोत्तरी (*gaṅgottarī*) *f.* the place where the Ganga springs up

गंगोदक (*gaṅgodak*) *m.* Ganga water

गंज[1] (*gañj*) *m.* baldness, alopecia

गंज[2] (*gañj*) *m.* 1. treasure 2. heap, pile 3. store 4. market, bazar

गंजन (*gañjan*) *m.* 1. defiance, contempt 2. destruction, ruining 3. humiliation, disrespectful treatment

गंजना[1] (*gañjnā*) *v.t.* to treat with contempt, to humiliate

गंजना[2] (*gañjnā*) *v.t.* to pile up, to heap, to pack, to cram, to stuff

गंजा (*gañjā*) *a.* bald, bald-headed

गंजाई (*gañjāī*) *f.* 1. heaping, piling 2. charges for piling

गंजाना (*gañjānā*) *v.t.* to cause to heap/dump

गंजिया (*gañjiyā*) *f.* wallet or bag

गंजी[1] (*gañjī*) *f.* 1. pile, heap 2. haystack

गंजी[2] (*gañjī*) *f.* man's vest

गंजी[3] (*ga ñjī*) *a.* & *m.* (one) addicted to hemp (also गांजा)

गंजीफ़ा P (*ganjīfā*) *m.* 1. a card-game 2. pack of cards

गँजेड़ी (*gamjeṛī*) *m.* a person addicted to smoking hemp leaves

गँठ (*gamṭh*) *f.* knot (compounding form of गाँठ)

गँठकटा *m.* pickpocket

गँठजोड़ *m.* /**गँठबंधन** *m.* (a) nuptial knot (b) wedding (c) intimate relationship, union of separated parties

गँठबंधन करना/जोड़ना *v.t.* to tie together the corners of the clothes of the bride and the bridegroom

गँठिया (*gamṭhiyā*) *m.* rheumatism, a disease marked by pain and inflammation of joints

गँठी (*gamṭhī*) *f.* 1. root of garlic 2. clove

गंड[1] (*gaṇḍ*) *m.* 1. cheek 2. temple (of the ear) (also गंडस्थल)

गंडमाला *f.* goitre, scrofula

गंड[2] (*gaṇḍ*) *m.* 1. mark 2. knot, joint

गंड-कूप *m.* tableland of a hill or mountain, plateau

गंड ग्राम *m.* large or thickly populated village

गंड मूर्ख *a.* most foolish, very stupid

गंड शिला *f.* very heavy rock

गंडक (*gaṇḍak*) *m. f. a Himalayan river and its area* /**गंडा** (*gaṇḍā*) *m.* 1. an aggregate of four 2. collection of four things 3. counting by fours 4. knot 5. talisman, black cord tied round the neck to avert any evil 6. collar tied round the neck of pets

गंडा तावीज़ *m.* amulet

गंडा तावीज़ करना *(मु.) v.t.* to conjure, to secure against evil spirits or charms

गँडासा (*gamḍāsā*) *m.* a chopper, a long handled axe (for cutting sugarcane, fodder, etc.)

गँडासी (*gamḍāsī*) *f.* small chopper

गंडास्थि (*gaṇḍāsthi*) *f.* zygoma

गंडिका (*gaṇḍikā*) *f.* 1. knot or joint in wood 2. projection

गंडूष[1] (*gaṇḍūṣ*) *m.* palmful of water for rinsing the mouth

गंडूष[2] (*gaṇḍūṣ*) *m.* tip of an elephant's trunk

गँडेरी (*gamḍerī*) *f.* small piece of sugarcane

गंतव्य (*gantavya*) I. *a.* to be reached II. *m.* destination

गंतव्य देश *m.* the country of destination

गंतव्य पथ *m.* the way one has to pass

गंतव्य स्थान *m.* goal, destination

गंत्री (*gantrī*) *f.* cart or car

गंद P (*gand*) *m.* 1. rubbish, filth, refuse 2. filthiness, dirtiness 3. stink

गंद करना *v.t.* to make foul or dirty, to defile

गंद बकना *v.t.* to talk in filthy language, to vituperate

गंदगी P (*gandgī*) *f.* 1. filth, rubbish 2. filthiness, nastiness 3. stink, stench

गंदगी फैलाना *v.t.* to strew filth about

गंदला (*gandlā*) *a.* (of water) muddy, turbid, foul

गंदा P (*gandā*) *a.* 1. dirty, filthy 2. stinking 3. obscene

गंदा अंडा *m.* addled/rotten egg

गंदा नाला *m.* gutter, sewer

गंदा पानी *m.* (a) stinking or dirty water (b) semen (c) urine

गंदा बिरोजा *m.* resin, crude turpentine

गंदा मज़ाक *m.* filthy joke

गंदी बस्ती *f.* slum

गंदे बोल *m* obscene language, dirty language

गंदुम P (*gandum*) *m.* wheat (also गेहूँ)

गंदुमी P (*gandumī*) *a.* wheatish (colour)

गंध (*gandh*) *f.* 1. smell, odour 2. bad smell
गंध-गज *m.* a superior breed of elephant
गंध-जल *m.* scented water
गंध-तैल *m.* essential oil, scented oil
गंध-देना *v.t.* to emit bad smell
गंध-पुष्प *m.* fragrant flower
गंध-बिलाव *m.* civet
गंधयुक्त *a.* scented, perfumed
गंधराज *m.* sandalwood
गंधवती *f.* the earth
गंधवह/वाह *m.* air
गंधशाला *f.* perfumery
गंध-शलाका *f.* cologne stick
गंधहरण *m.* deodorization
गंधहारक *m.* deodorizer
गंधहीन *a.* odourless
गंधक (*gandhak*) *m.* sulphur, brimstone
गंधक का तेज़ाब *m.* sulphuric acid
गंधक पीत *a.* sulphur yellow
गंधकी (*gandhakī*) *a.* 1. sulphurous 2. of the colour of sulphur, light yellow
गंधकी तेज़ाब *m.* sulphuric acid
गंधराल (*gandhrāl*) *m.* resin
गंधर्व (*gandharva*) *m.* heavenly musician, a class of demi-gods in the heaven of Indra
गंधर्व गीत *m.* celestial music of the Gandharvas
गंधर्व नगर *m.* an imaginary city of the Gandharvas in the sky
गंधर्व लोक *m.* the world of Gandharvas
गंधर्व विद्या *f.* the Gandharva art of music
गंधर्व विवाह *m.* one of the eight types of marriage prescribed by Manu entailing mutual consent of the lover and the beloved without the consent of the parents
गंधर्व वेद *m.* one of the four Upavedas dealing with science or art of music, the other three are आयुर्वेद, धनुर्वेद and स्थापत्यवेद *q.v.*
गंधर्वी (*gandharvī*) I. *f.* female of a demigod II. *a.* of or pertaining to Gandharvas
गंधाना (*gandhānā*) *v.i.* to give bad smell, to emit an offensive odour
गंधालु (*gandhālu*) *a.* fragrant, perfumed, scented
गंधाष्टक (*gandhāṣṭak*) *m.* mixture of eight fragrant substances to be offered to various deities
गंधी (*gandhī*) *m.* manufacturer and/or seller of perfumes, perfumer
गंधीला (*gandhīlā*) *a.* 1. perfumed, scented, fragrant 2. stinking, emitting bad smell
गंधेन्द्रिय (*gandhendriya*) *f.* the organ of smell, nose
गंधैला (*gandhailā*) *a* stinking, emitting offensive smell
गंधोदक (*gandhodak*) *m.* toilet water
गंध्य (*gandhya*) I. *a.* 1. emitting smell 2. having a sweet smell II. *m.* sweet-smelling object, fragrant substance
गंभीर (*gambhīr*) a. 1. deep 2. profound 3. serious, grave, solemn 4. sober 5. considerate, sagacious, impervious
गंभीर अनियमितता *f.* serious irregularity
गंभीर आपात *m.* grave emergency
गंभीर दशा *f.* serious condition
गंभीर ध्वनि *f.* deep sound
गंभीर नाटक *m.* heavy play
गंभीर प्रकृति *f.* grave nature
गंभीर भाव *m.* seriousness, graveness
गंभीर भावापन्न *a.* grave, serious
गंभीर रूप से *adv.* seriously, gravely
गंभीर व्यक्ति *m.* sober person
गंभीर संकट *m.* grave/great crisis
गंभीर स्वभाव *m.* grave/sober nature

गंभीरता (*gambhīrtā*) *f.* 1. depth, profoundness 2. sagacity 3. graveness 4. seriousness

गंभीरतापूर्वक *adv.* seriously, solemnly

गँव (*gaṁv*) *f.* 1. opportunity, favourable situation for doing a thing 2. motive, purpose, aim 3. (ढंग) way, manner

गँवई (*gaṁvaī*) *a.* & *m.* villager, rustic

गँवर मसला (*gaṁvar maslā*) *m.* a saying or maxim of the village people

गँवाऊ (*gaṁvāū*) I. *a.* prodigal, wasteful, extravagant, spendthrift II. *m.* squanderer, waster

गँवाना (*gaṁvānā*) *v.t.* 1. to lose 2. to miss 3. to waste 4. to squander 5. (of time) to pass idly

गँवा देना *v.t.* to squander, to idle away, to waste

गँवा बैठना *v.t.* to waste unwillingly or by mistake

गँवार (*gaṁvār*) I. *m.* villager, rustic, country man II. *a.* 1. rustic, boorish, uncultured, unrefined 2. blockhead, stupid person

गँवारपन (*gaṁvār pan*) *m.* 1. rusticity 2. rudeness 3. boorishness 4. stupidity, foolishness

गँवारिन (*gaṁvārin*) *f.* a country woman

गँवारू (*gaṁvārū*) I. *m.* villager, rustic, country man II. *a.* 1. rustic, boorish, uncultured, unrefined 2. blockhead, stupid person (= गँवार)

गँवारू भाषा *f.* village dialect, vulgar language

गंस (*gaṃs*) *m.* 1. knot, joint 2. malice grudge 3. (व्यंग्य) taunt, sarcasm 4. entanglement

गँसना (*gaṁsnā*) *v.t.* to tighten, to fasten, to tie, to interlock, to entangle

गँसीला (*gaṁsīlā*) *a.* 1. (of a pointed object) piercing 2. malicious, envious, grudging

गई (*gaī*) *v.i.* went (past tense feminine singular of जाना)

गई बात *f.* a bygone or past event/affair

बात आई गई हो गई the matter had been hushed up

वह गई she went

वह गई थी she had gone

गऊ (*gaū*) I. *f.* cow II. *a.* as meek as a cow, plain, simple

गऊपन *m.* meekness, simplicity

गगन (*gagan*) *m.* sky, space, heaven, the regions beyond the world

गगन-कुसुम *m. lit.* flower growing in the sky, an unusual phenomenon

गगन-गिरा *f.* voice from the heaven, revelation, oracle

गगनचर/चारी (a) *a.* moving in the sky/space (b) *m.* bird

गगनचुंबी *a.* sky-kissing, sky-high

गगनचुंबी इमारत/भवन *f./m.* skyscraper

गगन-पट *m.* sky, firmament

गगन-पथ *m.* celestial path

गगनभेदी *a.* piercing the space (arrow)

गगनभेदी आवाज़ *f.* very loud sound

गगनमंडल *m.* vault of the heaven, dome of the sky

गगन विहारी (a) *a.* moving or sporting in the sky (b) *m.* celestial being or God

गगनस्पर्शी *a.* touching the sky, sky-high

गगरा (*gaġrā*) *m.* big pitcher

गगरिया (*gagariyā*) *f.* /**गगरी** (*gagarī*) *f.* small water pot

अधजल गगरी छलकत जाए *(लो.)* an empty vessel makes much noise

गच[1] (*gac*) *f.* 1. sound produced when a spear or sword pierces into the body 2. the sound when somebody walks through mire (also गचपच)

गच[2] (*gac*) *f.* 1. building mortar 2. floor

or roof covered with mortar 3. plaster of shell lime
गचकारी *f.* plastering
गच[3] (*gac*) *f.* constipation
गच[4] (*gac*) *a.* 1. thick, crowded 2. closely packed, stuffed together 3. jumbled 4. muddy, filthy 5. squashed, pressed
गचना (*gacnā*) *v.t.* to fill a thing tightly
गचाका (*gacākā*) *m.* गच sound *q.v.*
गच्चा (*gaccā*) *m.* deception
गच्चा खाना *(मु.) v.i.* to be deceived, to be taken in
गच्चा देना *v.t.* to deceive, to take in
गज[1] (*gaj*) *m.* elephant
गज-कुंभ *m.* the frontal lobe of an elephant
गज-गति *f.* stately gait like that of an elephant, walking majestically
गजगामिनी *f.* a woman with stately gait like that of an elephant
गजगाह *f.* a string (with bells) suspended on an elephant's neck or back
गज दंत *m.* (a) tusk (b) projecting tooth
गजदान *m.* exudation from an elephant's temples
गजनाल *f.* large cannon previously drawn by an elephant
गजनासा *f.* trunk of an elephant
गज निमीलिका *f. lit.* shutting the eyes like an elephant, watchfulness, feigned ignorance
गजपति *m.* 1. a king who owns many elephants 2. a noble elephant
गजपाल *m.* keeper of an elephant, mahout
गजबंधन *m.* chain for binding an elephant
गजबंधनी *f.* the post to which an elephant is tied
गजबाग *m.* goad of an elephant
गजमद *m.* exudation from an elephant's temple (= गजदान *q.v.*)
गजमुक्ता *f.* the fabled pearl produced in the head of an elephant
गजमुख *m.* the god having the face of an elephant, Ganesh
गज-मौक्तिक the fabled pearl produced in the head of an elephant (= गजमुक्ता *q.v.*)
गजराज *m.* 1. leader of an elephant herd 2. a noble elephant
गजवदन *m.* the god having the face of an elephant, Ganesh (= गजमुख *q.v.*)
गजवीथि *f.* line of elephants, the course of elephants
गज-स्नान *m.* (a) ablution of an elephant (b) unproductive effort
गज़[2] P (*gaz*) *m.* 1. yard 2. yardstick 3. yard as a measure
इंची गज़ *m.* yard of thirty-six inches
गज़-भर a full yard
देसी या कच्चा गज़ *m.* yard of thirty-three inches
गज़[3] (*gaz*) *m.* bow
गज़ से वायलिन बजाना *v.t.* to play a violin with a bow, to bow the strings
गजक (*gajak*) *m.* a sweetmeat with sesame and sugar/jaggery
गजगज (*gajgaj*) *m.* murmur, muttering
गजगज करना *v.t.* to rattle, to murmur, to hum
गजगजाना (*gajgajānā*) *v.t.* 1. to murmur, to buzz, to hum 2. to be crowded
गज़ट E (*gazaṭ*) *m.* gazette
गज़ट अधिसूचना *f.* gazette notification
गज़ट होना *v.i.* to be gazetted
गजना (*gajnā*) *v.i.* 1. to roar, to rumble, to thunder 2. to speak at the top of one's voice (= गाजना *q.v.*)
ग़ज़ब A (*g̲azab*) *m.* 1. oppression, tyranny 2. impropriety 3. wrath, anger 4. wonder

ग़ज़ब करना *(मु.) v.t.* (a) to oppress, to tyrannize, to outrage (b) to do something surprising or wonderful

ग़ज़ब का आदमी *m.* wonderful person

ग़ज़ब ख़ुदा का God's wrath or rage, how fearful

ग़ज़ब टूटना *(मु.) v.i.* overtaken by (God's) wrath

ग़ज़ब ढाना *(मु.) v.t.* to commit an outrageous act

ग़ज़बनाक *a.* (a) enraged, indignant, furious (b) wonderful (c) tyrannous

गजर (*gajar*) *m.* chimes of a bell that rings at fixed times

गजरदम *adv.* at the break of day, at dawn, very early in the morning

गजर भात *m.* a sweet preparation of carrot, rice and sugar

गजरा (*gajrā*) *m.* 1. wreath 2. bracelet, wrist ornament 3. a garland of flowers usually worn in the hair or on the wrist

गजरी (*gajarī*) *f.* a small wrist ornament

ग़ज़ल A (*g̲azal*) *f.* an amatory poem in Urdu

ग़ज़ल कहना *v.t.* to recite a ghazal

ग़ज़ल ख़्वान *m.* reciter of a ghazal

ग़ज़ल ख़्वानी *f.* recital of ghazal or ghazals

ग़ज़लगो *a.* a composer of ghazals

गजवान (*gajvān*) *m.* driver of an elephant, mahout

गजा (*gajā*) *m.* stick for beating a drum

गजानन (*gajānan*) *m.* one having the face of an elephant, Ganesh

गजारूढ़ (*gajārūṛh*) *a.* mounted on an elephant

गजाल (*gajāl*) *m.* a kind of fish

ग़ज़ाला A (*g̲azālā*) *m.* a kid deer

गज़ी P (*gazī*) *f.* a kind of coarse cloth spun and woven manually

गजेंद्र (*gajeṁdra*) *m.* the leader of a herd of elephants

गज़ेटिड E (*gazeṭiḍ*) *a.* gazetted

गज़ेटियर E (*gazeṭiyar*) *m.* gazetteer

गज्झा (*gajjhā*) *m.* 1. plenty, abundance, opulence 2. profit

गज्झा दबा बैठना *v.t.* /**गज्झा मारना** *v.t.* to make vast money by fraudulent means

गझिन (*gajhin*) *a.* thickly woven (cloth)

गट[1] (*gaṭ*) *f.* 1. sound of liquid when poured from a bottle 2. sound produced when gulping some liquid

गट कर जाना *v.t.* to swallow

गट-गट *f.* the repeated sound of gulping (also गटागट)

गट-से *adv.* (a) with a gulping sound (b) all at once

गट[2] (*gaṭ*) *m.* 1. gang, herd 2. heap, mass

गटई (*gaṭaī*) *f.* throat

गटकना (*gaṭaknā*) *v.t.* to gulp down, to swallow, (*fig.*) to misappropriate

गटपट[1] (*gaṭpaṭ*) *f.* close friendship

गटपट[2] (*gaṭpaṭ*) *f.* 1. living as husband and wife 2. cohabitation

गटपट[3] (*gaṭpaṭ*) *f.* topsy-turvy, mixing up

गटर E (*gaṭar*) *m.* gutter, open channel at the side of a street

गटरगूँ (*gaṭargūṁ*) *f.* cooing of a pigeon

गटागट (*gaṭāgaṭ*) *f.* 1. sound of liquid when poured from a bottle 2. sound produced when gulping a liquid (see गट[1])

गटापारचा E (*gaṭāpārcā*) *m.* gutta-percha, a rubbery substance got from the latex of various trees

गट्टा[1] (*gaṭṭā*) *m.* 1. wrist 2. ankle

गट्टा[2] (*gaṭṭā*) *m.* joint, knot

गट्टा[3] (*gaṭṭā*) *m.* plug, stopper, cork

गट्टा[4] (*gaṭṭā*) *m.* a hard growth of skin usually near the toes

गट्टा पड़ जाना *v.i.* corn to grow/form

गट्टी (*gaṭṭī*) *f.* reel

गट्ठर (*gaṭṭhar*) I.*m.* large bundle, bale (of cloth), pack II. *a.* 1. knotted 2.

compact 3. robust, stout

गट्ठा[1] (*gaṭṭhā*) *m.* 1. huge bundle

गट्ठा[2] (*gaṭṭhā*) *m.* wrist-bone

गट्ठा[3] (*gaṭṭhā*) *m.* 1. clove 2. bulb of garlic or onion

गठजोड़ा (*gaṭhjoṛā*) *m.* 1. nuptial knot 2. wedding 3. intimate relationship, union of separated parties (= गँठबंधन *q.v.*)

गठन (*gaṭhan*) *f.* 1. constitution of the body, build 2. structure 3. texture

गठना (*gaṭhnā*) I. *v.i.* 1. to be knotted/tied together, to be knit or stitched together 2. to be joined or connected 3. to be engaged in cohabitation 4. to be very close as friends 5. (body) to become muscular II. *v.t.* to join, to fasten, to tie

गठा हुआ शरीर *m.* well-built or muscular body

गठबंधन (*gaṭhbandhan*) *m.* (a) nuptial knot (b) wedding (c) intimate relationship, union of separated parties (better गँठबंधन *q.v.*)

गठरी (*gaṭhrī*) *f.* 1. bundle, pack, package 2. wealth, riches

गठरी करना *v.t.* (a) to double up (b) to sum up, to find out the total

गठरी बाँधना *v.t.* to pack up

गठरी मारना *(मु.) v.t.* (a) to rob somebody's bag and baggage (b) to grab somebody's wealth

गठरी मिलना *v.t.* to obtain lot of wealth

गठवाई (*gaṭhvāī*) *f.* charges for mending (a shoe)

गठवाना (*gaṭhvānā*) *v.t.* 1. to cause to be tied 2. to get united 3. to get mended or cobbled 4. to get stitched

गठा (*gaṭhā*) *a.* of good build or physique

गठा बदन *m.* well-built or muscular body

गठाना (*gaṭhānā*) *v.t.* 1. to cause to be tied 2. to get united 3. to get mended or cobbled (d) to get stitched (= गठवाना *q.v.*)

गठाव (*gaṭhāv*) *m.* 1. structure, construction 2. constitution of the body, build 3. plot, intrigue 4. plan

गठाव गाँठना *v.t.* (a) to intrigue, to plot (b) to form a league (c) to plan, to make a plan

गठित (*gaṭhit*) *a.* 1. constituted 2. knotted together 3. stitched 4. engaged in cohabitation

गठिया (*gaṭhiyā*) *m.* gout, rheumatism

गठीला (*gaṭhīlā*) *a.* 1. knotted, knotty 2. compact 3. robust, stout, sturdy 4. well-built

गठीलापन *m.* (a) sturdiness (b) knottiness (c) compactness

गठौती (*gaṭhautī*) *f.* intimacy, close connection, close friendship

गड़गड़ (*gaṛgaṛ*) *f.* rumbling sound, thundering sound

गड़गड़ा (*gaṛgaṛā*) *m.* hookah, hubble-bubble, smoking vessel

गड़गड़ाना (*gaṛgaṛānā*) *v.i.* 1. to gurgle, to make a gurgling sound as in a hubble-bubble 2. to rumble, to make a thundering sound, to roar

गड़गड़ाहट (*gaṛgaṛāhaṭ*) *f.* 1. rumbling or thundering sound 2. gurgling

गड़गड़ी (*gaṛgaṛī*) *f.* drum, tabor

गड़गूदड़ (*gaṛgūdaṛ*) *m.* rag, shred

गड़ना (*gaṛnā*) *v.i.* 1. to thrust 2. to prick, to pierce 3. to be firmly fixed, to stick into 4. to be buried 5. (of tent) to be pitched, (a nail) to be driven into

गड़े मुरदे उखाड़ना *(मु.) v.t.* to renew old grievances, to rake up old issue

शर्म से गड़ जाना *v.i.* to be very ashamed

गड़प (*gaṛap*) *f.* swallow, gulp

गड़प से *adv.* (a) in a trice, suddenly (b) at a gulp

गड़पना (*gaṛapnā*) *v.t.* to swallow, to gulp

गड़प कर जाना *v.i.* (a) to gulp in (b) to grab all at once

गड़प्पा (*gaṛappā*) *m.* 1. ditch, yawning pit 2. misleading place

गड़बड़ (*gaṛbaṛ*) *f.* 1. disorder 2. welter, utter confusion, muddle, pell-mell 3. commotion, disturbance 4. bewilderment 5. some untoward incident

गड़बड़ करना *v.t.* (a) to make a mess, to muddle up (b) to bungle

गड़बड़ घोटाला *m.* utter confusion, total mess, big muddle

गड़बड़झाला *m.* (a) hotchpotch (b) bungling (c) disturbance

गड़बड़ होना *v.i.* (a) to be confused (b) to be mixed up, to be muddled (c) to be distracted

गड़बड़ाध्याय (*gaṛbaṛādhyāy*) *m.* 1. confusion, disorder 2. disturbance 3. mismanagement 4. quarrel

गड़बड़ाना (*gaṛbaṛānā*) I. *v.i.* 1. to be confused, to be confounded 2. to be disturbed 3. (कागज़-पत्र) to get disordered 4. to falter II. *v.t.* 1. to confuse, to perplex 2. to disturb

गड़बड़ाहट (*gaṛbaṛāhaṭ*) *f.* 1. confusion 2. tumult, uproar 3. disturbance 4. agitation

गड़बड़िया (*gaṛbaṛiyā*) *m.* 1. bungler 2. one creating disturbance 3. mischief-maker

गड़बड़ी (*gaṛbaṛī*) *f.* 1. commotion, disturbance 2. mess, muddle 3. fault, flaw 4. bewilderment 5. chaos

गडमड (*gaḍmaḍ*) *a.* 1. mixed up 2. disarranged

गडमड करना *v.t.* (a) to jumble, to mix up (b) to disarrange

गड़रिया (*gaṛariyā*) *m.* shepherd, goatherd (*fem.* गड़ेरिन)

गड़रियों के गीत *m.* pastoral songs

गड़वा (*gaṛvā*) *m.* water pot of metal, round type of mug

गड़वाना (*gaṛvānā*) *v.t.* 1. to cause to be stuck 2. to cause to be pitched 3. to get fixed 4. to cause to be buried 5. to get driven into

गड़हा (*gaṛhā*) *m.* hole, pit, cavity (better गड्ढा or गढ़ा *q.v.*)

गड़ा[1] (*gaṛā*) *m.* hail(stone)

गड़ा पड़ना *v.i.* hailstone (to fall)

गड़ा[2] (*gaṛā*) *a.* past tense singular masculine of गड़ना, pricked, buried, stuck in

गड़ा धन *m.* buried or underground treasure

गड़ा[3] (*gaṛā*) *m.* bundle of sheaves

गड़ाबटाई *f.* division of produce in sheaves

गड़ाना (*gaṛānā*) *v.t.* 1. to pierce into 2. to stick into 3. to thrust in 4. to drive in 5. (आँखें eyes) to fix

गड़ारी (*gaṛārī*) *f.* 1. pulley 2. spool 3. reel 4. circlet, ring

गड़ारीदार *a.* having rings, composed of circlets

गडुआ (*gaṛuā*) *m.* water pot of metal, round type of mug (= गड़वा *q.v.*)

गड़ेरिया (*gaṛeriā*) *m.* shepherd (see गड़रिया)

गड़ेरिया-पुराण *m.* shepherd's tales, village tales and notions

गड़ेरी (*gaṛerī*) *f.* small piece of sugarcane (= गँडेरी *q.v.*)

गड़ोलना (*gaṛolnā*) *m.* a small cart for children

गड्ड (*gaḍḍa*) *m.* heap, pile

गड्ड का गड्ड *m.* the entire lot

गड्ड-मड्ड (*gaḍḍa-maḍḍa*) I. *a.* 1. jumbled 2. in confusion II. *m.* jumble, medley, jumbled mass

गड्ड-मड्ड करना या कर देना *v.t.* (a) to jumble, to mix up (b) to disarrange

गड्डा (*gaḍḍā*) *m.* 1. lump, clod 2. large pack 3. small pile

गड्डी (*gaḍḍī*) *f.* 1. pack (of cards), bundle (of currency notes) 2. small pile

गड्ढा (*gaḍḍhā*) *m.* hole, pit, cavity

गड्ढा खोदना *(मु.) v.t.* to dig a pit, (*fig.*) to plan to harm somebody, to dig a pitfall

गड्ढा पाटना *(मु.) v.t.* to cover up a pit

गड्ढे में गिरना *(मु.) v.i.* to stray from the right path, to be degraded

गढ़ंत (*gaṛhant*) I. *f.* 1. forging, concoction (of a story), coinage, invention 2. workmanship 3. form, shape II. *a.* concocted

गढ़ंत कहानी *f.* concocted story

गढ़ंत साक्ष्य *m.* concocted evidence

गढ़ (*gaṛh*) *m.* fort, stronghold, castle, citadel

गढ़-खाई *f.* moat or trench around a fort, entrenchment

गढ़ जीतना *v.t.* to achieve a resounding victory

गढ़पति *m.* governor of a fort

गढ़बंदी *f.* fortification

गढ़न (*gaṛhan*) I. *f.* 1. forging, concoction (of a story), coinage, invention 2. workmanship 3. form, shape II. *a.* concocted (= गढ़ंत *q.v.*)

गढ़ना (*gaṛhnā*) *v.t.* 1. to coin, to concoct, to fabricate 2. to hammer 3. to manufacture 4. to engrave or chisel (wood) 5. to carve (a scene or letters on wood or stone) 6. to sharpen (a pencil)

गढ़-गढ़कर बातें करना *(मु.)* to tell concocted tales

गहने गढ़ना *v.t.* to make ornaments

गढ़वाई (*gaṛhvāī*) *f.* charges for carving

गढ़वाना (*gaṛhvānā*) *v.t.* to cause to be hammered, chiselled, carved

गढ़ा[1] (*gaṛhā*) *m.* 1. hole 2. cavity 3. pit

गढ़ा खोदना *v.t.* to dig a pit

गढ़ा भरना *v.t.* (a) to fill up a pit (b) to fill the belly (c) to make up a loss or damage

गढ़ा[2] (*gaṛhā*) *m.* past tense masculine singular of गढ़ना (also गढ़ा हुआ)

गढ़ा किस्सा *m.* concocted story

गढ़ा पत्थर *m.* carved stone, cut stone

गढ़ी तस्वीर *f.* carved picture

गढ़ाई (*gaṛhāī*) *f.* 1. act of engraving or carving 2. charges for engraving or carving or for manufacturing ornaments

गढ़ाना (*gaṛhānā*) *v.t.* cause to be engraved, carved, manufactured (ornament), made, etc. (see गढ़ना)

गढ़िया[1] (*gaṛhiyā*) *m.* 1. concocter 2. carver 3. manufacturer 4. one who forms or fashions something

गढ़िया[2] (*gaṛhiyā*) *f.* hole, small pit

गढ़िया[3] (*gaṛhiyā*) *f.* lance, spear

गढ़ी[1] (*gaṛhī*) *f.* fortress, citadel

गढ़ी[2] (*gaṛhī*) *a.* 1. forged 2. concocted (see गढ़ा[2])

गण (*gaṇ*) *m.* 1. group, assemblage, gathering 2. (वर्ग) class 3. race, tribe 4. people 5. attendants (of Shiva or Ganesh particularly) 6. series of verbal roots classified according to their mode of conjugation in Sanskrit

गण चिह्न *m.* totem

गणतंत्र *m.* republic

गणतंत्रीय *a.* republican

गण-द्रव्य *m.* common stock

गणनायक *m.*/**गणनाथ** *m.*/**गणपति** *m.* god Gaṇesh, lord of the minor deities

गणपरिषद् *f.* people's council

गण पूर्ति *f.* quorum

गणराज्य *m.* republic
गण-शक्ति *f.* united strength of the people, sovereignty of the people

गणक (*gaṇak*) *m.* 1. one who calculates 2. calculating machine, calculator 3. astrologer, fortune-teller 4. scorer

गणन (*gaṇan*) *m.* 1. counting, calculation, enumeration 2. scoring
गणन करणिक *m.* accounts clerk
गणन त्रुटि *f.* error in counting
गणन दर *f.* counting rate
गणन प्रणाली *f.* (a) accounting procedure (b) counting system
गणन संख्या *f.* cardinal number, numerals

गणत्व (*gaṇatva*) *m.* forming a class, multitude

गणना (*gaṇanā*) *f.* counting, enumeration, count
गणनाकार *m.* enumerator
गणना त्रुटि *f.* counting error
गणना-पट्ट *m.* score-board
गणना-यंत्र *m.* calculating machine, calculator
गणना-सूचक *a.* cardinal (number)
जनगणना *f.* census
जनगणना विवरणी *f.* census return

गणनीय (*gaṇanīya*) *a.* 1. calculable, enumerable, countable 2. to be considered, to be comprehended 3. respectable, to be regarded

गणाधिप (*gaṇādhip*) *m.* /**गणाधिपति** (*gaṇādhipati*) *m.* 1. an epithet of Ganesh 2. the chief of an army, the leader of troops (see गण)

गणिका (*gaṇikā*) *f.* prostitute, call-girl, harlot
गणिका गृह *m.* /**गणिकालय** *m.* brothel, bawdy house

गणित (*gaṇit*) I. *m.* mathematics II. *a.* counted, enumerated, calculated
गणितकार *m.* mathematician
गणित किराया *m.* calculated fare
गणित ज्योतिष *m.* astronomy (*cf.* फलित ज्योतिष)
गणित ज्योतिषी *m.* astronomer
अंक गणित *m.* arithmetic
बीज गणित *m.* algebra
रेखा गणित *m.* geometry

गणितज्ञ (*gaṇitajña*) *m.* mathematician

गणितीय (*gaṇitīya*) *a.* mathematical
गणितीय तर्कशास्त्र *m.* mathematical logic
गणितीय भूगोल *m.* mathematical geography
गणितीय सारणी *f.* mathematical table

गणित्र (*gaṇitra*) *m.* calculating machine, calculator

गण्य (*gaṇya*) *a.* 1. enumerable, calculable, requiring calculation 2. (सम्माननीय) respectable
गण्यमान्य *a.* distinguished and respectable

गत[1] (*gat*) *a.* 1. gone 2. past 3. last 4. dead
गत काल *m.* the past
गत चेतन *a.* deprived of consciousness, senseless, unconscious, fainted, swooned
गत जीव/प्राण *a.* dead, expired, lifeless
गत दिन *m.* yesterday
गतप्राय *a.* almost dead or lifeless
गत मास *m.* last month
गत वर्ष *m.* previous year
गत व्यवहार *a.* obsolete
गत सत्व *a.* without any virtues
गत होना *v.i.* to pass away, to die

गत[2] (*gat*) *f.* terrible plight
गत बनाना *(मु.)* *v.t.* to torment (see दुर्गति)
अपनी गत बनाना *v.t.* to spoil one's appearance

गत[3] (*gat*) *f.* a mode in instrumental music

गतका (*gatkā*) *m.* 1. club used in fencing

2. the sport of fencing with clubs

गतांक (*gatāṅk*) *m.* last issue (of a newspaper or magazine)

गतांक से आगे *a.* continued from the last number or issue

गतागति (*gatāgati*) *f.* 1. going and coming 2. dying and being born again 3. cycle of life and death

गतात्मा (*gatātmā*) *m.* departed soul

गतानुगत (*gatānugat*) I. *m.* following a custom or tradition II. *a.* customary, traditional

गतानुगति (*gatānugati*) *f.* 1. tradition 2. cycle of life and death

गतानुगतिक (*gatānugatik*) *a.* traditional, customary

गतानुगतिकता (*gatānugatiktā*) *f.* traditionality, unquestioning adherence to tradition

गतानुशोचन (*gatānuśochan*) *m.* lamenting or regretting the past

गतानुशोचन करना *v.t.* to bewail, to pine over the past

गतायु (*gatāyu*) *a.* 1. overaged, superannuated 2. at the fag end of life, very old

गतार्तक (*gatārtaka*) *f.* a woman (to be no longer in menses), woman past her child-bearing age

गतार्थ (*gatārtha*) *a.* 1. without money, moneyless 2. understood, comprehended

गतावधि (*gatāvdhi*) *a.* /**गतावधिक** (*gatāvdhik*) *a.* 1. barred by limitation, time-barred 2. out-of-date

गतावधि, गतावधिक जमा *m.* lapsed deposit

गति (*gati*) *f.* 1. movement, motion 2. speed 3. (पहुँच) access, reach 4. remedy 5. state, condition

गति-तंत्र *m.* dynamic system

गति भंग *m.* stoppage of movement, ataxia

गति-भ्रंश *m.* ataxia

गतिरोध *m.* deadlock, stalemate

गतिरोधक *m.* speed breaker, brake

गतिवर्धक *m.* accelerator

गति विज्ञान *m.* dynamics

गतिविधि *f.* (a) activities (b) movements

गतिविभ्रम *m.* ataxia, ataxy

गतिवृद्धि *f.* acceleration

गति शक्ति *f.* locomotive power

गतिशील *a.* (a) dynamic (b) mobile

गतिशीलता *f.* (a) dynamics (b) mobility

गतिहीन *a.* motionless, static

उत्तम गति *f.* enviable position

वाह भगवान तेरी गति God thy—ways are strange indeed

गतिक (*gatik*) *a.* kinetic, dynamic

गतिकी (*gatikī*) *f.* dynamics, kinetics

गतिक्रम (*gatikram*) *m.* kinesis

गतिज (*gatij*) *a.* kinetic

गतिज उर्जा *f.* kinetic energy

गतिपालक चक्र (*gatipālak cakra*) *m.* flywheel

गतिमान (*gatimān*) *a.* moving, in motion

गतिमान पिंड *m.* moving body

गतिमान हिमनद *m.* moving glacier

गत्ता (*gattā*) *m.* cardboard, pasteboard

गत्ते का तख्ता *m.* cardboard sheet

गत्ताल (*gattāl*) *a.* unrealizable

गत्ताल खाता *m.* bad debt account

गत्यवरोध (*gatyavrodh*) *m.* stalemate, deadlock, bottleneck

गत्यात्मक (*gatyātmak*) *a.* 1. moving 2. active 3. dynamic

गत्यात्मक क्रिया *f.* motor activity

गत्वर (*gatvar*) *a.* 1. moving 2. marching ahead 3. dynamical 4. active 5. perishable, transient

गद (*gad*) *f.* 1. thudding sound, thud 2. sickness, illness

गदका (*gadkā*) *m.* 1. a club used in fencing 2. the sport of fencing with clubs

(better गतका *q.v.*)

गदबदाना (*gadbadānā*) *v.i.* 1. to rejoice 2. to be inarticulate from joy or grief

गदबदाकर *adv.* (a) with gladness (b) (खुल्लम खुल्ला) openly, freely (c) (निश्चित रूप से) certainly, definitely

ग़दर A (*gadar*) *m.* 1. mutiny 2. revolt, rebellion

ग़दर मचाना *v.t.* to rebel, to revolt, to rise in rebellion, to cause disturbance

गदराना (*gadrānā*) *v.i.* 1. to be half or almost/somewhat ripe 2. to attain youth, (of girls) to attain puberty 3. (खिलना) to bloom, to blossom

गदराया (*gadrāyā*) *a.* 1. half-ripened 2. slightly youthful 3. budding, blossoming

गदराया शरीर *m.* youthful body

गदराई जवानी *f.* budding youth

गदराहट (*gadrāhaṭ*) *f.* 1. state of being half ripe 2. maturity

गदला[1] (*gadlā*) *m.* garment padded with cotton, quilted garment

गदला[2] (*gadlā*) *a.* (of water) dirty

गदला करना *v.t.* to make turbid or dirty

गदलापन *m.* turbidness, dirtiness, muddiness

गदहा (*gadhā*) *m.* 1. donkey 2. stupid fellow (better गधा *q.v.*)

गदा[1] (*gadā*) *f.* mace

गदाधर *m.* mace-bearer, an epithet of Vishnu or Lord Krishna

गदा-युद्ध *m.* fight with maces or bludgeons

गदा वीर *m.* hero of the mace

गदा[2] P (*gadā*) *m.* beggar, mendicant

गदाई P (*gadāī*) *f.* begging, beggary

गदाकार (*gadākār*) *a.* mace-shaped

गदाकार ग्रंथि *f.* mace-shaped gland, club-shaped gland

गदाला (*gadālā*) *m.* crowbar

गदेला (*gadelā*) *m.* a thick cushion or bedding, pad

गद्‌गद (*gadgad*) *a.* 1. interrupted by sighs or sobs, choked 2. (of a person) overjoyed with emotion

गद्‌गद कंठ *m.* voice choked with emotion

गद्‌गद कंठ से *adv.* in a choked voice

गद्‌गद वाक्य *m.* speech interrupted by sighs or sobs

गद्‌गद स्वर *m.* choked voice

गद्द (*gadd*) *f.* thud, thudding sound

गद्दर (*gaddar*) *m.* half ripe

गद्दा (*gaddā*) *m.* heavy mattress or bed cushion

ग़द्दार A (*g̲addār*) I. *m.* traitor, II. *a.* traitorous

ग़द्दारी P (*g̲addārī*) *f.* treachery

गद्दी (*gaddī*) *f.* 1. small mattress, cushion 2. merchant's seat of business 3. royal seat, throne 4. bandage to cover a wound, pad

गद्दी छोड़ना *v.t.* to abdicate, to give up the throne

गद्दीनशीन *m.* person who sits on a throne, seat or cushion, especially enthroned prince or king

गद्दीनशीनी *f.* enthronement, coronation

गद्दी पर बिठाना *v.t.* to enthrone, to seat on a chair or cushion

गद्दी पर बैठना *v.i.* to ascend a throne, to sit on a cushion

गद्दी लगाकर बैठना *v.i.* to start the day's business

गद्दी से उतारना *v.t.* to dethrone

गद्य (*gadya*) *m.* prose

गद्य-काव्य *m.* prose poetry

गद्य-ग्रंथ *m.* prose work

गद्य-रचना *f.* prose composition, prose work

गद्य-लेखक *m.* prose writer

गद्य-साहित्य *m.* prose literature

गद्यमय (*gadyamay*) *a.* /**गद्यात्मक** (*gadyātmak*) *a.* prosaic, in the form of prose

गद्याख्यान (*gadyākhyān*) *m.* prose narrative

गधा (*gadhā*) *m* 1. ass, donkey 2. stupid fellow, idiot, simpleton

गधापचीसी *f.* age up to twenty-five years characterised by childishness

गधापन *m.* stupidity

गधापन करना *v.t.* to behave foolishly, to make an ass of oneself

गधा लोटन *f.* lying and tossing of an ass or like an ass

गधे का हल चलना *(मु.) v.i.* to be razed, to be utterly demolished

गधे का हल चलवाना *v.t.* to raze, to demolish

गधे को खिलाय न पाप न पुण्य *(लो.)* kindness shown to an ungrateful person is meaningless

गधे को बाप बनाना *(मु.) v.t.* to butter the palm of a stupid fellow in one's need, to flatter a person to gain one's end

गधे पर चढ़ाना *v.t.* to humiliate, to insult

गधे से हल चलवाना *(मु.)* to cause complete ruination (of)

गधी (*gadhī*) *f.* female-ass, jenny

गधेरा (*gadherā*) *m.* owner of a donkey

गन E (*gan*) *f.* gun

गन काटन *m.* guncotton

गन बोट *f.* gunboat

गन मैटल *m.* gunmetal

गनमैन *m.* gunman

गनगौर (*gangaur*) *m.* a festival in Chait (March) for worshipping Ganesh and Gauri

गनगनाना (*ganganānā*) *v.i.* 1. to shiver, to tremble 2. hair (to stand on end)

ग़नी A(*ganī*) I. *a.* 1. free from want or desire 2. rich, wealthy, opulent II. *m.* carefree person, self-sufficient person, rich person

ग़नीमत A (*ganīmat*) *f.* 1. abundance 2. good fortune 3. blessing, boon 4. consolation

ग़नीमत समझना *v.i.* to consider oneself blessed or lucky

ग़नीमत होना *v.i.* to be blessed, to be consoled

दम ग़नीमत है life is blessed

गनोरिया E (*ganoriyā*) *m.* gonorrhoea (also सूज़ाक)

गन्ना (*gannā*) *m.* sugar-cane, *Saccharum officinarum*

गन्ना पेरना *v.t.* to crush sugar-cane

गन्ने की फांदी *f.* bundles of sugar-cane

गप (*gap*) *f.* gossip, small talk, idle talk

गप उड़ाना *(मु.) v.t.* to rumour, to give a false report

गप छाँटना/मारना *v.t.* to indulge in gossip

गपबाज़ी *f.* gossiping, chattering

गप लड़ाना *(मु.) v.t.* to exchange gossip

गप हाँकना *(मु.) v.t.* to indulge in boastful gossip

गपगप (*gapgap*) *f.* sound made while gulping liquid

गपगप करना *v.t.* to gulp down, to swallow

गपकना (*gapaknā*) *v.t.* 1. to gulp down, to swallow with a sound 2. to catch, to hold

गपड़चौथ (*gapaṛcauth*) I. *m.* 1. confusion, mess, disorder 2. useless talk II. *a.* disorderly, topsy-turvy, confused

गपड़चौथ करना *v.t.* to make a mess of things

गपड़-शपड़ (*gapaṛśapaṛ*) *m.* confusion, confused task

गपशप (*gapśap*) *f.* tittle-tattle, gossip
गपशप करना *v.i.* to indulge in gossiping

गपोड़ (*gapoṛ*) *m.* /**गपोड़िया** (*gapoṛiyā*) *m.* an idle talker, gossiper

गपोड़ा (*gapoṛā*) *m.* false rumour or report, big gossip, trifling talk
गपोड़ेबाज़ *m.* gossiper, idle talker
गपोड़ेबाज़ी *f.* gossiping

गप्प (*gapp*) *f.* gossip, small talk, idle talk (same as गप *q.v.*)

गप्पाष्टक (*gappāṣṭak*) *m.* false rumour or report, big gossip, trifling talk (= गपोड़ा *q.v.*)

गप्पी (*gappī*) I. *m.* gossiper, tattler, idle talker, chatterer II. *a.* indulging in gossip, boastful

गफ (*gaph*) *a.* thick, densely woven

ग़फ़लत A (*ġaflat*) *f.* unmindfulness, heedlessness, inadvertence, inattention, negligence
ग़फ़लत करना *v.t.* to neglect, to show inattention
ग़फ़लत की नींद *f.* deep/sound sleep, carefree sleep
ग़फ़लत से *adv.* negligently, carelessly

ग़फ़लती P (*ġaflatī*) *a.* careless, negligent, unmindful

ग़बन A (*ġaban*) *m.* 1. misappropriation, defalcation, embezzlement 2. fraud
ग़बन करना *v.t.* to embezzle, to misappropriate, to defraud

गबरू (*gabrū*) I. *a.* budding youth, young II. *m.* husband, bridegroom

गबरून (*gabrūn*) *m.* a chequered or striped coarse cloth

गब्बर (*gabbar*) *a.* lazy, indolent

गब्भा (*gabbhā*) *m.* mattress

गभीर (*gabhīr*) *a.* deep, deep-seated
गभीर खड्ड *m.* canyon
गभीर स्रोत *m.* deep source

गभीरता (*gabhīrta*) *f.* depth

गभीरस्थ (*gabhīrasth*) *a.* deep-seated

गभुआरे (*gabhuāre*) *m.* /**गभुवारे** (*gabhuvāre*) *m.* the hair of a baby

ग़म P (*ġam*) *m.* grief, sorrow, woe
ग़म उठाना *v.t.* to endure grief, to feel sympathy (for)
ग़म करना *v.i.* to grieve, to mourn, to lament, to bewail
ग़म खाना *(मु.)* to suffer grief or loss patiently, to endure grief
ग़मख़्वार *m.* (one) having sympathy in grief or sorrow
ग़मख़ोर *a.* & *m.* (one) patiently suffering, one who patiently suffers
ग़मख़ोरी *f.* patient suffering
ग़म ग़लत करना *v.t.* (a) to try to forget grief or sorrow (b) to comfort, to give solace
ग़मगीन *a.* grief-stricken, grieved, sad, dejected
ग़मगीनी *f.* sorrowfulness, sadness, dejection

गमक[1] (*gamak*) *f.* deep tone (in music), modulation of voice

गमक[2] (*gamak*) *f.* scent, odour, fragrance, aroma

गमकना (*gamaknā*) *v.i.* 1. to emit sweet smell, to give out fragrance 2. to become fragrant

गमकीला (*gamkīla*) *a.* fragrant, aromatic, sweet-smelling, odoriferous

गमछा (*gamchā*) *m.* thin towel

गमड़ा (*gamṛā*) *m.* swelling, lump, tumour, morbid growth

गमन (*gaman*) *m.* 1. going 2. sexual connection, coition
गमन करना *v.i.* (a) to go, to move (b) to move up, to ascend (c) to have sexual intercourse
गमन-पत्र *m.* passport
वेश्यागमन *m.* prostitution, to have intercourse with a prostitute

गमनागमन (*gamanāgaman*) *m.* 1. going and coming, traffic 2. transporta-

tion

गमनागमन के नियम *m.* traffic rules

गमनागमन के साधन *m.* means of transport

गमनागमन-पत्र *m.* passport

गमनीय *(gamanīy) a.* fit to go

गमला (*gamlā*) *m.* earthen flowerpot, a large and deep earthen pan

ग़मी P (*ġamī*) *f.* 1. bereavement 2. mourning 3. sorrow, grief 4. the period of observing mourning

ग़मी-खुशी में शामिल होना *v.t.* to participate in pleasure and sorrow

गम्य (*gamya*) *a.* 1. accessible, approachable 2. passable 3. (समझने योग्य) comprehensible, (समझाने योग्य) explainable

गम्यता (*gamyatā*) *f.* 1. accessibility, approachability 2. passableness traversing 3. comprehensibility

गम्या (*gamyā*) *a.* & *f.* woman with whom a man may have intercourse

गयंद (*gayand*) *m.* high and noble elephant, tusker (see also गजेंद्र)

गया[1] (*gayā*) *v.i.* went, gone (past tense masculine singular of जाना)

गया-गुज़रा *(मु.) a.* (a) gone and past (b) useless, worthless

गया-बीता *(मु.) a.* (a) gone and past (b) good-for-nothing

गया सो गया what is gone is gone

गया[2] (*gayā*) *f.* an important place (in Bihar) of Hindu and Buddhist pilgrimage

गयावाल *m.* a resident or keeper of community records of Gaya

गरंड (*garaṇḍ*) *m.* enclosure around a hand-mill to collect flour

गर P (*gar*) I *conj.* if (used in poetry) (better full form अगर) II. suffix (e.g. जादूगर, magician)

ग़रक़ A (*ġaraq*) *a.* 1. sunk, immersed 2. inundated 3. ruined, perished

ग़रक़ होना *v.t.* to be sunk, to be ruined

तेरा बेड़ा ग़रक़ हो may you be ruined

खेत पानी में ग़रक़ हो गया the field was submerged

ग़रक़ी A (*ġaraqī*) *f.* 1. ruin 2. inundation 3. flood

गरचे P (*garce*) *conj.* although, even though (full form अगरचे)

गरज[1] (*garaj*) *f.* thundering sound, roar

गरज के साथ ओले पड़ना hail-storm with thunder

गरज के साथ वर्षा *f.* thundershower

ग़रज़[2] A (*ġaraz*) *f.* 1. purpose, aim 2. compelling need, necessity, exigency 3. interestedness

ग़रज़ का यार *m.* self-seeking, selfish, having some end to serve

ग़रज़ निकालना *v.t.* to have one's purpose served

ग़रज़ बावली होती है imperative need has no scruples

ग़रज़मंद *a.* needy, concerned, interested

ग़रज़मंदी *f.* self-interest, selfishness

ग़रज़ यह कि in short, what I mean is this

ग़रज़ रखना *v.t.* to have an interest, to be interested, to concern oneself

गरजन (*garjan*) *m.* thundering sound, roar (of clouds)

गरजना (*garajnā*) *v.i.* 1. to thunder 2. to roar 3. (of person) to shout 4. to bawl

जो गरजते हैं, वे बरसते नहीं *(लो.)* an empty vessel makes much noise

ग़रज़ी P (*ġarzī*) *a.* self-seeking, selfish, self-interested

ग़रज़ू (*ġarjū*) *a.* = ग़रज़ी or ग़रज़मंद *q.v.*

गरद (*garad*) *f.* dust (better गर्द *q.v.*)

गरदन P (*gardan*) *f.* neck

गरदन उठाना *v.t.* to raise one's head, to rebel, to oppose

गरदन उतारना *(मु.) v.t.* to behead, to

kill

गरदन झुक जाना *v.i.* head (to bow down in shame)

गरदन झुकाना *v.t.* (a) to submit, to yield (b) to be ashamed

गरदन-तोड़ बुखार *m.* meningitis

गरदन न उठाना *(मु.) v.t.* to be ashamed, to be shy (of)

गरदन नापना *(मु.) v.t.* to catch hold of somebody's neck, to humiliate, to insult

गरदन पर छुरी फेरना *v.t.* to throttle, to kill

गरदन पर जुआ रखना *(मु.)* to control

गरदन पर सवार होना *(मु.) v.i.* to urge for redemption of debt

गरदन फँसना *(मु.) v.i.* to be helpless, to be in somebody's grip

गरदन फँसाना *v.t.* to get unnecessarily involved, to invite trouble

गरदन मरोड़ना *v.t.* to strangle, to throttle, to kill

गरदन में हाथ देना *(मु.) v.t.* to behead, to kill, to choke one's throat

गरदनिया (*gardaniyā*) *f.* neck

गरदनिया देना *(मु.) v.t.* to hold the neck for forcing out, to push by the neck, to throw out by the scruff of the neck

गरदनी (*gardanī*) *f.* 1. a neck ornament 2. (in wrestling) blow on the neck 3. part of the garment worn round the neck

गरदनी देना *v.t.* (in wrestling) to take (someone) by the scruff of the neck

गरदा (*gardā*) *m.* dust

गरनाल (*garnāl*) *f.* gun or cannon of wide mouth

गरबा (*garbā*) *m.* a Gujrati dance in which each woman dancer has a pitcher on her head

गरम P (*garam*) *a.* 1. hot, warm 2. angry, enraged 3. agitated 4. excited 5. stimulating 6. extremist

गरम कपड़ा *m.* (a) warm/woollen cloth (b) warm clothing

गरम खबर *f.* hot news, latest news

गरम तार *m.* live wire

गरम दल *m.* extremist party

गरम दलीय *a.* extremist

गरम बाज़ारी *f.* boom in the market

गरम मसाला *m.* fragrant spices for seasoning food

गरम मिज़ाज *m.* hot temper, short temper

गरम मौसम *m.* hot weather/season

गरम होना *(मु.)* to be excited, to be easily provoked or irritated

गरमाई (*garmāī*) *f.* heat, warmth

गरमागरम (*garmāgaram*) *a.* piping hot

गरमागरम खबर *f.* hot news, fresh news

गरमागरमी (*garmāgarmī*) *f.* 1. exchange of hot words, reviling 2. heated discussion

गरमाना (*garmānā*) I. *v.i.* 1. to be hot or warm 2. to get angry or excited 3. (खिलाड़ी player) to warm up 4. to be enraged 5. (of animals) to be in heat or rut II. *v.t.* to heat, to warm

गरमा जाना (a) to lose temper (b) to be in heat

गरमाने का समय *m.* heating time

जेब गरमाना to get some extra money

मुट्ठी गरमाना to bribe

हाथ गरमाना to warm up one's hands

गरमाहट (*garmāhaṭ*) *f.* heat, warmth

गरमी P (*garmī*) *f.* 1. heat, warmth 2. intensity of emotion 3. passion, excitement 4. summer 5. pride, vanity 6. venereal disease, syphilis

गरमी का मौसम *m.* summer (season)

गरमी निकालना *(मु.) v.t.* (a) to remove somebody's vanity (b) to satisfy one's passion (c) to pass the summer

गरमी रोक *a.* heatproof
गरमी होना *v.i.* to be hot
गरल (*garal*) *m.* poison, venom
गरलधर *m.* snake
गरली (*garalī*) *a.* poisonous, venomous
गरांडील (*garāṇḍīl*) *a.* tall and robust, huge and lofty, of imposing stature
गराँव (*garāṁv*) *m.* a rope tied round the neck of cattle
गराज E (*garāj*) *m.* garage
गराड़ी (*garāṛī*) *f.* /**गरारी** (*garārī*) *f.* 1. pulley 2. a device for twisting thread or rope 3. reel
गरान (*garān*) *m.* mangrove
गरामी P (*garāmī*) *a.* famous, renowned, well-known, reputed
नामी-गरामी *a.* well-known
ग़रारा[1] A (*g̱arārā*) *m.* 1. gargle, gargling 2. medicine for gargling
ग़रारा करना *v.i.* to gargle
ग़रारा[2] A (*g̱arārā*) *m.* a loose trouser worn by women
गरिमा (*garimā*) *f.* 1. glory, dignity, majesty, greatness 2. weight 3. one of the eight spiritual powers (सिद्धियाँ) by which one can increase weight of his body when willed
गरिमापूर्ण *a.* graceful, dignified
गरिल्ला E (*garillā*) *m.* guerilla (better गुरिल्ला)
गरिष्ठ (*gariṣṭha*) *a.* 1. excessively heavy (as food) 2. most respectable 3. very stiff, very tight
गरी (*garī*) *f.* 1. copra, kernel (of a coconut) 2. pulp
गरी का तेल *m.* coconut oil
ग़रीब A (*g̱arīb*) *a.* & *m.* poor (person)
ग़रीब कर देना *v.t.* to make/render poor
ग़रीब की मार *f.* /**ग़रीबमार** *f.* oppression of the poor, misfortune
ग़रीबख़ाना *m.* humble dwelling, a modest term for house/residence
ग़रीब-गुरबा *m.* the poor, the poverty-stricken people
ग़रीबनवाज़ *a.* courteous and kind to the poor
ग़रीब नवाज़ी *f.* courtesy or grace shown to the poor or humble people, cherishing the poor
ग़रीबान P (*g̱arībān*) *m.* portion of the garment resting on the forepart of the neck (see गरेबान)
ग़रीबाना P (*g̱arībānā*) *a.* fit for the poor, humble
ग़रीबाना चाल *f.* unassuming or humble style
ग़रीबी P (*g̱arībī*) *f.* poverty, destitution, indigence
गरीबी में पला *a.* bred and brought up in poverty
गरीबी सहना *v.i.* to suffer poverty
गरुड़ (*garuṛ*) *m.* a large eagle-like bird
गरुड़ध्वज *a.* a title of god Vishnu
गरुड़ पुराण *m.* one of the 18 Puranas depicting life after death
गरुड़ व्यूह *m.* battery of military array
गरू (*garū*) *a.* (*colloq.*) 1. heavy, weighty 2. irksome, difficult
ग़रूर A (*g̱arūr*) *m.* pride, conceit, arrogance, vanity
गरूर होना *v.i.* to be proud
ग़रेबान P (*g̱arebān*) *m.* portion of the garment resting on the forepart of neck
ग़रेबान चाक करना *v.t.* to tear one's collar to pieces (in craziness), (*fig.*) to go crazy
ग़रेबान में मुँह डालना या डालकर देखना *v.t.* to look inside/within (oneself), to introspect, to have a realization of one's sins
गरेरना (*garernā*) *v.t.* to surround
गरोह P (*garoh*) *m.* group, gathering, assemblage (better गिरोह)

गरोहबंदी *f.* grouping, groupism, factionalism

ग़र्क़ A (*ġarq*) *a.* 1. sunk, immersed 2. inundated 3. ruined, perished

तेरा बेड़ा ग़र्क़ हो may you be ruined

खेत ग़र्क़ हो गया the field was inundated

ग़र्क़ होना *v.i.* to be immersed or sunk

ग़र्क़ी A (*ġarqī*) *f.* 1. flood, inundation 2. ruin 3. calamity

गर्गर[1] (*gargar*) *f.* /**गर्गरी** (*gargarī*) *f.* a water vessel, pitcher (= गागर *q.v.*)

गर्गर[2] (*gargar*) *f.* gargling sound

ग़र्ज़ A (*ġarz*) *f.* 1. purpose, aim 2. compelling need, necessity, exigency 3. interestedness (see ग़रज़[2])

गर्जक (*garjak*) *a.* roaring, rumbling, thundering

गर्जन (*garjan*) *m.* 1. roar, thundering sound 2. thunderclap, thunderbolt

गर्जन-तर्जन *m.* use of violent language, uproar with threats

गर्जन मेघ *m.* thundercloud

गर्जना (*garjanā*) *v.i.* 1. to thunder 2. to roar 3. (of person) to shout 4. to bawl (better गरजना)

गर्जनी (*garjanī*) *f.* thunder, thunderbolt

गर्जित (*garjit*) *a.* thundered, rumbled

गर्डर E (*gardar*) *m.* girder

गर्त (*garta*) *m.* deep or large pit, chasm, wide opening in the earth, crater, depression

गर्द P (*garda*) *f.* dust

गर्द झाड़ना *v.t.* to dust off, dusting

गर्दखोर कपड़ा *m.* dust absorbing cloth

गर्द-गुबार *m.* cloud of dust

गर्दन P (*gardan*) *f.* neck (see गरदन)

गर्दभ (*gardabh*) *m.* 1. ass, donkey 2. idiot, blockhead, simpleton

गर्दभी (*gardabhī*) *f.* female ass, a jenny ass

गर्दाना (*gardānā*) *m.* neck of an animal

गर्दिश P (*gardiś*) *f.* 1. circulation 2. revolving 3. wandering, roaming 4. (गति) movement, motion 5. reversion, vicissitude 6. (विपदा) adversity, misfortune 7. trouble, distress

गर्दिश करना *v.t.* to circulate, to go/turn round, to wander, to roam about

गर्दिश में आना *v.i.* to fall into adversity, to be in a state of revolution or change

गर्दी P (*gardī*) *f.* affliction, wandering

गर्भ (*garbha*) *m.* 1. foetus, embryo, pregnancy 2. womb, uterus, abdomen, belly 3. interior, internal portion

गर्भ-अपरा *f.* foetal placenta

गर्भकाल *m.* period of pregnancy, gestation period

गर्भ केसर *m.* pistil

गर्भकोष *m.* womb

गर्भ-क्षति *f.* /**गर्भ-क्षय** *m.* loss of embryo, miscarriage

गर्भ गिरना *v.i.* to miscarry

गर्भ गिराना *v.t.* to effect abortion

गर्भगृह *m.* (a) private apartment, bedroom (b) sanctum sanctorum (in a temple)

गर्भ ग्रहण *m.* impregnation, conception

गर्भ झिल्ली *f.* foetal membrane

गर्भ ठहरना *v.i.* to conceive

गर्भ दोहद *m.* desires or yearnings of a pregnant woman

गर्भ धरा *f.* bearing a foetus, pregnant (woman)

गर्भ धारण *m.* conception, pregnancy, gestation, impregnation

गर्भ धारण करना *v.t.* to conceive, to become pregnant, to be with a child

गर्भ-नाड़ी *f.* umbilical cord

गर्भ-नाल *f.* tendril of a flower

गर्भनाश *m.* abortion

गर्भ-नियंत्रण *m.* birth control

गर्भनिरोध *m.* birth control

गर्भ-निरोधक *a.* contraceptive

गर्भपत्र *m.* carpel
गर्भ-पात *m.* miscarriage
गर्भपात होना *v.i.* to miscarry
गर्भपाती दवा *f.* abortive medicine
गर्भ-मोचन *m.* delivery of a child
गर्भ-लक्षण *m.* signs of pregnancy
गर्भवती *a.* pregnant
गर्भ-वास *m.* stay in the womb
गर्भ विज्ञान *m.* embryology
गर्भ विज्ञानी *m.* embryologist
गर्भ-शय्या *f.* ovary, uterus
गर्भ-स्थापन *m.* impregnation
गर्भस्राव *m.* abortion
गर्भ-हत्या *f.* forced abortion
गर्भ होना *v.i.* to be pregnant, to have pregnancy

गर्भज (*garbhaj*) *a.* inborn, innate, congenital

गर्भस्थ (*garbhasthạ*) *a.* 1. situated in the womb 2. being in the interior or middle of

गर्भांक (*garbhāṅk*) *m.* (in drama) interlude, interval during an act

गर्भागार (*garbhāgār*) *m.* womb

गर्भाधान (*garbhādhān*) *m.* 1. impregnation 2. a ceremony performed on confirmation of pregancy

गर्भावधि (*garbhāvdhi*) *f.* gestation period

गर्भावस्था (*garbhāvasthā*) *f.* pregnancy

गर्भाशय (*garbhāśay*) *m.* womb, uterus
गर्भाशय-ग्रंथि *f.* uterine gland
गर्भाशय-धमनी *f.* uterine artery
गर्भाशय-प्रदाह *m.* ovaritis

गर्भाशयोच्छेदन (*garbhāśyocchedan*) *m.* hysterectomy

गर्भिणी (*garbhiṇī*) *f.* pregnant woman

गर्भिणीत्व (*garbhiṇītva*) *f.* pregnancy, state of being pregnant

गर्भित (*garbhit*) *a.* impregnant
अर्थगर्भित *a.* meaningful, significant
सारगर्भित *a.* substantial, pithy

गर्म P (*garma*) *a.* hot (= गरम *q.v.*)

गर्माइश (*garmāiś*) *f.* /**गर्माई** (*garmāī*) *f.* heat, warmth
गर्माइश *i.* /**गर्माई आना** *v.t.* (a) to be warmed up, to be heated (b) to become inflamed or enraged

गर्माना (*garmānā*) I. *v.i.* 1. to be hot or warm 2. to be in hot temper or excitement 3. (खिलाड़ी player) to warm up 4. to be enraged 5. (of animals) to be in heat or rut II. *v.t.* to heat, to warm (= गरमाना *q.v.*)

गर्मी P (*garmī*) *f.* 1. heat, warmth 2. intensity of emotion 3. passion, excitement 4. summer 5. pride, vanity 6. venereal disease, syphilis (= गरमी *q.v.*)

गर्रा[1] (*garrā*) *a.* of the colour of lac, chocolate coloured

ग़र्रा[2] A (*g̱arrā*) *m.* excessive vainglory, over vanity

गर्व (*garva*) *m.* pride, conceit, haughtiness, arrogance, vanity
गर्व करना *v.i.* to be proud/conceited, etc.
गर्व शून्य *a.* free from pride or vanity
गर्व होना *v.i.* to be proud of

गर्वित (*garvit*) *a.* proud, conceited, vain, vainglorious

गर्विता (*garvitā*) *f.* proud heroine

गर्विष्ठ (*garviṣṭha*) *a.* most conceited, extremely proud

गर्वीला (*garvīlā*) *a.* proud in nature, conceited, haughty

गर्वोक्ति (*garvokti*) *f.* magniloquence

गर्वोद्धत (*garvoddhat*) *a.* puffed with pride, full of vanity, conceited, haughty

गर्हण (*garhaṇ*) *m.* 1. censure, reproach, reproof 2. detestation 3. condemnation

गर्हणा (*garhaṇā*) *f.* = गर्हण

गर्हणीय (*garhaṇīy*) *a.* 1. detestable 2. censurable, reproachable 3. condemnable

गर्हा (*garhā*) *f.* 1. censure, reproach, reproof 2. detestation 3. condemnation (= गर्हण)

गर्हित (*garhit*) *a.* 1. reproached, censured 2. condemned 3. detested

गर्हित अपराध *m.* heinous crime

गर्ह्य (*garhya*) *a.* 1. detestable 2. censurable, reproachable 3. condemnable (= गर्हणीय *q.v.*)

गल (*gal*) *m.* 1. throat, gullet 2. neck

गल कंबल *m.* dewlap, fleshy portion of the neck of a cow, bull, etc.

गलकटा *m.* cut-throat

गलगंड *m.* enlargement of the glands of the neck, goitre

गल गर्दनी *f.* shouting, vociferation

गल गर्दनी करना *v.t.* to strain the throat in vain, to vociferate or bawl to no purpose

गल-ग्रंथि *f.* thyroid gland

गल-ग्रह *m.* throttling

गलघोंटू *a.* throttling

गल-चर्म *m.* wattle

गलतकिया *m.* side-pillow, bolster

गल तुंडिका *f.* tonsil

गलफड़ा *m.* gill (of a fish)

गल-फाँसी *f.* noose, gallows

गलफेड़ *m.* mumps

गलबहियाँ *f.* /**गल-बाही** *f.* embracement with arms put round somebody's neck

गलबहियाँ डालना *v.t.* to throw one's arms around another's neck, to embrace

गल-भंग *m.* hoarseness, huskiness

गल-लग्न *a.* (a) clasped to the neck (b) suspended from the neck (c) sticking in the throat

गलमाला *f.* necklace

गलमुच्छा *m.* whiskers

गलशिरा *f.* /**गलशोथ** *m.* sore throat

गलसुआ *m.* mumps

गलका (*galakā*) *m.* whitlow, inflammation with pus near the fingernails or toenails

गलगल (*galgal*) *m.* a citron

गलगलाना (*galgalānā*) *v.i.* 1. to soften, to mollify 2. to boast

गलगलाहट (*galgalāhaṭ*) *f.* 1. softening, mollifying 2. boasting

गलगुथना (*galguthnā*) *a.* strong and stout

ग़लत A (*g̱alat*) *a.* 1. wrong, incorrect 2. improper

ग़लत अंदाज़ *m.* wrong estimate, false guess

ग़लत अदायगी *f.* erroneous payment

ग़लत अर्थ लगाना *v.t.* to misinterpret

ग़लत आंकड़े *m.* wrong data, incorrect figures

ग़लत आदमी *m.* wrong/improper person

ग़लत करना *v.t.* (a) to err (b) to regard as wrong

ग़लत खबर देना *v.t.* to misinform

ग़लत छापना *v.t.* to misprint

ग़लत जगह पर *adv.* off the mark

ग़लत जगह पर रखना *v.t.* to misplace

ग़लत ठहरना *v.i.* to prove wrong

ग़लत धारणा *f.* wrong notion, misconception

ग़लतनामा *m.* errata

ग़लतफ़हमी *f.* misunderstanding

ग़लत बयान *m.* false statement, misstatement

ग़लत बयान करना *v.t.* to misstate, to misrepresent

ग़लतबयानी *f.* misrepresentation

ग़लत विवरण *m.* wrong version

ग़लत समझना *v.t.* to misunderstand

ग़लत साक्ष्य/शहादत *m./f.* false evidence

ग़लती P (*g̱alatī*) *f.* 1. mistake, error 2. fault 3. slip 4. misconception

ग़लती करना *v.t.* (a) to err, to commit an error, to make a mistake (b) to make a slip (c) to be guilty of an oversight, to omit, to overlook

ग़लती निकालना *v.t.* fault-finding, to find fault

ग़लती से *adv.* by mistake, erroneously

गलदश्रु भावुकता (*galadaśru bhāvuktā*) *f.* maudlin sentimentalism

गलन (*galan*) *m.* 1. dripping, trickling (as of ice) 2. rotting (as of a fruit) 3. melting 4. putrefaction 5. wasting of some limb due to leprosy or other diseases

गलनबिंदु *m.* melting point

गलनांक (*galanaṅk*) *m.* melting point

गलना (*galnā*) *v.i.* 1. to melt, to fuse 2. to dissolve 3. to be cooked till soft, to rot, to be rotten, to putrefy 4. to be wasted or dissipated (as capital in business) 5. to be frost bitten

दाल न गलना *v.i.* not to succeed in using tricks, not to achieve one's goal

गलनीय (*galnīya*) *a.* 1. fusible 2. dissoluble 3. meltable

गलनीयता (*galnīyatā*) *f.* fusibility, solubility

ग़लबा A (*g̱albā*) *m.* 1. overcoming, overpowering, overwhelming, predominance 2. conquest, victory, triumph

ग़लबा पाना *v.t.* to overcome, to overwhelm

गलवाना (*galvānā*) *v.t.* to cause to be melted or dissolved

गला (*galā*) *m.* 1. throat 2. neck 3. voice

गला आना *v.i.* tonsils to be sore or inflamed

गला उठाना *v.t.* (a) to raise the neck (b) to raise one's voice (c) to lift the uvula

गला कटवाना/कटाना *v.t.* ((a) to be killed (b) to sustain a heavy loss (c) to get the throat cut

गला काटना *(मु.)* *v.t.* (a) to cut somebody's throat (b) to kill (c) to oppress (d) to defraud

गला खुलना *v.i.* (a) to regain clear voice (b) to have clear throat

गला घुटना *(मु.)* *v.i.* (a) to be strangled (b) to be suffocated/choked

गला घोंटना *(मु.)* *v.t.* (a) to strangle, to throttle (b) to suffocate

गला छुड़ाना *(मु.)* to liberate

गला छूटना *(मु.)* *v.i.* to get rid of

गला दबना *v.i.* (a) to be forced (b) to yield

गला दबाना *(मु.)* *v.t.* (a) to press, to insist upon (b) to seize by the throat (c) to coerce

गला पकड़ना *(मु.)* *v.t.* (a) to seize by the neck (b) to have an itching sensation in the throat (c) to hold somebody responsible

गला पड़ जाना *v.i.* (a) to have sore throat (b) to suffer from tonsillitis

गला फँसना *v.i.* (a) to get into an embarrassing situation (b) to be involved in debts (c) to have a harsh or rough tone

गला फाड़ना *(मु.)* to bawl, to shriek, to cry out aloud

गला फूलना *v.i.* the throat glands to become swollen

गला बँधाना *v.t.* to become bound or answerable, to incur responsibility

गला बन्द होना *v.i.* (throat) to be choked

गला बैठना *v.i.* to have harsh or hoarse voice

गला भर आना *(मु.)* *v.i.* the voice to choke with emotion

गला रुँधना *v.i.* throat to be constricted

गला रेतना *(मु.)* *v.t.* to cause great suffering, to file the throat

गले का हार *m.* (a) garland for the neck (b) necklace (c) child who constantly clings to its mother (d) one who is very dear

गले के नीचे उतरना *v.i.* (a) to swallow (b) to be understood (c) to appear to be right or proper (d) to be readily acceptable

गले पड़ना *v.i.* (a) to force oneself upon somebody (b) to pester somebody (c) to be an encumbrance (d) to pursue one persistently, to chase, to follow, to hang upon

गले पड़ा ढोल *m.* forced responsibility

गले पर छुरी फेरना *v.t.* (a) to kill (b) to torture, to torment

गले बाँधना/मढ़ना *v.t.* to impose, to force

गले मिलना *v.t.* to embrace, to hug

गले लगना *v.i.* to embrace

कमीज़ का गला *m.* neck of a shirt

घड़े का गला *m.* neck of a pitcher

बोतल का गला *m.* neck of a bottle

गलाऊ (*galāū*) *a.* 1. melting, dissolving, fusing 2. weakening

गलाना (*galānā*) *v.t.* 1. to melt, to smelt 2. to dissolve 3. to soften

गोश्त गलाना *v.t.* to make meat soft by boiling

पैसा गलाना *v.t.* to waste away (money in business), to cause to be rotten

शरीर गलाना *v.t.* to ruin, to sacrifice one- self

गलाव (*galāv*) *m.* solution, liquefaction, fusion

गलावट (*galāvaṭ*) *f.* 1. the act or state of melting, liquefying 2. loss of material in melting

गलित (*galit*) *a.* 1. melted 2. dissolved 3. decayed 4. wasted away 5. decomposed 6. rotten

गलित कुष्ठ *m.* putrefied leprosy

गलित यौवना *f.* a heroine or woman past the prime of youth

गलियाना (*galiyānā*) *v.t.* 1. (from गला) to swallow food or medicine 2. (from गाली) to abuse

गलियारा (*galiyārā*) *m.* 1. gangway 2. corridor, vestibule (*dim.* गलियारी)

गली (*galī*) *f.* 1. lane, street 2. a narrow path between hills

गली कमाना *v.t.* to sweep a lane

गली-कूचा *m.* lanes and alleys

गली-गली *adv.* in every street, from lane to lane

गली-गली मारे-मारे फिरना *v.i.* to wander hither and thither, to run from this place to that (say, in search of livelihood)

गलियाँ छानना *v.t.* to wander from lane to lane

ग़लीचा A (*ġalīcā*) *m.* carpet

ग़लीज़ A (*ġalīz*) I. *a.* 1. dirty, filthy, nasty 2. obscene II. *m.* 1. dirt, filth 2. filthy matter, faecal matter

गल्प (*galpa*) *f.* 1. fictitious story, tale, fable 2. (गप) chit-chat, gossip

गल्प प्रिय *a.* (a) fond of stories (b) garrulous, talkative (c) fond of gossiping

गल्प प्रियता *f.* (a) fondness for stories (b) fondness for gossiping (c) garrulity, talkativeness

ग़ल्ला[1] P (*ġallā*) *m.* grain, corn

गल्ला भरना *v.t.* to store grain

गल्ला[2] P (*gallā*) *m.* flock, herd

गल्लाबान *m.* pastor, shepherd, herdsman

गल्लाबानी *f.* keeping of a flock or herd

गल्ला[3] (*gallā*) *m.* (iron) safe, shopkeeper's cash box

गल्ला[4] (*gallā*) *m.* back pocket, hip pocket

गवँ (*gavṁ*) *f.* 1. opportunity 2. purpose, object अपनी गवँ से as one's purpose is served

गवर्नमेंट E (*gavarnameṁṭ*) *f.* government

गवर्नमेंटी (*gavarnameṁṭī*) *a.* of the government, official, governmental

गवर्नर E (*gavarnar*) *m.* governor (राज्यपाल)

गवर्नर-जनरल *m.* governor-general
गवर्नरी (*gavarnarī*) I. *f.* governorship, the office or function of a governor II. *a.* gubernatorial, of or pertaining to the governor
गवाक्ष (*gavākṣ*) *m.* 1. window, fenestra 2. ventilator
गवादनी (*gavādnī*) *f.* trough for holding fodder
गवाना (*gavānā*) *v.t.* to make one sing
गवार (*gavār*) *suff.* agreeable
खुशगवार *a.* pleasant, agreeable
नागवार *a.* intolerable, disagreeable, unpleasant
गवारा (*gavārā*) *a.* agreeable, tolerable
गवारा करना *v.t.* to tolerate, to stand
गवारा न होना *v.i.* not to be tolerable, intolerable
गवारा होना *v.i.* to be tolerable
गवासा (*gavāsā*) *m.* slaughterhouse, butchery
गवाह P (*gavāh*) *m.* witness
गवाह करना *v.t.* (a) to arrange a witness (b) to present as a witness
गवाह बनाना *v.t.* to make a witness
गवाह होना *v.i.* to become a witness, to bear testimony, to witness
चश्मदीद गवाह *m.* eyewitness
गवाही P (*gavāhī*) *f.* evidence, testimony
गवाही करना *v.t.* to witness, to attest
गवाही देना *v.t.* to give evidence, to bear testimony, to testify, to vouch, to witness
गवेक्षक (*gavekṣak*) *m.* /**गवेषक** (*gaveṣak*) *m.* 1. searcher, investigator 2. explorer 3. seeker 4. researcher
गवेषण (*gaveṣaṇ*) *m.* 1. search 2. investigation 3. exploration 4. research 5. desiring or craving fervently
गवेषणा (*gaveṣaṇā*) *f.* 1. search 2. investigation 3. exploration 4. research
गवेषित (*gaveṣit*) *a.* 1. investigated 2. searched 3. explored 4. enquired
गवेषी (*gaveṣī*) *a.* seeking, searching, investigating, researching (= गवेषक)
गवैया (*gavaiyā*) *m.* musician, singer, minstrel
गव्य (*gavya*) I. *a.* produced by a cow (such as milk, curd, cowdung) II. *m.* 1. herd of cows 2. milk 3. pasture, meadow
पंच गव्य *m.* five things produced by a cow—milk, butter, curd, urine and dung
गव्या (*gavyā*) *f.* herd of cows
गव्यु (*gavyu*) *a.* 1. desirous of milk 2. desirous, curious, inquisitive 3. one who has interest in cows
ग़श A (*g̱aś*) *m.* faint, swoon, fit
ग़श आना *v.i.* to have a fit
ग़श खाना *v.i.* to faint, to swoon
ग़शी P (*g̱aśī*) *f.* faint, swoon, fit (= ग़श)
ग़श्त P (*g̱aśt*) *f.* 1. going or moving round 2. reconnaissance 3. watch or guard by the police, patrol, round
ग़श्त करना/लगाना *v.t.* (a) to go on one's rounds (b) to patrol, to cruise
ग़श्ती P (*g̱aśtī*) *a.* 1. circulating 2. roaming, moving round
ग़श्ती चिट्ठी/हुक्म *f./m.* circular letter/order
गश्ती पुस्तकालय *m.* circulating library
गसीला (*gasīlā*) *a.* closely woven, thickly set
गस्सा (*gassā*) *m.* morsel, mouthful
गस्सा तोड़ना *v.t.* to take a morsel/bite
गहकना (*gahaknā*) *v.i.* to be pleased/delighted
गहककर बोलना *v.i.* to speak with exhilaration, to say cheerfully
गहगड्ड (*gahgaḍḍ*) *m.* a very strong intoxicating beverage (as भांग)
गहगह (*gahgah*) /**गहगहा** (*gahgahā*) I. *a.* jubilant, delighted, happy, glad II. *adv.* joyously, with exhilaration

गहगहाना (*gahgahānā*) *v.i.* 1. to bubble with joy, to beam with exhilaration 2. to quiver, to tremble

गहन[1] (*gahan*) *m.* (*colloq.*) eclipse (of the sun or moon)

गहन पड़ना/लगना *v.i.* an eclipse to take place, to be eclipsed

गहन[2] (*gahan*) *a.* 1. deep, profound 2. thick, dense 3. impenetrable (as darkness) 4. intensive

गहन अध्ययन *m.* intensive study

गहन वन *m.* dense forest/wood

गहन विश्लेषण *m.* deep analysis

गहन विषय *m.* abstruse subject

गहनता (*gahantā*) *f.* 1. depth 2. density, thickness 3. intensity 4. impenetrability 4. obscurity 5. abstruseness

गहना (*gahanā*) I. *m.* 1. ornament 2. pawn, mortgage II. *v.t.* 1. (*colloq.*) to catch hold of 2. to eclipse 3. to seize, to catch, to hold

गहने रखना *v.t.* to mortgage, to pawn

गहनाना (*gahanānā*) *v.i.* to be eclipsed

गहनी (*gahanī*) *f.* a deformed cow born during an eclipse

गहमागहमी (*gahmāgahmī*) *f.* 1. hustle and bustle 2. mirth 3. pomp and show

गहरा (*gahrā*) *a.* 1. deep, profound 2. far-reaching 3. grievous 4. serious 5. thick, dense 6. excessive 7. incomprehensible, obscure (various meanings in contexts)

गहरा असामी *m.* opulent/rich person

गहरा आदमी *m.* man of solemn nature, person of secretive temperament

गहरा पेट *(मु.) m.* (a) one who keeps his feelings hidden (b) a man of secretive nature

गहरा भूरा *a.* dark brown

गहरा रंग *m.* deep colour

गहरा रोग *m.* deep-rooted disease

गहरा हाथ मारना *(मु.) v.t.* (a) to inflict a severe blow, to beat severely (b) to take away a large amount of money

गहरी चाल *f.* subtle movement

गहरी चोट *f.* grievous hurt

गहरी छनना *(मु.) v.i.* to be intimate, to be chummy

गहरी छानना *v.t.* to take a strong quantity of hemp

गहरी नींद *f.* sound sleep

गहरी बात *f.* deep/grave matter or affair

गहरी रकम *f.* a good amount of money

गहरी साँस *f.* (a) deep breathing (b) a breath of relief

गहरे पैठना *v.i.* to go deep into a matter

गहरे में चलना *v.i.* to make subtle moves

गहरे होना *v.i.* (a) prosper/gain (b) to rise, to flourish

गहराई (*gahrāī*) *f.* depth, profundity

गहराई नापना *v.t.* to sound the depth

गहरापन (*gahrāpan*) *m.* 1. density, thickness 2. seriousness, solemnity (= गहराई)

गहराव (*gahrāv*) *m.* depth, profundity (= गहराई)

गहरेबाज़ (*gahrebāz*) *m.* a trap-and-pony

गहरेबाज़ी (*gahrebāzī*) *f.* trap-and-pony racing

गहाई (*gahāī*) *f.* act of threshing (corn)

गहीला (*gahīlā*) *a.* proud, conceited, arrogant, vain

गह्वर (*gahvar*) I. *m.* 1. cave 2. cavity, hole 3. chasm, (निकुंज) grove, bower, arbour 4. a hiding place II. *a.* 1. deep 2. impenetrable, impassable, very thick or dense 3. secret

गांगेय (*gāṅgey*) I. *a.* of or pertaining to the river Ganga II. *m.* son of Ganga

गाँज (*gāṁj*) *m.* pile, heap

गाँजना (*gāṁjnā*) *v.t.* 1. to pile up, to

store, to heap up, to amass 2. to fill up

गाँजा (*gāṁjā*) *m.* 1. hemp plant and its leaves 2. drug prepared from hemp leaves and buds

गाँजाखोर *m.* hemp smoker

गाँजा पीना *v.t.* to smoke hemp

गाँजू (*gāṁjū*) I. *a.* addicted to smoking hemp II. *m.* an excessive smoker of hemp leaves (also गंजेड़ी)

गाँठ (*gāṁṭh*) *f.* 1. knot 2. (of cloth) bale 3. joint 4. gland (ग्रंथि) 5. bulb (of garlic or onion) 6. hard lump 7. navel 8. entanglement, intricateness

गाँठ उखाड़ना *v.i.* to disjoint, to dislocate a joint

गाँठ-कट *m.* pickpocket

गाँठ कटना *v.i.* to be pickpocketed

गाँठ-कतरा *m.* pickpocket

गाँठ काटना *(मु.)* *v.t.* to pickpocket

गाँठ का पक्का *a.* miserly, stingy, closefisted

गाँठ का पूरा *a.* rich, wealthy

गाँठ का पूरा आँख का अंधा *(मु.)* *a.* careful in money matters but lacking in foresight

गाँठ खुलना *v.i.* (a) untwisting or untying of a knot or rope (b) mystery (to be unravelled) (c) puzzle (to be solved)

गाँठ खोलना *(मु.)* *v.t.* (a) to untie a knot (b) to open a purse or bag and spend money (c) to unravel a mystery (d) to solve a puzzle (e) to remove ill-feeling

गाँठ-गोभी *f.* cabbage

गाँठ चढ़ना *v.i.* to have a rupture at the navel

गाँठ जोड़ना *(मु.)* *v.t.* to tie a knot of the hems of the garments of the bride and bridegroom

गाँठदार *a.* (a) full of knots, knotty (b) jointed (c) tuberous

गाँठ देना *v.t.* to tie a knot or joint

गाँठ पड़ना *(मु.)* *v.i.* (a) to become knotted (b) to become entangled (c) ill-feeling to be created

गाँठ बाँधना *(मु.)* *v.t.* (a) to tie together (b) to become intimate (= गाँठ जोड़ना)

गाँठ-भरा *a.* (a) full of knots, knotted (b) intricate, entangled (c) having a full pocket or purse

गाँठ में रखना *v.t.* to keep in the purse or pocket

गाँठ लगाना *v.t.* to tie a knot, to make a knot

गाँठ सरकना *v.i.* to suffer from umbilical hernia

अपनी गाँठ से *adv.* from one's own pocket

मन की गाँठ खोलना *v.t.* to say frankly, to speak unreservedly

मन में गाँठ पड़ना *v.i.* to have a grouse

गाँठना (*gāṁṭhnā*) *v.t.* 1. to fasten, to tie, to string together 2. (of a shoe) to mend, to stitch, to cobble 3. to realise one's object

गाँठ लेना *v.i.* (a) to win over to oneself (b) to recover cordial relation

मतलब गाँठना *v.t.* to secure a selfish end

रिश्ता गाँठना *v.t.* to form a relationship, to make nuptial alliance

गाँड़ (*gāṁṛ*) *f.* 1. anus, rectum 2. bottom

गाँड़ फटना *v.i.* to be helpless with fright

गाँड़ फाड़ना *v.t.* to terrify, to frighten and threaten

गाँड़ मरानी *f.* strumpet, prostitute

गाँड़ मारना *v.t.* to practise sodomy

गाँड़ मारू *m.* sodomite

गाँडू (*gāṁḍū*) *m.* catamite, the passive partner in sodomy or buggery

गांडर (*gāṇḍar*) *f.* a sweet-smelling grass

गांडीव (*gāṇḍīv*) *m.* (गांडीव धनुष) the bow of Arjun which he got as a boon from Agni, the God of fire

गांडीवी (*gāṇḍīvī*) *m.* one who wields गांडीव, (i.e. Arjun)

गाँथना (*gāṁthnā*) *v.t.* to lay bricks

गांधर्व (*gāndharva*) I. *a.* 1. belonging or relating to Gandharva 2. produced or born in Gandharva country II. *m.* a form of marriage which requires nuptial agreement between bride and bridegroom

गांधार (*gāndhār*) *m.* 1. the third of the seven primary ragas or modes of music 2. name of people and country known as Gandhar

गांधारी (*gāndhārī*) *f.* 1. a mode (रागिनी) of music 2. princess of Gandhar 3. the mother of Kauravas (in the Mahabharat)

गांधिक (*gāndhik*) *m.* vendor or manufacturer of perfumes or scents

गांधी (*gāndhī*) *m.* perfume seller

गाँधी (*gāṁdhī*) *m.* 1. name of a Gujarati trading community, 2. short for Mahatma Gandhi, a great leader of Indian National Movement

गाँधी दर्शन *m.* Gandhian philosophy

गाँधीवाद *m.* Gandhism

गाँधीवादी *a.* & *m.* Gandhian, follower of Gandhian ideology

गांभीर्य (*gāmbhīryā*) *m.* 1. depth, profundity 2. tranquility or steadfastness of mind 3. solemnity, nobility 4. calmness, composure 5. seriousness 6. gravity

गाँव (*gāṁv*) *m.* village

गाँव का *a.* rural, of village

गाँव का उद्धार *m.* village upliftment

गाँव की आबादी *f.* population of a village

गाँव की बोली *f.* dialect, rustic speech

गाँववासी *m.* villager

गाँव-सभा *f.* village assembly/panchayat (better ग्राम-सभा)

गाँस (*gāṁs*) *f.* 1. obstruction, impediment 2. (शत्रुता) enmity 3. (द्वेष) malice, grudge 4. blade of an arrow or spear 5. (नियंत्रण) control, restraint

मन की गाँस निकालना *v.t.* to take revenge

गाँसना (*gāṁsnā*) *v.t.* 1. to surround, to encompass 2. to pierce, to bore, to perforate

गाँसा (*gāṁsā*) *m.* the angle of the junction of fingers and toes

गाँसी (*gāṁsī*) *f.* 1. the iron head of an arrow or spear 2. (गाँठ) knot, joint 3. deceit, trick 4. malice, jealousy

-गा (*gā*) *suffix.* indicates future tense singular masculine

वह जाएगा he will go

वह जाएगी she will go

वे जाएंगे they will go

वे जाएंगी they (ladies) will go

गाइड E (*gāiḍ*) I. *m.* guide II. *f.* guide (book) (also गाइड बुक)

ग़ाइब A (*g̱āib*) *a.* 1. absent 2. invisible, unapparent, out of sight (better ग़ायब *q.v.*)

गाउट E (*gāuṭ*) *m.* gout, a disease of inflammation in joints

गाउन E (*gāun*) *m.* gown

गाकरी (*gākarī*) *f.* round Indian bread (= चपाती)

गागर (*gāgar*) *f.* a water vessel, pitcher

गागर में सागर भरना *(मु.)* to express a great deal in a few words, to be frugal in words and rich in meaning

गागरी (*gāgarī*) *f.* a small pitcher

गॉगल E (*gāgal*) *m.* goggles

गाछ (*gācha*) *m.* a bush, a tree

गाज[1] (*gāj*) *f.* thunderbolt

गाज मारा *a.* (a) thunder struck (b) afflicted (c) unlucky, unfortunate

गाज गिरना/पड़ना *(मु.)* *v.i.* to be involved in calamity or distress

गाज[2] (*gāj*) *f*. froth (as of soap)

गाजना (*gājnā*) *v.i.* 1. to roar, to rumble, to thunder 2. to speak at the top of one's voice

गाजर (*gājar*) *f*. carrot, *Daucus carota*

गाजर की शक्ल का *a*. tapering

गाजर-मूली *f*. worthless stuff, rubbish

गाजर-मूली समझना *(मु.) v.t.* to count somebody or something as nothing

गाजा-बाजा (*gājā-bājā*) *m*. 1. a band with musical instruments 2. pomp and show

गाजे-बाजे के साथ *adv.* with all pomp and show

ग़ाज़ी A (*gāzī*) *m*. warrior who fights with enemies of Islam

गाटर E (*gāṭar*) *m*. girder

गाटा (*gāṭā*) *m*. 1. yoking together of bullocks 2. small piece of cultivating land

गाटेबंद *a*. (of land) divided into plots

गाटेबंदी *f*. division into plots of land

गाड़ (*gāṛ*) *f*. pit for storing grain

गाड़ना (*gāṛnā*) *v.t.* 1. to bury 2. (of tent) to pitch 3. (of a nail) to drive in 4. to embed 5. to fix firmly 6. to plant (a tree)

गाडर (*gādar*) *f*. sheep, ewe

गाड़ा[1] (*gāṛā*) *m*. 1. hollow 2. ditch 3. ambuscade

गाड़े बैठना *v.i.* to lie in ambush (to kill somebody)

गाड़ा[2] (*gāṛā*) *m*. big cart

गाड़ी (*gāṛī*) *f*. 1. cart, car 2. bullock cart 3. train 4. conveyance

गाड़ी अगाड़ी घोड़ा पिछाड़ी (*मु.*) putting the cart before the horse

गाड़ी अनुसूची *f*. train schedule

गाड़ी करना *v.t.* to hire a conveyance

गाड़ी खड़ी करना *v.t.* (a) to stop a car (b) to park a car

गाड़ीख़ाना *m*. garage

गाड़ी चलना *v.i.* car or train to start

गाड़ी चलाना *v.t.* (a) to drive a cart or car (b) to hire a cart or car

गाड़ी छूटना *v.i.* train or carriage to start

गाड़ी जोतना *v.t.* to harness a horse or horses to the carriage

गाड़ी-भर *a*. cart load

गाड़ीवान *m*. carter, cartman, coachman

डाक गाड़ी *f*. mail (train)

माल गाड़ी *f*. goods train

मुसाफिर गाड़ी *f*. passenger train

गाढ़ा (*gāṛhā*) *a*. 1. (of cloth, milk) thick, dense 2. compact 3. (of friend) intimate, close 4. (of colour) dark 5. hard, concentrated

गाढ़ा करना *v.t.* to thicken, to condense

गाढ़ा प्रेम *m*. intense love

गाढ़ा वक्त *m*. hard times

गाढ़ी छनना *v.i.* to be or become close to each other, to be very intimate

गाढ़ी छानना *(मु.) v.t.* to prepare liquid hemp

गाढ़े का साथी *(मु.) m*. a friend in need, a companion in hard times

गाढ़े की कमाई *f*. /**गाढ़े पसीने की कमाई** *(मु.) f*. hard-earned money

गाढ़े दिन *(मु.) m*. hard times, days of calamity or hardship

गाढ़े में *adv.* in time of hardship, in a crisis

गाढ़ापन (*gaṛhāpan*) *m*. 1. thickness, density 2. intimacy, closeness 3. difficulty

गाणिक्य (*gāṇikya*) *m*. assembly of dancing girls or prostitutes

गाणितिक (*gāṇitik*) *a*. mathematical

गात (*gāt*) *m*. 1. body 2. limb, a part of the body 3. bust 4. private organs

गाता[1] (*gātā*) *m*. cardboard

गाता[2] (*gātā*) *m*. singer, musician

गाती (*gātī*) *f*. mantle for the neck, neckcloth

गात्र (*gātra*) *m.* 1. limb, part of the body 2. body 3. upper part of the elephant's front leg

गात्रोत्थान (*gātrotthān*) *m.* 1. getting up, waking up 2. alertness

गाथक (*gāthak*) *m.* 1. ballad singer, musician 2. ballad writer

गाथा (*gāthā*) *f.* 1. tale, story, legend 2. ballad 3. verse (to be chanted)
गाथाकार *m.* (a) ballad writer (b) author of a narrative tale

गाद (*gād*) *f.* sediment, dregs, silt
गाद-विश्लेषक *m.* silt analyst

गादर (*gādar*) *a.* 1. timid, cowardly 2. lazy, slothful 3. (गदराया हुआ) half ripened, nearly matured

गाध (*gādh*) *a.* fathomable, not very deep

गान (*gān*) *m.* 1. song 2. singing
गान करना *v.t.* to sing, to chant in praise
गान-विद्या *f.* the art of vocal music
गान-वृंद *m.* chorus

गाना (*gānā*) I. *v.i.* 1. to sing, to chant 2. to chant in praise II. *m.* 1. song, singing 2. music
गाना आना *v.i.* /**गा लेना** *v.i.* to be able to sing, to know the art of singing
गाना-बजाना *m.* musical concert, merry-making with music
किसी के गुण गाना *v.t.* to praise someone
अपनी ही गाना to indulge in self-praise

ग़ाफ़िल A (*g̱āfil*) *a.* 1. unmindful, heedless, careless, inattentive 2. negligent, forgetful
ग़ाफ़िल होना *v.i.* /**हो जाना** *v.i.* to become careless, negligent

गाब (*gāb*) *m.* name of a tree the fruit of which contains a glutinous astringent juice with which the bottoms of boats are smeared to prevent them from rotting

गाभ (*gābh*) *m.* (गर्भ) pregnancy, foetus
गाभ गिरना *v.i.* to miscarry
गाभ डालना *v.t.* to slip or abort the foetus

गाभा (*gābhā*) *m.* 1. new leaf, shoot, sprout 2. unripe crop 3. inner organ, liver, stomach

गाभिन (*gābhin*) *f. a.* pregnant, especially an animal

-गामी (*gāmī*) *a.* & *suff.* (*fem.* = गामिनी) 1. going on, moving on or toward 2. having intercourse with
वेश्यागामी *a.* & *m.* one who has sexual intercourse with a prostitute

गाय (*gāy*) I. *f.* cow II. *a.* meek and humble
गाय का माँस *m.* beef, cow's flesh
गाय-गोठ *f.* cowshed

गायक (*gāyak*) *m.* singer, vocalist, musician

गायकी (*gāyakī*) *f.* 1. art of music 2. profession of singing, living by music

गायत्री (*gāyatrī*) *f.* 1. name of a Vedic metre of 24 syllables 2. hymn composed in this metre 3. name of the goddess Savitri, Durga

गायन (*gāyan*) *m.* 1. singing 2. song 3. music, art of singing

ग़ायब A (*g̱āyab*) *a.* 1. absent 2. invisible, unapparent, out of sight
ग़ायब करना *v.t.* to remove stealthily, to make away with
ग़ायब होना *v.i.* to disappear, to vanish

गायिका (*gāyikā*) *f.* lady singer, songstress

गारंटी E (*gāraṇṭī*) *f.* warranty, guarantee
गारंटी देना *v.t.* to guarantee

ग़ार A (*g̱ār*) *m.* 1. cave, cavern 2. deep

pit 3. den or lair (of a wild beast)

ग़ारत A (*gārat*) *f.* 1. plunder 2. devastation 3. pillage 4. raid 5. calamity

ग़ारत करना *v.t.* to plunder, to ravage, to lay waste, to spoil

ग़ारत होना *v.i.* to be ruined, to be destroyed, to be spoiled

गारद E (*gārad*) *f.* 1. guard 2. party or batch of soldiers or policemen keeping guard

गारद बैठाना *v.t.* to deploy a guard

गारद में रखना *(मु.) v.t.* to keep under guard

गारना (*gārnā*) *v.t.* 1. to squeeze, to crush 2. to milk (a cow)

रस गारना *v.t.* to crush juice

आँसू गारना *v.t.* to shed tears

गारा (*gārā*) *m.* mortar, thick mud

गारा करना या बनाना *v.t.* to prepare mortar for plastering or building a wall

गारुड़ी (*gāruṛī*) *m.* 1. person who neutralises the effect of poison, 2. magician 3. dealer of antidotes 4. a kind of military array

गारुड़ी विद्या *f.* the art of neutralising the effect of poison

गार्ड E (*gārḍ*) *m.* guard

गार्ड औफ ऑनर *m.* guard of honour

गार्ध्य (*gārdhya*) (from गृद्ध) *m.* greed, voraciousness, avarice

गार्डन E (*gārḍan*) *m.* garden

गार्डन पार्टी *f.* garden party

गार्नेट E (*gārneṭ*) *m.* garnet, a gem of deep red colour

गार्हपत (*gārhpat*) *m.* 1. the position and dignity of a householder 2. the duties of a householder

गार्हपत्य (*gārhpatya*) I. *a.* (गृहपति से) 1. of or belonging to a householder 2. domestic 3. householding 4. domestic work/chores

गार्हपत्य जीवन *m.* domestic life, family life

गार्हपत्य धर्म *m.* duties enjoined upon a householder

गार्हपत्य स्वास्थ्य विधि *f.* domestic hygiene

गार्हस्थ्य (*gārhasthya*) *m.* 1. of or belonging to a householder 2. domestic 3. householding 4. domestic work/chores (= गार्हपत्य)

गार्हस्थिक (*gārhasthik*) *a.* of, relating to or incumbent upon a householder

गाल[1] (*gāl*) *m.* cheek

गाल पर गाल चढ़ना *v.i.* to get very fat

गाल पिचकना *v.i.* cheek to become emaciated or thin

गाल फुलाना *(मु.) v.t.* (a) to puff out the cheeks (b) to pout, sulk, to become sulky

गाल बजाना *(मु.)* (a) to brag (b) to roar and shout (c) to talk nonsense

गाल[2] (*gāl*) *m.* a mouthful, morsel

काल का गाल *m.* to die, victim of death

काल के गाल में जाना *(मु.) v.i.* to become a victim of death, to die

गाला (*gālā*) *m.* 1. pod of cotton 2. ball of carded cotton

ग़ालिब A (*gālib*) *a.* overpowering, prevailing, victorians

ग़ालिब आना/होना *v.i.* (a) to prevail, to overcome, to subdue (b) to prove to be superior, to excel

ग़ालिबन A (*gāliban*) *adv.* perhaps, probably

गाली (*gālī*) *f.* abuse, dirty words, foul or insulting language

गाली खाना *(मु.) v.t.* to endure abusive language

गाली-गलौज *f.* /**गाली-गुफ्ता** *f.* exchange of hot words, invectives

गाली होना *v.i.* abusive words to be exchanged

गालियों पर उतर आना *v.i.* coming

down to abuses or filthy words, to stoop to vituperation, to stoop to the use of abusive language

गालीचा P (*ḡālīcā*) *m.* carpet

गालू (*gālū*) *a.* 1. talkative, garrulous 2. boastful, bragging

गॉल्फ E (*gaulf*) *m.* golf

गाव P (*gāv*) *f.* cow

गाव कुशी *f.* cow-killing, cow-slaughter

गावघप P (*gāvghap*) *f.* 1. flattery, wheedling 2. embezzlement 3. fraud

गावघप करना *v.t.* (a) to misappropriate, to embezzle (b) to cheat, to deceive

गावघपू P (*gāvghapū*) *m.* 1. flatterer 2. cheat 3. humbug 4. one who misappropriates or embezzles

गावतकिया P (*gāvtakiyā*) *m.* a large round stuffed pillow, bolster

गावदी P (*gāvdī*) I. *a.* stupid, silly II. *m.* 1. stupid fellow, idiot 2. nit-wit

गावदीपन (*gāvdīpan*) *m.* silliness, stupidity, foolishness

गावदुम P (*gāvdum*) *a.* tapering

-गाह P (*gāh*) *f.* 1. place

इबादतगाह *f.* place of worship, mosque, church, temple

ईदगाह *f.* place where Id namaz (prayer) is offered

गाह-गाह P (*gāh-gāh*) *adv.* sometime or the other, at times, now and then, frequently (also गाह-ब-गाह)

नागाह *adv.* suddenly

गाहक (*gāhak*) *m.* 1. customer, purchaser, buyer 2. client

प्राण का गाहक *m.* killer, murderer

गाहकी (*gāhakī*) *f.* 1. custom, sale 2. demand for commodity 3. offer for purchase

गाहकी पटना *v.i.* a sale to be concluded, demand to be supplied

गाहन (*gāhan*) *m.* 1. immersion, ablution into water, dipping 2. investigating, searching, finding out 3. churning

गाहना (*gāhnā*) *v.i.* 1. to catch, to seize 2. to search about, to investigate, to enquire, to probe 3. to thresh 4. to cross, to pass over, to get over

अनाज गाहना *v.t.* to thresh corn

जंगल गाहना *v.t.* to scour a forest

गाही (*gāhī*) *f.* a unit of five for counting fruits and other things

गाहे-ब-गाहे *adv.* (also गाहे-गाहे)

गिंजना (*giṁjanā*) *v.t.* to be crumpled/creased

गिंजाई (*giṁjāī*) *f.* the state of being crumpled/creased

गिंडुरी (*giṁḍurī*) *f.* a small round cushion placed on the head to carry load

गिंदौड़ा (*giṁdauṛā*) *m.* a thick round cake

गिअर E (*giar*) *m.* gear

गिचपिच (*gicpic*) I. *f.* 1. illegible writing 2. crowding II. *a.* 1. muddled up 2. illegible

गिजगिजा (*gijgijā*) *a.* 1. soft 2. fleshy 3. flimsy, feeble

गिज़ा A (*ḡizā*) *f.* 1. food 2. diet (especially nutritious diet)

गिटकरी[1] (*giṭkarī*) *f.* shaking, trembling, trill

गिटकरी लेना *v.t.* to shake, to tremble

गिटकरी[2] (*giṭkarī*) *f.* flat round pebble

गिटकिरी[3] (*giṭkirī*) *f.* a particular vocal sound in singing

गिटपिट (*giṭpiṭ*) *f.* meaningless words, nonsensical language

गिटपिट करना *v.t.* to speak (in) unfamiliar language

गिटपिट बोली *f.* prattling, unintelligible or meaningless speech (especially English)

गिटार E (*giṭār*) *f.* guitar, a six-stringed

musical instrument
गिटार वादक *m.* guitarist
गिट्टक (*giṭṭak*) *f.* plug, stopper, a tiny block of wood or metal
गिट्टी (*giṭṭī*) *f.* grit, ballast, gravel
गिट्टी तोड़ना *v.t.* to break stones into ballast
गिड़गिड़ाना (*giṛgiṛānā*) *v.i.* to beseech, to entreat, to implore earnestly and humbly, to cringe
गिड़गिड़ाते हुए *adv.* entreatingly, cringing, humbly, imploringly
गिड़गिड़ाहट (*giṛgiṛāhaṭ*) *f.* humble entreaty, beseeching, imploring
गिड़ोया (*giṛoyā*) *m.* earthworm
गिद (*gid*) *f.* mucus in the eyes
गिद्ध (*giddh*) *m.* vulture
गिद्ध दृष्टि *a.* (a) eagle-sighted, long sighted (b) *f.* long sight
गिनतारा (*gintārā*) *m.* abacus, frame with beads or balls on wires for teaching numbers to children
गिनती (*gintī*) *f.* counting
गिनती करना *v.t.* to count, to enumerate
गिनती के *(मु.)* *a.* very few
गिनती गिनना *v.t.* to say the numerals in order
गिनती-भर के लिए *adv.* nominally
गिनती में आना *(मु.)* *v.i.* to be included in counting, to be of some significance or worth
गिनती में न लाना *v.t.* to ignore, to regard as insignificant or worthless
गिनती होना *(मु.)* *v.i.* to be counted or reckoned
उलटी गिनती *f.* count-down
गिनना (*ginanā*) *v.t.* to count, to calculate, to number
गिन-गिनकर *adv.* on counting thoroughly or scrupulously
गिन-गिन कर कदम रखना *(मु.)* *v.t.* to proceed very cautiously, to walk carefully
गिन-गिन कर गालियाँ देना *v.t.* to shower or let loose a volley of abuses
गिन-गिन कर दिन बिताना *v.t.* to pass time lingeringly
गिन देना *v.t.* to count and give
गिनने लायक *a.* calculable, enumerable
गिन लेना *v.t.* to count and take, to include
गिने-गिनाये *a.* already numbered or counted
गिने-चुने *a.* (a) selected few (b) handful (c) in a limited number
किसी को कुछ न गिनना *(मु.)* not to hold anybody in esteem
गिनवाना (*ginvānā*) *v.t.* to cause to be counted, to have got reckoned, to get counted
गिना (*ginā*) *v.* past tense masculine singular of गिनना, counted, reckoned, calculated
गिना-गिनाया *a.* already counted or calculated
गिनाना (*ginānā*) *v.t.* to make somebody count, to cause to calculate
नाम गिनाना *v.t.* to count names
गिनी E (*ginī*) *f.* /**गिन्नी** (*ginnī*) *f.* guinea, a gold coin
गिनी पिग E (*ginī pig*) *m.* 1. small breed of a rodent, guinea pig 2. (वैज्ञानिक प्रयोग के लिए कोई जीव) any being used for biological experiment
गिफ्ट E (*gifṭ*) *m.* gift
गिब्बन E (*gibban*) *m.* gibbon, a kind of monkey
गिमटी (*gimṭī*) *f.* coarse cloth
गिरगिट (*girgiṭ*) *f.* 1. chameleon, tree lizard 2. (*fig.*) turncoat
गिरगिट की तरह से रंग बदलना *(मु.)* *v.t.* (a) to change colour like a chameleon (b) to make frequent somer-

saults

गिरगिटान (*girgiṭān*) *m.* 1. chameleon, tree lizard 2. (*fig.*) turncoat (= गिरगिट *q.v.*)

गिरजा (*girjā*) *m.* church, cathedral (also गिरजाघर)

गिरजाध्यक्ष (*girjādhyakṣ*) *m.* prelate

गिरता (*girtā*) *a.* & *past p.* falling

गिरता-पड़ता *a.* falling and staggering

गिरता-पड़ता बाज़ार *m.* declining market

गिरते-पड़ते *adv.* with faltering steps, with much difficulty

गिरते-पड़ते दामों पर *adv.* at below market price, at a loss

गिरदावर P (*girdāvar*) *m.* petty land revenue official (called गिरदावर कानूनगो) above the rank of patwaris or lekhpals

गिरधर (*girdhar*) *m.* /**गिरधारी** (*girdhārī*) *m.* 1. supporter or bearer of a hill 2. an epithet of Lord Krishna

गिरना (*girnā*) *v.i.* 1. to fall (down) 2. to drop 3. to decrease, to decline 4. to collapse, to come down 5. to stoop

गिर कर *adv.* stooping

गिर कर भाव करना *v.t.* rates to decline or come down

गिर कर सौदा करना *v.t.* to strike a bargain as a discount

गिर चलना *v.i.* to be about to fall

गिर जाना *v.i.* to fall down

गिर पड़ना *v.i.* to fall down/off

गिरे हुए को उठाना *v.t.* to uplift the downtrodden

किसी की नज़रों में गिरना *v.i.* to be disgraced in the eyes of somebody

किसी के पैरों पर गिरना *v.i.* to fall at somebody's feet

किसी पर बिजली गिरना *v.i.* somebody (to be struck by lightning)

गर्भ गिरना *v.i.* to miscarry

चरित्र गिरना *v.i.* degradation of character

तापमान गिरना *v.i.* temperature to drop/fall

दरजा गिरना *v.i.* to be degraded

दूध या स्याही गिरना *v.i.* to spill milk or ink

शरीर गिरना *v.i.* (body) to be reduced

स्वास्थ्य गिरना *v.i.* health to decline

ओले गिरे *v.i.* it hailed

उत्साह गिर जाना *v.i.* to lose courage

जवान मैदान में गिरा *v.i.* the soldier was killed in the battlefield

पानी गिरा *v.i.* it rained

बर्फ़ गिरी *v.i.* it snowed

गिरफ़्त P (*girafta*) *f.* catch, hold, grasp

गिरफ़्तार P (*giraftār*) *a.* arrested, caught, apprehended

गिरफ़्तार करना *v.t.* to arrest, to apprehend, to round up

गिरफ़्तारी P (*giraftārī*) *f.* arrest, apprehension

गिरफ़्तारी का वारंट *m.* warrant of arrest

गिरमिट (*girmiṭ*) *m.* 1. gimlet, a boring tool 2. agreement, contract

गिरमिटिया (*girmiṭiyā*) *m.* contract labourer, indentured labour (in British colonies)

गिरवाना (*girvānā*) *v.t.* to cause to fall down, to cause to be dropped, to get pulled down, to get demolished, (पेड़) to be felled down, (गर्भ) to carry out an abortion

गिरवी (*girvī*) *f.* pledge, pawn, mortgage

गिरवीदाता *m.* pawner, mortgager

गिरवीदार *m.* pawnee, mortgagee

गिरवीनामा/पत्र *m.* deed of mortgage, mortgage bond

गिरवी रखना *v.t.* to pledge, to mortgage

गिरवी रखनेवाला *m.* pledger, pawner

गिरवी रखा हुआ *a.* pledged, pawned,

mortgaged

गिरवी (से) छुड़ाना *v.t.* to redeem a pledge or pawn

गिरस्ती (*girastī*) *f.* (*colloq.*) I. *a.* 1. of or belonging to a householder 2. relating to housekeeping II. *f.* the duties and functions of a householder, house-keeping (see गृहस्थी)

गिरह P (*girah*) *f.* 1. knot, joint 2. fold in the upper part of a dhoti 3. a measure of length equal to 1/16th of a yard

गिरहकट *m.* pickpocket

गिरहकटी *f.* pickpocketing

गिरह काटना *v.t.* to pickpocket

गिरह खोलना *v.t.* to untie the knot

गिरहदार *a.* knotted, knotty

गिरहबाज़ *m.* a somersaulting pigeon

गिरही (*girahī*) *f.* dwelling, abode, house, residence (*colloq.* form of गृह)

गिराँ P (*girām̐*) *a.* 1. costly, valuable, precious 2. heavy, weighty

गिरा[1] (*girā*) *f.* 1. tongue 2. speech, language 3. an epithet of goddess Saraswati

गिरापति *m.* a name of Brahma

गिरापितु *m.* Brahma

गिरा[2] (*girā*) *v.i.* fallen, fell (past tense and past participle masculine singular of गिरना)

गिरा-पड़ा *a.* (a) fallen and lying down (b) dilapidated, collapsed

गिराऊ (*girāū*) *a.* 1. fit to be felled 2. on the point of falling, ready to fall down 3. to be pulled down 4. (of a person) ready to pull down, bent on falling down

गिराना (*girānā*) *v.t.* 1. to cause to fall, to fell 2. to drop 3. to demolish 4. to throw down, to cast down 5. to knock down 6. to overthrow 7. to cause to decrease or diminish the value or reputation 8. to kill in a battlefield 9. to spill

परदा गिराना *v.t.* to drop the curtain

भाव गिराना *v.t.* to reduce rates

मार गिराना *v.t.* to kill

गिरानी P (*girānī*) *f.* 1. scarcity, shortage 2. dearness, dearth 3. rise in prices

गिरामी P (*girāmī*) *a.* famous, renowned, reputed

नामी-गिरामी *a.* very famous and reputed

गिराव (*girāv*) *m.* fall, decline, slump

गिरावट (*girāvaṭ*) *f.* 1. decline 2. downward trend

कीमतों में गिरावट *f.* fall in prices

गिरि (*giri*) *m.* mountain, hill

गिरि-कंदर *m.* mountain cave/cavern

गिरि-कच्छप *m.* mountain cave dwelling tortoise

गिरि-कानन *m.* mountain grove

गिरि-कूट *m.* summit of a mountain, mountain peak, hill-top

गिरि-गुहा *f.* mountain cave/cavern (= गिरि कंदर)

गिरिजा *f.* (a) a woman born in the mountain (b) an epithet of goddess Parvati (c) river Ganga

गिरि-तरंगिणी *f.* mountain stream or river

गिरि-द्वार *m.* pass

गिरिधर *m.* /**गिरधारी** *m.* one holding or sustaining a mountain, an epithet of Lord Krishna

गिरिनंदिनी *f.* an epithet of goddess Parvati

गिरिनाथ *m.* the lord of mountain, Shiva

गिरिपति *m.* the mount Meru (= गिरिनाथ)

गिरि-पथ *m.* hilly path, pass

गिरि-पद *m.* piedmont

गिरि-पाद *m.* foot/base of a mountain

गिरि-पार्श्व *m.* hill side

गिरिपीठ *m.* foothill

गिरिप्रस्थ *m.* the tableland of a hill or mountain
गिरिभव *a.* produced by/on a mountain
गिरि-माला *f.* chain of mountains
गिरिराज *m.* (a) the royal mountain (b) the mount Meru (c) the Himalayas
गिरि-शिखर *m.* summit/peak of a mountain
गिरि-शृंग = गिरि शिखर
गिरि-सुता *f.* (a) daughter of the mountain (b) Parvati

गिरींद्र (*girīṁdra*) *m.* 1. lord of the mountain, Shiva 2. the Himalayas

गिरी (*girī*) *f.* kernel of a nut (= गरी)

गिरीश (*girīś*) *m.* 1. lord of the mountain, Shiva 2. the Himalayas (= गिरींद्र)

गिरेवा (*girevā*) *m.* small hill

गिरेवान (*girevān*) *m.* collar
गिरेवान पकड़ना *v.t.* to take one by the collar

गिरैयाँ (*giraiyāṁ*) *f.* a small rope

गिरो P (*giro*) *m.* pledge, pawn, mortgage (= गिरवी)

गिरोह P (*giroh*) *m.* 1. group, gang, band, company, party 2. levy of people
गिरोह बनाना/बाँधना *v.t.* to organize a group or gang

गिरोही (*girohī*) *m.* a person belonging to some party or gang, partyman

गिर्जाघर (*girjāghar*) *m.* church, cathedral (= गिरजाघर)

गिर्द P (*girda*) *adv.* around, about
इर्द-गिर्द *adv.* all about, all around
इर्द-गिर्द घूमना/फिरना *v.i.* to hover round, to hang around
इर्द-गिर्द होना *v.i.* to surround

गिर्दाब P (*girdāb*) *m.* whirlpool

गिर्दाबर P (*girdābar*) I. *a.* moving II. *adv.* all around (see गिरदावर)

गिल P (*gil*) *f.* 1. dirt, mud 2. hatred, rancour
गिलकारी *f.* the work of plastering with mud

गिलगिला (*gilgilā*) *a.* 1. wet 2. slimy, clammy, sticky 3. soft 4. pulpy

गिलटी (*gilṭī*) *f.* 1. protuberance 2. gland 3. glandular swelling

गिलबिला (*gilbilā*) *a.* inarticulate, indistinct

गिलबिलाना (*gilbilānā*) *v.i.* to utter indistinctly

गिलम P (*gilam*) *f.* fine carpet

गिलमिट (*gilmiṭ*) *m.* borer, auger

गिलहरा (*gilaharā*) *m.* a box or receptacle for betel leaves

गिलहरी (*gilaharī*) *f.* squirrel

गिला P (*gilā*) *m.* 1. complaint 2. reproach
गिला करना *v.t.* (a) to complain (b) to reproach

ग़िलाफ़ P (*g̱ilāf*) *m.* 1. covering 2. wrapper 3. covering cloth
तकिये का ग़िलाफ़ *m.* pillow case

गिलास E (*gilās*) *m.* 1. glass, tumbler 2. a tree grown in Kashmir and its fruit

गिलोय P (*giloy*) *f.* a medicinal creeper (very bitter in taste) *Mensropernum glabrum*

गिलौरी (*gilaurī*) *f.* folded betel leaf

गिल्टी (*gilṭī*) *f.* 1. protuberance 2. gland 3. glandular swelling (see गिलटी)

गिल्ड E (*gilḍ*) *m.* guild

गिल्ली (*gillī*) *f.* wooden toggle
गिल्ली-डंडा *m.* the game of tipcat
गिल्ली-डंडा खेलना *v.t.* (a) to play the game of tipcat (b) to idle away one's time

गींजना (*gīṁjanā*) *v.t.* 1. to rub, to mash with hand 2. to crumple, to crush into creases

गीत (*gīt*) *m.* song
गीतकार *m.* composer of a song
गीत गाना *(मु.)* *v.t.* to sing a song
गीत-प्रिय *a.* fond of songs or music
गीत-भार *m.* refrain of a song

किसी के गीत गाना *v.t.* to eulogize somebody

गीतात्मक (*gītātmak*) *a.* musical

गीता (*gītā*) *f.* the theological episode of Mahabharat called Bhagvadgita written by Ved Vyas

गीति (*gīti*) *f.* 1. lyric 2. a metre consisting of four lines of twelve and eighteen syllabic instants alternately

गीतिकार *m.* lyricist

गीति-काव्य *m.* lyric, lyrical poetry

गीति-तत्त्व *m.* lyrical element

गीति नाट्य/रूपक *m.* lyrical play, drama in verse, opera

गीति-नाट्यकार *m.* opera writer

गीति-प्रहसन *m.* musical farce

गीतिका (*gītikā*) *f.* short song or hymn

गीदड़ (*gīdaṛ*) *m.* jackal

गीदड़ बोलना *v.i.* a jackal (to howl) indicating bad omen or a desolate place

गीदड़-भबकी *f.* false or hollow threat, bullying, bluster, bravado

गीदड़ी (*gīdaṛī*) *f.* female jackal

गीदी P (*gīdī*) *a.* 1. timid, cowardly 2. stupid, silly, idiotic

गीदीख़र *m.* stupid fellow, blockhead

गीध (*gīdh*) *m.* vulture

गीधना (*gīdhanā*) *v.i.* to acquire a predatory habit

गीयर E (*gīyar*) *m.* gear

गीयर बाक्स *m.* gear box

-गीर P (*gīr*) *suffix.* 1. holder 2. supporter

आलमगीर *m.* conquerer of the world

दामनगीर *a.* holding one's skirt, claimant

राहगीर *m.* passerby, wayfarer, traveller

गीर्ण (*gīrṇa*) *a.* 1. swallowed 2. described, narrated

गीला (*gīlā*) *a.* damp, wet, humid

गीला करना *v.t.* to damp, to wet

गीलापन *m.* dampness, wetness, humidity

गुंगी (*guṅgī*) *f.* a snake which has two heads-one at each end

गुँगुआना (*guṁguānā*) *v.i.* 1. to gesticulate and mime like a dumb person (गूँगा) 2. (wood) to reek and smoulder

गुंचा P (*guñcā*) *m.* bud

गुंचा खिलना *v.i.* bud to blossom

गुंची P (*guñcī*) *f.* toad-stool

गुंज (*guñj*) *f.* necklace (also गुंजमाला, गुंजहार)

गुंजक (*guñjak*) *m.* buzzer

गुंजन (*guñjan*) *m.* 1. buzzing, humming 2. humming sound (as of a bee)

गुंजरित (*guñjrit*) *a.* hummed, buzzed

गुंजलक P (*guñjlak*) *f.* 1. wrinkle, crease 2. (गाँठ) knot, joint

गुंजा (*guñjā*) *f.* the creeper *Abrus precatorius* and its red seed

गुंजा-माल *f.*/**गुंजा-हार** *m.* necklace of गुंजा seeds or berries

गुंजाइश P (*guñjāiś*) *f.* 1. space, room 2. capacity 3. gain, profit

रियायत की गुंजाइश *f.* room for any concession

लाभ की गुंजाइश *f.* margin of profit

गुंजाइश निकालना *v.t.* to make allowance for

गुंजाइश वाला *a.* spacious, roomy

गुंजाइश रखना *v.t.* to be capable of holding or containing, to have capacity

गुंजान P (*guñjān*) *a.* thick, dense

गुंजान आबाद *a.* thickly populated

गुंजान आबादी *f.* thick population

गुंजानी P (*guñjānī*) *f.* denseness, thickness

गुंजायमान (*guñjāymān*) *a.* 1. humming, buzzing 2. echoing

गुंजार (*guñjār*) *m.* humming sound, buzzing

गुंजार करना *v.t.* to buzz, to hum, to make a humming sound

गुंजारना (*guñjārnā*) *v.i.* 1. to make a humming sound, to buzz, to hum 2. to echo

गुंजिका (*guñjikā*) *f.* the berry of gunja (गुंजा) *Abrus precatorius*

गुंजित (*guñjit*) *a.* 1. echoed 2. uttered in a low voice, murmured

गुंठिका (*guñṭhikā*) *f.* veil

गुंठन (*gunṭhan*) *m.* 1. veil, covering 2. hiding, concealing 3. plastering 4. pounding

गुंठित (*gunṭhit*) *a.* 1. veiled, covered 2. hidden, concealed 3. plastered 4. pounded, powdered

गुंडई (*gunḍaī*) *f.* 1. hooliganism, rascality 2. wickedness 3. crookedness

गुंडा (*gunḍā*) I. *m.* hooligan, hoodlum, dissolute fellow, fop, rogue, knave II. *a.* dissolute, foppish, rakish

गुंडागर्दी *f.* foppishness, hooliganism

गुंडापन *m.* foppishness, hooliganism

गुंडी (*gunḍī*) *f.* reel of thread

गुँथना (*gum̐thanā*) *v.i.* 1. to be strung (as a garland), to be plaited, to be threaded 2. to get entangled, to be fighting hand to hand

गुँथवाना (*gum̐thvānā*) *v.t.* to cause to be strung, to have plaited/threaded

गुँधना (*gum̐dhanā*) *v.i.* to be kneaded

गुँधा आटा *m.* dough

गुँधवाना (*gum̐dhvānā*) *v.t.* to cause to be kneaded, to get kneaded

गुँधाई (*gum̐dhāī*) *f.* 1. the work of kneading 2. the wages for kneading

गुँधावट (*gum̐dhāvaṭ*) *f.* the manner of kneading

गुंफ (*gumph*) *m.* 1. stringing (as a garland) 2. entanglement 3. thick whiskers 4. bunch, cluster

गुंफन (*gumphan*) *m.* 1. entanglement of threads 2. stringing 3. braiding 4. decoration

गुंफना (*gumphnā*) *v.t.* 1. to entangle 2. to string, to wreathe, to braid 3. to decorate

गुंफाक्षर (*gumphākṣar*) *m.* monogram

गुंफित (*gumphit*) *a.* 1. strung, threaded, wreathed 2. braided, plaited 3. decorated, ornamented

परस्पर-गुंफित *a.* intertwined

गुंबज P (*gumbaj*) *m.* /**गुंबद** P (*gumbad*) *m.* dome, vault, cupola (better गुंबद)

गुंबद की आवाज़ *f.* echo from a dome

गुंबददार *a.* domed, arched, vaulted

गुंबदी P (*gumbadī*) *a.* 1. dome-shaped 2. domed, vaulted 3. dome-like

गुंबा (*gumbā*) *m.* protuberance on the head

गुआर (*guār*) *f.* the plant *Dolichos faboefarmis*

गुआर फली *f.* the bean of this plant

गुइआँ (*guiām̐*) /**गुइयाँ** (*guiyām̐*) *m.* & *f.* 1. close friend, chum 2. constant companion 3. playmate, partner in a game

गुग्गुल (*guggul*) *m.* 1. the tree *Amyris agallochum* 2. the fragrant gum/resin from this tree

गुची (*gucī*) *f.* bundle of hundred betel leaves

गुच्ची (*guccī*) I. *a.* small, tiny, little II. *f.* a small pit as for marbles

गुच्ची पाला *m.* game in which children try to shoot marbles into a small pit

गुच्ची फल *m.* /**फल गुच्ची** *f.* bunch of fruits

गुच्ची-सी आंखें *f.* tiny eyes

गुच्छ (*gucch*) *m.* 1. bunch 2. pearl necklace of 32 strings 3. tail of a peacock (*dim.* गुच्छी)

पुष्प गुच्छ *m.* bunch of flowers

फल गुच्छ *m.* bunch of fruits

गुच्छल (*gucchal*) *m.* a kind of grass

गुच्छा (*gucchā*) *m.* bunch, cluster

गुच्छेदार *a.* having clusters, bunched

गुच्छित *(gucchit) a.* clustered, bunched

गुज़र A *(guzar) f.* 1. livelihood, sustenance, subsistence 2. passing of time

गुज़र करना *v.t.* (a) to pass/spend the days (b) to subsist

गुज़र-बसर *f.* livelihood, maintenance, subsistence

गुज़र-बसर करना *v.t.* to subsist

गुज़रना *(guzarnā) v.i.* 1. to pass 2. to befall

गुज़र जाना *v.i.* to pass away, to die

गाड़ी गुज़र गई है the train has passed

समय गुज़र गया the time passed

गुजरिया *(gujariya) f.* /**गुजरी** *(gujarī) f.* 1. milk maid 2. an ornament for the wrist

गुजरेटी *(gujareṭī) f.* a girl of Gujjar class

गुज़श्ता P *(guzaśtā) a.* the past

गुज़ारना *(guzārnā) v.t.* to pass (time), to spend

दरखास्त गुज़ारना *v.t.* to submit a request or application

गुज़ारा P *(guzārā) m.* 1. subsistence, livelihood 2. maintenance allowance

गुज़ारा करना *v.t.* to subsist, to pull on somehow

गुज़ारा-भत्ता *m.* maintenance allowance

गुज़ारे का मुकदमा *m.* a lawsuit for maintenance

गुज़ारे के लिए *adv.* just enough to make both ends meet

गुज़ारेदार *m.* one who gets a subsistence

गुज़ारिश P *(guzāriś) f.* request, entreaty

गुज़ारिश करना *v.t.* to request, to pray

गुज्झा *(gujjhā)* I. *m.* (*dim.* गुज्झी) dowel, wooden pin II. *a.* hidden, concealed

गुझिया *(gujhiyā) f.* a kind of sweet patty

गुट *(guṭ) m.* 1. faction, clique, coterie 2. ring, group

गुट निरपेक्षता *f.* non-alignment

गुटबंदी *f.* groupism, alignment

गुट बनाना *v.t.* to form a clique

गुटबाज़ी *f.* cliquism, groupism, factionalism

गुटका[1] *(guṭkā) m.* handbook, little book, manual, pocket book

गुटका[2] *(guṭkā) m.* round pebble, block

गुटरगूँ *(guṭargūṁ) f.* cooing (of a pigeon)

गुटिका[1] *(guṭikā) f.* pellet, pill

गुटिका[2] *(guṭikā) f.* boil (फुंसी)

गुटिका[3] *(guṭikā) f.* handbook

गुट्ठल *(guṭṭhal) a.* 1. knotted 2. bumpy 3. (जमा हुआ) curdled 4. (कड़ा) hardened, round and hard 5. (of fruit) having a stone 6. dull, idiot, stupid, dull-headed

गुट्ठी *(guṭṭhī) f.* node, a hard boil or tumour

गुठला *(guṭhlā) m.* 1. large stone (in a fruit) 2. large lump or bump 3. cyst

गुठली *(guṭhlī) f.* stone (in a fruit)

गुठलीदार *a.* stony, drupaceous

गुठली फल *m.* stone fruit, drupe

गुड़ंबा *(guṛambā) m.* raw mangoes boiled and put into syrup of jaggery

गुड़ *(guṛ) m.* jaggery

गुड़ खाना गुलगुलों से परहेज *(मु.) v.t.* to swallow a camel and strain at a gnat

गुड़ गोबर करना *(मु.)* to make a mess of everything, to mar a happy occasion, to undo all that was done

गुड़-गोबर होना *(मु.) v.i.* a festivity to be marred

गुड़ दिखाकर ढेला मारना *(मु.)* to commence with a caress and end with a stab

गुड़ न दे गुड़ जैसी बात करे *(मु.)* a sweet word costs nothing

गुड़ भरा हँसिया *(मु.)* sugar-coated bitter pill

गुड़ से मरे तो विष क्यों दें (*मु.*) why administer poison when sweet stuff could serve the purpose

कुल्हिया में गुड़ फोड़ना (*मु.*) *v.t.* to carry on with some secret clandestine business

गूंगे का गुड़ *m.* inexpressible experience

गुड़गुड़ (*gurgur*) *f.* rumbling in a hookah or stomach

गुड़गुड़ाना (*gurgurānā*) *v.i.* 1. to rumble, to make rumbling or bubbling sound (as of stomach or hookah) 2. to smoke from a hookah

गुड़गुड़ाहट (*gurgurāhat*) *f.* rumbling sound, bubbling sound

गुड़गुड़ी (*gurgurī*) *f.* a small hookah, water pipe for smoking, hubble-bubble

गुड़च (*gurac*) *f.* a medicinal plant, *Menispermum glabrum*

गुड़हल (*gurhal*) *m.* the plant *Bassia latifolia*, shoe-flower

गुड़ाई (*gurāī*) *f.* 1. hoeing 2. wages for hoeing

गुड़ाकू (*gurākū*) *m.* a preparation of tobacco and molasses for smoking in a hookah

गुड़ाना (*gurānā*) *v.t.* to cause to be holed, to cause to dig

गुड़िया (*guriyā*) *f.* doll

गुड़िया का खेल *m.* (*fig.*) child's play, trifling affair

गुड़ियों का घर *m.* doll's house

गुड़िया का विवाह *m.* doll's marriage

गुड़ीला (*gurīlā*) *a.* 1. made of or with jaggery 2. tasting like jaggery

गुडूची (*gurūcī*) *f.* a medicinal creeper (very bitter in taste, *Mensropernum glabrum* (= गिलोय *q.v.*)

गुड्डा[1] (*guddā*) *m.* 1. doll 2. effigy

गुड्डा जलाना *v.t.* to burn somebody's effigy

गुड्डा बनाना *v.t.* to make an effigy

गुड्डा[2] (*guddā*) *m.* big kite

गुड्डा उड़ाना *v.t.* to fly a kite

गुड्डी (*guddī*) *f.* 1. kite 2. knee-cap, patella 3. a small hubble-bubble

गुढ़ल (*gurhal*) *m.* the plant *Bassia latifolia*, shoe-flower (better गुड़हल *q.v.*)

गुढ़ा (*gurhā*) *m.* thwarts (of a boat)

गुण (*gun*) *m.* 1. quality, attribute, merit 2. virtue 3. property

गुण के आकर *m.* endowed with many qualities and virtues

गुण कथन *m.* narrating the good qualities

गुणकारक/कारी *a.* (a) effectual (b) beneficial, salutary (c) curative

गुण कीर्तन *m.* praising or admiring the virtues/merits

गुण गाथा *f.* a narrative or statement of good qualities and merits

गुणगान *m.* praise, eulogy

गुणगान करना *v.t.* to sing out somebody's merits, to laud, to praise, to eulogize

गुण गाना *m.*/**गुणगान करना** *m.*/**गुण-ग्रहण करना** (*मु.*) *m.* appreciation or acknowledgement of somebody's virtues/merits

गुणग्राम *m.* multitude of all good qualities

गुणग्राहक *m.* one who appreciates merit

गुणग्राहिता *f.* appreciation of other's merits and virtues

गुणग्राही *a.* appreciative of merit

गुण-त्रय *m.* the three primary elements (सत्व गुण) goodness, (रजस्) passion and (तमस्) ignorance/darkness

गुणदायक *a.* (a) imparting excellence or virtue (b) beneficial

गुण-दोष *m.* merits and demerits, virtues and vices

गुण-धर्म *m.* (a) property (b) quality

गुणधाम *m.* one endowed with virtues
गुण-निधान /गुण निधि *a.* endowed with all virtues
गुणमणि *m.* highly virtuous person, jewel of a man
गुणमुग्ध *a.* charmed by somebody's virtues
गुणयुक्त *a.* virtuous
गुण लक्षण *m.* /**गुणवत्ता** *f.* quality, accomplishment, indication of internal properties or virtues
गुण-वर्णन *m.* description of good qualities
गुणवाचक *a.* attributive, qualitative, adjectival
गुणवान *a.* endowed with good qualities or merits, virtuous
गुण संपन्न *a.* = गुणवान
गुण संपन्नता *f.* meritoriousness, accomplishment
गुण-सागर *m.* a person of high/many virtues
गुणहीन *a.* devoid of merit
गुणहीनता *f.* absence of virtue or merit

गुणक (*guṇak*) *m.* 1. multiplier, multiplicator 2. co-efficient 3. factor
गुणज (*guṇaj*) *m.* multiple
गुणज्ञ (*guṇajña*) I. *a.* appreciative of merit and virtue II. *m.* connoisseur, appreciator of merit, a good judge of merits
गुणज्ञता (*guṇajñatā*) *f.* appreciation of merit/virtue, connoisseurship
गुणता (*guṇatā*) *f.* quality
गुणता-नियंत्रण *m.* quality control
गुणन (*guṇan*) *m.* multiplication
गुणनखंड *m.* factor
गुणनखंड करना या निकालना *v.t.* to factorise
गुणन चिह्न *m.* sign of multiplication
गुणनफल *m.* product of multiplication
गुणनात्मक (*guṇnātmak*) *m.& a.* multiplicative
गुणनीय (*guṇnīy*) *a.* 1. to be multiplied 2. multiplicand (maths.)
गुणांक (*guṇāṅk*) *m.* co-efficient
गुणांकन (*guṇāṅkan*) *m.* characterization, appreciation of merits
गुणा (*guṇā*) *m.* multiplication
तीन गुणा चार three mutiplied by four
गुणाकर (*guṇākār*) *m.* a source of virtues/merits, a person endowed with virtues
गुणाढ्य (*guṇādhya*) *a.* gifted, possessing many virtues
गुणातीत (*guṇātīt*) *a.* beyond all properties, transcendent, absolute, above all attributes
गुणात्मक (*guṇātmak*) *a.* qualitative
गुणात्मक विश्लेषण *m.* qualitative analysis
गुणानुवाद (*guṇānuvād*) *m.* 1. reciting the virtues of somebody, extolling, glorifying 2. eulogy, laudation
गुणानुवाद करना *v.t.* to praise, to extol, to eulogize, to laud
गुणान्वित (*guṇānvit*) *a.* 1. endowed with virtues 2. (शुभ) auspicious
गुणार्थ (*guṇārtha*) *m.* connotation
गुणवादी (*guṇavādī*) *m.* one who appraises and appreciates
गुणित (*guṇit*) *a.* 1. multiplied 2. (वर्धित) increased, augmented 3. (गिना हुआ) counted, numbered
गुणितक (*guṇitak*) *m.* multiple
गुणी (*guṇī*) *a.* 1. qualified, virtuous, meritorious 2. accomplished 3. proficient
गुणीभूत (*guṇībhūt*) *a.* made secondary or subordinate
गुणे (*guṇe*) *a.* multiplied by
दस गुणे पाँच-पचास ten multiplied by five fifty, ten fives fifty
गुणेश्वर (*guṇeśvar*) *m.* lord of the three

qualities (सत्व goodness, रज passion and तम ignorance)

गुणोत्कर्ष (*guṇɔtkarṣ*) *m.* excellence in virtues/merits, perfection of qualities

गुणोत्तर माध्य (*guṇottar mādhya*) *m.* geometric mean

गुणोत्तर वृद्धि (*guṇottar vṛddhi) f.* geometrical progression

गुणोत्तर श्रेणी (*guṇottar śrenī*) *f.* geometrical progression

गुणोपेत (*guṇopet*) *a.* endowed with good qualities/virtues

गुण्य (*guṇya*) *a.* 1. multiplicand (maths) 2. praiseworthy

गुत्थमगुत्था (*gutthamgutthā*) *m.* scuffle, scrimmage, altercation, hand to hand fight

गुत्थी (*gutthī*) *f.* 1. knot formed by entanglement 2. entanglement of thread 3. problem 4. puzzle, riddle

गुत्थी पड़ना *v.i.* knot (to be formed)

गुत्थी सुलझाना *v.t.* (a) to solve a knotty problem (b) to untie a knot

गुथना (*guthnā*) *v.i.* 1. to be entangled 2. to be intertwined 3. to be strung 4. to be interlaced 5. to be involved in difficulties 6. to be engaged in scuffle 7. to clash with

गुथवाँ (*guthvāṁ*) *a.* strung together, interlaced, intertwined, (hair) to be braided, to get twined or twisted

गुथवाना (*guthvānā*) *v.t.* 1. to cause to be intertwined 2. to cause to be interwoven 3. to make somebody clash 4. to get (hair) braided

गुद (*gud*) I. *f.* anus, rectum II. *a.* anal

गुद-कपाटिका *f.* anal valve

गुद-कामुकता *f.* anal eroticism

गुद-कीलक *m.* piles

गुद-ग्रह *m.* constipation

गुदकार (*gudkār*) *a.* /**गुदकारा** (*gudkārā*) *a.* pulpy

गुदगुदा (*gudgudā*) *a.* plump and soft, fleshy

गुदगुदाना (*gudgudānā*) *v.t.* to tickle, to titillate

गुदगुदाहट (*gudgudāhaṭ*) *f.* tickling, titillation

गुदगुदी (*gudgudī*) *f.* titillation, tickling sensation

गुदगुदी करना *v.t.* to tickle, to titillate

गुदड़िया (*gudaṛiyā*) *a.* wearing or using rags

गुदड़िया फकीर/साधु *m.* mendicant in rags

गुदड़ी (*gudaṛī*) *f.* beggar's bedding, beggar's tattered garment, rags

गुदड़ी का (में) लाल *m. (fig.)* a diamond discovered in garbage

गुदड़ी बाज़ार *m.* lumber market, market where old and rejected things are sold

गुदना (*gudnā*) *v.i.* 1. to be tattooed 2. to be pricked 3. to be pierced

गुदवाना (*gudvānā*) *v.t.* to get tattooed, to cause to tattoo

गुदा (*gudā*) *f.* anus (see गुद)

गुदा-ग्रंथि *f.* anal gland

गुदा-द्वार *m.* anal opening

गुदाना (*gudānā*) *v.t.* to be tattooed

गुदाम (*gudām*) *m.* godown, store room, warehouse, store (better गोदाम *q.v.*)

गुद्दी (*guddī*) *f.* base of skull, the nape of the neck

गुन (*gun*) *m.* 1. quality, attribute, merit 2. virtue 3. property (= गुण *q.v.*)

गुनगुन (*gungun*) *f.* buzzing, humming sound

गुनगुन करना *v.t.* (a) to hum, to buzz (b) to speak in suppressed tone, to speak through nose or in nasal tone

गुनगुना[1] (*gungunā*) *a.* lukewarm, tepid (also कुनकुना *q.v.*)

गुनगुना[2] (*gungunā*) *m.* person who

speaks in nasal tone

गुनगुनाना[1] (*gungunānā*) *v.i.* 1. to buzz, to hum 2. to speak softly to oneself, to sing softly

गुनगुनाना[2] (*gungunānā*) *v.i.* to make lukewarm

गुनगुनापन (*gungunāpan*) *m.* lukewarmness, tepidity

गुनना (*gunanā*) *v.t.* 1. to ponder 2. to learn 3. to assimilate

पढ़ना-गुनना *v.t.* to read and ponder over or learn

गुनहगार P (*gunahgār*) *a.* & *m.* sinner, sinful, guilty

गुना[1] (*gunā*) times (= गुणा)

दस गुना बड़ा *a.* ten times bigger

दो गुना, दुगुना *a.* double

गुना[2] (*gunā*) *m.* a sweet dish of fried wheat flour

गुनाह P (*gunāh*) *m.* sin, fault, offence

गुनिया[1] (*guniyā*) *m.* angle measure, mason's square, goniometer

गुनिया[2] (*guniyā*) *m.* 1. meritorious person 2. connoisseur, judge

गुनी (*gunī*) *a.* 1. clever, shrewd 2. sorcerer, wizard (= गुणी)

गुप (*gup*) *a.* hidden, secret

गुपचुप[1] (*gupcup*) *adv.* secretly, stealthily

गुपचुप[2] (*gupcup*) *f.* children's game

गुपचुप[3] (*gupcup*) *f.* a sweetmeat made of curd

गुपचुप[4] (*gupcup*) *f.* a kind of toy

गुप्त (*gupta*) *a.* 1. hidden, concealed 2. secret, clandestine, in camera 3. cryptic, latent 4. occult 5. confidential

गुप्त-आंदोलन *m.* underground movement

गुप्त-आय *f.* income from secret sources

गुप्त-उद्देश्य *m.* ulterior motive

गुप्त ऊष्मा *f.* latent heat

गुप्त करना *v.t.* to hide, to conceal

गुप्त कागज़-पत्र *m.* confidential documents

गुप्तकोष *m.* treasure trove

गुप्तक्षेत्र *m.* secret zone

गुप्तगति *f.* secret movement

गुप्तगृह/कक्ष *m.* secret room

गुप्तचर *m.* spy, detective

गुप्तचर्या *f.* espionage

गुप्तजाँच *f.* confidential enquiry

गुप्त दस्तावेज़ *m.* secret or confidential document

गुप्तदान *m.* anonymous gift or donation

गुप्तधन *m.* hidden treasure, treasure trove

गुप्तपत्र *m.* confidential letter

गुप्त पुलिस *f.* secret police

गुप्त प्रकाशक *m.* anonymous publisher

गुप्त प्रभाव *m.* underhand influence

गुप्त बातचीत *f.* private conversation or discussion

गुप्त बैठक *f.* secret meeting

गुप्तभाव *m.* clandestine manner

गुप्तभेद *m.* hidden secret

गुप्त मंत्रणा *f.* private consultation

गुप्तमत *m.* secret ballot

गुप्त मतदान *m.* secret voting

गुप्तरीति से *adv.* clandestinely

गुप्तलिपि *f.* cipher

गुप्त लिफ़ाफ़ा *m.* secret cover

गुप्तवार्ता *f.* intelligence

गुप्त विवाह *m.* clandestine marriage

गुप्तसंधि *f.* secret treaty

गुप्तसूचना *f.* intelligence

गुप्तहत्या *f.* secret murder

गुप्त होना to be hidden/concealed, to disappear

गुप्तांग (*guptāṅg*) *m.* private organs, private parts

गुप्ता (*guptā*) *f.* 1. a married woman who withdraws from her husband's endearments 2. concubine

गुप्ति (*gupti*) *f.* 1. protection, safety 2. concealment, hiding 3. prison 4. cave

गुप्ती (*guptī*) *f.* a concealed sword (in a stick), a sword-stick

गुफा (*guphā*) *f.* cave, cavern

गुफा-मंदिर *m.* cave temple

गुफावासी *m.* caveman

गुफ़्तगू P (*guftgū*) *f.* conversation, chit-chat

गुबरैला (*gubrailā*) *m.* a kind of black-beetle found in dunghills, scarab

गुबार A (*gubār*) *m.* dust

गर्द-गुबार *m.* cloud of dust, dust storm

गुबार निकालना *(मु.)* *v.t.* (a) to give vent to ill-feeling (b) to take revenge

गुबारा P (*gubārā*) *m.* balloon, fire-balloon, gas balloon (better गुब्बारा)

गुम P (*gum*) *a.* lost, missed

गुमनाम *a.* anonymous

गुमनाम आदमी *m.* unknown person

गुमनाम पत्र *m.* anonymous letter

गुमराह *a.* (a) erring, lost (b) going astray (c) fallen on a wrong track

गुमराह करना *v.t.* to mislead, to misguide

गुमशुदा *a.* lost

गुमसुम *a.* aghast, silent and still, mute and motionless

गुमकना (*gumknā*) *v.i.* to feel internally, not to express one's real feeling

गुमटा (*gumṭā*) *m.* protuberance, swelling or tumour caused by a blow

गुमटी (*gumṭī*) *f.* 1. small tumour-like swelling 2. cabin for a policeman, watchman 3. stall

गुमान P (*gumān*) 1. conceit, vanity 2. doubt, suspicion

गुमान करना *v.t.* (a) to take pride (b) to doubt, to suspect

गुमानी P (*gumānī*) I. *a.* proud, conceited, vain II. *m.* proud or conceited person

गुमाश्ता P (*gumāśtā*) *m.* agent, factor, manager of a mercantile firm

गुमाश्तागिरी *f.* work/function or vocation of an agent

गुम्मट (*gummaṭ*) *m.* 1. dome 2. (किले का) bastion

गुर (*gur*) *m.* 1. simple formula, short cut 2. secret method 3. trick

गुर बताना *v.t.* to give out, to reveal a secret method, to teach an easy formula

गुरगा (*gurgā*) *m.* henchman, hoodlum, underling, scullion

गुरगाबी (*gurgābī*) *f.* a shoe-like slipper

गुरगुरी (*gurgurī*) *f.* fit of cold fever, ague

गुरज (*guraj*) *m.* a type of club, mace (better गुर्ज *q.v.*)

गुरदा P (*gurdā*) *m.* 1. kidney 2. (साहस) courage, valour

गुरदे का दर्द *m.* kidney pain (due to stone in it)

गुरदे की सूजन *f.* inflammation of the kidney

गुरमुख (*gurmukh*) *m.* 1. one who looks to the guru for guidance 2. guru's disciple 3. Sikh

गुरमुखी (*gurmukhī*) *f.* script used for writing in Panjabi

गुरिया (*guriyā*) *f.* 1. (glass) bead 2. a small ball pierced for thread

गुरिल्ला E (*gurillā*) *m.* guerilla

गुरिल्ला युद्ध *m.* guerilla warfare

गुरु (*guru*) I. *m.* preceptor, teacher, master II. *a.* 1. heavy 2. long vowel 3. long syllable

गुरुकुल *m.* a school, guru's place of residence, seminary

गुरु कोष्ठक *m.* square/large brackets

गुरु-गृह *m.* guru's house

गुरुग्रंथ साहिब *m.* the Sikh scripture

edited by Guru Arjun Dev
गुरुघंटाल *(मु.) m.* crafty fellow, shrewd person
गुरुचर्या *f.* service to the guru
गुरु जल *m.* heavy water
गुरुजन *m.* elders, teachers
गुरुतर अपराध *m.* high treason
गुरुदक्षिणा *f.* offerings made to the teacher/preceptor on receiving the teacher's guidance
गुरुद्वारा *m.* Gurudwara, temple of Guru Granth Sahib, temple of the Sikhs
गुरु-पत्नी *f.* guru's wife
गुरुपूर्णिमा *f.* a festival when the guru is honoured/venerated
गुरुभक्त *m.* one devoted to his guru
गुरुभक्ति *f.* devotion to one's guru
गुरुभाई *m.* co-disciples of the same guru, fellow disciple or student
गुरु-मंत्र *m.* guru's secret message
गुरुमुख *a.* one initiated by a guru as his pupil
गुरु-शिष्य *m.* the disciple and the preceptor
गुरु-शिष्य संबंध *m.* the relationship between the teacher and the taught
गुरु-हत्या *f.* parricide

गुरुआइन (*guruāin*) *f.* wife of the guru

गुरुआई (*guruāī*) *f.* state or position of a guru/preceptor

गुरुआनी (*guruānī*) *f.* 1. the wife of a guru 2. lady teacher (especially class teacher, mistress)

गुरुक (*guruk*) *a.* slightly heavy

गुरुता (*gurutā*) *f.* 1. the office or position of the guru 2. importance, significance 3. magnanimity 4. heaviness 5. gravity

गुरुत्व (*gurutva*) *m.* 1. gravity, gravitation 2. weight, heaviness 3. (महत्त्व) importance, significance
गुरुत्व-केन्द्र *m.* centre of gravitation
गुरुत्व-नियम *m.* law of gravitation
गुरुत्व-बल *m.* force of gravity

गुरुत्वाकर्षण (*gurutvākarṣaṇ*) *m.* gravitation

गुरुवार (*guruvār*) *m.* Thursday

गुरुस E (*gurus*) *m.* gross

गुरेरना (*gurernā*) *v.i.* to stare with rage, to frown

गुरेरा (*gurerā*) *m.* stare, act of staring
गुरेरा-गुरेरी *f.* reciprocal staring, staring at each other

गुर्गा (*gurgā*) *a.* henchman, hoodlum, underling, scullion (= गुरगा *q.v.*)

गुर्ज P (*gurj*) *m.* 1. tower, dome 2. bastion
गुर्जबरदार *m.* mace bearer

गुर्जर (*gurjar*) *m.* 1. inhabitant of Gujarat 2. relating to Gujarat

गुर्जरी (*gurjarī*) *f.* a woman belonging to Gujarat
गुर्जरी टोडी *f.* a mode of Indian music

गुर्रा[1] A (*gurrā*) *m.* 1. gap 2. holiday

गुर्रा[2] (*gurrā*) *m.* pretext

गुर्राना (*gurrānā*) *v.i.* 1. to growl 2. to snarl, to speak angrily, to speak in a high rash tone

गुर्राहट (*gurrāhaṭ*) *f.* 1. growl 2. high harsh tone

गुर्विणी (*gurviṇī*) *a.* & *f.* /**गुर्वी** (*gurvī*) *a.* & *f.* pregnant woman

गुल[1] P (*gul*) *m.* 1. flower 2. design in embroidery 3. burn off or snuff off a candle or earthen lamp
गुलअनार *m.* pomegranate flower
गुलअशर्फी *f.* marigold
गुलकंद *m.* conserve of rose petals
गुल करना *(मु.) v.t.* to put out, to extinguish
गुल काटना *v.t.* to snuff a candle
गुलकारी *f.* designing, embroidery
गुलकेश *m.* coxcomb
गुल खिलना *(मु.) v.i.* (a) bud to open (b) something untoward to happen

गुल खिलाना *(मु.) v.t.* to sow dissension, to cause disturbance

गुलखैरा *m.* hollyhock

गुलचाँदनी *f.* a white flower that opens at night

गुलचीं P *a.* 1. flower gatherer 2. gardener 3. florist

गुलज़ार *m.* 1. flower bed 2. garden *a.* blooming

गुल झाड़ना *v.t.* to flick out the ash

गुल तराशना *v.t.* to snuff a candle

गुलदस्ता *m.* nosegay, bouquet of flowers

गुलदाऊदी *m.* Chrysanthemum flower

गुलदोपहरिया *m.* a red coloured flower

गुलनरगिस *f.* narcissus

गुलबकावली *m.* a sweet white flower

गुल बूटे *m.* flowers and plants

गुलमेंहदी *f. balsam* plant (without fragrance)

गुल हज़ारा *m.* double poppy

गुल[2] P (*gul*) *m.* noise, din

गुलगपाड़ा *m.* uproar, tumult, clamour

गुलगुला (*gulgulā*) I. *m.* a sweet cake-like round preparation II. *a.* 1. soft, delicate 2. plump

गुलगोथना (*gulgothnā*) I. *a.* 1. having full plump cheeks, chubby cheeked 2. plump, chubby 3. handsome, pretty

गुलगोथा (*gulgothā*) *m.* short fat man with plump cheeks

गुलचा[1] (*gulcā*) *m.* light stroke on the cheeks given in affection

गुलचा[2] (*gulcā*) *m.* a kind of bun

गुलछर्रा (*gulcharrā*) *m.* riotous merry-making, revelry, gay abandon

गुलछर्रे उड़ाना *(मु.) v.t.* (a) to indulge in revelry or gay abandon (b) to be extravagant (c) to enjoy carefree life

गुलझड़ी (*guljharī*) *f.* 1. knot 2. tangled web 3. tangled thread 4. crease, fold 5. mental uneasiness 6. (ग़लतफ़हमी) misunderstanding

गुलझड़ी निकालना *v.t.* to open a knot, to disentangle, to unravel

गुलझड़ी पड़ना *v.i.* to be/become knotty, to get entangled

गुलता (*gultā*) *m.* shot of a pellet bow (also गुलेल)

गुलत्थी (*gulatthī*) I. *a.* 1. soft and plump 2. delicate II. *f.* rice boiled in water and seasoned with salt

गुलथी (*gulthī*) *f.* 1. protuberance 2. gland 3. glandular swelling (= गिल्टी *q.v.*)

गुलनार P (*gulnār*) *m.* 1. flower of pomegranate 2. a kind of pomegranate 3. red colour like that of ripe pomegranate (= गुल अनार)

गुलमा[1] (*gulmā*) *m.* round protuberance

गुलमा[2] (*gulmā*) *m.* sausage

गुलशन P (*gulśan*) *m.* flower garden

गुलाब P (*gulāb*) *m.* rose

गुलाबजल *m.* rose-water, extract of rose

गुलाबजल छिड़कना *v.t.* to sprinkle rose-water

गुलाबजामुन *m.* (a) rose-apple, *Eugenia jambolana* (b) a kind of sweetmeat like rasagulla

गुलाबदान/पाश *m.* rose-water sprinkler or bottle

गुलाबपाशी *f.* sprinkling of rose-water

गुलाबबाड़ी *f.* (a) rose garden (b) a place for recreation

गुलाबी P (*gulābī*) *a.* 1. of roses 2. of the colour of a rose, rose-coloured, rosy 3. mild, light

गुलाबी आँखें *f.* red eyes because of wine-drinking

गुलाबी गाल *m.* **rosy cheeks**

गुलाबी जाड़ा *m.* **mild cold**

गुलाबी नशा *m.* **mild intoxication**

गुलाम A (*gulām*) *m.* **1. slave, bondsman**

2. servant, attendant 3. subordinate or dependant person 4. knave (of playing cards)

गुलाम बनाना *v.t.* to enslave

गुलामी P (*gulāmī*) I. *f.* 1. slavery, servitude, bondage 2. (चाकरी) service, employment 3. (पराधीनता) dependence II. *a.* pertaining to slavery

गुलाल (*gulāl*) *m.* red powder which Hindus apply on one another during Holi festival

गुलाल उड़ाना *v.t.* to throw gulal about or upon one another

गुलाल तुलसी *f.* the plant *Orymum basilium*

गुलालबाड़ा *m.*/**गुलालबाड़ी** *f.* (a) the royal pavilion for recreation (b) palace garden

गुलाली (*gulālī*) *a.* 1. of the colour of gulal 2. stained or dyed with gulal, carmine

गुलिका (*gulikā*) *f.* tubercle, tiny ball

गुलिकीय P (*gulikīy*) *a.* tubercular

गुलिस्तान P (*gulistān*) *m.*1. a rose-garden, flower-garden. 2. name of a famous Persian composition in prose and verse by Saadi of Shiraz

गुलू P (*gulū*) *m.* neck, throat

गुलूबंद *m.* (a) muffler (b) ornament worn on the neck

गुलेल A (*gulel*) *f.* pellet bow, stone bow, catapult

गुलेलची A (*gulelcī*) *m.* pellet-bowman, stone bowman

गुलेला A (*gulelā*) *m.* pellet bow

गुल्फ (*gulf*) *m.* ankle

गुल्फ-संधि *f.* ankle joint

गुल्म (*gulma*) *m.* 1. cluster or clump of plants, thicket 2. bush 3. (सेना का एक भाग) military division 4. stomach tumour 5. chronic enlargement of the spleen

गुल्म-वन *m.* coppice

गुल्म-शूल *m.* stabbing pain in the spleen

गुल्लक (*gullak*) *f.* till, earthen cash-box

गुल्ला[1] (*gullā*) *m.* 1. pellet, small ball 2. marble

गुल्ला[2] (*gullā*) *m.* tumult, uproar, hulla baloo (= हल्ला-गुल्ला)

गुल्ली (*gullī*) *f.* 1. the cat or little stick in the game of tipcat 2. the stone of a fruit 3. piece of gold or silver 4. a piece or fragment of wood

गुल्ली-डंडा *m.* the game of tipcat

गुल्ली-डंडा खेलना *v.i.* (a) to play tipcat (b) to idle away time

गुवाक (*guvāk*) *m.* betel-nut tree

ग़ुसल A (*gusal*) *m.* bath (better ग़ुस्ल)

ग़ुसल करना *v.i.* to bathe

ग़ुसलख़ाना *m.* bathroom

ग़ुसल देना *v.t.* 1. to wash 2. to wash the dead body

गुसाईं (*gusāīṁ*) *m.* 1. God 2. lord 3. saint, sage, holy man

गुस्ताख़ P (*gustākh*) *a.* arrogant, insolent, impudent, saucy, rude

गुस्ताख़ी P (*gustākhī*) *f.* arrogance, insolence, audacity,sauciness, rudeness

गुस्ताख़ी करना *v.t.* to be arrogant or insolent

गुस्ताख़ी माफ़! pardon my audacity

गुस्सा A (*gussā*) *m.* anger, rage, wrath

गुस्सा आना *v.i.* to become angry

गुस्सा उतारना/निकालना *(मु.)* *v.t.* to pacify the anger, to cool down (the anger), to vent one's spleen

गुस्सा करना *v.t.* to be angry, to be enraged

गुस्सा चढ़ना *v.i.* to be filled with anger

गुस्सा ठंडा होना *v.i.* anger (to cool down)

गुस्सा दिलाना *v.t.* to enrage, to make angry, to exasperate

गुस्सा नाक पर होना *v.i.* to be easily

annoyed

गुस्से में भर जाना *v.i.* to be filled with anger, to be wrathful

गुस्से से भर जाना *v.i.* to be filled with rage, to become enraged

गुस्सा पी जाना *(मु.) v.t.* to gulp down or suppress anger, to suppress one's anger

गुस्सा भड़क उठना *v.i.* to blaze up

गुस्सैल (*gussāil*) *a.* hot-tempered, surly, irascible, choleric

गुह (*guh*) *m.* human excreta, faeces (= गू *q.v.*)

गुहना (*guhnā*) *v.t.* 1. to thread, to string 2. to weave 3. to braid, to plait

गुहांजनी (*guhāñjanī*) *f.* a boil on the eyelid, sty

गुहा (*guhā*) *f.* 1. cave, cavern 2. cavity 3. hiding place 4. the heart

गुहा-चित्रकला *f.* cave paintings

गुहाभिलेख *m.* cave inscription

गुहा-मानव *m.* caveman

गुहावासी *m.* cave dweller

गुहार (*guhār*) *f.* 1. call 2. shouting, bawling 3. (संकेत) alarm

गुहार मचाना/लगाना *v.t.* to call for help or rescue

गुहारना (*guhārnā*) *v.t.* to call out, to cry for help

गुहिका (*guhikā*) *f.* cavity

गुह्य (*guhya*) *a.* 1. hidden, concealed 2. confidential, secret, private 3. occult

गुह्य-तंत्र *m.* occultation

गुह्य-द्वार *m.* secret door

गुह्य भाषण *m.* confidential subject for discussion or speech

गुह्य-विद्या *f.* occultism

गुह्य-साधना *f.* occult practice

गुह्य-सिद्धांत *m.* esoteric doctrine

गुह्यता (*guhyatā*) *f.* 1. concealment 2. secrecy 3. occultism

गूँगा (*gūṁgā*) *a.* dumb, mute

गूँगापन *m.* dumbness, muteness

गूँगा-बहरा *a.* deaf and dumb

गूँगी पहेली *f.* riddle asked in dumb show, riddle conveyed by signs and symbols

गूँगे का गुड़ *(मु.) m.* mystic experience, inexpressible experience

गूँगी (*gūṁgī*) *f.* 1. dumb woman/girl 2. a snake having one head each on either end

गूँज (*gūṁj*) *f.* 1. buzz, hum 2. reverberation, echo, 3. repercussion

गूँजना (*gūṁjnā*) *v.i.* 1. to hum, to buzz 2. to reverberate, to echo, to resound

गूँजता हुआ *a.* sonorous

गूँठ (*gūṁṭh*) *m.* a mountain mule

गूँथना (*gūṁthnā*) *v.t.* to thread, to string

चोटी गूँथना *v.t.* to plait, to braid

माला गूँथना *v.t.* to wreathe, to string, to thread a garland

गूँधना (*gūṁdhnā*) *v.t.* to knead (as आटा, flour)

गूँधने की मशीन *f.* kneading machine

गू (*gū*) *m.* human excreta, faeces

गू उछालना *v.t.* to sully a good name, to bring disgrace or humiliation, to wash dirty linen

गू का कीड़ा *m.* worm born out of excreta

गू खाना *v.t.* to eat humble pie

गू मुँह में देना *v.t.* to disgrace, to heap reproach

गू में घसीटना *v.t.* to subject somebody to grave humiliation

गू-मूत उठाना *v.t.* to perform scavenging service

गूगल (*gūgal*) *m.* /**गूगुल** (*gūgul*) *m.* *Commiphora* tree, exudation of this tree, gum, resin

गूजर (*gūjar*) *m.* 1. the name of a Rajput community (chiefly agricultural)

2. a man of Gujar community 3. a cowherd, milkman

गूजरनी (*gūjarnī*) *f.* /**गूजरी** (*gūjarī*) *f.* 1. wife of a गूजर, woman of a गूजर class 2. milkmaid 3. name of a ragini or musical mode

गूढ़ (*gūṛh*) *a.* 1. concealed, hidden 2. (of ज्ञान knowledge) abstruse, recondite 3. secret, private 4. occult, mystic

गूढ़चर *m.* spy, secret emissary

गूढ़जीवी *m.* (one) who lives secretly

गूढ़ ज्वालामुखी *m.* crypto-volcano

गूढ़पथ *m.* secret path/passage

गूढ़ पुरुष *m.* spy, disguised agent

गूढ़मार्ग *m.* secret or subterraneous passage/way

गूढ़लिपि *f.* code script

गूढ़लेख *m.* code

गूढ़ वक्ता *m.* obscure speaker/lecturer

गूढ़ विषय *m.* terse subject

गूढ़ संहिता *f.* cipher code

गूढ़ साक्षी *m.* concealed witness who overhears the plaintiff's evidence

गूढ़ता (*gūṛhtā*) *f.* abstruseness, obscurity, secrecy

गूढ़त्व (*gūṛhatva*) *m.* abstruseness, obscurity, secrecy (= गूढ़ता)

गूढ़ांग (*gūṛhāṅg*) *m.* private parts, privates

गूढ़ाक्षर (*gūṛhākṣar*) *m.* cipher

गूढ़ाक्षरों को स्पष्ट करना *v.t.* to decipher

गूढ़ार्थ (*gūṛhārtha*) I. *a.* of obscure meaning, having an underlying meaning II. *m.* abstruse meaning

गूढ़ोक्ति (*gūrhokti*) *f.* a figure of speech, quibble, equivocation, enigma

गूढ़ोत्तर (*gūṛhottar*) *m.* code answer

गूथ (*gūth*) *m.* excretion, excreta (= गू)

गूथना (*gūthnā*) *v.t.* to stitch roughly (= गूँथना)

गूदड़ (*gūdaṛ*) *m.* 1. rags, old tattered clothes 2. bundle of old clothes

गूदड़ का लाल *m.* a jewel in rags

गूदड़-गादड़ *m.* tatters

गूदड़शाह/साईं *m.* a faqir or mendicant in tatters

गूदा (*gūdā*) *m.* 1. pith, pulp 2. marrow

गूदा निकालना *v.t.* to take out the pith or marrow

गूदेदार *a.* pulpy, fleshy, succulent

गूदेवाली हड्डी *f.* marrow-bone

गूमड़ा (*gumṛā*) *m.* protuberance, swelling or tumour caused by a blow (= गुमटा *q.v.*)

गूल[1] (*gūl*) *f.* channel for irrigation, canal

गूलर (*gūlar*) *m.* wild fig, *Sycamore, Ficus glomerata*

गूलर का कीड़ा *(मु.)* *m.* inexperienced person, raw hand

गूलर का फूल *(मु.)* *m.* inconceivable, very unlikely to be obtained

गूह (*gūh*) *m.* human excreta, faeces (= गू *q.v.*)

गृधा (*gṛdhā*) *f.* greed, avarice

गृध्नु (*gṛdhnu*) *a.* (a) greedy, covetous (b) keen desire

गृध्नुता (*gṛdhnutā*) *f.* 1. greediness, avarice 2. longing, craving

गृध्र (*gṛdhra*) I. *m.* vulture II. *a.* greedy, covetous, avaricious

गृध्र-दृष्टि (a) *a.* long-sighted (b) *f.* long- sight

गृध्रता (*gṛdhratā*) *f.* greediness, covetousness, avariciousness

गृध्री (*gṛdhrī*) *a.* eagerly longing for

गृष्टि (*gṛṣṭi*) *f.* 1. cow which has given birth to only one young one 2. a woman who has recently given birth to a child

गृह (*gṛh*) *m.* house, home, dwelling

गृह-उद्योग *m.* cottage industry, indig-

enous or domestic industry
गृह-कर *m.* house-tax
गृहकर्ता *m.* head of the family
गृह-कलह *m.* internecine quarrel
गृह-काज/कार्य *m.* household work, house-keeping
गृह-कृषि *f.* domestic agriculture
गृह-गोधिका *f.* small house lizard
गृह-छिद्र *m.* (a) family scandal (b) family quarrel
गृह च्युत *a.* deprived of a house, driven out from his family
गृहजन *m.* members of a family
गृह-तटी *f.* terrace in front of a house
गृह-तल *m.* floor of a house
गृहत्याग *m.* retirement from household life/duties
गृहत्यागी *m.* one who has retired from the material life of a householder
गृह-दाह *m.* house-burning, arson
गृह-दीप्ति *f.* (a) splendour or ornament of the house (b) the only daughter (c) daughter-in-law
गृह-देवता *m.* family deity, tutelary god or goddess
गृह-द्वार *m.* door of a house
गृह-धर्म *m.* household duties
गृह-निर्माण *m.* house-building
गृह-निर्माण योजना *f.* housing scheme
गृह-नीति *f.* domestic policy
गृहपति *m.* head of the family, householder
गृह-पालित *a.* (of cattle) domestic, domesticated, tamed, reared in a house
गृह-पाल्य /पोष्य *a.* to be tamed or domesticated
गृह-प्रतिष्ठा *f.* dignity of the family
गृह-प्रबंध *m.* house management, house-keeping
गृह-प्रवेश *m.* formal entry into a newly built house
गृह-भेदन *m.* house breaking
गृह-भेदी *a.* I. *a.* sowing seeds of dissension in the family II. *m.* home-breaker
गृह मंत्रालय *m.* Home Ministry
गृहमंत्री *m.* Home Minister
गृह-मार्जन *m.* house cleaning
गृह-युद्ध *m.* civil war
गृह-रक्षक/रक्षी *m.* home guard
गृहलक्ष्मी *f.* housewife
गृहवाटिका *f.* house garden
गृहवास *m.* living in a house, residence
गृहवासी *m.* householder
गृह-विच्छेद *m.* extinction or destruction of a family or household
गृह-विज्ञान *m.* home science
गृहविभाग *m.* home department
गृह-विहीन *a.* homeless
गृह-शिक्षक *m.* private tutor
गृह हीन *a.* houseless, homeless
गृह-सचिव *m.* home secretary
गृह-सज्जा *f.* (a) equipage or furniture of a house (b) decoration of a house
गृह-सेवक *m.* domestic servant
गृहस्वामिनी *f.* housewife, mistress of the house
गृहस्वामी *m.* master/owner of the house, householder

गृहस्थ (*gṛhasṭh*) I. *m.* householder, yeoman, family man II. *a.* living in a family
गृहस्थ-आश्रम *m.* the life or condition of a householder
गृहस्थ-आश्रमी *m.* one who is living the life of a householder
गृहस्थ-जन *m.* lay population, lay people
गृहस्थ-धर्म *m.* household duties

गृहस्थिन (*gṛhasthin*) *f.* housewife, mistress of the house

गृहस्थी (*gṛhasthī*) I. *a.* 1. of or belonging to a householder 2. relating to house-keeping II. *f.* the duties and functions of a householder, housekeeping

गृहस्थी चलाना *v.t.* to manage the household

गृहाक्ष (*gṛhāks*) *m.* a small window

गृहागत (*gṛhāgat*) *a.* guest

गृहातुर (*gṛhātur*) *a.* homesick, nostalgic

गृहातुरता (*gṛhāturtā*) *f.* homesickness, nostalgia

गृहापण (*gṛhāpaṇ*) *m.* a market

गृहावली (*gṛhāvalī*) *f.* row of houses, line of buildings

गृहाश्रम (*gṛhāśram*) *m.* the life or condition of a householder (= गृहस्थ-आश्रम)

गृहासक्त (*gṛhāsakta*) *a.* having affection for the family, engaged in household affairs

गृहिणी (*gṛhiṇī*) *f.* housewife, mistress of the house

गृही (*gṛhī*) *m.* family man, householder, master of the house

गृहीत (*gṛhīt*) *a.* 1. taken, received 2. accepted 3. caught, seized, held 4. admitted, confessed

गृहीता (*gṛhītā*) *m.* receiver, taker

गृहीतार्थ (*gṛhītārtha*) I. *m.* accepted meaning II. *a.* comprehending the sense or meaning

गृहोद्यान (*gṛhodyān*) *m.* house garden

गृहोद्योग (*gṛhodyog*) *m.* cottage industry

गृहोपकरण (*gṛhopkaraṇ*) *m.* domestic accessories

गृह्य (*gṛhya*) *a.* pertaining to a house or a household, relating to a family

गृह्यकर्म *m.* household rites

गृह्यकार्य *m.* homework

गृह्यसंस्कार *m.* household rite

गृह्यसूत्र *m.* (book on) domestic formulas/or household tips

गेंडा (*gemḍā*) *m.* rhino, rhinoceros (better गैंडा *q.v.*)

गेंडली (*gemḍalī*) *f.* 1. coil of a snake 2. coiled rope or cloth for carrying heavy load on head (better गेंडुली *q.v.*)

गेंडुरी (*gemḍurī*) *f.* = गेंडुली *q.v.*

गेंडुली (*gemḍulī*) *f.* 1. coil of a snake 2. coiled rope or cloth for carrying heavy load on head

गेंती (*gemtī*) *f.* pickaxe, pick, mattock (better गैंती *q.v.*)

गेंद (*gemd*) *f.* ball

गेंद खेलना *v.t.* to play with a ball

गेंद फेंकना *v.t.* to bowl

गेंद-बल्ला *m.* ball and bat, cricket

गेंदबाज़ *m.* bowler

गेंदबाज़ी *f.* bowling

गेंदई (*gemdaī*) *a.* of the colour of marigold, yellow

गेंदा (*gemdā*) *m.* marigold, *Tagetes patula* plant and its fragrant yellow flower *Capitulum*

गेज E (*gej*) *m.* gauge

गेट E (*geṭ*) *m.* gate

गेटस E (*geṭas*) *m.* /**गेटिस** (*geṭis*) *m.* garters, a band to tie socks and stockings

गेड़ना (*geṛnā*) *v.t.* to surround by some mark or line

गेम E (*gem*) *m.* game

गेय (*gey*) *a.* singable, to be sung or chanted

गेय काव्य *m.* singable poetry

गेय पद *m.* singable verse

गेरुआ (*geruā*) *a.* 1. ochre-coloured, dark orange, coloured or dyed with ochre

गेरुआ बाना *m.* clothes dyed with ochre colour

गेरुई (*geruī*) *f.* red blight, mildew

गेरू (*gerū*) *f.* 1. red earth, red ochre, *Abradum*, red chalk 2. brick-dust

गेसू P (*gesū*) *m.* curls of hair

गेह (*geh*) *m.* house, home ((also गृह)

गेहिनी (*gehinī*) *f.* (*colloq.*) housewife, mistress of the house (= गृहिणी *q.v.*)

गेही (*gehī*) I. *m.* (*colloq.*) householder, family-man II. *a.* living in a family (= गृहस्थ)

गेहुँअन (*gehum̐an*) *m.* a venomous snake of brown/wheatish colour

गेहुआँ (*gehuām̐*) I. *a.* wheat-coloured, yellowish brown, tawny, swarthy II. *m.* the colour of wheat

गेहूँ (*gehūm̐*) *m.* wheat

गेहूँ के साथ घुन भी पिस जाता है (*मु.*) when bulls fight crops suffer

गैंडा (*gaim̐ḍā*) *m.* rhino, rhinoceros

गैंती (*gaim̐tī*) *f.* pick, pickaxe, mattock

गैन[1] (*gain*) *m.* the sky

गैन[2] (*gain*) *m.* a mighty elephant

गैन[3] (*gain*) *m.* a step, a pace

गैना (*gainā*) *m.* a small breed of bullock

ग़ैब A (*g̱aib*) *m.* the hidden world, the invisible

ग़ैबी P (*g̱āibī*) *a.* 1. divine, other-worldly 2. of unknown source

गैया (*gaiyā*) *f.* a cow

ग़ैर A (*g̱āir*) I. *a.* 1. other 2. non-related 3. unknown II. *m.* outsider

ग़ैरअदायगी *f.* non-payment

ग़ैरअदालती *a.* non-judicial

ग़ैरआबाद *a.* (a) uninhabited, unpeopled (b) uncultivated

ग़ैरइंसान (a) *m.* non-human (b) *a.* unjust, cruel

ग़ैरइंसाफ़ *a.* contrary to equity, unjust

ग़ैरइंसाफ़ी *f.* injustice, inequity

ग़ैरइख़्तियारी *a.* involuntary, unoptional

ग़ैरक़ानूनी *a.* illegal, unlawful

ग़ैरक़ानूनी क़ब्ज़ा *m.* illegal possession

ग़ैरक़ानूनी तौर पर *adv.* illegally

ग़ैरख़र्च *m.* other/extra expenses, contingencies, miscellaneous expenditure

ग़ैरज़रूरी *a.* unnecessary, unobligatory

ग़ैरज़िम्मेदार *a.* irresponsible

ग़ैरज़िम्मेदारी *f.* irresponsibility

ग़ैरदाख़िलकार किसान *m.* non-occupancy tenant

ग़ैरनाम से *adv.* under a false name

ग़ैर-फ़ौजी *a.* civilian

ग़ैरमतलूब *a.* unwanted

ग़ैरमनकूला *a.* immovable (property जायदाद)

ग़ैरमामूली *a.* extraordinary

ग़ैरमालिक *m.* non-owner

ग़ैरमुनासिब *a.* improper

ग़ैरमुमकिन *a.* impossible

ग़ैरमुल्की *a.* foreign

ग़ैरमौजूदगी *f.* absence

ग़ैरमौरूसी *m.* tenant at will

ग़ैररस्मी *a.* informal, unceremonious

ग़ैररिहाइशी *a.* non-residential

ग़ैरवसूली *f.* non-recovery

ग़ैरवाजिब *a.* improper

ग़ैरवाजिबी *f.* impropriety

ग़ैरसरकारी *a.* non-official, private

ग़ैरसरकारी स्कूल *m.* private school

ग़ैरहाज़िर *a.* absent

ग़ैरहाज़िरी *f.* absence

ग़ैरहिन्दी *a.* non-Hindi

ग़ैरहिन्दू *m.* non-Hindu

ग़ैरत A (*g̱āirat*) *f.* 1. modesty, bashfulness, shyness 2. sense of prestige, honour, dignity

ग़ैरतमंद *a.* (a) shy, modest (b) having a sense of dignity, high-minded, self-respecting

गैरिक (*gairik*) *a.* 1. born or produced in a hill, hilly 2. of the colour of red ochre, ochrous

ग़ैरियत A (*g̱airiyat*) *f.* strangeness

गैल (*gāil*) *f.* way, path

गैरी (*gairī*) *f.* a pile of cornstalks

गैसीय (*gaisīy*) *a.* gaseous

गैसीय दाब *m.* gaseous pressure

गोंइठा (*gomiṭhā*) *m.* small cake of cow-dung
गोंइड़ (*gomiṛ*) *m.* fields near a village, the outskirts of a village
गोंछ (*gomch*) *f.* whiskers
गोंठ (*gomṭh*) *f.* wide stitch
गोंठना (*gomṭhna*) *v.t.* 1. to surround 2. to draw a line around something 3. to make a knot 4. to blunt the edge of something
गोंड (*goḍ*) *m.* 1. a tribe living chiefly in the Vindhya range in Madhya Pradesh 2. a man of that tribe
गोंडरी (*gomḍarī*) *f.* coil of cloth put on the head to carry a load
गोंड़ा (*gomṛā*) *m.* 1. enclosure for keeping cattle 2. small habitation, locality 3. open courtyard inside a house
गोंद (*gomd*) *f.* gum
गोंददानी *f.* gum pot, gum bottle
गोंद पंजीरी *f.* a preparation made from sugar, ghee and flour with गोंद, given to women after childbirth
गोंदरी (*gomdarī*) *f.* 1. a reed or rush (used in making mats) 2. stran mat
गोंदा (*gomdā*) *m.* a soft dough (made from meal of parched gram) fed to birds
गोंदा दिखाना *v.t.* to incite (birds) to fly by throwing food among them
गोंदी (*gomdī*) *a.* pertaining to gum
गोंदी काग़ज़ *m.* gummed paper
गोंदीला (*gomdīlā*) *a.* gummy, sticky
गो (*go*) *f.* (in combinations) 1. cow 2. (किरण) ray, light 3. sense
गोकंटक *m.* (a) cow's hoof (b) mark of a cow's hoof
गोकर्ण *m.* (a) cow's ear (b) a species of deer
गोकुल *m.* herd of cows
गोक्षुर *m.* (a) cow's hoof (b) mark made by a cow's hoof
गोग्रास *m.* feed for a cow
गोघाट *m.* side of a river or lake at which cows drink water
गोघात *m.* cow-killing, cow-slaughter
गोघातक/घाती *m.* cow-killer
गोचर I. *a.* (a) within the reach of senses, perceptible (b) grazed over by the cattle II. *m.* (a) object of perception (b) range (c) pasture, pasturage, pasture ground
गोचर्म *m.* cow's hide, oxhide
गोचारक *m.* pasturer, cowherd
गोचारण *m.* pasturing or feeding of cows
गोचारण भूमि *f.* pasture land, grazing field, pasturage
गोजात *a.* produced by or got from a cow
गोजाति *f.* cows and buffaloes
गोजातीय *a.* bovine
गोदंत *m.* cow's tooth
गोदान *m.* gift of a cow
गोदोहन *m.* milking a cow
गोदोहनी *f.* pot used for milking
गोदुग्ध *m.* cow's milk
गोधन *m.* (a) herd of cows (b) property in the form of cattle
गोधूलि *f.* dusk, evening, twilight, time just before sunset
गोधेनु *f.* milch cow
गोपति *m.* (a) the owner of a herd of cows (b) bull
गोपद *m.* (a) hoof (b) mark of a cow's hoof
गोपाल *m.* (a) cow-keeper, cowherd, cow-owner (b) an epithet of Lord Krishna
गोपालक *m.* = गोपाल
गोपालन *m.* keeping or feeding of cows
गोपाली *f.* milkmaid, the wife of a cowherd
गोपी *f.* wife of a milkman, milkmaid

गोपुच्छ *f.* cow's tail
गोपुत्र *m.* (a) calf (b) simpleton, blockhead
गोपुर *m.* temple gate
गोमल *m.* cowdung
गोमांस *m.* cow's flesh, beef
गोमाता *f.* cow as a form of mother (to be respected and revered)
गोमुख I. *a.* cow-faced II. *m.* conch-shell III. starting point of Ganges river in Himalayas
गोमूत्र *m.* urine of a cow
गोमृग *m.* gayal, blue cow
गोमेद *m.* (a) cow's fat (b) a gem
गोमेध *m.* offering of a cow
गोरस *m.* cow's milk
गोरसी *f.* 1. a brazier 2. a grate, stove
गोरोचन *m.* a bright yellow pigment prepared from the urine of a cow
गोवध *m.* cow-slaughter, cow-killing
गोव्रज *m.* 1. cow-pen 2. pasture ground
गोवर्धन *m.* Govardhan hill
गोशाला *f.* (a) dairy (b) cow-shed
गोस्तन *m.* udder of a cow
गोस्वामी *m.* 1. owner of a cow 2. milkman 3. sadhu
गोहत्या *f.* cow-killing, cow-slaughter

गोखरू (*gokhrū*) *m.* 1. a kind of bramble, caltrop 2. bramble thorn 3. an ornament worn on the feel

गोगल (*gogal*) *m.* 1. snail 2. shell of a snail 3. cockle 4. cockle-shell

गोचनी (*gocnī*) *f.* 1. field where wheat and gram are sown together 2. mixture of wheat and gram

गोजई (*gojaī*) *f.* 1. field of wheat and barley sown together 2. mixture of wheat and barley

गोजर (*gojar*) *m.* centipede, *Scolopendra*

गोट (*goṭ*) *f.* hem, border
गोट लगाना *v.t.* to hem

गोटा (*goṭa*) *m.* 1. gold or silver lace 2. (in a board game) piece 3. border, edging
गोटेदार *a.* fitted with gold or silver lace
गोटा पट्टा *m.* flattened piece of lace
गोटा मारना *v.t.* to capture a piece (chess)

गोटिया (*goṭiyā*) *a.* of or concerning a chess-piece
गोटिया चाल *f.* subtle movement, subtle trick

गोटी (*goṭī*) *f.* small stone or wooden block used for indoor games
गोटी जमना *(मु.) v.i.* to be steady in moves of the game (chess)
गोटी मारना *v.t.* to capture a piece or block in chess

गोठ (*goṭh*) *m.* 1. cow-house 2. (गोष्ठी) seminar 3. assemblage 4. excursion, picnic

गोड़ (*goṛ*) *m.* (*colloq.*) foot, leg
गोड़ पड़ना *v.i.* to prostrate, to bow down
गोड़ पसारना *v.t.* (a) to stretch out one's feet (b) to expire
गोड़ भरना *v.t.* to dye the feet with red colour to celebrate a festivity
गोड़ लगना *v.i.* to touch the feet of an elderly person

गोड़ना (*goṛnā*) *v.t.* 1. to dig and upturn (खेत field), to hoe 2. to prick up, to wound

गोड़वाना (*goṛvānā*) *v.t.* to get upturned by digging

गोड़ाई (*goṛāī*) *f.* 1. digging and upturning, hoeing 2. wages for hoeing a field

गोड़ाना (*goṛānā*) *v.t.* to cause to hoe or dig and turn up

गोड़ी (*goṛī*) *f.* 1. shin-bone, tibia 2. leg 3. gain, profit
गोड़ी करना *v.t.* to gain, to earn

गोड़ैत (*goṛait*) *m.* village watchman
गोण (*goṇ*) *f.* /**गोणी** (*goṇī*) *f.* sack
गोत (*got*) *m.* 1. lineage, family stock, heredity, parentage 2. race, clan
ग़ोता A (*ġotā*) *m.* dive, plunge, dip
  ग़ोता खाना *(मु.) v.t.* (a) to take a dip (b) to be in deep waters
  ग़ोताख़ोर *m.* diver
  ग़ोताख़ोरी *f.* diving, dipping
  ग़ोता देना *v.t.* to duck, to dip forcibly
  ग़ोता मारना *(मु.) v.t.* to dive, to have a dive
  ग़ोता लगाना *(मु.) v.t.* = गोता मारना
  ग़ोते बममार *m.* dive bomber
गोतिया (*gotiyā*) /**गोती** (*gotī*) I. *a.* of or belonging to the same lineage II. *m.* person having the same lineage or family stock, kinsman, relative
गोत्र (*gotra*) *m.* 1. race, clan 2. lineage, family stock
गोत्रज (*gotraj*) I. *a.* of or belonging to the same lineage II. *m.* person having the same lineage or family stock, kinsman, relative (= गोतिया/गोती)
  गोत्रज प्रधान *m.* chief of the clan, the eldest person in the family stock
  गोत्रज-हत्या *f.* killing of a person of one's own family stock
गोत्री (*gotrī*) I. *a.* of or belonging to the same lineage II. *m.* person having the same lineage or family stock, kinsman, relative (= गोतिया, गोती *q.v.*)
गोत्रीय (*gotrīy*) *a.* = गोतिया *q.v.*
गोद (*god*) *f.* 1. lap, bosom 2. adoption of a child
  गोद का बच्चा *m.* a child in arms
  गोद खिलाना *v.t.* to carry in arms, to nurse
  गोद नशीनी *f.* adoption
  गोद पसारना *v.t.* to spread out the mantle, to beg
  गोद भरना *(मु.)* (a) *v.i.* to be blessed with motherhood (b) *v.t.* a ceremony where a woman's lap is filled with gifts
  गोद लेना *(मु.) v.t.* to adopt
  गोद सूनी होना *(मु.) v.i.* to lose the only child
गोदनहारी (*godanhārī*) *f.* a woman tattooer
गोदना (*godanā*) I. *v.t.* 1. to tattoo 2. to prick, to pierce, to puncture 3. to instigate/incite 4. (हाथी को) to goad an elephant II. *m.* tattoo
गोदनी (*godanī*) *f.* instrument for tattooing
गोदाना (*godānā*) *v.t.* to get tattooed
गोदाम E (*godām*) *m.* godown, store room, warehouse, store
गोदी (*godī*) *f.* dock, dockyard (= गोद)
  गोदी-अधिपत्र *m.* dock warrant
  गोदीबाड़ा *m.* dockyard
  गोदी-भाड़ा *m.* dockage
  गोदी-मज़दूर *m.* docker, dock coolie
गोधा (*godhā*) *f.* /**गोधिका** (*godhikā*) *f.* lizard, goh
गोधूम (*godhūm*) *m.* wheat (= गेहूँ)
गोन (*gon*) *f.* 1. sack of grain 2. a measure or weight of grains
गोनिया (*goniyā*) I. *f.* 1. carpenter's square 2. a mason's instrument to measure the straightness of a wall II. *m.* one who carries sacks of grain on his back 4. one who drags a boat from the river
गोनी (*gonī*) *f.* 1. sack 2. (पटुआ) flax, hemp
गोप[1] (*gop*) *m.* cowherd, milkman
गोप[2] (*gop*) *m.* a kind of necklace
गोपक (*gopak*) *a.* cryptic
गोपन (*gopan*) *a.* hiding, concealment
  गोपन करना *v.t.* to hide, to conceal, to keep to oneself
गोपनीय (*gopanīy*) *a.* secret, confidential, private
  गोपनीय कागज़-पत्र *m.* confidential

papers/documents
गोपनीय कार्य *m.* secret work/business
गोपनीय रिपोर्ट *f.* confidential report

गोपनीयता (*gopanīyatā*) *f.* secrecy, secretiveness

गोपयिता (*gopayitā*) *m.* guard, saviour, protector

गोपांगना (*gopāṅgnā*) *f.* woman of the cowherd class, milkmaid

गोपाचल (*gopācal*) *m.* Gopachal hill near Gwalior

गोपायक (*gopāyak*) *a.* protector, defender, guardian

गोपाष्टमी (*gopāṣṭamī*) *f.* a festival on eighth day of the light half of Kartik (November)

गोपिका (*gopikā*) *f.* 1. wife of a cowherd or milkman 2. woman of a cowherd class (= गोपी *q.v.*)

गोपित (*gopit*) *a.* 1. hidden, concealed 2. secret

गोपी (*gopī*) *f.* 1. wife of a cowherd or milkman 2. woman of a cowherd class
गोपीचंदन *m.* yellow sandal or clay
गोपीनाथ *m.* Lord Krishna

गोप्ता (*goptā*) *m.* 1. one who hides 2. protector, preserver, guard

गोप्य (*gopya*) *a.* 1. to be hidden or concealed 2. secret, confidential 3. to be protected or guarded

गोफना (*gophnā*) *m.* sling, catapult

गोफा (*gophā*) *m.* 1. new sprout, shootlet 2. figure formed by intertwining the fingers of both hands

गोबर (*gobar*) *m.* cowdung, dung
गोबर की खाद *f.* dung manure
गोबर-गणेश *(मु.)* *m.* fool, blockhead, idiot, nitwit
गोबर पाथना *v.t.* to make dung-cakes

गोबरार (*gobarār*) *m.* place where cowdung is stocked, dung heap

गोबरी (*gobarī*) *f.* 1. mud mixed with cowdung 2. plaster made of cowdung and mud
गोबरी करना/फेरना *v.t.* to plaster with cowdung mixed with mud

गोबरैला (*gobarailā*) *m.* dung-beetle

गोभी (*gobhī*) *f.* cauliflower
बंदगोभी *f.* cabbage

गोमय (*gomay*) *m.* cowdung

गोमुखी (*gomukhī*) *f.* 1. bag in which rosary is kept 2. gorge through which Ganges flows

गोमूत्रिका (*gomūtrikā*) *f.* zigzag path

गोमेद (*gomed*) *m.* agate (gem)

गोया P (*goyā*) *conj.* as if

गोर P (*gor*) *f.* tomb, grave
गोरपरस्त *a.* tomb-worshipper
गोरपरस्ती *f.* tomb-worship

गोरखधंधा (*gorakhdhandhā*) *(मु.)* *m.* 1. complicated or intricate affair 2. labyrinth 3. difficult problem 4. trying life

गोरखा (*gorakhā*) *m.* 1. a man from Nepal 2. name of a tribe 3. person belonging to that tribe 4. short-sized man

गोरखाली (*gorakhālī*) *f.* Nepalese (language)

गोरज (*goraj*) *f.* dust blown away from the hoofs of cows

गोरा (*gorā*) *a.* 1. fair, of fair complexion, white 2. whiteman, white-skinned person
गोरा-चिट्टा *a.* very fair
गोरा पत्थर *m.* soapstone
गोरापन *m.* whiteness, fairness (of complexion)

गोरिल्ला E (*gorillā*) *m.* gorilla

गोरी (*gorī*) I. *a.* fair, fair complexioned II. *f.* beautiful, lovely or charming woman

गोरू (*gorū*) *m.* cattle
गोरू-चोर *m.* cattle-lifter
गोरू दुधान *m.* time for bringing home

the cattle, sunset, twilight (see गोधूलि)

गोलंदाज़ (*golandāz*) *m.* 1. gunner 2. bomber 3. marksman

गोलंदाज़ी (*golandāzī*) *f.* gunnery, cannonading, marksmanship

गोलंबर (*golambar*) *m.* 1. dome 2. arch 3. cupola 4. round portico (especially in a garden)

गोल[1] (*gol*) *a.* round, circular, spheric, globular

गोल करना *v.t.* to remove secretly

गोल-कृमि *m.* round worm, nematoda

गोल-खिड़की *f.* circular window, rose window

गोलगप्पा *m.* round ball of fried flour

गोलघर *m.* rotunda

गोल बात *f.* indefinite assertion, vague or ambiguous expression, equivocal speech, doubtful matter

गोलमटोल *a.* fat, corpulent, chubby

गोलमाल *m.* (a) confusion (b) disorder (c) bungling, something fishy

गोल मिर्च *f.* black pepper

गोलमेज़ *m.* round table

गोलमेज़ परिषद् *f.* round table council

गोलमोल *a.* hotchpotch, vague, ambiguous

गोल रुखानी *f.* gauge

गोल सड़क *f.* ring road

गोल हो जाना *v.i.* (a) to remain silent (b) to disappear, to slip away

गोल[2] E (*gol*) *m.* goal (in playing football, hockey, etc.)

गोल करना *v.t.* to score a goal

गोलकीपर E *m.* goalkeeper

ग़ोल[3] P (*ġol*) *f.* gathering, assemblage

गोल बाँधना *v.t.* to form into a gang

गोल[4] (*gol*) *m.* 1. sphere 2. circle 3. earth 4. sky

गोलमापी *m.* spherometer

गोल-विद्या *f.* the science of knowing the shape, extension and speed of the earth

अर्धगोल *m.* hemisphere

गोलक (*golak*) 1. earthen round cash-box 2. drawer or shelf for keeping money 3. eyeball 4. a round object 5. dome 6. wooden ball

गोलकी (*golakī*) *m.* goal-keeper

गोलकीय (*golakīy*) *a.* 1. global 2. of the eye-ball

गोलतः सममित (*goltaḥ sammit*) *a.* spherically symmetrical

गोला (*golā*) *m.* 1. globe 2. round 3. circle 4. any round or circular object 5. bomb 6. coconut, coconut shell 7. sphere 8. large round beam or rafter 9. wild pigeon 10. colic growth

गोला-डंडा *m.* the game of tipcat

गोला फेंकना *m.* shot put, hammer throw

गोलाबारी *f.* cannonade, bombardment, firing

गोला-बारूद *m.* ammunition

गोला मारना *v.t.* to discharge a shell/bomb, to bombard

गोलाई (*golāī*) *f.* 1. roundness, rotundity, sphericity 2. curvature

गोलाकार (*golākār*) *a.* global, globular, spherical, circular, round

गोलाणु (*golāṇu*) *m.* spherical bacterium, coccus

गोलार्ध (*golārdha*) *m.* hemisphere

गोलाश्म (*golāśm*) *m.* boulder

गोलिका (*golikā*) *f.* globule

गोलियाना (*golīyānā*) *v.t.* 1. to turn into small globules 2. to make something round 3. to forcibly make somebody gulp down something 4. to remove something stealthily 5. to take away somebody forcibly

गोली (*golī*) *f.* 1. marble (for playing) 2. bullet 3. pellet 4. tablet, pill

गोलीकांड *m.* firing incident

गोली चलाना *v.t.* to shoot
गोली मारना *(मु.) v.t.* to hit a bullet, to shoot at somebody with a bullet
गोली मारो damn it
गोली रोक *a.* bullet-proof
गोली लगना *v.i.* to be shot
गोलीय (*golīy*) *a.* round, spherical, circular
गोलीय टोपी *f.* spherical cap
गोलीय लोलक *m.* spherical pendulum
गोलीय वक्र *m.* spherical curve
गोलोक (*golok*) *m.* heaven, paradise
गोलोकनाथ/पति *m.* Lord of paradise, Vishnu
गोलोकप्राप्त *a.* gone to heaven, dead
गोलोकप्राप्ति *f.* attainment of paradise, death
गोलोकवास *m.* residence in heaven
गोलोकवासी *m.* resident of heaven, dead
गोवर्धन (*govardhan*) *m.* 1. a hill near Vrindavan 2. a Hindu festival
गोवना (*govnā*) *v.t.* to conceal, to hide
गोवा (*govā*) *f.* betel-nut
गोवारी (*govārī*) *f.* cow-enclosure
गोविंद (*goviṁd*) *m.* 1. cow-keeper, herdsman 2. a popular epithet of Lord Krishna
गोश P (*goṣ́*) *m.* ear
गोश-गुज़ार करना *(मु.) v.t.* (a) to pass into the ear, to make one hear (b) to inform, to report
गोशवारा P (*gośvārā*) *m.* abstract of accounts, summary made by a patwari or lekhpal
गोशा P (*gośā*) *m.* 1. nook, corner 2. (एकांत) solitude
गोशानशीन *m.* one who dwells in solitude
गोशानशीनी *f.* dwelling in solitude
गोश्त P (*gośt*) *m.* flesh, meat
गोश्त का लोथड़ा *m.* lump of flesh
गोश्तखोर *m.* flesh-eater, non-vegetarian
गोष्ठ (*goṣṭha*) *m.* 1. plot, conspiracy 2. meeting
गोष्ठागार (*goṣṭhāgār*) *m.* assembly room, meeting place
गोष्ठी (*goṣṭhī*) *f.* 1. meeting, an assembly 2. symposium 3. group discussion, group deliberation
गोष्ठी-कक्ष *m.* lobby
गोष्ठी जमना *v.i.* a meeting to be convened
गोष्पद (*goṣpad*) *m.* 1. marks or prints of cow's hoofs 2. (चरागाह) pasture ground
गोसाईं (*gosāīṁ*) *m.* God
गोस्वामी (*gosvāmī*) *m.* 1. owner of cows 2. one who controls the senses, ascetic
गोह (*goh*) *f.* lizard, a species of iguana
गोहन (*gohan*) *m.* mate, fellow, associate, partner
गोहर (*gohar*) *m.* a pathway for cattle
गोहरा (*gohrā*) *m.* 1. (गोबर) cowdung 2. dried cowdung used as a fuel
गोहराना (*gohrānā*) *v.i.&t.* to call out loudly
गोहार (*gohār*) *f.* call for help (better गुहार)
गोहार मचाना/लगाना *v.t.* to shout for help
गोहारी (*gohārī*) *f.* rich and well-cultivated land
गोहुअन (*gohuan*) *m.* a venomous snake of brown/wheatish colour (= गेहुअन *q.v.*)
गौं (*gauṁ*) *f.* 1. aim, purpose, interest 2. pressing need
गौं का यार *(मु.) m.* a self-interested person
गौं गीर *m.* selfish person
गौं निकलना *v.i.* to have one's purpose served

गौं पड़ना *v.i.* to be in pressing need

गौंटिया (*gaũṁṭiyā*) *m.* chief of a village

गौ (*gau*) *f.* cow

गौशाला *f.* (a) cow-house, cow-shed (b) dairy

गौड़ (*gauṛ*) *m.* 1. one of the ten classes of Brahmins 2. one of the twelve divisions of Kayasthas

गौड़ ठाकुर *m.* name of a class of Rajputs

गौड़ी[1] (*gauṛī*) *f.* rum or spirit distilled from (गुड़) molasses

गौड़ी[2] (*gauṛī*) *f.* name of a Ragini or musical mode

गौड़ी[3] (*gauṛī*) *f.* a dialect of Bengali

गौण (*gauṇ*) *a.* 1. unimportant, insignificant 2. secondary 3. subsidiary 4. accessory 5. minor

गौण कलाएँ *f.* minor arts

गौण कर्म *m.* (*gram.*) indirect object

गौण कृत्यक *m.* non-essential service

गौण पक्ष *m.* insignificant aspect

गौण महत्त्व का *a.* of secondary importance

गौण रूप से *adv.* secondarily

गौण शीर्ष *m.* minor head

गौणिक (*gauṇik*) *a.* 1. (from गुण) pertaining to quality or virtue, denoting quality or merit, attributive 2. relating to three natural characteristics (see गुण-सत्व, रज, तम)

गौनहार (*gaunhār*) *f.* 1. (from गौना) woman who accompanies the bride to the bridegroom's house 2. the party of men who go with the bridegroom to bring the bride

गौनहारिन (*gaunhārin*) *f.* woman whose profession is singing

गौना (*gaunā*) *m.* the ceremony of bride's going to her husband's house after a post-marriage interval when she attains the age of puberty

गौर[1] (*gaur*) *a.* white-skinned, fair, of fair complexion

गौरवर्ण (a) *m.* white colour (b) *a.* fair-complexioned

गौर[2] (*gaur*) *f.* a ceremony in which the girl who is about to marry is worshipped (as गौरी by her near relatives)

ग़ौर[3] A (*g̠aur*) *m.* deep thought, reflection, consideration, close attention

ग़ौर करके *adv.* thoughtfully, after considering carefully

ग़ौर करना *v.t.* (a) to think over very deeply, to brood over (b) to attend carefully (c) to consider

ग़ौरतलब *a.* deserving consideration, requiring thinking

ग़ौर से *adv.* (a) thoughtfully (b) attentively

गौरता (*gaurtā*) *f.* fairness (of complexion)

गौरव (*gaurav*) *m.* 1. glory 2. dignity 3. pride 4. importance 5. heaviness, weight 6. depth, profundity

गौरव-ग्रंथ *m.* meritorious or classical works

गौरवपूर्ण *a.* (a) dignified (b) important (c) weighty

गौरव प्रदान करना *v.t.* to honour

गौरवमय *a.* dignified

गौरवशाली *a.* (a) glorious (b) honoured (c) venerable (d) dignified

गौरवान्वित (*gauravānvit*) *a.* highly esteemed, honoured

गौरांग (*gaurāṅg*) I. *a.* white-skinned, white-complexioned II. *m.* 1. an epithet of the sage Mahaprabhu Chaitnya 2. an European

गौरांगी (*gaurāṅgī*) *f.* a fair-complexioned woman

गौरा (*gaurā*) *f.* 1. a fair-complexioned woman 2. the goddess Parvati 3. a Ragini, musical mode

गौरिका (*gaurikā*) *f.* unmarried girl

गौरी (*gaurī*) *f.* 1. a fair-complexioned woman 2. maiden of eight to ten years 3. Parvati, the wife of Shiva
गौरीनाथ/पति *m.* the husband of Gauri/Parvati, Shiva

गौरैया (*gauraiyā*) *f.* sparrow, hen-sparrow

गौल्मिक (*gaulmik*) *m.* head of thirty soldiers (see गुल्म)

गौहर P (*gauhar*) *m.* pearl

ग्यारह (*gyārah*) *a.* & *m.* eleven

ग्यारहवाँ (*gyārahvāṁ*) *a.* eleventh

ग्रंथ (*granth*) *m.* 1. book 2. volume 3. scripture
ग्रंथकर्ता *m.* /**ग्रंथकार** *m.* author, writer
ग्रंथ कीट *m.* book-worm
ग्रंथ निर्देश *m.* reference to the book
ग्रंथपूजा *f.* bibliomancy
ग्रंथमाला *f.* series of books, complete works (of a writer)
ग्रंथ-रचना *f.* writing of a literary work
ग्रंथ-विज्ञान *m.* (science of) bibliography
ग्रंथ-विज्ञानी *m.* bibliographer
ग्रंथविमोचन *m.* release of a book
ग्रंथ साहब *m.* the Sikh scripture Guru Granth Sahib
ग्रंथ-सूची *f.* bibliography

ग्रंथन (*granthan*) *m.* 1. stringing, tying together 2. (रचना) composing

ग्रंथागार (*granthāgār*) *m.* 1. library 2. book-shop

ग्रंथागारिक (*granthāgārik*) *m.* librarian

ग्रंथानुराग (*granthānurāg*) *m.* fondness or love for books, bibliomania

ग्रंथानुरागी (*granthānurāgī*) one fond of books, bibliophile

ग्रंथालय (*granthālay*) *m.* 1. book-shop 2. library

ग्रंथावलि (*granthāvli*) *f.* /**ग्रंथावली** (*granthāvlī*) *f.* complete works of an author

ग्रंथि (*granthi*) *f.* 1. knot 2. joints of the body 3. gland 4. (*psych.*) complex
ग्रंथि-मूल *m.* bulbous root (as garlic)

ग्रंथिक (*granthik*) *a.* bookish, scholarly, well-read

ग्रंथित (*granthit*) *a.* 1. strung, tied, laced, bound 2. arranged 3. (रचित) composed, written 4. formed, built (better ग्रथित *q.v.*)

ग्रंथिमय (*granthimay*) *a.* 1. knotty 2. glandular

ग्रंथिल (*granthil*) *a.* 1. knotted, knotty 2. glandular 3. joined

ग्रंथिस्राव (*granthisrāv*) *m.* gland secretion

ग्रंथी (*granthī*) *m.* 1. one who has large number of books 2. learned, well-read 3. a reader of the scriptures

ग्रथन (*grathan*) *m.* 1. stringing, tying, lacing 2. composition 3. freezing 4. getting fixed

ग्रथित (*grathit*) *a.* 1. strung, tied, laced, bound 2. arranged 3. (रचित) composed, written 4. formed, built

ग्रसन (*grasan*) *m.* 1. swallowing 2. seizing, holding 3. eclipse

ग्रसना (*grasnā*) *v.t.* 1. to catch, to hold, to seize 2. to eclipse 3. to swallow

ग्रसनी (*grasnī*) *f.* pharynx
ग्रसनी शोथ *m.* pharyngitis

ग्रसनीय (*grasnīya*) *a.* pharyngeal

ग्रसिका (*grasikā*) *f.* gullet

ग्रसित (*grasit*) *a.* = ग्रस्त

ग्रस्त (*grast*) *a.* 1. swallowed, devoured 2. (पीड़ित) stricken 3. eclipsed 4. seized, held 5. possessed 6. involved in 7. infested

ग्रस्तास्त (*grastāst*) *m.* setting of the sun or the moon during eclipse

ग्रस्तोदय (*grastoday*) *m.* rising of the sun or the moon during eclipse

ग्रह[1] (*grah*) *m.* planet
ग्रह आना *v.i.* to come under the influence of an evil star
ग्रह कुंडली *f.* horoscope

ग्रह-कोप *m.* malignant influence of a star
ग्रह-चक्र *m.* planetary system
ग्रह-जगत् *m.* planetary world, all the planets
ग्रहदशा *f.* (a) aspect of a planet or star (b) influence of an evil star (c) period of ill-luck, bad days
ग्रह-दृष्टि *f.* planetary influence
ग्रहदोष *m.* the evil influence of a star
ग्रह निकाय *m.* planetary system
ग्रह-पीड़ा *f.* evil influence of a star, the days of calamity or misfortune
ग्रहपूजा *f.* worship of the stars
ग्रह योग *m.* conjunction of planets or stars
ग्रहराज *m.* the chief of the planets, the sun
ग्रह-शांति *f.* propitiation of an evil star
ग्रह-संबंधी *a.* planetary
ग्रहस्थापन *m.* invoking presence of the nine planets

ग्रह[2] (*grah*) *m.* 1. eclipse 2. seizing

ग्रहण (*grahaṇ*) *m.* 1. acceptance 2. seizing, holding 3. arrest 4. attaining, receiving 5. understanding, realizing 6. eclipse
ग्रहण करना *v.t.* to take, to receive, to accept
ग्रहण पड़ना/लगना *v.i.* an eclipse to occur, to be eclipsed
ग्रहणक्षम *a.* receptive
आंशिक/खंड-ग्रहण *m.* partial eclipse
चंद्रग्रहण *m.* lunar eclipse
पूर्णग्रहण *m.* total eclipse
सूर्यग्रहण *m.* solar eclipse

ग्रहणग्रस्त (*grahaṇgrasta*) *a.* eclipsed

ग्रहणी (*grahṇī*) *f.* 1. duodenum 2. diarrhoea
ग्रहणी-स्नायु *m.* duodenal ligament

ग्रहणीय (*grahanīya*) *a.* to be taken or accepted, acceptable

ग्रहणाधिकार (*grahaṇādhikār*) *m.* lien

ग्रहाधीन (*grahādhīn*) *a.* subject to planetary influence

ग्रहामय (*grahāmay*) *m.* 1. fainting, swoon 2. epilepsy 3. demonical possession

ग्रहीता (*grahītā*) *m.* 1. acceptor 2. occupier 3. receiver 4. customer 5. debtor

ग्रहीय (*grahīy*) *a.* planetary

ग्राउंड E (*grāuṇḍ*) *f.* ground
ग्राउंड इंजीनियर *m.* ground engineer

ग्रांट E (*grāṇṭ*) *f.* grant

ग्राम[1] (*grām*) *m.* village, hamlet
ग्रामोद्योग *m.* village industry
ग्राम कल्याण *m.* rural welfare
ग्राम गीत *m.* folk song
ग्राम देव/देवता *m.* tutelary deity of a village
ग्रामधर्म *m.* observances or customs of a village
ग्राम-पंचायत *f.* village tribunal/panchayat
ग्रामपाल *m.* village guardian
ग्राम-प्रशासन *m.* village administration
ग्राम बस्ती *f.* rural habitation
ग्राम भूगोल *m.* rural geography
ग्राम याजक *m.* village priest
ग्राम-वधू *f.* ladies of the village
ग्रामवास *m.* living in villages
ग्रामवासी *m.* villager
ग्राम-शिक्षा *f.* rural education
ग्राम-सभा *f.* village assembly
ग्राम-समाज/समुदाय *m.* village community
ग्राम-सुधार *m.* village uplift, rural reform
ग्रामसेवक *m.* one doing service to the villagers

ग्राम[2] (*grām*) *m.* collection, multitude

ग्राम[3] E (*grām*) *m.* gramme, gram, measure of weight equal to one-thousandth of a kilogram

ग्रामणी (*grāmṇī*) *m.* village headman

ग्रामांत (*grāmānt*) *m.* outskirts or limits

of a village

ग्रामाचार (*grāmācār*) *m.* practices and customs of a village

ग्रामाधिकारी (*grāmādhikārī*) *m.* village officer

ग्रामीण (*grāmīṇ*) I. *a.* 1. rural 2. rustic, unrefined, uncultured II. *m.* villager

ग्रामीण अर्थव्यवस्था *f.* rural economy

ग्रामीण जनसंख्या *f.* rural population

ग्रामीण नाटक *m.* rustic drama

ग्रामीण बस्ती *f.* rural settlement

ग्रामीण यातायात *m.* rural traffic

ग्रामेय (*grāmey*) I. *a.* born or produced in a village, rural II. *m.* villager, rustic

ग्रामेय जनसंख्या *f.* rural population

ग्रामोद्धार (*grāmoddhār*) *m.* village upliftment

ग्रामोफ़ोन E (*grāmofon*) *m.* gramophone

ग्रामोफ़ोन रिकार्ड *m.* gramophone record

ग्राम्य (*grāmya*) *a.* 1. rural 2. stupid, ignorant 3. unmannerly, rude, uncultured 4. vulgar, indecent

ग्राम्य-जीवन *m.* country life, rural life

ग्राम्य-दोष *m.* use of many rustic words in writing

ग्राम्य धर्म *m.* copulation

ग्राम्य-पथ *m.* village path or way

ग्राम्य-पशु *m.* domestic animal

ग्राम्य-भाषा *f.* rural language

ग्राम्यवाद *m.* ruralism, agrarianism

ग्राम्यवादी *m.* ruralist, agrarianist

ग्राम्य-सुख *m.* sexual intercourse

ग्राम्यता (*grāmyatā*) *f.* 1. rusticity 2. boorishness, unmannerliness 3. vulgarity 4. vulgarity of language

ग्राम्या (*grāmyā*) *f.* village woman

ग्राम्यीकरण (*grāmyīkaraṇ*) *m.* 1. ruralisation 2. vulgarisation

ग्राम्योद्योग (*grāmyodyog*) *m.* rural/village industry

ग्रास (*grās*) *m.* 1. morsel, mouthful 2. eclipse

ग्रासकारी *m.* one who takes mouthfuls

ख-ग्रास *m.* total eclipse

सर्वग्रास *m.* total eclipse (also see ग्रहण)

ग्राह[1] (*grāh*) *m.* 1. eclipse 2. (पकड़) hold 3. (बोध) understanding

ग्राह[2] (*grāh*) *m.* alligator

ग्राहक (*grāhak*) *m.* 1. customer, purchaser, buyer 2. client 3. receiver 4. receptor

ग्राहक वर्ग *m.* clientele

ग्राही (*grāhī*) *suff.* denotes receiving, accepting

सर्वग्राही *a.* all devouring

ग्राह्य (*grāhya*) *a.* 1. admissible 2. acceptable 3. comprehensible

ग्राह्य अपील *f.* admissible appeal

ग्राह्य लक्षण *m.* acceptable characteristics

ग्राह्य व्यक्ति *m.* persona grata

ग्राह्यता (*grāhyatā*) *f.* admissibility, acceptability

गुण ग्राह्यता *f.* imbibing virtues

ग्रिड E (*griḍ*) *m.* grid

ग्रीवा (*grīvā*) *f.* neck, *Cervicum*

ग्रीवी (*grīvī*) *a.* long-necked

ग्रीष्म (*grīṣma*) *m.* summer, the hot season

ग्रीष्म ऋतु *f.* summer season

ग्रीष्म काल *m.* summer time

ग्रीष्मावकाश (*grīṣmāvkāś*) *m.* summer vacation

ग्रीस E (*grīs*) *m.* grease

ग्रीस-प्रूफ़ *a.* grease-proof

ग्रुप E (*grup*) *m.* group

ग्रुप कैप्टन *m.* group captain

ग्रेच्युटि E (*graicyuti*) *f.* gratuity

ग्रेड E (*greḍ*) *m.* 1. grade, rank 2. grade, class in school

ग्लानि (*glānī*) *f.* compunction

ग्लानि करना *v.t.* to slander, to accuse

falsely

ग्लानि होना *v.i.* to feel compunction

ग्लूकोस E (*glūkos*) *m.* glucose

ग्लेज़न (*glezan*) *m.* glazing, covering or painting with a glaze

ग्वाल (*gvāl*) *m.* cowherd, milkman

ग्वाल-गीत *m.* pastoral song

ग्वाल-बाल *m.* boys of the cowherd class

ग्वाला (*gvālā*) *m.* cowherd, milkman

ग्वालिन (*gvālin*) *f.* woman of the cowherd class, milkmaid, milkwoman

घ

घ (*gha*) the fourth consonant of the Devanagari alphabet

घँगोल (*ghaṅgol*) *m.* water lily, nymphean lotus

घँघोलना (*ghaṅgholnā*) *v.i.* 1. to stir 2. to mix by stirring 3. to excite 4. to make muddy or turbid by mixing

घंट (*ghanṭ*) *m.* gong

घंट-धातु *f.* bell-metal

घंटा (*ghanṭā*) *m.* 1. bell 2. hour 3. period

घंटाकर्ण *m.* 1. one who has bell-like ears, or one who has ears fixed with bells, 2. name of an attendant of Kuber

घंटा कांस्य *m.* bell-bronse

घंटाकार *m.* bell-shaped

घंटाघर *m.* bell-tower, clock tower, belfry

घंटा धातु *f.* bell-metal

घंटानाद *m.* sound/ring of a bell

घंटा मीनार *f.* campanile

घंटा बजाना *v.t.* to ring a bell

घंटा रव *m.* /**घंटा शब्द** *m.* /**घंटा स्वन** *m.* the sound of a bell

घंटा हिलाना *(मु.) m. v.t.* to shake a bell (as in a temple)

घंटिका (*ghanṭikā*) *f.* uvula or soft palate (= घंटी *q.v.*)

घंटी (*ghanṭī*) *f.* 1. tiny bell 2. ring, tinkling sound of a bell 3. the tonsil, uvula 4. call-bell

घंटेवार (*ghanṭevār*) *a.* hourly

घंटेवार मज़दूरी *f.* hourly wage

घघरा (*ghaghrā*) *m.* a long petticoat or skirt

घघरी (*ghaghrī*) *f.* 1. a short frock 2. a hollow brass ring which rattles

घट[1] (*ghaṭ*) *m.* 1. pitcher, water pot 2. body 3. heart

घटकार *m.* potter

घटग्रह *m.* water-bearer

घटज *m.* pot-born

घट-घट में बैठा *a.* seated in every body, dwelling in every heart

घट-घट व्यापक *a.* pervading in all hearts (i.e. God)

घट-स्थापन *m.* placing a water pot for worship

घट-स्थापित करना *v.t.* to consecrate a water pot for worshipping

घट[2] (*ghaṭ*) *f.* decrease (only in the combination घट-बढ़)

घट-बढ़ *f.* decrease and increase, fluctuation, variation

घट-बढ़ होना *v.i.* to vary, to fluctuate, to be more or less

घटक (*ghaṭak*) *m.* 1. constituent, factor, component 2. agent 3. matchmaker 4. messenger

घटकना (*ghaṭaknā*) *v.t.* to swallow, to drink at once (better गटकना *q.v.*)

घटकी (*ghaṭakī*) *f.* the female matchmaker

घटता-बढ़ता (*ghaṭatā-badhatā*) *a.* varying, fluctuating

घटती (*ghaṭṭī*) I. *f.* 1. decrease, diminishing, reduction 2. descent 3. deficit II. *a.* decreasing, diminishing

घटती का बजट *m.* (a) deficit budget (b) defamation, disreputation, disgrace

घटती लागत *f.* diminishing cost

घटन (*ghaṭan*) 1. effort, exertion 2. (होना) happening, occurring, taking place 3. (जोड़ना) connecting, adding, joining 4. (गढ़ना) fixing

घटना[1] (*ghaṭnā*) *f.* event, occurrence, happening, phenomenon

घटनाक्रम *m.* sequence of events

घटनाक्रम में *adv.* sequence of events

घटनाचक्र *m.* cycle/course of events, sequence of happenings

घटना-विज्ञान *m.* phenomenology

घटना-स्थल *m.* place of occurrence, site/scene of accident

घटना[2] (*ghaṭnā*) *v.i.* 1. to lessen, to diminish, to decrease 2. (सिकुड़ना) to shrink, to contract 3. (अवनति होना) to go downwards, to decline, to fall back from the common standard 4. to subside 5. (कम होना) to be deducted, to be subtracted 6. to be reduced 7. to recede

घटना घटना (कोई) *v.i.* occurrence to take place, to occur, to happen

घटना-बढ़ना (a) *v.i.* to fluctuate, to vary (b) fluctuation, ups and downs, rise and fall

घटते-बढ़ते भाव *m.* fluctuating prices

ज्वर घटना *v.i.* fever to subside or go down

दस में से चार घटना *v.t.* four to be subtracted from ten

दाम घटना *v.i.* price to fall

वज़न घटना *v.i.* weight to be lost

व्यापार घटना *v.i.* trade to decrease, to slacken

शरीर घटना *v.i.* body to be reduced

घटनात्मक (*ghaṭanātmak*) *a.* eventual

घटनापूर्ण (*ghaṭanāpūrṇa*) *a.* eventful

घटनापूर्ण जीवन *m.* eventful life

घटनापूर्ण नाटक *m.* eventful drama

घटनावली (*ghaṭanāvalī*) *f.* series of events/happenings

घटनीय (*ghaṭanīy*) *a.* likely to occur/happen, probable

घटपर्णी (*ghaṭparṇī*) *f.* pitcher plant

घटवाना (*ghaṭvānā*) *v.t.* to cause to be reduced, to cause to be deducted (see घटाना)

घटवार (*ghaṭvār*) *m.* ferry contractor, wharfinger, wharf-owner

घटा (*ghaṭā*) *f.* dark and dense clouds, mass of dark clouds

घटा घिरना *v.i.* /**घटा छाना** *v.i.* clouds to overcast (the sky)

घटाटोप *m.* (a) overcasting/gathering of dark dense clouds (b) (टाँगा, पालकी आदि का) covering or hood (c) (आडंबर) outward show, glamour

काली घटा *f.* very dark thick cloud

घटाना (*ghaṭānā*) *v.i.* 1. to lessen 2. to subtract, to deduct 3. to reduce, to diminish 4. to whittle down

घटाकर बोला जाना *v.i.* (a commodity) to be quoted at a reduced price

घटाने योग्य *a.* reducible, deductable

घटाया हुआ *a.* subtracted, reduced (e.g., rent)

स्तर घटाना *v.t.* to lower the standard

प्रतिष्ठा घटाना *v.t.* to defame, to debase, to lower down prestige, to humiliate

अपना मान घटाना *v.t.* to degrade oneself

घटाव (*ghaṭāv*) *m.* 1. decrease 2. reduction 3. abatement 4. fall, decline 5. receding

घटाव पर होना *v.i.* to abate, to decline, to be declining, to be receding

घटाव-बढ़ाव *m.* increase and decrease, rise and fall, ups and downs, variation

घटिका (*ghaṭikā*) *f.* 1. period of twenty four minutes time 2. water-clock

घटित (*ghaṭit*) *a.* 1. happened, occurred 2. (लागू) applied
घटित होना *v.i.* to occur
यह नियम यहाँ घटित नहीं होता this rule does not apply here

घटिया (*ghaṭiyā*) *a.* 1. inferior, of inferior quality, of low quality or standard, poor 2. (of person) low, base, mean

घटिहा (*ghaṭihā*) *a* cunning, dishonest

घटी[1] (*ghaṭī*) *f.* 1. watch, clock, timepiece 2. period of time equal to 24 minutes (= घड़ी *q.v.*)

घटी[2] (*ghaṭī*) *f.* 1. decrease, reduction 2. deficiency 3. loss, harm, damage

घटी[3] (*ghaṭī*) *f.* small pitcher/waterpot

घटौती (*ghaṭautī*) *f.* reduction, rebate

घट्ट (*ghaṭṭa*) *m.* 1. wharf, quay, jetty, landing place on a river bank, ferry 2. port, harbour (= घाट *q.v.*)

घट्टन (*ghaṭṭan*) *m.* 1. pushing 2. stirring round 3. (घोंटना) learning by heart, cramming

घट्टा (*ghaṭṭā*) *f.* 1. deficiency, shortcoming 2. gathering of dark dense clouds

घट्टित (*ghaṭṭit*) *a.* 1. rubbed, massaged 2. shaken, moved 3. constructed, built

घट्ठा (*ghaṭṭhā*) *m.* 1. hard tumour on the body 2. corn
घट्ठा खुलना *v.i.* to burst out
घट्ठा पड़ना *v.i.* to have a corn on the foot

घड़घड़ (*ghaṛghaṛ*) *f.* 1. rattling sound 2. rumbling

घड़घड़ाना (*ghaṛghaṛānā*) *v.t.* to make a rattling sound, to rumble, to thunder, to roar

घड़घड़ाहट (*ghaṛghaṛāhaṭ*) *f.* rattle, rumbling, rattling sound

घड़त (*ghaṛat*) *f.* 1. making, fashioning 2. make, form, shape 3. workmanship, skilfulness, (कपट रचना) fabrication

घड़ना (*ghaṛnā*) *v.t.* 1. to coin, to concoct, to fabricate 2. to hammer 3. to manufacture 4. to adze or chisel (wood) 5. to carve (a scene or letters on wood or stone) 6. to sharpen (a pencil) (better गढ़ना *q.v.*)

घड़वाना (*ghaṛvānā*) *v.t.* to cause to be hammered, chiselled, carved (better गढ़वाना)

घड़ा (*ghaṛā*) *m.* earthen waterpot, pitcher
किसी पर घड़ों पानी पड़ जाना *(मु.)* to feel much ashamed, to suffer extreme humiliation
चिकना घड़ा *m.* shameless fellow

घड़ाई (*ghaṛāī*) *f.* 1. act of adzing or carving 2. charges for adzing or carving or for manufacturing ornaments (better गढ़ाई)

घड़ाना (*ghaṛānā*) *v.t.* to cause to be adzed, carved, manufactured (ornament), made

घड़िया (*ghaṛiyā*) *f.* 1. crucible, melting pot 2. (शहद का छत्ता) honey comb

घड़ियाल[1] (*ghaṛiyāl*) *m.* alligator, crocodile, *Lacerta gangetica*

घड़ियाल[2] (*ghaṛiyāl*) *m.* gong, bell
घड़ियाल बजाना *v.t.* to strike (hours) on a gong, to ring the bell

घड़ियाली (*ghaṛiyāli*) *a.* of the alligator
घड़ियाली आँसू (मु.) crocodile tears

घड़ी (*ghaṛī*) 1. watch, clock, timepiece 2. period of time equal to 24 minutes
घड़ी की कमानी *f.* watch/clock spring
घड़ी की यंत्रावली *f.* mechanism of a watch
घड़ी कूकना *v.i.* to wind a watch
घड़ी-घड़ी *adv.* every now and then, time and again
घड़ी ठीक करना *v.t.* (a) to repair a

watch (b) to regulate a watch
घड़ी-पहर *m.* a short space of time
घड़ी-भर के लिए *adv.* for a moment
घड़ी-भर में *adv.* in a while
घड़ी में तोला घड़ी में माशा *(मु.)* of a changeable or fickle disposition
घड़ीसाज़ *m.* watch and clock maker, horologist
घड़ीसाज़ी *f.* horology, watch repairing
घड़ियाँ गिनना *(मु.)* (a) to wait keenly every moment (b) to be on the death bed
जेबघड़ी *f.* pocket watch
कलाईघड़ी *f.* wrist watch
दीवारघड़ी *f.* clock
रेतघड़ी *f.* sand glass

घड़ोला (*gharolā*) *m.* small pitcher

घड़ौंची (*gharaumcī*) *f.* stand or stool for water-pots, a pitcher-stand

घन[1] (*ghan*) *m.* cloud
घनकाल *m.* rainy season
घनगरज *f.* thunder of clouds
घन-घटा *f.* dense collection of dark clouds
घनघोर *a.* very dense
घनघोर घटा *f.* extremely thick clouds
घन-पटल *m.* layers of clouds, clouds
घनरव *m.* roaring/rumbling of the clouds
घनवर्ण *a.* cloud-coloured, sky-blue
घनश्याम (a) *a.* something dark like a cloud (b) *m.* dark cloud (c) an epithet of Lord Krishna

घन[2] (*ghan*) *m.* big hammer
घन की चोट *f.* hammer stroke, heavy shattering stroke

घन[3] (*ghan*) *m.* 1. solid cube 2. third power of a number
घन-कोशिका *f.* cubic cell
घन-क्षेत्र *m.* length and breadth, cube, cubical area
घन ज्यामिति *f.* solid geometry
घनफल *m.* result of cubing
घनफुट *m.* cubic foot
घनमान/माप *m.* cubic measure
घनमीटर *m.* cubic metre
घनमूल *m.* cube root
घनवर्ग *m.* square of a cube
घनवाद *m.* cubism

घन[4] (*ghan*) *a.* 1. dense, solid 2. (भारी) heavy
घन-अवस्था *f.* solid state

घन[5] (*ghan*) *m.* camphor (also घनसार)

घनघन[1] (*ghanghan*) *f.* tinkling sound, jingle

घनघन[2] (*ghanghan*) *m.* the cube of a cube

घनघनाना (*ghanghanānā*) *v.i.* to ring, to tinkle, to make a tinkling sound, to jingle

घनघनाहट (*ghanghanāhaṭ*) *f.* tinkling, ringing

घनघोर (*ghanghor*) *a.* fierce
घनघोर युद्ध *m.* fierce battle, heavy fighting

घनचक्कर *(मु.)* (*ghancakkar*) *m.* dolt, simpleton, blockhead

घनचिड़ी (*ghanciṛī*) *f.* horn-bill, *buceros* (bird)

घनता (*ghanatā*) *f.* 1. thickness, density 2. closeness, compactness 3. (ठोसपन) solidity

घनल (*ghanal*) *m.* (= घनता *q.v.*)

घना (*ghanā*) *a.* 1. thick, dense 2. close, compact 3. much, excessive 4. (दृढ़) stable
घना जंगल *m.* thick/dense forest
घना धुआँ *m.* smudge
घना बसा क्षेत्र *m.* thickly populated area
घनी आबादी *f.* dense population, congestion
घनी खेती *f.* intensive cultivation
घनी बुनावट *f.* close knitting

घनाकार (*ghanākār*) *a.* cuboid, cuboidal
घनाकार आवास *m.* cube-like dwelling

घनाकृति (*ghanākṛti*) *a.* cubical
घनाक्षरी[1] (*ghanākṣarī*) *f.* written or printed in very close characters
घनाक्षरी[2] (*ghanākṣarī*) *f.* a syllabic metre of traditional Hindi poetry called कवित्त
घनागम (*ghanāgam*) *m.* coming of clouds
घनाघन (*ghanāghan*) *m.* 1. repeated tinkling sound 2. cloud filled with water
घनात्मक (*ghanātmak*) *a.* cubic
घनात्मक ठोस *m.* cubic solid
घनापन (*ghanāpan*) *m.* 1. thickness, density 2. closeness
घनायमान (*ghanāymān*) *a.* 1. becoming dense 2. approaching, impending
घनित (*ghanit*) *a.* condensed, thickened
घनिष्ठ (*ghaniṣṭha*) *a.* 1. very thick, extremely dense 2. closest 3. intimate
घनिष्ठ मित्र *m.* closest/intimate friend
घनिष्ठ संपर्क *m.* close contact, intimate contact
घनिष्ठ संबंध *m.* close connection/relation
घनिष्ठता (*ghaniṣṭhatā*) *f.* 1. thickness, density 2. closeness, compactness 3. intimacy 4. rapport
घनीकृत (*ghanīkṛt*) *a.* thickened, condensed, saturated
घनीभवन (*ghanībhavan*) *m.* thickening, condensation, becoming hardened
घनीभूत (*ghanībhūt*) *a.* thickened, condensed, congested, solidified
घनीभूत होना *v.i.* to solidify, to become condensed
घनीय (*ghanīy*) *a.* cubic, cubical, isometric
घनीय जालक *m.* cubic lattice
घनीय समुदाय *m.* isometric/cubic system
घनेला (*ghanelā*) *a.* 1. compact, close 2. dense 3. much, excessive
घपला (*ghaplā*) *m.* 1. confusion, disorder 2. bungling 3. discrepancy 4. duplicity 5. fraud
घपलेबाज़ *m.* bungler, fraud
घपची (*ghapcī*) *f.* double grip
घबड़ाना (*ghabṛānā*) *v.i.* /**घबराना** (*ghabrānā*) *v.i.* 1. to be nervous, to become restless 2. to be alarmed, to get scared 3. to be perplexed, to be confounded, to be bewildered, to be nonplussed 4. to be dismayed
घबड़ा/घबरा देना *v.t.* to confound, to perplex, to puzzle, to make restless, nervous or panicky
घबरा जाना *v.i.* to become nervous, to be perplexed
घबड़ाहट (*ghabṛahāhaṭ*) *f.* / **घबराहट** (*ghabrāhaṭ*) *f.* nervousness, restlessness, anxiety
घमंड (*ghamaṇḍ*) *m.* pride, vanity, conceit, haughtiness, arrogance
घमंड करना *v.t.* to be proud, to be conceited
घमंड तोड़ना *(मु.)* *v.t.* to humiliate
घमंडी (*ghamaṇḍī*) *a.* proud, conceited, haughty, overbearing (*fem.* घमंडिन)
घमकना (*ghamaknā*) *v.i.* 1. to produce a loud sound, to roar 2. to give a blow with the fist
घमर (*ghamar*) *m.* loud sound of a drum, etc.
घमस (*ghamas*) *f.* sultriness
घमाका (*ghamākā*) *m.* 1. blow 2. loud sound of a blow
घमाघम (*ghamāgham*) *adv.* with repeated blows
घमाघम पीटना *v.t.* to beat with heavy and repeated blows
घमासान (*ghamāsān*) *a.* fierce
घमासान युद्ध *m.* fierce battle, pitched battle
घमीला (*ghamīlā*) *a.* 1. struck by prickly heat
घमौरी (*ghamaurī*) *f.* prickly heat
घर (*ghar*) *m.* 1. house, home, abode,

dwelling, residence 2. native place 3. family 4. apartment 5. (कार्यालय) office 6. factory 7. case 8. place of stars in the zodiac 9. cell

घर आँगन हो जाना *(मु.) v.i.* a house to be completely ruined

घर आबाद करना *(मु.) v.t.* (a) to build up a house or family (b) to be married

घर करना *(मु.) v.t.* (a) to settle or establish a family (b) to be on familiar footing

घर का *a.*(a) home-made (b) domestic (c) one's own (d) personal

घर का अच्छा *a.* well-to-do

घर का घर (a) the whole house (b) the whole family

घर का जोगी जोगड़ा आन गाँव का सिद्ध *(मु.)* the prophet is not honoured in his own country

घर का काटे खाना *(मु.)* the house is desolate and repels

घर का न घाट का *(मु.)* belonging neither here nor there

घर का नाम *m.* (a) goodwill of the family (b) family name

घर का नाम डुबोना *(मु.) v.t.* to bring disgrace or bad name to the family

घर का भेदी *m.* one who knows the affairs of a household

घर का मर्द/शेर *(मु.) m.* hero in one's own house

घर की आधी भली बाहर सारी नाहिं *(मु.)* dry bread at home is more welcome than sweetmeat elsewhere

घर की खेती (मु.) *f.* anything easily available

घर की बात *(मु.) f.* a family affair

घर की मालकिन *f.* landlady, mistress of the house

घर की मुर्गी दाल बराबर *(मु.)* there is no regard for an easily available thing

घर के आदमी/लोग *m.* the family members

घर के घर रहना *(मु.)* neither to lose nor to gain

घर खोकर तमाशा देखना *(मु.)* to ruin one's own home and watch the fun

घर गँवाना *v.t.* to spend prodigally

घर गिरस्ती/गृहस्थी *f.* family set-up, household

घर-घर (at-in) every house/home

घर-घर घूमना *v.i.* to knock from door to door

घर-घाट *m.* fixed place

घर घालना *v.t.* to ruin a house

घरघालू *m.* the person who ruins the house/family

घरघुसना *m.* /**घरघुसड़ू** *m.* /**घरघुस्सू** *m.* stay-at home

घर चलाना *v.t.* to keep a house, to manage the household

घरजमाई/जँवाई *m.* son-in-law living as a dependant on in-laws

घरजुगत *f.* domestic economy

घरजोत *f.* (a) household (b) the owner's own cultivation

घरझँकनी *f.* a woman who wanders about from house to house

घर डुबोना *v.t.* to ruin oneself and the family

घर तोड़ना *v.t.* to break up the family

घर देखना *v.t.* to find out a suitable family for matrimonial alliance

घर-द्वार *m.* (a) dwelling place (b) household

घर फूँक तमाशा देखना *(मु.)* to waste one's money in idle pleasures

घर फोड़ना *v.t.* breaking up a family

घर बनाना *v.t.* (a) to build up a house or a family (b) to manage and to maintain a house

घरबसा *m.* stay-at-home

घर बसाना *(मु.) v.t.* (a) to build up a house or family (b) to be married (= घर आबाद करना)

घर-बार *m.* (a) dwelling place (b) household (= घर द्वार)
घर-बारी *m.* householder, family man
घर बिगड़ना *(मु.) v.i.* house to be ruined
घर बिगाड़ना *(मु.) v.t.* to ruin family life
घर बैठना *(मु.) v.i.* (a) house to collapse (b) family to be ruined (c) to sit at home without any job
घर बैठे *(मु.) adv.* at one's ease, without exertion
घर-भर *m.* the whole family/home
घर में डालना *(मु.) v.t.* to take (some woman) as a mistress
घर में पड़ना *(मु.)* (a) to be lodged or kept in the house (b) to become the kept mistress
घर में सूत न कपास, जुलाहे से लट्ठम-लट्ठा *(मु.)* to count chickens before they are hatched
घरवाला *m.* (a) husband (b) house-owner
घरवाली *f.* wife, the lady of the house
घर सिर पर उठाना *(मु.) v.t.* to create disturbance in the house, to make a terrible noise
टिकटघर *m.* booking office
डाकघर *m.* post-office
तारघर telegraph office
दिल में घर करना *(मु.) v.i.* to be embedded in one's heart

घरघराना (*ghargharānā*) *v.i.* to wheeze, to snort, to produce a whirring sound, to give rumbling sound

घरघराहट (*ghargharāhaṭ*) *f.* rattling sound (as of a grinding mill)

घरनाल (*gharnāl*) *f.* an old canon

घरनी (*gharnī*) *f.* mistress of the house, wife

घराऊ (*gharāū*) *a.* pertaining to a house or family

घराती (*gharātī*) *m.* bride's relatives, members of the bridal party

घराना (*gharānā*) *m.* 1. family 2. lineage of art, school
शाही घराना *m.* royal family/dynasty

घरिया (*ghariyā*) *f.* crucible, melting pot (of goldsmiths)

घरू (*gharū*) *a.* 1. domestic 2. familial 3. private

घरेलू (*gharelū*) *a.* domestic
घरेलू उद्योग *m.* cottage industry
घरेलू कार्य *m.* domestic work
घरेलू युद्ध *m.* civil war
घरेलू मामला *m.* private affair
घरेलू वातावरण *m.* homely atmosphere

घरैला (*gharailā*) *a.* home-made, home spun, domesticated, tame

घरौंदा (*gharaumdā*) *m.* 1. small house 2. toy-house

घर्घर (*gharghar*) *f.* 1. rattling sound, rumble, grinding sound 2. snorting sound 3. gargling sound

घर्घरा (*ghargharā*) *m.* 1. a belt of small bells 2. small bells attached to the neck of a horse or bull

घर्म (*gharma*) *m.* 1. heat, warmth 2. sultriness 3. sweat

घर्मांत (*gharmānt*) *m.* end of summer, beginning of rainy season

घर्मार्द्र (*gharmardra*) *a.* sweated, wet with sweat

घर्रा (*gharrā*) *m.* 1. the gargling sound made in the throat 2. rattling sound of a grinding mill

घर्राटा (*gharrāṭā*) *m.* 1.rattling 2. snoring 3. snorting
घर्राटा मारना *v.t.* to snort

घर्षक (*gharṣak*) I. *m.* 1. cleaner, polisher, varnisher 2. filer II. *a.* rubbing, polishing, varnishing

घर्षण (*gharṣaṇ*) *m.* 1. rubbing, friction, abrasion 2. cleaning, polishing, varnishing 3. grinding, pounding

घर्षण-ध्वनि *f.* fricative (sound), stridulation

घर्षण-प्रतिरोध *m.* frictional resistance

घर्षण-प्रभाव *m.* frictional effect

घर्षण-बल *m.* frictional force

घर्षण-विद्युत *f.* frictional electricity

घर्षण-स्वर *m.* fricative sound

घर्षणी (*gharṣaṇī*) *f.* grinding mill

घर्षणीय (*gharṣaṇīy*) *a.* 1. to be rubbed 2. to be polished, polishable 3. to be varnished

घर्षित (*gharṣit*) *a.* 1. in friction 2. in clash, clashed 3. rubbed 4. polished 5. varnished 6. ground, pounded

घर्षित कांच *m.* ground glass

घर्षी (*gharṣī*) *a.*1. frictional 2.fricative, aspirant (consonant)

घलुआ (*ghaluā*) *m.* something given in addition to the quantity of purchase

घलुआ-घलुए में *adv.* in addition, extra

घसखोदा (*ghaskhodā*) *m.* grass-cutter

घसन (*ghasan*) *f.* 1. rubbing, friction, attrition 2. (क्षति) loss, damage

घसिटना (*ghasiṭnā*) *v.i.* to be dragged, to be trailed (along or about)

घसियारा (*ghasiyārā*) *m.* 1. grass-cutter hay-trusser 2. (*fig.*) inadept

घसियारिन (*ghasiyārin*) *f.* 1. wife of a grass-cutter 2. woman who sells grass

घसीट (*ghasīṭ*) *f.* 1. the act of dragging or trailing 2. illegible and hastily done handwriting, scribble, scrawl

घसीट लिखना *v.t.* to scribble, to scrawl

घसीटना (*ghasīṭnā*) *v.t.* 1. to drag, to haul 2. to scribble, to scrawl

घसीट मारना *v.t.* to drag violently

कलम घसीटना *v.t.* to work as a scribe or clerk

ला घसीटना *v.t.* to drag, to drag into

घसीटा (*ghasīṭā*) *m.* dragging, tugging

घसीटी (*ghasīṭī*) *f.* 1. pulling and tugging 2. scuffle, tussle

घस्मर (*ghasmar*) I. *a.* greedy, gluttonous, voracious II. *m.* greedy person, glutton

घहर (*ghahar*) *f.* 1. rumble, rumbling sound 2. thunder, thundering sound

घहराना (*ghaharānā*) *v.i.* 1. to thunder, to roar, to bawl 2. to thicken (as a cloud)

घाँघर (*ghāṁghar*) *m.* /**घाँघरी** (*ghāṁgharī*) *f.* petticoat, skirt

घाँटी (*ghāṁṭī*) *f.* uvula, soft palate, glottis

घाँटी चढ़ाना *v.t.* to raise the uvula

घाँटी-ढक्कन *m.* epiglottis

घाई[1] (*ghāī*) *f.* 1. a particular stroke in cudgelling 2. sham fight with cudgels

घाई[2] (*ghāī*) *f.* the angle or space between two fingers or toes

घाई[3] (*ghāī*) *f.* 1. an aggregate of five 2. the number five

घाऊघप (*ghāughap*) *a.* greedy, gluttonous, voracious

घाघ (*ghāgh*) *a.* & *m.* 1. old, weather-beaten, aged (man) 2. (खुर्राट) cunning, shrewd, artful 3. experienced, wise (person)

घाघरा (*ghāghrā*) *m.* a kind of petticoat, full skirt

घाघरागोल/घोल (a) *a.* disordered, confused, topsy turvy (b) *m.* disorder, confusion, mental disturbance

घाघरा-पलटन *f.* billet regiment, a regiment of highlanders whose lower garment resembles a skirt

घाघरी (*ghāgharī*) *f.* a small petticoat or skirt

घाट (*ghāṭ*) *m.* 1. wharf, quay, jetty, landing place on a river bank, ferry 2. port, harbour

घाट कप्तान *m.* port captain, port master

घाट-घाट का पानी पीना *(मु.) v.t.* to lead a nomadic life, to gain varied experience, to dabble in many things
घाटपाल *m.* wharfinger
घाटबंदी *f.* embargo, ban on embarkation and disembarkation
घाट-बाट *f.* the path or road to a wharf or port
घाटबारी *f.* duty or toll levied at the landing place
घाट-भाड़ा *m.* wharfage, ferry toll
घाटमार *m.* one who evades payment of ferry toll, smuggler
घाट मारना *v.t.* to smuggle dutiable goods
घाटवाल *m.* wharfinger, a ferryman who performs various services at the landing place
घाट लगना *v.i.* to land at the jetty or ferry, to reach the bank or shore
घाट-शुल्क *m.* (a) wharfage, ferriage
पश्चिमी घाट *m.* Western Ghats (in India)
पूर्वी घाट *m.* Eastern Ghats (in India)

घाटा (*ghāṭā*) *m.* 1. deficit 2. deficiency 3. abatement 4. reduction 5. loss
घाटा उठाना *v.t.* to suffer/incur a loss
घाटा कर दिखाना *v.t.* to show a loss or deficit
घाटा देना *v.t.* to inflict loss
घाटा सहना *v.t.* to suffer a loss
घाटा होना *v.i.* to be at a loss
घाटे का बजट *m.* deficit budget
घाटे का वित्तीयन *m.* deficit financing
घाटे का सौदा *m.* losing proposition

घाटिया (*ghāṭiyā*) *m.* 1. wharfinger 2. a Brahmin who performs various services for pilgrims at the bathing places

घाटी (*ghāṭī*) *f.* 1. mountain pass 2. valley
घाटी-क्षेत्र *m.* valley tract
घाटी-मार्ग *m.* gorge
घाटी-शीर्ष *m.* head of a valley
कश्मीर की घाटी *f.* valley of Kashmir

घात[1] (*ghāt*) *f.* murder, killing, slaughter
घात करना *v.t.* to kill, to wound, to injure
आत्मघात *m.* suicide
गोघात *m.* cow slaughter
नरघात *m.* homicide
विश्वासघात *m.* breach of trust

घात[2] (*ghāt*) *f.* 1. tricks, 2. proper or suitable time, opportune time, opportunity 3. design, intention 4. aim, purpose, cover, concealment, ambush, ambuscade 5. snare, net, trap
घात ताकना *(मु.) v.t.* to wait for an opportune time
घात पर चढ़ना *(मु.) v.i.* to fall into someone's clutches/trap
घात में आना *(मु.) v.i.* to come into someone's clutches/snare
घात में फिरना *(मु.) v.i.* to mark time for an ambuscade
घात में बैठना/रहना *(मु.) v.i.* to be in wait for ambuscade
घातें बताना *v.t.* to impart lessons in trickery, to teach tricks or tactics

घात[3] (*ghāt*) *m.*1. power 2. dimension 3. degree
घात-चिह्न *m.* degree sign, 3^3, 2^4
तीन का तृतीय घात 27 होता है the third power of 3 is 27

घातक (*ghātak*) I. *a.* 1. fatal, deadly, lethal 2. pernicious, harmful II.*m.* murderer, assassin, killer
घातक गैस *f.* pernicious gas
घातक दुर्घटना *f.* fatal accident
घातक शस्त्र *m.* lethal weapon
घातक होना *v.i.* to be fatal

घातकी (*ghātakī*) *a.* 1. killing, murderous 2. destructive (= घाती *q.v.*)

घातन (*ghātan*) *m.* murder, killing,

slaughter, slaying

घातांक (*ghātāṅk*) *m.* sign or index of power as $2^3 = 2 \times 2 \times 2$, exponent

घाता (*ghātā*) *m.*something given over and above the quantity of purchase, something given in addition (= घलुआ *q.v.*)

घाति (*ghāti*) *f.* 1. blow 2. catching or killing birds, fowling

घाती (*ghātī*) *a.* 1. killing, murderous 2. destructive

आत्मघाती *a.* suicidal

विश्वासघाती *a.* (one) guilty of breach of trust, traitorous

घात्य (*ghātya*) *a.* 1. to be killed or murdered 2. destroyable

घान (*ghān*) *m.* 1. things crushed, cooked or fried in one lot, 2. quantity thrown at one time into a mill, mortar or cauldron

घानी (*ghānī*) *f.* 1. oil press 2. sugarcane press 3. lime mill 4. lumpsum quantity of material to be crushed

घाम (*ghām*) *m.* 1. heat of the sun, sunshine 2. heat, warmth 3. sweat, perspiration 4. sultriness

घाम खाना/लेना *v.t.* to bask in the sun

घाम लगना *v.i.* to have a sunstroke

घामड़ (*ghāmaṛ*) I. *a.* 1. silly, foolish, dullard 2. slow, lazy, slothful, (of animal) tormented by the heat of the sun II. *m.* 1. simpleton, blockhead, fool, idiot 2. slothful or lazy person

घायल (*ghāyal*) *a.* wounded, injured

घायल करना *v.t.* to injure, to hit, to wound, to stab

घाल (*ghāl*) *m.* something insignificant, trifle (= घलुआ *q.v.*)

घालक (*ghālak*) I. *a.*1. destructive, ruinous, ruining 2. killing 3. mischievous II. *m.* 1. destroyer 2. killer

घालना (*ghālnā*) *v.t.* 1. to destroy, to ruin 2. (बिगाड़ना) to spoil, to damage 3. to strike, to injure

घर घालना *v.t.* to ruin a family

घालमेल (*ghālmel*) *m.* 1. jumble, hotchpotch, mess 2. intimacy

घालमेल करना *v.t.* to jumble, to mix up, to turn upside down or topsy-turvy

घालमेल रखना *v.t.* to be on intimate terms

घाला (*ghālā*) *m.* 1. destruction, ruin 2. heavy blow 3. evil 4. calamity

घाव (*ghāv*) *m.* wound, injury

घाव आना *v.i.* to receive a wound or injury

घाव करना *v.t.* to wound, to inflict a wound

घाव पकना *v.i.* wound to fester

घाव पर नमक छिड़कना *(मु.) v.t.* to add insult to injury

घाव भरना *v.i.* wound to heal, wound to cicatrise

घाव लगना *v.i.* to be injured or wounded

घावघम (*ghāvgham*) I. *a.* 1. swallowed, consumed 2. extravagant, spendthrift II. *m.* 1. squanderer 2. embezzler

घास (*ghās*) *f.* grass

घास काटना *(मु.) v.t.* (a) to cut/mow grass (b) to do a thing hastily

घास खोदना/छीलना *v.t. (मु.)* (a) to grub up grass (b) to involve oneself in trifles

घास-पात *m.* grass and leaves, vegetation, garden's rubbish

घासफूस *m.* old dry grass, rubbish

घासवाला *m.* one who cuts and sells grass

घास स्थल *m.* **/घास स्थली** *f.* grassland

घासलेट (*ghāsleṭ*) *m.* 1. kerosene oil 2. inferior stuff 3. minor or negligible thing

घासलेटी (*ghāsleṭī*) *a.* 1. low, despised 2. useless, good for nothing 3. dirty, filthy
घासलेटी साहित्य *m.* trashy literature, cheap literature
घिंघाना (*ghiṁghānā*) *v.i.* 1. (*colloq.*) to be hoarse 2. to speak in choked voice
घिग्घी (*ghigghī*) *f.* 1. throat, larynx 2. choking sensation in the throat
घिग्घी बँधना *(मु.) v.i.* voice to be choked, to falter, to lose the power of speech
घिघियाना (*ghighiyānā*) *v.i.* 1. to falter while speaking 2. to utter pitiable words 3. to make humble entreaty, to implore, to beseech, to beg for mercy 4. to cringe
घिचपिच (*ghicpic*) I. *f.* 1. over crowding 2. congestion, want of space 3. illegible scribbling II. *a.* clumsy, crowded, illegible, jumbled
घिचपिच बकना/बोलना *v.t.* to speak indistinctly
घिचपिच लिखना *v.t.* to write illegibly, to scribble
घिचपिचाना (*ghicpicānā*) *v.t.* to make jumbled
घिचोलना (*ghicolnā*) *v.t.* to rub, to mash
घिन (*ghin*) *f.* hate, hatred, dislike, aversion, nausea, abhorrence
घिन आना *v.t.* to have a feeling of abhorrence/hatred
घिन खाना *v.t.* to be disgusted
घिनौना (*ghinaunā*) *a.* hateful, abhorrent, repulsive, detestable, obnoxious, odious
घिया (*ghiyā*) *f.* gourd, bottle gourd (also घिया कद्दू)
घियाकश *m.* grater, grating machine
घिरना (*ghirnā*) *v.i.* to be surrounded, to be encompassed, to be besieged, (clouds) together
अँधेरा घिर आना *v.i.* darkness to set in
बादल घिर आए clouds gathered together
रात घिरना *v.i.* night to fall
घिरनी (*ghirnī*) *f.* 1. pulley 2. wheel for twisting ropes 3. reel 4. reeling
घिरनी खाना *v.t.* to reel round and round, to revolve
चलती घिरनी *f.* movable pulley, to get occupied
घिरवाना (*ghirvānā*) *v.t.* to cause to be surrounded, to have besieged, to get occupied (as जगह place or सीट seat), (place) to be enclosed or fenced (as बाग or पार्क), to get blocked (as रास्ता way)
घिरा (*ghirā*) *a.* 1. encircled 2. surrounded 3. besieged
घिराई (*ghirāī*) *f.* the state of surrounding or encircling
घिरायंद (*ghirāyand*) *f.* stink or disagreeable smell of urine
घिराना (*ghirānā*) *v.t.* to cause to surround or encircle, to cause to enclose
घिराव (*ghirāv*) *m.* gherao, surrounding a person or persons to press acceptance of certain demands (=घेराव)
घिवाल (*ghivāl*) *a.* containing much ghee
घिसघिस (*ghisghis*) *f.* 1. undue delay, dilly-dallying, 2. indecision, indetermination, indefiniteness, uncertainty 3. drudgery, dull routine work
घिसटना (*ghisaṭnā*) *v.i.* 1. to be dragged 2. to scrawl 3. to move roughly
घिसन (*ghisan*) *f.* 1. wear and tear 2. friction
घिसना (*ghisnā*) I. *v.t.* 1. to rub, to rub off/away, to abrade 2. to whet, to grind down 3. to wear on 4. to rasp, to gain adequate experience II. *v.i.* 1. to be rubbed, to be abraded 2. to waste away 3. to be worn out, to wear out 4. (coin) to be defaced 5. to

be fully experienced
घिसनी (*ghisnī*) *f.* rubbing
घिसपिस (*ghispis*) *f.* closeness, intimacy, close contact
घिसवाना (*ghisvānā*) *v.t.* to cause to be rubbed (see घिसना)
घिसा (*ghisā*) *a.* rubbed, abraded, worn
घिसा काँच *m.* ground glass
घिसा-पिटा *a.* worn out, stereotyped, hackneyed
घिसा सिक्का *m.* defaced coin, garbled coin
घिसा हुआ *a.* worn out, weather-beaten
घिसी हुई उक्ति *f.* cliche
घिसाई (*ghisāī*) *f.* 1. abrasion, rubbing, smoothing, grinding 2. wages for rubbing out or smoothing
घिसाई-टुटाई *f.* wear and tear
घिसाना (*ghisānā*) *v.t.* to rub, to wear out
घिसाव (*ghisāv*) *m.* wear, attrition
घिस्सम-घिस्सा (*ghissamghissā*) *m.* rubbing shoulders (as in a crowd)
घिस्सा (*ghissā*) *m.* 1. hard rub, friction, abrasion 2. push 3. a trick in wrestling
घींच (*ghīṁc*) *f.* the lower and front part of the neck
घी (*ghī*) *m.* ghee, clarified butter
घी का कुप्पा *m.* a container for ghee
घी का जलना *v.i.* (a) to be well-off or happy (b) to be successful, to attain one's aim
घी के कुप्पे से जा लगना *v.i.* (a) to become lucky, to come in for a fortune (b) to find a mine of wealth
घी के दीये जलाना *(मु.)* *v.t.* to make merry, to feel jubilant over success
घी-खिचड़ी होना *(मु.)* *v.t.* to be very intimate, to be hand in glove
घी गया पर कुप्पा तो नहीं गया *(मु.)* though much is lost something is saved
पाँचों उँगलियाँ घी में होना *(मु.)* *v.i.* to gain immensely, to enjoy prosperity
घी-कुवार (*ghīkuvār*) *m. aloe indica*, a medicinal plant (Better = घृतकुमारी)
घीच (*ghīc*) *f.* the neck, throat, larynx
घुँघची (*ghuṁghcī*) *f.* 1. small red and black seed of *abrus precatorius* plant 2. small snail
घुँघनी (*ghuṁghanī*) *f.* fried and seasoned grains
घुँघराला (*ghuṁghrālā*) *a.* curly,
घुँघराले बाल *m.* curly hair
घुँघरू (*ghuṁgharū*) *m.* small round bells worn by dancers around the ankles
घुँघरूदार *a.* furnished with or wearing small round bells
घुँघरू बाँधना *v.t.* to take to a dancing career
घुँघौना (*ghumghaunā*) *m. a.* rattling toy
घुंडी (*ghuṇḍī*) *f.* 1. knob 2. loop 3. knot-like button made of cloth 4. knot
घुइयाँ (*ghuiyāṁ*) *f.* a vegetable root, arum
घुग्घी (*ghugghī*) *f.* a piece of cloth folded like a cone as headgear
घुग्घू (*ghugghū*) *m.*1. owl 2. hoot, hooting sound 3. fool, stupid fellow
घुघुआना (*ghughuānā*) *v.i.* to hoot, to make a hooting sound
घुटकी (*ghuṭkī*) *f.* food pipe
घुटन (*ghuṭan*) *f.* 1. suffocation 2. sultriness
घुटन पैदा करने वाला *a.* suffocating
घुटना[1] (*ghuṭnā*) *v.i.* 1. to be pounded 2. to be rubbed or polished, to be furbished 3. to be pressed or squeezed 4. to be suffocated, to be choked 5. to be clean-shaved
घुट-घुटकर मरना *v.i.* to die after suffering pain for long
घुटा हुआ आदमी *m.* shrewd, cunning guy
घुटी हुई दाल *f.* well-gruelled pulse

आपस में गहरी घुटना *v.i.* to be close (friends)
आपस में खूब घुटना *v.i.* to be chummy with each other
गला घुटना *v.i.* (a) to be throttled (b) to be choked or suffocated
दम घुटना *v.i.* to be suffocated

घुटना[2] (*ghuṭnā*) *m.* knee
घुटने टेकना *(मु.) v.t.* to accept defeat, to surrender
घुटनों के बल चलना *v.i.*/ **घुटनों चलना** *(मु.) v.i.* to crawl on the knees
घुटनों से लगकर बैठना *(मु.) v.i.* to cling to somebody all the time

घुटन्ना (*ghuṭannā*) *m.* half pyjamas, half pants, short drawers

घुटवाना (*ghuṭvānā*) *v.t.* 1. to cause to be rubbed 2. to get clean shaved 3. to cause to be pressed or squeezed 4. to get pounded, (मसाला spices) to cause to be pounded
फर्श घुटवाना *v.t.* floor to be smoothed

घुटाई (*ghuṭāī*) *f.* 1. rubbing, polishing 2. pounding 3. cramming 4. charges for pounding or polishing

घुटाना (*ghuṭānā*) *v.t.* 1. to get oneself tonsured, shaved 2. to be rubbed 3. to get pounded, (फर्श) to get smoothed

घुट्टी (*ghuṭṭī*) *f.* digestive medicine or tonic given to infants, a medicine consisting of spices and borax
घुट्टी में पड़ना *(मु.) v.i.* (a) to form an ingredient of digestive medicine or tonic (घुट्टी) (b) to be a part of one's nature, to be a characteristic since one's infancy

घुड़ (*ghuṛ*) *m.* horse (combining form of घोड़ा)
घुड़चढ़ा *m.* rider, horseman
घुड़चढ़ा सिपाही *m.* mounted soldier, trooper on horseback
घुड़चढ़ी *f.* (a) riding on horseback (b) the ceremony of riding on horseback by the bridegroom
घुड़दौड़ *f.* horse race
घुड़दौड़ का घोड़ा *m.* a race horse
घुड़नाल *f.* a cannon or gun (of olden times) carried on a horse
घुड़मक्खी *f.* horse-fly
घुड़मुँहा *a.* horse-faced
घुड़सवार *m.* horse-rider
घुड़सवार दल *m.* cavalcade
घुड़सवार पुलिस *f.* mounted police
घुड़सवार सेना *f.* cavalry
घुड़सवारी *f.* horse riding
घुड़साल *f.* stable, equerry
घुड़सेम *f.* horse bean

घुड़कना (*ghuṛaknā*) *v.t.* 1. to reprimand, to rebuke, to admonish 2. to rebuff 3. to threaten, to menace 4. to growl at 5. to bully, to browbeat

घुड़की (*ghuṛkī*) *f.* 1. growling, snarling 2. brow-beating 3. sharp reprimand, rebuke, admonition
घुड़की देना *v.t.* (a) to reprimand, to rebuke, to admonish (b) to rebuff (c) to threaten, to menace (d) to growl at (e) to bully, to browbeat (= घुड़कना *q.v.*)

घुण (*ghuṇ*) *m.* worm, wood-worm, wood-louse
घुण लगना *v.i.* (a) to be worm-eaten, to be in the grip of canker (b) to be a prey of some wasting disease
घुण-लगा गेहूँ *m.* wheat damaged by canker

घुन (*ghun*) *m.* 1. rancour, malice, spite 2. weevil (= घुण)

घुनघुना (*ghunghunā*) *m.* a rattling toy for babies

घुनना (*ghunanā*) *v.i.* to be blighted by weevils, to be eaten by wood worms or eel (*fig.*) to be weakend by a wasting disease, to decay

घुना (*ghunā*) *a.* 1. worm-eaten 2. internally decayed 3. hollow

घुन्ना (*ghunnā*) *a.* & *m.* malicious, spiteful, perversely secretive

घुन्नी (*ghunnī*) *f.* secretive woman

घुप (*ghup*) *a.* dense

घुप्प अँधेरा *m.* pitch dark

घुमंतू (*ghumantū*) *a.* itinerant

घुमंतू सौदागर *m.* itinerant merchant

घुमक्कड़ (*ghumakkaṛ*) I. *a.* fond of wandering or travelling II. *m.* wanderer, rover

घुमघुमाना (*ghumghumānā*) *v.i.* 1. to deceive, to prevaricate 2. to beat about the bush

घुमटा (*ghumṭā*) *m.* giddiness, vertigo

घुमड़ना (*ghumarnā*) *v.i.* (clouds) to gather, to overcast

घुमड़-घुमड़कर *v.i.* gathering and rolling about (clouds)

घुमड़ी (*ghumṛī*) *f.* 1. giddiness, dizziness 2. circumambulation (of a temple, etc.)

घुमनी (*ghumnī*) *f.* (= घुमड़ी *q.v.*)

घुमरी (*ghumrī*) *f.* 1. whirlpool, eddy 2. a disease of the animals (also घुमड़ी *q.v.*)

घुमवाना (*ghumvānā*) *v.t.* to cause to be moved back or around, to cause to revolve

घुमाना (*ghumānā*) *v.t.* 1. to revolve, to turn round 2. to show round, to take round 3. to circulate (a notice, etc.) 4. to brandish (as a sword) 5. to spin (as a top), to turn round, to revolve towards (somebody)

घुमा-फिराकर बातें करना *v.t.* to talk circumlocutionally, to express in a roundabout way

घुमाना-फिराना *v.t.* to take round, to beguile

घुमाऊ (*ghumāū*) *a.* revolving

घुमाऊ इंजन *m.* revolving engine

घुमाऊ कुरसी *f.* revolving chair

घुमाऊ पंखा *m.* revolving fan

घुमाव[1] (*ghumāv*) *m.* 1. as much land as can be ploughed by one pair of bullocks in a day 2. a measure of land varying from one-fifth to three-fourths of an acre

घुमाव[2] (*ghumāv*) *m.*1. turning, bend 2. curve

घुमावदार *a.* winding, circuitous, curved

घुमावदार ज़ीना *m.* /**घुमावदार सीढ़ी** *f.* spiral stairs

घुमावदार बात *f.* circumlocution, circumlocutionary talk/language

घुमावदार रास्ता *m.* circuitous/winding path

घुमाव-फिराव *m.* circumlocution

घुमोरी (*ghumorī*) *f.* giddiness, dizziness

घुमोरी आ जाना *v.i.* to feel dizzy/giddy

घुरघर (*ghurghar*) *f.* 1. coughing sound in throat 2. the cry of a cat or pig

घुरघुराना (*ghurghurānā*) *v.i.* to grunt, to growl, to snarl, to snore

घुरघुराहट (*ghurghurāhaṭ*) *f.* grunting, rumbling, growling

घुर्राना (*ghurrānā*) *v.i.* /**घुरघुराना** (*ghurghurānā*) *v.i.* to grunt to growl, to snarl, to snore (= घुरघुराना *q.v.*)

घुलन (*ghulan*) *f.* 1. melting, dissolving 2. fusion, mingling 3. liquefaction

घुलनशील *a.* soluble

घुलनशीलता *f.* solubility, dissolubility

घुलना (*ghulnā*) *v.i.* 1. to melt 2. to dissolve 3. to be mixed or fused, to be mingled 4. to decay 5. to liquefy

घुल-घुलकर काँटा होना *v.i.* to be reduced to a skeleton

घुल-घुलकर मरना *v.i.* to die after long suffering

घुलना-मिलना *v.i.* to mix up (with people)

घुल-मिलकर बातें करना *v.t.* to have a tete-a-tete

घुल-मिलकर रहना *v.i.* to live in harmony, to live in close union

घुलवाना (*ghulvānā*) *v.t.* to cause to be melted or dissolved, to cause to be mixed up or mingled

घुला (*ghulā*) *a.* 1. melted, dissolved 2. mixed (up), blended 3. intimate 4. mellow and soft

घुलाऊ (*ghulāū*) *a.* 1. melting, dissolving 2. blending 3. causing liquefaction

घुलाना (*ghulānā*) *v.i.* 1. to melt, to dissolve 2. to blend 3. to liquefy 4. to soften in the mouth with saliva 5. to put collyrium in the eyes 6. to soften by heating 7. to cause decay (of the body) 8. to waste away, to pass off

घुलावट (*ghulāvaṭ*) *f.* 1. liquefaction 2. melting, dissolution 3. fusion 4. softness, mildness

घुस (*ghus*) *f.* 1. forcibly entering 2. penetration

घुसकर बैठना *v.i.* to sit close together

घुस पड़ना *v.i.* to thrust oneself

घुसपैठ *f.* infiltration or forcible entrance/entry

घुसपैठ करना *v.t.* to infiltrate, to intrude

घुसपैठिया *m.* infiltrator, intruder

घुसड़ना (*ghusarnā*) *v.i.* 1. to be forcibly thrust 2. to be stuffed 3. to enter forcibly

घुसड़-फुसड़ (*ghusaṛ-phusaṛ*) *f.* stuffing, cramming

घुसना (*ghusnā*) *v.i.* 1. to be thrust 2. to thrust oneself 3. to enter (forcibly) 4. to break into, to burst into 5. to penetrate, to pierce 6. to wedge 7. to infiltrate

घुसवाना *v.i.* to break in, to infiltrate, to poach, to interfere

घुसाना (*ghusānā*) *v.t.* 1. to thrust in 2. to pierce 3. to penetrate 4. to cause to enter

घुसेड़ना (*ghuseṛnā*) *v.t.* 1. to thrust or plug into 2. to pierce, to penetrate 3. to cram, to stuff

घूँघनी (*ghūṁghanī*) *f.* fried and seasoned grains (= घुँघनी *q.v.*)

घूँघर (*ghūṁghar*) *m.* /**घूँगर** (*ghūṁgar*) *m.* curl, frizzed hair

घूँघर/घूँगर करना/बनाना *v.t.* to curl

घूँघर/घूँगर वाला *a.* curled

घूँघरीला (*ghūṁgharīlā*) *a.* /**घूँगरीला** (*ghūṁgarīlā*) *a.* curly, curled, frizzy

घूँगी (*ghūṁgī*) *f.* 1. knot of a blanket or cloth made for protection against rain 2. hooded cloak 3. sack 4. bag

घूँघट (*ghūṁghaṭ*) *f.* veil, covering for the face

घूँघट उठाना *v.t.* to lift up the veil, to uncover the face

घूँघट करना/काढ़ना *v.t.* to draw the veil

घूँघट में रहना *v.i.* to keep oneself in veil

घूँघटवाली *f.* veiled woman

घूँट (*ghūṁṭ*) *m.* gulp, sip

घूँट पीना *v.t.* to drink by gulps/sips

घूँट भरना *v.t.* to sip

घूँट लेना *v.t.* to take a gulp or draught

लहू का घूँट *m.* a gulp /draught of blood (*fig.*) forbearance

घूँसा (*ghūṁsā*) *m.* fist-blow, buffet, box

घूँसा खाना *v.i.* to be struck with the fist

घूँसा चलाना/जड़ना *v.t.* to strike with a buffet, to give a blow of the fist

घूँसा मारना *v.t.* to box, to knock

घूँसेबाज़ *m.* boxer

घूँसेबाज़ी *f.* boxing

घूँसों का क्या उधार (*मु.*) take immediate revenge of somebody's beating

घूआ (*ghūā*) *m.* 1. the ends of reeds

(source of a coarse cotton fibre) 2. an insect found in marshy land or water. 3. the hair on a corncob

घूक (*ghūk*) *m.* owl

घूघ (*ghūgh*) *m.* a helmet of metal

घूघस (*ghūghas*) *m.* bastion, outwork

घूम (*ghūm*) *m.* turning, bend

घूम-घमेला *a.* (a) revolving (b) wide, loose

घूम घुमाना *v.t.* (a) to lead around (b) to evade, to put off from time to time

घूम-घुमाव *m.* labyrinth

घूम-घुमारा *a.* (a) surrounded (b) whimsical, moody

घूमता (*ghūmtā*) *a.* revolving

घूमता आइना *m.* revolving mirror

घूमता तारा *m.* revolving star

घूमता-फिरता *a.* peripatetic

घूमना (*ghūmnā*) *v.i.* 1. to stroll 2. to revolve, to turn, to turn about, to whirl 3. to spin, to wheel, to rotate, to tour about

घूमना-फिरना *m.* to travel about, to wander, to tour about

घूम-फिरकर फिर वहीं *adv.* coming to the same point or starting point

दिमाग घूमना *v.i.* to go off one's head

सिर घूम जाना *v.i.* to be giddy

इधर घूमो turn this side

घूमर (*Ghūmar*) *a.* turning round, blowing (in the air)

घूर[1] (*ghūr*) *m.* stare, fixed gaze, frown

घूर[2] (*ghūr*) *m.* 1. dunghill 2. rubbish, sweepings

घूर[3] (*ghūr*) *m.* sandy soil

घूरना (*ghūrnā*) *v.t.* 1. to stare at, to gaze intently on 2. to frown (at) 3. to look passionately or angrily

घूरा (*ghūrā*) *m.* rubbish heap, refuse-dump

घूरा-घारी (*ghūrāghārī*) *f.* roaming, wandering

घूरा-घूरी (*ghurāghūrī*) *f.* mutual staring or gazing, exchange of stares

घूर्ण (*ghūrṇa*) I. *m.* wandering, roaming II. *a.* revolving, whirling, rolling

घूर्ण मंच *m.* revolving stage

घूर्ण वायु *f.* whirlwind, tornado

घूर्णन (*ghūrṇan*) *m.* rotation, turning round or about, gyration

घूर्णन करना *v.t.* to rotate, to gyrate, to turn round/about

घूर्णन गति *f.* rotary motion

घूर्णन वेग *m.* rotation velocity

घूर्णनी (*ghūrṇanī*) *f.* rotator

घूर्णात्मक (*ghūrṇātmak*) *a.* rotative, rotational

घूर्णि (*ghūrṇi*) dizziness

घूर्णित (*ghurṇit*) *a.* 1. whirled, rotated, gyrated 2. roamed, wandered

घूर्णी (*ghūrṇī*) I. *m.* rotator II. *a.* rotating, rotational

घूर्णी गति *f.* rotational /rotary motion

घूर्णी रेखा *f.* rotational line

घूस (*ghūs*) *f.* 1. bribe, graft, illegal gratification 2. mouse

घूस खाना/लेना *v.t.* to take a bribe, to accept a bribe

घूसखोर *a.&m.* (one) who takes bribes

घूसखोरी *f.* bribing, bribery

घूस देना *v.t.* to gratify, to bribe

घूसा (*ghūsā*) *m.* thump or blow of the fist, buffet, box

घूसा-घूसम *m.* thumping and boxing

घूसा मारना/लगाना *v.t.* to give a fist blow, to give a thump

घूसों लड़ना *v.i.* to fight with fists, to box

घृणा (*ghṛṇā*) *f.* hatred, aversion, abhorrence, repugnance, scorn, revulsion

घृणा करना *v.t.* to hate, to scorn, to detest, to abhor

घृणार्ह (*ghṛṇārḥa*) *a.* deserving hatred

fit to be despised, abominable

घृणास्पद (*ghr̥ṇāspad*) *a.* hateful, abhorrent, despicable, loathsome

घृणित (*ghr̥ṇit*) *a.* 1. hated, despised, heinous, abhorred 2. (निंदित) censured, defied

घृणी (*ghr̥ṇī*) *a.* 1. spiteful, malicious 2. (दयालु) kind, generous

घृण्य (*ghr̥ṇya*) *a.* hateful, abominable, disdainful, detestable

घृत (*ghr̥t*) *m.* clarified butter (= घी *q.v.*)

घृताक्त (*ghr̥tākta*) *a.* smeared or anointed with ghee

घृताहुति (*ghr̥tāhuti*) *f.* libation into sacred fire of sanctified ghee

घृतान्न (*ghr̥tānna*) *a.* one whose food is ghee

घृष्ट (*ghr̥ṣṭa*) *a.* 1. rubbed 2. ground 3. polished

घृष्टि (*ghr̥ṣṭi*) *f.* 1. rubbing, friction 2. rivalry, envy

घेंघा (*gheṁghā*) *m.* tumour, goitre

घेंटा (*gheṁṭā*) *m.* a piglet

घेंटी (*gheṁṭī*) *f.* unripe pod of grain

घेघा (*gheghā*) *m.* goitre

घेटो E (*gheto*) *m.* ghetto, a colony of people without civil rights

घेर (*gher*) *m.* 1. circuit 2. boundary 3. enclosure

घेर-घार *m.* surrounding, encircling

घेर-घार करना *v.t.* to surround, to encircle, to encompass

घेरदार *a.* (a) having a wide circumference, circular (b) wide, extensive (c) meandering, winding

घेरना (*ghernā*) *v.t.* 1. to surround, to encompass, to enclose 2. to hem in, to blockade 3. to enfold, to close in 4. to fence, to hedge, to put a boundary 5. to besiege 6. to enclose 7. to obstruct, to prevent, to hinder 8. to occupy (a seat) 9. to blockade

घेर लेनी *v.t.* to besiege, to encircle, to engulf, to shut in

किला घेर लेना *v.t.* to besiege a fort

जगह घेर लेना *v.t.* to occupy the space

नेता को घेर लेना *v.t.* to gather round a leader

मकान या किला घेर लेना *v.t.* to encircle or besiege a house or fort

घेरनी (*ghernī*) *f.* handle for turning a spinning wheel

घेरा (*gherā*) *m.* 1. enclosure, fence 2. ambit 3. cordon 4. orb 5. girth 6. siege

घेरा उठाना *v.t.* (a) to raise the siege (b) to raise a boundary wall

घेरा डालना *v.t.* to besiege, to cordon, to blockade

घेराबंदी *f.* (a) siege (b) hedging (c) picketing

घेरा बाँधना/लगाना *v.t.* to fence

घेरे में पड़ना *v.i.* to be surrounded, to be encompassed

घेराव (*gherāv*) *m.* gherao, blockade (= घिराव)

घेवर (*ghevar*) *m.* a sweatmeat composed of flour, milk, ghee, coconut and sugar

घोंघा[1] (*ghoṁghā*) *m.* 1. cockle snail, oyster 2. conch, cockleshell, conch shell

घोंघा[2] (*ghoṁghā*) *m.* fool, nincompoop, idiot, simpleton

घोंघाबसंत *a.* dullard, blunt-headed

घोंची (*ghoṁcī*) *f.* cow with curved horns

घोंटना (*ghoṁṭnā*) *v.t.* 1. to pestle (in a mortar) 2. to cram, to learn by heart, to commit to memory 3. to smoothen by rubbing 4. to strangle, to choke (one's throat)

घोंपना (*ghoṁpnā*) *v.t.* to pierce, to penetrate, to thrust into, to stab

घोंसला (*ghoṁslā*) *m.* nest

घोंसला बनाना *v.t.* to build or make a

nest

घोखना (*ghokhnā*) *v.t.* 1. to reiterate, to repeat 2. to cram up, to learn by heart, to commit to memory, to memorise

घोखवाना (*ghokhvānā*) *v.t.* to make somebody memorise or learn by heart

घोघा (*ghoghā*) 1.cockle, snail, oyster 2. conch, cockleshell, conch shell (= घोंघा[1] *q.v.*)

घोट (*ghoṭ*) *f.* a sense of suffocation

घोटना[1] (*ghoṭnā*) *m.* 1. muller 2. polishing stone

घोटना[2] (*ghoṭnā*) *v.t.* 1. to pulverise, to pound 2. to smoothen 3. to rub, to polish 4. to shave the hair 5. to memorize, to commit to memory, to learn by heart, to cram up 6. to suffocate, to strangle, throttle (also see घोंटना)

घोटवाना (*ghoṭvānā*) *v.t.* 1. to make somebody memorise 2. to cause to be pulverised 3. to get shaved

घोटनी (*ghoṭnī*) *f.* muller, rubber

घोटा[1] (*ghoṭā*) *m.* intoxicating infusion of hemp leaves

घोटा[2] (*ghoṭā*) *m.* 1. muller, wooden pestle 2. polishing stone

घोटा[3] (*ghoṭā*) *m.* cramming

घोटा लगाना *v.t.* to cram, to learn by rote

घोटाई (*ghoṭāī*) *f.* 1. pestling 2. polishing 3. wages paid for polishing

घोटाला (*ghoṭālā*) *m.* 1. bungling 2. disorder 3. misappropriation 4. scam

घोड़ा (*ghoṛā*) *m.* 1. horse 2. trigger/hammer of a gun 3. knight (in chess)

घोड़ा उड़ाना *v.t.* to put a horse to full speed

घोड़ा कसना *(मु.) v.t.* to saddle a horse

घोड़ा खोलना *(मु.) v.t.* to unsaddle a horse

घोड़ागाड़ी *f.* horse-drawn carriage

घोड़ा चढ़ाना/दबाना *v.t.* to pull the trigger, to cock a gun

घोड़ा नस *f.* life line

घोड़ा फेरना *v.t.* to break a horse

घोड़ा सधाना *v.t.* to train a horse, to break a horse

घोड़े बेचकर सोना *(मु.) v.i.* to have a very sound sleep, to be carefree and without any anxiety

घोड़िया (*ghoṛiyā*) *f.* 1. small mare 2. peg or bracket for the wall 3. a gadget used by handloom weavers

घोड़ी (*ghoṛī*) 1. mare 2. a song sung by ladies of the bridegroom's side 3. a tool for the spinners or weavers 4. a high wooden stand or stool 5. a wooden stand for keeping water pots 6. machine for making vermicelli

घोड़ी चढ़ना *m.* riding on a mare to go to the bride's house for marriage

घोर (*ghor*) *a.* 1. awful, terrific, formidable, gruesome, dreadful 2. grave

घोर अज्ञान *m.* utter ignorance

घोर अनाचरण *m.* gross misconduct

घोर अपराध *m.* heinous crime, felony

घोर उपेक्षा *f.* gross negligence

घोर धृष्टता *f.* gross impertinence

घोर नरक *m.* hell with all its horrors

घोर नाद m. awful sound

घोर निद्रा *f.* sound sleep

घोर प्रमाद *m.* gross negligence

घोर प्रयत्न *m.* desperate effort

घोर यातना *f.* torture

घोर युद्ध *m.* pitched battle

घोर राजद्रोह *m.* high treason

घोर रूप *m.* terrible shape /form

घोर वर्षा *f.* heavy rain

घोर विपत्ति *f.* disaster

घोर विरोधी *m.* terrible opponent

घोराकार (*ghorākār*) *a.* terrific-looking

घोल (*ghol*) *m.* 1. solution 2. mixture

घोल-घुमाव *m.* evasion, subterfuge, procrastination
घोलक (*gholak*) *a.* (विज्ञान में) solvent
घोलना (*gholnā*) *v.t.* 1. to dissolve 2. to blend 3. to assimilate thoroughly 4. to mix, to mingle
घोलकर पी जाना *v.i.* to gulp in, to assimilate
काम में ज़हर घोलना *v.t.* to put a spanner in some work
जीवन में ज़हर घोलना *v.t.* to make life miserable
रंग घोलना *v.t.* to mix colour
शर्बत घोलना *v.t.* to mix water in syrup/ sherbat
घोलमेल (*gholmel*) *m.* mixture, blend
घोला[1] (*gholā*) *m.* mixture, solution
घोला[2] (*gholā*) *m.* small drain for irrigation
घोला[3] (*gholā*) *a.* 1. dissolved 2. blended, mixed, mingled 3. dirty, muddy, turbid
घोला[4] (*gholā*) *m.* an intoxicating potion made of opium or hemp leaves
घोले में डालना *v.t.* to throw into confusion, to involve in difficulty
घोष[1] (*ghoṣ*) *m.* 1. indistinct noise 2. sound 3. slogan 4. thundering of clouds
घोष तंत्री *f.* vocal chord
घोष विक्रय *m.* auction
घोष विक्रेता *m.* auctioneer
घोष[2] (*ghoṣ*) *m.* habitation, abode of villagers
घोष[3] (*ghoṣ*) *m.* cowherd, milkman
घोष[4] (*ghoṣ*) *a.* voiced
घोष व्यंजन *m.* voiced consonant
घोषक (*ghoṣak*) *m.* announcer
घोषणा (*ghoṣṇā*) *f.* declaration, proclamation, promulgation, announcement
घोषणा करना *v.t.* to declare, to proclaim, to promulgate, to announce
घोषणापत्र *m.* manifesto, written proclamation
घोषणात्मक (*ghoṣṇātmak*) *a.* declaratory
घोषणीय (*ghoṣṇīya*) *a.* proclaimable, to be promulgated, fit to be declared or announced
घोषित (*ghoṣit*) *a.* declared, announced, promulgated
घोषित करना *v.t.* to declare, to promulgate, to announce
घोषित नीति *f.* declared policy, publicly known policy
घोषीकरण (*ghoṣīkaraṇ*) *m.* voicing, vocalisation, sonorisation
घोसी (*ghosī*) *m.* cowherd, herdsman, milkman (*fem.* घोसिन)
घौद (*ghaud*) *f.* bunch (of bananas)
घ्राण(*ghrāṇ*) I. *a.* olfactory, smelling II. *m.* 1. smelling 2. smell, odour 3. nose, the sense of smelling
घ्राण करना *v.t.* to smell
घ्राण कोष *m.* olfactory sac
घ्राण तंत्रिका *f.* olfactory nerve
घ्राण रोम *m.* olfactory hair
घ्राण शक्ति *f.* power of smelling
घ्राण संवेद *m.* olfactory sense
घ्राणज (*ghrāṇaj*) *a.* nasal, perceived by the sense of smell
घ्राणेंद्रिय (*ghrāṇemdriya*) *f.* olfactory organ, sense of smelling
घ्रात (*ghrāt*) *a.* smelled, snuffed
घ्राता (*ghrātā*) *m.* the person who smells
घ्रेय (*ghreya*) *a.* fit to be smelled

च

च (*ca*) the sixth consonant of the Devanagari syllabary

चंक्रम (*caṅkram*) *m.* traverse, sideways movement

चंक्रमण (*caṅkramaṇ*) *m.* traversing, moving sideways

चंग (*caṅg*) *f.* 1. small timbrel 2. tune or melody of sitar 3. a particular kind of paper kite (with candle or lamp)

चंग पर चढ़ना *(मु.)* I. *v.i.* (a) to be strengthened (b) to be exalted II. *v.t.* to instigate, to puff up, to veer somebody to a particular course

चंगा (*caṅgā*) *a.* 1. healthy, sound 2. healed, cured

चंगा करना *v.t.* (a) to cure, to heal, to make healthy, to restore health (b) to put right, to correct

चंगा-भला *a.* (a) quite good/well, in good health, hale and hearty (b) tolerable, passable (c) fair, fine

चंगा होना *v.i.* to be healed, to recover, to be restored to normal health

चंगुल (*caṅgul*) *m.* claw (of a wild beast), talon (of a bird of prey), clutch or grasp

चंगुल में आना/फँसना *(मु.)* *v.i.* to fall into the clutches (of), to be in the cruel grasp (of), to be brought under restraint

चंगुल से बचना *v.i.* to escape from somebody's grip/clutches

चंगेर (*caṅger*) *f.* 1. shallow basket for keeping flowers 2. small swinging cot for babies

चंगेरी (*caṅgerī*) *f.* tray, trough चंगेर

चंचरी (*cañcarī*) *f.* /**चंचरीक** (*cañcarīk*) *m.* buzzing bee

चंचरीकावली (*cañcarīkāvlī*) *f.* row of bees

चंचल (*cañcal*) *a.* 1. unsteady, transient, unstable, wavering 2. shaking, quivering, flickering 3. playful 4. coquettish 5. nimble

चंचल चितवन *f.* coquettish glances

चंचलचित्त *a.* fickle, fickle-minded

चंचल ज्वाला *f.* lambent flame

चंचल बच्चा *m.* playful child

चंचलता (*cañcaltā*) *f.* 1. fickleness 2. instability, unsteadiness 3. nimbleness 4. vibrating, shaking 5. playfulness, sportiveness 6. coquettishness

चंचला (*cañcalā*) *f.* 1. lightning 2. an epithet of Lakshmi, goddess of wealth

चंचा (*cañcā*) *m.* basket of cane

चंचा पुरुष *m.* (a) scarecrow (b) a vile person

चंचु (*cañcu*) *f.* nozzle, beak, bill (of a bird) (= चोंच *q.v.*)

चंचु-पुट *m.* the cavity of a beak, bird's bill when shut

चंचु-प्रवेश *m.* just a slight/smattering knowledge

चंचु-प्रहार *m.* pecking, stroke with the beak

चंट (*caṇṭ*) *a.* cunning, knave, wily, sly, clever

चंटपना *m.* slyness, wiliness, cunningness, knavery

चंटई (*cantaī*) *f.* cunning, knave, wily, sly, clever (see = चंटपना or चंट)

चंड (*chaṇḍ*) *a.* 1. sharp, keen, acrid 2. intense, violent, strong 3. fierce, furious 4. obstinate, stubborn

चंडरूपा *f.* an epithet of goddess Durga

चंड वात *f.* strong wind, typhoon

चंड विक्रम *a.* of very strong courage/valour

चंड स्वभाव *m.* fierce nature

चंडता (*caṇḍtā*) *f.* /**चंडल** (*caṇḍal*) *m.* 1. intensity, strength 2. sharpness, keenness 3. fierceness, 4. obstinacy, stubbornness

चंडवा (*caṇḍvā*) *m.* shaft of a ploughshare

चंडाल (*caṇḍāl*) I. *m.* 1. most degraded person, 2. an outcaste 3. miscreant 4. wretched person 5. depraved fellow II. *a.* wretched, wicked

चंडाल-चौकड़ी (*मु.*) *f.* company of wretched persons, bōdy or meeting of miscreants

चंडालिनी (*caṇḍālinī*) *f.* 1. a wretched, degraded woman, vile woman

चंडावल (*caṇḍāval*) *m.* 1. rearguard of an army 2. brave soldier/warrior 3. a soldier on guard

चंडिका (*caṇḍikā*) *f.* 1. a cruel or violent woman 2. an epithet of Durga, goddess of prowess

चंडी (*caṇḍī*) *f.* 1. an epithet of goddess Durga 2. quarrelsome or defiant woman

चंडू (*caṇḍū*) *m.* intoxicating drug made of opium

चंडूखाना *m.* place where people go to smoke, opium smokers' assembly

चंडूखाने की गप्प (*मु.*) *f.* rumour coined by opium-addicts, frivolous talk, concocted rumour, unfounded gossip

चंडूबाज़ *m.* one addicted to smoking opium

चंडूबाज़ी *f.* addiction to smoking opium

चंडूल (*caṇḍūl*) *m.* (a) the pyramid-crested lark, (bird) *galerida cristata* (b) ugly repulsive person

चंडूल लवा *m.* crested lark

चंडोला (*caṇḍolā*) *m.* palanquin

चंद P (*cand*) *a.* some, a few

चंद दिनों के लिए *adv.* for a few or some days

चंद-रोज़ा *a.* lasting only a few days, transient, short-lived

चंदसाला *a.* lasting a few years

चंदन (*candan*) *m.* sandal, sandal wood, sandal tree

चंदनगिरि *m.* sandal mountain, the Malaya, Malabar Hills

चंदनचर्चित/सुगंधित *a.* smeared or perfumed with sandal

चंदन तिलक *m.* a mark of sandal paste (on forehead)

चंदनबदन *a.* a beautiful body with skin as smooth as sandal

चंदनसार *m.* sandalwood paste

चंदनी (*candanī*) *a.* 1. of or pertaining to sandal (wood) 2. of the colour of sandal

चंदला (*candalā*) *a.* bald-headed

चंदवा (*candvā*) *m.* 1. small canopy, awning 2. an ornament of the head 3. shaft of a ploughshare 4. scraper for getting jaggery out of the boiler

चंदा[1] P (*candā*) *m.* subscription, contribution

चंदा करना *v.t.* /**चंदा जमा करना** *v.t.* to collect subscription, to subscribe

चंदादाता *m.* subscriber, contributor

चंदा देना *v.t.* to contribute, to subscribe

चंदा[2] (*candā*) *m.* moon

चंदामामा *m.* term used for moon (to humour children)

चंदावल P (*candāval*) *m.* rearguard (of an army)

चँदिया (*candiyā*) *f.* (a) crown (of the head), cranium, skull (b) small size *chapati*

चँदिया खुजाना *v.t.* (a) to scratch the head (b) to be about to be beaten

चँदिया पर बाल न छोड़ना *v.t.* (a) to take away everything (b) to beat severely

चँदिया मूँड़ना *v.t.* to shave the head

चंदिया (*candiyā*) *f.* a silver locket

चंदोवा (*candovā*) *m.* awning, canopy

चंद्र (*candra*) *m.* the moon

चंद्रकला *f.* (a) digit of the moon (b) moonbeam, moonlight (c) an ornament for the head, coronet

चंद्रकांत *a.* as beautiful as the moon

चंद्रकांतमणि *m.* moonstone (a precious gem)

चंद्रकांता *f.* (a) the wife of the moon (b) night

चंद्रकांति *f.* (a) moonlight (b) beauty or loveliness of the moon

चंद्रकाल *m.* astral death (i.e., occasioned by the influence of the moon)

चंद्रकिरण *f.* moonbeam

चंद्रखनी *a.* moon-shaped

चंद्रग्रहण *m.* lunar eclipse

चंद्रगोल *m.* disc of the moon

चंद्रचूड़ *m.* one who bears the moon on his hair (i.e. Lord Shiva)

चंद्रजोत *f.* (a) moonlight (b) a firework

चंद्रदेव *m.* the moon (regarded as a deity)

चंद्रद्युति *f.* moonlight, moonbeam

चंद्रधर *m.* moon-bearing god, Shiva

चंद्रप्रभ *a.* lustrous like the moon, bright and beautiful like the moon

चंद्रप्रभा *f.* moonlight

चंद्रबिंदु *m.* nasal vowel or its sign

चंद्रबिंब *m.* reflection of the moon

चंद्रमंडल *m.* lunar disc

चंद्रमणि *m.* moonstone

चंद्रमुख *a.* (a) moon-faced (b) moon-like face, face as lovely as the moon

चंद्रमुखी *a.* woman with a face as beautiful as the moon

चंद्रमौलि *a.* (a) moon-crested (b) an epithet of Shiva

चंद्ररेखा *f.* digit of the moon

चंद्रलोक *m.* world or heaven of the moon

चंद्रवंश *a.* dynasty of Kshatriyas, lunar race

चंद्रवंशी *m.* one belonging to the lunar race

चंद्रवदन *m.* & *a.* /**चंद्रवदनी** *f.* a moon face, having a face as beautiful as the moon

चंद्रवार *m.* Monday

चंद्रशेखर *m.* one who bears the moon on his head, Lord Shiva

चंद्रहार *m.* necklace with beads of crescent-like shape

चंद्रहास *m.* (a) glittering sword (b) moonshine

चंद्रमा (*candramā*) *m.* the moon

चंद्रा (*candrā*) *a.* an open verandah

चंद्रातप (*candrātap*) *m.* moonlight

चंद्रानन (*candrānan*) I. *m.* moon like face II. *a.* moon-faced, having a face as beautiful as moon (*fem.* चंद्रानना)

चंद्रार्ध (*candrārdha*) *m.* half-moon

चंद्रालोक (*candrālok*) *m.* moonbeam, moonshine

चंद्रिका (*candrikā*) *f.* 1. moonlight, moonshine 2. light, brilliance

चंद्रिकाभिसारिका (*candrikābhisārikā*) *f.* the beloved who goes to meet her lover on a moonlit night at some pre-indicated place

चंद्रिकोत्सव (*candrikotsav*) *m.* the festival of the autumn full moon (= शरद्‌पूर्णिमा)

चंद्रोदय (*candroday*) *m.* 1. moon-rise

चंद्रोदय रस *m.* a very popular Ayurvedic medicine

चंद्रोपल (*candropal*) *m.* see चन्द्रकांतमणि

चंपई (*campaī*) *a.* of the colour of champa flower yellow or golden orange

चंपक (*campak*) *m.* 1. the plant, *Michellia champaca* (चंपा) and its flower 2. a musical mode

चंपक-माला *f.* garland of champak flowers

चंपत (*campat*) *a.* 1. lying concealed, hidden 2. absconded

चंपत हो जाना *(मु.)* *v.i.* to escape, to become invisible, to slip away, to vanish, to take to one's heels, to run away

चँपना (*caṁpnā*) *v.i.* to bow down with weight or obligation

चंपा (*campā*) *f.* 1. the plant, *Michellia champaca* (चंपा) and its flower 2. *m.* a musical mode (see चंपक)

चंपाकली *f.* (a) bud of champa flower (b) a necklace having beads of the shape of champa bud

चंपाकेला *m.* a variety of plantain (small, scented and very sweet)

चंपी (*campī*) *f.* massage, shampoo

चंपी करना *v.t.* to massage, to shampoo

चंपू (*campū*) *m.* literary composition in which prose and poetry are used alternately in Sanskrit literature

चंबल (*cambal*) 1. *m.* a kind of skin disease, eczema 2. *f.* a river in Madhya Pradesh

चँबेली (*caṁbelī*) *f.* jasmine, *jasminium grandiflorum* (better चमेली *q.v.*)

चँवर (*caṁvar*) *m.* flywhisk

चँवर डुलाना *(मु.)* *v.t.* (a) to wave a चँवर to and fro for driving away flies (b) to move a whisk over a person who is attended upon (c) to serve subserviently

चँवरबरदार *m.* one who wields a whisk

चँवरी (*caṁvarī*) *f.* a small fly-whisk (better चौंरी *q.v.*)

चक[1] (*cak*) *m.* large plot of land, landed property, estate, holding

चकबंदी *f.* consolidation of holdings

चक[2] (*cak*) *m.* small village

चक[3] (*cak*) *m.* wheel

चक[4] (*cak*) *m.* a kind of circular toy played with a string (also चकई *q.v.*)

चक-डोरी *f.* the discus toy and its string

चक[5] (*cak*) *a.* ample, in abundance, plentiful

चक-भोजन *m.* dainty meal

चकई[1] (*cakaī*) *f.* 1. a discus-shaped whirling toy 2. whirling 3. a species of nectarine

चकई[2] (*cakaī*) *a.* circular, round

चकई फल *m.* round fruit

चकई[3] (*cakaī*) *f.* ruddy goose

चकई-चकवा female and male ruddy goose, a pair of ruddy geese

चकचका (*cakcakā*) *a.* glittering, shining, luminous, resplendent, brilliant

चकचकाना (*cakcakānā*) *v.i.* to glitter, to shine

चकचूर (*cakcūr*) *a.* broken/shattered to pieces (better चकनाचूर)

चकचौंधना (*cakcauṁdhnā*) *v.t.* 1. to be unable to withstand the glare of strong light 2. to be struck with wonder or surprise

चकता (*caktā*) *m.* /**चकती** (*caktī*) *f.* a small round piece or patch (of leather), macule

चकती बुवाई *f.* patch sowing

चकत्ता (*cakattā*) *m.* (skin) rash, blotch, round scar or mark on the skin made by biting or flagging, spot

चकत्तेदार *a.* spotted
चकदिल (*cakdil*) *m.* fantail, flycatcher (bird)
चकनाचूर (*caknācūr*) *a.* broken/shattered to pieces
चकनाचूर करना *(मु.) v.t.* to break or dash into pieces, to shatter, to shiver
चकनाचूर होना *(मु.) v.i.* (a) to be shattered into pieces, to be broken into fragments (b) to be desperate, to be exhausted
चकपक (*cakpak*) *a.* astounded, astonished, confounded, bewildered
चकपकाना (*cakpakānā*) *v.i.* to be astonished, to be bewildered/confounded, to be flabbergasted
चकफेरी (*cakpherī*) *f.* 1. circumambulation 2. revolution 3. orbit
चकमक (*cakmak*) *m.* flint
चकमक कागज़ *m.* flint paper
चकमा (*cakmā*) *m.* fraud, trick, trickery, stunt, dodge
चकमा खाना *(मु.) v.t.* to be tricked, to suffer a dodge, to be hoodwinked
चकमा देना *(मु.) v.t.* to hoodwink, to dodge, to play a trick, to cheat
चकमे में आना *v.i.* to be hoodwinked (see चकमा खाना)
चकमेबाज़ *m.* dodger, trickster, fraudulent person
चकर-मकर (*cakar-makar*) *m.* deceitful talk, trickery
चकराना (*cakrānā*) I. *v.i.* 1. (सिर चकराना) head to feel giddy/dizzy, to reel 2. (व्यक्ति person) to be perplexed, to be confounded, to be bewildered, to be taken aback, to be at one's wits' end II. *v.t.* to bewilder, to confuse
दिमाग चकरा जाना *v.i.* to be nonplussed
चकरानी (*cakrānī*) *f.* (*fem.* of चाकर) maid servant
चकरी (*cakrī*) *f.* stone mill (= चकई *q.v.*)

चकला[1] (*caklā*) *m.* 1. a circular wooden or stony disc for rolling dough into a bread 2. brothel, quarter of a town inhabited particularly by prostitutes 3. division of a (territory) pargana 4. estate
चकला चलाना *v.t.* to run a brothel
चकलेदार *m.* proprietor or manager of a चकला
चकला[2] (*caklā*) *a.* wide and circular
चकलाई (*caklāī*) *f.* width, breadth
चकली (*caklī*) *f.* 1. pulley 2. small wooden disc for spreading and rubbing things
चकल्लस (*cakallas*) *f.* 1. friction, quarrel, conflict 2. complication 3. fun, jocularity 4. mess, confusion
चकल्लस करना *v.t.* to start a quarrel
चकल्लसबाज़ी *f.* indulgence in fun, drollery
चकल्लस में पड़ना *v.i.* to be involved in a mess, to be confused
चकवा (*cakvā*) *m.* ruddy goose (*fem.* चकवी)
चकाचक[1] (*cakācak*) *f.* clashing sound of swords and maces
चकाचक[2] (*cakācak*) *a.* 1. plentiful, abundant, full 2. satiated, satisfied
चकाचक भोजन *m.* hearty and full meal
चकाचक माल *m.* plentiful goods
चकाचौंध (*cakācauṁdh*) *f.* 1. daze, dazzling effect, dazzle 2. brilliance, glare
चकाचौंध में आना *v.i.* /**चकाचौंध लगना** *v.i.* (a) to be dazed (b) to be confounded
हीरे की चकाचौंध *f.* brilliance of a diamond
चकार (*cakār*) *m.* sound and letter च
चकारांत (*cakārānt*) *a.* a word ending in च (as बीच, मैच etc.)
चकित (*cakit*) *a.* surprised, amazed,

astounded, wonderstruck, flabbergasted
चकित होना *v.i.* to be astonished/astounded, to wonder
आश्चर्यचकित *a.* wonderstruck
चकोटना (*cakoṭnā*) *v.t.* to pinch, to press hard between thumb and finger
चकोठ (*cakoṭh*) *m.* handle of the potter's wheel
चकोतरा (*cakotrā*) *m.* pomelo, a citrus fruit similar to grapefruit
चकोर (*cakor*) *m.* red-legged partridge (fabled to subsist upon moonbeams)
चकोरी (*cakorī*) *f.* the female of a chakor *q.v.*
चक्कर (*cakkar*) *m.* 1. wheel 2. circle 3. circular passage, roundabout way 4. round 5. turning 6. dizziness, giddiness 7. whirl, whirlpool, eddy 8. spin 9. rotation 10. confusion 11. trick
चक्कर आना (*मु.*) *v.i.* to feel giddy/dizzy
चक्कर काटना (*मु.*) *v.t.* (a) to go round, to take a circuitous route (b) to whirl (c) to rotate (d) to reel (e) to move to and fro (f) to revolve
चक्कर खाना (*मु.*) *v.t.* (a) to revolve (b) to feel giddy (c) to spin, to twirl (d) to be confounded
चक्कर खिलाना *v.t.* to take round and round
चक्कर चलना *v.i.* something confounding to come up
चक्कर चलाना *v.t.* to launch something tricky, to launch a sly move
चक्करदार *a.* circuitous, whirled, meandering, zigzag
चक्करदार ढलान *f.* spiral slope
चक्करदार सीढ़ी *f.* caracole
चक्कर देना *v.t.* to rotate
चक्कर मारना (*मु.*) *v.t.* to move/go around, to wander about, to hover about (= चक्कर काटना)
चक्करदार मार्ग *m.* detour, zigzag way/path, circuitous route
चक्कर में आना (*मु.*) *v.i.* to be taken in, to be in a mess, to suffer harassment, to be dodged
चक्कर में डालना (*मु.*) *v.t.* (a) to nonplus (b) to entangle somebody in a mess
चक्कर में पड़ना (*मु.*) *v.t.* to be involved in a mess, to be nonplussed
चक्कर में फँसना (*मु.*) *v.i.* to be taken in
चक्का (*cakkā*) *m.* 1. wheel 2. an orderly heap 3. thick lump of curd 4. pebble
चक्का-जाम *a.* traffic jam
चक्की (*cakkī*) *f.* 1. pulveriser, grinding mill, hand-mill 2. millstone
चक्की का पाट *m.* millstone
चक्की चलाना/फेरना *v.t.* to turn/start a grinding mill, to work a hand-mill
चक्की पीसना (*मु.*) *v.t.* to work hard, to grind with a hand-mill
चक्की में पीसना *v.t.* to put in a rigorous task
चक्की राहना *v.t.* to notch a grinding millstone
आटे की चक्की *f.* flour mill
चक्कू (*cakkū*) *m.* knife, pen-knife
चक्र (*cakra*) *m.* 1. wheel 2. circular object, disc, discus 3. circle 4. cycle 5. round 6. (भँवर) eddy, whirlpool 7. (बवंडर) whirlwind, cyclone
चक्र-क्रम *m.* cyclic order
चक्र-गति *f.* cycle/circular motion
चक्रधर *m.* one wielding a chakra, (Lord Krishna)
चक्रधारी *m.* one armed with chakra, an epithet of Lord Krishna
चक्रनेमि *m.* rim of a wheel
चक्रपाणि *m.* one who holds chakra in his hand, Lord Krishna
चक्रमंडप *m.* amphitheatre
चक्रवत *a.* circular, wheel-like

चक्रवर्ती राजा *m.* ruler of a vast empire, emperor
चक्रवात *m.* cyclone
चक्रवातीय *a.* cyclonic
चक्रवातीय वर्षा *f.* cyclonic rain
चक्रवान *a.* circular, round
चक्रवाल ruddy goose (= चकवा *q.v.*)
चक्रवृद्धि ब्याज *f.* compound interest
चक्रव्यूह *m.* circular array of military troops, impregnable battle array
चक्रण (*cakraṇ*) *m.* spin
चक्रांक (*cakrāṅk*) *m.* a religious tattoo (circular in shape)
चक्रांग[1] (*cakrāṅg*) *m.* curved neck, chariot
चक्रांग[2] (*cakrāṅg*) *m.* gander, ruddy goose
चक्रांश (*cakrāṅś*) *m.* 360th part of a circle, degree
चक्राकार (*cakrākār*) *a.* /**चक्राकृति** *cakrākr̥ti*) *a.* round, circular, wheel-shaped, ring-shaped, cyclic
चक्रावृत्ति (*cakrāvr̥tti*) *f.* frequency of cycles
चक्रिका (*cakr̥kā*) *f.* 1. group 2. circular disc of the knee
चक्रिल (*cakril*) *a.* cyclical, round-shaped
चक्रिल गति *f.* circular movement/motion
चक्रिल मार्ग *m.* winding path
चक्रिल सीढ़ी *f.* spiral stairs
चक्री (*cakrī*) I. *a.* wheeled, rounded II. *f.* wheeled carriage III. *m.* 1. oilman 2. potter 3. conjurer, juggler
चक्रीय (*cakrīy*) *a.* 1. cyclic, cyclical 2. whirling
चक्रीय उतार-चढ़ाव *m.* cyclical fluctuation
चक्षण (*cakṣaṇ*) *m.* tasting, relishing
चक्षु (*cakṣu*) *m.* eye
चक्षु-गोचर *a.* visible, perceivable, tangible
चक्षु-तारा *m.* pupil of the eye
चक्षुदान *m.* (a) the ceremony of anointing the eyes of an idol at the time of consecration (b) imparting of knowledge
चक्षु-दोष *m.* ocular defect
चक्षुपथ *m.* range of sight/vision
चक्षुपीड़ा *f.* eyesore
चक्षुरोग *m.* eye-disease, ophthalmia
चक्षुविषय *m.* the object of vision
चक्षुश्रवा *m.* one who hears with his eyes, snake
प्रज्ञाचक्षु *m.* blind
चक्षुष्मत्ता (*cakṣuṣmattā*) *f.* clear-sighted, sharp vision, occult sight
चक्षुष्मान (*cakṣuṣmān*) *a.* keen-sighted, sharp-eyed
चक्षुष्य (*cakṣuṣya*) I. *a.* beneficial to the eyes, useful for eyesight II. *m.* collyrium
चख (*cakh*) *f.* altercation, noisy dispute
चखचख (*cakhcakh*) *f.* noisy dispute, altercation, discordant discussion, noisy exchanges
चखना (*cakhnā*) *v.t.* 1. to taste, to relish 2. to try the taste
चख जाना *v.t.* to eat up the whole
चख डालना *v.t.* (a) to taste or to partake with relish (b) to enjoy
चखाचख (*cakhācakh*) *f.* the cracking or rubbing sound of swords or daggers
चखाचखी[1] (*cakhācakhī*) *f.* quarrel, strife, wrangling, bickering
चखाचखी[2] (*cakhācakhī*) *f.* repeated tasting
चखाना (*cakhānā*) *v.t.* 1. to cause to taste/relish, to make somebody taste, to give one a taste (of) 2. to make one enjoy a food 3. to cause one to experience or suffer
मज़ा चखाना *v.t.* to teach a lesson, to punish

चगड़ (*cagaṛ*) *a.* cunning, sly (better चघड़ *q.v.*)

चगलना (*cagalnā*) *v.t.* to chew slowly by turning round and round in the mouth

चघड़ (*cagharं*) *a.* cunning, sly

चचा (*cacā*) *m.* 1. paternal uncle 2. a term of addressing the elders or superiors (see चाचा)

चचाज़ाद *m.* paternal uncle's son, cousin

चचा बनाना *(मु.) v.t.* to give one a beating, to retaliate completely

चचा होना *v.i.* to excel in cleverness, tricks

चचिंदा (*cacimdā*) *m.* vegetable *Trichosanthes anguina*

चचिया (*caciyā*) *a.* related with paternal uncle (as चाचा or चचा)

चचिया ससुर *m.* uncle-in-law

चचिया सास *f.* aunt-in-law

चची (*cacī*) *f.* 1. paternal aunt, wife of father's younger brother 2. any elderly woman of the family (= चाची *q.v.*)

चचेरा (*cacerā*) *m. a.* related with paternal uncle, descended through a paternal uncle

चचेरी बहन *f.* daughter of a paternal uncle

चचेरा भाई *m.* the son of a paternal uncle

चचोड़ना (*cacorṇā*) *v.t.* to suck (particularly a dry substance, as bone)

चट[1] (*caṭ*) *adv.* at once, quickly, hurriedly, instantly, immediately

चटपट *adv.* (a) (emphatically) very quickly, hurriedly (b) resounding snap, cracking sound of repeated strokes

चट मँगनी पट ब्याह sudden engagement followed by an early marriage

चट से *adv.* instantly, at once

चटपट होना *v.i.* (a) to die suddenly (b) to hurry up

चट[2] (*caṭ*) *f.* sound of breaking or snapping, cracking sound, snap

चट[3] (*caṭ*) *m.* child, boy

चटशाला *f.* primary school

चटक[1] (*caṭak*) *m.* sparrow

चटक[2] (*caṭak*) *f.* 1. briskness, smartness 2. (चमक) brightness, brilliance, lustre, glitter, splendour 3. (भड़क) gaudiness

चटकदार *a.* bright, brilliant, glittering

चटक नीला *a.* bright blue

चटक-मटक *f.* (a) gaudiness, coquetry (b) glitter (c) wanton gait

चटक से *adv.* with smartness, smartly, briskly

चटक[3] (*caṭak*) *f.* crack, sprain

चटकना (*caṭaknā*) *v.i.* 1. to give forth a cracking or snapping sound 2. to crack 3. to crackle (as burning wood or dead body) 4. to burst open (as a bud) 5. to burst, to open 6. to become irritated 7. to crack the fingers 8. (of persons) agitated

भाग्य चटकना *v.i.* fortune to take a bad turn

चटकनी (*caṭakanī*) *f.* bolt (of a door), latch

चटकनी लगाना *v.t.* to bolt

चटका[1] (*caṭakā*) *m.* slap

चटका[2] (*caṭakā*) *m.* compelling fondness, ardent craving (= चस्का *q.v.*)

चटका[3] (*caṭakā*) *m.* the parching sun

चटका[4] (*caṭakā*) *m.* deficiency, lack, scarcity, dearth

चटका[5] (*caṭakā*) *m.* 1. excessive thirst 2. eager desire

चटका लगना *v.i.* to thirst for, to desire, to long for, to be eager for

चटकाना (*caṭakānā*) *v.t.* 1. to snap (the fingers) 2. to crack (a whip) 3. to fire off (a gun) 4. to cause to crack 5. to break with a snap, to split 6. to irritate somebody

चटकारा (*caṭakārā*) *m.* /**चटखारा** (*caṭakhārā*) *m.* the sound made by the tongue against the palate on tasting something pleasant

चटकारे भरना/मारना *v.t.* to relish something with cracking sound

चटकारी (*caṭakārī*) *f.* 1. snapping sound made with the thumb against the middle finger 2. pinch 3. handful (= चुटकी *q.v.*)

चटकाहट (*caṭakāhaṭ*) *f.* 1. bursting forth 2. cracking

चटकीला (*caṭakīlā*) *a.* 1. (of colour) gaudy, brilliant, bright 2. (of taste) relishing, saucy

चटकीली बात *f.* saucy talk

चटकीलापन *m.* (a) gaudiness, brightness (b) sauciness

चटखना (*caṭakhānā*) *v.i.* 1. to give forth a cracking or snapping sound 2. to crack 3. to crackle (as burning wood or dead body) 4. to burst open (as a bud) 5. to burst, to open 6. to become irritated 7. to crack the fingers 8. (of person) agitated

चटखनी (*caṭakhnī*) *f.* bolt (of a door), latch (= चटकनी *q.v.*)

चटखाना (*caṭakhānā*) *v.t.* 1. to snap (the fingers) 2. to crack (a whip) 3. to fire off (a gun) 4. to cause to crack 5. to break with a snap, to split 6. to irritate somebody (= चटकाना)

चटचटाना (*caṭcaṭānā*) *v.i.* 1. to make a cracking sound (while breaking) 2. to crackle (while burning) 3. to crack

चटना (*caṭnā*) *v.i.* 1. to be tasted, to be relished 2. to be licked

चट कर जाना *v.t.* (a) to consume, to eat up, to devour (b) to use up others articles (c) to grab, to make away with

चटनी (*caṭnī*) *f.* sauce (generally of mint leaves with salt, pepper and some sour ingredient)

चटनी कर देना *v.t.* (a) to reduce to pulp (b) to beat up thoroughly (c) to give a good thrashing

चटनी हो जाना *v.t.* (a) to be reduced to pulp (b) to be mashed

चटपट (*caṭpaṭ*) *adv.*(emphatically) very quickly, hurriedly (see under चट)

चटपटा (*catpatā*) *a.* 1. pungent, spicy, savoury 2. brisk, lively

चटपटा बनाना *v.t.* to spice

चटपटी बातें *f.* spicy conversation

चटपटाना (*caṭpaṭānā*) *v.i.* 1. to flutter 2. to knock about, to toss about

चटपटापन (*caṭpaṭāpan*) *m.* spiciness, savouriness

चटपटिया (*caṭpaṭiyā*) *a.* 1. active, smart, alert 2. (चतुर) clever, dexterous 3. (स्वादिष्ट) tasty, relishable, flavoury

चटर-चटर (*catar-catar*) *f.* a clacking sound

चटर-चटर करना *v.t.* to chatter, to talk nonsense

चटवाना (*caṭvānā*) *v.t.* to cause to be licked, to make somebody lick

चटसाल (*caṭsāl*) *f.* school

चटाई[1] (*caṭāī*) *f.* mat

चटाईदार *a.* of the design of a mat

चटाई-नाप *f.* two-dimensional measurement

चटाई बिछाना *v.t.* to spread a mat

चटाई[2] (*caṭāī*) *f.* the act or process of licking

चटाक (*caṭāk*) *m.* 1. crackling sound 2. smack, quick loud blow, slap

चटाक-पटाक *adv.* promptly, immediately

चटाक से *adv.* quickly, swiftly

चटाका (*caṭākā*) *m.* /**चटाखा** (*caṭākhā*) *m.* 1. crack, snap, crackling sound, explosion 2. slap, loud blow

चटाना (*caṭānā*) I. *v.t.* 1. to cause to lick 2. to make somebody lap up something, to cause to taste 3. to sharpen a tool II. *m.* the ceremony of feeding a child for the first time

धूल चटाना *v.t.* to throw down, to smash, to humiliate

रुपया-पैसा चटाना *v.t.* to bribe, to give illegal gratification

चटापटी (*caṭāpaṭī*) I. *f.* & *a.* variegated (colour), piebald II. *f.* (of people) dying in succession due to some epidemic

चटावन (*caṭāvan*) *m.* substance for feeding (see चटाना)

चटिका (*caṭikā*) *f.* hen-sparrow (*fem. of* चटक *q.v.*)

चटियल (*caṭiyal*) *a.* (of land) bare, barren, deserted

चटुल (*caṭul*) *a.* 1. trembling, shaking 2. fickle

चटोर (*caṭor*)*a.* /**चटोरा** (*caṭorā*) *a.* over-fond of eating, greedy, voracious, glutton

चटोरपना *m.* gluttony, greediness, fondness for delicious dishes

चट्टा[1] (*caṭṭā*) *m.* a mat of bamboo

चट्टा[2] (*caṭṭā*) *m.* arranged heap of bricks, tiles, stack, pile

चट्टा लगाना *v.t.* to stack, to pile up

चट्टा[3] (*caṭṭā*) *m.* 1. a red spot, pimple 2. scar on the skin

चट्टा[4] (*caṭṭā*) *m.* barren plot of land

चट्टा-बट्टा *m.* a rattling wooden toy

चट्टे-बट्टे लड़ाना (*मु.*) *v.t.* to carry tales

एक ही थैली के चट्टे-बट्टे (*मु.*) chips of the same block, birds of the same feather

चट्टान (*caṭṭān*) *f.* rock

चट्टानी (*caṭṭānī*) *a.* rocky

चट्टानी पहाड़ *m.* rocky mountains

चट्टानी मैदान *m.* rocky plain

चट्टी (*caṭṭī*) *f.* 1. halting place (especially on hill routes) 2. wooden slippers 3. loss, damage

चट्टी भरना (a) to make good a loss (b) to pay for

चट्टू (*caṭṭū*) I. *m.* mortar of wood or stone II. *a.* gluttonous, voracious

चड़ (*caṛ*) *f.* cracking or tearing sound

चड़चड़ (*caṛcaṛ*) *f.* 1. prating, chattering 2. cracking of wood 3. tearing of cloth

चड़चड़ाना (*caṛcaṛānā*) *v.i.* to crack, to crackie, to tear

चड़बड़ (*caṛ-baṛ*) *f.* prating, chattering

चड़बड़ करना *v.t.* to prate, to chatter, to jabber, to gabble

चड़बड़िया (*caṛbaṛiyā*) *m.* prater, chatterer, talkative person

चड़बड़ी (*caṛbaṛī*) *f.* a leg-trick (in wrestling), tripping

चड्डी (*caḍḍī*) *f.* lower under-garment

चड्ढी (*caḍḍhī*) *f.* 1. riding or mounting on an animal's or a man's back 2. children's game in which they ride on each other's back

चड्ढी देना *v.t.* to make somebody mount on one's back after being defeated

चड्ढी लेना *v.t.* to have a ride, to mount on the back of somebody

चढ़त (*caṛhat*) *f.* 1. offerings made to a deity in a temple 2. start of a marriage procession

चढ़ता (*caṛhatā*) *a.* 1. ascending, rising 2. blooming, growing 3. waxing (as the moon)

चढ़ता भाव *m.* rising prices

चढ़ता रुख *m.* rising-trend

चढ़ता सूरज *m.* rising sun

चढ़ती जवानी *f.* budding youth

चढ़ती ज्वार *f.* flood tide

चढ़ती होना *v.i.* to have a spell of good luck

चढ़ना (*carhanā*) *v.i.* 1. to climb (as on a tree) 2. to ascend, to go up (a hill) 3. to ride, to mount (as on horse-back) 4. to rise (as the sun, prices) 5. to board (a ship or train)

चढ़-उतरना *v.i.* going up and down, to ascend and descend

चढ़ आना (पर) *v.i.* to make an assault on, to invade

चढ़ बनना *(मु.) v.i.* to have an upper hand, to win, to gain ground, to advance

चढ़ बैठना *(मु.) v.i.* (a) to ride on, to mount (b) to overpower

कमान/धनुष चढ़ाना *(मु.) v.t.* bow to be strung

कर्ज चढ़ना *(मु.) v.i.* debt to grow/ increase

किसी महिला के दिन चढ़ना *v.i.* to be pregnant by so many days

कोठे चढ़ना *(मु.) v.i.* to become disreputed

खुमारी चढ़ना *(मु.) v.i.* to feel intoxicated, to be drowsy, to experience a hangover

खून चढ़ना *v.i.* blood to be transfused or injected, to feel the urge to murder

ज़बान पर चढ़ना *(मु.) v.i.* to come on the tip of the tongue

दरजा चढ़ना *v.i.* to be promoted to a higher class

दिन चढ़ना *(मु.) v.i.* to start the day

नशा चढ़ना *(मु.) v.i.* to get intoxicated

नस चढ़ना *(मु.) v.i.* vein to be dislocated

नाम चढ़ना *v.i.* (name) to be enrolled in a register

पाप चढ़ना *v.i.* sin to recoil on somebody

पारा चढ़ना *(मु.) v.i.* (a) mercury to rise (b) to get enraged

बलि चढ़ना *(मु.) v.i.* sacrifice to be offered

बही में रकम चढ़ना *v.i.* amount to be entered in a ledger

भौंह चढ़ना *(मु.) v.i.* eyebrows to be raised (as in anger)

रंग चढ़ना *(मु.) v.i.* (a) to be dyed or coloured (b) to be influenced

सीढ़ियाँ चढ़ना *v.i.* to go up the stairs

सूद चढ़ना *v.i.* interest to grow

हाँड़ी चढ़ना *v.i.* cooking pot to be put on stove

चढ़वाना (*carhvānā*) *v.t.* 1. cause to be mounted 2. cause to be ascended/ raised (see चढ़ाना)

चढ़ा (*carhā*) *a.* 1. raised, elevated 2. (of a river) swollen

चढ़ा-उतरी *f.* fluctuation, repeated ascents and descents

चढ़ा-ऊपरी *f.* competitive bidding, spirit of competition

चढ़ा-चढ़ी *f.* (spirit of) rivalry, competitive bid

चढ़ा-बढ़ा *a.* high and wealthy, happy and prosperous

चढ़ा हुआ *a.* elevated, uplifted, raised

चढ़ी कीमतें *f.* rocketing prices

चढ़ाई (*carhāī*) *f.* 1. ascent, climb, rise 2. invasion, onrush, onset, assault 3. riding 4. fare or charge for riding

चढ़ाऊ (*carhāū*) *a.* 1. capable of being ascended, climbable 2. in advance (as payment)

चढ़ान (*carhān*) *f.* ascent, climb

चढ़ाना (*carhānā*) *v.t.* 1. to cause to ascend or climb 2. to cause to rise or go up 3. to make one mount 4. to pull or drag up 5. to make an offering to a deity, etc. 6. to put a cover on a book 7. to enter (some amount) in an account book 8. to drink off/ up 9. to instigate 10. to place on fire

for cooking
आस्तीन चढ़ाना *(मु.) v.t.* to roll up sleeves
गिलाफ़ चढ़ाना *v.t.* to cover with a covering
गुस्सा चढ़ाना *v.t.* to enrage
जिल्द चढ़ाना *v.t.* to bind (a book)
दाम चढ़ाना *v.t.* to raise the prices
प्रसाद चढ़ाना *v.t.* to offer oblations to a deity
मुलम्मा चढ़ाना (पर) *v.t.* to gild, to gloss over
शराब चढ़ाना *v.t.* to drink enough liquor
सामान चढ़ाना *v.t.* to put one's luggage in a truck or carrier
सूली पर चढ़ाना *(मु.) v.t.* to hang

चढ़ाव (*carhāv*) *m.* 1. ascent, climb, acclivity 2. rise, growth 3. eddying, overflow, swelling (of a river or stream) 4. elevation, exaltation
चढ़ाव-उतार *m.* ascent and descent, rise and fall, low tide and ebbtide, uphill and downhill, upstream and downstream

चढ़ावा (*carhāvā*) *m.* 1. oblations or offerings to a deity or a great person 2. a gift of ornaments from the bridegroom to the bride at the time of marriage
चढ़ावा चढ़ाना *v.t.* to offer or present offerings or sacrifice

चढ़ैत (*carhāit*) *m.* rider, horseman, trooper

चतुः (*catuḥ*) *a.* (in combinations) four
चतुःसीमा *f.* boundary

चतुरंगिणी (*caturaṅgiṇī*) *f.* army comprising of all the four divisions —elephants, chariots, cavalry and infantry

चतुर[1] (*catur*) *a.* used as first member of Sanskrit compound words beginning with vowels or voiced consonants (as चतुर + आनन = चतुरानन, चतुर्वेद) (= चतुः four)

चतुर[2] (*catur*) *a.* 1. clever 2. wise 3. tactful 4. swift, quick 5. smart 6. efficient, skilful 7. alert

चतुरक्ष (*caturakṣ) a.* quadrangle
चतुरक्ष क्रिस्टल *m.* quadrangle crystal

चतुरक्षर (*caturakṣar*) *m.* quadri-syllable

चतुरता (*caturtā*) *f.* 1. cleverness 2. swiftness, quickness 3. smartness 4. efficiency, skilfulness 5. slyness

चतुराई (*caturāī*) *f.* (= चतुरता *q.v.)*

चतुराश्रम (*caturāśram*) *m.* the four stages or order in a man's life

चतुर्गुण (*caturguṇ*) *a.* quadruple, fourfold

चतुर्गुणित (*caturguṇit) a.* tetraploid

चतुर्थ (*caturtha*) *a.* fourth, quaternary
चतुर्थ महाकल्प *m.* quaternary era

चतुर्थांश (*caturthāṃś*) *m.* quadrant, one-fourth (part), quarter

चतुर्थी (*caturthī*) *f.* fourth day of the lunar fortnight

चतुर्दंत (*caturdant*) *a.* 1. having four teeth 2. having four tusks

चतुर्दश (*caturdaś*) *a.* fourteen

चतुर्दशपदी (*caturdaśpadī*) *f.* sonnet

चतुर्दशी (*caturdaśī*) *f.* fourteenth day of the lunar fortnight

चतुर्दिक (*caturdik) /***चतुर्दिश** (*caturdiś*) I. *f.* four quarters/sides (east, west, south and north) II. *a.* four-sided III. *adv.* on all sides, all around, in all directions
चतुर्दिक/चतुर्दिश प्रहार *m.* multipronged assault

चतुर्धाम (*caturdhām*) *m.* the four places of pilgrimage of Hindus-Puri (in the east), Dwarika (in the west), Rameshwaram (in the south) and Badrikashram or Badrinath (in the north)

चतुर्बाहु (*caturbāhu*) *f* = चतुर्भुज *q.v.*

चतुर्भुज (*caturbhuj*) *m.* 1. quadrilateral 2. one having four arms, God Vishnu

चतुर्भुजी (*caturbhujī*) I. *f.* 1. the four-armed 2. goddess Durga II. *a.* four armed, four-sided, quadrangular

चतुर्मास (*caturmās*) *m.* 1. the four months of rainy season (June to September) 2. the fourth month of Hindu calendar, (i.e., Asarh)

चतुर्मुख (*caturmukh*) I. *a.* 1. four-faced 2. on all sides II. *m.* an epithet of Brahma

चतुर्युग (*caturyug*) *m.* the four ages (as सतयुग, त्रेतायुग, द्वापरयुग, कलियुग)

चतुर्वर्ग (*caturvarga*) *m.* the four human pursuits-धर्म (virtue), अर्थ (riches), काम (love) and मोक्ष (final beatitude)

चतुर्वर्ण (*caturvarṇa*) *m.* the four main classes of Hindus-Brahmans, Kshatriyas, Vaishyas and Sudras

चतुर्वर्षीय (*caturvarśīy*) *a.* quadrennial, four-yearly

चतुर्वर्षीय विद्यालय *m.* four-year school

चतुर्विंश (*caturviṃś*) *a.* twenty fourth

चतुर्विंशति (*caturviṃśati*) *a.* twenty four score

चतुर्विध (*caturvidh*) *a.* in four ways

चतुर्विम (*caturvim*) *a.* four-dimensional

चतुर्वेद (*caturved*) *m.* the four Vedas—Rigveda, Samveda, Yajurveda and Atharvaveda

चतुर्वेदी (*caturvedī*) *m.* 1. a scholar of the four Vedas 2. a sub-caste of Brahmins

चतुष् (*catuṣ*) *a.* an allomorph of चतुर्, four

चतुष्क (*catuṣk*) *m.* 1. square, courtyard 2. hall with four pillars 3. a group of four, quartet, tetrad, quadruplet, quaternary

चतुष्कोण (*catuṣkoṇ*) I. *m.* quadrangle II. *a.* quadrangular, having four angles, four-cornered

चतुष्कोणी (*catuṣkoṇī*) *a.* /**चतुष्कोणीय** (*catuṣkoṇīya*) *a.* tetragonal, four-cornered

चतुष्ट्य (*catuṣṭya*) *m.* 1. aggregate of four 2. gathering of four persons

चतुष्पक्षीय (*catuṣpakṣīy*) *a.* quadripartite, between four parties

चतुष्पथ (*catuṣpath*) *m.* cross-roads, crossing

चतुष्पथ नगर *m.* cross-road town

चतुष्पद (*catuṣpad*) *m.* quadruped

चतुष्पदी (*catuṣpadī*) *f.* quatrain

चतुष्पाणि (*catuṣpāṇi*) *m.* one having four hands (i.e., God Vishnu)

चतुष्फलकी (*catuṣphalkī*) *a.* tetrahedral

चतुश्शाल (*catuśśāl*) *m.* hall having four pillars

चतुस् (*catus*) *a.* four (allomorph of चतुर्)

चतुस्संप्रदाय (*catussampradāy*) *m.* the four religious sects of Vaishnavas (i.e., श्री, माधव, रुद्र और सनक)

चतुस्सीमा (*catussīmā*) *f.* boundary on four sides

चतुस्स्तनी (*catusstanī*) *a.* having four udders (as a cow, etc.)

चत्वर (*catvar*) *m.* quadrangular place

चद्दर (*caddar*) *f.* sheet (of cloth, iron, etc.)

चद्दर फैलाना *v.i.* to spread a sheet

चद्दर बिछाना *v.t.* to lay a sheet

चनक (*canak*) *f.* 1. bursting of a husk or pod 2. bursting or opening of a bud 3. cracking of earthenware

चनकबाई *f.* rheumatic pain (in the back)

चनचनाना (*cancanānā*) *v.i.* 1. to crackle, to sputter 2. to throb, to smart

चनचनाहट (*cancanāhaṭ*) *f.* crackling, simmering, throbbing

चना (*canā*) *m.* gram, *penicum maliaceum*

चना-चबेना (*मु.*) *m.* coarse snacks, gram and parched grains as poor

man's food
चना भूनना *v.t.* to parch gram
नाकों चने चबवाना *(मु.) v.t.* to torment
लोहे के चने चबाना *(मु.) v.t.* to face a nerve-racking job

चनार (*canār*) *m.* a kind of large tree generally found in Kashmir

चपकन (*capkan*) *f.* a kind of tight-fitting long coat

चपकना (*capaknā*) *v.i.* 1. to be compressed 2. to stick, to cling to 3. to be entangled, to be illegally involved (in love)

चपकनातिया (*capaknātiyā*) *a.* & *m.* flattering, flatterer

चपकुलिश (*capkuliś*) *f.* 1. fight with swords 2. difficult situation, difficulty 3. overcrowding

चपटना (*capaṭnā*) *v.i.* to be pressed flat, to be compressed, to be flattened

चपटा (*capṭā*) *a.* compressed flat, flattened, flat, even
चपटापन *m.* flatness, oblateness

चपड़-चपड़ (*capaṛ-capaṛ*) *f.* 1. lapping sound, sound made in chewing or gulping something 2. prattle
चपड़-चपड़ करना *v.t.* to prattle

चपड़ा (*capṛā*) *m.* 1. shellac, 2. husk

चपड़ाना (*capṛānā*) *v.t.* to brazen

चपत (*capat*) *f.* 1. slap 2. loss, harm, damage
चपत जमाना/मारना/लगाना *v.t.* to slap, to give a blow
चपत बैठना/लगना *v.i.* to sustain a loss/damage
चपत लगाना *v.t.* to inflict a loss/damage

चपतियाना (*captiyānā*) *v.t.* = चपत लगाना *q.v.*

चपती (*captī*) *f.* splint

चपना (*capnā*) *v.i.* 1. to be crushed, to be squeezed 2. to be ashamed, to feel shy (of), to blush

चपनी (*capnī*) *f.* 1. flat lid (of a cooking pot) 2. knee bone 3. bowl made of coconut shred
चपनी चाटना *(मु.) v.t.* to lick a pot lid, to be contented with little
चपनी-भर पानी में डूब मरना *v.i.* to drown oneself in a saucerful of water, to be greatly ashamed

चपरकनातिया (*caparkanātiyā*) *a.* stupid, foolish, of no consequence

चपरकनाती (*caparkanātī*) *m.* 1. stupid fellow, fool, riff-raff 2. parasite

चपरगट्टू (*capargaṭṭū*) *a.* & *m.* 1. unfortunate or unlucky fellow 2. blockhead, duffer, nincompoop

चपरास P (*caprās*) 1. plate worn by peons, orderlies on a belt or on breast 2. (in wrestling) a violent stroke of the left foot on the right of the adversary and vice versa

चपरासी (*caprāsī*) *m.* peon, orderly
चपरासीगिरी *f.* the function or position of a peon

चपल (*capal*) *a.* 1. fickle 2. unsteady 3. restless 4. shaking, tremulous 5. flippant 6. uncertain 7. wanton 8. quick, swift, nimble, agile 9. temporary, momentary

चपलता (*capaltā*) *f.* 1. fickleness 2. unsteadiness 3. flippancy 4. restlessness 5. nimbleness, agility 6. quickness, swiftness 7. wantonness

चपला (*capalā*) *f.* 1. lightning 2. (जीभ) tongue 3. wine or any other intoxicant 4. harlot, prostitute 5. an epithet of Lakshmi-goddess of wealth 6. wealth itself

चपली (*capalī*) *f.* sandal, slipper (open at the front) (= चप्पल *q.v.*)

चपवाना (*capvānā*) *v.t.* 1. to cause to be crushed or squeezed 2. to cause to be burdened

चपाती (*capātī*) *f.* thin bread of unleavened dough

चपाना (*capānā*) *v.t.* 1. to cause to be compressed 2. to put to shame, to abash

चपेट (*capeṭ*) *f.* 1. striking range 2. (दबाव) pressure 3. misfortune, mishap

चपेट में आना *(मु.) v.t.* to be embroiled in an accident, to sustain injury or loss, to fall a victim to

चपेट लगना *v.i.* to sustain injury or loss

चपेटना (*capeṭnā*) *v.t.* 1. to entangle, to embroil 2. to compress 3. to give a blow 4. to chase, to follow, to pursue 5. to browbeat

चपेटा (*capeṭā*) *m.* 1. palm of the hand with fingers extended 2. (थप्पड़) slap, cuff 3. blow 4. sudden misfortune, calamity 5. possession by an evil spirit 6. loss, damage

चप्पन (*cappan*) *f.* a lid or cover of a large pot

चप्पल (*cappal*) *f.* sandal, slipper (open at the front)

चप्पा (*cappā*) *m.* 1. span, handbreadth, a measure of four fingers 2. small piece of anything

चप्पा-चप्पा *adv.* every span of ground, every inch of a place

चप्पा-चप्पा छान मारना *(मु.) v.t.* to search/scan every inch of a place

चप्पी (*cappī*) *f.* 1. pressing or kneading the limbs, acupressure 2. shampooing

चप्पू (*cappū*) *m.* oar, paddle

चप्पू चलाना/मारना *v.t.* to row

चबड़ (*cabaṛ*) *f.* jabber, chatter

चबड़-चबड़/चबर-चबर repeated chattering, idle talk, idle gossip

चबना (*cabnā*) *v.i.* to be masticated, to bite on and through

चबनी (*cabnī*) *f. a.* requiring to be masticated or chewed

चबनी हड्डी *f.* gristle

चबलाना (*cablānā*) *v.t.* 1. to chew, to masticate 2. to eat without relishing 3. to mumble, to speak indistinctly

चबवाना (*cabvānā*) *v.t.* to cause to be masticated, to make somebody munch or chew

नाकों चने चबवाना *(मु.) v.t.* to torment, to harass

चबाई[1] (*cabāī*) *f.* mastication, crunching, munching

चबाई[2] (*cabāī*) I. *f.* backbite II. *m.* backbiter

चबाना (*cabānā*) *v.t.* to masticate, to crunch, to munch, to chew

चबा-चबाकर खाना *v.t.* to eat after masticating and chewing properly

चबा-चबाकर बोलना या बात करना *(मु.) v.t.* to speak haltingly and with a munching action

कच्चा चबा जाना *(मु.) v.i.* to eat somebody up (said in threat), to crush, to finish off

चबूतरा (*cabūtrā*) *m.* 1. raised platform, terrace, rostrum 2. marketplace 3. public place in a village 4. tribunal or Panchayat court

चबेना (*cabenā*) *m.* 1. parched grain 2. ball of parched grain with jaggery

चबेनी (*cabenī*) *f.* 1. light refreshment 2. allowance for light refreshment

चभक (*cabhak*) *f.* sinking sound

चमक (*camak*) *f.* 1. glitter, shine, lustre, glaze, brilliance, splendour, brightness 2. sudden flash

चमक-दमक *f.* glamour, pomp and show, gaudiness

चमकदार *a.* glittering, glaring, gaudy, radiant, lustrous, glossy, glazed

चमकता (*camaktā*) *a.* 1. shining, glistening, glittering, splendid 2. flourishing, prosperous

चमकना (*camaknā*) *v.i.* 1. to shine, to beam, to glimmer, to glitter, to glare 2. to spark, to sparkle 3. to be polished 4. to prosper, to flourish, to thrive 5. to be lively or brisk (as a market) 6. to startle (as a horse) 7. to flare up

क़िस्मत चमकना *(मु.)* *v.i.* to become fortunate

बिजली चमकना *v.i.* lightning, to flash

व्यापार चमकना *v.i.* trade to prosper

चमकवाना (*camakvānā*) *v.t.* to cause to be shone (see चमकाना)

चमकाना (*camakānā*) *v.t.* 1. to cause to shine or glitter, to brighten, to burnish 2. to polish 3. to display, to make a show of 4. to cause to prosper or flourish, to carry to a great height of prosperity 5. (उत्तेजित करना) to rouse or stir up, to provoke, to excite 6. to startle (a horse) 7. to tease 8. to flash the eyes in passion or anger

नाम चमकाना *v.t.* to become renowned/famous

चमकारा (*camakārā*) *m.* glare, dazzle, dazzling light, flash

चमकाव (*camakāv*) *m.* 1. glitter, glow, glare, glean 2. prosperity, advancement

चमकी (*camakī*) *f.* tinsel, spangle, metallic star for decoration

चमकीला (*camakīlā*) *a.* 1. brilliant, luminous, sparkling, shining, glistening, bright, lustrous 2. glossy, glazed

चमकीला कागज़ *m.* glazed paper

चमकीलापन *m.* glitter, glow, glean, brightness, lustre, radiance

चमकौवल (*camkauval*) *f.* pantomimic gestures, coquetry, foppery

चमक्को (*camakko*) *f.* '1. foppish or wanton woman, coquette 2. passionate woman

चमगादड़ (*camgādaṛ*) *m.* bat, vampire, popularly called a flying fox

चमच (*camac*) *m.* (see चमचा)

चमचम (*camcam*) I. *m.* a kind of Bengali sweet made of cheese II. *a.* glittering, gleaming, glowing, shining, brilliant, luminous, bright III. *adv.* brightly, gleamingly

चमचमाना (*camcamānā*) I. *v.i.* 1. to glitter, to glow, to sparkle, to beam 2. to flash 3. (of a part of the body) to sleep, to become numb II. *v.t.* to polish, to brighten, to make glossy

चमचमाहट (*camcamāhaṭ*) *f.* brilliance, radiance, brightness, glitter, lustre

चमचा (*camcā*) *m.* 1. big spoon, ladle 2. toady, flunkey, sycophant, flatterer

चमचागीरी *f.* sycophancy

चमची (*camcī*) *f.* small spoon

चमड़ा (*camṛā*) *m.* 1. hide, skin, leather 2. rind, bark

चमड़ा कमाना *v.t.* to tan leather

चमड़ा उधेड़ना *v.t.* to skin, to excoriate by beating

चमड़े का कारख़ाना *m.* tannery, leather works

चमड़े का सिक्का (a) leather coin (b) false coin (c) worthless article

चमड़ी (*camṛī*) *f.* skin

चमड़ी उधेड़ना *(मु.)* *v.t.* (a) to skin, to flay (b) to beat severely

चमड़ी जाय पर दमड़ी न जाय *(लो.)* to suffer a flaying but save a penny, to be extremely stingy

चमड़ी पर मरना *v.i.* to be infatuated by outward or physical beauty

मोटी चमड़ी (का) *a.* thick-skinned

चमत्करण (*camatkaraṇ*) *m.* act of astonishment, astounding, wondering

चमत्कार (*camatkār*) *m.* wonder, miracle, marvel, amazement

चमत्कार नाटक *m.* miracle play
चमत्कारपूर्ण *a.* miraculous, magical
चमत्कार विद्या *f.* thamaturgy

चमत्कारक *(camatkārak) a.* /**चमत्कारिक** *(camatkārik) a.* /**चमत्कारी** *(camatkārī) a.* wonderful, amazing, marvellous, miraculous, spectacular

चमत्कारिता *(camatkāritā) f.* wonder, marvellousness, excellence

चमत्कारी *(camatkārī) m.* 1. wonderful/amazing person 2. extremely intelligent or sagacious person (see चमत्कारक)
चमत्कारी चिकित्सा *f.* miracle cure
चमत्कारी नेता *m.* charismatic leader
चमत्कारी सत्ता *f.* charismatic authority

चमत्कृत *(camatkr̥t) a.* amazed, astounded, wonderstruck, charmed
चमत्कृत करना *v.t.* to astonish, to astound, to amaze

चमत्कृति *(camatkr̥ti) f.* 1. astonishment, amazement, wonder 2. miraculous performance, spectacle 3. loveliness, charm

चमन P *(caman) m.* 1. (flower) garden, parterre 2. a beautiful and pleasant place

चमर[1] *(camar) m.* 1. yak 2. tail of a yak used to whisk off flies, also a sign of royalty, fly-whisk

चमर[2] *(camar) m.* short form for Chamar (a scheduled caste among Hindus)

चमरख *(camrakh) f.* leather strap (on a spinning wheel)

चमरस *(camras) m.* sore on the foot caused by the friction of a leather shoe

चमरावत *(camrāvat) f.* the wages or labour for tanning or cleansing leather

चमरी *(camrī) f.* 1. female yak 2. fly-whisk, a flapper made of the yak's tail

चमरौट *(camrauṭ) m.* division of crops meant for the Chamar or tanner

चमरौटी *(camrauṭī) f.* inhabitance or dwelling of Chamar or tanner

चमरौधा *(camraudhā) m.* a type of heavy and sturdy shoe

चमाचम *(camācam)* I. *adv.* brightly, gaudily, brilliantly, glitteringly II. *a* bright, gaudy, glazing, glossy, glittering, shining

चमार *(camār) m.* 1. a scheduled class amongst the Hindus traditionally living by tanning leather and shoemaking 2. leather worker , shoemaker
चमारपन *m.* (a) the character or nature of a Chamar (b) low mentality

चमारनी *(camāranī) f.* /**चमारिन** *(camārin) f.* 1. woman of the Chamar 2. wife of a Chamar

चमारी *(camārī) f.* 1. the work of a Chamar

चमू *(camū) f.* a division of army, squadron, a large troop of soldiers
चमूनायक/पति *m.* leader of a military division, squadron leader

चमेलिया *(cameliyā) a.* lavender-scented, lavender-coloured, of the colour of jasmine

चमेली *(camelī) f.* jasmine, *jasminium grandiflorum* (also चंबेली)

चमोटा *(camoṭā) m.* 1. leather strap, razor strap 2. leather-headed person, dolt, simpleton

चमोटी *(camoṭī) f.* 1. whip, lash 2. (छड़ी) stick (= चमोटा)

चम्मच *(cammac) m.* see चमचा
चम्मचबाज़ *m.* spoon-bill (bird)

चय *(cay) m.* 1. heap, pile, mass 2. (नींव) foundation 3. rampart, mound of a fort 4. pile of sticks 5. (आवरण) covering, mask

चयन (*cayan*) *m.* 1. selection, choice, choosing, picking up 2. (of flowers) plucking 3. (क्रम से लगाना) putting in order, keeping systematically 4. collection of chosen things

चयनशील *a.* one who collects

चयनसमिति *f.* selection committee

चयन-स्वातंत्र्य *m.* freedom of choice

चयनिका (*cayanikā*) *f.* anthology, a collection or selection of choicest and representative passages/poems

चयनीय (*cayanīy*) *a.* fit to be selected or collected

चयापचय (*cayāpcay*) *m.* metabolism

चयापचयी (*cayāpcayī*) *a.* metabolic

चयापचयी दोष *m.* metabolic defect

चयित (*cayit*) *a.* 1. heaped, piled 2. collected, gathered 3. selected

चर (*car*) I. *m.* 1. spy, secret emissary or agent 2. (maths) variable 3. movables II. *a.* moving, dynamic

चर-अचर *a.* movable and immovable, dynamic and static, animate and inanimate

चर-गति *f.* variable motion

चर-बालू *f.* shifting sand

चर-भूमि *f.* pasture land, land for grazing

चरई (*caraī*) *f.* manger, trough for feeding cattle

चरक[1] (*carak*) *m.* leprosy, white leprosy

चरक[2] (*carak*) *m.* spy, emissary, secret agent

चरकटा[1] (*carkaṭā*) *m.* badly-behaved person, riff-raff, low person

चरकटा[2] (*carkaṭā*) *m.* chaff-cutter, fodder-cutter (=चारा कटा)

चरका[1] (*carkā*) *m.* white leprosy, whiteness of the skin

चरका[2] (*carkā*) *m.* slight wound or cut, scratch

चरका[3] (*carkā*) *m.* fraud, dodge, hoodwinking, deception

चरका खाना *v.t.* to be defrauded, to be hoodwinked, to be dodged

चरका देना *v.t.* to dodge, to defraud, to deceive, to hoodwink

चरकी (*carkī*) *m.* leper

चरख़ (*carakh*) *m.* 1. a large wheel 2. lathe 3. sky, the celestial globe

चरख़ चढ़ाना *v.t.* (a) to turn on a lathe (b) to rotate

चरख़ हिंडोला *m.* a merry-go-round

चरख़ा (*carkhā*) *m.* spinning wheel

चरख़ा कातना *v.t.* to spin on the wheel

चरख़ा चलाना *v.t.* to work on the spinning wheel, to spin on the wheel

चरख़ी (*carkhī*) *f.* 1. spool 2. reel 3. pulley 4. a light spinning wheel

चर-चर (*carcar*) *f.* 1. crackling sound 2. prate, gabble 3. scratching (of a pen in writing) 4. creaking of shoes

चरचरा (*carcarā*) *a.* & *m.* chattering, chatterer, talkative person

चरचराना (*carcarānā*) I. *v.i.* 1. to chatter, to prate 2. (लकड़ी का) to crackle, to sputter, to make a sputtering sound 3. to chew with a cracking noise 4. (of shoes) to creak 5. to make a scratching sound as a pen in writing 6. to be angry or annoyed II. *v.t.* to tear, to break

पहिया चरचराता है the wheel makes a cracking sound

चरचराहट (*carcarāhaṭ*) *f.* 1. cracking, crackling 2. sharpness, pungency 3. (of cloth) tearing sound

चरण (*caraṇ*) *m.* 1. foot, feet 2. (in poetry) metric foot, quarter of a stanza, line 3. phase, stage

चरणकमल *m.* lotus-like feet, the feet of a deity, lover, saint or highly revered person

चरणचिन्ह *m.* footprints, foot marks

चरण छूना (*मु.*) *v.t.* to touch the feet of an elderly person, to bow down with respect

चरणतल *m.* sole of the foot

चरणदासी *f.* (a) subservient and humble wife (b) footwear

चरणधूलि *(मु.) f.* (a) dust of the feet (b) insignificant thing

चरण धोकर पीना *(मु.) v.t.* to serve humbly and reverentially

चरण पड़ना *(मु.) v.i.* to fall at the feet

चरणपादुका *f.* a wooden shoe

चरणयुगल *m.* pair of feet

चरणरज *f.* **/चरणरेणु** *f.* (a) dust of the feet (b) insignificant thing or person

चरणवंदना *f.* obeisance at an elder's feet

चरणसेवक *m.* devoted and humble worshipper, devotee

चरणसेवा *f.* obsequious attendance, reverential service, adoration

चरणसेवी *m.* reverential devotee

चरणांकित (*carṇāṅkit*) *a.* marked by footprints, bearing foot marks

चरणांबुज (*carṇambuj*) *m.* lotus-like feet, beautiful feet

चरणाभरण (*carṇābharaṇ*) *m.* ornament of the foot

चरणामृत (*carṇāmṛt*) *m.* ambrosia coming from the feet (of an elderly or saintly person), water in which the feet of a deity have been washed or taken as washed, sacred water mixed with milk, ghee, curd and sugar and distributed in temples after worship

चरणामृत लेना *(मु.) v.t.* to sip the sacred water

चरणारविंद (*carṇārvind*) *m.* lotus-like feet, tender and beautiful feet

चरणिक (*carṇik*) *a.* phased

चरणिक कार्यक्रम *m.* phased programme

चरणोदक (*carṇodak*) *m.* ambrosia coming from the feet (of an elderly or saintly person), water in which the feet of a deity have been washed or taken as washed, sacred water mixed with milk, ghee, curd and sugar and distributed in temples after worship (= चरणामृत *q.v.*)

चरत (*carat*) *m.* day or days on which one takes regular meals (not a day of fasting)

चरता (*cartā*) *f.* **/चरत्व** (*caratva*) *m.* variance

चरती (*cartī*) *m.* one who does not observe a fast on a day of fasting

चरना (*carnā*) *v.t.* to graze

चरनी (*carnī*) *f.* 1. manger, trough for feeding the cattle and horses 2. pasture, grazing ground 3. the act of grazing

चरपट[1] (*carpaṭ*) *m.* swindler, pickpocket

चरपट[2] (*carpaṭ*) *m.* slap, thump, blow

चरपरा (*carparā*) *a.* pungent, piquant, acrid

चरपराना (*carparānā*) *v.i.* 1. to burn (as wood) 2. to smart, to tingle, to have a pricking sensation

चरपराहट (*carparāhaṭ*) *f.* 1. pungency (of taste), acridity 2. sharpness 3. smarting, tingling sensation 4. burning

चरफरा (*carpharā*) *a.* 1. quick, active, smart 2. skilful, ingenious 3. vigilant, attentive

चरफराना (*carpharānā*) *v.i.* to be anxious or restless

चरबांक (*carbāṅk*) *a.* 1. clever, dexterous 2. smooth-spoken, unctuous, glib

चरबांक दीदा *a.* wanton, brazen

चरबा (*carbā*) *m.* 1. tracing paper 2. copy, sketch, counterfoil

चरबाना (*carbānā*) *v.t.* to brace a drum

चरबी P (*carbī*) *f.* fat, grease, tallow
चरबी चढ़ना *(मु.) v.i.* to put on fat, to become fat, (*fig.*) to become arrogant
चरबी छा जाना (आँखों में) *v.i.* to grow mad with passion, to be neglectful of others
चरबीदार *a.* fat, greasy

चरम (*caram*) *a.* 1. extreme, utmost 2. absolute 3. ultimate 4. last, final
चरम अवस्था *f.* climax
चरम आर्द्रता *f.* extreme humidity
चरम उत्पादन *m.* peak production
चरम काल *m.* (a) peak period (b) last moment, hour of death
चरम गति *f.* ultimate state, last resort
चरमपंथी *m.* extremist
चरम प्रभुसत्ता *f.* ultimate sovereignty
चरम फल *f.* ultimate result, final outcome
चरम बिंदु *m.* culminating point
चरम लक्ष्य *m.* ultimate aim
चरम सत्य *m.* absolute truth
चरम सीमा *f.* climax, utmost limit, extreme point, zenith
चरम स्तर *m.* extreme level

चरमर (*carmar*) *f.* creaking sound, squeak

चरमरा (*carmarā*) *a.* creaking

चरमराना (*carmarānā*) *v.i.* to creak, to squeak (as of hinges of a door)

चरमराहट (*carmarāhaṭ*) *f.* creak, squeak, creaking or squeaking sound

चरमावस्था (*carmāvasthā*) *f.* culmination, ultimate stage, climax

चरमोत्कर्ष (*caramotkarṣa*) *m.* climax, pinnacle

चरमोन्नति (*caramonnati*) *f.* excellence, perfection

चरवाई (*carvāī*) *f.* 1. taking (cattle) to graze 2. charges or wages paid for grazing or pasturage

चरवाना (*carvānā*) *v.t.* to cause to be grazed

चरवाहा (*carvāhā*) *m.* 1. grazier 2. tender and feeder (of cattle, horses) 3. cowherd 4. shepherd
चरवाहा गीत *m.* cowherd song

चरवाही (*carvāhī*) *f.* 1. (act of) grazing, pasturage 2. grazier's job
चरवाही करना *v.t.* to tend cattle

चरस[1] (*caras*) *f.* charas, a drug from hemp flowers, hashish
चरस पीना *v.t.* to smoke charas or hashish

चरस[2] (*caras*) *m.* a big leather bucket (for drawing water for irrigation)

चरसा (*carasā*) *m.* 1. hide of ox or buffalo 2. leather bucket
चरसा-भर ज़मीन *f.* as much land as can be irrigated by a pair of bullocks

चरसिया (*carasiyā*) *m.* /**चरसी** (*carasī*) *m.* one addicted to smoking charas or hashish

चराई (*carāī*) *f.* 1. grazing 2. sending out cattle to graze 3. the rent or wages paid for grazing 4. the rent or tax derived from pasturage or grazing ground

चरागाह P (*carāgāh*) *m.* pasture (land), grassland, grazing ground

चराचर (*carācar*) I. *a.* movable and immovable, dynamic and static, animate and inanimate II. *m.* the entire creation, the whole world

चराना (*carānā*) *v.t.* 1. to tend grazing cattle, to put (cattle) to graze, to cause to graze 2. to make a fool of, to dupe, to befool 3. to mislead 4. to bring under one's control

चरित (*carit*) *m.* 1. deed, action 2. (जीवन-वृत्त) biography
चरितकार *m.* biographer
चरितनायक *m.* the hero, the eminent character whose life is depicted

चरितरूपक *m.* biographical feature
चरितलेखक *m.* biographer
चरिताख्यान (*caritākhyān*) *m.* biography
चरितार्थ (*caritārtha*) *a.* 1. successful in an undertaking 2. proven correct, vindicated 3. gratified
चरितार्थ कर दिखाना *v.t.* to get something realized
चरितार्थ करना *v.t.* to carry into effect, to perform
चरितार्थ होना *v.t.* to attain one's object, to prove vindicated
चरितार्थता (*caritārthatā*) *f.* 1. attainment of one's object 2. success, fulfilment
चरितावली (*caritāvlī*) *f.* collection of biographies
चरित्र (*caritra*) *m.* 1. character 2. conduct
चरित्र-अभिनेता *m.* character actor
चरित्रगत *a.* relating to character or conduct
चरित्र-गुण *m.* excellence of character
चरित्र-चित्र *m.* character sketch
चरित्र-चित्रण *m.* characterization
चरित्र-निर्माण *m.* character building
चरित्र-प्रमाणपत्र *m.* character certificate
चरित्रबल *m.* morale
चरित्रवान *a.* of good/sound moral character, virtuous
चरित्र-विज्ञान *m.* ethics
चरित्रहनन *m.* character assassination
चरित्रहीन *a.* characterless, profligate, deprave
चरित्रहीनता *f.* characterlessness, profligacy
चरित्रांकन (*caritrāṅkan*) *m.* characterisation, character sketch, portrayal or depiction of character
चरित्रावली (*caritrāvlī*) *f.* character role
चरी[1] (*carī*) *f.* 1. green corn cut/used as fodder 2. portion of land held rentfree
चरी[2] (*carī*) *f.* female spy or detective
चरु (*caru*) *m.* an oblation of rice or barley and pulse boiled with butter and milk
चरुपात्र *m.* a vessel in which चरु is prepared
चरु-प्रसाद *m.* distribution of चरु among participants in a sacrifice
चरुआ (*caruā*) *m.* a wide-mouth earthen vessel
चरुई (*caruī*) *f.* a flat earthen pot
चरैला (*carailā*) *m.* hearth on which four things can be cooked or boiled together
चर्ख़ा P (*carkhā*) *m.* spinning wheel (see चरखा)
चर्ख़ी P (*carkhī*) *f.* 1. spool 2. reel 3. pulley 4. a light spinning wheel (see चरखी)
चर्च E (*carc*) *m.* 1. church building 2. organization of Christians 3. Christian worship 4. Christianity
चर्च कानून *m.* canon law
चर्च प्राधिकार *m.* ecclesiastical authority
चर्च वेदी *f.* sepulchre
चर्चक (*carcak*) *m.* one who mentions or discusses
चर्चन[1] (*carcan*) *m.* discussion
चर्चन[2] (*carcan*) *m.* an ointment of sandal paste
चर्चरी (*carcarī*) *f.* 1. gesture 2. rhythm in clapping 3. flattery 4. merriment
चर्चा (*carcā*) *f.* 1. discussion 2. mention 3. discourse, talk
चर्चा करना *v.t.* to discuss, to argue, to talk about
चर्चा का विषय *m.* topic of discussion or talk
चर्चित (*carcit*) *a.* 1. discussed 2. mentioned, talked of 3. anointed, smeared

बहुचर्चित *a.* much talked of

चर्बी (*carbī*) *f.* fat, grease, tallow (see चरबी)

चर्बी वाला *a.* fatty

चर्म (*carma*) *m.* 1. skin, hide, leather 2. shield 3. parchment

चर्म-कर्म *m.* leather tanning

चर्मकार *m.* shoemaker, cobbler

चर्म-कील *m.* skin-excrescence, wart

चर्मधारी *m.* one holding or bearing a shield, shield-bearer

चर्म धोंकनी *f.* leather bellows

चर्मनिर्मित *a.* made of leather,

चर्म प्रसाधक *m.* taxidermist

चर्म व्यवसाय *m.* leather trade

चर्म व्यवसायी *m.* leather-dealer

चर्म शिल्प *m.* leather-craft

चर्मशोधक *m.* tanner

चर्मशोधन *m.* tanning

चर्मशोधन करना *v.t.* to tan

चर्मशोधनशाला *f.* tannery

चर्मी (*carmī*) *a.* dermal

चर्या (*caryā*) *f.* 1. practice, usage, custom 2. routine, usual course

चर्राना (*carrānā*) *v.i.* 1. to make cracking or creaking sound, to crack, to creak 2. to burst out with a noise 3. to tear (as cloth) 4. to smart on account of tension (as of skin) 5. to throb 6. to have an urge

चर्वण (*carvaṇ*) *m.* masticating, chewing

चर्वणक (*carvaṇak*) *m.* molar teeth

चर्वित (*carvit*) *a.* masticated, chewed

चर्चित-चर्वण *m.* chewing the chewed, masticating the masticated, (*fig.*) tedious reiteration

चर्व्य (*carvya*) I. *a.* masticable, fit to be chewed II. *m.* solid food

चल (*cal*) I. *a.* 1. movable, mobile, dynamic 2. variable, transient, inconstant, unsteady 3. fickle minded II. *m.* (maths) variable

चलचित्त *a.* fickle, fickle-minded

चलचित्तता *f.* fickle mindedness

चलचित्र *m.* bioscope, movie, motion picture

चलचित्रण *m.* filming

चलचित्र विद्या/चलचित्रिकी *f.* cinematography

चलचित्रदर्शी *m.* bioscope, cinematograph

चलचित्रित *a.* filmed

चल-दस्ता *m.* mobile squad

चल-जनसमूह *m.* floating population

चल-द्वीप *m.* floating island

चल-परिसंपत्तियाँ *f.* floating assets

चल-पूँजी *f.* circulating/floating capital

चल-मुद्रा *f.* currency (notes)

चल-लेखा *f.* running account

चलवासिता *f.* nomadism

चलवासी *m.* nomad, nomadic

चल विनिमय दर *f.* fluctuating exchange rate

चल-विचल *a.&f.* unstable

चल संपत्ति *f.* movable property, chattels

चल संयंत्र *m.* mobile plant

चल-सेतु *m.* draw-bridge

चलसोपान *m.* escalator

चल स्टॉक *m.* rolling stock

चलचलाव (*calcalāv*) *m.* departure, leaving and going

चलता (*caltā*) *a.* 1. going, moving 2. dynamic 3. mobile, movable 4. current, running 5. growing, developing

चलता करना (*मु.*) *v.t.* (a) to set in motion, to set-a-going (b) to start (c) to introduce (d) to issue (e) to send away, to discharge

चलता काम *m.* work done hurriedly, bad work

चलता खाता *m.* current/running account

चलता गाना *(मु.) m.* current or popular song

चलता-पुरज़ा *(मु.) m. (fig.)* cunning or clever fellow, a smooth customer, a shrewd operator

चलता-फिरता *a.* mobile, moving

चलता-फिरता नज़र आना *(मु.) v.i.* to be making a move, to be going

चलता-फिरता प्रदर्शन *m.* live demonstration

चलता बनना *(मु.) v.i.* to slip away, to turn tail

चलता रास्ता *m.* busy thoroughfare

चलता सिक्का *m.* current coin

चलता होना *(मु.) v.i.* (a) to be in motion or operation (b) to be off

चलती ख़बरें *f.* whispering

चलती गाड़ी *f.* train in motion

चलती घिरनी *f.* movable pulley

चलती दुकान *f.* thriving or flourishing business

चलती निगाह *f.* cursory sight

चलती फिरती नुमाइश *f.* mobile exhibition

चलती बात *f.* casual mention, passing reference

चलती सीढ़ी *f.* escalator

चलते-चलते *adv.* while going

चलते हाथ-पांव *m.* body in working condition

चलताऊ (*caltāū*) *a.* 1. about to go or depart 2. casual, temporary 3. temporarily workable, stop-gap

चलतू (*caltū*) *a.* 1. current, prevalent 2. workable

चलन (*calan*) *m.* 1. movement, motion 2. custom, usage, practice

चलन होना (का) *v.i.* to introduce

चलनशील *a.* movable, in motion

चलन-कलन *m.* calculation (of astronomy by which the ups and downs of the day can be known, differential calculus)

चलन समीकरण *m.* (maths) differential equation

चलना[1] (*calnā*) *m.* big sieve, strainer

चलना[2] (*calnā*) *v.i.* 1. to go 2. to walk 3. to move 4. to set off, to start 5. to be in use/practice 6. (of water) to flow 7. (of wind) to blow 8. (of a bullet) to be fired 9. (of a machine) to work, to run 10. (of a sword) to be brandished 11. (of a coin or note) to pass 12. (of work) to progress, to advance 13. (मर जाना) to die, to pass away, to expire 14. (टिकना) to last (long) 15. (हो सकना) to be possible or probable 16. (उठना) to get up, to rise 17. (काम देना) to function, to work 18. (असर करना) to effect, to influence 19. (कारगर होना) to be effective (as magic)

चल खड़े होना *v.i.* to set off

चलता चल लेना *v.t.* to be able to walk

चल जाना *v.i.* emphatic

चल देना *v.i.* to set off, to flee, to die

चल दो march off

चल निकलना *v.i.* (a) to get established (b) to move on/away (c) to become current

चल पड़ना *v.i.* (a) to start (b) to go away (c) to be in season or in market (as fruits or vegetables) (d) to get going/running (as business) (e) to come into vogue (as custom or fashion)

चल बसना *v.i.* (a) to go and settle in elsewhere (b) to pass away, to die, to expire

चले चलना *v.i.* to be on the move

काम चलना *v.i.* purpose to be served

कारोबार चलना *v.i.* to get going (trade, business)

जूता चलना *v.i.* to be worn out

पता चलना *v.i.* to come to know

पानी चलना *v.i.* to flow

मुँह चलना *v.i.* to be talking or eating
हवा चलना *v.i.* to blow
हाथ चलना *v.i.* to be doing something

चलनी (*calnī*) *f.* 1. sieve 2. strainer 3. riddled (with holes) 4. battered (also छलनी *q.v.)*

चलवाना[1] (*calvānā*) *v.t.* to get passed through a sieve

चलवाना[2] (*calvānā) v.t.* 1. to make one move, walk 2. to cause to be started, etc. (causative of चलना *q.v.)*

चलवासिता (*calvāsitā*) *f.* nomadism

चलवासी (*calvāsī*) *m.* nomad

चला[1] (*calā*) *f.* 1. lightning 2. an epithet of Lakshmi, goddess of wealth 3. wealth, riches

चला[2] *(calā) v.i.* walked, gone, moved, departed, continued, started, etc. (past tense of चलना)
चला आना *v.i.* to come down, to continue from some time past, to be handed down
चला चलना *v.i.* to go on, to keep going or moving, to continue to be or remain
चला जाना *v.i.* to go away, to depart

चलाऊ (*calāū*) *a.* 1. passing, shifting 2. (अस्थिर) unsteady, impervious, shaky, unstable 3. (चंचल) fickle 4. (जीर्ण) frail, perishable 5. (टिकाऊ) durable, lasting 6. workable 7. make-shift
कामचलाऊ make-shift, stop-gap, tolerably good

चलाचल (*calācal*) *a.* movable and immovable, mobile and immobile, stable and unstable (also चल अचल)
चलाचल संपत्ति *f.* movable and immovable property

चलाचली (*calācalī*) *f.* 1. circulation 2. traffic 3. readiness for departure (from the world) 4. passing away in succession
चलाचली का मेला *m.* a succession of departures
चलाचली की बेला *f.* time of ultimate departure

चलान (*calān*) *m.* consignment (= चालान *q.v.)*

चलाना (*calānā*) *v.t.* 1. to cause to move, to put in motion 2. to start, to set going 3. (हाँकना) to drive 4. (हिलाना) to stir 5. (मशीन आदि) to operate, to work 6. to put in use 7. (coin or note) to issue 8. (आरंभ करना) to begin, to commence 9. (चर्चा) to initiate 10. (बंदूक आदि) to fire, to shoot (at) 11. (प्रवर्तन करना) to introduce, to establish 12. (दुकान आदि) to manage 13. (मुकद्दमा) to sue, to prosecute 14. (मुँह) to talk, to eat 15. (काम) to pull on
घर चलाना *v.t.* to maintain or manage a household
नाम चलाना *v.t.* to earn reputation
वंश चलाना *v.t.* to continue a lineage
सूद पर रुपया चलाना *v.t.* to advance or lend money
हल चलाना *v.t.* to plough
हुक्म चलाना *v.t.* to give orders, to rule over

चलायमान (*calāymān*) *a.* 1. going, moving 2. unsteady, inconstant, wavering 3. fickle 4. departing 5. dying

चलार्थ (*calārtha*) *m.* currency

चलावा (*calāvā*) *m.* 1. custom, practice 2. tradition 3. manner, mode 4. (गौना) sending off of the bride to her bridegroom's house for the second time after the marriage

चलित (*calit*) *a.* 1. mobile, movable 2. shaken, tremulous 3. current, in vogue, customary 4. unsteady, inconstant

चलित्र (*calitra*) *m.* locomotive

चलिष्णु (*caliṣṇu*) *a.* 1. mobile, movable 2. ready to go

चलो (*calo*) *interj.* away ! be gone !
चलो चलें let us go or move !
चवन्नी (*cavannī*) *f.* (archaic) four-anna, bit, twenty-five paise (coin)
चवर्ग (*cavarga*) *m.* class of palatal consonants beginning with च (i.e. च छ ज झ ञ)
चवालीस (*cavālīs*) *a.* forty four
चवालीसवाँ (*cavālīsvāṁ*) *a.* forty-fourth
चश्म P (*caśma*) *f.* eye
चश्मदीद *a.* seen, witnessed
चश्मदीद गवाह *m.* eye-witness
चश्मबद *f.* evil eye
चश्मे बद दूर ! may not an evil eye be cast on you !
तोताचश्म *a.* faithless
चश्मा[1] P (*caśmā*) *m.* spectacles, eye-glasses
चश्माधारी (a) *m.* one who wears glasses (b) *a.* spectacled
चश्मा लगाना *v.t.* to wear/put on a pair of glasses
चश्मा[2] P (*caśmā*) *m.* fountain, spring
चषक (*caṣak*) *m.* 1. cup, goblet 2. wine-glass 2. wine, liquor 3. honey
चसक (*casak*) *f.* throbbing pain, ache
चसकना (*casaknā*) *v.i.* 1. to ache, to smart 2. to shout with pain 3. to throb, to palpitate, to beat
चसना (*casnā*) *v.i.* to split (as tight cloth), to be torn out
चस्का (*caskā*) *m.* compelling fondness, ardent craving
चस्का पड़ना/लगना (*मु.*) *v.t.* to acquire an ardent craving, to become addicted
खाने का चस्का *m.* compelling fondness or habituation of eating
बातें करने का चस्का *m.* compelling habituation of talking and talking
चस्पां P (*caspān*) *a.* stuck, fixed
चस्पां करना *v.t.* to stick
टिकट चस्पां करना *v.t.* to stick stamps
चहक (*cahak*) *f.* chirping, warbling, singing (of birds)
चहकना (*cahaknā*) *v.i.* 1. to chirp, to warble, to sing 2. to chatter, to prate
चहचह (*cahcah*) *f.* 1. warbling, chirping 2. loud merriment
चहचहाना (*cahcahānā*) *v.i.* 1. to chirp, to warble 2. to shout or cry out in merriment, chatter gaily 3. to make merry, to rejoice
चहचहाहट (*cahcahāhaṭ*) *f.* singing, warbling, chirping
चहबच्चा P (*cahbaccā*) *m.* cesspool
चहल (*cahal*) *f.* merriment, festivity
चहलकदमी *f.* walk, ramble, stroll, saunter
चहल-पहल *f.* (a) stir (b) activity (c) pomp and show (d) merriment, merry-making
चहलना (*cahalnā*) I. *v.i.* to stroll, to saunter, to ramble II. *v.t.* to trample under feet
चहलुम (*cahlum*) *m.* see चेहलुम
चहा (*cahā*) *m.* snipe, a bird with very long thin beak
चहार P (*cahār*) *a.* four
चहारदीवारी *f.* the four walls, boundary walls
चहारुम P (*cahārum*) *a.* fourth
चहारुम दर्जा *m.* fourth grade
चहुँ (*cahuṁ*) *a.* four
चहुँओर/दिशा *adv.* on all four sides, all around, in all directions
चहेता (*cahetā*) *a.* 1. beloved, dear, loving 2. favourite
चहेता लड़का *m.* beloved son
चहेती बीवी *f.* beloved wife
चाँइयाँ (*cāṁiyāṁ*) I. *a.* shrewd, cunning II. *m.* swindler, cheat
चाँई (*chāṁī*) I. *a.* clever, cunning II. *m.* 1. thief, pickpocket 2. cheater, swindler
चाँगला (*cāṁglā*) *a.* 1. clever, witty

2. active, smart 3. strong, stout, robust

चांचल्य (*cāñcalya*) *m.* (from चंचल) 1. unsteadiness, instability 2. fickleness 3. frivolity, skittishness

चाँचिया (*cāṁcīyā*) *m.* 1. a man of a particular criminal tribe 2. robber

चाँचिया जहाज़ *m.* pirate ship

चाँटना (*cāṁṭnā*) *v.t.* to slap, to thump

चाँटा (*cāṁṭā*) *m.* slap, cuff

चांटा जड़ना/मारना *(मु.) v.t.* to slap

चांडाल (*cāṇḍāl*) I. *m.* 1. most degraded person, a man of the lowest Shudra class among Hindus 2. an outcaste 3. miscreant 4. wretched person 5. depraved fellow II. *a.* wretched, wicked (see चंडाल)

चांडालिका (*cāṇḍālikā*) *f.* goddess Durga, a plant

चांडाली (*cāṇḍalī*) *f.* woman of the chandal class

चाँद[1] (*cāṁd*) *m.* the moon

चाँद का टुकड़ा *(मु.) m.* a very lovely or beautiful person

चाँद को ग्रहण लगना *v.i.* to have a blot or blemish in a beautiful thing

चाँद चढ़ना *(मु.)* rising of the moon

चाँद डूबना sinking or setting of the moon

चाँद पर थूकना *(मु.) v.t.* to try to calumniate a reputed person

चाँद-रात *f.* the night of the new moon, the first night of a lunar month

चाँद-सा मुखड़ा *m.* lovely face

ईद का चाँद होना *(मु.) v.i.* to be seen rarely, to appear seldom

चाँद[2] (*cāṁd*) *f.* the crown of the head

चाँद गंजी करना *v.t.* to give a good beating

चाँद[3] (*cāṁd*) *f.* the target or mark to shoot at

चाँदमारी *f.* firing at a target, target practice, field firing

चाँद[4] (*cāṁd*) *m.* white spot on the forehead of a bull

चाँदना (*cāṁdnā*) *m.* light

चाँदना पाख *m.* moonlit fortnight

चाँदनी[1] (*canṁdnī*) *f.* moonlight

चाँदनी खिलना/छिटकना *(मु.) v.i.* spreading of the moonlight

चाँदनी रात *f.* moonlit night

चाँदनी[2] (*cāṁdnī*) *f.* a white cloth spread over a carpet, bed-sheet

चाँदनी[3] (*cāṁdnī*) *f.* a white flower (also called गुल चाँदनी) *Tabernaemontana coronaria*

चाँदला (*cāṁdlā*) *m.* a wafer-like ornament for forehead

चाँदवा (*cāṁdvā*) *m.* 1. covering, awning 2. a ladies' glass-spangle worn on the forehead

चाँदा (*cāṁdā*) *m.* 1. protractor 2. a particular aim of telescope

चाँदी (*cāṁdī*) *f.* silver

चाँदी का जूता *(मु.) m.* monetary temptation, bribe

चाँदी काटना *(मु.) v.t.* to make/mint money

चाँदी चढ़ाना *m.* silver-plating

चाँदी होना *(मु.) v.i.* to have fabulous earnings, to have all-round gains

चांद्र (*cāndra*) *a.* lunar

चांद्र ज्वार-भाटा *m.* lunar tide

चांद्र मास *m.* lunar month, new moon to new moon

चांद्र वर्ष *m.* lunar year(of less than 360 days)

चांद्रायण (*cāndrāyaṇ*) *m.* a religious observance or expiatory penance regulated by the waxing or waning digits of the moon

चाँप (*cāṁp*) *f.* 1. (mutton) chop 2. back of a gun 3. stocks

चाँपना (*cāṁpnā*) *v.t.* 1. to press, to squeeze 2. to shampoo 3. to thrust, to stuff

चाँपा (*cāṁpā*) *m.* kneaded flour, dough
चांस E (*cāṃs*) *m.* 1. chance 2. turn
चांसलर E (*cāṃslar*) *m.* chancellor
चाइयां (*cāiyāṁ*) *a.* I. *a.* shrewd, cunning II. *m.* swindler, cheat (see चाँइयाँ)
चाईं (*cāīṁ*) *f.* seed of tamarind
चाक[1] (*cāk*) *m.* 1. the potter's wheel 2. wheel 3. pulley 4. ring of wood for a well 5. mill stone
चाक[2] E (*cāk*) *m.* chalk
  चाक का टुकड़ा *a..* piece of chalk
चाकचक (*cākcak*) *a.* 1. secured, defended, sheltered 2. strong, stout
चाकचिक्य (*cākcikya*) *m.* 1. illusion 2. glamour, lustre 3. (चकाचौंध) dazzle
चाकचौबंद *(मु.)* (*cākcauband*) *a.* 1. alert, smart 2. agile, spick and span
चाकर P (*cākar*) *m.* servant, menial attendant
चाकरानी (*cākrānī*) *f.* maid servant, female attendant
चाकरी P (*cākrī*) *f.* 1. service, job 2. servitude 3. attendance
  चाकरी करना *v.t.* (a) to do service (b) to wait upon to attend
चाकल (*cākal*) *a.* broad, wide
चाकू (*cākū*) *m.* knife, clasp-knife, penknife
चाक्षुष (*cākṣuṣ*) *a.* of or pertaining to the eyes, ocular, perceptible by the eyes, visual
  चाक्षुष ज्ञान *m.* visual or direct knowledge
  चाक्षुष प्रमाण *m.* eye-witness
चाखना (*cākhnā*) *v.t.* to taste, to relish
चाचरि (*cācari*) *f.* a kind of song sung with dancing at the Holi festival
चाक्रिक (*cākrik*) *a.* (from चक्र) circulatory
चाचा (*cācā*) *m.* 1. paternal uncle, father's younger brother 2. common form of addressing an elderly man
चाची (*cācī*) *f.* 1. paternal aunt, wife of father's younger brother 2. any elderly woman
चाट (*cāṭ*) *f.* 1. taste, relish 2. licking 3. longing, craving 4. habit 5. a spicy preparation of cut fruits/vegetables
  चाट पड़ना *(मु.) v.i.* to acquire a taste or habit (of)
  चाट लगना *v.t.* get addicted (used in a denunciatory sense)
चाटना (*cāṭnā*) *v.t.* to lick, to lap
  चाटना-चूमना *v.t.* to fondle and kiss
  चाट जाना *v.t.* (a) to devour, to eat up (b) to lick up
चाट-पोंछकर खाना *v.t.* to eat (something) up with relish
  थूककर चाटना *v.t.* (*fig.*) to go back on one's words
चाटु (*cāṭu*) *m.*1. pleasing words or discourse, very palatable talk 2. flattery, false praise, sycophancy
  चाटुकार *m.* sycophant, flatterer
  चाटुकारिता *f.* flattery, sycophancy, adulation, wheedling
चाटू (*cāṭū*) *a.* greedy, voracious
चाटूक्ति (*cāṭūkti*) *f.* pleasing words, flattering statement
चातक (*cātak*) *m.* pied cuckoo, *Cuculus melanoleucus* (living, according to legend, only on rain drops) (*fem.* चातकी)
चातुर्[1] (*cātur*) *a.* relating to four (used in combinations) (see चतुर)
  चातुर्वर्ण्य I. *a.* suited or belonging to the four castes or वर्ण *q.v.* II. *m.* the aggregate of the four Hindu castes
  चातुर्विद्य *a.* well-versed in the four Vedas
  चातुर्होत्र *m.* a sacrifice performed by four priests
चातुर[2] (*cātur*) *a.* 1. clever, shrewd, sagacious 2. skilful, dexterous
चातुरक्ष (*cāturakṣ*) *m.* a cast of dice with

four dots

चातुरी (*cāturī*) *f.* 1. cleverness, shrewdness, sagacity, ingeniousness 2. tact, skilfulness, dexterity

चातुर्जात (*cāturjāt*) *m.* an aggregate or group of four sub-castes

चातुर्थक (*cāturthak*) *a.* /**चातुर्थिक** (*catturthik*) *a.* appearing on every fourth day

चातुर्दश (*cāturdaś*) *a.* appearing on the fourteenth day of the lunar month

चातुर्मास *m.* a period of four months

चातुर्मासिक (*cāturmāsik*) *a.* 1. occurring every fourth month 2. pertaining to the four months of rains

चातुर्मासी (*cāturmāsī*) *m.* sacrifice or yagya (one who performs the चातुर्मास्य *q.v.*)

चातुर्मास्य (*cāturmāsya*) *m.* a religious sacrifice or yagya occurring on every fourth month of a year

चातुर्य (*cāturyā*) *m.* (from चतुर clever) 1. clerverness, shrewdness, sagacity 2. skilfulness, ingenuity, dexterity

चादर (*cādar*) *f.* 1. sheet (of cloth) 2. bed-sheet 3. bed-cover 4. an upper cover-garment (used by women) 5. sheet (of metal, glass, etc.)

चादर उतारना *v.t.* (a) to take off the sheet or covering (b) to expose (c) to disgrace or humiliate, to put to shame

चादर ओढ़ाना *v.t.* to have a widow remarried

चादर तानकर सोना *v.t.* to sleep carefree

चादर देखकर पैर फैलाना *(मु.) v.t.* to cut one's coat according to one's cloth

चादर बिछाना *v.t.* to lay the cloth(on), to spread a (bed) sheet

चादर से बाहर पैर फैलाना *(मु.) v.t.* to spend beyond one's means

चादरा (*cādarā*) *m.* an overall covering sheet (used by women)

चाप[1] (*cāp*) *m.* 1. arch, arc 2. bow 3. rainbow

चाप कर्ण *m.* the chord of an arc or bow

चाप क्षेत्र *m.* segment of a circle

चाप[2] (*cāp*) *f.* sound of footsteps

चाप[3] (*cāp*) *f.* pressure

चॉप E (*caup*) *m.* chop

आलू चॉप *m.* potato chop

चापड़ (*cāpaṛ*) *a.* 1. flattened by pressure 2. level

चापना (*cāpnā*) *v.t.* to press, to squeeze

चापलूस (*cāplūs*) I. *a.* flattering, obsequious II. *m.* flatterer, wheedler, sycophant

चापलूसी (*cāplūsī*) *f.* flattery, false praise, wheedling, sycophancy, cajolery

चापलूसी करना *v.i.* to flatter, to wheedle

चापल्य (*cāpalya*) *m.* (from चपल) 1. fickleness, unsteadiness 2. quickness, swiftness, quick movement

चापाकार (*cāpākār*) *a.* bow-shaped, crescent-shaped, arched

चापी (*capī*) archer, bowman

चाफंद (*cāphand*) *m.* a kind of fishing net

चाबना (*cābnā*) *v.t.* to masticate, to chew, to crunch, to munch, to champ,

चाब डालना *v.t.* to devour greedily

चाबी P (*cābī*) *f.* key

चाबी घुमाना *v.t.* 1. to lock 2. to wind (clock)

चाबी देना *v.t.* to wind a watch or clock

चाबी लगाना *(मु.) v.t.* to lock

चाबुक P (*cābuk*) *m.* whip, lash, flagellum, hunter

चाबुक जड़ना *v.t.* to flog

चाबुक मारना *v.t.* to whip, to lash

चाबुक सवार *m.* jockey, horse breaker, horse-trainer

चाबुक सवारी *f.* art of horse training, horse breaking

चाबू (*cābū*) I. *a.* chewing, crunching II. *m.* chewer

चाभी (*cābhī*) *f.* key (better चाबी *q.v.*)

चाम (*cām*) skin, hide, leather

चाम का दाम *m.* (a) leather currency (b) a coin having no worth (c) earning through immoral trafficking in women

चाम के दाम चलाना (*मु.*) *v.t.* (a) to introduce leather currency (b) to establish a temporary authority (c) to earn through immoral trafficking

चामचोर *m.* adulterer

चामचोरी *f.* adultery

चामर (*cāmar*) *m.* whisk, fly-whisk (= चँवर or चौंरी *q.v.*)

चामरिक (*cāmrik*) *m.* whisk-bearer, chowry-bearer

चामीकर (*cāmīkar*) *m.* gold

चायँ-चायँ (*cāyaṁ-cāyaṁ*) *m.* 1. noise of the birds, cawing, chirping 2. chatter, gabble, jabber

चाय (*cāy*) *f.* tea

चाय-घर *m.* tea-house, canteen

चायदानी *f.* teapot

चाय-पानी *m.* light refreshment, tea and snacks

चाय पीना *v.t.* to take tea

चायबागान *m.* tea estate, tea plantation

चार[1] (*cār*) *a.* & *m.* 1. four, the figure four 2. few, some

चार अक्षर पढ़ जाना *v.i.* to have a smattering knowledge

चार आदमी *m.* people in general

चार आदमियों के रू-ब-रू (सामने) *adv.* in the presence of some people, in public

चार आश्रम *m.* four stages of life ब्रह्मचर्य, गृहस्थ, वानप्रस्थ, संन्यास *q.v.*

चार उंगल *m.* breadth of four fingers, measurement equal to about 10 cms.

चार-एक *a.* about four

चार कदम *m.* short distance

चार कागज़ *m.* four procedures of lawsuit-plaint, defence, replication and rejoinder

चार के कंधे पर चढ़ना/जाना (*मु.*) *v.i.* to perform the last journey, to be carried on a bier or in a coffin

चार खाना *m.* chequered cloth

चार खूँट *m.* the four quarters of the globe, the whole world

चार गुणा *a.* fourfold, four times as much

चार चाँद लगना (*मु.*) *v.i.* to enhance one's glory, to have a feather added to one's cap, to become more charming

चार जामा *m.* saddle cloth

चार तरफ *f.* four sides, all sides

चार दिन (*मु.*) *m.* a few days

चार दिन का *a.* temporary, transient

चार दिन की चाँदनी *f.* ephemeral glory, transient happiness, nine days' wonder

चारदीवारी *f.* four walls, boundary (walls)

चार धाम *m.* four essential places of pilgrimage—Badrinath, Rameshwaram, Dwarka and Jagannath Puri

चार पद/पाद *m.* four feet of religious structure truth, purity, benevolence and mercy

चार पदार्थ *m.* the four objectives of human life धर्म, अर्थ, काम and मोक्ष

चारपाई *f.* cot, bedstead

चारपाई पर पड़ना (*मु.*) *v.i.* to be ill, to be confined to bed

चारपाया *m.* quadruped

चार पैसे (*मु.*) *m.* some money

चारबाग *a.* a garden in four equal and rectangular sections

चार बीसी *f.* four score (eighty)

चार यार *m.* the four successors of Hazrat Mohammad Sahib

चार युग *m.* four ages or epochs (as सतयुग, त्रेतायुग, द्वापरयुग, कलियुग)

चार वर्ण *m.* four main classes ब्राह्मण, क्षत्रिय, वैश्य, शूद्र

चार वेद *m.* the four Vedas—Rigved, Samved, Yajurved, Atharvaved

चार सौ बीस *(मु.) a.* & *m.* cheat, fraud, criminal minded

चारों ओर *adv.* on all sides, in all the four directions

चारों खाने/शाने चित गिरना *v.i.* to fall flat on the ground, to be beaten up

चारों खाने/शाने चित गिराना *v.i.* to beat thoroughly

आँखें चार होना *v.i.* to exchange glances, to be face to face

चार[2] (*cār*) *m.* (from चर) spy

चार कर्म *m.* spying, espionage

चारक (*cārak*) *m.* 1. spy, secret agent 2. attendant

चारकोल E (*cārkol*) *m.* charcoal

चारण[1] (*cāraṇ*) *m.* minstrel, bard, troubadour

चारण कवि *m.* bardic poet, troubadour

चारण-काव्य *m.* bardic poetry

चारण-वृत्ति *f.* minstrelsy, bardic vocation

चारण[2] (*cāraṇ*) *m.* grazing

गो चारण *m.* grazing the cows

चारा P (*cārā*) *m.* 1. food for cattle, fodder, forage 2. bait, lure (as for fishes) 3. (उपाय) remedy, means

चारा और भूसा *m.* fodder and forage

चारा-जोई *f.* proceedings in a lawsuit

चारा डालना *v.t.* to offer bait, to lure

और कोई चारा न होना *v.i.* to have no other way out, to have no alternative

चारिका (*cārikā*) *f.* maid servant, female attendant

चारिणी (*cāriṇī*) *f.* behaving, conducting, (as in ब्रह्मचारिणी, सहचारिणी) (see चारी)

चारित्रिक (*cāritrik*) *a.* of or pertaining to character

चारित्रिक बल *m.* strength of character

चारित्रिक श्रेष्ठता *f.* excellence of character

चारित्रिकता (*cāritriktā*) *f.* goodness, righteousness, excellence of character

चारी (*cārī*) *m.* & *suff.* 1. behaving, conducting 2. moving, going (see व्योमचारी, ब्रह्मचारी) (*fem.* चारिणी)

चारु (*cāru*) *a.* lovely, charming, beautiful, elegant, handsome, pretty

चारुदर्शन *a.* beautiful to look at

चारुधामा *f.* wife of Indra, Indrani

चारुनयन/नेत्र *m.* lovely eyes

चारुशील *a.* having excellent disposition or charming manners

चारुहासिनी *f.* woman having charming smile

चारुहासी *m.* one having sweet smile

चारुता (*carutā*) *f.* elegance, grace, loveliness

चार्ज E (*cārj*) *m.* 1. (मूल्य) price, expense 2. (अभियोग) accusation 3. (कार्य-भार) supervision

चार्ज करना *v.t.* to charge (price), to charge (a battery)

चार्ज देना *v.t.* to hand over charge

चार्ज लगाना *v.t.* to accuse

चार्ज लेना *v.t.* to take charge

चार्जशीट *f.* chargesheet

चार्ट E (*cārṭ*) *m.* chart, map

चार्मिक (*cārmik*) *a.* made of leather, leathern

चार्वाक (*cārvāk*) *m.* 1. one who holds materialistic or unorthodox opinions 2. materialist 3. atheist

चार्वाक दर्शन *m.* charvak philosophy of eat-drink and be merry, epicureanism

चाल[1] (*cāl*) *f.* 1.manner of walking, gait 2. speed 3. pace (of a horse) 4. motion, way of moving 5. move 6. tactics 7. plot 8. trick 9. stunt 10. fraud 11. fashion, practice
गाड़ी की चाल *f.* speed of a car
घर की चाल *f.* custom in the family
घोड़े की चाल *f.* gait or pace of a horse
मशीन की चाल *f.* motion of a machine
शतरंज की चाल *f.* a move in chess
चाल-चलन *m.* character
चाल चलना *(मु.)* (a) to make a move (b) to play a trick
चाल चूकना *v.t.* to misfire, to miss the target
चाल-ढाल *f.* bearing, deportment
चाल नियामक *m.* speed regulator
चाल पकड़ना *v.t.* to follow the course or custom, to become current, to pick up speed
चालबाज़ *a.* trickish, scheming, tricky, cunning, crafty, wily
चालबाज़ी *f.* deceit, cunningness, craftiness
चाल मिलाकर चलना *v.i.* to keep step
चाल में आना *(मु.) v.t.* to fall into a plot, to fall in somebody's trap, to be taken in
चाल में फँसना *v.i.* to be a victim to somebody's plot/trick

चाल[2] (*cāl*) *m.* house providing cheap rented quarters for tenants, roof, or thatch

चालक (*cālak*) *m.* 1. driver, conductor, pilot 2. operator (of a machine)

चालकता (*cālaktā*) *f.* conductivity

चालन (*cālan*) *m.* 1. manipulation 2. conduction

चालना (*cālnā*) *v.t.* to sift, to sieve

चालनी (*cālnī*) *f.* sieve, strainer
चालनी रूप *a.* cribriform, sieve-shaped

चाला (*cālā*) *m.* 1. auspicious moment of departure 2. departure 3. the ceremony of taking the bride to the bridegroom's house for the first time

चालाक (*cālāk*) *a.* 1. clever, adroit, dexterous 2. shrewd, cunning, crafty, astute, designing
चुस्त-चालाक *m.* smart

चालाकी (*cālākī*) *f.* 1. dexterity, ingenuity 2. cunning, craftiness, astuteness, shrewdness
चालाकी करना *v.t.* to play a trick
चालाकी खेलना *v.t.* to give a dodge
चालाकी से *adv.* astutely, craftily, by unfair means

चालान (*cālān*) *m.* 1. prosecution, forwarding an accused to a magistrate 2. certificate of despatch, invoice, consignment
चालान करना (a) to commit a person for trial (b) to forward a consignment
चालान काटना *v.t.* to write an invoice

चालित (*cālit*) *a.* operated, driven

चालिया (*cāliyā*) *a.* & *m.* cheat, fraud, trickster, scheming (fellow)

चाली[1] (*cālī*) *a.* clever, cunning, shrewd, artful, astute, tricky

चाली[2] (*cālī*) *f.* movement

चाली[3] (*cālī*) *m.* a roundworm

चालीस (*cālīs*) *a.* & *m.* forty, 40, the number or figure forty

चालीसवाँ (*cālīsvāṁ*) I. *a.* fortieth II. *m.* 1. the fortieth day after the death of a person 2. the fortieth day of mourning (after Muharram)

चालीसा (*cālīsā*) *m.* 1. an aggregate of forty articles, stanzas, etc. 2. a period of forty days

चालू (*cālū*) *a.* 1. cunning, tactful 2. current, running
चालू आदमी *m.* sharper, unscrupulous person
चालू करना *v.t.* to activate, to set in

motion, to start
चालू काम *m.* work-in-progress
चालू खाता *m.* current account
चालू जोड़ *m.* running total
चालू दशा में *adv.* in working order
चालू पूँजी *f.* operating capital
चालू भाव *m.* current rate
चालू रखना *v.t.* to continue
चालू वर्ष *m.* current year
चालू संविदा *f.* running contract
चालू होना *v.i.* to come into operation, to come into force

चाव (*cāv*) *m.* 1. longing, craving 2. (उत्साह) zest, ardour, gusto, eagerness 3. fondness
चाव-चोंचले *m.* caressing, endearment
अपना चाव पूरा करना *v.t.* to satisfy one's longing, to gratify a wish
बड़े चाव से *adv.* with great zest

चावड़ी (*cāvṛī*) *f.* camp, encampment

चावल (*cāval*) *m.* rice (cleared of the husk)

चाशनी (*cāśnī*) *f.* 1. treacle, viscous syrup 2. taste, relish, flavour 3. sample of a food for tasting 4. specimen of metal as gold, silver
चाशनी देखना *v.t.* to test (boiling syrup)

चास (*cās*) *f.* ploughing, tilling, cultivating
चास करना *v.t.* to plough, to till, to cultivate

चाह[1] (*cāh*) *f.* 1. desire, longing, craving, will, volition 2. love, affection
की चाह होना *v.i.* (a) to have desire for (b) to be in demand
जहाँ चाह वहाँ राह (*मु.*) where there is a will, there is a way

चाह[2] P (*cāh*) *m.* a well

चाहत (*cāhat*) *f.* 1. love, affection, liking, fondness 2. longing, craving 3. need, necessity 4. eagerness, zest

चाहता (*cāhatā*) *a.* 1. loved, affectionate 2. owing, due 3. desired, wished for

चाहना (*cāhnā*) *v.t.* 1. to wish, to desire, to crave, to long (for) 2. (माँगना) to require, to want, to need 3. to love, to be fond (of) 4. (पसंद करना) to like
चाहने वाला *a.* & *m.* loving, lover
किसी का भला चाहना *v.t.* to wish somebody well
मैं कुछ नहीं चाहता, मुझे कुछ नहीं चाहिए I want nothing, I do not want anything

चाहा (*cāhā*) *m.* snipe, (a game bird) *gallinago* (*fem.* चाही)

चाहिए (*cāhie*) *v.t.* 1. is necessary, is needful 2. is proper, it behoves 3. should, ought to
मुझे कुछ नहीं चाहिए I do not want anything
मुझे जाना चाहिए I should go

चाही (*cāhī*) *a.* irrigated from a well
चाही ज़मीन *f.* the land irrigated from a well

चाहे (*cāhe*) *conj.* 1. though 2. either or (repeated चाहे...चाहे...)
चाहे कितना however much
चाहे कुछ whatsoever
चाहे कोई whosoever
चाहे जितना how much, however much
चाहे जो whoever, whichever
चाहे जो हो come what may, whatever may happen

चिंगड़ा (*ciṁgṛā*) *m.* prawn

चिंगना (*ciṁgnā*) *m.* 1. chick, chicken 2. small boy

चिंगारी (*ciṁgārī*) *f.* spark (of fire)
चिंगारी छोड़ना *v.t.* (a) to emit spark (b) to say something cutting or vexing
चिंगारी लगाना *v.t.* to set fire (to), to inflame

चिंघाड़ (*ciṁghāṛ*) *f.* trumpeting (of an elephant), trumpet

चिंघाड़ मारना *v.t.* to trumpet, to screech, to scream

चिंघाड़ना (*cimghāṛnā*) *v.t.* 1. to trumpet 2. to roar (in rage), to shout

चिंचा (*cimcā*) *f.* 1. tamarind 2. seed of tamarind

चिंतक (*cimtak*) *m.* 1. thinker, contemplator 2. meditator 3. (as second member of a compound) anxious, desirous

शुभचिंतक *m.* well-wisher

चिंतन (*cimtan*) *m.* 1. thinking, pondering, contemplation, reflecting 2. meditation

चिंतन करना *v.t.* to think over, to contemplate, to meditate, to brood, to ponder

चिंतनधारा *f.* stream of thought

चिंतनशील *a.* thoughtful, contemplative

चिंतना (*cimtanā*) *v.t.* to be concerned (about)

चिंतनीय (*cimtanīy*) *a.* 1. to be thought of, to be pondered over, worth thinking, deserving consideration 2. serious, grave, causing anxiety or concern

चिंता (*cimtā*) *f.* anxiety, worry, care, concern

चिंता करना *v.t.* to worry

चिंताग्रस्त *a.* worried, anxious

चिंताजनक *a.* serious, grave, causing anxiety/concern

चिंतामग्न *a.* pensive, thoughtful

चिंतामणि *m.* a fabulous gem supposed to yield the possessor all desires

चिंतामुक्त *a.* free from worry/anxiety

चिंतारहित *a.* carefree

चिंता लगना (*मु.*) *v.i.* to have a worry

चिंता होना *v.i.* to be worried

चिंताकुल (*cimtākul*) *a.* /**चिंतातुर** (*cimtātur*) *a.* worried, disturbed by anxiety, perturbed, anxious

चिंतित (*cimtit*) *a.* 1. perturbed, distracted, worried, concerned 2. considered, thought of

चिंत्य (*cimtya*) *a.* 1. worth thinking, deserving consideration 2. causing anxiety or concern, grave, serious 3. doubtful, questionable

चिंदी (*cimdī*) *f.* a small piece, fragment, scrap, shred

चिंदी-चिंदी करना *v.t.* to reduce to fragments, to tear to pieces

चिंपांज़ी E (*cimpañzī*) *m.* chimpanzee (ape)

चिआँ (*ciām*) *f.* seed of tamarind

चिउँटा (*ciumṭā*) *m.* a big black species of ant

चिउँटी (*ciumṭī*) *f.* ant

चिउँटी की चाल *f.* very slow movement

चिउँटी के पर निकलना (*मु.*) *v.i.* to be nearing death

चिउड़ा (*ciuṛā*) *m.* parched and beaten rice

चिक[1] (*cik*) *f.* a hanging screen or blind made of split bamboos or reeds

चिक[2] (*cik*) *f.* pain in the back

चिक[3] (*cik*) *m.* butcher

चिकट (*cikaṭ*) *a.* 1. oiled, greased 2. soiled, greasy 3. sticky

चिकटना (*cikaṭnā*) *v.t.* to be greasy and sticky

चिकन (*cikan*) *m.* 1. particular mode of embroidery 2. embroidered fine cloth

चिकना (*ciknā*) *a.* 1. oily, greasy 2. smooth, polished 3. glossy, glazed 4. clean and bright

चिकना करना *v.t.* (a) to smooth, to polish (b) to grease, to lubricate

चिकना कागज़ *m.* glazed paper

चिकना घड़ा (*मु.*) *m.* (*fig.*) impervious to all advice, a person who is deaf to reason or admonition

चिकना-चुपड़ा *a.* well made up, smart and attractive
चिकना चुपड़ा रहना *v.i.* to be always decked up
चिकना देखकर फिसल पड़ना *(मु.) v.i.* to fall to a slight temptation
चिकना पदार्थ *m.* oily substance
चिकनापन *m.* (a) greasiness, oiliness (b) smoothness
चिकना पृष्ठ *m.* smooth surface
चिकना फर्श *m.* smooth floor
चिकनी-चुपड़ी बातें करना *v.t.* to flatter, to cajole
चिकनी तोरी *f.* sponge gourd (vegetable)
चिकनी मिट्टी *f.* heavy loam
चिकनी सुपारी *f.* boiled and flattened betel-nut

चिकनाई (*ciknāī*) *f.* 1. oiliness, greasiness 2. smoothness 3. grease, lubricant

चिकनाना (*ciknānā*) *v.t.* 1. to smooth, to polish, to refine 2. to oil, to grease, to lubricate

चिकनाहट (*ciknāhaṭ*) *f.* 1. smoothness, polish, glossiness 2. oiliness, greasiness 3. beauty, loveliness

चिकवा (*cikvā*) *m.* butcher

चिकारना (*cikārnā*) *v.i.* to scream, to squeal, to squeak

चिकारा[1] (*cikārā*) *m.* the ravine antelope so called on account of the squeaking sound it makes when approached by man (*fem.* चिकोरी)

चिकारा[2] (*cikārā*) *m.* a stringed instrument

चिकित्सक (*cikitsak*) *m.* physician, therapist, medical doctor
चिकित्सक दल *m.* medical unit

चिकित्सन (*cikitsan*) *m.* curing

चिकित्सा (*cikitsā*) *f.* 1. medical or surgical treatment, therapy 2. science of medicine 3. medication, healing, curing
चिकित्सा अधिकारी *m.* medical officer
चिकित्सा-केन्द्र *m.* Health Centre
चिकित्सा पद्धति *f.* system of medical treatment
चिकित्सा प्रमाणपत्र *m.* medical certificate
चिकित्सा मंडल *m.* medical board
चिकित्सा विज्ञान *m.* medical science, medicine, therapeutics
चिकित्सा विज्ञानी *m.* therapeutist
चिकित्सा व्यवसाय *m.* (a) medical profession (b) medical practice
चिकित्सा व्यवसायी *m.* medical practitioner
चिकित्सा शास्त्र *m.* science of medicine, therapeutics
चिकित्सा शास्त्री *m.* therapeutist (= चिकित्सा विज्ञानी)
चिकित्सा-साहित्य *m.* medical literature

चिकित्सात्मक (*cikitsātmak*) *a.* medical, therapeutic
चिकित्सात्मक उपचार *m.* medical treatment

चिकित्साधीन (*cikitsādhīn*) *a.* under medical treatment

चिकित्सालय (*cikitsālay*) *m.* hospital, dispensary, sanatorium

चिकित्सावकाश (*cikitsāvkāś*) *m.* medical leave

चिकित्सित (*cikitsit*) *a.* medically treated, cured

चिकित्सीय (*cikitsīy*) *a.* of or relating to science of medicine, medical, therapeutic

चिकित्सु (*cikitsu*) *a.* patient

चिकित्स्य (*cikitsya*) *a.* curable, remediable

चिकीर्षक (*cikīrṣak*) *a.* wishing to do

चिकीर्षा (*cikīrṣā*) *f.* desire to do a thing, intention, wish

चिकीर्षु (*cikīrṣu*) *a.* desirous of doing,

wishing to act or perform

चिकुर (*cikur*) *m.* hair on the head, lock of hair

चिकोटी (*cikoṭī*) *f.* pinch, tweak, twitch

चिकोटी काटना *v.t.* to pinch, to twitch

चिक्कट (*cikkaṭ*) *a.* 1. oiled, greasy 2. sticky, glutinous 3. soiled, dirty

चिक्कण (*cikkaṇ*) *a.* 1. oily, sleek 2. smooth, polished (see चिकना)

चिक्कार (*cikkār*) *f.* trumpeting (of an elephant), trumpet (= चिंघाड़ *q.v.*)

चिखर (*cikhar*) *m.* husk of gram (used as cattle-fodder)

चिखुरना (*cickhurna*) *v.t.* to weed (especially by hand)

चिचड़ा (*cicṛā*) *m.* tick, animal louse

चिचड़ी (*cicṛ*ī) *f.* tick or louse of dogs or sheep

चिचड़ी होकर चिमटना/लिपटना *v.i.* to stick like a tick

चिचिंड़ा (*cicim̐ṛā*) *m.* snake gourd (a vegetable)

चिचियाना (*ciciyānā*) *v.i.*to scream, to squeak, to shriek, to cry aloud

चिचियाहट (*ciciyāhaṭ*) *f.* shriek, squeak, loud cry, scream

चिचोरना (*cicornā*) *v.t.* to suck (bone), to chew

चिच्छक्ति (*cicchakti*) *f.* consciousness, sensation, feeling (= चित्शक्ति)

चिटकना (*ciṭaknā*) *v.i.* 1. to crack, to crackle 2. to creak 3. to be irritated, to be annoyed, to fret

चिटकनी (*ciṭaknī*) *f.* **/चिटखनी** (*ciṭakhanī*) *f.* bolt (of a door), safety latch

चिट्ठा[1] (*ciṭṭhā*) I. *a.* white, fair, fair complexioned II. *m.* silver coin, rupee

चिट्ठा[2] (*ciṭṭhā*) *m.* 1. detailed account 2. muster roll 3. account book 4. balance-sheet

चिट्ठा बाँटना (*मु.*) *v.t.* to disburse wages or pay

कच्चा चिट्ठा *m.* (a) rough account (b) details of somebody's misdeeds

चिट्ठी (*ciṭṭhī*) *f.* 1. letter 2. note

चिट्ठी छोड़ना/डालना (*मु.*) *v.t.* to drop a letter (into), to post a letter

चिट्ठी-पत्तर *m.* **/चिट्ठी-पत्री** *f.* correspondence

चिट्ठीरसाँ *m.* bearer of a letter, postman

इन्कारी चिट्ठी *f.* a refused letter

सिफ़ारिशी चिट्ठी *f.* letter of recommendation

चिड़चिड़ा (*ciṛciṛā*) *a.* peevish, irritable, petulant, quick-tempered, irascible

चिड़चिड़ापन *m.* peevishness, irascibility, petulance, touchiness, irritability

चिड़चिड़े मिज़ाज का *a.* irritable

चिड़चिड़ाना (*ciṛciṛānā*) *v.i.* to become irritated

चिड़चिड़ाहट (*ciṛciṛāhaṭ*) *f.* peevishness, irascibility, petulance, touchiness, irritability (= चिड़चिड़ापन *q.v.*)

चिड़ना (*ciṛnā*) *v.i.* to take offence, to be vexed, to fume and fret (better चिढ़ना *q.v.*)

चिड़वा (*ciṛvā*) *m.* parched rice, wetted and flattened

चिड़ा (*ciṛā*) *m.* cock-sparrow

चिड़ाना (*ciṛānā*) *v.t.* to vex, to irritate, to annoy, to tantalize, to tease, to fret (better चिढ़ाना *q.v.*)

चिड़ाल (*ciṛāl*) *a.* angry, cross (= चिड़चिड़ा *q.v.*)

चिड़िया (*ciṛiyā*) *f.* 1. bird 2. house-sparrow 3. shuttlecock (in the game of badminton) 4. (of a garment) gusset

चिड़िया का दूध (*मु.*) *m.* a non-existent commodity

चिड़ियाख़ाना/घर *m.* zoo, aviary

चिड़िया फँसाना (*मु.*) *v.t.* (a) to entrap a bird (b) to entangle a woman or a rich man

सोने की चिड़िया (*मु.*) *f.* very rich

person or country

चिड़ी (*ciṛī*) *f.* hen-sparrow

चिड़ीमार *m.* bird-catcher, fowler

चिढ़ (*ciṛh*) *f.* 1. vexation, annoyance, irritation 2. (घृणा) aversion, detestation, disliking 3. teasing nickname

चिढ़ना (*ciṛhnā*) *v.i.* 1. to be irritated, to be vexed, to take offence, to be teased 2. to get an aversion

चिढ़वाना (*ciṛhvānā*) *v.t.* to cause to be vexed/annoyed or irritated

चिढ़ाना (*ciṛhānā*) *v.t.* to vex, to irritate, to annoy, to tease, to fret

मुँह चिढ़ाना *v.t.* to mock at, to jeer at, to make grimaces

चित[1] (*cita*) *a.* lying flat on the back, prostrate, supine

चित करना *v.t.* to overpower, to vanquish (in wrestling), to overcome, to overthrow

चित पड़ना *v.i.* to fall or lie flat or supine

चित-पट *m.* game of tossing the coin and choosing head or tail

चित भी मेरी पट भी मेरी (*मु.*) heads I win tails you lose

चित लेटना *v.i.* to lie flat on the back

चित होना *v.i.* to be thrown down, to be overpowered

चारों खाने चित to fall flat on the ground, to be beaten up

चित्[2] (*cita*) *m.* 1. consciousness 2. intuition 3. mind 4. soul

चित[3] (*cita*) *a.* 1. gathered, collected, stored 2. covered, masked

चितकबरा (*citkabrā*) *a.* variegated, piebald, mottled, spotted

चितकबरापन *m.* variegation

चितचोर (*citcor*) *m.* appealing, alluring (person), he who steals away one's heart (चित्तचोर)

चितरना (*citarnā*) *v.t.* to make a design, to paint

चितराना (*citrānā*) *v.t.* to cause to paint, to get someone to draw a picture

चितला (*citlā*) *a.* variegated, piebald, mottled, spotted (= चितकबरा *q.v.*)

चितवन (*citvan*) *f.* compelling glance, fascinating look

तिरछी चितवन *f.* askew glance, side glance, amorous glance

चिता (*citā*) *f.* pile of wood on which Hindus cremate their dead, funeral pyre

चिता चुनना *v.t.* to pile wood on the funeral pyre, to prepare the pyre

चिता पर चढ़ाना *v.t.* to put the dead body on the funeral pyre

चितारना (*citārnā*) *v.t.* to make a design, to paint

चितारोहण (*citārohaṇ*) *m.* ascending the funeral pyre

चितारोहण करना *v.t.* to ascend the funeral pyre

चिति (*citi*) *f.* 1. selection 2. pile, stack, heap 3. funeral pyre

चितेरा (*citerā*) *m.* painter, engraver, artisan (*fem.* चितेरी)

चित्त (*citta*) *m.* 1. mind 2. heart 3. soul

चित्त उचटना (*मु.*) *v.i.* to be out of spirits/ sorts, to become averse/disinclined (to)

चित्त करना (*मु.*) *v.t.* to desire, to feel inclined (to)

चित्तक्षोभ *m.* mental excitement, depression

चित्तग्राही *m.* attractive, drawing attention of the mind, charming, captivating

चित्त चढ़ना *v.i.* to take to heart, to develop a fondness for, to be embedded in mind

चित्त-चांचल्य *m.* unsteadiness of mind, fickleness

चित्त चुराना (*मु.*) *v.t.* to steal one's heart, to charm, to bewitch

चित्तचोर *m.* alluring, appealing (person); he who steals away one's heart
चित्त-दमन *m.* restraint of passions, continence
चित्त-दाह *m.* heart-burn, envy, malice
चित्त देना *(मु.) v.t.* to pay attention, to attend to, to heed
चित्तद्रावक *a.* touching, heart-melting
चित्तनिरोध *m.* suspension of the operations of mind, withdrawal of the mind from external objects
चित्त-निवृत्ति *f.* desirelessness
चित्त पर चढ़ना *(मु.) v.i.* to be fixed in mind, to attract the heart
चित्त-प्रकृति *f.* temperament
चित्त-प्रसाद *m.* mental satisfaction, contentment, complacency
चित्त बँटना *(मु.) v.i.* to be distracted, to have one's attention diverted
चित्त-भ्रंश *m.* failure of mental powers, dementia
चित्त में आना *(मु.) v.i.* to come to one's mind, to occur to
चित्त में चुभना/जँचना *(मु.) v.t.* to appeal to one's heart
चित्त में बैठना *(मु.) v.i.* to impress the mind, to instill in the mind
चित्त में रखना *v.t.* to keep/retain something in mind
चित्तरंजन *a.* pleasing to the mind, appealing to the heart
चित्त लगना *(मु.) v.i.* (a) to feel at home (b) to fall in love
चित्त लगाना *v.t.* (a) to apply the mind (to), to pay attention (b) to set the heart on (c) to give heart to
चित्तविकार *m.* agitation of the mind, change of thought or feeling
चित्तविक्षेप *m.* unsteadiness or fickleness of mind
चित्त-विचलन *m.* change of mind, derangement of the mind
चित्त-विनोदन *m.* diversion, entertainment
चित्त-विभ्रंश *m.* disturbance of the mind, madness, insanity
चित्त-विश्लेष *m.* parting of hearts, breach of relationship
चित्तवृत्ति *f.* state of the mind, attitude, mental disposition, feeling, emotion
चित्तवृत्ति-निरोध *m.* absolute control of mental operations or functions
चित्त-वेदना *f.* mental affliction, anguish
चित्त-वैकल्य *m.* mental bewilderment, perplexity, mental derangement
चित्त-शुद्धि *f.* purification of the mind or soul
चित्त-संयम *m.* control of the mind or heart
चित्तहारी *a.* fascinating, attractive, enchanting, captivating

चित्तल (*cittal*) *a.* spotted, speckled

चित्ताकर्षक (*cittākarṣak*) *a.* pleasing or appealing to the heart or mind, fascinating, charming, enchanting, alluring

चित्तापहारक (*cittāphārak*) *a.* captivating, etc. (= चित्ताकर्षक)

चित्ति (*citti*) *f.* 1. intelligence, wit 2. thought, reflection, deliberation 3. (ख्याति) reputation, fame, renown 4. devotion, veneration, homage

चित्ती (*cittī*) *f.* 1. spot, speck, macula 2. stain, blot, blotch 3. pip, spot on a playing card, dice or domino 4. blotch on a bread 5. a small red-coloured bird. 6. seed of tamarind used in gambling
चित्तीखाना *v.t.* to become mildewed or rotten
चित्तीदार *a.* spotted, speckled, stained, mottled
चित्ती लाना *v.i.* to form a scar

चित्तोद्रेक (*cittodrek*) *m.* pride, conceit, boasting, swaggering

चित्त्य (*cittya*) *m.* monument or mark at the site of a funeral pile or pyre

चित्र (*citra*) *m.* 1. picture, photo, painting, portrait 2. diagram, drawing, graph 3. figure 4. pattern

चित्र-आरेख *m.* pictorial diagram

चित्रकला *f.* art of painting

चित्रकार *m.* painter, artist

चित्रकारी *f.* painting, the profession or work of painting, painter's vocation

चित्रकारी करना *v.t.* (a) to paint, to draw pictures (b) to decorate, to ornament

चित्र कुट्टिम *m.* mosaic

चित्रगत *a.* as represented in a picture, delineated, painted

चित्र-निपुण *a.* skilled/expert in painting

चित्र-नैपुण्य *m.* skill in painting

चित्रपट *m.* screen

चित्रफलक *m.* (a) canvas (b) board for painting, easel

चित्रबद्ध *a.* depicted, portrayed

चित्रमय *a.* pictorial, full of pictures

चित्ररेखा *f.* drawn line

चित्र-लिखना *v.t.* to draw a picture

चित्रलिखित *a.* (a) represented or delineated (in a picture), painted (b) well-written, depicted

चित्रलिपि *f.* pictographic script, pictograph, hieroglyph

चित्रलेख *f.* pictograph, hieroglyph

चित्रलेखन *m.* pictography, painting

चित्र लेखनी *f.* painting brush or pencil

चित्र-विचित्र *a.* mottled, variegated

चित्रवीथि *f.* art gallery

चित्रशाला *f.* art gallery, picture gallery

चित्रशिल्पी *m.* artist, painter

चित्रसंग्रह *m.* album

चित्रक[1] (*citrak*) *m.* leopard

चित्रक[2] (*citrak*) *m.* mark made on the forehead

चित्रगुप्त (*citragupt*) *m.* name of the recording angel of Yama

चित्रण (*cirtaṇ*) *m.* 1. act of painting, drawing 2. portrayal, depiction, delineation 3. representation 4. ornamentation, decoration

चित्रण करना *v.t.* to depict, to portray, to paint

चित्रांकन (*citrāṅkan*) *m.* 1. drawing 2. portrayal, delineation, depiction

चित्रांकित (*citrāṅkit*) *a.* 1. drawn, painted 2. portrayed, delineated, depicted

चित्रांग (*citrāṅg*) *a.* adorned with brilliant bracelets

चित्रा (*citrā*) *f.* 1. piebald cow, spotted cow 2. cucumber 3. the drug called madder 4. name of the 14th constellation of the lunar mansion

चित्राक्ष (*citrākṣ*) *a.* having beautiful or fascinating eyes

चित्राक्षर (*citrākṣar*) *m.* pictogram, ideogram

चित्राक्षरी (*citrākṣarī*) *f.* acrostic (as of a poem)

चित्रात्मक (*citrātmak*) *a.* 1. of or pertaining to a picture 2. like a picture, picturesque

चित्राधार (*citrādhār*) *m.* 1. easel, portrait stand 2. canvas 3. album

चित्राभिनय (*citrābhinay*) *m.* pantomime

चित्रार्पित (*citrārpit*) *a.* set down in a picture, represented in a picture, painted

चित्रालय (*citrālay*) *m.* 1. studio 2. picture gallery

चित्रालेख (*citrālekh*) *m.* screenplay, scenario (of a film)

चित्रावली (*citrāvlī*) *f.* 1. picture-book

2. album

चित्रिणी (*citriṇī*) *f.* one of the four kinds of beautiful ladies who is very particular about make-up and artistic hobbies

चित्रित (*citrit*) *a.* 1. painted 2. delineated, depicted, portrayed

चित्रोत्तर (*citrottar*) *m.* a figure of speech in which the answer of the question lies in the words of the question itself

चिथड़ा (*cithṛā*) *m.* tatter, shred, rag

चिथड़ा लपेटना *(मु.) v.t.* to put on rags or shreds, to be in tatters

चिथड़े-चिथड़े करना *v.t.* to tear to shreds

चिथड़े हो जाना *v.i.* to be torn to pieces/ shreds, to be tattered, to be turned into rags

चिथड़िया (*cithaṛiyā*) *a.* in rags

चिथड़िया फकीर *m.* a mendicant in rags

चिद् (*chid*) *m.* 1. consciousness 2. intuition 3. mind 4. soul (before vowels and voiced consonants) (= चित्)

चिद्रूप *a.&m.* of the nature of intelligence, the supreme being

चिद्विलास *m.* supreme illusion, Maya

चिदणु (*cidaṇu*) *m.* monad

चिदणुविज्ञान *m.* monadology

चिदाकाश (*cidākāś*) *m.* the all-pervading spirit, the ultimate reality

चिदात्मा (*cidātmā*) *m.* the thinking principle, supreme consciousness, the pure intelligence

चिदानंद (*cidānand*) *m.* eternal bliss, beatitude, supreme blessedness

चिदालोक (*cidālok*) *m.* the supreme light

चिनक (*cinak*) *f.* burning pain, painful burning, smarting pain

चिनक उठना *v.i.* smarting pain to start

चिनकना (*cinaknā*) *v.i.* to feel smarting/ burning pain

चिनगारी (*cingārī*) *f.* spark, embers, scintilla

चिनगारी उड़ना/छूटना spark to shoot out

चिनगारी छोड़ना *(मु.) v.t.* (a) to emit sparks (b) to make an incendiary remark (c) to cause a quarrel or wrangle

चिनगी (*cingī*) *m. f.* a spark (= चिनगारी)

चिनचिनाना (*cincinānā*) *v.i.* 1. to scream, to screech, to squeak 2. (भन- भनाना) to murmur, to fret, to repine 3. (गुस्से होना) to be annoyed /irritated

चिनना (*cinanā*) *v.t.* to build up, to erect (a wall)

चिनवाना (*cinvānā*) *v.t.* to have a wall built up

चिनाई (*cināī*) *f.* 1. masonry work 2. payment for doing masonry work

चिनिया (*ciniyā*) *a.* 1. of or belonging to China 2. small

चिनिया केला *m.* a small kind of banana

चिनिया बतक *f.* a duck

चिनिया बादाम *m.* groundnut

चिनिया बेगम *f.* (a) the younger queen (b) a Chinese belle (c) opium

चिन्मय (*cinmay*) I. *a.* conscious, pervaded by consciousness II. *m.* supreme consciousness

चिन्ह (*cinha*) *m.* 1. sign, mark 2. trace 3. emblem 4. symptom 5. symbol (better चिह्न)

चिह्नानी (*cihnānī*) *f.* 1. token for remembrance 2. mark or sign of identity

चिह्नार (*cihnār*) *m.* acquaintance, known person

चिप E (*cip*) *m.* small piece cut or broken off (from wood, stone, china glass etc).

चिपक (*cipak*) *f.* adhesion, stickiness

चिपकना (*cipaknā*) *v.i.* 1. to adhere, to stick 2. to cling, to hang on 3. to be pasted

चिपकवाना (*cipakvānā*) *v.t.* 1. to cause to be stuck/clung 2. to have something pasted/gummed

चिपकाना (*cipakānā*) *v.t.* 1. to stick, to glue, to paste 2. to hug, to embrace, to press to one's breast/chest

चिपकू (*cipkū*) *a.* 1. hanger-on 2. tenacious

चिपचिप (*cipcip*) *f.* stickiness, gumminess, viscosity

चिपचिपा (*cipcipā*) *a.* sticky, gummy adhesive, clammy, viscous

चिपचिपापन *m.* stickiness, gumminess, viscosity

चिपचिपाना (*cipcipānā*) *v.i.* to be glutinous/ viscous, to be clammy, to stick, to become sticky

चिपचिपाहट (*cipcipāhaṭ*) *f.* stickiness, gumminess, viscosity (= चिपचिपापन *q.v.*)

चिपटना (*cipaṭnā*) *v.i.* 1. to stick, to adhere 2. to cling, to hang on, to hold fast, to embrace

चिपटा (*cipṭā*) *a.* compressed flat, flattened, flat, oblate (better चपटा *q.v.*)

चिपटाना (*cipṭānā*) *v.t.* 1. to hug, to embrace 2. to make something adhere/cling 3. to stitch on

चिपड़ा (*ciprā*) *a.* (one) who has regular discharge of gum/discharge from the eyes

चिप्पड़[1] (*cippaṛ*) *m.* discharge from the eyes

चिप्पड़[2] (*cippaṛ*) *m.* patch

चिप्पड़ लगाना *v.t.* to patch

चिप्पी (*cippī*) *f.* 1. small patch 2. label

चिप्पी लगाना *v.t.* to patch, to label

चिबिल्ला (*cibillā*) *a.* 1. boyish, childish puerile 2. rude, impolite

चिबिल्लापन *m.* 1. puerility, childishness, boyishness 2. rudeness, impoliteness

चिबुक (*cibuk*) *m.* chin

चिबुक-शिरा *f.* mandibular vein

चिबुकास्थि (*cibukāsthi*) *f.* mandible

चिमचिच्चड़ (*cimciccaṛ*) *m.* 1. bat 2. one who sticks close

चिमटना (*cimaṭnā*) *v.i.* 1. to stick, to adhere, to be pasted/gummed, to be glued 2. to take in close embrace, to embrace by heart, to cling, to hold fast 3. to follow close at the heels

चिमटा (*cimṭā*) *m.* tongs, pincers, forceps, nippers (used chiefly as a kitchen gadget)

चिमटा गाड़ना (of mendicants) *v.t.* to make a halt

चिमटाना (*cimṭānā*) *v.t.* 1. to cause to adhere 2. to stick to, to paste 3. to press to one's chest/breast, to embrace

चिमटी (*cimṭī*) *f.* 1. small pincers, forceps (*dim.* of चिमटी) 2. pinch, nip

चिमटी काटना *v.t.* to pinch

चिमड़ा (*cimṛā*) *a.* tenacious, stiff, tough, hard

चिमड़ाहट (*cimṛāhaṭ*) *f.* toughness, tenacity, stiffness

चिमि (*cimi*) *m.* a parrot

चिमनी (*cimmnī*) *f.* a chimney, a funnel

चियाँ (*ciyān*) *f.* seed of tamarind

चिरंजीव (*cirañjīv*) I. *a.* benedictory epithet prefixed to the names of youngsters, long-lived (as चिरंजीव कुलदीपक) II. *m.* son

चिरंजीव होवो *interj.* may you live long

आपके चिरंजीव your son

चिरंजीवी (*cirañjīvī*) *a.* long living, blessed with long life

चिरंतन (*cirantan*) *a.* always new, evergreen, everlasting, perpetual, of long standing

चिर (*cir*) *a.& adv.* (of time) long, lasting, ever, perpetual

चिरऋणी *a.* ever grateful or obliged
चिरकांक्षित *a.* long desired or cherished
चिरकर्मा/कारी *a.* procrastinating, delaying, postponing
चिरकाल *m.* long time
चिरकाल से *adv.* for a long time, since long
चिरकालिक *a.* /**चिरकालीन** *a.* (a) old, of long standing, abiding, lasting, long existent, chronic (b) perpetual
चिरकुमार *m.* & *a.* life-long bachelor, old bachelor
चिरकुमारी *f.* spinster
चिरकौमार्य *m.* life-long celibacy, confirmed bachelorhood
चिरजीवक *a.* long living, blessed wth long life
चिरजीवन *m.* long life
चिरजीवी I. *a.* long-living, blessed with long life II. *m.* a person having a long life
चिरदुःखी *a.* ever unhappy, suffering endlessly
चिरनवीन/नूतन *a.* ever new, ever green
चिरनिद्रा *f.* eternal sleep, everlasting sleep, sleep that knows no waking or breaking, perpetual sleep, death
चिर निर्वासन *m.* life-long banishment, transportation for life
चिरनिविष्ट *a.* long engaged, perpetually absorbed
चिरनिर्भर *a.* dependant for whole life
चिरपरिचय *m.* long acquaintance
चिरपरिचित *a.* known since long, acquainted from a long time
चिरपोषित *a.* long-cherished
चिरप्रचलित *a.* long-established, current or prevalent for a long time
चिरप्रतीक्षित *a.* long-awaited
चिरप्रवास *m.* long stay abroad
चिरप्रवाहित *a.* flowing for ever
चिरप्रसिद्ध *a.* ever famous, long reputed
चिरमुक्त *a.* ever free
चिररहस्य *m.* everlasting mystery
चिररुग्ण/रोगी *m.* chronic patient
चिरलब्ध *a.* obtained after a long time
चिरवार्षिकी *f.* perpetual annuity
चिरविच्छेद *m.* eternal or everlasting separation
चिरविद्वेष *m.* life-long enmity
चिरवियोग *m.* long separation
चिरविस्मृत *a.* long-forgotten
चिरशत्रु *m.* life-long enemy
चिरशत्रुता *f.* perpetual enmity
चिरशांति *f.* perpetual/enduring peace
चिरसंगी *m.* life-long companion
चिरसंचित *a.* long-hoarded, long-cherished, life-long acquired
चिरसमाधि *f.* eternal trance, death
चिरसम्मत *a.* classical
चिरसिद्धान्त *m.* classical theory
चिरसुख *m.* eternal/perpetual bliss or happiness
चिरसेवित *a.* served for a long time, enjoyed for a long time
चिरस्थायित्व *m.* durability
चिरस्थायी *a.* lasting, everlasting, durable, permanent, enduring, eternal
चिरस्थायी-जीवन *m.* everlasting life
चिरस्मरणीय *a.* worth remembering for ever, never to be forgotten, long memorable

चिरकना (*cirkanā*) *v.i.* to have loose motions

चिरकुट (*cirkuṭ*) *m.* 1. bit, piece 2. rag, shred, tattered cloth

चिरकुटिया (*cirkuṭiyā*) *a.* 1. ragged, in rags, tattered 2. broken into pieces

चिरचिराहट (*circirāhaṭ*) *f.* peevishness, irascibility, petulance, touchiness, irritability (= चिड़चिड़ापन)

चिरना (*cirnā*) I. *v.i.* 1. to be sawed 2. to be split, to be torn 3. to be tattered

II. *m.* sawing, splitting, tearing

चिरवाई (*cirvāī*) *f.* 1. work of getting sawed. 2. wages or price paid for having wood split or sawed

चिरवाना (*cirvānā*) *v.t.* 1. to cause to split or tear 2. to get wood sawed, (कोड़ा) to get lanced

चिराई (*cirāī*) *f.* 1. the act of sawing, splitting, tearing 2. charges paid for sawing/splitting

चिराग़ P (*cirāg̲*) *m.* lamp

चिराग़ गुल करना *(मु.) v.t.* to put out the lamp

चिराग़ जले *adv.* at the time of lighting lamps, at dusk

चिराग़ तले अँधेरा *(मु.)* darkness at the base of a lamp

चिराग़दान *m.* lamp-stand, lamp-holder

चिराग़ दिखाना *(मु.) v.t.* to show the way with a light

चिराग़ बत्ती *f.* lamp light

चिराग़ बुझाना *v.t.* to put out the light

चिराग़ लेकर तलाश करना *(मु.) v.t.* to search minutely with a lamp

चिराग़ से चिराग़ जलता है one lamp kindles another

चिरान (*cirān*) *f.* sawn wood/timber

चिराना (*cirānā*) *v.t.* to get sawed, to get torn, to cause to split, to have something broken, (फोड़ा) to get opened or lanced

चिरायंध (*cirāyandh*) *f.* smell of burning leather or hair

चिरायता (*cirāytā*) *m. Gentiancherlā*, a bitter medicinal plant

चिरायु (*cirāyu*) *a.* long living

चिरायु होवो *interj.* may you live long!

चिराव (*cirāv*) *m.* 1. split, dissection, fissure, cleft 2. split wood

चिरोड़ी (*ciroṛī*) *f.* gypsum

चिरौंजी (*ciraumjī*) *f. Chironjia sapida* tree and its nut and seed

चिरौंटा (*ciraumṭā*) *m.* young of a house-sparrow

चिरौरी (*ciraurī*) *f.* beseeching, requesting, supplication, entreaty

चिरौरी करना *v.t.* to entreat, to request humbly, to supplicate, to implore, to beseech

चिलक (*cilak*) *f.* 1. throbbing/smarting pain 2. glitter, lustre

चिलक उठना *v.i.* smarting pain to shoot

चिलकना (*cilaknā*) *v.i.* 1. to smart, to have a twitching sensation, to feel a smarting pain, to pain repeatedly 2. to glitter, to sparkle, to shine

चिलका (*cilaka*) *m.* glittering silver coin

चिलग़ोज़ा P (*cilg̲ozā*) *m.* the nut of the pine tree and its kernel

चिलचिल (*cilcil*) *f.* talc, mica

चिलचिलाता (*cilcilātā*) *a.* hot, scorching

चिलचिलाती धूप *f.* scorching sun/heat

चिलचिलाना (*cilcilānā*) *v.i.* 1. to be hot 2. to shine scorchingly 3. to scream, to shriek

चिलबिला (*cilbilā*) *a.* & *m.* /**चिलबिल्ला** (*cilbillā*) *a.* & *m.* 1. agile person, hectic or restless fellow 2. mischievous (fellow)

चिलम P (*cilam*) *f.* earthen or metallic funnel on the top of a hubble bubble for containing tobacco or hashish for smoking

चिलमचट *m.* an addict of tobacco

चिलम पीना *v.i.* to smoke

चिलमबरदार *m.* flunkey, servant who prepares the चिलम

चिलम भरना *(मु.) v.t.* (a) to fill up or prepare a चिलम for smoking (b) (*fig.*) to dance attendance upon somebody, to serve or wait upon

चिलमची P (*cilamcī*) *f.* wash-basin

चिलमन P (*cilaman*) *f.* a curtain or hanging screen made of bamboo strips

चिलमन लटकाना *v.t.* to hang a screen (on a door)

चिल्लड़[1] (*cillaṛ*) *m.* louse

चिल्लड़ पड़ना *v.i.* louse to grow

चिल्लड़[2] (*cillaṛ*) *m.* small coins, change

चिल्लपों (*cillapoṁ*) *f.* screaming noise, confused cries, hubbub

चिल्लपों मचाना *v.t.* to make a screaming noise, to make a clamour

चिल्ला (*cillā*) *m.* 1. string of a bow 2. a border of a head-dress 3. a period of 40 days

चिल्ला चढ़ाना *v.t.* to stretch the bowstring to shoot an arrow

चिल्ला बाँधना *v.t.* to tie a thread as a vow on a tomb or a tree

चिल्ला जाड़ा *m.* **/चिल्ले का जाड़ा** *(मु.) m.* biting cold, cold spell

चिल्लाना (*cillānā*) 1. *v.i.* to shriek, to yell, to cry, to exclaim aloud 2. to shout

चिल्ला उठना/पड़ना *v.i.* to bawl or shout at once

चिल्लाकर कहना *v.t.* to rap out, to cry

चिल्लाहट (*cillāhaṭ*) *f.* outcry, scream, shouting, clamour, clamorous, cry

चिल्हवांस (*cilhvāṃs*) *m.* snare for a bird

चिहुंक (*cihuṁk*) *f.* 1. startling 2. hesitation 3. shyness

चिहुंकना (*cihuṁknā*) *v.i.* 1. to be startled 2. to hesitate 3. to feel shy

चिह्न (*cihna*) *m.* 1. sign, mark 2. trace 3. emblem 4. symptom 5. symbol

चिह्नधारी *a.* bearing marks, marked

चरणचिह्न *m.* foot mark, foot-print

चिह्नक (*cihnak*) *m.* marker

चिह्नांकन (*cihnāṅkan*) *m.* marking

चिह्नांकित (*cihnāṅkit*) *a.* marked, branded

चिह्नित (*cihnit*) *a.* marked

चिह्नित करना *v.t.* to mark

चीं (*cīṁ*) *f.* 1. warbling, chirping, chirping sound, murmuring 2. protest, expression of resentment 3. cry of pain

चीं करना *v.t.* to chatter, to chirp, to murmur, to grumble

चीं-चपट *f.* impudence, insolence

चीं-चपड़ करना *(मु.) v.t.* to speak something against, to protest loudly

चीं-चीं *f.* (a) warbling (of birds) (b) squeaking (c) creaking (of a wheel)

चीं बुलाना *v.t.* to make somebody cry out

चीं बोलना/बोल जाना *(मु.)* (a) to cry in helplessness (b) to confess helplessness, to suffer defeat

चींगा (*cīṁgā*) *m.* a young bird

चींटा (*cīṁṭā*) *m.* 1. big ant 2. a worm or insect resembling a big ant

चींटा-मकौड़े डालना *v.t.* to scrawl

चींटी (*cīṁṭī*) *f.* ant

चींटी की चाल *(मु.) f.* snail's pace

चींटी के पर निकलना *(मु.) v.i.* to be heading for trouble, to outgrow oneself, to be nearing ruin or death

चींटीखोर *m.* ant-eater

चींदी (*cīṁdī*) *f.* a washer of leather or other material (on a wheel)

ची (*cī*) *suff.* denoting diminution (as in संदूकची or user as in तोपची, अफीमची)

चीउंटा (*cīuṁṭā*) *m.* a big black ant (see चींटा)

चीउड़ा (*cīuṛā*) *m.* parched and flattened rice

चीकट (*cīkaṭ*) *a.* greasy and dirty, oily and soiled

चीकू (*cīkū*) *m.* sapodilla tree and its fruit

चीख़ (*cīkh*) *f.* scream, screech, shriek

चीख़-पुकार *f.* shriek and scream, hubbub, loud cry for help, rant

चीख़ मारना *(मु.) v.t.* to raise a cry, to scream

चीख़ना[1] (*cīkhnā*) *v.i.* to cry out, to shriek, to scream, to squeak, to screech

चीखना[2] (*cīkhnā*) *v.t.* to taste (better चखना)

चीखल (*cīkhal*) *m.* mire, mud
चीखुर (*cīkhur*) *m.* a squirrel
चीज़ P (*cīz*) *f.* 1. thing 2. item
कोई चीज़ *adv.* anything
हर चीज़ *adv.* everything
चीड़ (*cīṛ*) *m.* pine tree and its wood
चीतना (*cītnā*) *v.i.* to think, to contemplate
चीतल (*cītal*) I. *a.* variegated, speckled spotted II. *m.* white-spotted antelope
चीता (*cītā*) *m.* 1. leopard 2. spotted panther
चीत्कार (*cītkār*) *m.* outcry, cry, shout, scream of pain or distress, screech
चीत्कार करना *v.t.* to shout, to cry aloud, to bawl, to scream
चीत्कार ध्वनि *f.* loud scream, yell, shriek, shout
चीथड़ा (*cīthṛā*) *m.* tatter, shred, rag (better चिथड़ा *q.v.*)
चीथना (*cīthnā*) *v.t.* to tear to pieces with the teeth, to crush
चीनांशुक (*cīnāṃśuk*) *m.* a china cloth, silken cloth
चीना (*cīnā*) *a.* & *m.* Chinese, Chinaman
चीना ककड़ी *f.* a small cucumber
चीनिया (*cīniyā*) *a.* pertaining to or produced in China
चीनिया केला *m.* small banana now produced in Bengal
चीनिया बादाम *m.* ground nut
चीनी[1] (*cīnī*) *a.* of belonging to or pertaining to China
चीनी बर्तन या चीनी के बर्तन *m.* porcelain, chinaware, crockery
चीनी भाषा *f.* Chinese, Chinese language
चीनी मिट्टी *f.* china-clay
चीनी[2] (*cīnī*) *f.* sugar
चीनी-दानी *f.* sugar pot
गुड़-चीनी होना *v.i.* to be chummy
चीन्हना (*cīnhanā*) *v.t.* 1. to recognise 2. to identify
चीन्हा (*cīnhā*) *m.* an acquaintance
चीपड़ (*cīpaṛ*) *m.* secretion of the eye
चीमड़ (*cīmaṛ*) *a.* tenacious, tough, hardy
चीमड़पना *m.* tenacity, roughness, stiffness, hardness
चीर[1] (*cīr*) *m.* 1. cloth, piece of cloth or garment 2. rind /bark of a tree
चीरहरण *m.* taking off somebody's clothes, stripping
चीर[2] (*cīr*) *m.* cut, slit, cleavage, opening made by knife
चीर-फाड़ *m.* surgical operation, dissection
चीरना (*cīrnā*) *v.t.* to tear, to cleave, to split, to saw, to dissect, to rip, to cut open, to incise, to operate (wound)
चीरते हुए निकलना *v.i.* to break through (in crowd), to push one's way
चीरा[1] (*cīrā*) *m.* 1. incision 2. surgical operation
चीरा देना/लगाना *v.t.* to incise, to cut open, to operate, to perform an operation
चीरा[2] (*cīrā*) *m.* a. coloured turban usually worn on wedding
चील (*cīl*) *f.* kite (bird), *Falco cheela*
चील का पट्ठा *m.* (a) young of a kite (b) stupid, foolish person
चील-झपट्टा *m.* (a) swoop (b) boys game (something like bear-baiting)
चीलर (*cīlar*) *m.* louse (*pl.* lice)
चीलिका (*cīlikā*) *f.* cricket (insect)
चीवर (*cīvar*) *m.* 1. tattered dress 2. garment of a mendicant 3. (कंथा) patch-work garment
चीवरी (*cīvarī*) *f.* a Buddhist or Jain monk
चीस (*cīs*) *f.* smart rankling pain, smarting pain
चुंगी (*cuṅgī*) *f.* octroi, terminal tax
चुंगी-कचहरी *f.* customs /office
चुंगी का माल *m.* dutiable goods

चुंगी घर *m.* toll house, octroi post (also चुंगी चौकी)

चुंदा (*cundā*) *m.* lock of hair left unshaved in the middle of the head

चुंधा (*cundhā*) I. *a.* having small and weak eyes, dim-sighted, purblind II. *m.* blinker

चुँधियाना (*cum̐dhiyānā*) *v.i.* to be dazzled, to be purblind

चुंबक (*cumbak*) *m.* magnet

चुंबक पत्थर *m.* lodestone

चुंबकत्व (*cumbakatva*) *m.* magnetism

चुंबकत्व-हरण *m.* demagnetization

चुंबकन (*cumbakan*) *m.* magnetisation

चुंबकनशील *a.* magnetisable

चुंबकनशीलता *f.* magnetisability, (magnetic) permeability

चुंबकित (*cumbakit*) *a.* magnetised

चुंबकित करना *v.t.* to magnetise

चुंबकीय (*cumbakīy*) *a.* magnetic

चुंबकीय टेप *m.* magnetic tape

चुंबकीय प्रभाव *m.* magnetic effect/compact

चुंबन (*cumban*) *m.* kissing, kiss

चुंबन करना *v.t.* to kiss

चुंबा (*cumbā*) *m.* kiss

चुंबित (*cumbit*) *a.* 1. kissed 2. touched, contacted

चुंबी (*cumbī*) *suff.* touching (as in गगनचुंबी, touching the sky, sky-scraping)

चुआई (*cuāī*) *f.* 1. dripping, percolating 2. distilling

चुआन (*cuān*) *f.* 1. draining 2. drain pit or cistern 3. dripping 4. dribbling 5. distillation

चुआना (*cuānā*) *v.t.* 1. to cause to drip 2. to distil (as wine) 3. to percolate (as coffee)

चुआव (*cuāv*) *m.* drip

चुकंदर (*cukandar*) *m.* beetroot, *Beta vulgaris*

चुक (*cuk*) *m.* vinegar

चुकता (*cuktā*) *a.* 1. settled, fixed, decided, finalised 2. paid up 3. conclusive 4. (थोक) wholesale 5. lumpsum

चुकता करना *v.t.* to pay off in full

चुकता पूँजी *f.* paid up capital

चुकता हिसाब *m.* paid-up account

चुकती (*cuktī*) *f.* 1. settlement 2. judgement, decision (of a court of law)

चुकना (*cuknā*) *v.i.* 1. to be finished 2. (झगड़ा) to be settled 3. to be paid up 4. to come to an end, to cease 5. to be adjusted

चुकने वाला (a) *a.* failing, falling short of (b) *m.* one who fails to do anything

चुकवाना (*cukvanā*) *v.t.* 1. to cause to be finished 2. to get something settled 3. to make an account paid up

चुकाई (*cukāī*) *f.* 1. settlement 2. paying off 3. charges for making settlement

चुकाऊ (*cukāū*) *a.* ready or prompt to settle (price or dispute), ready to pay up

चुकाना (*cukānā*) *v.t.* 1. to settle 2. to finish 3. to pay up 4. to adjust an account, to settle or pay 5. to decide 6. to compensate

उधार चुकाना *v.t.* to repay a loan

झगड़ा चुकाना *v.t.* to adjudicate, to settle a dispute

चुकाव (*cukāv*) *m.* 1. settlement 2. payment 3. adjudication

चुकौती (*cukautī*) *f.* full payment, discharge

चुक्क (*cukk*) *a.* extremely sour, used as second member of the combination **खट्टा-चुक्क** *a.* very sour

चुक्कड़ (*cukkaṛ*) *m.* earthen cup for drinking liquid

चुक्का (*cukkā*) *m.* = चुक्कड़ *q.v.*

चुक्र (*cukra*) *m.* 1. vinegar 2. sourness

चुखाना (*cukhānā*) *v.t.* 1. to suckle, to

give a suck 2. to cause to be tasted

चुग़द P (*cugad*) *m.* 1. owl 2. stupid fellow, slow-witted person

चुगना (*cugnā*) *v.t.* to peck food, to pick with the beak

चुग़ल (*cugal*) *m.* /**चुग़लखोर** P (*cugal-khor*) *m.* back-biter, telltale, sneaking fellow

चुग़लखोरी *f.* backbiting

चुग़ली P (*cuglī*) *f.* backbiting, tale-bearing

चुग़ली खाना (*मु.*) *v.t.* to back-bite, to slander

चुगा (*cugā*) *m.* pickings (for fowls, etc.) coarse grain for feeding birds (better चुग्गा *q.v.*)

चुगाई (*cugāī*) *f.* 1. grazing, pasturage feeding, pecking or picking (by birds) 2. wages or price paid for pasturage or grazing

चुगाना (*cugānā*) *v.t.* to cause to or let graze, to take (animals) out to feed, to cause birds to peck

चुग्गा (*cuggā*) *m.* pickings (for fowls) coarse grain for feeding birds

चुचकना (*cucaknā*) *v.i.* to shrivel, to wrinkle

चुचकार (*cuckār*) *f.* sucking sound by which the cattle are called, a coaxing sound

चुचकारना (*cuckārnā*) *v.t.* 1. to coax or cheer by making sucking sound 2. to kiss or chuck by way of affection, to fondle (see चुमकारना)

चुचकारी (*cuckārī*) *f.* 1. coaxing, fondling 2. caress, tender words

चुचवाना (*cucvānā*) *v.t.* to cause to be dripped, to cause to be drenched

चुचाना (*cucānā*) *v.i.* 1. to drip, to trickle 2. to leak 3. to be drenched, to be dripping wet (with sweat)

चुची (*cucī*) *f.* 1. breast (woman's) 2. nipple

चुचुक (*cucuk*) *m.* teats, nipple

चुचुकना (*cucuknā*) *v.i.* to shrivel, to wrinkle (= चुचकना *q.v.*)

चुटकना (*cuṭaknā*) *v.t.* 1. to pinch 2. to pick up with the fingers 3. to whip

चुटकी (*cuṭkī*) *f.* 1. snapping sound made with the thumb against the middle finger 2. pinch 3. handful

चुटकी काटना *v.t.* to pinch, to nip

चुटकी देना (*मु.*) *v.t.* to give a handful (of flour to a beggar)

चुटकी बजाते *adv.* in a trice, in a short moment

चुटकी बजाना (*मु.*) *v.t.* to produce a snapping sound, to snap the thumb against the middle finger, to fillip with fingers

चुटकी-भर (*मु.*) *a.* pinch, handful or pinchful, very small quantity

चुटकी भरना (*मु.*) *v.t.* to pinch, to nip, to fillip

चुटकी लेना (*मु.*) *v.t.* to make provoking insinuations, to make a caustic remark, to taunt

चुटकियों में उड़ाना (*मु.*) *v.t.* to dismiss as a joke, to ridicule

चुटकुला (*cuṭkulā*) *m.* 1. joke, pleasantry 2. an efficacious medicine or remedy

चुटकुला छोड़ना (*मु.*) *v.t.* to banter, to speak out a jest

चुटकुलेबाज़ *m.* narrator of titbits

चुटकुलेबाज़ी *f.* narration of jesting/anecdotes

चुटफुट (*cuṭphuṭ*) *a.* (see छुटफुट)

चुटवाना (*cuṭvānā*) *v.t.* to cause to be hit, to cause to be hurt/wounded

चुटाना (*cuṭānā*) *v.i.* to be hurt, to be wounded, to be hit

चुटिया (*cuṭiyā*) *f.* 1. tuft of hair on the top of the head (men) 2. braid, coil of hair (women)

चुटिया हाथ में होना (*मु.*) *v.i.* to be under

somebody's thumb or complete control

चुटियाना (*cuṭiyānā*) *v.t.* 1. to slap, to box, to cuff 2. to hit, to hurt 3. to beat (metal)

चुटीला (*cuṭīlā*) *a.* 1. stricken, hurt, bruised, wounded 2. causing mental upheaval 3. piercing 4. capable of hurting

चुटैल (*cuṭail*) *a.* hurt, wounded, bruised

चुड़िहारा (*cuṛihārā*) *m.* maker or seller of bracelets and bangles (especially glass bangles)

चुड़िहारिन (*cuṛihārin*) *f.* female seller of bracelets and glass bangles

चुड़ैल (*cuṛāil*) *f.* 1. ghost of a woman who dies in a state of pregnancy or impurity 2. witch, hag 3. (as an abuse) mischievous girl or woman

चुड्डो (*cuḍḍo*) *f.* a term of abuse, whore, harlot, strumpet

चुत्थः (*cutthā*) *a.* (of a quail) wounded, bruised

चुदक्कड़ (*cudakkaṛ*) I. *a.* wanting sexual intercourse constantly, libidinous II. *m.* one who wants sexual intercourse constantly

चुदना (*cudnā*) *v.i.* to be indulged in sexual intercourse by a male, to have sex

चुदवाई (*cudvāī*) *f.* 1. act of a woman of having sex, copulation 2. charges for prostitution

चुदवाना (*cudvānā*) *v.t.* to get oneself indulged in sexual intercourse, to get copulated

चुदवास (*cudvās*) *f.* desire or urge for sexual intercourse or copulation (also चुदास)

चुदवैया (*cudvaiyā*) *m.* copulator

चुदाई (*cudāī*) *f.* 1. act of a woman of having sex, copulation 2. charges for prostitution (= चुदवाई *q.v.*)

चुनचुना (*cuncunā*) I. *a.* causing a burning sensation II. *m.* threadworm, hookworm

चुनचुनाना (*cuncunānā*) I. *v.i.* to have pain with burning or pricking sensation, to itch II *v.t.* to cause a pricking or burning sensation

चुनचुनाहट (*cuncunāhaṭ*) *f.* burning and pricking pain, irritating sensation, itch

चुनचुनी (*cuncunī*) *f.* = चुनचुनाहट *q.v.*

चुनट (*cunaṭ*) *f.* pucker, rumple, fold, crease

चुनट डालना *v.t.* to pucker

चुनटदार *a.* ruffled

चुनन (*cunan*) *f.* pucker, rumple, fold, crease (= चुनट *q.v.*)

चुनना (*cunanā*) *v.t.* 1. to choose, to select 2. to elect 3. (of flowers) to pluck 4. (of a wall) to build up, to erect 5. (क्रम से रखना) to put in order, to arrange 6. to lay (dishes) on a table 7. (चुनट डालना) to make ruffles 8. to cull, to gather, to collect 9. to peck, to pick

चुनरी (*cunṛī*) *f.* partly-coloured overcloth worn by women particularly girls

चुनवाँ (*cunvaṁ*) *a.* 1. chosen, selected 2. choicest, excellent

चुनवाई (*cunvāī*) *f.* 1. causing to be picked 2. the work of erecting or building 3. wages of masons, cost of erecting or laying bricks

चुनवाना (*cunvānā*) *v.t.* 1. to get elected 2. to get selected 3. to get chosen, to make somebody pick (flowers) 4. to build a wall

चुनांचे P (*cunāṁce*) *conj.* hence, therefore, accordingly, however

चुनाई (*cunāī*) *f.* 1. erecting, laying bricks 2. cost of erecting or laying bricks

चुनाव (*cunāv*) *m.* 1. election 2. selec-

tion

चुनाव-अधिकरण *m.* election tribunal

चुनाव-अधिकारी *m.* election officer

चुनाव-अभियान *m.* election campaign

चुनाव-आयुक्त m. election commissioner

चुनाव-आयोग election commission

चुनाव-क्षेत्र *m.* constituency

चुनाव निरीक्षक *m.* returning officer

चुनाव-प्रचार *m.* election campaign

चुनाव में खड़ा होना *v.i.* to stand (as a candidate) for election

चुनाव में जीतना *v.i.* to win an election

चुनाव में हार जाना *v.i.* to lose an election

चुनाव याचिका *f.* election petition

चुनाव लड़ना (*मु.*) *v.t.* to fight an election

चुनिंदा P (*cunimdā*) *a.* choice, selected, chosen

चुनिया (*cuniyā*) *a. f.* small, short

चुनौटी (*cunautī*) *f.* a box for holding lime (चूना) for betel leaves

चुनौती (*cunautī*) *f.* challenge

चुनौती देना (*मु.*) *v.t.* to challenge

चुन्नट (*cunnaṭ*) *f.* pucker, rumple, fold, crease

चुन्नटदार *a.* rumpled, creased

चुन्नी (*cunnī*) *f.* 1. a woman's small-covering or mantle, veil 2. ruby 3. sawdust

चुप (*cup*) *a.* silent, speechless, mute, quiet

चुप करना *v.t.* to be silent/quiet, not to allow to be heard

चुप कराना *v.t.* to silence, to quieten

चुपचाप *adv.* silently

चुपचुपाते *adv.* quietly, silently

चुप रहना *v.t.* to keep silent/quiet/mum

चुप साधना *v.t.* to assume silence, to observe silence

चुप होना (a) *v.i.* to be silent/quiet (b) *m.* silence

चुपका (*cupkā*) *a.* 1. totally silent 2. still 3. sad

चुपकी (*cupkī*) *f.* complete silence

चुपके (*cupke*) *adv.* 1. silently, quietly 2. stealthily

चुपके से *adv.* silently, in a low voice

चुपके से चले जाना *v.i.* to go away stealthily

चुपड़ना (*cuparṇā*) *v.t.* 1. to apply ghee/butter 2. to besmear, to anoint

मुँह चुपड़ना *v.t.* to apply oil or cream on the face

चुपड़ा (*cupṛā*) *a.* with some greasy substance applied on it

चुपड़ी रोटी *f.* bread with butter or ghee applied on it

चिकना-चुपड़ा *m.* well-groomed, with a gaudy make-up

चिकनी-चुपड़ी बातें करना (*मु.*) *v.t.* to flatter, to cajole

चुप्पा (*cuppā*) *a.* reticent, disposed to silence, reserved in speech, taciturn

चुप्पा-घुन्ना *a.* secretive, uncommunicative, reserved

चुप्पी (*cuppī*) *f.* quietude, keeping mum, silence

चुप्पी तोड़ना *v.t.* to break silence

चुप्पी लगाना/साधना (*मु.*) *v.t.* to keep silent, to assume/maintain silence

चुबकना (*cubaknā*) *v.i.* to throb, to shoot with pain

चुब्र (*cubra*) *m.* face, mouth

चुभकना[1] (*cubhaknā*) *v.i.* to prick

चुभकना[2] (*cubhaknā*) *v.i.* to duck in and out repeatedly

चुभकनी (*cubhaknī*) *f.* 1. prick, puncture 2. stab 3. spur

चुभकाना[1] (*cubhkānā*) *v.t.* to prick, to pierce, to penetrate, to thrust in

चुभकाना[2] (*cubhkānā*) *v.t.* to duck in and out

चुभकी[1] (*cubhkī*) *f.* plunge (in water),

dive

चुभकी² (*cubhkī*) *f.* 1. prick, puncture 2. stab 3. spur (= चुभकनी *q.v.*)

चुभता (*cubhtā*) *a.* piercing, pricking, stinging

चुभती कहना *v.t.* to say something stinging/bitter

चुभन (*cubhan*) *f.* 1. pricking, pinching 2. gripping 3. pricking sensation, throbbing pain

चुभना (*cubhnā*) *v.i* 1. to be struck or thrust into, to be pricked, to prick, to be pierced, to penetrate 2. to feel the sting 3. to be disagreeable

पैर में काँटा चुभना *v.i.* thorn to prick or run into a foot

बात चुभ गई a prickly or piercing remark

चुभलाना (*cubhalānā*) *vi.* to mumble, to bite or chew (as if with toothless gums)

चुभवाना (*cubhvānā*) *v.t.* to cause to pierce, to get thrust into

चुभाना (*cubhānā*) *v.t.* /**चुभोना** (*cubhonā*) *v.t.* 1. to prick 2. to thrust into, to pierce, to penetrate, to stab

चुमकार (*cumkār*) *m.* kissing sound made to quiet somebody or to coax a child

चुमकारना (*cumkārnā*) *v.t.* to coax, to fondle, to caress, to cheer, to make a kissing sound

चुमकारी (*cumkārī*) *f.* kissing sound made to quiet somebody or to coax a child (= चुमकार)

चुमकारी देना to coax, to fondle, to caress, to cheer, to make a kissing sound (= चुमकारना *q.v.*)

चुमवाना (*chumvānā*) *v.t.* to get oneself kissed, to cause to be kissed

चुमाना (*cumānā*) *v.t.* to cause to kiss, to be kissed

चुम्मा (*cummā*) *m.* kiss

चुम्मा-चाटी *f.* kissing and licking

चुम्मा देना *v.t.* to give a kiss, to let be kissed

चुम्मा लेना *v.t.* to kiss, to plant a kiss

चुर¹ (*cur*) I. *f.* the sound produced by the breaking of a crisp object II. *a.* completely damaged, fully broken

चुर² (*cur*) *m.* den of a wild beast

चुरकुट (*curkuṭ*) *a.* 1. pulverized, reduced to powder, powdered 2. frightened, nonplussed, completely perplexed

चुरचुराना (*curcurānā*) *v.i.* & *v.t.* to break into pieces

चुरट (*curaṭ*) *m.* cheroot, a cigar with both ends open

चुरना (*curnā*) *v.i.* to be stolen

चुरचुरा (*curcurā*) *a.* crisp, brittle, cracking

चुरमुर (*curmur*) I. *m.* sound produced by cracking a crisp object II. *a.* crushed, pulverised

चुरमुरा (*curmurā*) *a.* crisp, brittle, fragile

चुरमुरा करना *v.t.* to frizzle, to make crisp

चुरमुराना (*curmurānā*) *v.i.* (a) to fret, to moan (over) (b) to be grieved, to be sad (c) to be annoyed

चुरवाना (*curvānā*) *v.t.* to cause to be stolen, to get something stolen by somebody, to make somebody steal

चुराना (*curānā*) *v.t.* to steal, to thieve, to pinch, to pilfer, to filch

आँख चुराना *v.t.* not to look straight at (somebody), to avoid facing, to turn aside or away

जी चुराना *v.t.* to shirk

मुँह चुराना *v.t.* to turn one's back upon

चुरी (*curī*) *f.* a small well

चुल (*cul*) *f.* 1. titillation, itchiness 2. longing or craving (especially for sex), strong sexual urge 3. wantonness 4. restlessness, impatience, uneasiness

चुल उठना *v.i.* to have a titillating sensation, to be passionate, to have a strong sex urge

चुल मिटाना *v.t.* to satisfy one's longing or craving, to satisfy carnal desire or sexual urge

चुलचुल (*culcul*) *f.* restlessness, wantonness, impatience, uneasiness

चुलचुलाना (*culculānā*) *v.i.* 1. to feel uneasy 2. to be impatient

चुलचुलाहट (*culculāhaṭ*) *f.* /**चुलचुली** (*culculi*) *f.* 1. itch, itching sensation 2. uneasiness, restlessness

चुलबुल (*culbul*) *f.* uneasiness, sportiveness, playfulness, unsteadiness

चुलबुला (*culbulā*) *a.* restless, fidgety, sportive, playful, unsteady, fickle, frolicsome

चुलबुलाना (*culbulānā*) *v.i.* to be restless/fidgety, to be sportive/playful (like a child)

चुलबुलापन (*culbulāpan*) *m.* /**चुलबुलाहट** (*culbulāhaṭ*) *f.* restlessness, fidgetiness, sportiveness, playfulness, unsteadiness, frolicsomeness

चुलाव (*culāv*) *m.* a rice dish (without meat)

चुल्ली (*cullī*) *f.* under-support for a stack

चुल्लू (*cullū*) *m.* 1. palm of the hand formed into a hollow cup 2. quantity of water contained in such a cup, palmful

चुल्लू-भर *a.* handful, palmful

चुल्लू-भर पानी में डूब मरना (*मु.*) *v.i.* to be ashamed beyond reprieve, to be awfully ashamed

चुल्लू में उल्लू होना (*मु.*) *v.i.* to lose self-control or to be intoxicated with just a sip of liquor

चुल्लू लेना *v.t.* to rinse the mouth

चुल्लू से पीना *v.t.* to drink(water) out of the hollowed palm

चुवाना (*cuvānā*) *v.t.* 1. to cause to drip 2. to distil (as wine) 3. to percolate (as coffee) (= चुआना *q.v.*)

चुसकी (*cuskī*) *f.* 1. draught or mouthful of water or other liquid 2. sip, suck

चुसकी लेना या लगाना *v.t.* to take a sip, to have a suck

चुसक्कड़ (*cusakkaṛ*) *m.* one who is in the habit of sucking

चुसना (*cusnā*) *v.i.* 1. to be sucked 2. to be absorbed

चुसनी (*cusnī*) *f.* sucking nipple

चुसवाना (*cusvānā*) *v.t.* to make somebody or something suck

चुसाना (*cusānā*) *v.t.* to make (the child) suck, to get sucked

चुस्की (*cuskī*) *f.* 1. draught or mouthful of water or other liquid 2. sip, suck (see चुसकी)

चुस्त P (*cust*) *a.* 1. brisk, smart 2. alert 3. tight 4. fit 5. skilful, efficient 6. clever, dexterous 7. tight (garment)

चुस्त-चालाक *a.* (a) agile, nimble (b) shrewd, astute (c) active and canny

चुस्त-दुरुस्त *a.* (a) fit, suitable (b) agile and alert

चुस्ती P (*custī*) *f.* briskness, smartness, skilfulness, efficiency, shrewdness, astuteness, cleverness, dexterity

चुहचुहाता (*cuhcuhātā*) *a.* provocative, juicy

चुहचुहाती भाषा *f.* ornamental language

चुहचुहाना (*cuhcuhānā*) *v.i.* 1. (of colour) to glow 2. (शर्माना) to blush

चुहल (*cuhal*) *f.* 1. jocularity, joviality, raillery, merriment 2. frolicsomeness

चुहलपन *m.* gaiety, raillery, jocularity (= चुहलबाज़ी)

चुहलबाज़ *m.* (a) jolly person, jovial fellow (b) frolicsome person

चुहलबाज़ी *f.* gaiety, raillery, jocularity

चुहलिया (*cuhaliyā*) *m.* jester, jolly fellow (= चुहलबाज़)

चुहिया (*cuhiyā*) *f.* 1. small mouse/rat 2. female mouse

चूँ (*cūṁ*) *f.* 1. slight or low sound, squeak 2. low sound in breaking the wind 3. chirp, warble 4. creaking 5. (of grasshoppers) twittering

चूँ तक न करना *(मु.) v.t.* not to make even the least protest, not even to grumble

चूँकि (*cuṁki*) *conj.* because, as

चूँ-चूँ (*cūṁ cūṁ*) I. *f.* 1. chirping, warbling 2. creaking sound of a cart II. *m.* a small toy which makes a squeaking sound

चूँ-चूँ करना *v.t.* to squeak, to creak

चूँ-चूँ का मुरब्बा *(मु.) m.* mess of heterogeneous stuff, hotchpotch

चूक[1] (*cūk*) *f.* 1. default, lapse, slip 2. mistake, error, blunder 3. omission 4. fault, flaw

भूल-चूक माफ please excuse if there is any omission or commission

भूल-चूक लेनी-देनी errors and omissions (be) excepted

चूक[2] (*cūk*) *m.* sourness, acidity

खट्टा चूक *a.* very sour

चूकना (*cūknā*) *v.i.* 1. to fail, to miss 2. to err, to make lapse 3. to deviate from, to go astray 4. to be deficient in, to fall short of

चूची (*cūcī*) *f.* 1. (female) breast 2. teat, nipple

चूची पीना *v.t.* to suck the nipple

चूचियों में हाड़ टटोलना *v.t.* to feel for bones in the teats, to draw blood from a stone

चूचुक (*cūcuk*) *m.* teat, nipple

चूचुकाकार (*cūcukākār*) *a.* mamilliform

चूज़ा P (*cūzā*) *m.* chicken

चूज़बाज़ *f.* an old woman keeping (or fond of) a gallant

चूड़ांत (*cūṛānt*) I. *a.* extreme, excessive II. *m.* extreme

चूड़ा[1] (*cūṛā*) *m.* 1. hair 2. lock or tuft of hair on the crown of the head

चूड़ाकरण *m.* the ceremony of shaving the head of a child for the first time

चूड़ाकर्म *m.* tonsure, shaving the head

चूड़ामणि (a) *m.* jewel worn in a diadem or crest, head-dress (b) *a.* chief, best

चूड़ा[2] (*cūṛā*) 1. wedding bangles made of elephant's tusks 2. a ring put on the end of an elephant's tusk

चूड़ी (*cūṛī*) *f.* 1. bangle of lac or glass or metal 2. pucker 3. thread of a screw

चूड़ी-ढिबरी *f.* tapped nut, threaded nut

चूड़ीदार *a.* threaded, grooved

चूड़ीदार पाजामा *m.* pyjamas with ruffles

चूड़ी रेंच *m.* monkey wrench

चूड़ीहार *m.* the maker and seller of bangles (*fem.* चूड़ीहारिन)

चूड़ियाँ ठंडी करना *(मु.) v.t.* to break one's bangles (by a woman on the death of her husband)

चूड़ियाँ पहनना *(मु.) v.t.* (a) to put on bangles (b) to act like a female, to become effeminate

चूड़ियाँ बढ़ाना *v.t.* to put off the bangles

चूत[1] (*cūt*) vagina

चूतमरानी *f.* prostitute, an obscene abuse

चूत[2] (*cūt*) *m.* mango tree

चूतड़ (*cūtaṛ*) *m.* buttock, hip, rump

चूतड़ दिखाना *v.t.* to turn tail, to turn one's back

चूतड़ पीटना *v.t.* to beat one's buttocks (when overjoyed)
चूतड़ बजाना *v.t.* to lament, to bewail
चूतड़ सकोड़ना *v.t.* to hang back
चूतड़ों के बल बैठना *(मु.) v.i.* to squat down on the hips or buttocks, to be helpless

चूतिया (*cūtiyā*) *a.* & *m.* a term of abuse, blockhead, idiot, dolt
चूतिया-चक्कर *m.* some doltish affair, stupid involvement
चूतियापंथी *f.* stupidity, foolishness
चूतियापन *m.* stupidity, foolishness, idiocy, blockheadedness
चूतिया बनना *v.i.* to be made a fool of
चूतिया बनाना *v.t.* to make a fool of, to befool somebody

चून (*cūn*) *m.* flour, wheatmeal, ground pulse

चूनरी (*cūnarī*) *f.* partly-coloured over cloth worn by women, particularly girls (better चुनरी)

चूना[1] (*cūnā*) *m.* lime
चूना कराना/फिरवाना *v.t.* to get white-washed
चूनादानी *f.* a small box or case for edible lime
चूना-पत्थर *m.* limestone
चूना-पुताई *f.* whitewashing
चूना/बुझा हुआ चूना *m.* slaked lime
चूना बुझाना *v.i.* to slake lime
चूना लगाना *(मु.) v.t.* to dupe, to bamboozle, to play a trick
चूने की भट्ठी *f.* lime kiln
चूनेदार *(chūnedār) a.* calcareous
चूनेदार मृदा *f.* calcareous clay
कच्चा चूना *m.* quicklime

चूना[2] (*cūnā*) I. *v.i.* 1. to leak 2. to drip 3. to drop (as ripe fruit) 4. to ooze 5. to be filtered or distilled II. *a.* leaky, oozy, dripping

चूनी (*cūnī*) *f.* 1. broken grain, coarsely split pulse 2. well-powdered meal for birds or cattle
चूनी-भूसी *f.* small fragments of corn

चूनौटी (*cūnautī*) *f.* a small box or case for edible lime (see चूनेदानी)

चूमना (*cūmnā*) *v.t.* to kiss
चूमना-चाटना *v.t.* to kiss and caress
चूमने लायक *a.* fit or worthy to be kissed

चूमा (*cūmā*) *m.* kiss (better चुम्मा)
चूमा-चाटी *f.* kissing and caressing
चूमा लेना *v.t.* to take a kiss

चूर (*cūr*) *m.* 1. small pieces, fragments 2. filings
चूर करना *v.t.* to break into pieces, to pulverise
चूर-चार *m.* fragments, broken pieces
चूर हो जाना *v.i.* to be broken into small pieces
(थककर) चूर होना *v.i.* to be dead tired or exhausted
(नशे में) चूर होना *v.i* to be besotted, to be dead drunk

चूरन (*cūran*) *m.* 1. powder 2. digestive powder
चूरन-चटनी *f.* snacks

चूरमा (*cūrmā*) *m.* a sweetmeat made of bread crumbs mixed with ghee and sugar

चूरा (*cūrā*) I. *m.* 1. powder 2. small fragments 3. filings 4. saeedust 5. crushed grain II. *a.* 1. broken 2. crushed
चूरा करना *v.t.* (a) to break into small fragments, to reduce, to powder, to pulverise, to crush (b) to humiliate

चूर्ण (*cūrṇa*) I. *m.* powder II. *a.* powdered
चूर्णकृत *a.* powdered

चूर्णन (*cūrṇan*) *m.* powdering, pulverising, grinding, pounding

चूर्णनीय (*cūrṇīya*) *a.* capable of being powdered/pulverised, reducible, pulverable

चूर्णिका (*cūrṇikā*) *f.* fried and powdered rice or grain (for eating dry)

चूर्णित (*cūrṇit*) *a.* 1. powdered, crushed, pulverised 2. destroyed, annihilated

चूल (*cūl*) *f.* tenon, pivot, mortice

चूल ढीली होना *v.i.* (a) joints (of a door) to become dislocated or loose (b) to be tired or exhausted, to be worn out

चूलदार *a.* pivoted

चूल बैठाना *v.t.* to dovetail

चूल मिलाना *v.t.* (a) adjusting the tenons and joints (b) to adjust the loose parts of a frame

चूल लगाना *v.t.* to hinge, to fix a pivot or hinge

चूल्हा (*cūlhā*) *m.* fire place, oven, hearth

चूल्हा जलाना *v.t.* to heat an oven, to light fire in the fire place

चूल्हा न्यौतना *v.t.* to invite an entire family

चूल्हा फूँकना *(मु.) v.t.* (a) to put on the oven (b) to be busy in household work

चूल्हे में जाए *(मु.)* damn it, let it go to hell

चूल्हे में झोंकना *v.t.* to cast into the fire

चूल्हे से निकलकर भट्ठी में पड़ना *(मु.) v.t.* to fall from the frying pan into the fire, to fall from a lesser trouble into a greater trouble

चूषक (*cūṣak*) I. *a.* sucking II. *m.* sucker

चूषक-गद्दी *f.* stamping pad

चूषण (*cūṣaṇ*) *m.* 1. sucking, suction 2. exploitation

चूषण-अंग *m.* sucking organ

चूषणीय (*cūṣaṇīy*) *a.* fit for sucking, to be sucked (= चूष्य *q.v.*)

चूषित (*cūṣit*) *a.* sucked

चूष्य (*cūṣya*) *a.* fit for sucking, to be sucked

चूसन (*cūsan*) *m.* sucking, suction

चूसना (*cūsnā*) *v.t.* 1. to suck 2. to absorb 3. to exploit 4. to chew 5. to exhaust

चूस डालना *v.t.* (a) to suck dry, to suck to the bone (b) to absorb to the last drop (c) to grab somebody's money

खून चूसना *vt.* to suck blood

चूसनी (*cūsnī*) *f.* nipple

चूहड़ा (*cūhṛā*) *m.* village sweeper (*fem.* चूहड़ी)

चूहड़ा-चमार *m.* a man of low or scheduled caste, dalit

चूहा (*cūhā*) *m.* 1. rat, mouse 2. the dry mucus sticking in the nose

चूहेदंती *f.* a kind of ornament for the arm

चूहेदानी *f.* mouse-trap, rat-trap

चूहेमार (a) *m.* sparrow-hawk (b) *f.* mouse-killing drug

चें (*cem̐*) *f.* chirping sound, chirrup

चें-चें *f.* warbling of birds

चें-चें करना *v.i.* (a) to chirp, to twitter, to cackle (b) to chatter

चें-पें *f.* murmur, outcry

चें बोलना *(मु.) v.t.* (a) to chirp (b) to chatter (c) to utter a cry of helplessness (d) to own defeat

चेंगड़ा (*cem̐grā*) *m.* a young child

चेंच (*cem̐c*) *m.* a grass which springs up in the rainy season (used as fodder)

चेंचला (*cem̐clā*) *m.* an unfledged bird, nestling

चेंटुआ (*cem̐ṭuā*) *m.* young of a bird

चेंड़ा (*cem̐ṛā*) *a.* young, little

चेंप (*cem̐p*) *f.* viscous substance

चेंपदार *a.* viscous

चेचक (*cecak*) *f.* small pox

चेचक का टीका *m.* vaccination

चेचक का टीका लगाना *v.t.* to vaccinate

चेचक निकलना *v.i.* small pox to appear

छोटी चेचक *f.* measles

चेटक (*ceṭak*) *m.* /**चेटा** (*ceṭā*) *m.* servant,

attendant

चेटी (*ceṭī*) *f.* maidservant, female attendant

चेत (*cet*) *m.* 1. mind 2. thought, perception 3. consciousness, senses 4. caution, vigilance, prudence 5. knowledge 6. memory, remembrance, recollection

चेत करना *v.t.* to bear in mind

चेत में आना *v.i.* to recover consciousness

चेतन (*cetan*) I. *m.* 1. the conscious mind 2. the Supreme Spirit 3. man 4. the living being II. *a.* 1. animate 2. conscious, sentient 3. alert, wary, cautious, vigilant

चेतन करना *v.t.* to make conscious, to make aware (of), to apprise

चेतन होना *v.i.* to be aware, to be conscious, to be on the alert

चेतनता (*cetantā*) *f.* awareness, consciousness

चेतनत्व (*cetnatva*) *m.*= चेतनता *q.v.*

चेतना[1] (*cetnā*) *f.* 1. sensation 2. sense 3. consciousness, awareness, wakefulness

चेतना केन्द्र *m.* focus of consciousness

चेतना धारा *f.* the current of consciousness

चेतनाशून्य *a.* sensationless, unconscious

चेतनाशून्यता *f.* sensationlessness, numbness

चेतना[2] (*cetnā*) *v.i.* 1. to come to (one's) senses 2. to become cautious, to be alert 3. to become aware 4. to think

चेतनीय (*cetaniya*) *a.* worthy of understanding or knowing

चेता (*cetā*) *m.* 1. sense 2. remembrance 3. thoughtfulness 4. care, carefulness

चेताना (*cetānā*) *v.t.* 1. to warn 2. to inform, to instruct 3. to remind 4. to kindle (fire)

चेतावनी (*cetāvnī*) *f.* warning, admonition

चेतावनी देना *v.t.* to warn, to admonish

चेन E (*cen*) *f.* 1. chain 2. necklace

चेप (*cep*) *f.* 1. viscous substance, gummy substance 2. stickiness, viscosity

चेपदार *a.* viscous, gummy, sticky

चेपना (*cepnā*) *v.t.* to paste

चेपा (*cepā*) *m.* a disease which affects standing crops

चेपी (*cepī*) *f.* a piece stuck on, a patch

चेय (*cey*) *a.* 1. to be piled up, to be gathered/collected 2. to be plucked

चेरा (*cerā*) *m.* servant, attendant

चेरी[1] (*cerī*) *f.* maidservant, female attendant

चेरी बनकर रहना *v.i.* to serve as a slave

चेला (*celā*) *m.* 1. disciple, follower 2. pupil

चेला करना/मूँड़ना *v.t.* to make a disciple or follower, to convert somebody to one's own sect

चेले-चाँटे *m.* pupils and followers

चेली[1] (*celī*) *f.* female disciple, female pupil

चेली[2] (*celī*) *f.* small piece of split wood, chip

चेष्टक (*ceṣṭak*) *a.* making effort

चेष्टन (*ceṣṭan*) *m.* exertion, effort

चेष्टा (*ceṣṭā*) *f.* 1. effort, endeavour 2. gesture, gesticulation 3. demeanour 4. movement

चेष्टा करना *v.t.* to make effort, to endeavour

चेष्टाशून्य *a.* effortless, inactive, slothful, lazy

चेष्टाशून्यता *f.* want of effort, sloth, indolence

अनधिकार चेष्टा *f.* unwarranted act
चेष्टित (*ceṣṭit*) *a.* 1. attempted, tried, endeavoured 2. sought after
चेस[1] E (*ces*) *m.* chess
चेस[2] (*ces*) *m.* flat bed of a printing machine
चेहरा P (*cehrā*) *m.* 1. face, countenance 2. front 3. mark
चेहरा उठाना *v.t.* to lift the face
चेहरा उतरना *(मु.) v.i.* face to lose lustre/glamour, to be downcast, to be in low spirits
चेहरा खिल जाना *(मु.) v.i.* face to bloom
चेहरा चमकना *v.i.* face to glow
चेहरा चमकाना *v.t.* to illumine the face
चेहरा तमतमाना *(मु.) v.i.* face to become red (with anger)
चेहरा पीला पड़ जाना *(मु.) v.t.* to turn pale, countenance or appearance of the face to lose lustre (on account of fear or some disease)
चेहरा बिगाड़ना *(मु.) v.t.* to disfigure the countenance
चेहरा भाँप लेना *v.t.* to see through the face, to read the face
चेहरा मुरझाना *v.i.* face to fade
चेहरा-मोहरा *m.* features, appearance, countenance
चेहरेशाही *f.* (of coin) bearing the image of the ruler
चेहरा सफेद हो जाना *v.i.* face to lose lustre, to grow anaemic
चेहरे पर हवाइयाँ उड़ना *(मु.) v.i.* to be struck with panic, to lose colour/glow, to be dispirited
चेहरे से तेज टपकना *v.i.* to show a beaming lustre on the face
खिला चेहरा *m.* bright happy face
तमतमाता चेहरा *m.* reddened face
बुझा चेहरा *m.* gloomy face
मनहूस चेहरा *m.* ominous face
चेहलुम P (*cehlum*) *m.* 1. the fortieth day of mourning 2. an observance carried out on the fortieth day after a death, or after the burial of taziya (ताज़िया) in the month of Muharram (see चहलुम)
चैत (*cait*) *m.* Chait, the first month of Hindu calendar (March-April)
चैत की फसल *f.* spring crop (which is reaped in March-April)
चैत खेलना *v.t.* to join in the songs and sports of chait
चैतन्य (*caitanya*) I . *a.* conscious, sentient, sensitive, alert II. *m.* consciousness, sensation, feeling, animation
चैतन्य चोला *m.* the living human body
चैतन्यता (*caitanyatā*) *f.* state of faculty of consciousness
चैतन्यात्मक (*caitanyātmak*) *a.* characterised by rationality, consciousness
चैतन्यात्मा (*caitanyātmā*) *f.* the rational soul, the living soul, the Supreme Spirit
चैतन्योदय (*caitanyoday*) *m.* 1. awakening of senses 2. revival of consciousness
चैता (*caitā*) *m.* form of song sung in spring-time
चैती (*caitī*) *f.* harvest that is reaped in Chait
चैत्त (*caitta*) *a.* pertaining to the mind, mental
चैत्त पुरुष *m.* psychic being
चैत्य (*caitya*) I. *a.* relating to the funeral pyre, pertaining to the dead body (also चिता) II. *m.* 1. shrine (especially a Buddhist shrine) 2. Buddhist monastery
चैत्य-वृक्ष *m.* the sacred peepal tree
चैत्य-स्तूप *m.* a pyramidal column containing ashes
चैत्र (*caitra*) *m.* /**चैत** (*cait*) *m.* the first month of Hindu calendar (March-

April)

चैत्री (*caitrī*) *f.* (चैत्री पूर्णिमा) the day of the full moon in the month of Chaitra

चैन (*cain*) *m.* ease, comfort, repose, rest

चैन आना *v.i.* to recover repose, to feel relieved

चैन उड़ाना (*मु.*) *v.t.* to enjoy oneself, to feel at ease

चैन करना *v.t.* to take rest, to make oneself comfortable

चैन की बंसी बजाना (*मु.*) *v.t.* to enjoy oneself thoroughly, to live in peace and happiness

चैन गँवाना *v.t.* to lose mental peace

चैन पड़ना (*मु.*) *v.i.* to feel relieved

चैन से *adv.* comfortably, with ease, in peace

चैन से काटना/गुज़ारना (*मु.*) *v.t.* to spend the life in peace, to have an easy time, to live in ease and happiness

अमन-चैन *m.* peace and happiness

चैल[1] (*cail*) *m.* clothes, garment, dress

चैल[2] (*cail*) *m.* land twice ploughed

चैला (*cailā*) *m.* pieces of split wood, splinter, sliver, splint

चैली (*cailī*) *f.* small chips or shavings of wood, small splints

चोंक (*comk*) *f.* mark of teeth made while kissing

चोंकीला (*comkīlā*) *a.* sharp

चोंगा (*comgā*) *m.* 1. (of telephone) receiver 2. funnel 3. a tube of bamboo closed at the joint 4. the barrel of a gun 5. a cylindrical tin or pot 6. a big envelope

चोंगी (*comgī*) *f. dimin. reg.* = चोंगा *q.v.*

चोंच (*comc*) *f.* beak, bill (of a bird)

चोंच बंद कराना *v.t.* to get (one) to hold his tongue

चोंचदार बीकर *m.* beaker with a spout

चोंच मारना *v.t.* to peck

चोंच मिलाना *v.t.* to join beaks (while feeding the young ones), to bill and coo

चोंचें लड़ाना *v.t.* to fondle, to caress

दो-दो चोंचें होना *v.i.* to have a little skirmish or verbal quarrel, to exchange verbal volleys

चोंचला (*comclā*) *m.* coquetry, playfulness, airs, dalliance, affectation (see चोचला)

चोंचियाना (*comciyānā*) *v.t.* to peck

चोंड़ा (*comṛā*) *m.* coil (of a woman's hair), top-knot

चोंड़ा धूप में सफेद करना (*मु.*) *v.t.* to be grey-headed without experience or wisdom

चोंथ (*comth*) *m.* cow dung, excreted at a single time

चोंधर (*comdhar*) *a.* 1. purblind, dim-sighted 2. having weak-eyes 3. foolish, idiot, blockhead, simpleton

चोई (*coī*) *f.* rind of pulse obtained after rubbing in water

चोआ (*coā*) *m.* a object which drips or oozes

चोकर (*cokar*) *m.* husk of wheat or barley, bran

चोखा[1] (*cokhā*) *a.* 1. distinct 2. (of gold) pure, genuine, unadulterated 3. (of knife) sharp 4. (दक्ष) competent, efficient, skilful 5. good, excellent, fine 6. (तीखा) bitter, pungent 7. candid, sincere 8. proper (behaviour)

चोखा[2] (*cokhā*) *m.* mash made of boiled or roasted vegetables

चोखाई (*cokhāī*) *f.* see चोखापन

चोखापन (*cokhāpan*) *m.* 1. purity, genuineness 2. sharpness 3. pungency, bitterness 4. excellence 5. candidness, sincerity 6. propriety 7. competence

चोगा[1] (*cogā*) *m.* food for birds, meal

चोगा देना *v.t.* to feed a bird

चोग़ा[2] (*cogā*) *m.* gown, toga

चोग़ा[3] (*cogā*) *m.* cloak, woollen gown

चोचर[1] (*cocar*) *a.* & *m.* 1. idiot, stupid

चोचर[2] (*cocar*) *f.* a cow that yields no milk

चोचला (*coclā*) *m.* coquetry, playfulness, airs, dalliance, affectation

चोचले दिखाना *v.t.* to put on airs, to behave dalliantly

चोचलेबाज़ *m.* coquette

चोचलेबाज़ी *f.* coquetry, dalliance, affectation

चोट (*coṭ*) *f.* 1. hurt, injury 2. shock 3. hurting remark

चोट उभरना *v.t.* injury to resurge

चोट करना *(मु.) v.t.* to hurt, to wound, to injure, to strike (a blow)

चोट का आदमी *m.* man of matching/equal strength

चोट खाना *(मु.) v.t.* (a) to be hurt, to receive a blow, to sustain injury (b) to bear or suffer a loss or damage

चोट खाली जाना *(मु.) v.i.* blow to miss

चोट-चपेट *f.* hurt, injury

चोट देना *v.t.* (a) to inflict pain (b) to cause damage

चोट पड़ना *v.i.* to suffer a blow or loss

चोट पर चोट पड़ना *v.i.* to suffer one blow or loss after another, to have one calamity after the other

चोट पहुँचाना *v.t.* to hurt, to injure, to inflict injury

चोट बचाना *(मु.) v.t.* to evade a blow

चोट बैठना *v.i.* to have an injury or blow

चोट मारना *v.t.* to hammer, to strike

चोट लगना *v.i.* to have an injury, to receive a blow, to get hurt

चोट लगाना *v.t.* to strike

चोटा[1] (*coṭā*) *m.* treacle, residue of molasses

चोटा[2] (*coṭā*) *m.* a big braid/peak

चोटियाना (*coṭiyānā*) *v.t.* to strike, to hurt, to give a blow, to inflict wound

चोटी (*coṭī*) *f.* 1. tuft of hair on the top of the head 2. woman's lock of hair, braid 3. (of a hill or mountain) peak, summit, crest 4. pinnacle or vertex of success or fame 5. (of a tree) top

चोटी करना *v.t.* to braid/plait hair

चोटी का *(मु.) a.* superb, best

चोटी तक (कर्ज़दार) over head and ears (in debt)

चोटीदार *a.* (a) crested (b) pointed

चोटी दबना *v.i.* to be under obligation/ control

(किसी की) चोटी हाथ में होना *(मु.)* to be under someone's thumb, to be under the clutches(of)

चोट्टा (*coṭṭā*) I. *a.* thievish II. *m.* petty thief, pilferer

चोट्टी (*coṭṭī*) *f.* female thief, pilferer

चोथ (*coth*) *m.* lump of dung

चोदना (*codnā*) *v.t.* to copulate, to indulge in sex, to cohabit

चोदवाना (*codvānā*) *v.t* to get oneself copulated

चोदास (*codās*) *f.* passionate desire for coition/copulation, (see चुदवास)

चोदू (*codū*) *a.* addicted to lustful activity, adept in the art of copulation (with women), lascivious, libidinous

चोब P (*cob*) *f.* 1. wood 2. tent-pin 3. staff 4. mace, club 5. drum-stick

चोबदार *m.* (a) mace-bearer (b) watchman

चोबदारी *f.* watchmanship, duty of a watchman

चोभा[1] (*cobhā*) *m.* 1. prick, puncture 2. iron peg or nail 3. pricking stick

चोभा[2] (*cobhā*) *m.* poultice

चोर (*cor*) *m.* thief, burglar

चोरकट *m.* swindler, petty thief

चोर-कर्म *m.* stealing, theft
चोर का साथी गिरहकट *(मु.)* birds of the same feather flock together
चोर की दाढ़ी में तिनका *(लो.)* a guilty conscience needs no accuser
चोर-गड्ढा *m.* hidden pit
चोर-गली *f.* secret lane, back lane
चोर-घंटी *f.* burglar alarm
चोर-चकार *m.* any kind of thief, swindler, pilferer, pickpocket, burglar
चोर-चमार *m.* criminal, a man of criminal nature
चोरज़मीन *f.* hollow piece of land, quagmire
चोरजहाज़ *m.* pirate ship
चोरथन (a cow or buffalo) which reserves milk in its udders
चोरदरवाज़ा *m.* back door, private or secret door
चोर पड़ना *v.i.* to be infested by thieves
चोरपहरा *m.* masked guard
चोरपेट (a woman) whose pregnancy is not obvious
चोर-बदन *m.* deceptive frame of body which is actually more muscular and stronger when undressed
चोरबाज़ार *(मु.)* *m.* black market
चोरबाज़ारी *f.* black marketing
चोरमहल *m.* secret chamber in a palace
चोरशिकारी *m.* poacher
चोर-संस्करण *m.* pirated edition (of a book)
चोर-सुरंग *f.* secret tunnel

चोरी (*corī*) *f.* theft, burglary, pilferage
चोरी करना *v.t.* to steal
चोरी का *a.* stolen
चोरी का काम *m.* underhand affair
चोरी का गुड़ मीठा (*मु.*) sin is sweet
चोरी-चोरी stealthily, clandestinely, surreptitiously
चोरी-छिपे *adv.* theft, burglary, pilferage (= चोरी)
चोरी लगाना *v.t.* to charge with theft
चोरी से *adv.* by stealth, secretly, stealthily

चोलना (*colnā*) *v.t.* to eat a bit
मुँह चोलना *v.t.* just to taste a sample

चोला (*colā*) 1. short jacket 2. baby's garment put on for the first time 3. long robe or gown 4. the human body
चोला छोड़ना *(मु.)* *v.t.* to leave the body, to die, to expire
चोला धारण करना *v.t.* to have a new body, to be born
चोला बदलना *(मु.)* *v.t.* to change the body, to transmigrate into another birth

चोली (*colī*) *f.* bodice, bra, brassiere
चोली-दामन का साथ *(मु.)* perpetual association, everlasting bond

चोषण (*coṣaṇ*) *m.* suction, sucking

चोष्य (*coṣya*) *a.* fit to be sipped

चोहला (*cohlā*) *m.* a large peg, wooden balk (tied to necks of dangerous cattle)

चौंकना (*cauṁknā*) *v.i.* 1. to be startled, to boggle 2. to be vigilant, to be roused, to be on the alert
चौंक उठना/पड़ना *v.i.* to start up, to wake up suddenly, to get startled

चौंकाना (*cauṁkānā*) *v.t.* 1. to startle, to rouse 2. to put on alert
चौंका देना *v.t.* to startle all of a sudden

चौंतीस (*cauṁtīs*) *a.* & *m.* thirty-four 34

चौंतीसवाँ (*cauṁtīsvāṁ*) *a.* thirty-fourth

चौंध (*chauṁdh*) *f.* glare

चौंधियाना (*chauṁdhiyānā*) *v.i.* 1. to be dazzled 2. to be struck with amazement, to be bewildered/confused

चौंरी (*cauṁrī*) *f.* 1. bushy tail of a yak, fly-flapper, fly whisk 2. tassel 3. cow with a white tail
चौंरी झलना *v.t.* to fan with a chowry

चौंसठ (*caumsaṭh*) *a.* & *m.* sixty-four, 64

चौंसठवाँ (*caumsaṭhvām*) *a.* sixty-fourth

चौआ (*cauā*) *m.* 1. aggregate of four, the four 2. the breadth of four fingers 3. four spots of a dice (in gambling or draughts) 4. the four of cards

चौक (*cauk*) *m.* 1. quadrangle, square 2. market place 3. ornamental square of coloured floor 4. the number four

चौक पूरना *v.t.* to paint or design an ornamental square on festivals and other auspicious days

तीन चौके बारह three fours are twelve

चौकड़ (*caukaṛ*) *a.* 1. good, excellent, fine 2. strong, sturdy, stout

चौकड़ा[1] (*caukaṛā*) *m.* 1. gathering or assembly of four 2. division of crop by which the cultivator gives one-fourth to the landlord

चौकड़ा[2] (*caukaṛā*) *m.* ear-ring with four pearls

चौकड़ी (*caukaṛī*) *f.* 1. an assembly or gathering of four 2. bound (as of a deer), bounce, leap, spring

चौकड़ी भरना *(मु.)* *v.t.* to bounce along, to leap

चौकड़ी भूलना *(मु.)* *v.i.* (a) to lose one's dash, (b) to be bewildered (on seeing a beauty), to be fascinated, to have one's senses benumbed

चौकड़ी मारना *(मु.)* to squat (= चौकड़ी भरना)

चंडाल-चौकड़ी (a) gang of idlers (b) band of mischievous fellows

चौकन्ना (*caukannā*) *a.* wary, vigilant, alert, on one's guard, on the watch

चौकन्ना होकर *adv.* warily

चौकस (*caukas*) *a.* 1. cautious, watchful vigilant, alert 2. sharp, intelligent 3. fully prepared 4. (of weight) full 5. just, proper

चौकस करना *v.t.* to make alert, to put one on his guard

चौकस माल *m.* proper goods

चौकस रहना *v.i.* to be on one's guard, to be cautious, to be alert

चौकसी (*caukasī*) *f.* caution, watchfulness, vigilance, alertness

चौकसी करना *v.t.* to keep watch (= चौकस रहना *q.v.*)

चौका (*caukā*) *m.* 1. aggregate of four 2. square place for cooking food 3. quadrangle, square 4. the four of (cards) 5. (in cricket) fourer, boundary

चौका लगाना *(मु.)* *v.t.* to hit four runs

चौका-बरतन *m.* kitchen work

चौका-बरतन करना *(मु.)* *v.t.* to do the kitchen work, to clean the kitchen and utensils

चौका-बरतन करने वाली *f.* the maid who cleans the kitchen and utensils

चौकी (*caukī*) *f.* 1. post (police, customs, toll, railway) 2. chair or stool 3. a square low seat (usually of wood) 4. band of musicians (as for praises to goddess Durga) 5. watch, guard

चौकीदार *m.* (a) watchman (b) guard

चौकीदारी *f.* (a) watchfulness (b) the business of a watchman (c) remuneration for keeping watch

चौकोर (*caukor*) *a.* 1. quadrangular, square, four-cornered 2. fit and proper in every way

चौखट (*caukhaṭ*) *f.* 1. framework of a door, door-frame 2. threshold, door-sill

चौखट बाजू *m.* four pieces of wood forming a frame

चौखटा (*caukhaṭā*) *m.* frame (of a picture, looking glass)

चौगड़ा (*caugṛā*) *m.* rabbit, hare (= चौघड़ा *q.v.*)

चौगान (*caugān*) *m.* 1. a ball game resembling hockey or polo 2. chaugan 3. the stick for this game
चौगान *m.* /**चौगानगाह** *m.* the ground on which the game is played
चौगानबाज़ *m.* chaugan player

चौगुना (*caugunā*) *a.* fourfold, four times as much

चौघड़ा (*caugharā*) *m.* 1. four bowls in one container, four bowls welded together 2. lamp stand for four lights (*dim.* चौघड़ी) 3. set of four (prepared) betel-leaves

चौड़ा (*caurā*) *a.* 1. wide, broad 2. in breadth, in width
चौड़ा करना *v.t.* to make broad, to widen
चौड़ा-चकला *a.* (a) (of a place) spacious, extensive (b) (of a person) muscular and strong
चौड़े बल *adv.* breadthwise
चौड़े में *adv.* in the open, in broad daylight
लंबा-चौड़ा *a.* (a) (of a place) spacious, extensive (b) (of a person) muscular and strong (= चौड़ा-चकला)
लंबी-चौड़ी बातें बनाना *v.t.* to make tall-talk

चौड़ाई (*caurāī*) *f.* 1. breadth, width 2. latitude 3. extent
चौड़ाई के बल, चौड़ाई में *adv.* breadthwise
चौड़ाई नापना *v.t.* to measure the breadth/width

चौड़ान (*caurān*) *f.* breadth, width (especially of a room or other place)

चौड़ाना (*caurānā*) *v.t.* to increase in breadth, to make broad, to widen, to expand

चौडोल (*caudol*) *m.* a kind of sedan with two poles

चौतनी (*cautnī*) *f.* a four-cornered cap

चौतरा (*cautrā*) *m.* 1. raised platform, terrace, rostrum 2. marketplace 3. public place in a village 4. tribunal or Panchayat court (more common चबूतरा)

चौतहा (*cautahā*) *a.* of fourfolds

चौताला (*cautālā*) *m.* a mode of music, the time of which is marked by four claps of hands

चौथ (*cauth*) I. *m.* fourth part II. *f.* 1. tribute of one-fourth of produce or income levied by Marathas 2. fourth day of the lunar fortnight
चौथपन *m.* old age, fourth stage of life (i.e. between 76 and 100 years of age)

चौथा (*cauthā*) *m.* fourth, in the fourth place (also चौथे)

चौथाई (*cauthāī*) *m.* 1. one-fourth part, quarter 2. a fine equal to one-fourth of the revenue

चौथिया (*cauthiyā*) *m.* 1. intermittent fever which reoccurs every fourth day 2. holder of a quarter share (especially in crops)

चौथी (*cauthī*) *f.* 1. fourth day/date 2. a Muslim ceremony which is performed four days after marriage 3. one-fourth of the yield of land

चौदंता (*caudantā*) I. *a.* having four teeth II. *m.* cattle or horse having four teeth, young or juvenile animal

चौदंती (*caudantī*) *f.* 1. impertinence, impudence 2. juvenile simplicity

चौदस (*caudas*) *f.* the fourteenth day of the lunar fortnight

चौदह (*caudah*) *a.* & *m.* fourteen, 14

चौदहवाँ (*caudahvām̐*) *a.* fourteenth, 14th

चौदहवीं (*caudahvīm̐*) *f.* fourteenth lunar night
चौदहवीं का चाँद *m.* (a) moon of the fourteenth night when it is the brightest and most beautiful (b) a very beautiful person

चौधराई (*caudharāī*) *f.* office or status of a chieftain/headman

चौधराना (*caudharānā*) I. *m.* 1. status of a chaudhari 2. the locality where chaudharies are concentrated 3. rightful homage due to a chaudhari II. *a.* worthy of a chaudhari

चौधरानी (*caudharānī*) *f.* 1. wife of a chaudhari 2. leader or chief among ladies

चौधरी (*caudharī*) *m.* 1. headman of a caste or trade or village 2. one of the castes among Punjabis and Bengalis 3. an honorific form of address 4. leader of a group
चौधरीपना *m.* (a) headship, leadership (b) the main characteristic of a Chaudhari

चौपट[1] (*caupaṭ*) *a.* spoilt, ruined
चौपट करना *v.t.* to spoil, to ruin
चौपट होना *v.i.* to be spoilt, to be ruined

चौपट[2] (*caupaṭ*) *a.* with all the four panels (of a door)
कमरा चौपट खुला था the doors of the room were all wide open

चौपड़ (*caupaṛ*) *m.* a game like draughts played with three dice

चौपन्ना (*caupannā*) *m.* pamphlet

चौपहरा (*caupaharā*) *a.* (of duty) of four पहर or twelve hours

चौपहलू (*caupahalū*) *a.* four-sided, quadrilateral

चौपहिया (*caupahiyā*) *a.&m.* four-wheeled (carriage), four-wheeler

चौपाई (*caupāī*) *f.* a verse in Hindi of four lines each of 16 instants

चौपाया (*caupāyā*) *m.* four-footed (animal), quadruped

चौपाल (*caupāl*) *f.* assembly house (in a village)

चौबच्चा (*caubaccā*) *m.* a small reservoir of water

चौबर (*caubar*) *a.* 1. sturdy, stout 2. bold

चौबारा (*caubārā*) *m.* a room on the house-top with four doors or windows

चौबीस (*caubīs*) *a.* & *m.* twenty-four, 24

चौबीसवाँ (*caubīsvāṁ*) *a.* twenty-fourth, 24th

चौबोला (*caubolā*) *m.* a verse of four lines

चौमंज़िला (*caumañzilā*) *a.* four-storeyed, four-floored

चौमुहानी (*caumuhānī*) *f.* crossroads

चौमासा (*caumāsā*) *m.* four months of rainy season

चौरंगा (*caurangā*) *a.* four-coloured

चौरस (*cauras*) *a.* level, even, square
चौरस करना *v.t.* to level, to make even

चौरसाई (*caurasāī*) *f.* evenness, levelness

चौरसी (*caurasī*) *f.* 1. tool for levelling or planing 2. an ornament worn on the arm

चौरस्ता (*caurastā*) *m.* /**चौराहा** (*caurāhā*) *m.* junction of four roads, crossing of roads
चौराहे में *adv.* on the crossroad, in public

चौरानवे (*caurānave*) *a.&m.* ninety-four, 94

चौरानवेवाँ (*caūrānavevāṁ*) *a.* ninety-fourth, 94th

चौरासी (*caurāsī*) *a.&m.* eighty-four, 84

चौरासीवाँ (*caurāsīvāṁ*) *a.* eighty-fourth, 84th

चौराहा (*caurāhā*) *m.* crossroads

चौर्य (*caurya*) *m.* stealing, theft
चौर्य-वृत्ति *f.* thieving habit or tendency

चौलड़ा (*caulaṛā*) *m.* necklace of four strings

चौलाई (*caulāī*) *f.* a kind of green leafy vegetable

चौवन (*cauvan*) *a.&m.* fifty-four, 54

चौवालीस (*cauvālīs*) *a.&m.* forty-four, 44

चौवालीसवाँ (*chauvālīsvāṁ*) *a.* forty-fourth, 44th

चौसर (*causar*) *m.* a game like chaupar

चौहट्टा (*cauhaṭṭā*) *m.* market place or square with shops on all sides

चौहत्तर (*cauhattar*) *a.&m.* seventy- four, 74

चौहत्तरवाँ (*cauhattarvāṁ*) *a.* seventy-fourth, 74th

चौहरा (*cauhrā*) *a.* fourfold, quadruplicate

चौहाशिया (*cauhāśiyā*) *a.* four bordered, having borders on four sides

च्यवन (*chyavan*) *m.* leakage

च्यवनप्राश *m.* an Ayurvedic tonic/medicine

च्युत (*cyut*) *a.* deviated from the right course

च्युताधिकार (*cyutadhikar*) *a.*discharged or dismissed from position/duty

च्युति (*cyuti*) *f.* 1. deviation from a right course 2. lapse, drift

छ

छ (*cha*) the seventh consonant of the Devanagari syllabary

छंगा (*changā*) *a.* & *m.* (one) having six fingers in one hand or six toes in one foot

छँगुनी (*chaṁgunī*) *f.* /**छँगुली** (*chaṁgulī*) *f.* the sixth finger

छँगुलिया (*chaṁguliyā*) *m.* six-fingered (= छंगा)

छंछनाना (*chaṁchanānā*) *v.i.* 1. to fly into a rage, to burst into anger 2. to simmer

छँटना (*chaṁṭnā*) *v.i.* 1. to be removed, to be taken away 2. to be separated, to be isolated, to be set apart 3. to scatter, to diffuse 4. to be thinned, to grow thin 5. to be retrenched 6. to be sorted out 7. to be reduced

छँटा हुआ *a.* (a) sorted, reduced (b) (in derogatory sense of a person) astute, cunning, rascal, rogue

डाक छँटना *v.i.* mail to be sorted

नौकर छँटना *v.i.* servants to be retrenched

पेड़ छँटना *v.i.* trees to be pruned

बादल छँटना *v.i.* clouds to scatter, to disperse

बाल छँटना *v.i* hair to be cut short

भीड़ छँटना *v.i.* crowd to scatter or thin

मैल छँटना *v.i.* dirt to be removed

मोटापा छँटना *v.i.* fat to be reduced

छँटनी (*chaṁṭnī*) *f.* 1. retrenchment 2. cutting, weeding out 3. trimming, pruning 4. sorting

छँटनी करना *v.t.* to retrench, to weed out, to trim, to sort out

छँटवाई (*chaṁṭvāī*) *f.* /**छँटाई** (*chaṁtāī*) *f.* cutting, trimming, pruning, sorting, picking, selecting, separating, detaching, retrenchment, price or wage paid for trimming, sifting

छँटवाना (*chaṁtvānā*) *v.t.* 1. to cause to be cut or clipped, to have trimmed, to get pruned 2. to cause to be separated/isolated 3. to get sorted out 4. to get removed 5. to get rice or grain husked by pounding

छँटाना (*chaṁṭānā*) *v.t.* = छँटवाना *q.v.*

छँटाव (*chaṁṭāv*) *m.* husking of grain (= छँटाई *q.v.*)

छँटैल (*chaṁṭail*) *a.* wicked, cunning

छंद[1] (*chand*) *m.* 1. stanza 2. metre (in poetry)

छंद-लय *m.* metrical rhythm

छंद-शास्त्र *m.* prosody, metrics

छंद-शास्त्री *m.* metrist, prosodist

छंद-संकेत *m.* prosodic notation

छंद[2] (*chand*) *m.* 1. chanting (in praise) 2. wish, desire 3. control, restraint 4. purport, object

छंद[3] (*chand*) *m.* the sacred hymn, Vedic text

छंद[4] (*chand*) *m.* deceit, fraud, trick

छंद-बंद *m.* trickery, cheating, deception

छंदी (*chandī*) *a.* deceitful, fraudulent, dishonest

छंदोबद्ध (*chandobaddha*) *a.* composed in verse, cast in a metrical form

छंदोबद्ध करना *v.t.* to compose in verse
छंदोभंग (*chandobhang*) *m.* metrical flaw, breach of prosodic rules, error in versification
छः (*chaḥ*) *a.* & *m.* six, 6
छई[1] (*chaī*) I. *m.* relating to tuberculosis II. *a.* tuberculosis
छई[2] (*chaī*) *f.* children, the young generation
छकड़ा (*chakṛā*) *m.* 1. bullock cart 2. truck 3. any hackneyed carriage 4. wheel barrow
छकड़ा गाड़ी *f.* worn out or out-of-date vehicle
छकड़ी[1] (*chakṛī*) *f.* set of six, group of six
छकड़ी[2] (*chakṛī*) *f.* 1. palanquin carried by six persons 2. carriage drawn by six horses
छकना (*chaknā*) *v.i.* 1. to be satiated, to be gratified 2. to be drunk, to be intoxicated 3. to be harassed, to be vexed, to be afflicted 4. to be cheated or outwitted
छकवाना (*chakvānā*) *v.t.* 1. to cause to be satiated or gratified 2. to cause to be harassed, to get one vexed or afflicted
छकाई (*chakāī*) *f.* 1. satiety, total satisfaction 2. harassment 3. affliction
छकाछक[1] (*chakāchak*) *a.* 1. satiated 2. intoxicated, drunk 3. brimful, crammed
छकाछक[2] (*chakāchak*) *adv.* (of train) speedily, fast
छकाना (*chakānā*) *v.t.* 1. to fill up to the brim 2. to satiate, to gratify 3. to tease 4. to harass 5. to exhaust
छका डालना *v.t.* to exhaust by harassing
छका देना *v.t.* to outwit
छका मारना *v.t.* to exhaust
छकार (*chakār*) *m.* the letter छ and its sound
छकारांत (*chakārānt*) *a.* (a word) ending in छ (as छाछ, रीछ)
छक्का (*chakkā*) *m.* 1. the aggregate of six 2. sixer (in cricket) 3. the six of cards 4. six pips of the dice 5. senses
छक्का-पंजा *m.* device, artifice, tricks, tactics
छक्का-पंजा करना *v.t.* to play tricks
छक्का-पंजा भूल जाना *(मु.) v.i.* to be completely baffled
छक्के छुड़ाना *(मु.) v.t.* to outmanoeuvre, to demoralise, to put out of gear, to vanquish
छक्के छूटना *(मु.) v.i.* to lose courage, to be at one's wits' end, to lose balance, to lose courage
छगन (*chagan*) *m.* a term of endearment in addressing boys, good boy
छगन-मगन *m.* & *pl.* merry-making boys
छगुना (*chagunā*) *a.* sixfold, six times as much
छगुनी (*chagunī*) *f.* little finger
छछिया (*chachiyā*) *f.* a vessel for keeping whey
छछूँदर (*chachūṁdar*) *f.* 1. mole, musk-rat, ground shrew 2. squib (firework)
छछूँदर छोड़ना *v.t.* to let off a squib, to say or do something which causes a fight or quarrel
छजली (*chajlī*) *f.* sunshade
छज्जा (*chajjā*) *m.* 1. balcony 2. projection 3. sunshade
छज्जेदार *a.* having a balcony, balconied
छटंकी (*chaṭaṅkī*) I. *m.* puny or tiny boy II. lean and thin, feeble III. *f.* about two ounces (= छटाँक)
छटकना (*chaṭaknā*) *v.i.* 1. to jump off, to shoot off, to slip away, to slip out from grip, to fall down from the hand 2. to be removed from a group,

to go astray, to go out of the way 3. to scatter

छटकाना (*chaṭkānā*) *v.t.* to cause to jump off, to cause to shoot off, to let slip away

छटपटाना (*chaṭpaṭānā*) *v.i.* 1. to toss or tumble about, to flutter 2. to feel uneasy due to pain or anxiety 3. to be agitated 4. to writhe 5. to yearn for, to long for 6. to become restless, to fidget

छटपटाहट (*chaṭpaṭāhaṭ*) *f.* 1. tossing about, floundering, fluttering 2. restlessness, uneasiness

छटपटी (*chaṭpaṭī*) *f.* 1. restlessness 2. excitement 3. eagerness, strong desire

छटाँक (*chaṭāṁk*) *f.* (weight) one-eighth of a pound, about 58 grams

छटा (*chaṭā*) *f.* 1. beauty, splendour, lustre, brilliance, brightness 2. lightning 3. streak of light 4. spectacle of nature 5. shade

छठ (*chaṭh*) *f.* sixth day of the lunar fortnight

छठवाँ (*chaṭhvāṁ*) *a.* (see छठा)

छठा (*chaṭhā*) *a.* sixth

छठे-छमासे/छमाहे *adv.* once in a blue moon, seldom

छठी (*chaṭhī*) I. *f.* & *a.* sixth II. *f.* ceremony performed on the sixth day after the birth of a child

छठी का खाना *m.* feast on the sixth day of a child's birth

छठी का दूध याद आ जाना *(मु.)* to be in a very tight corner, to be in a predicament, to be at one's wits' end, to be nonplussed

छठी का दूध याद दिलाना *v.t.* to beat severely

छड़ (*chaṛ*) *m.* 1. rod, bar 2. pole, a large thin bamboo 3. stem, stock

छड़ना (*chaṛnā*) *v.t.* 1. to separate 2. to leave, to give up 3. to detach, to isolate (as husk from rice or grain) 4. to crush, to pound

छड़वाना (*chaṛvānā*) *v.t.* to cause to be separated, to cause to be crushed/pounded, to get (rice or grain) husked

छड़ा[1] (*chaṛā*) *a.* separated, pounded, crushed, husked

छड़ा[2] (*chaṛā*) *a.* 1. solitary, lonely 2. unmarried or widower

छड़िया (*chaṛiyā*) *m.* gate-keeper, watchman

छड़ी (*chaṛī*) *f.* stick, wand, cane, walking stick

छड़ीबरदार *m.* watchman, guard

छत (*chat*) *f.* 1. roof, ceiling 2. hood of a carriage

छत पाटना *v.t.* to erect a roof, to cover with a roof

छतगीर (*chatgīr*) f. sheet stretched across a roof

छतना (*chatnā*) *v.t.* to cover with a roof, to put a roof on a room or building

छतनार (*chatnār*) *a.* spread out, having dense foliage

छतराना (*chatrānā*) I. *v.t.* 1. to scatter, to strew, to disperse 2. to sprinkle II. *v.i.* to be scattered, to be strewn, to dissipate, to disperse (better छितराना)

छतरी (*chatrī*) *f.* 1. umbrella 2. tomb-like monument, cenotaph 3. (for pigeons) a perch on a frame, seat on a bamboo to rest on 4. canopy 5. (कुकुरमुत्ता) mushroom 6. parachute

छतरीधारी *m.* person equipped with a parachute

छतरीबाज़ *m.* paratrooper

छतरी सेना *f.* paratroops

छतरी सैनिक *m.* paratrooper

छतिया (*chatiyā*) *f.* breast (of a woman), chest

छतियाना (*chatiyānā*) *v.t.* 1. to embrace,

to stick to bosom or breast 2. to place the butt of the gun on the chest at the time of firing

छतीसी (*chatīsī*) *f.* a lewd woman pretending to be chaste

छत्तर (*chattar*) *m.* (*colloq.*) 1. umbrella 2. honeycomb, hive (= छत्र *q.v.*)

छत्ता[1] (*chattā*) *m.* honeycomb, hive

मधुमक्खियों का छत्ता *m.* beehive

छत्ता[2] (*chattā*) *m.* 1. covered lane 2. archway, corridor

छत्तीस (*chattīs*) *a.&m.* thirty-six, 36

छत्तीसवाँ (*chattīsvāṁ*) *a.* thirty-sixth, 36th

छत्तीसा (*chattīsā*) *a.* clever, cunning, artful, crafty, sly

छत्र (*chatra*) *m.* 1. umbrella 2. royal umbrella or parasol 3. hood 4. (कुकुरमुत्ता) mushroom

छत्रदंड *m.* handle of an umbrella or parasol

छत्रदंडधारी (one) holding or carrying an umbrella

छत्रधर *m.* umbrella-holder

छत्रपति *m.* (a) monarch, sovereign, emperor (b) an epithet of Shivaji Maharaj

छत्रभंग *m.* (a) breaking away from a party, apostasy (b) destruction of a kingdom

छत्रक (*chatrak*) *m.* 1. mushroom, fungus 2. toad stool 3. parasol-shaped temple

छत्र-छाँह (*chatra-chāṁ*) *f.* /**छत्रच्छाया** (*chatracchāya*) *f.* patronage, protection, aegis

छत्र-छाँह, छत्रच्छाया में *adv.* under the aegis of

छत्राक (*chatrāk*) *m.* mushroom, fungus

छत्राकार (*chatrākār*) *a.* parasol-shaped, umbelliform

छत्री (*chatrī*) *f.* 1. umbrella 2. tomblike monument, cenotaph 3. (for pigeons) a perch on a frame, seat on a bamboo to rest on 4. canopy 5. (कुकुरमुत्ता) mushroom 6. parachute (also छतरी *q.v.*)

छद (*chad*) *m.* 1. cover, covering 2. wrapper 3. skin 4. case, sheath

छदाम (*chadām*) *m.* (old) one-fourth of a paisa, a very small coin

छद्म (*chadma*) *m.* 1. disguise 2. hiding, concealment 3. masquerade 4. camouflage

छद्म-अम्ल *m.* pseudo-acid

छद्म करना *v.t.* impersonate

छद्म-तापस *m.* false ascetic, religious hypocrite

छद्म-धातु *f.* pseudo metal

छद्म-नाम *m.* pseudonym, fictitious name

छद्म-प्रतिरूपण false personation

छद्म-युद्ध *m.* guerilla war

छद्मरूप *m.* pseudoform

छद्मलेख *m.* cryptogram

छद्मलेखन *m.* pseudoepigraphy, code-writing

छद्म-विवाह *m.* mock marriage

छद्मवेश/वेष *m.* disguise, masquerade

छद्मवेशधारी *a.&m.* (one) appearing in disguise

छद्मवेशी *a.* in disguise, disguised

छद्मावरण (*chadmāvaraṇ*) *m.* camouflage

छद्मी (*chadmī*) *a.* deceitful, false, disguised

छन (*chan*) *f.* a hissing sound, tinkling/jingling sound

छन-छन tinkling/jingling or hissing

छनक (*chanak*) *f.* jingling, tinkling, hissing sound

छनक-मनक *m.* (a) jingle (of ornaments) (b) ornamental make-up, foppishness

छनकना (*chanaknā*) I. *v.i.* 1. to jingle, to tinkle, to emit a hissing sound 2. to clink, to clank 3. to run away in fright II. *m.* a rattling toy

छनकाना (*chanakānā*) *v.t.* 1. to cause to jingle/tinkle 2. to startle 3. to warn

छनछनाना (*chanchanānā*) *v.t.* 1. to sound, to ring, to tinkle, to jingle, to clink or clank 2. to feel a burning sensation

छनछनाहट (*chanchanāhaṭ*) *f.* ringing, jingling, tinkling

छनना[1] (*chananā*) *v.t.* 1. to be strained, to be sieved, to be percolated 2. (water) to be filtered 3. to be sifted, to be cleaned 4. to drink an intoxicant, especially hemp 5. to have wounds at many places in the body

गहरी छनना *v.i.* to be thick with, to have close friendship

छनना[2] (*chananā*) *m.* strainer, sieve

छननी (*chananī*) *f.* sieve, strainer

छनवाना (*chanvānā*) *v.t.* 1. to cause to be strained 2. to get (a house) rummaged 3. to have or get sifted

छनाई (*chanāī*) *f.* filtration

छनाछन (*chanāchan*) *adv.* with jingling or tinkling sound

छन्न (*chann*) *m.* hissing sound produced by a drop of water falling on a hot pan

छन्ना (*channā*) *f.* 1. filter 2. piece of cloth for sieving, strainer

छन्नी (*channī*) *f.* sieve (= छलनी *q.v.*)

छप (*chap*) *f.* splashing sound, splash

छप-छप *m.* recurrent splashing sound

छप-छप करना *v.t.* to make a splashing sound (in water)

छपकना (*chapaknā*) *v.i.* to splash, to splatter, to make a splashing sound (in water)

छपका[1] (*chapkā*) *m.* 1. splash of water 2. spot of water on cloth

छपका[2] (*chapkā*) *m.* net for catching pigeons, a cage with a net attached to it

छपका[3] (*chapkā*) *m.* small thin stick

छपका[4] (*chapkā*) *m.* an ornament worn on the head

छपका[5] (*chapkā*) *m.* round block attached to the lid of a box

छपकाना (*chapkānā*) *v.t.* 1. to splash 2. to cause to produce a hissing sound

छपछपाना (*chapchapānā*) *v.t.* to make a splashing sound

छपते-छपते (*chapte-chapte*) *adv.* stop press

छपना (*chapnā*) *v.i.* 1. to be printed 2. to be stamped 3. to be embossed

छपवाना (*chapvānā*) *v.t.* to get/have something printed

छपा (*chapā*) *a.* (छपा हुआ) printed

छपाई (*chapāī*) *f.* 1. printing 2. cost of printing

छपाई की भूल/त्रुटि *f.* printing error, misprint

छपाई की मशीन *f.* printing machine

छपाका (*chapākā*) *m.* a violent splash (produced by the impact of something on water)

छपाछप (*chapāchap*) *adv.* with a series of splashing sounds

छपा-छपाया (*chapāchapāyā*) *a.* already printed

छपाना (*chapānā*) *v.t.* to get stamped or marked, to get something printed, to cause to be printed (= छपवाना)

छपेरा (*chaperā*) *m.* one who prints clothes, (= छीपी *q.v.*)

छपैया (*chapaiyā*) *m.* a printer

छप्पन (*chappan*) *a.&m.* fifty-six, 56

छप्पन-छुरी *f.* a dangerous woman

छप्पनवाँ (*chappanvāṁ*) *a.* fifty-sixth, 56th

छप्पय (*chappay*) *m.* a poetic metre running into six lines

छप्पर (*chappar*) *m.* thatched roof, thatch

छप्पर-खट *f.* bedstead with curtain

छप्पर छाना/डालना *v.t.* to thatch
छप्पर टूट पड़ना *(मु.)* a sudden calamity to befall, to have a bolt from the blue
छप्पर पर रखना या रख देना *(मु.)* to throw aside as worthless
छप्पर फाड़कर देना *(मु.)* to surprise one with an unexpected gift, to give as a windfall, to bestow unexpectedly a large fortune
छप्परबंदी *f.* (a) thatching work (b) wages for thatching

छब (*chab*) *f.* 1. beauty, grace, charm 2. (सजावट) decoration, ornamentation 3. graceful form

छबड़ा (*chabṛā*) *m.* basket made of twigs or reeds (*fem.* छबड़ी)

छबीला (*chabīlā*) *a.* 1. handsome, beautiful 2. foppish, dandy 3. sprightly, sportive
छबीलापन *m.* (a) handsomeness, beauty, charm (b) foppery (c) sportiveness

छब्बीस (*chabbīs*) *a.* & *m.* twenty-six, 26

छब्बीसवाँ (*chabbīsvām̐*) *a.* twenty-sixth

छब्बीसा (*chabbīsā*) *m.* set of 26 units

छब्बीसी (*chabbīsī*) *f.* a way of counting fruits

छम (*cham*) *f.* tinkling sound of dancing bells, jingle
छम-छम (a) sound of bells, bangles, (b) sound of heavy rain, tinkling

छमक (*chamak*) *f.* tinkling or jingling sound
छमक-छल्लो *f.* glamour girl

छमकना (*chamaknā*) *v.i.* 1. to sound like a bell, to tinkle, to jingle 2. to show off 3. to move about like a glamour girl

छमछमाना (*chamchamānā*) *v.i.* 1. to sound as falling rain 2. to tinkle, to jingle 3. to move about with a succession of jingling sounds

छमा (*chamā*) a. see क्षमा)

छमाछम (*chamācham*) *adv.* (of rain) with incessant splashing sound (of dance) with tinkling sound of bells

छमाही (*chamāhī*) *a.* six-monthly, half-yearly
छमाही पत्रिका *f.* half-yearly magazine
छमाही परीक्षा *f.* half-yearly examination
छटे-छमाही once in a blue moon, seldom

छरकना (*charaknā*) *v.t.* to slip (= सरकना *q.v.*)

छरकीला (*charkīlā*) *a* slim, slender

छरछर (*chrchar*) *f.* the sound similar to that produced by throwing a handful of rice

छरछराना (*charcharānā*) *v.i.* 1. to have a burning sensation 2. to feel like scratching (the body)

छरछराहट (*charcharāhaṭ*) *f.* 1. pain in the scratched part of the body 2. pain caused by the falling of salt on a wound

छरद (*charad*) *f.* vomit

छरना (*charnā*) *v.i.* 1. to drip, to ooze, to leak 2. to go astray

छरहरा (*charahrā*) *a.* 1. slim, slender 2. agile, active, swift, smart

छर्दन (*chardan*) *m.* vomiting

छर्दि (*chardi*) *f.* vomit, puke

छर्रा (*charrā*) *m.* 1. small shot 2. small pebble
छर्रा पिलाना *v.t.* to load a gun with a shot

छल (*chal*) *m.* 1. fraud, deceit 2. trick, knavery
छल-कपट *m.* deception
छल करना *v.t.* to deceive
छल-छंद *m.* craftiness, trickery, duplicity
छल-छंदी (a) *a.* fraudulent, crafty, deceptive (b) *m.* trickster

छल-छिद्र *m.* malicious fault-finding
छल-छिद्र निकालना to find fault maliciously
छल-छिद्री *m.* malicious fault-finder
छल-तर्क *m.* sophism, apparently correct but actually false argument
छल बल *m.* trickery, tactics
छल बल से *adv.* by hook or by crook
छल मय *a.* full of fraud, deceptive, deceitful
छल में आना *v.i.* to be deceived or tricked
छल योजक *m.* racketeer
छल-योजना *f.* racket, racketeering
छल-योजना करना *v.t.* to indulge in racketeering
छल-विद्या *f.* the art of deceiving, trickery

छलक (*chalak*) *f.* spilling, overflowing

छलकता (*chalaktā*) *a.* running over, overflowing, brimful

छलकना (*chalaknā*) *v.i.* to drop out from a brimful pot, to spill out, to overflow
आँखें छलकना *v.i.* eyes to overflow with tears

छलकाना (*chalkānā*) *v.t.* to cause to overflow, to cause to spill

छलछलाना (*chalchalānā*) *v.i.* 1. (आँसू छलछलाना) to have the eyes filled with tears 2. to move with a rustling sound 3. to make rippling sound 4. (of water) to be on the verge of flowing out

छलछलाहट (*chalchalāhaṭ*) *f.* 1. rustling, rippling 2. overflowing

छलना[1] (*chalnā*) I. *v.t.* 1. to deceive, to cheat, to delude, to wile, to guile 2. to pretend, to feign II. *f.* 1. fraud, deceit 2. illusion, will-o'-the-wisp

छलना[2] (*chalnā*) *m.* strainer, cloth for sifting

छलनी (*chalnī*) *f.* strainer, sieve
छलनी करना *(मु.)* *v.t.* (a) to pierce, to perforate (b) to riddle, to batter
छलनी होना या हो जाना *v.i.* to be pierced or perforated, to be battered or riddled
छलनी कर देना *(मु.)* to pierce, to batter (by afflictions)
गोलियों से छलनी कर देना *v.t.* to batter/spray with bullets

छलछाया (*chalchāyā*) *a.* tricky

छलाँग (*chalāṁg*) *f.* leap, jump, spring, bound
छलाँग मारना *(मु.)* *v.t.* to vault, to jump, to leap, to bound
अंधी छलाँग *a.* leap in the dark
एक ही छलाँग में *adv.* in just one bound

छलांगना (*chalāṅgnā*) *v.i.* to leap, to jump, to vault, to bound

छलाई (*chalāī*) *f.* deception, stratagem

छलावरण (*chalāvaraṇ*) *m.* camouflage

छलावा (*chalāvā*) *m.* illusion, apparition, will-o'-the-wisp
छलावा हो जाना *v.i.* to turn into a will-o'-the-wisp, to vanish or disappear suddenly

छलिया (*chaliyā*) *a.* & *m.* 1. fraudulent (person), treacherous (fellow), cheat, tricky (person), trickster 2. imposter

छली (*chalī*) *a.* perfidious, tricky, treacherous, fraudulent

छल्ला (*challā*) *m.* 1. plain ring (of any metal) 2. loop 3. ringlet of hair
छल्लेदार *a.* having rings, ringed, curly, spiral

छल्ली (*challī*) *f.* 1. basket, pannier 2. creeper 3. ulcer

छवाई (*chavāī*) *f.* 1. thatching of a roof 2. wages for thatching the roof

छवाना (*chavānā*) *v.t.* to get the thatch done (by another), to cause to be thatched, to get thatched

छवि (*chavi*) *f.* 1. splendour, beauty,

charm, loveliness, brightness 2. pretty features 3. portrait

छवैया (*chavaiyā*) *m.* one who thatches a roof

छह (*chah*) *a.* & *m.* six, the number six, 6

छहराना (*chahrānā*) *v.t.* 1. to sprinkle, to spray 2. to shed all round, to scatter, to spread

छहरीला (*chahrīlā*) *a.* liable to scatter, spreading

छाँगना (*chāṁgnā*) *v.t.* to lop, to prune, to cut the superfluous portions of branches or trees

छाँगुर (*chāṁgur*) *a.* & *m.* one having six fingers or toes

छाँगुरता (*chāṁgurtā*) *f.* the state of having six fingers or toes

छाँट (*chāṁṭ*) *f.* 1. vomit, vomiting 2. pruning, trimming 3. sorting 4. cuttings, prunings

छाँट करना *v.t.* (a) to vomit (b) to prune, to trim

छाँट-छूँट करना *v.t.* to clip off, to trim, to prune

चिट्ठियाँ छाँटना *v.t.* to sort out letters

छाँटन (*chāṁṭan*) *f.* trimmings, prunings, cuttings

छाँटना (*chāṁṭnā*) *v.t.* 1. to lop, to trim, to cut, to prune 2. to weed 3. to retrench, to reduce 4. to cut short 5. (of letters) to sort 6. to separate

ज्ञान छाँटना *v.t.* to make a show of one's knowledge

नौकर छाँटना *v.t.* to retrench

पौधा छाँटना *v.t.* to prune

बाल छाँटना *v.t.* to trim

छाँटा (*chāṁṭā*) *m.* separating or picking over

छाँद (*chāṁd*) *f.* rope with which the forefeet of animals are tied

छाँदना (*chāṁdnā*) *v.t.* to tie, to fasten (especially two feet of animals)

छांदस (*chāndas*) I. *a.* pertaining to the text of the Vedas, Vedic II. *f.* the Vedic language

छाँव (*chāṁv*) *f.* (= छाँह or छाया *q.v.*)

छाँह (*chāṁh*) *f.* 1. shade 2. shadow

छाँहदार *a.* shady

छाँह देना *v.t.* to provide shelter

छाँह न छूने देना (*मु.*) *v.t.* not to allow anybody to touch one's shadow, not to let anybody come near, to keep at a distance

छाँह बचाना (*मु.*) *v.t.* to keep away from

छाँह से बचना *v.i.* to evade even the shadow of

छाक (*chāk*) *f.* 1. mid-day meal of cultivators and other outdoor workers 2. the first meal of the day 3. meals sent from the bride's house to the bridegroom as a marriage gift 4. intoxication

छाकना (*chāknā*) *v.i.* 1. to be satiated, to have had a full meal 2. to be drunk, to be intoxicated

छाका (*chākā*) *a.* drunk, intoxicated

छाग (*chāg*) *m.* 1. male goat 2. milk of goat

छागल (*chāgal*) I. *m.* male goat II. *f.* leather water-bag

छागी (*chāgī*) *f.* female goat

छाछ (*chāch*) *f.* whey, butter-milk

छाछठ (*chāchaṭh*) *a.* & *m.* sixty-six, 66 (better छियासठ)

छाछठवाँ (*chāchaṭhvāṁ*) *a.* sixty-sixth, 66th (better छियासठवाँ)

छाज (*chāj*) *m.* 1. winnowing basket, winnowing fan 2. splash board of a carriage 3. disguise (= छज्जा *q.v.*)

छाज-सी दाढ़ी *a.* a long and flowing beard

छाजन (*chājan*) *m.* 1. thatching 2. covering 3. clothes, garment 4. eczema

भोजन-छाजन *m.* food and clothing

छाजना (*chājnā*) *v.t.* 1. to thatch 2. to cover 3. to appear beautiful

छाजा (*chājā*) *m.* a bundle of long reeds used in thatching

छाता (*chātā*) *m.* 1. umbrella 2. mushroom (*dim.* छतरी)

छाताधारी *m.* umbrella holder, parachutist

छाताधारी सेना *f.* paratroops

छाताधारी सैनिक *m.* paratrooper

छाती (*chātī*) *f.* 1. breast, chest, bosom (especially woman's) 2. heart 3. boldness, fortitude

छाती उमड़ना *v.i.* to be affected by an emotional upsurge, to be touched/moved

छाती कूटना *(मु.) v.t.* to beat the breast in sorrow (= छाती पीटना *q.v.*)

छाती खोलकर मिलना *v.t.* to meet somebody open-heartedly

छाती छलनी होना *(मु.) v.i.* heart to be battered or hurt

छाती छुड़ाना *v.t.* to stop feeding a child from breast, to wean

छाती जलना *(मु.) v.i.* to have a heart sore, to be under a spell of grief, to be in the grip of terrible jealousy, to have the heart burn with envy

छाती जलाना *v.t.* to hurt somebody's feelings

छाती जुड़ाना *(मु.) v.i.* to feel comforted

छाती ठंडी करना *(मु.) v.t.* to assuage the heart, to comfort, to relieve oneself of one's heart-burning

छाती ठंडी होना *(मु.) v.i.* to have one's feelings assuaged, to get soothing comfort, to be quieted or soothed

छाती ठोकना *v.t.* to encourage, to provoke

छाती ठोककर कहना *(मु.) v.t.* to take a solemn pledge, to make an utterance with complete self-assurance

छाती तानना *v.t.* to move forward fearlessly

छाती पकड़ना *v.t.* to hold the chest in emotion or pain

छाती पकड़कर रह जाना *v.i.* to grieve or mourn in silence

छाती पक जाना *(मु.) v.i.* heart to be sore, to feel sore, to be fed up

छाती पत्थर की करना *(मु.) v.t.* to become hard-hearted and endure hardship

छाती पर चढ़कर लेना *v.t.* to extort forcibly

छाती पर पत्थर/पहाड़ *m.* (a) weight on the chest (b) an intolerable burden, encumbrance

छाती पर पत्थर रखना *(मु.) v.t.* to endure patiently

छाती पर मूँग/कोदों दलना *(मु.) v.t.* to deliberately cause pain

छाती पर सवार होना *(मु.) v.i.* to be always hovering about one

छाती पर साँप लोटना *(मु.) v.i.* to be tormented with envy

छाती पिलाना *v.t.* to suckle a child

छाती पीटना *(मु.) v.t.* to beat the breast in sorrow

छाती फटना *(मु.) v.i.* to feel insufferable envy

छाती फुलाना *(मु.) v.t.* to assume airs, to boast

छाती भर आना *(मु.) v.i.* the breasts to grow well, to be moved

छाती मसलना *v.t.* to press and squeeze the breast (as a child does while sucking)

छाती सुलगना *(मु.) v.i.* to have a heart sore, to be under a spell of grief, to be in the grip of terrible jealousy, to have the heart burn with envy (= जलना *q.v.*)

छाती से लगाना *v.t.* to embrace, to take to the bosom

छात्र (*chātra*) *m.* pupil, student

छात्र-अध्यापक *m.* pupil-teacher

छात्र-कल्याण *m.* student's welfare

छात्र-कल्याण डीन *m.* dean of student welfare

छात्र-निवास *m.* students' boarding house

छात्र-नेता *m.* student leader

छात्र-प्रतिनिधि *m.* student representative

छात्र-वृत्ति *f.* scholarship, stipend

छात्र-संघ *m.* student union

छात्रत्व (*chātratva*) *m.* studentship

छात्रा (*chātrā*) *f.* a student, a pupil

छात्रालय (*chātrālay*) *m.* 1. school, educational institution 2. boarding house, hostel

छात्रावास (*chātrāvās*) *m.* students' boarding house, hostel, students' lodge

छादक (*chādak*) *m.* 1. cover, covering, any covering object 2. one who thatches, one who covers

छादन (*chādan*) *m.* 1. thatching, building a thatch or roof 2. covering, putting a garb or mask 3. thatch, cover 4. hiding, concealment 5. screen

छादित (*chādit*) *a.* 1. covered, masked 2. hidden, concealed, overtopped, veiled

छादी (*chādī*) *a.* hiding, concealing

छाद्मिक (*chādmik*) I . *a.* fraudulent II. *m.* fraud, cheat, rogue

छान (*chān*) *f.* 1. thatch 2. frame of bamboo for thatching 3. a thatched structure

छानना (*chānanā*) *v.t.* 1. to sift, to sieve, to strain 2. to filter 3. to percolate, to prepare and drink hemp 4. to search minutely, to investigate

छान डालना *(मु.)* *v.t.* (a) to probe exhaustively (b) to sift properly, to strain quite well

छान मारना *(मु.)* *v.t.* to rummage, to ransack

छान लेना *v.t.* to sieve out, to sift out

छान-फटक (*chānphaṭak*) *f.* /**छानबीन** (*chānbīn*) *f.* probe, investigation, enquiry, scrutiny

छान-फटक, छानबीन करना *(मु.)* *v.t.* to probe, to investigate, to explore, to thrash, to analyse

छानस (*chānas*) *f.* husk, chaff

छाना (*chānā*) I. *v.t.* 1. to cover 2. to thatch, to roof 3. to overspread II. *v.i.* 1. (of clouds) to spread, to gather 2. to overwhelm 3. to cast a shadow or shade, to overcast 4. to cover completely 5. to darken 6. (अँधेरा) darkness to spread

छानी (*chānī*) *f.* thatch, roofing, thatching

छाप (*chāp*) *f.* 1. stamp, seal 2. imprint 3. brand 4. trade mark 5. impression 6. sectarial marks on forehead or other parts of the body

छाप डालना *v.t.* to impress, to make an impression

छाप लगाना *(मु.)* *v.t.* to put a seal or stamp (on), to stamp, to seal

उँगलियों की छाप *f.* finger-print

छापना (*chāpnā*) *v.t.* 1. to print 2. to stamp

छापा[1] (*chāpā*) *m.* 1. stamp 2. imprint 3. impression 4. wooden seal

छापाखाना *m.* printing house, printing press

छापा लगाना *v.t.* to stamp, to seal

छापा[2] (*chāpā*) *m.* raid

छापामार (a) raider (b) guerilla

छापा मारना *(मु.)* *v.t.* to raid, to attack suddenly

छापामार युद्ध *m.* guerilla warfare

छापामार सैनिक *m.* commando

छापित (*chāpit*) *a.* impressed, printed

छाबड़ी (*chābṛī*) *f.* a hawker's tray

छाया (*chāyā*) *f.* 1. shade 2. shadow 3. (प्रतिबिंब) reflection 4. silhouette 5. shelter, safety 6. phantom 7. in-

fluence of evil spirit or ghost
छाया और प्रकाश *m.* light and shade
छायाकार *m.* photographer
छायाचित्र *a.* photograph
छायाचित्रण *f.* photography
छाया छूना *v.t.* to pursue the unreal
छायादान *m.* offering up one's shadow to Saturn or evil spirit by looking at one's image in a cup of oil which is presented to a डकौत *q.v.*
छायादार *a.* shady
छायादेह *f.* intangible form
छायापुरुष *m.* (a) reflection of one's own image (b) phantom
छाया मंत्रिमंडल *m.* shadow cabinet
छाया मूकाभिनय *m.* shadow pantomime
छायालोक *m.* abstract or unreal world
छायावाद *m.* a romantic movement in Hindi poetry, romanticism
छायावादी *m.* romanticist
छायावाला *a.* shady (as tree)
छाया से दूर रहना (a) *v.i.* to evade the shadow (b) to keep away

छायांकन (*chāyāṅkan*) *m.* photography

छायाकृति (*chāyākṛti*) *f.* silhouette (छाया + आकृति)

छायानुवाद (*chāyānuvād*) *m.* 1. shadow translation, translation carrying only an overall impression of the original 2. adaptation

छायाभास (*chāyābhās*) *m.* phantom (छाया + आभास)

छायालोक (*chāyālok*) *m.* dim light (as in a shady place) (छाया + आलोक)

छायावास (*chāyāvās*) *m.* summer house (छाया + आवास)

छार (*chār*) I. *f.* (*colloq.*) 1. alkali 2. ash 3. dust II. *a.* 1. caustic, corrosive 2. pungent, acrid 3. saline

छाल (*chāl*) *f.* bark (of a tree)
छाल उतारना *v.t.* to strip

छाला[1] (*chālā*) *m.* 1. burn 2. pustule 3. blister
छाला पड़ना *v.i.* blister to rise

छाला[2] (*chālā*) *f.* hide, skin (as मृगछाला deerskin)

छालिया (*chāliyā*) *f.* 1. betel-nut 2. betel-nut parings

छाली (*chālī*) *f.* betelnut

छावन (*chāvan*) *m.* (*colloq.*) 1. thatching, building a thatch or roof 2. covering, putting on a garb or mask 3. thatch, cover 4. hiding, concealment 5. screen (= छादन *q.v.*)

छावनी (*chāvanī*) *f.* 1. cantonment 2. thatching
छावनी-क्षेत्र *m.* cantonment area
छावनी छाना *v.t.* to thatch a roof
छावनी डालना *v.t.* to form or make troop lodgings
छावनी बोर्ड *m.* cantonment board

छासठ (*chāsaṭh*) *a.* & *m.* sixty-six (better छियासठ)

छिंकवाना[1] (*chiṁkvānā*) *v.t.* 1. to cause to be crossed out or cancelled 2. to cause to be occupied (see छेंकना)

छिंकवाना[2] (*chiṁkvānā*) *v.t.* to cause to sneeze (see छींकना)

छिंकाना (*chiṁkānā*) *v.t.* to make one sneeze

छिंगुली (*chiṁgulī*) *f.* the little finger

छिः (*chiḥ*) *interj.* pooh ! tut ! fie !

छिकना (*chiknā*) *v.t.* 1. (of a person or place) to be surrounded, to be encircled 2. (of a berth or seat) to be occupied 3. (of one's name) to be crossed out or cancelled

छिक्का (*chikkā*) *f.* sneeze, sneezing (= छींका *q.v.*)

छिछड़ा (*chichṛā*) *m.* waste meat fragments, useless pieces of flesh

छिछला (*chichlā*) *a.* shallow
छिछलापन *m.* shallowness
छिछला पानी *m.* shallow water
झील का छिछलापन *m.* shallowness of

a lake

छिछोरा (*chichorā*) *a.* 1. petty, trifling, trivial, frivolous 2. puerile, childish 3. showy, tawdry, pompous 4. low, mean

छिछोरापन *m.* (a) levity, frivolity (b) puerility, childishness (c) pompousness, (d) meanness, baseness, lowliness

छिजना (*chijnā*) *v.t.* 1. to cause to wear away 2. to decrease, to lessen

छिटकना (*chiṭaknā*) *v.i.* 1. to be spattered, to be splashed 2. to be scattered, to be dispersed, to be dissipated, to be strewed 3. (of light) to be shed, to be diffused 4. (papers) to be disordered 5. (hair) to be dishevelled 6. (bone) to be displaced, to be dislocated, (of a boy or girl) to be separated (from a group)

बीज छिटकना *v.t* to strew, to scatter

छिटकवाँ (*chiṭakvāṁ*) *a.* scattering, dispersive

छिटकवाँ बोवाई *f.* scattered sowing

छिटकाना (*chiṭkānā*) *v.t.* to scatter, to strew

छिटकी (*chiṭkī*) *f.* a splash, a speck

छिटकी करना/देना/लगाना (पर/में) *v.t.* to spot, to fleck

छिटपुट (*chiṭpuṭ*) I. *a.* sporadic, isolated, scattered II. *adv.* here and there (also छिटफुट)

छिटपुट जाँच *f.* random sampling

छिटपुट वर्षा *f.* scattered rain

छिड़कना (*chiṛaknā*) *v.t.* 1. to sprinkle, to spread 2. to scatter, to strew 3. to spray

छिड़कने का यंत्र *m.* sprayer

छिड़कवाना (*chiṛakvānā*) *v.t.* to cause to be sprinkled, to have or get sprinkled or strewn

छिड़काई (*chiṛkāī*) *f.* 1. sprinkling 2. wages for sprinkling or spraying

छिड़काना (*chiṛkānā*) *v.t.* to cause to sprinkle, to get strewn or scattered, to get splashed or sprayed

छिड़काव (*chiṛkāv*) *m.* sprinkling, spraying

छिड़काव करना *v.t.* to sprinkle, to spray

छिड़ना (*chiṛnā*) *v.i.* 1. to start, to commence 2. to break out, to be waged 3. to be excited, to be agitated, to be stimulated

युद्ध छिड़ना war to break out, to be waged

राग छिड़ना *v.i.* music to be started

छिड़वाना (*chiṛvānā*) *v.t.* 1. to get started or commenced 2. to cause to be waged. 3. to cause to be excited or agitated, to cause to be stimulated

छितराना (*chitrānā*) I. *v.t.* 1. to scatter, to strew, to disperse 2. to sprinkle II. *v.i.* to be scattered, to be strewn, to dissipate, to dispose of

छितराव (*chitrāv*) *m.* scattering, dispersion, dissipation

छितराव करना *v.t.* to scatter, to disperse

छिति (*chiṭi*) *f.* 1. see क्षिति

छितिर-बितिर (*chitir-bitir*) *a.* scattered, dispersed

छितिर-बितिर होना *v.i.* to scatter away, to disperse

छिदना (*chidnā*) *v.i.* 1. to be pierced, to be perforated 2. to be hurt, to be wounded, to be inflicted, to be pained

दिल छिद जाना *v.i.* heart to rend

छिदरा (*chidrā*) *a.* 1. (of cloth) having gaps or opening, not closely woven 2. (फटा हुआ) torn 3. bored, perforated

छिदराना (*chidrānā*) *v.t.* 1. to place at wide intervals, to spread out 2. to be perforated 3. to be thinned

छिंदराकर चलना *v.i.* to walk with legs far apart

छिदवाई (*chidvāī*) *f.* charge for boring (as नाक या कान)

छिदवाना (*chidvānā*) *v.t.* to cause to be pierced, to have to be bored, to have a hole made

छिद्र (*chidra*) *m.* 1. hole, opening, aperture 2. pore 3. perforation 4. (दोष) flaw, defect, fault 5. weak point, weakness

छिद्रदर्शी *a.* & *m.* fault-finder, censorious, cavilling

छिद्रक (*chidrak*) *m.* perforator, borer

छिद्रण (*chidraṇ*) *m.* 1. perforation 2. opening 3. boring

छिद्रल (*chidral*) *a.* porous

छिद्रलता (*chidraltā*) *f.* porosity

छिद्रान्वेषण (*chidrānveṣaṇ*) *m.* fault-finding, cavilling, carping

छिद्रान्वेषण करना *v.t.* to cavil, to carp, to pick holes, to find fault

छिद्रान्वेषी (*chidrānveṣī*) *a.* & *m.* one looking for faults or flaws, fault-finding, fault-finder, carper

छिद्रित (*chidrit*) *a.* pierced, perforated, having holes, having gaps or openings

छिद्रित कार्ड *m.* punched card

छिद्रिल (*chidril*) *a.* having pores, perforated

छिनक (*chinak*) *m.* instant, moment

छिनकना[1] (*chinaknā*) *v.i.* to blow the nose, to spurt mucus out of the nose

छिनक जाना *v.i.* to go away offended

छिनकना[2] (*chinaknā*) *v.t.* to winnow, to sift

छिनना (*chinnā*) *v.t.* 1. to be snatched 2. to be seized or wrested

छिन जाना *v.i.* (same) to be snatched and taken away

छिनवाना (*chinvānā*) *v.t.* to cause to be snatched, to make one get snatched

छिनाल (*chināl*) *f.* flirt, coquette, wanton woman, harlot, a loose woman

छिनालपना *m.* /**छिनाला** *m.* dissoluteness, adultery, harlotry

छिनालपना *v.t.* /**छिनाला करना** *v.t.* to commit adultery

छिनावा (*chināvā*) *m.* seizing, seizure

छिन्न (*chinna*) *a.* 1. cut off, torn, lopped off, rent, broken 2. truncated, severed, separated 3. cut out into parts divided 4. (नष्ट) ruined, annihilated, destroyed, (क्लांत) exhausted, fatigued, tired

छिन्न-भिन्न *a.* pierced through and through, broken into pieces, shattered

छिन्न-मूल *a.* uprooted

छिन्न-शब्द *m.* clipped word

छिपकली (*chipkalī*) *f.* lizard

छिपटी (*chipṭī*) *f.* chip

छिपटी निकालना *m.* chipping

छिपता (*chiptā*) *a.* hiding, lurking

छिपते फिरना *v.i.* to go skulking about, to be in hiding

छिपना (*chipnā*) *v.i.* 1. to hide, to lurk, to be hidden, to be concealed 2. to be covered (as faults दोष)

छिप जाना *v.i.* to become hidden

छिपा रहना *v.i.* to remain hidden/concealed

छिपने की जगह *f.* hiding place

सूरज छिपना *v.i.* the sun to set

छिपा (*chipā*) *a.* hidden, concealed

छिपाकर *adv.* secretly, stealthily, unperceived

छिपा रखना *v.t.* to keep concealed, to hide, to keep back

छिपा रहना *v.i.* to lie hidden, to keep hiding, to be in concealment

छिपा रास्ता *f.* secret path

छिपा रुस्तम *(मु.)* *m.* dark horse, unknown genius

छिपा हुआ *a.* clandestine, hidden, concealed

छिपी चाल *f.* secret move

छिपाना (*chipānā*) *v.t.* 1. to hide, to conceal 2. to veil, to cover 3. to keep secret
अंग छिपाना *v.t.* to cover the parts of the body
भेद छिपाना *v.t.* to keep a secret
छिपाव (*chipāv*) *m.* 1. hiding, lurking, concealment 2. secrecy 3. reservation 4. hiding place
छिपे-छिपे (*chipe-chipe*) *adv.* secretly, stealthily, underhand
छिमटी (*chimṭī*) *f.* splinter
छिया (*chiyā*) *f.* 1. excrement, faeces 2. filth, dirt
छिया करना *v.t.* to detest
छियानवे (*chiyānave*) *m.* & *a.* the number ninety-six, 96
छियालीस (*chiyālīs*) *m.* & *a.* the number forty-six, 46
छियालीसवाँ (*chiyālīsvām̐*) *a.* forty- sixth
छियासठ (*chiyāsaṭh*) *m.* & *a.* the number sixty-six, 66
छियासठवाँ (*chiyāsaṭhvām̐*) *a.* sixty- sixth
छियासी (*chiyāsī*) *m.* & *a.* the number eighty-six, 86
छियासीवाँ (*chiyāsīvām̐*) *a.* eighty- sixth
छिलका (*chilkā*) *m.* 1. crust (as of bread) 2. hull (as of peas and beans) 3. husk (as of grains, rice, seeds) 4. peel (as of potato, fruit) 5. rind (as of fruits, vegetables, cheese) 6. scale (as of fish) 7. skin (as of plants, fruits)
छिलका उतारना *v.t.* to peel, to husk, to blanch
छिलन (*chilan*) *f.* 1. peeling, skinning, husk, peel 2. wound caused by scratching
छिलना (*chilanā*) *v.i.* to be excoriated, to be peeled or skinned, to be husked, to be shelled, to be scraped, to be scratched, to be rubbed off, to be bruised
छिलवाई (*chilvāī*) *f.* 1. peeling, husking, paring 2. the price or wages paid for peeling or husking
छिलवाना (*chilvānā*) *v.t.* to cause to get skinned or peeled, to have a thing scraped or scratched, to get husked through somebody else, to get a pencil sharpened, to get grass cut
छिला हुआ (*chilāhuā*) *a.* husked, peeled, excoriated
छिला हुआ गन्ना *m.* stripped sugarcane
छिलाई (*chilāī*) *f.* 1. act or process of excoriating or peeling, taking off the skin 2. charges paid for peeling, husking
छिलौरी (*chilaurī*) *f.* blister, whitlow
छिहत्तर (*chihattar*) *m.* & *a.* the figure seventy-six, 76
छिहत्तरवाँ (*chihattarvām̐*) *a.* seventy-sixth
छीं (*chīṁ*) *f.* expression of disgust or hatred
छीं करना *v.t.* to express disgust or hatred
छींक (*chīṁk*) *f.* sneeze, sternutation
छींक आना *v.i.* to sneeze
छींक पड़ना/होना *v.i.* to sneeze, portending some evil
छींक लानेवाला *a.* sternutatory
छींकना (*chīṁkn*ā) *v.i.* to sneeze, to sternutate
छींकते नाक कटना *(मु.)* *v.i.* to be overpenalised for a petty fault
छींका (*chīṁkā*) *m.* 1. a network of strings or cords for hanging things (food, butter) 2. mouth cover or muzzle for the cattle (made of strings) 3. a rope bridge across a hill with baskets to carry passengers
छींट (*chīṁṭ*) *f.* 1. chintz, a kind of printed cloth 2. (धब्बा) spot, speck, stain, blot (on a cloth) 3. drop of liquid 4. odd days of a month, broken period

छींटना (*chīṁṭnā*) *v.t.* 1. to scatter, to disperse 2. to broadcast

छींटा (*chīṁṭā*) *m.* 1. spot (of liquid) 2. (हल्की वर्षा) slight rain, light showers 3. (व्यंग्योक्ति) ironical remark, banter, aspersion 4. splash 5. doze of an intoxicant (like opium or hashish) 6. scattered sowing, scattering seeds (especially between the lines of a chief crop)

छींटा देना *v.t.* (a) to throw or sprinkle water, to splash (b) to deceive, to betray (c) to ridicule (d) to incite, to motivate, to stimulate

छींटे कसना *v.t.* to cast aspersions, to ridicule

छींटे डालना *v.t.* to splash

छींटे पड़ना *v.i.* to drizzle

छींटे फेंकना *(मु.)* *v.t.* to pass ironical remarks, to cast aspersions

छींटाकशी (*chīṁṭākaśī*) *f.* casting of aspersions, passing of sarcastic taunting

छींबी (*chīmbī*) *f.* 1. pod, legume 2. teat or mammary, nipple of a cow, buffalo, (better छीमी *q.v.*)

छी (*chī*) I. *interj.* exclamation of disgust or defiance, fie, shame ! pooh! tut ! II. *f.* 1. excrement, faeces 2. filth

छी-छी करना *(मु.)* *v.t.* to pooh-pooh

छीका (*chīkā*) *f.* 1. a hanging pot-rest for keeping food/butter etc. 2. mouth cover or muzzle for the cattle (made of strings) 3. a rope bridge across a hill with baskets to carry passengers (= छींका *q.v.*)

छीछड़ा (*chīchṛā*) *m.* useless piece of flesh

छीछालेदर (*chīchāledar*) *f.* 1. muck, mess 2. humiliation 3. embarrassment 4. miserable plight, predicament 5. waste

छीज (*chīj*) *f.* 1. loss or damage (due to handling) 2. wastage 3. decay or wearing away

छीजन (*chījan*) *f.* 1. diminution, reduction 2. the state or process of decay (= छीज)

छीजना (*chījnā*) *v.i.* 1. to decrease, to wane. 2. to dwindle, to wear away, to decline, to decay 3. to fade away, to wither 4. to become emaciated 5. to be wasted 6. to be diminished 7. to be destroyed 8. (कपड़े clothes) to be worn out

छीदा (*chīdā*) *a.* completely punctured, rare

छीन-झपट (*chīn-jhapaṭ*) *f.* taking away by force, scramble (more common छीना-झपटी *q.v.*)

छीनना (*chīnnā*) *v.t.* 1. to grab, to snatch, to wrest, to wrench 2. to pluck, to tear 3. to rob, to take away by force 4. to seize 5. to impound

छीना (*chīnā*) *m.* (in combinations) *f.* 1. (छीना-छीनी) mutual snatching and tugging 2. pulling backwards and forwards, scrambling

छीना-छीनी करना *v.t.* to scramble, to snatch away

छीना-झपटी *f.* taking away by force, scramble

छीनू (*chīnū*) I. *m.* snatcher II. *a.* snatching, grabbing.

छीप (*chīp*) *f.* 1. spot, mark 2. a fishing rod

छीपना (*chīpnā*) *v.t.* 1. to push with the horns (like a bull or buffalo) 2. to draw up the rod (in fishing) 3. to print (a cloth)

छीपी[1] (*chīpī*) *m.* cloth-printer

छीपी[2] (*chīpī*) *f.* metal plate

छीपी[3] (*chīpī*) *f.* a long bamboo used to shoo away pigeons

छीबर (*chībar*) *m.* coarse or thick chintz
छीमी[1] (*chīmī*) *f.* pod, legume
छीमी[2] (*chīmī*) *f.* teat or mammary, nipple of a cow, buffalo
छीया (*chīyā*) *m.* excrement, faeces
छीलन (*chīlan*) *f.* scrap, shavings, scrapings, stripping, strip
छीलना (*chīlnā*) *v.t.* 1. to peel, to skin 2. to weed out (grass) 3. to shave (wood) 4. to scratch 5. to strip
पेंसिल छीलना *v.t.* to sharpen a pencil
छीलर (*chīlar*) *m.* shallow pond
छुँगली (*chuṁglī*) *f.* the little finger
छुआई (*chuāī*) *f.* 1. act of touching 2. charges for touching (as by a sorcerer)
चूना-छुआई *f.* whitewashing
छुआछूत (*chuāchūt*) *f.* 1. untouchability 2. caste restrictions regarding eating and drinking. 3. touch and hide (a game)
छुआना (*chuānā*) *v.t.* cause to touch
पैर छुआना to have somebody touch one's feet
छुआरा (*chuārā*) *m.* dried date (of a particular kind) (better छुहारा *q.v.*)
छुई-मुई (*chuī-muī*) *f.* 1. touch-me-not (a sensitive plant), *Mimosa pudica* 2. a sensitive and touchy person, a person of peevish nature 3. a very delicate and frail article
छुच्छी[1] (*chucchī*) *f.* 1. nose-pipe. 2. tube 3. funnel
छुच्छी[2] (*chucchī*) *f.* an ornament for the nose
छुछकारना (*chuchkārna*) *v.t.* to set on or to encourage (a dog)
छुछमछली (*chuchmachalī*) *f.* tadpole, larva of a frog
छुछुँदर (*chuchuṁdar*) *f.* 1. mole, musk-rat, ground shrew 2. squib (firework) (see छछूँदर)
छुंछुआना (*chuṁchuānā*) *v.t.* to breathe an incantation over, to conjure, to exorcise
छुट (*chuṭ*) *a.* (in combinations) small, short (from छोटा little)
छुट कोनिया *a.* acute angled
छुटभैया *m.* petty person, low person
छुटकाना (*chuṭkānā*) *v.t.* to release, to set at liberty, to set free
छुटकारा (*chuṭkārā*) *m.* 1. liberation, acquittal, riddance, discharge, emancipation, deliverance 2. leave, leisure 3. exemption
छुटकारा देना *v.t.* (a) to discharge, to release, to set free, to acquit (b) to exempt, to excuse
छुटकारा पाना *v.i.* to be discharged, to be released, to be freed (from), to get rid (of)
छुटकारा होना *v.i.* to be released, to be acquitted
छुटना (*chuṭnā*) *v.i.* 1. to be released, to be discharged, to be freed (from) 2. to be emancipated, to have deliverance or freedom (from the material life) 3. to be exempted, to be excused 4. to be detached 5. to escape (from) 6. to be left, to be abandoned, to be given up 7. to explode
छुटपन (*chuṭpan*) *m.* 1. childhood, infancy, young age, boyhood, girlhood 2. meanness, lowness
छुटफुट (*chutphuṭ*) *a.* sporadic, stray
छुटफुट काम *m.* job work
छुटफुट चोरी *f.* pilferage
छुटफुट बस्ती *f.* dispersed settlement
छुटभैया (*chuṭbhaiyā*) *m.* petty person, low person
छुटाई (*chuṭāī*) *f.* 1. littleness, smallness, shortness 2. inferiority 3. rescue, deliverance
छुटापा (*chuṭāpā*) *m.* 1. young age, boyhood, girlhood, infancy, childhood 2. meanness, lowness (= छुटपन *q.v.*)

छुटौती (*chuṭautī*) *f.* ransom, money paid for the release of a person

छुट्टा (*chuṭṭā*) I. *a.* 1. detached 2. single, isolated 3. (केवल) sole, only 4. (of animal) untethered. II. *m.* change, small coins

छुट्टा कागज़ *m.* loose sheet of paper

छुट्टा पान *m.* unspiced betel leaf

छुट्टे हाथ *a.* with empty hands, unarmed

छुट्टी (*chuṭṭī*) *f.* 1. holiday 2. leave 3. release 4. discharge

छुट्टी की समाप्ति *f.* expiry of leave

छुट्टी देना *v.t.* (a) to grant leave, to allow somebody to avail leave (b) to acquit, to release, to discharge

छुट्टी बढ़ाना *v.t.* to extend leave

छुट्टी-भत्ता *m.* leave allowance

छुट्टी मनाना *(मु.) v.t.* to enjoy a holiday

छुट्टी मिलना *v.i.* to get leisure, to get leave

छुट्टी-रिक्ति *f.* leave vacancy

छुट्टी हो जाना *v.i.* (a) to be dismissed (b) to get riddance

अग्रिम छुट्टी *f.* advance leave

अर्जित छुट्टी *f.* earned leave

असाधारण छुट्टी *f.* extraordinary leave

आकस्मिक छुट्टी *f.* casual leave

आरक्षित छुट्टी *f.* leave reserve

क्षतिपूरक छुट्टी *f.* compensatory leave

देय छुट्टी *f.* leave due

छुड़वाना (*chuṛvānā*) *v.t.* 1. to cause to be released 2. to cause one to be dismissed or discharged 3. to get one set free, to get one his liberty/freedom 4. to cause to give up 5. to get (a letter) posted 6. to get (पानी water) poured

जुरमाना छुड़वाना *v.t.* to get a fine remitted

छुड़ाई (*chuṛāī*) *f.* 1. liberation, emancipation, deliverance 2. dismissal, discharge 3. release, acquittal 4. ransom

छुड़ाना (*chuṛānā*) *v.t.* 1. to be acquitted or absolved, to get released 2. to cause to set free 3. to cause to give up 4. to remove 5. to extricate 6. to disentangle 7. to detach 8. to isolate, to separate 9. to discharge, to dismiss 10. to take delivery of

धब्बे छुड़ाना *v.t.* to remove stains

पीछा छुड़ाना *v.t.* to get rid of

छुड़ाव (*chuṛāv*) *m.* 1. setting free, liberation, emancipation, release, deliverance 2. rescue 3. discharge, dismissal 4. acquittal

छुड़ैया (*chuṛaiyā*) *m.* deliverer, saviour, emancipator, liberator

छुतहा (*chutahā*) *a.* contagious

छुतहा रोग *m.* contagious disease

छुतहारोग हस्पताल *m.* contagious disease hospital

छुनमुन (*chunmun*) *f.* ringing sound of the ornaments of a child

छुपाना (*chupānā*) *v.t.* 1. to hide, to conceal 2. to veil, to cover 3. to keep secret (better छिपाना *q.v.*)

छुरा (*churā*) *m.* 1. large knife, dagger 2. razor

छुरा चलाना *v.t.* to inflict blow with a knife or dagger, to strike/hit with a dagger

छुरा तेज़ करना *v.t.* to sharpen a dagger

छुरा भोंकना *v.t.* to thrust a dagger into, to stab with a dagger

छुरी (*churī*) *f.* knife

छुरी-कटारी *f.* knives/daggers and swords

छुरी-कटारी लिये रहना *v.i.* to be ever prepared to fight (with daggers and swords)

छुरी तले दम लेना (*मु.*) *v.t.* to be patient or calm in the midst of hardships

छुरी फेरना *(मु.) v.t.* (a) to kill (b) to

harm

छुरी मारना *v.t.* to stab, to strike/hit with a knife

छुरेबाज (*churebāz*) *m.* one who is in the habit of using a dagger in fighting

छुरेबाज़ी (*churebāzī*) *f.* 1. stabbing (with a dagger) 2. exchange of blows with daggers

छुलकना (*chulaknā*) *v.i.* 1. to pass urine involuntarily (through fear or otherwise) 2. to make water slowly (as a mare does in heat) 3. to discharge semen

छुलछुल (*chulchul*) *f.* the intermittent discharge of urine or semen

छुलछुला (*chulchulā*) *a.* 1. trifling, petty 2. childish, puerile 3. immature 4. weak or slow in passing urine or semen

छुलछुलाना (*chulchulānā*) *v.i.* 1. to urinate slowly and intermittently 2. to pass semen involuntarily

छुलाई (*chulāī*) *f.* touching

छुलाना (*chulānā*) *v.t.* to cause to be touched or felt

छुवाना (*chuvānā*) *v.t.* to cause to touch, to make one touch

छुहना (*chuhanā*) *v.i.* to be touched

छुहारा (*chuhārā*) *m.* dried date (of a particular kind)

छुहावट (*chuhāvaṭ*) *f.* touching, touch

छूँछा (*chūṁchā*) *a.* 1. empty, hollow 2. insignificant 3. poor, pauper 4. low, mean, wretched

छूँछा पड़ना *v.i.* to prove ineffective

छूँछे हाथ *a.* empty-handed

छू (*chū*) *f.* 1. blowing or breathing sound made by a washerman beating clothes on a slab 2. such a sound made in incantation

छू करना *v.t.* to pronounce an incantation, to exorcise

छू-छा *f.* enchantment, conjuration

छू-मंतर *m.* charm, incantation

छू-मंतर करना *v.t.* (a) to utter or pronounce an incantation (b) to enchant, to exorcise

छू-मंतर होना *(मु.)* *v.i.* to vanish, to disappear suddenly

छूई-मूई (*chūī mūī*) *f.* 1. touch-me-not (a sensitive plant), *Mimosa pudica* 2. a sensitive and touchy person, a person of peevish nature 3. a very delicate and frail article (better छुई-मुई *q.v.*)

छूछक (*chūchak*) *m.* 1. a ceremony observed after childbirth 2. gifts given on this occasion

छूछा (*chūchā*) *a.* 1. empty, hollow 2. shallow 3. poor, indigent 4. low, mean 5. empty-handed (better छूँछा)

छूछी (*chūchī*) *f.* 1. hollow reed 2. tube 3. needle case

छूछू (*chūchū*) *a.* foolish, idiot, stupid, simpleton

छूट (*chūṭ*) *f.* 1. abatement 2. (तलाक) divorce 3. release, discharge 4. freedom, liberation, emancipation 5. (in tax or debt) remission, rebate, exemption 6. omission 7. immunity 8. commission, discount 9. dirty or filthy joke or amusement 10. baseness, vulgarity

किराये में छूट *f.* concession in rent

खुली छूट मिलना *v.t.* to have full freedom

छह महीने की छूट *f.* six months' remission

छूटना (*chūṭnā*) *v.i.* 1. to be left 2. to be left behind or out 3. to be omitted 4. to be discharged or released 5. to get rid of 6. to be abandoned 7. to be separated, to be isolated, (of a tied cattle) to escape or run away

आदत छूटना *v.i.* habit to be given up

गोली छूटना *v.i.* shot to be fired

छक्के छूटना (मु.) *v.i.* to be nonplussed
जान छूटना (मु.) *v.i.* to get rid of
ज्वर छूटना *v.i.* fever to subside
धारा रूप में छूटना *v.i.* to pass or flow violently (from a pump)
नौकरी छूटना *v.i.* to be terminated
पसीना छूटना *v.i.* to perspire
पाठ छूटना *v.i.* lesson to be missed
पिंड छूटना (मु.) *v.i.* to get rid of somebody
पीछा छूटना (मु.) *v.i.* to lag behind
प्राण छूटना (मु.) *v.i.* to die, to expire
रंग, धब्बा छूटना *v.i.* to be washed out, to be wiped out
शरीर छूटना (मु.) *v.i.* to die
साथ छूटना *v.i.* to be separated, to get separated
हँसी छूटना (मु.) *v.i.* laughter to break out

छूत (*chūt*) *f.* 1. contamination, impurity, defilement 2. (स्पर्श) touch 3. contagion 4. shadow of a ghost or spirit
छूत छुड़ाना *v.t.* to remove impurity, to get rid of something defiled
छूत लग जाना *v.i.* to get a contagious infection
छूत होना *v.i.* to be contaminated
छूत का रोग *f.* /**छूत की बीमारी** *f.* contagious disease
छूत-छात *f.* untouchability

छूता (*chūtā*) *a.* touching

छूना (*chūnā*) I. *v.t.* to touch, to feel, to contact II. *v.i.* to touch with something
आकाश छूना (मु.) *v.t.* to be very high or lofty
चूना छूना *v.t.* to whitewash

छेंक (*chemk*) *m.* 1. hole 2. division 3. obstruction 4. demarcation

छेंकन (*chemkan*) *f.* detention

छेंकना (*chemknā*) *v.t.* 1. to surround, to cover, to demarcate (land) 2. to discriminate against 3. to leave out, to strike off 4. to obstruct, to prevent 5. to interrupt, to check, to restrain 6. to occupy a space, to take possession of vacant place 7. to rub out, to wash out, to wipe out
छेंक लेना *v.t.* (a) to check, to stop (b) to confiscate

छेक (*chek*) I. *m.* 1. domesticated animal 2. a kind of figure of speech in alliteration, compound alliteration II. *a.* 1. tame, domesticated 2. shrewd, cunning

छेकना (*cheknā*) *v.t.* 1. to surround, to cover, to demarcate (land) 2. to discriminate against 3. to leave out, to strike off 4. to obstruct, to prevent 5. to interrupt, to check, to restrain 6. to occupy a space, to take possession of vacant place 7. to rub out, to wash out, to wipe out (= छेंकना *q.v.*)

छेकानुप्रास (*chekānuprās*) *m.* a type of alliteration involving repetition of several consonants

छेकोक्ति (*chekokti*) *f.* indirect speech, insinuation, double entendre, hint

छेड़ (*cheṛ*) *f.* 1. teasing 2. teasing nickname 3. meddling (with) 4. molesting 5. tampering (with) 6. annoyance, irritation, vexation 7. motivation, stimulation, incitement 8. dalliance, amorous skirmishing
छेड़खानी *f.* /**छेड़-छाड़** *f.* (a) molestation (b) unbecoming behaviour intended to provoke
छेड़-छाड़ करना (मु.) *v.t.* to molest, to tamper (with)

छेड़ना (*cheṛnā*) *v.t.* 1. to tease, to annoy, to irritate, to provoke 2. to commence 3. to molest 4. to meddle with 5. to stir (as strings of violin) 6. to disturb (a wound) 7. to lay hand on 8. to have a contact

बात छेड़ना *v.t.* to initiate a talk
युद्ध छेड़ना *v.t.* to wage war
सितार छेड़ना *v.t.* to tune a sitar

छेड़वाना (*cheṛvānā*) *v.t.* 1. to cause to vex 2. to cause to initiate or begin

छेत्ता (*chettā*) *m.* 1. hole-maker, borer 2. destroyer, spoiler

छेद (*ched*) *m.* 1. hole, opening, bore, orifice, aperture 2. tearing 3. ruin, destruction 4. injury 5. perforation 6. puncture 7. incision
छेद करना *v.t.* to drill, to bore, to perforate, to make a hole or aperture
छेददार *a.* bored, having holes, perforated

छेदक (*chedak*) *m.* 1. splitter, cutter 2. secant

छेदन (*chedan*) *m.* 1. boring, piercing 2. cutting, lopping off 3. mutilation, amputation 4. tearing asunder, splitting 5. dividing, breaking into parts 6. spoiling, wasting, ruining, destroying 7. tool for cutting
कन-छेदन *m.* ear-piercing

छेदना (*chednā*) I. *v.t.* 1. to make a hole, to bore, to pierce, to perforate 2. to drill 3. to cut, to pare, to lop off 4. to incise 5. to inflict wound, to injure II. *m.* instrument or tool for boring

छेदनीय (*chednīy*) *a.* fit for making holes, fit to be cut or divided (= छेद्य *q.v.*)

छेदी (*chedī*) *a.* 1. dividing 2. spoiling, ruining, wasting, exhausting

छेद्य (*chedya*) *a.* fit for making holes, fit to be cut or divided

छेना[1] (*chenā*) *m.* curdled milk, a kind of light cheese
छेने की मिठाई *f.* sweet prepared with light cheese (as rasagulla, sandesh)

छेना[2] (*chenā*) *v.i.* 1. to be torn/split 2. to be worn out/away, to be rubbed

छेनी (*chenī*) *f.* gnawer, chisel

छेरना (*chernā*) *v.i.* to pass stools, to have diarrhoea

छेरी (*cherī*) *f.* female goat

छेव (*chev*) *m.* 1. scraping 2. hurting, injuring 3. attack 4. throw, act of throwing

छेवना (*chevnā*) *v.t.* 1. to scrape 2. to hurt, to injure 3. to attack 4. to throw 5. to cut, to pierce

छेवनी (*chevnī*) *f.* 1. a tool for piercing or perforating 2. a tool for notching a millstone

छैया (*chaiyā*) *m.* 1. one who thatches a roof 2. shade, shadow 3. a boy

छैल (*chail*) *m.* fop, dandy
छैल-चिकनिया *m.* /**छैल-छबीला** *m.* a well-dressed young-man, fop, dandy, coxcomb

छैला (*chailā*) *a.* & *m.* handsome or comely (youngman), fop, beau, dandy, foppish
छैलापन *m.* (a) spruceness, foppishness, smartness (b) gaiety, sportiveness

छौंक (*choṁk*) *m.* 1. seasoning with ghee/oil and spices 2. spices for seasoning (better छौंक *q.v.*)

छोई (*choī*) *f.* peeled off skin of sugarcane

छोकरा (*chokrā*) *m.* 1. boy, lad (pejorative), urchin 2. a dancing man dressed in woman's clothes

छोकरी (*chokrī*) *f.* 1. girl, lass 2. dancing girl

छोटा (*choṭā*) *a.* 1. little, small, tiny 2. short 3. young, younger 4. petty 5. minor 6. insignificant, trifling, trivial 7. subordinate 8. junior 9. inferior 10. mean, low, base
छोटा आदमी *m.* petty fellow, low person
छोटा आपरेशन *m.* minor operation
छोटा जज *m.* puisne judge

छोटा दरवाज़ा *m.* wicket
छोटा-बड़ा *a.* big and small, high and low, young and old, rich and poor
छोटा भाई *m.* younger brother
छोटा-मोटा *a.* not so important, not significant, ordinary, common
छोटा-मोटा काम *m.* petty job
छोटा-मोटा सामान *m.* ancillary, knick-knack
छोटा सटोरिया *m.* floor trader
छोटा साहब *m.* subordinate officer
छोटी इलायची *f.* cardamom
छोटी जाति *f.* low caste
छोटी बात *f.* trifling matter
छोटी माता *f.* chicken pox
छोटी लाइन *f.* narrow gauge
छोटे उद्योग *m.* small-scale industries
छोटे मियाँ *m.* the son of a rich man
छोटे मुँह बड़ी बात (मु.) proud words from a weak stomach

छोटाई (*choṭāī*) *f.* 1. smallness, 2. inferiority
छोटाई-बड़ाई *f.* discrimination between big and small or rich and poor
छोटापन *m.* smallness, meanness, boyhood

छोड़ना (*choṛnā*) *v.t.* 1. to forsake, to give up, to abandon, to relinquish, to forgo 2. to set free, to release 3. to omit 4. to discharge 5. to leave, to quit, to renounce 6. to resign 7. to forgive, to pardon, to excuse 8. to waive 9. to dispose of 10. to fire (a gun), to shoot 11. to spare 12. to cause to fall down
छोड़ जाना *v.i.* (a) to leave behind (b) to abandon, to forsake
छोड़ देना *v.t.* to let go, to give up, to let off, to lay aside
छोड़ बैठना *v.i.* to leave and set down, to give up altogether, to withdraw from
छोड़ भागना *v.i.* to desert
कल पर छोड़ना या छोड़ देना *v.t.* to put off till tomorrow
काम-काज छोड़ना या छोड़ देना *v.t.* to retire, to leave all work
किनारा छोड़ना (river) *v.t.* to deflect from the bank
किसी पर कुछ छोड़ना *v.t.* to leave something to somebody
(को) छोड़कर save, except, other than, leaving
जासूस छोड़ना *v.t.* to set a spy (after somebody)
चाय में चीनी छोड़ना *v.t.* to put sugar in tea
डाक या पत्र-पेटी में पत्र छोड़ना *v.t.* to post a letter
धैर्य छोड़ना *v.t.* to lose patience
धुआँ छोड़ना *v.t.* to emit smoke
पद छोड़ना *v.t.* to relinquish a post
मेरी जान छोड़ो *v.t.* stop pestering me
पीछा छोड़ो *v.t.* stop bothering
वायु छोड़ना *v.t.* to pass wind
संसार छोड़ना *v.t.* to leave the world, to die
सुस्ती छोड़ना *v.t.* to shake off laziness
सूद छोड़ना *v.t.* to write-off interest

छोड़वाना (*choṛvānā*) *v.t.* to cause to leave or discharge, to make one dispose of, to get released

छोड़ा (*choṛā*) *past* & *a.* (छोड़ा हुआ) abandoned, left, given up, relinquished
छोड़ी हुई given up
छोड़ी हुई परिसंपत्तियाँ *f.* abandoned assets

छोड़ाना (*choṛānā*) *v.t.* 1. to be acquitted or absolved, to get released 2. to cause to set free 3. to cause to give up 4. to remove 5. to extricate 6. to disentangle 7. to detach 8. to isolate, to separate 9. to discharge, to dismiss 10. to take delivery of (see छुड़ाना)

छोप (*chop*) *m.* 1. coat (of paint), coating 2. plastering
छोप-छाप *m.* covering with plaster or paint
छोप-छाप करना *v.t.* to cover with plaster, to paint

छोपना (*chopnā*) *v.t.* 1. to put a coat or coating on, to paint 2. to plaster 3. to give a thick layer 4. to fill up 5. to cover 6. to grab

छोपाई (*chopāī*) *f.* 1. coating 2. plastering 3. the wage given for plastering or painting

छोर (*chor*) *m.* 1. border 2. edge 3. margin 4. end, extremity 5. limit 6. boundary

छोरा (*chorā*) *m.* lad, boy

छोरी (*chorī*) *f.* lass, girl

छोलदारी (*choldārī*) *f.* small tent

छोलना (*cholnā*) *v.t.* 1. to cut, to lop 2. (खुरचना) to scratch, to scrape 3. (छीलना) to skin, to peel 4. to erase

छोला[1] (*cholā*) *m.* 1. gram 2. green gram in the pod

छोला[2] (*cholā*) *m.* labourer who lops off leaves of sugar-cane before it is pressed

छोह (*choh*) *m.* 1. affection 2. compassion, pity 3. kindness
छोह करना *v.t.* to love, to pity
छोह हो जाना *v.i.* to feel pity, to have affection for

छौंक (*chauṁk*) *m.* 1. seasoning with hot ghee/oil and spices 2. spices for seasoning (also छौंक बघार)

छौंकन (*chauṁkan*) *f.* 1. seasoning of food 2. spicing

छौंकना (*chāuṁknā*) *v.t.* to season (pulses) to spice

छौंका (*chauṁkā*) *m.* 1. seasoning with hot ghee/oil and spices 2. spices for seasoning (= छौंक *q.v.*)

छौना (*chaunā*) *m.* a young one (of animal)
मृग छौना *m.* young of a deer

छौलदारी (*chauldārī*) *f.* small tent (= छोलदारी *q.v.*)

ज

ज (*ja*) the eighth consonant of the Devanagari syllabary

जंकशन E (*jaṅkaśan*) *m.*/**जंक्शन** (*jaṅkśan*) *m.* junction, railway junction

जंकशन, जंक्शन स्टेशन *m.* junction, station

जंग[1] (*jaṅg*) *f.* a large, wide boat

जंग[2] P (*jaṅg*) *m.* war, battle, fight, fighting, warfare, armed conflict (of powers)

जंग-आज़मूदा *a.* (a) tried/experienced in warfare (b) (वीर) heroic, brave, courageous, warlike

जंग-आवर *m.* (a) fighter, combatant, (b) champion, hero

जंग करना *v.t.* to make war, to fight

जंग छिड़ जाना *v.i.* war to start

जंगजू *a.* fighting, disputatious, combative, wranglesome, quarrelsome

जंगजू हवाई जहाज़ *m.* fighter plane

जंगपरस्त *a.* & *m.* belligerent, militant

जंगबाज़ *m.* warmonger (= जंग परस्त)

जंगबाज़ी *f.* belligerency, war-mongering (*syn.* युद्ध)

जंगे-ज़रगरी *f.* pretension, false quarrel

ज़ंग[3] P (*zaṅg*) *m.* rust, mustiness

ज़ंगदार *a.* rusty, rust-eaten

ज़ंगरोधी a. rust-proof

ज़ंगरोधी इस्पात stainless steel

ज़ंग लगना (*मु.*) (a) to gather rust, to rust, to get rusted, to become rusty (b) to turn ineffective (by disuse)

जंगम (*jaṅgam*) I. *a.*1. movable, mobile 2. moving, in motion, roving II. *m.*1. the animal kingdom 2.wanderer, wandering mendicant

जंगम संपत्ति *f.* movable property, cattle

ज़ँगरैत (*zaṅgrait*) *a.* hard-working, industrious

जंगल P (*jaṅgal*) *m.* 1. jungle, forest, woods, woodland. 2. wasteland 3. wilderness

जंगल खंगालना *v.t.* to search the whole jungle

जंगल-जलेबी *f.* a thorny hedge-bush

जंगल जाना/फिरना (*मु.*) *v.i.* (a) to go to or to walk in the woods (b) to ease oneself

जंगल में मंगल (*मु.*) paradise in wilderness

जंगल में मोर नाचा किसने देखा (*लो.*) *prov.* talent or any good work is wasted in wilderness

जंगल लगाना *v.t.* to plant a forest, to afforest

जंगल साफ करना *v.t.* to clear a forest (*syn.* वन)

घना जंगल *m.* thick/dense forest

जंगला (*jaṅgalā*) *m.* 1. post-and-rail frame, railing, paling, wire-guard, grating, lattice 2. grill, bar-fitted window, railing fixed in a window 3. boundary-fence, enclosure 4. embroidery work on edges of a cloth

जंगली (*jaṅglī*) *a.* 1. of or pertaining to a forest 2. wild, untamed 3. uncultured, unrefined

जंगली इलाका *m.* forest tract/region

जंगली उपज *f.* forest produce
जंगली कैथ *m.* wood-apple, *Feroni limonia*
जंगली कौवा *m.* raven, *corvus Macro-rhynchos*
जंगली चंपा *f.* wild jasmine, *Plumriria alba*
जंगली जनजातियाँ *f.* uncivilised (scheduled) tribes
जंगली जानवर *m.* wild beast
जंगली जीव-जंतु *m.* wildlife
जंगली लकड़ी *f.* jungle wood
जंगली सूअर *m.* boar, wild hog

ज़ंगार P (*zaṅgār*) *m.* /**ज़ंगाल** (*zaṅgāl*) *m.* 1. copper oxide, verdigris 2. (नीला थोथा) blue vitriol 3. rust

ज़ंगारी P (*zaṅgārī*) *a.* /**ज़ंगाली** (*zaṅgālī*) *a.* of the colour of verdigris, green blue

जंगी[1] P (*jaṅgī*) *a.* of or relating to the war, military, martial, warlike
जंगी अदालत *f.* court-martial
जंगी अफ़सर *m.* military officer
जंगी जहाज़ *m.* warship, battleship
जंगी ताकत *f.* military power
जंगी फ़ौज *f.* military force
जंगी बटेरा *m.* fighter quail
जंगी बेड़ा *m.* naval fleet
जंगी लाट *m.* warlord, commander-in-chief

जंघा (*jaṅghā*) *f.* 1. thigh 2. leg
जंघा-मथानी *f.* harlot, strumpet (*syn.* जाँघ)

जंघाल (*jaṅghāl*) I. *a.* quick, rapid, fleet-footed II. *m.* mover, walker
जंघाल-दूत *m.* fleet-footed spy

जँचना (*jaṁcnā*) *v.t.* 1. to appear, to seem 2. to be checked, evaluated or examined 3. to be liked, to appeal 4. to look attractive 5. to be true, to appear right or proper

जँचवाना (*jaṁcvānā*) *v.t.* (second causal form of जँचना) to get checked, to cause to examine, to make one test

जँचवैया (*jaṁcvaiyā*) *m.* checker, tester, examiner, assayer

जँचा (*jaṁcā*) *p.p.* 1. examined, tested, checked 2. appealed
यह बात नहीं जँची this thing does not appeal
जँचा-तुला *a.* precise, (well) examined and weighed, to the point

जँचाना (*jaṁcānā*) *v.t.* (first causal form of जँचना), to get checked or examined, to have something evaluated

जंजाल (*jañjāl*) *m.* 1. difficulty, trouble 2. botheration 3. fuss 4. entanglement 5. a big net or trap 6. embarrassment 7. calamity, misfortune 8. (भँवरजाल) eddy, whirlpool
घर-गृहस्थी के जंजाल mundane affairs, problems
जी का जंजाल cumbersome affair
जंजाल में फँसना *v.i.* to get into trouble, to be involved in difficulties

जंजालिया (*jañjāliyā*) *m.* /**जंजाली** (*jañjālī*) *m.* &. *a.* troublesome person, bothersome fellow, quarrelsome/fussy person, irksome or embarrassing fellow

ज़ंजीर P (*zañjīr*) *f.* 1. chain 2. (बेड़ी) iron fetters, shackles 3. (कुंडी) iron latch (for the door), latch
ज़ंजीर खटखटाना *v.t.* to knock at the door
ज़ंजीर खींचना *v.t.* to pull the chain
ज़ंजीर डालना *v.t.* to put handcuffs, to make prisoner
ज़ंजीर में बाँधना/जकड़ना *v.t.* to put shackles on, to put in fetters
ज़ंजीर लगाना *v.t.* to bolt (the door)
गले की ज़ंजीर *f.* necklace

जंत (*jant*) *m.* tie, thong, rope (as used in lashing timbers, or bamboos)

जंतर (*jantar*) *m.* 1. magical square, talisman, amulet 2. (*colloq.* for यंत्र)

machine, instrument, apparatus

जंतर-मंतर *m.*(a) phylactery, sorcery, magic, necromancy, witchery, witchcraft (b) (वेधशाला) observatory

जंतरी (*jantarī*) *f.* I. *f.* 1. almanac, calendar 2. instrument for drawing wire II. *m.* 1. magician, conjurer, sorcerer 2. organ-player

जंतरी में खींचना/निकालना *v.t.* (a) to draw (wire) through an instrument (b) (*fig.*) to make somebody straight

जंतसार (*jantsār*) *f.* (यंत्रशाला) flour-mill house

जंतसारी (*jantsārī*) *f.* a kind of song sung by women while grinding grain

जंता (*jantā*) *m.* 1. magical square, talisman, amulet 2. (*colloq.* for यंत्र) machine, instrument, apparatus (= जंतर or जंतरी)

जंतु (*jantu*) *m.* living being, animal, creature (usually worms, insects)

जंतुघ्न *a.* vermicidal

जंतु-नाशक *a.* vermifuge, insecticide

जंतुफल *m.* the fig-tree *Ficus glomerata*

जंतुविज्ञान *m.* zoology

जंतुशाला *f.* a zoo

जंतुशास्त्र *m.* see जंतुविज्ञान

जंतुक (*jantuk*) *m.* animalcule

जंतुका (*jantukā*) *f.* 1. shellac 2. sealing-wax

जंतुमती (*jantumatī*) *f.* the earth

जंतुसमूह (*jantu-samūh*) *m.* fauna

जंत्री (*jantrī*) *f.* I. *f.* 1. almanac, calendar 2. instrument for drawing wire II. *m.* 1. magician, conjurer, sorcerer 2. organ-player (= जंतरी *q.v.*)

जंदरा (*jandrā*) *m.* a hand-mill (for griding corn), a millstone

जंदरा ढीला होना *v.i.* to feel tired or worn out

कुछ गेहूँ गीले कुछ जंदरे ढीले (*मु.*) causes for an evil exist on both sides

ज़ंबीर (*zambīr*) *m.* /**ज़ंबीरी नीबू** (*zambīrī nībū*) *m.* a kind of big and sour lemon, citron

जंबु (*jambu*) *m.* /**जंबू** (*jambū*) *m.* rose-apple and its tree, *Engenia jambolana* (*syn.* जामुन)

जंबू-खंड, जंबू-द्वीप *m.* Asia, (according to some) India

जंबू-मणि *m.* amethyst

जंबुक (*jambuk*) *m.* /**जंबूक** (*jambūk*) *m.* 1. jackal 2. base or low/mean fellow 3. rose-apple, *engenia jambos*

ज़ंबूर A (*zambūr*) *m.* 1. (सँड़सी) claw-bar, nippers, pliers, forceps 2. (तोप) cannon, heavy gun

जंबूरक (*jambūrak*) *m.* see ज़ंबूर

ज़ंबूरची (*zambūrcī*) *m.* gunner

जंभ (*jambh*) *m.* 1. tooth, set of teeth, (हाथी का) tusk 2. (इंद्रवज्र) thunderbolt

जंभन (*jambhan*) *m.* 1. chewing, munching 2. (मैथुन) coition, copulation, sexual intercourse

जंभन लेना *v.t.* to gape, to yawn

खाना जंभन करना *v.t.* to devour

जंभा (*jambhā*) *f.* yawn, gape

जंभाई (*jambhāī*) *f.* = जंभा *q.v.*

जंभाई लेना *v.t.* to yawn, to gape

जँभाना (*jaṁbhānā*) *v.i.* to yawn, to gape (= जँभाई लेना *q.v.*)

जंभिका (*jambhikā*) *f.* maxilla, the upper jaw

जंभिका ग्रंथि *f.* maxillary gland

जंभीर (*jambhīr*) *f.* /**जँभीरी** (*jaṁbhīrī*) *f.* lime, citron

जँवाई (*jaṁvāī*) *m.* son-in-law (*syn.* दामाद, जामाता) (better जमाई)

जई (*jaī*) *f.* 1. oat(s), *avena sativa* 2. (जौ का अँखुआ) shoot/sprout of barley

जई का आटा *m.* oatmeal

जई का दलिया *m.* oat-porridge

जई डालना *v.t.* to plant seed for germination

जईफ़ A (*zaīf*) *a.* 1. weak, infirm, feeble (especially with old age) 2. (बूढ़ा) old, aged, advanced in years

जईफ़ी A (*zaīfī*) *f.* 1. weakness, infirmity, feebleness (particularly due to old age) 2. (बुढ़ापा) old age, dotage 3. senility

जक[1] (*jak*) I. *f.* 1. (हठ) obstinacy, stubbornness 2. (धुन) persistence, assiduity, mania, fad II. *m.* 1. ghost of an animal 2. miser, niggardly person

जक पकड़ना *v.t.* to be obstinate or pertinacious

जक लगना *v.i.* to pursue incessantly

ज़क[2] A (*zak*) *m.* 1. loss, privation 2. (शर्मिंदगी) shame, disgrace, humiliation

ज़क उठाना *v.t.* to suffer humiliation or loss

जकड़ (*jakaṛ*) *f.* 1. tight grasp, firm grip, clasp, clutch 2. to hold fast, to tie, to bind

जकड़ में आना *v.i.* to be clasped

जकड़ना (*jakaṛnā*) *v.t.* 1. to grasp, to clasp, to grip, to clutch 2. (कसना) to tighten, to fasten, to draw tight, bind (as a knot)

जकड़ जाना *v.i.* to be jammed, to be tightly bound, to be closely joined, to be fully packed, to set fast

जकड़ लेना *v.t.* to pin down

बेड़ियों में जकड़ना *v.t.* to put in fetters

जकड़बंद (*jakaṛband*) *a.* tight, tightened, bound, fast set

जकड़बंद करना *v.t.* to fasten/bind tightly, (*fig.*) to have a firm hold on, to bring under one's complete control

ज़कात[1] A (*zakāt*) *f.* (दान) alms, charity,

ज़कातख़ाना/घर *m.* alms-house

ज़काती *m.* donor

ज़कात[2] (*zakāt*) octroi (duty) (= चुंगी)

ज़कातख़ाना/घर *m.* custom house, octroi post

माल पर ज़कात देना *v.t.* to pay duty on goods

ज़काती (*jakātī*) *m.* octroi

जकार (*jakār*) *m.* the letter and sound ज

जकारान्त (*jakārānt*) *a.* (a word) ending in ज

ज़ख़ामी A (*zakhmī*) *a.* (the) wounded, (the) injured, inflicted/hurt (person) (see ज़ख़्मी)

ज़ख़ीरा A (*zakhīrā*) *m.* 1. (भंडार) store (house), stock, hoard, repository 2. (ढेर) heap, pile, collection 3. (पौधघर) nursery (of plants) 4. reserve

ज़ख़ीरा जमा करना *v.t.* to hoard, to stock

ज़ख़ीरेदार *a.* & *m.* hoarder, stockist

ज़ख़ीरेदारी *f.* hoarding, stocking

ज़ख़ीरेबाज़ *m.* hoarder (= ज़ख़ीरेदार)

ज़ख़ीरेबाज़ी *f.* hoarding (= ज़ख़ीरेदारी)

ज़ख़्म P (*zakhma*) *m.* 1. (घाव) wound, cut, gash 2. (चोट) injury, hurt 3. (हानि) loss, damage, harm

ज़ख़्म करना, ज़ख़्म कर देना *v.t.* to stab, to injure, to wound

ज़ख़्म खाना *v.t.* to be wounded, to receive injury

ज़ख़्म ताज़ा या हरा होना (*मु.*) *v.i.* wound to reopen, injury to revive

ज़ख़्म पकना *v.i.* to suppurate

ज़ख़्म पर नमक छिड़कना (*मु.*) *v.t.* to sprinkle salt on wound, (*fig.*) to afflict the afflicted, to add insult to injury, to add to one's suffering

ज़ख़्म भरना *v.i.* wound to heal

ज़ख़्मी P (*zakhmī*) *a.* & *m.* (the) wounded, (the) injured, inflicted/hurt (person)

ज़ख़्मी करना to wound, to hurt, to injure

ज़ख़्मी होना *v.i.* to be wounded or hurt (*syn.*घायल)

जग[1] (*jag*) *m.* 1. universe, world, earth 2. people (of the world)

जग-करतार/कर्ता *m.* 1. creator of the world/universe, Brahma 2. God

जगकारण *m.* cause of the world

जगजननी *f.* mother of the world, chief goddess (as Durga or Parvati)

जग जीतना *v.t.* to conquer the world, supreme being

जग-जीव *m.* creatures or living beings of the world

जग-जीवन *m.* life of the world, giver of life, supreme being

जगतारक *m.* **/जगत्राता** *m.* the saviour of the world, any god, God

जगधारी *m.* the upholder of the universe, God, any deity

जगपति *m.* (a) lord or sovereign of the world, God, Vishnu, Shiva (b) (राजा) king, monarch, sovereign

जगपालक *m.* preserver or protector of the world

जगबंध *m.* deserving honour in the world

जगबीती कहानी *f.* tales or experiences of other people

जगभलाई *f.* philanthropy

जगमोहन *m.* **/जगमोहनी** *f.* captivator of the world (सुंदर) very charming, extremely beautiful

जग-वंचक *m.* deceiver of people, the great hypocrite

जग-विख्यात *a.* world renowned, world famous, of world fame

जग-व्यवहार *m.* the way of the world, universal custom

जग-हँसाई *f.* universal or wide ridicule or calumny/slander

जग-हँसाई कराना *v.t.* to be universally ridiculed

जग[2] (*jag*) *m.* sacrifice with a philanthropic motive, yagya or yajna (*colloq.* for यज्ञ *q.v.*)

जगजगा (*jagjagā*) *m.* glitter, glare, glamour, dazzling light

जगजगाना (*jagjagānā*) *v.i.* 1. to glitter 2. to dance or move about as electric light

जगजगाहट (*jagjagāhaṭ*) *f.* refulgence, dazzling light, gleam, glimmer, glitter, splendour, glare, lustre (= जगमगाहट *q.v.*)

जगण (*jagaṇ*) *m.* (छंद) an amphibrach

जगज्जननी (*jagajjananī*) *f.* mother of the world , chief goddess (as Durga or Parvati) (जगत् world + जननी mother) (see जगजननी under जग)

जगज्जयी (*jagajjayī*) *a.* & *m.* (जगत् + जयी) conqueror of the world

जगज्जीवन (*jagajjīvan*) *m.* (जगत् + जीवन) the life of the universe, the Supreme Being (see जगजीवन under जग)

जगत्[1] (*jagat*) *m.* 1. universe, world, earth 2. people, mankind

जगत्कर्ता *m.* maker/creator of the world

जगत्त्राता *m.* the saviour of the world

जगत्तारणी *f.* the saviour of the world

जगत्पति *m.* Lord of the world, God

जगतपिता *m.* the father of the world, God

जगत्प्रसिद्ध *a.* world renowned, world famous

जगत्पालक *m.* preserver of the world, the supreme being

जगत्प्राण *m.* the life of the world, the supreme being

जगत्सेठ *m.* multi-millionaire, very wealthy person

जगत्सेठ का साला (*मु.*) one who poses or thinks himself to be a very wealthy person

जगत्स्वामी *m.* the master of the world

जगत² (*jagat*) *f.* raised circular curb (of a well)

जगतिया (*jagatiyā*) I. *a.* 1. (होशियार) clever, skilful, dexterous 2. (धूर्त) cunning crafty, artful II. *m.* skilful/artful person

जगती (*jagatī*) *f.* earth, globe, world

जगती तल *m.* the surface of the earth

जगद् (*jagad*) *m.* 1. universe, world, earth 2. people, mankind 3. used before vowels and voiced consonants in combination (same as जगत्)

जगदंतक (जगत् + अंतक) the destroyer of the world

जगदंबा, जगदंबिका *f.* the mother of the universe, Goddess Durga or Parvati

जगद्गुरु *m.* (a) teacher of the world, arch-preceptor (b) Narad (c) Shankaracharya, the Trinity

जगद्धाता *m.* the Trinity—Brahma, Vishnu, Mahesh or Shiva

जगद्धात्री *f.* Goddess Durga, Lakshmi or Saraswati

जगद्योनि *m.* Brahma, the Creator

जगद्वंद्य *a.* respected/adored by the world/people

जगद्विख्यात *a.* world famous, world-renowned

जगद्व्यापी *a.* pervading the universe, omnipresent

जगदात्मा (*jagadātmā*) *m.* & *f.* the soul of the universe, universal soul, the supreme spirit, God

जगदाधार (*jagadādhār*) *m.* the supporter of the universe, God

जगदानंद (*jagadānand*) *m.* the joy of the world, the bliss of the universe, God

जगदीश (*jagdīś*) *m.* /**जगदीश्वर** (*jagdīśvar*) *m.* the lord of the universe, God

जगदीश्वरी (*jagdīśvarī*) *f.* the supreme Goddess, Durga, Lakshmi, Saraswati

जगन् (*jagan*) *m.* 1. universe, world, earth 2. people, mankind 3. before nasal consonants (same as जगत्¹)

जगन्नाथ (जगत्+नाथ) *m.* 1. Lord of the universe, Vishnu 2. Vishnu's (Krishna's) idol (at Puri in Orissa) and the temple

जगन्नाथ का भात *m.* cooked rice eaten by all devotees at Jagannath Puri irrespective of their caste or creed

जगन्नाथ के भात को जगत् पसारे हाथ (*लो.*) true faith pays no heed/regard to caste or creed

जगन्नियंता *m.* the controller of the world, God

जगन्माता *f.* the mother of the world, Durga or Lakshmi

जगना (*jagnā*) *v.i.*, to be awake, to rise, to get up

जग उठना/जाना *v.i.* (a) to rise or wake up suddenly (b) (fire) to burn up, to ignite (c) (*fig.*) to be enraged or excited

ज्योति जगना *v.i.* enlightenment

जगमग (*jagmag*) I. *f.* dazzling light, glitter II. *a.* shining, glittering, refulgent

जगमग होना *v.i.* to glitter, to shine

जगमगाना (*jagmagānā*) *v.i.* to give a dazzling light, to glitter, to shine, to gleam, to glisten, to scintillate, to light up

जगमगाहट (*jagmagāhaṭ*) *f.* refulgence, dazzling light, gleam, glimmer, glitter, splendour, glare, lustre

जगर-मगर (*jagar-magar*) I. *f.* dazzling light, glitter II. *a.* shining, glittering, refulgent (= जगमग *q.v.*)

जगवाना (*jagvānā*) *v.t.* to cause to awaken, to cause to be roused

जगह P (*jagah*) *f.* 1. place 2. space 3. site 4. vacancy 5. post 6. locality 7. blank 8. service, job, employment

जगह करना *v.t.* to make room(for)

जगह खाली नहीं है no vacancy
जगह छोड़ना *v.t.* to leave a space or blank
जगह-जगह *adv.* here and there, everywhere, at (all) places
जगह देना *v.t.* (a) to accommodate, to make room(for) (b) to employ
जगह भर देना *v.t.* to fill in a blank/gap
जगह रखना *v.t.* to make allowance for
की जगह in place of, instead of
खाली जगह *f.* vacant place, vacant post, vacancy, blank
सिर छिपाने की जगह just a shelter/cover
हर जगह *adv.* at every place, everywhere

जगात (*jagāt*) *f.* 1. charity, alms 2. duty, tax (see ज़कात)

जगाती (*jagātī*) *m.* 1. tax collection 2. tax collector

जगाना (*jagānā*) *v.t.* 1. to awaken, to rouse (from sleep) 2. to make lively or bright 3. to light the wick of a lamp 4. to inspire, to stimulate, to excite 5. to enkindle, to put fire (to) 6. to illuminate, to brighten 7. to arouse feelings 8. to conjure up, to charm

जगार (*jagār*) *f.* state of being or keeping awake, wakefulness, waking

जघन (*jaghan*) *m.*1. the hinder part, the hind side, the buttock and the loins, pubis 2. (सेना का) rearguard, reserve of an army

जघन्य (*jaghanya*) *a.* 1. heinous, abominable, hateful 2. low, vile, mean, base 3. very bad, worst 4. (निंदित) censured, slandered, blamed 5. last, extreme
जघन्य अपराध *m.* heinous crime

जघन्यता (*jaghanyatā*) *f.* 1. heinousness, abominableness, contemptibility, detestation 2. meanness

जचना (*jacnā*) *v.i.* 1. to appear, to seem 2. to be checked, evaluated or examined 3. to be liked, to appeal 4. to look attractive 5. to be true, to appear right or proper (better जँचना *q.v.*)

ज़च्चा P (*zaccā*) *f.* a woman who has recently given birth to a child
ज़च्चाखाना/घर *m.* maternity ward 2. maternity home
ज़च्चा-बच्चा *m.* mother and the newborn baby
ज़च्चा-बच्चा हस्पताल *m.* maternity hospital

जचाई (*jacāī*) *f.* /**जचावट** (*jacāvaṭ*) *f.* 1. trial, test, check-up, examination 2. evaluation, appraisal

जज E (*jaj*) *m.* judge
सब-जज *m.* sub-judge
सिविल जज *m.* civil judge
सेशन जज *m.* sessions judge

जजमान (*jajmān*) *m.* 1. one who performs sacrifice (यज्ञ) 2. client of a professional Brahmin (also यजमान)

जजमानी (*jajmānī*) *f.* 1. status and occupation of a जजमान/यजमान 2. clientele of a professional Brahmin

जज़िया (*jaziyā*) *m.* the tax levied by Mughal rulers on Hindus (better जिज़िया)

जजी (*jajī*) *f.* 1. judgeship 2. judge's office or terms of office

जज़ीरा (*jazīrā*) *m.* island (*syn.* टापू)

जज़्ब A (*jazbā*) *a.* 1. absorbed 2. assimilated
जज़्ब करना *v.t.* to absorb, to assimilate
जज़्ब होना *v.i.* to be absorbed

जज़्बा A (*jazbā*) *m.* passion, emotion, feeling, sentiment (*pl.* जज़्बात)
जज़्बात पर काबू पाना *v.t.* to have control over passions

जज़्बाती (*jazbātī*) *a.* emotional, sentimental

जटना (*jaṭnā*) *v.t.* 1. to snatch away, to seize, to carry off by force. 2. to rob by cheating 3. to cheat, to defraud, to deceive 4. to get in possession by unfair means

जटवाड़ा (*jaṭvāṛā*) *m.* the locality where Jats reside

ज़टल (*zaṭal*) *f.* 1. gossip, idle talk 2. prating, prattling

ज़टलबाज़ *m.* prattler, prater, gossip

ज़टल मारना *v.t.* (a) to prate, to prattle (b) to gossip, to talk nonsense

ज़टल हाँकना *v.t.* to tattle

ज़टल्ली (*zaṭallī*) *m.* gossip, prater, prattler

जटा (*jaṭā*) *f.* 1. matted hair (as of some sadhus), tangled hair 2. fibrous roots of a tree 3. the thread-like stems tangled to each or network of roots of a tree. 4. coir (of a coconut)

जटा-जूट *m.* the matted and braided hair (as of Shiva)

जटाधर/धारी *a.* (a) wearing matted or twisted hair (b) mendicant or ascetic wearing matted hair (c) an epithet of Shiva

जटामासी *f.* spikenard (plant), *valeriana jatamasi*

जटाना (*jaṭānā*) *v.t.* to be deprived of something by deceit

जटाल (*jaṭāl*) I. *a.*1. having matted hair 2. (of tree) having a network of roots II. *m.* banyan tree

जटित (*jaṭit*) *a.* 1. studded, imbedded with (jewels) 2. tangled, matted

जटिल (*jaṭil*) *a.* 1. tangled, entangled 2. intricated, complicated, complex 3. difficult, irksome, tedious

जटिल आँकड़े *m.* complex data

जटिल प्रश्न *m.* tedious question

जटिल समस्या *f.* complicated problem, Gordian knot

जटिलता (*jaṭiltā*) *f.* 1. entanglement 2. complication, intricacy 3. difficulty, irksomeness, tediousness

जटी (*jaṭī*) I. *a.* having matted hair II. *m.* an ascetic

जट्टी (*jaṭṭī*) *f.* charred tobacco (as in a चिलम)

जठर (*jaṭhar*) *m.* abdomen, stomach, belly, bowels

जठर गुहा *f.* gastric cavity

जठर ग्रंथि *f.* gastric gland, cardiac gland

जठरज्वाल/ज्वाला *f.* the digestive fire in the stomach, gastric juice, power of digesting food

जठर-नाल *f.* digestive canal

जठर-रस *m.* gastric juice

जठर-रोग *m.* indigestion

जठरांत्र (*jaṭhrāntra*) *f.* gastric intestine

जठरांत्र-शिरा *f.* gastro-intestinal vein

जठरांत्र-शोथ *m.* gastro-enteritis

जठराग्नि (*jathrāgni*) *f.* the digestive fire in the stomach, gastric juice, power of digesting food

जठरामय (*jaṭhrāmaya*) *m.* dropsy (जलोदर)

जठरीय (*jaṭharīy*) *a.* 1. gastral, gastric 2. abdominal

जठरोच्छेदन (*jaṭharocchedan*) *m.* gastrectomy, surgical operation of the stomach

जड़[1] (*jaṛ*) *f.* 1. inanimate, lifeless, inert 2. sluggish, inactive 3. stupid, idiotic

जड़-चेतन *a.* the animate and the inanimate

जड़-जगत् *m.* the inanimate world, material world

जड़-पदार्थ *m.* matter, inanimate object/substance, inert object

जड़-पूजा *f.* fetishism

जड़-प्रकृति *f.* inanimate nature

जड़प्राय *a.* almost inert, almost lifeless

जड़मति *a.* idiot, idiotic

जड़वाद *m.* materialism

जड़वादी *a.* & *m.* materialistic, materialist

जड़-विज्ञान *m.* physical science, natural science

जड़² (*jaṛ*) *a.* 1. root 2. source, origin 3. foundation

जड़ उखाड़ना (*मु.*) *v.t.* to uproot, to root out, to eradicate

जड़ काटना (*मु.*) *v.t.* to cut (at) the root, to destroy or annihilate completely, to eat into the vitals of, to inflict heavy damage, to strike at the root

जड़ खोदना, खोद डालना/देना (*मु.*) *v.t.* to root out, to uproot

जड़ जमना (*मु.*) *v.i.* to take root, to be firmly rooted, to establish/ consolidate oneself

जड़ जमाना *v.t.* (a) to establish (b) to lay the foundation or basis

जड़ पकड़ना (*मु.*) *v.i.* to take/strike root, to be firmly rooted or established

जड़ पड़ना *v.i.* to be founded

जड़ में मट्ठा देना *v.t.* to try to destroy

जड़ से उखाड़ना *v.t.* to root out, to uproot

जड़ें हिलाना *v.t.* to shake the very foundations

फ़साद की जड़ *m.* root cause of all troubles, fomentor of troubles

जड़त (*jaṛat*) *f.* inlay, insetting, embedding

जड़ता (*jaṛatā*) *f.* 1. inertness, inanimateness, insensibility, inertia 2. inactivity, torpor, torpidness 3. stiffness, severity, rigidity 4. immovability, fixity 5. stupidity, idiocy, absurdity

जड़ना (*jaṛnā*) *v.t.* 1. to inlay, to inset 2.(of picture) to mount 3. (मारना) to strike, to hit 4. (of blame) to lay on somebody 5. (शिकायत करना) to complain, to report, (तमाचा जड़ना) to give a slap

नाल जड़ना *v.t.* to shoe (a horse)

बात जड़ना *v.t.* to concoct a story

जड़वाना (*jaṛvānā*) *v.t.* 1. to cause to set (with jewels) 2. to cause to hit/strike 3. to cause to slap

चौखट जड़वाना *v.t.* to get a door frame fitted

नाल जड़वाना *v.t.* to get (a horse) shoed

जड़हन (*jaṛahan*) *m.* 1. rice seedlings which are transplanted to another field 2. a species of paddy cropped at the end of the rainy season

जड़ाई (*jaṛāī*) *f.* 1. the act or process of setting or inlaying (jewels) 2. the wage or charges paid for insetting/inlaying

जड़ाऊ (*jaṛāū*) *a.* inset, studded, inlaid (with jewels), jewelled

जड़ाऊ काम *m.* inlay, applique

जड़ाऊ सजावट *f.* applique ornamentation

जड़ाना (*jaṛānā*) *v.t.* to get something inset or studded, to have a thing mounted with gold or silver

जड़ाव (*jaṛāv*) *m.* the art of setting/ studding jewels in an ornament

जड़ावट (*jaṛāvaṭ*) *f.* the act or state of inlaying or studding jewels

जड़ावर (*jaṛāvar*) *m.* winter clothing

जड़ित (*jaṛit*) *a.* set, studded, jewelled, bedecked (with jewels)

जड़िमा (*jaṛimā*) *f.* 1. inanimateness, motionless, inertness, inertia, torpor 2. consciouslessness 3. (मूर्खता) stupidity 4. idiocy

जड़िमाकारी *a.* stupefying

जड़िमाकारी औषधि *f.* stupefying drug

जड़िया (*jaṛiyā*) *m.* 1. setter of jewels

2. jeweller

जड़ी (*jaṛī*) *f.* medicinal root

जड़ी-बूटी *f.* medicinal herb

जड़ीभूत (*jaṛībhūt*) *a.* 1. stupefied, rendered inert and inactive, stunned 2. become dullard

जड़ीला (*jaṛīlā*) *a.* 1. having long hard roots 2. having sprouts

जत (*jat*) *f.* a musical rhythm generally sung at the Holi festival

जतन (*jatan*) *m.* (*colloq.*) 1. effort, labour, perseverance, endeavour 2. zeal 3. attention 4. consideration

जतन करना *v.t.* to make an effort, to endeavour

जतन से *adv.* with effort

जतलाना (*jatlānā*) *v.t.* /**जताना** (*jatānā*) *v.t.* 1. to cause to be known or understood, to make somebody realize, to apprise of, to inform pointedly 2. to indicate, to point out, to direct 3. to caution, to warn 4. to remind

जतावनी (*jatāvnī*) *f.* caution, warning, admonition

जती (*jatī*) *m.* (*colloq.*) 1. a person whose passions are completely under control 2. ascetic, especially one of the Jain sect

जतु (*jatu*) *m.* lac, sealing wax

जतुगृह *m.* lac house (as was built for the Pandavas), a house of torture

जतुगृह-दाह *m.* burning of the lac house

जतुरस *m.* lac dye

जतुक (*jatuk*) *m.* 1. lac 2. asafoetida

जत्था (*jatthā*) *m.* 1. batch, group 2. band 3. gang

जत्था बाँधना *v.t.* to form a group

जत्थेदार (*jatthedār*) *m.* leader of a group or band

जत्थेबंदी (*jatthebandī*) *f.* formation of groups and batches, groupism

ज़दा P (*zadā*) *a.* struck, stricken, oppressed

मुसीबतज़दा *m.* afflicted, distressed

जद्दी (*jaddī*) *a.* ancestral, paternal (property, estate)

जद्दोजहद (*jaddojahad*) *f.* 1. hard labour, hard struggle 2. exertion, toil

जन[1] (*jan*) *m.* masses, people, public

जन-अधिकार *m.* public rights

जन-आंदोलन *m.* mass movement, popular agitation

जनकल्याण *m.* public welfare

जनक्रांति *f.* mass revolution

जनक्षय *m.* loss of population

जनगण *m.* people, public

जनगणना *f.* census

जनगणना-विवरणी *f.* census return

जनजागरण *m.* mass awakening, popular awakening

जनजाति *f.* tribe

जनजातीय *a.* tribal

जनजीवन *m.* public life, public living, normal life of the people

जनतंत्र *m.* democracy

जनतंत्रीकरण *m.* democratisation

जनतंत्रीय *a.*/ **जनतांत्रिक** *a.* democratic

जन-त्राता *m.* saviour of the people

जन-धन *m.* (a) manpower (b) men and property

जन-धन की हानि *f.* loss of men and property

जननायक *m.* leader of the masses

जननाश *m.* holocaust

जन-निदेश *m.* referendum

जनपद *m.* (a) populated region (b) district

जनपदीय *a.* (a) regional (b) of or pertaining to a district

जन-प्रवाद *m.* talk of the town

जनप्रभुता *f.* people's sovereignty

जनप्रिय *a.* popular, appealing to the general public

जनप्रियता *f.* popularity

जन-बल *m.* public force
जन-भावना *f.* public sentiment
जन-भाषा *f.* common language
जनमत *m.* popular/public opinion, the general opinion
जनमत-संग्रह *m.* plebiscite, referendum
जनमानस *m.* public mind
जन-मोर्चा *m.* people's front
जनरंजन *a.* (a) appealing or pleasing to the people (b) inspiring, stimulating
जन-रव *m.*(a) general shouting, people's clamour (b) talk of the town
जन-रुचि *f.* public interest
जन-वाणी *f.* people's voice
जन-वाणी प्रभु-वाणी *vox populi, vox dei*
जनवादी *a.* popular
जनवास *m.* public resting place
जनवासा *m.* place for staying of a marriage party
जनविरल *a.* thinly populated
जनशक्ति *f.* manpower
जनश्रुत *a.* popularly known
जनश्रुति *f.* (a) tradition (b) rumour, hearsay
जनसंकुल *m.* crowd
जनसंख्या *f.* population
जनसंख्या-गतिशीलता *f.* population mobility
जनसंख्या-घनत्व *m.* density of population
जनसंख्या-विस्फोट *m.* population explosion
जनसंघर्ष *m.* people's struggle
जनसंपर्क *m.* public relations
जनसंपर्क अधिकारी *m.* public relations officer, PRO
जनसंहार *m.* genocide, massacre
जन-समाज *m.* community at large
जन-समुदाय *m.* crowd, gathering, assembly of people
जन-समूह *m.* crowd, throng
जन-साधारण/सामान्य *m.* public, general public, people in general, the masses
जन-सेवक *m.* public servant
जन-सेवा *f.* public service
जन-स्वास्थ्य *m.* public health
जनहित *m.* public interest, public good
जन-हितकारी राज्य *m.* (public) welfare state
जनहीन *a.* (a) depopulated, uninhabited (b) solitary, desolate, deserted

ज़न[2] P (*zan*) *f.* woman, wife
ज़न मुरीद *m.* & *a.* hen-pecked (husband)

जनक (*janak*) I. *m.*1. (natural) procreator, genitor, progenitor 2. originator, producer 3. father II. *a.* generative, begetting, producing
जनक-रेखा *f.* generating line

जनकता (*janaktā*) *f.* parentage

जनकीय (*janakīy*) *a.* parental
जनकीय पीढ़ी *f.* parental generation

ज़नखा P (*zankhā*) I. *a.* womanish, impotent II. *m.* effeminate man, eunuch

जनता (*janatā*) *f.* public, people in general, assemblage of people, multitude, masses
जनता-जनार्दन *m.* public as supreme power
जनता-मोर्चा *m.* people's front
श्रमजीवी जनता *f.* proletariat

जनन (*janan*) *m.* 1. generating, begetting, producing 2. (उत्पादन) production 3. (नस्ल बढ़ाना) procreation 4. existence 5. birth
जनन-कार्य *m.* reproduction
जनन-क्षमता *f.* potency, generative/procreative power
जनन-ग्रंथि *f.* organ producing gametes (germ cells), gonad
जनन-तंत्र *m.* genital system, repro-

ductive system

जननदर *f.* reproduction rate, birth-rate

जननशक्ति *f.* fecundity, generative power

जननशक्ति हीन *a.* sterile, barren

जननांग *(jannāṅg) m.* reproductive organ

जननांगी *(jannāṅgī) a.* genital

जनना *(jananā) v.t.* to give birth (to), to bring forth, to produce, to beget, to generate, to bear

जननिक *(jananik) a.* genital, genetic

जननिक कोटर *f.* genital sinus

जननिक दोष *m.* genetic fallacy/fault

जननिकी *(jananikī) f.* genetics

जननी *(jananī) f.* 1. mother 2. progenitor, originator

जननीय *(jananīya) a.* reproductive

जननेंद्रिय *(jananeṁdriy) f.* reproductive organ, sex organ, organ of procreation, genitals

जनम *(janam) m. (colloq.)* 1. birth 2. life, existence

जनम गँवाना *(मु.) v.t.* to waste (one's) life

जनम-घूँटी *f.* a medicine given to babies from birth to about three years of age

जनम-घूँटी में पड़ना *(मु.) v.i.* to be a part of one's very nature

जनमना *(janamnā) v.i.* to be born, to come into being/existence

जनयिता *(janayitā) m.* 1. begetter, progenitor, ancestor 2. father (*fem.* जनयित्री)

जनरल E *(janral)* I. *a.* general II. *m.* the general (in the army)

जनरल असंबली *f.* general assembly

जनरल इलेक्शन *m.* general election

जनरल मीटिंग *f.* general meeting

जनरल स्टोर *m.* general store

मेजर जनरल *m.* major general

लेफ्टीनन्ट जनरल *m.* lieutenant general

जनरेटर E *(janareṭar) m.* generator

जनवरी E *(janvarī) f.* January, the first month of Christian calendar

जनवाई *(janvāī) f.* 1. mid-wife 2. mid-wife's fee

जनवाना *(janvānā) v.t.* 1. to help in the birth/delivery of a child 2. to make known, to inform, to send news, to make aware of

जनसांख्यिकी *(jansāṅkhyikī) f.* demography

जनसांख्यिकीय *(jansāṅkhyikīy) a.* demographic

जनांतिक *(janāntik) m.* 1. the closeness or proximity of men or human beings 2. an actor whispering to someone in confidence (in a drama)

जनांदोलन *(janāndolan) m.* mass movement

जना[1] *(janā) m. (colloq.)* man, person

जना[2] *(janā) a. (colloq.)* born, brought forth, produced, created

जनाई *(janāī) f.* midwife

जनाई विद्या *f.* midwifery

जनाकीर्ण *(janākīrṇa) a.* 1. crowded 2. thickly or densely populated, populous

जनाज़ा A *(janāzā) m.* bier, funeral procession

जनाज़ा उठना *v.i.* the funeral procession to start

जनादेश *(janādeś) m.* people's verdict

ज़नानखाना P *(zanānkhānā) m.* seraglio, harem, ladies apartment

जनाना[1] *(janānā) v.t.* to help in the delivery of a baby

जनाना[2] *(janānā) v.t.* to draw pointed attention, to make known

ज़नाना[3] *(zanānā)* I. *a.* feminine, womanly II. *m.* 1. effeminate person, eunuch 2. women's apartments, harem, seraglio

ज़नानापन *m.* effeminacy

ज़नानी P (*zanānī*) *f.* woman

जनाब A (*janāb*) I. *m.* Mr. II. *interj.* your honour, sir

जनाबेआली A (*janābeālī*) *m.* your honour, your excellency, your highness

जनार्दन (*janārdan*) *m.* an epithet of Lord Vishnu who is the maintainer of living beings

जनित (*janit*) *a.* born, produced, engendered, begotten, created

रोगजनित *a.* produced by a disease or illness

शोकजनित *a.* caused by sorrow

जनित्र (*janitra*) *m.* 1. father 2. (machine) generator

जनी (*janī*) *f.* a woman, a mother, a daughter

जनून A (*janūn*) *m.* 1. madness, lunaticism, insanity 2. intense passion, craze

जनूनी A (*janūnī*) *a.* 1. mad, lunatic, insane 2. crazy, extremely enthusiastic

जनूब A (*janūb*) *m.* south

जनूबी A (*janūbī*) *a.* southern

जनेऊ (*janeū*) *m.* 1. sacred thread (of the Hindus) worn over the left shoulder and hanging across the body 2. the ceremony of wearing the sacred thread for the first time

जनेत (*janet*) *f.* marriage procession, marriage party

जनेश (*janeś*) *m.* king, monarch

जनोपयोगी (*janopyogī*) *a.* useful or helpful for the public or masses, of public utility

जनोपयोगी सेवाएँ *f.* public utility services

जनोपयोगी निर्माण-कार्य *m.* public utility works

जन्नत P (*jannat*) *f.* 1. heaven, paradise (Muslim term) 2. garden

जन्म (*janma*) *m.* 1. birth 2. origin 3. nativity

जन्मकुंडली *f.* horoscope

जन्म गँवाना (*मु.*) to waste (one's) life

जन्मगत *a.* (a) inborn, innate, congenital (b) hereditary

जन्म-ग्रहण *m.* coming into life/existence, taking birth

जन्म-घूँटी *f. a* medicine given to babies since birth to about three years of age

जन्मघटित *a.* natal, of birth

जन्मचिन्ह *m.* birth mark

जन्म-जन्मांतर *m.* birth after birth

जन्मजात *a.* inborn, innate, inherent, congenital, native

जन्मजात अधिकार *m.* inherent right

जन्मजात अपराधी *m.* born criminal

जन्मयेष्ठ *a.* prior in birth

जन्मतिथि-उत्सव *m.* birthday celebrations

जन्म-दर *f.* birth-rate

जन्म-दर क्षेत्र *m.* birth-rate range

जन्मदाता *m.* (a) genitor, creator, father (b) originator, founder

जन्मदात्री *f.* progenitor, mother

जन्मदान *m.* procreation, generation

जन्मदिन *m.* /**जन्मदिवस** *m.* birthday

जन्म देना *v.t.* to give birth (to), to beget, to deliver

जन्म-धारण *v.t.* to come into life, to take birth, to be born (= जन्म ग्रहण करना)

जन्म-नक्षत्र *m.* natal star, birthday star

जन्मनाम *m.* the name given at birth

जन्मपंजी *f.* the register in which births are recorded

जन्म-पत्रा *m.* /**जन्म-पत्री** *f.* horoscope, astrological record of nativity, the scroll on which the relative position of the planets at birth and tables of fortunes of an individual are recorded

जन्म-पूर्व *a.* prenatal, antenatal

जन्म बिगड़ना (*मु.*) *v.t.* to be ruined for life

जन्म बिगाड़ना *v.t.* to waste one's life

जन्म-भर *adv.* throughout life

जन्म-भूमि *f.* (a) native country, motherland (b) birthplace

जन्म-मरण *m.* birth and death

जन्म-मरण के आँकड़े *m.* vital statistics

जन्म-मरण सूचकांक *m.* vital index

जन्म-मृत्यु *f.* life and death

जन्म-राशि *f.* birthday planet/star in the zodiac

जन्मरोगी *m.* born sick or diseased

जन्म-लग्न *m.* auspicious moment at birth

जन्म लेना *v.t.* to take birth, to be born, to be incarnate (as a deity)

जन्म-संबंधी *a.* natal

जन्मसिद्ध *a.* innate, inherent, derived by virtue of birth.

जन्मसिद्ध अधिकार *m.* birthright

जन्म-स्थान *m.* birth place, native place

जन्मना[1] (*janmanā*) *adv.* by birth

जन्मना ब्राह्मण कर्मणा वैश्य *m.* Brahman by birth (but) Vaishya by deeds

जन्मना[2] (*janmanā*) *v.i.* to be born, to come into being

जन्मांतर (*janmāntar*) *m.* 1. rebirth, another birth, next birth, the previous birth 2. transmigration 3. the other world

जन्मांतरवाद *m.* doctrine of transmigration of soul, the theory of reincarnation

जन्मांतरवादी *m.* one who believes in transmigration of soul or births and rebirths

जन्मांतरीय (*janmāntarīy*) *a.* of or pertaining to another life or birth

जन्मांध (*janmāndh*) *a.* born blind, blind by birth

जन्मांधता (*janmāndhatā*) *f.* natal or inborn blindness

जन्मा (*janmā*) *p.p.* born

जन्माना (*janmānā*) *v.t.* 1. to give birth 2. to help in delivery of a baby

जन्माधिवास (*janmādhivās*) *m.* domicile by birth

जन्मावधि (*janmāvdhi*) *adv.* from or since one's birth, throughout life

जन्माष्टमी (*janmāṣṭamī*) *f.* birthday of Lord Krishna which falls on the eighth day of the dark fortnight in Bhadon (July-August)

जन्मी (*janmī*) *m.* a living creature

जन्मोत्तर (*janmottar*) *a.* post-natal, afterbirth

जन्मोत्सव (*janmotsav*) *m.* birthday festivity or celebration, the janmashtmi festival

जन्य (*janya*) *a. suff.* generated by or from taking birth from

परिस्थितिजन्य *a.* originating from the circumstances

युद्धजन्य *a.* produced by war

प्रभावजन्य affected by influences

जप (*jap*) *m.* adoration by repeating phrases or formulas from scriptures, repetition of the name of God (as Om, Om, Om) or a deity, muttering prayers, murmuring some hymn or sacred word by counting the beads of a rosary

जप करना *v.t.* to count silently over the beads, to repeat the name of a deity, to mutter prayers

जप कराना *v.t.* to get a Brahman to repeat prayers or passages from the scriptures

जप-तप *m.* prayer and penance, devotion, adoration, worship, the performance of religious practices

जपपरायण *a.* devoted to repetition of prayers, engaged in reciting from

the scriptures
जप-माला *f.* rosary for counting beads while muttering prayers
जपना (*japnā*) *v.t.* to mutter prayers or spells, to count beads, to repeat the name of a deity
माला जपना (*मु.*) *v.t.* to count the beads of a rosary
जपी (*japī*) *m.* one who mutters prayers repeatedly
जपी-तपी *m.* adorer, worshipper
जफ़ा A (*jafā*) *f.* 1. oppression 2. tyranny 3. injustice
जफ़ाकार *a.* oppressive, unjust, cruel
जब (*jab*) *adv.* when, at the time when
जब कभी *adv.* whenever
जबकि *conj.* whilst, since
जब-जब *adv.*so often as, whenever
जब-तक *adv.* as long as, till
जब-तब *adv.* occasionally, frequently
जब देखो तब (*मु.*) *adv.* very often, frequently
जब से *adv.* ever since
जब ही *adv.* at the very time or moment, whenever
ज़ब ही तो *conj.* hence, therefore
जबड़तोड़ (*jabaṛtoṛ*) *a.* tongue-twisting
जबड़ा (*jabṛā*) *m.* jaw, the lower jaw bone
जबड़ातोड़ *a.* jawbreaker (said of a word difficult to pronounce)
जबड़ा फाड़ना *v.t.* to cry aloud
जबर[1] A (*jabar*) *m.* compulsion, coercion, constraint (better जब्र)
जबर उठाना *v.t.* to endure oppression, to suffer
जबर करना (पर) *v.t.* to use or employ force, to compel, to constrain, to practise violence, to coerce
ज़बर[2] P (*zabar*) *a.* stronger, more than a match
ज़बर आदमी *m.* powerful man
ज़बर गर्मी *f.* terrible/awful heat
ज़बरदस्त *a.* strong, powerful, mighty
ज़बरदस्त मारकाट *f.* onslaught
ज़बरदस्ती I *f.* (a) oppression, tyranny (b) force, coercion II. *adv.* by force, forcibly, unjustly, wantonly
ज़बरदस्ती उठा ले जाना *v.i.* to carry away forcibly
ज़बरदस्ती करना *v.t.* to oppress, to force
ज़बरदस्ती का सौदा *m.* forced bargain
ज़बर पड़ना या होना *v.i.* to be more than a match, to have an upper hand
ज़बरन A (*zabran*) *adv.* by force, forcibly, coercively (better जब्रन)
जबरा (*jabrā*) *a.* strong, powerful, mighty
जबरी (*jabrī*) *a.* forced, compulsory, conscriptional (better जब्री)
जबरी बिक्री *f.* forced sale
जबरी भरती *f.* conscription/compulsory recruitment
ज़बह A (*zabah*) *m.* slaughter, killing
ज़बह करना *v.t.* to kill, to slaughter, to sacrifice
ज़बाँ P (*zabāṁ*) *f.* (same as ज़बान *q.v.*)
ज़बान P (*zabān*) *f.* 1. tongue 2. language 3. speech
ज़बान का कड़ुवा *a.* bitter-tongued
ज़बान का चस्का *m.* ardent desire to taste
ज़बान काटना (*मु.*) *v.t.* to interrupt (one's) speech
ज़बान का तेज़ (*मु.*) *a.* sharp-tongued
ज़बान काबू में रखना *v.t.* to hold (one's) tongue, to keep control over the tongue
ज़बान का मीठा *a.* sweet-tongued
ज़बान के चटखारे लेना *v.t.* to smack the lips, to relish
ज़बान कैंची की तरह चलना *v.i.* to talk garrulously, to be too talkative
ज़बान को लगाम देना *v.t.* to hold one's tongue, to curb

ज़बान खींच लेना *(मु.) v.t.* to compel to keep silent, to punish for talking nonsense, to browbeat for saying something wrong
ज़बान खोलना *(मु.) v.t.* to speak out, to become vocal, to give tit for tat
ज़बान चलना *(मु.) v.i.* to speak fluently/glibly, to be very talkative
ज़बान चलाना *(मु.) v.t.* (a) to talk much (b) to abuse, to give abuses
ज़बानदराज़ *a.* loquacious, sharp-tongued
ज़बानदराज़ी *f.* loquaciousness
ज़बानदाँ *m.* linguist, one skilled in language, expert of a language
ज़बानदानी *f.* knowledge of languages
ज़बान देना *v.t.* to give one's word, to promise, to commit oneself
ज़बान पकड़ना *(मु.) v.t.* to remind one of his promise, to note somebody's word
ज़बान पर चढ़ना *(मु.) v.i.* (a) to be prominent on the tip of one's tongue (b) to be coming frequently to the tongue (c) to be talked about (d) to learn by heart
ज़बान पर ताला पड़ना *(मु.) v.i.* to be unable to speak, to keep silent
ज़बान पर रखना *v.t.* to taste
ज़बान पर रहना *(मु.) v.i.* (a) to be prominent on the tip of one's tongue (b) to be coming frequently to the tongue (c) to be talked about (d) to learn by heart (= ज़बान पर चढ़ना)
ज़बान पर लाना *(मु.) v.t.* (a) to mention (b) to utter, to speak
ज़बान पर होना *(मु.) v.i.* to be just about to speak out
ज़बान पलटना *(मु.) v.t.* to eat one's words, to go back on one's word, to retract, to withhold one's promise
ज़बान बंद करना *(मु.) v.t.*(a) to silence, to quieten, to hush up, to prevent one from speaking (b) to hold one's tongue, to keep silent
ज़बान बंद होना *(मु.) v.i.* to be tongue-tied, to be speechless, to be unable to speak, to be struck dumb
ज़बानबंदी *f.* gagging
ज़बान बदलना *(मु.) v.t.* to go back on one's word, to change one's stand
ज़बान बिगड़ना *(मु.) v.i.* to use foul language
ज़बान में खुजली उठना/होना *v.i.* to feel like quarrelling
ज़बान में लगाम न होना *(मु.) v.i.* to lose control on one's tongue, to have no control over words, to have an unbridled tongue
ज़बान लड़ाना *(मु.) v.t.* to indulge in argumentation
ज़बान सँभालकर बोलना *(मु.) v.i.* to speak cautiously, to be careful in talk, to talk with restraint
ज़बान से निकल जाना *(मु.) v.i.* to escape one's lips
ज़बान से निकालना *v.t.* to speak, to utter
ज़बान सीना *v.t.* to be tongue-tied, to remain silent
ज़बान हारना *(मु.) v.t.* to give (one's) word, to promise
ज़बान हिलाना *(मु.) v.t.* to try to speak out, to make an utterance, to say a few words
मुँह में ज़बान न होना *(मु.) v.i.* to be talking too little

ज़बानी P (*zabānī*) I. *a.* oral, verbal, *viva voce* II. *adv.* by word of mouth, orally, verbally
ज़बानी इम्तहान *m.* oral examination
ज़बानी जमा-खर्च *(मु.) m.* all talk and no substance, mere words
ज़बानी शहादत *f.* oral evidence
ज़बानी हिसाब *m.* mental calculation

ज़ब्त P (*zabta) m.* 1. taking possession

of, confiscation, forfeiture 2. check, control

ज़ब्त करना *v.t.* (a) to take possession of, to seize, to confiscate, to forfeit (b) to restrain, to check, to control

ज़ब्त होना *v.i.* (a) to be seized, to be confiscated/forfeited (b) to be controlled or checked

ज़ब्ती P (*zabtī*) *f.* confiscation, forfeiture, seizure

ज़ब्ती का हुक्म *m.* confiscation order

जमघट (*jamghaṭ*) *m.* crowd, gathering, multitude, concourse

जमना[1] (*jamnā*) *v.i.* 1. to freeze, to congeal 2. to solidify 3. to sit or stay at a place for a long time 4. to become firm or fixed, to be firmly established or settled 5. to take root 6. (दही) to coagulate 7. (भीड़) to be gathered or assembled, to be crowded, to appeal 8. to be seated in one's heart 9. to become concrete or solid 10. to curdle, to clot 11. to adhere, to stand fast, to stick 12. to insist (on), to persist 13. (खेल, गाना) to be successful

जमकर खाना-पीना *v.t.* to eat and drink to the fill

जमकर विचार करना *v.i.* to consider or confer without reserve

जमे रहना *v.i.* to sit tight, to insist, to take root

व्यापार जमाना *v.t.* to build up the business

जमना[2] (*jamnā*) *f.* river (*colloq.* यमुना)

जमा[1] P (*jamā*) I. 1. collection, accumulation 2. addition, adding up 3. (पूँजी) capital, outlay, output, wealth 4. aggregate amount, sum, total 5. stock, assets 6. credit 7. deposit 8. income or receipts II. *a.* 1. collected, accumulated 2. added 3. credited 4. deposited

जमा करना *v.t.* (a) to collect, to accumulate, to gather (b) to assemble (c) to store up, to lay by (d) to deposit (e) to credit (f) to add

जमा करने वाला *m.* /**जमाकर्ता** *m.* (a) the person who collects (b) depositor

जमा कुल *adv.* altogether, in toto

जमा-खर्च *m.* receipts and disbursements, debit and credit

जमा-खर्च करना *v.t.* to keep an account of credit and debit, to draw out an account

जमा-खर्च मिलाना *v.t.* to make up or balance credit and debit account

जमा खाता *m.* credit account

जमाखोर *m.* hoarder

जमाखोरी *f.* hoarding

जमा-जथा *m.* (a) total capital (b) total assets (c) whole accumulation/collection (= जमा-पूँजी)

जमा धन *m.* (a) deposit (b) hoarded wealth

जमा-पत्र *m.* credit note

जमा पर्ची *f.* credit slip, deposit slip

जमा-पूँजी *f.* (a) total capital (b) total assets (c) whole accumulation/collection

जमा प्रविष्टि *f.* credit entry

जमा प्राप्ति/रसीद *f.* deposit receipt

जमाबंदी *f.* (a) account of the revenue (b) rent roll (c) proceeds of land and government revenue assessed (d) village registers containing details of revenue settlement the names of tenants, their holdings, the amount of reveune they pay

जमाबंदी करना *v.t.* to assess the revenue

जमा बाकी *f.* credit balance

जमा भरना *v.t.* to pay the revenue

जमा मार *m.* an embezzler

जमा रकम *f.* deposit amount

जमा वासिल बाकी *m.* payment and

arrears, demands, collections and balances, an account stating payments periodically due

जमा शेष *m.* credit balance

जमा सूचना *f.* credit advice

जमा होना *v.i.* (a) to gather, together, to collect (b) to be collected (c) to be added

जमा[2] (*jamā*) *a.* frozen, consolidated, solidified, settled

जमाई (*jamāī*) *m.* son-in-law (also दामाद)

जमाऊ (*jamāū*) *a.* 1. capable of congelation, congealable 2. fixed, firm 3. enduring, lasting

जमात A (*jamāt*) *f.* 1. class 2. group 3. society 4. a body 5. congregation

जमात बंदी *f.* classification

जमातवार *adv.* by classes, by groups

जमात से करामात है (*मु.*) union is strength

जमाती A (*jamātī*) *m.* class fellow

जमादार A (*jamādār*) *m.*1. headman of a body of workers 2. head sweeper, sweeper 3. head peon 4. head constable 5. a petty army officer 6. watchman (*fem.* जमादारिन)

जमादारी A (*jamādārī*) *f.* calling or function of a jamadar

ज़मानत A (*zamānat*) *f.* 1. surety, security 2. bail 3. guarantee

ज़मानत करना *v.t.* to stand surety

ज़मानत कराना *v.t.* to bail out

ज़मानत के काबिल *a.* bailable

ज़मानत दाखिल करना *v.t.* to furnish security, to stand surety, to give bail

ज़मानतदार *m.* bondman, guarantor, surety, bailer

ज़मानत देना *v.t.* to furnish security, to stand surety

ज़मानतनामा *m.* bail bond, security bond, deed of surety

ज़मानत निक्षेप *m.* security deposit

ज़मानत पर छुड़ाना *v.t.* to get released on bail

ज़मानत पर रिहा करना *v.t.* to release on security or bail, to discharge on bail

ज़मानत बंधपत्र *m.* bail bond, security bond, deed of surety (= ज़मानतनामा)

ज़मानती P (*zamānatī*) I. *a.* bailable II. *m.* surety, guarantor

ज़मानती अपराध/जुर्म *m.* bailable offence

ज़मानती उधार *m.* collateral credit

ज़मानती धन *m.* security amount, caution money

जमाना (*jamānā*) *v.t.* 1. to freeze 2. to congeal, to cause to coagulate 3. to consolidate 4. to solidify 5. to thicken 6. to set 7. to plant 8. to fix up 9. to settle or establish 10. to give place in the heart 11. to cause to take root 12. to strike, to give a slap 13. to cause to grow, to produce 14. to make adhere to 15. to impress

थप्पड़ जमाना *v.t.* to slap

धंधा जमाना *v.t.* to build up one's business

निगाह जमाना *v.t.* to fix one's eyes or looks, to stare

बर्फ जमाना *v.t.* to make ice

रंग जमाना *v.t.* to impress oneself

शक्ति जमाना *v.t.* to consolidate power

हाथ जमाना (अपना) *v.t.* to acquire a skill or knack, to form a hand (in writing)

ज़माना P (*zamānā*) *m.* 1. time, period 2. age, era 3. present-day world 4. world

ज़माना छानना *v.t.* to make a thorough search, to search every nook and corner

ज़माना देखना (*मु.*) *v.t.* to have world-wide experience, to be much experienced

ज़माना देखे होना *v.i.* to be widely experienced, to have undergone all kinds of experiences

ज़माना बदल जाना *v.i.* times to change

ज़माना बीत गया ages have gone by

जमाना लद जाना good old days to be over

ज़मानासाज़ *m.* a turncoat

ज़मानासाज़ी *f.* time-serving, changing with the time, opportunism, expediency

ज़माना हो गया ages have passed since

ज़माने का दस्तूर *m.* vogue or fashion of the times

ज़माने का रंग *m.* mode of the time

ज़माने की गर्दिश *f.* vicissitudes of life

ज़माने की पुकार *f.* call of a particular age

ज़माने की मार *f.* afflictions of times

ज़माने की हवा *f.* trends of the age

क्या ज़माना है ! what is the world coming to ! what an age !

जमाल (*jamāl*) *m.* 1. beauty, charm, prettiness 2. glory 3. elegance

जमालगोटा (*jamālgoṭā*) *m.* a purgative nut (resembling pistachio), *croton tiglium*

जमालगोटा का तेल *m.* croton oil

जमाव (*jamāv*) *m.* 1. mass 2. gathering, assemblage, multitude 3. concentration 4. freezing 5. settling down

तलछट का जमाव *m.* sedimentation

जमावट (*jamāvaṭ*) *f.* 1. cohesion, adhesion 2. consolidation (= जमाव)

जमावड़ा (*jamāvṛā*) *m.*1. gathering, assemblage, multitude 2. meeting

ज़मीं P (*zamīm̐*) *f.* 1. land 2. earth 3. soil 4. ground 5. foundation, groundwork 6. background (as of a picture) (= ज़मीन *q.v.*)

ज़मींदार *m.* zamindar, landlord

ज़मींदारी *f.* (a) landlordism, feudal system (b) estate

ज़मीकंद (*zamīkand*) *m.* yam

ज़मीन (*zamīn*) *f.* 1. land 2. earth 3. soil 4. ground 5. foundation, groundwork 6. background (as of a picture)

ज़मीन-आसमान एक करना (*मु.*) *v.t.* to make great effort, to strive hard, to leave no stone unturned, to move heaven and earth

ज़मीन-आसमान का फ़र्क़ (*मु.*) *m.* a world of difference, great difference

ज़मीन-आसमान के कुलाबे मिलाना (*मु.*) *v.t.* (a) to exaggerate to the extreme, to talk tall, to speak in hyperboles (b) to try one's level best, to make an all-out effort

ज़मीन का पाँव तले से निकल जाना (*मु.*) *v.i.* to be stunned, to be out of wits

ज़मीन का पैबंद होना *v.i.* to cease to live, to die

ज़मीन चटाना *v.t.* to fall down, to throw flat

ज़मीन चूमना (*मु.*) *v.t.* to lie prostrate, to be knocked down (face downwards)

ज़मीन तैयार करना *v.t.* to prepare the ground

ज़मीन तोड़ना *m.* reclamation of land

ज़मीन दिखाना (*मु.*) *v.t.* to throw/knock down flat

ज़मीन नापना *v.i.* to wander about

ज़मीन पकड़ना *v.t.* (a) to settle firmly, to stick to a place (b) to get rooted, to be implanted

ज़मीन पर पैर न रखना (*मु.*) *v.t.* to be puffed up with pride, to be vainglorious

ज़मीन में गड़ जाना *v.i.* to be much ashamed, to be bashfully embarrassed

ज़मीनी (*zamīnī*) *a.* earthly, terrestrial

ज़मीर (*zamīr*) *m.* conscience
जमुना (*jamunā*) *f.* the river Yamuna (also यमुना *q.v.*)
जमुनिया (*jamuniyā*) *m.* amethyst (precious stone)
जमुर्रद P (*jamurrad*) *m.* emerald (a bright green precious stone)
जम्हाई (*jamhāī*) *f.* yawn
 जम्हाई लेना *v.t.* to yawn
जम्हाना (*jamhānā*) *v.i.* to yawn, to gape
जयंत (*jayant*) I. *m.* time opportune for journey II. *a.* victorious
जयंती (*jayantī*) *f.* 1. flag 2. anniversary, annual celebration or ceremony 3. jubilee 4. an epithet of goddess Durga
 गाँधी-जयंती *f.* Gandhi anniversary
 रजत जयंती *f.* silver jubilee (25th anniversary)
 स्वर्ण जयंती *f.* golden jubilee (50th anniversary)
 हीरक जयंती *f.* diamond jubilee (60th anniversary)
जय[1] (*jay*) *f.* conquest, victory, triumph
 जयकार *m.* cheers or rejoicings of victory, triumphal acclaim
 जयकारा *m.* (a) triumphal acclaim, slogan of victory (b) applause, applausive shouts (c) cheers, rejoicings
 जयकारा बोलना *v.t.* to shout applausive phrases, to exult, to rejoice
 जयघोष *m.* acclamation
 जयचिह्न *m.* trophy, shield or a cup awarded as a prize or memento of victory
 जय-जयकार करना *v.t.* to acclaim a victory, to rejoice in victory
 जयध्वज *m.*/ **जयध्वजा** *f.* the flag/ensign of victory, banner of conquest
 जयध्वनि *f.* shout or cry of victory, acclamation
 जय-पताका *f.* the flag/ensign of victory, banner of conquest (= जयध्वज or जयध्वजा)
 जय-पत्र *m.* written record of triumph, award in favour of a winning party
 जय-पराजय *f.* victory and defeat, success and failure
 जय-फल *m.* the reward of victory or triumph
 जय-मंगल *m.* jubilation of victory, rejoicing, exultation
 जयमान *a.* victorious, triumphant
 जयमाल/माला *f.* (a) garland of victory (b) garland put by the bride round the neck of the bridegroom at the time of marriage
 जय-शब्द *m.* acclamation (= जयघोष)
 जयश्री *f.* (a) victory, triumph (b) the goddess of victory (c) a ragini or mode of classical Indian music
 जयस्तंभ *m.* the column/tower/pillar of victory
जय[2] (*jay*) *suff.* one who has achieved a victory over (धनंजय, मृत्युंजय *q.v.*)
जया (*jayā*) *f.* 1. flag, banner 2. an epithet of Durga, the giver of victory
जयी (*jayī*) *a.* victorious, winning, conquering, triumphant
जयोत्सव (*jayotsav*) *m.* celebration of a victory or triumph
जयोन्मत्त (*jayonmatta*) *a.* mad or intoxicated with the joy of victory, exultant
जयोल्लास (*jayollās*) *m.* jubilation or exultation of victory, conquest rejoicing
ज्योतिष्क (*jyotiṣka*) *m.* luminary, heavenly body—the sun, the moon, the planets, fixed stars and lunar mansions
ज़र P (*zar*) *m.* 1. gold 2. money 3. riches, wealth
 ज़र अमानत *m.* deposit money, trust

fund

ज़रखरीद *m.* purchased with one's own money

ज़रखेज *a.* fertile, productive

ज़रखेज़ी *f.* fertility, productiveness

ज़रगर *m.* goldsmith

ज़रगरी *f.* business of a goldsmith

ज़रदार *a.* rich, wealthy, moneyed (man)

ज़रदोज़ *m.* embroiderer

ज़रदोज़ी *f.* embroidery, filigree

ज़र नकद *m.* cash, ready money

ज़रपरस्त *a.* (a) greedy, avaricious (b) miserly, niggardly

ज़र पेशगी *f.* advance money

ज़रबफ़्त *m.* brocade, embroidered silk cloth

ज़रबयाना *m.* earnest money

ज़रबाफ *m.* one who works in gold thread, brocade artisan

ज़रबाफ़ी *f.* weaving in gold, brocade work, silk embroidery

ज़र मुआवज़ा *m.* compensation

ज़र मुनाफा *m.* profits, savings

जरठ (*jaraṭh*) I. *a.* 1. old, aged 2. worn out, frail 3. bent, bowed down 4. hard, tough II. *m.* old age, decrepitude

जरण (*jaraṇ*) *m.* ageing, growing old

जरत्व (*jaratva*) *m.* 1. senescence, old age, senility 2. infirmity

ज़रद P (*zarad*) *a.* 1. yellow 2. pale (better ज़र्द *q.v.*)

ज़रदा P (*zardā*) *m.* scented and specially prepared chewing tobacco

ज़रदा पुलाव *m.* a sweet dish of rice

ज़रदी P (*zardī*) *f.* 1. yellowness 2. paleness 3. yellow colour (= ज़र्दी *q.v.*)

जरनल E (*jarnal*) *m.* journal

जरनैल (*jarnail*) *m.* general (of the army)

ज़रब A (*zarab*) *f.* 1. injury, blow 2. multiplication

ज़रब आना/लगना *v.i.* to be injured

ज़रब के सवाल *m.* multiplication sums

ज़रब देना *v.t.* to multiply

ज़रब लगाना *v.t.* to inflict an injury, to hurt

जरमन E (*jarman*) I. German II. *m.* an inhabitant of Germany III. *f.* German (language)

जरमन भाषा *f.* German language

जरमन सिल्वर *m.* German silver

जरसी E (*jarsī*) *f.* jersey, pullover

जरा (*jarā*) *f.* 1. old age, senility, senescence 2. general debility, infirmity

जराग्रस्त *a.* old, aged, grown old, worn out, decrepited

जरा-चिकित्सा *f.* geriatrics

जराजन्य *a.* senile

जराजन्य मनोभ्रंश *m.* senile dementia

जराजीर्ण *a.* fragile, weak, feeble

ज़रा A (*zarā*) *a.* & *adv.* a little, a bit, slight, scanty

ज़रा-ज़रा trivial, petty, in bits, slightly

ज़रा ठहरो wait a bit, just wait

ज़रा-सा *a.* just a little, only a bit, for a while

ज़रा-सा काम *m.* trivial job

ज़रा-सी बात *f.* trifle, petty thing

जरातुर (*jarātur*) *a.* debilitated, infirm due to old age, decrepit, worn out

जरायमपेशा (*jarāyampeśā*) *a.* of criminal profession, criminal

जरायमपेशा क़बीले *m.*/**जरायमपेशा जातियाँ** *f.* criminal tribes

जरायु (*jarāyu*) *m.* 1. placenta 2. womb, uterus

जरायुज (*jarāyuj*) I. *a.* placental, born from the womb, viviparous II. *m.* man or animal born from the womb

जरायुजता (*jarāyujtā*) *f.* viviparity

ज़रिया A (*zariyā*) *m.* means, source

किसी के ज़रिये *adv.* through somebody

रोज़ी-रोटी का ज़रिया *m.* means of livelihood

जरी (*jarī*) *a.* old

ज़री P (*zarī*) *f.* 1. cloth woven with golden thread 2. gold or silver thread

ज़री का काम *m.* brocade

ज़रीदार *a.* woven with gold or silver thread

जरीब A (*jarīb*) *f.* a surveyor's chain, measuring chain of 55 yards

जरीबकश *m.* the person who measures land with a जरीब, surveyor

जरीबकशी *f.* measurement (of land), the work of a land surveyor

जरीब डालना *v.t.* to measure with the chain, to survey with the जरीब

जरीब सर्वेक्षण *m.* chain survey

जरीबी A (*jarībī*) I. *m.* land surveyor II. *f.* 1. measurement of land with a जरीब 2. cost of measuring

ज़रूर A (*zarūr*) *adv.* certainly, surely, positively, necessarily

ज़रूर-ज़रूर without doubt, without fail, of course

उसने ज़रूर कहा था he/she did say

उसे ज़रूर जाना है he/she must go

ज़रूरत A (*zarūrat*) *f.* need, necessity, want, exigency

ज़रूरत ईजाद की माँ है (*मु.*) necessity is the mother of invention

ज़रूरत पड़ना *v.t.* need to arise, to have need, to be in want

ज़रूरतमंद *a.* needy, indigent

ज़रूरतमंदी *f.* neediness, indigence

ज़रूरत में काम आना *v.i.* to prove useful in time of need, to serve the purpose in need

ज़रूरतन A (*zarūratan*) *adv.* by necessity, out of necessity, necessarily, when need be

ज़रूरियात A (*zarūriyāt*) *f.* & *pl.* needs, necessities

ज़रूरियात ज़िंदगी *f.* necessities of life

घर-गृहस्थी की ज़रूरियात *f.* needs/necessities of household

ज़रूरी A (*zarūrī*) *a.* necessary, needful, urgent, indispensable, essential

ज़र्क-बर्क A (*zarqbarq*) *f.* glitter, brilliance, shine, splendour

जर्जर (*jarjar*) *a.* 1. broken, frail, torn 2. old, infirm, senescent, worn out 3. decayed, torn asunder, tattered 4. crushed 5. ruined, destroyed, wasted 6. decrepit 7. ragged

जर्जर भवन *m.* dilapidated building

जर्जर शरीर *m.* outworn or decrepit body

जर्जरता (*jarjartā*) *f.* 1. fraility, infirmity 2. senescence 3. decay 4. decrepitude

जर्जराना (*jarjarānā*) *v.i.* to be dilapidated, to be worn out, to decay, to be crushed, to break suddenly into pieces, to shatter

जर्जरित (*jarjarit*) *a.* 1. broken into pieces, crumbled 2. ragged, tattered 3. shattered 4. worn out, outworn 5. old, infirm 6. decayed

ज़र्द P (*zarda*) *a.* 1. yellow 2. pale

ज़र्द पड़ना *v.i.* to turn pale, to be off colour, to become anaemic

ज़र्दा P (*zardā*) *m.* scented and specially prepared chewing tobacco (see ज़रदा)

ज़र्दी P (*zardī*) *f.* 1. yellowness 2. paleness 3. yellow colour

अंडे की ज़र्दी *f.* yolk of an egg

जर्म E (*jarm*) *m.* germ

जर्मन सिल्वर E (*jarmansilver*) *m.* German silver

ज़र्रा A (*zarrā*) *m.* particle, small fragment

ज़र्रा-ज़र्रा (a) *m.* each and every particle (b) *adv.* particle by particle

ज़र्रा-भर *a.* very little, in a small quantity

ज़र्रे-ज़र्रे में ईश्वर *m.* God in each and

every particle

जर्राह A (*jarrāh*) *m.* traditionally trained surgeon, barber-surgeon

जर्राही A (*jarrāhī*) *f.* 1. surgery 2. dressing of wounds 3. surgical operation 4. profession or practice of a (barber) surgeon

जर्री (*jarrī*) *f.* epidemic, pestilential disease, rinderpest

जलंधर (*jalandhar*) *m.* dropsy (= जलोदर)

जलंधरी (*jalandharī*) I. *a.* dropsical II. *m.* dropsical person/patient

जल (*jal*) *m.* water, aqua-, hydro-

जल-अपघटन *m.* hydrolysis, decomposition of a substance in water

जल-आपूर्ति *f.* water supply

जल कपाट *m.* sluice

जल-कर *m.* water tax

जल-कल *f.* waterworks

जल-कल विभाग *m.* waterworks department

जल-कुंड *m.* water pool

जलकुंभी *f.* watercress or hyacinth

जलकुक्कुट *m.* waterfowl

जलकुक्कुटी *f.* black-headed gull

जलकेलि *f.* aquatic dalliance/sport

जलक्रीड़ा *f.* aquatic games

जलगर्त *m.* water-pit

जलग्रह *m.* catchment, catchment basin

जलघड़ी *f.* water clock

जलचर *a.* & *m.* aquatic creatures

जलचरी *f.* fish

जल-चादर *f.* wide waterfall

जल-चिकित्सक *m.* hydropatic, hydrotherapist

जल-चिकित्सा *f.* hydrotherapy, hydro-pathy

जलचिह्न *m.* watermark

जल-जंतु *m.* water animal, aquatic animal

जलजात I. *m.*(a) lotus (b) aquatic-animal (c) conch (d) pearl II. *a.* produced in water (= जलज *q.v.*)

जल-जीव *m.* aquatic creatures

जल-जीवशाला *f.* aquarium

जलडमरूमध्य *m.* isthmus, straits

जलडिंब *m.* bivalve shell

जलतरंग *f.* a set of musical cups filled with water and struck with two sticks to produce harmonical notes

जलतरोई *f.* fish

जल-तल *m.* water level

जलत्रास *m.* hydrophobia

जल-थल *m.*(a) land and water, sea and land (b) ground half-covered with water

जल-थल (एक) होना *(मु.) v.i.* deluge to set in, to rain heavily, water to submerge all visible land

जलदस्यु *m.* sea-dacoit, pirate

जलदस्युता *f.* sea-dacoity, piracy

जलदान *m.* oblation of water offered to a deity or dead ancestors

जलदेवता *m.* Neptune, god of water

जलद्रोणि *f.* water-basin

जलधर *m.* cloud, sea

जल-धानी *f.* water jacket

जल-धारा *f.* current of water, stream

जलधि *m.* ocean

जल-निकास *m.* drainage

जल-निकास-प्रणाली *f.* drainage system

जलनिधि *m.* ocean, sea

जल-निर्गम *m.* (a) watercourse, the passage of water (b) drain (c) outlet of water, outflow of water

जल-पथ *m.* waterways

जलपरी *f.* water-nymph, mermaid

जल-पात्र *m.* water vessel, water pot

जल-पान *m.* light refreshment, repast, tiffin

जल-पान करना *v.t.* (a) to take or drink water (b) to take tiffin or light refreshments

जल-पान-गृह *m.* refreshment room

जल-प्रणाली *m.* water channel, aque-

duct
जलप्रदाय *m.* supply of water, water supply
जलप्रपात *m.* waterfall
जलप्रलय *m.* deluge, cataclysm
जलप्रवाह *m.* (a) flow of water (b) immersion (of ashes of the dead)
जल-प्रांगण *m.* territorial waters
जलप्राय *a.* (a) watery (क्षेत्र land or region) (b) having many rivers, tanks, etc.
जलप्लावन *m.* inundation, flooding
जलप्लावित *a.* inundated, flooded
जलबद्ध *a.* water bound
जल-भीति *f.* hydrophobia
जल-भौंरा *m.* water beetle
जलमंडल *m.* hydrosphere
जलमग्न *a.* submerged
जलमय *a.* (a) watery (b) inundated, submerged in water
जलमापक *m.* hydrometer
जलमार्ग *m.* (a) waterway (b) sea route (c) watercourse
जल-यात्रा *f.* voyage
जलयान *m.* ship, vessel
जल-युद्ध *m.* naval war
जलयोजन *m.* hydration
जलयोजित *a.* hydrated
जल-रंग *m.* (a) watercolour (b) watercolour painting
जलराशि *f.* expanse of water
जलरुद्ध *a.* watertight
जलरोधी *a.* waterproof
जलवायु *m.* climate
जलवायु अनुकूलन *m.*/**जलविषुव** *m.* autumnal equinox
जलवायु विज्ञान *m.* climatology
जल-वाष्प *m.* water gas
जल-वास *m.* abiding in water
जलवाह *m.* carrying water, a cloud
जलवाहित *a.* water-borne
जल-विद्युत *a.* hydro-electric
जल-विज्ञान *m.* hydrology
जल-विमान *m.* hydroplane
जल-विहार *m.* roving over the water
जल-शोषण *m.* desiccation
जलशोफ *m.* dropsy
जलसमाधि *f.* watery grave
जलसमाधि देना *v.t.* to immerse (a body) in water
जलसमाधि लेना *v.t.* to commit suicide by drowning
जलसह *a.* waterproof
जलसिक्त *a.* sprinkled with water, soaked in water, moistened
जल-सेतु *m.* aqueduct
जल सेना *f.* navy
जल-स्तंभ *m.* (a) water column (b) lighthouse (c) solidification of water (d) stopping water flow (e) stopping rain-water by the force of incantation
जल-स्तर *m.* water-level
जल-स्थलचर *m.* & *a.* amphibian, amphibious
जल-स्थलीय *a.* amphibious
जलस्रोत *m.* (a) water spring (b) source of water
जलहीन *a.* (a) waterless, without water (b) water free
जलाभाव *m.* scarcity of water
आमंत्रित जल *m.* holy/sanctified water
खनिज जल *m.* mineral water
खारा जल *m.* salt water

जलज (*jalaj*) I. *m.* 1. lotus 2. aquatic animal 3. conch 4. pearl II. *a.* produced in water

ज़लज़ला A (*zalzalā*) *m.* earthquake

जलद (*jalad*) *m.* cloud

जलन (*jalan*) *f.* 1. burning sensation 2. burning of fire 3. envy, jealousy, malice

जलना (*jalnā*) *v.i.* 1. to burn 2. to be reduced to ashes 3. (of a lamp) to emit light 4. to be full of jealousy, to be jealous 5. (of earth) to be scorched 6. to feel burning sensation

जल उठना *v.i.* (fire) to break out

जलकर खाक/भस्म हो जाना *(मु.) v.i.* to be burnt to ashes

जलती आग में कूदना *v.i.* to take a big risk of life

जलती आग में घी/तेल डालना *v.t.* to add fuel to the fire, to rouse agitation

जल-जलकर मरना *v.i.* to die of intense jealousy

जल जाना *v.i.* (a) to be burnt (b) to be cut to the quick (c) to burn with jealousy

जल-भुनकर *adv.* out of jealousy, being burnt with envy

जला-भुना *a.* very angry or wrathful, fretting and foaming

जल मरना *(मु.) v.i.* (a) to be burnt to death (b) to kill oneself by burning (c) to feel excessive jealousy

जला हुआ *a.* burnt

जली-कटी सुनाना *(मु.) v.t.* to make caustic and stinging remarks

जले पर नमक छिड़कना *(मु.) v.t.* to add insult to injury

जले फफोले फ़ोड़ना *(मु.) v.t.* to give vent to one's accumulated rage, to burst forth with invective

होम करते हाथ जलना *(मु.) v.i.* to suffer trouble for doing a good deed

जलवाना *(jalvānā) v.t.* to cause to be burnt, to get (something) burnt/scorched or kindled (see जलना)

जलसा A *(jalsā) m.* 1. function 2. social gathering 3. session 4. variety entertainment 5. festive occasion

आम जलसा *m.* general function or session

खास जलसा *m.* private session

खुला जलसा *m.* open session

जलहरी *(jalahrī) f.* 1. a small pit of water for bathing an idol 2. a trough for cooling iron by a blacksmith

जलांक *(jalāṅk) m.* watermark

जलांजलि *(jalāñjali) f.* 1. handful of water 2. offering of water in oblation

जला *(jalā) a.* burnt, scorched

जलाऊ *(jalāū) a.* 1. that which burns (as wood) 2. combustible 3. irritable

जलाक्रांत *(jalākrānt) a.* waterlogged

जलाक्रांति *(jalākrānti) f.* waterlogging

जलातंक *(jalātank) m.* hydrophobia

जलाना *(jalānā) v.t.* 1. to burn, to set on fire 2. (of lamp) to light 3. to excite/provoke jealousy

जला-जलाकर मारना *v.t.* to inflict a slow painful death, to tease to death

आग जलाना *v.t.* to light/ignite fire

घर जलाना *v.t.* to set a house on fire

दिल जलाना *(मु.) v.t.* to torment, to hurt the heart or one's feelings

जलापा *(jalāpā) m.* 1. heart burning, remorse, grief 2. jealousy, malice 3. annoyance, teasing

जलार्णव *(jalārṇav) m.* the ocean

जलार्द्र *(jalārdrā) a.* wet, charged with moisture, moistured

जलाल A *(jalāl) m.*1. glory, splendour 2. vanity, conceit 3. power, strength

ज़लालत A *(zalālat) f.* 1. meanness, lowliness 2. humiliation, disgrace 3. wretchedness

ज़लालत उठाना *v.t.* to suffer humiliation

जलाली A *(jalālī) a.* 1. glorious, majestic, illustrious 2. wrathful, terrible

जलावतन A *(jalāvatan) a.* exiled, banished from one's own country

जलावतन करना *v.i.* to banish

जलावतन होना *v.i.* to be exiled

जलावतनी P *(jalāvatanī) f.* exile, banishment

जलावतरण *(jalavataraṇ) m.* launching

of a boat (in the river or sea)

जलावन (*jalāvan*) *m.* 1. fuel, fuel wood, fire wood 2. the burnt portion of an object

जलावर्त (*jalāvarta*) *m.* whirlpool

जलाशय (*jalāśay*) *m.* 1. a body of water 2. reservoir 3. tank, pool, pond

जलीय (*jalīy*) *a.* aquatic, watery

जलीय अनुकूलन *m.* aquatic adaptation

जलील A (*jalīl*) *a.* 1. great, glorious, illustrious 2. respected

ज़लील A (*zalīl*) *a.* 1. abject, base, mean 2. wretched 3. contemptible 4. humiliated

ज़लील करना *v.t.* (a) to abase, to debase (b) to humiliate (c) to insult

ज़लील होना *v.i.* to be disgraced, to be humiliated

जलूस A (*jalūs*) *m.* procession (better जुलूस *q.v.*)

जलेंद्र (*jaleṁdra*) *m.* 1. ocean, sea 2. Lord of waters, god Varuna

जलेबा (*jaleba*) *m.* big *Jalebi q.v.*

जलेबी (*jalebī*) *f.* 1. sweetmeat 2. a firework that shoots up in a spiral 3. a wild plant

जलेश (*jaleś*) *m.* /**जलेश्वर** (*jaleśvar*) *m.* 1. the ocean, the sea 2. the Lord of waters, the god Varuna

जलोढ़ (*jaloṛh*) *a.* 1. water-borne 2. alluvial

जलोढ़ निक्षेप *m.* alluvial deposit

जलोढ़ मिट्टी *f.* alluvial soil

जलोढ़क (*jaloṛhak*) *m.* alluvium

जलोत्सव (*jalotsav*) *m.* aquatic festival, regatta

जलोदर (*jalodar*) *m.* dropsy

जलोदरी (*jalodarī*) *m.* dropsical person or patient

जलोद्गम (*jalodgam*) *m.* source of water, water spring

जलोरगी (*jaloragi*) *f.* a leech

जलौका (*jalaukā*) *f.* leech

जल्द A (*jalda*) *adv.* quickly, instantly, at once, immediately, soon

जल्द-अज़-जल्द *adv.* as quickly as possible

जल्द का काम an act of rashness, impetuous work

जल्दबाज़ *a.* (a) rash, hasty (b) reckless

जल्दबाज़ी *f.* rashness, hastiness, impetuousness, recklessness

जल्दबाज़ी करना *v.t.* to make haste, to be rash

जल्दबाज़ी में *adv.* in haste, in a hurry

जल्दी A (*jaldī*) I. *f.* 1. haste, hurry 2. speed II. *adv.* quickly, hurriedly, immediately

जल्दी करो hurry up

जल्दी में *adv.* in a hurry

जल्दी से जल्दी *adv.* as quickly as possible, in no time

जल्दी से *adv.* quickly, without delay, with all speed

जल्प (*jalpa*) *m.* 1. prate, babble, chatter, idle talk, garrulity 2. false argument, sophism, sophistry

जल्पक (*jalpak*) *m.* garrulous fellow, babbler, prattler, chatterer

जल्पन (*jalpan*) *m.* chattering, babbling, prattling

जल्पना (*jalpanā*) *v.i.* to chatter, to prattle

जल्पित (*jalpit*) *a.* 1. spoken vainly, said idly 2. proposed, planned, prearranged

जल्लाद A (*jallād*) I. *m.* 1. hang-man, executioner 2. butcher 3. bloodthirsty fellow, extortioner II. *a.* cruel, merciless, hard-hearted

जव (*jav*) *m.* 1. speed, fastness 2. swiftness, rapidity, quickness

जवाँ P (*javāṁ*) *m.* I. *a.* 1. young, youthful, in the prime of manhood or womanhood. 2. courageous, brave, valiant, heroic 3. strong, powerful II. *m.* 1. youth, young man 2. soldier, warrior (= जवान *q.v.* used usually in combinations)

जवाँमर्द *m.* courageous or heroic person, youthful man, gallant person

जवाँमर्दी *f.* gallantry, bravery, courageousness, manliness, intrepidity

जवा (*javā*) *m.* 1. anything of the size or shape of barley 2. clove of garlic 3. a form of sewing or stitching 4. the lines on the joint of a finger

जवाकुसुम *m.* shoe-flower

जवान P (*javān*) I. *a.* 1. young, youthful, in the prime of manhood or womanhood. 2. courageous, brave, valiant, heroic 3. strong, powerful II. *m*
1. youth, young man 2. soldier, warrior

जवान मौत *f.* untimely death, death at a young age

जवानी P (*javānī*) *f.* 1. youth, young age, adolescence, youthfulness 2. passions and emotions of youth

जवानी उठना/उभरना *(मु.) v.i.* youth to bloom

जवानी उतरना *(मु.) v.i.* youth to wane, to begin aging

जवानी का आलम *m.* state of youthfulness, youthful time or period

जवानी की नींद *f.* uninterrupted and carefree sleep of youth

जवानी गँवाना *v.t.* to waste (one's) youth

जवानी चढ़ना *(मु.) v.i.* blossoming of youth, youthfulness to show, youth to be in its fullest bloom, youth to be on the ascendance

जवानी ढलना *(मु.) v.i.* youth to decline

जवानी दीवानी youth knows no bounds, youth is wild

जवानी फट पड़ना *v.i.* youth to bloom

जवानी में माँझा ढीला *(मु.)* young age but old ways, what is youth without vitality and vigour

उठती जवानी *f.* adolescence, blooming youth

ढलती जवानी *f.* declining youth

जवाब A (*javāb*) *m.* 1. (to a question) answer 2. (to a letter) reply

जवाब तलब करना *(मु.) v.t.* to call for an explanation, to call to account

जवाबतलबी *f.* explanation

जवाबदावा *m.* reply to a plaint, written statement of the defendant

जवाब दे देना *v.t.* (a) to sign (b) to dismiss, to discharge

जवाब देना *(मु.) v.t.* to answer, to reply, to account for

जवाबदेह *a.* answerable, responsible, accountable, amenable

जवाबदेही *f.* liability, answerability, accountability, responsibility

जवाबदेही करना *v.t.* (a) to respond, to defend a suit, to explain

जवाबदेही से बरी करना *v.t.* to exonerate, to relieve from responsibility

जवाब मिलना *(मु.) v.t* (a) to get/receive a reply (b) to get notice of dismissal, to be discharged, to be dismissed

जवाब-सवाल *m.* question and answer, argument

जवाब-सवाल करना *v.t.* to cross-question

जवाबी A (*javābī*) *a.* 1. in the nature of a reply 2. responsive 3. counter

जवाबी उपाय *m.* countermeasures

जवाबी कार्ड *m.* reply paid post-card

जवाबी कार्रवाई *f.* (a) retortion, counteraction (b) retaliation

जवाबी तार *m.* reply paid telegram

जवाबी दावा *m.* counterclaim

जवाबी नाकेबंदी *f.* counter blockade

जवाबी प्रचार *m.* counter propaganda

जवारा (*javārā*) *m.* blade or shoot of barley or rice

जवारी (*javārī*) *f.* the thread stretched over the bridge of a musical instrument beneath the strings

ज़वाल (*zavāl*) *m.* downfall, fall, decline

जवाली (*javālī*) *f.* barley mixed with wheat

जवास (*javās*) *m.* a prickly grass, *Hedysarum alhagi* on which cattle and camels graze

जवासा (*javāsā*) *m.* a prickly plant used in medicine

जवाहर (*javāhar*) *m.* /**जवाहिर** A (*javāhir*) *m.* jewel, gem

जवाहर, जवाहिरखाना *m.* jewellery vault

जवाहरात (*javāharāt*) *m.* & *pl.* /**जवाहिरात** A (*javāhirāt*) *m.* & *pl.* 1. jewels, gems 2. jewellery

जश्न P (*jaśna*) *m.*1. festivity, rejoicing 2. feast 3. jubilation 4. jubilee

जश्न करना/मनाना *v.t.* to rejoice, to hold a celebration

जस्त (*jasta*) *m.* zinc pewter

जस्त चढ़ाना *v.i.* to galvanize

जस्तई (*jastaī*) *a.* 1. of zinc 2. made of zinc 3. of the colour of zinc

जस्ता (*jastā*) *m.* zinc, pewter (same as जस्त *q.v.*)

जस्ता चढ़ाना *v.t.* to galvanize

जहद (*jahd*) *m.* toil, exertion

जहन्नुम A (*jahannum*) *m.* 1. hell, inferno, 2. hell fire

जहन्नुम में जाए (*मु.*) let it go to hell

जहन्नुम रसीद होना *v.i.* to go to hell, to be damned

जहन्नुमी A (*jahannumī*) *a.* 1. hellish, infernal, belonging to hell 2. living in hell 3. damnable

ज़हमत A (*zahmat*) *f.* 1. trouble 2. botheration 3. embarrassment

ज़हमत उठाना *v.t.* to take the trouble

ज़हमत मोल लेना *v.t.* to invite trouble, to create trouble for oneself

ज़हर P (*zahar*) *m.*1. poison, venom 2. anything bitter/disagreeable or injurious

ज़हर उगलना (*मु.*) *v.i.* to make venomous utterances, to speak spiteful language, to calumniate, to say bitter things

ज़हर कर देना (*मु.*) *v.t.* to spoil the joy, to kill the joy

ज़हर का घूँट पीना (*मु.*) *v.t.* to suppress one's strong feelings, to bear the unbearable

ज़हर का घूँट पीकर रह जाना (*मु.*) *v.i.* to swallow/tolerate an insult or humiliation

ज़हर की पुड़िया *f.* one who incites trouble and quarrel, mischief-monger

ज़हर खाना *v.t.* to take or swallow poison

ज़हर चढ़ जाना *v.i.* poison to run into the body

ज़हरदार *a.* poisonous

ज़हर देना *v.t.* to poison, to give poison

ज़हरमार *a.* antidote

ज़हर में बुझाना *v.t.* to treat with poison

ज़हर में बुझा हुआ *a.* soaked in poison

ज़हरमोहरा *m.* a kind of stone which is an antidote to poison, bezoar

ज़हर लगना *v.i.* to get a feeling of extreme hatred

ज़हरबाद *m.* carbuncle

ज़हर हलाहल *m.* deadly poison

ज़हरी P (*zahrī*)*a.* wrathful (= ज़हरीला)

ज़हरीला (*zahrīlā*) *a.* poisonous, venomous

जहाँ[1] P (*jahāṁ*) *m.* world (= जहान *q.v.*)

जहाँगीर I. *a.* world conquering II. *m.* conqueror of the world, a great conqueror

जहाँगीरी *f.* world conquest, world domination

जहाँदार *m.* ruler of the world, emperor
जहाँदारी *f.* (a) empire, kingdom (b) government
जहाँदीदा *a.* one who has seen (enough of) the world, experienced, widely travelled, seasoned
जहाँपनाह *m.* refuge of the world, protector of the people, Your Majesty

जहाँ[2] (*jahāṁ*) *adv.* where, in which place, in the place where
जहाँ कहीं *adv.* wherever
जहाँ का तहाँ *(मु.) adv.* at the same place as before, at the original place
जहाँ-जहाँ *adv.* wherever, wheresoever
जहाँ तक *adv.* as far as
जहाँ तक हो सके *adv.* as far as possible
जहाँ-तहाँ *adv.* here and there, all about, everywhere, at several places
जहाँ भी *adv.* wherever
जहाँ से *adv.* whence, from which place, wherefrom

जहाज़ A (*jahāz*) *m.* ship, vessel
जहाज़ का जहाज़ *a.* (a) as big as a ship, very big, huge (b) the entire ship, the ship itself
जहाज का पंछी *(मु.) m.* one who has only one habitat
जहाज़ के उतारने की जगह *f.* the landing place for ships, the port, the seaport
जहाज़ को रास्ता दिखाना/बताना *v.t.* to pilot a ship
जहाज़ पर *adv.* aboard a ship, on board
जहाज़रान *m.* navigator
जहाज़रानी *f.* (a) navigation (b) voyage
जहाज़ से माल उतारना *v.t.* to unload a ship, to discharge cargo
जंगी जहाज़ *m.* war-ship
व्यापारी जहाज़ merchant-ship

जहाज़ी A (*jahāzī*) I. *a.* 1. of or pertaining to a ship, naval, nautical 2. living on a ship II. *m.* sailor, mariner
जहाज़ी अड्डा *m.* naval base
जहाज़ी कारखाना *m.* shipyard
जहाज़ी घाट *m.* quay
जहाज़ी चोर/डाकू *m.* pirate
जहाज़ी तिजारत *f.* trade by ship
जहाज़ी बीमा *m.* marine insurance
जहाजी बेड़ा *m.* naval fleet
जहाज़ी मतली *f.* sea-sickness
जहाज़ी माल *m.* cargo
जहाज़ी *m* sailors, crew (of a ship)

जहान P (*jahān*) *m.* the world (see जहाँ[1])

जहानक (*jahānak*) *m.* the period of the total destruction of the world

जहालत A (*jahālat*) *f.* 1. lack of knowledge, ignorance, illiteracy 2. barbarism, boorishness, incivility, brutality

ज़हीन A (*zahīn*) *a.* intelligent, quick of mind, sharp, acute-minded, sagacious

जहेज़ A (*jahez*) *m.* dowry, gift (in one's marriage)

जह्नु (*jahnu*) *m.* a name of Lord Vishnu, name of a rishi who drank up the river Ganga

जाँ P (*jāṁ*) *f.* 1. life 2. soul, spirit 3. energy, vigour 4. the essence of a thing (= जान[2] *q.v.* generally used in combinations)
जाँनिसार *a.* sacrificing one's life, devoted
जाँनिसारी *f.* devotedness, sacrifice of one's life
जाँफिशाँ *a.* ready to sacrifice one's life for another
जाँफिशानी *f.* devotedness to duty, extreme diligence

जाँबाज़ *m.* one who can risk his life, venturesome, daring

जाँबाज़ी *f.* venturesomeness

जाँगर (*jāṅgar*) *m.* 1. the leg including the thigh 2. body 3. physical strength, vitality

जाँगर चलाना *v.t.* to exert oneself, to work

जाँगर चोर *m.* shirker (from physical exertion)

जाँगर तोड़ *a.* (a) (of job) hard, difficult, toilsome (b) (of person) hard-working, diligent, industrious, painstaking

जाँगर तोड़ना *v.t.* to labour or toil hard, to drudge

जाँगर लगाना *v.t.* to put forth one's physical strength

जांगल (*jāṅgal*) *a.* 1. of or belonging to the forest, wild 2. found or existing in a jungle 3. made of arid wood 4. (of land) sparingly grown with trees and plants

जांगलिक (*jāṅgalik*) *a.* 1. of or pertaining to a jungle, sylvan 2. wild 3. savage, boorish 4. untamed 5. rustic

जांगली (*jāṅglī*) *a.* (= जांगलिक or जंगली *q.v.*)

जाँगलू (*jāṁglū*) *a.* (जांगलिक or जंगली *q.v.*)

जांगुली (*jāṅgulī*) I. *m.* 1. snake-catcher 2. a quack who pretends to cure the bite of snakes II. *f.* quackery dealing with removal of poisonous effects of snake-bite

जाँघ (*jāṁgh*) *f.* hip, shank, thigh

अपनी जाँघ उघाड़ना *v.t.* to expose one's own faults, to invite calumny to oneself

जाँघिया (*jāṁghiyā*) *m.* a kind of short drawers reaching halfway down the thighs, lower undergarment/underwear

जाँघिल (*jāṁghil*) *m.* long shanks

जाँच (*jāṁc*) *f.* 1. test 2. investigation, enquiry 3. verification 4. check 5. assay 6. appraisement

जाँच अधिकारी *m.* enquiry officer

जाँच आयोग *m.* commission of enquiry

जाँच और भूल-सुधार विधि *f.* trial and error correction method

जाँच करना *v.t.* (a) to verify, to check (b) to test (c) to investigate, to enquire

जाँचकर्ता *m.* (a) one who makes enquiries (b) one who tests, investigates, verifies

जाँच-पड़ताल *f.* check, scrutiny, inquest, investigation

जाँच-पड़ताल करना *v.t.* to check, to scrutinise, to investigate

जाँच-परख *f.* thorough test or check

जाँच-परिणाम *m.* findings

जाँच प्रमाण-पत्र *m.* test certificate

जाँच विभाग/अनुभाग *m.* scrutiny section

जाँच समिति *f.* enquiry committee

जाँचना (*jāṁcnā*) *v.t.* 1. to enquire (into) 2. to investigate 3. to examine 4. to evaluate 5. to verify 6. to test, to make a trial 7. to check up 8. to assay, to appraise 9. to gauge

जाँच डालना *v.t.* to finish testing, examining

जाँचने वाला *m.* tester, appraiser, investigator, auditor

तथ्य जाँचना *v.t.* to verify the fact

थीसिस जाँचना *v.t.* to examine/assess a thesis

जाँता (*jāṁtā*) *m.*1. hand-mill, quern 2. grindstone

जा[1] (*jā*) *interj.* be off ! (get) away !

जा[2] (*jā*) *f.* place

जा-ब-जा *adv.* (a) in place and out of place (b) here and there (c) at different places

जा-बे-जा *a.* proper or improper, right

or wrong, just or unjust

जाकड़ (*jākaṛ*) *m.* 1. deposit or pledge left with a vendor for goods bought on approval 2. goods taken from a shop for approval, conditional purchase

जाकड़ का माल *m.* goods or purchases on approval

जाकड़ बही *f.* account book of sales made on approval of goods

जाकड़ बेचना *v.t.* to sell conditionally or subject to approval

जाकड़ ले जाना *v.i.* to take away goods for approval

जाकिट E (*jākiṭ*) *f.* jacket

जाग (*jāg*) *f.* awakening, state of being awakened

जाग आ गई got awakened

जागता (*jāgtā*) *a.* 1. awake, waking 2. vigilant 3. attentive 4. manifesting, revealing

जागती जोत *f.* (a) luminous light (b) miraculous power (as of a deity)

जागतिक (*jāgtik*) *a.* (from जगत्) worldly, earthly, temporal, mundane

जागना (*jāgnā*) *v.i.* 1. to wake up, to be awake, to rise or get up from sleep 2. to be vigilant, to be on the alert 3. to become conscious 4. to become active or energetic 5. to lighten 6. to be on the ascendance

जाग उठना *v.i.* to get up from sleep, to rise from slumber

जाग पड़ना *v.i.* to wake up at once

जागते रहना *v.i.* to keep awake

जागरण (*jāgaraṇ*) *m.* 1 awakening, wakefulness 2. sitting through the night at a religious or festive singing ceremony 3. vigil

जागरित (*jāgarit*) *a.* 1. awakened, woken up, awake 2. vigilant

जागरी (*jāgrī*) *f.* jaggery, coarse sugar (properly palm sugar)

जागरूक (*jāgrūk*) *a.* 1. awake 2. watchful, alert, wakeful, vigilant 3. cautious, heedful 4. conscious

जागरूकता (*jāgrūktā*) *f.* 1. awakening 2. alertness, wakefulness, vigilance, watchfulness 3. heedfulness 4. consciousness

जागर्ति (*jāgarti*) *f.* = जागरूकता *q.v.*

जागा (*jāgā*) *m.* 1. awakening, wakefulness 2. sitting through the night at a religious or festive singing ceremony 3. vigil (= जागरण *q.v.*)

जागाबंदी *f.* (a) drowsiness, sleepiness (b) lethargy, idleness

जागीर P (*jāgīr*) *f.* estate, land (including some villages) given by government as a reward for services or as a gift, fief, jagir

जागीरदार *m.* holder of (rent-free) estate, vassal, jagirdar

जागीरदारी *f.* 1. fief 2. vassalage 3. fiefdom, ownership of an estate

जागीरी (*jāgīrī*) *a.* pertaining to or related with an estate or fief

जागृत (*jāgṛt*) *a.* 1. awakened, woken up, awake 2. vigilant (= जागरित *q.v.*)

जागृति (*jāgṛti*) *f.* 1. awakening 2. alertness, wakefulness, vigilance, watchfulness 3. heedfulness 4. consciousness (= जागरूकता *q.v.*)

जाग्रत (*jāgrat*) *a.* 1. awakened, woken up, awake 2. vigilant (= जागरित *q.v.*)

जाग्रत स्वप्न m. daydream

जाग्रति (*jāgrati*) *f.* 1. wakefulness, awakening 2. alertness, vigilance, watchfulness 3. heedfulness 4. consciousness (= जागर्ति *q.v.*)

जाज़म (*jāzam*) *m.* /**जाज़िम** T (*jāzim*) *m.* chequered or ornamented floor cloth, printed carpet

जाज्वल्यमान (*jājvalyamān*) *a.* shining, blazing, glittering, splendid, refulgent, resplendent

जाट (*jāṭ*) I. *m.* 1. a caste of cultivators among Rajputs 2. a man of this caste II. *a.* uncivilized, illiterate

जाठ (*jāṭh*) *m.* axis or roller (of an oil or sugar press)

जाठर (*jāṭhar*) I. *m.* 1. stomach, belly 2. womb 3. appetite II. *a.* pertaining to the stomach, being in the stomach or womb

जाड़ा (*jāṛā*) *m.* cold, cold season, winter

जाड़ा खाना *v.t.* to be struck by cold

जाड़ा चढ़ना *v.i.* to be attacked by a shivering fit

जाड़ा लगना *v.i.* to feel/catch cold

जाड़े की रातें *f.* winter nights

जाड्य (*jāḍya*) *m.* 1. frigidity, stiffness 2. inactivity, inertia 3. insensibility 4. sluggishness 5. dullness of brain 6. stupidity

जात[1] (*jāt*) *f.* 1. nation 2. race 3. genus 4. caste 5. class 6. community 7. lineage 8. type 9. breed 10. kind (= जाति *q.v.*)

जात का होना *a.* of low caste

जात-पाँत *f.* caste and community

जात-बिरादरी *f.* brotherhood, kinsfolk

जात-भाई *m.* one of the same caste, caste-fellow

जात[2] (*jāt*) *a.* used in combinations to mean born

जन्मजात *a.* inborn, innate

जलजात *a.* produced in water, lotus

ज़ात[3] (*jāt*) *f.* 1. race 2. caste 3. species

आदमजात *m.* mankind

आदमी की जात का क्या भरोसा (*मु.*) man is unreliable or unpredictable

जातक (*jātak*) *m.* 1. infant, baby, child 2. son 3. tales of the various births of Lord Buddha 4. the Buddhist scripture that gives an account of the past lives of Lord Buddha

जातक-कर्म *m.* ceremony performed at the birth of a child

जातक माला *f.* collection of tales of the past life of Lord Buddha

जाति (*jāti*) *f.* 1. nation 2. race 3. genus 4. caste 5. class 6. community 7. lineage 8. type 9. breed 10. kind

जाति-कर्म *m.* hereditary profession or craft, trade or occupation carried on by a particular class or tribe

जाति का हीन *a.* of low caste

जातिगत *a.* (a) racial (b) communal (c) of a particular caste or class (d) sectarian (e) generic

जाति-गौरव *m.* (a) pride of one's caste (b) national prestige

जातिच्युत *a.* (a) expelled from the community (b) deprived of the privileges of one's caste, outcasted

जाति-तत्व *m.* ethnological content

जाति-धर्म *m.* (a) the law or usage of a caste (b) functions of a class or caste (c) communal traits

जाति-पाँति *f.*(a) caste and community (b) lineage

जाति-पार्थक्य *m.* apartheid

जाति-प्रथा *f.* caste system

जाति-बहिष्कार *m.* excommunication

जाति-बहिष्कृत *a.* excommunicated

जाति-भेद *m.*(a) racial discrimination, apartheid (b) caste distinction

जातिभ्रष्ट *a.*(a) fallen from one's caste or community, outcaste

जाति-मनोविज्ञान *m.* ethno-psychology

जातिमिश्रण *m.* hybridity, miscegenation

जातिलक्षण *m.* specific or generic characteristics, racial distinction, distinctive features of a caste or community

जाति-वंशवृक्ष *m.* phylogenetic tree, family tree of a particular race or caste

जातिवध *m.* genocide, extermination

of a class or nation

जातिवाचक संज्ञा *f.* (a) commom noun, appellative noun (b) generic name

जातिवाद *m.* casteism

जातिवादी *m.* casteist

जाति-वृत्त *m.* phylogeny

जाति-वैर *m.* tribal or racial enmity, feud

जाति-व्यवस्था *f.* caste system

जाति संकर *a.* of mixed caste

जातिसंहार *m.* genocide

जातिसंहारक (a) *m.* genocide (b) *a.* genocidal

जाति-स्वभाव *m.* specific or generic nature or character

मनुष्य जाति *f.* human race, mankind

स्त्री जाति *f.* womankind

ज़ाती A (*zātī*) *a.* 1. personal 2. intrinsic, inherent

ज़ाती ताल्लुक *m.* personal relation

ज़ाती तौर पर *adv.* personally

ज़ाती मामला *m.* personal affair

ज़ाती लियाक़त *f.* worth, merit, intrinsic ability, courtesy of manner

ज़ाती हैसियत *f.* personal status

ज़ाती हैसियत से *adv.* personally

जातीय (*jātīy*) *a.* 1. national 2. racial 3. tribal 4. communal 5. generic

जातीय अल्पसंख्यक *m.* racial minority

जातीय एकता *f.* national/racial unity

जातीय घृणा *f.* communal hatred

जातीय गुणधर्म *m.* generic property

जातीय भेदभाव *m.* racial discrimination

जातीय समुदाय *m.* ethnic community

जातीय स्वभाव *m.*(a) national character (b) racial characteristics

जातीयता (*jātiytā*) *f.* 1. nationality 2. racialism 3. communalism, communal feeling 4. casteism

जातुधान (*jatudhān*) *m.* a kind of evil spirit or demon

जात्य (*jātya*) *a.* 1. well-born, of a high descent, sprung from a noble family 2. pertaining to a class/caste or tribe 3. noble, high

जात्यंतर (*jātyantar*) *m.* another tribe, different caste

जात्यंतरण (*jātyantaraṇ*) *m.* 1. conversion to another caste or class 2. adoption of different caste

जात्यभिमान (*jātyabhimān*) *m.* pride of one's caste, racial pride

ज़ादा P (*zādā*) I. *a.* born of II. *m.* son (used in combination)

अमीरज़ादा *m.* born of a noble family, son of a wealthy person

शाहज़ादा *m.* son of a king, prince

शाहज़ादी *f.* daughter of a king, princess

जादुई (*jāduī*) *a.* magical

जादुई अँगूठी *f.* magic ring

जादुई छड़ी *f.* magical wand

जादू P (*jādū*) *m.* magic, spell, charm, sorcery

जादू उतरना *v.i.* to be disenchanted

जादू उतारना *v.t.* to disenchant, to remove the effect of magic or charm

जादू करना *(मु.)* *v.t.* to enchant, to charm, to bewitch, to practise magic, to conjure

जादू का खेल *m.* magic show, magic demonstration

जादूगर *m.* magician, sorcerer, conjurer, wizard

जादूगरनी *f.* sorceress, witch

जादूगरी *f.* magic, sorcery, wizardry, necromancy, enchantment, conjuration

जादू चलना (किसी पर) *v.i.* to come under the spell (of), to be spellbound

जादू चलाना *v.t.* to enchant, to charm, to bewitch, to practise magic, to conjure (= जादू करना)

जादू जगाना *v.t.* to incite the effect of

magic, to invoke the spirit of magic

जादू जमाना *v.t.* to bring totally under the influence of magic

जादू-टोना *m.* sorcery

जादू डालना *v.t.* to enchant, to charm, to bewitch, to practise magic, to conjure (= जादू करना)

जादू वह जो सिर पर चढ़कर बोले (*लो.*) magic is that which manifests itself in procuring perfect obeisance from the subject, the means which helps in achieving the end is the best means

जान[1] (*jān*) *m.* knowledge or information

जानकार *a.* & *m.* (one) who knows, familiar

जानकार सूत्र *m.* informed sources

जानकारी *f.* knowledge, information, awareness, know-how

जान-पहचान *f.* acquaintance, familiarity

जान[2] P (*jān*) *f.* 1. life 2. soul, spirit 3. energy, vigour 4. the essence of a thing

मेरी जान *f.* my darling/beloved

जान आँखों में आ जाना *v.i.* to be on the verge of death

जान आना (*मु.*) *v.i.* to regain life, to be revived, to have a new life, to have a new lease of life

जान आफ़त में होना *v.i.* to be in trouble, to be in hot waters

जान का ओठों पर आना (*मु.*) *v.i.* (a) life to be hanging by a feeble thread (b) to be in a mortal agony

जान का ग्राहक/गाहक (*मु.*) *m.* one bent on causing one's end

जान का जंजाल *m.* harassment to the spirit, a source of distress

जान का दुश्मन *m.* sworn enemy, mortal enemy

जान का रोग *m.* chronic disease

जानकाह *a.* heart-breaking, afflicting

जान (किसी पर) देना *v.t.* (a) to sacrifice one's life for another (b) to be excessively in love

जान की खैर *f.* safety of life

जान की खैर मनाना *v.t.* to endeavour or pray for the safety of life

जान की तरह रखना *v.t.* to keep a thing or person safe and dear as one's own life

जान की पड़ना *v.t.* to worry about the safety of one's life, to be in a risk on life

जान की बाज़ी लगाना *v.t.* to put one's life on stake, to risk one's life

जान के बराबर रखना *v.t.* to hold somebody or something as dear as life

जान के लाले पड़ना (*मु.*) *v.t.* to have no hope of life, to be on the point of death, to be in an irretrievably risky position, to be in the jaws of death

जान को जान न समझना (*मु.*) *v.t.* to toil too excessively

जान को रोना *v.i.* to curse

जान खपाना (*मु.*) *v.t.* to exert oneself too much, to exhaust oneself completely

जान खाना (*मु.*) *a.* to annoy, to vex, to exhaust somebody's patience, to be a nuisance

जान खोना/गँवाना (*मु.*) *v.t.* to lose one's life

जान चुराना (*मु.*) *v.t.* to shirk one's duty

जान छुड़ाकर भागना *v.i.* to get rid of and escape or flee away

जान छुड़ाना (*मु.*) *v.t.* to get rid of a nuisance, to escape

जान छूटना (*मु.*) *v.i.* to be free, to get rid of

जान जाना (*मु.*) *v.i.* to lose life

जान जोखों का काम *m.* hazardous task

जान जोखों में डालना *(मु.) v.t.* to risk one's life
जान डालना *v.t.* to infuse new life, to reinvigorate
जान देना *(मु.) v.t.* (a) to give one's life, to sacrifice oneself, to die (for) (b) to be too fond of
जान निकलना *(मु.) v.i.* (a) to become lifeless, to die (b) to be in great agony or pain
जान पर आ बनना *(मु.) v.i.* to be in peril of one's life
जान पर खेलना *(मु.) v.i.* to risk one's life, to run a hazard, to endanger one's life
जान पर होना *v.i.* to survive, to outlive
जान बचाना *(मु.) v.t.* (a) to save one's life/ skin (b) to skulk, to shirk, to try to evade
जान भारी होना *(मु.) v.i.* to be weary of life, to feel life to be a burden
जान मारना *(मु.) v.t.* (a) to toil hard, to exhaust oneself by doing very hard work (b) to kill/to exhaust oneself by doing very hard work
जान-माल *m.* life and property
जान-माल का नुकसान *m.* loss of life and property
जान मुट्ठी में होना *v.i.* to have (somebody) at one's mercy
जान में जान आना *(मु.) v.i.* (a) to feel relieved, to feel comforted (b) to be revived, to have a new lease of life
जान लड़ाना *(मु.) v.t.* to exert to the utmost, to strain every nerve
जान लेना *(मु.) v.t.* to kill, to take somebody's life
जानलेवा *a.* fatal, mortal killing
जान सूखना *(मु.) v.i.* to be scared out of one's wits
जान से जाना *(मु.) v.i.* to pass away, to die, to lose one's life
जान से बेज़ार होना *v.i.* to be fed up with life, to be tired of life
जान से मारना *v.t.* to kill, to take somebody's life
जान से हाथ धो बैठना *(मु.) v.i.* to despair of life, to lose one's life, to have to abandon one's life
जान हलकान करना (की, अपनी) ***(मु.)*** to distress, to work (one, oneself) to death
जान है तो जहान है *(लो.)* the world lives as long as you live
जान होम करना *v.t.* to sacrifice one's life

जानदार P *(jāndār) a.* 1. living, animate, having life 2. full of life, vigorous, lively

जानना *(jānnā) v.t.* 1. to know, to apprehend 2. to understand 3. to become aware of 4. to suppose 5. to deem
जानकर *adv.* **/जान-बूझकर** *adv.* knowingly, deliberately
जानकर या जान-बूझकर अनजान बनना *v.i.* to feign ignorance
जानते हुए *adv.* knowing that
जान पड़ना (को) *(मु.) v.i* to come to know
जाना-पहचाना *a.* quite familiar
जाना अनजाना *a.* practically unknown
जान रखना *v.t.* to bear in mind
जान लेना *v.t.* (a) to understand (b) to ascertain (c) to take note of
जाने-अनजाने *adv.* knowingly or unknowingly, wittingly, or unwittingly
जाने-माने *a.* distinguished, well-known & honoured
कौन जाने who knows
हमारे जानने में *adv.* as far as we know

जानपद *(jānpad)* I. *a.* pertaining to district II. *m.* 1. inhabitant of a district 2. revenue received from a district

जानवर P *(Jānvar) m.* (a) living being, creature (b) animal (c) beast

जानाँ *(jānām̐) f.* beloved

जाना *(jānā) v.i.* to go

जा घुसना *v.i.* to go and enter (into), to go into
जा धमकना *v.i.* to appear on the scene all of a sudden
जा निकलना *v.i.* to arrive by chance
जा पड़ना *v.i.* to chance to go or reach, to chance to fall
जा बैठना *v.i.* to go and sit there
जा लेना *v.t.* to catch up, to overtake
जाने देना *v.i.* (a) to let (one) go, to let one proceed (b) to liberate (c) to overlook, to pass over or excuse (d) to pardon, to forgive (e) to let one alone (f) not to mind
जाने वाला *a.* about to go
आँख जाती रहना *v.i.* to lose eyesight
किसी पर जाना *v.i.* to go after
खाना खाया जाता है food is eaten
खो जाना *v.i.* to be lost
चला जाना *v.i.* (a) to go away (b) to leave (c) to be lost (d) to be wasted
चोरी जाना *v.i.* to be stolen away
डूब जाना *v.i.* to be drowned, to sink
ध्यान जाना *v.i.* attention to be attracted
नौकरी जाना *v.i.* service to be lost
पास जाना *v.i.* to approach
पैदल जाना *v.i.* to go on foot
बेकार जाना *v.i.* to go waste
मेरा क्या जाता है what do I lose ?
मेरा हाथ वहाँ तक नहीं जाता my hand does not reach there
यह सड़क कहाँ जाती है *interr.* where does this road lead to ?

जानी (*jānī*) I. *f.* beloved, darling, sweetheart II. *a.* dear, beloved
जानी दुश्मन *m.* deadly enemy, sworn enemy
जानी दोस्त *m.* dear or beloved friend

ज़ानु (*zānu*) *m.* knee
ज़ानु तोड़ना *v.t.* to kneel down
ज़ानु फलक *m.* kneecap
ज़ानु संधि *f.* knee joint
दो-ज़ानु बैठना *v.i.* to kneel down, to sit on the haunches
ज़ानु-पानि *a.* on hands and knees

जाने (*jāne*) *a.* 1. as if 2. rhetoric, one may know: who knows? heaven knows
कौन जाने who knows?
क्या जाने what, or how, does one know? who knows?
ख़ुदा जाने God knows
न जाने one cannot know, who knows?
जाने-अनजाने *a.* wittingly or unwittingly

जाप (*jāp*) *m.* adoration by repeating phrases or mantras from scriptures, repetition of the name of God (as Om, Om, Om) or a deity, muttering prayers, murmuring some hymn or sacred word by counting the beads of a rosary (= जप *q.v.*)

जापा (*jāpā*) *m.* delivery of a child

ज़ाफ़रान A (*zāfrān*) *m.* saffron

ज़ाफ़रानी A (*zāfrānī*) *a.* saffron-coloured

जाफ़री A (*jāfrī*) *f.* trellis, lattice or grating used especially as support for creepers or fruit trees

ज़ाब्ता A (*zābtā*) *m.* 1. rule, regulation 2. code 3. procedure 4. formality (better जाबिता)
ज़ाब्ता दीवानी *m.* civil procedure code
ज़ाब्ता फ़ौजदारी *m.* criminal procedure code
ज़ाब्ते का कानून *m.* procedural law
ज़ाब्ते की कार्रवाई *f.* formal procedure, procedural action
बे-ज़ाब्त *a.* irregular

जाम[1] (*jām*) *a.* jammed
जाम करना *v.t.* to jam, to hold up
चक्का जाम *m.* traffic jam
मशीन जाम हो गई the machine got jammed
सड़क जाम हो गई the road was jammed

जाम[3] P (*jām*) *m.* goblet, bowl, cup (usually a cup of wine)

जाम चढ़ाना *v.t.* to consume drinks of wine

जाम चलना *v.i.* drinks to be served

जाम भर-भरकर पिलाना *v.t.* to serve cups of wine

जामदानी P (*jāmdānī*) *f.* a kind of flower-woven cloth (*gen.* muslin)

जामन[1] (*jāman*) *m.* coagulator, curdling element, rennet used to coagulate milk into curd

जामन[2] (*jāman*) *m.* jambu (fruit and tree), *Eugenia jambolana* (better जामुन *q.v.*)

जामा P (*jāmā*) 1. robe 2. long coat (usually worn by a bridegroom)

जामा पहनना *v.t.* to wear a jama

जामे में न समाना *v.i.* to be puffed up (with joy)

जामे से बाहर होना *v.i.* to go out of control in rage

जामाता (*jāmātā*) *m.* son-in-law

ज़ामिन P (*zāmin*) *m.* surety, security (also ज़ामिनदार)

ज़ामिन देना *v.t.* to give security

ज़ामिन लेना *v.t.* to ask for security

जामिअ मस्जिद (*jāmiah masjid*) *f.* principal mosque of the town

ज़ामिनी P (*zāminī*) *f.* 1. security, surety, bail 2. guarantee

जामुन (*jāmun*) *m.* jambu (fruit and tree), *Eugenia jambolana*

गुलाब जामुन (a) a sweetmeat made from milk powder

जामुनी (*jāmunī*) *a.* 1. of or pertaining to jambu 2. of the colour of jambu fruit, violet, dark blue, mauve or amethyst colour

जामुन लकड़ी *f.* jambu wood

ज़ायक़ा A (*zāyqā*) *m.* taste, relish (*syn.* स्वाद is more common)

ज़ायक़ेदार A (*zāikedār*) *a.* tasteful, tasty, delicious (स्वादी, स्वादिष्ट are more common)

जायज़ A (*jāyaz*) *a.* proper, rightful, legitimate, appropriate

जायज़ करार देना *v.t.* to uphold, to legitimise

जायज़ तौर पर *adv.* properly, lawfully

जायज़ रुख *m.* proper attitude

जायज़ा A (*jāyzā*) *m.* 1. scrutiny 2. verification 3. checking

जायदाद P (*jāydād*) *f.* property, estate

जायदाद का बँटवारा *m.* division of property

जायदाद की कुर्की *f.* attachment of property

जायदाद कुर्क करना *v.t.* to take possession of property in execution

जायदाद गैर-मनकूला *f.* immovable property

जायदाद गैर-मौरूसी *a.* non-ancestral

जायदाद मकबूज़ा *f.* property in possession

जायदाद मतरूका *f.* abandoned property

जायदाद मनकूला *f.* movable property

जायदाद मुश्तरका *f.* joint property, property held jointly

जायदाद मौरूसी *f.* ancestral property

जायफल (*jāyphal*) *m.* nutmeg

जायमान (*jāymān*) *a.* in the act of being born, nascent

जाया[1] (*jāyā*) *f.* spouse, wife (especially one wedded lawfully and according to the ritual)

जाया-पति wife and husband

जाया[2] (*jāyā*) *a.* born, begotten, produced

जाया[3] (*jāyā*) *v.i.* a form of the verb जाना used only in compound verbs, denoting habit and regularity of action

जाया करता था used to go, was in the habit of going

जाया करता है goes regularly

जाया करेगा will go often

ज़ाया[4] (*zāyā*) *a.* wasted
ज़ाया करना *v.t.* to waste
ज़ाया होना *v.i.* to be wasted
जार (*jār*) *m.* paramour, illicit lover, adulterer
जार कर्म *m.* adultery, adultrous activity
जार-जन्मा, जार-जात (a) *m.* the child of a woman by her paramour, a bastard (b) *a.* adulterine
ज़ार[1] P (*zār*) *m.* groaning, lamentation
ज़ार-ज़ार *adv.* bitterly
ज़ार ज़ार रोना *(मु.) v.i.* to weep bitterly
ज़ार[2] A (*zār*) *m.* 1. the place where everything grows in abundance 2. garden
गुलज़ार *m.* a flower garden
लालाज़ार *m.* bed or garden of tulips
सब्ज़ाज़ार *m.* lawn, meadow
जारज (*jāraj*) I. *a.* born illegitimately, illegitimate, adulterine II. *m.* bastard
जारजता (*jārjatā*) *f.* bastardy, illegitimacy, illegitimate birth
जारण (*jāraṇ*) *m.* burning, igniting
जारिणी (*jāriṇī*) *f.* woman who keeps a paramour, adulteress, a woman of loose character
जारी A (*jārī*) *a.* 1. continued 2. current, in force, in operation
जारी करना *v.t.* (a) to bring into force (b) to commence (c) to issue (d) to execute (e) to introduce a custom
जारी रखना *v.t.* (a) to keep in circulation (b) to continue (c) to carry on (d) to maintain
जारी रहना *v.i.* (a) to be in circulation (b) to remain in use (c) to be in force (d) to be current
जारी होना *v.i.* (a) to issue (b) to flow
खून जारी है the blood is still flowing
कानून जारी है the law is in force
सिक्का जारी है the coin is in circulation
जाल[1] (*jāl*) *m.* 1. net 2. trap, snare 3. web 4. mesh 5. fine lattice or lace work
जालग्रथित *a.* snared, entrapped
जाल डालना/फेंकना *(मु.) v.t.* to cast a net, to set a trap or snare
जालदार *a.* netted, reticulated
जालदार पल्लू *m.* reticulated border
जाल फैलाना *(मु.) v.t.* to lay a trap, to set a net (as for catching fish)
जाल बिछाना *(मु.) v.t.* to spread a net, to lay or set a trap/snare
जाल में फँसना *v.i.* to be caught in a trap or net, to get entrapped
जाल में फँसाना *v.t.* to catch in a net, to entrap, to ensnare, to inveigle
मकड़ी का जाल *m.* spider's web
जाल[2] A (*jāl*) *m.* 1. forgery 2. fraudulence 3. racket
जाल करना *v.i.* (a) to forge (b) to fabricate (evidence) (c) to counterfeit (d) to cheat
जाल रचना *v.t.* to intrigue, to plot
जालसाज़ *m.* (a) forgerer (b) fabricator (c) schemer (d) plotter, intriguer
जालसाज़ी *f.* (a) forgery (b) fabrication (c) intrigue, plot
जालसाज़ी करना *v.t.* to commit forgery
जालक (*jālak*) *m.* lattice, fence
जालयुक्त (*jālyukta*) *a.* latticed, webbed
जाला (*jālā*) *m.* 1. web, cobweb 2. pellicle, film 3. cataract (of the eye) 4. a water-weed used in refining sugar
जालिका (*jālikā*) *f.* 1. network, trellis work, lattice, mesh 2. muzzle (over an animal's mouth) 3. small net 4. gauze 5. grating 6. the cloth used for mosquito nets 7. the pellicle or coating of a mango-stone 8. the integument in which a foetus is enveloped 9. hair-net (= जाली)
ज़ालिम A (*zālim*) I. *m.* tyrant, oppressor, cruel person II. *a.* cruel, op-

pressive, tyrannical

ज़ालिमाना P (*zālimānā*) *a.* cruel, tyrannical

जालिया (*jāliyā*) I. *m.* 1. forgerer 2. cheat 3. magician, conjuror, juggler II. *a.* fraudulent

जाली[1] (*jālī*) *f.* 1. network, trellis work, lattice, mesh 2. muzzle (over an animal's mouth) 3. small net 4. gauze 5. grating 6. the cloth used for mosquito nets 7. the pellicle or coating of a mango-stone 8. the integument in which a foetus is enveloped 9. hair-net

जालीदार *a.* latticed, meshed, fitted with a grating

जालीदार नल *m.* slotted pipe

जाली[2] A (*jālī*) *a.* 1. counterfeit (as coin, note) 2. forged (as document) 3. false (गवाह witness)

जावक (*jāvak*) I. *m.* the red colour obtained from the lac insect (= अलता)

जावित्री (*jāvitrī*) *f.* the dried outer covering of nutmeg used as a spice, mace

जासूस A (*jāsūs*) *m.* 1. spy 2. detective 3. emissary (*syn.* गुप्तचर)

जासूसी A (*jāsūsī*) I. *a.* detective II. *f.* espionage, spying, intelligence work

जासूसी एजेंट *m.* detective agent

जासूसी करना *v.t.* to act as a spy or detective, to spy, to scout

जासूसी कहानी *f.* detective story

ज़ाहिद A (*zāhid*) *m.* one who abstains, a devout person

ज़ाहिर A (*zāhir*) I. *a.* evident, apparent, obvious, clear (usually predicative) II. *m.* 1. the outside 2. outside condition

ज़ाहिर करना *v.t.* (a) to show (b) to disclose, to reveal (c) to expose

ज़ाहिर तौर पर *adv.* obviously, apparently, openly

ज़ाहिरदार *a.*(a) showy, ostentatious (b) formal

ज़ाहिरदारी *f.*(a) show, ostentation (b) formality

ज़ाहिरपरस्त *a.* fond of outward show

ज़ाहिर में *adv.* apparently, evidently, obviously, seemingly, *prima facie*

ज़ाहिर होना *v.i.* (a) to be revealed (b) to become public (c) to become manifest

इससे ज़ाहिर होता है it appears from this

ज़ाहिरा A (*zāhirā*) *adv.* 1. outwardly 2. plainly 3. seemingly 4. evidently, obviously, apparently

जाहिल A (*jāhil*) *a.* 1. boorish, uncivilized, ill-mannered, rustic 2. illiterate, ignorant 3. simpleton, blockhead, stupid

जाहिली A (*jāhilī*) *f.* 1. boorishness, barbarousness 2. ignorance 3. stupidity, blockheadedness

जाह्नवी (*jāhnavī*) *f.* the river Ganga

ज़िंदगानी P (*zindgānī*) *f.* 1. life 2. livelihood

ज़िंदगी P (*zindgī*) *f.* 1. life, living, existence 2. life time

ज़िंदगी के दिन पूरे करना *(मु.) v.t.* to be living somehow

ज़िंदगी गुज़ारना या बसर करना *v.t.* to spend life, to pass one's life-time

ज़िंदगी बचाना *v.t.* to save life

ज़िंदगी भर *adv.* throughout life

ज़िंदगी में *adv.* in one's life-time

ज़िंदगी से तंग होना *v.i.* to be tired/sick of life

ज़िंदगी से हाथ धोना *v.t.* to lose life, to be killed

आराम की ज़िंदगी *f.* easy life

देहाती ज़िंदगी *f.* rural life, village life

सारी ज़िंदगी *f.* throughout one's life(time)

ज़िंदा P (*zindā*) *a.* living, alive
ज़िंदा करना *v.t.* to bring back to life, to revive
ज़िंदादिल *a.* cheerful, lively, gay, jovial, jolly
ज़िंदादिली *f.* cheerfulness, gaiety, jolliness, joviality
ज़िंदाबाद! long live !
जिंस A (*jiṃs*) *f.* 1. material, commodity, merchandise 2. goods 3. thing 4. grains, cereals 5. kind, type 6. genus 7. race, caste, family
जिंस में अदायगी *f.* payment in kind
जिंसवार *adv.* commodity-wise
ज़िक्र A (*zikra*) *m.* 1. mention 2. reference 3. cursory remark 4. description
ज़िक्र आना *v.i.* to be mentioned, to be referred to
ज़िक्र करना *v.t.* to mention, to refer to, to make a cursory remark
ज़िक्र छिड़ना *v.i.* reference to be initiated, topic to start
ज़िक्र छेड़ना *(मु.)* *v.t.* to initiate a reference or subject, to start a topic
जिगजिगी (*jigjigī*) *f.* 1. caressing, coaxing, fawning 2. flattery
जिगजिगी करना *v.t.* to caress, to coax, to fawn, to flatter
जिगर P (*jigar*) 1.liver 2. (दिल) heart 3. (साहस) spirit, courage
जिगर का टुकड़ा *m.* dear or beloved one, son
जिगर के टुकड़े होना *v.i.* heart to break, heart to shatter
जिगर-ख़राश *a.* heart-rending
जिगर थाम कर बैठ जाना *v.i.* to be rent by unbearable agony, to bear the shock, to be on tenterhooks
जिगरवाला *a.* courageous, daring
जिगरा (*jigarā*) *m.* 1. heart 2. spirit, courage, daring
जिगरी P (*jigarī*) *a.* 1. of the liver, hepatic 2. intimate, close, dear
जिगरी बीमारी *f.* hepatic disease
जिगरी दोस्त *m.* intimate/close or dear friend
जिगीषा (*jigīṣā*) *f.* 1. desire for gaining 2. lust of conquering, militancy, ardour 3. wish to excel, rivalry
जिगीषु (*jigīṣu*) *a.* 1. having desire for gain 2. desirous of conquering 3. belligerent 4. full of rivalry
ज़िच (*zic*) I. *a.* vexed, teased II. *f.* checkmate
ज़िच करना *v.t.* to tease, to vex, to annoy
ज़िच देना *v.t.* to checkmate, to overcome
ज़िच होना *v.i.* (a) to be teased or vexed (b) to grow lean
जिजीविषा (*jijīviṣā*) *f.* desire to live, life instinct
जिजीविषु (*jijīviṣu*) *a.* desirous of living, having the will to live
जिज्ञासा (*jijñāsā*) *f.* desire to know, longing to learn, eagerness to get information, inquisitiveness, curiosity
जिज्ञासा करना *v.t.* to ask a question
जिज्ञासु (*jijñāsu*) I. *a.* inquisitive, curious, eager/desirous to know or learn II. *m.* learner, one who is eager or desirous to know
जिठानी (*jithānī*) *f.* husband's elder brother's wife
जित (*jit*) *a.* adjectival suffix and prefix used in combinations meaning 'one who has conquered'
इंद्रजित one who has conquered Indra
जितकोप *m.* one who has subdued the feeling of wrath, a person of calm temper
जितना (*jitnā*) *a.* & *adv.* as much (as)
जितना गुड़ उतना मीठा *(लो.)* good material, good work
जितना धनी उतनी चिंता *(मु.)* as much

money so much worry

जितनी चादर देखो उतने पैर पसारो (लो.) cut your coat according to the length of cloth

जितना चाहो ले लो take as much as you like

जितने (*jitne*) *a.* as many

जितने चाहो ले लो take as many as you like

जितने मुँह उतनी बातें *(लो.)* as many mouths/men as many words/minds

जितवाना (*jitvānā*) *v.t.* to help one to win, to make one conquer

जितात्मा (*jitātmā*) *m.* & *a.* self-restrained (person), one in full control of self

जिताना (*jitānā*) *v.t.* to cause/help to conquer or win

जितेंद्रिय (*jitemdriy*) *a.* & *m.* one who has subdued his senses or passions, self-restrained, ascetic

जितेंद्रियता (*jitemdriytā*) *f.* subjugation of the senses or passions, self-restraint

जित्य (*jitya*) *a.* fit to be won or conquered, conquerable

ज़िद (*zid*) *f.* /**ज़िद्द** A (*zidd*) *f.* 1. obstinacy, obduracy 2. insistence

ज़िद करना *v.t.* to insist, to press hard

ज़िद चढ़ना *(मु.)* *v.i.* to harbour an inflexible or stubborn attitude

ज़िद पर आना *(मु.)* *v.i.* to be pertinacious, to become very obstinate or stubborn

ज़िद रखना *v.t.* to adopt a spirit of opposition, to keep up a violent obstinacy

ज़िद्दी P (*ziddī*) *a.* 1. obstinate, stubborn, obdurate, pertinacious 2. perverse, wilful 3. insistent

जिधर (*jidhar*) *adv.* whither, where

जिधर भी *adv.* wherever, (correlative उधर, e.g. जिधर चाहो उधर चले जाओ)

जिन[1] (*jin*) *pron.* (oblique *pl.* of जो, *sing.* जिस) who, which

जिनका whose

जिनको whom

जिन घरों से the houses from which

जिनमें in whom

जिन लड़कों को the boys whom

जिन लोगों ने the people who

जिनसे (a) from whom (b) with whom (c) by whom

जिन हथियारों से the weapons with which (also see जिन्हें, जिन्हों)

जिन[2] (*jin*) *m.* gin (alcoholic spirit)

जिन[3] (*jin*) *m.* Jain Tirthankar

ज़िना A (*zinā*) *m.* adultery, fornication

ज़िनाकार *m.* adulterer, fornicator

ज़िनाकारी *f.* adultery, illicit intercourse, fornication

ज़िनाज़ादा *m.* bastard

ज़िनाबिज्जब्र *m.* rape

जिन्न A (*jinn*) *m.* 1. evil spirit, elf, ghost 2. headstrong person 3. resolute fellow

जिन्न उतरना *v.t.* to be dispossessed of an evil spirit

जिन्न चढ़ना *v.t.* to be possessed by an evil spirit

जिन्हें (*jinhem*) *pl.* & *pronoun* alternative of जिनको, (to) whom, (to) which

वे कमरे जिन्हें देखना है the rooms which we have to see

वे लड़के जिन्हें आपने पीटा था the boys whom you had beaten

जिन्हों (*jinhom*) *pron.* & *pl.* (when followed by ने), who

वे जिन्होंने देखा था those who had seen

ज़िप E (*zip*) *m.* zip, zip fastener, zipper

जिप्सम E (*jipsam*) *m.* gypsum (used for making plaster of Paris)

जिप्सी E (*jipsī*) *m.* 1. gypsy, a member of a nomadic tribe, also called Romany 2. a person resembling or living like a gypsy

ज़िबह (*zibah*) *m.* maiming by cutting the neck, killing, slaughter

ज़िबह करना *v.t.* to kill, to slaughter

ज़िबह होना *v.i.* to be killed or slaughtered

जिब्भा (*jibbhā*) *a.* having a tongue (used in combinations)

काल-जिब्भा *a.* black-tongued, one whose curses are effective

जिमख़ाना E (*jimkhānā*) *m.* gymkhana, sports club, club house

जिमनास्टिक E (*jimnāsṭik*) *f.* gymnastics, physical exercises

जिमाना (*jimānā*) *v.t.* to feed, to entertain

जिम्नेज़ियम E (*jimneziam*) *m.* gymnasium, a building for gymnastics

जिमि (*jimi*)) *adv.* & *conj.* like as, just as

ज़िम्मा A (*zimmā*) *m.* 1. responsibility 2. guarantee 3. security

ज़िम्मा लेना *v.t.* to take responsibility, to guarantee, to vouchsafe

ज़िम्मे आना *v.i.* to devolve on, to pass duty to, to fall on

ज़िम्मेदार *a.* /**ज़िम्मेवार** *a.* responsible, answerable, liable

ज़िम्मेदारी *f.*/**ज़िम्मेवारी** *f.* responsibility, obligation, liability

ज़िम्मेवारी लेना *v.t.* to take responsibility

ज़िम्मेवारी से बचना *v.i.* to avoid responsibility

ज़ियादत A (*ziyādat*) *f.* 1. abundance, excess 2. oppression, extortion

ज़ियादती A (*ziyādatī*) *f.* 1. abundance 2. oppression, extortion, an outrageous act (of wickedness)

ज़ियादती करना *v.t.* (a) to exceed limits (b) to use force (c) to oppress

ज़ियादा A (*ziyādā*) *a.* much, excessive

ज़ियादातर *adv.* mostly

ज़ियादा से ज़ियादा *a. & adv.* at the most, maximum

ज़ियारत A (*ziyārat*) *f.* pilgrimage to a Muslim shrine or a saint's place

ज़ियारत करना *v.t.* to go on a pilgrimage, to pay a visit (to a Muslim shrine)

जिरगा A (*jirgā*) *m.* 1. assembly, group 2. a representative body of frontier Pathans

जिरह[1] A (*jirah*) *f.* cross-questioning, cross-examination

जिरह करना *(मु.)* *v.t.* to cross-question, to cross-examine

ज़िरह[2] P (*zirah*) *f.* chain-armour

ज़िरहपोश *a.* (one) clad in armour

ज़िरह-बख़्तर *m.* coat of mail, armour, cuirass

जिराफ़ E (*jirāf*) *m.* giraffe, a ruminant mammal of Africa

ज़िला A (*zilā*) *m.* district

ज़िला अधिकारी *m.* district officer

ज़िला कचहरी *f.* district court

ज़िला जज *m.* district judge

ज़िला परिषद्/बोर्ड *m.* district board

ज़िला मजिस्ट्रेट *m.* district magistrate

ज़िलाधीश (*zilādhīś*) *m.* district magistrate, deputy commissioner (in some states)

जिलाना (*jilānā*) *v.t.* 1. to restore or bring to life, to vivify, to revive 2. (पालना) to nourish, to bring up, to foster 3. to domesticate

जिलेटिन E (*jileṭin*) gelatine

ज़िलेवार (*zilevār*) *adv.* district-wise

जिल्द A (*jilda*) *f.* 1. binding 2. skin 3. volume, part

जिल्दबंद *a.* bound

जिल्दबंदी *f.* (a) (book) binding (b) charges for binding

जिल्द बाँधना *v.t.* to put a binding (on a book), to bind

जिल्दसाज़ *m.* (book) binder

जिल्दसाज़ी *f.* (book) binding

जि़ल्लत A (*zillat*) *f.* disgrace, indignity, humiliation, insult
जि़ल्लत उठाना *v.t.* to suffer humiliation, to put up with disgrace or insult
जिष्णु (*jiṣṇu*) *a.* victorious, triumphant, conquering
जिस (*jis*) *pron.* (oblique form of जो) who, which
जिस आदमी ने the man who
जिसका whose, of which
जिस किसी का whosoever
जिस किसी को (to) whomsoever
जिसको (to) whom, to which
जिस जगह *adv.* where
जिस तन लागे सोई तन जाने (और) जिसके न फटी बिवाई वह का जाने पीर पराई *(लो.)* no one can understand another's pain
जिस तरफ *f.* wheresoever
जिस तरह as, just as
जिसने who
जिस मंदिर में the temple in which (see जिन)
जिसमें in whom, in which, wherein
जिस समय *adv.* when
जिससे from whom, from which wherefrom
जिसे *pron.* whom, to which (जो in objective case singular = जिसको)
जिस्ता (*jistā*) *m.* quire (of sheets of paper), (better दस्ता *q.v.)*
जिस्म A (*jisma*) *m.* body (*syn.* शरीर, देह)
जिस्मानी A (*jismānī*) *a.* physical, bodily
जिस्मानी सेहत *f.* physical health or fitness
जिहाद A (*jihād*) *m.* holy war, crusade, religious struggle by Muslims against unbelievers
जिहाद बोलना *v.t.* to launch a crusade, to wage a holy war
जिहादी A (*jihādī*) *m.* crusader
जिह्वा (*jihvā*) *f.* tongue
जिह्वा पर आना *v.i.* to be on the tip of the tongue (*syn.* जीभ)
जिह्वाकार (*jihvākār*) *a.* lingulate
जिह्वाग्र (*jihvāgra*) *m.* (जिह्व + अग्र) front part of the tongue, tip of the tongue
जी[1] (*jī*) *interj.* sir, madam
जी नहीं no sir, no madam
जी हाँ yes sir, yes madam
जी[2] (*jī*) *suff.* showing reverence (as नेहरूजी Mr. Nehru, पिताजी father, माताजी mother, मिश्राजी Mr. Mishra, श्रीमान्‌जी Mr.)
जी[3] (*jī*) *m.* 1. mind 2. soul 3. heart 4. life (other meanings in contexts)
जी आ जाना या आना *(मु.) v.i.* to have the heart set (on), to fall in love
जी उकता जाना *(मु.) v.i.* to be sick (of), to be fed up (with)
जी उचटना *(मु.) v.i.* to be disgusted, to be weary (of), to be distracted
जी उठना *v.i.* (a) to come to life, to be infused with new life, to get a new life, to be revived (b) mind to turn away
जी उड़ा-उड़ा रहना *(मु.) v.i.* mind to be getting a feeling of restlessness
जी उदास होना *v.i.* to be depressed, to feel sad
जी ऊब जाना *(मु.) v.i.* to be bored
जी कच्चा करना *v.t.* to be disheartened, to lose courage or confidence
जी कच्चा होना *v.i.* to feel sick, to feel like vomiting
जी कड़ा करना *v.t.* to harden one's attitude, to take a firm stand
जी करना *v.t.* to desire, to long (for), to wish
जी काँप उठना *(मु.) v.i.* heart to receive a shock
जी का गुबार निकालना *v.t.* (a) to give vent to one's pent-up feelings (b) to take revenge
जी का जंजाल *m.* (a) embarrassment,

botheration (b) terrible nuisance
जी का बोझ हल्का करना *(मु.) v.t.* to feel relaxed
जी की जी में रहना *(मु.) v.i.* (a) the desire or longing to remain unfulfilled (b) unexpressed feelings
जी के बदले जी देना *v.t.* to devote one's life for another, to espouse the cause of another
जी को जी न समझना *v.t.* to have no regard for other's feelings
जी को मारना *(मु.) v.t.* to mortify one's desires, to practise self-denial
जी को रोग लगना *v.i.* to keep worrying about something
जी खट्टा करना *(मु.) v.t.* to cause hatred or disgust in somebody's mind
जी खट्टा होना *(मु.) v.i.* to feel disgusted, to become disenchanted
जी खपाना *(मु.) v.t.* to wear out one's life, to work too hard
जी खोलकर *(मु.) adv.* without restraint, wholeheartedly, to one's heart's content, cheerfully
जी घट जाना *v.i.* to be weary (of), to feel extremely nervous
जी घबराना *v.i.* (a) to feel uneasy, to feel nervous (b) to be bewildered
जी घुटना *v.i.* to feel suffocated
जी चलना *(मु.) v.i.* to long (for), to be tempted
जी चलाना *v.t.* (a) to hanker (after), to covet (b) to dare, to venture, to take courage
जी चाहना *(मु.) v.t.* to desire, to crave, to long (for)
जी चाहे तो if you feel then, if you so desire then
जी चुराना *v.t. (मु.)* **(से)** (a) to shirk (work), to scamp (b) (किसी का) to cast a spell on somebody, to charm, to fascinate
जी छूटना *(मु.) v.i.* (a) to lose heart, to be discouraged (b) to faint, to sink
जी छोटा करना *(मु.) v.t.* (a) to be stringent, to make oneself humble or low (b) to lower down one's enthusiasm (c) to lose heart
जी छोड़ना *(मु.) v.t.* (a) to lose heart, to become demoralised
जी जलना *(मु.) v.i.* (a) to feel grieved or hurt (b) to have heart-burning
जी जलाना *(मु.) v.t.* (a) to cause heart-burning (b) to hurt somebody's feelings
जी-जान लड़ाना *(मु.) v.t.* to put in maximum effort
जी-जान से *(मु.) adv.* whole-heartedly
जी-जान से फ़िदा होना *v.i.* to be passionately in love
जी टँगा होना *(मु.) v.i.* to be in suspense, to be on tenterhooks
जी टटोलना *v.t.* to sound somebody's mind
जी टूट जाना *(मु.) v.i.* the heart to break, to get frustrated
जी ठंडा होना *(मु.) v.i.* to be satisfied
जी डूबना *(मु.) v.i.* the heart to sink, to faint
जी तरसना *(मु.) v.i.* to long or yearn for, to pine for
जी-तोड़ कोशिश करना *v.t.* to try one's utmost, to leave no stone unturned
जी दहल जाना *(मु.) v.i.* to be shocked, to be over-awed
जी दुखाना *(मु.) v.t.* to cause affliction, to hurt somebody's feelings
जी दुखी होना *v.i.* to be distressed
जी देना *(मु.) v.t.* to give one's heart to, to fall in love with
जी धक-धक करना *(मु.) v.t.* to feel extremely nervous
जी निकलना *(मु.) v.i.* (a) to be in mortal fear or apprehension (b) to be in pain (c) to expire, to die (d) to be

dying for

जी निढाल होना *v.i.* (a) to be deeply moved (b) to be uneasy, to be restless or uneasy

जी पर आ बनना *(मु.) v.i.* to be in danger of life

जी पर खेलना *(मु.) v.i.* to risk one's life, to run a hazard

जी पसीजना या पिघल जाना *v.i.* the heart to melt, to be deeply moved, to take pity on

जी पानी हो जाना *v.i.* to be moved to pity or compassion

जी फट जाना *(मु.) v.i.* to be broken-hearted

जी फिर जाना *(मु.) v.i.* to be repelled, to feel disgusted

जी बढ़ाना *(मु.) v.t.* (a) to encourage, to inspire with courage (b) to stimulate

जी बहलाना *(मु.) v.t.* to amuse oneself so as to dissipate reflection

जी बैठ जाना *(मु.) v.i.* to be dejected

जी भटकना *v.i.* to be distracted, to rove or ramble about

जी भर आना *(मु.) v.i.* to be moved or touched

जी भरकर *(मु.) adv.* to one's heart's content

जी भर जाना *(मु.) v.i.* to be fed up

जी मतलाना/मिचलाना *(मु.) v.i.* to feel nausea, to feel like vomiting

जी मारना *v.t.* to mortify one's desires

जी मिलना *(मु.) v.i.* to agree, to be in accord (with)

जी में आना *(मु.) v.i.* to come into one's mind, to occur (in one's mind)

जी में घर करना *(मु.) v.t.* to find a place in one's heart, to create a profound sense of endearment

जी में जी आना *v.i.* (a) to revive (b) to heave a sigh of relief

जी में रखना *v.t.* to keep to oneself

जी लगना *(मु.) v.i.* to feel at home, to feel allured

जी लगाना *(मु.) v.t.* (a) to set one's heart (on) (b) to concentrate (c) to fall in love

जी ललचाना *(मु.) v.i.* to hanker after, to crave for, to yearn for

जी लुभाना *(मु.) v.t.* to allure, to entice, to tempt, to captivate the heart of

जी लोटना (पर) *v.i.* to be very fond of

जी लोटपोट होना *v.i.* to pant for

जी सन्न होना *(मु.) v.i.* stunned, shocked

जी से उतर जाना *v.i.* to fall in (one's) esteem, to fall in one's eyes

जी हल्का होना *v.i.* to be relieved of worry, to feel soothed

जी हारना *v.t.* to lose spirits, to feel frustrated (also see कलेजा, दिल, मन)

किसी का जी रखना *v.t.* to comfort somebody, to appease somebody

जीजा (*jījā*) *m.* brother-in-law, husband of one's elder sister

जीजी (*jījī*) *f.* elder sister (also दीदी)

जीट (*jīṭ*) *f.* bragging, boasting

जीट मारना *v.t.* to brag, to boast

जीत (*jīt*) *f.* victory, conquest, triumph

जीत का सेहरा *m.* credit for victory

जीत जाना *v.i.* to gain victory, to be victorious, to win

जीत होना *v.i.* to obtain victory, to achieve success

जीतना (*jītnā*) I. *v.t.* to conquer, to win II. *v.i.* to be victorious, to triumph

शत्रु को जीतना *v.t.* to defeat the enemy

जीता[1] (*jītā*) *a.* (from जीना) living, alive

जीता-जागता *a.* life like, lively, up and kicking

जीता रहना *v.i.* to remain alive, to live a long life

जीता लोहा *m.* magnet

जीते-जी *adv.* in one's life-time, as long as one is living

जीते रहो *interj.* may you live long

जीता² (*jītā*) *a.* (from जीतना) conquered, won, (of person) victorious, triumphant

ज़ीन P (*zīn*) *m.* 1. saddle 2. a kind of thick cotton cloth

ज़ीन और लगाम *m.* harness and saddle

ज़ीन कसना *v.t.* to saddle (a horse)

ज़ीनपोश *m.* saddlecloth

ज़ीनसाज़ *m.* saddle-maker, saddler

ज़ीनसाज़ी *m.* saddle-making

जीना (*jīnā*) *v.i.* to live, to be alive

जीना दूभर/भारी होना *v.i.* life to become a burden, life to become miserable

जीने का मज़ा *m.* pleasure of life (also see जीता¹)

ज़ीना P (*zīnā*) *m.* staircase, stairway, ladder

जीप E (*jīp*) *f.* jeep

जीभ (*jībh*) *f.* tongue (organ)

जीभ की नोक *f.* tip of the tongue

जीभ के चटखारे *m.* & *pl.* relishing sense of the tongue

जीभ चलाना *(मु.) v.t.* to go on talking, to boast

जीभ चाटना *v.t.* to long for something tasty

जीभ निकालना *(मु.) v.t.* to pull out one's tongue, to inflict punishment

जीभ हिलाना *(मु.) v.t.* (a) to talk (b) to desire something relishing

किसी की जीभ पकड़ना *v.t.* to silence somebody

जीभी (*jībhī*) *f.* 1. shoehorn 2. tongue-cleaner, tongue-scraper 3. nib of a pen

जीमना (*jīmnā*) *v.i.* to eat sumptuously, to dine, to have a formal lunch

ज़ीरा P (*zīrā*) *m.* cumin seed

काला ज़ीरा *m.* black cumin

जलजीरा *m.* a mixture of cumin, ginger, mint, asafoetida, salt and chillies in water, cumin drink

सफ़ेद ज़ीरा *m.* white cumin, *Cuminum cyminum*

ज़ीरोग्राफ़ E (*zīrogrāf*) *m.* xerograph (copy)

ज़ीरोग्राफ़ी E (*zīrogrāfī*) *f.* xerography, a dry copying process

जीर्ण (*jīrṇa*) *a.* 1. (of disease रोग) chronic 2. worn out, decrepit 3. decayed, withered 4. (of body) frail, feeble, infirm 5. (of cloth) tattered, threadbare, worn-out

जीर्ण-ज्वर *m.* chronic fever

जीर्णता (*jīrṇatā*) *f.* 1. decay 2. senescence, senility 3. infirmity, feebleness, frailty

जीर्णन (*jīrṇan*) *m.* 1. decaying 2. ageing

जीर्णावस्था (*jīrṇāvasthā*) *f.* 1. old age, senescence, senility 2. decayed condition

जीर्णोद्धार (*jīrṇoddhār*) *m.* 1. repairs 2. resurrection, resuscitation 3. overhauling

जीर्णोद्धार करना *v.t.* (a) to repair (b) to resurrect, to resuscitate (c) to overhaul

जीर्णोद्यान (*jīrṇodyān*) *m.* deserted or neglected garden

जीवंत (*jīvant*) *a.* 1. living, alive, existing 2. active 3. lively, vivacious, sprightly

जीवंतता (*jīvantatā*) *f.* 1. liveliness, animation, vivacity 2. existence

जीव (*jīv*) *m.* 1. creature, living being 2. soul 3. organism

जीव-घाती *m.* destroyer of life, killer, murderer

जीव-जंतु *m.* fauna, living beings, creatures

जीव-जगत *m.* animal world

जीव-दया *f.* mercy for animal life

जीव दयावाद *m.* humanitarianism

जीवदान *m.* sacrifice of life (for

others)

जीवद्रव्य *m.* protoplasm, living material of a cell

जीवधारी (a) *a.* animate, living, alive (b) *m.* living being

जीव-भौतिकी *f.* geophysics

जीव-रसायन *m.* bio-chemistry

जीवलोक *m.* mortal world, animal world

जीववाद *m.* animism, vitalism

जीववादी *m.* animist, vitalist

जीववासिकी *f.* bionomics, bionomy

जीव-विज्ञान *m.* biology

जीव-विज्ञानी *m.* biologist

जीव-विष *m.* toxin

जीव-वैज्ञानिक (a) *a.* biological (b) *m.* biologist

जीव शेष *a.* (one) who has escaped with his life and nothing else

जीवहत्या *f.* /**जीवहिंसा** *f.* killing of an animal or living being, slaughter

जीवहत्या करना *v.t.* to kill (a living being)

जीवहत्या का पाप *m.* sin of killing

जीवहत्या लगना *v.i.* to be guilty of killing

जीवक (*jīvak*) *m.* 1. attendant, servant 2. (सूदखोर) usurer

जीवट (*jīvaṭ*) *m.* 1. endurance 2. courage, spirit, grit, stamina

जीवट का *a.* (a) spirited, vivacious, courageous (b) resolute, steadfast

जीवड़ा (*jīvṛā*) *m.* 1. life, soul 2. beloved object or person 3. desire, wish

जीवन (*jīvan*) *m.* 1. life 2. existence 3. living, livelihood

जीवन-अवधि *f.* life-span

जीवन-आधार *m.* life-blood

जीवन उत्सर्ग करना *v.t.* to sacrifice one's life or oneself, to dedicate one's life

जीवन-कथा *f.* life-story, life-history, biography

जीवन-काल *m.* life-time, life-span

जीवनक्रम *m.* way of living

जीवनक्षमता *f.* viability

जीवन-चक्र *m.* life-cycle

जीवनचरित *m.* biography, life-story

जीवनचरितकार *m.* biographer

जीवनचर्या *f.* routine of life, living mode

जीवन-दर्शन *m.* philosophy of life

जीवनदायक/दायी *a.* that infuses life, life-giving

जीवन-दान *m.* (a) dedicating or sacrificing one's life (b) commitment to save somebody's life, vivification

जीवन-दान करना *v.t.* (a) to sacrifice one's own life (b) to bring to life, to vivify, to infuse life

जीवन-दीप *m.* light of life

जीवन-धन *m.* wealth of life, one who is very dear, husband

जीवन-धारण *m.* (a) maintaining of life (b) birth

जीवन-धारण करना *v.t.* (a) to maintain life, to live, to exist (b) to take birth, to be born

जीवन-नाश *m.* destruction of life, spoiling one's career or life

जीवन-निर्वाह *m.* living, subsistence

जीवन-निर्वाह स्तर *m.* subsistence level, standard of living

जीवन-नैया या नौका *f.* life-boat, life as a boat

जीवन-पद्धति *f.* way of life

जीवनपर्यन्त *adv.* life-long, as long as one lives

जीवन-प्रणाली *f.* mode of life

जीवन बीमा *m.* life insurance

जीवन-बूटी *f.* life-giving drug

जीवन-मरण *m.* life and death

जीवन मरण का चक्र *m.* wheel of life and death, cycle of life and death

जीवन-मरण का साथी *m.* (a) life-long companion (b) one who stands

through thick and thin
जीवन-मरण सूचकांक *m.* vital index
जीवनमान *m.* standard of living
जीवनमुक्त *a.* free from all bonds of life, having no more desires or worldly connections
जीवनमुक्ति *f.* deliverance from worldly desires and connections, salvation
जीवनमूरि *f.* (a) the life-giving drug (b) dearest thing or person
जीवन-मोक्ष *m.* acquitting (oneself) of the obligations of life
जीवन-यात्रा *f.* journey of life, living
जीवन-यात्रा करना *v.t.* to spend or pass one's life
जीवनयापन *m.* passing or spending one's life
जीवनवल्लभ I. *a.* dear as life II. *m.* husband
जीवन-वृत्त *m.* life-history, life-story, biography, bio-data
जीवनवृत्ति *f.* livelihood, vocation
जीवनशक्ति *f.* vitality, elan, vivacity, dash
जीवनशून्य *a.* (a) lifeless, dead (b) inanimate
जीवन-संग्राम *m.* battle of life, struggle for life
जीवन-संघर्ष *m.* struggle for existence/life
जीवन-संध्या *f.* evening of one's life
जीवन-संबंधी आँकड़े *m.* vital statistics
जीवन-सांख्यिकी *f.* biostatistics
जीवन-साथी/संगी *m.* life companion
जीवन-सार *m.* lifeblood
जीवन-स्तर *m.* standard of living
जीवनहीन *a.* lifeless, insipid
जीवन हेतु *m.* the basis for existence

जीवनांक (*jīvanāṅk*) *m.* vital statistics

जीवनांकक (*jīvanāṅkak*) *m.* actuary, expert in vital statistics

जीवनांकिक (*jīvanāṅkik*) *a.* acturial

जीवनांत (*jīvanānt*) *m.* end of life, death

जीवनांतक (*jīvanāntak*) *m.* 1. destroyer of life 2. slaughterer

जीवनांतकर (*jīvanāntkar*) *a.* fatal, causing death

जीवनाहुति (*jīvanāhuti*) *f.* oblation of life

जीवनी (*jīvnī*) *f.* biography, life-story, life-history
जीवनीकार *m.* biographer
जीवनीकोश *m.* biographical dictionary
जीवनीशक्ति *f.* vitality, animus, dash, elan, vivacity

जीवनोपाय (*jīvanopāy*) *m.* means of subsistence or livelihood, method of preserving life

जीवांश (*jīvāṃś*) *a.* organic
जीवांश खाद *f.* organic manure or fertiliser

जीवाणविक (*jīvāṇvik*) *a.* bacterial, bacteriological
जीवाणविक वृद्धि *f.* bacterial growth

जीवाणु (*jīvāṇu*) *m.* bacteria, microbe
जीवाणुनाशन *m.* sterilization
जीवाणुनाशी (a) *a.* bactericidal (b) *m.* bactericide
जीवाणु-युद्ध *m.* the bacteriological warfare
जीवाणु रहित करना *v.t.* to sterilise
जीवाणु विज्ञान *m.* bacteriology
जीवाणु विज्ञानी *m.* bacteriologist
जीवाणु वैज्ञानिक (a) *m.* bacteriologist (b) *a.* bacteriological

जीवात्मा (*jīvātmā*) *m.* (individual) soul, sentient soul, vital principle of life

जीवाधार (*jīvādhār*) *m.* 1. basis of life 2. heart

जीवाश्म (*jīvāśma*) *m.* fossil
जीवाश्म-विज्ञान *m.* palaeontology
जीवाश्म-विज्ञानी *m.* palaeontologist

जीवाश्मन (*jivāśman*) *m.* fossilization

जीवाश्मिकी (*jīvāśmikī*) *f.* palaeontology

जीवाश्मीय (*jīvāśmīy*) *a.* palaeontolgical

जीवाश्रय (*jīvāshray*) *m.* game sanctary

जीविका (*jīvikā*) *f.* 1. livelihood, living, subsistence, means of subsistence 2. calling, vocation
जीविका निर्वाह *m.* earning a livelihood
जीविकोपार्जन (*jīvikopārjan*) *m.* earning a livelihood
जीविकोपार्जन करना *v.t.* to earn (one's) livelihood, to make a living
जीवित (*jīvit*) *a.* 1. living, alive 2. live
जीवित तार *m.* live wire
जीवित प्राणी *m.* living beings
जीवित भाषा *f.* living language
जीवितव्य (*jīvitavya*) I. *a.* fit to live, fit for living II. *m.* 1. duration of life 2. enjoyments of life
जीवितेश (*jīviteś*) *m.* 1. lord of existence 2. husband 3. an epithet of Yama, the regent of death
जीविष्णु (*jīviṣṇu*) *a.* viable, capable of living
जीविष्णुता (*jīviṣṇutā*) *f.* viability, fitness to live
जीवी (*jīvī*) *suff.* & *m.* alive, living on
बुद्धिजीवी *m.* intellectual
शस्त्रजीवी *m.* warrior
श्रमजीवी *m.* labourer
जीवोपजीवी (*jīvopjīvī*) *m.* parasite
जीहुजूर (*jīhuzūr*) *m.* yes-man, sycophant, toady
जीहुजूरी (*jīhuzūrī*) *f.* sycophancy, flattery, toadyism
जुंबिश P (*jumbiś*) *f.* 1. motion, movement 2. agitation
जुंबिश देना *v.t.* to move, to agitate
जुआ[1] (*juā*) *m.* gambling
जुआखाना *m.* gambling den, gambling house
जुआ खेलना *v.t.* to gamble
जुआ खेलने का अड्डा *m.* gambling den
जुआघर *m.* gambling house
जुआ[2] (*juā*) *m.* yoke (better जूआ *q.v.*)
जुआर (*juār*) *f.* Indian millet, *helens sorghum*
जुआरी (*juārī*) *m.* gambler, gamester
जुआरियों का अड्डा *m.* gamblers'den
जुकाम A (*zukām*) *m.* (bad) cold, catarrh
जुकाम लगना *v.i.* to catch cold
जुकाम से पीड़ित *a.* suffering from cold
जुकाम होना *v.i.* to have a cold
जुग (*jug*) *m.* 1. epoch, age 2. era 3. long period 4. times (*colloq.* युग[2] *q.v.*)
जुग-जुग जिओ (*लो.*) may you live very long !
जुगत (*jugat*) *f.* 1. device 2. skill, dexterity, art, ingenuity
जुगतबाज़ *a.* skilful, dexterous, artful, crafty
जुगतबाज़ी *f.* dexterity, skill, ingenuity
जुगत भिड़ाना/लड़ाना *v.t.* to manoeuvre, to manipulate, to hit upon a device
जुगती (*jugatī*) *a.* 1. skilful 2. artful, crafty 3. resourceful
जुगनी (*juganī*) *f.* an ornament for neck
जुगनू (*juganū*) *m.* 1. glow-worm, firefly 2. an ornament (worn by women) around their neck
जुगल (*jugal*) *m.* pair, couple
जुगल-जोड़ी *f.* duo, couple
जुगलबंदी *f.* duet, performance by two
जुगाड़ (*jugāṛ*) *m.* 1. device 2. arrangement
जुगाड़ करना *v.t.* to manage resources, to arrange
जुगाड़ बैठाना *v.t.* to manoeuvre
जुगाड़ लगाना *v.t.* to make a device
जुगादरी (*jugādarī*) I. *m.* seasoned and experienced person II. *a.* very old, antique
जुगाल (*jugāl*) *m.* cud
जुगालना (*jugālnā*) *v.i.* to chew the cud, to ruminate
जुगाली (*jugālī*) *f.* chewing the cud, rumination

जुगाली करना *v.t.* to chew the cud, to ruminate

जुगुप्सक (*jugupsak*) *m.* slanderer, one who defames others

जुगुप्सन (*jugupsan*) *m.* censure, abuse, revelling

जुगुप्सा (*jugupsā*) *f.* 1. censure, reproach, defamation 2. aversion, intense disgust, repugnance

जुगुप्सित (*jugupsit*) *a.* 1. censured, reproached, defamed 2. disgusted 3. scorned, slandered, condemned, reviled

जुज़ A (*juz*) *m.* 1. part, portion 2. section 3. a part of a book consisting of eight leaves 4. part of a verse

जुज़दान *m.* satchel

जुज़ो-कुल *m.* the whole

जुज़बंदी *f.* binding the various forms of a book, putting the parts together

जुझाऊ (*jujhāū*) *a.* 1. belligerent, pugnacious, quarrelsome, disposed to fight 2. of or pertaining to battle

जुझाऊ व्यक्ति *m.* pugnacious person

जुझार (*jujhār*) *m.* 1. fighter, warrior, combatant 2. fight, war, combat, battle

जुझारू (*jujhārū*) *a.* berserk, wild, frenzied

जुट (*juṭ*) *m.* 1. pair 2. group, batch 3. set

एकजुट होकर *adv.* en bloc, in a body, collectively, unitedly

प्यालों का जुट *m.* set of cups

जुटना (*juṭnā*) *v.i.* 1. to gather, to rally, to assemble, to collect 2. to unite, to cohere 3. to flock 4. to get engaged 5. to copulate (with)

जुटकर काम करना *v.t.* to work in unison

एक-दूसरे से जुट जाना *v.i.* the act of engaging with each other

काम में जुटना *v.t.* to get engaged in work

भीड़ जुटना to collect in crowd

जुटाना (*juṭānā*) *v.t.* 1. to collect, to gather, to bring together, to pile up 2. (प्राप्त करना) to procure 3. to provide for 4. to unite, to put together (जुटना, जोड़ना)

जुटाव (*juṭāv*) *m.* 1. assemblage 2. collection, rally

जुठाना (*juṭhānā*) *v.t.* /**जुठारना** (*juṭhārnā*) *v.t.* to defile by tasting

मुँह जुठाना, जुठारना *v.t.* to taste something

जुड़ना (*juṛnā*) *v.i.* 1. to be collected, to get amassed, to be accumulated (as धन wealth) 2. to be attached, to be joined or linked or connected 3. to stick together 4. to be summed up (as amounts or figures) 5. to be procured 6. to be yoked (as bullocks or horses), (hands) to be folded, (हड्डी) to be set up

जुड़पित्ती (*juṛpittī*) *f.* nettle-rash, urticaria

जुड़वाँ (*juṛvām̐*) *a.* & *m.* twin(s)

जुड़वाँ नगर *m.* twin cities

जुड़वाँ पैदा होना *v.i.* to be twin-born

जुड़वाँ बच्चे *m.* twins, twin children

जुड़वाई (*juṛvāī*) *f.* 1. the work of getting joined or attached 2. charges for getting a thing joined

जुड़वाना (*juṛvānā*) *v.t.* to get something joined or attached, to cause to join or attach, to get assembled, to have something soldered, to get something added

जुड़ाई (*juṛāī*) *f.* 1. the act of joining or uniting 2. charges paid for joining or attaching something 3. assembling or assembling charges (as of bricks) 4. setting or charges for setting (a bone) 5. soldering or charges for soldering utensils

जुड़ाई करना *v.t.* to join, to assemble, to set, to solder

जुड़ाना (*juṛānā*) *v.t.* to get assembled, to get joined, to have set, to make one solder (causative of जोड़ना *q.v.* for all meanings)

जुडीश्यल (*juḍīśal*) *a.* judicial, of a court of law, or of a judge

जुडीश्य मजिस्ट्रेट *m.* Judicial Magistrate

जुतना (*jutnā*) *v.i.* 1. to be yoked (as bullocks बैल) 2. (खेत) to be ploughed or tilled (as a field खेत) 3. to labour, to toil

काम में जुतना *v.i.* to be engaged/harnessed in work

जुतवाना (*jutvānā*) *v.t.* (causative of जोतना) 1. to have (the field) ploughed or tilled 2. to cause to be yoked 3. to get engaged 4. to cause to labour or toil

जुताई (*jutāī*) *f.* 1. ploughing, tillage, cultivation 2. wages paid for ploughing

जुतिऔवल (*jutiauval*) *m.* fight with shoes

जुतियाना (*jutiyānā*) *v.t.* 1. to beat with shoes 2. (*fig.*) to humiliate, to insult by using abusive language

जुदा P (*judā*) *a.* separate, different (= अलग is more common)

जुदा करना *v.t.* to separate

जुदा-जुदा *a.* quite different, distinct

जुदा होना *v.i.* to be separated

जुदाई A (*judāī*) *f.* separation, parting

जुदाई होना *v.i.* to be separated

जुनून A (*junūn*) *m.* madness, insanity, craziness

जुनून चढ़ना *v.i.*/**जुनून होना** *v.i.* to become mad or furious, to become very angry

जुनूनी A (*junūnī*) *a.* 1. mad, insane 2. furious, wildly impulsive 3. crazy

जुनूब A (*junūb*) *m.* south

जुनूबी A (*junūbī*) *a.* southern

जुन्हाई (*junhāī*) *f.* 1. moonlight 2. moonbeam

जुबली E (*jublī*) *f.* jubilee

गोल्डन जुबली *f.* golden jubilee

डाइमंड जुबली *f.* diamond jubilee

सिल्वर जुबली *f.* silver jubilee

जुबान P (*zubān*) *f.* 1. tongue 2. language 3. speech (same as ज़बान *q.v.*)

जुबानी P (*zubānī*) I. *a.* oral, verbal, viva voce II. *adv.* by word of mouth, orally, verbally (= ज़बानी *q.v.*)

जुब्बा A (*jubbā*) *m.* a long coat

जुमला A (*jumlā*) I. *m.* sentence, clause II. *a.* the whole, aggregate, total amount

जुमा (*jumā*) *m.* /**जुम्मा** A (*jummā*) Friday

जुम्मे की नमाज़ *f.* Friday prayers

जुम्मे के जुम्मे *adv.* on every Friday

जुमेरात (*jumerāt*) *f.* /**जुम्मेरात** A (*jummerāt*) *f.* Thursday

जुमेरात, जुम्मेरात आठ दिन *m.* just a few days, a very short time or duration

जुरअत A (*juraat*) *f.* courage, daring, boldness, pluck, valour

जुरअत करना *v.t.* to take courage, to make bold, to dare

इतनी जुरअत so much audacity

जुरत A (*jurat*) *f.* courage, daring, boldness, pluck, valour (= जुर्अत or जुर्रत)

जुर्माना P (*jurmānā*) *m.* fine, penalty

जुर्माना करना *v.t.* to fine

जुर्माना देना/भरना *v.t.* to pay the fine

जुर्माना माफ करना *v.t.* to excuse/remit fine

जुर्माना लगना *v.i.* fine to be imposed

जुर्माना लगाना *v.t.* to impose fine, to fine

जुराना (*jurānā*) *v.t.* to be comforted

जुर्म A (*jurma*) *m.* offence, crime

जुर्म कबूल करना या कबूलना *v.t.* to confess one's crime

जुर्म साबित करना *v.t.* to establish or

prove an offence
जुर्म से मुनकिर होना *v.i.* to deny an offence, to plead not guilty
जुर्माना (*jurmānā*) *m.* fine, penalty
जुर्रत (*jurrat*) *f.* courage, daring, boldness, pluck, valour (see जुरअत)
जुर्राब T (*jurrāb*) *f.* socks
जुर्राबों का जोड़ा *m.* a pair of socks or stockings
लंबी जुर्राब *f.* stockings
जुल (*jul*) *f.* 1. double dealings, dodge, duplicity 2. deceit, cheating, fraud 3. trick
जुल देना *(मु.) v.t.* to cheat, to dodge, to defraud
जुलबाज *m.* knave, cheat
जुलबाज़ी *f.* cheating, dodgery
जुल में आना *v.i.* to be cheated, to fall into a trick
जुलना (*julnā*) *v.i.* (in मिलना जुलना) 1. to mix (with), to meet cordially 2. to be blended 3. to tally 4. to coincide 5. to resemble
जुलपित्ती (*julpittī*) *f.* nettle-rash, urticaria (= जुड़पित्ती *q.v.*)
जुलाई (*julāī*) *f.* July
जुलाब A (*julāb*) *m.* purgative, cathartic (medicine)
जुलाब देना *v.t.* to administer a purgative
जुलाब लगना (*मु.*) *v.i.* to have motions
जुलाब लेना *v.t.* to take a purgative
जुलाहा (*julāhā*) *m.* weaver
जुलाहे का करघा *m.* weaver's loom (*syn.* बुनकर/*fem.* जुलाहिन)
जुलूस A (*julūs*) *m.* procession (जलूस is more common)
ज़ुल्फ़ P (*zulfa*) *f.* tress, ringlet, curling lock of hair
ज़ुल्फ़दराज़ *f.* long tresses
ज़ुल्फ़ परेशान *a.* dishevelled locks
ज़ुल्म A (*zulma*) *m.* 1. cruelty, tyranny 2. oppression
ज़ुल्म करना/ढाना *(मु.) v.t.* to tyrannize, to oppress
ज़ुल्म सहना *v.t.* to suffer tyranny or oppression
ज़ुल्मी A (*zulmī*) *a.* cruel, tyrannical, oppressive
जुवार (*juvār*) *m.* a yoke for oxen
जुवारा (*juvārā*) *m.* as much land as a yoke of bullocks can plough in a day
जुष्ट (*juṣṭa*) I. *a.* tasted II. *m.* remnants of meal or food
जुस्तजू P (*justajū*) *f.* 1. search, quest 2. investigation
जुहाना (*juhānā*) *v.t.* 1. to collect 2. to procure 3. to adjust, to adapt
जुहार (*juhār*) *f.* a typical term of salutation by falling at somebody's feet, bowing down at the knees or feet of a superior or boss
जुही (*juhī*) *f.* 1. jasmine, *Jasminum auriculatum* 2. a fire work resembling the jasmine (better जूही *q.v.)*
जूँ (*jūṁ*) *f.* louse (*pl.* lice)
जूँ की चाल *f.* very slow or creeping movement
जूँ तक न रेंगना *(मु.) v.i.* not to pay heed, not to care at all
जुएँ पड़ना *v.i.* to be lousy, to be breeding lice
जूआ (*jūā*) *m.* 1. gambling 2. yoke (see जुआ[1,2])
जूजू (*jūjū*) *m.* 1. burglar 2. an imaginary animal whose name is used to frighten children
जूझना (*jūjhnā*) *v.i.* 1. to fight hard, to combat 2. to struggle
जूझ पड़ना *v.i.* to jump into a fight
जूझ मरना *v.i.* to die fighting
जूट (*jūṭ*) *f.* jute
जटा-जूट *f.* matted hair
जूठ (*jūṭh*) *f.* /**जूठन** (*jūṭhan*) *f.* leavings of meal or food, remnants of tasted

food

जूठ, जूठन छोड़ना *v.t.* to leave eatables partially taken

जूठा (*jūṭhā*) *a.* defiled by eating or drinking out of

जूड़ा (*jūṛā*) *m.* top-knot, bun-shaped hair-do

जूड़ा बाँधना *v.t.* to make a bun-shaped hair-do, to arrange a top-knot

जूड़ी (*jūṛī*) *f.* ague, malaria, malarial fever (also जूड़ी का बुख़ार)

जूड़ी आना *v.i.* to be suffering from malaria

जूड़ी ताप *m.* malarial fever

जूत-पैज़ार (*jūt paizār*) *f.* /**जूतम-पैज़ार** (*jūtam paizār*) *f.* a fight with shoes, an open fight

जूत-पैज़ार, जूतम-पैज़ार करना *v.t.* to fight with shoes

जूता (*jūtā*) *m.* shoe, footwear, boot

जूता उठाना *(मु.) v.t.* to raise a shoe in order to beat somebody, to be ready to beat, *(fig.)* to do menial chores for others

जूता उतारना *v.t.* to take off shoes, to be ready, to give a shoe-blow

जूता चल गया there was exchange of shoe-blows

जूता चलाना *(मु.) v.t.* to beat with shoes

जूता चाटना *(मु.) v.t.* to lick somebody's shoes, to be servilely flattering

जूता पड़ना *(मु.) v.i.* to be beaten with a shoe, to get a shoe-beating

जूता मारना/लगाना *v.t.* to give a shoe-beating, *(fig.)* to humiliate

जूते उठाना (किसी के) *v.t.* to do menial chores for somebody

जूते का तस्मा *m.* shoe-lace, shoe-string

जूते की नोक पर मारना *(मु.) v.t.* to treat with contempt

जूते खाना *(मु.) v.t.* to be beaten with shoes, *(fig.)* to be humiliated

जूते से ख़बर लेना *(मु.) v.t.* to give a shoe-beating, to insult with abusive language

जूतों की मार *f.* shoe-beating

जूती (*jūtī*) *f.* light shoe

जूती पर मारना *v.t.* to despise, to condemn, not to care a damn

जूती पर रखकर कुछ देना *v.t.* to give something insultingly

जूतियाँ उठाना *(मु.) v.t.* to do menial service

जूतियां चटखाते फिरना *(मु.) v.t.* to loaf about (to no purpose), to go about aimlessly

जूतियाँ सिर पर रखना *(मु.) v.t.* to flatter servilely

जूतियाँ सीधी करना *(मु.) v.t.* to do menial services, to dance attendance upon, to cringe to

जूतियों में दाल बँटना *v.i.* to have a domestic quarrel

जून[1] E (*jūn*) *m.* June

जून[2] (*jūn*) *f.* time

एक जून का खाना *m.* one meal

जून[3] *f.* 1. birth 2. transmigration

जून पूरी करना *v.t.* to live the life to which one is destined

जून बदलना *v.i.* to transform, to metamorphose, to transmigrate

जूना[1] (*jūnā*) *m.* 1. rope of grass for cleaning utensils 2. ring of grass or cloth placed on the head to carry a burden

जूना[2] (*jūnā*) *a.* old, decayed, frail

जूनियर E (*jūniyar*) *a.* junior

जूनियर कमांडर *m.* junior commander

जूनियर हाई स्कूल *m.* junior high school

से जूनियर *adv.* junior to

जूरिस्ट E (*jūrisṭ*) *m.* jurist, expert in law

जूरी E (*jurī*) *f.* 1. jury 2. juror

जूरी सदस्य *m.* juror

जूस E (*jūs*) *m.* 1. juice 2. broth, soup

जूही (*jūhī*) *f.* 1. jasmine, *Jasminum auriculatum* 2. a firework resembling the jasmine
जृंभण (*jṛmbhaṇ*) *m.* 1. yawning 2. (खिलना) blooming, bursting open 3. (फैलाव) stretching, expanding
जृंभा (*jṛmbhā*) *f.* /**जृंभिका** (*jṛmbhīkā*) *f.* 1. yawning, gaping 2. (आलस्य) laziness, indolence
जेंटलमेन E (*jeṁṭalmen*) *m.* gentleman
जेंवना (*jeṁvnā*) *v.t.* to eat sumptuously, to dine, to have a formal lunch (= जीमना *q.v.*)
जेंवनार (*jeṁvnār*) *m.* feast, banquet
जेट E (*jeṭ*) *m.* jet
  जेट पंप *m.* jet pump
  जेट विमान *m.* jet aircraft
जेटी E (*jeṭī*) *f.* jetty, pier to protect the harbour
जेठ (*jeṭh*) *m.* the third month of Vikrami calendar (May-June)
जेठा[1] (*jeṭhā*) I. *a.* 1. eldest, eldest born 2. main, chief II. *m.* husband's elder brother
जेठा[2] (*jeṭhā*) *a.* 1. excellent, best, finest 2. (सबसे बड़ा) senior, eldest 3. (सबसे पुराना) oldest
  जेठा रंग bright colour
जेठानी (*jeṭhānī*) *f.* wife of the husband's elder brother
जेठी (*jeṭhī*) *f.* crop harvested in the month of Jeth
जेठौत (*jeṭhaut*) *m.* /**जेठौता** (*jeṭhautā*) *m.* son of the husband's elder brother
जेड E (*jeḍ*) *m.* jade, a hard green stone
जेतव्य (*jetavya*) *a.* conquerable, fit to be won
जेता (*jetā*) *m.* conqueror, victor
जेब A (*jeb*) *m. f.* pocket
  जेब कट जाना *v.i.* pocket to be picked
  जेब कतरना *(मु.)* *v.t.* to pick somebody's pocket
  जेबकतरा *m.* pick-pocket
  जेबख़र्च *m.* pocket money
  जेब ख़ास *m.* privy purse
  जेब गरम करना *(मु.)* *v.t.* to bribe
  जेब गरम होना *v.i.* to take bribe
  जेबघड़ी *f.* pocket watch
ज़ेबरा E (*zebrā*) *m.* zebra (an African quadruped)
  ज़ेबरा क्रासिंग *m.* zebra crossing, striped crossing
जेबी A (*jebī*) *a.* of or for the pocket
  जेबी किताब *f.* pocket book
  जेबी रूमाल *m.* pocket handkerchief
  जेबी संस्करण *m.* pocket edition
जेय (*jey*) *a.* conquerable
जेर (*jer*) *f.* membrane in which the foetus is enveloped
ज़ेर P (*zer*) *prep.* beneath, under, underneath, below
  ज़ेर करना *v.t.* to subdue, to subjugate
  ज़ेर-ग़ौर *m.* under consideration
  ज़ेर जामा *m.* drawers, under garment
  ज़ेर-तजवीज़ under consideration, under trial
  ज़ेर-तहकीकात *a.* under investigation/enquiry
  ज़ेरसाया *a.* under the protection of
  ज़ेरहिरासत *a.* under custody
जेल E (*jel*) *m.* jail, gaol
  जेल अधीक्षक *m.* jail superintendent
  जेल काटना *(मु.)* *v.t.* to suffer imprisonment, to serve a sentence in jail, to undergo a term in jail
  जेल नियमावली *f.* jail manual
  जेल भोगना *(मु.)* *v.t.* to suffer a term of imprisonment
जेलर E (*jelar*) *m.* jailor
जेली E (*jelī*) *f.* jelly
  जेली फ़िश *f.* jelly fish
जेवड़ी (*jevṛī*) *f.* 1. cord, string 2. a measuring rope or chain
जेवन (*jevan*) *m.* eating
जेवनार (*javnār*) *f.* feast, banquet
ज़ेवर P (*zevar*) *m.* ornament

जे़वरात P (*zevrāt*) *m.* & *pl.* ornaments, jewellery

जेह (*jeh*) *f.* a bow-string

जे़हन A (*zehan*) *m.* 1. brain 2. intellect 3. acuteness (of mind), acumen (better ज़ेह्न)

जे़हननशीन करना *v.t.* to impress on the mind

जे़हन लड़ाना *v.t.* to think, to ponder over

जैकेट E (*jaikeṭ*) *m.* jacket

जै-जैवंती (*jaijaivantī*) *f.* a mixed and minor mode of music

जै़तून A (*zaitūn*) *m.* olive (tree and fruit)

जै़तून का तेल *m.* olive oil

जै़तूनी A (*zaitūnī*) *a.* olivaceous

जैन (*jain*) I. *m.* 1. a sect who follow the teachings of Jain Tirthankaras 2. Jain, a follower of Jainism II. *a.* Jain, of or pertaining to Jainism

जैन-दर्शन *m.* Jain philosophy

जैन-धर्म *m.* Jain religion, Jainism

जैनधर्मी I. *a.* of or belonging to Jainism II. *m.* follower of Jainism

जैनी (*jainī*) *a.* & *m.* (follower) of Jain religion, a Jain

जैव (*jaiv*) *a.* relating to life or living objects, organic, vital, biotic, biological

जैव-अन्वेषण *m.* biological research

जैव-उद्गम *m.* organic origin

जैव-घटना *f.* vital event

जैव-पदार्थ *m.* organic matter

जैव-भूगोल *m.* biogeography

जैव-रसायन *m.* biochemical

जैव-विकास *m.* organic evolution

जैव-विज्ञान *m.* biological science

जैव-शक्ति *f.* vital force

जैव-समायोजन *m.* biological adjustment

जैविक (*jaivik*) *a.* biotic, biological, organic

जैविक विकास *m.* biological evolution

जैविक सर्वेक्षण *m.* biological survey

जैविकी (*jaivikī*) *f.* organics, biology

जैसा (*jaisā*) *a.* similar to, as, such as, resembling

जैसा ऊपर दिया गया है as (given) above

जैसा करो वैसा भरो (*मु.*) as you sow so shall you reap

जैसा का तैसा (*मु.*) *a.* just as the original, just as before, as it was, in the same way

जैसा कि *conj.* as though, as

जैसा चाहो as you please

जैसा देश वैसा भेस (*लो.*) when in Rome do as the Romans do

जैसा बाप वैसा बेटा (*लो.*) like father like son, chip of the old block

जैसा राजा वैसी प्रजा (*लो.*) as the king so are the subjects

जैसी करनी वैसी भरनी (*लो.*) as you sow so shall you reap

जैसे का वैसा as it was, unaltered

जैसे को तैसा (*लो.*) tit for tat, measure for measure

जैसे (*jaise*) *adv.* as, just as

जैसे चाहिए as it should be

जैसे-जैसे (*मु.*) *adv.* in proportion as, just as

जैसे-तैसे *adv.* somehow, anyhow

जैसे बने (*मु.*) *adv.* as best as you can

जैसे भी हो *adv.* anyhow, by hook or by crook

जैसे ही *adv.* just as, as soon as

जैसे हो सके as it may be possible

जैस्पर E (*jaispar*) *m.* jasper (a variety of quartz)

जोँक (*joṁk*) *f.* leech

जोंक लगाना *v.t.* to apply leeches

जोंक हो के लिपटना *v.i.* to stick like a leech

जोँधरी (*joṁdharī*) *f.* millet

जो (*jo*) I. *pron.* that, who, which, what II. *conj.* if
जो कुछ whatever, whatsoever, anything
जो कुछ भी हो come what may
जो कोई whoever, who, anyone
जो गरजते हैं वे बरसते नहीं *(लो.)* barking dogs seldom bite
जो फल चखा नहीं वही मीठा *(लो.)* forbidden fruit tastes sweet
जो पत्र (मैंने लिखा था) the letter which I had written
जो पुरुष (आया था) the man who (had come)
जो भी हो at any rate, however
जो मैं ऐसा जानती if I had known it
जो हो come what may, anyway
जो होना था सो हो गया what is done is done
जो हो सकता है what is possible
जोकर E (*jokar*) *m.* joker, clown
जोख (*jokh*) *f.* weighing (as in नापजोख *q.v.*)
जोखना (*jokhnā*) *v.t.* 1. to weigh 2. to estimate 3. to evaluate 4. to think of the pros and cons (of something)
जोखा (*jokhā*) *m.* amount (as in लेखा-जोखा *q.v.*)
जोखाई (*jokhāī*) *f.* 1. weighing 2. weighman's fee or charges
जोखिम (*jokhim*) *m.* risk, hazard
जोखिम उठाना *v.t.* to take/run the risk
जोखिम का काम *m.* hazardous/risky job
जोखिम धनी के सिर at owner's risk
जोखिम में डालना *v.t.* to risk
जोखिम में जान डालकर *adv.* at life's risk
जोखिम में पड़ना *v.i.* to run the risk
जोखिमी (*jokhimī*) *a.* risky, hazardous
जोखिमी निवेश *m.* hazardous/speculative investment
जोखों (*jokhoṁ*) *m.* risk, hazard (= जोखिम *q.v.*)
जोग (*jog*) *m.* abstract contemplation, meditation
जोग लेना *v.t.* to retire from the world, to become an ascetic
जोग साधना *v.t.* to lead the life of an ascetic
जोगिन (*jogin*) *f.* 1. a female ascetic 2. wife of an ascetic
जोगिनी (*joginī*) *f.* (same as जोगिन)
जोगिया (*jogiyā*) *a.* 1. ascetic, sadhu, hermit 2. reddish brown (colour), ochre-coloured (of or pertaining to a जोगी)
जोगिया बाबा *m.* garb/robe of an ascetic
जोगिया वेश *m.* garb of an ascetic
जोगिया वेश धारण करना *v.t.* (a) to put on the garb of an ascetic (b) to become a yogi or sadhu
जोगी (*jogī*) *m.* ascetic, sadhu, hermit
जोगी का फेरा *m.* a short visit
जोगीड़ा (*jogīṛā*) *m.* 1. a kind of Holi song 2. a small band of singers
जोड़ (*joṛ*) *m.* 1. joint 2. link 3. seam 4. coupling 5. soldering 6. weld 7. patch 8. addition, sum, total 9. match, peer, equal 10. connection
जोड़ का आदमी *m.* of equal status
जोड़ का चिह्न *m.* plus sign (+)
जोड़ का शब्द *m.* equivalent
जोड़-तोड़ *m.* manoeuvring, machination
जोड़-तोड़ करना *v.t.* to intrigue, to manoeuvre
जोड़दार *a.* jointed
जोड़-पट्टी *f.* fishplate
जोड़ बाक़ी *f.* addition and subtraction
जोड़ लगाना *v.t.* (a) to total (b) to solder
कुल जोड़ *m.* grand total

हड्डी का जोड़ *m.* joint of a bone
हड्डी का जोड़ बैठाना *v.t.* to set the bone (joint)

जोड़ना (*joṛnā*) *v.t.* 1. to join 2. to unite 3. to solder 4. to add 5. to total 6. to hoard, to amass 6. to set 7. to attach 8. (of bone) to connect 9. to cement 10. to assemble (parts)
अक्षर जोड़ना *v.t.* to compose
कहानी जोड़ना *v.t.* to make up a story
संबंध जोड़ना *v.t.* to form a relationship
हाथ जोड़ना *v.t.* to fold hands
हिसाब जोड़ना *v.t.* to make an account

जोड़ा (*joṛā*) *m.* 1. pair 2. couple 3. suit, set
जोड़ा-जोड़ा in pairs
जोड़ा खाना *v.t.* to copulate
जोड़ा बदलना *v.t.* to change clothes
जोड़ा मिलाना *v.t.* to pair
कपड़ों का जोड़ा *m.* set of clothes
वर-कन्या का जोड़ा *m.* couple

जोड़ाई (*joṛāī*) *f.* 1. joining 2. soldering 3. attaching 4. the wage for joining or soldering

जोड़ी (*joṛī*) *f.* 1. couple 2. pair 3. carriage drawn by a pair of horses
जोड़ीदार *m.* (a) comrade, co-worker (b) match
पति-पत्नी की जोड़ी husband and wife
बैलों की जोड़ी pair of bullocks
मुगदर की जोड़ी pair of clubs

जोत[1] (*jot*) *f.* (agricultural) 1. holding 2. cultivation, tillage 3. right to till a land, rent paid by cultivator
जोत का क्षेत्रफल *m.* area of holding
जोत भूमि *f.* area under cultivation

जोत[2] (*jot*) *f.* 1. yoke 2. yoking, strap or cord that fastens the yoke

जोत[3] (*jot*) *f.* 1. lustre, brilliance 2. light 3. flame of a candle or lamp
जोत जगाना *v.t.* to ignite a flame, to light a lamp

जोतना (*jotnā*) *v.t.* 1. (of land) to till, to plough 2. (of a bullock or horse) to yoke, to harness 3. (somebody) to harness, to work, to yoke, to force to do work
जोतने वाला *m.* tiller, cultivator
जोती हुई ज़मीन *f.* tilled soil, cultivated land

जोताई (*jotāī*) *f.* 1. ploughing, tillage 2. remuneration paid for ploughing

जोताना (*jotānā*) *v.t.* 1. to cause to plough, to make somebody cultivate or till (the land) 2. to get a horse or bullock yoked or harnessed

जोतिया (*jotiyā*) *m.* ploughman, farmer, peasant, cultivator

जोती (*jotī*) *f.* 1. string which suspends the scales of a balance 2. strap or cord which fastens the yoke to the neck of the bullock

जोबन (*joban*) *m.* 1. youth, the prime of life 2. youthfulness, bloom of youth 3. full bloom (of plants)
जोबन आना/चढ़ना *v.i.* to be adolescent, to attain the bloom of youth
जोबन उतरना/ढलना *v.i.* to cross the threshold of youthfulness
जोबन के दिन *m.* youthful days
जोबन छाना *v.t.* youth to bloom
जोबन पर आना *v.i.* (a) to be in full bloom (b) to attain the age of puberty
जोबन लूटना *v.t.* to enjoy the youth (of a woman)

ज़ोम A (*zom*) *m.* 1. fervour, vigour 2. zeal, enthusiasm 3. vanity, pride

ज़ोर P (*zor*) *m.* 1. force 2. strength, power 3. vigour, might 4. pressure 5. emphasis 6. stress 7. influence 8. exertion 9. strain (other meanings in context)
ज़ोर-आज़माई *f.* trial of strength
ज़ोर आज़माना *v.t.* to have a trial or

test of one's strength
ज़ोर आना *v.i.* to acquire strength
ज़ोर करना *(मु.) v.t.* to practise wrestling, to wrestle for practice
ज़ोर कराना *v.t.* to train for wrestling
ज़ोर का दर्द *m.* severe pain
ज़ोर का धमाका *m.* loud blast
ज़ोर की बारिश *f.* heavy rain
ज़ोर की लड़ाई *f.* fierce/pitched battle
ज़ोर चलना *(मु.) v.i.* (a) to have one's way (b) to have influence over
ज़ोर चलाना *v.t.* (a) to force (b) to compel
ज़ोर जताना *v.t.* to display one's power or authority
ज़ोर-ज़ुल्म *m.* oppression
ज़ोर-ज़ुल्म करना *v.t.* to oppress
ज़ोर टूटना *v.i.* to give way
ज़ोर डालना *(मु.) v.t.* (a) to press, to emphasize (b) to pressurise, to strain
ज़ोरदार *a.* forceful, strong
ज़ोर देकर कहना *v.t.* to say emphatically
ज़ोर देना *(मु.) v.t.* (a) to strengthen (b) to stress (c) to emphasize
ज़ोर पकड़ना *(मु.) v.t.* to gain momentum
ज़ोर पड़ना *v.i.* (a) to be pressurized (b) to be compelled (c) to be emphasized
ज़ोर पहुँचाना *v.t.* to influence through somebody
ज़ोर बाँधना *(मु.) v.t.* to gather momentum
ज़ोर मारना *(मु.) v.t.* to try one's hardest
ज़ोर लगाना *(मु.) v.t.* (a) to apply force (b) to make utmost effort, to do one's best
ज़ोर-शोर *m.* gusto, vigour and zest
ज़ोर-शोर से *adv.* with much ado, with gusto
ज़ोर से *adv.* vigorously, powerfully, forcibly
ज़ोरों की हँसी *f.* loud laughter
ज़ोरों पर होना *(मु.) v.i.* to be in full swing
ज़ोरों से बरसना *v.i.* to rain heavily
काम का ज़ोर *m.* rush of work
पानी का ज़ोर *m.* rush of water
रोग का ज़ोर *m.* fury of a disease
पूरे ज़ोरों से *adv.* with full force, most emphatically

ज़ोराज़ोरी (*zorāzorī*) I. *adv.* as per force, forcibly, violently II. *f.* vigour, strength, might

ज़ोरावर P (*zorāvar*) *a.* 1. strong, energetic 2. high handed

ज़ोरावरी P (*zorāvarī*) *f.* 1. might, force 2. highhandedness

जोरू (*jorū*) *f.* wife
जोरू का गुलाम/मुरीद *m.* uxorious/slavish husband, hen-pecked husband
जोरू-जाँता *m.* household, household effects
न जोरू न जाँता अल्ला मियाँ से नाता *(लो)* no household no worldly cares

जोलाहा (*jolāhā*) *m.* weaver (better जुलाहा *q.v.*)

जोश P (*jos*) *m.* 1. zeal, enthusiasm 2. fervour, passion 3. excitement
जोश आना *v.i.* to get excited
जोश-खरोश *m.* frenzy
जोश खाना *(मु.) v.i.* to get excited
जोश ठंडा पड़ना *(मु.) v.i.* to cool down
जोश दिलाना *v.t.* to incite, to provoke, to instigate, to stimulate
जोश मारना *v.t.* (a) to be agitated (b) to be in passion (c) to bubble up
जोश में आना *(मु.) v.i.* to be warmed up, to be agitated or excited, to be enraged
जवानी का जोश *m.* ardour or fire of youth

जोशांदा P (*jośāndā*) *m.* a decoction used as a remedy for cough and cold

जोशीला P (*jośīlā*) *a.* 1. spirited, vigorous, energetic 2. ardent, zealous, enthusiastic

जोशीलापन P (*jiśīlāpan*) *m.* zealousness, enthusiasm

जोहड़ (*johaṛ*) *m.* pool of water, pond, tank (usually one in which rain water collects)

जोहना (*johanā*) *v.t.* 1. to look, to see longingly or eagerly 2. to look for, to search out, to find out

बाट जोहना *v.t.* to wait for, to await

जौंरा-भौंरा (*jaumrābhaumrā*) *m.* a pair of children born together, twins

जौ (*jau*) *m.* barley

जौ-कुट *a.* half-pounded, coarsely ground

जौ-खार *f.* alkali prepared from the ashes of burnt barley straw

जौ-बराबर *a.* /**जौ-भर** *a.* just a grain

जौ-भर भी नहीं the tiniest amount, a jot

ज़ौजा P (*zaujā*) *f.* wife (now becoming obsolete as a legal term)

जौहर P (*jauhar*) *m.* 1. Rajput custom in which women resorted to self-immolation to save their honour 2. gem, jewel, precious stone 3. merit, virtue 4. skill 5. excellence

जौहर दिखाना *(मु.) v.t.* to show one's skill

तलवार का जौहर *m.* skill in swordsmanship

जौहरी A (*jauharī*) *m.* 1. jeweller 2. connoisseur 3. appraiser of precious stones

कला का जौहरी *m.* connoisseur of art

ज्ञ[1] (*jña*) *m.* a conjunct consonant, pronounced in Sanskrit as ज्ञ jñ, but in Hindi as gȳ and sometimes as gy

ज्ञ[2] (*jña*) *suff.* & *a.* denoting one having knowledge of (as in अल्पज्ञ, विशेषज्ञ, शास्त्रज्ञ *q.v.*)

ज्ञप्ति (*jñapti*) *f.* 1. understanding, comprehension 2. a known thing

ज्ञात (*jñat*) *a.* known

ज्ञातयौवना *f.* the heroine who is conscious of her youthfulness

ज्ञात राशि *f.* known quantity

ज्ञात होना *v.i.* (a) to be known (b) to appear, to seem

ज्ञातव्य (*jñātavya*) *a.* 1. knowable, worth-knowing 2. perceptible

ज्ञाता (*jñātā*) *m.* 1. one who knows, knower 2. scholar 3. an intelligent person

ज्ञातान्वय (*jñātānvay*) *a.* of known lineage or descent

ज्ञाति (*jñāti*) *f.* a person related by blood, kin, kindred, kinsman

ज्ञाति-कुटुंब *m.* kith and kin, relative

ज्ञातित्व (*jñātitva*) *m.* relationship

ज्ञान (*jñān*) *m.* 1. knowledge, comprehension 2. learning 3. realisation 4. information 5. sense 6. consciousness

ज्ञान-कांड *m.* that inner or esoteric portion of the Vedas which relates to spiritual knowledge

ज्ञानकृत *a.* done knowingly, done deliberately or intentionally

ज्ञानकोश *m.* book of knowledge

ज्ञानगत *a.* relating to knowledge

ज्ञानगर्भित *a.* full of knowledge, instructive

ज्ञानगोचर *a.* experienced through knowledge, knowable

ज्ञानचक्षु *m.* (a) mind's eye, inner perception or vision (b) one who is blessed with intellect or inner perception

ज्ञान छाँटना *v.t.* to show one's pedantry

ज्ञान-तृष्णा *f.* intense desire for knowledge

ज्ञानदाता *m.* preceptor, giver of knowledge (*fem.* ज्ञानदात्री)
ज्ञान-दृष्टि *f.* clear vision or perception
ज्ञान-निष्ठ *a.* devoted to knowledge
ज्ञान-पिपासा *f.* thirst for knowledge
ज्ञान-पिपासु *a.* thirsty for knowledge, desirous to acquire knowledge
ज्ञानमय *a.* (a) full of knowledge (b) conscious
ज्ञानमार्ग *m.* knowledge as the way or means leading to beatitude or bliss
ज्ञानमीमांसा *f.* epistemology
ज्ञानमीमांसीय द्वैतवाद *m.* epistemological dualism
ज्ञानयोग *m.* knowledge as a means of salvation or liberation of the soul
ज्ञानलिप्सा *f.* passion for knowledge or learning
ज्ञानवर्धक *a.* informative
ज्ञानवाद *m.* theory that knowledge is the *summum bonum* of life
ज्ञानवादी *m.* one who believes in the theory of knowledge as the *summum bonum* of life
ज्ञानवान *a.* learned, well-informed, erudite
ज्ञानवृद्ध *a.* veteran
ज्ञानशक्ति *f.* the faculty of knowledge

ज्ञानालय (*jñānālay*) *m.* academy, institution of learning

ज्ञानाश्रयी (*jñānāśrayī*) *a.* 1. believing in the theory of knowledge as a means of beatitude or salvation 2. of or pertaining to knowledge

ज्ञानी (*jñanī*) *m.* & *a.* learned or well-informed person, savant

ज्ञानेंद्रिय (*jñāneṁdriy*) *f.* sense organs

ज्ञानोदय (*jñanoday*) *m.* rise of knowledge, enlightenment

ज्ञापक (*jñāpak*) *a.* informative, instructive, educative

ज्ञापन (*jñāpan*) *m.* memorandum

ज्ञापयिता (*jñāpayitā*) *m.* 1. informer 2. proclaimer

ज्ञापित (*jñāpit*) *a.* 1. informed, notified 2. proclaimed 3. advertised

ज्ञाप्य (*jñapya*) *a.* to be made known, comprehensible

ज्ञेय (*jñey*) *a.* knowable, worthknowing

ज्ञेयता (*jñeytā*) *f.* 1. knowability 2. knowledge

ज्ञेयार्थ (*jñeyārtha*) *m.* cognitive import

ज्या (*jyā*) *f.* 1. bow-string 2. the earth 3. (माता) mother 4. (maths) sine of an angle

ज्या-स्थिति (*jyā sthiti*) *f.* sine position

ज़्यादती P (*zyādatī*) *f.* 1. excess, exuberance, abundance 2. high-handedness, oppression 3. tyranny, torture
अफ़सर की ज़्यादतियाँ *f.* excesses of an officer
ज़्यादती करना *v.t.* to be high-handed

ज़्यादा A (*zyādā*) *a.* 1. much 2. many 3. more 4. excessive 5. extra 6. plenty
ज़्यादा से ज़्यादा (a) *a.* at the most (b) maximum
कहीं ज़्यादा *a.* much more
ज़रूरत से ज़्यादा *a.* more than enough

ज़्यादातर P (*zyādātar*) *a.* more than half, in majority, in large number

ज्यामिति (*jyāmiti*) *a.* geometry

ज्यामितिक (*jyāmitik*) *a.* geometrical

ज्यामितीय (*jyāmitīy*) *a.* geometrical
ज्यामितीय आरेख *m.* geometrical diagram
ज्यामितीय रचना *f.* geometrical construction

ज्यूरी (*jyūrī*) *f.* jury

ज्येष्ठ (*jyeṣṭha*) I. *a.* 1. senior, seniormost 2. eldest, firstborn 3. oldest II. *m.* 1. the third month of Vikrami calendar (May-June) 2. husband's elder brother
ज्येष्ठ तात *m.* father's elder brother
ज्येष्ठ वर्ण *m.* senior caste, Brahman

ज्येष्ठता (*jyeṣṭhatā*) *f.* 1. seniority 2. primogeniture 3. elderliness

ज्येष्ठा (*jyeṣṭhā*) *f.* 1. elder sister 2. name of the eighteenth lunar mansion (नक्षत्र) 3. the middle finger 4. an epithet of the river / goddess Ganga

ज्येष्ठाधिकार (*jyeṣṭhādhikār*) *m.* (right of) primogeniture, the right of the first-born to succession

ज्येष्ठाश्रम (*jyeṣṭhāśram*) *m.* household,

ज्यों (*jyoṁ*) *adv.* as, in the like manner, in such a manner

ज्यों का त्यों *(मु.) adv.* & *a.* as it was, intact, unaltered, in its entirety, the very same, exactly the same, as in fact

ज्यों-ज्यों *(मु.)* as, as by degrees

ज्यों-त्यों करके *(मु.) adv.* somehow, by some means, with much difficulty

ज्यों ही *adv.* the very moment, as soon as, no sooner than

ज्योति (*jyoti*) *f.* 1. vision 2. light 3. luminosity, radiance, brightness, lustre, splendour 4. flash 5. flame 6. the sun 7. star 8. fire

ज्योतिपुंज *m.* cluster of rays

ज्योतिमंडल *m.* planetary system

ज्योतिशिखा *f.* flame

ज्योतित (*jyotit*) *a.* luminous, flooded with light, brightened

ज्योतिर्मय (*jyotirmay*) *a.* luminous, radiant, lustrous, brilliant, bright, glittering

ज्योतिर्मयता (*jyotirmaytā*) *f.* luminance, brilliance, radiance, lustrousness, brightness

ज्योतिर्मिति (*jyotirmiti*) *f.* photometry

ज्योतिर्विद्या (*jyotirvidyā*) *f.* astronomy, astronomical science

ज्योतिर्विद (*jyotirvid*) *m.* astronomer, uranographer

ज्योतिर्लिंग (*jyotirliṁg*) *m.* an epithet of Shiva

ज्योतिर्लोक (*jyotirlok*) *m.* the luminous world, paradise

ज्योतिष (*jyotiṣ*) *m.* astronomy, astrology

ज्योतिष दूरदर्शी *m.* astronomical telescope

ज्योतिष लगाना *v.t.* to foretell by astrology

ज्योतिषी (*jyotiṣī*) *m.* 1. astrologer 2. astronomer 3. fortune-teller

ज्योतिष्क (*jyotiṣk*) *m.* heavenly body, planet, star

ज्योतिष्मती (*jyotiṣmatī*) I. *f.* night II. *a.* luminous, bright, glittering

ज्योतिष्मान (*jyotiṣmān*) *a.* luminous, resplendent, lustrous, radiant, bright, shining, blazing

ज्योतिहीन (*jyotihīn*) *m.* 1. non-luminous 2. without vision

ज्योत्स्ना (*jyotsnā*) *f.* moonlight, moonbeam

ज्योत्स्नाप्रिय *m.* Greek partridge (= चकोर)

ज्योत्स्नामय *a.* full of moonlight, moonlit, gleaming

ज्योत्स्नी (*jyotsnī*) *f.* moonlit night

ज्योनार (*jyonār*) *f.* feast, banquet

ज्यौतिष (*jyautiṣ*) *a.* of or belonging to astronomy or astrology

ज्वर (*jvar*) *m.* fever

जीर्ण ज्वर chronic fever

विषम ज्वर malarial fever

ज्वर आना *v.i.* to be attacked by fever

ज्वर उतरना *v.i.* fever to come down

ज्वरकारी *a.* pyretic

ज्वर चढ़ना *v.i.* fever to go up

ज्वरनाशक/नाशी *a.* antifebrile, antipyretic

ज्वरमापी *m.* clinical thermometer

ज्वर होना *v.i.* to catch/get fever

ज्वलंत (*jvalant*) *a.* 1. shining, glaring, sparkling, radiant 2. blazing, burning 3. striking, conspicuous

ज्वलंत उदाहरण *m.* glaring/striking example

ज्वलंत प्रमाण *m.* clear proof

ज्वलंत प्रश्न *m.* burning question

ज्वलन (*jvalan*) *m.* 1. burning, ignition 2. glittering 3. burning sensation 4. flame 5. fire

ज्वलनशील *a.* inflammable, combustible

ज्वलनशीलता *f.* inflammability, combustibility

ज्वलित (*jvalit*) *a.* 1. lighted, set ablaze, burnt 2. burnt away, consumed 3. shining, glaring, radiant, resplendent, bright

ज्वार[1] (*jvār*) *m.* tide, flood tide

ज्वार तल *m.* high water level

ज्वार धारा *f.* tidal current

ज्वारभाटा *m.* high and low tide, ebb-tide

ज्वार-भित्ति *f.* tidal bore

ज्वार-शक्ति *f.* tidal power

ज्वार[2] (*jvār*) *f.* millet, *Sorghum vulgare*

ज्वाल (*jvāl*) *m.* burning, blazing

ज्वाला (*jvālā*) *f.* 1. flame, blaze 2. burning sensation

ज्वालामुख *m.* crater

ज्वालामुखी *m.* volcano

ज्वालाकुंड *m.* caldera

ज्वालामुखी विवर *m.* crater

ज्वालामुखी पर्वत *m.* volcanic mountain

ज्वालामुखी विज्ञान *m.* volcanology

ज्वालामुखी विज्ञानी *m.* volcanologist

ज्वालाशील *m.* volcanic rock

झ

झ (*jh*) the ninth consonant of the Devanagari syllabary

झं (*jhaṁ*) *m.* 1. sound of the metal utensils striking against one another 2. sound of clash of arms

झंकार (*jhaṅkār*) *f.* 1. jingling, clanging, tinkling, clanking, ringing 2. chirping of a cricket

झंकारना (*jhaṅkārnā*) *v.i.* 1. to chirp as a cricket 2. to rattle, to jingle, to clang, to clank

झंकृत (*jhaṅkṛt*) *a.* 1. clanging, clanking, jingling, ringing. 2. tinkled, jingled

झंकृति (*jhaṅkṛti*) *f.* 1. jingling, clanging, tinkling, clanking, ringing 2. chirping of a cricket (= झंकार *q.v.)*

झंखाड़ (*jhaṅkhāṛ*) *m.* tree with thorny branches, thorny bush

झाड़-झंखाड़ *m.* thick cluster of thorny bushes, brambles

झँगा (*jhaṁgā*) *m.* a long frock or coat

झँगुला (*jhaṁgulā*) *m.* baby's shirt

झंजोड़ना (*jhañjoṛnā*) *v.t.* 1. to pull and gnaw, to rend and tear (as a dog does with a bone) 2. to shake violently 3. to grapple with (better झँझोड़ना *q.v.)*

झंझट (*jhañjhaṭ*) *f.* 1. annoying situation, imbroglio 2. wrangling, quarrel. 3. botheration, unnecessary responsibility 4. trouble, difficulty 5. annoyance, vexation

झंझट उठाना *v.t.* to bear a trouble

झंझट करना *v.t.* to create a fuss, to quarrel

झंझट मोल लेना *(मु.) v.i.* to involve oneself in trouble, to invite trouble

झंझटिया (*jhañjhaṭiyā) a.* & *m.* contentious, quarrelsome (fellow)

झंझटी (*jhañjhaṭī*) *a.* 1. (of a person) trouble-making 2. (of work) troublesome, intricate, perplexing

झंझरी (*jhañjhrī*) *f.* 1. lattice, network 2. grate 3. latticed window. 4. sieve 5. gauze of an oven 6. ladle with holes

झंझरीदार *a.* (a) latticed, netted (b) gauzy

झंझा (*jhañjhā*) *f.* 1. noise of the wind or of falling rain 2. squall, violent gust, storm, hurricane, gale, tempest

झंझावर्त *m.* cyclone, tornado

झंझावर्तमय *a.* stormy, tempestuous, cyclonic

झंझावात *m.* stormy wind, gale

झंझावर्षा *f.* squally rain

झंझानिल (*jhañjhānil*) *m.* stormy wind, gale, squall

झँझोड़ना (*jhaṁjhoṛnā*) *v.t.* 1. to pull and gnaw, to rend and tear (as a dog does a bone) 2. to shake violently 3. to grapple with

झंडा (*jhaṇḍā*) *m.* (*dim.* झंडी) flag, ensign, banner

झंडा उठाना (*मु.*) *v.t.* to hold the banner aloft, to take up a cause

झंडा खड़ा करना (*मु.*) *v.t.* to hoist a flag, to set up a banner, to invoke people to fight for a cause, to start a new movement

झंडा गाड़ना (*मु.*) *v.t.* (a) to implant a standard, to set up a flag (b) to gain victory (c) to hoist a flag as a sign of victory or possession

झंडा झुकाना *v.t.* (a) to lower the flag (b) to put the flag at half mast (c) to show mourning or defeat

झंडा फहराना/लहराना (*मु.*) *v.t.* to wave/fly a flag, to hoist a flag

झंडे तले आना (*मु.*) *v.i.* (a) to come under one flag (b) to unite for a cause

राष्ट्रीय झंडा *m.* national flag

झंडाभिवादन (*jhaṇḍābhivādan*) *m.* saluting a flag

झंडी (*jhaṇḍī*) *f.* small flag, bunting

झंडियाँ लगाना *v.t.* to put up buntings

लाल झंडी red signal for danger ahead

हरी झंडी green signal for clearance

हरी झंडी दिखाना (*मु.*) *v.t.* to give a green signal

झँडूला (*jhaṁḍūlā*) *a.* 1. (of a child) whose tonsure ceremony has not yet been performed. 2. (of tree) having thick foliage, having dense leaves

झंडोत्तोलन (*jhaṇḍoṭṭolan*) *m.* (ceremony of) flag-hoisting

झंपन (*jhampan*) *m.* cover, covering

झँपना (*jhaṁpnā*) *v.i.* 1. to be covered, to be concealed 2. to make a sudden attack, to assault 3. to feel ashamed, to blush

आँखें झँपना *v.i.* eyes to close

झंपान (*jhampān*) *m.* a wicker-work cot in which coolies in hills carry a man on their backs

झँवाना (*jhaṁvānā*) I. *v.i.* 1. to become dusky 2. to fade away 3. to wither 4. to be rubbed with a pumice stone 5. to decrease, to diminish due to burning or drying 6. to become exhausted 7. to be extinguished II. *v.t.* 1. to make dusky 2. to cause to fade away 3. to rub with pumice stone 4. to cause exhaustion 5. to abash

झँसना (*jhaṁsnā*) *v.t.* 1. to rub oil (on any part of the body especially the head and the feet) 2. to grab or snatch away something by trick or by fraud

झई (*jhaī*) *f.* same as झाँई

झक[1] (*jhak*) *f.* 1. craze, whim, idiosyncrasy 2. fantasy

झक चढ़ना/लगना या सवार होना (*मु.*) *v.i.* to have a craze for, to be crazy

झक[2] (*jhak*) *a.* 1. bright, shining 2. clear, clean, white

झकझक (*jhakjhak*) *f.* 1. foolish talk, nonsense, jabber, chatter 2. wrangling, dispute

झकझक बंद करो stop this nonsense

झकझक होने लगी dispute ensued

झकझोरना (*jhakjhornā*) *v.t.* to shake or jerk violently, to give a violent shake

झकझोरा (*jhakjhorā*) *m.* a violent jerk

झकाझक (*jhakājhak*) *a.* 1. spotlessly clean, shining, tidy, clean and tidy 2. shining, glittering

झकार (*jhakār*) *m.* the letter झ and its sound

झकारांत (*jhakārānt*) *a.* (word) ending in झ

झकोर (*jhakor*) *f.* 1. shaking 2. shock 3. gush (of air)

झकोरना (*jhakornā*) *v.t.* 1. to shake, to move 2. to leaf (as wind or rain, to gush through)

झकोरा (*jhakorā*) *m.* 1. shaking, wavering 2. violent motion. 3. gush, whiff, gusto, blast (of wind or rain) 4. push, drive 5. a swing

झकोलना (*jhakolnā*) *v.t.* 1. to shake, to move 2. to beat or splash (as wind or rain) (= झकोरना *q.v.*)

झकोला (*jhakolā*) *m.* 1. shaking, wavering 2. violent motion 3. gush, whiff, gusto, blast (of wind or rain) 4. push, drive 5. a swing (= झकोरा *q.v.*)

झक्कड़ (*jhakkaṛ*) *m.* squall, gale, tempest, hurricane
झक्कड़ चलना *v.i.* storm to rage

झक्की (*jhakkī*) *a.* 1. crazy, crank, eccentric, whimsical 2. chatterer, prater

झक्कीपन (*jhakkīpan*) *m.* craziness, eccentricity, whimsicality

झख (*jhakh*) *f.* incoherent speech, babble, foolish speech, nonsense
झख मार के करना *v.t.* to do something willy-nilly
झख मारना *(मु.)* *v.t.* to be wasting time, to idle away

झगड़ना (*jhagaṛnā*) *v.i.* to wrangle, to quarrel, to contend, to altercate

झगड़ा (*jhagṛā*) *m.* quarrel, dispute, altercation
झगड़ा करना *v.t.* to wrangle, to quarrel, to contend, to altercate (= झगड़ना *q.v.)*
झगड़ा खड़ा करना *(मु.)* *v.t.* to start a quarrel, to make/create a scene
झगड़ा खत्म करना *v.t.* to patch up, to end a dispute
झगड़ा छेड़ना *v.t.* to initiate a dispute or altercation
झगड़ा-टंटा *m.*/**झगड़ा-बखेड़ा** *m.* troublesome affair, imbroglio
झगड़ा तय करना *v.t.* to settle a dispute or quarrel
झगड़ा निपटाना *v.t.* to settle a quarrel, to patch up
झगड़ा मोल लेना *(मु.)* *v.t.* to pick up a quarrel, to involve oneself in a dispute/quarrel, to invite trouble or a quarrel
झगड़ा शान्त करना *v.t.* to pour oil on troubled waters
झगड़े की जड़ *(मु.)* *f.* root cause of a trouble
झगड़े की बात *f.* disputable issue
झगड़े में पड़ना *v.i.* to get into trouble, to look for trouble

झगड़ालू (*jhagṛālū*) *a.* quarrelsome, wrangling, disputatious, contentious

झगड़ालूपन (*jhagṛālūpan*) *m.* quarrelsomeness, wrangling

झगला (*jhaglā*) *m.* a loose garment for children

झगा (*jhagā*) *m.* (same as झगला *q.v.)*

झगुला (*jhagulā*) *m.* /**झगुली** (*jhagulī*) *f.* a child's frock or loose garment (reaching the feet)

झज्झर (*jhajjhar*) *f.* a large porous water vessel, goblet

झझक (*jhajhak*) *f.* 1. hitch, hesitation 2. timidity 3. shyness 4. inhibition (better झिझक *q.v.)*

झझकना (*jhajhaknā*) *v.i.* to hesitate, to feel shy, to get inhibited, to hang back (better झिझकना*)*

झझकाना (*jhajhkānā*) *v.t.* to startle

झट (*jhaṭ*) *adv.* instantly, at once, immediately, forthwith (also झट से)

झटक (*jhaṭak*) *f.* 1. jerk, shake, wrench 2. toss, throw 3. twitch, quick sudden pull

झटकना (*jhaṭaknā*) I. *v.t.* 1. to pull with a jerk, to give a sharp short pull at, to twitch. 2. to take with a sudden motion, to whisk 3. to grab, to snatch, to wrench. II. *v.i.* to become lean and thin, to be physically reduced

झटका (*jhaṭkā*) *m.* 1. jerk, jolt, twitch, shock. 2. shake, jog 3. an animal slaughtered with one jerk
झटका खाना *v.t.* (a) to get a jerk or shock (b) to be reduced in health
झटका देना *v.t.* to give a jolt, to twitch, to jerk
झटका मारना *v.t.* to give a shock
झटका लगना *(मु.)* *v.i.* to receive a shock, to feel a twitch, to get a jolt
झटका से *adv.* /**झटके से** *adv.* with a jerk

झटकाना (*jhaṭkānā*) *v.t.* 1. to shake 2. to pull with a jerk, etc. (see झटकना)

झटकारना (*jhaṭkārnā*) *v.t.* 1. to give a jerk to, to shake off, to twitch 2. to grab, to snatch away 3. to pull

झटपट (*jhaṭpaṭ*) *adv.* 1. instantaneously, immediately, forthwith, at once 2. quickly 3. promptly

झटिका (*jhaṭikā*) *f.* storm, tempest, gale, hurricane, strong wind

झड़ (*jhaṛ*) *f.* 1. falling of leaves (as in पतझड़ *q.v.)* 2. downpour, continuous shower of rain 3. bolt of a lock (= झड़ी *q.v.)*

झड़झड़ाना (*jhaṛjhaṛānā*) *v.i.* 1. to flap wings 2. to shake 3. to cause to fall

झड़झड़ाहट (*jhaṛjhaṛāhaṭ*) *f.* 1. flapping (of wings) 2. shaking (of a tree) 3. falling 4. pulling

झड़न (*jhaṛan*) *f.* 1. falling off (of fruit from a tree) 2. falling (of hair, feathers), dropping, shedding 3. rubbing 4. shavings, parings, rubbish, sweepings 5. anything that drops or falls down as dust from table or clothes 6. extra income from irregular source 7. brokerage or interest deducted from the principal sum

झड़ना (*jhaṛnā*) *v.i.* 1. to drop, to fall off 2. to wither, to fade 3. to be discharged (as semen) 4. to be beaten or dusted (as clothes, carpets), to be shaken off 5. to rain, to shower 6. to be swept off/clean

झड़प (*jhaṛap*) *f.* skirmish, wrangling, snap, cockfight, brawl, wordy duel, altercation

झड़पना (*jhaṛapnā*) *v.t.* 1. to attack 2. to snatch away 3. to fight as cocks, to pounce upon

झड़पा-झड़पी (*jhaṛpājhaṛpī*) *f.* quarrel, brawl, contention, fight (especially cockfighting)

झड़पाना (*jhaṛpānā*) *v.t.* to make (birds) fight

झड़बेर (*jhaṛber*) *m.* fruit of a wild jujube tree (called झड़बेरी *q.v.)*

झड़बेरी (*jhaṛberī*) *f.* wild jujube bush, *Ziziphus rotundifolia*

झड़वाई (*jhaṛvāī*) *f.* 1. shaking off, dusting off 2. remuneration of shaking off fruit or dusting off carpets or clothes

झड़वाना (*jhaṛvānā*) *v.t.* 1. to get something dusted 2. to get somebody exorcised, 3. to cause to be fallen off (fruits from a tree) 4. to make somebody sweep or clean (a place)

झड़ाक (*jhaṛāk*) *m.* /**झड़ाका** (*jhaṛākā*) *m.* quickness, speed, readiness, haste
झड़ाक से *adv.* /**झड़ाके से** *adv.* with all speed, quickly, hurriedly, hastily

झड़ाझड़ (*jhaṛājhaṛ*) *adv.* continuously, constantly, in quick succession, unceasingly

झड़ाना (*jhaṛānā*) *v.t.* 1. to get something dusted 2. to have somebody exorcised 3. to get a place swept or cleaned 4. to get fruits off (from a tree)

झड़ी (*jhaṛī*) *f.* incessant rain, constant shower or pouring
झड़ी लगना *(मु.)* *v.i.* to have constant showers
गालियों की झड़ी *f.* shower or volley of abuses
प्रश्नों की झड़ी *f.* shower or volley of questions

झन (*jhan*) *f.* 1. the sound of metallic vessels striking against one another, jingling, clanking, clinking, tinkling 2. clash of swords, arms

झनक (*jhanak*) *f.* jingling, clanking, rattling, clinking (sound)
झनकदार *a.* clanking, clanging, tinkling, ringing

झनक-झनक (*jhanak-jhanak*) *f.* tinkling or jingling (of small bells or ornaments)

झनकना (*jhanaknā*) *v.i.* to jingle, to rattle, to clink, to clang, to ring, to clank

झनकना-पटकना *v.t.* to fret with bad temper, to be peevish or petulant, to be vexed

झनकार (*jhankār*) *f.* 1. jingling, clanging, tinkling, clanking, ringing 2. chirping of a cricket (see झंकार)

झनकारना (*jhankārnā*) *v.i.* 1. to chirp as a cricket 2. to rattle, to jingle, to clang, to clank (= झंकारना *q.v.)*

झनझन (*jhanjhan*) *f.* jingling or clanging sound (see झंकार)

झनझना (*jhanjhanā*) *m.* that which clangs or rattles

झनझनाना (*jhanjhanānā*) *v.i.* to rattle, to clang, to clink, to jingle, to ring, to tingle, to tinkle

हाथ झनझनाना *v.i.* hand to clink (as with a stroke)

झनझनाहट (*jhanjhanāhaṭ*) *f.* jingling, clanking, rattling clinking (sound) (same as झनक)

झनाझन (*jhanājhan*) I. *f.* continuous clanking/ringing II. *adv.* with a ringing or tinkling sound

झन्नाना (*jhannānā*) *v.i.* 1. tinkling or jingling sound 2. to feel as if needles are pricking the limbs (=झनझनाना *q.v.)*

झन्नाहट (*jhannāhaṭ*) *f.* 1. cramps 2. bitterness, acrimony, pungency

झप (*jhap*) *adv.* (झप से भी) at once. forthwith, then and there, immediately

झपक (*jhapak*) *f.* 1. wink, winking, blinking 2. twinkle 3. nap, doze

झपक लेना *v.t.* to take a nap, to doze

झपकना (*jhapaknā*) *v.t.* 1. to move to and fro, to swing 2. to nap, to doze 3. to wink, to blink 4. to twinkle

झपकाना (*jhapkānā*) *v.t.* to make the eyes blink or wink

झपकी (*jhapkī*) *f.* 1. wink, blink, twinkle 2. nap, doze

झपकी आना *(मु.) v.i.* to have a nap

झपकी लेना *v.t.* to have or take a nap or doze

झपट (*jhapaṭ*) *f.* 1. jerk, pull, snap, whisk 2. spring, bound, leap

झपटना (*jhapaṭnā*) *v.i.* 1. to dash at, to pounce, to swoop, to run or fly at, to catch at 2. to attack suddenly

झपट पड़ना *v.i.* to take by storm

झपट लेना *(मु.) v.t.* to seize, to grab, to snap at, to drag away

झपट्टा (*jhapaṭṭā*) *m.* swoop, dash, pounce, sally

झपट्टा मारना *(मु.) v.t.* to swoop down, to pounce, to make a dash at

किसी के झपट्टे में आना *v.t.* to fall (prey) into the clutches (of)

चील-झपट्टा *m.* a swoop or pounce as of a kite or hawk

झपताल (*jhaptāl*) *m.* a certain mode of play on tabla

झपना (*jhapnā*) *v.i.* to wink, to blink

झपनी (*jhapnī*) *f.* 1. cover 2. lid 3. a basket with a lid

झपाक (*jhapāk*) *f.* quickness, speed, promptness

झपाक से *adv.* quickly, hastily, all of a sudden

झपाका (*jhapākā*) *m.* quickness, speed, rapidity, haste

झपाके से *adv.* quickly, rapidly, post haste, with all speed

झपाझपी (*jhapājhapī*) *f.* hurry, haste

झपाझपी मचाना *v.t.* to make haste

झपाट (*jhapāṭ*) *f. adv.* quickness, speed, promptness (same as झपाक *q.v.)*

झपाटा (*jhapāṭā*) *m.* swoop, dash, pounce, sally (= झपट्टा *q.v.)*

झपास (*jhapās*) *f.* a sharp shower, driving rain

झपेट (*jhapeṭ*) *m.* 1. striking 2. striking

range, range of attack
झपेट में आना *v.i.* to come within the striking range
झपेटा (*jhapeṭā*) *m.* an attack of possession by a ghost or evil spirit (= झपेट *q.v.*)
झबका (*jhabkā*) *m.* an ear ornament
झबरा (*jhabrā*) *a.* (of an animal as dog) having long hair, hairy, shaggy
झबरीला (*jhabrīlā*) *a.* (of a boy) having curly hair
झब्बा[1] (*jhabbā*) *m.* 1. tassel 2. pendant
झब्बेदार *a.* tasselled
झब्बा[2] (*jhabbā*) *m.* basket
झमक (*jhamak*) *f.* 1. splendour, glitter, lustre, brightness 2. tinkling or clanging sound
झमकना (*jhamaknā*) *v.i.* 1. to glitter, to shine, to flash 2. to clang, to tinkle, to clink, to make a jingling or clanging sound (especially of small bells or ornaments of feet by moving or walking) 3. to strut about
आँखों में नींद झमकना *v.i.* to feel drowsiness
झमकाना (*jhamkānā*) *v.t.* 1. to cause to glitter or shine, to flash 2. to make a jingling or clanging sound by moving or walking 3. to show off brightly 4. to twinkle
झमकारा (*jhamkārā*) *m.* thundering or lightning cloud
झमकी (*jhamkī*) *f.* glare, flash, strong light, refulgence
झमकीला (*jhamkīlā*) *a.* 1. glittering, shining, resplendent, refulgent 2. fickle, inconstant, moving, changing
झमझम (*jhamjham*) *f.* the sound of heavy rain or shower, steady downpour
झमझमाना (*jhamjhamānā*) *v.i.* 1. to jingle, to clang, to produce a clanging or tinkling sound 2. to shine, to sparkle, to flash, to glitter 3. to dance (as the flame of a candle)
झमझमाहट (*jhamjhamāhaṭ*) *f.* glitter, glare, flash, refulgence, light, lustrousness (= झलक *q.v.*)
झमाका (*jhamākā*) *m.* 1. beating rain, heavy shower 2. heavy jingling sound 3. crash (as of breaking glass) 4. rapidity, quickness, dash, celerity
झमूरा (*jhamūrā*) *a.* hairy, shaggy, hirsute
झमेला (*jhamelā*) *m.* 1. imbroglio, complicated situation, difficulty, problem 2. botheration
झमेलिया (*jhameliyā*) *m.* mischief-maker, quarrelsome fellow, brawler
झर (*jhar*) *f.* 1. the sound produced in tearing cloth 2. (चीथड़ा) tatter, shred 3. the sound produced by dropping of water 4. flame, blaze, heat
झर-झर कर डालना *v.t.* to tear into threads
झरझर (*jharjhar*) *f.* the sound produced by the flow of water or wind
झरझर आँसू बहना *v.i.* falling of tears incessantly
झरझर करके *adv.* (a) in a gushing stream (b) in quick succession
झरण (*jharaṇ*) *m.* /**झरन** (*jharan*) *m.* 1. oozing out, dripping (as water) 2. shedding or falling off (as flower or fruit)
झरना[1] (*jharnā*) *m.* spring, fountain, cascade, streamlet, waterfall
झरना[2] (*jharnā*) *m.* 1. big sieve for cleaning corn 2. perforated skimmer
झरना[3] (*jharnā*) *v.i.* 1. to run in a slender stream, to trickle, to fall in drops 2. to fall like dry leaves, flowers or fruits
झराझर (*jharājhar*) *adv.* continuously, incessantly, constantly
झरी[1] (*jharī*) *f.* 1. aperture, fissure,

opening, slit, chink, groove 2. pit 3. streamlet (better झिरी *q.v.)*

झरी[2] (*jharī*) *f.* waterfall, cascade

झरी[3] (*jharī*) *f.* a levy or rate realised from shopkeeper

झरोखा (*jharokhā*) *m.* 1. eyelet-hole, fenestra, oriel window, casement 2. skylight

झरोखेदार *a.* fenestrate

झर्झर[1] (*jharjhar*) *m.* gong, drum

झर्झर[2] (*jharjhar*) *adv.* (dropping or shedding) in quick succession

झल (*jhal*) *f.* 1. warmth, heat (from fire), blaze 2. flame 3. (चमक) radiance, glare, lustre, glamour, refulgence, glitter, brilliance 4. passion, strong emotion 5. lust, sexual desire

झलक (*jhalak) f.* 1. gleam, glimmer, faint light 2. glimpse, partial appearance 3. glance, momentary view, reflection 4. semblance

झलक दिखाई देना *v.t.* to have just a glimpse

झलक दिखाना *v.t.* to give a momentary view, to show a glimpse

झलक मारना *v.t.* to have a semblance of, to appear momentarily

झलकना (*jhalaknā) v.i.* 1. to give a reflection, to shine 2. to give semblance 3. to appear

ऐसा झलकता है कि it so appears that

झलका (*jhalkā*) *m.* blister

झलकाना (*jhalkānā) v.t.* to cause to appear, to give semblance or reflection of

झलकी (*jhalkī*) *f.* 1. flash 2. glance, glimpse 3. highlight

झलझल (*jhaljhal*) *f.* radiance, brilliance, splendour, glitter, lustre

झलझलाना (*jhaljhalānā*) *v.i.* 1. to shine, to sparkle, to glitter 2. (भड़कना) to flare up 3. (गुस्साना) to be enraged, to be angry

झलझलाहट (*jhaljhalāhaṭ*) *f.* glittering, glitter, splendour

झलना (*jhalnā*) *v.t.* (पंखा झलना) to fan, to shake a fan

झलमलाना (*jhalmalānā*) *v.i.* 1. to shimmer 2. (of stars) to twinkle 3. (of candle) to flicker, to flare 4. to undulate, to scintillate (better झिलमिलाना *q.v.)*

झलवाई (*jhalvāī*) *f.* 1. soldering 2. fanning 3. price paid for soldering 4. wages paid for fanning

झलवाना[1] (*jhalvānā*) *v.t.* to cause to get soldered, to get a thing soldered

झलवाना[2] (*jhalvānā*) *v.t.* to get somebody to fan or shake the fan

झलसा (*jhalsā*) *a.* roasted, singed, scorched

झलाई (*jhalāī*) *f.* 1. welding or soldering 2. welding or soldering charges

झलाई करना *v.t.* to weld, to solder

झलाईगर *m.* solderer, welder

झलाईगरी *f.* act of welding or soldering

झल्लरा (*jhallarā) m.* /**झल्लरी** (*jhallarī*) *f.* 1. curl 2. fringe, fimbria, ornamental bordering formed into tassels and twists

झल्ला[1] (*jhallā*) *m.* a big basket

झल्ला[2] (*jhallā*) *m.* shower, downpour

झल्ला[3] (*jhallā*) *a.* 1. hot, acrid, pungent 2. hot-tempered 3. lustful, libidinous, sexy

झल्लाना (*jhallānā*) *v.i.* 1. to be enraged, to be annoyed, to fret 2. to lose temper

झल्ला उठना/जाना या पड़ना *v.i.* to get annoyed or irritated

झल्लाहट (*jhallāhaṭ*) *f.* irritation, vexation, annoyance, exasperation

झष (*jhaṣ*) *m.* 1. a large fish 2. heat

झषकेतु *m.* an epithet of Cupid, god

of love

झषराज *m.* the crocodile

झाँई (*jhāṁī*) *f.* 1. shadow, shade 2. reflection 3. darkness 4. echo 5. semblance 6. a black stain or spot on the face

झाँई आना *(मु.) v.i.* to be dazed, stupefied

झाँई-झप्पा *m.* fraud, trick

झाँई-माँई *f.* a game played by children

झाँई मारना *v.t.* to give a semblance (of)

झाँक[1] (*jhāṁk*) *f.* 1. peeping 2. spying

झाँका मारना *v.t.* to peep (into)

झाँक[2] (*jhāṁk*) *m.* 1. crowd (of people) 2. flock (of birds) 3. shoal (of fishes) 4. swarm (of bees) 5. cloud or host (of locusts) 6. heap or pile (of anything)

झाँकना (*jhāṁknā*) *v.i.* 1. to peep into 2. to examine cursorily 3. to pay a flying visit

झाँका-झाँकी (*jhāṁkā-jhāṁkī*) *f.* 1. peeping 2. a game of hide and seek

झाँकी (*jhāṁkī*) *f.* 1. glimpse, view 2. tableau, picturesque presentation 3. show 4. tableau or scene (in a play)

झाँकी देखना या लेना *v.t.* to have a glimpse

झाँखड़ (*jhāṁkhaṛ*) *m.* underwood, bush, bramble, dried withered branches of thorny plants

झाँखना (*jhāṁkhnā*) *v.i.* to regret, to feel sorry, to lament

झाँगला (*jhāṁglā*) *m.* a kind of loose cloak

झाँझ (*jhāṁjh*) *f.* 1. cymbal 2. a hollow tinkling anklet

झाँझ बजाना *v.t.* to jingle a sistrum

झाँझन (*jhāṁjhan*) *m.* tinkling anklet

झाँझा (*jhāṁjhā*) *m.* perforated ladle, strainer

झाँझी (*jhāṁjhī*) *f.* 1. a perforated pot or vessel 2. a procession of girls carrying on their head perforated pots with lamps inside 3. a song sung in this procession

झाँट (*jhāṁṭ*) *f.* pubes, pubic hair

झाँट बराबर *a.* worthless

झाँप (*jhāmp*) *f.* 1. frame of bamboo covered with matting and used as a screen, a door or window shade 2. cover or hood of a carriage

झाँपना (*jhāṁpnā*) *v.t.* 1. to cover, to hide, to mask, to shade 2. (बंद करना) to shut, to close

झाँय-झाँय (*jhāṁy-jhāṁy*) *f.* 1. sound of violent flow of air 2. wordy quarrel

झाँवना (*jhāṁvnā*) *v.t.* to rub and wash (hands, feet) with pumice stone

झाँवली (*jhāṁvlī*)*f.* a glance with partly closed eyes

झाँवाँ (*jhāṁvāṁ*) *m.* pumice stone, rubbing stone

झाँसना (*jhāṁsnā*) *v.t.* 1. to flatter 2. to cheat, to delude 3. to seduce

झाँसा (*jhāṁsā*) *m.* cheating, hoodwinking, dodge

झाँसा देना *(मु.) v.t.* to cheat, to hoodwink

झाँसापट्टी *f.* trickery

झाँसेबाज़ *m.* wheedler, cheat

झाँसेबाज़ी *f.* wheedling, cheating

किसी के झाँसे में आना *(मु.) v.i.* to be hoaxed/hoodwinked by somebody, to be wheedled by someone

झाग (*jhāg*) *m.*1. foam, froth 2. lather (as of soap)

झागदार *a.* foamy, frothy

मुँह से झाग बहना *v.i.* to foam at the mouth

झाड़[1] (*jhāṛ*) *m.* 1. shrub, bush 2. thick shrubs or bushes, brambles 3. small stunted tree (also झाड़ झंखाड़)

झाड़दार *a.* bushy, shrubby

झाड़-जंगल *m.* bush wood

झाड़[2] (*jhāṛ*) *m.* chandelier (also झाड़-फ़ानूस)

झाड़[3] (*jhāṛ*) *f.* reprimand, scolding, chiding

झाड़ देना/पिलाना *v.t.* to reprimand, to scold, to chide

झाड़न (*jhāṛan*) *m.* 1. duster 2. sweepings

झाड़ना[1] (*jhāṛnā*) *v.t.* 1. to dust, to shake off dust 2. to sweep 3. to shed

पक्षी अपने पर झाड़ते हैं birds shed their feathers

पल्ला झाड़ देना *(मु.) v.t.* to give away everything

झाड़ना[2] (*jhāṛnā*) *v.t.*(झाड़ लेना) to extort (money)

झाड़ना[3] (*jhāṛnā*) *v.t.* to rebuke, to reprimand, to scold

झाड़ना[4] (*jhāṛnā*) *v.t.* to exorcize

झाड़ना[5] (*jhāṛnā*) *v.t.* (अपनी विद्वत्ता झाड़ना) to make a pedantic show of one's learning

झाड़ पछोड़कर देखना to test, to try, to examine

झाड़-फूँक (*jhāṛ-phūṁk*) *f.* exorcism, expelling the evil spirit

झाड़-पोंछ (*jhāṛ-poṇch*) *f.* brushing and cleaning

झाड़-बुहार (*jhāṛ-buhār*) *f.* sweeping and dusting

झाड़ा[1] (*jhāṛā*) *m.* excreta, faeces, stools

झाड़ा फिरना *v.i.* to evacuate the bowels, to discharge faeces, the urge to ease oneself or evacuate the bowels

झाड़ा[2] (*jhāṛā*) *m.* exorcism, expelling the evil spirit (= झाड़-फूँक *q.v.)*

झाड़ा[3] (*jhārṛā*) *m.* minute search (of one's person)

झाड़ा देना *v.t.* to submit to or undergo minute search

झाड़ी (*jhāṛī*) *f.* thicket, shrub, hazel, bramble, brushwood, underwood

झाड़ू (*jhāṛū*) *m./ f.* broom

झाड़ूकश *m.* sweeper

झाड़ू दिलाना *v.t.* to get a place swept

झाड़ू देना *v.t.* to sweep, to clean

झाड़ू फिरना *(मु.) v.i.* (a) to be swept off, to be clean-swept (b) to lose all, to be ruined

झाड़ू फेरना *(मु.) v.t.* (a) to make a clean sweep (b) to ruin

झाड़ूबरदार *m.* sweeper

झाड़ू मारना *(मु.) v.t.* (a) to beat with a broom (b) to clean-sweep

झाड़ूवाला *m.* (a) sweeper (b) broom-maker (c) broom-seller

झापड़ (*jhāpaṛ*) *m.* full-blooded slap

झापड़ कसना/मारना या लगाना *(मु.) v.t.* to give a violent slap, to slap violently

झाबर भूमि *(jhābarbhūmi) f.* moor land

झाबा (*jhābā*) *m.* 1. basket, pannier 2. tassel, bunch

झामक (*jhāmak*) *m.* pumice stone, rubbing stone (= झाँवाँ *q.v.)*

झामा (*jhāma*) (= झाँवाँ *q.v.)*

झारखंड (*jhārkhaṇḍ*) *m.* forest of bushes

झारी (*jhārī*) *f.* pitcher with a long neck and a spout, ewer

झाल[1] (*jhāl*) *f.* 1. sharp acrid taste, pungency. 2. acrimony, ill-feeling

झालदार *a.* pungent

झाल[2] (*jhāl*) *f.* soldering

झाल[3] (*jhāl*) *f.* lust, sexual desire or urge

झाल[4] (*jhāl*) *f.* incessant rain, continuous heavy downpour

झालना[1] (*jhālnā*) *v.t.* to burnish (plate), to polish

झालना[2] (*jhālnā*) *v.t.* to solder

झालना[3] (*jhālnā*) *v.t.* to make pungent/ acrid or bitter

झालनी लोहा *(jhālnīlohā) m.* soldering iron

झालर (*jhālar*) *f.* 1. fringe, festoon, frill

2. border

झालरदार *a.* frilled

झाला (*jhālā*) *m.* a sub-caste of Rajputs 2. resonance (of a stringed instrument)

झावँ-झावँ (*jhāvṁ-jhāvṁ*) *f.* 1. sound of violent flow of air 2. wordy quarrel (= झाँय-झाँय *q.v.)*

झिंगवा (*jhiṁgvā*) *m.* 1. shrimp, prawn 2. a kind of paddy (झींगा *q.v.)*

झिंगुली (*jhiṁgulī*) *f.* a child's frock or loose garment (reaching the feet) (= झगुली or झगा *q.v.)*

झिंझरी (*jhiṁjharī*) *f.* lattice

झिंझौटी (*jhiṁjhauṭī*) *f.* name of a musical mode

झिकझिक (*jhikjhik*) *f.* fretting, whimpering

झिकझिक करना *v.t.* to fret

झिझक (*jhijhak*) *f.* 1. hitch, hesitation 2. timidity 3. shyness 4. inhibition

झिझक होना *v.i.* to hesitate, to feel inhibited/shy

झिझकना (*jhijhaknā*) *v.i.* to hesitate, to feel shy, to get inhibited, to hang back

झिझक-झिझक कर *adv.* hesitatingly

झिड़क (*jhiṛak*) *f.* scolding, rebuke, reproof, rebuff, snub, admonition, upbraiding (= झिड़की *q.v.)*

झिड़कना (*jhiṛaknā*) *v.t.* to chide, to objurgate, to upbraid, to rebuke, to reprove, to scold, to admonish, to snub

झिड़कवाना (*jhiṛakvānā*) *v.t.* to have one chided/rebuked

झिड़का-झिड़की (*jhiṛakā-jhiṛakī*) *f.* dispute, quarrel, brawl, wrangling

झिड़की (*jhiṛkī*) *f.* scolding, rebuke, reproof, rebuff, snub, admonition, upbraiding

झिड़की खाना *(मु.)* *v.t.* to get a scolding

झिड़की देना *v.t.* to scold, to rebuke, to reprimand

झिपना (*jhipnā*) *v.i.* to wink, to blink

झिम (*jhim*) *a.* 1. languid, inert 2. drowsy 3. tipsy, slightly intoxicated

झिमझिम (*jhimjhim*) *f.* 1. languidness, inertness 2. drowsiness, dizziness, 3. tipsiness

झिरझिर (*jhirjhir*) *adv.* 1. (of wind) blowing gently 2. (of rain) falling softly

झिरझिरा (*jhirjhirā*) *a.* 1. worn out, thin, frail, flimsy 2. thinly woven

झिरझिराना (*jhirjhirānā*) *v.i.* to run or flow in a small stream, to trickle

झिरना (*jhirnā*) *v.i.* to leak, to flow, to trickle

झिरी (*jhirī*) *f.* 1. aperture, fissure, opening, slit, chink, groove 2. pit 3. streamlet

झिरीदार *a.* grooved, slitted, having aperture

झिर्री (*jhirrī*) *f.* 1. aperture, fissure, opening, slit, chink, groove 2. pit 3. streamlet (= झिरी)

झिलना (*jhilnā*) *v.i.* 1. to be undergone or experienced 2. to be endured or borne (also झेलना)

झिलम (*jhilam*) *f.* coat of mail, armour

झिलम टोप *m.* helmet

झिलमिल (*jhilmil*) *f.* 1. shimmer, tremulous light, glitter, glimmer 2. (of stars) twinkling 3. (of candles or lamps) flickering

झिलमिल खिड़की *f.* venetian window

झिलमिल होना *v.i.* to glimmer, to glitter, to shimmer

झिलमिला (*jhilmilā*) *a.* 1. sparkling, glittering, flickering, twinkling 2. thin, thinly woven

झिलमिलाना (*jhilmilānā*) *v.i.* 1. to shimmer 2. (of stars) to twinkle 3. (of candle) to flicker, to flare 4. to indulate, to scintillate

झिलमिलाहट (*jhilmilāhaṭ*) *f.* 1. shimmer,

glimmer, glitter 2. twinkling 3. flickering

झिलमिली (*jhilmilī*) *f.* 1. venetian blind, shutter 2. screen (made of split bamboo sticks)

झिलवाना (*jhilvānā*) *v.t.* to cause to be endured or borne (from झेलना)

झिल्लड़ (*jhillaṛ*) *a.* thinly woven, thin

झिल्लिका (*jhillikā*) *f.* (same as झिल्ली[1] *q.v.*)

झिल्ली[1] (*jhillī*) *f.* membrane, caul, pellicle, film

झिल्लीदार *a.* membraneous, filmy

झिल्ली[2] (*jhillī*) *f.* cricket (insect)

झिल्ली[3] (*jhillī*) *f.* web (as of a duck)

झिल्लीदार *a.* web-footed

झिल्लीनुमा *a.* scarious

झिल्लीमय *a.* membraneous

झींकना (*jhīṁknā*) *v.t.* /**झींखना** (*jhīṁkhnā*) *v.t.* 1. to peep, to peer 2. to grieve, to regret, to lament 3. to grumble

झींगा[1] (*jhīṁgā*) *m.* shrimp, prawn

झींगा[2] (*jhīṁgā*) *m.* a kind of paddy

झींगुर (*jhīṁgur*) *m.* cricket (insect)

झींगुर फुदकता है *a.* cricket hops

झींसी (*jhīṁsī*) *f.* drizzle, drizzling

झींसी पड़ना *v.i.* to drizzle

झीखना (*jhīkhnā*) *v.i.* 1. to peep, to peer 2. to grieve, to regret, to lament 3. to grumble (same as झींकना or झींखना *q.v.*)

झीना (*jhīnā*) *a.* 1. thin, thinly or sparsely woven, threadbare 2. tenuous 3. flimsy

झील (*jhīl*) *f.* lake

झीवर (*jhīvar*) *m.* boatman, sailor

झीसी (*jhīsī*) *f.* drizzle, drizzling (see झींसी)

झुंझलाना (*jhuṁjhlānā*) *v.i.* to be irritated or enraged, to fret, to chafe, to fume and fret

झुंझला पड़ना *v.i.* to become fretful

झुंझलाकर *adv.* fretfully, annoyingly

झुंझलाहट (*jhuṁjhlāhaṭ*) *f.* irritation, petulance, annoyance, vexation

झुंड (*jhuṇḍ*) *m.* 1. a flock (of animals or birds), a troop, herd, swarm 2. a crowd, band 3. clump

झुंड के झुंड many hordes, flocks, herds

गायों का झुंड *m.* herd of cows

तारों का झुंड *m.* cluster of stars

पक्षियों का झुंड *m.* flock of birds

पेड़ों का झुंड *m.* clump of trees

बनजारों का झुंड *m.* horde of gypsies

भेड़-बकरियों का झुंड *m.* flock of sheep and goats

मधुमक्खियों का झुंड *m.* swarm of bees

लोगों का झुंड *m.* group of people, crowd

झुकता (*jhuktā*) *a.* bending, stooping

झुकता-झूमता *a.* crouching and dodging

झुकना (*jhuknā*) *v.i.* 1. to bend 2. to incline, to be inclined 3. to bow down 4. to lean over 5. to be tilted 6. to yield 7. to become weak

झुक जाना *v.i.* (a) to give in (b) to die

झुकमुख (*jhukmukh*) *m.* blinding darkness, pitch dark

झुकवाई (*jhukvāī*) *f.* 1. getting something bent 2. wages paid for getting something bent

झुकवाना (*jhukvānā*) *v.t.* to get something bent, to make somebody bend something, to cause to be bent, to cause to yield, to make one yield

झुकाई (*jhukāī*) *f.* 1. getting something bent 2. wages paid for getting something bent (same as झुकवाई *q.v.*)

झुकाना (*jhukānā*) *v.t.* 1. to bend 2. to tilt 3. to lower (as a gun) 4. to suppress

अपना सिर झुका देना *v.t.* to yield, to give in

किसी का सिर झुका देना *v.t.* to cause one to yield or give in

मस्तक या सिर झुकाना *v.t.* to bow

सिर झुकाकर *adv.* bowing, with bent head

झुकाव (*jhukāv*) *m.* 1. tendency, leaning, inclination, propensity 2. trend 3. bent 4. tilt, bend 5. flexibility, elasticity 6. curve

झुग्गी (*jhuggī*) *f.* hut

झुग्गी-झोंपड़ी *f.* hutment

झुटपुटा (*jhuṭpuṭā*) *m.* dusk, twilight

झुठलाना (*jhuṭhlānā*) *v.t.* 1. to prove false, to falsify 2. to contradict 3. to give a lie to

झुठाना (*jhuṭhānā*) *v.t.*= झुठलाना *q.v.*

झुनक (*jhunak*) *f.* sound of anklets

झुनकना (*jhunaknā*) *v.i.* to tinkle, to jingle

झुनझुन (*jhunjhun*) *f.* 1. tinkle, jingling sound 2. a child's rattle

झुनझुना (*jhunjhunā*) *m.* a rattling toy, rattle

झुनझुनाना[1] (*jhunjhunānā*) *v.i.* to tinkle, to jingle, to produce a jingling sound

झुनझुनाना[2] (*jhunjhunānā*) *v.i.* to be benumbed

झुनझुनिया (*jhunjhuniyā*) *f.* an ornament of the feet that makes a jingling sound

झुनझुनी[1] (*jhunjhunī*) *f.* 1. small bell worn on the foot. 2. fetter

झुनझुनी[2] (*jhunjhunī*) *f.* numbness

झुमका (*jhumkā*) *m.* 1. the bell-shaped pendant of an ear-ring 2. an ear-ring having a pendant

झुमाना (*jhumānā*) *v.t.* to cause to move forward and backward or up and down

झुरकुट (*jhurkuṭ*) *a.* 1. cut small or thin, pared 2. reduced, emaciated, lean and thin 3. withered, dried up

झुरझुरी (*jhurjhurī*) *f.* shivering, quivering

झुरना (*jhurnā*) *v.i.* 1. to waste away, to grow thin 2. to grieve over 3. to wither, to fade 4. to dry up

झुरमुट (*jhurmuṭ*) *m.* 1. cluster (of trees, shrubs) 2. multitude, crowd, gathering (of people, girls)

झुर्झुरी (*jhurjhurī*) *f.* shivering, quivering (see झुरझुरी)

झुर्री (*jhurrī*) *f.* wrinkle, pucker

झुर्रीदार *a.* wrinkled, crinkled

झुर्री पड़ना *v.i.* to have wrinkles, to pucker

झुलनी (*jhulnī*) *f.* a hanging nose-ring

झुलवाना (*jhulvānā*) *v.t.* to cause to swing

झुलसन (*jhulsan*) *f.* 1. scorching heat 2. burning sensation

झुलसना (*jhulasnā*) I. *v.i.* to be scorched/singed or charred II. *v.t.* to scorch, to char, to singe

झुलसवाना (*jhulasvānā*) *v.t.* to cause to be scorched/charred or singed

झुलसा (*jhulsā*) *a.* scorched, charred, singed, blotched, seared

झुलसाना (*jhulsānā*) *v.t.* 1. to cause to scorch or singe 2. to char, to singe, to sear, to scorch

झुलाना (*jhulānā*) *v.t.* 1. to swing 2. to push a swing 3. to rock 4. to hang, to dangle

झुला रखना *v.t.* to keep one running to and fro

झुलार (*jhulār*) *m.* swinging, waving, swaying from side to side, oscillation

झुलाव (*jhulāv*) *m.* oscillation, swing, swaying

झूँटा (*jhūṁṭā*) *m.* swing

झूँटा देना *v.t.* to push a swing

झूठ (*jhūṭh*) *m.* 1. lie 2. **falsehood**

झूठ का पुतला *(मु.) m.* **a lie personified,** a great liar

झूठ की लड़ाई *f.* **sham fight**

झूठ के पाँव नहीं होते (*लो.*) **a lie has no** legs to stand upon

झूठ के पुल बाँधना *(मु.) v.t.* **to tell lies**

and lies altogether, to make a trail of lies

झूठ बोलना *v.t.* to tell lies

झूठ-मूठ *adv.* (a) falsely (b) lie, falsehood

झूठ-मूठ का *a.* false, sham

झूठ-सच I. *a.* partly true and partly false II. *m.* mixture of truth and falsehood, a blend of facts and fiction

झूठ-सच जोड़ना/लगाना *(मु.) v.t.* to mix truth and falsehood, to add fabrication to fact

सफेद झूठ *(मु.)* white lie

झूठा (*jhuṭhā*) I. *a.* 1. false, untrue 2. fake, sham 3. unreal, not genuine, spurious 4. artificial 5. fictitious 6. forged 7. counterfeit 8. impure 9. alloyed 10. untrustworthy II. *m.* liar

झूठा आरोप *m.* false charge, calumny

झूठा करना या बनाना *v.t.* to falsify, to prove false, to belie

झूठा कागज़ *m.* forged or bogus document

झूठ ठहराना *v.t.* disprove, to convict one of falsehood

झूठा दावा *m.* false claim

झूठा दावेदार *m.* pretender, impostor

झूठा पड़ जाना *(मु.) v.i.* to be proved false

झूठा बयान *m.* false statement

झूठा समाचार *m.* canard

झूठी अफ़वाह *f.* false rumour

झूठी गवाही *f.* false evidence, perjury

झूठे का मुँह काला (लो.) a liar is damned to ultimate exposure

झूठे को घर तक पहुँचाना (लो.) to bring home a lie to the liar, to expose a lie and to humiliate the liar

झूठे पर खुदा की लानत (मु.) the liar be damned

झूठों का बादशाह *m.* a liar par excellence, arch-liar

झूठों (*jhūṭhoṁ*) *adv.* 1. falsely 2. lie, falsehood (= झूठमूठ *q.v.*)

झूम (*jhūm*) *f.* swaying, waving, undulating

झूम-झूम *a.* (a) gathering of clouds (b) jingling of ornaments

झूमक[1] (*jhūmak*) *m.* 1. a mode of folk dance 2. a song sung with this dance

झूमक[2] (*jhūmak*) *m.* 1. the bell-shaped pendant of an ear-ring 2. an ear-ring having a pendant (= झुमका *q.v.*)

झूमक[3] (*jhūmak*) *m.* frill with beads

झूमक साड़ी *f.* a saree fringed with strings of pearls

झूमना (*jhūmnā*) *v.i.* 1. to swing to and fro, to sway, to move to and fro, to wave 2. to stagger, to reel 3. to move with stately steps 4. to go about as in intoxication 5. to gather and lower (as clouds)

झूमते हुए चलना *v.i.* to walk joltingly

झूमर[1] (*jhūmar*) *m.* 1. a mode of folk dance (especially of women) 2. a band or company of women dancers 3. a Holi song sung with this dance in concert

झूमर[2] (*jhūmar*) *m.* a head ornament consisting of a number of chains forming a fringe

झूमर[3] (*jhūmar*) *m.* a rocking toy

झूरना (*jhūrnā*) *v.i.* 1. to pine 2. to witter, to fade 3. to dry up

झूरा (*jhūrā*) *m.* 1. drought 2. shortage, scarcity

झूल[1] (*jhūl*) *f.* swing

झूल[2] (*jhūl*) *f.* 1. a loose garment 2. a sheet of thick cloth covering the back of a cattle, horse or elephant

झूलता (*jhūltā*) *a.* 1. swinging 2. hanging

झूलता पुल *m.* suspension bridge

झूलती कुरसी *f.* rocking chair

झूलन (*jhūlan*) *f.* swinging, oscillating (= झूला)

झूलना (*jhūlnā*) *v.i.* 1. to swing 2. to

oscillate 3. to dangle

झूला-झूलना *v.i.* to swing a swing

झूले पर/में झूलना *v.i.* to swing in a swing, to sway

फाँसी पर झूल जाना *v.i.* to hang down at the gallows

झूला[1] (*jhūlā*) *m.* 1. swing 2. swinging rope, ropeway

झूला-झूली *f.* see-saw

झूला[2] (*jhūlā*) *m.* gust or rush of wind

झूला पुल *m.* suspension bridge

झेंप (*jheṁp*) *f.* bashfulness, shyness, diffidence

झेंप छिपाना *v.t.* to put a good face on

झेंप मिटाना *v.t.* to remove shy-ness

झेंपना (*jheṁpnā*) *v.i.* to feel abashed/shy or diffident, to be ashamed

झेंपाना (*jheṁpānā*) *v.t.* to make somebody feel ashamed

झेंपू (*jheṁpū*) *a.* bashful, shy, diffident, self-conscious

झेलना (*jhelnā*) *v.t.* 1. to stand, to suffer, to endure 2. to undergo, to experience 3. to submit to

कष्ट झेलना *v.t.* to endure hardship

वार झेलना *v.t.* to sustain an attack or assault

विपत्ति झेलना *v.t.* to suffer a calamity

झोंक (*jhoṁk*) *f.* 1. tension 2. obsession, intensity of emotion 3. injury, stab, infliction 4. blow, blast, gusto 5. burden, weight 6. mode, way, manner, style 7. ostentation, show, pompousness 8. bent

झोंकदार *a.* showy, ostentatious

पागलपन की झोंक fit of insanity

नींद की झोंक stupor

झोंकना (*jhoṁknā*) *v.t.* 1. to throw into, to cast 2. to push violently into

आग में झोंकना *(मु.)* to cast something into the fire

चूल्हे में झोंकना to throw into the furnace

भाड़ झोंकना (*मु.*) (a) to do worthless and odd jobs (b) to parch grain on a furnace

झोंकवाई (*jhoṁkvāī*) *f.* 1. employment of a person to parch grains 2. wages paid for getting grains parched

झोंकवाना (*jhoṁkvānā*) *v.t.* 1. to cause to cast into fire 2. to cause to parch grains

झोंका (*jhoṁkā*) *m.* 1. blast of air, gusto, gust of wind 2. sudden shower of rain 3. wave (of water) 4. nap, doze

झोंका-भट्टी *f.* blast furnace

झोंकीला पवन *m.* gusty wind

झोंटा[1] (*jhoṁtā*) *m.* topknot of hair (of a woman), cluster of hair on the head

झोंझ (*jhojh*) *m.* nest of a bird

झोंटा पकड़ना *v.t.* to hold somebody by his/her hair

झोंटा देना *v.t.* to shake the head, to nod

झोंटम-झोंटा *m.*/**झोंटा-झोंटी** *f.* (mutual) pulling and tugging at the hair of the head

झोंटा[2] (*jhoṁtā*) *m.* a handy bundle of grass

झोंटा[3] (*jhoṁṭā*) *m.* swing (= झूंटा *q.v.*)

झोंपड़-पट्टी (*jhoṁpaṛ-paṭṭī*) *f.* blighted area

झोंपड़ा (*jhoṁpṛā*) *m.* (*dim.* झोंपड़ी) *f.* 1. hut or hovel built of mud and reeds 2. a thatched shed

झोंपा[1] (*jhoṁpā*) *m.* cluster or bunch of fruits

झोंपा[2] (*jhoṁpā*) *m.* a coil or bunch of hair on a woman's head

झोक[1] (*jhok*) *m.* & *a.* 1. inclination, leaning 2. (बोझ) burden, weight

झोक[2] (*jhok*) *m.* a gust of wind, blast

झोक[3] (*jhok*) *m.* shock, blow

झोक[4] (*jhok*) *m.* 1. intoxication 2. effect of intoxication or drink

झोकना (*jhoknā*) *v.t.* 1. to throw into, to cast 2. to push violently into (better झोंकना *q.v.*)

झोझ (*jhojh*) *f.* stomach

झोझा (*jhojhā*) *m.* a pot-bellied person, corpulent person

झोरना[1] (*jhoṙnā*) *v.t.* to shake (fruit) off (a tree)

झोरना[2] (*jhoṙnā*) *v.t.* 1. to thrash, to beat 2. to pound, to grind

झोरना[3] (*jhoṙnā*) *v.t.* 1. to eat to one's fill 2. (fig.) to grab somebody's money fraudulently

झोल[1] (*jhol*) *m.* broth, soup

झोलदार *a.* brothy, soupy

झोल[2] (*jhol*) *m.* sag, sagging (as of a paper-kite)

झोल पड़ना *v.i.* to get a sag, to sag

झोल[3] (*jhol*) *m.* rumple, pucker (as of a coat or shirt)

झोलदार *a.* (a) puckered, rumpled, baggy (b) sagging (c) loose

झोल-झाल (*jhol-jhāl*) I. *m.* 1. scuffle, squabble, quarrel, altercation 2. bagginess 3. loose garment II. *a.* worthless (object)

झोला[1] (*jholā*) *m.* 1. bag, wallet, knap-sack, kit 2. cloth covering the back of the cattle, horse or elephant 3. loose shirt

झोला[2] (*jholā*) *m.* 1. palsy, paralysis 2. a disease of plants

झोला[3] (*jholā*) *m.* blast of wind, gust

झोला[4] (*jholā*) *m.* bent, curve (as of a rope hanging freely between two points of suspension)

झोला[5] (*jholā*) *m.* blow

झोली (*jholī*) *f.* 1. small bag, pouch, wallet (especially for collecting alms) 2. lap, bosom 3. end of a cloth used for begging

झोली फैलाना *v.t.* to stretch the end of a cloth, to beg, to seek favour

झोली भरना *(मु.)* *v.t.* to give alms freely, to fulfil one's desire

झौंर[1] (*jhauṁr*) *m.*1. dispute, wrangling, altercation 2. uproar

झौंर[2] (*jhauṁr*) *m.* bunch

झौंर[3] (*jhauṁr*) *m.* shoal (of fish)

झौंरा (*jhauṁrā*) *a.* dusky, tawny, reddish-yellow, wheat-coloured

झौवा (*jhauvā*) *m.* a large open basket

झौहाना (*jhauhānā*) *v.i.* to talk in an irritated and loud voice

ञ

ञ (*un*)the tenth consonant of the Devanagari syllabary, the sound of which approximates to that of *n* in brunch. It is practically out of use in Hindi.

ट

ट (*ṭa*) the eleventh consonant of the Devanagari syllabary

टंक (*ṭaṅk*) *m.* 1. a weight equal to four mashas or 3.5 grams 2. (सिक्का) coin 3. typing

टंक-लिपि *f.* typescript

टंक-विज्ञान *m.* numismatics

टंकशाला *f.* mint

टंकक (*ṭaṅkak*) *m.* typist

टंकण (*ṭaṅkaṇ*) *m.* 1. typing 2. coinage, mintage 3. soldering

टंकण-यंत्र *m.* typewriter

टँकना (*ṭaṁknā*) *v.i.* 1. to be stitched 2. (जूता shoes) to be cobbled 3. to be tacked on 4. to be scribbled or written, to be noted 5. to be soldered

टँकवाना (*ṭaṁkvānā*) *v.t.* 1. to get stitched or patched 2. to cause to cobble, to make somebody solder (a vessel) 3. to make one note down

टंका (*ṭaṅkā*) *m.* a copper coin

टँकाई (*ṭaṁkāī*) *f.* 1. stitching 2. soldering 3. wages paid for stitching or soldering

टँकाना (*ṭaṁkānā*) *v.t.* 1. to stitch 2. to join by sewing 3. to make one note down 4. to get cobbled

टंकार (*ṭaṅkār*) *f.* 1. twang (of a bow-string) 2. tinkling sound 3. uproar, clamour 4. shrill cry 5. name, fame, renown, reputation 6. astonishment

टंकारना (*ṭaṅkārnā*) *v.t.* 1. to twang a bow-string 2. to sound, to make a tinkling sound 3. to make famous 4. to wonder

टंकित (*ṭaṅkit*) *a.* typed

टंकित प्रति *f.* typed copy

टंकी (*ṭaṅkī*) *f.* 1. small tank, reservoir 2. cistern

टंकी जहाज़ *m.* tanker

टंकी माल डिब्बा *m.* tank wagon

टँकोर (*ṭaṁkor*) *f.* twang (of a bow)

टंग (*ṭaṅg*) *f.* 1. hip, haunch 2. leg trick in wrestling

टँगड़ी (*ṭaṁgṛī*) *f.* 1. leg 2. leg-trick 3. thigh, haunch

टँगड़ी अड़ाना *v.t.* (a) to interfere (b) to obstruct

टँगड़ीबाज़ *m.* & *a.* obstructor

टँगड़ी मारना/लगाना *v.t.* (a) to apply a leg trick (b) to create an obstruction

टँगना (*ṭaṁgnā*) I. *v.i.* 1. to be hung, to get hung, to be suspended 2. to be hanged II. *m.* a rope for hanging clothes

टँगवाना (*ṭaṁgvānā*) *v.t.* to make something hang, to get somebody hanged

-टंगा (*ṭaṅgā*) *a.* having a leg, legged

एकटंगा *a.* one-legged, lame

दुटंगा *a.* two-legged

लमटंगा *a.* (one) having long legs

टंगाना (*ṭaṅgānā*) *v.t.* to hang up

टंगारी (*ṭaṅgārī*) *f.* a small axe

टंगाव (*ṭaṅgāv*) *m.* suspension

टंच (*ṭañc*) *a.* & *m.* 1. miserly, miser 2. crafty guy

टंट-घंट *(मु.)* (*ṭaṇṭ-ghaṇṭ*) *m.* false show, superficial ostentation

टंटा (*ṭaṇṭā*) *m.* 1. wrangling, altercation, quarrel 2. noisy squabble

3. meaningless complication

टंटा खड़ा करना *(मु.) v.t.* to create a botheration or trouble

टंटा मचाना *v.t.* to quarrel, to bother

टंटा मोल लेना *v.t.* to involve oneself in a wrangle/quarrel

टंटेबाज़ *m.* & *a.* quarrelsome (person), troublesome fellow, brawler

टंटाल (*ṭanṭāl*) *m.* 1. wrangle, quarrel 2. trouble 3. a quarrelsome fellow

टंडैल (*ṭanḍail*) *m.* & *a.* 1. sturdy and stout (youth) 2. mate of labourers

टक (*ṭak*) I. *f.* gaze, stare II. *adv.* with a fixed or intent look, with steadfast gaze

टक बाँधना या लगाना *(मु.) v.t.* (a) to stare intently (b) to wait impatiently

टकटकाना (*ṭakṭakānā*) *v.t.* to look fixedly, to stare, to gaze without blinking

टकटकी (*ṭakṭakī*) *f.* gaze, stare, fixed look, steady gaze

टकटकी बाँधना/लगाना *(मु.) v.t.* (a) to stare intently (b) to wait impatiently

टकटोहना (*ṭakṭohanā*) *v.i.* 1. to grope 2. to make a preliminary survey 3. to seek to know one's mind by giving a feeler

टकराना (*ṭakrānā*) *v.i.* 1. (से टकराना) to knock against, to collide, to dash against 2. to wander or roam about, to hover through 3. to go along stumbling 4. to grope in a dark place

टकरा जाना *v.i.* to run against/into

टकराते फिरना *v.i.* to go about stumbling or groping

कार टकराना *v.i.* to drive against (a wall)

माथा टकराना *v.i.* to bow the head (to the ground in obeisance)

सिर टकराना *v.i.* to knock one's head against something

टकराव (*ṭakrāv*) *m.* clash

टकराहट (*ṭakrāhaṭ*) *f.* collision

टकसाल (*ṭaksāl*) *f.* mint, mint-house

टकसाल का खोटा/फूटा *(मु.) a.* base-born, spoiled in early breeding, ill-bred

टकसाल पर चढ़ना *(मु.) v.i.* (a) to bear the mint stamp (b) to be polished or educated/trained

टकसाल बाहर *(मु.) a.* (a) (of coin) not bearing the mint stamp (b) (of words or usage) unidiomatic (c) (of a person) unrefined, unpolished, rude (d) sub-standard

टकसाली (*ṭaksālī*) *a.* 1. pertaining to a mint 2. coined in a mint 3. standard, genuine, of true value, real 4. chaste, pure

टकसाली प्रयोग *m.* standard usage

टकसाली बोली *(मु.) f.* standard language

टकसाली सिक्का *m.* genuine coin

टकही (*ṭakahī*) *f.* an accountant's commission

टका (*ṭakā*) *m.* a two-pice coin (now obsolete)

टका धड़ी लगाना *v.t.* to sell cheap

टका पास न होना *v.i.* to be penniless

टका-भर *(मु.) a.* a little, insignificant, insignificantly small

टका-सा *a.* = टका-भर

टका-सा जवाब *(मु.) m.* a ready or plain reply

टका-सा जवाब देना *v.t.* to refuse point-blank, to say flat no

टका-सा मुँह लेकर रह जाना *(मु.) v.i.* to be ashamed

टका-सी जान *f.* all alone (without relations or dependants)

टका सीधा करना *(मु.) v.t.* to serve one's own purpose

टके का *a.* of no worth, insignificant

टके का आदमी *(मु.) m.* worthless fellow

टके को न पूछना *(मु.) v.t.* to have no regard

टकाटक (*ṭakāṭak*) I. *m.* repeated tick-tick sound II. *adv.* 1. immediately, without delay 2. off-hand

टकार (*ṭakār*) *m.* the letter ट and its sound

टकारांत (*ṭakārānt*) *a.* (of a word) ending in ट

टकुआ (*ṭakuā*) *m.* 1. spindle 2. any pointed tool

टकुली (*ṭakulī*) *f.* 1. a small pointed tool or spindle 2. a stone-cutter's chisel

टकैया (*ṭakaiyā*) *a.* cheap (as a टका *q.v.*)

टकैया माल *m.* cheap stuff

टकोर (*ṭakor*) *f.* 1. light fomentation 2. beating the drum

टकोर करना *v.t.* to foment, to apply warmth to

टकोरना (*ṭakornā*) *v.t.* 1. to foment 2. to give a light blow

टकोरा (*ṭakorā*) *m.* 1. a fillip, tap 2. kettledrum

टकौरी (*ṭakaurī*) *f.* small balance as used by goldsmiths

टक्क (*ṭakka*) *a.* & *m.* niggardly person, niggard

टक्कर (*ṭakkar*) *f.* 1. collision 2. clash 3. confrontation 4. impact 5. equal strength

टक्कर का *(मु.) a.* equally matched, equal, matching

टक्कर खाना *(मु.) v.t.* (a) to collide against, to knock against, to run or bump against, to come into collision with (b) to fight or contend with (c) to vie with

टक्कर झेलना *v.t.* (a) to sustain a blow (b) to bear a loss or misfortune

टक्कर मारना *(मु.) v.t.* to dash (against)

टक्कर लगना *(मु.) v.i.* to be knocked against, to collide

टक्कर लेना *(मु.) v.t.* (a) to clash, to collide (b) to fight

पहाड़ से टक्कर लेना *(मु.) v.t.* to compete against a superior adversary, to fight against heavy odds

टखना (*ṭakhnā*) *m.* 1. ankle, ankle-joint, ankle-bone 2. (of an animal) fetlock

टगण (*ṭagaṇ*) *m.* a metrical measurement of six units

टगबग (*ṭagbag*) *f.* 1. sound of boiling water 2. galloping sound of horses

टच-टच (*ṭac-ṭac*) *m.* the sound produced by burning wood

टटका (*ṭaṭkā*) *a.* fresh, new, latest

टटका मक्खन *m.* fresh butter

टटका समाचार *m.* latest news

टटड़ी (*ṭaṭṛī*) *f.* fence, hedge

टटिया (*ṭaṭiyā*) *f.* curtain, matted screen

टटोल (*ṭaṭol*) *f.* 1. feeling, groping 2. search, investigating

टटोलना (*ṭaṭolnā*) *v.t.* 1. to feel with a hand, to grope, to fumble 2. to test

किसी का मन टटोलना *v.t.* to sound one's mind

टटोल-टटोलकर *adv.* gropingly

टट्टर (*ṭaṭṭar*) *m.* 1. fence, pailing 2. screen

टट्टी (*ṭaṭṭī*) *f.* 1. matted shutter, screen made of straw 2. framework of bamboo 3. latrine, lavatory 4. faeces, stool

टट्टी की ओट बैठना *(मु.) v.i.* (a) to sit behind a screen (b) to do something secretly

टट्टी की ओट/आड़ में शिकार खेलना *(मु) v.t.* to hunt or shoot behind a screen

टट्टी जाना *v.i.* to go to perform a function by nature (nature's call), to go for defecation

टट्टी निकल जाना *v.i.* (a) to pass stool involuntarily (b) to lose nerve

टट्टी लगाना *v.t.* (a) to put up a screen or shutter (b) to enclose, to fence

खसखस या खस की टट्टी *f.* a bamboo shutter covered with a fragrant grass called खस *q.v.*

टट्टू (*ṭaṭṭū*) *m.* pony

भाड़े का टट्टू *(मु.) m.* (a) a pony kept for hire (b) hireling, mercenary, a person who works for consideration of money only

टन[1] E (*ṭan*) *m.* 1. ton, equal to 2,240 lbs, or 1,016.05 kg 2. tonne, metric ton equal to 1,000 kg

टन भार *m.* tonnage

टन[2] (*ṭan*) *f.* 1. twang 2. ding-dong, tinkling sound

टन[3] (*ṭan*) *f.* haughtiness, conceit, vanity

टनक (*ṭanak*) *f.* 1. jingle, tinkle, ring 2. (धड़कन) throb, beat

टनकना (*ṭanaknā*) *v.i.* 1. to tinkle, to jingle 2. to feel dizziness in the head

टनटन (*ṭanṭan*) *f.* 1. tinkling or ringing sound, ringing of bells 2. twinging, throbbing 3. aching sensation

टनटनाना (*ṭanṭanānā*) I. *v.t.* 1. to ring (a bell) 2. to tune an instrument II. *v.i.* to tinkle

टनमना (*ṭanmanā*) *a.* hale and hearty, perfectly healthy

टनाका (*ṭanākā*) *m.* 1. twang 2. sharp ring

टनाके की *a.* strong, scorching

टनाटन (*ṭanāṭan*) I. *f.* 1. continuous ringing of several bells 2. tinkling sound, peal II. *a.* healthy, hale and hearty III. *adv.* with a tinkling sound

टनेल E (*ṭanel*) *m.* tunnel

टन्न (*ṭanna*) *a.* intoxicated, drunk

टन्नाना (*ṭannānā*) *v.i.* to ring, to tinkle

टप (*ṭap*) *m.* 1. cover, covering 2. upper part of a fly (of a tent) 3. hood of a carriage 4. tub, trough 5. sound of dropping (as of rain), patter

टप-टप *adv.* in continuous drops, in shower (as of rain, tears, bullets), continuously

टप से *(मु.) adv.* abruptly, suddenly

टपक (*ṭapak*) *f.* 1. dropping, dripping 2. (धड़कन) beat, pulsation, throbbing

टपकन (*ṭapkan*) *f.* dropping, dripping

टपकना (*ṭapaknā*) *v.i.* 1. to fall in drops, to dribble, to drip, to trickle 2. (छत roof) to leak 3. to drop off/down (as a fruit) 4. (धड़कना) to beat, to throb, to palpitate

टपक पड़ना *(मु.) v.i.* to drip, to drop off, to appear all of a sudden, (फल) to fall, to drop down

टपका (*ṭapkā*) *m.* 1. dripping, trickle 2. drop of rain 3. dropping as of fruit

टपका-टपकी *f.* drizzling

टपके का आम *m.* (ripe) mango dropped from a tree

टपकाना (*ṭapkānā*) *v.t.* 1. cause to drip/trickle 2. to distil 3. to let a fruit drop down

टपकाव (*ṭapkāv*) *m.* 1. dripping, trickle 2. distillation

टपकी (*ṭapkī*) *f.* friskiness, skittishness

टपकी पड़ना *v.i.* to become frisky or skittish, to become wanton

टपकेबाज़ (*ṭapkebāz*) *a.* & *m.* cheat, cheater, swindler

टपकेबाज़ी (*ṭapkebāzī*) *f.* cheating, swindling

टपटप (*ṭapṭap*) *f.* 1. sound of dripping water 2. trickle

टपटपाना (*ṭapṭapānā*) *v.i.* to drip continuously, to drop/leak incessantly

टपना (*ṭapnā*) *v.i.* 1. to jump (over or across), to leap about 2. to frisk, to gambol 3. to thrust oneself into the concern of others 4. to meddle, to interfere, to intervene 5. to mount, to ascend, to rise 6. to couple (as birds)

टप जाना *v.i.* to leap/jump over

टप पड़ना *v.i.* to interfere, to meddle

uncalled for

वक्त टपना (a) *v.i.* to pass time somehow (b) to remain without food

टपाटप (*ṭapāṭap*) *adv.* 1. (falling or dropping) incessantly (as rain water) 2. with successive tapping sound

टपाना (*ṭapānā*) *v.t.* 1. to cause to jump or leap over, to cause to bound 2. to pass time anyhow

टपाल (*ṭapāl*) *f.* post-station, relay

टपाल चौकी *f.* relay post

टपाल मार्ग *m.* relay routes

टपालवाला *m.* postman, courier

टप्पा[1] (*ṭappā*) *m.* 1. leap, jump, bounce, bound 2. a measure of jump or bounce, beat

टप्पाखाना *v.t.* to bound, to make a bounce

टप्पा मारना *v.t.* to make a long jump, to take a long leap

टप्पा[2] (*ṭappā*) *m.* long stitch (in sewing)

टप्पा डालना *v.t.* to put in long stitches, to stitch loosely, to baste

टप्पा[3] (*ṭappā*) *m.* small tract of land (smaller than a pargana)

टप्पा[4] (*ṭappā*) *m.* (of dak bearers) relay, stage, post-station

टब E (*ṭab*) *m.* tub, trough, vat

टमकी (*tamakī*) *f.* a small drum

टम-टम[1] (*ṭam-ṭam*) *f.* 1. a small drum, tom-tom 2. the sound of a drum, tom-tom

टमटम[2] (*ṭamṭam*) *f.* a carriage driven by one horse, tandem

टमटमाहट (*ṭamṭamāhaṭ*) *f.* flickering, twinkling (as of lamps or stars)

टमाटर (*ṭamāṭar*) *m.* tomato

टमाटर की चटनी *f.* tomato sauce

टर[1] (*ṭar*) *f.* 1. croak of a frog 2. harsh sound, yell

टर-टर *f.* chatter

टर-टर करना *v.t.* to go on chattering

टर[2] (*ṭar*) *f.* obstinacy

टर[3] (*ṭar*) *f.* rudeness, roughness

टरकना (*ṭaraknā*) *v.i.* 1. to make off secretly 2. to slip away 3. to feel beaten

टरकाना (*ṭarkānā*) *v.t.* 1. to put off, to postpone 2. to make one flee away 3. to get rid of

टरकी E (*ṭarkī*) *f.* turkey (bird)

टर-टर (*ṭar-ṭar*) *f.* 1. muttering, murmuring, chattering 2. grumbling

टर-टर करना *(मु.)* *v.t.* to chatter, to grumble, to go on talking

टर-टर लगाना *(मु.)* *v.t.* to behave insolently

टरटराना (*ṭarṭarānā*) *v.t.* 1. to chatter, to murmur, to prattle 2. to croak (as a frog)

टरबाइन E (*ṭarbāin*) *m.* turbine, a rotary motor (especially for producing electric power)

टर्मिनल E (*ṭarminal*) I. *m.* terminal (for trains and buses) II. *a.* of or done in a term, terminal

टर्मिनल परीक्षा *f.* terminal examination

टर्मिनल लेखा *m.* terminal accounts

टर्मिनस E (*ṭarminas*) *m.* station at the end of a railway or bus route (as Mumbai, Howrah)

टर्र-टर्र (*ṭarrṭarr*) *f.* 1. croak 2. croaking sound (= टर-टर *q.v.*)

टर्रा (*ṭarrā*) *a.* 1. addicted to chattering 2. harsh, rude, impudent, pert, insolent, saucy 3.obstinate and ill-tempered, unruly, obdurate 4. (of a horse) wicked, vicious

टर्राना (*ṭarrānā*) *v.i.* 1. to croak, to make a croaking sound 2. to chatter, to clatter 3. to talk insolently 4. to be rash or impudent

टर्रापन (*ṭarrāpan*) *m.* 1. obduracy, obstinate, ill-tempered 2. harshness, rudeness, impudence, insolence, sauciness

टर्रू (*ṭarrū*) *m.* 1. croaker, (i.e., frog) 2. a child's toy (which produces a croaking sound)

टल (*ṭal*) *m.* /**टलन** (*ṭalan*) *m.* perturbation, a cause of disturbance or agitation

टलन (*ṭalan*) *m.* botheration, worry trouble, harassment, restlessness, agitation

टलना (*ṭalnā*) *v.i.* 1. to be put off, to be postponed 2. to move away, to slink away, to go or slip away 3. to be averted 4. to pass over (also टल जाना)

टलहा (*ṭalha*) *a.* 1. bad, spoiled 2. wicked 3. defective, faulty 4. false, counterfeit

किसी की आज्ञा न टलना *v.i.* somebody's orders not to be disobeyed

बात से टलना *(मु.) v.i.* to go back on one's word

संकट टलना *(मु.) v.i.* crisis to be warded off or averted

समय टलना *v.i.* time to pass away

अब टलो now get away

टलाना (*ṭalānā*) *v.t.* 1. to cause to move away or flinch 2. to cause to put off or postpone 3.to pass (time) in idleness, to kill (time), to beguile

टला-टली (*ṭala-ṭalī*) *f.* prevarication, procrastination, evasion (= टाल-मटोल *q.v.*)

टल्लेनवीसी (*ṭallenavīsī*) *f.* 1. making excuses or pretences 2. evading 3. idling away time 4. engagement in worthless tasks

टल्लो (*ṭallo*) *f.* green twig

टवर्ग (*ṭavarga*) *m.* the group of five letters beginning with ट (i.e., ट, ठ, ड, ढ, ण)

टस (*ṭas*) *f.* sound produced by moving a heavy object

टस से मस न होना *(मु.) v.i.* (a) not to budge an inch (b) not to yield even an inch, to be resolute

टसक (*ṭasak*) *f.* 1. throb 2. throbbing pain 3. slip, movement, budge

टसकना (*ṭasaknā*) *v.i.* 1. to move (away), to stir, to slip, to budge 2. to decline in quality, to abate 3. to throb, to beat 4. to have a throbbing pain 5. to ripen (as a fruit) 6. to relent, to relax one's sternness

टसकाना (*ṭaskānā*) *v.t.* 1. to cause to move (away) 2. to cause to remove an object from its place

टसर (*ṭasar*) *f.* rough silk of light grey colour

टसर-मसर (*ṭasar-masar*) *f.* hesitation, dilly-dallying

टसुआ (*ṭasuā*) *m.* tear (*pl.* टसुए)

टहक (*ṭahak*) *f.* tapping sound (= टसक *q.v.*)

टहकना (*ṭahaknā*) *v.i.* 1. to have a throbbing pain 2. to make a tapping sound 3. to melt *(colloq.)*

टहटहा (*ṭahṭahā*) *m.* 1. flourishing state 2. freshness 3. bloom 4. splendour, glamour 5. beauty 6. prominence

टहना (*ṭahnā*) *m.* a branch or large bough

टहनी (*ṭahnī*) *f.* 1. small branch of a tree, twig, sprig 2. a small piece of wood

टहल (*ṭahal*) *f.* 1. service, menial job 2. attendance

टहल करना *v.t.* to render service

टहल-टकोर *f.* odd jobs

टहल-टकोर करना *v.t.* to attend on, to serve

टहलदार *m.* (a) servant (b) patrol, watchman

टहलदारी *f.* watchmanship, service

टहल बजाना *(मु.) v.t.* to dance attendance (upon), to render menial service (to)

टहलना (*ṭahalnā*) *v.i.* to walk (to and fro), to stroll, to saunter, to ramble

टहल जाना *v.i.* to cease to live, to die, to depart, to pass away

टहलनी (*ṭahalnī*) *f.* female servant, maid servant

टहलान (*ṭahlān*) *f.* walk

टहलाना (*ṭahlānā*) *v.t.* 1. to cause to walk, to help somebody to walk, to take one out for a walk, to lead about (as a horse or a child) 2. to turn aside, to remove

टहलुआ (*ṭahluā*) *m.* menial servant, attendant

टहलुई (*ṭahluī*) *f.* maid servant, female attendant

टहोकना (*ṭahoknā*) *v.t.* 1. to push by hand or foot 2. to impel, to goad, to urge, to incite 3.(ठोंकना) to beat, to thump, to hammer

टहोका (*ṭahokā*) *v.t.* to push or blow given by hand or foot

टहोका देना *v.t.* to spur, to goad, to jog

टाँक[1] (*ṭāṁk*) *f.* weight equal to four mashas or grams

टाँक[2] (*ṭāṁk*) stitching, sewing

टाँक[3] (*ṭāṁk*) *f.* iron pin, tag, tack

टाँक[4] (*ṭāṁk*) *f.* part, portion, share

टाँक[5] (*ṭāṁk*) *f.* joint of metal

टाँक[6] (*ṭāṁk*) *m.* point of a pen

टाँक[7] (*ṭāṁk*) *m.* appraisement, valuation

टाँकना (*ṭāṁknā*) *v.t.* 1. to join, to attach 2. to tie, to bind, to fasten 3. to stitch, to sew 4. to cobble 5. to make a note, to record 6. to solder 7. to gulp down, to eat up, to devour 8. to grab 9. to tack (a button)

टाँका (*ṭāṁkā*) *m.* 1. pin, an iron pin, tack 2. stitch 3. the part stitched, patch 4. solder

कच्चा टाँका *m.* soft stitch

पक्का टाँका *m.* hard stitch

टाँके उधेड़ना *v.t.* to undo the stitches (*fig.*) to undo completely

टाँके खुलना *v.i.* stitches to open or be undone

टाँका लगाना (*मु.*) *v.t.* (a) to stitch, to put a stitch (b) to solder

टाँकिया (*ṭāṁkiyā*) *f.* soldering rod

टाँकी (*ṭāṁkī*) *f.* 1. chisel 2. a piece cut out or scooped out as of a melon 3. tooth or pointed hook of a saw or tool

टाँग (*ṭāṁg*) *f.* leg

टाँग अड़ाना (*मु.*) *v.t.* to meddle with other people's affairs, to thrust one's nose into

टाँग उठाना *v.t.* to raise the legs to copulate

टाँग तले से निकलना (*मु.*) *v.i.* to yield, to submit, to admit another person's supremacy

टाँग तले से निकालना (*मु.*) *v.t.* to make submissive, to subdue

टाँग तोड़ना (*मु.*) *m.* (a) to render somebody helpless (b) to dabble in pursuit of which one has very little knowledge

टाँगें पसारकर सोना (*मु.*) *v.i.* to sleep at leisure, to be carefree

टाँग पसारना *v.t.* to straighten one's legs, to relax

टाँगें रह जाना *vi.* to be unable to go further, to be tired

टाँगन (*ṭāṁgan*) *m.* pony

टाँगना (*ṭāṁgnā*) *v.t.* 1. to hang, to suspend from the top or by a hook 2. to hang, to suspend by the neck

अपराधी को टाँगा गया the criminal was hanged

चित्र टाँगा गया the picture was hung

टाँग-संधि (*ṭāṁg-sandhi*) *f.* leg joint

टाँगा (*ṭāṁgā*) *m.* tonga, a one-horse carriage

टाँच[1] (*ṭāṁc*) *f.* stitching, sewing

टाँच[2] (*ṭāṁc*) *f.* annoying trick

टाँच करना *v.t.* to practise annoying

tricks, to annoy, to vex

टाँच[3] (*ṭāṁc) f.* hovering or moving tortuously (as a bird), flying round

टाँचना (*ṭāṁcnā*) *v.i.* 1. to move tortuously, to fly round, to hover about 2. to inveigle, to wheedle, to defraud 3. to stitch, to sew

टाँट (*ṭāṁṭ*) *f.* the crown of the head, skull

टाँट गंजी करना *v.t.* (a) to beat mercilessly (b) to ruin

टाँट गंजी होना *v.i.* (a) to become bald (b) to be ruined

टाँड़ (*ṭāṁṛ*) *m.* 1. scaffolding 2. rack, shelf (in a wall) 3. (मंच) stage, a raised seat

टाँड़ा (*ṭāṁṛā*) *m.* 1. pack of animals 2. goods carried by pack animals 3. caravan of traders 4. camping place of travelling merchants 5. household 6. household furniture

टाँड़ा लद जाना *v.i.* (a) baggage to be packed (b) to set out on a journey (c) to leave the world, to die

टाँय-टाँय *(मु.)* (*ṭāṁy-ṭāṁy*) *f.* 1. jabber, voluble chatter, prattle 2. harsh sound

टाँय-टाँय फिस *(मु.) phr.* to end in smoke, to come to nought

टाँस (*ṭāṁs*) *f.* cramp, tension and pain in hands or feet as a result of overbending

टाट (*ṭāṭ*) *m.* 1. sack-cloth, scrim 2. banker's seat

टाट उलटना *(मु.) v.i.* to be bankrupt

टाट बाफ़ *m.* weaver of scrim

टाट बाहर होना *v.i.* to be outcaste, to be excommunicated

टाट में पाट की बखिया *(मु.) f.* a silk patch on a rag

टाट में मूँज की बखिया *f.* a tag on a rag

टाटक (*ṭāṭak*) *a.* 1. fresh 2. new 3. light weight 4. recent

टाटरिक एसिड E (*ṭāṭarik esiḍ*) *m.* tartaric acid

टाटरी *(ṭāṭrī) f.* tartar

टान (*ṭān*) *f.* 1. tension 2. a mode of playing sitar or guitar

टानना *(ṭānanā) v.t.* to pull

टाप[1] (*ṭāp*) *f.* 1. hoof (of a horse) 2. sound of a horse's hooves

टाप मारना *v.t.* to beat the ground with hooves

टाप[2] E *(ṭāp) f.* top

टापना (*ṭāpnā*) *v.t.* to jump over

वक्त टापना (a) *v.t.* to pass time (b) to keep waiting for a long time (c) to remain without food

टापा[1] (*ṭāpā*) *m.* a vast plain, especially barren

टापा[2] *(ṭāpā) m.* 1. leap, jump 2. a step in walking

टापा[3] *(ṭāpā) m.* a basket with a lid

टापू (*ṭāpū*) *m.* isle, island

टॉफ़ी E (*ṭāfī*) *f.* toffee

टायफ़ायड E (*ṭāifāiḍ*) *m.* typhoid (fever)

टायर E (*ṭāyar*) *m.* tyre

टॉरपीडो E (*ṭārpīḍo*) *m.* torpedo (a missile)

टार्च E (*ṭārc*) *m.* & *f.* torch

टाल[1] (*ṭāl*) *f.* 1. heap, pile, especially of wood, coal 2. stall, shop having such piles

टाल[2] *(ṭāl) f.* evasion, putting off

टाल[3] *(ṭāl) m.* bell tied to the neck of a domestic animal

टाल-टूल (*ṭāl-ṭūl*) *f.* procrastination, evasion, prevarication, delaying (= टाल-मटोल *q.v.)*

टालना (*ṭālnā*) *v.t.* 1. to put off, to postpone 2. to evade, to elude 3. to divert, to sidetrack 4. to ward off 5. to remove, to replace 6. to defy, to disregard

टाल जाना *v.i.* to evade, to avoid

टाल देना *(मु.)* *v.t.* to put off, to postpone
टालते जाना *v.i.* to procrastinate
आज्ञा टालना *v.t.* to defy one's orders, to disobey

टालमटोल (*ṭālmaṭol*) *f.* procrastination, evasion, prevarication, delaying
टालमटोल करना *v.t.* to prevaricate, to procrastinate, to evade, to quibble, to temporize

टाली[1] (*ṭālī*) *f.* a neck ring or bell of a domestic animal

टाली[2] (*ṭālī*) *f.* an eight anna coin (now obsolete)

टालू (*ṭālū*) *a.* evasive
टालू जवाब *m.* evasive reply

टिंचर E (*ṭiṁcar*) *m.* tincture
टिंचर आयडीन *m.* tincture iodine

टिंडा (*ṭiṁḍā*) *m.* a green vegetable, *Diosphyrosme lanoxylon*

टिकट E (*ṭikaṭ*) *m.* 1. ticket 2. postage or revenue stamp 3. pass 4. visiting card 5. label
टिकट कलक्टर *m.* ticket-collector
टिकट काटना *v.t.* to issue a ticket
टिकट खिड़की *f.* ticket window, booking window
टिकट घर *m.* (a) booking office (b) box office
टिकट चिपकाना *v.t.* to affix a stamp
टिकट चिपका/लगा लिफ़ाफ़ा *m.* stamped envelope
टिकट चेकर *m.* ticket checker
टिकट दिखाना *v.t.* to show a ticket or pass for checking
टिकट नंबर *m.* ticket number
टिकट परीक्षक *m.* ticket examiner
टिकट बाबू *m.* booking clerk
टिकट लगाना *v.t.* (a) to affix a stamp (b) to stick or affix a label

टिक-टिक (*ṭik-ṭik*) *f.* 1. tick-tick, beat of a watch or clock 2. stepping sound of a horse's hooves

टिकठी (*ṭikṭhī*) *f.* 1. bier 2. gallows, gibbet 3. teapoy 4. wooden stool

टिकड़ा[1] (*ṭikṛā*) *m.* 1. disc 2. pendant (*dim.* टिकड़ी)

टिकड़ा[2] (*ṭikṛā*) *m.* thick loaf of bread baked on fire (*dim.* टिकड़ी)

टिकना (*ṭiknā*) *v.i.* 1. to stay, to stop (for a short time), to halt, to put up 2. to last 3. to rest on 4. to stick to
ध्यान टिकना *v.i.* to be concentrated
निगाह टिकना *v.i.* eyes to rest on or to be fixed on
पैर टिकना *(मु.)* *v.i.* feet to get a hold

टिकली (*ṭiklī*) *f.* 1. a small round cake 2. a thin slice 3. a round ornament worn on the forehead 4. a small round piece of any metal

टिकाई (*ṭikāī*) *f.* imposition of tax or duty

टिकाऊ (*ṭikāū*) *a.* 1. durable, lasting, abiding 2. stationary, fixed, firm, stable

टिकाऊपन (*ṭikāūpan*) *m.* durability, durableness, quality of being abiding or lasting

टिकान (*ṭikān*) *f.* 1. stay, halt 2. stability, durability 3. halting place 4. stage in journey

टिकाना (*ṭikānā*) *v.t.* 1. to make somebody stay or halt 2. to fix, to station 3. to lodge, to accommodate 4. to rest something against
निगाह टिकाना *v.t.* to have one's eyes fixed on

टिकाव (*ṭikāv*) *m.* 1. halt 2. halting place 3. steadiness, stability 4. durability

टिकिया (*ṭikiyā*) *f.* 1. tablet 2. a round piece of cake or bread 3. a small cake of charcoal for a hubble-bubble 4. a red mark on the forehead

टिकुली (*ṭikulī*) *f.* spangle for forehead
टिकुली लगाना *v.t.* to put on a spangle, to affix a spangle (on the forehead)

टिकैत (*ṭikait*) *m.* 1. crown prince 2. chief

टिकोरा (*ṭikorā*) *m.* a small unripe mango

टिक्कड़ (*ṭikkaṛ*) *m.* 1. a thick cake of bread 2. a large tablet

टिक्का (*ṭikkā*) *m.* crown prince (also टिक्का साहब)

टिक्की[1] (*ṭikkī*) *f.* 1. a small (round) cake of bread 2. a mark on forehead

टिक्की लगाना *(मु.)* *v.t.* (a) to bake bread, to place cakes of bread in an oven (b) to earn a scanty livelihood (c) to put on a mark on forehead

टिक्की[2] (*ṭikkī*) *f.* pip (on a playing card)

टिचन (*ṭican*) *a.* 1. fit, spick and span 2. ready

टिचन करना *v.t.* to make fit and ready

टिटकार (*ṭiṭkār*) *m.* a sound made by ticking the tongue to goad an animal •

टिटकारना (*ṭiṭkārnā*) *v.t.* 1. to make a ticking sound, to goad or urge an animal 2. to drive an animal by making ticking sound, or by clacking the tongue

टिटकारी (*ṭiṭkārī*) *f.* clacking of the tongue, clacking sound

टिटिंबा (*ṭiṭiṁbā*) *m.* unnecessary botheration or complication, useless row

टिटिहरी (*ṭiṭiharī*) *f.* pewit, lapwing, sandpiper

टिट्टिभ (*ṭiṭṭibh*) *m.* lapwing

टिड्डा (*ṭiḍḍā*) *m.* grasshopper

टिड्डी (*ṭiḍḍī*) *f.* locust

टिड्डी-दल *(मु.)* *m.* a host or cloud/swarm of locusts

टिपकारी (*ṭipkārī*) *f.* laying of one brick over another

टिप-टिप *(मु.)* (*ṭipṭip*) *f.* 1. sound produced by drops of water 2. drizzling

टिपवाना (*ṭipvānā*) 1. *v.t.* to cause to be noted down by somebody, causative of टीपना *q.v.* 2. to get pressed

टिपारा (*ṭipārā*) *m.* an old fashioned cap

टिप्पण (*ṭippaṇ*) *m.* 1. note, remark 2. annotation

टिप्पणकार *m.* annotator

टिप्पण-लेखन *m.* noting

टिप्पणी (*ṭippaṇī*) *f.* 1. comment, remark 2. note 3. annotation

टिप्पणीकार *m.* annotator, commentator

टिप्पणी करना *v.t.* to comment, to pass a remark, to make a note

टीका-टिप्पणी *(मु.)* criticism, (adverse) comment

पाद-टिप्पणी *f.* footnote

टिप्पस (*ṭippas*) *f.* 1. manipulation 2. safeguarding one's own interests

टिप्पस भिड़ाना/लड़ाना *(मु.)* *v.t.* to manipulate, to safeguard one's own interests

टिप्पा (*ṭippā*) *m.* rebound, bounce

टिप्पा खाना *v.t.* to rebound, to bounce

टिफ़िन E (*ṭifin*) *m.* tiffin, light meal

टिब्बा (*ṭibbā*) *m.* 1. mound, dune 2. sand bank, shoal (in the sea)

टिमटिम (*ṭimṭim*) *f.* 1. soft sound 2. blinking, flickering

टिमटिम करना *v.t.* to blink, to flicker

टिमटिमाना (*ṭimṭimānā*) *v.i.* to give a faint light, to flicker, to blink, to glimmer, to flare up, to twinkle, to scintillate

टिमटिमाहट (*ṭimṭimāhaṭ*) *f.* scintillation, twinkling, flickering

टिल्ली-लिल्ली (*ṭillī-lillī*) *f.* a game played by children in which they tease each other

टिल्लेनवीसी (*ṭillenavīsī*) *f.* 1. making excuses or pretences 2. evading 3. idling away time 4. engagement in worthless tasks (better टल्लेनवीसी *q.v.*)

टिहुनी (*ṭihunī*) *f.* 1. leg joint, knee 2. arm joint, elbow

टीकरी (*ṭīkrī*) *f.* a piece of inferior land

टीका (*ṭīkā*) *m.* 1. a mark of saffron or a vermilion put on forehead 2. inoculation 3. comment, remark 4. commentary, annotation 5. an ornament for forehead 6. a ceremony performed just before marriage

टीका करना *(मु.) v.t.* to comment

टीकाकार *m.* (a) annotator (b) commentator

टीका-टिप्पणी *(मु.) f.* comments, criticism

टीका भेजना *v.t.* to send marriage gifts to the bridegroom

टीका लगाना *(मु.) v.t.* (a) to inoculate, to vaccinate (b) to put a mark of saffron on somebody's forehead

टीका लगानेवाला *m.* inoculator

टीप (*ṭīp*) *f.* 1. sketch, outline 2. soprano, a long tune in music 3. tapping 4. pressing 5. pointing, filling in the gaps between bricks with cement 6. note, jotting 7. bond 8. horoscope 9. show, ostentation 10. loud cry 11. bill of exchange 12. promissory note 13. entry of an account

टीप लगाना *v.t.* to play or sing soprano or a long tune

टीप-टाप (*ṭīp-ṭāp*) *f.* show, ostentation, outward embellishment or decoration

टीपन (*ṭīpan*) I. *m.* horoscope II. *f.* hard tumour on the body

टीपना (*ṭīpnā*) *v.t.* 1. to press with a finger 2. to write down or draft, to note down 3. to sing soprano 4. to enter in an account book 5. (of body) to press, to squeeze

गला टीपना *v.t.* to throttle

टीबा (*ṭībā*) *m.* mound, dune

रेत का टीबा sand-dune, sand bank, shoal

टीम E (*ṭīm*) *f.* team

टीमटाम *(मु.)* (*ṭīmṭām*) *f.* 1. show, ostentation, pomposity, outward embellishment 2. glamour

टीला (*ṭīlā*) *m.* mound, hillock, cairn

टीस (*ṭīs*) *f.* 1. throbbing pain 2. anguish, mental pang

टीस उठना *(मु.) v.i.* pain to shoot/start

टीसना (*ṭīsnā*) *v.i.* to smart, to give throbbing pain

टुँगना (*ṭuṁgnā*) *v.t.* to munch, to crunch

टुंड (*ṭuṇḍ*) *m.* 1. hand or branch that has been cut off, stump of a branch or arm, remnant of a fallen tree or limb 2. cut-off horn (of an animal)

टुंडा (*ṭuṇḍā*) *a.* 1. (tree) with its branches cut off 2. (person) handless or whose hand or hands are cut off 3. (animal) whose horns have fallen off 4. (object) part of which is broken off 5. a lazy fellow, a sloth

टुँडी (*ṭuṁḍī*) *f.* navel

टुइयाँ (*ṭuiyāṁ*) I. *f.* small parrot II. *a.* small, tiny, dwarfish

टुक (*ṭuk*) I. *adv.* a little, for a little while II. *a.* a little, nominal, scanty

टुक इधर देखो look here for a little while

टुक-टुक (*ṭukṭuk*) *adv.* slowly, without much speed, gradually

टुकड़ (*ṭukaṛ*) *m.* piece, especially a piece of bread

टुकड़खोर *m.* parasite, hanger-on

टुकड़गदा *m.* (a) beggar (b) parasite, hanger-on (c) very poor, pauper

टुकड़गदाई *f.* begging

टुकड़तोड़ *m.* parasite, hanger-on, dependant, one depending on the generosity of others

टुकड़ा (*ṭukṛā*) *m.* 1. piece, fragment, bit 2. part, portion 3. division 4. morsel (of food)

टुकड़ा माँगना *(मु.) v.t.* to beg, to subsist on alms

टुकड़े-टुकड़े करना *(मु.) v.t.* to cut/ break into pieces

टुकड़ों के लिए तरसना *(मु.) v.i.* to crave for bits of food

किसी के टुकड़ों पर पलना *(मु.) v.i.* to subsist on the generosity of others

चाँद का टुकड़ा *(मु.)* beautiful or lovely creature, especially child

टुकड़ी (*ṭukrī*) *f.* 1. band or small group (of men) 2. division or corps (of an army), detachment (of troops), contingent 3. flock (of birds) 4. small piece, bit 5. morsel (of bread)

टुकवाना (*ṭukvānā*) *v.t.* to cause to be challenged, to have one taken to task (see टोकना)

टुकुर-टुकुर (*ṭukur-ṭukur*) *adv.* slowly, gradually, lingeringly

टुकुर-टुकुर देखना *(मु.) v.t.* to gaze with lingering looks

टुक्कड़ (*ṭukkaṛ*) *m.* morsel of bread

टुक्का (*ṭukkā*) *m.* 1. piece, bit 2. part, portion

टुक्का-सा मुँह लेकर रह जाना *(मु.) v.i.* to be ashamed

टुच्चा (*ṭuccā*) I. *a.* 1. low, low-minded, mean, base, ignoble 2. trifling, worthless, insignificant II. *m.* mean or base person, rustic, vulgar fellow

टुच्चापन (*ṭuccāpan*) *m.* lowliness, meanness, vulgarity, ignobility, low-mindedness

टुटपुँजिया (*ṭuṭpuṁjiyā*) *a.* & *m.* (a man) of scanty wealth/income or capital, a man of small means

टुटरूँ (*ṭuṭrūṁ*) *f.* small dove

टुटरूँ-टूँ (*ṭuṭrūṁ-ṭūṁ*) *a.* 1. alone, lonely, single, forlorn 2. lean and thin 3. trifling, insignificant, trivial, worthless 4. cooing of a dove

टुटहा (*ṭuṭahā*) *a.* 1. broken 2. breakable, brittle

टुटियल (*ṭuṭiyal*) *a.* brittle, fragile, breakable

टुनगा (*ṭungā*) *m.* 1. front portion of a twig 2. twig

टुनटुन (*ṭunṭun*) *f.* 1. sound of a musical instrument 2. sound of bells

टुनटुनाना (*ṭunṭunānā*) *v.i.* 1. to make a ringing sound 2. to try to start a tune of a musical instrument

टुन्ना (*ṭunnā*) *m.* 1. stalk, stem 2. button, knob 3. (चूची) nipple

टुपुकना (*ṭupuknā*) *v.t.* 1. to sting, to bite 2. (चुगली खाना) to backbite

टूँगना (*ṭūṁgnā*) *v.t.* 1. to eat in small amounts, to nibble 2. to peck

टूँड़ (*ṭūṁṛ*) *m.* 1. nozzle on the mouth of an insect 2. pointed portion of an ear of corn 3. navel 4. projection, protruding point of anything

टूँड़ी (*ṭūṁṛī*) *f.* 1. navel 2. stump of a branch of a tree 3. stump of an arm

टूक (*ṭūk*) *m.* 1. a small piece, bit 2. particle

टूक करना *v.t.* to break into pieces

टूक हो जाना *v.i.* to be broken into pieces, to be shattered

दो टूक करना *(मु.) v.t.* to divide

दो टूक जवाब *(मु.) m.* decisive reply, flat refusal

टूका[1] (*ṭūkā*) *m.* a small piece, bit, particle

टूका[2] (*ṭūkā*) *m.* single beat of a drum

टूट (*ṭūṭ*) *f.* 1. breakage 2. fracture 3. division 4. loss due to breakage 5. fold

टूटदार *a.* folding

टूट-फूट *f.* (a) damage (b) wear and tear (c) breakage (d) depreciation

टूटन (*ṭūṭan*) *f.* broken pieces

टूटना (*ṭūtnā*) *v.i.* 1. to break, to crack, to fracture 2. to be dissolved (as partnership) 3. to fall short, to be deficient or scarce 4. to be reduced or diminished 5. to feel pain in bones and joints 6. to rush in 7. to fall upon, to charge, to attack, to assail, to assault 8. to suffer a heavy loss, to be nearly ruined

टूटकर बरसना (*मु.*) *v.i.* to rain in torrents

टूट जाना *v.i.* (a) to go to pieces (b) to give way (c) to break off, to sever (d) to become ill and weak (e) to suffer a heavy loss

टूट पड़ना (*मु.*) *v.i.* to assault, to pounce upon, to fall upon, to attack

जिस्म/देह टूटना (*मु.*) *v.i.* aching of limbs

ध्यान टूटना *v.i.* attention to be disrupted

दम टूटना (*मु.*) *v.i.* to get out of breath

दिल टूटना *v.i.* heart to break, to become disheartened

नींद टूटना *v.i.* sleep to be disturbed

हौसला टूटना (*मु.*) *v.i.* to become discouraged

टूटवाँ (*ṭūṭvāṁ*) *a.* folding

टूटा (*ṭūṭā*) *a.* 1. broken 2. cracked 3. demolished 4. shattered 5. crumbled

टूटा-फूटा *a.* (a) broken to pieces, damaged (b) frail, fragile

टूटी-फूटी अंग्रेज़ी (*मु.*) *f.* smattering of English

टूटी-फ्रूटी E (*ṭūṭī-frūṭī*) *f.* tutti-frutti, fruit confection especially ice-cream

टूम (*ṭūm*) *m.* trinket, trifling ornament or jewel

टूम-छल्ला *m.* set of ordinary ornaments

टूम-टाम *m.* trinkets of various kinds

टूमना (*ṭūmnā*) *v.t.* to push gently or softly, to jog

टूर E (*ṭūr*) *m.* tour

टूरिस्ट E (*ṭūrist*) *m.* tourist

टूरनामेंट E (*ṭūrnāmeṁt*) *m.* tournament

टूल (*ṭūl*) *m.* twill, twilled cloth

टूसा (*ṭūsā*) *m.* shoot, sprout

टें (*ṭeṁ*) *f.* the voice of a parrot

टें-टें (*teṁ-teṁ*) *f.* 1. prattle, chatter, useless talk 2. screech or cry (of a parrot)

टें-टें करना (*मु.*) *v.t.* to utter nonsense, to gossip about

टें बोल जाना (*मु.*) *v.t.* (a) to collapse, to pop off (b) to die all of a sudden

टेंगरी (*ṭeṁgrī*) *f.* a kind of fish, *silurus*

टेंट (*ṭeṁṭ*) *f.* 1. fold in the loin-cloth or dhoti for keeping ready cash 2. the ripe fruit of *kareel* tree 3. pupil of the eye

टेंट (*ṭeṁt*) *m.* tent

टेंटर (*ṭeṁṭar*) *m.* a fleshy growth in the eye

टेंटा (*teṁtā*) *m.* a kindof bird *टेंटी*

टेंदुआ (*ṭeṁṭuā*) *m.* 1. velum 2. windpipe, throat, Adam's apple

टेंदुआ दबाना (*मु.*) *v.t.* to throttle, to strangle

टेंडर E (*ṭeṁḍar*) *m.* tender

टेंडरदाता *m.* tenderer

टेंडर देना *v.t.* to present a tender

टेंडर मँगाना *v.t.* to put out to tender, to call tenders, to invite tenders

टेंधुना (*teṁdhunā*) *m.* the knee

टेक (*ṭek*) *f.* 1. prop, stay, support 2. determination, resolve 3. stubbornness, obstinacy 4. habit 5. mode, manner 6. refrain or burden of a song 7. linking verse 8. refuge, shelter

टेक धरना या पकड़ना (*मु.*) *v.t.* to stick obstinately to one's stand

टेक निभाना (*मु.*) *v.t.* (a) to fulfil a promise (b) to remain determined

टेक रहना *v.i.* resolve to be vindicated

टेकड़ी (*ṭekṛī*) *f.* 1. mound, knoll, hillock

2. ridge, lump

टेकन (*ṭekan*) *f.* 1. pillar 2. support, prop, stay

टेकना (*ṭeknā*) *v.t.* 1. to prop, to support 2. to place, to set down 3. to rest (against), to lean upon 4. to hold something tight for taking support of it (जैसे लाठी टेकना), to use something as a support

घुटने टेकना (a) *v.t.* to bend one's knees (b) to surrender, to capitulate, to accept defeat

माथा टेकना *(मु.) v.t.* to bow down (with devotion)

लाठी टेकना *v.t.* to prop on a stick

टेकनी (*ṭeknī*) *f.* supporting object (as pillar, staff)

टेकरा (*ṭekrā*) *m.*/**टेकरी** (*ṭekrī*) *f.* 1. mound, knoll, hillock 2. ridge, lump (same as टेकड़ी *q.v.*)

टेकान (*ṭekān*) *f.* 1. pillar 2. prop, support 3. platform made for the support of load

टेकाना (*ṭekānā*) *v.t.* to give support (to), to provide prop or support (better टिकाना *q.v.*)

टेकानी (*ṭekānī*) *f.* linchpin (of an axle)

टेकी (*ṭekī*) *a.* obstinate, stubborn

टेकुआ (*ṭekuā*) *m.* 1. spindle 2. awl 3. reamer

टेकनीक E (*ṭeknīk*) *f.* technique

टेट (*ṭeṭ*) *f.* 1. fold in the loin-cloth or dhoti for keeping ready cash 2. the ripe fruit of *kareel* tree 3. pupil of the eye (better टेंट *q.v.*)

टेटका (*ṭeṭkā*) *m.* an ear-ornament

टेटनस E (*ṭeṭanas*) *m.* tetanus (disease)

टेटुआ (*ṭeṭuā*) *m.* 1. velum 2. windpipe, throat, Adam's apple (same as टेंटुआ *q.v.*)

टेढ़ (*ṭeṛh*) *f.* 1. curve, bend 2. twist 3. crookedness 4. wickedness, mischievousness 5. pride, conceit, vanity

टेढ़दार *a.* crooked, curved

टेढ़ निकालना *v.t.* to straighten

टेढ़ा (*ṭeṛhā*) *a.* 1. bent, curved 2. twisted 3. crooked 4. difficult, irksome, troublesome 5. rude, rash 6. bow-legged 7. untoward, unfavourable 8. (मामला affair) intricate, complicated

टेढ़ा-मेढ़ा *a.* (a) full of bends (b) twisted (c) arduous (d) flexuous

टेढ़ी आँख से देखना *(मु.) v.t.* to cast a malicious eye

टेढ़ी खीर *(मु.) f.* extremely difficult job

टेढ़ी-सीधी बातें करना *(मु.) v.t.* to talk evasively, to use circumlocutory language

टेढ़े-टेढ़े चलना *(मु.) v.i.* to walk crookedly, (*fig.*) to follow a crooked path

टेढ़े-मेढ़े रास्ते *m.* zigzag paths

टेढ़ापन (*ṭeṛhāpan*) *m.* 1. curvedness 2. crookedness 3. obliquity 4. wickedness, mischievousness

टेना (*ṭenā*) *v.t.* to sharpen, to whet (razor, knife)

टेनिस E (*ṭenis*) *m.* tennis

टेर (*ṭer*) *f.* 1. voice 2. call 3. tune, high note

टेरना (*ṭernā*) *v.i.* 1. to call aloud 2. to shout, to bawl, to roar, to make a loud noise 3. to sing in a loud tone, to chant 4. to tune the keys of a musical instrument

टेरीकाट E (*ṭerīkāṭ*) *m.* terrycot, mixed cotton cloth, terricot

टेलर E (*ṭelar*) *m.* tailor (also दर्जी)

टेलीकास्ट E (*ṭelīkāsṭ*) *m.* telecast, a television broadcast

टेलीग्राम E (*ṭelīgrām*) *m.* telegram

टेलीस्कोप E (*ṭelīskop*) *m.* telescope

टेलीविज़न E (*ṭelīvizan*) *m.* television (system and set)

टेव (*ṭev*) *f.* 1. habit, wont 2. manner, mode

टेव पड़ना *v.i.* habit to be formed

टेवना (*ṭevnā*) *v.t.* to sharpen, to whet

टेवा (*ṭevā*) *m.* small horoscope

टेसुआ (*ṭesuā*) *m.* tear

टेसुए बहाना *v.t.* to shed tears, to weep, to lament

टेसू (*ṭesū*) *m.* 1. the flowery tree *butea frondosa* 2. blossoms of पलास tree

टैंक E (*ṭaiṁk*) *m.* 1. water tank 2. military tank

टैंकतोड़ या टैंकवेधी गोला *m.* anti-tank shell

टैंक मार तोप *f.* anti-ṭank gun

टैंकर E (*ṭaiṁkar*) *m.* tanker (for liquids, especially oil)

टैक्सी E (*ṭaiksī*) *f.* taxi

टैस्ट E (*ṭaisṭ*) *m.* test

टैस्ट मैच *m.* test match

टोंच (*ṭoṁc*) *f.* 1. sewing, stitching 2. a stitch

टोंचना (*ṭoṁcnā*) *v.t.* 1. to sew, to stitch 2. to prick, to pierce

टोंट (*ṭoṁṭ*) *f.* beak, bill (of a bird)

टोंटा[1] (*ṭoṁṭā*) *m.* spout (as of a kettle), nozzle

टोंटा[2] (*ṭoṁṭā*) *m.* cartridge

टोंटा[3] (*ṭoṁṭā*) *a.* handless

टोंटी (*ṭoṁṭī*) *f.* 1. spout 2. tap 3. nozzle

टोंटीदार *a.* nozzled, spouted

टोंटी वाला लोटा *m.* ewer

सूअर की टोंटी *f.* snout

टोक (*ṭok*) *f.* 1. interruption, hindrance, obstacle, impediment 2. restraint, bar 3. unwelcome interrogation, questioning 4. prevention

टोक-टाक *f.* (a) restraint (b) interrogation

रोक-टोक *f.* restriction, restraint

टोक लगाना *v.t.* (a) to end by interrogation (b) to restrain

टोकन E (*ṭokan*) *m.* token

टोकना (*ṭoknā*) *v.t.* 1. to interrupt 2. to hinder, to obstruct, to impede 3. to restrain, to check 4. to interrogate, to question about, to enquire 5. to censure, to humiliate 6. to regard with an evil eye 7. to admonish

टोकनी (*ṭoknī*) *f.* a small basket without lid or cover (= टोकरी *q.v.*)

टोकरा (*ṭokrā*) *m.* large basket (without a lid)

टोकरा-भर *a.* basketful

टोकरी (*ṭokrī*) *f.* a small basket without lid or cover

टोका[1] (*ṭokā*) *m.* chopper, (chaff) cutter

टोका[2] (*ṭokā*) *a.* challenged, enquired, interrogated

टोटका (*ṭoṭkā*) *m.* 1. charm, spell, amulet 2. a superstitious remedy or device

टोटरू (*ṭoṭrū*) *m.* a little dove

टोटल E (*ṭoṭal*) *m.* total

टोटल करना *v.t.* to total

टोटल मिलाना *v.t.* to verify the total

टोटा (*ṭoṭā*) *m.* 1. loss 2. shortage

टोटा उठाना *v.t.* to suffer a loss

टोटा पड़ना *(मु.) v.i.* to have a shortage

टोटा भरना *v.t.* to make good a loss, to make up a loss

टोटा होना *v.i.* loss to befall

टोडी E (*ṭoḍī*) *m.* toady, sycophant

टोन E (*ṭon*) *f.* tone

टोन-नियंत्रक *m.* tone controller

टोनहा (*ṭonahā*) *m.* a man who practises black magic (*fem.* टोनहाई, टोनही)

टोना (*ṭonā*) *m.* 1. charm, spell, enchantment 2. witchcraft 3. hocus-pocus

टोना उलटना *v.t.* to nullify or ward off hocus-pocus

टोना-टोटका *m.* charm, spell, sorcery, black art

टोनेबाज़ *m.* enchanter, necromancer, wizard

टोप *(ṭop) m.* 1. hat 2. helmet

टोपना (*ṭopnā*) *v.t.* 1. to sew with hand 2. to plant (a tree or cutting)

टोपा[1] (*ṭopā*) *m.* covering for the head, headgear which usually covers the ears also

टोपा[2] *(ṭopā) m.* long stitch

टोपी (*ṭopī*) *f.* 1. cap 2. top of a box or tool

टोपी उछालना *(मु.) v.t.* to disgrace publicly

टोपी उतारना *v.t.* to insult, to humiliate

टोपीवाला *m.* the man with a cap

टोल[1] E (*ṭol*) *m.* toll (tax)

टोल[2] *(ṭol) f.* knock, buffet

टोल मारना *v.t.* to knock or dash (one thing against another)

टोला *(ṭolā) m.* 1. quarter or part of a town, locality 2. group, band, body, company, gang

टोला नायक *m.* group/ring leader

टोली (*ṭolī*) *f.* group, batch, band, team, gang

टोस्ट E (*ṭosṭ*) *m.* toast

टोह (*ṭoh*) *f.* 1. search 2. reconnaissance 3. feel, touch 4. hunt out

टोह पाना *v.t.* to find a clue

टोह मिलना *v.t.* to get a clue

टोह में रहना *v.i.* (a) to be in constant search (b) to keep track (of)

टोह लगना *v.t.* to find a clue

टोह लगाना *(मु.) v.t.* (a) to trace (b) to find out (c) to hunt out

टोह लेना *v.t.* (a) to sound, to throw a feeler, to reconnoitre (b) trace (c) to search

टोहक विमान (*ṭohak vimān*) *m.* reconnaissance plane

टोहना (*ṭohnā*) *v.t.* 1. to feel with finger 2. to sound 3. to probe, to search, to investigate 4. to trace

टोहाटाई (*ṭohāṭāī*) *f.* 1. search, investigation 2. looking after

टोहिया (*ṭohiyā*) *m.* reconnoiter, tracer, sounding person

टोही (*ṭohī*) *m.* seeker, one who finds out

ठ

ठ (*ṭha*) *m.* the twelfth consonant of the Devanagari syllabary

ठंठ (*ṭhanṭh*) *m.* 1. stump (of a tree, branch, arm) 2. stubble 3. amputated hand or arm (= ठूँठ *q.v.*)

ठंड (*ṭhanḍ*) *f.* 1. cold, winter 2. cold, chilliness

ठंडई (*ṭhanḍaī*) *f.* cold herbal drink

ठंडक (*ṭhanḍak*) *f.* 1. cold, coolness 2. refreshing sensation 3. calmness, comfort

ठंढ (*ṭhanḍh*) *f.* coldness, wild, coolness

ठंढ पड़ना *v.i.* to be cold or chilly

ठंढ लग जाना *v.i.* to catch cold

ठंढक पड़ना *v.i.* (a) to be cooled (b) to feel a cooling effect (c) to be gratified/satisfied

ठंढा (*ṭhanḍhā*) *a.* 1. cold, cool, chill 2. wintry 3. still, quiet, calm, tranquil, placid 4. soothed 5. pacified, appeased, satisfied 6. cold-hearted 7. passionless

ठंढा करना *(मु.) v.t.* (a) to cool (b) to ice, to freeze (c) to extinguish (d) to allay (e) to soothe, to comfort (f) to calm down, to appease

ठंढा करके खाओ (मु.) blow first sip afterwards, don't act in haste

ठंढा पड़ना *(मु.) v.i.* to cool down, to become cool, to be pacified

ठंढा बाज़ार *m.* dull market

ठंढा युद्ध *m.* cold war (see शीतयुद्ध)

ठंढा स्वभाव *m.* cool temperament

ठंढा होना *(मु.) v.i.* (a) to become cold (b) to take rest (after fatigue), to be refreshed (c) to be extinguished (d) to be appeased/pacified (e) to become lifeless

कलेजा ठंढा होना *v.i.* to have one's longing or revenge gratified, to be solaced/comforted

ठंढी आह/सांस भरना *(मु.) v.t.* to heave a deep sigh, to sigh in despair

ठंढे-ठंढे *(मु.) adv.* while it is cool, during the cool hours of the day

ठंढे दिमाग़ से *adv.* cool-headedly, coolly

चूल्हा ठंढा करना *(मु.) v.t.* to put off the oven

जोश ठंढा होना *(मु.) v.i.* enthusiasm/zeal to ebb

ठंढाई (*ṭhanḍhāī*) *f.* cooling drink, herbal medicinal drink

ठंढापन (*ṭhanḍhāpan*) *m.* coolness

ठक (*ṭhak*) I. *f.* 1. tapping sound 2. knocking sound II. *a.* wonderstruck, astounded, taken aback, stunned

ठक हो जाना *v.i.* to be wonderstruck, to be taken aback, to be flabbergasted

ठक-ठक (*ṭhak-ṭhak*) *f.* 1. repeated tapping or knocking sound, knock, pat, rap 2. troublesome business, awkward or untoward affair 3. quarrel, altercation

ठकठकाना (*ṭhakṭhakānā*) *v.t.* to knock, to tap, to rap

ठकठकिया (*ṭhakṭhakiyā*) *m.* wrangler, brawler

ठकठेला (*ṭhakṭhelā*) *a.* crowded, stuffed together in a crowd

ठकठौआ (*ṭhakṭhauā*) *m.* 1. a cymbal-like instrument (used by beggars) 2. a kind of small boat

ठकार (*ṭhakār*) *m.* the letter ठ and its sound

ठकारांत (*ṭhakārānt*) *a.* (of a word) ending in ठ

ठकुरसुहाती (*ṭhakursuhātī*) *f.* flattery, exaggerated or insincere praise

ठकुराइन (*ṭhakurāin*) *f.* 1. wife of a thakur (chief of Kshatriya) 2. a woman of the Kshatriya class 3. lady proprietor, female owner

ठकुराई (*ṭhakurāī*) 1. the rank or office of thakur, lordship 2. supremacy, authority 3. dignity, eminence

ठकुरानी (*ṭhakurānī*) *f.* = ठकुराइन *q.v.*

ठकुरायत (*ṭhakurāyat*) *f.* 1. lordship, nobility 2. estate 3. proprietorship, ownership 4. greatness

ठग (*ṭhag*) *m.* cheat, rogue, swindler, imposter

ठगबाज़ी *f.* roguery, fraudulent dealing, cheating

ठग-मूरी *f.* a medicinal plant or herb whose smell is used to render a person unconscious in order to loot him

ठग-विद्या *f.* the art of tricking or cheating

ठग व्यापारी *m.* racketeer

ठगई (*ṭhagaī*) *f.* cheating, roguery, swindling, fraudulence, deception

ठगण (*ṭhagaṇ*) *m.* (in prosody) combination of five short syllables

ठगना (*ṭhagnā*) *v.t.* to cheat, to swindle, to beguile, to dupe, to trick, to defraud

ठगनी (*ṭhagnī*) *f.* 1. woman cheat, female swindler 2. wife of a thug

ठगपना (*ṭhagpanā*) *m.* cheating, swindling, trickery, imposture

ठगवाना (*ṭhagvānā*) *v.t.* to have oneself cheated or swindled, to be beguiled (see ठगना)

ठगी (*ṭhagī*) *f.* cheating, swindling, fraud, fraudulence, imposter

ठगोरी (*ṭhagorī*) *f.* charm, enchantment, conjuring, magical incantation

ठट्ट (*ṭhaṭṭa*) *m.* 1. heap, pile 2. crowd, throng, gathering

ठट्ट के ठट्ट *(मु.)* several groups of people

ठट्टर (*ṭhaṭṭhar*) *m.* 1. the frame (bamboowork) of a thatch 2. skeleton

ठट्ठा (*ṭhaṭṭhā*) *m.* fun, jest, joke, jocularity, wagging, banter

ठट्ठा करना *v.t.* to cut jokes, to jest, to trifle

ठट्ठा मारना/लगाना *(मु.) v.t.* (a) to make a jest, to banter (b) to burst out laughing

ठट्ठे में उड़ा देना *(मु.) v.t.* to dsmiss in jest

ठट्ठेबाज़ (*ṭhaṭṭhebāz*) *m.* jester, sportive fellow, wag

ठट्ठेबाज़ी (*ṭhaṭṭhebāzī*) *f.* jesting, sporting, fun, jocularity

ठठ (*ṭhaṭh*) *m.* crowd, throng, multitude

ठठरी (*ṭhaṭhrī*) *f.* 1. skeleton 2. a very thin person 3. frame work of bamboo for a thatch

ठठरी मात्र/भर *a.* mere skeleton

ठठेरा (*ṭhaṭherā*) *m.* brazier, tinker, maker of metal pots and pans

ठठेरे-ठठेरे बदलाई *(मु.) f.* bargain between two equal people

ठठेरे-ठठेरे भिड़ंत *f.* clash between equals

ठठेरिन (*ṭhaṭherin*) *f.* 1. brazier's wife 2. woman brazier, female brazier

ठठेरी (*ṭhaṭherī*) *f.* 1. brazier's calling

2. making of metal pots and pans
ठठेरी बाज़ार *m.* market dominated by shops of braziers

ठठोल (*ṭhaṭhol*) I. *a.* jocular, jocose, humorous, waggish II. *m.* jester, joker, banterer, wag

ठठोलापन (*ṭhaṭholāpan*) *m.* jocularity, jesting, fun, joke, humour, buffoonery

ठठोलिया (*ṭhaṭholiyā*) *m.* jester, joker, banterer, wag

ठठोली (*ṭhaṭholī*) *f.* 1. jest, joke, fun 2. derision, mockery

ठन (*ṭhan*) *f.* jingle, tinkling, clinking sound
ठन-ठन *f.* ring, clang, sound of an empty metal pot
ठन-ठन गोपाल *(मु.)* *m.* a person who has his pockets empty, penniless, bankrupt

ठनक[1] (*ṭhanak*) *f.* jingling sound of a silver coin

ठनक[2] *(ṭhanak) f.* intermittent pain

ठनकना (*ṭhanaknā*) *v.i.* to jingle
तबला ठनकना *v.i* tambourine to be played
माथा ठनकना *v.i.* head to ring or throb, to have a presentiment of some evil or affair

ठनका (*ṭhankā*) *m.* jingling sound, jingle, tinkling, ringing

ठनकाना (*ṭhankānā*) *v.t.* 1. to cause to jingle (as a silver coin) 2. to play on a tambourine or any such instrument which gives a tinkling sound 3. to beat a drum

ठनकार (*ṭhankār*) *f.* a jingling noise

ठनगन (*ṭhangan*) *f.* persistent or repeated demand for a gift or present

ठनठन (*ṭhanṭhan*) *f.* ring, clang, sound of an empty metal pot (see under ठन)

ठनठनाना (*ṭhanṭhanānā*) *v.t.* 1. to ring, to jingle, to tinkle 2. to utter a sound like that of an animal

ठनना (*ṭhananā*) *v.i.* 1. to start with full vigour 2. to be resolved or determined
आपस में ठन जाना *v.i.* to be at loggerheads
बात ठन गई it is resolved
लड़ाई ठन जाना *v.i.* quarrel or fight to start

ठनाठन (*ṭhanāṭhan*) *adv.* with a jingling or tinkling noise

ठनाका (*ṭhanākā*) *m.* loud tinkling sound, jingling noise

ठप (*ṭhap*) *a.* 1. stopped 2. closed 3. paralysed
ठप कर देना *v.t.* to hush up
काम ठप होना work to stop
कारखाना ठप होना *v.i.* factory to close

ठपना (*ṭhapnā*) *v.t.* to stop, to close, to finish

ठप्पा (*ṭhappā*) *m.* 1. mould, die 2. stamp, impression made by a die
ठप्पा लगाना *(मु.)* to stamp (with a die, matrix)

ठमक (*ṭhamak*) *f.* 1. halt, break in motion, check or restraint in movement 2. pomp, show, affectation

ठमकना (*ṭhamaknā*) *v.i.* 1. to halt suddenly, to come to a stop, to pause 2. to show, to parade, to make a show

ठरन (*ṭharan*) *f.* cold, coldness

ठरना (*ṭharnā*) *v.i.* to feel cold, to shiver with cold, to tremble

ठर्रा[1] (*ṭharrā*) *m.* country liquor

ठर्रा[2] *(ṭharrā) m.* twisted and thick yarn

ठर्रा[3] *(ṭharrā) m.* big half-baked brick

ठर्रा[4] *(ṭharrā) m.* a kind of rough shoe

ठलुआ (*ṭhaluā*) *a.* 1. mean, low, base 2. worthless, useless 3. vulgar, rustic 4. humble

ठवन (*ṭhavan*) *f.* 1. pose, posture 2. gait, manner or mode of walking 3. posi-

tion

ठस (*ṭhas*) *a.* 1. (of cloth) thickly woven 2. (of a container) stuffed, crammed, filled 3. (of an object) solid, heavy, substantial 4. (of a person) lazy, sloth, dull, miserly, niggardly, obstinate, stubborn 5. (of a thing) strong, compact 6. (of house) strongly built 7. (of stones) closely fixed

ठसक (*ṭhasak*) *f.* 1. pride 2. vanity, egotism 3. ostentation 4. coquetry

ठसकदार P (*ṭhasakdār*) *a.* showy, ostentatious

ठसकना (*ṭhasaknā*) *v.t.* to break a chip or piece of an earthenware (by knocking against another)

ठसका (*ṭhaskā*) *m.* 1. dry cough 2. sound of cough (= ठसक *q.v.*)

ठसाठस (*ṭhasāṭhas*) I. *a.* 1. fully stuffed, packed, crammed 2. overcrowded II. *adv.* fully, densely

ठस्सा[1] (*ṭhassā*) *m.* 1. affected or pompous walking 2. coquetry, flirtation

ठस्सा[2] (*ṭhassā*) *m.* stamp, mark

ठस्सा डालना *v.t.* to stamp, to imprint

ठहरना (*ṭhaharnā*) *v.i.* 1. to pause, to stop 2. to wait 3. to rest 4. to stay 5. (of fever) to stand 6. to remain stationary 7. to stand still 8. to settle down 9. to be settled or decided, to be determined 10. to become motionless 11. to be established, to be ascertained 12. to be resolved 13. to become normal (as the condition of a patient) 14. (रंग colour) to last

ठहराई (*ṭhahrāī*) *f.* 1. lodging, quartering 2. charges paid for lodging or quartering 3. resting 4. staying 5. halting 6. charges for staying or halting

ठहराऊ (*ṭhaharāū*) *a.* 1. stable, steady 2. perpetual 3. lasting, durable (= टिकाऊ)

ठहराना (*ṭhahrānā*) *v.t.* 1. to cause to pause 2. to cause to remain 3. to stop, to cause to stay 4. to fix, to settle 5. to decide, to determine 6. to make durable or lasting

ठहराव (*ṭhahrāv*) *m.* 1. settlement 2. agreement 3. determination 4. decision 5. conclusion 6. durability, permanence 7. stop, stoppage, halt 8. pause 9. rest 10. prevention 11. quarter

ठहरौनी (*ṭhahraunī*) *f.* 1. settlement of terms before marriage 2. the amount settled for gifts to be given at marriage

ठहाका (*ṭhahākā*) *m.* loud laughter, peal of laughter, guffaw

ठहाका मारना/लगाना *(मु.)* *v.t.* to laugh loudly, to burst out laughing, to give a guffaw

ठहाकेदार (*ṭhahākedār*) *a.* loud, noisy

ठाँ (*ṭhāṁ*) *f.* 1. report of a gun 2. sound of a bang or shot

ठाँ-ठाँ reports, echoes

ठांठ (*ṭhāṇṭh*) *a.* 1. (of a cow) not giving milk, dry 2. (of a plant or tree) dry, sapless

ठाँय-ठाँय (*ṭhāṁy-ṭhāṁy*) *f.* altercation, dispute, wrangling

ठाँव (*ṭhāṁv*) *m.* 1. place 2. locality 3. station 4. residence

ठाँव-ठाँव *adv.* at every place, from place to place, in different places, here and there

ठाँसना (*ṭhāṁsnā*) *v.t.* 1. to fill to the brim, to cram, to stuff 2. to insert, to thrust, to drive in

ठा (*ṭhā*) *m.* sound made by one thing striking against another

ठाकुर (*ṭhākur*) *m.* 1. deity, God 2. idol or image of a god (especially

Vishnu) 3. God, the Divine Being 4. lord, master 5. chief or head (among certain castes of Rajputs 6. Kshatriya 7. hero 8. the most important person 9. venerable or highly honoured person 10. the head of a tribe or village 11. landlord, feudal 12. honorific title 13. barber

ठाकुरद्वारा *m.* temple, house of worship

ठाकुर बाप *m.* grandfather

ठाकुर माँ *f.* grandmother

ठाकुराइन (*ṭhākurāin*) *f.* 1. thakur's wife or daughter 2. title of respect, madam 3. the wife of a barber

ठाकुराई (*ṭhākurāī*) *f.* see ठकुराई

ठाट (*ṭhāṭ*) *m.* /**ठाठ**[1] (*ṭhāṭh*) *m.* pomp, show, splendid display, affectation

ठाट, ठाठ-बाठ *m.* pomp and show, eclat, pageantry, magnificence, splendour

ठाट, ठाठ से रहना *(मु.) v.i.* to live glamorously

ठाठ[2] (*ṭhāṭh*) *m.* 1. framework, skeleton 2. a frame for thatching

ठाठ[3] *(ṭhāṭh) m.* preparation, readiness

ठाठ[4] *(ṭhāṭh) m.* decoration, embellishment, adorning

ठाठ[5] *(ṭhāṭh) m.* 1. crowd, multitude, gathering 2. plenty, exuberance

ठाठ[6] *(ṭhāth) m.* attitude, behaviour, manner

ठाठ बदलना *(मु.) v.t.* to change one's attitude or posture (as does a wrestler)

ठाठ-बाट *f.* pomp, spendour

ठाठदार (*ṭhāṭhdār*) *a.* 1. pompous, showy 2. decorated, embellished 3. glorious

ठानना (*ṭhānanā*) *v.t.* 1. to be determined (to do) 2. to resolve, to settle (in mind) 3. to wage (a war)

ठान लेना *v.t.* to make up one's mind, to set one's heart to, to be determined

झगड़ा ठानना to be intent on quarrelling

ठाना (*ṭhānā*) *m.* the place for tying up a domestic animal, stable, stall

ठानाबंद *m.* confined to a stable or stall

ठानाबंदी *f.* confinement to a stable or stall (of a horse, bullock)

ठार (*ṭhār*) *m.* 1. extreme cold, chilliness 2. cold wave

ठाल (*ṭhāl*) *f.* 1. the state of being out of employment 2. release from employment or service 3. leave, holiday, exemption from labour or work

ठाला (*ṭhālā*) I. *a.* 1. unemployed, out of employment or work 2. unoccupied, idle II. *m.* 1. unemployment, joblessness 2. idler, person without any work or job 3. want, shortage especially of income 4. lethargic, idleness

ठाला होना *v.i.* to be unemployed or unoccupied

ठाले फिरना *v.i.* to wander about idly, to saunter about

बैठे-ठाले *adv.* (a) without exertion or effort (b) unexpectedly

ठाली (*ṭhālī*) *a.* 1. lazy, lethargic 2. jobless, unemployed 3. unoccupied

ठिंगना (*ṭhiṁgnā*) *a.* short-statured, undersized, dwarfish, of short height

ठिंगनाई (*ṭhiṁgnāī*) *f.* /**ठिंगनापन** (*ṭhiṁgnāpan*) *m.* lowness of stature or height, smallness, dwarfishness

ठिकाना (*ṭhikānā*) *m.* 1. address, fixed residence, abode, home 2. place, spot 3. proper place or spot 4. destination 5. foundation, basis 6. support 7. resort, recourse 8. (उपाय) remedy, way 9. (व्यवस्था) arrangement (उत्स) origin, source 10. (भरोसा) reliance, dependence 11. faith, belief 12. certainty 13. (जागीर) estate, property 14. rendezvous

ठिकाना करना *(मु.) v.t.* (a) to find out a fitting or proper/exact place/spot (b) to get a house to live (c) to find out a husband or wife, to marry

ठिकाना ढूँढ़ना *(मु.) v.t.* (a) to seek a home or residence (b) to ascertain somebody's whereabouts or abode (c) to seek employment or service, to find out a job

ठिकाने का *a.* (a) congruous, consistence (b) proper, appropriate, to the point (c) reasonable (आदमी)

ठिकाने की बात *(मु.) f.* (a) authentic or correct statement (b) proper thing

ठिकाने पहुँचाना *v.t.* (a) to put an end to (b) to bring to a desired conclusion

ठिकाने लगना *(मु.) v.i.* (a) to reach one's destination (b) to arrive at the proper place (c) to be properly used (d) to be dead or killed (e) to put an end to

ठिकाने लगाना *(मु.) v.t.* (a) to bring to a conclusion or end (b) to dispose of (c) to settle, to arrange (d) to make away with, to spend, to consume (e) to kill, to put to death

अक्ल ठिकाने आना *(मु.) v.i.* to come to one's senses, to recover sense of mind

पता-ठिकाना (a) whereabouts (b) full address

बेठिकाने *adv.* out of place or order, unsystematized

ठिगना (*ṭhignā*) *a.* short-statured, undersized, dwarfish, of low height (= ठिंगना *q.v.*)

ठिगनापन (*ṭhignāpan*) *m.* lowness of stature or height, smallness, dwarfishness (= ठिंगनापन *q.v.*)

ठिठक (*ṭhiṭhak*) *f.* 1. standing still, stopping suddenly 2. standing amazed 3. hesitation, fighting shy

ठिठकना (*ṭhiṭhaknā*) *v.i.* 1. to stand still abruptly, to stop suddenly 2. to stand amazed 3. to hesitate, to fight shy 4. to draw back in amazement

ठिठक जाना/रहना *v.i.* to stop short, to stand amazed

ठिठुरन (*ṭhiṭhuran*) *f.* numbness, chilliness, torpor, cold, frostiness

ठिठुरना (*ṭhiṭhurnā*) *v.i.* 1. to shiver with cold 2. to be benumbed or chilled, to be cooled down

ठिठुराना (*ṭhiṭhurānā*) *v.t.* to chill, to benumb

ठिठोलिया (*ṭhiṭholiyā*) *m.* jester, joker, humourist

ठिठोली (*ṭhiṭholī*) *f.* banter, persiflage, jesting, jocularity

ठिठोली करना *v.t.* to make fun, to crack jokes, to jest

ठिनक (*ṭhinak*) *f.* sob, whimper, fretful cry (of a child)

ठिनकना (*ṭhinknā*) *v.i.* to sob, to whimper, to cry, to whine

ठिया (*ṭhiyā*) *m.* 1. a place to sit on, seat 2. (carpenter's) platform to smooth wood with a plane 3. mud pillar, column 4. round heap or lump (of earth)

ठिलना (*ṭhilnā*) *v.i.* 1. to be pushed (as a boat by a boatman) 2. to advance forcibly (as in a crowd), to penetrate on being forced

ठिलुआ (*ṭhiluā*) *a.* 1. mean, low, base 2. worthless, uselss 3. vulgar, rustic

ठीक (*ṭhīk*) I. *a.* 1. right, true 2. right, correct 3. exact, accurate 4. reasonable, proper, appropriate 5. favourable, pleasing 6. stable, well-founded 7. firm, strong 8. in order, regular, systematic 9. complete, perfect 10. adequate 11. good, fine II. *adv.* 1. exactly, precisely, accurately, correctly, in truth 2. completely, entirely, perfectly, absolutely, wholly 3. very well, fine, very good

ठीक आना *(मु.) v.i.* (a) to correspond (b) to fit (c) to turn out right or correct

ठीक उतरना *(मु.) v.i.* (a) to prove correct, to come out, to the point (b) to come true

ठीक करना *(मु.) v.t.* (a) to correct (b) to adjust (c) to set right (d) to modify (e) to make fit (f) to amend (g) to arrange, to manage (h) to settle (i) to set in order, to systematize (j) to establish (k) to determine, to ascertain (l) to bring somebody to his senses

ठीक ठहराना *v.t.* to justify

ठीक-ठाक I. *m.* (a) all well (b) certainty II. *a.* right, correct, proper, just

ठीक-ठिकाना *m.* detailed or full address

ठीक-ठीक I. *adv.* (a) rightly, truly, correctly (b) duly II. *a.* (a) factual (b) precise, exact (अर्थ meaning)

ठीक नीचे *adv.* exactly below, just/immediately below

ठीक से *adv.* properly, adequately

ठीक होना *v.i.* (a) to be right/correct (b) to be proper (c) to recover

ठीकम-ठीक (*ṭhīkamṭhīk*) *adv.* 1. exactly 2. fittingly, suitably 3. correctly, accurately 4. quite right

ठीकर (*ṭhīkar*) *m.* duty of keeping watch (taken by villagers turn by turn) (see ठीकरी पहरा)

ठीकरा (*ṭhīkrā*) *m.* 1. broken piece of earthenware, large potsherd 2. lower half of an earthen pitcher 3. a mendicant's vessel for alms or fire 4. dilapidated house

ठीकरा फोड़ना *(मु.) v.t.* (*fig.*) to defame, to slander, to expose somebody's evil

ठीकरा समझना *(मु.) v.t.* to consider worthless or of no value

ठीकरा होना *v.i.* (a) to become worthless (b) to be ruined, to lie in ruins

रोज़ी-रोटी कमाने का ठीकरा *m.* tools or means by which one lives

ठीकरी (*ṭhīkrī*) *f.* 1. broken piece of earthenware, potsherd 2. useless thing, worthless article 3. pebble

ठीकरी चुनना *v.t.* (*fig.*) to become insane

ठीकरी पहरा *m.* system or duty of keeping watch by villagers in turn

ठीका (*ṭhīkā*) *m.* 1. contract 2. work done on contract or by the job (better ठेका[1] *q.v.)*

ठीका पत्र *m.* a deed of contract or lease

ठीकेदार (*ṭhīkedār*) *m.* contractor, social monopolist (better ठेकेदार *q.v.)*

ठीकेदारी (*ṭhīkedārī*) *f.* calling or status of a contractor (better ठेकेदारी *q.v.)*

ठी-ठी (*ṭhī-ṭhī*) *f.* 1. sound of laughter 2. ridiculing laughter 3. derision, mockery

ठीस (*ṭhīs*) *f.* 1. shooting pain, throbbing pain 2. throb, palpitation

ठीस मारना *v.t.* to throb (with pain)

ठीहा (*ṭhīhā*) *m.* 1. raised platform 2. mud pillar 3. boundary mark 4. a carpenter's bench for smoothing wood with a plane 5. support

ठुँगना (*ṭhuṁngnā*) *v.t.* /**ठुँगेरना** (*ṭhuṁgernā*) *v.t.* 1. to peck 2. to eat squeamishly

ठुँठ (*ṭhuṁṭh*) *m.* 1. stump of a tree 2. amputated hand (better ठूँठ)

ठुकठुक (*ṭhukṭhuk*) *f.* 1. sound of strike on a wooden article 2. sound or act of hammering a nail

ठुकना (*ṭhuknā*) *v.i.* 1. to be knocked or beaten 2. to be hammered 3. to be punished or chastised 4. to be forced to penetrate 5. to be spent in vain 6. to suffer a loss or damage

ठुकराना (*ṭhukrānā*) *v.t.* 1. to kick, to hit the foot against 2. to trample 3. spurn 4. to defy, to reject outright, to put aside contemptuously

ठुकवाना (*ṭhukvānā*) *v.t.* 1. to cause to be beaten or knocked 2. to cause to be hammered or driven in 3. to cause to be chastised or punished 4. to cause to be set right

ठुकाई (*ṭhukāī*) *f.* 1. work of setting right (a cot) 2. charges paid for hammering nails or setting the furniture right 3. beating, thrashing

ठुकाई करना *v.t.* to beat, to thrash

ठुड्डी (*ṭhuḍḍī*) *f.* chin

ठुड्डी का गड्ढा *m.* dimple in chin

ठुड्डी पकड़ना *v.t.* (a) to chuck under the chin (b) to coax, to curry favour with (c) to pacify, to appease

ठुनक-ठुनक (*ṭhunak-ṭhunak*) I. *adv.* 1. sobbingly, gaspingly 2. with tinkling sound II. *f.* 1. sobbing, gasping 2. tinkle, jingle

ठुनकना (*ṭhunaknā*) *v.i.* 1. to sob, to whimper 2. to make a tinkling or jingling sound

ठुनठुन[1] (*ṭhunṭkun*) *f.* jingling sound, jingle, tinkle

ठुनठुन[2] (*thunṭhun*) *f.* 1. sobbing 2. sobbing sound

ठुमक (*ṭhumak*) *f.* 1. jerky gait or walk, toddling walk 2. walking with a graceful easy air, strutting

ठुमक चाल *f.* mincing gait, affected walk, strut

ठुमक-ठुमककर चलना *v.i.* to walk with a graceful strut

ठुमकना (*ṭhumaknā*) *v.i.* to toddle, to walk with a graceful easy air, to walk with a jerky gait, to strut

ठुमका[1] (*ṭhumkā*) *m.* (*dim.* ठुमकी) small jerk

ठुमका[2] (*ṭhumkā*) *a.* short-sized, dwarfish (*fem.* ठुमकी)

ठुमकाना (*ṭhumkānā*) *v.t.* 1. to cause to walk with stateliness, to make a child strut or toddle 2. to give a push or jerk

ठुमकारना (*ṭhumkārnā*) *v.t.* = ठुमकाना *q.v.*

ठुमकी (*ṭhumkī*) *f.* 1. a push 2. stately gait, toddling (see ठुमका)

ठुमरी (*ṭhumrī*) *f.* 1. a kind of amorous composition 2. a style of Indian subclassical song, thumri

ठुर्री (*ṭhurrī*) *f.* semi-parched grain

ठुसकना (*ṭhusaknā*) *v.i.* to sob, to weep silently or softly

ठुसकी (*ṭhuskī*) *f.* sound produced in breaking or passing wind

ठुसना (*ṭhusnā*) *v.i.* to be stuffed, to be packed fully, to be crammed

ठुसवाना (*ṭhusvānā*) *v.t.* to cause to stuff, to have/make one stuff up or pack to the full

ठुसाना (*ṭhusānā*) *v.t.* to cause to be stuffed, to cause to be crammed, to make one fill the belly to the full

ठूँगा (*ṭhūṁgā*) *m.* 1. the beak or bill (of a bird) 2. a stroke or bite with a beak 3. (of a person) a stroke with one's hand or finger

ठूँगा मारना/लगाना *v.t.* (a) to strike with the beak, to peck (b) to strike with a finger (also ठोंगा)

ठूँठ (*ṭhūṁth*) *m.* 1. stump (of a tree, branch, arm) 2. stubble 3. amputated hand or arm

ठूँठ निकालना *v.i.* to stub off

ठूँठदार (*ṭhūṁṭhdār*) *a.* 1. stumpy 2.

stubbled, stubbly

ठूँठा (*ṭhūṁṭhā*) *m.* 1. reduced to a stump, branchless and leafless, having the branches lopped off 2. having the hand (or arm) amputated

ठूँठी (*ṭhūṁṭhī*) *f.* small stump or stubble

ठूँसना (*ṭhūṅsnā*) *v.t.* 1. to stuff, to cram 2. to drive or force in, to thrust in 3. to glut, to eat greedily 4. to press tightly into the mouth

ठूँस-ठूँसकर भरना *v.t.* to cram, to overpack

ठेंगा (*ṭheṁgā*) *m.* thumb

ठेंगा दिखाना *(मु.) v.t.* (a) to show a derisive thumb (b) to express a contemptuous or defiant refusal, to give a flat refusal

ठेंगा पर मारना *(मु.) v.t.* to disregard, to care a fig

ठेंगा बजाना *v.t.* (a) to crackle the thumb (b) to jeer at, to hoot

ठेंगे पर नचाना *v.t.* to make somebody dance to one's tune

मेरे ठेंगे से I don't care a fig

ठेंठा (*ṭheṁṭhā*) *m.* /**ठेंठी**[1] (*ṭheṁṭhī*) *f.* 1. plug 2. cork 3. bung

ठेंठी[2] (*ṭheṁṭhī*) *f.* lump or ball of earwax

ठेंठी[3] (*ṭheṁṭhī*) *f.* a loin cloth or dhoti reaching as far as the knees

ठेक[1] (*ṭhek*) *f.* 1. support 2. prop 3. hip, buttock

ठेक[2] (*ṭhek*) *f.* platform on which porters rest their load

ठेक[3] (*ṭhek*) *f.* large sack filled with corn

ठेकना (*ṭheknā*) *v.i.* to strike or knock against, to come into collision with

ठेका[1] (*ṭhekā*) *m.* 1. contract 2. work done on contract or by the job

ठेका का *a.* taken on contract

ठेके की मज़दूरी *f.* contract wages

ठेके की मियाद *f.* the period for which contract is granted

ठेके की शर्तें *f.* terms of contract

ठेका[2] (*ṭhekā*) *m.* mode of playing tabla

ठेका[3] (*ṭhekā*) *m.* place of selling country liquor, opium

ठेकेदार (*ṭhekedār*) *m.* contractor

समाज के ठेकेदार *m.* social monopolist

ठेकेदारी (*ṭhekedārī*) *f.* calling or status of a contractor

ठेठ (*ṭheṭh*) *a.* 1. (of language) colloquial, pristine, plain, unsophisticated 2. typical 3. pure, genuine, chaste 4. mere, sheer, whole

ठेपी (*ṭhepī*) *f.* stopper, plug, cork

ठेपीदार *a.* stoppered, plugged, having a stopper/plug or cork

ठेपी मुँह में देना *v.t.* to silence

ठेलठाल (*ṭhelṭhāl*) *f.* hustle and bustle, jostling, pulling and pushing

ठेलना (*ṭhelnā*) *v.t.* to push and move, to shove, to move forward by pushing, to propel, to jostle, to impel, to jog

ठेलमठेल (*ṭhelamṭhel*) *f.* hustle and bustle, jostling, pulling and pushing (= ठेलठाल *q.v.*)

ठेला (*ṭhelā*) *m.* 1. truck 2. trolley 3. wheel barrow 4. push, shove

ठेला देना *v.t.* to give a push

ठेला हल *m.* push plough

ठेलेवाला *m.* trolleyman

ठेलाठेल (*ṭhelāṭhel*) *f.* hustle and bustle, jostling, pulling and pushing (= ठेलठाल *q.v.*)

ठेली (*ṭhelī*) *f.* a small trolley, wheelbarrow

ठेली वाला *m.* trolleyman

ठेस (*ṭhes*) *f.* 1. light knock 2. blow

ठेस लगना *(मु.) v.i.* (a) to receive a knock or blow (b) to receive a setback

ठेस लगाना *v.t.* (a) to sit against a backrest (b) to give a knock or blow

(c) to mortify

ठोंकना (*ṭhoṁknā*) *v.t.* 1. to beat, to pat, to tap 2. to hammer, to drive a nail 3. to knock, to thump 4. to strike with the beak or bill, to peck

ठोंकना-बजाना (*मु.*) *v.t.* to examine minutely

ठोंग (*ṭhoṁg*) *f.* 1. beak or bill 2. pecking 3. striking with a finger

ठोंगा (*ṭhoṁga*) *m.* 1. striking with beak or bill, peck 2. stroke with a finger

ठोंगना (*ṭhoṁgnā*) *v.t.* 1. to strike with the beak or bill, to peck 2. to strike with a finger

ठोंठी (*ṭhoṁṭhī*) *f.* outer shell of gram, husk

ठोक (*ṭhok*) *f.* blow, stroke

ठोकना (*ṭhoknā*) *v.t.* 1. to hammer, to drive in, to pat to make firm 2. to strike, to beat, to knock 3. to thrust in

ठोकना-पीटना *v.t.* (a) to beat and hammer (b) to give a good thrashing

ठोक-पीटकर देखना *v.t.* to check up thoroughly

ठोक-बजाकर *adv.* (a) after close scrutiny or examination (b) publicly, openly

ठोकना-बजाना *v.t.* to make a thorough check-up, to examine minutely

ठोकर (*ṭhokar*) *f.* 1. kick 2. stumbling, tripping the foot against something

ठोकर खाना (*मु.*) *v.t.* (a) to stumble (b) to receive a kick (c) to suffer a loss

ठोकर मारना (*मु.*) *v.t.* to kick, to give a kick, to toe

ठोकर लगना (*मु.*) *v.i.* (a) to collide against (b) to stumble

ठोकर लगाना *v.t.* to kick

ठोकरें खाना (*मु.*) (a) to knock about aimlessly (b) to suffer misfortune

ठोकरें खाते फिरना (*मु.*) *v.i.* to loiter about tossed by misfortune, to go about aimlessly or without any job

ठोड़ी (*ṭhoṛī*) *f.* chin

ठोड़ी पकड़ना या ठोड़ी में हाथ देना (*मु.*) *v.t.* (a) chuck under the chin (b) to coax, to curry favour with (c) to pacify, to appease (= ठुड्डी पकड़ना *q.v.*)

ठोड़ी बनाना *v.t.* to shave the chin

ठोस (*ṭhos*) *a.* 1. solid, compact 2. firm, hard 3. heavy, massive, weighty 4. sound

ठोस काया *f.* solid body

ठोस ज्ञान *m.* sound knowledge

ठोस पिंड *m.* massive or solid mass

ठोस प्रमाण *m.* solid proof

ठोस बनाना *v.t.* solidify

ठोस मत *m.* solid vote

ठोस समर्थन *m.* solid support

ठोसपन (*ṭhospan*) *m.* solidity, compactness, solidness

ठोसा (*ṭhosā*) *m.* thumb presented as a token of denial (a mode peculiar to women)

ठोसा दिखाना *v.t.* (a) to show a derisive thumb (b) to express a contemptuous or defiant refusal, to give a flat refusal (= ठेंगा दिखाना *q.v.)*

ठौर (*ṭhaur*) *m.* place

ठौर-कुठौर (*मु.*) I. *m.* right or wrong place II. *adv.* (a) out of place (b) in vital parts (c) indiscriminately

ठौर-ठिकाना *m.* address, whereabouts

ठौर-ठौर *adv.* in many places

ठौर-बे-ठौर *adv.* indiscriminately, in any place, in vital parts

ठौर हो जाना *v.i.* to die on the spot, to expire then and there

ठौर-कुठौर out of place indiscriminately

ड, ड़

ड (*ḍa*) the thirteenth consonant of the Devanagari syllabary

डंक (*ḍaṅk*) *m.* 1. sting (of a wasp or scorpion) 2. nib

डंक तोड़ना *v.t.* (a) to deprive the creature of its sting or venomousness (b) to render (a wicked person) harmless

डंक मारना *(मु.) v.t.* to sting

डंक लगना *v.i.* to be stung

डंकना (*ḍaṅknā*) *v.i.* to make a tremendous noise, to thunder, to roar

डंका (*ḍaṅkā*) *m.* 1. kettledrum 2. drumstick

डंका पिटना/बजना *(मु.) v.i.* (a) to be proclaimed (b) to be famous

डंका पीटना/बजाना *(मु.) v.t.* (a) to beat a drum (b) to proclaim by beat of drum (c) to advertise, to expose publicly (d) to make famous

डंके की चोट (पर) कहना *(मु.)* (a) to proclaim by beat of drum (b) to say publicly, to assert openly

डँकाई (*ḍaṁkāī*) *f.* work or wages of a beater of kettledrum

डँकियाना (*ḍaṁkiyānā*) *v.t.* to sting (= डंक मारना)

डंकीला (*ḍaṅkīlā*) *a.* possessed of a sting, stinging

डंगर (*ḍaṅgar*) *m.* I. *m.* beast, cattle II. *m.* lean and thin (animal) (*fig.*) foolish person

डंठल (*ḍaṇṭhal*) *m.* stalk, peduncle, petiole

डंठी (*ḍaṇṭhī*) *f.* small stalk or peduncle

डंड (*ḍaṇḍ*) *m.* 1. stick, rod 2. an athletic or gymnastic exercise (placing one's hands on the ground and then bending down so as almost to touch the ground with one's chest). 3. fine, penalty

डंड डालना *v.t.* to levy a fine

डंड देना/भरना *v.t.* to pay a fine

डंड पेलना *(मु.) v.t.* (a) to practise or perform the bending exercise (b) to work very hard

डंडवत (*ḍaṇḍvat*) *m.* prostration (before God or one's superior), salutation

डंडवत करना *v.t.* to prostrate, to bow, to salute

डंडवारा (*ḍaṇḍvārā*) *m.* a low boundary wall or fence of a field

डंडा (*ḍaṇḍā*) *m.* 1. staff, stick, club, bar, rod, baton, bludgeon 2. bar of soap 3. rung (of a ladder) 4. a wall or fence enclosing a house, boundary wall

डंडा-कूँड़ा *m.* luggage

डंडा खाना *(मु.) v.t.* to be beaten (with a stick)

डंडा-डोली *f.* a game of the children in which they lift one by the arms and legs (representing a palanquin (डोली) with its pole)

डंडा-बेड़ी *f.* bar-fetters

डंडा सबका गुरु है *a.* the rod tames every brute

डंडे का राज *(मु.) m.* law of the jungle

डंडे के ज़ोर से *adv.* by physical force

डंडे बजाते फिरना *(मु.) v.i.* to wander

about aimlessly, to loaf around

डँड़िया (*daṁṛiyā*) *f.* a striped sari (as worn at the Holi festival)

डंडी[1] (*ḍaṇḍī*) I. *f.* beam of a pair of scales II. *m.* weighman

डंडीमार *m.* one who weighs less by twisting the beam

डंडी मारना *(मु.) v.t.* (a) to upset the scales (b) to give false or less weight

डंडी[2] (*ḍaṇḍī*) *f.* handle

करछी की डंडी *f.* handle of a ladle

डंडी[3] (*ḍaṇḍī*) *f.* 1. pole or stick, staff 2. a religious recluse carrying a staff

डंडी[4] (*ḍaṇḍī*) *f.* an earring, a flower

डंडी[5] (*ḍaṇḍī*) *f.* a narrow footpath

डंबल (*ḍambal*) *m.* /**डंबेल** E (*ḍambel*) *m.* dumb-bell

डंस (*ḍaṃs*) *m.* gnat = डाँस

डँसना (*ḍaṁsnā*) *v.t.* to sting, to bite (better डसना)

डकरना (*ḍakarnā*) *v.i.* /**डकराना** (*ḍakrānā*) *v.i.* 1. to low, to bellow (as an ox) 2. to cry aloud, to make a loud noise

डकार[1] (*ḍakār*) *f.* 1. belch 2. bellow 3. loud cry

डकार जाना *(मु.) v.i.* (a) to swallow (b) to grab, to make away with, to embezzle

डकार तक न लेना *(मु.) v.t.* to swallow or grab unobtrusively

डकार लेना *(मु.) v.t.* (a) to belch (b) to bellow, to low

डकार[2] (*ḍakār*) *m.* the letter ड or its sound

डकारना (*ḍakārnā*) *v.i.* 1. to belch 2. to bellow, to low 3. to gulp down, to swallow 4. to roar

डकारांत (*ḍakārānt*) *a.* (word) ending in ड

डकैत (*ḍakait*) *m.* dacoit, robber, brigand, highwayman

डकैती (*ḍakaitī*) *f.* dacoity, gang robbery, highway robbery

डकोटा E (*ḍakoṭā*) *m.* Dakota aeroplane

डकौत (*ḍakaut*) *m.* member of a class of Hindus who subsist on alms gathered on Saturdays and claim skill in fortune-telling

डग (*ḍag*) *m.* pace, step, stride

डग भरना *v.t.* to take a step, to stride, to walk with long steps or strides (also डग मारना)

डगमग (*ḍagmag*) *a.* 1. shaken, shaky, tottering, wavering, staggering, vacillating, unsteady 2. unbalanced 3. dubious

डगमग होना *v.i.* to waver, to vacillate, to totter, to shake, to stagger

डगमगाना (*ḍagmagānā*) *v.i.* to waver, to vacillate, to stagger, to shake, to sway, to wobble, to totter

डगमगाहट (*ḍagmagāhaṭ*) *f.* shaking, staggering, tottering, swaying

डगर (*ḍagar*) *f.* way, path, track, wide path between fields

डगर चलना *v.i.* to take a path, to follow a path

और डगर चलना *v.i.* to follow a wrong path, to go astray

और डगर चलाना *v.t.* to mislead, to deceive

डगरा (*ḍagrā*) *m.* a round-bottomed basket for winnowing

डच E (*ḍac*) *a.* & *m.* Dutch

डटना (*ḍaṭnā*) *v.i.* 1. to be firm or determined 2. to stay, to remain 3. to be resolved, to be determined 4. to hold on

डटकर *adv.* unwaveringly, steadily, firmly

डटकर खाना *(मु.) v.t.* to consume a square meal, to eat to the full, to glut

डट जाना *v.i.* to set one's face against, to be firm

डटा रहना *(मु.) v.i.* to keep to, to hang

on to, to persist, to hold on, to remain firm, to stick stubbornly

डटाना (*ḍaṭānā*) *v.t.* 1. to restrain, to check, to curb 2. to make still, to make settled or stationary

डट्टा (*ḍaṭṭā*) *m.* 1. stopper, cork, plug, spigot 2. cleat

डढ़ियल (*ḍaṛhiyal*) *a.* bearded, having a long beard (better दढ़ियल)

डपट (*ḍapaṭ*) *f.* rebuke, reprimand, objurgation

डपटना (*ḍapaṭnā*) *v.t.* to rebuke, to reprimand, to chide, to objurgate, to scold, to admonish

डपटाना (*ḍapṭānā*) *v.t.* 1. to ride or gallop hard (a horse) 2. to urge impetuously

डपोरसंख (*ḍaporsaṅkh*) *m.* 1. one given to much bragging 2. a person who promises much but performs little 3. a shallow person

डप्पू (*ḍappū*) *m.* 1. a large or huge object 2. a man having a giant like figure, a fat man 3. monster

डफ (*ḍaph*) *m.* tambourine, tabor

डफ पीटना *v.t.* to beat a tabor

डफला (*ḍaphlā*) *m.* /**डफली**[1] (*ḍaphlī*) *f.* tambourine (big or small)

अपनी-अपनी डफली अपना-अपना राग (मु) each harping upon one's own tune

डफली[2] (*ḍaphlī*) *m.* drummer, tambourine playing

डब (*ḍab*) *m.* 1. pouch 2. pocket 3. bag, sack

डब करना *v.t.* to pocket, to stow away

डबकना[1] (*ḍabaknā*) *v.i.* (of eyes) to be full of tears

डबकना[2] (*ḍabaknā*) *v.i./v.t.* to ache, to pain, to have pain

डबका (*ḍabkā*) *m.* fear, apprehension, dread, alarm, awe

डबकौंहाँ (*ḍabkauṁhāṁ*) *a.* tearful

डबडब (*ḍabḍab*) *m.* wetness, moisture

डबडबाना (*ḍabḍabānā*) *v.i.* (eyes) to be full of tears

आँसू डबडबा आना *v.i.* freely flowing tears

डबरा (*ḍabrā*) *m.* 1. marshland, field or ground under water 2. pool, pond, puddle

डबरी (*ḍabrī*) *f.* an earthen vessel for water, bowl

डबल E (*ḍabal*) *a.* double, twofold

डबल रोटी *f.* loaf of bread

डबोना (*ḍabonā*) *v.t.* to ruin, to spoil (same as डुबोना)

डब्बा (*ḍabbā*) *m.* 1. box 2. railway compartment

डब्बाबंद *a.* packed, tinned, canned

डब्बाबंदी *f.* canning (industry)

टिन का डब्बा *m.* tin box

डमरू (*ḍamrū*) *m.* tabor shaped like an hourglass

जलडमरू मध्य *m.* strait

डमरूमध्य *m.* tabor-shaped

थलडमरू मध्य *m.* isthmus

डमी E (*ḍamī*) *f.* dummy

डमी अभ्यर्थी *m.* dummy candidate

डमी प्रति *f.* dummy copy

डर (*ḍar*) *m.* 1. fear, dread, apprehension, fright 2. scare

डर के मारे *adv.* with/for fear, on account of fear

डर खाना *v.t.* to have a fright or dread

डर दिखाना *v.t.* to frighten, to terrify

डर बैठ जाना *v.i.* to have a deep-rooted fear or dread

डर लगना *v.i.* to be afraid

डर होना *v.i.* to fear

मुझे डर है I fear

डरता (*ḍartā*) *a.* fearing, apprehensive, fearful

डरना (*ḍarnā*) *v.i.* (से डरना) to be afraid (of), to fear, to be frightened

मैं डरता हूँ I fear

डरपोक (*ḍarpok*) *a.* timid, coward, timorous, weak-hearted

डरवाना (*ḍarvānā*) *v.t.* to cause to make afraid, to cause to be frightened, to get somebody terrified

डराक (*ḍarāk*) *a.* fearful, cowardly, timid, apprehensive

डराना (*ḍarānā*) *v.t.* to make somebody afraid, to frighten, to terrify, to scare, to threaten, to intimidate

डराकर भगा देना *v.t.* to scare away

डरावना (*ḍarāvnā*) *a.* dreadful, frightening, frightful, alarming

डरावा (*ḍarāvā*) *m.* 1. scare 2. scarecrow

डरावा दिखाना *v.t.* to scare, to intimidate

डलना (*ḍalnā*) *v.i.* 1. to be put 2. to be poured 3. to be passed into 4. to be cast or thrown down/away 5. to be put on, to be worn (also डालना)

डलवाना (*ḍalvānā*) *v.t.* 1. to cause to be put 2. to cause to be poured 3. to cause to be cast or thrown away 4. to make something pass into 5. to get something put on or worn

आदत डलवाना *v.t.* to cause to form a habit

ताला डलवाना *v.t.* to get locked

वोट डलवाना *v.t.* to cause to cast vote

हथियार डलवाना *v.t.* to make one surrender

डला[1] (*ḍalā*) *m.* 1. lump 2. fragment, piece, bit

डला[2] (*ḍalā*) *m.* large wicker-basket (*dim.* डलिया)

डलाव (*ḍalāv*) *m.* 1. refuse, rubbish, filth 2. dung-hill 3. night soil

डलिया (*ḍaliyā*) *f.* a small wicker-basket

डली (*ḍalī*) *f.* 1. small lump 2. fragment, piece, bit

डवा (*ḍavā*) *m.* large wooden spoon or ladle

डस (*ḍas*) *m.* 1. the string by which scales are suspended or held in the hand 2. threads at the end of a cloth left unwoven

डसना (*ḍasnā*) *v.t.* to sting, to bite

डसवाना (*ḍasvānā*) *v.t.* to cause to be stung or bitten

डसाना (*ḍasānā*) *v.t.* to cause to sting, to make a reptile bite

डस्टर E (*ḍasṭar*) *m.* duster

डहकना[1] (*ḍahaknā*) *v.t.* to cheat, to defraud, to deceive

डहकना[2] (*ḍahaknā*) *v.i.* 1. to cry loudly (in pain) 2. to lament, to bewail

डहकना[3] (*ḍahaknā*) *v.i.* 1. to bloom, to blossom 2. to spread (as moonlight)

डहकाना[1] (*ḍahkānā*) *v.t.* 1. to lead astray, to mislead 2. to disappoint

डहकाना[2] (*ḍahkānā*) I. *v.t.* 1. to throw away as useless 2. to lose through fraud, to cheat II. *v.i.* to be cheated

डहडहा (*ḍahḍahā*) *a.* 1. shining, glowing, glittering 2. blooming, blossoming 3. gay, cheerful, jolly 4. fresh, green 5. pleasant

डहडहाट (*ḍahḍahāṭ*) *f.* 1. delight, happiness, cheerfulness 2. freshness 3. glow, glitter

डहडहाना (*ḍahḍahānā*) *v.i.* 1. to glow, to shine, to glitter 2. to bloom, to blossom 3. to flourish

डहना[1] (*ḍahnā*) I. *v.i.* 1. to burn out, to be reduced to ashes 2. to be irritated, to be vexed, to be annoyed 3. to burn with jealousy, to be jealous II. *v.t.* 1. to burn, to reduce to ashes 2. to irritate, to vex, to annoy

डहना[2] (*ḍahnā*) *m.* wing (= डैना)

डहर (*ḍahar*) *m.* way, path, track, wide path between fields (= डगर)

डाँक (*ḍāṁk*) I. *f.* 1. a tiny shining cup of silver or copper which is inserted under a gem 2. an upward spring 3. vomiting II. *m.* same as डंक,डंका

डाँकना (*ḍāṁknā*) I. *v.t.* 1. to scale, to

cross over, calling out II. *v.i.* to vomit

डाँग[1] (*ḍāṁg*) *f.* stick, club, staff

डाँग[2] (*ḍāṁg*) *f.* 1. ridge or summit of a hill or mountain 2. hilly and wild tract 3. upper portion of anything

डाँगर (*ḍāṁgar*) see डंगर

डाँट (*ḍāṁṭ*) *f.* rebuke, reprimand, chiding, scolding, reproof

डाँट-डपट *f.* reproof

डाँट देना/बताना (*मु.*) *v.t.* to rebuke, to reprimand, to scold

डाँट-फटकार *f.* rebuke and reprimand

डाँट में रखना (*मु.*) *v.t.* to keep under control

डाँटना (*ḍāṁṭnā*) *v.t.* to scold, to reprimand, to chide, to rebuke

डाँड़[1] (*ḍāṁṛ*) *m.* 1. penalty, fine 2. punishment

डाँड़ भरना *v.t.* to pay a fine, to undergo punishment

डाँड़ लगाना *v.t.* to impose a fine

डाँड़ लेना (*मु.*) *v.t.* to take a fine, to fine, to punish

डाँड़[2] (*ḍāṁṛ*) *m.* 1. stick, staff 2. oar, paddle

डाँड़ लगाना *v.t.* to paddle, to row

डाँड़[3] (*ḍāṁṛ*) *m.* 1. a measure of length, a pole of four to six cubits 2. a measure of time about twenty four minutes

डाँड़[4] (*ḍāṁṛ*) *m.* 1. village boundary 2. elevated or raised field or ground

डाँड़ना (*ḍāṁṛnā*) *v.t.* 1. to punish, to fine, 2. to take revenge, to retaliate

डाँड़ा[1] (*ḍāṁṛā*) *m.* 1. ridge 2. boundary of a field

डाँड़ा[2] (*ḍāṁṛā*) *m.* 1. oar 2. staff, pole

डाँड़ी (*ḍāṁṛī*) *f.* 1. thin stick 2. the beam of a pair of scales 3. twig

डाँड़ी मारना (*मु.*) *v.t.* to give short measure (by weight)

डाँवाँडोल (*ḍāṁvaṁḍol*) *a.* 1. shaky, unstable, unsteady, fickle 2. uncertain, undecided 3. depressed, disturbed, sad, gloomy

डाँवाँडोल फिरना *v.i.* to go wandering about aimlessly

डाँवाँडोल होना (*मु.*) *v.i.* to wobble, to be unsettled and uncertain

डाँस (*ḍāṁs*) *m.* 1. gnat, large mosquito, gadfly 2. (डंक) sting

डाइन (*ḍāin*) *f.* 1. witch, sorceress 2. (abusive) wretched girl or woman 3. ugly woman 4. quarrelsome woman

डाइनामो E (*ḍāināmo*) *m.* dynamo

डाइरी E (*ḍāirī*) *f.* diary

डाइवोर्स E (*ḍāivors*) *m.* divorce

डाइवोर्स देना *v.t.* to divorce

डाई E (*ḍāī*) *f.* die, stamp

डाक (*ḍāk*) *f.* post, mail

डाक का पता *m.* postal address

डाक-क्लर्क *m.* mail clerk

डाक-खर्च *m.* postage

डाकख़ाना/घर *m.* post office

डाक-गाड़ी *f.* mail train

डाक-चौकी *f.* post relay stage

डाक-टिकट *m.* postage stamp

डाक-टिकट संग्रह *m.* stamp collecting, philately

डाक-थैला *m.* mail bag

डाकपाल *m.* postmaster

डाक-प्रमाणपत्र *m.* postal certificate, certificate of posting

डाक-बंगला *m.* dak bungalow

डाक-बक्स *m.* dak (letter) box

डाक-बाबू *m.* mail clerk

डाकवाला *m.* postman

डाक-महसूल *m.* postage

डाकवाहक *m.* post-carrier, courier

डाक-व्यय *m.* postage, postal expenses

डाक-शुल्क *m.* postage

डाक-संबंधी *a.* postal

डाक-से-भेजना *v.t.* to send by post

डॉक E (*ḍok*) *m.* dock

डाकना (*ḍāknā*) *v.t.* (= डाँकना)
डाकर (*ḍākar*) *m.* hard fertile soil (on the bank of a river)
डाका (*ḍākā*) *m.* dacoity, robbery, attack by a band of robbers or bandits
डाकाज़नी *f.* dacoity, robbery, brigandage, banditry
डाका डालना *(मु.) v.t.* to commit a robbery or dacoity, to rob
डाका पड़ना *v.i.* to be attacked by dacoits
डाका मारना *v.t.* to attack for robbery, to fall upon for dacoity
डाकिन (*ḍākin*) *f.* /**डाकिनी** (*ḍākinī*) *f.* 1. witch, female imp 2. shrewd, quarrelsome woman, termagant
डाकिया (*ḍākiyā*) *m.* postman
डाकिया कबूतर *m.* carrier pigeon
डाकू (*ḍākū*) *m.* dacoit, robber, brigand, highwayman, freebooter, bandit
डॉकेट E (*ḍākeṭ*) *m.* docket
डॉक्टर E (*ḍākṭar*) *m.* 1. doctor, physician, surgeon 2. doctor, a scholar who has earned a university degree of Ph.D.
डॉक्टरी (*ḍakṭarī*) I. *f.* 1. medical science, especially allopathy 2. profession of a doctor 3. medical practice II. *a.* medical
डॉक्टरी करना *v.t.* to practise medicine
डॉक्टरी छुट्टी *f.* medical leave
डॉक्टरी जाँच/परीक्षा *f.* medical check-up, examination or test
डॉक्टरी थर्मामीटर *m.* clinical thermometre
डॉक्टरी रिपोर्ट *f.* medical report
डॉक्टरी सलाह *f.* medical advice
डॉक्टरी सहायता *f.* medical aid
डाग (*ḍāg*) *f.* stick for beating a drum
डाग देना *v.t.* to beat a drum with a stick
डाट[1] (*ḍāṭ*) *f.* stopper, cork
डाटदार *a.* stoppered
डाट लगाना *v.t.* to close with a stopper or cork, to cork, to put a stopper on
डाट हटाना *v.t.* to uncork, to remove the stopper
डाट[2] (*ḍāṭ*) *f.* 1. prop 2. arch
डाढ़ (*ḍāṛh*) *f.* jaw-tooth, grinder (better दाढ़), molar tooth
डाढ़ गर्म करना *v.t.* to eat
डाढ़ी (*ḍāṛhī*) *f.* beard (better दाढ़ी)
डाबर[1] (*ḍābar*) *m.* 1. low ground, marsh 2. lake 3. pond, pool
डाबर[2] (*ḍābar*) *m.* 1. a vessel for washing hands in 2. dirty water
डाब (*ḍāb*) *m.* see डाभ
डाभ (*ḍābh*) *m.* (कुश) 1. sacrificial grass (called कुश) 2. a kind of grass used for making ropes 3. raw coconut
डामर[1] (*ḍāmar*) *m.* 1. resin 2. bitumen 3. coal tar
डामर कागज़ *m.* pitch paper
डामर[2] (*ḍāmar*) *m.* pomp and show, ostentation
डामर[3] (*ḍāmar*) *m.* name of a scheduled tribe
डामर[4] (*ḍāmar*) *m.* a kind of small bee which produces resin
डामर[5] (*ḍāmar*) *a.* 1. dreadful, formidable 2. confusing, confounding
डायन (*ḍāyan*) *f.* 1. witch 2. old hag 3. an ugly woman 4. quarrelsome woman
डार[1] (*ḍār*) *f.* line, row
डार[2] (*ḍār*) *f.* herd, group, flock (as of deer or birds)
डाल (*ḍāl*) *f.* branch, bough
डाल का टूटा *(मु.) a.* plucked from the branch, fresh from the tree
डाल का पका *a.* ripened on the tree
तुम डाल-डाल हम पात-पात *(मु.)* I am more knowledgeable than you
डालना (*ḍālnā*) *v.t.* 1. to throw/cast down, to drop 2. to inject, to thrust

(in) 3. to put 4. to put on, to wear 5. to cause to put on or wear 6. to lay (before)

डाल जाना *v.i.* to throw and go, to leave behind, to desert

डाल देना *v.t.* to pour, to throw down or away

डाल रखना *(मु.) v.t.* to lay aside, to postpone, to put away

डाल लेना *v.t.* to put on, to keep for one's own use

अचार डालना *v.t.* to prepare pickles

आँखों में आँखें डालना *(मु.)* to look straight into somebody's eyes

कह डालना *v.t.* to speak out

काजल डालना *v.t.* to apply collyrium

किसी काम में हाथ डालना *v.t.* to lay hands on, to interfere with, to entangle oneself in some affair

किसी के नाम डालना *v.t.* to debit to somebody's account

खा डालना *v.t.* to eat up the whole

घेरा डालना *v.t.* to lay a siege, to besiege

जान जोखिम में डालना *(मु.) v.t.* to take the risk of life, to get into trouble

जान डालना *v.t.* to infuse life, to put new life (into)

तोड़ डालना *v.t.* to break into pieces

दे डालना *v.t.* to give away

नकेल डालना *(मु.) v.t.* (a) to put on a nose-halter (b) to restrain, to control

नज़र डालना *(मु.) v.t.* to cast an eye, to see

परदा डालना *(मु.) v.t.* to hide or cover up

बाधा डालना *v.t.* to put obstacles

भार डालना *v.t.* to encumber

मार डालना *v.t.* to kill, to put to death

हथियार डालना *(मु.) v.t.* to surrender

डालर E (*ḍālar*) *m.* dollar

डाला[1] (*ḍālā*) *m.* large branch (of a tree)

डाला[2] (*ḍālā*) *m.* a pigeon-holed case for keeping bottles

डाली[1] (*ḍālī*) *f.* branch (of a tree), bough

डाली[2] (*ḍālī*) *f.* 1. a basket (to hold flowers or fruits) 2. present or gift of fruits generally spread out on a tray

डावाँडोल (*ḍāvāṁḍol*) *a.* 1. shaky, unstable, unsteady, fickle 2. uncertain, undecided 3. depressed, disturbed, sad, gloomy (see डाँवाँडोल)

डासन (*ḍāsan*) *m.* bedding

डासना (*ḍāsnā*) *v.t.* to make a bed or bedding

डाह (*ḍāh*) *f.* 1. jealousy 2. grudge 3. malice

डाह करना *v.t.* to feel jealous, to envy, to be jealous (of)

डाह से *adv.* jealously, out of jealousy

डाही (*ḍāhī*) *a.* 1. jealous, envious 2. grudging

डिंगर[1] (*ḍiṁgar*) *m.* a piece of wood tied to the neck of a beast to prevent it from running away or attacking

डिंगर[2] (*ḍiṁgar*) *m.* cunning or shrewd fellow

डिंगल[1] (*ḍiṁgal*) *f.* old colloquial Rajasthani dialect

डिंगल[2] (*ḍiṁgal*) *a.* 1. low, mean, base 2. irregular 3. inaccurate

डिंगी E (*ḍiṁgī*) *f.* dinghy, a type of small boat

डिंडिभ (*ḍiṁḍibh*) *m.* water-snake

डिंडिम (*ḍiṁdim*) *m.* a small drum or tabor

डिंडिम घोष *m.* declaration by beat of drum

डिंब (*ḍiṁb*) *m.* 1. egg, chrysalis 2. embryo in the first stage 3. womb, foetus

डिंब-कोष *m.* egg-cell, ovum

डिंब-ग्रंथि *f.* ovary

डिंब-शुक्राणु *m.* sperm

डिंभ (*ḍiṁbh*) *m.* 1. new-born child

2. young of an animal 3. larva

डिंभक (*ḍimbhak*) *m.* larva

डिंभाशय (*ḍiṁbhāśay*) *m.* uterus, womb

डिगना (*ḍignā*) *v.i.* 1. to shake, to quiver 2. to stumble, to slip, to fall 3. to deviate from one's path or words, to swerve, to deflect

डिगरी E (*ḍigarī*) *f.* /**डिग्री** (*ḍigrī*) *f.* 1. degree (from a university) 2. degree (as on a thermometer) 3. decree

डिगाना (*ḍigānā*) *v.t.* 1. to cause to shake 2. to cause to slip or stumble 3. to render unsteady or unstable

डिबिया (*ḍibiyā*) *f.* tiny box or casket

डिब्बा (*ḍibbā*) *m.* 1. box, container 2. railway wagon, compartment

डिब्बाबंद *a.* tinned, canned

डिब्बाबंदी *f.* canning industry

डींग (*ḍīṁg*) *f.* 1. vanity 2. bragging, boasting

डींगभरी बात *f.* tall talk

डींगमार *a.* & *m.* boastful (person), conceited (person), boaster

डींग मारना/हाँकना (*मु.*) *v.t.* to brag, to boast, to vaunt, to talk big

डींगिया (*ḍīṁgiyā*) *m.* boaster, braggart (= डींगमार)

डीज़ल E (*ḍīzal*) *m.* diesel

डीठ (*ḍīṭh*) *f.* (evil) eye, sight

डीठ बाँधना (*मु.*) *v.t.* to stare, to gaze

डीठ लगना, लग जाना *v.i.* to be under the influence of an evil eye, to be affected by an evil eye

डीठ लगाना *v.t.* to cast an evil eye

डी डी टी E (*ḍīḍīṭī*) *f.* DDT

डील (*ḍīl*) *m.* 1. physique, body 2. stature, size 3. form 4. bulk

डील-डौल *m.* figure, shape, body, physique, person

डीह (*ḍīh*) *m.* 1. dwelling place 2. habitation 3. village 4. site of a deserted village, ruined village

डीहा (*ḍīhā*) *m.* heap of earth, mound

डुकरिया (*ḍukariyā*) *f.* old or decrepit woman

डुकरिया पुरान *m.* tradition or custom relating to old women

डुकड़ी (*ḍukṛī*) *f.* a pair of tablas (see तबला)

डुगडुगाना (*ḍugḍugānā*) *v.t.* to beat a drum

डुगडुगी (*ḍugdugī*) *f.* 1. small kettledrum (used in making proclamation and by jugglers) 2. proclamation by beat of drum

डुगडुगी पिटना/बजना (*मु.*) *v.i.* (a) drum to be beaten (b) proclamation to be made by beat of drum

डुगडुगी बजाना *v.t.* (a) to play the डुगडुगी, to proclaim by beat of drum

डुग्गी (*ḍuggī*) *f.* 1. small kettledrum (used in making proclamation and by jugglers) 2. proclamation by beat of drum (= डुगडुगी)

डुबकनी (*ḍubaknī*) *a.* & *f.* submarine

डुबकनी नाव *f.* submarine, U-boat

डुबकी (*ḍubkī*) *f.* 1. dive, plunge 2. dip

डुबकी खाना *v.t.* to be dipped, to dive

डुबकी देना *v.t.* to dip, to immerse, to submerge, to give a ducking

डुबकीमार *m.* diver

डुबकी मार/लगा जाना *v.i.* (a) to slip away (b) to disappear for a long time (c) to give a long gap

डुबकी मारना या लगाना (*मु.*) *v.t.* to plunge, to dive, to take a dip

डुबवाना (*ḍubvānā*) *v.t.* (from डुबोना) to cause to be sunk or submerged or drowned

डुबाऊ (*ḍubāū*) *a.* enough to drown, out of a man's depth, very deep

डुबाना (*ḍubānā*) *v.t.* 1. to make a thing sink, to immerse 2. to cause a person to drown, to drown 3. to dip (clothes) 4. to ruin 5. to waste

लुटिया डुबाना *(मु.) v.t.* to bring ruin, to waste or spoil one's all

डुबाव (*ḍubāv*) *m.* 1. immersion, sinking, drowning 2. depth (of water) enough for drowning

डुबोना (*ḍubonā*) *v.t.* to drown, to spoil (= डुबाना, डबोना)

घर डुबोना *(मु.) v.t.* to ruin the family

नाम डुबोना *(मु.) v.t.* to bring disgrace to oneself, to spoil one's reputation

डुब्बी (*ḍubbī*) *f.* dive, diving

डुब्बी मारना *v.t.* to dive

पनडुब्बी *f.* (a) submarine, U-boat (b) water-fowl, diver

डुलना (*ḍulnā*) *v.i.* 1. to move to and fro, to stir 2. to walk with a twisting gait

हिलना-डुलना *v.i.* to be moving about

डुलाना (*ḍulānā*) *v.t.* 1. to move, to stir 2. to swing, to rock

पंखा डुलाना *v.t.* to fan

हिलाना-डुलाना *v.i.* to shake (see also डोलना)

डूँगर (*ḍūṁgar*) *m.* 1. hill 2. hilly tract

डूँगरी (*ḍūṁgarī*) *f.* hillock, mound

डूँडा (*ḍūṁḍā*) *a.* single-horned (bull, cow, buffalo)

डूब (*ḍūb*) *f.* depth or place enough for drowning

डूबता (*ḍūbtā*) *a.* drowning, sinking

डूबते को तिनके का सहारा *(मु.)* a drowning man catches at a straw

डूबना (*ḍūbnā*) *v.i.* 1. to sink, to drown, (oneself), to be drowned, to be immersed or submerged 2. to be lost 3. to be absorbed or engrossed

डूबना-उतराना *(मु.) v.i.* to sink or to be drowned and rise

डूब मरना *(मु.) v.i.* to die by drowning

अपने विचारों में डूबा हुआ lost or absorbed in his own thoughts

इज़्ज़त या नाम डूबना *(मु.)* to lose reputation

ऐसा व्यापार करेगा तो डूब जाएगा if he does such a business he will come to grief (he will be ruined)

कर्ज़ में डूबना *v.i.* to become heavily indebted

चुल्लू-भर पानी में डूब मरना *(मु.) v.i.* to be too ashamed to show one's face

शर्म से डूब मरना *(मु.) v.i.* to die of shame

सारी पूँजी डूब गई the entire capital was lost

सूरज डूब रहा है the sun is setting

डूबा (*ḍūbā*) *a.* 1. drowned, sunk, submerged, immersed 2. lost 3. wasted, destroyed

डूबा हुआ खाता *m.* bad debt account or account which yields no return

डूबी भूमि *f.* flooded land

डूबी रकम *f.* bad debt

डूबी राशि *f.* unrealized sum

डेंगू E (*deṁgū*) *m.* dengue

डेंगू बुख़ार/ज्वर *m.* dengue fever

डेढ़ (*ḍeṛh*) *a.* one and a half

डेढ़ ईंट की मस्जिद अलग बनाना/डेढ़ चावल की खिचड़ी अलग पकाना *(मु.) v.t.* to stay away from the people, to remain aloof, to form a new party

डेढ़ किलो *m.* a kilogram and a half

डेढ़ पसली आदमी *m.* a lean and thin person

डेढ़ बजे *adv.* at half past one, at one thirty

डेढ़ बात करना *v.t.* to talk briefly and to the point

डेढ़ लाख one hundred fifty thousand

डेढ़ सौ one hundred and fifty

डेढ़ हज़ार one thousand and five hundred

डेरा (*ḍerā*) *m.* 1. tent, encampment, pavilion 2. abode, dwelling

डेरा उठा लेना *(मु.) v.t.* to leave a place

डेरा करना *(मु.) v.t.* to stay

डेरा खड़ा करना *v.t.* to erect or pitch a tent, to encamp

डेरा-डंडा *m.* bag and baggage, effects, tent and its poles

डेरा-डंडा उठाना *v.t.* to go away bag and baggage

डेरा डालना *(मु.) v.t.* to encamp, to take up (one's) abode

डेरा लगाना *v.t.* to stay at a place

डेरेवाला (*ḍerevālā*) *m.* dealer in tents

डेला (*ḍelā*) *m.* eyeball

डेली (*ḍelī*) *f.* basket for keeping rice

डेवढ़ (*ḍevaṛh*) *f.* 1. working plan 2. arrangement

डेवढ़ गड़बड़ा जाना *v.i.* plan/arrangement to go awry

डेवढ़ बांधना *v.t.* to form a working plan

डेवढ़ा (*ḍevaṛhā*) *a.* half as much again

डेवढ़ा करना *v.t.* (a) to make one and a half times as much (b) to balance an account, to close an account

डेवढ़ाना (*ḍevṛhānā*) *v.t.* 1. to take one and a half as much 2. to receive the sum with fifty percent interest

डेवढ़ी (*ḍevṛhī*) *f.* 1. threshold 2. antechamber 3. entrance

डेवढ़ीदार *m.* gatekeeper

डेहरी (*ḍeharī*) *f.* threshold, doorsill (better देहरी or देहली)

डैना (*ḍainā*) *m.* wing (of a bird), pinion

डैनेदार (*ḍainedār*) *a.* winged, pinioned

डोँगर (*ḍoṁgar*) *m.* mount, hill

डोँगरी (*ḍoṁgarī*) *f.* hillock, mound

डोँगा (*ḍoṁgā*) *m.* 1. canoe, a type of boat 2. any boat-shaped vessel or utensil, serving bowl

डोँगी (*ḍoṁgī*) *f.* a small boat, canoe, wherry

डोँड़ी (*ḍoṁṛī*) *f.* 1. a small kettledrum 2. proclamation by beat of drum

डोंड़ी पीटना *(मु.) v.t.* to beat the kettledrum, to proclaim by beating the drum (also डौंड़ी)

डोई (*ḍoī*) *f.* wooden spoon or ladle

डोकना[1] (*ḍoknā*) *v.t.* to take large gulps or draughts, to guzzle

डोकना[2] (*ḍoknā*) *v.i.* to vomit

डोकरा (*ḍokrā*) *m.* old and decrepit man

डोकरी (*ḍokrī*) *m.* old and decrepit woman

डोका (*ḍokā*) *m.* vomiting

डोगरा (*ḍogrā*) *m.* a caste of warriors belonging to Kangra and Jammu regions, Dogra

डोगरी (*ḍogrī*) *f.* a language spoken in Dogra region

डोडा (*ḍoḍā*) *m.* pod, especially of poppy or cotton

डोडी (*ḍoḍī*) *f.* small pod

डोना (*ḍonā*) *m.* small cup or bowl made of leaves

डोब (*ḍob*) *f.* 1. depth sufficient for drowning 2. dip, immersion

डोबा[1] (*ḍobā*) *m.* dip, dive

डोबा[2] (*ḍobā*) *m.* fainting, swoon

डोम (*ḍom*) *m.* 1. a low caste among Hindus who remove carcasses, filth from the cremation ground, sweeper, scavenger 2. an individual of the Dom caste

डोमकौवा (*ḍomkauvā*) *m.* raven, wild crow

डोमड़ा (*ḍomṛā*) *m.* (derogatory) a man who behaves like a Dom

डोमड़ी (*ḍomṛī*) *f.* (derogatory) a woman who behaves like a Dom

डोमपना (*ḍompanā*) *m.* the characteristics and practices of the Dom caste

डोमिन (*ḍomin*) *f.* 1. wife of a Dom 2. woman or girl of the Dom caste

डोर (*ḍor*) *f.* 1. thread especially for kite flying 2. string, rope, cord

डोर पर लगाना *(मु.) v.t.* to tame a bird

डोर लगाना *(मु.) v.t.* to attach

डोरा (*ḍorā*) *m.* 1. thread 2. line, streak

डोरा डालना *(मु.) v.t.* (a) to thread (the needle) (b) to stitch (a quilt)

डोरे डालना (किसी पर) *v.t.* to entice, to allure (in love), to ensnare

आँख का डोरा *m.* a streak of blood in the eye

गर्दन का डोरा *m.* graceful movement of the neck in dancing

घी का डोरा *m.* dash of ghee or clarified butter

डोरिया[1] (*ḍoriyā*) *m.* a type of striped fine cloth

डोरिया[2] (*ḍoriā*) *m.* a kind of heron

डोरियाना (*ḍoriyānā*) *v.t.* to tie with a thread or string

डोरी (*ḍorī*) *f.* 1. string, cord 2. line or chain used in measuring land

डोरी ढीली छोड़ना *(मु.)* *v.t.* to give a long rope, to allow freedom

डोल[1] (*ḍol*) *m.* 1. bucket, pail 2. skip (in a coal mine)

डोल[2] (*ḍol*) *m.* oscillation, swinging, rocking

डोल-फेर *m.* (a) moving or swinging from side to side or to and fro (b) restlessness

डोलची (*ḍolcī*) *f.* small bucket, pail

डोलना (*ḍolnā*) *v.i.* 1. to oscillate, to swing, to rock, to sway from side to side, to move to and fro 2. to move about, to ramble, to roam about 3. to waver, to flinch, to swerve, to totter

डोलते फिरना *v.i.* to wander about

मन डोलना *v.i.* (a) to become fickle-minded (b) to be infatuated/fascinated

डोला (*ḍolā*) *m.* a kind of sedan (for women), closed palanquin

डोला आना *v.i.* bride to come for the first time in her husband's house

डोला देना *v.t.* to give a daughter in marriage

डोलाना (*ḍolānā*) *v.t.* 1. to rock, to swing, to move from side to side 2. to remove

डोली (*ḍolī*) *f.* 1. small sedan or palanquin, a portable cot 2. departure and reception of a new bride (see डोला)

डोली करना *v.t.* (a) to send the bride to her husband's house (b) to shunt out

डोली होना *v.i.* (a) the bride to depart (b) to move away

डोसा (*ḍosā*) *m.* dosa, a typical South Indian preparation of rice flour

डौंड़ी (*ḍaumṛī*) *f.* 1. kettledrum 2. proclamation by beat of drum

डौंड़ी पिटना/बजना *(मु.)* *v.i.* (a) drum to be beaten (b) proclamation to be made, to be proclaimed

डौंड़ी पीटना या बजाना *(मु.)* *v.t.* (a) to beat the drum (b) to proclaim

डौंड़ी फिरना *v.i.* proclamation to be made by beat of drum

डौल (*ḍaul*) *m.* 1. shape, form, figure, frame, make 2. model, pattern 3. (ढंग) style, manner, method 4. plan, scheme 5. device 6. strategy 7. limit, boundary 8. (उपाय) means, way, remedy

डौल-डाल *m.* device

डौल-डाल बैठाना *v.t.* to work out a device

डौलबंदी *f.* (a) embanking (b) making a boundary, delimitation

डौल लगना *v.i.* device or plan to work, strategy to succeed

डौल लगाना *(मु.)* *v.t.* to work out a plan/device or strategy

ड्योढ़ा (*ḍyoṛhā*) *a.* one and a half times as much or as big

ड्योढ़ा करना *v.t.* to increase by one and a half

ड्योढ़ी (*ḍyoṛhī*) *f.* 1. threshold 2. porch 3. entrance to a house

ड्योढ़ीदार *m.* /**ड्योढ़ीवान** *m.* gatekeeper, watchman

ढ, ढ़

ढ (*ḍh*) the fourteenth consonant of the Devanagari syllabary

ढँकना (*ḍhaṁknā*) *v.t.* 1. to cover 2. to put a lid (on) 3. to conceal

ढँक लेना *v.t.* to envelop

ढंग (*ḍhaṅg*) *m.* 1. mode, manner, style 2. method 3. course of proceeding, procedure 4. (उपाय) way, remedy 5. kind, type 6. deception, fraud 7. conduct, behaviour

ढंग का *(मु.)* *a.* of the right type, proper

ढंग का नौकर *m.* suitable servant

ढंग पर लाना *(मु.)* *v.t.* to bring to the right course, to set right

ढंग से *adv.* properly, methodically, in the right way, rightly

अच्छे ढंग से *adv.* very well

अपने ढंग का अकेला *a.* unique

मोटे ढंग से *adv.* roughly

ढंगी (*ḍhaṅgī*) *a.* 1. cunning, shrewd, crafty, artful 2. rude, uncouth, awkward 3. slovenly, untidy

ढंगीला (*ḍhaṅgīlā*) *a.* well-shaped, comely, graceful

ढँढोई (*ḍhaṁḍhoī*) *f.* scum of boiling sugar-cane juice

ढँढोर (*ḍhaṁḍhor*) *m.* flame

ढँढोरची (*ḍhaṁdhorcī*) *m.* 1. drummer 2. public announcer, one who proclaims by beat of drum

ढँढोरना (*ḍhaṁḍhornā*) *v.t.* to make a thorough search, to probe into each and every item

ढँढोरा (*ḍhaṁḍhorā*) *m.* 1. kettle-drum 2. proclamation by beat of drum

ढँढोरा पीटना *(मु.)* *v.t.* to proclaim by beat of drum

ढँढोरा फेरना *(मु.)* *v.t.* to proclaim widely and publicly

ढँढोरिया (*ḍhaṁḍhoriyā*) *m.* 1. drummer 2. public announcer, one who proclaims by beat of drum (= ढँढोरची *q.v.*)

ढँपना (*ḍhaṁpnā*) *v.t.* 1. to cover 2. to put a lid (on) 3. to conceal (= ढँकना or ढकना *q.v.*)

ढई (*ḍhaī*) *f.* picketing

ढई देना *v.t.* to picket, to beset with pickets

ढकना (*ḍhaknā*) I .*v.t* 1. to cover 2. to put a lid on 3. to fit exactly over 4. to conceal, to hide II. *m.* lid, cover, covering object III. *v.i.* to be covered

ढक जाना *v.i.* to be covered, to be concealed

ढक लेना *v.t.* to cover up

ढकनी (*ḍhaknī*) *f.* small lid, small cover

ढकवाना (*ḍhakvānā*) *v.t.* to cause to be covered, to have something covered or concealed

ढका (*ḍhakā*) *m.* large drum

ढकार (*ḍhakār*) *m.* the letter ढ and its sound

ढकारांत (*ḍhakārānt*) *a.* (a word) ending in ढ having ढ, at the end, (as ढाढ)

ढकेलना (*ḍhakelnā*) *v.t.* 1. to push, to propel 2. to shove

ढकेल देना *v.t.* to push over

ढकेला-ढकेली (*ḍhakelā-ḍhakelī*) *f.* pushing and jostling, hustling-jostling

ढकोसना (*ḍhakosnā*) *v.t.* to eat or drink greedily, to guzzle, to stuff or cram down

ढकोसला (*ḍhakoslā*) *m.*1. delusion 2. hypocrisy, cant 3. farce, hypocritical show

ढकोसलेबाज़ (*ḍhakoslebāz*) *m.*1. hypocrite 2. cheat

ढक्कन (*ḍhakkan*) *m.* 1. lid, pot-lid 2. cover, mask

ढक्का (*ḍhakkā*) *m.* large drum, double drum

ढक्की (*ḍhakkī*) *f.* slope land

ढगण (*ḍhagaṇ*) *m.* combination of three short syllables (as in डगर, अलग)

ढचर[1] (*ḍhacar*) *a.* 1. fragile, infirm, weak 2. rickety 3. loose

ढचर[2] (*ḍhacar*) *m.* frame, frame-work

ढचर खड़ा करना /बाँधना *v.t.* (a) to frame a plan (b) to make a frame (c) to make a show

ढचर फैलाना *v.t.* to make arrangements (for), to make ample preparation for

ढचरा (*ḍhacarā*) *m.*1. skeleton 2. worn - out frame-work

ढड्ढा (*ḍhaḍḍhā*) I. *m.* 1. clumsy and big structure 2. a big frame 3. false show II. *a.* big and clumsy

ढढोरना (*ḍhaḍhornā*) *v.t.* 1. to search minutely, to ransack, to rummage, to probe thoroughly 2. to seek, to find out, to investigate

ढनमनाना (*ḍhanmanānā*) *v.i.* to roll, to stumble about

ढप[1] (*ḍhap*) *m.* large tabor

ढप[2] (*ḍhap*) *m.* 1. form, shape 2. fashion, style, mode 3. method, manner 4. attitude

ढपढपाना (*ḍhapḍhapānā*) *v.t.* to beat or play upon (a drum), to drum

ढपना (*ḍhapnā*) *m.* cover, covering, lid, pot-lid

ढपली (*ḍhaplī*) *f.* drummer, tambourine playing (better डफली *q.v.*)

ढपोरसंख (*ḍhaporsaṅkh*) *m.* babbler, prater

ढप्पू (*ḍhappū*) I. *a.* podgy, bulky, corpulent, fat II. *m.* podgy man, fat person

ढब (*ḍhab*) *m.* 1. shape, form, frame 2. mode, manner 3. style, fashion 4. (उपाय) means, way, remedy 5. (आदत) habit, custom 6. kind, type 7. conduct, behaviour 8. procedure

ढब का *a.* suitable, proper, of the right sort

ढब पर लाना *(मु.) v.t.* to bring to the right track

ढबरा (*ḍhabrā*) *a.* slushy, muddy

ढबीला (*ḍhabīlā*) *a.* 1. well-formed, well-shaped, elegant, graceful 2. shrewd, cunning, clever

ढमकना (*ḍhamaknā*) *v.i.* to make the sound as of a drum

ढमकाना (*ḍhamkānā*) *v.t.* 1. to produce drumming sound 2. to beat the drum

ढमढम (*ḍhamḍham*) *m.* sound of a drum, sound made by or resembling that of a drum

ढरकना (*ḍharaknā*) *v.i.* 1. to flow down as a liquid 2. to trickle down 3. to roll down 4. to descend

ढरकाना (*ḍharkānā*) *v.t.* 1. to let flow down, to make a liquid trickle down 2. to cause to roll down 3. to spill

ढरकी (*ḍharkī*) *f.* weaver's shuttle

ढरारा (*ḍharārā*) *m.* rolling, tumbling

ढर्रा (*ḍharrā*) *m.* 1. mode, style 2. device, plan, scheme 3. conduct, behaviour

ढर्रे पर आना *(मु.) v.i.* to come to the right track

ढर्रे पर लाना *(मु.) v.t.* to give the desired direction or purpose, to channelise, to bring to the right track

ढलक (*ḍhalak*) *f.* 1. inclining, tilting 2. spilling 3. rolling, rocking

ढलकना (*ḍhalaknā*) *v.i.* 1. to flow down, to trickle down 2. to roll down 3. to descend

ढलका[1] (*ḍhalkā*) *m.* a disease of the eyes in which water oozes out continuously

ढलका[2] (*ḍhalkā*) *m.* bamboo funnel

ढलकाना (*ḍhalkānā*) *v.t.* 1. to cause to flow down, to shed 2. to pour 3. to cause to roll down 4. to spill

ढलता (*ḍhaltā*) *a.* 1. falling 2. slipping 3. shifting

ढलता सूरज *m.* setting sun

ढलती उम्र *f.* declining age

ढलती जवानी *f.* declining youth

ढलती-फिरती छाँव/छाया *(मु.) f.* the shifting shadow, the changing condition of worldly concerns, the vicissitudes of life or fortune

ढलना (*ḍhalnā*) *v.i.* 1. to be poured out (as शराब liquor) 2. to flow down, to run down 3. to be cast or moulded 4. to decline 5. to descend, to go down 6. to roll down, to slip off 7. to reach the end or consummation, to reach the ultimate stage 8. to be melted or softened

जवानी ढलना *v.i.* youth to decline

दिन ढलना late in the day

शरीर ढलना *v.i.* to wane, to become weak

साँचे में ढलना *v.i.* to be moulded into a shape

साँचे में ढला हुआ *(मु.) a.* well-moulded, well-shaped, well-built

ढलवाँ (*ḍhalvāṁ*) *a.* 1. molten 2. cast (iron), 3. sloping

ढलवाँ किनारा *m.* sloping edge

ढलवाँ भूमि *f.* sloping land

ढलवाना[1] (*ḍhalvānā*) *v.t.* 1. to cause to be cast or moulded 2. to cause to slope or slant down

ढलवाना[2] (*ḍhalvānā*) *v.t.* 1. to cause to run or flow down 2. to get poured out

ढलाई (*ḍhalāī*) *f.* 1. casting, moulding 2. charges paid for casting or moulding

ढलाईगर *m.* caster

ढलाईगरी *f.* casting

ढलाई साँचा *m.* foundry mould

ढलाऊ (*ḍhalāū*) *a.* slant, sloping, inclined

ढलान (*ḍhalān*) *f.* slope, ramp, incline

ढलाना (*ḍhalānā*) *v.t.* to get cast, to get moulded

ढलाव (*ḍhalāv*) *m.* slope, ramp, incline, declivity

ढलुवाँ (*ḍhaluvāṁ*) *a.* 1. molten 2. cast (iron) 3. sloping (= ढलवाँ or ढालवाँ *q.v.*)

ढलैत (*ḍhalait*) *m.*1. shield-bearer 2. watchman

ढलैती (*ḍhalaitī*) *f.* work or calling of a watchman/shield-bearer (= ढलैत *q.v.*)

ढलैया (*ḍhalaiyā*) *m.* caster, foundry man, one who moulds

ढवाना (*ḍhavānā*) *v.t.* to cause to be pulled or thrown down, to cause to be demolished

ढहना (*ḍhahnā*) *v.i.* 1. to fall down, to tumble down 2. to crash down 3. to be razed to the ground 4. to be reduced to ruins or destroyed

ढह जाना *v.i.* to collapse, to be razed to the ground

ढह पड़ना *v.i.* to fall down suddenly

ढहवाना (*ḍhahvānā*) *v.t.* to cause to be pulled or thrown down, to cause to be demolished (= ढवाना *q.v.*)

ढहाना (*ḍhahānā*) *v.t.* 1. to fell down 2. to demolish 3. to raze to the ground 4. to ruin, to destroy

ढाँकना (*ḍhāṁknā*) *v.t.* 1. to cover 2. to put a lid on 3. to conceal, to hide 4. to shut, to close

ढाँचा (*ḍhāṁcā*) *m.* 1. frame, framework 2. (हड्डियों का) skeleton 3. set-up 4. pattern, design, model

ढाँचा बदलना *v.t.* to remodel

ढाँपना (*ḍhāṁpnā*) *v.t.* 1. to cover, to put a cover 2. to conceal, to hide 3. to shut, to close

ढाँस (*ḍhāṁs*) *f.* 1. whoop 2. whooping cough

ढाँसना (*ḍhāṁsnā*) *v.i.* to cough with whoops

ढाँसा (*ḍhāṁsā*) *m.* 1. blame, charge 2. calumny, undeserved abuse

ढाँसा देना *v.t.* (a) to blame, to accuse falsely (b) to calumniate

ढाँसी (*ḍhāṁsī*) *f.* 1. whooping cough 2. whoop

ढाई (*ḍhāī*) *a.* two and a half

ढाई ईंट की मस्जिद बनाना/ढाई चावल की खिचड़ी पकाना *(मु.)* (a) to remain aloof (b) to form a new party

ढाई घड़ी का *a.* short-lived, ephemeral

ढाई घड़ी का मेहमान *m.* a dying person

ढाई दिन की बादशाहत *(मु.) f.* short-lived authority/rule

ढाई बजे *v.t.* at half past two

ढाई बजे की गाड़ी से *adv.* by 2.30 train

ढाई लाख *a.* two hundred fifty thousand

ढाई सौ *a.* two hundred and fifty

ढाई हजार *a.* two thousand and five hundred

ढाक (*ḍhāk*) *m.* the tree *Butea frondosa* which blossoms with yellow flowers and produces gum

ढाक के तीन पात *(लो.) m.* little yield

ढाटा (*ḍhāṭā*) *m.* handkerchief or strip of cloth tied over the head to cover the beard and ears

ढाटा बाँधना *v.t.* to put on a ढाटा in order to keep the beard in place

ढाटी[1] (*ḍhāṭī*) *f.* torture, torment

ढाटी[2] (*ḍhāṭī*) *f.* a noose for horse's nose

ढाड़ (*ḍhāṛ*) *f.* loud cry

ढाड़ मारना *v.t.* to cry loudly, to weep with cries

ढाड़स (*ḍhāṛas*) *f.* 1. confidence 2. courage, boldness, fortitude 3. comfort 4. solace, consolation

ढाड़स देना/बँधाना *v.t.* to impart confidence or courage, to comfort, to cheer up, to console

ढाढ़ी (*ḍhāṛhī*) *m.*1. a class of Muslim singers who chant praises of great men 2. an individual of this class

ढाना (*ḍhānā*) *v.t.*1. to pull down, to knock down, to raze to the ground (a building), to demolish 2. to cause to be fallen

किसी पर आफ़त ढाना *v.t.* to bring calamity upon somebody

ग़ज़ब ढाना *v.t.* (a) to do something wonderful (b) to tyrannise over, to oppress, to commit an impropriety

ज़ुल्म ढाना *v.t.* to torture

पेड़ ढाना *v.t.* to fell a tree

ढाबर (*ḍhabar*) I. *m.& f.* filth, rubbish II. *a.* dirty, filthy

ढाबा (*ḍhābā*) *m.*1. a cage or wooden box (especially for captivating hens) 2. (ओलती) eaves of a house 3. thatch made over mud walls 4. a country restaurant

ढामक (*ḍhāmak) f.* sound of a drum

ढारस (*ḍhāras*) *m.* 1. confidence 2. courage, boldness, fortitude 3. comfort 4. solace, consolation (phonetic variation in western Hindi of ढाड़स *q.v.*)

ढाल[1] (*ḍhāl*) *f.* slope, declivity

ढाल[2] (*ḍhāl*) *f.* shield, buckler

ढाल-तलवार *f.* shield and sword

ढाल-तलवार से लैस *a.* armoured, in armour

ढाल बनना *v.i.* to act as a defence

ढाल[3] (*ḍhāl*) *f.* condition, state, natural order

ढालना (*ḍhālnā*) *v.t.* 1. to drop, to pour out 2. to shed 3. to shape, to form 4. to cast, to cast in a mould, to mould 5. to drink liquor or to take drugs

ढालवाँ (*ḍhālvāṁ*) *a.* 1. sloping, slanted, inclined, bent, declivitous 2. cast, moulded (as iron)

ढाली (*ḍhālī*) I. *a.* armed with or bearing a shield II. *m.* armoured person, soldier, military man

ढालुआँ (*ḍhāluāṁ*) *a.* 1. sloping, slanted, inclined, bent, declivitous 2. cast, moulded (as iron = ढालवाँ *q.v.*)

ढालू (*ḍhālū*) *a.* 1. sloping, slanting 2. cast, moulded 3. ruinous

ढालू भूमि *f.* sloping land or ground

ढास (*ḍhās*) *f.* 1. support 2. back-rest 3. pillow

ढासना (*ḍhāsnā*) *m.* (same as ढास *q.v.*)

ढाहना (*ḍhāhnā*) *v.t.* 1. to pull down, to knock down, to raze to the ground (a building), to demolish 2. to cause to be fallen (= ढाना *q.v.*)

ढाहा (*ḍhāhā*) *m.* the precipitous or high bank of a river

ढिँढोरची (*ḍhiṁdhorcī*) *m.* 1. drummer 2. public announcer, one who proclaims by beat of drum (= ढँढोरची *q.v.*)

ढिँढोरा (*ḍhiṁdhorā*) *m.* 1. kettle-drum 2. proclamation by beat of drum (= ढँढोरा *q.v.*)

ढिग (*ḍhig*) I. *adv.* near, close to II. *f.* shore, border (of a cloth)

ढिठाई (*ḍhiṭhāī*) *f.* (from ढीठ) 1. impudence 2. audacity, perverseness, obduracy 3. obstinacy, stubbornness, wilfulness 4. effrontery, temerity 5. boldness

ढिठाई करना *v.t.* to be bold/forward or stubborn, to be impudent or impertinent, to persist

ढिबरी[1] (*ḍhibrī*) *f.* nut of a screw, mould, socket

किसी की ढिबरी कसना *v.t.* to harass somebody

ढिबरी[2] (*ḍhibrī*) *f.* a tin or glass lamp like a phial

ढिमका (*ḍhimkā*) *pron.* so and so, such a one, such and such

ढिल-ढिल (*ḍhildhil*) *a.* /**ढिलढिला** (*ḍhildhilā*) *a.* 1. loose, infirm 2. (of liquid) thin

ढिलमिल (*ḍhilmil*) *a.* shaky, tottering, staggering, oscillating, vacillating, unsteady

ढिलाई (*ḍhilāī*) *f.* 1. looseness, laxity, sluggishness 2. laziness, sloth, indolence 3. inactivity 4. indifference 5. delay

ढिलाई करना *v.t.* to delay due to indifference or sloth

ढिलाई देना *v.t.* (a) to give a long rope (b) to loosen (c) to let go (= ढील देना)

ढिलाना (*ḍhilānā*) *v.t.* to make or become less tight, to loosen

ढिल्लड़ (*ḍhillaṛ*) *a.* & *m.* lax or lazy (fellow), indolent or lethargic (person)

ढिसरना (*ḍhisarnā*) *v.i.* 1. to bend, to stoop 2. to be inclined 3. to slip down

ढींगर (*ḍhīṁgar*) *m.* paramour, illicit lover

ढींढ़ा (*ḍhīṁḍhā*) *m.* tummy, bulging stomach (better ढींढ़)

ढीठ (*ḍhīṭh*) *a.*1. obstinate, stubborn, obdurate 2. impudent, rude, impertinent 3. shameless, unabashing 4. refractory, unmanageable

ढीठपना (*ḍhīṭhpanā*) *m.* 1. obstinacy,

stubbornness, obduracy 2. impudence, impertinence, rudeness 3. shamelessness

ढीम (*ḍhīm*) *m.* 1. big lump of earth or mud 2. a big block of stone

ढील[1] (*ḍhīl*) *f.* 1. looseness, slackness, laxity 2. lassitude, indulgence 3. laziness, sloth, indolence, tardiness, dilatoriness 4. delay

ढील करना *v.t.* (a) to be slack or slow, (b) to delay (c) to dilly-dally

ढील-ढाल *f.* (a) carelessness (b) laxity, slackness

ढील देना *v.t.* (a) to loosen (b) to let go (c) to give a long rope, to give latitude, to grant liberty

ढील[2] (*ḍhīl*) *m.* a big louse

ढीला (*ḍhīlā*) *a.* 1. loose 2. (of flesh) flaccid, flabby, hanging down, limp 3. (of a person) indolent, lazy, tardy 4. unwell, weak, feeble 5. delicate, soft 6. thin 7. sluggish 8. lenient, mild

ढीला करना *v.t.* to loosen, to relax

ढीला-ढाला *a.*(a) loose fit (b) nerveless (c) inactive (d) tardy

ढीला पड़ना *(मु.) v.i.* to relent, to become lenient, to slacken, to rest on one's oars

ढीली डोरी देना या छोड़ना *(मु.) v.t.* to grant liberty, to give a loose reign (to)

ढीलापन (*ḍhīlāpan*) *m.* 1. looseness 2. slackness, laxity 3. sluggishness 4. tardiness 5. leniency, mildness

ढुँड़वाना (*ḍhuṁṛvānā*) *v.t.* (better ढुँढ़वाना)

ढुँढ़वाना (*ḍhuṁṛhvānā*) *v.t.* to cause to seek or search, to cause to be searched

ढुंढिराज (*ḍhuṁdhirāj*) *m.* an epithet of Lord Ganesh

ढुंढी (*ḍhuṁḍhī*) *f.* navel

ढुकना (*ḍhuknā*) I. *v.i.* 1. to enter 2. to incline, to bend, to stoop II. *v.t.* 1. to thrust, to push in, to penetrate 2. to look or wait for 3. to knock down

ढुकास (*ḍhukās*) *f.* fierce thirst

ढुड्डी (*ḍhuḍḍī*) *f.* rump bone, coccyx, root of the tail

ढुरना (*ḍhurnā*) *v.i.* to decline (= ढुलकना *q.v.*)

ढुलकना (*ḍhulaknā*) *v.i.* 1. to roll, to roll down, to slide 2. to fall over or down 3. to be pushed or forced down 4. to be inclined towards somebody 5. (tears) to trickle down

ढुलकाना (*ḍhulkānā*) *v.t.* 1. to roll or topple down/over 2. to incline, to tilt 3. to push or force down to let trickle down

ढुलना (*ḍhulnā*) *v.i.* 1. (of load) to be carried or conveyed 2. to be transported 3. to move or slip forward, to roll etc. (see ढुलकना)

ढुलमुल (*ḍhulmul*) *a.* 1. (of garment) loose 2. (of mind) fickle, unsteady

ढुलमुल नीति *f.* vacillating policy

ढुलमुल यक़ीन *a.* (a) fickle minded, wavering (b) hesitant, wavering

ढुलमुलपन (*ḍhulmulpan*) *m.* fickle mindedness

ढुलवाई (*ḍhulvāī*) *f.* 1. carrying, transportation (of luggage, goods) 2. charges or wages for carrying, cartage, freight, haulage

ढुलवाई करना *v.t.* to carry, to transport

ढुलवाना (*ḍhulvānā*) *v.t.* to cause to be carried/transported

ढुलाई (*ḍhulāī*) *f.* 1. carrying, transportation (of luggage, goods) 2. charges or wages for carrying, cartage, freight, haulage (= ढुलवाई *q.v.*)

ढुलाई खर्च *m.* transport charges

ढुलाना (*ḍhulānā*) *v.t.* to cause to be

carried, to have or get transported

ढुलावा (*ḍhulāvā*) *m.* 1. inclination 2. slope, declivity

ढूँड़ (*ḍhūṁṛ*) *f.* 1. (bot.) seed vessel, pod (especially of gram or pulses) 2. reed

ढूँढ़ (*ḍhūṁṛh*) *f.* 1. search, enquiry 2. that which is searched

ढूँढ़/ढाँढ़ *f.* searching, quest, strict search, investigation

ढूँढ़/ढाँढ़ करना *v.t.* to make a close or strict search or inquiry, to investigate, to find out

ढूँढ़ना (*ḍhūṁṛhnā*) *v.t.* 1. to seek, to search for 2. to discover 3. to detect, to spot

ढूँढ़ निकालना *v.t.* to search out, to hunt out, to discover

ढूँढ़ लाना *v.t.* to seek and bring out, to find out

ढूँढ़ लेना *v.t.* to find

ढूँढ़ने चलना *v.i.* to go about searching

ढूँढ़ार (*ḍhuṁṛhār*) *m.* searcher, finder, inquiring person

ढू (*ḍhū*) *a.* 1. big, huge, large, bulky 2. sturdy, strong, stout

ढूआ (*ḍhūā*) *m.* heap of earth or mud, mound (better ढूहा *q.v.*)

ढूकना (*ḍhūknā*) I. *v.i.* 1. to approach, to draw near 2. to peep II. *v.t.* 1. to penetrate, to thrust in, to push in 2. to look or wait for 3. to shut, to close

ढूका[1] (*ḍhūkā*) *m.* approach, drawing near

ढूका[2] (*ḍhūkā*) *m.* 1. shelter behind bushes 2. concealing in woods or ravines

ढूला (*ḍhūlā*) *m.* shuttering (for lintel or slab/roofing)

ढूह (*ḍhūh*) *m.* /**ढूहा** (*ḍhūhā*) *m.* heap of earth or mud, mound

ढेंकली (*ḍheṁklī*) *f.* /**ढेंकी** (*ḍheṁkī*) *f.* 1. a machine or lever device for drawing water 2. apparatus with a lever for pounding corn 3. somersault

ढेंकली खाना *v.t.* to turn a somersault

ढेंका (*ḍheṁkā*) *m.* the upright and moving post in a sugar mill

ढेंड़ी (*ḍheṁṛī*) *f.* 1. seed-vessel, pod (of poppy or cotton) 2. a pod shaped ornament for ears

ढेंढर (*ḍheṁḍhar*) *m.* a fleshy growth in the eye

ढेपा (*ḍhepā*) *m.* 1. lump, mass (of oil cake, boiled rice) 2. clod (of earth)

ढेम (*ḍhem*) *m.* /**ढेमा** (*ḍhemā*) *m.* lump of mud, clod of earth

ढेम, ढेमा बँधना *v.i.* to be formed into lumps

ढेर (*ḍher*) I. *m.* 1. heap, pile 2. stack 3. accumulation 4. plenty, abundance II. (attributive)

ढेर कर देना *(मु.)* *v.t.* (a) to pile up (b) to kill, to murder

ढेर का ढेर *m.* (a) the entire lot (b) plenty

ढेर खाना *m.* plenty of food

ढेर पुस्तकें *f.* lot of books

ढेर रहना *v.i.* (a) to lie or remain in a heap or as a heap (b) to be dead, to be killed or slain

ढेर लगाना *v.t.* to heap up, to pile up, to accumulate

ढेर-सा *a.* plenty, very much, in a large amount or quantity

ढेर हो जाना *(मु.)* *v.i.* to collapse, to die

ढेरों सेब *m.* plentiful apples

लोगों का ढेर mass of people

ढेरी[1] (*ḍherī*) *f.* (*dim.* of ढेर) small pile or heap

ढेरी[2] (*ḍherī*) *f.* share in a village or estate

ढेलवाँस (*ḍhelvāṁs*) *m.* sling (for throwing stones)

ढेलवाँसी (*ḍhelvāṁsī*) *m.* slinger, one who throws with or uses a sling

ढेला (*ḍhelā*) *m.* 1. lump (of clay, chalk) clod of earth or mud, pellet 2. brickbat, piece of stone

ढेला चौथ *f.* the fourth day of the bright half of Bhadon and the festival held on that day when Hindus pelt lumps of earth or stones at one another

ढेलेदार (*ḍheledār*) *a.* cloddy

ढेलेबाज़ (*ḍhelebāz*) *m.* thrower of brickbats or pieces of stones

ढेलेबाज़ी (*ḍhelebāzī*) *f.* throwing and injuring with brickbats or pieces of stones

ढैया (*ḍhaiyā*) *f.* 1. a weight of 2½ seers (now kilograms) 2. any article weighing 2½ kilograms 3. a multiplication table of 2½ times

ढोंका (*ḍhoṁkā*) *m.* boulder, boulder-stone, large piece of stone

ढोंग (*ḍhoṁg*) *m.* 1. cheating, fraud, trickery 2. hypocrisy, dissimulation 3. arrogant display, sanctimoniousness

ढोंग बनाना/रचना (*मु.*) *v.t.* to make a false show, to dissimulate

ढोंगी (*ḍhoṁgī*) *a.* & *m.* fraudulent fellow, hypocritical person, hypocrite, imposter, rogue, pretender

ढोंचा (*ḍhoṁcā*) I. *a.* four and a half II. *m.* 1.a number four and a half times a given natural number 2. multiplication table of 4½ times

ढोंडा (*ḍhoṁḍā*) *m.* seed-vessel, pod. (*dim.* ढोंडी)

ढोंढी (*ḍhoṁḍhī*) *f.* navel

ढोका (*ḍhokā*) *m.* boulder, boulderstone, large piece of stone (= ढोंका *q.v.*)

ढोटा (*ḍhoṭā*) *m.* 1. child (especially a robust one) 2. son

ढोना (*ḍhonā*) *v.t.* 1. to take or bear up (a load), to carry (one's body) 2. to transport 3. to haul 4. to bear responsibility

ढोर (*ḍhor*) *m.* cattle

ढोर-गणना *f.* cattle census

ढोर-चोर *m.* cattle lifter

ढोर-डंगर, ढोर-डांगर *m.* horned animals, livestock

ढोरना (*ḍhornā*) *v.t.* 1. to pour (into) 2. to cause to roll down 3. to shake

ढोल (*ḍhol*) *m.* drum

कान का ढोल *m.* ear-drum

ढोल-ढमक्का *m.* fanfare

ढोल ढमक्के के साथ *adv.* with fanfare

ढोल की पोल (*मु.*) *f.* hollowness within

ढोल पीटना/बजाना (*मु.*) *v.t.* to beat/play the drum

ढोलक (*ḍholak*) *f.* /**ढोलकी** (*ḍholakī*) *f.* small drum

ढोलकाकार (*ḍholkākār*) *a.* barrel-shaped

ढोलकिया (*ḍholakiyā*) *m.* drummer (especially one who plays on a small drum)

ढोलन (*ḍholan*) *m.* 1. bridegroom 2. husband

ढोलना (*ḍholnā*) *m.* small amulet in the shape of a drum or capsule

ढोला[1] (*ḍholā*) *m.* a white worm or insect which feeds on rotten fruits

ढोला[2] (*ḍholā*) *m.* body, physical structure

ढोला[3] (*ḍholā*) *m.* shutterings

ढोला[4] (*ḍholā*) *m.* lover, husband

ढोला[5] (*ḍholā*) *m.* a kind of love song

ढोलाकार (*ḍholākār*) *a.* drum-shaped

ढोली (*ḍholī*) *f.* pile or bundle of about 200 betel leaves (पान)

ढोवा (*ḍhovā*) *m.* 1. carrying, transportation (of goods) 2. present, gift

ढौंचा (*ḍhauṁcā*) *m.* I. four and a half II. 1. a number four and a half times a given natural number 2. multiplication table of 4½ times (= ढोंचा *q.v.*)

ढौरी[1] (*ḍhaurī*) *f.* sense of vying, spirit of competition

ढौरी लगाना *v.t.* to encourage healthy competition

ढौरी[2] (*ḍhaurī*) *f.* manner, method

ण

ण (*ṇa*) the fifteenth consonant of the Devanagari syllabary

त

त (*ta*) the sixteenth consonant of the Devanagari syllabary

तंग[1] P (*taṅg*) *a.* 1. narrow 2. distressed, miserable, depressed 3. distracted, sad, sick at heart 4. tight 5. confined, restricted 6. short of, wanting 7. scanty, scarce

तंग आना *(मु.) v.i.* to be tired (of)

तंग करना *(मु.) v.t.* (a) to tease, to harass, to victimise, to vex (b) to tighten (c) to narrow (d) to compel, to insist

तंग खाड़ी *f.* narrow inlet of the sea, firth

तंगदस्त *a.*(a) close-fisted, tight-handed, indigent, poor (b) niggard, miserly

तंगदस्ती *f.* close-fistedness, tight handedness, poverty, want, indigence

तंगदिल *a.* narrow-minded, selfish-minded

तंगदिली *f.* (a) narrow-mindedness, (b) niggardliness, stinginess

तंग रहना *(मु.) v.i.* (a) to be always distressed (b) to be ever short of money

तंगहाल *a.*(a) miserable, wretched (b) hard up, destitute, poor (c) wretched or miserable condition

तंगहाली *f.* (a) poverty (b) adversity

बैठे-बैठे तंग आ जाना (a) to be tired of sitting idle (b) to be fed up, to be sick of (c) to have one's patience exhausted by

पैसे से तंग होना *v.i.* to be short of money

हाथ तंग होना *(मु.) v.i.* to be in straitened condition, to be short of money, to be hard up

तंग[2] P (*taṅg*) *m.* horse's belt, girth

तंग कसना *v.t.* to tighten the girth of a horse

तंगी P (*taṅgī*) *f.* 1. distress, trouble 2. scantiness, scarcity, shortage, want 3. niggardliness, miserliness 4. poverty

तंगी के दिन काटना *v.t.* to pass through hard times

तंजेब P (*tañzeb*) *f.* fine muslin (cloth)

तंडुल (*taṇdul*) *m.* rice

तंतनाना (*tantanānā*) *v.i.* to get enraged, to flare up with anger or fury, to get irritated (better तनतनाना *q.v.*)

तंति (*tanti*) *m.* weaver

तंतिशाला *f.* weaver's workshop

तंतु (*tantu*) *m.*1. thread 2. fibre 3. cord, string 4. filament 5. tissue 6. cobweb

तंतुजाल *m.* fibre network

तंतुनाभ *m.* spider

तंतुरूप *a.* filiform

तंतुवादक *m.* man playing on a stringed instrument

तंतुवाद्य *m.* stringed instrument.

तंतुवाय *m.* (a) spider (b) weaver

तंतुविकास *m.* fibrillation

तंतुरूप शृंगिका *f.* filiform antenna

तंतु-स्वर्ण *m.* wire gold

तंतुक (*tantuk*) *m.* fibril, small fibre

तंतुर (*tantur*)*m.* /**तंतुल** (*tantul*) *m.* fibrous root

तंत्र (*tantra*) *m.*1. machinery 2. system 3. principal theory, doctrine 4. management, arrangement, organisation 5. law, rule, regulation 6. charm, incantation

तंत्र-मंत्र *m.* charms and incantations

तंत्र-शास्त्र *m.* occult science

तंत्रण (*tantraṇ*) *m.* government, rule, administration

तंत्रता (*tantratā*) *f.* subordination, subservience, dependence

तंत्रि (*tantri*) *f.* 1. thread, string, cord 2. veena, lute 3. string of a lute 4. vein

तंत्रिका (*tantrikā*) *f.* nerve

तंत्रिका-आवेग *m.* nervous impulse

तंत्रिका-कोशिका *f.* nerve cell

तंत्रिका-तंत्र *m.* nervous system

तंत्रिका-ताप *m.* neurosis

तंत्रिका-तापी *a.* neurotic

तंत्रिका-पथ *m.* neural track

तंत्रिका-भंग *m.* nervous breakdown

तंत्रिका मनश्चिकित्सा *f.* neuro-psychiatry

तंत्रिका-मूल *m.* nerve root

तंत्रिकावर्ध *m.* neuritis

तंत्रिका विकृतिविज्ञान *m.* neuro-physiology

तंत्रिका-विज्ञान *m.* neurology

तंत्रिका-विज्ञानी *m.* neurologist

तंत्रिका-शल्यचिकित्सक *m.* neuro surgeon

तंत्रिका-शूल *m.* neuralgia

तंत्रिकाशोथ *m.* neuritis

तंत्रिकार्ति (*taṅtrikārti*) *f.* neuralgia

तंत्रिकीय (*taṅtrikīy*) *a.* nervous, neural

तंत्रिकीय-नाल *f.* neural canal

तंत्रिकीय-विक्षति *f.* neural lesion

तंत्री (*tantrī*) I. *f.* 1. stringed instrument 2. vein, nerve 3. string , rope, cord II. *m.* musician, one who plays stringed instruments

तंदुरुस्त P (*tandurust*) *a.* healthy, hale and hearty (स्वस्थ is more common)

तंदुरुस्त करना *v.t.* to cure

तंदुरुस्त होना *v.i.* to recover

तंदुरुस्ती P (*tandurustī*) *f.* health, healthiness, good health

तंदूर P (*tandūr*) *m.* earthen oven, baking oven, tandoor

तंदूरी P (*tandūrī*) *a.* baked in a tandoor *q.v.*

तंदेही P (*tandehī*) *f.* 1. diligence, great attention, industriousness 2. effort 3. perseverance (better तंदिही)

तंद्रा (*tandrā*) *f.* 1. lassitude, languor, weariness, exhaustion 2. dullness, sluggishness 3. sleepiness, dormancy, drowsiness 4. lethargy 5. somnolent

तंद्रालस (*tandrālas*) *m.*1. weariness, lassitude 2. lethargy

तंद्रालु (*tandrālu*) *a.* 1. weary, tired, exhausted 2. sleepy, drowsy 3. dull 4. lethargic

तंद्रालु होना *v.i.* to be drowsy, to feel sleepy or exhausted

तंद्रालुता (*tandralutā*) *f.* 1. weariness, exhaustion, lassitude, languor 2. sleepiness, drowsiness 3. lethargy 4. hypnagogic

तंद्रिल (*tandril*) *a.*1. weary, tired, exhausted 2. sleepy, drowsy 3. dull 4. lethargic (= तंद्रालु *q.v.*)

तंद्रिलता (*tandriltā*) *f.* 1.weariness, exhaustion, lassitude, languor 2. sleepiness, drowsiness 3. lethargy 4. hypnagogic (= तंद्रालुता *q.v.*)

तंबा (*tambā*) *m.* loose pyjamas

तंबाकू (*tambākū*) *m.* tobacco

तंबाकू की खेती *f.* tobacco crop

तंबाकू पीना *v.t.* to smoke

तंबाकू वाला *m.* tobacconist

तंबिया (*tambiyā*) *m.* copper or brass pot or bowl

तंबियाना (*tambiyānā*) *v.i.* to take the

colour of bronze

तंबीह P (*tambīh) f.* 1. instruction, advice 2. admonition, reproof

तंबू P (*tambū*) *m.* tent (particularly a large one), canopy

तंबू खड़ा करना या गाड़ना/तानना *v.t.* to pitch a tent

तंबूरची P (*tambūrci*) *m.* musician playing on tambourine

तंबूरा P (*tambūrā*) *m.* tambour, tambourine, a kind of guitar

तंबोल (*tambol) m.* betel leaf

तंबोलिन (*tambolin*) *f.* 1. wife of a seller of betel leaf 2. woman of tamboli caste

तंबोलिया (*tamboliyā*) *m.*/**तँबोली** (*taṁbolī*) *m.* seller of betel leaf

तः (*taḥ*) *suff.* suffix which makes adverbs (as अनुमानतः by estimate, संभवतः possibly)

तअज्जुब P (*taajjub*) *m.* surprise, astonishment, amazement, wonder

तअल्लुक़ A (*taalluq*) *m.*1. connection, relation 2. concern

तअल्लुक़ रखना *v.t.* (a) to have connection or concern with (b) to belong

तअल्लुका A (*taalluqā*) *m.* 1. estate 2. division of a state or province

तअल्लुक़ेदार A (*taalluqedār*) *m.* taluqedar, holder of an estate, landlord

तअल्लुकेदारी A (*taalluqedārī*) *f.* 1. fief, headship of a taluqa 2. large estate

तअस्सुब A (*taassub*) *m.* bias, prejudice

तअस्सुबी A (*taassubī*) biased, prejudiced

तईं (*taīṁ*) *post p.* for, to

तक (*taṁk) post p.* 1. to, upto 2. to, toward 3. even 4. till, as long as, while

अब तक till now

आज तक till this day

आया तक नहीं did not even come

आरंभ से अंत तक from beginning to end

कमर तक upto the waist

कहाँ तक (a) to what extent, how far (b) how long

घर तक upto the house

चार बजे तक upto four o' clock

जब तक so long as

तब तक till then

प्रधान मंत्री तक भ्रष्ट थे even the prime minister was corrupt

यहाँ तक कि so much so that

तकड़ी (*takṛī*) *f.* balance, scale

तक़दीर A (*taqdīr*) *f.* fate, luck, fortune

तक़दीर आज़माना *v.t.* to try one's luck

तक़दीर का खेल *(मु.) m.* chance or act of fate

तक़दीर का धनी/सिकंदर *m.* a very lucky person, one having a good fortune

तक़दीर का लिखा कभी नहीं मिटता *v.i.* what is ordained cannot be undone

तक़दीर के आगे तदबीर नहीं चलती *(मु.)* there is no remedy for bad luck

तक़दीर खुलना या जागना *(मु.) v.i.* to be in luck, to be on the ascendance

तक़दीर फिरना *v.i.* to have a change in circumstances

तक़दीर फूटना, बिगड़ना *(मु.) v.i.* to become luckless, to fall into adversity, to fall on hard times

तक़दीरवर *a.* a very lucky person, one having a good fortune (= तकदीर का धनी)

तक़दीरी A (*taqdīrī*) I. *a.* of or pertaining to luck or fate II. *adv.* by chance, as luck would have it

तकना (*taknā*) *v.i.* 1. to see, to look at, to gaze or stare at 2. to watch, to observe 3. to look wistfully or longingly

तकनीक E (*taknīk*) *f.* technique

तकनीकविद् *m.* technician

तकनीकी (*taknīkī*) *a.* technical

तकनीकी अर्हता *f.* technical qualification
तकनीकी आँकड़े *m.* technical data
तकनीकी कार्यविधि *f.* technical knowhow
तकनीकी जानकारी *f.* technical knowledge
तकनीकी प्रशिक्षण केंद्र *m.* technical training centre
तकनीकी शब्द *m.* technical terms
तकनीकी सहायता *f.* technical assistance

तकमा (*takmā*) *m.* medal (better तगमा or तमगा)

तकरार A (*takrār*) *f.* wrangle, quarrel, dispute, altercation, contention
तकरार करना *v.i.* (a) to quarrel, to dispute (b) to argue, to debate

तकरारी A (*takrārī*) *a.* contentious, giving rise to dispute

तक़रीबन A (*taqrīban*) *adv.* about, near about, almost, approximately, nearly

तक़रीर A (*taqrīr*) *f.* 1. discourse 2. speech, lecture
तक़रीर करना *v.t.* to give a speech or lecture, to speak

तकला (*taklā*) *m.* spindle (also तकुआ)

तकली (*taklī*) *f.* 1. spinning reel 2. bobbin of cotton

तकलीफ़ A (*taklīf*) *f.* 1. difficulty 2. trouble 3. pain, affliction 4. inconvenience 5. hardship
तकलीफ़ उठाना (*मु.*) *v.t.* to suffer, to bear the trouble, to take the trouble
तकलीफ़ करना *v.t.* to trouble oneself, to take the trouble
तकलीफ़ देना या पहुँचाना *v.t.* (a) to give trouble, to trouble somebody (b) to inflict pain, to injure
तकलीफ़देह *a.* troublesome, causing difficulty or trouble
तकलीफ़ पाना/झेलना *v.t.* to suffer, to bear trouble or difficulty

तकल्लुफ़ A (*takalluf*) *m.* formality, conventionality
तकल्लुफ़ करना (*मु.*) *v.t.* to observe formalities
तकल्लुफ़ में है तकलीफ़ सरासर (*लो.*) utter inconvenience is caused by formality

तक़सीम A (*taqsīm*) *f.* 1. division 2. distribution
तक़सीमनामा *m.* partition deed
आठ को दो से तक़सीम करना *v.t.* to divide eight by two
इनाम तक़सीम करना *v.t.* to distribute prizes

तक़सीर A (*taqsīr*) *f.* omission, fault
तक़सीरवार *a.* faulty, guilty

तकाई (*takāī*) *f.* seeing, looking
तकाई देना *v.t.* to be seen (a scene), to be able to see (of a person)

तक़ाज़ा A (*taqāzā*) *m.* 1. dunning 2. demand
तक़ाज़ा करना *v.t.* to demand (for payment of dues), to dun, to press for settlement of a claim
वक़्त का तकाज़ा *m.* demands of times

तकाना (*takānā*) *v.t.* 1. to let (somebody) see, to make one see 2. to show

तकार (*takār*) *m.* the letter त and its sound

तकारांत (*takārānt*) *a.* (of a word) ending in त (as रात, आदत)

तक़ावी A (*taqāvī*) *f.* advance or loan given to peasants, takavi

तकिया P (*takiyā*) *m.*1. head-rest, pillow, cushion 2. support, prop 3. abode of Muslim faqirs (also तकियागाह)
तकियाकलाम (*मु.*) *m.* mannerism, oft-repeated phrase, prop word or phrase
गावतकिया *m.* bolster, large pillow
तकिया लगाना *v.t.* to pillow

तकुआ (*takuā*) *m.* spindle, distaff

तक्र (*takra*) *m.* buttermilk

तक्षक (*takṣak*) *m.* 1. wood or stone cutter 2. carpenter 3. sculptor

तक्षण (*takṣaṇ*) *m.* 1. act of cutting wood or sculpting stone 2. sculpture 3. carving

तक्षणकार *m.* engraver

तक्षणी (*takṣaṇī*) *f.* carpenter's adze or plane

तख़मीना A (*ta<u>kh</u>mīnā*) *m.* 1. estimate, guess, conjecture 2. appraisal

तख़ल्लुस A (*ta<u>kh</u>allus*) *m.* pen-name, *nom de plume*, poetic name

तख़्त P (*ta<u>kh</u>ta*) *m.* 1. throne 2. wooden bedstead

तख़्त छोड़ना *v.t.* to abdicate (the throne)

तख़्त-ए-ताऊस *m.* the peacock throne which was made for Mughal emperor Shahjahan

तख़्त पर बैठना *v.i.* to ascend the throne

तख़्त पर बैठाना *v.t.* to enthrone

तख़्तपोश *m.* couch or bed without back

तख़्त से उतरना *v.i.* to be dethroned, to descend from the throne

तख़्त से उतारना *v.t.* to dethrone

तख़्ता P (*ta<u>kh</u>tā*) *m.*1. plank 2. wooden board 3. bier

तख़्ता उलटना *(मु.)* *v.t.* (a) to overthrow (b) to dethrone, to bring about a coup d'etat

तख़्तापलट *m.* coup d'etat

तख़्ताबंदी *f.* wall built of wood

तख़्ताबख़्त *m.* throne and fortune, prosperity

तख़्ता या तख़्त *m.* bier or throne, death or victory

तख़्तास्याह *m.* blackboard

तख़्ता हो जाना *v.i.* to become rigid/stiff

तख़्ती P (*ta<u>kh</u>tī*) *f.* 1. small plank or board (especially one for children to write on) 2. nameplate 3. signboard 4. a thin plate with a sentence from the Qur'an used as amulet for children

तगड़ा (*tagṛā*) *a.*1. strong, stout, robust 2. durable, lasting

तगड़ा असामी *m.* financially sound party

तगड़ी रक़म *f.* large amount

तगण (*tagaṇ*) *m.* (in prosody) the measure called hypo-bacchie or anti-bacchie (three syllables) (as बेमेल, तारीख)

तग़मा (*ta<u>g</u>mā*) *m.* medal (better तमग़ा *q.v.*)

तगाई (*tagāī*) *f.* the act of quilting and the charges paid for quilting

तगादा (*tagādā*) *m.* 1. dunning 2. demand (better तक़ाज़ा *q.v.*)

तगाना (*tagānā*) *v.t.* to get stitched, to get quilted

तगार (*tagār*) *m.*/**तगारी** (*tagārī*) *f.* a pit used for fixing up mortar, trough for preparing mortar

तगियाना P (*tagiyānā*) *v.i.* to stitch a quilt, to quilt

तग्गी[1] (*taggī*) *f.* strand of a twist

तग्गी[2] (*taggī*) *f.* fishing line (not used with a rod)

तज (*taj*) *m.* bay tree, woody cassia, cassia bark

तजन (*tajan*) *m.* forsaking, abandoning, giving up, leaving

तजना (*tajnā*) *v.t.* to abandon, to give up, to forsake, to relinquish, to leave (also तज देना)

तजरबा (*tajarabā*)*m.* /**तजर्बा** (*tajrbā*) *m.* 1. experience 2. experiment

तजरबा, तजर्बा करना *v.t.* to experience, to experiment

तजरबाकार *a.* experienced

तजवीज़ P (*tajvīz*) *f.*1. proposal 2. advice, opinion 3. plan

तज्जनित (*tajjanit*) *a.* 1. born thereof 2. resulting therefrom

तज्जन्य (*tajjanya*) *a.* 1. born thereof 2. produced therefrom 3. resulting therefrom

तज्जातीय (*tajjātīy*) *a.* belonging to that class or caste

तज्ञ (*tajña*) *a.* acquainted, specialist, versed in a subject

तट (*taṭ*) *m.* (नदी-तट) bank, (समुद्र-तट) shore, coast

तटकर *m.* tariff, tariff duty

तटबंध *m.* embankment, levee

तटभूमि *f.* shore, beach

तटरक्षक *m.* coast guard

तटरेखा *f.* coastline

तटवर्ती *a.* coastal, littoral, riparian, riverine

तटवर्ती संस्कृति *f.* riparian culture

तटहीन *a.* steep

तटस्थ (*taṭastha*) *a.* 1. coastal, littoral, riparian, ashore 2. near, adjacent 3. neutral, impartial, unconcerned, indifferent

तटस्थ क्षेत्र *m.* neutral area

तटस्थ देश *m.* neutral countries

तटस्थिति (*taṭasthiti*) *f.* neutral status

तटस्थता (*taṭasthatā*) *f.* 1. neutrality, non-alignment 2. impartiality

तटस्थतावाद *m.* neutralism

तटस्थतावादी *m.* neutralist

तटस्थता-संधि *f.* neutrality treaty

तटस्थीकरण (*taṭasthīkaraṇ*) *m.* neutralization

तटस्थीकृत (*taṭasthīkṛt*) *a.* neutralized

तटस्थीकृत राज्य *m.* neutralized state

तटाग्र (*taṭāgra*) *m.* foreshore, the shore between high and low water marks

तटिनी (*taṭinī*) *f.* river, stream

तटीय (*taṭīy*) *a.* coastal, littoral, riparian

तटीय कच्छ *m.* coastal marsh

तटीय जलवायु *f.* coastal climate

तटीय जहाज़रानी *f.*/**नौवहन** *m.* coastal shipping

तटीय प्रदेश *m.* coastal region

तटीय मोर्चाबंदी *f.* coastal defences

तटीय व्यापार *m.* coastal trade

तड़क[1] (*taṛak*) *f.* 1. shining, glamour, refulgence 2. cracking, bursting, splitting

तड़क-भड़क *f.* glamorous show

तड़क[2] (*taṛak*) *m.* 1. roofing (of a cart) 2. corner ridgepole (of a roof)

तड़कना (*taṛaknā*) I. *v.i.* 1. to crack, to burst out, to split, to snap 2. to fly into passion, to be enraged 3. to speak in a high tone II. *v.t.* to season (pulses)

तड़का[1] (*taṛakā*) *m.* daybreak, dawn, early morning

तड़का होना *v.i.* daybreak, dawn

तड़का[2] (*taṛakā*) *m.* seasoning (with ghee and spices)

तड़का लगाना *v.t.* to season with ghee and spices

तड़काना[1] (*taṛkānā*) *v.t.* 1. to crack 2. to split, to enrage

तड़काना[2] (*taṛkānā*) *v.t.* to cause to season with ghee/oil and spices

तड़काना[3] (*taṛkānā*) *v.t.* 1. to crack, to break without separating into parts 2. to make or cause to make a sudden sharp sound

तड़के (*taṛke*) *adv.* early in the morning, at daybreak, at dawn

तड़तड़ (*taṛtaṛ*) *f.* cracking sound, snap, report, sound of crackers, clap, slap

तड़तड़ाना (*taṛtaṛānā*) *v.i.* 1. to break with a cracking sound, to split, to snap, to clap, to slap, to crackle 2. to bluster, to smart

तड़तड़ाहट (*taṛtaṛāhaṭ*) *f.* 1. snap, crack, cracking noise, report, clap to thunder or storm 2. rage, bluster 3. throb, smart

तड़प (*taṛap*) *f.* 1. tossing or rolling about with pain 2. disquietude (of body or mind) 3. agitation 4. agonising pain 5. eagerness 6. haste, hurry 7. leap, bound 8. glitter, splendour, flash (of lightning) 9. crack, report, explosion

तड़पड़ाना (*taṛpaṛānā*) *v.i.* 1. to crack 2. to pain 3. to toss about

तड़पड़ी (*taṛpaṛī*) *f.* 1. flutter 2. palpitation

तड़पन (*taṛpan*) *f.* 1. writhing, rolling about in acute pain, twist 2. pining, longing

तड़पना (*taṛapnā*) *v.i.* 1. to writhe (in pain), to feel restless, to twist or roll oneself about 2. to pine for, to crave or long for

तड़प-तड़प *adv.* writhing, rolling with acute pain

तड़पाना (*taṛpānā*) *v.t.* 1. to cause writhing pain 2. to render restless

तड़फड़ाना (*taṛphaṛānā*) *v.i.* 1. to feel extremely restless or uneasy 2. to writhe in pain, to toss about in pain

तड़फड़ाहट (*taṛphaṛāhaṭ*) *f.* 1. restlessness, uneasiness 2. writhing, tossing in pain

तड़बंदी (*taṛbandī*) *f.* 1. division of caste or family 2. formation of cliques 3. groupism, factionalism

तड़ाक (*taṛāk*) *f.* 1. snapping sound 2. cracking, bursting 3. blow, stroke, creak, crash

तड़ाक-फड़ाक *adv.* (a) in quick succession (b) instantly (c) quickly, rapidly, promptly

तड़ाक से *adv.* (a) with a cracking sound (b) instantly, at once, instantaneously

तड़ाका (*taṛākā*) *m.* 1. cracking sound, splitting noise, snap, report, crash 2. sharpness 3. briskness 4. severity, intensity (of cold, heat, rain)

तड़ाके का *a.* (a) heavy (as downpour) (b) violent, intense (as cold)

तड़ाग (*taṛāg*) *m.* pool, pond, tank

तड़ातड़ (*taṛātaṛ*) *adv.* 1. in quick succession 2. promptly, instantly 3. without hesitation, unhesitatingly

तड़ातड़ गोली चलाना *v.t.* snap-shooting

तड़ातड़ जवाब देना *v.t.* to answer back promptly and unhesitatingly

तड़ातड़ी (*taṛātaṛī*) *f.* haste, hurry, hurry and scurry

तड़ातड़ी का मेला *m.* life full of hurry and scurry

तड़ातड़ी पड़ना *v.i.* to work in a hurry

तड़ित (*taṛit*) *f.* lightning, flash of lightning

तड़ित आघात *m.* lightning stroke

तड़ित झंझा *f.* thunderstorm

तड़ित रक्षक *m.* lightning conductor

तड़ित रेखा *f.* lightning streak

तड़िल्लता (*taṛillatā*) *f.* (तड़ित् + लता) bolt of lightning resembling the shape of a creeper

तड़ी (*taṛī*) *f.* 1. slap, buffet 2. (मारपीट) beating, assault 3. (धोखा) fraud, deceit, cheating 4. threat, reprimand 5. dodge

तड़ी देना *v.t.* (a) to give a slap (b) to dodge (c) to cheat

तड़ीबाज़ *m.* (a) dodger (b) cheat

तड़ीबाज़ी *f.* (a) dodging (b) cheating

तड़ेरा (*taṛerā*) *m.* continuous falling of water from a height

तत्[1] (*tat*) *pron.* that, at that very moment (as in तत्काल)

तत्[2] (*tat*) *m.* Brahma, God, the Supreme Being

ततताथई (*tatatāthaī*) *f.* a strain in dancing

ततैया (*tataiyā*) *f.* wasp

ततोऽधिक (*tato'dhik*) *a.* more than that,

besides that

तत्काल (*tatkāl*) *a.& adv.* at that very moment, immediately, instantly, at once

तत्काल अदायगी *f.* down payment

तत्काल परिकलक *m.* ready reckoner

तत्काल प्रभाव से *adv.* with immediate effect

तत्कालीन (*tatkālīn*) *a.* of that time, contemporary, living or occurring at that time

तत्क्षण (*tatkṣaṇ*) *adv.* at that very moment, at once, instantly, immediately, forthwith

तत्क्षणिक (*tatkṣaṇik*) *m.* 1. instantaneous 2. fleeting, transient, momentary (better तात्क्षणिक *q.v.*)

तत्तत् (*tattat*) *a.* respective

तत्तत् स्थान *m.* respective places

तत्ताथई (*tattāthaī*) *f.* see तततාथई

तत्तोथंबो (*tattothambo*) *f.* 1. encouragement, incitement 2. compromise, mediation

तत्त्व (*tattva*) *m.*1. fundamental truth, first principle 2. essential or real nature 3. element, substance 4. factor

तत्त्वग्राही *a.* eclectic, deriving truths from various sources

तत्त्वजिज्ञासा *f.* an inquiry or investigation about the ultimate truth

तत्त्वज्ञान *m.* (a) knowledge of the ultimate truth, metaphysical knowledge (b) philosophy

तत्त्वज्ञानी (a) seer of ultimate or divine knowledge (b) philosopher, metaphysician

तत्त्वदर्शन *m.* philosophy, the subject that pursues the ultimate truth

तत्त्वदर्शी *a.* experienced in divine truth

तत्त्वदृष्टि *f.* sight into the real state of things

तत्त्वबोध *m.* knowledge of divinity or elements of truth

तत्त्वमीमांसा *f.* metaphysics

तत्त्ववाद *m.* essentialism, spiritualism, metaphysics

तत्त्ववादी I. *a.* metaphysical, spiritual II. *m.* spiritualist, metaphysicist

तत्त्वविद् (a) seer of ultimate or divine knowledge (b) philosopher, metaphysician (= तत्त्वज्ञानी)

तत्त्वविद्या *f.* metaphysics

तत्त्ववेत्ता *m.* (= तत्त्वज्ञानी)

तत्त्व-शास्त्र *m.* philosophy, metaphysics

तत्त्वहीन *a.* without substance, hollow

अवांछित तत्त्व *m.* undesirable elements

रासायनिक तत्त्व *m.* chemical elements

तत्त्वज्ञ (*tattvajña*) *m.*(a) seer of ultimate or divine knowledge (b) philosopher, metaphysician (= तत्त्वज्ञानी *q.v.*)

तत्त्वतः (*tattvataḥ*) *adv.* 1. essentially, substantially 2. in truth, truly, in sooth

तत्त्वांतरण (*tattvāntaraṇ*) *m.* transmutation

तत्त्वात्मक (*tattvātmak*) *a.* 1. essential, substantial 2. philosophical

तत्त्वात्मक विश्लेषण *m.* ultimate analysis

तत्त्वान्वेषी (*tattvānveṣī*) *a.* & *m.* (one) seeking after the truth

तत्त्वावधान (*tattvāvdhān*) *m.* 1. auspices 2. patronage, auspices

के तत्त्वावधान में *adv.* under the auspices of

तत्त्वावधायक (*tattvāvdhāyak*) *a.* & *m.* (one) who ascertains the truth, metaphysician

तत्त्वावधारक (*tattvāvdhārak*) *m.* overseer, observer (= तत्त्वावधायक)

तत्त्वावधारण (*tattvāvdhāraṇ*) *m.* 1. ascertainment of truth 2. observa-

tion

तत्त्वीय (*tattvīy*) *a.* theoretical

तत्पर (*tatpar*) *a.* 1. totally devoted, attending closely (to) 2. earnest 3. active 4. prepared, ready

तत्परता (*tatpartā*) *f.* 1. devotion 2. application (to work) 3. readiness 4. earnestness

तत्परतापूर्वक/तत्परता से *adv.* earnestly, readily

तत्पश्चात (*tatpaścāt*) *adv.* after that, thereafter, afterwards

तत्पुरुष (*tatpuruṣ*) *m.* the Supreme Being

तत्पुरुष समास *m.* determinative compound

तत्र (*tatra*) *adv.* there, at that place

तत्र भवान् His or Her Majesty, Sir

तत्रस्थ (*tatrasth*) *a.*/**तत्रस्थित** (*tatrasthit*) *a.* situated or lying there

तत्रापि (*tatrāpi*) *adv.* even there, even then, nevertheless, yet

तत्व (*tatva*) *m.* element (also तत्त्व *q.v.*)

तत्संबंधी (*tatsambandhī*) *a.* concerning that, of it

तत्सदृश (*tatsadriś*) *a.* similar to that, akin to that, like that

तत्सम (*tatsam*) *I.a.* same as that, equivalent II. *m.* word borrowed from another language in its original form

तत्समक (*tatsamak*) *a.* identical

तत्समक-विरूपण *m.* identity transformation

तथा (*tathā*) I. *conj.* and, as well as, likewise II. *adv.* thus, in that manner, so

तथाकथन *m.* reproduction

तथाकथित *a.* so-called

तथागत I. *a.* derived in that manner II. *m.* an epithet of Lord Buddha

तथाच *conj.* and also

तथाविध *a.* such, like that, similar

तथापि (*tathāpi*) *conj.* even so, nevertheless, even then, yet, still, nonetheless, notwithstanding that

तथास्तु (*tathāstu*) *phr.* so be it! amen!

तथैव (*tathaiv*) *adv.* & *conj.* even so, just so, in the same manner, similarly

तथोक्त (*tathokta*) *a.* 1. aforesaid, abovementioned 2. so-called

तथ्य (*tathya*) I. *m.* 1. fact, reality, truth 2. substance 3. data II. *a.* exact, true, accurate

तथ्य और आँकड़े *m.* facts and figures

तथ्य-कथन *m.* true/factual statement

तथ्य-ज्ञान *m.* (a) true or accurate knowledge (b) knowledge of facts

तथ्य-निर्णय *m.* judgement of facts, ascertainment of facts

तथ्यभाषी *a.* truthful

तथ्यवाद पद *m.* issue of facts

तथ्यक (*tathyak*) *a.* factual

तथ्यतः (*tathyataḥ*) *adv.* in fact, *de facto*, factually, *ipso facto*

तथ्यातथ्य (*tathyātathya*) *m.* the true and the false

तथ्यात्मक (*tathyātmak*) *a.* factual, actual, true

तथ्यान्वेषक (*tathyānveṣak*) *m.* fact-finder, investigator, truth-seeker

तथ्यान्वेषण (*tathyānveṣaṇ*) *m.* fact-finding, investigation, inquiry into the truth

तथ्यान्वेषी (*tathyānveṣī*) *a.* fact-finding, investigative

तथ्यान्वेषी अध्ययन *m.* fact-finding study

तथ्यान्वेषी पत्रकारिता *f.* investigative journalism

तथ्यान्वेषी समिति *f.* fact-finding committee

तथ्यार्थ (*tathyārtha*) *m.* factual meaning

तद् (*tad*) *pron.* that, of that (used as prefix) (same as तत्)

तदनंतर (*tadanantar*) *a.* after that, thereafter, thereupon, then

तदनुकूल (*tadanukūl*) I. *a.* favourable to that II. *adv.* accordingly, according to that

तदनुभूति (*tadanubhūti*) *f.* empathy

तदनुरूप (*tadanurūp*) *a.* similar to that, analogous, tantamount, like that, alike

तदनुरूपी (*tadanurūpi*) *a.* corresponding
तदनुरूपी होना *v.i.* to correspond

तदनुसार (*tadanusār*) *adv.* accordingly, in accordance with, according to (that)

तदपि (*tadapi*) *conj.* even then, still, nevertheless

तदबीर A (*tadbīr*) *f.* 1. device, plan 2. means

तदर्थ (*tadartha*) *a.* ad hoc
तदर्थ नियुक्ति *f.* ad hoc appointment
तदर्थ मंजूरी *f.* ad hoc sanction
तदर्थ शेष *m.* ad hoc balance
तदर्थ समिति *f.* ad hoc committee

तदर्थक (*tadarthak*) *a.*/**तदर्थी** (*tadarthī*) *a.* equivalent
तदर्थक, तदर्थी शब्द *m.* equivalent word/term

तदा (*tadā*) *adv.* at that time, then

तदाकार (*tadākār*) *a.* 1. having similar appearance, resembling 2. engrossed

तदात्म (*tadātma*) *a.* identical

तदात्मतः (*tadātmataḥ*) *adv.* identically

तदात्मीकरण (*tadātmīkaraṇ*) *m.* identification

तदीय (*tadīy*) *a.* of or pertaining to that/it or him/her

तदुपरांत (*taduprānt*) *adv.* after that, there- after, thereupon, then

तदुपरि (*tadupari*) *adv.* above that, besides that, in addition to that

तदेव (*tadev*) *a.* same, ditto, just the same, very same

तदैव (*tadaiv*) *adv.* exactly then, at that very time, even then

तद्गत (*tadgat*) *a.* 1. of or concerning that 2. including that 3. included in it

तद्गुण (*tadguṇ*) I. *a.* 1. possessing the qualities or virtues of the other object 2. transferring the qualities or virtues of one thing to another II. (a figure of speech) in which the quality or qualities in one object are denied and passed on to another

तद्धित (*taddhit*) *m.* secondary suffix, suffix added to words other than verbal roots

तद्धितांत (*taddhitānt*) I. *a.* (a word) ending in a secondary suffix II. secondary derivative

तद्भव (*tadbhav*) I. *m.* a word which is phonetically modified in course of time II. *a.* born of that (as अक्षि अक्खि, आँख; हस्त हत्थ, हाथ)

तद्देशीय (*taddeśīy*) *a.* of or belonging to that country

तद्रूप (*tadrūp*) *a.* identical, like that, alike, similar, same, of the same quality or kind

तद्रूपता (*tadrūptā*) *f.* sameness, similarity, alikeness, identicalness, identity

तद्वत (*tadvat*) I. *a.* similar, alike, identical II. *adv.* similarly, in the like manner

तद्वाचक (*tadvācak*) *a.* signifying that

तद्विध (*tadvidh*) *a.* of that kind, of him/her or that

तद्विषयक (*tadviṣayak*) *a.* concerning that subject, relating to that matter or affair

तन P (*tan*) *m.* body
तन कसना *v.t.* to make the body strong (by exercises)
तन को लगना *(मु.) v.i.* (of food) to get assimilated into the body
तन तोड़ना *(मु.) v.t.* (a) to work very

hard (b) to yawn
तन-बदन की सुध न रहना *v.i.* to get totally engrossed in something or somebody and forget everything else
तन-बदन में आग लगना *v.i.* to get enraged
तन-मन *m.* body and soul
तन-मन-धन *m.* body, soul and money, everything one possesses
तन-मन मारना *(मु.)* *v.i.* to restrain one's desires and emotions
तन-मन वारना *v.t.* to sacrifice everything
तन-मन से *adv.* wholeheartedly
तन सुखी तो मन सुखी *(मु.)* sound mind in a sound body

तनख़्वाह P (*tankhvāh*) *f.* **तनख़ाह** (*tankhāh*) *f.* pay, salary
तनख़्वाह का दिन *m.* payday
तनख़्वाहदार *a.* salaried person

तनज़्ज़ुल A (*tanazzul*) *a.* declining, decreasing

तनतनाना (*tantanānā*) *v.i.* to get enraged, to flare up with anger or fury, to get irritated

तनन (*tanan*) *m.* stretching

तनना (*tananā*) *v.i.* to stretch
तनकर बैठो sit erect or upright (of a person)
तंबू तनना *v.i.* tent to be pitched
भौंहें तनना *v.i.* eyebrows to be raised
रस्सी तनना *v.i.* rope to be stretched
लाठी तनना *v.i.* sticks to be raised

तनय (*tanay*) *m.* son

तनया (*tanayā*) *f.* daughter

तनवाना (*tanvānā*) *v.t.* 1. to cause to be stretched 2. to cause to be raised 3. (of a tent) to cause to be pitched

तनसुख (*tansukh*) *m.* a kind of very fine muslin (= तंज़ेब *q.v.*)

तनहा P (*tanhā*) I. *a.* single, lonely, solitary II. *adv.* alone

तनहाई P (*tanhāī*) *f.* loneliness, solitude
कैद तनहाई solitary imprisonment

तना P (*tanā*) *m.* trunk, stem

तनाज़ा A (*tanāzā*) *m.* dispute, trouble, strife, contention, wrangling

तनातनी (*tanātanī*) *f.* 1. tension 2. strained relationship

तनाना (*tanānā*) *v.t.* to get stretched

तनाव (*tanāv*) *m.* tension, suppressed excitement
तनावपूर्ण *a.* tense
तनावपूर्ण स्थिति *f.* tense situation
तनाव मुक्ति *f.* relaxation
तनावमूलक *a.* tensional

तनि (*tani*) *a.* & *adv.*/**तनिक** (*tanik*) *a.* & *adv.* a bit, a little, slight, slightly

तनिमा (*tanimā*) *f.* 1. thinness, leanness 2. weakness 3. tenderness, delicacy

तनिया (*taniyā*) *f.* 1. a narrow-piece of cloth worn round the waist between the legs, underwear 2. (चोली) bodice 3. string for tying the garment

तनी (*tanī*) *f.* string for fastening a garment as (gown)
तनीदार *a.* stringed, having strings

तनु[1] (*tanu*) *m.* body
तनुकूप *m.* pore of the skin
तनुत्राण *m.* armour
तनुधारी *a.* incarnate
तनुपट *m.* diaphragm
तनु-पोषक *m.* one who atttends to his or her material interests
तनुरस *m.* body fluid, sweat
तनुराग *m.* fragrant, unguent (for the body)

तनु[2] (*tanu*) *a.* 1. slim, slender, lean and thin 2. delicate, tender 3. weak, feeble
तनु करना *v.t.* (a) to rarefy (b) to dilute (c) to attenuate

तनुज (*tanuj*) *m.* son

तनुजा (*tanujā*) *f.* daughter

तनुता (*tanutā*) *f.* 1. thinness, leanness

2. dilution

तनूकरण (*tanūkaraṇ*) *m.* dilution, attenuation, rarefaction

तनूकृत (*tanūkṛt*) *a.* diluted, attenuated, rarefied

तन्नाना (*tannānā*) *v.i.* to assume airs (= तनतनाना *q.v.*)

तन्निमित्त (*tannimitt*) *adv.* on account of that, for that reason

तन्निविष्ट (*tannivisṭa*) *a.* 1. penetrated into that 2. concentrated on that

तन्मनस्क (*tanmanaska*) *a.*/**तन्मना** (*tanmanā*) *a.* having the mind set on that, single-minded, pre-occupied, intent

तन्मय (*tanmay*) *a.* absorbed in that, quite lost, engrossed
तन्मय होकर *adv.* with the heart closely set (on that), with concentrated mind, being intent

तन्मयता (*tanmaytā*) *f.* 1. rapt attention, concentration, absorption 2. deep devotion 3. trance

तन्मात्र (*tanmātra*) *m.* the subtle forms of matter according to Sankhya school of philosophy

तन्य (*tanya*) *a.* elastic, ductile

तन्यता (*tanyatā*) *f.* elasticity, ductility, tensility

तन्वंग (*tanvaṅg*) *a.*1. slim, slender, slender-limbed 2. delicate

तन्वंगी (*tanvaṅgī*) *a.* & *f.* slender-bodied, slim, delicate (woman)

तन्वी[1] (*tanvī*) *f.* delicate and slim lady

तन्वी[2] (*tanvī*) *f.* a stanza of four lines with twenty four syllables in each

तप[1] (*tap*) *m.*1. penance, religious austerity, austere devotion, devout austerity 2. asceticism

तप[2] (*tap*) *m.*1. heat 2. fever

तपःपूत (*tapaḥpūt*) *a.* purified by practising penance

तपःशील (*tapaḥśīl*) *a.* having the characteristic of asceticism

तपःसाध्य (*tapaḥsādhya*) *a.* which can be accomplished by penance

तपःसिद्ध (*tapaḥsiddha*) *a.* who has attained spiritual bliss or saintliness by penance

तपःस्थली (*tapaḥsthalī*) *f.* 1. place of practising penance or austerities 2. Varanasi

तपक (*tapak*) *f.* throb, throbbing sensation

तपकना (*tapaknā*) *v.i.* 1. to throb, to palpitate 2. to leap up 3. to glitter, to glow, to shine 4. to drop, to ooze

तपन (*tapan*) *f.* 1. heat 2. hot season, summer 3. mental distress, disquietude 4. burning sensation

तपना (*tapnā*) *v.i.* 1. to be heated, to become hot, to be inflamed or blazed 2. to flare up in emotion 3. to shine out 4. to practise penance 5. to be distressed, to be grieved (at heart) 6. to exhibit one's eminence or power

तपनी (*tapnī*) *f.* 1. bonfire (as villagers make in winter) 2. penance, austerity, austere practice

तपनीय (*tapnīy*) *a.* 1. fit to keep warm 2. fit to be accepted as penance 3. bearable, endurable

तपवाना (*tapvānā*) *v.t.* 1. to cause to be heated 2. to cause to be inflamed or blazed 3. to make somebody practise austerities

तपश्चर्या (*tapaścaryā*) *f.* practice of religious austerity, asceticism, religious mortification

तपसी (*tapsī*) *m.* devoutly austere person, ascetic, one who practises self-mortification (*fem.* = तपस्विनी *q.v.*)

तपस्या (*tapasyā*) *f.* penance, religious austerity, devout austerity, austere practice, self-mortification

तपस्या करना *v.t.* to perform or practise penance

तपस्याजनित *a.* produced by austere devotion, come out of practising penance

तपस्या-भंग *m.* interruption in penance, break in devout austerities

तपस्विता (*tapasvitā*) *f.* penance, austerity, austere devotion

तपस्वी (*tapasvī*) *m.* devoutly austere person, ascetic, one who practises self-mortification (*fem.* तपस्विनी)

तपा[1] (*tapā*) *a.* 1. absorbed in deep meditation or religious austerities 2. heated

तपा[2] (*tapā*) *m.* ascetic, hermit

तपाक P (*tapāk*) *m.* 1. warmth 2. zeal, enthusiasm, ardour

तपाक से *adv.* cordially, enthusiastically, with promptitude

तपातपाया (*tapātapāyā*) *a.* tried and seasoned

तपाना (*tapānā*) *v.t.* 1. to heat, to warm up, to inflame 2. to inflict pain, to give trouble 3. to practise austerity 4. to season one's body

तपित (*tapit*) *a.* heated, hot (better तप्त *q.v.*)

तपिश P (*tapiś*) *f.* heat, warmth

तपी (*tapī*) *m.* devoutly austere person, ascetic, one who practises self-mortification (*fem.* = तपस्विनी *q.v.*)

तपेदिक P (*tapedik*) *m.* tuberculosis, TB

तपोजनित (*tapojanit*) *a.* produced by penance, rising from religious austerity

तपोधन (*tapodhan*) *m.* 1. wealth in the form of penance 2. the merit of austerity or mortification 3. ascetic, hermit, sage, austerity personified

तपोनिधि (*taponidhi*) *m.* 1. treasure in the form of penance 2. the treasury of penance personified, ascetic, great hermit, sage

तपोनिरत (*taponirat*) *a.* engaged in austerities or penance, absorbed in divine contemplation

तपोनिष्ठ (*taponiṣṭha*) *a.* devoted to austerities, practising penance

तपोबल (*tapobal*) *m.* 1. power in the form of penance 2. power attained by penance or austerity, spiritual power

तपोभूमि (*tapobhūmi*) *f.* place sanctified by penances and austerities of sages

तपोमय (*tapomay*) *a.* consisting in or formed of religious austerities, ascetical

तपोमूर्ति (*tapomūrti*) *m.* penance/austerity personified, a great ascetic or hermit

तपोलोक (*tapolok*) *m.* one of the seven worlds (= तपोभूमि)

तपोवन (*tapovan*) *m.* forest where ascetics perform austerities

तप्त (*tapta*) *a.* 1. heated, inflamed, hot 2. afflicted, pained, grieved (at heart) 3. annoyed, irritated, angry 4. practised in penance

तप्य (*tapya*) *a.* 1. fit to be heated or blazed 2. fit to be refined or purified

तफ़्तीश A (*taftīś*) *f.* investigation, enquiry, probe

तफ़्तीश करना *v.t.* to investigate, to enquire, to probe, to make an inquiry

तफ़रक़ा A (*tafarqa*) *m.* 1. difference 2. distinction 3. dissension

तफ़रक़ा डालना *v.t.* (a) to separate (b) to sow discord or dissension

तफ़रीक A (*tafrīq*) *f.* 1. partition 2. separation 3. subtraction

तफ़रीक के सवाल *m.* sums of subtraction

जमा और तफ़रीक addition and subtraction

तफ़रीह A (*tafrīh*) *f.* 1. pleasure, delight, happiness 2. amusement 3. joke, jest, witty remark 4. recess (in schools)

तफ़रीहन A (*tafrīhan*) *adv.* by way of amusement, in fun, in jest

तफ़सील A (*tafsīl*) *f.* 1. explanation 2. detail, particulars

तफ़सीलवार *a.* in detail, detailed

तफ़सील से *adv.* in detail

तब (*tab*) *adv.* 1. then, at that time 2. thereupon, hence

तब का *a.* of or belonging to that time

तब क्या what then

तब तक *adv.* till then, up to that time, so long, so far

तब तो then, in that case, therefore

तब भी even then, then too, still, nevertheless, notwithstanding that

तब से *adv.* from that time onwards, since then

तब ही *adv.* (a) at that very time, just then (b) to that reason, therefore

तब ही तो then of course (see तभी)

तबक़ A (*tabaq*) *m.* 1. a leaf of beaten silver 2. a kind of plate 3. tray

तबक़ा A (*tabqā*) *m.*1. a class or a group of people 2. a tract of land 3. layer 4. rank

तबदील A (*tabdīl*) *a.* 1. (of things) altered, changed 2. (of persons) transferred

तबदील करना *v.t.* (a) to change, to alter (b) to transfer

तबदील होना *v.i.* to be changed, to be transferred

तबदीली A (*tabdīlī*) *f.* 1. alteration, change 2. transfer

तबर P (*tabar*) *m.* axe

तबल P (*tabal*) *m.* a large drum

तबलची P (*tabalcī*) *m.* one who plays (on) tambourine or tabla, tabla-player

तबला A (*tablā*) *m.* tabor, tambourine, tabla (generally a set of two)

तबला खनखना *(मु.)* *v.t.* tabla to be played

तबला खनखनाना *v.t.* to play (on) the tabla

तबला मिलाना *(मु.)* *v.t.* to put the tabla in tune, to tune the tabla

तबला वादक *m.* tabla-player

तबला वादन *m.* the art of playing on the tabla

तबलिया A (*tabaliyā*) *m.* one who plays (on) tambourine or tabla, tabla-player (= तबलची *q.v.*)

तबाक T (*tabāk*) *m.* a large dish or tray, (especially one for kneading flour)

तबादला A (*tabādlā*) *m.* transfer

तबाशीर P (*tabāśīr*) *m.* a by-product of bamboo used as medicine

तबाह P (*tabāh*) *a.* 1. ruined, destroyed, devastated, annihilated 2. spoiled, wasted

तबाह करना, कर देना *v.t.* (a) to ruin, to destroy, to annihilate (b) to spoil, to waste

तबाहहाल *a.* (a) in a wretched condition or plight (b) ruined

तबाह हो जाना *v.i.* to be ruined

तबाही P (*tabāhī*) *f.* 1. ruin, destruction, annihilation 2. (दुर्दशा) wretched plight, miserable condition

तबाही मचाना *v.t.* to cause destruction, to ruin, to cause havoc

तबीब A (*tabīb*) *m.* physician, medical doctor

तबीयत A (*tabīyat*) *f.* 1.disposition, temperament 2. mood 3. mind 4. condition, state (of health) 5. constitution (better तबीयत *q.v.*)

तबीयत आना *(मु.)* *v.i.* to become fond of, to fall in love, to be attracted

तबीयत उलझना *(मु.)* *v.i.* to be entangled, to be puzzled

तबीयत करना *v.t.* to feel like

तबीयत कैसी है ? how are you?

तबीयत न लगना *(मु.) v.i.* to feel disinclined, to feel uncomfortable

तबीयत नासाज़ होना *v.i.* to feel indisposed, to be ill

तबीयत पर ज़ोर डालना *(मु.) v.t.* to exert one's mind

तबीयत फड़क उठना *(मु.) v.i.* the heart to leap up, to get excited

तबीयत बहलना *v.i.* to be amused or diverted

तबीयत बहाल होना *(मु.) v.i.* to recover from illness

तबीयत बिगड़ना *(मु.) v.i.* to feel sick, condition to become worse

तबीयत भर जाना *(मु.) v.i.* to be satiated, to be satisfied

तबीयत लगना, लग जाना *(मु.) v.i.* (a) to take interest in (b) to be attached to, to feel at home, to be well-disposed

तबीयत लड़ाना *v.t.* to grapple mentally, to tackle

तबीयतदार A (*tabīyatdār*) *a.* 1. naturally sharp, clever 2. sportive 3. large-hearted

तबीयतदारी A&P (*tabīyatdārī*) *f.* 1. sharpness, cleverness 2. sportiveness 3. large-heartedness

तबेला (*tabelā*) *m.* stable

तबेले में दुलत्ती *(मु.) f.* internecine strife

तभी (*tabhī*) *adv.* 1. at that very moment, just at that time, just then 2. for this reason, on account of this

तभी तक *adv.* till then

तभी तो *adv.* for this very reason

तभी से *adv.* since then, thenceforth

तमंचर (*tamañcar*) *m.* one that preys at night, demon, owl

तमंचा (*tamañcā*) *m.* revolver

तम (*tam*) *m.* 1. darkness, dinginess, gloom 2. (अज्ञानता) ignorance, illusion 3. sin 4. worldly delusion

तमक (*tamak*) *f.* 1. intensity of emotion 2. rage, anger, wrath

तमकना (*tamaknā*) *v.i.* 1. to grow red in the face, to blush 2. to fly into passion, to become enraged suddenly 3. to be agitated or annoyed

तमकाना (*tamkānā*) *v.t.* 1. to enrage 2. to annoy 3. to excite

तमग़ा T (*tamg̱ā*) *m.* medal

तमचर (*tamcar*) *m.* one that preys at night, demon, owl (= तमंचर *q.v.*)

तमचुर (*tamcur*) *m.* cock

तमच्छन्न (*tamacchann*) *a.* pervaded or covered with darkness, shrouded in darkness, darkened, gloomy, enveloped in gloom (better तमाच्छन्न or तमसाच्छन्न *q.v.*)

तमतमाना (*tamtamānā*) *v.i.* 1. to become red with anger or heat, to redden, to grow red in the face 2. to glow, to glitter

तमतमाता चेहरा *m.* reddened face

तमतमाती धूप *f.* blazing heat

तमतमाहट (*tamtamāhaṭ*) *f.* reddening of the face, state of growing red in the face, glow

तमन्ना A (*tamannā*) *f.* 1. desire, wish 2. longing, craving

तमस (*tamas*) *m.* 1. darkness 2. illusion of mind 3. ignorance 4. strong passion 5. sorrow, grief 6. one of the hells

तमसाच्छन्न (*tamsācchann*) *a.* pervaded or covered with darkness, shrouded in darkness, darkened, gloomy, enveloped in gloom

तमस्सुक A (*tamassuk*) *m.* 1. bond 2. promissory note

तमा (*tamā*) *f.* night

तमाकू (*tamāku*) *m.*/**तमाखू** (*tamākhū*) *m.* (*colloq.*) tobacco

तमाचा T (*tamācā*) *m.* slap, blow on the

face

तमाचा खाना *(मु.) v.t.* to be slapped

तमाचा जड़ना/मारना/लगाना *(मु.) v.t.* to give a slap, to slap

तमाच्छन्न (*tamācchann*) *a.* pervaded or covered with darkness, shrouded in darkness, darkened, gloomy, enveloped in gloom (= तमसाच्छन्न or तमाच्छादित *q.v.*)

तमादी (*tamādī*) *a.* barred by limitation

तमादी होना to be time-barred

तमाम A (*tamām*) *a.* all, whole, entire

तमाम करना *v.t.* to finish, to complete

तमाम होना *v.i.* to be finished or completed

किसी का काम तमाम करना/कर देना *v.t.* to kill

तमाल[1] (*tamāl*) *m.* tree with a very dark bark and white blossoms, *Xanthochynus pictorious*

तमाल[2] (*tamāl*) *m.* sectorial mark of sandal wood paste on the forehead

तमावरण (*tamāvaraṇ*) *m.*1. a screen of darkness 2. blackout

तमाशबीन P (*tamāśbīṇ*) *m.* 1. spectator, looker-on, onlooker 2. one fond of seeing shows 3. voluptuous philanderer

तमाशबीनी P (*tamāśbīṇī*) *f.* 1. viewing 2. show-seeing, fondness for seeing shows

तमाशबीनी करना *v.t.* to debauch, to philander

तमाशा A (*tamāśā*) *m.* 1. fun, sport 2. spectacle, show 3. curious or funny thing

तमाशा करना *v.t.* (a) to make fun or sport (b) to present a show

तमाशा खड़ा करना *v.t.* to put up a nasty scene

तमाशा दिखाना *(मु.) v.t.* to show a spectacle, to exhibit

तमाशे की बात *f.* strange or curious thing

तमाशाई P (*tamāśāī*) *m.* spectator, onlooker, looker-on

तमि (*tami*) *f.*/**तमी** (*tamī*) *f.* 1. night, darkness 2. (मूर्च्छा) swoon, faint, unconsciousness

तमि (तमी) चर *m.* (a) demon, goblin, devil (b) thief

तमि (तमी) नाथ *m.* lord of the night, the moon

तमिल (*tamil*) *f.* Tamil, an ancient branch of Dravidian family of languages and the present language of Tamil Nadu in South India

तमस्र (*tamasra*) *m.* 1. darkness 2. dark night 3. ignorance, illusion, delusion

तमिस्रा (*tamisrā*) *f.* 1. darkness 2. dark night 3. dark fortnight of the lunar month

तमी (*tamī*) *f.* 1. night, darkness 2. (मूर्च्छा) swoon, faint, unconsciousness (see तमि)

तमीचर (*tamīcar*) *m.* (see तमी)

तमीज़ A (*tamīz*) *f.* 1. power of discrimination 2. sense 3. decorum, (observance of rules of) etiquette

तमीज़ करना *v.t.* (a) to distinguish (b) to discriminate (c) to discern

तमीज़दार *a.* (a) discreet (b) mannerly, well-mannered

तमील (*tamīl*) *f.* execution, carrying out, service (better तामील *q.v.*)

तमोगुण (*tamoguṇ*) *m.* the element or quality of dullness/darkness or ignorance in nature or in a person (see तमस)

तमोगुणी (*tamoguṇī*) *a.* having the quality of darkness or dullness predominant in the temperament, irascible and ignorant

तमोजीवी (*tamojīvī*) *a.* libertine, lascivious

तमोमय (*tamomay*) *a.* 1. covered in darkness, dark, dingy, gloomy 2. enveloped in ignorance

तमोयुग (*tamoyug*) *m.* dark period, Dark Ages

तमोल (*tamol*) *m.* folded betel leaf

तमोली (*tamolī*) *m.* one who sells betel leaves, betel-seller

तमोहर (*tamohar*) *m.* destroyer of darkness, the sun, the moon

तय (*tay*) *a.* agreed, (also) settled

तय करना *v.i.* to determine, to decide

तय पाना *(मु.) v.t.* to settle, to be agreed upon

रास्ता तय करना *v.t.* to cover or traverse a distance

तय्यार A (*tayyār*) 1. ready 2. alert 3. prepared 4. ready-made 5. finished 6. complete 7. readily available 8. arrived at puberty 9. ripened 10. fully developed. 11. matured 12. stout, robust (better तैयार *q.v.*)

तरंग (*taraṅg*) *f.* 1. wave, ripple, billow 2. rise and fall of tone in music 3. impulse, sudden wave of the mind

तरंगग्राह *m.* kymograph (an apparatus)

तरंगदैर्घ्य *m.* wavelength

तरंग-भंग *m.* breaking of waves

तरंगमापी *m.* wave-meter

तरंगमाला *f.* successive rise of waves or billows

तरंगमाली *m.* the sea

तरंग में आना *v.i.* to come to one's own (mood or form)

तरंग-लेख *m.* kymogram

तरंगशीर्ष/शृंग *m.* crest of a wave

तरंगवती (*taraṅgvatī*) *f.* river, stream

तरंगवेग (*taraṅgveg*) *m.* wave velocity

तरंगायित (*taraṅgāyit*) *a.* billowy, waving, undulatory

तरंगावर्त काल (*tarangāvart kāl*) *m.* wave period

तरंगिका (*taraṅgikā*) *f.* small wave, wavelet, ripple

तरंगिणी (*taraṅgiṇī*) *f.* river, stream

तरंगित (*taraṅgit*) *a.* 1. wavy, billowy 2. undulatory, overflowing 3. fickle, unsteady 4. restless

तरंगित उच्चावचन *m.* undulatory fluctuations

तरंगी (*taraṅgī*) *a.* 1. wavy, billowy 2. waving like a billow, moving like a wave 3. undulatory, overflowing 4. whimsical, capricious, impulsive 5. agitated, restless 6. fickle, unsteady

तरंड (*taraṇḍ*) *m.* raft, float of bamboos tied together

तर[1] P (*tar*) *a.* 1. wet, soaked, dank, damp 2. rich

तर करना *v.t.* (a) to moisten, to soak, to drench, to wet (b) to refresh

तरबतर *a.* drenched, soaked

तर माल *m.* (a) sumptuous food (b) plenty of money or wealth

तर[2] P (*tar*) *suff.* makes comparative degree of adjectives

कोमलतर more delicate or soft

निम्नतर lower

तरकश P (*tarkaś*) *m.* quiver, a case for holding arrows

तरकशबंद *a.* equipped with a quiver

तरका (*tarkā*) *m.* the estate of a deceased person, legacy, bequest

बिना वसीयत तरका intestate property, legacy left without a valid will

तरकारी P (*tarkārī*) *f.* 1. vegetable, pot herb 2. cooked vegetable 3. meat

तरकारी छीलना *v.t.* to skin vegetables, to peel off the skin of a vegetable

तरकारी बनाना *v.t.* to cook or prepare vegetables

तरकीब A (*tarkīb*) *f.* 1. device, plan 2. mode 3. arrangement 4. method 5. tact

तरकीब करना *v.t.* to devise, to plan, to arrange

तरकीब से *adv.* tactfully

तरकीब से चलना *v.i.* to work according to some plan or method

किसी तरकीब से *adv.* by some means, somehow or other, by whatever method

तरक्क़ी A (*taraqqī*) *f.* 1. development 2. progress 3. improvement 4. increment 5. promotion

तरक्क़ी करना *v.t.* (a) to improve (b) to progress (c) to advance

तरक्क़ी पर होना *v.i.* to be progressing

तरक्क़ी होना *v.i.* to be promoted

तरखान (*tarkhān*) *m.* carpenter

तरजना (*tarajnā*) *v.t.* 1. to forbid 2. to censure, to admonish 3. to warn 4. to threaten

तरजनी (*tarjanī*) *f.* 1. dread, fright 2. warning (= तर्जनी *q.v.*)

तरजीह A (*tarjīh*) *f.* preference, priority

तरजीह देना *v.t.* to prefer, to give preference over

तरजुमा A (*tarjumā*) *m.* translation

तरजुमा करना *v.t.* to translate

तरजुमाना मुहावरा *m.* idiomatic translation

लफ़्ज़ी तरजुमा literal translation

तरजुमान A (*tarjumān*) *m.* 1. translator, interpreter 2. spokesman

तरण (*taraṇ*) *m.*1. swimming 2. floating 3. crossing over 4. means of crossing over 5. deliverance, salvation

तरण-ताल *m.* swimming pool

तरणार्थ (*taraṇārtha*) *a.* natatorial, natatory

तरणि (*taraṇi*) *m.* 1. the sun 2. ray of the sun, sunbeam

तरणितनय/सुत *m.* Yama, the god of death

तरणितनुजा *f.* the river Yamuna

तरणिजा (*taraṇijā*) *f.* the daughter of the sun, the river Yamuna

तरणी (*taraṇī*) *f.* boat

तरतमभाव (*tartambhāv*) *m.* degrees of comparison (of adjectives and adverbs)

तरतराना (*tartarānā*) *v.t.* to be drenched or soaked, to drip with moisture

तरतीब A (*tartīb*) *f.* 1. arrangement, system, order 2. method

तरतीब देना *v.t.* to set in order, to arrange, to arrange in proper order

तरतीब में रखना *v.t.* to place systematically, to put in order

तरतीबवार *adv.* orderly, methodically, systematically, regularly

तरतीब से *adv.* in order

तरदीद A (*tardīd*) *f.* 1. cancellation 2. refutation

तरदीद करना *v.t.* to cancel, to refute

तरद्दुद A (*taraddud*) *m.* 1. anxiety, worry 2. mental disturbance, trouble (of the mind), botheration 3. effort, labour, endeavour, exertion 4. rejection, refusal 5. apprehension, dread

तरद्दुद करना *v.t.* (a) to make effort (b) to give anxious consideration

तरनतारन (*tarantāran*) *m.* saviour, one who delivers from bondage of life, emancipator

तरना (*tarnā*) *v.i.* 1. to swim across, to get over 2. to attain salvation, to get emancipation, to be emancipated

तरनी (*tarnī*) *f.* boat

तरन्नुम A (*tarannum*) *m.* modulation of voice

तरन्नुम से सुनाना *v.t.* to recite with modulation of voice

तरपट[1] (*tarpaṭ*) *m.* difference

तरपट[2] (*tarpaṭ*) *a.* bent or tilted

तर-पर (*tar-par*) *adv.* one above the other, one after another

तरफ़ A (*taraf*) I. *f.* 1. side 2. direction

II. *adv.* (की तरफ़) towards

तरफ़दार I. *a.* partial, prejudiced, biased II. *m.* supporter, one who takes sides, partisan

तरफ़दारी *f.* partisanship, partiality, prejudice

तरफ़दारी करना *v.t.* to take sides, to favour a particular party

तर-बतर P (*tar-batar*) *a.* all wet, fully drenched, soaked

पसीने से तर-बतर all drenched with sweat

तरबूज़ P (*tarbūz*) *m.*/**तरबूज़ा** (*tarbūzā*) *m.* watermelon

तरबूज़ई P (*tarbūzai*) *a.*/**तरबूज़ी** (*tarbūzī*) *a.* of the colour of watermelon

तरमीम A (*tarmīm*) *f.* 1. amendment 2. modification

तरमीम करना *v.t.* to amend, to modify

तरल (*taral*) *a.* 1. liquid, fluid, watery 2. tremulous, wavering, shaking 3. momentary, transient

तरल करना *v.t.* to liquefy

तरल पदार्थ *m.* liquid

तरलता (*taraltā*) *f.* 1. liquidity, fluidity, liquid state 2. fickleness, inconsistency

तरलायित (*tarlāyit*) *a.* 1. liquefied, made fluid 2. shaken, moved 3. agitated

तरलित (*tarlit*) *a.* flowing (= तरलायित)

तरवन (*tarvan*) *m.* an ornament for the ear

तरवर (*tarvar*) *m.* a big tree

तरस (*taras*) *m.* pity, compassion

तरस आना *v.i.* to have pity

तरस खाना (*मु.*) *v.t.* to feel pity, to pity, to show mercy

तरसना (*tarasnā*) *v.i.* to pine for, to long for, to have craving for, to desire anxiously, to be agog, to wish eagerly, to pine for

तरसाना (*tarsāna*) *v.t.* 1. to tantalize, to set agog 2. to tease or torment by giving false hopes

तरसों (*tarsoṁ*) *m.*& *adv.* on the third day from now (past or coming), two days before yesterday, two days after tomorrow

तरह A (*tarah*) *f.* 1. kind, sort, form 2. way, like 3. ejection, throwing 4. design

तरह-तरह के पदार्थ *m.* articles of various kinds

तरह देना (*मु.*) *v.t.* to throw off, to disregard, to overlook, to connive at, to turn a deaf ear

इस तरह के लोग *m.* people of this kind/sort

इस तरह का कोई काम any job of this kind, any work like this

इस तरह (से) in this way, like this

किस तरह how, in what way

पहले की तरह *adv.* as before

तरहदार A (*tarahdār*) *a.* well-shaped, stylish, elegant, handsome, graceful

तरहदारी A (*tarahdārī*) *f.* stylishness, elegance, gracefulness, charm

तराई (*tarāī*) *f.* 1. lands lying in submontane areas, marshy ground, swamp 2. foothill 3. act of watering

तराज़ू P (*tarāzū*) *m.* (pair of) scales, balance

तराज़ू का पलड़ा *m.* scale-pan

तराज़ू हो जाना *v.i.* to be evenly balanced, to be counterbalanced

तराना (*tarānā*) *m.* 1. symphony 2. melody 3. song 4. a particular kind of song

तराबोर (*tarābor*) *a.* all wet, fully drenched, soaked (= तर-बतर *q.v.*)

तरारा[1] (*tarārā*) *m.* leap, bound, jump

तरारा[2] (*tarārā*) *m.* continuous drip, slow flow

तरावट (*tarāvaṭ*) *f.* 1. freshness 2. coolness 3. greenness 4. humidity

5. succulence, juiciness

तराश P (*tarāś*) *f.* 1. cutting 2. shape, form, make 3. frame 4. design 5. slice 6. (पौधा) trim, to prune, (मूर्ति) to carve

तराशना P (*tarāśnā*) *v.t.* 1. to cut, to clip, to pare, to slice 2. to shape, to form 3. to chisel

तरी[1] (*tarī*) *f.* boat

तरी[2] P (*tarī*) *f.* marshland, swamp, low land by the riverside

तरी[3] P (*tarī*) *f.* 1. freshness 2. coolness 3. greasiness 4. wetness, dampness, moisture 5. water

तरीक़त A (*tarīqat*) *f.* Sufi religious custom

तरीक़ा A (*tarīqā*) *m.* 1. method, system, way 2. manner, mode 3. custom, practice 4. device

तरीक़ा का *a.* of the right type

तरीक़ा बताना *v.t.* to show the way, to point out the proper method/course, to direct

तरीक़ा बरतना *v.t.* to work a system, to use a certain method

तरीक़े से *adv.* methodically

तरु (*taru*) *m.* tree

तरुमूल *m.* the root of a tree

तरुराज *m.* (a) the largest tree (b) peepal tree

तरुरोपण *m.* planting a tree, arboriculture

तरुण (*taruṇ*) *a.* 1. young, youthful, adult 2. juvenile

तरुणता (*taruṇtā*) *m.*/**तरुणल** (*taruṇal*) *m.* youth, youthfulness, adulthood

तरुणाई (*taruṇāī*) *f.* (= तरुणता *q.v.*)

तरुणावस्था (*taruṇāvasthā*) *f.* young age, youthful stage

तरुणास्थि (*taruṇāsthi*) *f.* 1. cartilage, gristle 2. cartilage bone

तरुणिमा (*taruṇimā*) *f.* youthfulness, juvenility

तरुणी (*taruṇī*) *f.* young woman, youthful lady

तरेंदा (*tareṁdā*) *m.* buoy, float

तरेड़ (*tareṛ*) *f.* crack, crevice

तरेरना (*tarernā*) *v.i.* to stare, to cast an admonishing glance, to look obliquely and angrily

तरैया (*taraiyā*) *m.* causing to cross over

तरैला (*tarailā*) *m.* stepson

तरोई (*taroī*) *f.* a kind of green vegetable

तरौंछ (*tarauṁch*) *f.* 1. sediment, dregs, silt 2. refuse, leavings (तलछट *q.v.*)

तरौटा (*tarauṭā*) *m.* lower stone of a grinder

तरौना (*taraunā*) *m.* a round hanging ornament for ears

तर्क[1] (*tarka*) *m.* 1. argument 2. reasoning 3. the science of reasoning, logic 4. dispute, contention, disputation 5. plea 6. objection 7. consideration 8. justification

तर्क करना *v.i.* (a) to argue (b) to raise objection (c) to dispute

तर्क का आधार *m.* rationale of dispute or argument

तर्क-कुतर्क *m.* reasonable and unreasonable argument

तर्कजाल *m.* series of arguments

तर्कदिशा *f.* line of argument

तर्कदोष *m.* fallacy

तर्कप्रिय *a.* argumentative

तर्कबुद्धि *f.* reason, reasoning faculty

तर्कबुद्धिपरक *a.* rational

तर्कबुद्धिवाद *m.* rationalism

तर्कबुद्धिवादी *m.* rationalist

तर्कमाला *f.* series of arguments, syllogistic chain

तर्कयुद्ध *m.* war of words, fight of arguments

तर्क लगाना *v.t.* (a) to reason, to argue (b) to infer, to guess

तर्कवाक्य *m.* proposition
तर्कविज्ञान *m.* science of reasoning, logic
तर्क-वितर्क *m.* argument and counter-argument, discussion, argumentation for and against
तर्कविद्या *f.* logic
तर्कविरुद्ध *a.* illogical
तर्कशास्त्र *m.* science of reasoning, logic
तर्कशास्त्री *m.* logician
तर्कशास्त्रीय *a.* (a) logic, rational, justifiable (b) pertaining to logic
तर्कसंगत *a.*(a) logical, rational, (b) reasonable, justifiable
तर्कसंगति *f.* logicality, rationality, reasonableness, justification
तर्कहीन *a.* (a) illogical, irrational (b) unreasonable, unjustified

तर्क[2] A (*tarka*) *a.* 1. abandoned, relinquished, forsaken 2. deserted
तर्क करना *v.t.* to abandon, to relinquish, to forsake, to quit

तर्कण (*tarkaṇ*) *m.* 1. argumentation, arguing 2. reasoning 3. disputation 4. discussion 5. justification 6. contradiction
तर्कणवाद *m.* rationalism
तर्कणवादी I. *m.* rationalist II. *a.* rationalistic

तर्कणा (*tarkaṇā*) *f.* 1. argumentation, arguing 2. reasoning 3. disputation 4. discussion 5. justification 6. contradiction (same as तर्कण *q.v.*)

तर्कना (*tarkanā*) *f.* (= तर्कणा or तर्कण)
तर्कनापरक *a.* rational, logical, reasonable

तर्कातीत (*tarkātīt*) *a.* beyond argument or discussion

तर्काधार (*tarkādhār*) *m.* rationale, logical basis

तर्कानुकूल (*tarkānukūl*) *a.* rational
तर्कानुकूल बनाना *v.t.* to rationalize

तर्कानुकूलन (*tarkānukūlan*) *m.* rationalization

तर्काभास (*tarkābhās*) *m.* fallacious argument, fallacy, paralogism

तर्कित (*tarkit*) *a.* 1. argued, discussed 2. inferred, guessed, conjectured

तर्की (*tarkī*) *m.* 1. debator 2. disputant 3. logician

तर्कीय (*tarkīy*) *m.* 1. arguable, fit to be discussed 2. disputable

तर्कु (*tarku*) *m.* spindle, distaff

तर्कुरूप (*tarkurūp*) *a.* spindle-shaped

तर्क्य (*tarkya*) *a.*1. arguable, debatable 2. to be inferred or guessed

तर्ज़ A (*tarz*) *f.* 1. form, fashion 2. style of conduct 3. manner, mode, method, way 4. tune

तर्जन (*tarjan*) *m.*1. storming in rage, scolding, chiding, snubbing 2. (दोषारोपण) censuring, blaming 3. threat, warning
तर्जन करना *v.t.* (a) to threaten (b) to chide, to scold, to snub
तर्जन-गर्जन *m.* show of anger

तर्जना (*tarjanā*) *v.t.* 1. to threaten, to terrify 2. to chide, to rebuke, to snub, to scold 3. to blame, to censure

तर्जनी (*tarjanī*) *f.* forefinger (as used for threatening), index finger
तर्जनी मुद्रा *f.* gesture with the forefinger

तर्जित (*tarjit*) *a.* 1. scolded, rebuked 2. forbidden 3. threatened, 4. censured, blamed

तर्जुमा A (*tarjumā*) *m.* translation
तर्जुमा करना *v.t.* to translate

तर्पण (*tarpaṇ*) *m.* offering of water to the spirits of the deceased or to gods, libation
तर्पण करना *v.t.* (a) to make oblations of water, to libate (b) (तृप्त करना) to gratify, to placate

तर्पणीय (*tarpaṇīy*) *a.* 1. worthy of offer of libation or oblation of water 2. to be gratified, to be placated

तर्पित (*tarpit*) *a.* 1. offered (oblation of water) 2. placated, gratified

तर्पी (*tarpī*) *m.* one who offers libation to the spirits of the deceased or to gods

तर्राना (*tarrānā*) *v.i.* to become angry/ enraged, to grumble

तर्रार A (*tarrār*) *a.*1. quick, rapid, fast 2. prompt, expeditious

तर्रारा A (*tarrārā*) *m.* 1. quickness, rapidity 2. promptness

तर्रारा भरना *v.t.* to gallop

तर्षण (*tarṣaṇ*) *m.* 1. thirst 2. acute desire, craving, longing

तर्षित (*tarṣit*) *a.* 1. thirsty 2. desirous, craving, longing

तल (*tal*) *m.* 1. surface, level 2. bed 3. palm of the hand 4. floor, storey 5. deck 6. bottom

तल-कक्ष *m.* cellar, underground room

तल करना *v.t.* to trample down, to ruin

तलघर *m.* basement, lowest floor, bunker

तलछट *f.* (a) sediment, dregs, silt (b) refuse, leavings

तलटीप *f.* foot-note

तलडाट *m.* base-plug

तलपट *m.* (a) balance sheet (b) turned upside down

तल-मार्ग *m.* subway

तल-मार्जन *m.* dredging

तल-शिला *f.* bed-rock

तल-शोधन *m.* bottoming out

तलख़ P (*talakh*) *a.* 1. bitter, pungent, acrid 2. aggressive

तलख़ी P (*talkhī*) *f.* 1. bitterness, pungency, acridity 2. aggressiveness

तलना (*talnā*) I. *v.t.* to fry II. *v.i.* to be fried

तलपट (*talpaṭ*) *a.* levelled, flattened

तलफ़ A (*talaf*) *a.* 1. ruined, destroyed 2. lost 3. wasted 4. infringed

हक तलफ़ करना *v.t.* to infringe somebody's right

तलफ़्फ़ुज़ A (*talaffuz*) *m.* pronunciation

तलब A (*talab*) *f.* 1. search, quest 2. demand 3. summons, call 4. pay, salary, wages 5. longing, craving 6. necessity

तलब करना *v.t.* (a) to seek, to find out (b) to enquire (c) to summon, to call for (d) to ask for (e) to demand

तलबगार I. *a.* seeking, looking for II. *m.* seeker, searcher

तलबगार होना *v.i.* to seek

तलबगारी *f.* (a) seeking, searching (b) inquiring (c) desiring

तलबदार *a.* & *m.* I. *a.* seeking, looking for II. *m.* seeker, searcher (= तलबगार)

तलब देना *v.t.* to pay salary or wages

तलब बाँटना *v.t.* to distribute pay or salary

तलब बुझाना *v.t.* to satisfy one's desire for drinking or smoking

तलबाना P (*talbānā*) *m.* 1. fees paid to peons for serving summons 2. fine levied for late payment of revenue

तलबी A (*talbī*) *f.* 1. demand 2. summons to appear, call

तलबेली (*talbelī*) *f.* strong or ardent desire

तलमलाना (*talmalānā*) *v.i.* 1. to be uneasy, to be restless 2. to writhe in agony 3. to be enraged, to feel wild with rage or fury 4. to dazzle 5. to get agitated (same as तिलमिलाना *q.v.*)

तलमलाहट (*talmalāhaṭ*) *f.* 1. uneasiness, restlessness 2. exasperation (better तिलमिलाहट *q.v.*)

तलवा (*talvā*) *m.* sole

तलवा चाटना (*मु.*) *v.t.* to lick somebody's feet, to flatter excessively

तलवा सहलाना *(मु.) v.t.* to please, to amuse, to flatter, to indulge in servile flattery

तलवे छलनी हो जाना *v.i.* to have sore feet caused by running around to accomplish a task

तलवे धो-धोकर पीना *(मु.) v.t.* to be servile

तलवाना *(talvānā) v.t.* to get fried

तलवार *(talvār) f.* sword, scimitar

तलवार का घाव *m.* sword wound

तलवार का पानी *m.* temper or polish of the sword

तलवार की आँच *f.* the flash of a sword

तलवार के घाट उतारना *(मु.) v.t.* to put to death

तलवार खींच लेना *(मु.) v.t.* to unsheath a sword

तलवार चलाना *v.t.* to brandish/use the sword

तलवार बाँधना *v.t.* to girdle one's sword

तलवार मारना *v.t.* to strike or cut with a sword

तलवार सूतना, सौतना *v.t.* to brandish a sword

तलवारिया *(talvāriyā) m.* 1. one well-skilled in using a sword, swordsman 2. one armed with a sword

तलहटी *(talhaṭī) f.* 1. foothill, sub-mountain 2. sub-mountain region 3. vale, valley

तला *(talā) m.* 1. bottom 2. base 3. sole (of a shoe) 4. floor, storey

तलाई[1] *(talāī) f.* 1. frying 2. charges for frying

तलाई[2] *(talāī)* small pond

तलाक़ A *(talāq) f.* divorce

तलाक़ देना *v.t.* to divorce

तलाक़शुदा *a.* divorced

तलातल *(talātal) m.* one of the seven nether worlds

तलाना *(talānā) v.t.* to get fried, to cause to fry

तलावा *(talāvā) m.* advanced guard, patrol, reconnoitring party, picket

तलाश T *(talāś) f.* search, quest, investigation

तलाश करना *v.t.* to search, to seek, to find out, to investigate

तलाशना T *(talāśnā) v.t.* to search for, to seek out, to go about in quest of, to investigate

तलाशी T *(talāśī) f.* search, searching the person or house

तलाशी का वारंट *m.* warrant of search

तलाशी देना *v.i.* to allow somebody to make a search, to submit to a search

तलाशी लेना *v.t.* to search (the person or house), to institute a search

तलिस्म *(talismā) m.*1. talisman, charm or amulet 2. magic 3. enchantment 4. mystery

तलिस्मी *(talismī) a.* talismanic, magical, mystical

तली *(talī) f.* 1. bottom 2. palm of the hand 3. sole of the foot 4. hoof of a camel

तलुआ *(taluā) m.* sole (= तलवा *q.v.*)

तले *(tale) adv.* beneath, below, under

तले आना *v.i.* (a) to come down, to descend, to dismount (b) to come under anything, to be trodden (c) to take shelter under (d) to suffer a loss or damage

तले-ऊपर *(मु.) adv.* one over or upon another, one after another, in succession

तले-ऊपर होना *v.i.* (a) to be upside down, to be topsy-turvy (b) to be confounded, to be bewildered

तले की ज़मीन ऊपर होना *v.i.* great commotion or confusion to take place

तले की दुनिया ऊपर होना *(मु.) v.i.* to

cause an upheaval, to undergo a radical change

तले-ऊपर के बच्चे *m.* children born one after the other

तले पड़ जाना *v.i.* to lie down or sleep on the ground

तलेटी (*taleṭī*) *f.* 1.foothill, sub-mountain 2. sub-mountain region 3. vale, valley (= तलहटी *q.v.*)

तलैया (*talaiyā*) *f.* small pond

तलोच्छेदन (*talocchedan*) *m.* undermining, wearing away the base or foundation

तलोद्यान (*talodyān*) *m.* hanging garden

तलौंछ (*talaumch*) *f.* sediment, dregs (*syn.* तलछत)

तल्ख़ P (*talkh*) *a.* 1. bitter, pungent, acrid 2. aggressive

तल्ख़ तज़रबा *m.* bitter experience

तल्ख़ी P (*talkhī*) *f.* 1. bitterness, pungency, acridity 2. aggressiveness

तल्प (*talpa*) *m.* 1. bed, couch, sofa 2. bedding 3. seat of a carriage 4. upper storey of a house

तल्ला[1] (*tallā*) *m.* 1. sole of a shoe 2. lining, inside layer of cloth 3. floor, storey

तल्ला[2] (*tallā*) *m.* nearness, closeness, proximity

तल्लीन (*tallīn*) *a.* 1. absorbed, engrossed 2. engaged, rapt 3. devoted

तल्लीनता (*tallīntā*) *f.* 1. engrossment, absorption 2. getting lost in 3. raptness

तवक्षीर (*tavkṣīr*) *m.* a by-product of bamboo used as a medicine (= तबाशीर or बंसलोचन)

तवज्जह (*tavajjah*) *f.*/**तवज्जुह** (*tavajjuh*) *f.* 1. attention, care, heed 2. (चाह) desire, longing 3. favour, regard

तवना (*tavnā*) *v.i.* 1. to be heated, to become hot, to be inflamed 2. to flare up in emotion 3. to shine 4. to practise penance 5. to be distressed, to be grieved (at heart) 6. to exhibit one's eminence or power (= तपना *q.v.*)

तवर्ग (*tavarga*) *m.* the set of dental consonants beginning with त, (i.e, त थ द ध न)

तवा (*tavā*) *m.* 1. frying pan, baking disc, girdle (plate), griddle 2. gramophone record or disc

तवे का हँसना *m.* falling of sparks from a baking disc (regarded as good omen)

तवे पर की बूँद (*मु.*) *f.* transient or fleeting thing, something destined to disappear instantly

तवे सा मुँह (*मु.*) *m.* black and ugly face

तवाज़ा A (*tavāzā*) *f.* 1. hospitality 2. honour, respect, regard (also ख़ातिर-तवाज़ा)

तवायफ़ A (*tavāyaf*) *f.* 1. dancing girl 2. prostitute, harlot

तवारीख़ A (*tavārīkh*) *f.* history

तवारीख़दान *m.* historian

तवारीख़ी A (*tavārīkhī*) *a.* historical

तवालत A (*tavālat*) *f.* 1. lengthening, length 2. extension, expansion 3. exuberance, excess, excessiveness, abundance 4. (झमेला) botheration 5. (उलझन) entanglement

तवालत मोल लेना *v.t.* to invite trouble or botheration

तवी (*tavī*) *f.* a small frying pan, small disc

तवीज़ *tavīz*) *m.* amulet, talisman, charm (also तावीज़ *q.v.*)

तशख़ीस A (*taśkhīs*) *f.* 1. diagnosis of a disease 2. ascertainment, determination

तशख़ीस करना *v.t.* (a) to diagnose (b) to ascertain, to determine

तशरीफ़ A (*taśrīf*) *f.* a term denoting honour and respect

तशरीफ़ का टोकरा ले जाना *v.i.* to go

away

तशरीफ़ रखना *v.t.* to take one's seat

तशरीफ़ लाना to grace or honour with one's presence

तशरीफ़ ले जाना *(मु.) v.i.* to go

तशरीह P (*taśrīh*) *f.* explanation

तश्तरी P (*taśtarī*) *f.* plate, dish, saucer

तसकीन A (*taskīn*) *f.* 1. comfort 2. solace, consolation 3. satisfaction 4. satiety

तसदीक़ A (*tasdīq*) *f.* 1. confirmation, verification 2. attestation

तसदीक़ अधिकारी *m.* attesting officer

तसदीक़ करना *v.t.* to confirm, to verify, to attest

तसदीक़ कर्ता *m.* attestor

तसदीक़ होना *v.i.* to be confirmed/verified, to be attested

तसफ़ीया A (*tasfīyā*) *m.* 1. settlement 2. reconciliation

तसबी A (*tasbī*) *f.*/**तसबीह** (*tasbīh*) *f.* rosary for counting prayers

तसबी, तसबीह फेरना *v.t.* to count beads

तसमा P (*tasmā*) *m.* shoestring, shoelace, strap

तसर (*tasar*) *f.* coarse silken cloth

तसला (*taślā*) *m.* a brass or iron vessel for dough or mud/mortar

तसलीम A (*taslīm*) *f.* 1. salutation, greeting, obeisance 2. admitting, owning 3. confession

तसलीम करना *v.t.* (a) to admit (b) to confess

तसल्ली A (*tasallī*) *f.* 1. comfort 2. consolation 3. assurance 4. satisfaction 5. patience

तसल्ली देना *v.t.* (a) to console, to give solace (b) to assure, to give assurance

तसल्लीबख़्श *a.* (a) assuring (b) satisfactory

तसल्ली रखना *v.t.* (a) to have patience (b) to be assured

तसल्ली होना *v.i.* (a) to be consoled or comforted (b) to be assured (c) to be satisfied

तसवीर A (*tasavīr*) *f.* 1. picture, painting, portrait 2. photograph

तसवीर खींचना *v.t.* (a) to draw a picture (b) to take a photograph (c) to give a picturesque description

तसवीर बनाना *v.t.* to make a drawing, to draw a picture

तसू (*tasū*) *m.* a unit of measure about 4 centimetres (especially used in the context of building work)

तस्कर (*taskar*) *m.* 1. smuggler 2. thief, robber

तस्कर वृत्ति *f.* smuggling, smuggling as a source of livelihood, smuggler's vocation

तस्कर व्यापार *m.* smuggling

तस्करता (*taskartā*) *f.* smuggling

तस्करी (*taskarī*) *f.* smuggling

तस्करी करना *v.t.* to smuggle

तस्करी निरोधक दस्ता *m.* anti-smuggling squad

तस्कीन A (*taskīn*) *f.* 1. comfort 2. solace, consolation 3. satisfaction 4. satiety (see तसकीन)

तस्दीक़ A (*tasdīq*) *f.* 1. confirmation, verification 2. attestation (see तसदीक़)

तस्मा P (*tasmā*) *f.* shoestring, shoelace, strap (see तसमा)

तस्लीम A (*taslīm*) *f.* 1. salutation, greeting, obeisance 2. admitting, owning 3. confession (see तसलीम)

तस्वीर A (*tasvīr*) *f.* 1. picture, painting, portrait 2. photograph (see तसवीर)

तह P (*tah*) *f.* 1. bottom 2. fold 3. layer, ply 4. depth 5. real meaning 6. mystery

तह करना *v.t.* to fold

तहख़ाना *m.* basement, cellar, crypt, underground chamber

तह जमाना *v.t.* (a) to place fold on fold (b) to have courses of food over and over again, to go on eating

तह तक पहुँचना *v.i.* to get to the bottom of, to get to the root of

तहदार *a.* (a) having depth, profound, deep (b) subtle (c) sensible (d) rational

तहदारी *f.* (a) depth, profundity (b) rationality

तहबंद *m.* cloth worn round the waist and passing over the legs

तह-ब-तह *a.* (a) fold after or above another fold (b) one upon or above another (c) complicated

तह-ब-तह करना *v.t.* to pile up or arrange one upon another

तहबाज़ारी *f.* ground-rent or tax paid by shopkeepers in a municipal marketplace

तह में जाना *v.i.* to go to the root, to get to the bottom

तह में होना *v.i.* (a) to be at the bottom (b) to be the root cause

तहक़ीक़ात A (*tahqīqāt*) *f.* inquiry, investigation, probe

तहक़ीक़ात करना *v.t.* to inquire, to investigate, to probe

तहज़ीब A (*tahzīb*) *f.* 1. civilization 2. mannerliness 3. politeness

तहज़ीबयाफ़्ता *a.* civilized, well-bred, well-mannered

तहज़ीब से *adv.* politely, in a civilized way

तहत A (*tahat*) I. *a.* 1. inferior 2. subordinate II. *adv.* under, below, beneath, under the control of

तहपेच (*tahpec*) *m.* 1. cloth under a turban 2. intricacy, entanglement

तहमद P (*tahmad*) *f.* cloth worn round the waist and passing over the legs

तहरी (*tahrī*) *f.* a preparation or dish of rice, pulse and vegetable

तहरीक (*tahrīk*) *f.* movement, agitation

तहरीर (*tahrīr*) *f.* 1. writing 2. written statement or declaration, 3. document fee for writing 4. (लिखने का ढंग) style or mode of writing

तहरीर करना *v.t.* to write

तहरीरी A (*tahrīrī*) *a.* written, in writing

तहरीरी बयान *m.* written statement

तहरीरी सुबूत *m.* written proof

तहलका A (*tahalkā*) *m.* furore, uproar, outbreak of fury, tumult

तहलका मच जाना *v.i.* furore or tumult to be caused or to break out

तहवील A (*tahvīl*) *f.* 1. trust, charge 2. deposit

तहवील घर *m.* treasure house, depository

तहवीलदार *m.* (a) depository, treasurer (b) trustee

तहवीलदारी *f.* office or function of a depository/treasurer or trustee

तहस-नहस (*tahas-nahas*) *a.* 1. destroyed, ruined, annihilated, devastated 2. scattered, topsy-turvy, dispersed, (of a person) confounded

तहस-नहस कर देना *v.t.* to destroy, to devastate

तहस-नहस हो जाना *v.i.* (a) to be destroyed, to be ruined, to be devastated, to perish (b) to be upset

तहसील A (*tahsīl*) *f.* tehsil, an administrative division of a district

तहसीलदार *m.* tehsildar, the officer-in-charge of a tehsil

तहसीलदारी *f.* status or office/court of a tehsildar

तहसीलना A (*tahsīlnā*) *v.t.* to collect revenue or rent from tenants

तहाँ (*tahāṁ*) *adv.* at that place, there

जहाँ-तहाँ here and there

तहाना (*tahānā*) *v.t.* 1. to fold, to wrap 2. to arrange in layers

तहाशा A (*tahāśā*) *m.* fear, dread, fright

बेतहाशा *adv.* fearlessly
तहीं (*tahīṁ*) *adv.* exactly there, just at that place
तांगा (*tāṅgā*) *m.* tonga, a two-wheeled carriage driven by a horse (better टांगा)
तांडव (*tāṇḍav*) *m.* (तांडव नृत्य) 1. dance performed by Shiva at the destruction of the world 2. frenzied dance
तांडव लीला *f.* complete annihilation
तांत[1] (*tānt*) *f.* 1. gut 2. bow-string 3. string, cord 4. string of a musical instrument
तांत[2] (*tānt*) *a.* (of a word) ending in त
ताँता (*tāṁtā*) *m.* 1. series, range, line 2. succession 3. string or chain
ताँता बँधना/लगना *(मु.) v.i.* (a) chain of talks to continue (b) a swelling crowd of people (c) series to stand unbroken
मौतों का ताँता series of deaths
तांती (*tāntī*) *m.* weaver
तांत्रिक (*tāntrik*) I. *a.* 1. (of a person) pursuing the rites prescribed by tantras or books on occult science 2. (of rites) of or pertaining to tantra shastra II. *m.* 1. one well-versed in tantras 2. one who practises the occult art
ताँबई (*tāṁbaī*) *a.* of the colour of copper, copper-coloured
तांबड़ा (*tāmbṛā*) *m.* a copper-coloured gem of inferior value
तांबा (*tāmbā*) *m.* copper
तांबा कार *m.* coppersmith, brazier
ताँबिया (*tāṁbiyā*) *m.* a copper vessel with a wide mouth
ताँबी (*tāṁbī*) *f.* copper ladle
ताँबूल (*tāṁbūl*) *m.* betel-leaf (= पान)
ताँबूल करंक/डब्बा *m.* betel box
तांबूली (*tāmbūlī*) *m.* 1. betel dealer, betel seller 2. betel bearer who prepares and presents betel-leaves
ताँवरा (*tāṁvrā*) *m.* 1. heat 2. burning sensation 3. ague, malarial fever (with hot, cold and sweating stages)
ता (*tā*) *suff.* forming abstract nouns from Sanskrit adjectives (as सुंदर-सुंदरता, दृढ़-दृढ़ता)
ताअ (*tāa*) *interj.* (used for children) behold ! look here ! beware !
ताईं (*tāīṁ*) *adv.* 1. for 2. upto 3. till 4. near to, close to
ताई (*tāī*) *f.* aunt, father's elder brother's wife
ताईद A (*tāīd*) *f.* 1. confirmation 2. corroboration 3. support
ताईद करना *v.i.* (a) to support, to second (b) to corroborate (c) to confirm
ताईदी A (*tāīdī*) *a.* corroborative, confirmative
ताईदी बयान *m.* corroborative or confirmative statement
ताईदी शहादत *f.* corroborative evidence
ताऊ (*tāū*) *m.* uncle, father's elder brother
बछिया का ताऊ *(मु.)* stupid fellow
ताऊन A (*tāūn*) *m.* plague
ताऊस A (*tāūs*) *m.* 1. peacock 2. a musical instrument like guitar
तख़्त-ए-ताऊस peacock throne (of emperor Shahjehan)
ताक[1] (*tāk*) *f.* look, glance, gaze
ताक-झाँक *(मु.) f.* peep, pry
ताक बाँधना *v.t.* (a) to take an aim (at) (b) to look longingly (c) to stare
ताक-बाक *f.* mutual gazing or staring, exchange of glances
ताक में रहना *(मु.) v.i.* to be on the look-out
ताक रखना *v.t.* to keep an eye on, to keep in view
ताक लगाना *(मु.) v.t.* to lie in wait (for)
ताक[2] (*tāk*) *m.* odd, single

ताक और जुफ़्त odd and even, single and double

ताक़[s] (*tāq*) *m.* niche (in a wall), alcove

ताक़ पर रख देना *(मु.) v.t.* to keep in abeyance

ताक़त A (*tāqat*) *f.* strength, energy, might, power

ताक़त-आज़माई *f.* trial of strength

ताक़त आज़माना *v.t.* to try one's strength

ताक़तवर *a.* powerful, strong, mighty

ताक़त से by force, forcibly

ताकना (*tāknā*) *v.t.* 1. to gaze, to stare (at), to look at 2. to spy 3. to aim at

ताकि P (*tāki*) *conj.* that, so that, in order that

ताकीद A (*tākīd*) *f.* 1. instruction 2. enjoining 3. caution

ताकीद करना *v.t.* to instruct, to enjoin, to caution

ताखा (*tākhā*) *m.* niche (in a wall, above a door), alcove, recess

तागड़ी (*tāgṛī*) *f.* a cord or chain worn round the waist (especially by children)

तागना (*tāgnā*) *v.t.* 1. to stitch 2. to sew in long stitches 3. to quilt

तागा (*tāgā*) *m.* thread (also धागा)

तागा डालना *v.t.* to stitch (anything padded as a quilt)

सुई में तागा डालना/पिरोना *v.t.* to thread a needle

ताज P (*tāj*) *m.* crown, diadem

ताजदार I. *a.* crowned II. *m.* king, emperor

ताजपोशी *f.* crowning (ceremony), enthronement

ताजमहल *m.* a palatial mausoleum built in memory of Mumtaz Mahal, wife of Shahjehan

ताज़गी P (*tāzgī*) *f.* 1. freshness 2. coolness 3. newness 4. renovation 5. good condition

ताज़ा P (*tāzā*) *a.* 1. fresh 2. new

ताज़ा करना *(मु.) v.t.* (a) to make fresh (b) to renew, to renovate (c) to restore

ताज़ा ख़बर *f.* latest news

ताज़ा चमड़ा *m.* fresh or green hide

ताज़ादम *a.* refreshed

ताज़ादम होना *v.i.* to gain fresh strength, to be refreshed

ताज़ा समाचार *m.* spot news, latest news

ताज़ा होना *(मु.) v.i.* to be refreshed

ताज़ापन P (*tāzāpan*) *m.* 1. freshness 2. newness 3. tenderness

ताज़िया A (*tāziyā*) *m.* representation of the shrines of Hasan and Hussain (sons of Hazrat Ali) carried in a procession at Moharram chiefly by Shia Muslims

ताज़िया ठंडा करना *(मु.) v.t.* to bury a tazia

ताज़ियादार *m.* one who observes the mourning in Moharram

ताज़ियादारी *f.* observance of mourning during Moharram

ताज़िया लेना *v.t.* to go into mourning in Moharram

ताज़ी (*tāzī*) I. *a.* 1. Arabian 2. fast running II. *m.* 1. (ताज़ी घोड़ा) Arabian horse 2. Arabian dog

ताज़ी कुत्ता *m.* fast running dog, greyhound

ताज़ीम A (*tāzīm*) *f.* respect, reverence

ताज़ीरात A (*tāzīrāt*) *f. & pl.* collection of penal laws, penal code

ताज़ीरी A (*tāzīrī*) *a.* punitive, penal

ताज़ीरी कर *m.* punitive tax

ताज़ीरी कानून *m.* penal laws

ताज़ीरी कार्रवाई *f.* punitive action

ताज़ीरी चौकी *f.* punitive post

ताज़ीरी पुलिस *f.* punitive police

ताज्जुब P (*tājjub*) *m.* surprise, astonishment, amazement, wonder

ताज्जुब करना *v.t.* to wonder, to be surprised, to be amazed

ताटंक (*tāṭaṅk*) *m.* a large ear-ring

ताटस्थ्य (*tāṭasthya*) *m.* 1. neutrality, non-alignment 2. impartiality

ताड़[1] (*tāṛ*) *m.* toddy tree, palmyra tree, fan-palm

ताड़पत्र *m.* leaf of palmyra tree, palm-leaf

ताड़ वन *m.* grove of palmyra trees

ताड़[2] (*tāṛ*) *f.* 1. reprimand 2. blow

ताड़[3] (*tāṛ*) *f.* look-out, vigilance

ताड़ में रहना *v.i.* to be on the look-out (for somebody)

ताड़ रखना *v.t.* to keep vigilance

ताड़न (*tāṛan*) *m.* 1. striking, beating, giving a blow 2. upbraiding, chiding, reproaching 3. punishment 4. (गुणन) multiplication

ताड़न करना (= ताड़ना *q.v.*)

ताड़ना[1] (*tāṛnā*) I. *f.* reprimand, rebuke, rebuff, chide, reproach II. *v.t.* to reprimand, to rebuke, to upbraid, to chide, to reproach, to scold

ताड़ना[2] (*tāṛnā*) *v.t.* to strike, to beat, to give a blow, to hit

ताड़ना[3] (*tāṛnā*) *v.t.* 1. to keep a vigil 2. to know or understand somebody's secret or flaw 3. to make out, to conjecture

ताड़नी (*tāṛnī*) *f.* whip

ताड़नीय (*tāṛnīy*) *a.* deserving reprimand/rebuke, chastisable, reprovable, worthy of chastisement

ताड़ित (*tāṛit*) *a.* 1. reprimanded, reproved, rebuked 2. (दंडित) punished 3. wounded

ताड़ी[1] (*tāṛī*) *f.* toddy, the juice of palmyra tree, palm wine

ताड़ी[2] (*tāṛī*) *f.* slapping the arms in defence (in wrestling)

तात (*tāt*) *m.* 1. father 2. any elderly relative or dear friend

तात-मात *m.* parents

ताताथई (*tātāthaī*) *f.* 1. beating time in music or dancing 2. tapping of the foot in dancing

तातार P (*tātār*) *m.* Tartar region in Central Asia

तातारी P (*tātārī*) *a.* of or belonging to Tartar region, Tartarian, Scythian

तातील A (*tātīl*) *f.* holiday, vacation

तात्कालिक (*tātkālik*) *a.* 1. immediate, instantaneous, prompt, urgent 2. of that period

तात्कालिक आवश्यकताएँ *f.* immediate needs

तात्कालिक घटनाएँ *f.* events of that time

तात्कालिक तार *m.* urgent telegram

तात्कालिक निर्देश *m.* immediate reference

तात्कालिक मृत्यु *f.* instantaneous death

तात्कालिक रचना *f.* nonce-formation

तात्कालिक लक्ष्य *m.* immediate objective

तात्कालिक व्यवस्था *f.* improvisation

तात्कालिक शब्द *m.* nonce-word, word coined for that occasion

तात्कालिक समाचार *m.* flash news

तात्कालिक साधन *m.* immediate solution

तात्क्षणिक (*tātkṣaṇik*) *a.* 1. instantaneous 2. fleeting, transient, momentary

तात्त्विक (*tāttvik*) *a.* 1. pertaining to the matter, material, substantial 2. metaphysical 3. essential

तात्त्विक गुण *m.* essential attribute

तात्त्विकता (*tāttviktā*) *f.* 1. substantiality 2. essential attribute

तात्पर्य (*tātparya*) *m.* 1. purpose, intent, object, purport 2. meaning, import, sum and substance

ताथ्यिक (*tāthyik*) *a.* factual

ताथ्यिक अंतर्वस्तु *f.* factual content

तादर्थ्य (*tādarthya*) *m.* 1. sameness of

meaning 2. oneness of aim or objective

तादात्म्य (*tādātmya*) *m.* 1. identification, sameness or identity of nature or character, oneness 2. unitedness

तादात्म्यवाद

तादाद A (*tādād*) *f.* 1. number 2. counting (संख्या is common)

तादृश (*tādṛiś*) *a.* like that, similar to that, such

तान (*tān*) *f.* tune

तान उड़ाना (a) to sing in a tune (b) to strike a tune, to strike the keynote

तान छेड़ना *(मु.) v.t.* to strike a tune

तान जोड़ना *v.t.* (a) to sing or play in a tune (b) (*fig.*) to crack a joke

तान तोड़ना *v.t.* (a) to wind up a tune (b) to put the entire blame on somebody else

तान लगाना *v.t.* to repeat a demand persistingly

तान लेना *v.t.* to pitch or catch the keynote

तान सुनाना *v.t.* to play a tune or keynote

तानना (*tānanā*) *v.t.* to stretch

चादर तानना to spread a sheet

रस्सी तानना to stretch a rope

तंबू तानना to pitch a tent

भौंहें तानना to knit one's eyebrows

लंबी तानकर सोना *(मु.) v.i.* to enjoy a carefree sleep

लाठी या तलवार तानना to raise or lift a lathi or sword to strike

तानपूरा (*tānpūrā*) *m.* a kind of big guitar (तंबूरा *q.v.*)

ताना[1] (*tānā*) *m.* warp

कपड़े का ताना और बाना *m.* warp and woof of cloth

ताना तानना *v.t.* to stretch the warp

ताना[2] A (*tānā*) *m.* taunt, sarcasm

ताना कसना/देना या मारना *v.t.* to taunt, to gibe, to deride, to ridicule

तानारीरी (*tānarīrī*) *f.* ordinary and uninspiring music or discourse/talk

तानाशाह (*tānāśāh*) *m.* 1. dictator 2. domineering person

तानाशाही (*tānāśāhī*) I. *f.* 1. dictatorship 2. supreme authority (in any sphere) II. *a.* 1. dictatorial 2. imperious, overbearing

तानी (*tānī*) *f.* threads arranged warpedly

ताप (*tāp*) *m.* 1. heat, warmth 2. fever 3. affliction, distress

तापक्रम *m.* temperature (scale)

तापचालक *m.* conductor of heat

तापजनक *a.* (a) producing heat (b) producing or causing fever

ताप-तरंग *f.* heatwave

तापतिल्ली *f.* enlargement of spleen, splenitis

तापत्रय *m.* the three sufferings spiritual, supernatural and physical

तापदर्शी *m.* thermoscope

तापदीप्त *a.* incandescent

ताप दीप्ति *f.* incandescence

ताप बिखेरना *v.t.* to radiate heat

ताप मंडल *m.* temperature zone

तापमान मापी *m.* thermometer

तापलेखी *m.* thermograph

ताप संयंत्र *m.* heating plant

तापसह *a.* heatproof

तापक (*tāpak*) I. *a.* 1. heating 2. afflicting, causing pain II. *m.* heater

ताप परिसर *m.* temperature range

तापन (*tāpan*) *m.* 1. heating 2. the sun 3. affliction

तापना (*tāpnā*) *v.i.* & *v.t.* 1. to heat, to warm oneself 2. to bask (in the sun or before fire)

आग तापना to heat or warm oneself by the fireside

तापनीय (*tāpnīya*) *a.* fit to produce heat or fire, inflammable

तापस *(tāpas) m.* hermit, ascetic, sage
तापस प्रकृति *f.* of ascetic temperament
तापसी *(tāpasī)* I. *f.* 1. female ascetic or hermit 2. wife of an ascetic or hermit II. *a.* of or pertaining to ascetics or asceticism
तापांक *(tāpāṅk) m.* thermal capacity
तापाघात *(tāpāghāt) m.* heat stroke
तापाधिक्य *(tāpādhikya) m.* excessive heat
तापानुशीतन *(tāpānuśītan) m.* annealing
तापानुशीतन करना *v.t.* to anneal
तापायन *(tāpāyan) m.* calorific value
तापावरोध *(tāpāvrodh) m.* refractoriness
तापावरोधक *(tāpāvrodhak) a.* refractory
तापिक *(tāpik) a.* calorific
तापित *(tāpit) a.* 1. heated, warmed 2. afflicted, pained, distressed, troubled
तापिनी *(tāpinī) f.* woman afflicted with pain or troubles
तापी *(tāpī) a.* 1. oppressed by heat 2. hot 3. pained, afflicted, troubled, distressed, suffering from
तापीय *(tāpīy) a.* thermal
तापीय इलेक्ट्रान *m.* thermal electron
तापीय गति *f.* thermal motion
तापीय वेग *m.* thermal velocity
तापीय स्तरण *m.* thermal stratification
तापोत्सर्जन *(tāpotsarjan) m.* thermal emission
तापोपचार *(tāpopcār) m.* heat treatment
ताप्य *(tāpya) a.* heatable
ताफ़्ता P *(tāftā) m.* 1. silk, taffeta 2. fine silk cloth
ताब P *(tāb) f.* 1. heat, warmth, blaze 2. glitter, lustre, splendour 3. endurance, capacity 4. power, strength
ताब न लाना *v.t.* (a) to be unable to bear or endure (b) to be powerless
ताबदार *a.* (a) bright, luminous, lustrous, glittering (b) heated, warm (c) strong, powerful
ताबड़तोड़ *(मु.)* *(tābaṛtoṛ) adv.* 1. one upon another, one after another, in succession, non-stop, ceaselessly 2. forthwith, immediately
ताबूत A *(tābūt) m.* coffin, sepulchral chest, cist box
ताबूतगर *m.* coffin-maker
ताबूत शवाधान *m.* coffin burial
ताबे A *(tābe) a.* subservient, subordinate, under
ताबेदार *a.* subservient, servile, obedient
ताबेदारी *f.* subservience, servility, obedience
ताम *(tām) m.* 1. evil, vice, calumny 2. anxiety, worry 3. emotion 4. affliction, distress, pain 5. fatigue, exhaustion, tiredness 6. wrath, anger 7. desire, wish, longing
तामचीनी *(tāmcīnī) f.* 1. enamel 2. enamel ware
तामझाम *(tāmjhām) m.* 1. an open and rough sedan chair 2. paraphernalia, miscellaneous belongings 3. pomp and show
तामड़ा *(tāmṛā)* I. *m.* garnet (gem) II. *a.* copper-coloured, reddish brown
तामरस *(tāmras) m.* 1. lotus, the red-coloured lotus 2. copper
तामलेट *(tāmleṭ) m.*/**तामलोट** *(tamloṭ) m.* wide mouth metal tumbler
तामस *(tāmas)* I. *a.* 1. dark, gloomy 2. wicked, crooked 3. ignorant II. *m.* 1. ignorance 2. darkness 3. irritation, annoyance
तामसिक *(tāmsik) a.* 1. dark, gloomy 2. ignorant 3. vicious, wicked, crooked
तामसी *(tāmsī) f.* 1. Mahakali, a form of goddess Durga 2. dark night

(= तामसिक *q.v.*)

तामिस्र (*tāmisra*) *m.* 1. dark fortnight 2. a division of hell 3. darkness of mind, ignorance 4. envy, jealousy 5. anger, wrath 6. hatred, contempt

तामीर A (*tāmīr*) *f.* construction, building

तामीर करना *v.t.* to construct, to build

तामील A (*tāmīl*) *f.* execution, carrying out, service

तामील करना *v.t.* to serve, to carry out, to execute

समन की तामील service of summons

ताम्र (*tāmra*) *m.* copper

ताम्रकार *m.* coppersmith, brazier

ताम्र-निकल *m.* copper-nickel

ताम्र पट्ट *m.* copper plate

ताम्रपत्र *m.* a red leaf

ताम्र पात्र *m.* copper vessel

ताम्र-पाषाण युग *m.* neolithic age

ताम्र-युग *m.* copper age, bronze age

ताम्र लाल *a.* copper red

ताम्र-लेख *m.* copper inscription

ताम्र-वर्ण *a.* copper-coloured, reddish brown

ताम्राक्ष (*tāmrākṣa*) *a.* red-eyed

तायफ़ा A (*tāyfā*) *f.* 1. dancing girl 2. prostitute, harlot

ताया (*tāyā*) *m.* paternal uncle, father's elder brother

तार (*tār*) *m.* 1. wire 2. cord, string, thread 3. string of a musical instrument 4. antennae or feelers of prawns, flies 5. telegram, telegraphic message

तारकश *m.* drawer of gold or silver wire

तारकशी *f.* filigree, wire drawing

तारघर *m.* telegraph office

तार छेड़ना *v.t.* to touch the strings

तार जाली *f.* wire gauze

तार टूटना *(मु.) v.i.* (a) continuity to be broken (b) to be interrupted

तार-तार करना *(मु.) v.t.* to tear to pieces/shreds

तार देना *(मु.) v.t.* to wire

तारबर्की, बिजली का तार electric wire

तारलेखी *m.* teleprinter

तार संचार *m.* telegraphy

तार सिलाई *f.* wire-stitching

तार स्वर *m.* high-pitched note or tune

बेतार का तार wireless

तारक[1] (*tārak*) *m.* deliverer, saviour, redeemer

तारक[2] (*tārak*) *m.* pupil of the eye, eyeball

तारक[3] (*tārak*) *m.* 1. star 2. asterisk mark

तारक चिह्न *m.* asterisk mark

तारक चिह्नित *a.* star marked, asterisk-marked

तारक मंडित *a.* bedecked or studded with stars, starry

तारक युगल *m.* twin stars

तारकित (*tārkit*) *a.* starred, stellated, starry

तारकित प्रश्न *m.* starred question

तारकीय (*tārkīy*) *a.* stellar

तारकीय संरचना *f.* stellar structure

तारकेश (*tārkeś*) *m.* the moon

तारकेश्वर (*tārkeśvar*) *m.* an epithet of Lord Shiva

तारकोल (*tārkol*) *m.* coaltar, tarmac

तारचित्रप्रेषण (*tārcitrapreṣaṇ*) *m.* phototelegraphy

तारण (*tāraṇ*) *m.* 1. freeing, rescuing, relieving 2. redemption, deliverance, salvation 3. crossing over, getting over 4. (तारनेवाला) emancipator, liberator, saviour, deliverer

तारतम्य (*tārtamya*) *m.* 1. sequence 2. harmony 3. order

तारत्व (*tāratva*) *m.* pitch (of sound), loudness

तारन (*tāran*) *m.* 1. freeing, rescuing, relieving 2. redemption, deliverance, salvation 3. crossing over, getting over 4. (तारनेवाला) emancipator, liberator, saviour, deliverer (= तारण *q.v.*)

तारना (*tārnā*) *v.t.* 1. to enable or help somebody to cross, to make some body get over a difficulty 2. (बचाना) to rescue, to save 3. (मुक्त करना) to release, to liberate, to emancipate 4. (मोक्ष देना) to exempt from transmigration, to absolve from sin

तारपीन (*tārpīn*) *m.* turpentine

तारपीन का तेल *m.* turpentine oil

तारपीडो E (*tārpīḍo*) *m.* torpedo, underwater missile

तारल्य (*tāralya*) *m.* liquidity (= तरलता)

तारसप्तक (*tārsaptak*) *m.* septet, a composition for seven performers, seven performers of a musical composition

तारांक (*tārāṅk*) *m.* asterisk, star-mark

तारांकित (*tārāṅkit*) *a.* star-marked, starred

तारांकित प्रश्न *m.* starred question

तारा[1] (*tārā*) *m.* star

तारागण *m.* stars

तारा-ग्रह *m.* star planet, one of the five lesser planets except the sun and the moon

तारा-चक्र *m.* star constellation, mystical circle of stars or planets

तारा टूटना *v.i.* star to shoot, meteor to fall

तारा डूबना *v.i.* the star to set (indicating inauspicious time)

तारानाथ/पति *m.* the moon

तारापथ *m.* (a) path of a star or planet, orbit (b) sky

तारा पात *m.* (a) fall of a star or meteor (b) death of a great man

तारापुंज *m.* asterism

तारामंडल *m.* sidereal system, constellation

तारालोक *m.* firmament, stellar region, sky

तारे उगना/खिलना (*मु.*) *v.i.* stars to rise or appear

तारे गिनना (*मु.*) *v.t.* to pass the night restlessly, to get no sleep

तारे तोड़ लाना (*मु.*) *v.t.* to achieve the impossible

तारे दिखाई देना (*मु.*) *v.t.* to see lights or stars dancing before one's eyes (because of physical shock/weakness)

तारों की छाँह (*मु.*) *f.* very early morning, dawn, day break

तारों की छाँह में *adv.* in the small hours of morning, before daybreak

तारों-भरी रात *f.* starry night

तारा[2] (*tārā*) *m.* eyeball, pupil of the eye

ताराकार (*tārākār*) *a.* stellate

ताराचित्रण (*tārācitraṇ*) *m.* astrography

ताराभौतिकी (*tārābhautikī*) *f.* astrophysics

तारामानचित्रावली (*tārāmāncitrāvalī*) *f.* star atlas

तारामीरा (*tarāmīrā*) *m.* a kind of brassica

तारायण (*tārāyaṇ*) *m.* 1. firmament, sky 2. atmosphere

तारावली (*tārāvalī*) *f.* cluster of stars, stellate

तारासारणी (*tārāsāraṇī*) *f.* catalogue of stars

तारिका (*tārikā*) *f.* 1. starlet, small star 2. actress, female film star

तारिणी (*tāriṇī*) *f.* 1. female deliverer or saviour, woman emancipator 2. rescuer, saver 3. an epithet of Durga 4. any goddess

तारित (*tārit*) *a.* 1. crossed, overcome 2. redeemed, delivered 3. exempted from transmigration 4. absolved from sin

तारी (*tārī*) *m.* saviour

तारीक A (*tārīk*) *a.* dark

तारीख़ A (*tārīkh*) *f.* 1. date, day of a month 2. history 3. book of history

तारीख़ चढ़ाना *v.t.* to put the date (on)

तारीख़ डालना *(मु.) v.t.* to date

तारीख़ निकलवाना *v.t.* to ask for a suitable date (for some important work)

तारीख़ पड़ना *(मु.) v.i.* date (for hearing or some occasion) to be fixed

तारीख़ लेना *v.t.* to ask for the next date for hearing

तारीख़ सुनवाई *f.* date for hearing (in court of law)

तारीफ़ (*tārīf*) *f.* 1. praise, admiration, appreciation 2. definition

तारीफ़ करना *v.t.* to praise

तारीफ़ के पुल बाँधना *(मु.) v.t.* to laud to the skies, to shower praises

तारुण्य (*tāruṇya*) *m.* young age, youth, youthfulness, maturity

तारुण्यागम (*tāruṇyāgam*) *m.* advent of youth, puberty

तारेश (*tāreś*) *m.* lord of the stars, the moon

तार्किक (*tārkik*) I. *a.* logical, argumentative, polemical II. *m.* 1. logician, sophist 2. arguer 3. philosopher

तार्किक वाक्यविन्यास *m.* logical syntax

तार्य (*tārya*) *a.* to be crossed, to be passed through, fit to cross, fit to get over

ताल[1] (*tāl*) *m.* beating time (in music), musical time or measure, rhythm

ताल ज्ञान *m.* sense of musical measure or time, rhythmic sense

ताल देना *(मु.) v.t.* (a) to clap the hands (b) to clap the arms in defiance (as in wrestling)

तालबद्ध *a.* rhythmic

ताल-बेताल *a.* & *adv.* out of tune, discordant

ताल-मेल *m.* (a) harmony (b) coordination, concordance

ताल-मेल खाना *v.t.* (a) to be in harmony, to be in tune (b) to agree

ताल-मेल बिठाना *v.t.* (a) to put in harmony (b) to coordinate, to collate

ताल[2] (tāl) *m.* palm of the hand

ताल[3] (*tāl*) *m.* tank, pond

ताल[4] (*tāl*) *m.* the palmyra tree

तालपत्र *m.* palm leaf

तालपर्णी *f.* fragrant root of a creeper used in medicine

तालमखाना *m.* a plant *Barleria lougifolia* and the seeds which are used in medicine

ताल वन *m.* forest or clump of palm trees

ताल-वृंत्त *m.* leaf-stalk of palm tree

तालव्य (*tālavya*) *a.* palatal

तालव्य ध्वनि *f.* palatal sound

तालव्य वर्ण *m.* palatal letter

ताला (*tālā*) *m.* lock, padlock

ताला-कुंजी *f.* lock and key

ताला-कुंजी हाथ में रखना *v.t.* to keep everything in possession

तालाबंदी *f.* lock-out

तालाबंदी हड़ताल *f.* lock-out strike

ताला लगाना *v.t.* to lock, to put a lock on

तालाब P (*tālāb*) *m.* tank, pond, pool

तालिका (*tālikā*) *f.* 1. key 2. list, inventory, schedule 3. table

तालिकाकार *m.* tabulator

तालिकाकरण *m.* tabulation

ताली[1] (*tālī*) *f.* 1. key 2. (ताड़ी) palmyra tree

ताली वन *m.* palmyra grove

ताली[2] (*tālī*) *f.* clapping, clapping sound, applause

ताली एक हाथ से नहीं बजती *(मु.)* it takes two hands to clap, it takes two to quarrel

ताली पीटना/बजाना *(मु.) v.t.* to clap (the hands) in approbation, in delight or in derision

तालीम A (*tālīm*) *f.* 1. education 2. instruction 3. teaching
तालीम दिलाना *v.t.* to educate
तालीम देना *v.t.* to teach, to instruct
तालीम पाना *v.t.* to receive education or instruction

तालीशपत्र (*tālīśpatra*) *m.* 1. myrobalan 2. a certain plant the dry leaves of which are used in medicine

तालु (*tālu*) *m.* palate
तालु क्षेत्र *m.* palatal region
तालु तंत्रिका *f.* palatal nerve
तालु वर्त्स्य *a.* palato-alveolar
तालु से जीभ/ज़ुबान न लगना *(मु.) v.i.* to go on talking and talking incessantly
कठोर तालु hard palate
कोमल तालु soft palate
प्यास से तालु सूखना *v.i.* to feel intense thirst

ताल्लुक़ A (*tālluq*) *m.* 1. connection 2. relationship
ताल्लुक़ होना *v.i.* (a) to have connection (b) to be related to (*pl.* ताल्लुकात)

ताल्लुक़ा A (*tālluqā*) *m.* an administrative district, a landed estate

ताल्लुक़ेदार A (*tālluqedār*) *m.* estate-holder, jagirdar, owner of a taluqa, landlord

ताल्लुक़ेदारी A (*tālluqedārī*) *f.* 1. ownership of an estate 2. status of a taluqedar or estate-owner 3. estate

ताव[1] (*tāv*) *m.* 1. heat 2. anger, wrath, rage 3. power, strength, vigour
ताव दिलाना *v.t.* to excite, to enrage
ताव में आना *(मु.) v.i.* (a) to be heated (b) to be enraged (c) to get wild
मूँछों पर ताव देना *v.t.* to make a show of bravado, to twirl the moustaches

ताव[2] (*tāv*) *m.* sheet of paper

तावत् (*tāvat*) *a.* & *adv.* to that extent or amount, so many, so long

तावदार (*tāvdār*) *a.* 1. (of object) heated 2. hot and bright 3. (of person) impulsive, vigorous

तावान A (*tāvān*) *m.* 1. compensation 2. penalty, damages
तावान दिलाना *v.t.* to adjudge compensation, to cause to pay damages
तावान देना/भरना *v.t.* to pay a penalty or damages to compensate
तावान लगाना *v.t.* to impose penalty

तावीज़ A (*tāvīz*) *m.* amulet, talisman, charm

ताश (*tāś*) *m.* 1. playing cards 2. (ताश की गड्डी) pack of playing cards 3. (ताश की बाज़ी) game at/in cards
ताश के पत्ते *m.* playing cards
ताश के रंग *m.* figures of cards
ताश फेंटना *v.t.* to shuffle cards
ताश बाँटना *v.t.* to deal cards

ताशा A (*tāśā*) *m.* a hemispherical drum (played with sticks)

तास (*tās*) *m.* brocade

तासीर A (*tāsīr*) *f.* 1. effect 2. a characteristic or property especially of climate, medicine, eatables

तास्कर्य (*tāskarya*) *m.* smuggling

तास्सुब A (*tāssub*) *m.* religious prejudice, bigotry, fanaticism

तास्सुबी (*tāssubī*) *a.* & *m.* bigoted (person), fanatical, fanatic person

ताहम P (*tāham*) *conj.* in spite of this or that, still, yet, even

ताहिरी (*tāhirī*) *f.* a preparation or dish of rice, pulse and vegetables (= तहरी *q.v.*)

ति (*ti*) *f.* allomorph of तीन (three) used as first element of a compound
तिकोना *a.* three-cornered
तिगुना *a.* threefold, three times as much

तिकड़म (*tikṛam*) *f.* 1. contrivance 2. stratagem, manoeuvred device 3. unfair means 4. trickery
तिकड़मबाज़ *m.* trickster, crafty per-

son, artful fellow

तिकड़मबाज़ी *f.* craftiness, artfulness, trickery, strategic device

तिकड़म भिड़ाना या लगाना *(मु.) v.t.* to contrive a deep stratagem, to use unfair means

तिकड़मी (*tikṛamī*) *a.* crafty, artful, tricky

तिकड़ा (*tikṛā*) *m.* trio, triad

तिकड़ी (*tikṛī*) *f.* trio, triad (= तिक्की *q.v.*)

तिकोन (*tikon*) *f.* triangle

तिकोना (*tikonā*) I. *a.* triangular, three-cornered II. *m.* a small pastry of spiced vegetables and flour, fried in ghee or oil (= समोसा)

तिक्का[1] (*tikkā*) *m.* slice of flesh, steak

तिक्का[2] (*tikkā*) *m.* a three in playing cards

तिक्की (*tikkī*) *f.* a three in playing cards

तिक्त (*tikta*) *a.* pungent, acrid, bitter (in taste)

तिक्त तुंबी *f.* bitter gourd

तिक्तता (*tiktatā*) *f.* bitterness, pungency, acridity

तिखारना (*tikhārnā*) *v.t.* 1. to instruct, to enjoin 2. to urge 3. to plough three times

तिखूँटा (*tikhūṁṭā*) *m.* three-cornered, triangular

तिगना (*tiganā*) *a.*/**तिगुना** (*tigunā*) *a.* treble, triple, threefold, three times as much

तिग्गा (*tiggā*) *m.*/**तिग्गी** (*tiggī*) *f.* 1. slice of flesh, steak 2. three of playing cards (see तिक्का[2], तिक्की)

तिग्म (*tigma*) *a.* 1. sharp 2. bitter, violent 3. pungent, acrid, bitter (in taste)

तिग्मता (*tigmatā*) *f.* 1. sharpness 2. bitterness, pungency, acridity

तिजरा (*tijrā*) *m.* fever recurring every third day, intermittent fever, tertian fever

तिजारत A (*tijārat*) *f.* trade, commerce, business

तिजारती A (*tijāratī*) *a.* commercial, relating to trade

तिजारती करार *m.* trade agreement

तिजारी (*tijārī*) *f.* fever recurring every third day, intermittent fever, tertian fever (same as तिजरा *q.v.*)

तिजौरी (*tijaurī*) *f.* (iron) safe, chest

तिजौरी रोकड़ *f.* chest money, tell money

तिड़ी[1] (*tiṛī*) *f.* & *a.* a three in playing cards (= तिक्की *q.v.*)

तिड़ी[2] (*tiṛī*) *f.* 1. swindling 2. fleeing away with something

तिड़ी करना *v.t.* (a) to take away, to pinch, to swindle (b) to disappear

तिड़ीबाज़ *m.* swindler

तिड़ीबाज़ी *f.* swindling

तिड़ी-बिड़ी *f.* helter-skelter

तिड़ी-बिड़ी करना *v.t.* (a) to throw helter-skelter (b) to cause to disappear (c) to make away with

तिड़ी-बिड़ी होना *v.i.* (a) to be thrown helter-skelter, to be scattered (b) to disappear

तिड़ी होना *v.i.* (a) to disappear, to flee away, to run away (b) to disperse

तितर-बितर (*titar-bitar*) *a.* helter-skelter, scattered, spread about, diffused, pell-mell, dispersed

तितर-बितर करना *v.t.* (a) to disband, to disperse (b) to scatter (c) to throw helter-skelter

तितर-बितर होना *v.i.* to disperse, to be diffused

तितली (*titlī*) *f.* 1. butterfly 2. pompous woman, glamour girl, stylish lady, flirt

तितलौकी (*titlaukī*) *f.* bitter gourd

तितिंबा[1] (*titimbā*) *m.* 1. obstacle, impediment, hindrance 2. machination, stratagem, plot, evil design

तितिंबा² (*titimbā*) *m.* appendix, supplement

तितिक्षा (*titikṣā*) *f.* 1. forgiveness 2. forbearance, endurance, patience

तितिक्षित (*titikṣit*) *a.* 1. forgiven, pardoned 2. endured, endurable, tolerable

तितिक्षु (*titikṣu*) *a.* 1. endurant, tolerant, patient 2. forgiving

तितिम्मा P (*titimmā*) *m.* appendix, supplement (= तितिंबा² *q.v.*)

तितीर्षा (*titīrṣā*) *f.* 1. desire to cross or get over 2. longing for final deliverance or emancipation

तितीर्षु (*titīrṣu*) *a.* desirous of crossing over or final deliverance, keen to obtain emancipation

तित्तिर (*tittir*) *m.* partridge (commonly called तीतर *q.v.*)

तित्तिरी (*tittirī*) *f.* hen partridge

तिथि (*tithi*) *f.* 1. the lunar day 2. date 3. death anniversary (as अष्टमी, एकादशी *q.v.*)

तिथि-कृत्य *m.* particular rite or ceremony to be performed on a particular day

तिथिपत्र *m.* calendar

तिथियुग्म *m.* combination or occurring together of two lunar dates on the same day

तिथिरहित *a.* undated

तिथ्यनंतर (*tithyanantar*) *a.* (of a day) falling after a particular date

तिदरा (*tidarā*) *m.*/**तिदरी** (*tidarī*) *f.* a verandah or room with three doors

तिधर (*tidhar*) *adv.* thither, in that direction, there

तिधारी (*tidhārī*) *a.* 1. having three lines or edges 2. having three streams

तिन (*tin*) *pron.* they, those

तिनकना (*tinaknā*) *v.i.* 1. to throb, to palpitate 2. to flare up, 3. to get enraged

तिनका (*tinkā*) *m.* straw

तिनका तक न रहना *v.i.* to be deprived of everything

तिनका तोड़ना (*मु.*) *v.t.* to break off a relationship

तिनका दाँतों से पकड़ना/लेना (*मु.*) *v.t.* to beg for mercy

तिनका भी/तक न तोड़ना *v.t.* to do absolutely nothing

तिनका हो जाना *v.i.* to become lean and thin

तिनके का पहाड़ बनाना (*मु.*) *v.t.* to make a mountain out of a mole-hill

तिनके का सहारा *m.* nominal support

तिनके का सहारा लेना (*मु.*) *v.t.* to catch at a straw

तिनके की ओट पहाड़ (*मु.*) *m.* a hill hidden behind a straw, a big secret hidden under an apparent trifle

तिनपहला (*tinpahalā*) *f.* (of a door) having three planks (= तिपल्ला *q.v.*)

तिपतिया (*tipatiyā*) *a.* having three leaves

तिपत्ती (*tipattī*) *f.* a game of cards played by three

तिपल्ला (*tipallā*) *f.* (of a door) having three planks

तिपाई (*tipāī*) *f.* 1. tripod, trivet 2. teapoy 3. three-legged stool or stand

तिफ्ल A (*tifl*) a child

तिबारा (*tibārā*) I. *a.* thrice, third time II. *m.* 1. liquor which has been distilled thrice 2. a room having three doors

तिबासी (*tibāsī*) *a.* three-day stale

तिब्बती (*tibbatī*) I. *a.* Tibetan II. *f.* Tibetan language III. *m.* inhabitant of Tibet

तिमंज़िला (*timañzilā*) *a.* three-storeyed

तिमंज़िला भवन *m.* three-storeyed building

तिमाही (*timāhī*) I. *a.* quarterly, three-monthly II. *m.* quarter, a period of three months

तिमिंगल (*timiṁgal*) *m.* leviathan, a sea-monster, a huge fish large enough to devour a whale

तिमि (*timi*) *f.* a large whale

तिमिर (*timir*) *m.* darkness, gloom
 तिमिरनाशक *m.* dispeller of darkness/gloom
 तिमिरमय *a.* full of darkness, dark
 तिमिरहर *m.* the sun (= तिमिरनाशक)

तिमिवसा (*timivasā*) *f.* blubber

तिय (*tīy*) *f.*/**तिया** (*tiyā*) *f.* woman, wife

तिरंगा (*tiraṅgā*) I. *a.* three-coloured II. *m.* three-coloured flag

तिरखूँटा (*tirkhūṁṭā*) *a.* three-cornered, triangular (better तिखूँटा *q.v.*)

तिरछा (*tirchā*) *a.* athwart, slanting, oblique, bent, tilted, awry
 तिरछा करना *v.i.* to place obliquely, to slant, to incline
 तिरछा देखना *v.t.* to squint
 तिरछा लगना *v.i.* to appear as bent or curved
 तिरछी चितवन *f.* sidelong glance
 तिरछी निगाह से देखना *v.t.* to look askance
 तिरछी रेखा *f.* slant stroke

तिरछाई (*tirchāī*) *f.* /**तिरछापन** (*tirchāpan*) *m.* obliqueness, slantedness, obliquity

तिरछे (*tirche*) *adv.* 1. awry, askance, obliquely 2. crookedly, with a bending pose
 तिरछे टकराना *v.i.* to impinge obliquely

तिरता (*tirtā*) *a.* afloat, floating
 तिरता-फिरता floating about

तिरना (*tirnā*) *v.i.* 1. to float 2. to go over or across

तिरप (*tirap*) *f.* a particular movement in dancing

तिरपट (*tirpaṭ*) *a.* 1. slanting, bent, oblique 2. crooked 3. intricate, difficult, complicated

तिरपटा (*tirpaṭā*) *a.* squint-eyed

तिरपन (*tirpan*) *m.* & *a.* 1. the number fifty three 2. fifty-three, 53

तिरपाई (*tirpāī*) *f.* tripod, three legged table or stool, teapoy

तिरपाल (*tirpāl*) *m.* tarpaulin, awning, tarred canvas

तिरपनवाँ (*tirpanvāṁ*) *a.* fifty-third, 53rd

तिरमिरा (*tirmirā*) *m.* 1. darkness in the eyes 2. sensation of being dazzled 3. occasional spectrum or spark appearing before the eyes

तिरमिराना (*tirmirānā*) *v.i.* 1. to be dazed or dizzy 2. to glisten as oil or grease floating on the water

तिरमिराहट (*tirmirāhaṭ*) *f.* 1. dazzle 2. sparkling

तिरमिरी (*tirmirī*) *f.* dizziness

तिरसठ (*tirsaṭh*) I. *m.* the number sixty-three II *a.* sixty-three, 63

तिरसठवाँ (*tirsaṭhvāṁ*) sixty-third, 63rd

तिरस्कार (*tiraskār*) *m.* 1. censure, contempt, disdain 2. humiliation 3. disgrace, disregard, slight
 तिरस्कार करना *v.t.* (a) to disgrace, to disregard, to slight (b) to defy, to despise
 तिरस्कारपूर्ण *a.* humiliating, disgraceful

तिरस्कृत (*tiraskṛt*) *a.* 1. censured, humiliated 2. disgraced 3. defied, despised

तिरस्कार्य (*tiraskārya*) *a.* defiable, to be disregarded

तिरानवे (*tirānve*) I. *m.* the number ninety-three II. *a.* ninety-three, 93

तिरानवेवाँ (*tirānvevāṁ*) *a.* ninety-third, 93rd

तिराना (*tirānā*) *v.t.* 1. to make something float 2. to emancipate

तिरासी (*tirāsī*) I. *m.* the number eighty-three II. *a.* eighty-three, 83

तिरासीवाँ (*tirāsīvāṁ*) *a.* eighty-third,

83rd

तिराहा (*tirāhā*) *m.* junction of three roads or paths

तिरिया (*tiriyā*) *f.* woman

तिरिया-चरित्तर *m.* woman's ways, woman's wiles or artfulness

तिरिया-राज *m.* government headed by a lady

तिरिया-हठ *m.* female stubbornness or obstinacy

तिरेंदा (*tiremdā*) *m.* float, (especially of a fishing line)

तिरोधान (*tirodhān*) *m.* 1. disappearance 2. hiding, concealing

तिरोधान करना *v.t.* (a) to conceal, to hide (b) to make something disappear

तिरोभाव (*tirobhāv*) *m.* 1. disappearance, state of being vanished 2. concealment, hiding 3. death

तिरोभूत (*tirobhūt*) *a.* 1. disappeared, vanished 2. concealed, hidden

तिरोभूत हो गया (a) disappeared, vanished (b) died

तिरोहित (*tirohit*) *a.* 1. disappeared, vanished 2. concealed, hidden (same as तिरोभूत *q.v.*)

तिरौंदा (*tiraumdā*) *m.* float

तिर्यक् (*tiryak*) *a.* oblique, zigzag, awry, slanting

तिर्यक् अक्ष *m.* oblique axis

तिर्यक् कारक *m.* oblique case

तिर्यक् किरणें *f.* oblique rays

तिर्यक् संघात *m.* oblique impact

तिर्यक्ता (*tiryaktā*) *f.* obliqueness, awriness, slantedness

तिर्यग् (*tiryag*) *a.* क् of तिर्यक् changing into ग before voiced sounds

तिर्यग् गति *f.* zigzag movement

तिर्यग् गामी *a.* going obliquely or traversely

तिर्यग् दृष्टिता *f.* heterotopia, squint-eyedness

तिर्यग् योनि *m.* any animal, animal creation

तिलंगा (*tilaṅgā*) *m.* native soldier dressed in European uniform

तिलंगी (*tilaṅgī*) I. *m.* inhabitant of Telangana (in South India) II. *f.* language or dialect of Telangana

तिल (*til*) *m.* 1. sesame plant and seed 2. mole, naevus (as on the face)

तिल का ताड़ करना *(मु.) v.t.* to make a mountain of a molehill, to exaggerate

तिलकिट्ट *m.* sesame oilcake

तिल की ओट पहाड़ *(मु.) m.* something very grand hidden in a trifle, a mountain behind a molehill

तिलकुट *m.* a sweetmeat made of pounded sesame seed and molasses

तिलचट्टा *m.* cockroach

तिल-चावली I. *f.* mixture of sesame seed and rice II. *a.* black and white (as दाढ़ी beard)

तिल-तिल करके मरना *(मु.) v.i.* to die slowly in a tortuous manner

तिल धरने की जगह न होना *(मु.) v.t.* to have no room or space, to be packed to capacity

तिलपट्टी *f.* sweetmeat made of pressed and fried sesame seeds

इन तिलों में तेल नहीं *(मु.)* there is no substance in it

तिलक (*tilak*) *m.* 1. mark of sandal paste on the forehead 2. an ornament worn on the forehead 3. an eminent person of a society or family 4. coronation of a king 5. a particular ceremony in confirmation of marriage 6. presents given to the bridegroom in settlement of marriage by the parents or guardians of the would-be bride (see टीका)

तिलक करना *v.t.* to put the sandal

paste mark on the forehead

तिलक कामोद *m.* a mode of classical music

तिलक चढ़ाना *v.t.* to present gifts to the would-be bridegroom

तिलकना (*tilaknā*) *v.i.* 1. to slip 2. (of clay) to crack after drying

तिलठी (*tilṭhī*) *f.* stump of sesame plant

तिलड़ा (*tilṛā*) I. *a.* having or consisting of three strings or chains II. *m.* a necklace or any ornament of three strings or chains (also तिलड़ी)

तिलमिल (*tilmil*) *f.* dazzle, dazzling sensation

तिलमिलाना (*tilmilānā*) *v.i.* 1. to be uneasy, to be restless 2. to writhe in agony 3. to be enraged, to feel wild with rage or fury 4. to dazzle 5. to get agitated

आँखें तिलमिलाना eyes to burn/smart

तिलमिलाहट (*tilmilāhaṭ*) *f.* 1. uneasiness, restlessness 2. exasperation

तिलमिली (*tilmilī*) *f.* (= तिलमिलाहट *q.v.*)

तिलहन (*tilhan*) *m.* oilseeds

तिलांजलि (*tilāñjali*) *f.* 1. handful (or double handful) of sesame seeds in water offered to the spirits of the dead 2. abandonment for ever

तिलांजलि देना *v.t.* (a) to abandon (b) to make an oblation of sesame seeds and water

तिलियर (*tiliyar*) *m.* starling (bird)

तिलिस्म A (*tilisma*) *m.* 1. miracle, wonder 2. magical spell, enchantment 3. talisman, magical devices

तिलिस्म तोड़ना *v.t.* (a) to pierce the veil of magical spell (b) to unravel the mystery of a miracle

तिलिस्मी A (*tilismī*) *a.* 1. miraculous, wonderful 2. magical, causing spell 3. talismanic

तिलिस्मी उपन्यास *m.* novel containing episodes of miracles and magical sequences

तिलोदक (*tilodak*) *m.*1. handful (or double handful) of sesame seeds in water offered to the spirits of the dead 2. abandonment for ever (= तिलांजलि *q.v.*)

तिलौंछ (*tilauṁch*) *f.* offensive smell of heated oil

तिलौंछना (*tilauṁchnā*) *v.t.* to soften with a small quantity of oil

तिलौंछा (*tilauṁchā*) *a.* containing the smell and taste of oil

तिलौटी (*tilauṭī*) *f.*/**तिलौरी** (*tilaurī*) *f.* a pudding of sesame seeds, pulse and spices

तिल्ला P (*tillā*) *m.* 1. gold or silver thread 2. border made with gold or silver threads

नखरा तिल्ला *m.* coquetry, flirtations, wiles

तिल्ली (*tillī*) *f.* spleen, milt

तिल्ली का बढ़ना *m.* enlargement of spleen or milt

तिल्लेदार A (*tilledār*) *a.* (a) embroidered with gold or silver threads (b) having a border of gold or silver threads

तिस (*tis*) *pron.* (now obsolete) it, that, which

तिस पर upon this

तिस पर भी *adv.* even then, still, nevertheless, however

तिसरैत (*tisrāit*) *m.* 1. third party 2. neutral 3. unconcerned person 4. owner of the third part of the property

तिसाला (*tisālā*) *a.* 1. three years old 2. triennial, three-yearly

तिहत्तर (*tihattar*) I. *m.* the figure seventy-three II. *a.* seventy-three, 73

तिहत्तरवाँ (*tihattarvāṁ*) *a.* seventy-third, 73rd

तिहरा (*tiharā*) *a.* threefold, treble, triple, triplicate

तिहरा कागज़ *m.* triplicate paper
तिहरी परत *f.* three fold/layer
तिहराना (*tiharānā*) *v.t.* 1. to triplicate 2. to make threefold 3. to do (a thing) for the third time (as ploughing)
तिहाई (*tihāī*) *f.* a third
एक-तिहाई *a.* one-third
तिहाड़ा (*tihāṛā*) *m.* 1. three parts 2. division (बटाई) into three parts
तीक्ष्ण (*tikṣaṇ*) *a.* 1. sharp, keen 2. pungent, acrid, awry 3. strong, violent 4. penetrating, cutting to the quick, piercing, harrowing 5. shrill 6. acute 7. fierce, terrible
तीक्ष्ण कंद *m.* pungent root (as onion)
तीक्ष्ण गंध *f.* (a) pungent smell (b) giving out or having a pungent smell
तीक्ष्ण गंधा *f.* name of a severely pungent plant
तीक्ष्ण चीत्कार *f.* shrill cry
तीक्ष्ण दंष्ट्र *a.* having sharp tusks
तीक्ष्ण दृष्टि *a & f* (a) cat-eyed, having penetrating eyes or vision (b) sharp vision
तीक्ष्ण धार *f.* (a) sharp edge (b) violent current
तीक्ष्ण पीड़ा *f.* violent pain
तीक्ष्ण बुद्धि *a & f.* sharp-witted (b) keen, intellect
तीक्ष्ण स्वर *m.* violent cry, sharp or shrill note
तीक्ष्ण स्वाद *m.* pungent taste
तीक्ष्णता (*tikṣaṇtā*) *f.* 1. sharpness 2. keenness 3. pungency, acridity 4. violence, fierceness 5. acuteness
तीक्ष्णाग्र (*tikṣaṇāgra*) I. *m.* sharp edge or end II. *a.* sharp-edged
तीखा (*tīkhā*) *a.* 1. sharp 2. keen 3. hot, pungent, acrid 4. violent, strong 5. biting
तीखा मोड़ *m.* sharp bend
तीखा स्वभाव *m.* short temperament
तीखा स्वाद *m.* pungent taste
तीखी मार *f.* violent beating
तीखे शब्द *m.* biting or cutting words
तीखापन (*tīkhāpan*) *m.* 1. sharpness, keenness 2. pungency, acridity (see तीक्ष्णता)
तीज (*tīj*) *f.* 1. third day of a lunar fortnight 2. a festival held on that day in Sawan (July-August)
तीज-त्यौहार *m.* (a) festival (b) presents suitable for that festival
तीजा (*tījā*) I. *a.* third II. *m.* 1. the third day after the death of a Muslim 2. offerings made on that day
तीतर (*tītar*) *m.* partridge
काला तीतर dark partridge
बन तीतर/भट तीतर sand grouse, rock pigeon
विलायती तीतर guinea fowl
सफ़ेद तीतर grey partridge
तीता (*tītā*) *a.* pungent, acrid, bitter
तीता स्वाद *m.* bitter taste
तीन (*tīn*) I. *m.* the number three II. *a.* three, 3
तीन काने *m.* three aces (in cards)
तीन काल *m.* (a) three tenses—past, present, future (b) three divisions of day—morning, evening, night
तीन गुण *m.* three qualities or constituents of nature (as सत्व, रजस्, तमस् *q.v.*)
तीन-तीन या तीन-तीन करके *adv.* three each, three at a time, by threes, in threes
तीन-तेरह *(मु.)* *a.* (a) unlucky (b) scattered, dispersed (c) ruined, wasted, squandered
तीन-तेरह करना *(मु.)* *v.t.* to scatter, to ruin
तीन-पाँच *(मु.)* *m.* (a) dispute, quarrel, brawl, squabble (b) trick, dodge
तीन-पाँच करना *(मु.)* *v.t.* to evade, to ward off (the point at issue)
तीन में न तेरह में *(मु.)* *a.* of no

consequence, insignificant

तीन लोक से न्यारा *(मु.)* *a.* unique, unparalleled

दो-तीन दिन में *adv.* in two or three days **सवा तीन बजे** *v.t.* at quarter past three, at 3.15

सवा तीन सौ *a.* three hundred and twenty-five, 325

सवा तीन हज़ार *a.* three thousand two hundred and fifty

साढ़े तीन बजे *v.t.* at 3.30, at half past three

साढ़े तीन सौ *a.* three hundred and fifty, 350

साढ़े तीन हज़ार three thousand and five hundred

तीमारदार P (*tīmārdār*) *m.* attendant (in illness), the person who attends to/ on a patient

तीमारदारी P (*tīmārdārī*) *f.* nursing (the sick), attendance on a patient

तीय (*tīy*) *f.*/**तीया**[1] (*tīyā*) *f.* woman, wife

तीया[2] (*tīyā*) *a.* 1. the three (counting of instalments in weighing) 2. multiplied by three (in table)

तीन तीया नौ three threes are nine, three multiplied by three is nine

तीरंदाज़ P (*tīrandāz*) *m.* archer

तीरंदाज़ी P (*tīrandāzī*) *f.* archery, skill in shooting arrows

तीर[1] (*tīr*) *m.* arrow

तीरगर *m.* maker of arrows

तीर चलाना *(मु.)* *v.t.* (a) to shoot an arrow (b) to do something wonderful

तीर मारना *(मु.)* *v.t.* to strike or shoot (an object) with an arrow

तीर लगना *v.i.* to be struck or hit by an arrow

तीर[2] (*tīr*) *m.* bank, shore

तीरवर्ती *a.* situated on the bank, littoral, lying along the bank or shore

तीरवासी *a.* dwelling on the bank

तीरस्थ (*tīrastha*) *a.* situated on the bank, littoral, lying along the bank

तीर्थंकर (*tīrthaṅkar*) *m.* Tirthankar, an epithet of the twenty-four Jain preceptors

तीर्ण (*tīrṇ*) *a.* crossed, passed over

तीर्थ[1] (*tīrtha*) *m.* 1. shrine or sacred place of pilgrimage 2. a sacred or holy bathing place

तीर्थ-कौआ *m.* (a) one who frequents a place of pilgrimage for alms (like a crow) (b) greedy fellow, servile fellow

तीर्थ-क्षेत्र *m.* holy place, place of pilgrimage

तीर्थ-दर्शन *m.* visit to a place of pilgrimage

तीर्थयात्रा *f.* pilgrimage, journey to a place of pilgrimage

तीर्थयात्री *m.* pilgrim

तीर्थयात्री कर *m.* pilgrim tax

तीर्थराज *m.* chief place of pilgrimage, an epithet of Prayag Raj (Allahabad)

तीर्थवास *m.* living in a holy place

तीर्थवासी *m.* dweller or inhabitant of a holy place or place of pilgrimage

तीर्थ[2] (*tīrtha*) *m.* 1. teacher, guru, religious preceptor 2. sanyasi, recluse, hermit

तीर्थाटन (*tīrthāṭan*) *m.* pilgrimage

तीला (*tīlā*) *m.* straw (= तिनका *q.v.*)

तीली (*tīlī*) *f.* 1. match-stick 2. spoke (of a wheel) 3. thin wooden or iron bar or wire (as of a bird's cage) 4. knitting needle

तीव्र (*tīvra*) *a.* 1. sharp, keen 2. fast, quick, swift 3. intense, violent, vehement 4. poignant, bitter, acrid 5. intolerable, unendurable, unbearable 6. exceeding 7. horrible, formidable

तीव्र अवसाद *m.* active depression

तीव्र आलोचना *f.* vehement criticism
तीव्र गति *f.* swift motion, quick speed
तीव्रगामी *a.* fast
तीव्र ज्ञान *m.* sharp understanding
तीव्र दृष्टि *f (a)* sharp or keen sight, vigilance (b) sharp-sighted
तीव्र प्रतिक्रिया *f.* sharp reaction
तीव्र पीड़ा *f.* agony, acute pain
तीव्र प्रतियोगिता *f.* active competition
तीव्र विरोध *m.* strong opposition
तीव्र वेदना *f.* excessive pain or agony, intense pain

तीव्रता (*tīvratā*) *f.* 1. sharpness, keenness 2. swiftness 3. intensity 4. poignancy, acridity 5. excessiveness

तीव्रानुराग (*tīvranurāg*) *m.* deep affection, profound love

तीस (*tīs*) I. *m.* the number thirty II. *a.* thirty, 30
तीसमारखाँ *(मु.) m.* very brave person (said ironically)
तीसों कलाम *m.* the thirty sections of the Quran Sharif
तीसों दिन *adv.* all the days (of the month), everyday, all time

तीसरा (*tīsrā*) I. *a.* third II. *m.* third party, unconcerned person
तीसरा दर्जा *m.* third class
तीसरा पहर *m.* afternoon
तीसरी प्रति *f.* triplicate
हर तीसरे दिन *adv.* every other day

तीसरे (*tīsre*) *adv.* in the third place, thirdly

तीसवाँ (*tīsvāṁ*) *a.* thirtieth, 30th

तीसी (*tīsī*) *f.* linseed, flax
तीसी का तेल *m.* linseed oil
तीसी की खली *f.* linseed cake

तुंग (*tuṅg*) *a.* 1. high, tall, lofty, elevated 2. chief, main
तुंग शिखर/शृंग *m.* lofty peak

तुंगता (*tuṅgtā*) *f.* altitude, height
तुंगता भीति *f.* altiphobia
तुंगता मापी *m.* altimeter

तुंगाद्रि (*tuṅgādri*) *m.* high mountain

तुंगिमा (*tuṅgimā*) *f.* height, tallness

तुंगी (*tuṅgī*) I. *a.* on the ascendance (said of a planet) II. *m.* ascendant planet or star

तुंड (*tuṇḍ*) *m.* 1. mouth, face 2. nozzle, (थूथन) snout 3. (of an elephant) trunk 4. (of a bird) beak 5. (of an instrument) point

तुंडिका (*tuṇḍikā*) *f.* prominent navel

तुंडिल (*tuṇḍil*) *a.* 1. garrulous, talkative, prattling 2. pot-bellied 3. having a prominent navel

तुंडी (*tuṇḍī*) *f.* navel

तुंद[1] (*tund*) *m.* 1. prominent navel 2. belly

तुंद[2] P (*tund*) *a.* 1. swift, fast 2. hot 3. fierce 4. sharp 5. violent

तुंदिक (*tundik*) *a.* corpulent

तुंदिका (*tundikā*) *f.* prominent navel (same as तुंडिका *q.v.*)

तुंदिल (*tundil*) 1. garrulous, talkative, prattling 2. pot-bellied 3. having a prominent navel (same as तुंडिल *q.v.*)

तुंदी (*tundī*) I. *f.* navel II. *m.* corpulent or pot-bellied person

तुंदैल (*tundail*) 1. garrulous, talkative, prattling 2. pot-bellied 3. having a prominent navel (same as तुंदिल or तुंडिल *q.v.*)

तुंब (*tumb*) *m.* tomb
तुंब दस्यु *m.* tomb robber

तुंबा (*tumbā*) *m.* 1. gourd 2. hollowed gourd in which mendicants carry water 3. hollowed gourd which is used to make a stringed instrument 4. a kind of stringed instrument

तुंबिका (*tumbikā*) *f.* ampulla (a vessel)

तुंबी (*tumbī*) *f.* long white gourd (see तुंबा)

तुक (*tuk*) *f.* 1. rhyme, cadence 2. one line of a poem

तुक जोड़ना *(मु.) v.t.* to versify, to rhyme

तुकबंद *m.* poetaster, rhymester, inferior kind of poet (= तुक्कड़ *q.v.*)

तुकबंदी *f.* (a) forming rhymes, making verses (b) doggerel

तुकबंदी करना *v.t.* to versify, to rhyme

तुक बैठाना *v.t.* (a) to rhyme (b) (*fig.*) to co-ordinate

तुक में तुक मिलाना *(मु.) v.t.* (a) to rhyme (b) to sing the same song, to agree, to side with, to chime in agreement

इस में क्या तुक है ? What is the point in it ?

तुकांत (*tukānt*) I. *a.* rhyming, having terminal alliteration II. *m.* end rhyme

तुकमा (*tukmā*) *m.* loop for tying or fixing a knot

तुक्कड़ (*tukkaṛ*) *m.* poetaster, rhymester, inferior kind of poet

तुक्का (*tukkā*) *m.* 1. blunt arrow 2. conjecture

तुक्का भिड़ाना/लगाना *v.t.* to make a conjecture, to try a guess, to make an unsure bid

लगा तो तीर नहीं तो तुक्का *(मु.)* no better than straw is the dart that fails to hit the mark

तुख़्म P (*tukhma*) *m.* 1. seed 2. sperm

हराम तुख़्म (abuse) illegitimate

तुच्छ (*tuccha*) *a.* 1. low, base, inferior, mean 2. insignificant, trifling, good for nothing, frivolous

तुच्छ अभिकथन *m.* banal assertion

तुच्छ आधार *m.* flimsy ground

तुच्छ जानना *v.t.* to have a low esteem of

तुच्छ व्यक्ति *m.* mean/low person

तुच्छ समझना *v.t.* to consider somebody of little or no consequence

तुच्छता (*tucchatā*) *f.* 1. meanness, lowliness 2. insignificance, triviality, frivolousness 3. scantiness 4. poverty

तुच्छातितुच्छ (*tucchātituccha*) *a.* 1. meanest 2. most insignificant, most frivolous 3. poorest

तुझ (*tujh*) *pron.* oblique form of thou, thee (तू *q.v.*)

तुझको to thee

तुझपर on thee

तुझसे with/from thee

तुझे (*tujhe*) *pron.* thou, you (accusative and dative oblique form of तू or तुझको *q.v.*)

तुझे जाना है you have to go

तुड़वाई (*tuṛvāī*) *f.* 1. causing to break, getting something broken 2. wages paid for this act

तुड़वाना (*tuṛvānā*) *v.t.* 1. to cause to break, to get something broken 2. to change (as a rupee into small coins, or a big currency into smaller notes) 3. to cause to pluck (as flowers or fruits) 4. to cause to sever or sunder

तुड़ाई (*tuṛāī*) *f.* 1. exchanging money 2. plucking 3. price or discount paid for exchanging or plucking (=तुड़वाई)

तुड़ाना (*tuṛānā*) I. *v.t.* 1. to encash, to change a big coin or currency note into smaller coins or notes 2. (बंधन तोड़ना) to break off (as rope, tie, relation) 3. to get the price reduced II. *m.* 1. encashment 2. breaking the knot or tie

तुतला (*tutlā*) I. *a.* lisping, stuttering, stammering II. *m.* stammerer (better तोतला *q.v.*)

तुतई (*tutaī*) *f.* a small earthen or metal vessel with a spout

तुतलाना (*tutlānā*) *v.i.* to lisp, to stammer, to stutter, to babble, to prattle

तुतलाहट (*tutlāhaṭ*) *f.* lisping, stammering, stuttering

तुत्तल (*tuttal*) *a.* lisping, stuttering,

stammering

तुनक (*tunak*) *a.* 1. small, little 2. (थोड़ा) scanty, meagre 3. (तेज़) sharp

तुनकमिज़ाज *a.* petulant, peevish, irritable, impatient

तुनकमिज़ाजी *f.* petulance, peevishness, irritability

तुनकना (*tunaknā*) *v.i.* to be petulant/peevish, to get into temper, to get angry over a trifling matter

तुनतुन (*tuntun*) *f.* the repeated sound of a stringed instrument

तुनतुनाना (*tuntunānā*) *v.i.* to resound, to clink, to tinkle

तुनतुनी (*tuntunī*) *f.* a type of ordinary stringed musical instrument, a rude guitar or mandoline

तुनुक P (*tunuk*) *a.* delicate, sensitive

तुपक T (*tupak*) *f.* musket

तुफ़ P (*tuf*) *interj.* shame ! fie ! alas !

तुफ़ंग P (*tufang*) *m.* musket

तुफ़ैल (*tufail*) *m.* means, intervention

तुफ़ैल से *adv.* through, by means of, by the grace of

उसके तुफ़ैल due to him, because of him

तुम (*tum*) *pron.* you

तुम आप you yourself

तुम में in you

तुम लोग you (people)

तुमसे with/by or from you

तुमाई (*tumāī*) *f.* 1. carding 2. wages paid for carding (cotton or wool)

तुमाना (*tumānā*) *v.t.* to cause to be carded

तुमुल (*tumul*) I. *a.* tumultuous, uproarious, clamorous, noisy II. *m.* 1. tumult, uproar 2. combat, battle

तुमुल ध्वनि *f.*/**तुमुल रव** *m.* tumultuous sound, loud noise, great uproar

तुमुलता (*tumultā*) *f.* tumultuousness, uproariousness, noisiness

तुम्हारा (*tumhārā*) *pron.* & *a.* your, yours

तुम्हारी ओर *adv.* towards you

तुम्हारे पीछे behind you, after you

तुम्हीं (*tumhīṁ*) *pron.* (emphatic तुम) you of course, only you, you alone

तुम्हें (*tumheṁ*) *pron.* (to) you

तुरंग (*turaṅg*) *m.* 1. horse 2. mind

तुरंगम (*turaṅgam*) *m.* horse

तुरंगमी (*turaṅgamī*) *f.* mare

तुरंगी (*turaṅgī*) *m.* horseman

तुरंज (*turañj*) *m.* a species of large lemon, shaddock (the seeds of which are used in medicine)

तुरंजी (*turañjī*) *a.* citron-coloured, yellowish

तुरंत (*turant*) I. *adv.* immediately, at once, promptly, presently, forthwith II. *a.* immediate

तुरंत कार्रवाई *f.* immediate action

तुरंत पहले या बाद *adv.* immediately before or after

तुरंत प्रभाव *m.* immediate effect

तुरंता (*turantā*) *m.* a kind of intoxicant

तुरंती (*turantī*) *a.* express, urgent (as पत्र letter)

तुर (*tur*) *f.* a weaver's brush

तुरई (*turaī*) *f.* a green vegetable of the gourd family

तुरक (*turak*) *m.* 1. a Turk 2. an inhabitant of Turkestan (better तुर्क *q.v.*)

तुरकी (*turkī*) *f.* & *a.*1. Turkish language 2. Turkey, Turkish (see तुर्की)

तुरग (*turag*) *m.* horse

तुरत (*turat*) *adv.* I. immediately, at once, promptly, presently, forthwith II. immediate (= तुरंत *q.v.*)

तुरत तार *m.* express wire

तुरत दान *m.* immediate generosity

तुरत भुगतान *m.* prompt payment

तुरगी (*turagī*) I. *a.* equestrian II. *m.* cavalier, horseman

तुरतुरी (*turturī*) *f.* long trumpet

तुरपन (*turpan*) *f.* hem-stitching, hemming

तुरपन-बेल *f.* embroidery on cloth with creepers and flowers

तुरपाई (*turpaī*) *f.*/**तुरपन** (*turpan*) *f.* hand-stitching

तुरपना (*turapnā*) *v.t.* to stitch with the hand

तुरपवाई (*turpvāī*) *f.* wages for hand-stitching

तुरपवाना (*turpvānā*) *v.t.* to get hand-stitched, to cause to be stitched

तुरम (*turam*) *f.* trumpet

तुरमची (*turamcī*) *m.* trumpeter

तुरमती (*turamatī*) *f.* a species of hawk or falcon

तुरही (*turahī*) *f.* 1. trumpet, clarionet 2. megaphone

तुरी[1] (*turī*) *f.* trumpet, clarionet

तुरी[2] *f.* a brush or fibrous stick used by weavers to clean the woof

तुरीय (*turīy*) *a.* 1. fourth 2. having four parts 3. chief, main

तुरीय अवस्था *f.* (a) the fourth kind of speech which at last becomes articulate in mouth (b) the fourth and ultimate stage of meditation which is salvation or deliverance

तुरुप[1] (*turup*) *m.* trump

तुरुप का पत्ता (*मु.*) *m.* trump card

तुरुप देना *v.t.* to deal a trump

तुरुप[2] (*turup*) *m.* troops (of cavalry)

तुर्क (*turka*) *m.* 1. a Turk 2. an inhabitant of Turkey

तुर्क मिज़ाज ruthless, cruel

तुर्किन (*turkin*) *f.* Turkish woman or girl

तुर्की[1] (*turkī*) I. *f.* 1. Turkish language 2. Turkey II. *a.* Turkish

तुर्की[2] (*turkī*) *f.* boastfulness, boasting

तुर्की ब-तुर्की जवाब देना (*मु.*) *v.t.* to retort smashingly

तुर्रा A (*turrā*) *m.* 1. crest, an ornamental tassel worn in a turban 2. border of the turban raised up over the head

तुर्रेदार *a.* crested

इस पर तुर्रा यह है there is a peculiarity over and above all this

तुर्श P (*turśa*) *a.* 1. bitter, sour, acidic 2. surly, cynical

तुर्शमिज़ाज *a.* ill-tempered, peevish, irritable

तुर्शाई (*turśāī*) *f.* sourness, acidity, ill-temper

तुर्शी (*turśī*) *f.* 1. sourness, acidity 2. ill temper, peevishness, irritability

तुलन (*tulan*) *m.* 1. weighing 2. balance 3. comparison

तुलन कोटि *f.* comparative degree

तुलन-पत्र *m.* balance sheet

तुलना[1] (*tulnā*) *v.i.* 1. to be weighed 2. to be determined to do something

तुलना[2] (*tulanā*) I. *f.* 1. comparison 2. simile 3. similarity, likeness, resemblance II. *v.i.* 1. to be weighed 2. to be balanced 3. to be rated or appraised 4. to be bent upon (doing something), to be dead set (to do something)

तुलना करना *v.t.* to compare

तुलनात्मक (*tulanātmak*) *a.* comparative

तुलनात्मक अध्ययन *m.* comparative study

तुलनात्मक पद्धति *f.* comparative method

तुलनात्मक रूप से *adv.*/तुलनात्मक दृष्टि से /*adv.* comparatively

तुलनात्मक लागत *f.* comparative cost

तुलनीय (*tulnīy*) *a.* comparable

तुलवाई (*tulvāī*) *f.* 1. (the act of) weighing 2. the wages paid for getting something weighed, weighment fee

तुलवाना (*tulvānā*) *v.t.* to cause to be weighed, to have (something) weighed

तुलवैया (*tulvaiyā*) *m.* weighman, weigher

तुलसी (*tulsī*) *f.* 1. the shrub (holy) basil,

ocymum sanctum 2. virgin, pure girl like goddess Tulsi

तुलसी का मनका या हीरा *m.* bead of wood of basil plant

तुलसी-दल *m.* basil leaf

तुलसी-दल चढ़ाना *v.t.* (a) to offer a basil leaf on an idol (b) to sprinkle water with basil leaves

तुलसी-वृंदावन *m.* square pedestal planted with sacred basil

तुला[1] (*tulā*) *f.* 1. a pair of scales 2. balance (scale) 3. (राशि) the Libra of the Zodiac

तुला-कूट *m.* deficiency that has been done in weighing

तुला-कोटि *f.* any of the two ends of the beam of the scales

तुला-चौकी *f.* weigh bridge (of a municipality)

तुलादंड *m.* beam of a balance or scales

तुलादान *m.* donation of money or corn equivalent to the weight of the donor

तुलाधर *m.* the bearer of the scales or balance

तुला-परीक्षा *f.* ordeal by balance which consists in weighing the accused, then again after the rites and prayers, if found lighter he is declared innocent and if heavier or as before he is deemed to be guilty

तुला-मान *m.* measure of weight

तुला लगन *m.* the entrance of the Sun into Libra

तुला[2] (*tulā*) *a.* 1. weighed 2. balanced, poised

तुला रहना *v.i.* to be in equilibrium or equally balanced (in a boat or on horse-back)

तुलाई[1] (*tulāī*) *f.* 1. (act of) weighing 2. wages paid for weighing

तुलाई[2] (*tulāī*) *f.* light quilt, (in western India) a light bed cushion or mattress (= दुलाई)

तुलाऊ (*tulāū*) *a.* balancing, producing equilibrium, statical

तुलाना (*tulānā*) *v.t.* to cause to weigh, to have or get (a thing) weighed

तुलावा (*tulāvā*) *m.* the part of carriage which rests on the axle and supports the body of the carriage

तुलित (*tulit*) *a.* 1. weighed, balanced 2. equalled 3. compared

तुलैया (*tulaiyā*) *m.* weigher, weighman

तुल्य (*tulya*) *a.* 1. similar, resembling, alike 2. equal, equivalent

तुल्य आकार *m.* equivalent form

तुल्यकालत्व *m.* synchronism

तुल्यकालिक *a.* synchronous, contemporary

तुल्यकालीन *a.* contemporaneous

तुल्यकौणिक *a.* equiangular

तुल्यगुण *a.* possessing similar qualities

तुल्य जलांक *m.* water equivalent

तुल्य-जातीय *a.* of the same class, similar, alike

तुल्य तर्क *m.* guess that is analogous to truth

तुल्यनामा *a.* of a similar name

तुल्यबल *a.* of equal strength

तुल्यमान *a.* of equal standard or measure

तुल्य मूल्य *a.* of equal worth/value

तुल्य योगिता *f.* identity of attributes

तुल्यरूप *a.* similar, identical, analogous

तुल्यरूपता *f.* analogy, similarity

तुल्यरूपी *a.* isomorphic

तुल्य-वृत्तिक *a.* following the same occupation

तुल्य-स्थिति *f.* equivalent position

तुल्यता (*tulyatā*) *f.* equivalence, likeness, similarity, sameness

तुल्यांक (*tulyāṅk*) *m.* equivalent

तुष (*tuṣ*) *m.* 1. husk, chaff 2. dry straw

3. shell of an egg

तुषानल (*tuṣānal*) *m.* 1. slow fire of husk or chaff 2. (prevalent in olden times) punishment which consisted in twisting dry straw round the body of a criminal and setting it on fire

तुषार (*tuṣār*) *m.* 1. frost 2. snow 3. blight

तुषार-कणिका *f.* hoarfrost

तुषारदंश *m.* frost-bite

तुषारदंशित *a.* frost-bitten

तुषार-धवल *a.* as white as snow

तुषारपात *m.* snow-fall, frost-fall

तुषारपिंड *m.* snow-flake

तुषार रेखा *f.* frost line

तुषार-सह *a.* frost-proof, snow-line

तुष्ट (*tuṣṭa*) *a.* 1. gratified, appeased 2. satisfied, contented

तुष्ट करना *v.t.* to appease, to gratify, to please, to satisfy

तुष्ट होना *v.i.* to be gratified, to be satisfied, to be appeased, to be pleased

तुष्टता (*tuṣṭatā*) *f.* 1. appeasement 2. satisfaction 3. gratification 4. pleasure

तुष्टि (*tuṣṭi*) *f.* (same as तुष्टता)

तुष्टिकर *a.*/**तुष्टिजनक** *a.* 1. pleasing 2. gratifying 3. satisfactory

तुष्टीकरण (*tuṣṭīkaraṇ*) *m.* 1. appeasement 2. gratification

तुष्टीकरण की नीति *f.* appeasement policy

तुष्टीकृत (*tuṣṭīkṛt*) *a.* 1. appeased 2. gratified 3. pleased

तुहिन (*tuhin*) *m.*1. frost 2. snow 3. blight (= तुषार *q.v.*)

तुहिनाचल (*tuhinacal*) *m.*/**तुहिनाद्रि** (*tuhinādri*) *m.* the Himalayas

तुहिनावृत्त (*tuhināvṛtta*) *a.* covered by frost, frosty

तूंबड़ा (*tūmbaṛā*) *m.*/**तूँबा** (*tūṁbā*) *m.* 1. bitter gourd 2. the pot of hollowed and dried gourd used by mendicants 3. float 4. hollowed and dried gourd used to make a stringed musical instrument

तूँबी (*tūṁbī*) *f.* a small gourd (see तूँबा)

तू (*tū*) *pron.* thou, you (used by way of familiarity or endearment

तू-तू करना *v.t.* to talk disrespectfully, to address rudely

तू-तू, मैं-मैं *(मु.) f.* wrangle, quarrel, brawl, altercation, squabbling

तू-तू, मैं-मैं करना *(मु.) v.t.* to wrangle, to squabble, to quarrel

तू भी even thou, even you

तू ही thou thyself, you yourself

तूड़ (*tūṛ*) *m.* awn, bristle (of grain)

तूण (*tūṇa*) *m.* (= तूणीर)

तूणीर (*tūṇīr*) *m.* quiver, case for arrows

तूत (*tūt*) *m.* mulberry tree and its fruit, (see शहतूत)

तूतिया (*tūtiyā*) *m.* copper sulphate, blue vitriol (= नीला थोथा)

तूती (*tūtī*) *f.* 1. a kind of thrush of brown colour, canary bird 2. a musical pipe

नक्कारख़ाने में तूती की आवाज़ *f.* lonely and slow voice in an uproarious atmosphere

किसी की तूती बोलना *v.i.* to become influential, to exercise great influence

तूदा (*tūdā*) *m.* 1. heap, pile 2. (टीला) mound

तूफ़ान A (*tūfān*) *m.* 1. violent storm of wind and rain, tempest, typhoon, hurricane 2. uproar, tumult, loud noise 3. calamity, great affliction 4. commotion

तूफ़ान उठना *v.i.* typhoon to rise

तूफ़ान उठाना *v.t.* to raise a commotion, to make a great noise

तूफ़ान खड़ा करना *v.t.* to raise a storm,

to calumniate, to defame

तूफ़ान मचाना *v.t.* to kick up a row

तूफ़ान होना *v.i.* (a) to be a very mischievous boy or child (b) to be a very quarrelsome person

तूफ़ानी A (*tūfānī*) *a.* 1. stormy, tempestuous 2. quarrelsome 3. violent 4. rough, inclement 5. uproarious

तूफ़ानी दस्ता *m.* flying squad

तूफ़ानी दौरा *m.* whirlwind tour

तूफ़ानी मौसम *m.* stormy weather, inclement weather

तूफ़ानी समुद्र *m.* rough sea

तूफ़ानी हर्षध्वनि *f.* boisterous cheers

तूमड़ी (*tūmṛī*) *f.* 1. a musical pipe used by snake-charmers 2. a smoking pipe made of coconut shell (also तूँबी)

तूम तड़ाक (*tūmtaṛāk*) *f.* pomp, gaiety, glamour, splendour, show

तूमना (*tūmnā*) *v.t.* 1. to card (cotton or wool) 2. to shred to pieces 3. to crush with fingers 4. to abuse roughly

तूमार A (*tūmār*) *m.* 1. heap, pile 2. volume 3. long story 4. prolixity, verbosity 5. fuss

तूमार खड़ा करना *v.t.* to make a fuss

तूमार बाँधना *v.t.* (a) to concoct a story (b) to fabricate falsehood (c) to make a mountain out of a molehill (d) to raise a storm in a teacup

तूमिया (*tūmiyā*) *m.* carder, comber (of cotton or wool)

तूर (*tūr*) *m.* a big drum

तूरान (*tūrān*) *m.* Turkestan

तूरानी (*tūrānī*) I. *m.* inhabitant of Turkey II. *a.* Turkish

तूर्ण (*tūrṇa*) *a.* quick, fast, swift, rapid

तूर्ण पत्र *m.* express letter

तूर्य (*tūrya*) *m.* tabor, timbrel, kettle drum

तूर्यघोष/नाद *m.* (a) sound of a kettle drum (b) fanfare

तूर्यवृंद *m.* brass band

तूल[1] (*tūl*) *m.* 1. cotton 2. roll of cotton

तूल[2] A (*tūl*) *m.* length, expanse, expansion, elongation

तूल-कलाम *m.* verbosity

तूल-तवील *a.* (a) very long, prolix (b) diffused, extended

तूल देना *(मु.) v.t.* to protract, to carry (an affair or talk) too far

तूल पकड़ना *(मु.) v.t.* to assume too much length, to be drawn out, to get prolonged

तूलमतूल *adv.* in front of

तूल[3] (*tūl*) *m.* red colour

तूलना (*tūlnā*) *v.t.* to lubricate the wheels

तूलिका (*tūlikā*) *f.* brush, pen (as used by painters)

तूली (*tūlī*) *f.* (= तूलिका)

तूष्णी (*tūṣṇī*) *a.* silent, dumb

तूष्णी भाव *m.* silence

तूस[1] (*tūs*) *m.* 1. husk, chaff 2. straw 3. a kind of woollen cloth

तूस[2] (*tūs*) *m.* 1. a kind of fine wool 2. blanket made of shahtoosh wool

तूसी (*tūsī*) I. *a.* of the colour of husk or straw II. *m.* husk, chaff

तृण (*tṛṇ*) *m.* 1. straw 2. a blade of grass

तृण-कुटी *f.* thatched hut or cottage

तृण-क्षेत्र *m.* grassy land or field, meadow

तृणजीवी *a.* herbivorous, living on grass

तृण पूली *f.* tuft of grass

तृणभोजी *a.* graminivorous

तृणमय *a.* made with or abounding in grass

तृणराज *m.* the palm tree (see तिनका)

तृणवत् *a.* (a) like grass or straw (b) insignificant, of little worth

तृणपीत (*tṛṇpīt*) *a.* straw yellow

तृणता (*tṛṇtā*) *f.* 1. property of grass or straw 2. lowliness, meanness

तृणाग्नि (*tṛṇāgni*) *f.* fire of grass or straw/chaff

तृणासन (*tṛṇāsan*) *m.* mat or seat of straw

तृतीय (*tṛtīy*) *a.* third

तृतीय पीढ़ी *f.* tertiary generation

तृतीय महाकल्प *m.* tertiary era

तृतीय व्यक्ति *m.* third party, neutral person

तृतीय श्रेणी *f.* third class

तृतीयक (*tṛtīyak*) *a.* & *m.* triplicate

तृतीयांश (*tṛtīyāṃś*) *m.* one-third part or portion

तृतीया (*tṛtīyā*) *f.* third day of a lunar fortnight, third day of waxing or waning moon

तृतीयाश्रम (*tṛtīyāśram*) *m.* third stage of life in respect of duties of a person according to Hindu Dharma Shastra (i.e. वानप्रस्थ आश्रम)

तृपक्षीय (*tṛpakṣīy*) *a.* tripartite

तृपक्षीय समझौता *m.* tripartite pact or agreement

तृप्त (*tṛpta*) *a.* 1. satiated 2. satisfied, contented, gratified 3. delighted, pleased, glad

तृप्त करना *v.t.* to satisfy, to render content, to appease

तृप्त होना *v.i.* to be satiated, to be satisfied

तृप्ति (*tṛpti*) *f.* 1. satiation, satiety, 2. satisfaction, contentment

तृप्तिकर *a.*/**तृप्तिजनक** *a.* (a) satisfactory, gratifying (b) agreeable, pleasant, pleasing, delightful

तृप्य (*tṛpya*) *a.* satiable

तृप्यता (*tṛpyatā*) *f.* satiability

तृषा (*tṛṣā*) *f.* 1. thirst 2. longing, craving, keen desire 3. (लोभ) greed, avarice, cupidity

तृषातुर (*tṛṣātur*) *a.* restless with thirst, extremely thirsty

तृषालु (*tṛṣālu*) *a.* 1. thirsty 2. greedy, avaricious

तृषावान् (*tṛṣāvān*) *a.* 1. thirsty 2. keenly desirous, craving 3. greedy, avaricious

तृषार्त (*tṛṣārta*) *a.* 1. suffering from thirst, very thirsty 2. tortured by strong desire

तृषित (*tṛṣit*) *a.* 1. thirsty 2. longing (for), desirous (of), craving (for) 3. greedy

तृष्णा (*tṛṣṇā*) *f.* 1. desire, craving, longing 2. thirst 3. (लोभ) greed, cupidity, avarice

तृष्णा दूर करना *v.t.* to quench thirst

तृष्णा निवारण करना *v.t.* to satisfy one's craving or longing

तृष्णाकुल (*tṛṣṇākul*) *a.* 1. extremely capricious 2. suffering from thirst

तृष्णातिरेक (*tṛṣṇātirek*) *m.* excess of cupidity or greediness, over-craving

तृष्णाधिक्य (*tṛṣṇādhikya*) *m.* polydipsia, too many cravings

तेंतालीस (*teṁtālīs*) I. *m.* the numerical figure forty-three II. *a.* forty-three, 43

तेंतालीसवाँ (*teṁtālīsvāṁ*) *a.* forty-third, 43rd

तेंतीस (*teṁtīs*) I. *m.* the numerical figure thirty-three II. *a.* thirty-three, 33

तेंतीसवाँ (*teṁtīsvāṁ*) *a.* thirty-third, 33rd

तेंदुआ (*teṁduā*) *m.* leopard, panther

तेंदुई (*teṁduī*) *f.* leopardess, pantheress

तेंदू (*teṁdū*) *m.* a medium-sized tree the leaves of which are used in making beedi (as बीड़ी)

तेईस (*teīs*) I. *m.* the arithmetical number twenty-three II. *a.* twenty-three

तेईसवाँ (*teīsvāṁ*) *a.* twenty-third, 23rd

तेग़ (*teg̠*) *f.* sword, scimitar, cutlass

तेग़ा (*teg̠ā*) *m.* big sword

तेज[1] (*tej*) *a.* 1. warmth, heat 2. glow,

splendour, lustre, effulgence 3. vigour, strength, virility, energy 4. semen 5. bright appearance (of human body) 6. heating and strengthening faculty of human frame 7. spiritual or moral magical power or influence, majesty, dignity

तेज़[2] P (*tez*) *m*. 1. sharp, acute 2. pungent, acrid, bitter 3. swift, fast, quick 4. brisk 5. intelligent, keen-witted 6. impetuous, violent 7. loud 8. high-priced, costly, dear 9. quick, effective

तेज़ करना *v.t.* (a) to sharpen (b) to accelerate (c) to tone up, to gear up

तेज़ तर्रार *a*. sharp and short-tempered

तेज़ नज़र या निगाह *f*. sharp sight, keen eye

तेज़ नीला *a*. intense blue

तेज़ बाज़ार *m*. brisk market

तेज़ मिज़ाज *m* & *a*. (a) quick temper (b) quick tempered, short-tempered

तेज़ सवारी गाड़ी *f*. fast passenger train

तेजपत्ता (*tejpattā*) *m*./**तेजपत्र** (*tejpatra*) *m*./**तेजपात** (*tejpāt*) *m*. leaf of *laurus cassia* (tree), bay leaf

तेजड़िया (*tejaṛiyā*) *m*. bull (in speculation)

तेजवंत (*tejvant*) *a*./**तेजवान्** (*tejvān*) *a*. 1. radiant, lustrous, luminous, brilliant 2. glorious, dignified, majestic 3. strong, mighty, powerful

तेजस् (*tejas*) *m*. original form of तेज[1] *q.v.*

तेजस्कर (*tejaskar*) *a*. 1. irradiating, illuminating 2. invigorating

तेजस्क्रिय (*tejaskriy*) *a*. radio-active

तेजस्क्रिया (*tejaskriyā*) *f*. radio-activity

तेजस्विता (*tejasvitā*) *f*. 1. spiritedness 2. valour, virility 3. glory 4. brightness, brilliance, radiance, lustre

तेजस्विनी (*tejasvinī*) *f* & *a*. (= तेजस्वी)

तेजस्वी (*tejasvī*) *a*. 1. valorous, virile, mighty 2. glorious 3. imposing, stately, majestic 4. brilliant, radiant, lustrous

तेज़ाब P (*tezāb*) *m*. acid

गंधक का तेज़ाब sulphuric acid

नमक का तेज़ाब hydrochloric/muriatic acid

शोरे का तेज़ाब nitric acid

तेज़ाबी A (*tezābī*) *a*. acidic

तेजायतन (*tejāytan*) *m*. (of a person) storehouse of splendour, lustre, virility (see तेज)

तेज़ी P (*tezī*) *f*. 1. sharpness 2. keenness 3. acuteness 4. bitterness, acridity, pungency 5. quickness, hurriedness, rapidity, fastness, swiftness 6. intensity 7. impetuosity 8. boom (in trade), upward pricing, dearness

तेज़ी-मंदी *f*. fluctuation

स्वभाव की तेज़ी short temper

तेजोमंडल (*tejomaṇḍal*) *m*. the disc of the sun and the moon

तेजोमय (*tejomay*) (*fem*. तेजोमयी) *a*. 1. splendid, shining, brilliant, effulgent 2. glorious 3. full of ardour and virility

तेजोहत (*tejohat*) *a*. devoid of lustre and virility

तेरस (*teras*) *f*. thirteenth day of a fortnight of a lunar month

धन-तेरस a festival observed two days before Diwali considered auspicious for purchasing gold, silver or metalwares

तेमन (*teman*) *m*. moisture

तेरह (*terah*) I. *m*. the number thirteen II. *a*. thirteen, 13

तेरहवाँ (*terahvām̐*) I. *a*. thirteenth, 13th II. *m*. thirteenth day after the death of a relative or friend (= तेरही)

तेरही (*terahī*) *f*. 1. thirteenth day after a

relative's death 2. rituals performed on the 13th day after the death of a relative

तेरा (*terā*) *pron.* & *a. sing.* thy, thine, (now) your, yours

तेरा घर *adv.* in your house

तेरा-मेरी *f.* (a) rudeness in speech (b) altercation, quarrel (c) discrimination

तेरा-मेरी करना *(मु.) v.t.* (a) to discriminate (b) to squabble or dispute (about a thing)

तेरा सी *a.* favourable to you

तेल (*tel*) *m.* oil

तेल-कल *f.* oilmill

तेल-किट्ट *m.* oilcake

तेल-कूप *m.* oilwell

तेलक्षेत्र *m.* oil-field

तेल चढ़ाना *v.t.* to anoint the bride and bridegroom with oil mixed with turmeric

तेल देखो तेल की धार देखो *(मु.)* see which way the wind blows

तेल देना *v.t.* to lubricate

तेल निकालना *v.t.* (a) to extract or press oil (from) (b) (*fig.*) to extract maximum work (from)

तेल मलना *v.t.* (a) to rub oil (b) to grease the palm (of)

तेल शिल्पविज्ञान *m.* oil technology

तेलशोधन कारखाना *m.* oil refinery

तेलसह *a.* oilproof

तेलवाही जहाज़ (*telvāhī jahāz*) *m.* oil-tanker

तेलहन (*telhan*) oilseeds (= तिलहन)

तेलहा (*telhā*) *a.* 1. (of seed) containing oil 2. fried in oil

तेलही पूरी *f.* bread fried in oil

तेलिन (*telin*) *f.* 1. woman of oilman class 2. the wife of an oilman 3. woman who prepares oil, female oil-dealer

तेलियर (*teliyar*) *m.* a small bird with black body and white spots on it (also तिलियर)

तेलिया (*teliyā*) *a.* 1. oily, unctuous 2. deep dark (in colour), of the colour of oil 3. containing oil

तेलिया कागज़ *m.* oiled paper

तेलिया-कुमैत *m.* horse with a bay colour, bay horse

तेली (*telī*) *m.* 1. a caste whose business is to prepare and sell oil 2. member of that caste, oilman, oilmiller, oildealer

तेली का बैल *m.* (a) oilman's ox (b) toiling wretch, drudge

तेली-तंबोली *m.* people of low caste

तेलुगु (*telugu*) *f.* Telugu, a Dravidian language of Andhra Pradesh (in India)

तेवर[1] (*tevar*) *m.* eyebrow

तेवर चढ़ाना *(मु.) v.t.* to raise the eyebrows, to frown

तेवर बदलना *(मु.) v.t.* (a) to change countenance, to change attitude (b) to turn awry (c) to get irritated or annoyed

तेवर[2] (*tevar*) *m.* a set of three garments (for a woman)

तेवराना (*tevarānā*) *v.i.* 1. to feel dizzy 2. to faint, to swoon 3. to fall down in a swoon

तेहरा (*teharā*) *a.* threefold, triplicate

तेहराना (*teharānā*) *v.t.* 1. to do a work for the third time 2. to do a work three times or thrice 3. to triplicate

तेहा (*tehā*) *m.* 1. rage, anger, wrath 2. pride, vanity 3. intensity

तेही (*tehī*) *a.* 1. short-tempered, peevish, querulous, irritable 2. proud, vainglorious

तैंतालीस (*taiṁtālīs*) *m.* & *a.* I. the numerical figure forty-three II. a. forty-three, 43 (better तेंतालीस *q.v.*)

तैंतालीसवाँ (*taiṁtālīsvāṁ*) *a.* forty-third,

43rd

तैंतीस (*taiṁtīs*) *m.* & *a.* I. the numerical figure thirty three II a. thirty three, 33 (better तेंतीस *q.v.*)

तैंतीसवाँ (*taiṁtīsvāṁ*) *a.* thirty-third, 33rd

तै A (*tāi*) *a.* 1. decided, settled 2. adjudged 3. confirmed

तै करना *v.t.* (a) to settle, to decide, to adjudge (b) to confirm (c) (of distance) to traverse, to cover

तै-तमाम *a.* finally settled

तैथिक (*taithik*) *a.* chronological

तैथिकी (*taithikī*) *f.* chronology

तैनात A (*taināt*) *a.* 1. appointed, engaged 2. (ड्यूटी पर तैनात) posted on duty

तैनाती A (*tainātī*) *f.* appointment, engagement, posting; deployment

तैयार A (*taiyār*) *a.* 1. ready 2. alert 3. prepared 4. ready-made 5. finished 6. complete 7. readily available 8. arrived at puberty 9. ripened 10. fully developed 11. matured 12. stout, robust

तैयार अदायगी *f.* ready cash

तैयार माल *m.* finished or manufactured goods, readymade articles

तैयार हो जाना *v.i.* to get ready

तैयारी A (*taiyārī*) *f.* 1. preparation 2. preparedness, readiness 3. alertness

तैयारी करना *v.t.* to make preparation (for)

तैयारी पर होना *v.i.* to be in full form

तैरना (*tairnā*) I. *v.i.* 1. (of a person) to swim 2. (of an object) to float II. *v.t.* to swim over or across

तैराई (*tairāī*) *f.* swimming, floating

तैराक (*tāirāk*) *m.* (an expert) swimmer

तैराकी (*tairākī*) *f.* (act or art of) swimming

तैराना (*tairānā*) *v.t.* to cause to swim or float, to make somebody swim, to make something float

तैर्थिक (*tairthik*) I. *a.* 1. sacred, holy 2. related to pilgrimage or to a place of pilgrimage II. *m.* 1. pilgrim 2. ascetic, hermit 3. water from a place of pilgrimage

तैलंग (*tailaṅg*) *m.* 1. the ancient name of Andhra 2. a caste of Brahmans in Southern India

तैलंगी (*tailaṅgī*) I. *m.* an inhabitant of Telang II. Telangi dialect

तैल (*tail*) I. *m.* oil II. of oil, oily

तैल-कूप *m.* oil-well

तैल-चित्र *m.* oil-painting

तैल-पट *m.* oil-cloth

तैल पोत *a.* oil tanker

तैल रंग *m.* oil colour or paint

तैलरहित *a.* oil-less, without oil

तैलशाला *f.* oil-house, oil mill

तैलसिक्त *a.* oiled, anointed

तैलाक्त (*tailākta*) *a.* smeared with oil, greasy, oily, unctuous

तैलाभिषेक (*tailābhiṣek*) *m.* anointment, unction, especially the sacrament of anointing the sick or **the prostrat** about to die (among Chris

तैलिक (*tailik*) *m.* oilman, oil-crusher, oil-miller

तैलिन (*tailin*) *f.*/**तैलिनी** (*tailinī*) *f.* 1. woman of oilman class 2. the wife of an oilman 3. woman who extracts oil, female oil dealer (= तेलिन *q.v.*)

तैश A (*taiś*) *m.* 1. anger, rage, wrath 2. passion

तैश खा जाना *v.i.* to get excited, to become agitated

तैश दिलाना (*मु.*) *v.t.* to provoke, to incite, to rouse anger, to enrage

तैश में आना *v.i.* to be enraged or furious, to be in a huff

तैश में होना (*मु.*) *v.i.* to be in a huff, to be under provocation

तैसा (*taisā*) I. *a.* (correlative of जैसा *q.v.*) like that, such as that II. *adv.* (also जैसे) 1. in that manner, similarly, thus, as that 2. at that moment

जैसा-तैसा करके या जैसे-तैसे करके somehow

तोंद (*toṁd*) *f.* large belly, pot-belly, tummy

तोंद निकल आना *v.i.* to have a bulging belly or tummy

तोंद पिचक जाना *v.i.* (a) the tummy to be depleted (b) to lose fat or corpulence

तोंदल (*toṁdal*) *a.* 1. pot-bellied, gorbellied, tubby 2. fleshy, clumsy, corpulent, protuberant

तोंदू (*toṁdū*) *m.*/**तोंदूमल** (*toṁdumal*) *m.* a pot-bellied or gorbellied man

तोंदेल (*toṁdel*) *a.* 1. pot-bellied, tubby 2. fleshy, clumsy, corpulent, protuberant (= तोंदल *q.v.*)

तो (*to*) I. *conj.* (correlative of अगर, जब) then, in that case, therefore II. *adv.* at that time, just then, at that very moment III. *interj.* well, yes, indeed, in fact, forsooth

तो भी even then, even so, yet, still nevertheless, notwithstanding that

तोटक (*toṭak*) *m.* a kind of poetic metre in which each line of a stanza contains twelve syllables

तोटक-सवैया *m.* a verse of four lines each containing 25 syllables with a pause at the fourth foot

तोड़ (*toṛ*) *m.* 1. breaking 2. fracture 3. ravage, havoc 4. onslaught (especially of wind and rain) 5. encounter 6. antidote 7. effective rejoinder 8. force or velocity (of current) 9. division 10. irrigation by flooding the field

तोड़-जोड़ *m.* (a) stratagem, device (b) breaking and joining (c) arrangement of words in a composition (d) cutting out and putting together (a garment) (e) deliberation

तोड़-जोड़ करना या लगाना *v.t.* (a) to plan a strategy (b) to construct a figure (c) to arrange words in a puzzle (d) to deliberate

तोड़-फोड़ *f.* (a) breaking and smashing (b) sabotage

तोड़-फोड़ करना *v.t.* (a) to commit sabotage (on) (b) to break and smash (c) to destroy

तोड़-फोड़ करनेवाला *m.* saboteur

तोड़-फोड़ की कार्रवाई *f.* subversive activities

तोड़-फोड़ डालना *v.t.* to wreck, to destroy

तोड़-मरोड़ *f.* mutilation, distortion

तोड़-मरोड़ करना *v.t.* to distort, to mutilate, to garble

तोड़ना (*toṛnā*) *v.t.* 1. to break 2. to tear, to rend 3. to pluck 4. to split 5. to crack 6. to demolish, to pull down 7. to cut off, to disjoin, to disconnect 8. to violate (a rule) 9. to get small change 10. to break open (as of a lock) 11. to break up, to plough (ground or soil) 12. to win over (a witness, customer)

तोड़ना-जोड़ना *v.t.* to break into pieces and to reconstruct, to make and mar

तोड़ना-मरोड़ना *v.t.* (a) to break and twist (b) to spoil (c) to distort

तोड़ डालना *v.i.* (a) to tear into pieces (b) to demolish, to pull down (c) to cut off

तोड़ देना *v.t.* (a) to break into pieces (b) to play havoc (c) to exhaust, to tire

तोड़ लेना *v.t.* (a) to gather or pluck (fruit) (b) to bring over again or win over

कलम तोड़ना to write exquisitely

गाहक तोड़ना to win over a customer
ज़मीन तोड़ना to plough and harrow the ground
दम तोड़ना to expire, to die
दिल तोड़ना to break somebody's heart
प्रण तोड़ना to break one's pledge or promise
मुँह तोड़ना to retort, to give a smashing reply
रोटियाँ तोड़ना to live without doing any work
सभा तोड़ना to disrupt a meeting
संबंध तोड़ना to sever relationship
सेना तोड़ना to disband the army
हिम्मत तोड़ना to discourage

तोड़वाना (*toṛvānā*) *v.t.* 1. to cause to break, to get something broken 2. to change (as a rupee into small coins, or a big currency into smaller notes) 3. to cause to pluck (as flowers or fruits) 4. to cause to sever or sunder (better तुड़वाना *v.t.*)

तोड़ा[1] (*toṛā*) *m.* 1. scarcity 2. a wrist ornament

तोड़ा[2] (*toṛā*) *m.* 1. a gold or silver chain for the neck 2. a gold or silver ornament for feet

तोड़ा[3] (*toṛā*) *m.* interruption, break

तोड़ा[4] (*toṛā*) *m.* deficiency, scarcity, shortage

तोड़ा[5] (*toṛā*) *m.* 1. ploughshare 2. shaft of a plough

तोड़ा[6] (*toṛā*) *m.* match of a gun

तोड़ाई (*toṛāī*) *f.* price paid for changing a coin or note

तोड़ी (*toṛī*) *f.* mustard plant or seed

तोड़ेदार बंदूक (*toṛedār banduk*) *f.* matchlock gun

तोतई (*totaī*) *a.* (of colour) light green

तोतला (*totlā*) I. *m.* stammerer, stutterer, lisper II. *a.* stammering, stuttering, lisping

तोतलाना (*totlānā*) *v.i.* to lisp, to stammer, to stutter, to babble, to prattle (better तुतलाना *q.v.*)

तोता (*totā*) *m.* parrot (*fem.* तोती)
तोताचश्म *a.* faithless, treacherous
तोताचश्मी *f.* faithlessness, treachery
तोता पालना *(मु.) v.t.* to nurse a sore or an evil, to let a malady get aggravated
तोता-रटंत *f.* psittacism, cramming like a parrot
तोतारट्टू *m.* psittacist
तोतापरी *m.* a variety of mango of the colour of parrot's wings
तोते की तरह आँखें फेर लेना *(मु.) v.t.* to assume cool indifference
तोते की तरह रटना *(मु.) v.t.* to repeat unintelligently

तोती[1] (*totī*) *f.* female parrot

तोती[2] (*totī*) *m.* prattler

तो-तो[1] (*to-to*) *m.* a sound to call a dog

तो-तो[2] (*to-to*) *f.* hooting, an expression of scorn or disapproval
तो-तो होना *v.i.* (a) to be hooted down (b) to be disgraced

तोदन (*todan*) *m.* 1. trouble 2. pain

तोप T (*top*) *f.* cannon, gun
तोपअंदाज़ *m.* gunner, cannoneer
तोपख़ाना *m.* (a) arsenal, armoury, ammunition store (b) battery
तोप-गाड़ी *f.* gun-carriage
तोप चलाना *v.t.*/तोप दाग़ना *v.t.* to cannonade, to fire, to shoot
तोप से उड़ाना *v.t.* to blow off with a gun, to condemn to be shot

तोपची T (*topcī*) *m.* gunner

तोपना[1] (*topnā*) *v.t.* 1. to cover with a mound, to bury 2. to cover up (a pit) 3. to hide, to conceal

तोपना[2] (*topnā*) *v.t.* to stitch, to sew

तोपवाना (*topvānā*) *v.t.* 1. to cause to cover up 2. to get something hidden or concealed 3. to cause to stitch

तोपा (*topā*) *m.* stitch

तोफ़ा A (*tofā*) *m.* I. gift, present II. rare, uncommon (better तोहफ़ा *q.v.*)

तोबड़ा (*tobṛā*) *m.* the bag out of which a horse eats its corn, horse's nose-bag

तोबड़ा चढ़ाना *(मु.) v.t.* (a) to silence somebody (b) to stop speaking

तोबा P (*tobā*) *m.* vow to do no more

तोबा करना *(मु.) v.t.* to vow not to do such a sinful act

तोबा कराना *v.t.* to make one vow not to do such a wrongful deed in future, to make one repent

तोबा तोड़ना *v.t.* to break such a vow

तोबा-तोबा *interj.* heaven forbid ! good gracious ! never again !

तोबा बुलवाना *(मु.) v.t.*to make one vow not to do such a wrongful deed in future, to make one repent (= तोबा कराना)

तोम (*tom*) *m.* mass, bulk

तोमड़ा (*tomṛā*) *m.* gourd in a dry state with its inner part scooped out

तोमड़ी (*tomṛī*) *f.* 1. small gourd 2. a musical instrument made of gourd as used by snake-charmers and jugglers

तोमर[1] (*tomar*) *m.* lance, javelin

तोमर[2] (*tomar*) *m.* a caste of Rajputs

तोमर[3] (*tomar*) *m.* a metre of 4 × 9 syllables

तोय (*toy*) *m.* water

तोयकाम *a.* (a) fond of water (b) thirsty

तोयकृच्छ्र *m.* a penance of taking water and nothing else for a fixed period (sometimes a month)

तोयद (*toyad*) *m.*/**तोयधर** (*toyadhar*) *m.* cloud

तोयधी (*toydhī*) *m.* sea, ocean

तोयमय (*toymay*) *a.* watery

तोयाधार (*toyādhār*) *m.* water reservoir lake, river, sea, ocean

तोरई (*toraī*) *f.* a *Cucurbitaceous* plant and its vegetable

तोरण (*toraṇ*) *m.* gateway, archway, arch, festoon

तोरणद्वार *m.* archway, arcade

तोरणपथ *m.* archway

तोरणमंडप *m.* arcade

तोरणिका (*toraṇikā*) *f.* arcade, archway

तोरी (*torī*) *f.* a *Cucurbitaceous* plant and its vegetable (same as तोरई *q.v.*)

तोल (*tol*) *m.* & *f.* weight

तोल-माप *m.* weight and measure

तोलन (*tolan*) *m.* (act of) weighing

तोलना (*tolnā*) *v.t.* to weigh

पहले तोलो पीछे बोलो weigh your words before you utter them

तोला (*tolā*) *m.* a weight equal to 11.7 grams (now getting obsolete)

तोशक P (*tośak*) *f.* cushioned mattress

तोशदान P (*tośdān*) *m.* 1. the bag containing provisions of traveller or soldier 2. tiffin carrier

तोशा P (*tośā*) *m.* 1. viaticum, 2. eatables for journey

तोशाख़ाना *m.* (a) wardrobe (b) store-room

तोष (*toṣ*) *m.* 1. satisfaction, gratification, contentment 2. joy, pleasure, cheerfulness 3. appeasement

तोषक (*toṣak*) *a.* 1. satisfying 2. pleasing, appeasing

तोषण (*toṣaṇ*) *m.* 1. satisfaction, contentment 2. (the act of) satisfying 3. appeasing, pleasing

तोषण नीति *f.* policy of appeasement or conciliation

तोषणीय (*toṣṇīy*) *a.* deserving to be satisfied or appeased, fit to be gratified

तोषित (*toṣit*) *a.* 1. satisfied, gratified 2. appeased, pleased

तोषी (*toṣī*) *a.* 1. satiated 2. satisfied 3. appeased

तोहफ़ा A (*tohfā*) I. *m.* gift, present

II. *a.* rare, uncommon
तोहफ़ा चीज़ *f.* a rare or uncommon thing
तोहमत A (*tohmat*) *f.* false accusation, calumny, slander, false charge
तोहमत लगाना *v.t.* (a) to accuse, to charge (b) to calumniate, to slander
तौंस (*taums*) *f.* 1. heat (especially of the sun), blaze 2. (प्यास) thirst
तौंसना (*taumsnā*) *v.i.* 1. to be scorched 2. to feel very thirsty
तौक़ A (*tauq*) *m.* 1. chain 2. yoke
तौक़-ग़ुलामी *f.* yoke of slavery
तौफ़ीक़ A (*taufiq*) *f.* 1. God's grace or graciousness 2. power, capacity 3. courage 4. source, means, way
तौबा P (*taubā*) *f.* vow to do no more (see तोबा)
तौर A (*taur*) *m.* way, manner
तौर-तरीका *m.* method
तौर-तरीके *m.pl.* manners
ठीक तौर से *adv.* rightly
पूरे तौर से *adv.* fully
मनमाने तौर पर *adv.* arbitrarily
मोटे तौर पर *adv.* roughly, in a rough manner
तौल (*taul*) *f.* weight
तौलना (*taulnā*) *v.t.* to weigh, to consider pros and cons (= तोलना)
तौलवाना (*taulvānā*) *v.t.* to cause to be weighed, to have (something) weighed (= तुलवाना *q.v.*)
तौलाई (*taulāī*) *f.* 1. (the act of) weighing 2. wages paid for weighing
तौलाना (*taulānā*) *v.t.* to cause to be weighed, to get something weighed
तौलिया (*tauliyā*) *m.* towel
तौहीन A (*tauhīn*) *f.* contempt, insult, disrespect
तौहीन करना *v.t.* to insult, to disrespect
अदालत की तौहीन contempt of court
त्यक्त (*tyakta*) *a.* given up, abandoned, relinquished, renounced, forsaken
त्यक्त जीवित/प्राण *a.* (one) who has given up all hopes of life
त्यक्त लज्ज *a.* (one) who has abandoned shame
त्यक्त शिशु *m.* foundling
त्यक्त शिशुगृह *m.* foundling house
त्यक्तव्य (*tyaktavya*) *a.* to be given up, fit to be rejected or discarded
त्यक्ता (*tyaktā*) *f.* abandoned woman, abandonee
त्यजन (*tyajan*) *m.* abandonment, forsaking, abnegation
त्यजन दर *f.* quit rate
त्यजनीय (*tyajanīy*) *a.* to be given up, fit to be rejected or discarded (same as त्यक्तव्य *q.v.*)
त्याग (*tyāg*) *m.* 1. abandonment, giving up, quitting, forsaking, renunciation, relinquishment 2. sacrifice, dedication 3. self-denial, abnegation
त्याग करना *v.t.* (a) to abandon, to quit, to forsake (b) to sacrifice, to make a sacrifice
त्याग देना *v.t.* to give up, to renounce, to quit
त्यागपत्र *m.* resignation, letter of resignation
त्यागवान् *a.*/**त्यागशील** *a.* (a) disposed to making sacrifices, self-denying (b) generous, liberal
त्यागशीलता *f.* (a) generosity, liberality (b) sacrificing spirit
त्यागना (*tyāgnā*) *v.t.* 1. to abandon, to quit, to forsake 2. to sacrifice, to make a sacrifice to give up, to renounce, to quit (see त्याग करना/देना)
त्यागी (*tyāgī*) *m.* 1. one who has relinquished/renounced (especially terrestrial objects), one who is disposed to make sacrifice, relinquisher, sacrificing person 2. recluse

त्याज्य (*tyājya*) *a.* worth abandoning, proper to be abandoned or renounced, fit to be given up renounceable, requiring to be forsaken

त्यों (*tyoṁ*) *adv.* (correlative of ज्यों *q.v.*) 1. thus, so, in like manner, like that 2. at the same time, forthwith

त्यों ही *adv.* in that very manner, just then, then and there

त्योरस (*tyoras*) *m.* 1. year before last 2. year after the next one

त्योरी (*tyorī*) *f.* angry look/glance, frown

त्योरी चढ़ना *(मु.) v.i.* to assume/have an angry look

त्योरी चढ़ाना/बदलना *(मु.) v.t.* to frown, to show anger or displeasure

त्योहार (*tyohār*) *m.* festival, festivity

त्योहार मनाना *(मु.) v.t.* to celebrate a festival, to enjoy festivity

त्योहारी (*tyohārī*) *f.* tips given on a festive occasion or festival

त्र (*tra*) *suff.* denoting place (as in अत्र, तत्र, यत्र here, there, where)

त्रपा (*trapā*) *f.* 1. shame 2. harlot, unchaste woman

त्रय (*tray*) *m.* 1. three 2. all three, triad

त्रय-ताप *m.* the three sufferings—physical, natural or ordained and spiritual

मुनित्रय *m.* the three (grammarian) Rishis—Paṇini, Katyayan and Patan-jali

गुणत्रय (a) the three basic qualities of (human) nature सत्व, रज, तम *q.v.*) (b) three fold, three times as much, triple (see त्रिगुण)

भुवनत्रय *m.* the three worlds-this world, the celestial world and the nether world

वेदत्रय *m.* the three Vedas—Rigveda, Yajurveda and Atharvaveda

त्रयः पंचाशत (*trayaḥ pañcāśat*) *a.* fifty-three, 53

त्रयः षष्ठि (*trayaḥ ṣaṣṭhi*) *a.* sixty-three, 63

त्रयश्चत्वारिंशत (*traya ścatvāriṁśat*) *a.* forty-three, 43

त्रयस्त्रिंशत (*trayastriṁśat*) *a.* thirty-three, 33

त्रयस्सप्तति (*trayassapta*[illegible]) *a.* seventy-three, 73

त्रयी (*trayī*) *f.* 1. triplicate 2. trio, the three, trinity 3. the three Vedas

देवत्रयी the three gods—Brahma, Vishṇu, Mahesh (Shiva)

त्रयोदश (*tryodaś*) *a.* 1. thirteen, 13 2. thirteenth

त्रयोदशी (*tryodaśī*) *f.* the thirteenth day of the full moon and of the new moon

त्रयोनवति (*trayonavati*) *a.* ninety-three, 93

त्रयोविंशति (*trayoviṁśati*) *a.* twenty-three, 23

त्रासन (*trasan*) *m.* 1. frightening, terrorising, terrorisation 2. fright, dread, fear, terror

त्रसर (*trasar*) *m.* 1. the act of rolling the thread 2. a kind of coarse silk

त्रसरेणु (*trasareṇu*) *f.* particles seen in the sunshine coming into a room

त्रसित (*trasit*) *a.* (better त्रस्त *q.v.*)

त्रस्त (*trasta*) *a.* 1. afraid, frightened, alarmed, terror-stricken, terrified 2. (पीड़ित) pained, victimised 3. (व्याकुल) agitated, perturbed, restless

त्राटक (*trāṭak*) *m.* fixing the eyes on one object

त्राण (*trāṇ*) *m.* 1. rescue, safety, protection 2. shelter 3. means of protection 4. (मुक्ति) salvation, liberation, deliverance, emancipation 5. armour

त्राणकर्ता *m.* protector, saviour

त्राणार्थी (*trāṇārthī*) *m.* seeker of protection or shelter

त्रातव्य (*trātavya*) *a.* 1. requiring protection, to be saved or guarded 2. (one) who has to be emancipated or liberated

त्राता (*trātā*) *m.* protector, saviour, emancipator, redeemer, defender

त्रायमान (*trāyamān*) *a.* being protected

त्रास (*trās*) *m.* fear, dread, fright, terror

त्रासकर *a.*/**त्रासदायी** *a.* occasioning alarm or dread, inspiring fear, horrible, dreadful, frightening

त्रासक (*trāsak*) *a.* fearful, terrifying, alarming, causing dread or fear

त्रासद (*trāsad*) *a.*/**त्रासदिक** (*trāsadik*) *a.* tragic

त्रासदी (*trāsadī*) *f.* tragedy

त्रासदीकार *m.* author of a tragedy

त्रासदीय (*trāsadīy*) *a.* of or pertaining to a tragedy, tragic

त्रासन (*trāsan*) *m.* 1. (act of) frightening 2. the cause of alarm or fear

त्रासिक (*trāsik*) *a.* dreadful, formidable, terrifying

त्रासित (*trāsit*) *a.* 1. frightened, terrorised 2. victimised

त्राहि (*trāhi*) *interj.* save ! help ! mercy! rescue !

त्राहि-त्राहि करना *(मु.) v.t.* to cry repeatedly for help or mercy

त्राहि-त्राहि मचाना *(मु.) v.t.* to cry loudly for help or protection

त्राहि माम् ! save me ! deliver me ! help me !

त्रि (*tri*) *a.* three

त्रिकोण *m.* triangle,

त्रिलोक *m.* the three worlds

त्रिंशत (*triṁśat*) *a.* thirty, 30

त्रिंशतम (*triṁśatam*) *a.* thirtieth, 30th

त्रिक[1] (*trik*) I. *a.* 1. three 2. threefold, triple II. *m.* trio, triplet, triad, aggregate of three

त्रिक[2] (*trik*) *m.* pelvis, lower part of the spine

त्रिक तारा *m.* triple star

त्रिक बंधता *f.* triplet linkage

त्रिक लवण *m.* triple salt

त्रिकल (*trikal*) *m.* three-way three-phase

त्रिकल तंत्र *m.* three-phase system

त्रिकल धारा *f.* three-phase current

त्रिका (*trikā*) *f.* a frame at the mouth or bottom of a well

त्रिकावस्था (*trikāvasthā*) *f.* triplet state

त्रिकास्थि (*trikāsthi*) *f.* pelvis bone, sacrum

त्रिकाल (*trikāl*) *m.* 1. all the three periods—past, present, future 2. all the three times of the day—morning, noon, evening

त्रिकालदर्शक *m.* one who keeps his eyes on all periods and times, God

त्रिकालदर्शी *m.* one who can bring to his vision the three periods and times, seer, God

त्रिकालज्ञ (*trikālajña*) *m.* one who knows (the events of) all the three periods and times, the Omniscient, God

त्रिकुट (*trikūṭ*) *m.* a three peaked mountain

त्रिकुटी (*trikuṭī*) *f.* the upper part of the forehead between the eyebrows

त्रिकोण (*trikoṇ*) *m.* triangle

त्रिकोणमिति *f.* trigonometry

त्रिकोणमितीय *a.* trigonometric

त्रिकोणाकार (*trikoṇākār*) *a.* triangular

त्रिकोणीय (*trikoṇīy*) *a.* triangular, trigonal

त्रिगुण (*triguṇ*) I. *m.* the three basic qualities of (human) nature (as सत्व, रज, तम, *q.v.*) II. *a.* threefold, three times as much, triple

त्रिगुणन (*triguṇan*) *m.* triplication

त्रिगुणात्मक (*triguṇātmak*) *a.* possessing (त्रिगुण) the three qualities

त्रिगुणित (*triguṇit*) *a.* multiplied by three,

triploid
त्रिघात (*trighāt*) *a.* & *m.* cubic
त्रिज्य (*trijya*) *a.* radial
त्रिज्या (*trijyā*) *f.* radius
त्रिज्याकार (*trijyākār*) *a.* radius-shaped
त्रिज्याकार महराब *f.* radius-shaped arch
त्रितः (*tritaḥ*) *adv.* triple
त्रितय (*tritay*) *m.* triad, triplet, a group of three, aggregate of three
त्रितल (*trital*) *a.* three-storeyed
त्रिताप (*tritāp*) *m.* the three sufferings-physical, natural or ordained and spiritual
त्रिदंड (*tridaṇḍ*) *m.* the staff which is the insignia of a sanyasi or recluse
त्रिदंडी (*tridaṇḍī*) *m.* recluse, sanyasi, hermit
त्रिदेव (*tridev*) *m.* the three gods—Brahma, Vishṇu and Mahesh
त्रिदोष (*tridoṣ*) *m.* disorder of the three humours in human body (as वात, पित्त, कफ़ *q.v.*)
त्रिदोषज (*tridoṣaj*) *a.* arising out of the disorders of the three humours
त्रिधा (*tridhā*) *a.* triple, threefold, thrice, in three parts or ways
त्रिधातु (*tridhātu*) *m.* the three minerals (gold, silver and copper) in one
त्रिनयन (*trinayan*) *m.* one having three eyes, Shiva (Mahesh)
त्रिनवति (*trinavati*) *a.* ninety-three, 93
त्रिनेत्र (*trinetra*) *m.*one having three eyes, Shiva (Mahesh) (= त्रिनयन or त्रिलोचन *q.v.*)
त्रिपंचाशत (*tripañcāśat*) *a.* fifty-three, 53
त्रिपक्षीय (*tripakṣīy*) *a.* tripartite
त्रिपक्षीय करार *m.* tripartite agreement
त्रिपक्षीय परामर्श *m.* tripartite consultation
त्रिपक्षीय संधि *f.* tripartite treaty
त्रिपथगा (*tripathagā*) *f.* the river flowing in the three worlds—heaven, earth and the lower regions, Ganga
त्रिपद (*tripad*) *a.* 1. three-footed (demon) 2. measuring three feet 3. having three divisions
त्रिपदी (*tripadī*) *f.* trimeter
त्रिपर्णक (*triparṇak*) *a.* trifoliate
त्रिपाठी (*tripāṭhī*) *m.* 1. one who has studied three Vedas 2. (member of) as caste of Brahmans
त्रिपिटक (*tripiṭak*) *m.* religious books of the Buddhists (as सूत्र, विनय and अभिधम्म)
त्रिपुंड (*tripuṇḍ*) *m.* three horizontal marks made on the forehead by the followers of Shiva or Shakti
त्रिपुर (*tripur*) *m.* 1. the three strong cities (made by demons) 2. triple fortification
त्रिपुरारि (*tripurāri*) *m.* the god (Shiva) who destroyed the three cities of the demons
त्रिपौलिया (*tripauliyā*) *m.* building with three doors or gates
त्रिफलक (*triphalak*) *a.* trihedral
त्रिफला (*triphalā*) *m.* medicine consisting of three myrobalans (as हरड़, बहेड़ा and आमला *q.v.*)
त्रिभंग (*tribhaṅg*) *m.* three bends or twists of the body
त्रिभंगी[1] (*tribhaṅgī*) *a.* having the position with three bends or curves of the body as of Lord Krishna playing his flute
त्रिभंगी[2] (*tribhaṅgī*) *f.* a metre consisting of four lines each of thirty-two syllabic instances
त्रिभागी (*tribhāgī*) *a.* tripartite, consisting of three parts, shared by three parties, divided into three segments
त्रिभाषिता (*tribhāṣitā*) *f.* trilingualism
त्रिभुज (*tribhuj*) I. *m.* triangle II. *a.* three-

sided, triangular

त्रिभुजाकार (*tribhujākār*) *a.* triangular, triangle-shaped

त्रिभुजीकरण (*tribhujīkaraṇ*) *m.* triangulation

त्रिभुजीय (*tribhujīy*) *a.* 1. triangular 2. (of a contest) among three persons or parties

त्रिभुवन (*tribhuvan*) *m.* the three worlds *viz.*, heaven, earth and nether regions

त्रिभुवननाथ/पति *m.* the lord of the universe, God

त्रिभुवनसुंदरी *f.* the beauty of the universe, woman of rare beauty

त्रिमद (*trimad*) *m.* the threefold vanity (of education, wealth and family relations)

त्रिमधु (*trimadhu*) *m.* the three sweet substances (honey, sugar and milk)

त्रिमात्रिक (*trimātrik*) *a.* of or consisting of protracted vowel sound (i.e., मात्रा *q.v.*)

त्रिमास (*trimās*) *m.* a period of three months, quarter

त्रिमासिक (*trimāsik*) *a.* three-monthly, quarterly (= त्रैमासिक *q.v.*)

त्रिमुख (*trimukh*) *a.* 1. three-faced 2. trilateral

त्रिमूर्ति (*trimūrti*) *m.* trinity, the three forms of one Supreme Being (Brahma, Vishṇu, Mahesh)

त्रियामा (*triyāmā*) *f.* containing three watches (or प्रहर *q.v.*), night

त्रिया (*triyā*) *f.* woman

त्रिरात्र (*trirātra*) *m.* the three nights consecutively, the duration of three nights

त्रिरूप (*trirūp*) *a.* tri-morphic, three-formed

त्रिरूपता (*trirūptā*) *f.* tri-morphism

त्रिरूपेश्वर (*trirūpeśvar*) *m.* the Trinity (see त्रिमूर्ति)

त्रिरेखीय (*trirekhīy*) *a.* trilinear

त्रिलोक (*trilok*) *m.* the three worlds (i.e., heaven, earth and the lower regions)

त्रिलोक पति *m.* lord of the three worlds, God

त्रिलोकी (*trilokī*) *f.* universe

त्रिलोकी नाथ *m.* lord of the universe, God

त्रिलोचन (*trilocan*) *m.* the three-eyed one, an epithet of Shiva

त्रिवर्ग (*trivarga*) *m.* 1. an aggregate of three substances 2. three pursuits (i.e. धर्म virtue, काम pleasure and अर्थ wealth) 3. (medicine) three spices (pepper, long pepper and dry ginger) 4. the three Hindu groups (i.e., Brahman, Kshatriya and Vaishya)

त्रिवली (*trivalī*) *f.* the three wrinkles or folds across the abdomen or the neck (marks of beauty)

त्रिविक्रम (*trivikram*) *m.* 1. the three steps or strides of Vishnu in Vaman incarnation 2. an epithet of Vishṇu

त्रिविध (*trividh*) I. *a.* threefold, triple, of three kinds II. *adv.* in three ways

त्रिविभाजन (*trivibhājan*) *m.* trichotomy

त्रिविम (*trivim*) *a.* three-dimensional

त्रिविम-चित्र *m.* stereogram, three-dimensional painting or picture

त्रिविमदर्शी *m.* stereoscope, stereoscopic telescope

त्रिविम-दृष्टि *f.* stereoscopic vision

त्रिवेणी (*triveṇī*) *f.* 1. three locks of hair plaited together 2. the confluence of three rivers, as in Prayag (of Ganga, Yamuna and Saraswati)

त्रिवेद (*trived*) *m.* three Vedas—Rig Veda, Yajur Veda and Sam Veda

त्रिवेदी (*trivedī*) *m.* 1. one who has studied the three Vedas 2. a sub-caste of Brahmans, Tripathi

त्रिशंकु (*triśaṅku*) *m.* one hanging be-

tween the heaven and the earth
त्रिशंकु संसद् *f.* hung parliament

त्रिशः (*triśaḥ*) *a.* & *adv.* triple

त्रिशती (*triśatī*) *f.* tercentenary, three-hundredth anniversary

त्रिशाख (*triśākh*) *a.* trifid, split into three branches or divisions

त्रिशूल (*triśūl*) *m.* trident, three-pronged spear (weapon of Shiva)
त्रिशूलदंत *a.* tridental
त्रिशूलपाणि *m.* one having trident in hand, an epithet of Shiva

त्रिशूली (*triśūlī*) *m.* warrior armed with trident

त्रिशृंग (*triśṛṅg*) *a.* having three horns or peaks

त्रिषष्ठि (*triṣasṭhi*) *a.* sixty-three, 63

त्रिषा (*triṣā*) *f.* 1. thirst 2. desire, longing (better तृषा *q.v.*)

त्रिष्टुप (*triṣṭup*) *m.* a Vedic metre of three lines of various lengths

त्रिसंकर (*trisaṅkar*) *a. trihybrid*

त्रिसप्तति (*trisaptati*) *a.* seventy-three, 73

त्रिसमाकलन (*trisamākalan*) *m.* triple integration

त्रिसर (*trisar*) *m.* triple pearl string

त्रिस्वर (*trisvar*) *m.* triphthong, three vowels occurring together (as in आइए please come)

त्रुटि (*truṭi*) *f.* 1. error, blunder 2. omission 3. flaw, defect 4. shortcoming, deficiency 5. breaking of a vow
त्रुटि-सुधार *m.* ratification of error or defect

त्रेता (*tretā*) *m.* 1. triad, the three 2. the second era or silver age of Hindu mythology, comprising 12,96,000 years (first and golden age being सतयुग)

त्रै (*trai*) *suff.* three

त्रैकालिक (*traikālik*) *a.* relating to three tenses

त्रैकाल्य (*traikālya*) *m.* (past, present and future) 1. three times (dawn, noon and sunset) 2. three stages of life (growth, maintenance and decay; or childhood, youth and old age) (= त्रिकाल *q.v.*)

त्रैकोणिक (*traikoṇik*) *a.* three-cornered, triangular

त्रैगुणिक (*traiguṇik*) *a.* pertaining to or consisting of three qualities of nature (as सत्व, रज, तम)

त्रैगुण्य (*traiguṇya*) *m.* 1. the three inherent qualities taken collectively 2. triplicity 3. multiplication by three (see त्रिगुण)

त्रैध (*traidh*) *a.* I.threefold, triple, of three kinds II. *adv.* in three ways (= त्रिविध *q.v.*)

त्रैमासिक (*traimāsik*) *a.* three-monthly, quarterly
त्रैमासिक पत्रिका *f.* quarterly journal or magazine, a quarterly
त्रैमासिक परीक्षा *f.* quarterly examination

त्रैमासिकी (*traimāsikī*) *f.* quarterly, quarterly journal

त्रैमास्य (*traimāsya*) *m.* a period of three months, quarter

त्रैराशिक (*trairāśik*) *m.* a mathematical problem involving the fourth quantity to be solved from the given three quantities

त्रैलोक्य (*trailokya*) *m.* the three worlds, (i.e. heaven, earth and the lower regions) (= त्रिलोक *q.v.*)

त्रैवर्णिक (*traivarṇik*) *m.* member of any one of the three Hindu groups, i.e. Brahman, Kshatriya and Vaishya

त्रैवार्षिक (*traivārṣik*) *a.* three-yearly, triennial

त्रैवार्षिकी (*traivārṣikī*) *f.* 1. triennium, period of three years 2. a journal or magazine published once in three years

त्रोटक (*troṭak*) *m.* a form of play containing 5, 7, 8, or 9 acts

त्र्यंगुल (*tryaṅgul*) *m.* three-finger breadth

त्र्यंबक (*tryambak*) *m.* three-eyed god, Shiva

त्र्यक्षर (*tryakṣar*) I. *a.* 1. consisting of three letters, three-lettered, tri-literal 2. consisting of three syllables, trisyllabic II. *m.* trisyllable

त्र्यक्षरिक (*tryakṣarik*) *a.* trisyllabic

त्र्याह्निक (*tryāhnik*) *a.* tertian, appearing every third day

त्वक् (*tvak*) *m.* 1. bark 2. skin

त्वक्-छेदन *m.* cutting of the skin

त्वक्-पारुष्य *m.* roughness of the skin

त्वक्शोथ *m.* dermatitis

त्वग् (*tvag*) *f.* (a form of त्वक् before voiced sounds) 1. bark 2. skin

त्वग्-ग्रंथि *f.* cutaneous gland

त्वग्-जल *m.* sweat

त्वग्दोष *m.* skin disease

त्वग्विकार *m.* dermatosis

त्वचा (*tvacā*) *f.* 1. bark, cassia 2. skin

त्वचीय (*tvacīy*) *a.* cutaneous, dermal

त्वदीय (*tvadīy*) *a.* your, yours

त्वरक (*tvarak*) *m.* accelerator

त्वरण (*tvaraṇ*) *m.* 1. acceleration 2. briskness

त्वरणमापी *m.* accelerometer

त्वरणलेखी *m.* accelerograph

त्वरण-विधि *f.* flashing

त्वरणीय (*tvaraṇīy*) *a.* 1. acceleratable, worth speeding up 2. urgent, express, prompt

त्वरता (*tvartā*) *f.* 1. haste, hurriedness, quickness 2. speed (=त्वरा *q.v.*)

त्वरमान (*tvarmān*) *a.* acceleratory

त्वरा (*tvarā*) *f.* 1. haste, hurriedness, quickness 2. speed

त्वरा-लिपि *f.* shorthand

त्वरावान् (*tvarāvān*) *a.* swift, quick prompt

त्वरित (*tvarit*) I. *a.* 1. accelerated, speedified 2. fast, swift, rapid II. *adv.* hastily, hurriedly, quickly, swiftly, rapidly

त्वरित करना *v.t.* to accelerate, to speed up

त्वरित गति *f.* accelerated speed or movement

त्वरित हड़ताल *f.* quick strike, lightning strike

त्वष्ट (*tvāṣṭā*) *m.* 1. architect 2. (बढ़ई) carpenter

त्वेष (*tveṣ*) *m.* 1. enthusiasm, zeal, gusto 2. emotion 3. excitement

थ

थ (*tha*) the seventeenth consonant of the Devanagari syllabary

थंब (*thamb*) *m.* 1. pillar, column 2. support, prop

थंबा (*thambā*) *m.* 1. obstruction, check, obstacle, impediment 2. a pillar-shaped sweetmeat (offered mainly by women at shrines) (= थंब *q.v.*)

थंभ (*thambh*) *m.*/**थंभा** (*thambhā*) *m.* 1. pillar, column 2. support, prop (= थंब)

थकन (*thakan*) *f.* 1. fatigue, tiredness, wearisomeness 2. exhaustion 3. exertion (also see थकावट)(= थकान *q.v.*)

थकना (*thaknā*) *v.i.* 1. to be tired, to be wearied/weary, to be fatigued 2. (तंग आना) to be annoyed or irritated 3. to be slow or slack

थका-थका *a.* tired, wearied, fatigued

थका-मांदा *a.* wearied, exhausted, worn out

थकाऊ (*thakāū*) *a.* tiresome, wearisome

थकान (*thakān*) *f.* 1. fatigue, tiredness, wearisomeness 2. exhaustion 3. exertion (also see थकावट)

थकाना (*thakānā*) *v.t.* to tire out, to wear out, to weary, to exhaust

थका देना/मारना *v.i.* to tire completely

थकार (*thakār*) *m.* the letter थ and its sound

थकारांत (*thakārānt*) *a.* (of a word) ending in थ (as साथ, स्वार्थ)

थकावट (*thakāvaṭ*) *f.* weariness, fatigue, tiresomeness, tiredness, exhaustion, lassitude

थकावट आना *v.i.* to get tired or exhausted

थकावट उतरना *v.i.* tiredness to lessen or disappear

थकावट उतारना *v.t.* to shake off tiresomeness

थकावट चढ़ना *v.i.* fatigue to grow

थकित (*thakit*) *a.* 1. tired, wearied, fatigued, worn out 2. (मुग्ध) attracted, fascinated, charmed 3. (चकित) astonished, surprised 4. (रुका हुआ) stable, static, standing still, motionless

थक्का (*thakkā*) *m.* 1. clot 2. clod 3. lump 4. clog

खून का थक्का clot of blood

थन (*than*) *m.* teat (of a woman), udder (of a cow or buffalo)

थनी (*thanī*) *f.* & *a.* a fleshy growth resembling teats on the neck of goats

थनेल (*thanel*) *a.* having udder or teat

थनेला (*thanelā*) *m.*/**थनेली** (*thanelī*) *f.* 1. inflamed breast (of a woman) 2. a boil on the breast of a woman 3. enlargement or inflammation of udder or breast

थनैत (*thanait*) *m.* 1. village headman 2. a petty official who collects revenue in a village

थपक (*thapak*) *f.* tap, pat, thump

थपकना (*thapaknā*) *v.t.* 1. to pat, to tap, to thump (a child to sleep) 2. to pacify, to soothe

थपकी (*thapakī*) *f.* pat, tap
थपकियाँ देकर सुलाना *v.t.* to pat to sleep
थपकी देना/लगाना *v.t.* to pat, to give a light stroke, to beat lightly
थपकी मिलना *v.t.* to get a patting

थपड़ाना (*thapṛānā*) *v.t.* to slap

थपथप (*thapthap*) *f.* the sound produced by falling of a soft body on the ground, thud

थपथपाना (*thapthapānā*) *v.t.* to strike gently with the palm of a hand, to pat, to tap
पीठ थपथपाना to pat on the back (for sympathy, appreciation or encouragement)

थपथपाहट (*thapthapāhaṭ*) *f.* sequence of pats or gentle strokes with a hand

थपथपी (*thapthapī*) *f.* pat, tap (same as थपकी *q.v.*)

थपेड़ना (*thapeṛnā*) *v.t.* 1. to slap 2. to injure, to hit

थपेड़ा (*thapeṛā*) *m.* 1. slap, buffet, blow given with the hand 2. (धक्का) dash, gust, blast (of wind)

थपोड़ी (*thapoṛī*) *f.* clapping (of hands)
थपोड़ी बजाना *(मु.)* *v.i.* to clap (the hands)
थपोड़ी मारना *v.t.* to deride, to mock, to laugh at

थप्पड़ (*thappaṛ*) *m.* slap, spank
थप्पड़ कसना/लगाना/मारना *(मु.)* *v.t.* to slap, to spank, to give a slap

थमना (*thamnā*) *v.i.* 1. to stay, to stop, to halt, to cease 2. to be supported 3. to wait 4. to keep patience

थमाना (*thamānā*) *v.t.* 1. to hand over, to deliver, to make somebody hold, to give in some one's hands, to entrust 2. to make one stay 3. to make something stand still

थर[1] (*thar*) *f.* layer, stratum

थर[2] (*thar*) *f.* den (of a wild beast)

थरकना (*tharaknā*) *v.i.* to walk or dance with a rhythm

थरथर (*tharthar*) I. *a.* shaking, trembling, quivering, shivering II. *adv.* fearfully, in dread
थरथर काँपना *(मु.)* *v.i.* to tremble with fear

थरथराना (*tharthrānā*) *v.i.* 1. to tremble, to shiver, to quiver 2. to totter

थरथराहट (*thartharāhaṭ*) *f.* 1. trembling, quivering, shivering 2. thrill

थरथरी (*tharthrī*) *f.* shivering fit (= थरथराहट)
थरथरी छूटना/लगना *v.i.* to have a shivering fit

थर्राना (*tharrānā*) *v.i.* to get frightened (= थरथराना *q.v.*)
थर्रा नउठना *v.i.* to start trembling/shivering

थर्राहट (*tharrāhaṭ*) *f.* 1. trembling quivering, shivering 2. thrill (= थरथराहट *q.v.*)

थल (*thal*) *m.* 1. land, ground 2. dry land or soil (as opposite to water) 3. place, spot 4. den of a wild beast
थलचर *m.*/**थलचारी** *m.* land animal, terrestrial animal
थल समीर *m.* land breeze
थल सेना *f.* army, land force

थलकना (*thalaknā*) *v.i.* to become flabby, to become flaccid

थलथल (*thalthal*) *a.* 1. flabby, flaccid 2. shaking, waving, fluttering
थलथल करना *(मु.)* *v.t.* to shake or flutter (as flabby flesh), to hang loosely

थलथलाना (*thalthalānā*) *v.i.* 1. to shake or flutter (as flabby flesh), to hang loosely 2. to fluctuate (as jelly or any thick glutinous substance) 3. to become flabby or flaccid

थलथलापन (*thalthalāpan*) *m.* (= थलथलाहट *q.v.*)

थलथलाहट (*thalthalāhaṭ*) *f.* flabbiness, flaccidity

थली (*thalī*) *f.* 1. place, site 2. seat 3. region 4. land, field, ground 5. layer, bed

थलीय (*thalīy*) *a.* of or pertaining to land or field, terrestrial

थवई (*thavaī*) *m.* 1. mason 2. bricklayer

थहाना (*thahānā*) *v.t.* 1. to fathom 2. to sound a man's inner feelings

थांग (*thāṅg*) *f.* 1. den of thieves 2. seeking, finding, discovery

थांग लगना *v.i.* to obtain a clue, to trace, to find out

थांगी (*thāṅgī*) *m.*1. abettor or accomplice of thieves 2. receiver of stolen property 3. one who traces the stolen property, detective

थाँवला (*thāṁvlā*) *m.* a basin dug round the root of a plant for holding water (= थाला *q.v.*)

था (*thā*) *v.i.* was (past tense of है, to be) (also see थी, थे)

थाक (*thāk*) *m.* pile

थाक का थाक the entire lot

थाती (*thātī*) *f.* 1. belongings, effects, entire movable property 2. anything given in trust, charge, trust

थान (*thān*) *m.* 1. place, site 2. dwelling, abode, residence 3. refuge, shelter 4. place of worship (temple, mosque, church, gurdwara) 5. stall or station (for animals) 6. stock, breed 7. full length of cloth 8. number

अच्छे थान का of good stock/breed

चार थान मोती four pearls (in number)

थानक (*thānak*) *m.* 1. position, situation 2. abode, dwelling

थाना[1] (*thānā*) *m.* police station

थाना[2] (*thānā*) *m.* stack or pile of bamboos

थानी (*thānī*) *m.* 1. householder 2. master of a house 3. peasant, cultivator

थानेदार (*thānedār*) *m.* officer-in-charge of a police station (usually a sub-inspector of police)

थानेदारी (*thānedārī*) *f.* the office or status of a thanedar

थानैत (*thānait*) *m.* 1. man-in-charge of a particular place 2. village deity

थाप (*thāp*) *f.* 1. pat, tap, flap, cuff, palm-stroke 2. paw (of a beast) 3. the sound of a drum or tabor (when struck with the palm of a hand) 4. dignity, nobility, respectability 5. the palm (of hand) 6. hold, command

थाप देना *v.t.* (a) to pat (b) to strike the drum with the palm

थापना (*thāpnā*) *v.t.* 1. to pat, to flap 2. to pat cow-dung into cakes (for fuel) 3. to instal an idol 4. to make a mark or impression of the palm of a hand

थापा[1] (*thāpā*) *m.* 1. mark or impression of the palm of a hand 2. (छापा) block for printing purposes 3. mould for making bricks

थापा[2] (*thāpā*) *m.* heap, pile

थापा[3] (*thāpā*) *m.* covering of mud on a pile of straw

थापा[4] (*thāpā*) *m.* subscription for a temple or some religious rituals

थापी[1] (*thāpī*) *f.* a flat mallet

थापी देना *v.t.* to pat the roof with a mallet

थापी[2] (*thāpī*) *f.* a pat

थाम (*thām*) *f.* 1. the act or manner of supporting or holding, grip 2. support, prop

थामना (*thamnā*) *v.t.* 1. to check, to restrain 2. to support, to prop 3. to hold, to seize 4. to catch, to hold in hand, to grasp 5. to take responsibility, to take charge 6. to stop

थामे रहना *v.i.* to hold on

थाल (*thāl*) *m.* a large flat metal dish or platter

थाला (*thālā*) *m.* a basin dug round the root of a plant for holding water

थाला बनाना *m.* basing, panning

थाला बुवाई *f.* spot sowing

थाली (*thālī*) *f.* a small flat metal plate or platter

थाली का बैंगन *(मु.) m.* an unsteady or fickle-minded person

थाली फिराना *v.t.* to collect subscription

किसी के आगे की थाली खींच लेना *v.t.* to deprive a person of some expected profit

थाह (*thāh*) *f.* 1. bottom 2. depth

थाह पाना *v.t.* to find the depth (of)

थाह लेना *(मु.) v.t.* (a) to gauge, to fathom the depth (b) to sound one's mind (c) to investigate a secret or to go into a mystery

दिल की थाह लगना *(मु.) v.i.* to take a measure of one's heart

थाहना (*thāhnā*) *v.t.* 1. to gauge the depth, to plumb 2. to probe into the depth of one's heart, to sound one's mind

थिगली (*thiglī*) *f.* patch of fabric used to mend a hole in a cloth

थिगली लगाना *(मु.) v.t.* to patch, to mend with a patch

आसमान या बादल में थिगली लगाना *(मु) v.t.* to do the impossible

थिर (*thir*) *a.* (old use) 1. steady, stable, static 2. still, tranquil

थिरक (*thirak*) *f.* the gliding motion of feet in dancing

थिरकना (*thiraknā*) *v.i.* 1. to strut, to stalk 2. to dance with gliding feet

थिरकाना (*thirkānā*) *v.t.* to cause to dance with expressive actions and gestures

थिरता (*thirtā*) *f.* (now obsolete) 1. steadiness, stability 2. stillness, tranquillity (better स्थिरता)

थी (*thī*) *v.i.* was (past tense of है) *fem.* of था

वह थी she was

वह आई थी she had come

थीता (*thītā*) *m.* 1. peace 2. pleasure, happiness

थुकवाना (*thukvānā*) *v.t.* to cause to spit, to make one spit

थुकाई (*thukāī*) *f.* spitting

थुकाना (*thukānā*) *v.t.* to cause to spit, to make one spit (same as थुकवाना)

थुक्का-फ़ज़ीहत (*thukkāfazīhat*) *f.* 1. censure and disgust, accusation and calumny 2. lowly wrangling 3. reproach

थुड़दिला (*thuṛdilā*) *a.* 1. faint-hearted, cowardly, timid 2. narrow-minded, miserly, niggardly, thrifty

थुड़ी (*thuṛī*) I. *f.* censure, reproach, disapprobation II. *interj.* (थुड़ी-थुड़ी) for shame ! fie !

थुड़ी-थुड़ी करना *(मु.) v.t.* to reproach, to defame, to censure, to despise

थुड़ी-थुड़ी होना *(मु.) v.i.* to be defamed, to be censured or reproached

थुत्कार (*thutkār*) *m.* the sound made in spitting

थुत्कारना (*thutkārnā*) *v.i.* 1. to make the sound थुत as of spitting 2. to spit over a person, to spite 3. to condemn, to chide, to rebuke, to calumniate

थुथकार (*thuthkār*) *f.* censure, calumny, condemnation

थुथड़ा (*thuthṛā*) *m.* the mouth or snout of an animal

थुथना (*thuthnā*) *m.* nozzle, muzzle

थुथनी (*thuthnī*) *f.* snout of a boar

थुथाना (*thuthānā*) *v.i.* 1. to distort the mouth, to make a wry face, to hang or turn down the lip (in disgust) 2. to frown, to scowl

थुन्नी (*thunnī*) *f.* prop (better थूनी *q.v.*)

थुबड़ा (*thubṛā*) I. *a.* 1. decrepit 2. dull, blunt II. *m.* old bachelor

थुबड़ी (*thubṛī*) *f.* dullness, bluntness

थुलथुल (*thulthul*) *a.* (of skin) flabby, flaccid

थुलथुल करना *v.t.* (a) to shake as the flabby flesh of a fat man (b) to fluctuate as a thick or glutinous fluid (c) to wave, to undulate

थुलमा (*thulmā*) *m.* a thick blanket

थू (*thū*) I. *f.* the sound made in spitting II. *interj.* (also थू है !) spit on it ! shame ! disgusting ! hateful !

थू करना *v.t.* to spit on/at in scorn, to jeer, to deride

थू-थू होना *(मु.) v.i.* to be jeered with थू, to be derided or scorned

थूआ (*thūā*) *m.*1. heap 2. mound or crude pillar of mud (to mark the boundary of a field)

थूक (*thūk*) *f./m.* sputum, spittle, saliva

थूक उछालना *(मु.)* to talk nonsense, to slander, to defame

थूक देना *v.t.* to spit out

थूक बिलोना *v.t.* to talk idly, to chatter nonsense

थूकों सत्तू छानना *v.t.* to do something thriftily

थूकना (*thūknā*) *v.i.* 1. to spit 2. to spit out something

थूककर चाटना *(मु.) v.t.* to go back on one's words, to eat one's own words

थूकना मना है spitting is forbidden

किसी के मुँह पर थूकना *(मु.)* to spit at someone's face

मैं इस पर थूकता तक नहीं I care not a fig for it

थूथन (*thūthan*) *m.* snout of an animal, muzzle

थूथना (*thūthnā*) *m.* (same as थूथन *q.v.*)

थूथनी (*thūthnī*) *f.* 1. snout (of an animal), muzzle 2. nozzle

थूना (*thūnā*) *m.*1. pillar, column 2. prop, support

थूनी (*thūnī*) *f.* prop, support, stake, puncheon

थूरना[1] (*thūrnā*) *v.t.* (pejorative) to overfill the stomach, to eat to the full

थूरना[2] (*thūrnā*) *v.t.* 1. to beat 2. to pound

थूहर (*thūhar*) *m.* a species of hedge *Euphorbia*

थेई-थेई (*theī-theī*) *f.* singing and dancing or beating time with the feet

थेई-थेई करना *v.t.* (a) to make merry (b) to dance gliding with beating time

थेगली (*theglī*) *f.* patch of cloth used to mend a hole in cloth (better थिगली *q.v.*)

थेथर (*thethar*) *a.* tired, troubled

थेवा (*thevā*) *m.* a stone set in a ring

थैला (*thailā*) *m.* bag, wallet, sack

थैली (*thailī*) *f.* 1. small bag, money bag, pouch, bladder, sac 2. purse

थैली का मुँह खोल देना *(मु.) v.i.* to give away money generously

थैली शाह *m.* business tycoon, business magnate

भूकंपपीड़ित लोगों के लिए मंत्री जी को थैली भेंट करना *v.t.* to present a purse to the minister for the famine-stricken

थोक (*thok*) *m.* wholesale, bulk

थोक कीमत *f.*/**थोक दाम** *m.* wholesale price

थोक के भाव *adv.* at wholesale price/rate

थोक खरीद *f.* bulk purchase

थोक दुकानदार *m.* wholesale shopkeeper

थोक बाज़ार *m.* wholesale market
थोक बिक्री *f.* wholesale, bulk sale
थोक में बेचना *v.t.* to dispose of in bulk or by wholesale
थोक विक्रेता *m.* wholesaler, wholesale dealer
थोक व्यापार *m.* wholesale trade
थोक व्यापारी *m.* wholesale trader, wholesaler, wholesale dealer

थोकदार (*thokdār*) *m.*1. head of a wholesale dealing company 2. wholesaler, wholesale dealer

थोड़ा (*thoṛā*) *a.* & *adv.* 1. little, not much 2. scanty 3. scarce 4. some 5. slight, a little 6. short
थोड़ा अन्तर *m.* slight difference
थोड़ा और *a.* a little more
थोड़ा करना *v.t.* to lessen, to reduce
थोड़ा चलना चाहिए should walk a little
थोड़ा ठहर/रुक जाइए please wait a bit
थोड़ा-थोड़ा करके *adv.* little by little, bit by bit
थोड़ा समय *m.* short time
थोड़ा-सा *a.* little, very little

थोड़े (*thoṛe*) *a.* a few, not many
थोड़े दिनों में *adv.* in a few days
थोड़े दिनों से *adv.* since the last few days, of late, recently
थोड़े-बहुत *a.* not many, just a few
थोड़े-से few, a very few
थोड़े ही *adv.* not all

थोथ[1] (*thoth*) *f.* 1. hollow 2. hollowness

थोथ[2] (*thoth*) *f.* snout of an animal

थोथा (*thothā*) *a.* 1. worm-eaten 2. hollow, empty 3. worthless 4. blunt
थोथा चना बाजे घना *(लो.)* empty vessels make much noise
थोथा धरना *m.* meaningless picketing
थोथी बातें *f.* nonsense talk

थोथापन (*thothāpan*) *m.* emptiness, hollowness

थोपना[1] (*thopnā*) *v.t.* 1. to foist, to falsely fix responsibility 2. to blame, to censure 3. to impose, to thrust

थोपना[2] (*thopnā*) *v.t.* 1. to cover 2. to cover a wall with mud or plaster 3. to cover a wound with poultice

थोबड़ा (*thobṛā*) *m.* snout of an animal

द

द (*da*) the eighteenth consonant of the Devanagari syllabary

-द (*-da*) *suff.* suffix added to impart the meaning of 'giver' (as जलद giver of water, cloud)

दंग (*daṅg*) *a.* astonished, amazed, wonderstruck, flabbergasted, confounded, stupefied

दंग कर देना *v.t.* to amaze, to flabbergast, to overwhelm with wonder, to stupefy, to take away one's breath, to astound

दंग रह जाना/हो जाना *(मु.)* *v.i.* to be amazed, to be astonished, to be wonderstruck, to be flabbergasted

दंगई (*daṅgaī*) *a.* quarrelsome, disputatious, riotous, violent, turbulent

दंगल (*daṅgal*) *m.*1. wrestling arena 2. wrestling tournament or test or bout match 3. tumultuous crowd

दंगल जमना या जुड़ना *v.i.* wrestlers to gather in the arena, amphitheatre or arena to be filled with wrestlers and spectators

दंगल मारना *(मु.)* *v.t.* to win a wrestling bout/competition

दंगल में उतरना *(मु.)* *v.i.* to appear in the arena, to step into the amphitheatre

दंगल लड़ना *v.i.* to fight or participate in a wrestling bout

दंगली (*daṅglī*) *a.* (of or pertaining to a दंगल *q.v.*) 1. fit for wrestling 2. adept in or given to wrestling 3. quarrelsome, brawling

दंगली पहलवान *m.* a wrestler who wrestles in bouts, professional wrestler

दंगली मजमा *m.* crowd of spectators at a wrestling amphitheatre or stadium

दंगा (*daṅgā*) *m.* 1. riot 2. tumult, uproar, hubbub 3. disturbance

दंगा करना *v.t.* to create disturbance or uproar, to riot, to indulge in rioting

दंगाई (*daṅgāī*) *a.* quarrelsome, disputatious, riotous, violent, turbulent (see दंगई)

दंगेबाज़ (*daṅgebāz*) *a.* turbulent, pugnacious, riotous

दंगेबाज़ी (*daṅgebāzī*) *f.* riotousness, pugnacity, turbulence

दंगैत (*daṅgait*) *m.* turbulent fellow, riotous person

दंड (*daṇḍ*) *m.*1. punishment 2. penalty, fine 3. staff, rod, stick 4. sceptre 5. shaft, bar 6. spine 7. gymnastics, gymnastic exercises 8. a measure of land 9. a measure of time equal to 24 minutes 10. one (that of transgression) of four principles (साम, दाम, दंड, भेद) of civil and military administration

दंड-ग्रहण *m.* (a) accepting conviction or punishment (b) taking sanyas

दंडचुंबक bar magnet

दंडदाता *m.* giver of punishment, punisher

दंड देना *v.t.* to punish, to penalize, to convict

दंडधर *m.*/**दंडधारी** *m.*(a) staff-bearer (b) an ascetic (sanyasi) (c) Yama, the god of death

दंडनायक *m.* punisher, magistrate, head police or military officer

दंड-निलंबन *m.* reprieve, postponement of punishment

दंडनीति *f.* the system of criminal justice

दंडन्याय *m.* criminal justice

दंडन्यायालय *m.* criminal court

दंडपाणि *m.* (a) staff-bearer (b) Yama, the god of death

दंड-पारुष्य *m.* severity of punishment

दंड-प्रक्रिया *f.* criminal procedure

दंड-भंग *m.* violation of conviction order

दंड भरना *v.t.* to pay the fine

दंडमुक्ति *f.* impunity

दंड योग्य *a.* punishable, deserving punishment, guilty

दंडरूप क्षतिपूर्ति *f.* penal compensation

दंडविज्ञान *m.* penology

दंडविज्ञानी *m.* penologist

दंडविधान *m.*(a) penal legislation (b) penal code

दंडविधि *f.* penal criminal law

दंडशास्त्र *m.* penology

दंडशास्त्रविद् या शास्त्री *m.* penologist

दंडसंहिता *f.* penal code

दंड सहना *v.t.* (a) to suffer punishment (b) to suffer loss

दंडस्वरूप *adv.* as a punishment, by way of punishment

दंडहस्त *m.* (a) staff-bearer (b) Yama, the god of death (= दंडपाणि)

दंडक (*daṇḍak*) *m.* 1. small staff or stick 2. ruler 3. metre of a stanza in which the number of syllables exceeds 27 and may extend to 200

दंडन (*daṇḍan*) *m.* 1. the act of inflicting punishment or penalty 2. governing, ruling

दंडनीय (*daṇḍanīy*) *a.* punishable, liable to punishment or fine, culpable, fit to be punished or fined, deserving punishment

दंडनीय अपराध *m.* criminal offence

दंडनीय नरहत्या *f.* culpable homicide

दंडनीय प्रमाद *m.* culpable negligence

दंडवत (*daṇḍvat*) *m.* falling prostrate, prostration, a mode of salutation, bowing down straight, humble salute (also दंडवत प्रणाम)

दंडवत करना *v.t.* to fall or lie prostrate, to make a low bow, to make obeisance

दंडाघात (*daṇḍāghāt*) *m.* beating with a stick

दंडाघात करना *v.t.* to give a blow or to beat with a stick

दंडाणु (*daṇḍāṇu*) *m.* bacillus, rod-shaped bacterium

दंडात्मक (*daṇḍātmak*) *a.* penal, punitive, pertaining to punishment

दंडादंडि (*daṇḍādaṇḍi*) *adv.* fighting with sticks

दंडादेश (*daṇḍādeś*) *m.* order of punishment, sentence, conviction, condemnation (in a court) of law

दंडादेश सुनाना *v.t.* to pronounce a sentence

दंडाधिकारी (*daṇḍādhikārī*) *m.* magistrate

दंडाधिकारी वर्ग *m.* magistracy

दंडाधीन (*daṇḍādhīn*) *a.* liable to punishment, punishable, subject to punishment

दंडाध्यक्ष (*daṇḍādhyakṣa*) *m.* magistrate (same as दंडाधिकारी *q.v.*)

दंडायमान (*daṇḍāymān*) *a.* standing erect, on one's legs

दंडायमान होना *v.i.* to stand up, to be on one's legs

दंडालय (*daṇḍālay*) *m.* criminal court

दंडाहत (*daṇḍāhaṭ*) *a.* beaten or wounded with a stick

दंडित (*daṇḍit*) *a.* punished, sentenced, penalized, mulcted
दंडित करना *a.* to punish, to sentence, to penalise

दंडी (*daṇḍī*) *m.* 1. one equipped with a stick or staff 2. policeman 3. an ascetic with a staff as his insignia 4. Yama, the god of death 5. door-keeper

दंडोन्मुक्ति (*daṇḍonmukti*) *f.* dispensation of punishment

दंड्य (*daṇḍya*) *a.* punishable, deserving punishment, fit to be punished or penalized

दंत (*dant*) *m.* tooth
दंतकथा *f.* legend, fable, anecdote
दंतकार *m.* dentist
दंतकारी *f.* dentistry
दंत-कूट *m.* teeth-ridge
दंत-क्षत *m.* dental mark (as might appear on the cheeks, lips in amorous sport)
दंतखोदनी *f.* toothpick
दंत चक्र *m.* cog-wheel
दंत चिकित्सक *m.* dentist, dental surgeon
दंत चिकित्सा *f.* dentistry
दंतच्छद *m.* lip
दंत धावन *m.*(a) cleansing the teeth (b) toothbrush
दंत निर्गम *m.* teething, cutting a tooth
दंत पाली *f.* gums
दंत पीड़ा *f.* toothache
दंत पृष्ठीय *a.* post-dental
दंत मंजन *m.* tooth powder, toothpaste, dentifrice
दंत मल *m.* tartar of a tooth
दंत मूल *m.* root of a tooth, fang
दंत वल्क *m.* enamel, a covering on the tooth
दंत-विज्ञान *m.* odontology
दंत-विन्यास *m.* dentition, arrangement of teeth
दंत-शूल *m.* toothache
दंतशोधन *m.* cleansing or brushing the teeth
दंतशोधनी *f.* toothpick
दंतहीन *a.* toothless, edentate

दंतांतर (*dantāntar*) *m.* gap or space between the teeth

दंताग्र (*dantāgra*) *m.* cusp of a tooth

दंताघात (*dantāghāt*) *m.* bite, laceration with teeth
दंताघात करना *v.t.* to bite, to lacerate with teeth

दंतादंती (*dantādantī*) *f.* a squabble as in biting one another

दंतार्बुद (*dantārbud*) *m.* a tumour arising from the root of a tooth, ulceration of the gums

दंतालि (*dantāli*) *f.* . a rake, row of teeth (= दंतावली *q.v.*)

दंतावकाश (*dantāvkāś*) *m.* diastema, gap or space between the teeth

दंतावली (*dantāvalī*) *f.* a rake, a harrow

दंतिका (*dantikā*) *f.* denticle, small tooth

दंतिया (*dantiyā*) *f.* = दंतिका

दंती (*dantī*) I. *a.* 1. having large or projected teeth 2. tusked 3. notched, jagged II. *m.* elephant, tusker

दंतुर (*dantur*) *a.* 1. toothed 2. tusked 3. (दाँतेदार) notched, jagged, serrate 4. indented

दंतुरण (*danturaṇ*) *m.*1. indenting 2. notching, jagging

दंतुरता (*danturtā*) *f.* indentation

दंतुरित (*danturit*) *a.* 1. indented, serrated 2. notched, jagged

दंतुल (*dantul*) *a.*/**दंतुला** (*dantulā*) *a.* having big or projecting teeth

दंतुली (*dantulī*) *f.* denticle, small growing teeth

दंतोच्छेदन (*dantocchedan*) *m.* dentition, extracting a tooth

दंतोद्भेदन (*dantodbhedan*) *m.* dentition

दंतोष्ठ्य (*dantoṣṭhya*) *a.* dento-labial (sound)

दंत्य (*dantya*) I. *a.* dental II.*m.* dental consonant (also दंत्य व्यंजन)

दंदाना (*dandānā*) *m.* tooth, jag, notch

दंदानेदार (*dandānedār*) *a.* toothed, jagged, notched, serrate

दंदारू (*dandārū*) *m.* a blister, a pimple

दंदी (*dandī*) *f.* blister

दंपति (*dampati*) *m.*/**दंपती** (*dampatī*) *m.* husband/ man and wife, married couple

दंपति, दंपती-कलह *m.* conjugal pranks

दंपति, दंपती-प्रणय *m.* conjugal love

दंपति, दंपतीवासा *m.* married quarters

दंभ (*dambh*) *m.*1. arrogance, vanity, conceit, haughtiness 2. hypocrisy 3. show, ostentation 4. fraud, treachery 5. wickedness, crookedness

दंभी (*dambhī*) I. *a.* 1. vain, proud, conceited, haughty 2. hypocritical 3. showy, ostentatious 4. deceitful II. 1. vain or conceited fellow 2. hypocrite, a wolf in sheep's clothing, impostor

दँवरी (*daṁvarī*) *f.* trampling of reaped harvest by bullocks for separating corn and chaff

दंश (*daṃś*) *m.*1. sting 2. bite 3. bitter words, sarcastic or acrid words 4. bitterness, acridity, pungency

दंशक (*daṃśak*) *m.*1. biter 2. stinger 3. snake

दंशन (*daṃśan*) *m.*1. biting 2. stinging

दंशन-हनु *m.* biting jaw

दंशना (*daṃśnā*) *v.t.*1. to bite 2. to sting

दंशित (*daṃśit*) *a.*1. bitten 2. stinged

दंष्ट्र (*daṃṣṭr*) *m.*/**दंष्ट्रा** (*danṣṭrā*) *f.* 1. long tooth 2. tusk 3. molar (tooth), grinder

दंष्ट्री (*daṃṣṭrī*) *m.* tusked animal

दई[1] (*daī*) *m.* fate, destiny

दई का मारा *a.* fate-stricken, unfortunate, accursed

दई[2] (*daī*) *f.* godhead, divinity

दई-दई पुकारना *v.t.* to invoke God (for help)

हा दई! *interj.* O God ! my God !

दकार (*dakār*) *m.* the letter द and its sound

दकारांत (*dakārānt*) *a.* (word) ending in द (as नींद, कैद)

दकियानूस A (*daqiyānūs*) *a.* & *m.* 1. conservative or old-fashioned (fellow), obscurantist 2. out-of-date 3. stereotype

दकियानूसी A (*daqiyānūsī*) *a.* (same as दकियानूस *q.v.*)

दक्कन (*dakkan*) *m.* Deccan, the south, south India

दक्कनी (*dakkanī*) *m.* Deccanese (people), people of south India

दक्खिन (*dakkhin*) *m.* south

दक्खिनी (*dakkhinī*) *a.* southern

दक्ष (*dakṣa*) *a.* skilful, dexterous, expert, adroit, skilled, efficient, adept

दक्षता (*dakṣatā*) *f.* skilfulness, dexterity, expertness, adroitness, efficiency

दक्षतापूर्वक *adv.* efficiently, skilfully, adroitly

दक्षता-रोध *m.* efficiency bar

दक्षता-वृत्त *m.* efficiency record

दक्षता-सूचकांक *m.* efficiency index

दक्षतांक (*dakṣtāṅk*) *m.* figure of merit

दक्षा (*dakṣā*) *f.* the earth, globe

दक्षिण (*dakṣiṇ*) I. *m.*1. south 2. hero who keeps all his beloveds in good humour II. *a.*1. (of hand or direction) right 2. (of star or fate) favourable

दक्षिण अक्षांश *m.* southern latitude

दक्षिण अयनांत *m.* south/winter solstice

दक्षिण कटिबंध *m.* southern zone

दक्षिण ध्रुव south pole
दक्षिण ध्रुव प्रदेश *m.* Antarctic region
दक्षिण ध्रुवीय *a.* Antarctic
दक्षिणपंथ *m.* (in politics) right wing
दक्षिणपंथी *m.* rightist
दक्षिणपंथी दल *m.* rightist party
दक्षिण पक्ष *m.* right side
दक्षिण-पश्चिम *m.* south-west
दक्षिण-पश्चिमी *a.* south-western
दक्षिण-पूर्व *m.* south-east
दक्षिण-पूर्वी *a.* south-eastern
दक्षिण मुख *a.* facing the south
दक्षिण वृत्त *m.* Antarctic circle

दक्षिणा (*dakṣiṇā*) *f.* honorarium, fee especially for religious services, present or gift given to a Brahmin
दक्षिणा पथ *m.* southern region, Deccan (in India)

दक्षिणाचल (*dakṣiṇācal) m.* the southern mountain

दक्षिणाचार (*dakṣiṇācār) a.* honest and upright in conduct

दक्षिणाचारी (*dakṣiṇācārī) m.* one who conducts himself rightly and sincerely

दक्षिणाभिमुख (*dakṣiṇābhimukh) a.* 1. facing south 2. flowing towards the south

दक्षिणायन (*dakṣiṇāyan*) *m.* winter solstice, half-yearly declination in which the sun moves from north to south

दक्षिणावर्त (*dakṣiṇāvarta)* I. *a.* curved to the right, clockwise II. *m.* a conch-shell with the valve opening to the right
दक्षिणावर्त घूमना *v.i.* to move clockwise (opposite वामावर्त anticlockwise)
दक्षिणावर्त पवन *m.* veering wind

दक्षिणावर्ती (*dakṣiṇāvartī) a.* 1. dextral 2. right-handed

दक्षिणी (*dakṣiṇī*) I. *a.* southern II. *m.* southerner, southern people or native
दक्षिणी गोलार्ध *m.* southern hemisphere
दक्षिणी ध्रुव *m.* southern pole

दख़ल A (*da<u>kh</u>al) m.*1. mastery 2. interference, meddling, intervention 3. possession, occupation (as of a house)
दख़ल करना *v.t.* to occupy
दख़लकार *m.* occupier, occupant
दख़लकारी *f.* occupancy, possession
दख़ल देना *v.t.* to interfere, to interpose, to intervene, to poke one's nose into another's affairs
दख़ल-बेदख़ल करना *v.t.* to dispossess, to dislodge, to eject
गणित में मेरा दख़ल my mastery of mathematics

दख़लंदाज़ P (*da<u>kh</u>alandāz) a.* (one) who interferes or meddles

दख़लंदाज़ी P (*da<u>kh</u>alandāzī) f.* interference, intervention, meddling

दख़ली काश्तकार P (*da<u>kh</u>līkāśtkār) m.* occupancy tenant

दख़ील A (*da<u>kh</u>īl) m.* occupant (= दख़ल)

दगड़ (*dagaṛ*) *m.* kettledrum

दगदगा[1] (*dagdagā)* I. *a.* burning, shining II. *m.* burning lamp (placed in a paper drum)

दग़दग़ा[2] A (*da<u>g</u>da<u>g</u>ā*) *m.* dread, fright, fear

दग़दग़ाना (*da<u>g</u>da<u>g</u>ānā*) *v.i.* to burn brightly, to shine, to glow, to gleam

दग़दग़ाहट (*da<u>g</u>da<u>g</u>āhaṭ*) *f.* brilliance, splendour, radiance

दग़ना A (*dagnā) v.i.* 1. to be branded (as a horse) with a hot iron 2. to be fired (as a gun) 3. to be burnt/inflamed

दगला (*daglā) m.* a long coat padded with cotton

दग़वाना (*dagvānā) v.t.* 1. to cause to be branded or burnt (by someone)

2. to get to be fired

दग़ा P (*dagā*) *f.&m.* deceit, perfidy, treachery, fraud

दग़ा करना *v.t.* to deceive, to act treacherously

दग़ा खाना *v.t.* to be deceived

दग़ा दे जाना *v.i.* to leave somebody in the lurch

दग़ाबाज़ P (*dagābāz*) I. *a.* treacherous, deceitful, perfidious II. *m.* treacherous fellow, cheat, knave, traitor

दग़ाबाज़ी P (*dagābāzī*) *f.* treachery, deceitfulness, perfidy, breach of faith

दग़ील (*dagīl*) *a.* tainted, blotted, spotted

दग़ैल (*dagail*) *a.* stained, specked, blemished, sullied, stigmatic

दग्ध (*dagdha*) *a.*1. burnt, consumed by fire, scorched, blotched 2. (पीड़ित) pained, tormented, distressed

दग्ध-अंगमारी *f.* fire blight

दग्ध-हृदय I. *m.* afflicted heart, heavy heart II. *a.* with distressed or lacerated heart, aggrieved, sorrowful

दग्धा (*dagdhā*) *f.* 1. the direction in which the sun remains overhead 2. the days or dates that are supposed to be inauspicious

दग्धाक्षर (*dagdhākṣar*) *m.* the letters झ, भ, र, ह and ष which should not occur in the beginning of a stanza

दचक (*dacak*) *f.* jerk, jolt, bump, shock

दचकना (*dacaknā*) *v.i.* 1. to jolt, to jerk, to bump 2. (of a person) to be pressed/pushed, to suffer a jolt

दचका (*dacakā*) *m.* jolt, jerk, bump

दचका लगना *v.i.* to receive a jerk, to suffer a jolt

दचकेदार (*dachkedār*) *a.* jerky, jolting

दड़कना (*daṛaknā*) *v.t.* to crack, to split

दड़बड़ाना (*daṛbaṛānā*) *v.t.* 1. to misrepresent 2. to threaten, to intimidate

दड़बा (*daṛbā*) *m.*1. house for fowls, coop 2. roost for pigeons 3. (ironically) house, abode

दढ़ना (*daṛhnā*) *v.i.* to be burnt/scorched

दढ़िमुंडा (*daṛhimuṇḍā*) *a.* beardless, clean shaved

दढ़ियल (*daṛhiyal*) *a.* bearded, having a long beard

दतुअन (*datuan*)*m.&.f.*/**दतुवन**(*datuvan*) *m.&.f.* fibrous twig used as a toothbrush

दतुअन, दतुवन करना *v.t.* to cleanse one's teeth with a twig-brush

दत्त (*datta*) *a.*1. given, granted, made over 2. paid 3. conferred 4. endowed, donated 5. assigned 6. presented

दत्त कार्य *m.* assignment

दत्तचित्त *a.* having concentrated mind, attentive

दत्तचित्त होकर *adv.* with concentrated mind, attentively

दत्त दृष्टि *a.* looking on

दत्तहस्त *a.* (a) having a hand given for support (b) shaking hands

दत्तक (*dattak*) *m.* adopted child, adoptee

दत्तक-ग्रहण *m.* adoption

दत्तकग्राही *m.* adopter, one who adopts, adopting person

दत्तकग्राही पिता *m.* adopting father

दत्तकग्राही माता *f.* adopting mother

दत्तक-पुत्र *m.* adopted son (one of the twelve kinds of heirs in Hindu law)

दत्तक-विधान *m.* law of adoption

दत्तकी (*dattakī*) *a.* adoptive

दत्तकी पिता *m.* adoptive father

दत्तकी माता *f.* adoptive mother

दत्तकीय (*dattakīy*) *a.* of or pertaining to adoption

दत्तकीय प्रथा *f.* customs related to adoption

दत्तकीय विधान *m.* law pertaining to adoption

दत्ता (*dattā*) *f.* given away (in marriage), betrothed, engaged

दत्तात्मा (*dattātmā*) *m.* one who has given himself (for adoption, for service or for sacrifice)

दत्तावधान (*dattāvdhān*) *a.* attentive, cautious

दत्तांश (*dattāṃś*) *m.* contribution

ददरी (*dadarī*) *f.* scar (as on tobacco leaf)

ददा (*dadā*) *m.* 1. paternal grand father 2. (eastern India) elder brother, elder cousin 3. respectable person 4. (Bengal) leader of a gang, gangster (same as दादा *q.v.*)

ददिया (*dadiyā*) *a.* related as a grandfather

ददिया ससुर *m.* grandfather-in-law, a husband's or wife's paternal grandfather

ददिया सास *f.* grandmother-in-law, a husband's or wife's paternal grandmother

ददियाल (*dadiyāl*) *m.*/**ददिहाल** (*dadihāl*) *m.* paternal grandfather's family or his house

ददौड़ा (*dadauṛā*) *m.*/**ददौरा** (*dadaurā*) *m.* 1. bump or swelling (caused generally by the bite of an insect) 2. rash

दद्रु (*dadru*) *m.* a cutaneous eruption or rash, ringworm herpes (see दाद)

दधि (*dadhi*) *m.* curd, yoghurt

दधि-धानी *f.* curd vessel

दधि-कांदो *m.* a festival celebrated after Lord Krishna's birthday when participants sprinkle curd mixed with turmeric powder on each other

दधि-मंथन *m.* churning of curd to make butter

दन (*dan*) *f.* loud report of a gun or cannon

दन-दन repeated firing

दन-दन करते हुए *adv.* making firing sounds all along

दन-दन करना *v.t.* to fire with a loud noise

दन से *adv.* at once

दनदनाना (*dandanānā*) *v.i.* 1. to shoot in quick succession 2. (guns) to clatter, to rattle, to crack 3. to resound 4. to sing for joy 5. to be in high spirits 6. to enjoy oneself, to make merry

दनदनाते हुए *adv.* (a) rapturously (b) with timing footsteps (c) with a cannonade

दनादन (*danādan*) I *.f.* 1. report of a gun 2. resound, reverberation, resounding incessantly II. *adv.* in quick succession

दनुज (*danuj*) *m.* son of Danu (wife of Kashyap and mother of demons), a demon

दन्न (*danna*) *f.* report of a gun or cannon (see दन)

दपट (*dapaṭ*) *f.* 1. shouting, rebuking, a rebuke 2. rushing forward (= डपट *q.v.*)

दपटना (*dapaṭnā*) *v.t.* 1. to shout at, to rebuke 2. to rush at, to assault 3. to urge (a horse) 4. to rush forward, to gallop (better डपटना *q.v.*)

दफ़्ती A (*daftī*) *f.* cardboard, paste board

दफ़न A (*dafan*) *m.* burial, interment

दफ़न करना *v.t.* (a) to bury (b) to hide, to conceal

मामला दफ़न करना *v.t.* to hush up or to close a matter

दफ़न होना *(मु.) v.i.* to be buried

दफ़नाना A (*dafnānā*) *v.t.* to bury, to put a stop to dispute or enmity, to bury the hatchet

दफ़ा[1] A (*dafā*) *f.* 1. one time or turn 2. section (of an act)

दफ़ा 110 section 110 (of the Indian

Penal Code)

दफ़ा लगाना *(मु.) v.t.* to charge under some Act

दफ़ा[2] A (*dafā*) *m.* 1. repulsion, repelling 2. warding off 3. removing

दफ़ा करना *v.t.* (pejorative) (a) to ward off (b) to remove (c) to discard (d) to take away (e) to avert

दफ़ा होना *v.i.* (a) to be repelled, to be turned back (b) to depart, to go away

दफ़ादार A (*dafādār*) *m.* a petty officer commanding a small body of troops

दफ़ादारी A (*dafādārī*) *f.* (the post or status of a दफ़ादार *q.v.*)

दफ़ीना A (*dafīnā*) *m.* the buried treasure, treasure trove

दफ़्तर P (*daftar*) *m.* office

दफ़्तर खर्च *m.* office charges

दफ़्तर बाबू *m.* office clerk

दफ़्तरशाही *f.* bureaucracy

दफ़्तरशाही संगठन *m.* bureaucratic organisation

दफ़्तरी A (*daftarī*) *m.* 1. a man who is in charge of stationery in an office, and of binding up loose sheets of papers and books 2. book binder, daftaree or daftri

दफ़्तरीख़ाना *m.* book binding, bookbinder's shop/workshop

दफ़्ती A (*daftī*) *f.* cardboard, paste board (see दफ़ती)

दबंग (*dabaṅg*) *a.* 1. bold, fearless, undaunted 2. strong-head, uncontrolled, unrestrained 3. of commanding presence, influential

दबंगपन (*dabaṅgpan*) *m.* 1. boldness, fearlessness, undauntedness 2. strongheadedness

दबक[1] (*dabak*) *f.* hiding, concealing

दबक[2] (*dabak*) *f.* twitching, jerking, pulling suddenly or with a jerk

दबकना (*dabaknā*) *v.i.* 1. to hide oneself, to be concealed or hidden, to lurk 2. to crouch, to lie crouching

दबकवाना (*dabakvānā*) *v.t.* 1. to cause to be hidden or concealed 2. to cause to make one crouch

दबकाना (*dabkānā*) *v.t.* 1. to hide, to conceal, to lurk 2. to chide, to rebuke, to snub 3. to awe, to intimidate

दबकी (*dabkī*) *f.* hiding, ambush

दबड़ूघुसड़ू (*dabṛūghusṛū*) I. *a.* 1. skulking, lying hidden 2. weak, feeble II. *m.* skulker

दबदबा (*dabdabā*) *m.* awe, sway, commanding influence, glory, majesty

दबदबा जमाना *(मु.) v.t.* to establish one's sway or command

दबना (*dabnā*) *v.i.* 1. to be compressed, to be pressed down 2. to be squeezed 3. to be crushed (under) 4. to be hushed up 5. to be buried 6. to bend (under weight) 7. to be concealed or hidden 8. to be subdued, to submit to control, to surrender

दब जाना *v.i.* (a) to give in, to give way (b) to cave in

दबवाना (*dabvānā*) *v.t.* to get buried, to cause to be hidden, to cause to be bent, to get the matter hushed up, to cause to crush (a revolt)

दबा (*dabā*) *a.* 1. compressed 2. squeezed 3. crushed 4. bent 5. buried 6. concealed, hidden 7. subdued

दबा ख़ज़ाना *m.* hidden treasure, treasure trove

दबा हुआ पैसा *m.* money left unrealised with others

दबी आवाज़ *(मु.) f.* suppressed or restrained voice

दबी आवाज़ से *adv.* with/in a subdued voice/tone

दबे पाँव या पैरों (से) *(मु.) adv.* with silent footsteps, stealthily

दबे हाथ ख़र्च करना *v.t.* to spend thriftily

दबाऊ (*dabāū*) *a.* pressing down (as the load of a cart or animal), weighty

दबाना (*dabānā*) *v.t.* 1. to press down, to compress 2. to suppress, to repress 3. to keep under control or restraint 4. to curb 5. to snub, to chide, to rebuke 6. to awe, to cow down, to intimidate 7. to squeeze 8. to hush up (a matter) 9. to bury

दबाए डालना *v.t.* (a) to slow down (b) to subdue, to curb (c) to defeat

दबा जाना *v.i.* to grab

दबा देना *v.t.* to put down, to curb, to suppress, to smother

दबा बैठना *(मु.) v.i.* to seize, to usurp, to grab

दबा लेना *(मु.) v.t.* (a) to hide, to conceal (b) to subdue (c) to overcome (d) to grab

दबाव (*dabāv*) *m.* 1. pressure 2. influence 3. duress, compulsion 4. coercion 5. stress, strain

दबाव डालना *v.t.* (a) to exercise pressure, to press, to pressurize (b) to compel, to coerce

दबाव पड़ना *v.i.* to be put under pressure, to be pressurized

दबाव मानना *v.t.* (a) to pay regard to somebody's authority, to be submissive (b) to stand in awe (in the presence of somebody)

दबाव में आकर *adv.* (a) under pressure (b) under compulsion/duress

दबीज (*dabīz*) *a.*1. thick 2. strong 3. firm

दबेल (*dabel*) *a.* subject, subordinate, under subjection

दबैल (*dabail*) *a.*1. pressed, compressed, 2. crushed 3. controlled, restrained, subdued, curbed

दबोचना (*dabocnā*) *v.t.*1. to seize suddenly, to catch, to grasp, to clutch 2. to pounce upon 3. to press tight, to squeeze 4. to conceal, to hide, to stow away

धर दबोचना *v.t.* to clutch tight

दबोस (*dabos*) *m.* a flint stone

दबौनी (*dabaunī*) *f.* 1 pressing machine 2. weight

दब्बू (*dabbū*) *a.* unassertive, timid, submissive, meek

दब्बूपन (*dabbūpan*) *m.* submissiveness, timidity, meekness

दम[1] (*dam*) *m.* 1. suppression, repression, coercion 2. subjugation, subduing (a passion), overpowering 3. control, restraint (= दमन *q.v.*)

दम[2] P (*dam*) *m.* 1. breath, life force 2. life, energy, spirit 3. moment, instant 4. fire 5. fraud, trickery

दम अटकना *(मु.) v.i.* (a) breath to be choked (b) about to breathe one's last

दम आ जाना *v.i.* (a) to recover one's breathing, to breathe again (b) to recover from a faint (c) to revive, to come to life again (d) to recover one's ease, to regain calmness or composure

दम-आलू *m.* stewed potato, a preparation of whole potato made with spices

दम उखड़ना *(मु.) v.i.* to be out of breath

दम उलटना *v.i.* (a) to gasp (as when one has a severe fall or is dying) (b) to be confused or confounded

नाकों दम करना *(मु.) v.t.* (a) to harass (b) to tease too much

दमकल *f.* fire extinguisher, fire brigade

दम के दम में *adv.* in a moment, at once

दमखम *m.* strength, stamina, energy

दम खा जाना *v.i.* (a) to remain silent (b) to be patient

दम खाना *v.t.* to worry

दम खींचना *(मु.) v.t.* (a) to draw a breath (b) to take a puff at the hoo-

kah (हुक्का *q.v.*) (c) to remain quiet or still (d) to inhale deeply
दम घुटना *(मु.) v.i.* to be suffocated or choked
दम घोंटना *(मु.) v.t.* to smother, to stifle, to strangle
दम घोंटनेवाला *a.* suffocating
दम चढ़ जाना या चढ़ना *v.i.* to be out of breath
दम चुराना *(मु.) v.t.* (a) to hold the breath (b) to feign fainting or death
दम-चूल्हा *m.* oven, portable stove in which coal is used
दम-झाँसा *m.* false assurance, false hope
दम टूटना *(मु.) v.i.* (a) breath to stop momentarily (b) to run short of breath (c) to be exhausted (d) to pant
दम तोड़ना *(मु.) v.t.* to expire, to breathe one's last, to die
दम-दिलासा *a.* (a) consolation (b) encouragement
दम-दिलासा देना *(मु.) v.t.* to console, to encourage
दम देना *(मु.) v.t.* (a) to be madly in love (b) to steam vegetables (c) to temper (steel)
दम निकलना *(मु.) v.i.* to expire, to breathe one's last
दम फूलना *(मु.) v.i.* (a) to breathe short, to be breathless (b) to pant, to gasp
दम बंद होना *v.i.* breath to be held
दम बढ़ाना *v.t.* (a) to give a fillip, to encourage (b) to practise (प्राणायाम् *q.v.*) holding the breath, to hold breath in attention, to be very attentive
दम-भर को *adv.* for a moment
दम भरना *(मु.) v.t.* (a) to get out of breath, to be exhausted (b) to boast (c) to count for support
दम-भर में *adv.* in a moment
दम मारना *(मु.) v.t.* (a) to draw a breath (b) to boast (c) to smoke
दम में दम आना *(मु.) v.i.* (a) to recover one's breath (b) to recover from a swoon (c) to revive (d) to recover one's ease
दम रुकना *v.i.* (a) breath to stop short (b) to be suffocated
दम रोकना *v.t.* (a) to hold breath (as in प्राणायाम *q.v.*) (b) to choke, to suffocate
दम लगाना *(मु.) v.t.* (a) to take a puff, to smoke (b) to exert fully
दम लेना *(मु.) v.t.* (a) to take breath (b) to take respite, to repose, to rest
दम साधना *(मु.) v.t.* (a) to hold breath (as in feigning death or swoon, or in swimming) (b) to practise प्राणायाम *q.v.*
दम सूखना *(मु.) v.i.* to be terror-stricken, to be terrified
दम होना *v.i.* (a) to have life force (b) to be living or alive
दम होठों पर आना *v.i.* to be on the verge of death
एकदम से *adv.* (a) all of a sudden (b) wholly, totally

दमक *(damak) f.* 1. glow, brilliance, glitter, glimmer 2. flash 3. heat

दमकना (*damaknā*) *v.i.* 1. to shine, to glow, to glitter, to glimmer, to glisten, to flash 2. to give forth heat

दमकल (*damkal*) *f.* fire-brigade

दमकला (*damkalā*) *m.* a big vessel filled with rose water which is sprinkled at social gatherings

दमड़ा (*damṛā*) *m.* money, wealth, riches
दमड़े करना *v.t.* to sell off, to sell cheap

दमड़ी (*damṛī*) *f.* 1. (old Indian) coin equivalent to one-eighth of a pice 2. a unit of measurement of land

दमड़ी की मुर्गी टका ज़िबह कराई/दमड़ी की बुढ़िया टका सिर मुँड़ाई (*लो.*) a penny for the bill and a pound for the tip

दमड़ी के तीन (*मु.*) *a.* damn cheap, of no worth

दमड़ी पास न होना to be penniless

दमदम (*damdam*) *m.* 1. sound of beating or firing 2. sound of a drum or tabor 3. tumult, din, clamour 4. pomp, show, ado 5. kettledrum

दमदमा (*damdamā*) *m.*1. report of a booming gun 2. bunker

दमदमाना (*damdamānā*) *v.t.* 1. to cause to beat (a kettledrum) 2. to cause to vibrate 3. to shake

दमदार P (*damdār*) *a.* 1. virile, powerful 2. healthy 3. efficient, capable

दमन (*daman*) *m.*1. suppression, repression, coercion 2. subjugation, subduing (a passion), overpowering 3. control, restraint

दमन करना *v.t.* to coerce, to oppress, to repress, to subjugate, to bring under control, to restrain

दमनकारी I. *a.* suppressive, repressive II. *m.* oppressor

दमनकारी उपाय *m.* repressive measures

दमन-चक्र *m.* a series of repressive measures, repeated orgies of repression

दमन-चक्र चलाना *v.t.* to let loose an orgy of repression

दमन-नीति *f.* policy of repression/suppression

दमनशील *a.* repressive, suppressive, restraining

दमनात्मक (*damanātmak*) *a.* coercive, suppressive, repressive, oppressive

दमनीय (*damanīy*) *a.* repressible, suppressible, restrainable, fit to be kept under subjugation/control

दमबाज़ P (*dambāz*) I. *a.* deceitful, artful, treacherous II. *m.* an artful person, deceiver, pettifogger, humbug

दमबाज़ी P (*dambāzī*) *f.* deception, hoodwinking, pettifoggery, trickery, artfulness

दमयिता (*damayitā*) *m.* repressor, suppressor, oppressor

दमसाज़ P (*damsāz*) *a.* faithful (as a friend)

दमा P (*damā*) *m.* asthma

दमे का दौरा *m.* a fit of asthma

दमे का रोगी *m.* asthmatic

दमाद (*damād*) *m.* son-in-law (better दामाद *q.v.*)

दमादम (*damādam*) *adv.* continually, in quick succession, without a break

दमामा P (*damāmā*) *m.* 1. large kettledrum 2. uproar, tumult

दमित (*damit*) *a.* subdued, suppressed, restrained

दमित इच्छा *f.* suppressed or restrained desire

दमित मनोग्रंथि *f.* repressed complex

दमित व्यक्ति *m.* oppressed person

दमी[1] (*damī*) *f.* hookah or pipe (for smoking)

दमी[2] (*damī*) *a.* tamed, disciplined, controlled, restrained

दम्य (*damya*) *a.* suppressible, repressible, fit to be kept under control or subjugation

दयंत (*dayant*) *m.* demon, giant, ogre, monster (= दैत्य *q.v.*)

दयनीय (*daynīy*) *a.* pitiable, inspiring pity, miserable, wretched, woebegone

दयनीयता (*daynīytā*) *a.* pitiableness, wretchedness, miserableness

दया (*dayā*) *f.* mercy, pity, compassion, clemency

दया कर *a.* merciful, pitiful

दया करके *adv.* out of mercy

दया करना *v.t.* to feel or take pity (on), to pity, to show mercy
दया दिखाना *v.t.* to show pity or mercy
दया-दृष्टि *f.* kindly attitude, kindness
दयानिधान/निधि *m.* abode of mercy/compassion, mercy personified, compassionate or merciful person
दयापात्र *m.* one deserving compassion/pity or mercy, object of mercy
दयापूर्वक *adv.* compassionately, pitifully
दयाभाव *m.* feeling/sense of mercy or pity
दयामय *a.* full of pity or compassion, merciful, compassionate
दयामूर्ति *m.* compassion personified
दयारूप *a.* having the nature of compassion, merciful, compassion incarnate
दयावान् *a.* kind, merciful, compassionate
दयावीर *m.* hero of compassion, a very kind and merciful person
दयाशील *a.* of the nature of mercifulness, compassionate, kind
दयासागर/ सिंधु *m.* ocean of compassion, merciful, very compassionate person

दयानत A (*dayānat*) *f.* honesty, sincerity, truthfulness
दयानतदार *a.* honest, sincere, truthful
दयानतदारी *f.* honesty, sincerity, truthfulness

दयार्द्र (*dayārdra*) *a.* one whose heart melts with pity, pitiful, merciful, tender, sincere hearted, kind

दयाल (*dayāl*) *a.* = दयालु *q.v.*

दयालु (*dayālu*) *a.* kind-hearted, merciful, kind, compassionate, benign

दयालुता (*dayālutā*) *f.* kind heartedness, mercifulness, compassion, benignity

दयिता (*dayitā*) *f.* 1. wife 2. beloved, sweetheart

दयिताधीन (*dayitādhīn*) *a.* hen-pecked, in subjection of one's wife

दर[1] (*dar*) *f.* rate
दर-निर्धारण *m.* rating
दर-बंदी *f.* assessment of rates
दर-सूची *f.* rate list, tariff
...की दर से *adv.* at the rate of
जन्म-दर birth rate

दर[2] P (*dar*) *m.* door
दर-दर door to door, at/from every door, from door to door
दर-दर ठोकर खाना, दर-दर की ख़ाक छानना/
दर-दर मारे-मारे फिरना *(मु.)* to go about from door to door (almost begging), to knock about from pillar to post, to be tossed about from place to place

दर[3] (*dar*) *pref.* in, under (as in दरअसल in reality, in truth)
दर-परदा *adv.* under cover
ब्याज-दर-ब्याज *m.* interest within interest, compound interest

दरक (*darak*) *f.* 1. cracking, splitting 2. (दरार) breach, fissure

दरकना (*daraknā*) *v.i.* 1. to crack, to split, to be torn 2. (धड़कना) to palpitate, to beat, to throb

दरकाना (*darkānā*) *v.i.* to rend, to tear, to split, to crack

दरकार P (*darkār*) I. *a.* needed, necessary II. *f.* need, necessity
कहने की दरकार नहीं है it need not be said

दरकिनार P (*darkinār*) *adv.* on one side, aside, aloof, apart
दरकिनार करना *v.t.* to leave aside, to let (it) alone
दरकिनार होना *v.i.* to be aloof

दरकिरायेदार (*darkirāyedār*) *m.* tenant of a tenant, sub-tenant

दरख़ास्त P (*darkhāst*) *f.*/**दरख्वास्त** (*darkh-*

vāst) f. 1. request, solicitation 2. application

दरख़ास्त, दरख़्वास्त करना *v.t.* to request, to solicit

दरख़ास्त, दरख़्वास्त डाल देना *v.t.* to put up a request or application

दरख़ास्त, दरख़्वास्त देना *v.t.* to submit an application, to apply

दरगाह P (*dargāh*) *f.* tomb or shrine of a saint

दरख़्त P (*darakht) m.* tree

दरगुज़र P (*darguzar) f.* 1. ignore 2. indifference

दरगुज़र करना *v.t.* to pass over, to ignore, to overlook

दरज़ P (*daraz*) *f.* crack, fissure

दरज़बंदी *f.* filling up the cracks

दरजन E (*darjan*) *m.* dozen

दरजा A (*darjā) m.* 1. rank, status 2. class, standard

दरजाबंदी *f.* (a) gradation (b) classification

दरज़िन P (*darzin*) *f.* 1. female tailor 2. wife of a tailor

दरज़ी P (*darzī) m.* tailor

दरज़ीख़ाना *m.* tailor's shop or workshop, tailoring house

दरज़ीगीरी *f.* tailoring, work or avocation of a tailor

दरजेवार (*darjevār) adv.* 1. graded 2. gradewise, classwise

दरण (*daraṇ*) *m.* 1. pounding, crushing 2. rending, breaking 3. pulverisation

दरद P (*darad*) *m.* 1. pain, ache 2. affliction, suffering, agony 3. pity, mercy, sympathy 4. pathos (better दर्द *q.v.*)

दरदरा (*dardarā) a.* 1. coarsely pounded, half ground, granulated 2. broken, crushed

दरदराना (*dardarānā) v.t.* 1. to pound, to grind coarsely 2. to grate under the teeth 3. to produce grating sound

दरदरापन (*dardarāpan)m.* grittiness, granulation

दरदीला (*dardīlā) a.* 1. (of a person) compassionate, sympathetic, kind-hearted 2. (of a song or speech) heart-rending, distressing

दरना (*darnā) v.t.* to grind coarsely, to crush

दरपरदा (*darpardā) adv.* stealthily, clandestinely, under cover

दरपेश P (*darpeś) adv.* in front, face to face

दरपेश आना *(मु.) v.i.* to encounter, to come face to face

दरबा P (*darbā) m.*1. coop, bird house, pigeonhole, pigeon house 2. small compartment

दरबान P (*darbān) m.* 1. doorkeeper, gatekeeper 2. watchman

दरबानी P (*darbānī) f.* 1. doorkeeping, gatekeeping 2. watchmanship, watch

दरबार P (*darbār) m.* 1. royal court 2. hall of audience 3. an assembly of visitors

दरबार-ए-आम *m.* public hall of audience

दरबार-ए-ख़ास *m.* private hall of audience

दरबार करना/लगाना *v.t.* to hold a court, to hold a durbar, to give audience (to)

दरबार खुला होना *(मु.) v.i.* court to be accessible to the public

दरबारदारी *f.* presence or attendance at the court or levee

दरबारदारी करना *v.t.* to dance attendance (on), to be obsequious

दरबार लगना *(मु.) v.i.* the court to be on

दरबार साहब *m.* (a) holy presence or enshrinement of Guru Granth Sahib (b) the building where Guru Granth Sahib is enshrined, gurdwara

दरबारी P (*darbārī*) I. *a.* of or belonging to the court, courtly II. *m.* courtier
दरबारी ज़बान/भाषा *f.* court language, standard or polished language
दरबारी साहित्य *m.* courtly literature, flattering literature

दरमियान P (*darmiyān*) I. *m.* the middle II. *post p.* (के दरमियान) during, between, among, within
दरमियान में in the middle
इस दरमियान (a) during this time (b) in the meanwhile
तीन-चार भाइयों के दरमियान among three or four brothers
दो घरों के दरमियान between two houses

दरमियाना P (*darmiyānā*) *a.* medium
दरमियाना क़द *m.* medium height

दरमियानी P (*darmiyānī*) *a.* in-between, intervening
दरमियानी छड़ *f.* in-between or intervening rod

दरयाफ़्त P (*daryāft*) *f.* 1. discovery 2. knowledge 3. enquiry
दरयाफ़्त करना *v.t.* (a) to discover, to find out (b) to inquire (c) to ascertain

दरवाज़ा P (*darvāzā*) *m.* door, doorway, gate
दरवाज़ा खटखटाना *(मु.)* to knock at the door
दरवाज़ा खोलना *v.t.* to open the door
दरवाज़ा झाँकना *v.t.* to call at or visit a house
दरवाज़ा बंद करना *v.t.* to close/shut the door
दरवाज़े की मिट्टी खोद डालना *(मु.) v.t.* to visit a place too frequently

दरवेश P (*darveś*) *m.* a religious mendicant, Muslim ascetic, dervish

दरवेशी P (*darveśī*) *f.* 1. a religious mendicant's way of life 2. the status of a dervish

दरशाना (*darśānā*) *v.t.* 1. to show, to exhibit 2. to expose 3. to explain

दरहक़ीक़त P&A (*darhaqīqat*) *adv.* in fact, in reality

दरहाल (*darhāl*) *adv.* these days, nowadays

दराँती (*darāṁtī*) *f.* sickle, scythe
दराँती चलाना *v.t.* to reap, to cut
दराँती पड़ना *v.i.* to be reaped or cut

दराज़[1] (*darāz*) *m.* drawers (of an almirah or table)

दराज़[2] (*darāz*) *m.* drawer, undergarment worn below the waist

दराज़[3] (*darāz*) *a.* 1. long 2. big, large
उम्रदराज़ may you live long

दराड़ (*darāṛ*) *f.*/**दरार** (*darār*) *f.* crack, fissure, cleavage, cleft, crevice, breach, aperture, orifice, opening, split, slit, rift, chink
दराड़, दरार पड़ना *(मु.) v.i.* to crack up, to split
दरारें भरना *v.t.* grouting

दरिंदा P (*darimdā*) *m.* beast of prey, carnivorous animal

दरिद्र (*daridra*) I. *a.* 1. poor, indigent, pauper 2. miserable, wretched 3. of low quality II. *m.* poor or indigent person
दरिद्रनारायण *m.* the have-nots, the poor, God in the form of a poor man

दरिद्रता (*daridratā*) *f.* 1. poverty, indigence, penury, pauperism 2. wretchedness, miserableness

दरिद्रनी (*daridranī*) *f.* a poor or wretched woman

दरिद्रालय (*daridrālay*) *m.* poorhouse

दरिद्रावास (*daridrāvās*) *m.* alms-house, poorhouse, destitute home

दरिद्री (*daridrī*) *a.* 1. poor 2. wretched, miserable 3. lazy

दरिया P (*dariyā*) *m.* river
दरिया को कूज़े/लोटे में बंद करना *(मु.) v.t.* to say much in a few words

दरियादिल *a.* large-hearted, generous, liberal

दरियादिली *f.* large-heartedness, generosity, liberality

नेकी कर दरिया में डाल do the good and forget

दरियाई[1] P (*dariyāī*) *a.* of or pertaining to a river, riparian

दरियाई गाय *f.* sea-cow, walrus, sirenean

दरियाई घोड़ा *m.* sea-horse, hippopotamus

दरियाई[2] (*dariyāī*) *f.* a kind of fine silken-cloth

दरियाफ़्त P (*dariyāft*) *f.* 1. discovery 2. knowledge 3. enquiry (see दरयाफ़्त)

दरी[1] (*darī*) *f.* carpet

दरी[2] (*darī*) *f.* cave, cavern, grotto

दरीचा P (*darīcā*) *m.* 1. window, peephole 2. casement

दरीबा (*darībā*) *m.* 1. (originally) a betel stall in a market 2. wholesale market

दरेरना (*darernā*) *v.t.* 1. to rub 2. to grind

दरेरा (*darerā*) *m.* 1. friction, rubbing 2. wrangling 3. onslaught of a current of water, force of current or wave

दरेसी (*daresī*) *f.* dressing or levelling (of ground), making plane/level

दरोग़ा P (*darogā*) *m.* inspector, supervisor (better दारोग़ा *q.v.*)

दर्ज P (*darja*) *a.* entered, inserted, recorded (in a register or roll)

दर्ज करना *v.t.* to enter, to record, to register

दर्ज होना *v.i.* to be inserted or entered

दर्जन (*darjan*) *m.* &. *a.* dozen

दर्जा A (*darjā*) *m.* 1. rank, grade 2. position, status 3. class, standard 4. storey 5. degree (measure) 6. division

दर्जा घटना *v.i.* (a) to be demoted (b) to lose status or position (c) to be lowered in rank, to be downgraded

दर्जा घटाना *v.t.* (a) to demote (b) to lower somebody's rank (c) to downgrade

दर्जा चढ़ना *v.i.* (a) to be promoted (b) to be upgraded

दर्जाबंदी *f.* grading, classifying according to grades

दर्जा-ब-दर्जा *adv.* by degree, step by step, gradually

दर्जेवार *adv.* according to the rank of grade

दर्जे लगाना *v.t.* to mark degrees, to graduate

दर्ज़िन P (*darzin*) *f.* 1. female tailor, 2. wife of a tailor (see दरज़िन)

दर्ज़ी P (*darzī*) *m.* professional tailor, seamster

दर्द P (*dard*) *m.* 1. pain, ache 2. affliction, suffering, agony 3. pity, mercy, sympathy 4. pathos

दर्द उठना *(मु.) v.i.* pain to shoot or arise

दर्द करना *v.t.* to pain, to ache

दर्द का मारा *a.* afflicted, pained

दर्दनाक *a.* painful, piteous, woeful, tragic

दर्दमंद *a.* compassionate, sympathetic, merciful, pitiful

दर्दमंदी *f.* sympathy, compassion, mercy, pity

दर्द होना *v.i.* (a) to be pained, to be afflicted (b) to be moved by pity, to be affected with sympathy or compassion

जोड़ों का दर्द rheumatic pain

दाँत दर्द tooth-ache

दिल का दर्द *m.* heart-ache, anguish, mental agony

पेट दर्द colic pain

दर्दी (*dardī*) *a.* compassionate, sympathetic, merciful, pitiful (= दर्दमंद *q.v.*)

दर्दीला (*dardīlā*) *a.* painful

दर्दुर (*dardur*) *m.* frog

दर्प (*darpa*) *m.* pride, arrogance, haughtiness, conceit, vanity, boastfulness, hauteur (of manners)

दर्प करना *v.t.* to boast, to show arrogance or haughtiness, to take pride

दर्प चूर्ण करना *v.t.* to humiliate

दर्पक (*darpak*) *a.* 1. causing pride or vanity 2. arrogant, proud

दर्पण[1] (*darpaṇ*) *m.* conceiting, act of making proud or arrogant

दर्पण[2] (*darpaṇ*) *m.*1. mirror, looking glass 2. reflection, image

दर्पित (*darpit*) *a.*/**दर्पी** (*darpī*) *a.* proud, arrogant, boastful, haughty, conceited, insolent

दर्भ (*darbha*) *m.* the sacrificial and sacred grass (called कुश)

दर्भासन (*darbhāsan*) *m.* small mat (made of दर्भ grass)

दर्रा[1] (*darrā*) *m.* 1. mountain pass 2. dale, ravine, glen 3. gap

दर्रा[2] (*darrā*) *m.* flour of coarse grain

दर्वी[1] (*darvī*) *f.* ladle, spoon

दर्वी[2] (*darvī*) *f.* expanded hood of a serpent

दर्शक (*darśak*) *m.* 1. seer, spectator, onlooker 2. exhibitor, displayer

दर्शक-कक्ष *m.* (a) visitors lobby (b) auditorium

दर्शक-गण *m.* (group of) spectators

दर्शक-दीर्घा *f.* visitors gallery (also दर्शक वीथि)

दर्शक-मंडप *m.* spectators pavilion

दर्शन (*darśan*) *m.* 1. seeing, looking, observing 2. visit 3. sight, view, scene 4. sight, vision 5. philosophy 6. shastras, six religious systems or philosophical systems of ancient India

दर्शन-अभिलाषी *a.* & *m.* (one) eager to see

दर्शन करना *v.t.* (a) to see, to have a view (b) to visit

दर्शनक्षम *a.* able to see, having the vision or eyesight

दर्शनक्षमता the power to see

दर्शन दुर्लभ होना *v.i.* to appear once in a blue moon

दर्शन देना *v.t.* (a) to become visible, to appear (b) to grace by making an appearance, to give an audience, to condescend to meet

दर्शन पाना *v.t.* to have a sight or view(of), to be granted an audience

दर्शन मिलना *v.t.* = दर्शन पाना *q.v.*

दर्शन-शक्ति *f.* (a) power of sight, vision (b) knowledge, comprehension

दर्शनशास्त्र *m.* philosophy

दर्शनशास्त्री *m.* philosopher

दर्शन-साक्षी *m.* eye-witness

दर्शनार्थ (*darśanārtha*) *adv.* for seeing, for meeting

दर्शनी (*darśanī*) *a.* 1. worthy of being seen 2. visible 3. payable at sight

दर्शनी-दर *f.* sight rate

दर्शनी-हुंडी *f.* bill of sight, bill of exchange, bank draft

दर्शनीय (*darśanīy*) *a.* 1. worth seeing, fit to be seen 2. visible, conspicuous 3. lovely, handsome, pretty 4. spectacular 5. notable

दर्शनाधिकारी (*darśanādhikārī*) *m.* visitor

दर्शाना (*darśānā*) *v.t.* to show, to exhibit, to display

दर्शित (*darśit*) *a.* 1. shown, displayed, exhibited 2. (प्रकट) manifested, apparent 3. realized, comprehended

दर्शी[1] (*darśī*) *m.* observer, seer, spectator

तत्त्वदर्शी (a) seer, prophet (b) philosopher

दर्शी[2] (*darśī*) *suff.* 1. that which can help to see (as दूरदर्शी telescope) 2. who can see (a farsighted person)

दल (*dal*) *m.* 1. party, clique, caucus 2. band, gang, batch, team 3. herd, swarm, flock 4. leaf 5. petal 6. troop of soldiers
दल-अंगमारी *f.* leaf blight
दल-गंजन *a.* very brave, valiant
दलगत *a.* of or pertaining to a party
दलगत राजनीति *f.* party politics
दलगत शासन *m.* party system of government
दलगत स्वार्थ *m.* party interests
दलगत स्थिति *f.* party position
दलदार *a.* (a) thick, substantial (b) plump, fleshy
दल-निर्मोक *m.* leaf-shedding
दलपति *m.* captain of a team or a body of soldiers
दल-पद्धति *f.* party system
दलपुंज *m.* corolla, whorl of petals
दलबंदी *f.* (a) groupism, factionalism (b) party politics (c) collusion
दलबंदी करना *v.t.* to collude
दल-बदल *m.* defection
दल-बदल करना *v.t.* to defect, to cross over to another party
दल-बदलू *m.* defector
दलबद्ध *a.* (a) banded together, united in a party/body (b) organised
दल-बल *m.*(a) body, band, group (b) attendant, followers, retinue
दल-बादल *m.* (a) mass of clouds (b) a large troop of army (c) a large tent
दल भावना *f.* party spirit, *esprit de corps*
दलवाद *m.* partyism, groupism
दल सचेतक *m.* party whip
दल सहबंध *m.* party alliance
दल-स्पर्धा *f.* party competition
दलहीन *a.* (a) without a company or party, isolated (b) neutral

दलक (*dalak*) I. *f.* 1. radiance, lustre, glow 2. bitter pain or injury II. *m.* small leaf or petal III. *f.* tremor, shaking, quivering

दलकना (*dalaknā*) *v.i* 1. to startle 2. to quiver, to tremble, to shiver

दलदल (*daldal*) *f.* marsh, swamp, bog, peat, quagmire
दलदल में पड़ना या फँसना (*मु.*) *v.i.* (*fig.*) to fall in trouble, to be involved in a difficulty, to be entangled in mud

दलदला (*daldalā*) *a.* 1. marshy, swampy, quaggy, boggy 2. flabby, flacid

दलदलाना (*daldalānā*) *v.i.* to shake, to quake, to tremble, to quiver

दलदलाहट (*daldalāhaṭ*) *f.* shaking, quivering, trembling, tremor

दलदली (*daldalī*) *a.* foggy, swampy, marshy, muddy
दलदली ज़मीन *f.* marshy/swampy land

दलन (*dalan*) *m.* 1. breaking, teasing, rending 2. crushing, trampling

दलना (*dalnā*) *v.t.* 1. to grind coarsely 2. to crush, to trample

दलवाई (*dalvāī*) *f.* act of or price paid for grinding something coarsely

दलवाना (*dalvānā*) *v.t* 1. to cause to be coarsely ground, to get the work of grinding done 2. to have or get crushed

दलवैया (*dalvaiyā*) *m.* 1. grinder 2. crusher

दलहन (*dalhan*) *m.* cereals used as pulse, pulses

दलादली (*dalādalī*) *f.* 1. party spirit, partyism, factionalism 2. party strife
दलादली करना *v.t.* to combine into factions, to form a clique, to split up into parties

दलाल (*dalāl*) *m.* 1. commission agent, broker, tout, middleman 2. procurer

दलालिन (*dalālin*) *f.*/**दलाला** (*dalālā*) *f.* procuress, bawd

दलाली (*dalālī*) *f.* 1. the business or vocation of a broker or tout

2. brokerage, commission of a broker or tout

दलाली करना *v.t.* to live on touting

दलाली खाना *(मु.) v.t.* to take brokerage

दलित *(dalit) a. & m.* 1. oppressed or downtrodden (person), depressed (man) 2. member of a scheduled caste

दलित-वर्ग *m.* depressed class, scheduled caste

दलिद्दर *(daliddar) m.* 1. poverty, penury, destitution 2. nastiness, dirtiness

दलिया *(daliyā) m.* 1. half-ground or coarsely ground grain 2. porridge, mash

दाल-दलिया *m.* poor diet

दलीय *(dalīy) a.* of or pertaining to a party

दलीय विवाद *m.* party conflict

दलील A *(dalīl) f.* argument, plea

दलील देना/पेश करना *v.t.* to argue, to place an argument

दलेल *(dalel) f.* 1. drill, physical exercises 2. (in army) penalty parade, fatigue drill

दलेल बोलना *(मु.) v.i.* to order fatigue drill or penalty parade

दव *(dav) m.* forest, jungle (= दावाग्नि)

दवा A *(davā) f.* 1. medicine, drug 2. remedy, cure

दवा करना *v.i.* to cure, to treat medically

दवाख़ाना *m.* dispensary

दवा खाना *v.t.* to take medicine

दवा चढ़ाना *v.t.* to infuse or inject medicine

दवा-दारू *m.* medical treatment

दवा देना *v.t.* to administer medicine

दवाफ़रोश *m.* druggist

दवा लगना *v.i.* a medicine to take effect, a drug to be effective

दवासाज़ *m.* compounder

दवा होना *v.i.* to be treated, to be cured **किसी मर्ज की दवा न होना** *(मु.)* to be a worthless fellow

दवाई *(davāī) f.* 1. medicine, drug 2. remedy, cure (same as दवा *q.v.*)

दवाग्नि *(davāgni) f.* forest conflagration, forest fire (better दावाग्नि *q.v.*)

दवात A *(davāt) f.* inkpot

दवामी A *(davāmī) a.* permanent

दवामी पट्टा *m.* permanent lease

दवामी बंदोबस्त *m.* permanent settlement

दश *(daś)* I. *m.* the figure ten II. *a.* ten

दशकर्म *m.* ten purificatory rites (of Hindus)

दश कामज व्यसन *m.* ten vices arising from amorousness (*viz.* hunting, gambling, sleeping in the day, fault-finding or abusiveness, lust, drunkenness, dancing, singing, playing about and useless travel)

दशगुण *a.* tenfold

दशभुज *m.* decagon

दशमास्य *a.* ten months, old

दशमूल *m.* a medicine prepared from the roots of ten plants

दश लक्ष *a.* million

दश वर्षीय *a.* decennial

दश सहस्र *a.* ten thousand

दशकंठारि *(daśkaṇṭhari) m.* an epithet of God Ram

दशक *(daśak) m.* decade, decennium

दशन *(daśan) m.* 1. tooth 2. tusk 3. biting

दशनावरण *(daśanāvaraṇ) m.* lips

दशम *(daśam) a.* tenth

दशम अवस्था/दशा *f.* tenth or last stage of life (i.e., death)

दशमलव *(daśamlav) m.* decimal

दशमलवकरण *m.* decimalization

दशमलव पद्धति या प्रणाली *f.* decimal system

दशमलव बिंदु *m.* decimal point

दशमांश *(daśamāṃś) m.* the tenth part,

one-tenth

दशमिक (*daśamik*) *a.* decimal

दशमिक प्रणाली *f.* decimal/denary system, metric system

दशमिक भग्नांश *m.* decimal fraction

दशमी (*daśamī*) *f.* tenth of the lunar fortnight

विजयादशमी *f.* festival celebrated in memory of Lord Rama's triumph over Ravaṇa in Ashwin

दशहरा (*daśahrā*) *m.* a festival on the tenth of Jyeshth regarded as the birthday of Ganga (May-June) (see विजय दशमी)

दशांग (*daśāṅg*) *m.* an incense compound of ten ingredients

दशांगुल (*daśāṅgul*) *a.* ten fingers long

दशांतर (*daśāntar*) *m.* the different readings of planets in a horoscope

दशांश (*daśāṃś*) *m.* a tenth part, tithe

दशा (*daśā*) *f.* 1. state, condition 2. period or stage of life (as childhood, youth, old age) 3. plight 4. the position of a planet at a person's birth

दशा-फल result of the condition of planets at a particular period

दशा बिगड़ना *v.i.* condition to become worse

दशा सुधरना *v.i.* condition to improve

दशानुकूलन (*daśānukūlan*) *m.* acclimatisation

दशाब्द (*daśābda*) *m.* decade, a period of ten years

दशाब्दी (*daśābdī*) *f.* a period of ten years, decade, decennium

दशावतार (*daśāvtār*) *m.* the ten incarnations of Lord Vishnu

दशाह (*daśāh*) *m.* 1. the period of ten days 2. tenth day after a person's death

दशी (*daśī*) *f.* decade, decennium (= दशक *q.v.*)

दस (*das*) I. *m.* the numerical figure ten II. *a.* ten

दस नंबरी बदमाश *m.* a proclaimed rascal, a notorious offender

दसवां (*daśvān*) *a.* tenth

दसहरा (*dasahrā*) *m.* a festival on the tenth of Jyeshth regarded as the birthday of Ganga (May-June) (see दशहरा)

दसी (*dasī*) *f.* 1. hem of a cloth 2. unwoven threads at the end of a piece of cloth

दसों (*dasoṁ*) *a.* (all) the four

दस्तंदाज़ P (*dastandāz*) *m.* intruder, interferer, meddler

दस्तंदाज़ी P (*dastandāzī*) *f.* interference, meddling

दस्तंदाज़ी करना *v.t.* interfere, intervene, to meddle

दस्त[1] P (*dasta*) *m.* loose motion

दस्त आवर *a.* purgative, cathartic

दस्त लगना/आना *v.i.* to have loose stools

दस्त[2] P (*dasta*) *m.* hand

दस्तकार *m.* artisan, craftsman

दस्तकारी *f.* artisanship, craftsmanship, handicraft

दस्तख़त *m.* signature

दस्तख़त करना *v.t.* to sign

दस्तख़त किया हुआ *a.* signed

दस्तख़ती *a.* signed, written with one's own hand

दस्तबरदार *m.* one who has given up or relinquished

दस्तबरदार होना (*मु.*) *v.i.* to give up, to wash one's hands off, to relinquish

दस्तबरदारी *f.* relinquishment, renunciation, withdrawal

दस्तक[1] P (*dastak*) *f.* a knock, rap (with the palm at the door)

दस्तक देना (*मु.*) *v.t.* to knock (at the door)

दस्तक[2] P (*dastak*) *f.* summons

दस्तक लगाना *v.t.* to fix a summons

दस्तक[3] P (*dastak*) *m.* 1. tax, toll 2. commission

दस्तक[4] P (*dastak*) *f.* order to let goods pass through a toll barrier

दस्तक[5] P (*dastak*) *f.* demand note

दस्तरख़ान P (*dastarkhān*) *m.* a piece of cloth spread for meal/dishes

दस्ता[1] P (*dastā*) *m.* 1. hilt, handle 2. handful of anything

दस्ता[2] P (*dastā*) *m.* squad, troop, squadron

दस्ता[3] P (*dastā*) *m.* quire (of paper) of twenty-four sheets

दस्ताना P (*dastānā*) *m.* handglove

दस्तार P (*dastār*) *f.* turban

दस्तावर P (*dastāvar*) *a.* laxative (see दस्त[1])

दस्तावेज़ P (*dastāvez*) *m.* document, deed

दस्तावेज़ी P (*dastāvezī*) *a.* having to do with a bond

दस्ती P (*dastī*) I. *a.* 1. by hand 2. manual, handy 3. having a handle II. *f.* 1. small handle 2. torch fixed on a stick to be carried in hand 3. small stand for pens

दस्ती चिट्ठी *f.* letter sent by hand

दस्ती रसीद *f.* hand receipt

दस्ती वेधनी *f.* hand-drill

दस्तूर P (*dastūr*) *m.* 1. practice, tradition, custom, usage 2. fashion, manner, mode, method

दस्तूरी P (*dastūrī*) I. *a.* customary, traditional II. *f.* 1. commission, brokerage or discount paid to an agent 2. perquisites

दस्यु (*dasyu*) *m.* 1. pirate, robber, plunderer, bandit 2. non-Aryan

दस्यु दल *m.* gang of freebooters

दस्यु पोत *m.* pirate ship

दस्यु वृत्ति *f.* (a) living by plundering, banditry (b) dishonest mode of living

दस्युता (*dasyutā*) *f.* banditry, robbery, piracy

दस्युता करना *v.t.* to commit robbery

दह (*dah*) *m.* very deep water, pool, eddy (in a river)

दहक (*dahak*) *f.* 1. blaze, conflagration 2. glow, ardour, glare

दहकता (*dahaktā*) *a.* 1. blazing, burning 2. glowing, shining

दहकना (*dahaknā*) *v.i.* 1. to blaze, to conflagrate, to burn with a glow 2. to be consumed with grief or regret

दहकान (*dahkān*) *m.* 1. peasant 2. villager 3. rustic, boor 4. unlettered, illiterate

दहकाना (*dahkānā*) *v.t.* 1. to kindle, to inflame, to burn 2. to enrage, to incite, to make (coals) glow

दहकानी (*dahkānī*) *a.* rustic, boorish

दहन (*dahan*) *m.* burning, blazing, conflagration, combustion

दहन करना *v.t.* to burn, to put into the fire

दहन कर्म *m.* cauterisation

दहन भट्टी *f.* combustion furnace

दहन वृत्ति *f.* incendiarism

दहनशील *a.* combustible, incendiary

दहनशीलता *f.* combustibility

दहनशील बम *m.* incendiary bomb, combustion bomb

दहना (*dahanā*) *v.t.* & *v.i.* to burn, to put into the fire, to be burnt

दहनीय (*dahanīy*) *a.* combustible, incendiary

दहल (*dahal*) *f.* 1. dread, fright, fear, awe 2. trembling with fear

दहलना (*dahalnā*) *v.i.* 1. to tremble with fear 2. to be frightened, to be terrified, to be terribly alarmed, to be overawed

दहला (*dahalā*) *m.* ten of cards

दहलाना (*dahalānā*) *v.t.* to frighten, to overawe, to get alarmed

दहला देना *v.t.* to horrify, to terrify
दहलीज़ P *(dahalīz) f.* threshold, door-sill
दहलीज़ का कुत्ता *(मु.) m. (fig.)* hanger-on, parasite, sponger
दहलीज़ न फाँदना *v.t.* never to cross over the threshold, to remain confined within the four walls
दहशत P *(dahśat) f.* terror, dread, fright
दहशत खाना *v.t.* to be panic-stricken
दहशत देना *v.t.* to terrorize
दहशतनाक *a.* dreadful, frightening
दहाई *(dahāī) f.* 1. the figure ten 2. the ten's place (in numeration) 3. set of ten things
दहाका *(dahākā) m.* 1. collection or aggregate of ten 2. ten's place *(maths)*
दहाड़ *(dahāṛ) f.* 1. roar 2. shrill cry, cry in distress
दहाड़ मारकर रोना *(मु.) v.i.* to bewail, crying loudly, to weep bitterly
दहाड़ना *(dahāṛnā) v.i.* 1. to roar 2. to cry loudly, to weep aloud 3. to speak with a roaring sound
दहाना[1] P *(dahānā) m.* 1. wide mouth (of a river) 2. mouth of a waterbed 3. drain, orifice, gutter
दहाना[2] P *(dahānā) m.* curb of the bridle (of a horse)
दही *(dahī) m.* curd, yoghurt
दही का तोड़ *m.* whey
दही-दही करना *(मु.) v.t.* to shout buy my article, buy my article
दहेंड़ी *(dahemṛī) f.* curd-pot, yoghurt-vessel
दहेज A *(dahej) m.* dowry
दहेज प्रथा *f.* dowry system
दहेला *(dahelā) a.* 1. burnt, scorched 2. hurt, offended
दह्य *(dahya) a.* burnable, combustible
दह्यमान *(dahyamān) a.* burning
दाँ P *(dām) suff.* one who knows, knowing (as अँग्रेज़ी दाँ)
दाँग *(dāmg) m.* hillock, mound
दाँड़ *(dāmṛ) m. (colloq.)* 1. punishment 2. fine, penalty
दाँड़ना *(dāmṛnā) v.t.* 1. to beat 2. to punish 3. to fine, to penalise
दाँड़ा *(dāmṛā) m.* landmark, boundary line
दाँड़ा-मेंड़ा *m.* the frontier or boundary between two fields, the line of demarcation
दांडिक *(dāṇḍik) m.* penaliser, chastiser
दांडिक पुलिस *f.* punitive police
दाँड़ी *(dāmṛī) m.* boatman
दाँत *(dāmt) m.* 1. tooth 2. tusk
दाँत कटकटाना *v.t.* to grind the teeth (in rage or severe cold)
दाँत-काटी रोटी होना *(मु.) v.i.* to be very close friends, to be in intimate friendship or relationship
दाँत का दर्द *m.* toothache
दाँत किचकिचाना/किटकिटाना *v.t.* to grind the teeth
दाँत खट्टे करना *(मु.) v.t.* (a) to set the teeth on edge (b) to give a setback to (c) to give a crushing defeat (d) to discourage, to dishearten, to be frustrated
दाँत खट्टे होना *(मु.) v.i.* (a) to have a crushing defeat (b) to be disheartened, to get frustrated
दाँत झाड़ना *v.t.* (a) to knock out the teeth (b) *(fig.)* to laugh on the wrong side of the mouth
दाँत तोड़ना *(मु.) v.t.* (a) to break the teeth (of) (b) to render powerless, to humble
दाँत निकालना/निपोड़ना *(मु.) v.t.* (a) to show the teeth (b) to grin, to laugh (c) to express one's helplessness (d) to cringe
दाँत पीसना *(मु.) v.t.* to grind the teeth, to gnash one's teeth
दाँत बजना *(मु.) v.i.* the teeth to chat-

ter

दाँत बजाना *v.t.* to chatter/click the teeth repeatedly

दाँत बैठना *v.i.* the teeth to set or clench

दाँत मारना *v.t.* (a) to bite (b) to grab

दाँत रखना *v.t.* (*fig.*) (a) to desire exceedingly (b) to be bent on taking revenge

दाँत लगना *(मु.) v.i.* (a) to have a bite (b) to have the teeth set

दाँत लगाना *v.t.* to fix or set the teeth

दाँत होना *v.i.* to have a watch/eye on something

दाँतों का पीसा खाना *v.t.* to behave or act against social norms

दाँतों तले उँगली दबाना *(मु.) v.t.* to be astounded, to stand amazed

दाँतों पर मैल न होना *(मु.) v.i.* to be starving, to be in poverty

दाँतों पर होना *v.i.* to be cutting the teeth, to be teething

दाँतों में तिनका लेना *(मु.) v.t.* to express submission

दाँतों से पैसा उठाना *v.t.* to be miserly

अभी दूध के दाँत नहीं टूटे *(मु.)* still inexperienced, yet unwise, still a child

दाँता (*dāṁtā*) *m.* 1. tooth of a wheel, tooth of a saw, tooth of a comb, cog of a wheel 2. sprocket

दाँता-किटकिट *f.* bickering, wrangle, quarrel, brawl

दाँता पड़ना *v.i.* to be notched/indented

दांतिक (*dāntik*) *a.* made of ivory

दांतिकी (*dāntikī*) *f.* dentistry, dental surgery

दाँती (*dāṁtī*) *f.* sickle, scythe

दाँतेदार (*dāṁtedār*) *a.* toothed, jagged, notched, serrated

दाँतेदार पहिया *m.* toothed wheel

दांपतिक (*dāmpatik*) *a.* conjugal, marital of or pertaining to husband and wife

दांपत्य (*dāmpatya*) *m.*1. matrimony, matrimonial relationship 2. conjugal state, married state

दांपत्य अधिकार *m.* conjugal rights

दांपत्य कलह *m.* conjugal quarrel

दांपत्य जीवन *m.* married life

दांपत्य नीति *f.* matrimonial principles

दांपत्य प्रेम *m.* conjugal love

दांपत्य मनमुटाव *m.* marital friction

दांपत्य संबंध *m.* matrimonial alliance, conjugal relationship

दांपत्य सुख *m.* conjugal happiness

दांपत्यावस्था (*dāmpatyāvasthā*) *f.* matrimony

दांभिक (*dāmbhik*) I. *a.* 1. (from दंभ) proud, boastful, conceited 2. pretentious, ostentatious 3. artful, hypocritical II. *m.* 1. egoist, proud or arrogant person 2. hypocrite, cheat

दाँव (*dāṁv*) *m.* 1. chance 2. stake 3. device 4. trick

दाँव खेलना *v.t.* to play a trick, to deceive

दाँव चलना *v.i.* to make the most of an opportunity

दाँव चूकना *(मु.) v.t.* to miss a chance

दाँव ताकना *v.t.* to watch one's favourable chance

दाँव पर बैठना *v.i.* to lie in ambush

दाँव पर रखना/लगाना *(मु.) v.t.* to stake, to bet

दाँव-पेच *m.* tactics, stratagem, manoeuvres

दाँव फेंकना *v.t.* to throw the dice

दाँवनी (*dāṁvnī*) *f.* an ornament for the head

दाँवरी (*dāṁvrī*) *f.* rope

दाई (*dāī*) *f.* 1. nurse, wet nurse, midwife 2. (*colloq.*) maidservant

दाईगिरी *f.* midwifery

दाई से पेट छिपाना *(मु.) v.t.* to keep a secret from one who can easily know it, to attempt in vain to hide/conceal

दाऊ (*dāū*) *m*. 1. elder brother 2. father

दाएँ (*dāeṁ*) *adv*. towards/to the right (see दाहिने)

दाक्षिणात्य (*dākṣiṇātya*) I. *m*. an inhabitant of south India or Deccan II. *a*. southern, belonging to or living in or coming from the south or Deccan

दाक्षिणिक (*dākṣiṇik*) *a*. concerned with the sacrificial fire

दाक्षिण्य (*dākṣiṇya*) *m*. 1. dexterity, skill, efficiency 2. meekness, humbleness 3. generosity

दाक्ष्य (*dākṣya*) *m*. 1. cleverness, dexterity, skill, skilfulness 2. promptness, quickness

दाख (*dākh*) *f*. grape, currant

दाख लता *f*. vine

दाख़िल A (*dākhil*) *a*. 1. inserted, noted down, entered 2. admitted, enrolled, enlisted 3. recorded, filed 4. deposited, filled

दाख़िल करना *v.t.* to insert, to enter, to admit, to enrol, to deposit, to include

दाख़िल-ख़ारिज *m*. mutation of names in land records

दाख़िल-दफ़्तर *a*. filed (without any action being taken) a warrant or deed of possession

दाख़िल होना *v.i.* to be inserted, to be entered, to enter, to be enrolled, to be filed

दाख़िला A (*dākhilā*) *m*. 1. entrance, admission 2. entry 3. entrance fee, admission fee 4. receipt for revenue paid

दाग़[1] P (*dāg*) *m*. cremation, act of burning a dead body

दाग़ देना *v.t.* to cremate, to set on fire

दाग़[2] P (*dāg*) *m*. 1. stain, speck, blot, blotch, stigma 2. flaw, defect

दाग़ खाना *v.t.* (a) to be defamed (b) to be pained/afflicted

दाग़ लगना (मु.) *v.i.* to be stigmatised, to have a blot

दाग़ लगाना (मु.) *v.t.* to taint, to blot, to stigmatise, to vilify

चेचक का दाग़ *m*. pock (mark)

दाग़ना P (*dāgnā*) *v.t.* 1. to brand (with a hot iron), to cauterize 2. to burn 3. to fire a gun, to detonate

दाग़बेल P (*dāgbel*) *f*. the marks made on building site for excavation

दाग़बेल डालना *v.t.* to commence construction, to lay the foundation of a building

दाग़बेल पड़ना *v.i.* construction work to commence

दाग़ी P (*dāgī*) *a*. 1. branded 2. tainted, stained, stigmatised 3. convicted 4. defamed, disreputed

दाग़ी करना *v.t.* (a) to blemish, to stigmatise (b) to brand (with hot iron) (c) to defame, to disgrace

दाग़ी माल *m*. tainted or damaged or spoiled goods

दाघ (*dāgh*) *m*. 1. heat 2. burning

दाड़िम (*dāṛim*) *m*. pomegranate (tree and fruit), *punica gratum*

दाड़िमप्रिय *m*. a parrot

दाड़िमपुष्पक *m*. name of a medicinal plant

दाढ़ (*dāṛh*) *f*. molar tooth, grinder jawtooth

दाढ़ा[1] (*dāṛhā*) *m*. big beard

दाढ़ा[2] (*dāṛhā*) *m*. a large number of people, gathering, multitude

दाढ़ी (*dāṛhī*) *f*. beard

दाढ़ी घुटवाना *v.t.* to have a shave

दाढ़ीजार *a*. (*lit.*) having a burnt beard, (abusive) (be) damned

दाढ़ी धूप में सफेद करना *v.t.* to be wanting in experience/wisdom and judgement

दाढ़ी नोच लेना *v.t.* to disgrace an elderly man
दाढ़ी बनवाना *v.t.* to get oneself shaved
दाढ़ी बनाना *v.t.* to shave
दाढ़ी रखना *v.t.* to let the beard grow

दात (*dāt*) *f.* 1. gift, bestowal 2. bountifulness

दातव्य (*dātavy*) I. *m.* charity, donation, alms II. *a.* 1. worth giving 2. charitable
दातव्य औषधालय *m.* charitable hospital

दातव्यता (*dātavyatā*) *f.* generosity, liberality

दाता (*dātā*) *m.* 1. giver, donor, donator 2. benefactor 3. The giver of all things, God 4. payer
दाता से सूम भला जो तुरत दे जवाब (लो.) *a.* point-blank refusal is better than an uneasy suspense
दाता दे भंडारी का पेट फटे (लो.) why carp at others' good fortune

दातापन (*dātāpan*) *m.* generosity, liberality, beneficence, munificence

दातार (*dātār*) *m.* giver, donor, God

दातुन (*dātun*) *m.*/**दातौन** (*dātaun*) *m.* twig of the neem or babool tree which is used as a toothbrush

दातृता (*dātṛṛtā*) *m.*/**दातृत्व** (*dātṛtva*) *m.* liberality, generosity, munificence

दात्र (*dātra*) *m.* sickle, scythe, chopper

दात्राकार (*dātrākār*) *a.* falcate, falciform

दात्री (*dātrī*) *f.* (from दाता) female donor, giver
जन्मदात्री *f.* mother

दाद[1] (*dād*) *m.* ringworm

दाद[2] P (*dād*) *f.* plaint, appeal
दाद करना *v.t.* to make an appeal
दाद व फरियाद *f.* plaint and appeal

दाद[3] P (*dād*) *f.* appreciation, praise
दाद देना (मु.) *v.t.* to appreciate, to praise, to admire

दादनी P (*dādnī*) *f.* advance, money given in advance

दादरा (*dādrā*) *m.* a mode of Indian classical singing

दादा (*dādā*) *m.* 1. paternal grandfather 2. (eastern India) elder brother, elder cousin 3. respectable person 4. leader of a gang, gangster
दादागीरी *f.* gangsterism

दादी (*dādī*) *f.* paternal grandmother

दादुर (*dādur*) *m.* frog

दान[1] (*dān*) *m.* 1. charity, donation 2. gift, present
दान करना *v.t.* (a) to donate, to give away, to give in charity (b) to make a gift (of)
दान देना *v.t.* to donate, to give in charity
दान-पत्र *m.* gift deed
दान-पात्र *m.* person fit to be given a gift or charity
दान-पुण्य *m.* charity, alms-giving
दानशाला *f.* alms house, almonry
दानशील *a.* munificent
दानशीलता *f.* munificence
दानशूर *m.* a very generous or munificent person

दान[2] (*dān*) *suff.* denoting a receptacle (as पीकदान spittoon, कलमदान penstand)

दान[3] (*dān*) *suff.* one who knows, knowing (see दाँ)

दानव (*dānav*) *m.* demon, monster, giant

दानवी[1] (*dānavī*) *f.* female demon, giantess

दानवी[2] (*dānavī*) *a.*/**दानवीय** (*dānvīy*) *a.* demonic, giant-like

दाना[1] P (*dānā*) *m.* 1. corn, grain 2. seed 3. particle 4. crystal 5. bead of rosary 6. pimple
दाना-चारा *m.* grain and f
दाना-चीनी *f.* crystal suga
दाना जमाना *v.t.* to put se field, to sow

दाना-पानी *m.* food and drink, victuals, subsistence, livelihood
दाना-पानी उठना *(मु.) v.i.* place of subsistence to change
दाना-पानी छूटना *(मु.) v.i.* to be in the clutches of starvation, to starve
दाने-दाने को तरसना/मोहताज होना *(मु.) v.t.* to be starving, to be very poor, to be wanting in food

दाना[2] P (*dānā*) *a.* wise, intelligent, learned

दानाई P (*dānāī*) *f.* 1. wisdom 2. sanity, prudence

दानादेश (*dānādeś*) *m.* payment order

दानाध्यक्ष (*dānādhyakṣa*) *m.* almoner

दानाभिलेख (*dānābhilekh*) *m.* donatory record

दानाश्रित (*dānāśrit*) *a.* depending on charity
दानाश्रित विद्यालय *m.* charity school

दानिनी (*dāninī*) *f.* woman donor

दानी[1] (*dānī*) I. *m.* giver, donor, charitable person II. *a.* munificent, charitable, generous, liberal

दानी[2] U (*dānī*) *suff.* denoting receptacle (as चूहेदानी mouse-trap, सुरमेदानी pot of collyrium)

दानीय (*dānīy*) *a.* bestowable, fit for getting a gift

दानेदार (*dānedār*) *a.* granular, granulated, crystallised

दाब (*dāb*) *f.* 1. pressure 2. weight 3. (printing) impression
दाब-अनुकूलित *m.* pressurised
दाब-मापी *m.* piezometer
दाब में रखना *v.t.* to be under one's control
दाब-वितरण *m.* pressure distribution

दाबना (*dābnā*) *v.t.* 1. to press down 2. to bury 3. to keep in check, to keep under control 4. to conceal, to hide 5. to take possession by force or fraud 6. to squeeze 7. to subdue, to overcome, to overpower

दाभ (*dābh*) *m.* a sacrificial grass, reed (= कुश *q.v.*)

दाम[1] (*dām*) *m.* 1. price, value 2. cost 3. money 4. one of the four ways of getting victory over the enemy, the policy of appeasement or gratification

दाम[2] P (*dām*) *m.* 1. rope, string 2. garland, wreath 3. knot, entanglement
दाम करावे काम (लो.) money makes the mare go
दाम खड़े करना *(मु.) v.t.* to get the cost price
दाम देना *v.t.* to pay the price
दाम बताना *v.t.* to quote the price
दाम भर देना *(मु.) v.t.* (a) to pay up the dues (b) to clear off the debt

दामन P (*dāman*) *m.* 1. the skirt or border of a garment 2. the foot of a mountain
दामनगीर *m.* one who seeks help, dependant
दामन छुड़ाना *(मु.) v.t.* to get rid (of)
दामन पकड़ना *(मु.) v.t.* to seek protection, to beseech help

दामनी (*dāmanī*) *f.* a number of ropes or strings

दामाद (*dāmād*) *m.* son-in-law

दामादी (*dāmādī*) *a.* son-in-law's

दामिनी (*dāminī*) *f.* 1. lightning 2. round mark made on the forehead

दामी (*dāmī*) I. *a.* costly, precious II. *f.* assessment
दामी लगाना *v.t.* to assess

दाम्य (*dāmya*) *a.* to be controlled, to be ruled, capable of being ruled

दाय[1] (*dāy*) *m.* inheritance, patrimony, inherited wealth
दाय-अधिकार *m.* right of inheritance
दायगत *a.* hereditary
दाय पाना/प्राप्त करना *v.t.* to inherit
दाय भाग *m.* the portion of ancestral

property which one gets on division
दाय भागी *m.* heir, inheritor
दाय वंचित *a.* disinherited
दाय वंचित करना *v.t.* to disinherit

दाय² (*dāy*) *m.* 1. liability 2. responsibility

दाय³ (*dāy*) *m.* 1. charity 2. dowry, wedding presents

दायक (*dāyak*) *suff.* denoting giver, giving (as शिक्षादायक that gives a lesson)

दायम A (*dāyam*) *a.* eternal

दायमी A (*dāyamī*) *a.* everlasting, permanent, perennial

दायर A (*dāyar*) *a.* 1. roaming, going round, wandering, moving about 2. current 3. filed (as a lawsuit), to institute (a suit)

दायरा A (*dāyarā*) *m.* circle, ring, orbit

दायाँ (*dāyām̐*) *a.* right
दायाँ पैर *m.* right foot
दायीं ओर to the right direction/side

दाया (*dāyā*) *f.* midwife (= दाई)

दायागत (*dāyāgat*) *a.* inherited

दायाद (*dāyād*) *m.* heir, claimant

दायादी (*dāyādī*) *f.* heiress, female claimant

दायाद्य (*dāyādya*) *m.* inheritance, patrimony

दायाधिकार (*dāyādhikār*) *m.* inheritance, heritage

दायाधिकारी (*dāyādhikārī*) *m.* inheritor, heir

दायापवर्तन (*dāyāpvartan*) *m.* forfeiture of ancestral property or inheritance

दायिता (*dāyitā*) *f.* 1. liability 2. responsibility 3. obligation, onus

दायित्व (*dāyitva*) *m.* 1. responsibility 2. liability 3. obligation 4. duty

-दायिनी (*dāyinī*) *f. suff.* (of दायी *q.v.*) giving, bestowing, causing (as दुखःदायिनी that gives suffering)

-दायी (*dāyī*) *suff.* 1. giving 2. causing (as उत्तरदायी responsible)

-दार (*dār*) *a.* & *m. suff.* denoting possession (as ठेकेदार contractor, दुकानदार shopkeeper, मजेदार interesting)

दार (*dār*) *f.* wife
दार-कर्म/दार-ग्रहण/दार-परिग्रह *m.* wedding, marriage, taking a wife

दारचीनी (*dārcīnī*) *f.* cinnamon (spice)

दारण (*dāraṇ*) *m.* 1. operating 2. instrument of operation 3. cutting, tearing, lacerating, rending

दारमदार P (*dārmadār*) *m.* 1. support, prop, stay 2. responsibility

दारा (*dārā*) *f.* wife

दाराधीन (*dārādhīn*) I. *a.* dependant on or subject to a wife II. *m.* henpecked husband

दारिका (*dārikā*) *f.* daughter, a girl

दारित (*dārit*) *a.* torn, divided

दारिद्र्य (*dāridrya*) *m.* poverty, penury, indigence

दारी¹ (*dārī*) *f.* 1. female slave 2. a term of abuse for a woman 3. prostitute, harlot
दारी जार *m.* (a) bastard, an abuse (b) son of a female slave

-दारी² (*dārī*) *f. suff.* denoting characteristic (as समझदारी wisdom, ख़बरदारी watchfulness, दुकानदारी shop keeping)

दारु (*dāru*) *m.* 1. wood 2. craftsman, artisan, artiste

दारु-कदली *m.* a kind of banana
दारु कर्म *m.* woodwork, wood-carving
दारु पुत्रिका *f.* wooden puppet or doll
दारुफल *m.* pistachio nut

दारुण (*dāruṇ*) *a.* 1. harsh, stern, severe, stiff 2. unkind, cruel, pitiless 3. dreadful, horrible, formidable, ghastly 4. bitter, sharp

दारुणता (*dāruṇtā*) *f.* 1. harshness, sternness, severity, stiffness 2. unkindness, cruelty, pitilessness 3. dreadfulness, horribleness, ghastliness 4. bitterness, sharpness

दारुणावस्था (*dāruṇāvasthā*) *f.* 1. pitiful condition 2. dreadful state, horrible condition

दारुहल्दी (*dāruhaldī*) *f.* a kind of turmeric or curcuma

दारू P (*dārū*) *m.* 1. medicine, drug 2. remedy 3. liquor, wine 4. gunpowder 5. ammunition

दारूबंदी *f.* prohibition

दारूबंदी करना *v.t.* to introduce prohibition

दारोग़ा P (*dārogā*) *m.* inspector, supervisor

दारोग़ा जंगलात *m.* forest ranger

दारोग़ाई P *f.* duty or status of a दारोगा

पुलिस दारोग़ा police sub-inspector

सफाई कर्मचारियों का दारोग़ा sanitary inspector or supervisor

दारोमदार P (*dāromadār*) *m.* dependence, reliance

दार्ढ्य (*dārḍhy*) *m.* (from दृढ़) 1. firmness, stability 2. hardness, severity, stiffness

दार्शनिक (*dārśanik*) I. *a.* philosophical II. *m.* philosopher

दार्शनिकता (*dārśaniktā*) *f.* philosophical sense or attitude

दाल (*dāl*) *f.* pulse, lentil (as seeds)

दाल गलना (*मु.*) *v.i.* (a) pulse to become soft by boiling (b) (*fig.*) to have an advantage or benefit, to bid farewell, to be successful in gaining one's object

दाल-चपाती *f.* just an ordinary food or meal

दाल-दलिया *m.* coarse meal, poor food

दाल-दलिया करना *v.t.* to settle the matter

दाल में कुछ काला है (*मु.*) there is something wrong/fishy

दाल-मोठ *f.* a mixture of fried and spiced pulses

दाल-रोटी *f.* (a) simple diet (b) livelihood, sustenance

दाल-रोटी चलना (*मु.*) *v.i.* to have enough to live on

दाल-चीनी (*dālcīnī*) *f.* cinnamon (spice) (same as दारचीनी)

दालान P (*dālān*) *m.* 1. hall 2. verandah, vestibule

दर-दालान outer hall, antechamber

दाव[1] (*dāv*) *m.* 1. forest, jungle, wood 2. forest or wood fire

दाव-दग्ध *a.* burnt in wood fire

दाव-दाह *m.* conflagration, forest fire

दाव[2] (*dāv*) *m.* stratagem, trick, artifice

दावत A (*dāvat*) *f.* 1. invitation, call 2. feast, banquet, dinner

दावत क़बूल करना *v.t.* to accept an invitation to a feast

दावत करना *v.t.* to invite to a banquet, to give a feast

दावत देना = दावत करना

दावतनामा *m.* invitation (letter)

दावत मिलना *v.i.* to receive an invitation

दावनी[1] (*dāvnī*) *f.* lightning

दावनी[2] (*dāvnī*) *f.* woman's ornament for forehead

दावा A (*dāvā*) *m.* 1. claim 2. law-suit

दावा करना *v.t.* (a) to claim (b) to file or institute a suit of law (c) to pretend

दावा ख़ारिज करना *v.t.* to dismiss a claim or suit

दावा जतलाना *v.t.* to assert one's claim

दावा दायर करना *v.t.* to file a suit

दावाग्नि (*dāvāgni*) *f.* /**दावानल** (*dāvānal*) *m.* forest conflagration, forest fire

दावेदार A (*dāvedār*) *m.* claimant

दावेदारी A (*dāvedārī*) *f.* assertion of

one's claim

दाशमिक (*dāśmik*) *a.* decimal

दाशमिक प्रणाली *f.* decimal system

दाशरथि (*dāśrathi*) *m.* descendant/son of Raja Dashrath, particularly Rama

दाश्ता A (*daśtā*) *f.* concubine, unlawful wife

दास (*dās*) *m.* 1. slave, bondsman 2. servant

दास प्रथा *f.* slavery, serfdom, slave-trading

दास मनोवृत्ति *f.* slave/slavish mentality

दासवादी *a.&m.* slavocrat, slavist

दास व्यापार *m.* slave trade

दासता (*dāstā*) *f.* 1. slavery, serfdom, servility 2. condition of a slave or servant

दासता की बेड़ियाँ fetters of slavery

दासता से मुक्त करना *v.t.* to emancipate

दासत्व (*dāsatva*) *m.* 1. slavery, serfdom, servility 2. condition of a slave or servant (=दासता *q.v.*)

दासा (*dāsā*) *m.*1. projection from a wall as a support 2. a broad and long piece of wood 3. terrace

दासानुदास (*dāsānudās*) *m.* slave of slaves, most humble servant

दासी (*dāsī*) *f.* 1. female slave 2. maid-servant

दासी-पुत्र *m.* son of a female slave

दासेय (*dāsey*) *a.* born of a slave, descendant of some slave

दास्ताँ (*dāstām̐*) *f.*/**दास्तान** (*dāstān*) *f.* 1. narration, description 2. story, tale

दास्य (*dāsya*) *m.* slavery, servitude

दास्य भाव *m.* slavish attitude or sense

दाह (*dāh*) *m.* 1. burning, combustion 2. blaze, heat 3. cremation 4. burning sensation 5. envy, malice, jealousy 6. mental agony

दाह-कर्म/क्रिया cremation, burning a dead body

दाह-गृह *m.* crematorium

दाह देना *v.t.* to apply fire (to) a funeral pile

दाह-संस्कार *m.* funeral rites

दाहक (*dāhak*) *a.* inflammatory, caustic, causing fire or heat

दाहक पीड़ा *f.* burning pain

दाहक बम *m.* incendiary bomb

दाहक सोडा *m.* caustic soda

दाहकता (*dāhaktā*) *f.* incendiary property or characteristic

दाहन (*dāhan*) *m.* burning, conflagration, cauterizing

दाहना (*dāhnā*) *v.t.* 1. to burn, to set fire to 2. to torture, to torment

दाहांकन (*dāhāṅkan*) *m.* branding (with hot iron)

दाहिना (*dāhinā*) *a.* right

दाहिनी तरफ़ *f.* right side

दाहिना हाथ *(मु.)* *m.* right hand

दाहिना हाशिया *m.* right-hand margin

किसी का दाहिना हाथ होना *v.i.* to be one's ready helper

दाहिने (*dāhine*) *adv.* towards/to the right

दाहिने-बाएँ on the right and left

दाहिने होना *(मु.)* *v.i.* (a) to be on the right side (b) to be favourable

दाही (*dāhī*) *a.* 1. burning, incendiary 2. causing pain, painful, tormenting

दाह्य (*dāhya*) *a.* inflammable, combustible, fit to be burnt

दाह्यता (*dāhyatā*) *f.* inflammability, combustibility

दिअली (*dialī*) *f.*/**दिउली**(*diulī*) *f.* 1. a very small earthen lamp 2.scab of a wound

दिक्[1] (*dik*) *f.* direction, side

दिक्सूचक *m.* compass

दिग्दर्शन *m.* showing the way, guidance

चतुर्दिक् *adv.* on all sides

दिक्[2] A (*diq*) I. *a.* 1. harassed, vexed 2. fed up II. *m.* tuberculosis

दिक् करना *v.t.* to vex, to harass

दिक्कत A (*diqqat*) *f.* 1. difficulty, hardship 2. problem

दिक्कत-तलब *a.* difficult, troublesome

दिक्कत में पड़ना *v.t.* to be involved in difficulty, to fall in trouble, to get into trouble

दिक्कन्या (*dikkanyā*) *f.* the ten deities of the ten quarters of the world who are, according to the Puranas, the daughters of Brahma

दिक्काल (*dikkāl*) *m.* space and time

दिक्परिवर्तक (*dikparivartak*) *m.* commutator

दिक्परिवर्तन (*dikparivartan*) *m.* diversion

दिक्परिवर्तन करना *v.t.* to commutate

दिक्पात (*dikpāt*) *m.* declination

दिक्पाल (*dikpāl*) *m.* the regents or guardian deities of the ten regions of the world (astronomically, the Sun of the east, Saturn of the west, Mercury of the north, Mars of the south, Venus of the south-east, Rahu of the south-west, Moon of the north-west and Jupiter of the north-east), (mythologically, Brahma upwards, Anant downwards, Indra east, Varuna west, Kuber north, Yama south, Agni south-east, Vayu north-west, Shiva north-east and Nairrtya for south-west)

दिक्शूल (*dikśūl*) *m.*1. inauspicious planetary conjunction 2. inauspicious day for journey in a particular direction

दिक्सूचक (*diksūcak*) *m.* compass

दिक्सूचि (*diksūci*) *f.* compass needle

दिक्स्थापन (*diksthāpan*) *m.* orientation

दिखना (*dikhnā*) *v.i.* to be seen, to be viewed, to come to view, to appear, to be visible

दिखलवाई (*dikhalvāī*) *f.* amount paid for the act of exhibiting or showing

दिखलवाना (*dikhalvānā*) *v.t.* to cause to show or exhibit, to cause to be seen

दिखलाई (*dikhlāī*) *f.* 1. the act of exhibiting or showing 2. charges for showing or exhibiting

दिखलाई देना *v.t.* to appear, to be visible

दिखलाना (*dikhlānā*) *v.t.* 1. to show, to exhibit, to display 2. to indicate (also see दिखाना)

दिखलावा (*dikhlāvā*) *m.* ostentation, show, mere display, pompousness, pretention (= दिखावा *q.v.*)

दिखाई (*dikhāī*) *f.* 1. showing, exhibiting, displaying 2. coming in sight, appearing

दिखाई देता है it appears

दिखाई देना *v.t.* to appear, to come to view

दिखाई पड़ना = दिखाई देना

मुँहदिखाई *f.* a wedding rite in which the bride on her very first visit to in-laws unveils her face and gets presents

दिखाऊ (*dikhāū*) *a.* 1. fit to be shown or displayed, presentable 2. ostentatious, showy, pretentious

दिखाना (*dikhānā*) *v.t.* to show, to display, to exhibit, to expose

अँगूठा दिखाना (*मु.*) to refuse point-blank

आँखें दिखाना (*मु.*) to show anger

दिल खोलकर दिखाना to open out one's heart

धूप दिखाना (*मु.*) to put in the sun

नब्ज़ दिखाना to show one's pulse (to a physician)

नीचा दिखाना (*मु.*) to humiliate

पीठ दिखाना (*मु.*) to turn tail, to accept defeat

हाथ दिखाना (a) to show feats of hand (b) to show one's palm(to a palmist)

दिखावट (*dikhāvaṭ*) *f.* ostentation, show, mere display, pompousness, flamboyance

दिखावटी (*dikhāvaṭī*) *a.* 1. ostentatious, flamboyant, showy, pompous 2. false, unreal

दिखावा (*dikhāvā*) *m.* ostentation, show, mere display, pompousness

दिखावा बनाये रखना *v.t.* to keep up appearances

दिखैया (*dikhaiyā*) *m.* displayer, exhibitor

दिखौआ (*dikhauā*) *a.* for show only, hollow

दिगंगना (*digaṅgnā*) *f.* a fairy or nymph assigned to each direction (in mythological imagery)

दिगंत (*digant*) *m.* extreme end of all directions, horizon

दिगंतर (*digantar*) *m.* the corner between two directions

दिगंबर (*digambar*) I. *m.* Digambar, a sect of Jain monks II. *a.* naked, nude, unclothed

दिगंबरता (*digambartā*) *f.* nakedness, nudity

दिगंबरी (*digambarī*) *f.* the goddess Durga, consort of Shiva

दिगंश (*digaṃś*) *m.* azimuth, 360th degree of a circle or planet

दिगंशीय (*digaṃśīy*) *a.* azimuthal

दिग्गज (*diggaj*) I. *m.* 1. one of the eight elephants in Indian mythology that are believed to support and guard the eight directions of the universe 2. a highly learned person, genius II. *a.* huge, powerful, majestic (like an elephant)

दिग्ज्या (*digjyā*) *f.* azimuth cosine of a place

दिग्दर्शक (*digdarśak*) *m.* guide, director, mentor

दिग्दर्शन (*digdarśan*) *m.* 1. guidance, direction 2. general survey, fird's-eye view

दिग्दाह (*digdāh*) *m.* redness of the sky that appears at sunset

दिग्दिगंत (*digdigant*) *m.* boundless region, vast space, all directions

दिग्दिगंतर (*digdigantar*) *m.* 1. quarter and intermediate quarter (of direction) 2. vast stretch of land

दिग्बिंदु (*digbiṁdu*) *m.* cardinals, cardinal points

दिग्भ्रम (*digbhram*) *m.*/**दिग्भ्रांति** (*digbhrānti*) *f.* 1. perplexity about direction, directional mistake 2. loss of bearing

दिग्मंडल (*digmaṇḍal*) *m.* all the different directions combined

दिग्वस्त्र (*digvastra*) *m.* = दिगंबर *q.v.*

दिग्विंदु (*digviṁdu*) *m.* cardinal points

दिग्विजय (*digvijay*) *f.* conquest of the world

दिग्विजय करना *v.t.* to make a bid for world conquest, to win worldwide fame

दिग्विजयी (*digvijayī*) *m.* world conqueror

दिग्विजयी पंडित *m.* a scholar of world-wide fame

दिग्व्यापी (*digvyāpī*) *a.* spreading in all directions

दिङ्मूढ़ (*diṅmūṛh*) *a.* one who has lost his bearings

दिङ्मोह (*diṅmoh*) *m.* perplexity or confusion about direction

दिठौना (*diṭhaunā*) *m.* patch or black mark made on the baby's face to protect him from evil eye

दित्सा (*ditsā*) *f.* desire or intention of giving

दित्सा-पत्र *m.* will (written)

दित्सु (*ditsu*) *a.* wishing to give or grant

दिन (*din*) *m.* 1. day (period of 24 hours) 2. day (from sunrise to sunset 3. time, period 4. date 5. day of the week
दिन कटना *v.i.* time to pass
दिनकर *m.* the sun
दिन काटना *(मु.) v.t.* to pass time
दिन की पारी *f.* day-shift
दिन को तारे दिखाई देना *(मु.)* to suffer from great mental agony
दिन को दिन, रात को रात न जानना *(मु.) v.t.* to work rigorously
दिन को रात कहना to tell a lie
दिन गँवाना *(मु.) v.t.* to waste time, to trifle away time
दिन गिनना *v.t.* (a) to count days (b) to be on the deathbed
दिन चढ़ना *(मु.) v.i.* (a) the sun to rise (b) to be in the family way
दिन-चढ़े *adv.* (a) late in the morning (b) at sunrise
दिनचर्या *f.* daily routine
दिन छिपना *(मु.) v.i.* the sun to set
दिन-छिपे *adv.* at sunset, in the evening
दिन डूबना *(मु.) v.i.* the sun to set
दिन-ढले *adv.* at towards the evening
दिन-दहाड़े *(मु.) adv.* in the broad daylight
दिन दूने रात चौगुने *(मु.) adv.* by leaps and bounds
दिन-नाथ *m.* lord of the day, the sun
दिन निकलना *(मु.) v.i.* the sun to rise, the day to dawn
दिन पर दिन *adv.* day by day
दिन पूरे करना *(मु.) v.t.* to drag out one's days, to go one's full time (in pregnancy)
दिन पूरे होना *(मु.) v.i.* (a) to be complete, (b) to come to an end (c) to complete the span of life
दिन-प्रतिदिन *adv.* day by day
दिन फिरना *(मु.) v.i.* fortune to take a turn for the better
दिन-ब-दिन *adv.* day by day
दिन-भर *adv.* the whole day, all day long
दिनमणि *m.* the sun
दिनमान *m.* duration of the day, the whole day
दिन मुँदना *v.i.* the day (to draw to a close)
दिन-राज *m.* the sun
चार दिन की चाँदनी *(लो.) f.* a few days' affluence
दिनों का फेर *(मु.) m.* cycle of fortune
बड़ा दिन *m.* Christmas Day

दिनांक (*dināṅk*) *m.* date
दिनांक मोहर *f.* date-stamp
दिनांक रेखा *f.* date-line

दिनांकन (*dināṅkan*) *m.* dating

दिनांकित (*dināṅkit*) *a.* dated

दिनांत (*dinānt*) *m.* end of the day, close of the day, sunset

दिनांध (*dināndh*) *a.* day-blind

दिनांधता (*dināndhtā*) *f.* day-blindness

दिनागम (*dināgam*) *m.* daybreak

दिनातीत (*dinātīt*) *a.* out of date

दिनारंभ (*dinārambh*) *m.* beginning of the day, daybreak, morning

दिनार्ध (*dinārdha*) *m.* 1. half of the day, noon 2. half a day

दिनावसान (*dināvsān*) *m.* close of the day, sunset, evening

दिनी (*dinī*) *a.* old, which is kept for many days

दिनेश (*dineś*) *m.* the sun, lord of the day

दिनौंधा (*dinaumdhā*) *a.* blind by day, day-blind

दिनौंधी (*dinaumdhī*) *f.* day-blindness

दिमाग़ A (*dimāg*) *m.* 1. brain 2. intellect, mental power 3. head 4. mind 5. pride, conceit, haughtiness, arrogance 6. understanding, comprehension
दिमाग़ आसमान पर होना *(मु.) v.i.* to be

conceited

दिमाग़ खपाना *v.t.* to rack one's brain

दिमाग़ खाना या चाटना *(मु.) v.t.* to encumber with silly questions or talk

दिमाग़ खाली करना *(मु.) v.t.* to tax one's brain for no purpose

दिमाग़ खाली हो जाना *v.i.* to become empty-headed, to become confused, to feel bored

दिमाग़ गरम हो जाना *v.i.* to lose one's temper

दिमाग़ चढ़ना *(मु.) v.i.* to be highly conceited or haughty

दिमाग़ झड़ना *(मु.) v.i.* to have conceit or pride taken out (of one)

दिमाग़ ठंडा रखना *v.t.* to remain cool-headed

दिमाग़ न मिलना *(मु.) v.t.* to have extreme pride

दिमाग़ में ख़लल होना *(मु.) v.i.* to have some defect in the brain

दिमाग़ में ठूँसना *v.t.* to hammer (something) into somebody's brain

दिमाग़ में न आना *v.i.* not to occur to the mind

दिमाग़ लड़ाना *(मु.) v.t.* to think deeply

दिमाग़ होना *v.i.* to be conceited

दिमाग़दार A (*dimāġdār*) *a.* 1. intelligent 2. conceited, proud, arrogant, haughty, vain

दिमाग़ी A (*dimāġī*) *a.* mental, intellectual

दिमाग़ी कसरत *f.* mental exercise

दिया[1] (*diyā*) *a.* given, imparted, granted (past and past participle of देना)

दिया[2] (*diyā*) *m.* earthen lamp (better दीया)

दियानत A (*diyānat*) *f.* 1. honesty 2. justice, fairness

दियानतदार A (*diyānatdār*) *a.* honest, sincere

दिल P (*dil*) *m.* 1. heart 2. mind 3. spirit 4. courage, boldness 5. desire, will

दिल अटकना *(मु.) v.i.* to be captivated, to fall in love

दिल आ जाना *(मु.) v.i.* to fall or be in love

दिल-आज़ार *a.* painful to the heart or mind, torturous

दिल-आज़ारी *f.* torture, affliction of the heart

दिल उचटना या उचट जाना *(मु.) v.i.* to be disgusted or fed up, to be weary

दिल ऊबना/उकताना *(मु.) v.i.* to be bored

दिल-ओ-जान से *adv.* wholeheartedly, with all one's heart and soul

दिल कड़ा करना *(मु.) v.t.* to harden one's heart, to summon up courage

दिल करना *v.t.* to wish

दिलकश *a.* attractive, alluring

दिल काँप उठना *(मु.) v.i.* to shudder to think of

दिल का कमल खिलना *(मु.) v.i.* to be glad at heart

दिल का खोटा *(मु.) a.* evil, evil-minded, ill-meaning

दिल का गुबार निकालना *(मु.) v.t.* to give vent to one's pent-up feelings

दिल का दौरा *m.* heart attack, stroke

दिल का बादशाह *(मु.) m.* (a) self-willed (b) generous (like a king), kind

दिल की आग बुझाना *v.t.* to quench the thirst for passion

दिल की कली खिलना *(मु.) v.i.* to be cheerful/happy

दिल की गाँठ खोलना *(मु.) v.t.* to clear the misunderstanding

दिल की दिल में रहना या रह जाना *(मु.) v.i.* heart's desire to remain unfulfilled

दिल की लगी बुझाना *v.t.* to have one's passion satisfied

दिल के फफोले फोड़ना *(मु.) v.t.* to reopen one's sores, to express one's sentiments

दिल कैसा-वैसा होना *v.t.* to feel ill
दिल को लगना *(मु.) v.i.* to touch the heart, to affect
दिल खट्टा करना *v.t.* to offend
दिल खट्टा होना *(मु.) v.i.* to feel sore, to feel repulsed
दिल खोलकर *(मु.) adv.* (a) heart-to-heart (b) generously, liberally
दिल गवाही नहीं देता *v.t.* the heart does not admit/accept
दिलगीर *a.* (a) captivating (b) sad, grieved, sorrowful
दिलचस्प *a.* (a) interesting (b) agreeable, delightful, pleasing
दिलचस्पी *f.* (a) interest (b) delightfulness
दिल चुराना *(मु.) v.t.* to lure one's heart away
दिलजमई *f.* (a) ease of mind or heart (b) confidence, faith (c) satisfaction (d) consolation
दिल जमना *(मु.) v.i.* to feel assured or satisfied
दिल जलना *(मु.) v.i.* (a) the heart to burn, to be pained or afflicted (b) to be aggrieved (c) to be jealous
दिलजला *a.* aggrieved, offended
दिल जलाना *(मु.) v.t.* (a) to cause ache or grief (b) to arouse jealousy
दिलजोई *f.* consolation
दिलजोई करना *v.t.* to console
दिल टूटना *(मु.) v.i.* to be disheartened
दिल ठहरना *v.i.* to be at rest, to be in peace
दिल ठिकाने न होना *v.i.* to feel out of sorts
दिल ठिकाने लगना/होना *(मु.) v.i.* to be at ease, to be consoled or pacified
दिल ठोककर *(मु.) adv.* deeply or firmly interested in something
दिल डूबना *(मु.) v.i.* to become disturbed
दिल तंग होना *v.i.* to feel distressed
दिल तड़पना *v.i.* to be eager (about), to long for
दिल तोड़ना *(मु.) v.t.* to dishearten, to discourage, to disappoint
दिल थामना *(मु.) v.t.* to beware, to take courage
दिल दहलना *(मु.) v.i.* to be terrified
दिल दुखाना *(मु.) v.t.* to offend, to hurt one's feelings, to afflict
दिल देखना *(मु.) v.t.* to ascertain one's desire or inclination
दिल देना *(मु.) v.t.* to fall in love with somebody
दिल धड़कना *(मु.) v.i.* heart to throb or palpitate (because of fear/excitement)
दिलनशीन *a.* impressed on the mind
दिल पक जाना *(मु.) v.i.* to be entirely fed up
दिल पर पत्थर रखना *(मु.) v.i.* to be hard hearted
दिल पर हाथ रखकर *(मु.) adv.* with full assurance
दिलपसंद *a.* (a) satisfactory or pleasing to the mind (b) agreeable, plausible
दिल पसीजना *(मु.) v.i.* the heart to melt
दिल पाना *v.t.* to find out one's mind or disposition
दिल पिघलना *v.i.* the heart to melt
दिल फटना *(मु.) v.i.* (a) the heart to break (b) to be distressed in mind
दिल फिरना *(मु.) v.i.* to feel aversion, to be disgusted
दिलफेंक *a.* of romantic disposition, flirtatious
दिल बढ़ना *(मु.) v.i.* (a) to gain self-confidence (b) to be encouraged
दिल बढ़ाना *(मु.) v.t.* to encourage, to hearten, to inspire, to instigate
दिल बहलाना *(मु.) v.t.* to recreate one's mind, to amuse oneself
दिल बहलावा *m.* amusement, recre-

ation

दिल बुझना *(मु.) v.i.* to be dispirited

दिल बैठना *(मु.) v.i.* to become disheartened

दिल भटकना *(मु.) v.i.* the heart (to wander about)

दिल भर आना *(मु.) v.t.* to be moved by sorrow or compassion

दिल भर जाना *(मु.) v.i.* (a) to be fed up, to be disgusted (b) to be satiated

दिल मसोस कर रह जाना *(मु.) v.i.* to bear patiently, to suffer in silence

दिल मिलना *(मु.) v.i.* to be in harmony

दिल में आना *(मु.) v.i.* to occur, to come to mind

दिल में उतर आना *v.i.* to be taken to heart

दिल में कहना *v.t.* to say to oneself

दिल में गाँठ पड़ना *(मु.) v.i.* to rear ill-feeling

दिल में घर करना *(मु.) v.t.* to find a place in one's heart, to impress

दिल में जगह देना *v.t.* to cherish, to love

दिल में फफोले पड़ना *(मु.) v.i.* to suffer mental agony

दिल में फ़र्क़ पड़ना/आना *(मु.) v.i.* (a) to have ill-feeling (b) to suspect

दिल में रखना *(मु.) v.t.* to keep to oneself

दिल रखना *(मु.) v.t.* to console, to please

दिलरुबा I. *a.* bewitching, charming II. *m.* (a) beloved, dear one (b) a kind of stringed instrument

दिल लगना *(मु.) v.i.* (a) to be enamoured (b) to feel at home

दिल लगाना *(मु.) v.t.* to set one's heart or mind (to), to apply one's mind (to), to fall in love

दिल से *adv.* heartily

दिल से उतरना *(मु.) v.i.* to be out of favour, to fall in esteem

दिल से दूर करना *(मु.) v.t.* (a) to forget (b) to lose all interest or relationship

दिल से हट जाना *v.i.* to have lost all attraction

दिल हिल उठना *v.i.* the heart to be moved, to feel fear

दिल हिला देने वाला *a.* touching, stirring

दिल ही दिल में *(मु.) adv.* secretly, stealthily (c) silently

दिलदार P (*dildār*) *a.* 1. affectionate 2. compassionate 3. generous, liberal, large-hearted

दिलदारी P (*dildārī*) *f.* 1. courageousness 2. generosity, liberality

दिलबर P (*dilbar*) *m.* beloved, dear one

दिलवाना (*dilvānā*) *v.t.* 1. to cause to be given 2. to cause to be paid

दिल वाला P (*dilvālā*) *a.* 1. generous, large-hearted 2. brave, bold, courageous

दिलहा (*dilhā*) *m.* wooden panel (of a door)

दिलाना (*dilānā*) *v.t.* 1. to cause to give, to make (somebody) give or pay 2. to put to possession 3. to assign, to consign

ध्यान दिलाना *(मु.)* to draw attention

भरोसा दिलाना to reassure

याद दिलाना to remind

शपथ दिलाना to administer oath

सज़ा दिलाना to get somebody punished

दिलावर P (*dilāvar*) *a.* brave, bold, enterprising, courageous, valiant

दिलावरी P (*dilāvarī*) *f.* bravery, boldness, valiance, courageousness

दिलासा (*dilāsā*) *m.* 1. consolation, solace 2. assurance 3. encouragement,

दिलासा देना *v.t.* (a) to console, to solace, to soothe (b) to encourage

दिलासा मिलना *v.i.* to be consoled/

solaced

दिली P (*dilī*) *a.* 1. cordial, hearty 2. close, intimate
दिली दोस्त *m.* intimate/close friend
दिली प्यार *m.* cordial love
दिली बीमारी *f.* heart disease

दिलेर P (*diler*) *a.* bold, brave, daring, courageous, valiant

दिलेरी P (*dilerī*) *f.* boldness, bravery, courage, daring

दिल्लगी P (*dillagī*) *f.* (practical) joke, jest, fun
दिल्लगी उड़ाना *(मु.) v.t.* to befool, to make fun of
दिल्लगी करना *v.t.* to jest, to crack jokes
दिल्लगीबाज़ *m.* & *a.* joker, jester, jocular fellow
दिल्लगीबाज़ी *f.* jocularity, jesting, fun-making

दिल्ला (*dillā*) *m.* panel (of a door)

दिल्लेदार (*dilledār*) *a.* panelled, fitted with panels

दिल्लेबंदी (*dillebandī*) *f.* panelling

दिल्हा (*dilhā*) *m.* panel (of a door) (= दिल्ला *q.v.*)

दिल्हेदार (*dilhedār*) *a.* panelled, fitted with panels (= दिल्लेदार *q.v.*)

दिवंगत (*divaṅgat*) *a.* deceased

दिव (*div*) *m.* 1. heaven, paradise 2. sky 3. day

दिवस (*divas*) *m.* day
दिवस का अवसान *m.* end of the day, evening, sunset
दिवस मुख *m.* daybreak, sunrise
जन्म दिवस *m.* birthday
स्वतंत्रता दिवस *m.* Independence Day

दिवांध (*divāndh*) *a.* day-blind

दिवांधता (*divāndhtā*) *f.* day-blindness

दिवा (*divā*) *m.* day
दिवाकर *m.* the sun
दिवाचर *a.* wandering or moving by day
दिवा तन *a.* happening during the daytime, diurnal
दिवा छात्र *m.* day-scholar, day-student
दिवा निद्रा *f.* sleep in the daytime
दिवा-निश *adv.* day and night, continuously, incessantly
दिवालोक *m.* (a) daylight, sunshine (b) paradise, heaven
दिवास्वप्न *m.* daydream

दिवाना P (*divānā*) *a.* mad, insane, frenzied, lunatic (person) (better दीवाना *q.v.*)

दिवाभिसारिका (*divābhisārikā*) *f.* woman who goes to meet her lover during daytime

दिवाल (*divāl*) *a.* giving, granting
दिवाल खोर *m.* lame duck

दिवाला (*divālā*) *m.* bankruptcy, insolvency
दिवाला निकलना *(मु.) v.i.* to become bankrupt
दिवाला पिटना *(मु.) v.i.* to be declared bankrupt
दिवाला पीटना *v.t.* to declare oneself bankrupt

दिवालिया (*divāliyā*) *a.*& *m.* bankrupt, insolvent

दिवालियापन (*divāliyāpan*) *m.* bankruptcy, insolvency

दिवाली (*divālī*) *f.* 1. a Hindu festival celebrated in honour of Lakshmi on the day of the new moon in Kartik (Oct.-Nov.) (also दीवाली, दीपावली) 2. a row of lamps

दिवाशयन (*divāśayan*) *m.* one who sleeps in the day

दिवोल्का (*divolkā*) *f.* (lit sky, firebrand), meteor which falls in the day

दिवैया (*divaiyā*) I. *m.* giver, bestower II. *a.* munificent, charitable, generous

दिव्य (*divya*) *a.* 1. divine, heavenly,

celestial 2. (मनोहर) delightful, pretty, lovely, charming 3. miraculous, wonderful 4. bright, brilliant, shining

दिव्य आत्मा *f.* divine spirit

दिव्य चक्षु *m.* inward eye, second sight

दिव्य ज्ञान *m.* spiritual knowledge

दिव्य दर्शन *m.* divine vision, beatification

दिव्यदर्शी *a.* & *m.* clairvoyant

दिव्यदृष्टि *f.* inward eye, spiritual vision, clairvoyance

दिव्य देह *f.* celestial body

दिव्य नारी *f.* (a) nymph (b) divinely beautiful lady

दिव्य पंचामृत *m.* mixture of five ambrosias

दिव्य परीक्षा *f.* ordeal

दिव्य पुरुष *m.* the divine male

दिव्य मूर्ति *f.* divine figure

दिव्य वाणी *f.* celestial voice, oracle

दिव्य श्रुति *f.* clairvoyance

दिव्य सरिता *f.* divine river, the Ganga

दिव्य स्त्री *f.* divine female, nymph

दिव्यता (*divyatā*) *f.* 1. divineness 2. beauty, excellence

दिव्यांगना (*divyāṅganā*) *f.* 1. nymph of heaven 2. exquisitely beautiful woman

दिव्या (*divyā*) *f.* 1. nymph 2. heroine endowed with virtues

दिव्यात्मा (*divyātmā*) *f.* divine spirit, celestial soul

दिव्यादित्य (*divyāditya*) *m.* the hero who is endowed with divine as well as human virtues

दिव्यादिव्या (*divyādivyā*) *f.* the heroine endowed with divine as well as human virtues

दिव्यास्त्र (*divyāstra*) *m.* divine/celestial weapon (that operates with incantation)

दिव्योदक (*divyodak*) *m.* rain-water, water direct from heaven

दिशांतरण (*diśāntaraṇ*) *m.* redirection

दिशा (*diśā*) *f.* direction, side, quarter

दिशा जाना *(मु.) v.i.* to obey the call of nature, to go to ease oneself

दिशानिर्देश *m.* guidance, direction

दिशाभ्रम *m.* mistaking the direction

दिशाशूल *m.* inauspicious planetary conjunction which is deemed unlucky for travel

दिशात्मक (*diśātmak*) *a.* directional

दिष्ट (*diṣṭa*) I. *m.* 1. luck, fate, destiny 2. command, order, instruction II. *a.* directed

दिष्टकारी *m.* rectifier

दिष्टकृत (*diṣṭkṛt*) *a.* rectified

दिष्टि (*diṣṭi*) *f.* 1. direction 2. luck, good fate 3. command, order, instruction

दिसंबर E (*disambar*) *m.* December

दिसंबरी (*disambarī*) *a.* pertaining to the month of December

दिसंबरी जाड़ा *m.* severe cold of December

दिसना (*disnā*) *v.i.* to be visible

दिसावर (*disāvar*) *m.* other country, alien country

दिसावरी (*disāvarī*) *a.* of some other country

दिसावरी माल goods imported from some other country

दिहाड़ी (*dihāṛī*) *f.* 1. day's appointed work 2. daily wage

दिहाड़ीदार (*dihāṛīdār*) *m.* daily paid work, daily wage labourer

दीक्षक (*dīkṣak*) *m.* one who administers the oath of initiation, priest, preceptor, spiritual guide

दीक्षण (*dīkṣaṇ*) *m.* initiation (into a faith), consecration

दीक्षणीय (*dīkṣaṇīy*) *a.* fit to be initiated or consecrated

दीक्षांत (*dīkṣānt*) *a.* 1. conclusion of a

phase of education, end of an academic session 2. convocation (of a university)

दीक्षांत भाषण *m.* convocation address

दीक्षांत समारोह *m.* convocation ceremony

दीक्षा (*dīkṣā*) *f.* 1. initiation as a pupil or disciple, ordination 2. investiture with the sacred thread 3. undertaking religious observances 4. ceremonial introduction into a particular faith 5. dedicating oneself to a particular object

दीक्षा गुरु *m.* spiritual guide or preceptor

दीक्षा ग्रहण करना *v.t.* to be initiated, to receive ordination

दीक्षित (*dīkṣit*) I. *a.* initiated, ordained, consecrated II. *m.* 1. pupil or disciple of a religious preceptor 2. a sub-caste of Brahmins

दीखना (*dīkhnā*) *v.i.* to appear

दीख पड़ना *v.i.* to come into sight, to be visible (= दिखना *q.v.*)

दीगर P (*dīgar*) *a.* other

दीघी (*dīghī*) *f.* a big oblong pond or tank

दीठ (*dīṭh*) *f.* 1. glance, sight 2. evil eye

दीठ उतारना/झाड़ना *(मु.) v.t.* to undo the effect of an evil eye

दीठ लगाना *(मु.) v.t.* to cast an evil eye (also see नज़र)

दीदा P (*dīdā*) *m.* 1. eye 2. vision

दीदा फाड़ना *v.t.* to stare, to gaze

दीदा फूटना *v.i.* eyes to bulge out

दीदा लगना *v.i.* to become attentive

दीदा लड़ाना *v.t.* to exchange amorous glances

दीदार P (*dīdār*) *m.* 1. sight, view 2. sight, vision 3. visit

दीदार करना *v.t.* (a) to have a view (b) to visit, to see

दीदारबाज़ी *f.* exchanging flirtatious glances

दीदी (*dīdī*) *f.* elder sister

दीन[1] (*dīn*) *a.* 1. poor, indigent, needy, destitute 2. humble 3. wretched, unfortunate, ill-fated

दीनदयाल I. *a.* merciful or kind to the lowly or the poor II. *m.* the merciful God

दीन-दुःखी *a.* very poor, utterly destitute

दीनबंधु *m.* friend of the poor and the lowly

दीनवत्सल *a.* affectionate towards the poor

दीनवत्सलता *f.* affection for the poor, charity

दीनशरण *m.* poor men's refuge, resort of the poor

दीनहीन *a.* poor and lowly, most indigent, helpless

दीन[2] A (*dīn*) *m.* religion, faith

दीन-ईमान *m.* religion and faith

दीनदार *a.* religious minded, pious, virtuous

दीनदारी *f.* religious-mindedness, piety, devoutness

दीन-दुनिया *f.* this world and the world hereafter

दीन-दुनिया की खबर न होना *(मु.)* to be utterly ignorant

दीनता (*dīntā*) *f.* 1. poverty, indigence, penury 2. abjection 3. pitifulness, wretchedness 4. dejection, depression 5. humbleness, meekness

दीनत्व (*dīnatva*) *m.* = दीनता *q.v.*

दीनानाथ (*dīnānāth*) *m.* master of the poor and lowly creatures, God

दीनार (*dīnār*) *m.* 1. old Greek silver coin, drachma 2. a gold coin, pound

दीप (*dīp*) *m.* lamp

दीपकिट्ट *m.* lamp-black, soot of a lamp or candle

दीपगृह *m.* lighthouse

दीपदान *m.* ceremony observed for ten days after the death of a relative by suspending light on a peepal tree, offering of a lighted lamp to a deity

दीपमाला/मालिका *f.* row of lamps (see दिवाली)

दीपवृक्ष *m.* chandelier

दीपशिखा *f.* flame of a lamp or candle

दीपस्तम्भ *m.* light pillar

दीपक (*dīpak*) *m.* I. *a.* 1. kindling, illuminating 2. bright, shining 3. exciting, stimulating II. *m.* 1. lamp, light 2. a mode of music or song (believed to cause fire)

दीपन (*dīpan*) I. *a.* 1. illuminating, kindling, burning 2. stimulating, exciting, provoking, instigating II. *m.* 1. illumination, resplendence, effulgence 2. excitement, stimulation, provocation

दीपनीय (*dīpnīy*) *a.* 1. fit to be lighted/enkindled 2. excitable

दीपांकुर (*dīpāṅkur*) *m.* flame or light of a lamp

दीपाकार (*dīpākār*) *a.* resembling a lamp, having the form of a lamp

दीपाधार (*dīpādhār*) *m.* lamp-stand

दीपाग्नि (*dīpāgni*) *f.* heat of a lamp

दीपान्विता (*dīpānvitā*) *f.* the last day of the dark fortnight of Kartik month

दीपाराधन (*dīpārādhan*) *m.* worshipping an idol by waving a lighted lamp

दीपावली (*dīpāvalī*) *f.* row of lights (see दिवाली)

दीपिका (*dīpikā*) *f.* small lamp, light

दीपित (*dīpit*) *a.* 1. luminous, radiant, resplendent, lustrous, glowing, bright, shining, refulgent 2. illuminated, decorated (better दीप्त *q.v.*)

दीपोत्सव (*dīpotsav*) *m.* festival of lights (also दिवाली *q.v.*)

दीप्त (*dīpta*) *a.* 1. luminous, radiant, resplendent, lustrous, glowing, bright, shining, refulgent 2. illuminated, decorated

दीप्त ज्वाला *f.* luminous flame

दीप्ति (*dīpti*) *f.* splendour, lustre, radiance, effulgence, glow

दीप्तिकर *a.* glowing, shining, luminous

दीप्तिभ्रम *m.* photism

दीप्तिमान् *a.* bright, glowing, shining, radiant, splendid, lustrous, brilliant

दीप्तिमापक *m.* photometer

दीप्तिमिति *f.* photometry

दीप्य (*dīpya*) *a.* to be kindled, fit to be lighted

दीप्यमान (*dīpyamān*) *a.* radiant, shining, bright, glowing, luminous, resplendent, effulgent

दीमक (*dīmak*) *f.* white ant, termite

दीमक खाया *a.* eaten by white ants

दीमक लग जाना *v.i.* to be attacked by white ants, to be infested by termites

दीया (*dīyā*) *m.* lamp, (particularly) earthen lamp

दीया जलाना *v.t.* to light a lamp

दीया जलाने का समय *m.* lighting time, evening, dusk

दीया ठंडा करना *(मु.) v.t.* to blow out or extinguish or put out the light or lamp

दीया ठंडा होना *v.i.* the lamp to be blown out or put out

दीया बढ़ाना *(मु.) v.t.* to put out the lamp/light

दीया-बत्ती करना *(मु.) v.t.* to light a lamp, to put on the lights

दीया लेकर ढूँढ़ना *(मु.) v.t.* to make a great search (for), to make a thorough enquiry (into)

दीयासलाई *f.* match stick

दीयासलाई की डिबिया *f.* matchbox
दीये तले अँधेरा *(मु.)* it is darkest under the lamp
दीर्घ (*dīrgha*) *a.* long
दीर्घ आयु *f.* long life, longevity
दीर्घ कंधर *a.* long-necked
दीर्घकाय *a.* tall, of a tall stature, gigantic
दीर्घकाल *m.* long time, long period
दीर्घकालिक *a.* long-term, chronic
दीर्घकालिक नीति *f.* long-range policy
दीर्घकालिक मद्यप chronic alcoholic
दीर्घकालीन *a.* long-term
दीर्घकालीन ऋण *m.* long-term debt
दीर्घ केश *m.* & *a.* (a) long hair (b) long-haired
दीर्घ कोण *m.* wide angle
दीर्घ ग्रीव *a.* long-necked
दीर्घ जिह्वा *a.* long-tongued
दीर्घ जीवन *m.* long life, longevity
दीर्घजीवी *a.* long-lived
दीर्घ-तनु *a.* tall-figured
दीर्घ तरंग *f.* long wave
दीर्घदर्शी *a.* far-sighted, prudent, wise, sagacious
दीर्घदर्शिता *f.* far-sightedness, prudence, foresight, sagaciousness
दीर्घनिद्रा *f.* (a) long sleep (b) eternal sleep, death
दीर्घ पल्लव *a.* having long shoots or tendrils
दीर्घ-बाहु *a.* long-armed
दीर्घ-लोचन *a.* large-eyed
दीर्घवंश *a.* having a long lineage or pedigree
दीर्घ-वार्ता *f.* protracted or prolonged negotiations
दीर्घ वृत्त *m.* (maths) ellipse
दीर्घ वृत्ताकार *m.* elliptical
दीर्घ वृत्तीय *a.* elliptic, elliptical
दीर्घ शाख *a.* having long branches
दीर्घसूत्रता *f.* procrastination, slowness, dilatoriness, red-tapism
दीर्घसूत्री *a.* procrastinating, working slowly, slow, dilatory
दीर्घ स्वर *m.* long vowel
दीर्घता (*dīrghatā*) *f.* length
दीर्घता चिह्न *m.* macron(-) as in ā, ī, ū, in Hindi metres
दीर्घा (*dīrghā*) *f.* gallery
दीर्घाकार (*dīrghākār*) *a.* oblong, long in form, long-sized
दीर्घायत (*dīrghāyat*) *a.* rectangular, oblong
दीर्घायु (*dīrghāyu*) *a.* long-lived
दीर्घायुता (*dīrghāyutā*) *f.* longevity
दीर्घायुष (*dīrghāyuṣ*) *a.* long-lived
दीर्घावकाश (*dīrghāvkāś*) *m.* long holiday, vacation
दीर्घावधि (*dīrghāvdhi*) *a.* long-dated, long-term
दीर्घावधि प्रतिभूति *f.* long-term security
दीर्घिका (*dīrghikā*) *f.* 1. small tank, reservoir 2. gallery
दीर्घित (*dīrghit*) *a.* 1. elongated 2. prolonged
दीर्घीकरण (*dīrghīkaraṇ*) *m.* elongation, prolonging
दीर्ण (*dīrṇa*) *a.* 1. torn, rent, sundered 2. scattered, dispersed
दीवट (*dīvaṭ*) *f.* lamp-stand
दीवा (*dīvā*) *m.* lamp, light
दीवान A (*dīvān*) *m.* 1. minister of a princely state 2. collection of a poet's works 3. royal assembly hall
दीवान-ए-आम *m.* public hall of audience
दीवान-ए-ख़ास *m.* hall of private audience
दीवानख़ाना *m.* drawing room, hall of audience
दीवानगी P (*dīvāngī*) *f.* madness, insanity, lunacy
दीवाना P (*dīvānā*) *a.* & *m.* mad, insane, frenzied, lunatic (person)

दीवाना बनाना to drive to frenzy
प्रेम का दीवाना love-sick
दीवानापन P (*dīvānāpan*) *m.* 1. madness, insanity 2. craziness
दीवानी[1] P (*dīvānī*) *a. f.* 1. mad, insane, lunatic (woman) 2. crazy woman
दीवानी[2] P (*dīvānī*) *a.* civil
दीवानी अदालत *f.* civil court
दीवानी कानून *m.* civil law
दीवानी मुकद्दमा *m.* civil suit
दीवानी विवाह *m.* civil marriage
दीवानी संहिता *f.* civil code
दीवानी समादेश *m.* civil process
दीवार P (*dīvār*) *f.* 1. wall 2. barrier, bar, fence 3. partition
दीवार उठाना/चुनना *v.t.* to erect or raise a wall
दीवार के भी कान होते हैं (*लो.*) walls also have ears
दीवारगीर *f.* bracket or wall lamp
दीवारगीरी *f.* tapestry
कच्ची दीवार mud wall
पक्की दीवार brick wall
दीवारी (*dīvārī*) *a.* of a wall
दीवारी मानचित्र *m.* wall map
दीवाली (*dīvālī*) *f.* Diwali, the Hindu festival of lights which falls on the new moon day in Kartik (Oct.-Nov.) (also दिवाली, दीपावली)
दुंदुभि (*dundubhi*) *f.* large drum, kettle-drum
दुंदुह (*dunduh*) *m.* water-snake
दुंबा (*dumbā*) *m.* ram which has a big flat tail
दुँबाला (*dumbālā*) *m.* 1. tail 2. end, extremity 3. outer corner of an eye
दुँबालादार *a.* having a tail, tailed
दुँबालादार तारा *m.* star with a tail, comet
दुःख (*duḥkh*) *m.* 1. suffering, misery 2. ailment, illness 3. ache, pain 4. distress, trouble 5. uneasiness, restlessness 6. sorrow, grief
दुःख उठाना (*मु.*) *v.t.* (a) to suffer pain or sorrow (b) to face the difficulties or troubles (of life)
दुःख का मारा (*मु.*) *a.* afflicted
दुःखकारी *a.* painful, causing misery, distressing
दुःखत्रय *m.* the three kinds of miseries (spiritual, divine and material)
दुःखदग्ध *a.* troubled or oppressed by pain or sorrow, tormented by misery, distressed, afflicted
दुःखदाता/दायक *a.* causing pain or suffering, painful, full of misery
दुःख देना *v.t.* to cause suffering or sorrow
दुःख निवारण *m.* prevention or warding off trouble or affliction
दुःख पाना (*मु.*) *v.t.* to suffer pain, to be afflicted, to be in distress
दुःख पहुँचना *v.i.* to be distressed/afflicted
दुःख पहुँचाना *v.t.* to cause suffering or sorrow (= दुःख देना *q.v.*)
दुःख प्रकट करना *v.t.* to express one's grief or distress
दुःख बँटाना (*मु.*) *v.t.* to share other's sorrow
दुःख मानना *v.t.* to feel sorrowful or hurt
दुःख लगाना *v.i.* to feel sorry or grieved
दुःख सागर *m.* deep distress, endless trouble or misery, boundless affliction
दुःखसाध्य *a.* attained with difficulty
दुःख-सुख *m.* sorrow and joy, unhappiness and happiness
दुःख-हरण *m.* taking away pain or sorrow, relief from pain
दुःखद (*duḥkhad*) *a.* 1. painful, sorrowful 2. distressing 3. unfortunate 4. unpleasant
दुःखद अंत *m.* tragic end
दुःखद घटना *f.* unfortunate event,

painful event
दुःखद दुर्घटना *f.* tragic accident
दुःखद परिस्थितियाँ *f.* unpleasant circumstances
दुःखद प्रसंग *m.* distressing reference
दुःखद समाचार *m.* painful news

दुःखप्रद (*duḥkhprad*) *a.* 1. painful, sorrowful 2. distressing 3. unfortunate 4. unpleasant (= दुःखद *q.v.*)

दुःखमय (*duḥkhmay*) *a.* full of suffering, miserable, painful, sorrowful

दुःखांत (*duḥkhānt*) *a.* tragic
दुःखांत घटना *f.* tragic event
दुःखांत नाटक *m.* tragedy

दुःखांतिकी (*duḥkhāntikī*) *f.*/**दुःखांतिका** (*duḥkhāntikā*) *f.* tragedy

दुःखातीत (*duḥkhātīt*) *a.* freed from pain or affliction, past sorrow or misery

दुःखात्मक (*duḥkhātmak*) *a.* painful, sorrowful, distressing

दुःखायतन (*duḥkhāytan*) *m.* this world of sufferings

दुःखार्त (*duḥkhārta*) *a.* afflicted with pain or sorrow, miserable, grieved, distressed

दुःखित (*duḥkhit*) *a.* afflicted, distressed, sorrowful, unhappy, grieved
दुःखित चित्त pained or distressed at heart

दुःखी (*duḥkhī*) *a.* afflicted, distressed, sorrowful, unhappy, grieved (same as दुःखित *q.v.*)

दुःशासन (*duḥśāsan*) *m.* maladministration, misgovernment

दुःशील (*duḥśīl*) *a.* wicked, bad-tempered, ill-mannered, rude, ill-behaved

दुःशीलता (*duḥśīltā*) *f.* wickedness, impoliteness, indecency, rudeness

दुःश्रव (*duḥśrav*) *a.* inaudible

दुःसंकल्प (*duḥsaṅkalpa*) *m.* evil resolve

दुःसंग (*duḥsaṅg*) *m.* bad company

दुःसंवाद (*duḥsaṃvād*) *m.* bad/evil news

दुःसह (*duḥsah*) *a.* unbearable, intolerable, unendurable

दुःसाध्य (*duḥsādhya*) *a.* 1. hard to accomplish, impracticable 2. unattainable 3. arduous, difficult, irksome 4. troublesome

दुःसाध्यता (*duḥsādhyatā*) *f.* 1. impracticality 2. unattainability 3. arduousness, irksomeness, troublesomeness

दुःसाहस (*duḥsāhas*) *m.* 1. rashness, imprudence, heedlessness 2. impertinence, shamelessness 3. dare devilry

दुःसाहसिक (*duḥsāhasik*) *a.* 1. defiant, rash, impudent 2. heedless, reckless

दुःसाहसी (*duḥsāhasī*) I. *a.* 1. rash, bold 2. impertinent II. *m.* desperado

दुःस्वप्न (*duḥsvapna*) *m.* bad or inauspicious dream, nightmare

दुःस्थ (*duḥstha*) *a.* 1. distressed, afflicted, pained, grieved 2. unsteady, uneasy 3. foolish, unwise 4. poor, in hardship, indigent

दुःस्वभाव (*duḥsvabhāv*) I. *a.* ill-natured, bad tempered II. *m.* evil nature, low disposition, bad temper

दुअन्नी (*duannī*) *f.* (old currency) two-anna coin, one-eighth of a rupee

दुआ (*duā*) *f.* 1. blessing, benediction 2. prayer
दुआ करना *v.t.* to pray
दुआ देना (*मु.*) *v.t.* to bless
दुआ माँगना (*मु.*) *v.t.* to pray for
दुआ लग जाना *v.i.* (a) prayer to have its effect (b) blessing to be granted
दुआएं लेना *v.t.* to seek somebody's blessings
आपकी दुआ से *adv.* with your good wishes

दुआब P (*duāb*) *m.* 1. land between two rivers 2. (especially) the region between Ganga and Yamuna

दुआबा P (*duābā*) *m.* = दुआब

दुई (*duī*) *f.* 1. duality, dualism 2. difference

दुई का परदा *m.* covering or veil of dualism

दुकड़हा (*dukaṛhā*) *a.* 1. (of a thing) of low quality, cheap 2. (of a person) low, mean

दुकड़ा (*dukṛā*) *m.* 1. one-fourth part of a pice (obsolete) 2. pair (especially of tablas, vide तबला)

दुकड़ी (*dukṛī*) *f.* 1. the two of anything 2. carriage drawn by two horses 3. two rupees

दुकान A (*dukān*) *f.* shop

दुकान उठाना *v.t.* to wind up business

दुकान करना *v.t.* to keep or run a shop

दुकान चलाना *v.t.* to run a shop

दुकान जमना *v.i.* business to get a footing

दुकान जमाना *v.t.* to establish one's business

दुकान देखना *v.t.* to look after the shop

दुकान बढ़ाना *(मु.)* *v.t.* to close the shop

दुकान बैठ जाना *v.i.* (a) the trade to collapse (b) business to fail

दुकान लगाना *(मु.)* *v.t.* to spread or arrange articles for sale, to put the shop in order

ऊँची दुकान फीका पकवान *(लो.)* much cry little wool

दुकानदार P (*dukāndār*) *m.* shopkeeper

दुकानदारी P (*dukāndārī*) *f.* 1. shopkeeping 2. vocation of a shopkeeper 3. earning money by fair or foul means 4. haggling

दुकाल (*dukāl*) *m.* (*colloq.*) famine, scarcity

दुकूल (*dukūl*) *m.* 1. fine cloth 2. woven silk 3. ladies' saree

दुकूलिनी (*dukūlinī*) *f.* stream, rivulet

दुकेला (*dukelā*) *a.* accompanied by another, not alone

अकेला-दुकेला *a.* alone or with some companion

दुकेले (*dukele*) *adv.* accompanied by someone, not alone, with some other

दुक्कड़ (*dukkaṛ*) *m.* 1. a small tabor 2. two boats tied together

दुक्का (*dukkā*) I. *m.* (playing) card with two pips II. *adv.* in a pair, two together

दुक्का-तिक्का *adv.* in two or three numbers

दुक्की (*dukkī*) *f.* (playing) card with two pips

दुख (*dukh*) *m.* 1. suffering, misery 2. ailment, illness 3. ache, pain 4. distress, trouble 5. uneasiness, restlessness 6. sorrow, grief (better दुःख *q.v.*)

दुखंडा (*dukhaṇḍā*) *a.* two-storeyed, double-storeyed

दुखड़ा (*dukhṛā*) *m.* 1. pain, affliction, distress, misery 2. tale of woes (see दुःख)

दुखड़ा पड़ना *v.i.* to be afflicted/distressed, to be overtaken by woe or misery

दुखड़ा रोना *(मु.)* *v.t.* to tell (one's) woes or sufferings, to narrate one's tale of sorrows and miseries

दुखती रग (*dukhtī rag*) *f.* sore spot

दुखना (*dukhnā*) *v.i.* to pain, to ache

आँखें दुखती हैं eyes are sore

घाव दुखता है the wound pains

सिर दुखता है the head aches

दुखाना (*dukhānā*) *v.t.* 1. to inflict pain, to pain, to hurt 2. to grieve, to give sorrow 3. to cause hardship

जी दुखाना *(मु.)* to hurt somebody's feelings

दुखारी (*dukhārī*) *a.*/**दुखिया** (*dukhiyā*) *a.*

1. (one) afflicted with sorrow, pained, distressed (person) 2. miserable

दुगड़ा (*dugṛā*) *a.* two-muzzled gun

दुगदुगी[1] (*dugdugī*) *f.* middle part of the chest

दुगदुगी[2] (*dugdugī*) *f.* an ornament for the neck

दुगना (*dugnā*) *a.* double, twice as much, twofold

दुगना करना *v.t.* to make double, to double

दुगाड़ा (*dugāṛā*) *m.* double-barrelled gun

दुगाना (*dugānā*) *m.* dual

दुग्ध (*dugdha*) *m.* milk

दुग्ध उद्योग *m.* dairy farming

दुग्ध चूर्ण *m.* milk-powder

दुग्ध फेन *m.* froth of milk

दुग्धपान *m.* drinking milk

दुग्धपायी *m.* one living on milk

दुग्ध मापी *m.* lactometer

दुग्ध शर्करा *f.* lactose

दुग्धशाला *f.* dairy

दुग्ध स्रवण *m.* lactation, secretion of milk

दुग्धता (*dugdhatā*) *f.* milkiness, milky nature

दुग्धोद्योग (*dugdhodyog*) *m.* milk industry

दुचित्ता (*ducittā*) *a.* in two minds, fickle-minded, wavering, unsteady

दुचित्ती (*ducittī*) *f.* double-mindedness, fickle-mindedness

दुजायगी (*dujāygī*) *f.* discrimination

दुजायगी करना *v.t.* to discriminate

दुटूक (*duṭūk*) *a.* blunt, clear, plain, forthright, categorical (better दोटूक *q.v.*)

दुत (*dut*) *interj.* a term of contempt, away, avaunt ! begone !

दुतकार (*dutkār*) *f.* rebuke, reproof, reprimand

दुतकार देना *v.t.* to expel from one's presence, to reproach, indignantly, to reprimand

दुतकारना (*dutkārnā*) *v.t.* 1. to snub 2. to drive away (e.g., a dog)

दुतरफ़ा P (*dutarfā*) *a.* 1. bilateral, double-sided 2. deceptive

दुतल्ला (*dutallā*) *a.* two-storeyed, double-storeyed

दुतारा (*dutārā*) *m.* two-stringed musical instrument

दुदिला P (*dudilā*) *a.* double-minded, fickle-minded, wavering, unsteady (= दुचित्ता *q.v.*)

दुद्धी (*duddhī*) *f.* a milky medicinal grass, spurge (the milk of which is used for tattooing)

दुधमुँहा (*dudhmuṁhā*) *a.* (of a child) weaned from the mother's milk

दुधहँड़ी (*dudhhaṁṛī*) *f.* an earthen milk pot

दुधार (*dudhār*) *a.* 1. two-edged 2. milch (see दुधारू)

दुधारा (*dudhārā*) I. *a.* double-edged II. *m.* double-edged sword

दुधारी (*dudhārī*) *a.*/**दुधारू** (*dudhārū*) *a.* giving or yielding milk, full of milk

दुधारी, दुधारू गाय *f.* milch cow

दुधिया (*dudhiyā*) *a.* 1. milk, milk-coloured 2. containing milk 3. like milk, milky 4. opalescent

दुधिया चूना *m.* milk of lime

दुधिया पत्थर *m.* opal

दुधैल (*dudhail*) *a.* giving or yielding much milk, with a generous yield of milk

दुनका (*dunkā*) *m.* particle of grain

दुनाली (*dunālī*) *a.* & *f.* double-barrelled gun

दुनिया A (*duniyā*) *f.* 1. world 2. life, existence

दुनिया की हवा लगना *(मु.)* *v.i.* to acquire new fashions/ways of the world

दुनिया के परदे पर *(मु.) adv.* on the face of the earth

दुनिया देखना *(मु.) v.t.* to gain experience of the world

दुनिया-भर का *(मु.) a.* very much, most

दुनियासाज़ *a.* tactful

दुनियासाज़ी *f.* tactfulness

दुनिया से उठ (कूच कर) जाना *(मु.) v.i.* to depart from the world, to pass away

किसी की दुनिया उजड़ना somebody (to be ruined totally), (somebody) to lose his all

नयी दुनिया बसाना *v.t.* to start life afresh

दुनियादार A (*duniyādār*) *a.* & *m.* 1. worldly-minded (person) 2. house-holder

दुनियादारी A (*duniyādārī*) *f.* 1. worldly affairs 2. worldly goods or possession 3. family, wife and children

दुनियावी A (*duniyāvī*) *a.* worldly, mundane

दुनियावी धंधे *m.* temporal/mundane affairs

दुपट्टा (*dupaṭṭā*) *m.* sheet, wrapper

दुपट्टा तानकर सोना *(मु.) v.i.* to sleep soundly, to have a carefree sleep

दुपलिया (*dupaliyā*) I. *a.* having two folds II. *f.* a kind of cap

दुपल्ला (*dupallā*) *a.* 1. having two layers 2. having two doors

दुपहर (*dupahar*) *f.* noon, mid-day

दुपहर ढले *adv.* after mid-day, in the afternoon

दुपहरिया (*dupahariyā*) *m.* mid-day, the period around mid-day

दुफ़सली P (*dufaslī*) *a.* indefinite, uncertain, yielding or giving two crops (in a year)

दुबकना (*dubaknā*) *v.i.* 1. to hide, to conceal oneself 2. to lurk

दुबकाना (*dubkānā*) *v.t.* to hide or conceal (somebody)

दुबला (*dublā*) *a.* lean, slender, feeble, weak

दुबला-पतला *a.* lean and thin, scraggy, thin and bony

दुबलाना (*dublānā*) I. *v.i.* to become lean and thin, to become feeble, to be emaciated II. *v.t.* to make lean, to weaken

दुबलापन (*dublāpan*) *m.* leanness, thinness, scragginess, emaciation

दुबाइन (*dubāin*) *f.* 1. woman of Dubey caste a sub-caste of Brahmans 2. wife of a man belonging to Dubey caste

दुभाषिया (*dubhāṣiyā*) I. *m.* interpreter, bilinguist II. *a.* bilingual

दुबारा (*dubārā*) *adv.* twice, once again

दुबारा कोशिश *f.* renewed effort

दुबारा भुगतान *m.* double payment

दुबिधा (*dubidha*) *f.* a dilemma, fix

दुम P (*dum*) *f.* 1. tail 2. end, extremity

दुमछल्ला *m.* (a) tail of a paper kite (b) (*fig.*) a constant follower, hanger-on

दुम दबा कर *adv.* with the tail between the legs (as of a dog)

दुम दबा कर भाग जाना *(मु.) v.i.* to run away cowardly, to be scared away

दुम में घुसना *(मु.) v.i.* (a) to creep under the tail (as pups under a bitch) (b) to take shelter or refuge (c) to follow (d) to cling (to)

दुम हिलाते फिरना *v.i.* to be always cringing, to behave obsequiously

दुम हिलाना *(मु.) v.t.* to wag the tail

दुमंज़िला P (*dumañzilā*) *a.* two-storeyed, double-storeyed

दुमची P (*dumcī*) *f.* a strap looped under the tail of a horse, crupper

दुमची की हड्डी *f.* crupper bone

दुमट (*dumaṭ*) *f.* loam

दुमट मिट्टी *f.* loamy soil

दुमदार P (*dumdār*) *a.* having a tail, tailed

दुमदार तारा *m.* comet

दुमाही P (*dumāhī*) *a.* bimonthly

दुमुँहा (*dumum̐hā*) *a.* having two faces, deceitful, double-faced

दुरंगा (*durangā*) *a.* 1. of two colours, bicoloured, particoloured 2. (of a person) double-faced 3. deceitful 4. of two kinds

दुरंगा व्यवहार *m.* double-dealing

दुरंगी चाल *f.* duplicity, double game

दुरंत (*durant*) *a.* 1. unruly, ungovernable 2. difficult, hard, severe 3. unattainable 4. very serious 5. excessive 6. naughty, mischievous

दुर[1] (*dur*) *pref.* meaning bad, difficult

दुर[2] (*dur*) *interj.* away ! begone ! avaunt! tut ! pooh-pooh !

दुर-दुर करना *(मु.) v.t.* to pooh-pooh, to drive away scornfully

दुरक्ष (*durakṣa*) *a.* 1. weak-eyed 2. evil-eyed

दुरतिक्रम (*duratikram*) *m.* 1. illegal transgression 2. impassability

दुरतिक्रमणीय (*duratikramṇīy*) *a.* 1. impassable 2. unconquerable 3. insurmountable

दुरदुराना (*durdurānā*) *v.i.* 1. to turn out, to drive away 2. to pooh-pooh

दुरधिगम्य (*duradhigamya*) *a.* 1. inaccessible 2. incomprehensible, not understandable

दुरधिष्ठित (*duradhiṣṭhit*) *a.* 1. ill-arranged, ill-organized 2. unsystematic 3. misplaced

दुरपवाद (*durapvād*) *m.* scandal, infamy, slander

दुरभिग्रह (*durabhigrah*) *a.* 1. difficult to lay hold (of) 2. difficult to understand

दुरभियोजन (*durabhiyojan*) *m.*/**दुरभिसंधि** (*durabhisandhi*) *f.* plot, conspiracy, intrigue, collusion

दुरभिसंधिकर्ता *m.* plotter, conspirator, intriguer

दुरमुट (*durmuṭ*) *m.*/**दुरमुस** (*durmus*) *m.* beater, rammer, punner

दुरमुट, दुरमुस करना *v.t.* to beat or ram down (earth or rubbish)

दुरवस्थ (*duravastha*) *a.* 1. badly placed or situated 2. distressed, pained, afflicted

दुरवस्था (*duravasthā*) *f.* 1. hardship, penury 2. miserable plight, pitiable condition, sorry state, bad shape

दुरवस्थापन्न (*duravasthāpanna*) *a.* in distress, in bad shape, in hardship, miserable

दुराकांक्ष (*durākāṅkṣa*) *a.* 1. inordinately ambitious 2. most covetous or greedy

दुराकांक्षा (*durākāṅkṣā*) *f.* 1. inordinate ambition or desire 2. insatiable greed or avarice

दुराक्रमण (*durākramaṇ*) *m.* unlawful attack or assault, foul attack

दुरागम (*durāgam*) *m.* 1. illegal income or earning 2. difficult access or approach

दुराग्रह (*durāgrah*) *m.* 1. obduracy, obstinacy, headiness 2. fanaticism 3. prejudice

दुराग्रही (*durāgrahī*) *a.* 1. obdurate, obstinate, heady, recusant, mulish 2. prejudicial

दुराचरण (*durācaraṇ*) *m.* 1. misconduct, misdemeanour 2. malpractice, immorality, depravity

दुराचार (*durācār*) *m.* 1. bad conduct, misdemeanour 2. depravity, immorality

दुराचारिता (*durācāritā*) *f.* depravity, immorality, evil practice, wickedness

दुराचारी (*durācārī*) *a.* & *m.* depraved (person), vicious (fellow), wicked or vile (man), profligate, evil-doer

दुरात्मा (*durātmā*) *a.* wicked, depraved, profligate, vile, vicious

दुरा-दुरी (*durā-durī*) *f.* hiding, concealment, lurking

दुरा-दुरी करके *adv.* secretly

दुराधर्ष (*durādharṣ*) *a.* 1. difficult to subdue, indomitable 2. violent, terrible, fierce

दुराना[1] (*durānā*) *v.t.* to hide, to conceal

दुराना[2] (*durānā*) *v.t.* to turn out, to send away, to drive away

दुराप (*durāp*) *a.* hard/difficult to obtain, unavailable, scarce

दुराराध्य (*durārādhya*) *a.* difficult to be propitiated, fastidious

दुरारोग्य (*durārogya*) *a.* incurable

दुरारोग्य व्याधि *f.* incurable disease

दुरारोह (*durāroh*) *a.* 1. too high to be climbed, steep 2. inaccessible, unapproachable

दुरालाप (*durālāp*) *m.* abuse, indecent language, foul language

दुरालोक (*durālok*) *m.* dazzling light

दुराव (*durāv*) *m.* 1. concealment, hiding 2. mental reservation

दुराव करना *v.t.* to hide, to conceal

दुराव-छिपाव *m.* secrecy

दुराशय (*durāśay*) I. *m.* 1. mala fides, evil motive 2. malevolence II. *a.* evil-minded, wicked

दुराशयता (*durāśaytā*) *f.* 1. wickedness 2. mala fides, malevolence

दुराशा (*durāśā*) *f.* 1. frustration, dejection 2. vain or false hope, hope against hope

दुरासद (*durāsad*) *a.* 1. inaccessible, unapproachable 2. (दुर्लभ) rare, unparalleled 3. (दुजेय) unconquerable, indomitable

दुरित (*durit*) I. *a.* 1. sinned 2. difficult, tedious, arduous, irksome II. *m.* 1. sin 2. vice 3. danger, peril

दुरिष्ट (*duriṣṭa*) *m.* curse

दुरी (*durī*) *f.* & *Pl.* the two (on dice)

दुरुक्त (*durukta*) *a.* badly spoken, harshly said

दुरुक्ति (*durukti*) *f.* harsh expression, bitter or hard words, filthy utterance

दुरुखा (*durukhā*) *a.* double-faced, double-edged

दुरुत्तर (*duruttar*) *m.* bad reply, poor answer

दुरुत्साहन (*durutsāhan*) *m.* abetment

दुरुत्साहित (*durutsāhit*) *a.* abetted

दुरुत्साहित करना *v.t.* to abet

दुरुस्त P (*durusta*) *a.* 1. right, correct 2. proper, fit 3. safe, sound 4. flawless, faultless

दुरुस्त करना *(मु.)* (a) to set right, to correct (b) to fit in (c) to regulate (d) to repair, to rectify (e) to put in order (f) to teach a lesson

दुरुस्ती P (*durustī*) *f.* 1. correction 2. amendment 3. fitness

दुरूह (*durūh*) *a.* difficult, irksome, abstruse, obscure

दुरूहता (*durūhtā*) *f.* abstrusely, abstruseness, obscurity, irksomeness

दुरेषण (*dureṣaṇ*) *m.* malevolence, ill-wishing

दुरौंध (*durauṁdh*) *m.* lintel of a door

दुर्गंध (*durgandh*) *f.* bad or foul smell, stink, stench

दुर्गंधित (*durgandhit*) *a.* fetid, stinking

दुर्ग (*durga*) *m.* fort, fortress, citadel

दुर्गपति/पाल *m.* governor of a fort, commandant of a fortress, officer-in-charge of a fort or citadel

दुर्ग प्राचीर *f.* bailey, rampart

दुर्ग-रक्षक *m.* fort-guard

दुर्ग सेना *f.* garrison

दुर्गत (*durgat*) *a.* 1. distressed, indigent, poor, destitute 2. needy, miserable 3. troubled, oppressed 4. wretched

दुर्गति (*durgati*) *f.* 1. distress, misery, sad plight, hardship 2. wretchedness 3. (नरक) hell

दुर्गति करना *v.t.* to oppress, to torment, to beat harshly

दुर्गम (*durgam*) *a.* 1. inaccessible, unapproachable 2. impassable 3. difficult, arduous, abstruse 4. incomprehensible, difficult to understand

दुर्गमता (*durgamtā*) *f.* 1. inaccessibility, unapproachability 2. impassability 3. incomprehensibility

दुर्गमनीय (*durgamnīy*) *a.*/**दुर्गम्य** (*durgamya*) *a.* 1. inaccessible, unapproachable 2. impassable 3. difficult, arduous, abstruse 4. incomprehensible, difficult to understand (= दुर्गम *q.v.*)

दुर्गलनीय (*durgalanīy*) *a.* too hard to melt, refractory

दुर्गलनीय धातु *f.* refractory metal

दुर्गा (*durgā*) *f.* 1. the goddess Durga, the wife of Shiva 2. a virgin girl of less than nine years

दुर्गा-पूजा *f.* festival of worship of Durga observed in Ashwin (October)

दुर्गाधिकारी (*durgādhikārī*) *m.* officer or governor of a fort

दुर्गुण (*durguṇ*) *m.* 1. vice, flaw, defect, fault 2. demerit

दुर्गुणी (*durguṇī*) *a.* vicious, defective, faulty

दुर्गेश (*durgeś*) *m.* officer or governor of a fort (= दुर्गाधिकारी *q.v.*)

दुर्गोत्सव (*durgotsav*) *m.* Durga Pooja festival (see दुर्गा पूजा)

दुर्ग्रह[1] (*durgrah*) *m.* evil star, unfavourable planet or star

दुर्ग्रह[2] (*durgrah*) *m.* spasm, cramp

दुर्ग्राह्य (*durgrāhya*) *a.* 1. unattainable 2. incomprehensible, difficult to understand or realise

दुर्घट (*durghaṭ*) *a.* unlikely to occur or happen, impossible

दुर्घटना (*durghaṭnā*) *f.* accident, casualty, unnatural occurrence, unforeseen event

दुर्घटनाग्रस्त *a.* involved in an accident

दुर्घटना जोखिम *m.* accident risk

दुर्घटना बीमा *m.* accident insurance

दुर्घटनास्थल *m.* scene/place of the accident

दुर्घोष (*durghoṣ*) *m.* roar, harsh shouts

दुर्जन (*durjan*) *m.* rascal, wicked person, villain, scoundrel, vile person

दुर्जनता (*durjantā*) *f.* wickedness, rascality, villainy, vile nature

दुर्जय (*durjay*) *a.* 1. unconquerable, invincible 2. (of a fort) impregnable (= दुर्जेय *q.v.*)

दुर्जात (*durjāt*) *a.* 1. inauspiciously born 2. ill-born, illegitimate 3. low, inferior 4. miserable, wretched 5. bad, wicked, vicious

दुर्जाति (*durjāti*) *f.* 1. low caste or tribe 2. misfortune, calamity, misery

दुर्जीव (*durjīv*) *m.* 1. one living on other's expense, parasite 2. hateful or abominable person

दुर्जेय (*durjey*) *a.* 1. unconquerable, invincible 2. (of a fort) impregnable

दुर्ज्ञेय (*durjñey*) *a.* 1. unknowable, incomprehensible, obscure 2. too deep to fathom, impalpable

दुर्ज्ञेयता (*durjñeytā*) *f.* 1. unknowableness, incomprehensibility, obscurity 2. unfathomability

दुर्दम (*durdam*) *a.*/**दुर्दमनीय** (*durdamnīy*) *a.*/**दुर्दम्य**(*durdamya*) *a.* 1. difficult to subdue or overcome, indomitable 2. invincible 3. wild, fierce 4. malignant 5. recalcitrant, obstinately disobedient 6. unyielding, unruly

दुर्दर्श (*durdarśa*) *a*. 1. difficult to be seen or met 2. disagreeable or painful to the sight, dazzling

दुर्दशा (*durdaśā*) *f*. 1. distress, predicament, affliction 2. adversity, calamity, misfortune 3. sad plight, wretched condition 4. grief, sorrow

दुर्दशा करना *v.t.* to oppress, to torment, to beat harshly (see दुर्गति करना)

दुर्दशाग्रस्त *a*. (a) afflicted, distressed (b) poor, indigent, poverty-stricken

दुर्दशा भोगना *v.t.* to suffer, to live in adversity or affliction, to pass times of calamity or misery

दुर्दशा होना *v.i.* to be tormented or oppressed

दुर्दांत (*durdānt*) *a*. 1. difficult to subdue or overcome, indomitable 2. invincible 3. wild, fierce 4. malignant 5. recalcitrant, obstinately disobedient 6. unyielding, unruly (same as दुर्दम or दुर्दम्य *q.v.*)

दुर्दिन (*durdin*) *m*. 1. bad times, days of adversity, hard times 2. dark and cloudy day 3. dark, darkness 4. bad weather, rainy day or season

दुर्दृष्ट (*durdṛṣṭa*) *a*. 1. ill-seen, ill-observed, ill-examined 2. imperfectly ascertained 3. looked at with an evil eye

दुर्दैव (*durdaiv*) *m*. 1. ill-luck, cruel fate, misfortune 2. (विपत्ति) calamity, adversity, mishap

दुर्धर (*durdhar*) *a*. 1. difficult to be carried, heavy 2. irresistible, unrestrainable 3. inevitable, indispensable 4. strong, forceful

दुर्धर्ष (*durdharṣa*) 1. indomitable 2. invincible, unconquerable 3. uncontrollable

दुर्नम्य (*durnamya*) *a*. 1. inflexible, unbendable 2. rigid, stiff

दुर्नम्यता (*durnamyatā*) *f*. 1. inflexibility, unbendableness 2. rigidity, stiffness

दुर्नय (*durnay*) *m*. 1. imprudent conduct 2. rashness, imprudence, rudeness, indecorum, incivility 3. injustice

दुर्नाम (*durnām*) *m*. 1. bad name, ill-repute, infamy 2. indecent or abusive language

दुर्नामा (*durnāmā*) *a*. 1. infamous, ill-reputed, defamed 2. scandalous

दुर्निग्रह (*durnigrah*) *a*. difficult to be restrained, unrestrainable, uncontrollable

दुर्निवार (*durnivār*) *a*. /**दुर्निवार्य** (*durnivārya*) *a*. unavoidable, inevitable, unpreventable

दुर्निमित्त (*durnimitta*) *m*. ill omen

दुर्नीत (*durnīt*) *a*. wicked, corrupt, vile, depraved, vicious

दुर्नीति (*durnīti*) *f*. 1. bad policy 2. injustice 3. misconduct 4. corruption 5. wickedness 6. lowliness, baseness

दुर्बल (*durbal*) *a*. 1. weak, feeble 2. thin, lean, emaciated

दुर्बल करना *v.t.* to render weak, weaken, enfeeble

दुर्बलचित्त *a*. weak-minded, feeble-hearted, imbecile

दुर्बलमनस्क *a*. feeble-minded, weak-hearted, imbecile

दुर्बलमनस्कता *f*. feeble-mindedness, amentia, mental deficiency

दुर्बल होना/हो जाना *v.i.* to become weak, to grow feeble, to lose strength

दुर्बलता (*durbaltā*) *f*. 1. weakness, feebleness, debility 2. leanness, thinness, emaciation

मानसिक दुर्बलता amentia, mental debility

शारीरिक दुर्बलता physical weakness

दुर्बलेच्छा (*durbalecchā*) *f*. velleity, weak will or tendency

दुर्बुद्धि (*durbuddhi*) *a.* 1. foolish, silly, stupid 2. evil-minded, evil-designed, wicked

दुर्बोध (*durbodh*) *a.* hard/difficult to understand, incomprehensible, unintelligible, abstruse, obscure, recondite

दुर्बोधता (*durbodhtā*) *f.* incomprehensibility, unintelligibility, abstruseness, obscurity

दुर्भक्ष्य (*durbhakṣya*) *a.* inedible, uneatable

दुर्भगा (*durbhagā*) *f.* a woman who is not loved by her husband

दुर्भर (*durbhar*) *a.* 1. difficult to be borne or supported, onerous, arduous 2. heavy, weighty

दुर्भाग्य (*durbhāgya*) *m.* ill-luck, misfortune, ill-fate, lucklessness

दुर्भाग्यपूर्ण *a.* unfortunate

दुर्भाग्य से *adv.* unfortunately

दुर्भाव (*durbhāv*) *m.* ill-will, malevolence, malice, mala fides

दुर्भावपूर्ण *a.* in bad faith

दुर्भावना (*durbhāvnā*) *f.* 1. ill-will, malice, bad faith, ill-feeling 2. apprehension

दुर्भावनापूर्ण *a.* malicious

दुर्भिक्ष (*durbhikṣ*) *m.* famine, dearth, scarcity, paucity

दुर्भिक्षग्रस्त/पीड़ित *a.* famine-stricken

दुर्भिक्ष/सहायता *f.* famine relief

दुर्भीति (*durbhīti*) *f.* phobia, morbid fear

दुर्भेद्य (*durbhedya*) *a.* impregnable, invulnerable, impenetrable

दुर्मंत्रणा (*durmantraṇā*) *f.* bad advice, evil suggestion

दुर्मट (*durmaṭ*) *m.* rammer

दुर्मति (*durmati*) *a.* 1. foolish, silly, stupid 2. evil-minded, evil-designed, wicked (= दुर्बुद्धि *q.v.*)

दुर्मद (*durmad*) *a.* 1. intoxicated, drunken 2. haughty, conceited, arrogant, proud

दुर्मनस्क (*durmanaska*) *a.* dysphoric, ill-minded, afflicted mentally

दुर्मनस्कता (*durmanasktā*) *f.* dysphoria, mental affliction, ill-mindedness

दुर्मना (*durmanā*) *a.* afflicted mentally (= दुर्मनस्क *q.v.*)

दुर्मर (*durmar*) *a.* 1. not easily dying 2. diehard

दुर्मरा (*durmarā*) *f.* a kind of soft grass

दुर्मर्ष (*durmarṣa*) *a.* 1. unmanageable 2. unbearable, unsupportable

दुर्मल्लिका (*durmallikā*) *f.* a minor drama of merry making with four acts

दुर्मित्र (*durmitra*) *m.* bad friend

दुर्मिल (*durmil*) I. *a.* 1. unparalleled, unique, singular 2. rare II. *m.* a certain stanza of four lines with 32 syllables in each

दुर्मुख (*durmukh*) I. *a.* 1. foul-mouthed, scurrilous, using filthy or abusive language 2. ugly-looking, ugly-faced II. *m.* 1. spy, detective 2. ugly person 3. horse 4. a house facing north (considered unlucky)

दुर्मुहूर्त (*durmuhūrta*) *m.* inauspicious time or moment

दुर्यश (*duryaś*) *m.* 1. bad name, infamy, ill-repute 2. disgrace, humiliation

दुर्योग (*duryog*) *m.* 1. evil conjunction of stars or planets, inauspicious time 2. bad time, evil days 3. foul weather

दुर्योनि (*duryoni*) *a.* of low or impure origin/descent

दुर्लंघ्य (*durlaṅghya*) *a.* 1. insurmountable, difficult to be subdued or overcome 2. impassable

दुर्लक्ष्य (*durlakṣya*) I. *a.* hardly visible, difficult to be seen II. *m.* evil design, bad intention

दुर्लक्षण (*durlakṣaṇ*) *m.* unlucky or inauspicious sign, ill omen

दुर्लभ (*durlabh*) *a.* scarce, rare, unobtainable, unavailable

दुर्लभ मुद्रा *f.* hard currency

दुर्लभता (*durlabhtā*) *f.* rareness, scarcity, unavailability

दुर्ललित (*durlalit*) *a.* 1. over-indulged, pampered 2. wayward, ill-mannered, naughty, mischievous

दुर्लेख (*durlekh*) *m.* 1. bad writing 2. illegible writing

दुर्लेख्य (*durlekhya*) *m.* false or forged document, invalid deed

दुर्वचन (*durvacan*) *m.* 1. rude words, abusive or indecent language, abuse, scurrilous language 2. slander, censure

दुर्वह (*durvah*) *a.* 1. unwieldy, difficult to bear or carry 2. onerous 3. unendurable, intolerable 4. insupportable

दुर्वाक (*durvāk*) *a.* harsh-tongued, foulmouthed

दुर्वाद (*durvād*) *m.* censure, slander

दुर्वार (*durvār*) *a.* hard to be restrained, irresistable, irrepressible

दुर्वार्य (*durvāryā*) *a.* (the same as दुर्वार *q.v.*)

दुर्वासना (*durvāsnā*) *f.* 1. lustful desire 2. malevolence, evil wish 3. mala fide intention, evil propensity

दुर्विज्ञेय (*durvijñey*) *a.* inconceivable, unknowable, unintelligible

दुर्विदग्ध (*durvidagdha*) *a.* 1. ill-taught, ill-instructed 2. wrong-headed 3. silly, absurd 4. (गर्वित) conceited, arrogant, proud, vain, haughty

दुर्विध (*durvidh*) *f.* 1. bad luck, ill-luck, misfortune 2. calamity, adversity

दुर्विनय (*durvinay*) *f.* rudeness, imprudence, uncivility, impoliteness

दुर्विनीत (*durvinīt*) *a.* rude, impolite, rough, insolent, ill-mannered

दुर्विनियोग (*durviniyog*) *m.* misappropriation

दुर्विनियोग करना *v.t.* to misappropriate

दुर्विनियोजन (*durviniyojan*) *m.* misappropriation

दुर्विपाक (*durvipāk*) *m.* catastrophe, calamity, great disaster, disastrous or subversive event, evil consequence or outcome

दुर्विवाह (*durvivāh*) *m.* bad or inauspicious marriage

दुर्वृत्त (*durvṛtta*) I. *m.* ignoble or indecent behaviour, misconduct II. *a.* 1. ignoble, wicked 2. indiscreet, imprudent 3. evil-minded, depraved

दुर्वृत्ति (*durvṛtti*) *f.* 1. indecency, ignobility 2. wickedness, imprudence 3. evil-mindedness, depravity 4. low or inferior occupation, ignoble profession 5. misconduct

दुर्वृष्टि (*durvṛṣṭi*) *f.* want of rain, drought

दुर्व्यय (*durvyay*) *m.* waste, wastage

दुर्व्यवस्था (*durvyavastha*) *f.* 1. mismanagement 2. chaos, confusion 3. disorder

दुर्व्यवहार (*durvyavhār*) *m.* 1. ill-treatment 2. misbehaviour, indecent or impolite behaviour

दुर्व्यवहार करना *v.t.* to ill-treat, to mistreat

दुर्व्यसन (*durvyasan*) *m.* 1. vice, bad habit or practice 2. addiction to any vice

दुर्व्यसनी (*durvyasanī*) *a.* addicted to vice, dissipated

दुलकना (*dulk̇nā*) *v.i.* to trot

दुलकी (*dulkī*) *f.* trot (of a horse)

दुलकी चलना/मारना *v.i.* to trot, to go at a trot

दुलखना (*du̇lakhnā*) *v.t.* 1. to repeat something over and over again 2. to intervene in somebody's talk 3. to object to somebody's talk 4. to reject

दुलड़ा (*dulṛā*) I. *m.* necklace having two strings II. *a.* two-stringed
दुलड़ी (*dulṛī*) *f.* (*dim.* of दुलड़ा *q.v.*)
दुलत्ती (*dulattī*) *f.* kick (by an ass or horse)
 दुलत्ती चलाना *v.t.* to kick
 दुलत्ती झाड़ना *(मु.) v.t.* to kick off
दुलराना (*dulrānā*) *v.t.* 1. to fondle, to caress, to show affection or love 2. to spoil a child with too much love or pampering (= दुलारना *q.v.*)
दुलहन (*dulhan*) *f.* 1. bride 2. wife 3. daughter-in-law (better दुलहिन *q.v.*)
दुलहा (*dulhā*) *m.* 1. bridegroom 2. husband (better दूल्हा *q.v.*)
दुलहिन (*dulhin*) *f.* 1. bride 2. wife 3. daughter-in-law
दुलहेटा (*dulheṭā*) *m.* dear child, fondled child
दुलाई (*dulāī*) *f.* light quilt
दुलार (*dulār*) *m.* 1. fondness, affection, love 2. fondling, caressing
 दुलार करना *v.t.* to fondle, to caress
दुलारना (*dulārnā*) *v.t.* 1. to fondle, to caress, to show affection or love 2. to spoil a child
दुलारा (*dulārā*) *a.* beloved, dear, darling, loving
दुलारी (*dulārī*) *f.* beloved daughter
दुलीचा (*dulīcā*) *m.* carpet
दुल्हन (*dulhan*) *f.* bride (see दुलहिन)
दुविधा (*duvidhā*) *f.* quandary, predicament, dilemma, suspense, uncertainty
 दुविधा में पड़ना *v.i.* to hesitate, to be in a fix, to be on the horns of a dilemma
दुशवार P (*duśvār*) *a.* difficult, arduous, tedious, hard
दुशवारी P (*duśvārī*) *f.* difficulty, arduousness
दुशाख (*duśākh*) *m.* fork
दुशाला (*duśālā*) *m.* double shawl
दुशिकंजा P (*duśikañjā*) *m.* double clamp
दुश्चक्र (*duścakra*) *m.* vicious circle
दुश्चरित (*duścarit*) *a.*/**दुश्चरित्र** (*duścaritra*) I. *a.* wicked, ill-mannered, dissolute, profligate, vile, of loose character, degenerate II. *m.* bad conduct, evil disposition, profligacy, malfeasance, wickedness
दुश्चिंता (*duścimtā*) *f.* 1. anxiety 2. worry, botheration
दुश्चिंत्य (*duścimtya*) *a.* not understandable
दुश्चिकित्स्य (*duścikitsya*) *a.* incurable, difficult to recover or cure
दुश्चलन (*duścalan*) *m.* bad or wicked conduct
दुश्चेता (*duścetā*) *a.* evil-minded, malevolent, vicious
दुश्चेष्टा (*duśceṣṭā*) *f.* 1. wicked attempt, desperate effort 2. misbehaviour
दुश्चेष्टित (*duśceṣṭit*) *a.* 1. ill-attempted 2. ill-behaved, misbehaved
दुश्मन P (*duśman*) *m.* 1. enemy, foe 2. adversary, hostile person
 दुश्मन को छोटा न समझो an enemy is an enemy, be he great or small
 दुश्मन न सोये न सोने दे an enemy is a constant spy
दुश्मनी P (*duśmanī*) *f.* enmity, hostility, animosity, inimical act
 दुश्मनी करना *v.t.* to act as an enemy, to behave inimically
 दुश्मनी डाल लेना *v.t.* to start inimically
 दुश्मनी मोल लेना *(मु.) v.t.* to invite enmity
 दुश्मनी होना *v.i.* to be at enmity
दुश्वार P (*duśvār*) *a.* troublesome
दुष्कर (*duṣkar*) *a.* hard to do, difficult to be performed, arduous, troublesome, hard
दुष्कर्म (*duṣkarma*) *m.* 1. wicked act, evil deed, wrong, malfeasance 2. vice,

sin, sinful act

दुष्कर्मा (*duṣkarmā*) *a.* wicked, profligate, vicious, evil-minded

दुष्कर्मी (*duṣkarmī*) *m.* 1. evil-doer, malefactor, wicked person 2. sinner

दुष्काल (*duṣkāl*) *m.* 1. inauspicious time 2. bad days 3. famine, scarcity, dearth

दुष्कीर्ति (*duṣkīrti*) *f.* infamy, disrepute, bad reputation, ill-fame

दुष्कुल (*duṣkul*) *m.* low family

दुष्कुलीन (*duṣkulīn*) *a.* base-born, low-begotten, of a low family

दुष्कृत्य (*duṣkr̥tya*) *m.* vicious act, evil deed, misdeed, wrong

दुष्कृति (*duṣkr̥ti*) *f.* = दुष्कृत्य *q.v.*

दुष्ट (*duṣṭa*) *a.* evil-minded, vicious, bad, depraved, profligate

दुष्ट-दलन *m.* destroyer or crusher of the wicked

दुष्ट बुद्धि *a.* ill-disposed, evil-minded

दुष्ट भावना *f.* (a) malice (b) depravity, wickedness, viciousness

दुष्टमति *a.* depraved, evil-minded, ill-disposed, wicked

अरे दुष्ट ! you wicked fellow !

दुष्टता (*duṣṭatā*) *f.* depravity, wickedness, profligacy, viciousness, evil-mindedness

दुष्टा (*duṣṭā*) *f.* 1. depraved or vicious woman 2. prostitute, harlot

दुष्टाचार (*duṣṭācār*) *m.* bad conduct, evil practice, wickedness

दुष्टाचारी (*duṣṭācārī*) *m.* wicked or vicious person, evil doer, malefactor

दुष्टात्मा (*duṣṭātmā*) I. *a.* 1. vicious, wicked, evil minded, depraved 2. malicious II. *m.* wicked or vicious person

दुष्टान्न (*duṣṭānna*) *m.* stale food

दुष्पच (*duṣpac*) *a.* hard to digest, heavy

दुष्परिणाम (*duṣpariṇām*) *m.* ill-effect, bad result

दुष्पोषण (*duṣpoṣaṇ*) *m.* malnutrition, dystrophy

दुष्प्रकृति (*duṣprakr̥ti*) I. *f.* 1. wicked disposition, ill-nature, ill-temper 2. wickedness, viciousness 3. lowliness, meanness II. *a.* 1. ill-natured, of wicked disposition, ill-natured, ill-tempered 2. low, mean

दुष्प्रचार (*duṣpracār*) *m.* wrong propaganda, vicious publicity

दुष्प्रभाव (*duṣprabhāv*) *m.* bad influence, ill-effect

दुष्प्रयोग (*duṣprayog*) *m.* misuse, misapplication

दुष्प्रवृत्ति (*duṣpravr̥tti*) *f.* 1. evil inclination, unwholesome tendency, wicked disposition, evil propensity 2. low or mean mentality

दुष्प्रवेश्य (*duṣpraveśya*) *a.* difficult to be entered, impassable, impervious, impenetrable

दुष्प्राप्य (*duṣprāpya*) *a.* hard to obtain, scarce, rare

दुष्प्राप्य ऋण *m.* bad debt

दुष्प्राप्यता (*duṣprāpyatā*) *f.* scarcity

दुष्प्रेक्ष्य (*duṣprekṣya*) *a.* difficult to be looked at, disagreeable to the sight

दुष्प्रेरक (*duṣprerak*) *m.* abettor

दुष्प्रेरण (*duṣpreraṇ*) *m.* abetment

दुसंपात (*duṣampāt*) *m.* double coincidence

दुसराना (*dusrānā*) *v.t.* to repeat, to say or to do over again

दुसाध (*dusādh*) *m.* members of a certain low caste who tame pigs

दुसूती (*dusūtī*) *f.* a thick cloth of doubled yarn

दुस्तर (*dustar*) *a.* 1. difficult to be crossed or passed over, insurmountable, insuperable, impassable 2. inaccessible, unapproachable

दुहती (*duhatī*) *f.* daughter's daughter, granddaughter

दुहत्ती (*duhattī*) *a.* 1. double-handled 2. done with both the hands (better दुहत्थी *q.v.*)

दुहत्थड़ (*duhatthaṛ*) *adv.* with two hands
दुहत्थड़ मार *f.* strike with both the hands

दुहत्थी (*duhatthī*) *a.* 1. double-handled 2. done with both the hands
दुहत्थी पिटाई *f.* beating with both hands

दुहना (*duhanā*) *v.t.* 1. to milk 2. (चूसना) to suck 3. (निचोड़ना) to squeeze out

दुहनी (*duhanī*) *f.* milk-pot, the pot for milking

दुहरा (*duharā*) *a.* double, twofold, twice as much, duplicate (better दोहरा *q.v.*)

दुहराना (*duharānā*) *v.t.* 1. to fold up, to make twofold 2. to reiterate, to repeat 3. to revise, to recapitulate (better दोहराना *q.v.*)

दुहाई[1] (*duhāī*) I. *f.* 1. a cry for help or mercy invocation 2. appeal 3. proclamation, announcement II. *interj.* mercy! help !
दुहाई देना *(मु.) v.t.* to cry for help or mercy, to make an appeal, to invoke
दुहाई फिरना *(मु.) v.i.* to be proclaimed, to be applauded everywhere
दुहाई है *(मु.)* I appeal
भगवान् की दुहाई God help us !

दुहाई[2] (*duhāī*) *f.* 1. act of milking 2. wage paid for milking

दुहाग (*duhāg*) *m.* 1. misfortune, mishap 2. calamity 3. widowhood (opposite of सौभाग्य)

दुहागिन (*duhāgin*) *f.* widow (opposite of सुहागिन)

दुहाना (*duhānā*) *v.t.* to get (a cow) milked

दुहाव (*duhāv*) *m.* period of lactation of milch cattle

दुहावनी (*duhāvnī*) *f.* act of or wages for milking

दुहिता (*duhitā*) *f.* daughter
दुहिता-पति *m.* son-in-law

दुहेला (*duhelā*) I. *m.* 1. dangerous play, risky game 2. arduous task, difficult work II. *a.* 1. afflicted, distressed, pained, grieved 2. difficult, arduous, irksome, hard, tedious, burdensome

दुह्य (*duhya*) *a.* requiring to be milked, milkable

दूआ (*dūā*) I. *a.* second II. *m.* the two of playing cards

दूई (*dūī*) *f.* 1. duality, dualism 2. difference (see दुई)

दूज (*dūj*) *f.* the second day of a lunar fortnight
दूज का चाँद *m.* the new moon
दूज का चाँद होना *(मु.) v.i.* to be seldom visible, to be rarely seen, to be seen after a long time

दूजा (*dūjā*) *a.* 1. second 2. another

दूत (*dūt*) *m.* 1. messenger, envoy, emissary, legate 2. spy, secret agent
दूत-कर्म *m.* office or duty of an emissary or envoy, legation
दूत-मंडल *m.* mission

दूतता (*dūtatā*) *f.* 1. the business or status of an envoy or emissary 2. spying, espionage

दूतपन (*dūtpan*) *m.* ambassadorship

दूतावास (*dūtāvās*) *m.* legation, consulate, embassy
दूतावास शरण *f.* legation asylum

दूतिका (*dūtikā*) *f.*/**दूती** (*dūtī*) *f.* 1. female messenger 2. female spy 3. procuress, go-between

दूध (*dūdh*) *m.* milk
दूध-आधारी one living on milk
दूध उतरना I. *v.i.* milk to come into the udder or breasts II. *m.* lactation, secretion of milk
दूध का दूध पानी का पानी *(लो.)* sifting

the good or true from the bad or untrue, absolute or faultless justice
दूध का धोया हुआ *a.* clean and honest
दूध का पाड़ा *m.* suckling calf
दूध की चीनी *f.* lactose
दूध की मक्खी *(मु.) f.* undesirable and avoidable person
दूध के दाँत *(मु.) m.* milk teeth
दूध के दाँत न टूटना *(मु.) v.i.* to be childish in nature, to be inexperienced
दूध चढ़ाना *(मु.) v.t.* to withhold milk
दूध छुड़ाना *(मु.) v.t.* to wean away (a suckling child)
दूध दुहना *v.t.* to milk
दूध देना *v.t.* to give/yield milk
दूध पाउडर *m.* milk powder
दूधपिलाई *f.* (a) suckling (b) wet nurse
दूध पिलाना *v.t.* to suckle
दूधपीता बच्चा *(मु.) m.* suckling child
दूधपूत *m.* milch kine and children, wealth and offspring
दूध फटना *v.i.* milk to become sour
दूध बढ़ाना *v.t.* to wean a child
दूध-बहन *f.* foster sister
दूध-भाई *m.* foster brother
दूध-माँ foster mother, wet nurse
दूधमुँहा *a.* (of a child) still living on mother's milk
दूध वाला *m.* milkman, milk-vendor
दूध वाली *f.* milk-maid
दूध-सा *a.* milky, as white as milk
दूधों नहाओ पूतों फलो *(लो.)* may you be rich with wealth and sons

दूधिया (*dūdhiyā*) I. *a.* 1. yielding or containing milk, lactiferous 2. prepared from milk 3. milky, white as milk 4. (of plants) juicy II. *m.* 1. white stone, opal 2. chalk 3. (of plants) milky juice
दूधिया पत्थर *m.* opal

दूधियापन (*dūdhiyāpan*) *m.* opalescence

दून[1] (*dūn*) *f.* doubling
दून की लेना/हाँकना *(मु.) v.t.* to brag, to boast, to exaggerate one's riches or achievements

दून[2] (*dūn*) *f.* vale, valley

दूना (*dūnā*) *a.* double, twofold, twice as much
दूना करना *v.t.* to double
दूना-दून *a.* exactly double, twice as much again

दूने (*dūne*) *adv.* multiplied by two
चार दूने आठ four multiplied by two is eight

दूब (*dūb*) *f. Cynodon dactylon* grass, bent grass (commonly used as fodder)

दूबदू P (*dūbdū*) *adv.* in direct clash, in straight contest, face to face
दूबदू कहना *v.t.* to speak/say on one's face, to say in one's presence
दू-ब-दू होना *v.i.* to come face to face

दूबे (*dūbe*) *m.* 1. a man of Dube subcaste 2. name of a brahman subcommunity

दूभर (*dūbhar*) *a.* 1. difficult, hard, arduous 2. heavy, bulky, burdensome 3. unendurable, unbearable

दूर (*dūr*) I. *a.* distant, remote, far, far off, far away II. *adv.* at a distance, far away/off III. *interj.* begone ! go away ! away ! far be it !
दूरअंदेश *a.* (a) far-sighted, discerning (b) wise, prudent, sagacious
दूरअंदेशी *f.* (a) farsightedness, foresight (b) prudence, sagacity
दूर करना *(मु.) v.t.* (a) to remove away, to put far off/away, to keep off (b) to expel, to dismiss, to turn out (c) to reject (d) to get rid of, to part with (e) to do away with, to abolish (f) to hide, to conceal
दूर का *a.* (a) distant, far, remote (b) far-fetched, out of the way
दूर की कहना *v.t.* to make a prudent

utterance

दूर की कौड़ी *(मु.) f.* far-fetched idea

दूर की बात *(मु.) f.* (a) far-fetched affair/talk (b) impossible thing (c) subtle thing

दूर की सूझना/सोचना *(मु.) v.t.* to think of a distant or remote future

दूर के ढोल सुहावने *(मु.)* distance lends charm

दूर क्यों जाएँ why go so far

दूरगामी *a.* (a) far-reaching (b) long-term

दूर तक *adv.* (up) to a great distance

दूरतम *a.* most remote or distant

दूरदर्शक I. *a.* farsighted, prudent II. *m.* telescope

दूरदर्शन *m.* television

दूरदर्शिता *f.* farsightedness, prudence, sagacity

दूरदर्शी *a.* farsighted, prudent, sagacious

दूरदृष्टि *f.* farsight, farsightedness, discernment, prudence

दूरदृष्टिता *f.* hyperopia, hypermetropia (= दूरदर्शिता)

दूर-पूर्व *m.* far-east

दूरबीन *f.* (a) telescope (b) binoculars

दूरबीनी *f.* farsightedness

दूर भागना *v.i.* to run away, to keep aloof, to refrain from, to shun

दूरभाष *m.* telephone

दूरमुद्रक *m.* teleprinter

दूरमुद्रण *m.* teleprinting

दूर रहना *v.i.* to keep off, to desist, to abstain from

दूरलेख *m.* telegram

दूरलेखी *a.* telegraphic

दूरवर्ती *a.* distant, remote, far-off

दूरवासी *a.* residing far away

दूरवासी ज़मींदार *m.* absentee landlord

दूरवासी पूंजीपति *m.* absentee capitalist

दूरवीक्षक (यंत्र) *m.* telescope

दूरवेधी *a.* piercing (an arrow) from a far

दूरव्यापी *a.* extending to a great distance, far-reaching

दूरसंचार *m.* telecommunication

दूरसंपर्क *m.* distant contact

दूरस्थ *a.* distant, remote

दूर हो ! get away ! be off !

दूर होना *(मु.) v.i.* to get away, to be off

दूरता (*dūratā*) *f.*/**दूरत्व** (*dūratva*) *m.* distance, remoteness

दूरागत (*dūrāgat*) *a.* coming from afar

दूरारूढ़ (*dūrārūṛh*) *a.* carried too far, far-fetched

दूरारूढ़ कल्पना *f.* far-fetched imagination

दूरी (*dūrī*) *f.* 1. distance 2. difference 3. separation, detachment

दूरीकरण *m.* (a) distancing (b) turning out, driving away (c) expulsion, getting rid of

दूरी-कृत *a.* removed to a distance, placed far off, distanced

दूर्वा (*dūrvā*) *f.* a kind of soft grass (see दूब)

दूर्वा क्षेत्र *m.* lawn

दूलम (*dūlam*) *m.* hard to obtain

दूल्हा (*dūlhā*) *m.* 1. bridegroom 2. husband

दूषक (*dūṣak*) I. *m.* fault-finder, caviller II. *a.* fault-finding, censorious

दूषण (*dūṣaṇ*) *m.* 1. contamtination, pollution, defilement, villification 2. flame, stigma, fault, evil 3. accusation, fault-finding, blaming, censuring

दूषणीय (*duṣanīya*) *a.* 1. blameworthy, to be blamed 2. contemtpible, base

दूषित (*dūṣit*) *a.* 1. spoiled, foul, polluted, tainted, contaminated, infected, rotten, faulty, defiled 2. condemned, blamed, censured, disgraced, defamed

दूषित करना *v.t.* (a) to vitiate, to spoil, to contaminate, to defile (b) to censure, to blame, to defame, to disgrace

दूषित माल *m.* defective goods

दूषित वायु *f.* contaminated or polluted air

दूषिता (*dūṣitā*) *f.* a woman who has been violated or defiled

दूष्य (*dūṣya*) *a.* liable to be blamed, culpable, blamable, condemnable, censurable

दूसरा (*dūsrā*) *a.* 1. second 2. other 3. next

दूसरा कोई *pron.* some other, someone else

दूसरा स्थान *m.* second position

दूसरी ओर *adv.* on the other hand

दूसरी बार *f.* (a) second time (b) next time (c) again, once again (d) once more

दूसरी माँ *f.* stepmother

दूसरे दिन *adv.* next day, the following day

दूसरे स्थान पर *adv.* in second position

कोई दूसरा any other, anyone else

दूहना (*dūhnā*) *v.t.* 1. to milk 2. (चूसना) to suck 3. (निचोड़ना) to squeeze out (better दुहना *q.v.*)

दृक् (*dṛk*) *m.*/**दृग्**(*dṛg*) *m.* eye, sight, vision

दृक्कोण (*dṛkkoṇ*) *m.* visual angle

दृक्क्षेप (*dṛkkṣep*) *m.* glance, look

दृक्तंत्रिका (*dṛktantrikā*) *f.* optic nerve

दृक्पात (*dṛkpāt*) *m.* 1. glance, look, seeing 2. observation

दृक्शक्ति (*dṛkśakti*) *f.* power of perception, faculty of vision

दृगंचल (*dṛgañcal*) *m.* eyelid

दृगंबु (*dṛgambu*) *m.* tears

दृग्गोचर (*dṛggocar*) I. *m.* 1. range of vision 2. horizon II. *a.* visible (to the eyes)

दृढ़ (*dṛṛh*) *a.* 1. firm, fixed, steady 2. resolute, determined, unyielding 3. rigid, inflexible 4. tense 5. strong 6. tight 7. stable, durable, hard

दृढ़ कथन *m.* assertion, forthright statement

दृढ़ करना *v.t.* to make firm or strong, to determine, to strengthen

दृढ़कर्मा *a.* determined, doing one's duty or work resolutely

दृढ़ ग्रंथि *f.* hard knot

दृढ़ग्राहिता *f.* tenacity

दृढ़ग्राही *a.* tenacious

दृढ़चित्त *a.* firm in mind, determined, resolute, staunch

दृढ़धर्मिता *f.* contumacy, stubbornness

दृढ़ धारणा *f.* firm determination, strong resolve

दृढ़ निश्चय *m.* (a) resolve, determination (b) determined, resolute, cocksure, firm

दृढ़प्रतिज्ञ *a.* true to one's promise/word, firm in one's word, strong-willed

दृढ़ प्रतिज्ञा *f.* solemn promise or pledge, vow

दृढ़ प्रत्यय *m.* (a) firm faith, strong belief (b) resolution (c) implicit confidence

दृढ़ प्रत्ययी *a.* (a) resolute, determined (b) very confident

दृढ़ प्रमाण *m.* solid testimony or proof

दृढ़ बंधन *m.* strong tie, firm bond, tight knot

दृढ़ भक्त *m.* staunch devotee

दृढ़भक्ति *f.* firm devotion or faithfulness

दृढ़ मुष्टि *a.* close- fisted, tight-fisted, niggardly, miserly

दृढ़ लोम *m.* (a) coarse or thick hair (b) wild hog

दृढ़ विश्वास *m.* conviction

दृढ़ व्रत *a.* strongly vowed, firm in one's resolve

दृढ़ संकल्प *m.* firm determination, strong resolve or decision

दृढ़ संध *a.* true to one's word

दृढ़ संधि *f.* close joint

दृढ़ संबंध *m.* close nexus or relationship

दृढ़ सौहार्द *m.* close or intimate friendship

दृढ़ स्वर *m.* (a) firm voice, unshaken tone (b) tense vowel

दृढ़-हस्त *a.* strong-handed

दृढ़ता (*dr̥rhtā*) *f.* 1. firmness, steadiness 2. resoluteness, determination 3. rigidity, inflexibility 4. tightness 5. stability, durability

दृढ़तापूर्वक *adv.* firmly, strongly

दृढ़त्व (*dr̥rhatva*) *m.* 1. firmness, steadiness 2. resoluteness, determination 3. rigidity, inflexibility 4. tenseness 5. tightness 6. stability, durability (= दृढ़ता *q.v.*)

दृढ़ांग (*dr̥rhāṅg*) *a.* strong-bodied, stout and strong

दृढ़ाना (*dr̥rhānā*) *v.i* & *v.t.* I. to be firm, strong II. to strengthen, to confirm

दृढ़ायन (*dr̥rhāyan*) *m.* = दृढ़ीकरण *q.v.*

दृढ़ीकरण (*dr̥rhīkaraṇ*) *m.* 1. hardening, induration 2. confirmation 3. rigidification

दृढ़ीकारक (*dr̥rhīkārak*) *m.* hardening agent

दृढ़ीकृत (*dr̥rhīkr̥t*) *a.* 1. hardened, indurated 2. rigidified

दृढ़ीभवन (*dr̥rhībhavan*) *m.* 1. hardening, induration 2. confirmation 3. rigidification (see दृढ़ीकरण)

दृढ़ीभूत (*dr̥rhībhūt*) *a.* 1. hardened, indurated 2. rigidified (see दृढ़ीकृत)

दृढ़ोक्ति (*dr̥rhokti*) *f.* 1. assertion, averment 2. protestation

दृप्त (*dr̥pta*) *a.* 1. proud, conceited, vain, haughty, arrogant 2. fanatic, crazy 3. wild 4. radiant, illuminated, bright, shining

दृश्य (*dr̥śya*) I. *m.* sight, spectacle, scene, view, scenery II. *a.* 1. visible 2. worth seeing or observing 3. visual, used for seeing

दृश्य काव्य *m.* drama

दृश्य घटना *f.* phenomenon (*pl.* phenomena)

दृश्य जगत् *m.* phenomenal world

दृश्य दर्शी *m.* view-finder

दृश्य प्रसाधन *m.* visual aid

दृश्य भूमि *f.* landscape

दृश्य योजन *m.* panorama, scenario

दृश्य लेख *m.* scenario

दृश्य लेखक *m.* scenarist

दृश्य विधान *m.* scenery setting

दृश्य-श्रव्य *a.* audio-visual, audio-video

दृश्य-श्रव्य शिक्षा *f.* audio-visual education

दृश्य-श्रव्य साधन *m.* audio-visual aid

दृश्यता (*dr̥śyatā*) *f.* 1. visibility 2. visuality

दृश्यता गुणांक *m.* visibility co-efficient

दृश्यमान (*dr̥śyamān*) *a.* visible, perceptible

दृश्यांकन (*dr̥śyāṅkan*) *m.* delineation or depiction of a scene

दृश्यावली (*dr̥śyāvlī*) *f.* scenery, panorama

दृष्ट (*dr̥ṣṭa*) I. *a.* 1. seen, perceived, eyed 2. noted 3. known, realized, felt 4. apparent, manifest II. *m.* experience, realization

दृष्टकूट *m.* an enigmatic composition, verse the meaning of which is opposite of its phraseology

दृष्ट रजा *f.* the girl arrived at puberty

दृष्टवाद *m.* empiricism, theory that knowledge is through experience only

दृष्टवादी I. *m.* empiricist II. *a.* empirical

दृष्टांत (*dṛṣṭānt*) *m.* illustration, instance, example

दृष्टांत कथा *f.* parable

दृष्टांत देना *v.i.* to illustrate, to exemplify, to give an instance

दृष्टांत स्वरूप *adv.* as an example or illustration, for example

दृष्टार्थ (*dṛṣṭārtha*) *m.* word with a clear or apparent meaning

दृष्टि (*dṛṣṭi*) *f.* 1. eyesight, vision 2. perception 3. understanding, knowledge 4. opinion, view 5. look, glance

दृष्टि करना *v.t.* to cast an eye, to see, to glance, to look

दृष्टिकोण *m.* outlook, point of view, standpoint

दृष्टिक्षीणता *f.* weakness of eyesight

दृष्टि क्षेत्र *m.* range of vision or observation

दृष्टिक्षेप *m.* look, glance, casting a glance

दृष्टिगत *a.* visible, easily seen, perceivable

दृष्टिगोचर *a.* in view or sight, visible

दृष्टिगोचर करना *v.t.* to see

दृष्टिगोचर होना *v.i.* to come into sight, to be visible

दृष्टि जोड़ना *v.t.* to see face to face

दृष्टि डालना *v.t.* to have a glance, to glance, to look

दृष्टि तीक्ष्णता *f.* visual acuity

दृष्टिदोष *m.* (a) misperception (b) defect in sight (c) oversight

दृष्टिपटल *m.* retina

दृष्टिपथ *m.* visual tract, range or reach of vision

दृष्टिपथ में आना *v.i.* to become visible, to come into view

दृष्टिपात *m.* glance, look, seeing

दृष्टि फेरना (*मु.*) *v.t.* (a) to turn away one's eyes (b) to ignore

दृष्टिबंध *m.* vision, conjuring

दृष्टि बंधक *m.* simple mortgage

दृष्टि बचाना (*मु.*) *v.t.* to avoid facing somebody

दृष्टि-बिंदु *m.* viewpoint, standpoint

दृष्टिभंग *m.* impediment or obstacle in viewing or observation

दृष्टि-भ्रम *m.* optical illusion, hallucination, wrong perception

दृष्टिमंदता *f.* decreasing power of vision, want of full vision

दृष्टिमिति *f.* optometry

दृष्टिमूलक *a.* visual

दृष्टि में आना (*मु.*) *v.i.* to come in sight, to be visible

दृष्टि में रखते हुए *adv.* in view of

दृष्टि विकार *m.* defect in eyesight/vision

दृष्टि विक्षेप *m.* side glance, arch look, leer

दृष्टि-विज्ञान *m.* science of vision, optics

दृष्टि-विभ्रम *m.* eye-rolling, ogling

दृष्टि विस्तृति *f.* visual span

दृष्टि वैषम्य *a.* astigmatism, distorted vision

दृष्टिहीन *a.* deprived or devoid of eyesight, blind

देख (*dekh*) *f.* 1. seeing, looking 2. care, attention

देखभाल *f.* (a) looking after, supervision, husbandry (b) upkeep (c) charge

देखभाल करना (*मु.*) *v.t.* to look after, to supervise

देख-रेख *f.* (a) looking after, supervision, husbandry (b) upkeep (c) charge (= देखभाल)

देखता (*dekhtā*) *a.* 1. seeing, looking 2. watching 3. observing

देखते-देखते (*मु.*) *adv.* in the twinkling

of an eye

देखते रह जाना *(मु.) v.i.* to stand gazing (in wonder), to remain agape

देखते रहना *v.i.* (a) to keep looking at (b) to look after

देखते ही *adv.* at once

देखना (*dekhnā*) *v.t.* 1. to see, to look 2. to watch 3. to observe 4. to look after 5. to look into, to search 6. to inspect, to examine 7. to investigate 8. to scrutinise 9. to experience 10. to arrange, to set right, to manage 11. to maintain 12. to check 13. to remedy, to redress 14. to read 15. to pay attention, to take care 16. to understand 17. to feel 18. to consider 19. to hear, to endure 20. to expect

देखना चाहिए should see

देखने में (a) by appearance, outwardly (b) apparently

देख-सुनकर *adv.* (a) after due consideration (b) cautiously

देखो *v.t.* look here, see

कोश देखना to consult a dictionary

नाड़ी देखना to feel the pulse

राह देखना to wait for somebody

सपना देखना to dream

देखादेखी (*dekhādekhī*) *f.* 1. mutual gazing, exchange of glances 2. blind imitation 3. nodding acquaintance

देखा-भाला (*dekhābhālā*) *f.* well-acquainted

देग P (*deg*) *f.* large metal pot, cauldron

देगचा P (*degcā*) *m.* small cooking pot, small cauldron, kettle

देगची (*degcī*) *f.* smaller kettle or cauldron

देदीप्यमान (*dedīpyamān*) *a.* 1. bright, shining, lustrous, luminous, resplendent, refulgent, glowing 2. conspicuous

देदीप्यमानता (*dedīpymāntā*) *f.* lustre, refulgence, brilliance, resplendence

देन (*den*) *f.* 1. act of giving, bestowing 2. loan 3. liability 4. contribution 5. gift

देनगी (*dengī*) *f.* 1. charge 2. payment 3. dues

देनदार (*dendār*) *m.* debtor, indebted person

देनदारी (*dendārī*) *f.* indebtedness, liability

देन-लेन (*denlen*) *m.* 1. dealing 2. commercial transaction, monetary transaction 3. barter, exchange 4. giving and taking

देनहारा (*denhārā*) *m.* 1. giver, bestower 2. debtor 3. payer

देना[1] (*denā*) *v.t.* 1. to give, to impart 2. to bestow 3. to grant 4. to pay 5. to yield, to produce 6. to hand over 7. to confer 8. to afford 9. to present 10. to offer 11. to surrender 12. to provide

अंडे देना to lay eggs

आराम देना (a) to comfort (b) to provide comfort (c) to give relief

उधार देना to lend

कष्ट देना to give trouble, to trouble

कहला देना to inform, to send word

किवाड़ देना to shut the door

किराये पर देना to let

किसी का परिचय देना to introduce somebody

कुंडी देना to latch, to fasten with a latch, to bolt a door

कूक देना to wind up (a watch or clock)

गाली देना to abuse, to use filthy language

खर्च देना to meet expenses

चपत देना to slap, to give a slap

चल देना *(मु.)* to go away, to depart

चुनौती देना *(मु.)* to challenge

छुट्टी देना to grant leave

छोड़ देना to give up
जगह देना to make room (for)
जान देना *(मु.)* to sacrifice one's life
डाँट देना to upbraid, to scold
तलाक देना to divorce
तार देना to wire, to send a telegram
ताला देना to lock, to put on a lock
ताव देना *(मु.)* to excite
दंड देना to punish
दख़ल देना to interfere
दर्शन देना to appear
दाग़ देना *(मु.)* (a) to blemish (b) to cremate, to set fire (to a pyre)
दिखा देना (a) to demonstrate (b) to prove
दिल देना *(मु.)* to fall in love
दुःख देना (a) to trouble, to give trouble (b) to torment
दूध देना to yield/give milk
धन्यवाद देना to thank, to give thanks
धोखा देना *(मु.)* to deceive, to cheat
ध्यान देना *(मु.)* to attend, to pay attention
निमंत्रण देना to invite
नुकसान देना to put to loss
परीक्षा देना to take or appear at an examination
पैसा देना (a) to pay money (b) to owe money
फल देना to bear fruit
बच्चा देना to deliver a baby
बधाई देना to congratulate
बैठा देना to cause to sit down
भर देना to fill up
सलाह देना to offer advice
सुख देना to provide comfort
हिसाब देना to render account
मुझे जाने दो let me go
मुझे दो give me
यह काम होने दीजिए please let this work be done
दे डालना *v.t.* to give away, to make over, to deliver
दे मारना *v.t.* (a) to throw down (b) to knock down

देना[2] *(denā) m.* 1. due 2. debt, liability
देना-पावना *m.* liabilities and assets, debit and credit, payments and receipts
देना-लेना *m.* 1. transaction 2. connection 3. assets and liabilities

देय *(dey) a.* & *m.* 1. due 2. payable 3. worth giving
देय छुट्टी *f.* leave due
देय बिल *m.* **/हुंडी** *f.* bill payable
देय भाड़ा *m.* freight to pay
देय वार्षिकी *f.* annuity due
देय संपत्ति *f.* alienable property
देय होना *v.i.* to fall due

देयक *(deyak) m.* cheque

देयता *(deytā) f.* liability
देयतामुक्त *a.* sans recourse

देयादेय *(deyādey) m.* liabilities and assets

देयादेश *(deyādeś) m.* payment order

देर P *(der) f.* 1. long time, long period of time 2. late time, delay
देर आये दुरुस्त आये *(मु.)* better late than never
देर करना *v.t.* to delay, to fall behind schedule
देर तक *adv.* for a long time, till late
देर लगाना *v.t.* (a) to delay, to be tardy, to protract (b) to tarry, to linger
देर-सवेर *adv.* sooner or later
देर से *adv.* late
देर से आना *v.i.* to be late
देर से आनेवाला *m.* late-comer
देर होना *v.i.* to be late

देरी *(derī) m.* 1. delay 2. slowness, tardiness

देव *(dev) m.*1. God, Divine Being 2. deity, god
देवऋण *m.* duties owed to gods, sacrifices and oblations offered to gods

देवकथा *f.* myth
देवकन्या *f.* nymph, fairy, goddess
देवकर्म/कार्य *m.* (a) religious ceremony (b) worship of a god, oblations
देवकल्प *a.* godlike, godly, divine, super human
देवकुल *m.* (a) temple (b) pantheon, congregation of gods or deities
देवकृपा *f.* divine mercy, blessing of God
देवगण *m.* (a) gods in a group, pantheon (b) attendants of gods
देवगृह *m.* (a) abode of god or gods (b) temple
देवदार/दारू *m.* pine tree
देवदासी *f.* (a) woman engaged in the service of a deity (b) dancing girl (c) prostitute, harlot
देव-दुर्लभ *a.* unavailable even to gods, rare
देवदूत *m.* messenger of the gods, divine envoy, angel
देवदूती *f.* celestial nymph
देवदृष्टि *f.* divine insight
देवद्वेषी *a.* hostile to gods, ungodly
देवनदी *f.* river of gods, divine river, Ganga
देवनायक *m.* the chief of the gods, Indra
देवनागरी *f.* the alphabet in which Hindi, Marathi and Sanskrit languages are written
देवनिंदक *m.* reviler of gods, atheist, non-believer, heretic
देवनिंदा *f.* reviling the gods, blasphemy, heresy, atheism
देवनिष्ठ *a.* godly, pious, religious, devout
देवनिष्ठा *f.* godliness, piety, religiousness, devotion
देवपथ *m.* sky
देवपूजा *f.* worship of a deity or God
देवप्रतिम *a.* godlike, godly
देवप्रतिमा *f.* image of a deity, idol
देवबाला *f.* nymph, celestial damsel
देवभक्त *a.* god-fearing, religious - minded, devout
देवभवन *m.* (a) abode of god or deity, heaven, paradise (b) temple
देवभूमि *f.* heaven
देवभाषा *f.* language of gods, Sanskrit
देवभोग्य *a.*(a) fit to be enjoyed by gods (b) very enjoyable, fine, excellent
देवभोज्य nectar of the gods, (of food) fit to be offered to gods or deities
देवमंदिर *m.* shrine, temple
देवमास *m.* eighth month of pregnancy
देवमाया *f.* illusion (which keeps the soul in bondage)
देवमूर्ति *f.* idol
देवयज्ञ *m.*(a) one of the five religious rites to please gods (b) sacrifice
देवयान *m.* (a) celestial plane (b) the way leading to the land of gods or paradise
देवरथ *m.* celestial chariot/car
देवराज *m.* divine ruler, king of gods, Indra
देवराज्य *m.* heaven
देवलोक *m.* heaven, the land of gods
देववधू *f.* nymph, fairy
देववाणी *f.* (a) oracle, voice from heaven (b) Sanskrit
देववाद् *m.* deism
देववादी *m.* deist
देवसभा *f.*(a) assembly of gods, divine council (b) pantheon
देवसरि *f.* celestial river, Ganga
देवसेवक *m.* sacristan
देवस्थान *m.* abode of gods, temple

देवता (*devtā) m.* 1. god, deity 2. a godly man 3. any divine being or object (*fem.* देवी)

देवत्व (*devatva*) *m.* divine character, divinity, divine nature, godliness
देवत्व प्राप्त *a.* deified
देवत्व प्राप्ति *f.* deification
देवत्वारोपण (*devatvāropaṇ*) *m.* deification
देवदार (*devdār*) *m.* cedar (tree)
देवर (*devar*) *m.* husband's younger brother, brother-in-law
देवरानी (*devrānī*) *f.* husband's younger brother's wife
देवर्ण (*devarṇa*) *m.*/**देवऋण** (*devr̥ṇ*) *m.* duties owed to gods, sacrifices and oblations (see under देव)
देवर्षि (*devarṣi*) *m.* sage god, a sage considered divine as a god (like Narad, Atri and Bhrigu)
देवल (*deval*) *m.* 1. Hindu temple 2. priest
देवली[1] (*devlī*) *f.* 1. fish scale 2. scab (on a dried wound), scar
देवली[2] (*devlī*) *f.* small shrine
देवली[3] (*devlī*) *f.* small lamp
देवांगना (*devāṅganā*) *f.* 1. celestial female, nymph 2. wife of a god, goddess
देवात्मा (*devātmā*) *a.* 1. saintly 2. holy, sacred, consecrated
देवाधिदेव (*devādhidev*) *m.* god of gods, Vishnu, Shiva
देवाधिप (*devādhip*) *m.* the king of gods, an epithet of Indra
देवानांप्रिय (*devānāmpriy*) *a.* 1. favourite of gods 2. of divine nature, pious, religious-minded 3. foolish, silly, stupid
देवानीक (*devānīk*) *m.* army of gods
देवानुराग (*devānurāg*) *m.* devotion or love for a god or deity
देवान्न (*devānna*) *m.* 1. divine food, amrit, ambrosia 2. food for offering to a deity
देवापगा (*devāpagā*) *f.* the celestial river, Ganga
देवाराधन (*devārādhan*) *m.* worship of god or God
देवाराधन करना *v.t.* to worship god/God
देवार्चन (*devārcan*) *m.* worship of god or God
देवाल (*devāl*) I. *a.* 1. giving, generous 2. able to give or pay up, solvent II. *m.* giver, generous person
देवालय (*devālay*) *m.* 1. seat of a god or deity, temple 2. paradise
देवाला (*devālā*) *m.* bankruptcy, insolvency (better दिवाला *q.v.*)
देवालिया (*devāliyā*) *m.* bankrupt, insolvent (better दिवालिया *q.v.*)
देवासुर (*devāsur*) I. *m.* gods and demons II. *a.* of or concerning gods and demons
देवासुर-संग्राम *m.* (mythology) the war between gods and demons (after churning the ocean for ambrosia or amrit)
देवी (*devī*) *f.* 1. goddess, female deity (especially Durga or भवानी) 2. title of reverence to a respectable lady, noble lady 3. lady
देवैया (*devaiyā*) *m.* giver, bestower
देवोत्तर (*devottar*) *m.* offering made to a deity
देवोपासना (*devopāsanā*) *f.* worship of a god or God
देश (*deś*) *m.* 1. country 2. region 3. place 4. space
देश-काल *m.* time and space
देशगौरव *m.* glory or pride of the country, national pride
देशचलन *m.* customs of a country
देश-छोड़ना *v.t.* to migrate
देशजात *a.* native of a country, indigenous, born in one's own country
देशत्याग *m.* abandoning one's native land, emigration

देशत्यागी *m.* emigrant
देशदर्शन *m.* going to see places in the country, touring the country
देशद्रोह *m.* treason
देशद्रोही *m.* traitor to one's country
देश-धर्म *m.* the law or usage of the country's local customs
देशनिकाला *m.* expatriation, exile, transportation, banishment
देशनिकाला देना *v.t.* to banish, to exile, to expatriate, to relegate
देश-प्रत्यावर्तन *m.* repatriation
देशप्रेम *m.* patriotism
देशप्रेमी I. *m.* patriot II. *a.* patriotic
देशबंधु *m.* (a) fellow countryman, compatriot (b) friend of his country
देश-ब-देश *adv.* of or through one country to another
देश-ब-देश फिरना *v.i.* to travel through many countries, to go about from one place to another
देश-बहन *f.* fellow countrywoman
देश-भाई *m.* fellow countryman, compatriot
देशभक्त *m.* patriot
देशभक्ति *f.* patriotism
देशभक्तिपूर्ण *a.* patriotic
देश-भाषा *f.* (a) native language (b) dialect
देश-भ्रमण *m.* travelling through the country, touring the whole country
देशमुख *m.* a prominent regional figure
देशवासी *m.* (a) resident or inhabitant of one's country (b) fellow countryman
देश-विख्यात *a.* well known, famous all over the country, well reputed
देश-विदेश *m.* all over the world
देश-विधि *f.* law of the land
देश-विभाजन *m.* partition of a country
देश-विश्रुत *a.* famous throughout the country
देशव्यापी *a.* countrywide, prevailing throughout the country
देशसेवक *m.* one dedicated to the service of his country
देशसेवा *f.* service to the country
जैसा देश वैसा भेष *(लो.)* do in Rome as the Romans do

देशज *(deśaj) a.* native, indigenous, country-made

देशांतर *(deśāntar) m.* 1. other country, foreign country, alien land 2. longitude
देश-देशांतर various countries

देशांतरण *(deśāntaraṇ) m.* 1. migration 2. deportation, banishment, exile

देशांतरित *(deśāntarit) a.* deported, banished, exiled

देशांतरीय *(deśāntarīy) a.* longitudinal

देशाचार *(deśācār) m.* law of the land, customs of a country, local usages, practices

देशाटन *(deśāṭan) m.* 1. touring the country, going round the country 2. going from one country to another

देशाधिपति *(deśādhipati) m.* ruler of a country

देशिक *(deśik) a.* 1. local 2. internal

देशी *(deśī) a.* 1. indigenous, native, country-made 2. inland
देशी उत्पादन *m.* domestic or indigenous product
देशीकरण *m.* naturalization
देशीकृत *a.* naturalized
देशी जनता *f.* native population
देशी भाषा *f.* vernacular language
देशी राज्य *m.* provincial states
देशी व्यापार *m.* inland trade
देशी हुंडी *f.* internal bill

देशीय *(deśīy) a.* 1. indigenous, native, country-made 2. inland (same as देशी)

देशीयता *(deśīytā) f.* nativism

देष्य (*deṣya*) *a.* 1. indigenous, native, country-made 2. inland (= देशी *q.v.*)

देस (*des*) *m.* 1. country 2. region 3. place 4. space (same as देश *q.v.*)

देसावर (*desāvar*) *m.* 1. foreign country, alien land 2. any known or unknown land other than one's own

देसावरी (*desāvarī*) I. *a.* foreign, alien, of or belonging to another country II. *m.* a kind of betel leaf

देसी (*desī*) *a.* native, indigenous, home-made, country-made

देसी कपास *f.* country cotton

देसी शराब *f.* country liquor

देह[1] (*deh*) *f.* 1. body 2. the person

देह-क्षय *m.* waste or decay of the body

देहचर्या *f.* physical conditioning

देह चुराना *v.t.* to conceal one's youthfulness

देह छूटना *(मु.) v.i.* to leave the body, to expire, to die

देह टूटना *(मु.) v.i.* to feel exhausted, to feel strained

देह ढलना *v.i.* body to decay/decline

देह-तत्त्व *m.* physiology

देह-तत्त्वज्ञ *m.* physiologist

देह-त्याग *m.* abandonment of the physical form, death

देह-त्याग करना *v.t.* to give up the physical existence, to pass away, to die

देह धरना *v.t.* to assume physical form, to take birth, to be born

देह-धर्म *m.* function of the body

देह धारण करना to assume physical form, to take birth, to be born (= देह धरना)

देह-पिंजर *m.* skeleton of the body

देहपात *m.* death

देह-पोषण *m.* nourishment of the body, physical nurture

देहवंत/धारी I.*a.* having a body, corporeal II. *m.* embodied creature, living being

देह-विज्ञान *m.* somatology

देह सँभालना *v.t.* to steady oneself, to keep up the spirit, to be firm

देहसार *m.* somatoplasm

देह[2] P (*deh*) *m.&suff.* giver, provider (as आरामदेह)

देहरा (*dehrā*) *m.* 1. temple 2. human body

देहरी (*dehrī*) *f.*/**देहली** (*dehlī*) *f.* threshold

देहांत (*dehānt*) *m.* end of bodily existence, death, demise

देहांत होना *v.i.* to expire, to pass away

देहांतर (*dehāntar*) *m.* another body, different form at death

देहांतर प्राप्ति *f.* obtaining another body (after death)

देहांतरण (*dehāntaraṇ*) *m.* transmigration of soul, metempsychosis, passing into another body

देहाकृति (*dehākṛti*) *f.* physical form, somatotype

देहात P (*dehāt*) *m.* 1. rural area, countryside 2. village

देहाती P (*dehātī*) I. *a.* 1. rural, of a village 2. unrefined, rustic II. *m.* 1. villager 2. rustic, yokel

देहाती जलवायु *m.* country climate

देहाती जीवन *m.* rural life, village life

देहाती लोग *m.* village/rustic people

देहाती वातावरण *m.* countryside atmosphere

देहातीत (*dehātīt*) *a.* incorporeal, beyond the physical body, transcendental

देहातीपन (*dehātīpan*) *m.* rusticity

देहात्म (*dehātma*) *m.* body and soul

देहात्मवाद *m.* the doctrine that there is no soul apart from the body, materialism

देहात्मवादी I. *m.* materialist, one who

believes that body and soul are one II. *a.* materialistic

देहाध्यास (*dehādhyās*) *m.* the illusion of treating the body as soul

देहावरण (*dehāvaraṇ*) *m.* 1. dress, garment, robe 2. armour

देहावशेष (*dehāvśeṣ*) *m.* 1. corporeal relic 2. ashes

देहावसान (*dehāvsān*) *m.* end or cessation of physical existence, demise, death

देही (*dehī*) I. *m.* 1. one having a body, animal, man 2. soul II. *a.* 1. corporeal, endowed with a body 2. material

दैत्य (*daitya*) *m.* demon, giant, ogre, monster

दैत्यकुल *m.* tribe of demons or giants

दैत्यगुरू *m.* preceptor of the demons, Shukracharya

दैत्य युग *m.* demoniacal age

दैत्याकार (*daityākār*) *a.* huge, gigantic

दैदीप्यमान (*daidīpyamān*) *a.* luminous, lustrous, brilliant, shining, glowing, resplendent, effulgent

दैनंदिन (*dainandin*) I. *a.* daily, day-to day II. *adv.* day by day

दैनंदिन कारोबार *m.* day-to-day business

दैनंदिन घटना *f.* everyday occurrence

दैनंदिनी (*dainandinī*) *f.* record of daily affairs, diary

दैनिक (*dainik*) *a.* 1. daily, diurnal 2. lasting for a day

दैनिक जीवन *m.* daily life

दैनिक ज्वारभाटा *m.* diurnal tide

दैनिक भत्ता *m.* daily allowance

दैनिक विवरण *m.* daily account

दैनिक समाचारपत्र *m.* daily newspaper, daily

दैनिकी (*dainikī*) *f.* diary

दैन्य (*dainya*) *m.* 1. poverty, pauperism, penury, penniless condition, indigence 2. misery, wretched condition 3. humility, humbleness 4. lowliness 5. helplessness

दैन्यग्रस्त *a.* reduced to poverty

दैन्य पीड़ित *a.* poverty-stricken

दैया (*daiyā*) *f.* fate, destiny

दैया दहाड़/धाड़ *f.* cry for help

दैया री दैया *interj.* oh! God!

दैर्घ्य (*dairghya*) *m.* length

दैर्घ्यवृद्धि (*dairghyavṛddhi*) *f.* elongation

दैव (*daiv*) I. *m.* 1. fate, destiny, providence 2. divine power 3. God Almighty II. *a.* 1. divine, godly 2. celestial, heavenly

दैव-इच्छा *f.* divine will

दैव-कर्म *m.* worship, religious service

दैव कृत *a.* supernatural, providential

दैव कोप *m.* divine wrath, God's scourge

दैव गति *f.* course of destiny/fate, providence, luck, fate

दैव-घटना *f.* run of fate

दैव चिंतक *m.* (a) fatalist (b) fortune-teller, astrologer

दैव चिंता *f.* fatalism

दैव ज्ञान *m.* supernatural knowledge, knowledge of destiny

दैव-दुर्विपाक *m.* evil turn of fate, adversity, calamity

दैव-दुर्विपाक से *adv.* unfortunately, as ill-luck would have it

दैव दोष *m.* ill-luck, misfortune

दैव-निर्दिष्ट *a.* destined, ordained by God, predestined

दैवयोग *m.* fortuitous occurrence, chance, accidental happening

दैवयोग से *adv.* by chance, accidentally, providentially

दैववश *adv.* by chance, accidentally, suddenly

दैववशात् *adv.* (= दैववश)

दैववाणी *f.* divine revelation, celestial voice, oracle
दैववाद *m.* fatalism
दैववादी *m.* (a) fatalist (b) idle, inactive
दैव-संयोग *m.* luck, chance
दैवहीन *a.* luckless, unfortunate, unlucky
दैवक (*daivak*) *m.* astrologer
दैवज्ञ (*daivajña*) *m.* astrologer, fortuneteller
दैवागत (*daivāgat*) *a.* accidental, fortuitous
दैवात् (*daivāt*) *adv.* accidentally, by chance, by accident, suddenly
दैवादेश (*daivādeś*) *m.* divine revelation, oracle
दैवाधीन (*daivādhīn*) *a.* depending on fate or luck, destined, preordained, fortuitous
दैवानुगृहीत (*daivānugr̥hīt*) *a.* favoured by gods, blessed (by gods)
दैवानुग्रह (*daivānugrah*) *m.* 1. divine grace, God's mercy 2. favour of fortune
दैवासुर (*daivāsur*) *a.* 1. relating to gods and demons 2. existing between gods and demons
दैविक (*daivik*) I. *a.* of or pertaining to gods and goddesses, divine II. *m.* (श्राद्ध) ceremony held after the death of a person
दैवी (*daivī*) *a.* 1. divine, godly, celestial 2. natural 3. accidental, happening by chance
दैवी गुण *m.* godly qualities
दैवी घटना *f.* act of God
दैवी भाव *m.* godliness
दैवी लीला *f.* divine ways, God's doings
दैवी विपत्ति *f.* natural calamity
दैवी शक्ति *f.* divine power
दैवी संकट *m.* act of God
दैशिक (*daiśik*) *a.* (from दिशा) directive
दैहिक (*daihik*) *a.* 1. physical, somatic, corporeal, bodily 2. material
दैहिक विकार *m.* somatic disorder
दैहिकी (*daihikī*) *f.* physiology
दो (*do*) I. *m.* the figure two II. *a.* two
दो अंगी *a.* (bot.) dichotomous
दोअन्नी *f.* (old currency) two-anna coin, one-eighth of a rupee (see दुअन्नी)
दो अमली *f.* diarchy, dual government or administration
दोआब *m.* (a) land between two rivers (b) (especially) the region between Ganga and Yamuna (see दुआब)
दो-एक *a.* one or two, some, few
दो और दो चार two and two make four
दो करना *v.t.* to divide into two, to cut into two pieces, to bisect
दो की चार सुनाना *v.t.* to pay back with interest, to retort
दो कौड़ी का *a.* worthless, good-for-nothing, useless, insignificant
दो-गाना *m.* duet
दोगुना *a.* double, twofold
दो घड़ी *f.* short time
दोचंद *a.* double
दो-चार *a.* a few, some
दो-चार दिन का मेहमान (*मु.*) on deathbed, dying
दो-चार होना *v.i.* to meet
दोचित्ता *a.* double-minded, wavering, dubious
दोचित्ती *f.* suspense, wavering state
दोज़बान *a.* (a) double-tongued (b) cheat, deceitful
दोज़बानी *f.* (a) one having two tongues (b) duplicity
दोजिभा *a.* (a) double-tongued (b) cheat, deceitful (= दोज़बान *q.v.*)
दोज़ानू *m.* kneeling
दोज़ानू होना to kneel (down)

दो जी से होना *v.i.* to be pregnant
दो टूक *a.* blunt, clear, plain, forthright, categorical
दो टूक जवाब देना *(मु.) v.t.* to give a point-blank reply, to deny flatly
दोतरफ़ा *a.* double-sided, bilateral, two-way
दोतरफ़ा करार *m.* bilateral agreement (also see दुतरफ़ा)
दो-तल्ला *a.* two-storeyed
दो-तारा *m.* two-stringed musical instrument
दो दिन का *a.* temporary, transient
दो दिन का मेहमान *(मु.) a.* about to pass away, at death's door
दो-दिला *a.* of divided mind, uncertain, dubious
दो-दो हाथ होना *(मु.) v.i.* to compete
दो-नस्ला *a.* mongrel, hybrid
दो नावों पर पैर रखना *(मु.) v.i.* to have two or more goals
दोपट्टा *m.* sheet, wrapper (better दुपट्टा *q.v.*)
दोपरता *a.* having two folds, double
दो पलड़ी *f.* a cap consisting of two pieces
दो पहर *m.* a period of six hours
दोपहर *f.* noon, midday (= दुपहर *q.v.*)
दोपाया *m.* biped, two-footed animal
दो फ़सली *a.* yielding two crops per year
दोबरसी *f.* biennial function
दोबारा *adv.* once more, once again, twice
दोभाषिया I. *m.* interpreter, bilinguist II. *a.* bilingual (= दुभाषियां *q.v.*)
दोमंज़िला *a.* double-storeyed, two-storeyed
दोमहला *a.* = दोमंज़िला
दोमुँहा *a.*(a) two-faced (b) hypocritical, cheat, deceitful
दो मुल्लाओं में मुर्गी हराम (लो.) too many cooks spoil the broth
दोरंगा *a.* (a) of two colours, bicoloured, particoloured (b) (of a person) double-faced (c) deceitful (d) of two kinds (see दुरंगा)
दो रसा *a.* having two kinds of flavours
दोराहा *m.* a place or point where a road divides into two roads or paths
दोरूखा *a.* double-faced, double-edged (see दुरुख़ा)
दो रोटी कमा खाना *v.t.* to earn just a livelihood
दोलड़ा *m.* two-stringed necklace
दोलत्ती *f.* a kick by an ass or horse (= दुलत्ती *q.v.*)
दो सदनी *a.* bicameral
दो सदनी विधान-मंडल *m.* bicameral legislature
दोसाला *a.* biennial
दोसूती *f.* a thick cloth of doubled yarn (see दुसूती)
दोहत्थड़/दोहत्था *adv.* (a) with two hands (b) done with both the hands (see दुहत्थड़, दुहत्था)
दोग़ला P (*doglā*) I. *a.* 1. mongrel, cross-bred, of impure blood 2. double-faced, knave, rogue II. *m.* 1. bastard 2. cheat
दोग़लापन P (*doglāpan*) *m.* double-facedness, knavery, knavishness
दोगा (*dogā*) *m.* lime or cement dissolved in water
दोग्धा (*dogdhā*) *m.* milkman
दोज़ख़ P (*dozakh*) *m.* hell, inferno
दोज़ख़ी P (*dozakhī*) I. *a.* 1. hellish, infernal 2. damned II. *m.* sinner
दोधी (*dodhī*) *f.* a nutritional preparation of milk, pulverized almonds and poppy seeds
दोध्य (*dodhya*) *a.* milkable, to be milked or milched
दोन (*don*) *m.* 1. the lowland between

hills or rivers 2. vale, valley

दोना (*donā*) *m.* leaf-bowl, leaf-cup (for holding flowers and sweets)

दोने चाटना *v.t.* to relish market dishes

दोनों (*donoṁ*) *a.* both, the two

दोनों के दोनों the two together, both of them

दोनों तरफ़/ओर *adv.* on both sides, both ways

दोनों वक्त *adv.* both times, in the day and at night

दोनों वक्त मिलना *v.i.* day and night to mingle as at dusk

दोनों हाथ से ताली बजाना *v.t.* (a) to clap with both hands (b) to reciprocate, to give and take mutually

दोनों हाथों में लड्डू होना *(लो.)* to get advantage both ways

दोनों हाथों से लुटाना *(मु.) v.t.* to burn the candles at both ends

जब दोनों वक्त मिलते हैं at dusk, in the evening, towards eventide

दोमट (*domaṭ*) *f.* loam, clay loam

दोयम P (*doyam*) *a.* 1. second 2. second-rate, second-class

दोयम ईंटें *f.* second-class bricks

दोयम दरजा *m.* second class

दोल (*dol*) *m.*1. swing, swinging seat or cot 2. kind of sedan in which a woman of status is carried 3. a festival during Holi (March-April) when idols of child Krishna are swung in ornamental swings

दोलक (*dolak*) I. *m.* pendulum II. *a.* oscillating, swinging

दोलन (*dolan*) *m.* swinging, wobbling, oscillation

दोलन करना *v.t.* to oscillate

दोलन गति *f.* oscillatory motion

दोलन लेख *m.* oscillogram

दोलन लेखी *m.* oscillograph

दोला (*dolā*) *m.f.* 1. cradle, swinging cot 2. fluctuation

दोला-यात्रा *f.* a festival when figures of Radha and Krishna are carried about in a litter or palanquin

दोलायमान (*dolāymān*) *a.* 1. swinging, shaking, oscillating 2. wavering, unsteady, fickle 3. doubtful, suspicious

दोलायित (*dolāyit*) *a.* 1. swung, oscillated 2. wavering 3. unsteady, restless

दोलोत्सव (*dolotsav*) *m.* 1. a festival during Holi (March-April) when idols of child Krishna are swung in ornamental swings 2. a festival when images of Radha and Krishna are carried about in a litter or palanquin

दोष (*doṣ*) *m.* 1. defect, flaw 2. fault, mistake 3. wrong, vice, blemish 4. imperfection 5. charge, blame 6. guilt

दोष छिपाना *v.t.* to cover up defects or mistakes

दोष-त्रय *m.* the three humours of the body (as वात wind, पित्त, biles or gall, and कफ phlegm)

दोष-दर्शन *m.* fault-finding

दोष देना *(मु.) v.t.* to blame, to accuse

दोष निकालना *v.t.* to find fault, to pick holes in one's coat

दोषपूर्ण *a.* faulty, unsound

दोषमुक्त *a.* guiltless

दोषमुक्त करना *v.t.* to acquit, to exonerate, to exculpate

दोषमुक्ति *f.* acquittal, exoneration

दोषमोचन *m.* = दोषमुक्ति

दोषरहित *a.* (a) faultless (b) blameless, blemishless, flawless, guiltless

दोष लगाना/मढ़ना *(मु.) v.t.* to level charge, to indict, to blame, to inculpate, to charge, to accuse, to cast aspersions upon

दोषसिद्धि *f.* conviction

दोषादोष (*doṣādoṣ*) *m.* merits and demerits, foul and fair elements, foibles and fortes

दोषान्वित (*doṣānvit*) *a.* faulty, defective

दोषान्वेषण (*doṣānveṣaṇ*) *m.* fault-finding, carping, cavilling

दोषान्वेषी (*doṣānveṣī*) *a.* fault-finding, censorious

दोषारोप (*doṣārop*) *m.* 1. charge, blame 2. accusation

दोषारोप करना *v.t.* to charge, to cast a blame, to accuse

दोषारोपण (*doṣāropaṇ*) *m.* blaming, accusation, indictment, imputation of guilt or charge

दोषारोपण करना *v.t.* to blame, to accuse, to indict, to impute a charge

दोषी (*doṣī*) I. *a.* 1. culpable, corrupt, blamable 2. faulty, at fault 3. guilty II. *m.* guilty person, culprit

दोषी अंतःकरण *m.* guilty conscience

दोषी ठहराना *v.t.* to convict, to incriminate

दोसाई (*dosāī*) *a.* (of land) yielding two crops (a year)

दोस्त P (*dost*) *m.* friend

दोस्तदार P (*dostdār*) *a.* friendly

दोस्तदारी P (*dostdārī*) *f.* friendship

दोस्ताना P (*dostānā*) I. *a.* friendly II. *m.* friendship

दोस्ताना ताल्लुकात *m.* friendly relations

दोस्ताना तौर पर *adv.* in a friendly manner

दोस्ताना निभाना *v.t.* to continue friendship with faithfulness

दोस्ताना सलाह *f.* friendly advice

दोस्ताने में *adv.* in a friendly way, as a friend

दोस्ती P (*dostī*) *f.* friendship, amity, comradeship

दोस्ती करना/गाँठना *v.t.* to form friendship, to make friends

दोस्ती का दम भरना *v.t.* to affect friendship

दोहता (*dohatā*) *m.* grandson, daughter's son

दोहद (*dohad*) *m.* morbid desire or craving of a pregnant woman

दोहद लक्षण *m.* signs of pregnancy

दोहदवती *f.* pregnant woman longing/ craving for something

दोहन (*dohan*) *m.* 1. milking 2. milk and product of milk 3. exploitation

दोहन यंत्र *m.* milking machine

दोहना (*dohanā*) I. *v.t.* 1. to milk 2. to exploit II. *m.* 1. anything that yields milk 2. milk pot, milk pail

दोहनेवाला *m.* milker, milkman

दोहनी (*dohanī*) *f.* 1. milkpot, milk vessel 2. the act of milking 3. the wages paid for milking

दोहर[1] (*dohar*) *f.* thick cloth of two folds, double sheet

दोहर[2] (*dohar*) *f.* the land that bears two crops in a year

दोहरा (*dohrā*) *a.* double, twofold, twice as much, duplicate

दोहरा कर *m.* double tax

दोहरा करना *v.t.* to double, to fold once

दोहरा शासन *m.* dual government, diarchy

दोहरी किलेबंदी *f.* counter-fortification

दोहरी बात *f.* equivoque, ambiguous utterance

दोहराई (*dohrāī*) *f.* 1. revision 2. repetition

दोहराना (*dohrānā*) *v.t.* 1. to fold up, to make twofold 2. to reiterate, to repeat 3. to revise, to recapitulate

दोहराव (*dohrāv*) *m.* 1. (act of) doubling or folding 2. repetition, reiteration

3. revision, recapitulation

दोहरावा (*dohrāvā*) *m.* equivoque, ambiguous utterance, double entendre

दोहा (*dohā*) *m.* couplet, with 13+11 (matras) in each line

दोहाई (*dohāī*) I. *f.* 1. cry for help or mercy or justice 2. exclamation, oath 2. appeal 3. proclamation, announcement II. *interj.* mercy ! help! (see दुहाई[1])

दोहान (*dohān*) *m.* two-year old bullock

दोहिया (*dohiyā*) *m.* milker, milkman

दौंरी (*dauṁrī*) *f.* trampling of reaped harvest by bullocks for separating corn and chaff (= दँवरी *q.v.*)

दौःशील्य (*dauśīlya*) *m.* (from दुःशील) bad disposition, bad temperament, wickedness

दौड़ (*daur̤*) *f.* 1. race, running 2. run 3. haste, hurry 4. race competition 5. speed, high speed 6. extent, range 7. sudden assault/attack

दौड़-धूप *f.* exertion, toil, endeavour

दौड़-धूप करना *(मु.) v.t.* to exert oneself, to toil, to bustle about

दौड़ मारना/लगाना *(मु.) v.t.* to make a fast movement or march, to make a dash

घुड़दौड़ *f.* horse-race

मन की दौड़ *f.* imagination, fancy

दौड़ना (*daur̤nā*) *v.i.* 1. to run 2. to rush 3. (घोड़े का) to gallop

दौड़ना-धूपना *v.i.* to make great exertion, to bustle about

किसी पर चढ़ दौड़ना to rush at somebody

दौड़ाक (*daur̤āk*) *m.* fast runner, racer

दौड़ा-दौड़ी (*daur̤ā-daur̤ī*) *f.* hurry-scurry

दौड़ाना (*daur̤ānā*) *v.t.* 1. to cause to run, to make one run 2. to make (a horse) gallop 3. to drive away 4. to send on an errand

खयाल दौड़ाना to give wings to thoughts **गाड़ी दौड़ाना** to drive a car fast

तार दौड़ाना to lay wire overhead

दौत्य (*dautya*) *m.* mission, work or status of an envoy

दौर A (*daur*) *m.* 1. circle, round 2. wheel of destiny 3. circular motion 4. stage, phase 5. time, age, era 6. round of turns (passing round as of cup of wine) 7. time of prosperity 8. spell

दौर चलना *(मु.) v.i.* to have a round of wine

दौर-दौरा *m.* rule, regime, sway

दौरा[1] A (*daurā*) *m.* 1. tour 2. a fit of disease, sudden attack, paroxysm 3. circuit

दौरा करना *(मु.) v.t.* to tour, to make a tour

दौरा जज *m.* sessions judge

दौरा सुपुर्द करना *(मु.) v.t.* to commit to sessions

दिल का दौरा *m.* heart attack

दौरा[2] (*daurā*) *m.* a large basket of bamboo sticks

दौरात्म्य (*daurātmya*) *m.* (from दुरात्मा) wickedness, evil mindedness, depravity

दौरान P (*daurān*) *m.* duration, period

दौरे के दौरान during the tour, while touring

इस दौरान during this time, in the meanwhile

दौरी[1] (*daurī*) *f.* 1. rope for the cattle 2. a line with which land is measured

दौरी[2] (*daurī*) *f.* a small basket (without a lid)

दौर्ग (*daurga*) *a.* of or belonging to a fort

दौर्गत्य (*daurgatya*) *m.* 1. distress, misery, sad plight, hardship 2. wretchedness 3. (नरक) hell (= दुर्गति *q.v.*)

दौर्जन्य (*daurjanya*) *m.* 1. (from दुर्जन) vileness, wickedness, depravity

2. malice 3. villainy, knavery

दौर्बल्य (*daurbalya*) *m.* (from दुर्बल) weakness, debility, feebleness, infirmity

दौर्भ्रात्र (*daurbhrātra*) *m.* discord between brothers

दौर्मनस्य (*daurmanasya*) *m.* (from दुर्मनस्) 1. dejection, depression, despair 2. mental disturbance, affliction 3. frustration, disappointment

दौलत A (*daulat*) *f.* 1. wealth, riches 2. prosperity

दौलतख़ाना *m.* (a) mansion (b) treasury, store-house (c) (in polite speech) dwelling place, house, residence

दौलतमंद *a.* rich, wealthy, opulent, affluent, prosperous, flourishing

दौलतमंदी *f.* wealthiness, richness, affluence, opulence, prosperity, happiness

दौलतवाला *a.* rich, wealthy, affluent

दौलतवाला/मंद हो जाना *v.i.* to grow rich

दौवारिक (*dauvārik*) *m.* doorkeeper, gatekeeper, watchman, guard

दौश्चर्य (*dauścarya*) *m.* (from दुश्चर) 1. wickedness, vileness 2. misconduct, misbehaviour

दौहित्र (*dauhitra*) *m.* grandson, daughter's son

दौहित्री (*dauhitrī*) *f.* granddaughter, daughter's daughter

द्यु (*dyu*) *m.* 1. day, day and night 2. heaven, paradise 3. sky, space

द्युचर *m.* (a) celestial being, inhabitant of paradise (b) bird (c) planet, star

द्युपति *m.* (a) lord of the heaven, Indra (b) lord of the sky, sun

द्युमणि *m.* the sun

द्युलोक *m.* paradise

द्युति (*dyuti*) *f.* light, radiance, splendour, brightness, brilliance, lustre, glow

द्युतिमान (*dyutimān*) *a.* 1. bright, brilliant, radiant, resplendent, refulgent, luminous, lustrous 2. majestic, dignified

द्युतिहीन (*dyutihīn*) *a.* lustreless, dull

द्यूत (*dyūt*) *m.* gambling

द्यूतकार *m.* gambler

द्यूतक्रीड़ा *f.* sport of gambling

द्यूत पूर्णिमा full moon night in the month of Ashwin which is spent in games of chance and gambling

द्यूत फलक *m.* gambling board

द्यूत वृत्ति *f.* (a) professional gambler (b) gambling as a vocation

द्यूतशाला *f.* gambling house

द्यूत सभा *f.* assembly of gamblers

द्योतक (*dyotak*) *a.* 1. showing, expressive, indicative, signifying, illustrative, meaning 2. glowing, shining, resplendent, refulgent

द्योतन (*dyotan*) *m.* 1. indication, signification, illustration, manifestation 2. brilliance, radiance, glow, resplendence, refulgence, lustre

द्योति (*dyoti*) *f.* 1. light, brightness, splendour, brilliance, lustre, radiance, refulgence, glow 2. star

द्योतित (*dyotit*) *a.* 1. indicated, illustrated, manifested, signified 2. lighted, illuminated

द्यौ (*dyau*) 1. heaven, paradise 2. (प्रकाश) light, brilliance, radiance, refulgence, glow 3. (आकाश) sky 4. day

द्यौरानी (*dyaurānī*) *f.* = देवरानी

द्रढ़िमा (*draṛhimā*) *f.* (from दृढ़) firmness, resolution, determination

द्रव[1] (*drav*) *m.* liquid, fluid

द्रव अभियांत्रिकी *f.* hydraulics

द्रवचालित *a.* hydraulic

द्रव बनाना *v.t.* to liquefy

द्रव[2] (*drav*) *a.* 1. liquefied 2. running,

moving speedily 3. flowing 4. melted 5. oozing

द्रव-अवस्था *f.* liquid state

द्रवण (*dravaṇ*) *m.* 1. liquefaction 2. dissolution 3. melting, fusion 4. flowing 5. oozing

द्रवणशील *a.* (a) liquefiable (b) fusible (c) dissolvable

द्रवणांक (*dravaṇāṅk*) *m.* melting point

द्रवणीय (*dravaṇīy*) *a.* 1. liquefiable 2. fusible 3. dissolvable

द्रवता (*dravtā*) *f.*/**द्रवत्व** (*dravatv*) *m.* 1. fluidity 2. liquefaction

द्रविड़ (*draviṛ*) *a.* & *m.* Dravidian

द्रविड़ प्राणायाम *m.* doing anything in a roundabout way

द्रविण (*draviṇ*) *m.* 1. valuable possession or property, wealth, riches 2. strength, vigour 3. matter, object, substance

द्रविणाधिपति (*draviṇādhipati*) *m.* lord of wealth, very rich person

द्रवित (*dravit*) *a.* 1. melted 2. moved 3. liquefied

द्रवित करना *v.t.* to liquefy, to melt

द्रवित गैस *f.* liquefied gas

द्रवित होना (a) to liquefy (b) to melt (c) to move

द्रवीकरण (*dravīkaraṇ*) *m.* 1. liquefication 2. fusion, melting

द्रवीकृत (*dravīkr̥t*) *a.* 1. liquefied 2. dissolved 3. fused, melted

द्रवीभवन (*dravībhavan*) *m.* 1. liquefication 2. fusion, melting 3. dissolution

द्रवीभूत (*dravībhūt*) *a.* 1. liquefied 2. fused, melted 3. moved with pity

द्रवीभूत शैल *m.* molten rock

द्रवीभूत होना *v.i.* to melt, to take pity

द्रव्य (*dravya*) *m.* 1. thing, substance, matter, object 2. material prosperity, riches, wealth 3. elementary substances (earth, water, air, fire, ether, time, space and soul, according to Nyay philosophy)

द्रव्य-गुण *m.* attribute or property of a substance or matter

द्रव्यजात *m.* products

द्रव्य-दंड *m.* fine

द्रव्य-परिग्रह *m.* accumulation of money or wealth

द्रव्य प्रणाली *f.* monetary system

द्रव्यमान *m.* monetary standard

द्रव्य-शुद्धि *f.* cleansing of (soiled) articles

द्रव्य-संग्रह/संचय *m.* accumulation of wealth/materials, hoarding of riches/property

द्रव्यत्व (*dravyatva*) *m.* materiality

द्रव्यमय (*dravyamay*) *a.* material, substantial

द्रव्यवान् (*dravyavān*) *a.* rich, wealthy

द्रव्यांतरण (*dravyāntaraṇ*) *m.* transubstantiation

द्रव्यात्मक (*dravyātmak*) *a.* material, concrete

द्रव्यार्जन (*dravyārjan*) *m.* earning money, acquiring wealth/property, acquisition or gain of riches

द्रव्यार्थक (*dravyārthak*) *a.* denoting a substance

द्रष्टव्य (*draṣṭavya*) *a.* 1. worth seeing 2. noteworthy, noticeable, demanding attention, to be noted or marked, worth taking a note of 3. worth consideration

द्रष्टा (*draṣṭā*) *m.* 1. spectator, visitor, observer, onlooker, looker-on 2. sage, seer, rishi

द्राक्ष-शर्करा (*drākṣa-śarkarā*) *f.* glucose, grape sugar

द्राक्षा (*drākṣā*) *f.* grape

द्राक्षा कुंज *m.* vineyard

द्राक्षा रस *m.* grape juice

द्राक्षा लता *f.* vine

द्राघिमा (*drāghimā*) *f.* 1. length 2. longitude

द्राधिमांतर (*drāghimāntar*) *m.* longitudinal distance
द्राधिष्ठ (*drāghiṣṭha*) *a.* longest
द्राव (*drāv*) *m.* melting, fusion
द्रावक (*drāvak*) I. *a.* 1. liquefying, dissolving 2. melting II. *m.* thinner
द्रावण (*drāvaṇ*) *m.* 1. liquefication, liquidation 2. dissolution 3. fusion
द्रावड़ी (*drāvṛī*) I. *f.* a kind of south Indian musical mode II. *a.* Dravidian
द्रावित (*drāvit*) *a.* 1. liquefied, dissolved 2. melted, fused 3. (of heart) moved, softened
द्रुत (*drut*) *a.* 1. quick, rapid, speedy, swift, fast 2. prompt 3. brisk, nimble, agile
द्रुतगति *a.* (a) quick-paced, fast-moving, swift (b) rapidity, fast speed, quick motion, rapid movement
द्रुतगामी *a.* swift, fleet, going fast
द्रुतगामी दल *m.* flying squad
द्रुतपद *a.* swift-footed
द्रुतपदी *f.* a verse of twelve syllables
द्रुत भक्षिता *f.* tachyphagia
द्रुत वाचिता *f.* tachyphemia
द्रुत वाष्पन *m.* rapid evaporation
द्रुत वेग से *adv.* swiftly, rapidly, speedily
द्रुत स्फीति *f.* galloping inflation
द्रुति (*druti*) *f.* speed, pace
द्रुति-ज्ञापक *m.* speed-indicator
द्रुतिमापक *m.* speedometer
द्रुति-लेखी *m.* speed recorder
द्रुति विलंबित *m.* name of a Sanskrit poetic metre
द्रुम (*drum*) *m.* tree, plant
द्रमाणि (*drumāṇi*) *f.* a forest
द्रुमामय (*drumāmay*) *m.* tree disease
द्रोण[1] (*droṇ*) *m.* (in olden times) a weight of about 64 pounds
द्रोण[2] (*droṇ*) *m.* a wooden vessel
द्रोणिका (*droṇikā*) *f.*/**द्रोणी** (*droṇī*) *f.* 1. trough, wooden tub/basin 2. (डोंगी) canoe, raft 3. a measurement (of old) equal to 250 pounds
द्रोह (*droh*) *m.* 1. malice, spite 2. enmity, hostility 3. revolt, rebellion 4. sedition
द्रोह करना *v.t.* to act maliciously, to rebel
द्रोह-चिंतन *m.* malicious thought, injurious thought
द्रोहबुद्धि *a.* malevolent
द्रोही (*drohī*) *a.* 1. malicious, spiteful 2. hostile, harmful 3. rebelling, rebellious, revolting
द्वंद्व[1] (*dvandva*) *m.* 1. duel 2. strife, quarrel, combat, brawl 3. conflict, struggle, clash 4. uproar, hullabaloo
द्वंद्वप्रिय *a.* quarrelsome, disputatious
द्वंद्वप्रियता *f.* quarrelsomeness
द्वंद्व-युद्ध *m.* (a) duel (b) wrestling
द्वंद्व[2] (*dvandva*) *m.* 1. couple, male and female 2. a pair (of two things)
द्वंद्वचारी *a.* (of birds, beasts,) going in couples or pairs
द्वंद्व समास *m.* copulative compound (as माँ-बाप)
द्वंद्वात्मक (*dvandvātmak*) *a.* dialectic(al), dualistic
द्वंद्वात्मक तर्क *m.* dialectics
द्वंद्वात्मक भौतिकवाद *m.* dialectical materialism
द्वंद्वी (*dvandvī*) I. *a.* 1. quarrelsome 2. antagonistic, conflicting II. *m.* rival, antagonist, opponent, adversary
द्वय (*dvay*) I. *a.* two, both II. *m.* pair, couple
द्वा (*dvā*) *a.* two (in combination, for द्वि)
द्वाचत्वारिंशत (*dvācatvāriṁśat*) *a.* two and forty, forty two, 42
द्वात्रिंश (*dvātriṁś*) *a.* thirty-second, 32nd
द्वात्रिंशत (*dvātriṁśat*) *a.* thirty-two, 32

द्वादश (*dvādaś*) *a.* two and ten, twelve
द्वादश वार्षिक *a.* duo-decennial
द्वादशमिक (*dvādaśmik*) *a.* duodecimal
द्वादशमिक प्रणाली *f.* duodecimal system
द्वादशी (*dvādaśī*) *f.* twelfth day of the lunar fortnight
द्वादशांगुल (*dvādaśāṅgul*) *m.* the breadth of twelve fingers, span
द्वादशाह (*dvādaśāh*) *m.* the ceremony held on the twelfth day after the death of a person
द्वानवति (*dvānavati*) *a.* ninety-two, 92
द्वापंचाशत (*dvāpañcāśat*) *a.* fifty-two, 52
द्वाविंश (*dvāviṁś*) *a.* twenty-second, 22nd
द्वाविंशति (*dvāviṁśati*) *a.* twenty-two, 22
द्वापर[1] (*dvāpar*) *m.* the third of the four ages (युग) of the world according to the Hindu mythology
द्वापर[2] (*dvāpar*) *m.* suspicion, doubt, uncertainty
द्वाभा (*dvābhā*) *f.* twilight, the evening light
द्वार (*dvār*) *m.* 1. door, gate 2. orifice, opening
द्वार-कपाट *m.* panel of a door
द्वार खुलना *(मु.)* *v.i.* door to open
द्वार खोलना *v.t.* to open the door
द्वार-चार *m.* a ceremony during reception of the marriage party at the bride's door
द्वारपट्ट *m.* door panel
द्वारपाल *m.* doorkeeper, gatekeeper, commissionaire
द्वारपूजा *f.* the rite during reception of the marriage party at the bride's door (=द्वारचार *q.v.*)
द्वार बंद करना *v.t.* to shut the door
द्वार-मंडप *m.* portico
द्वारक (*dvārak*) *m.* aperture, orifice
द्वारका (*dwārakā*) *f.* having many gates, name of the legendary capital of Krishna
द्वारा (*dvārā*) *adv.& past. p.* 1. through, by means of, through the medium (of) 2. care of
द्वि (*dvī*) *a.* two (in combinations)
द्विअक्षर (*dviakṣar*) I. *m.* disyllable II. *a.* disyllabic (as चल, चाल, बाला with संधि द्वयक्षर)
द्विअर्थक (*dviarthak*) *a.* ambiguous
द्विअर्थक वार्ता *f.* double talk संधि
द्विओष्ठ्य (*dvioṣṭhya*) *a.* bilabial संधे
द्विक (*dvik*) *m.* double
द्विकपाटी (*dvikapāṭī*) *a.* bivalve
द्विकर्मक (*dvikarmak*) *a.* having two objects (gram)
द्विकेसर (*dvikesar*) *a.* having two male organs or stamens, diandrous
द्विकोणीय (*dvikoṇīy*) *a.* biangular, having two angles
द्विकोष (*dvikoṣ*) *m.* bivalve
द्विखंड (*dvikhaṇḍ*) *a.* 1. cut into two, bisected 2. two-storeyed, double-storeyed
द्विखंड करना *v.t.* to cut or divide into two
द्विखंडक (*dvikhaṇḍak*) *m.* bisector
द्विखंडन (*dvikhaṇḍan*) *m.* bisection, bifurcation
द्विखंडित (*dvikhaṇḍit*) *a.* bisected, bifurcated
द्विखंडित करना *v.t.* to bisect, to bifurcate
द्विगर्भ (*dvigarbha*) *a.* marsupial
द्विगर्भ जंतु *m.* marsupial animal
द्विगु (*dvigu*) *m.* compound of which the first element is a numeral (as द्विजन्मा, त्रिपाठी)
द्विगुण (*dviguṇ*) *a.* multiplied by two
द्विगुणन (*dviguṇan*) *m.* duplication, doubling
द्विगुणित (*dviguṇit*) *a.* duplicated, doubled, twofold
द्विगुणित क्रिया *f.* duplicated verb

द्विगुणीकरण (*dviguṇīkaraṇ*) *m.* duplication, doubling

द्विगुणीकृत (*dviguṇīkṛt*) *a.* duplicated, doubled

द्विचक्रीय (*dvicakrīy*) *a.* bicyclic

द्विज (*dvij*) *a.* & *m.* 1. twice-born, Brahman, Kshatriya and Vaishya, a person of any one of these castes 2. teeth 3. any oviparous animal (as bird, snake)

द्विजन्मा (*dvijanmā*) = द्विज *q.v.*

द्विजातीय (*dvijātīya*) *a.* belonging to a twice-born (द्विज) caste

द्विजिह्व (*dvijihva*) *m.* 1. one having two tongues 2. snake, serpent 3. knave, rogue 4. a dubious character

द्विजेंद्र (*dvijeṁdra*) *m.* the best of the twice-born caste, Brahman

द्वितंत्र (*dvitantra*) *m.* double government/ rule, diarchy

द्वितक (*dvitak*) *m.* duplicated copy, counterfoil

द्वितल (*dvital*) *a.* 1. double-storeyed, two-storeyed 2. dihedral

द्वितीय (*dvitīy*) *a.* second, another

द्वितीय श्रेणी *f.* second class

द्वितीयक (*dvitīyak*) *a.* secondary

द्वितीयक गुण *m.* secondary qualities

द्वितीयक बलाघात *m.* secondary stress accent

द्वितीयक शवाधान *m.* secondary burial

द्वितीया (*dvitīyā*) *f.* second lunar day in either fortnight

द्वितीया विभक्ति *f.* objective case

द्वितीयाश्रम (*dvitīyāśram*) *m.* the second of the four stages of life, household

द्वित्व (*dvitva*) *m.* 1. twofold 2. doubling 3. duplication 4. repetition

द्विदल (*dvidal*) I. *a.* having two leaves II. *m.* two parties

द्विदल पद्धति *f.* two-party system

द्विदलीय (*dvidalīy*) *a.* bipartite

द्विदृष्टिता (*dvidṛṣṭitā*) *f.* diplopia

द्विधा (*dvidhā*) I. *adv.* 1. in two parts 2. in two ways II. *a.* double

द्विधाकरण *m.* dividing into two parts, division, bifurcation

द्विधाकृत *a.* divided, bifurcated

द्विधा वर्गीकरण *m.* two-way classification

द्विधातुक (*dvidhātuk*) *a.* bimetallic

द्विधात्मक (*dvidhātmak*) *a.* bifurcation

द्विधार्थक (*dvidhārthak*) *a.* equivocal, ambiguous, having two meanings

द्विधार्थकता (*dvidhārthaktā*) *f.* equivocation, ambiguity

द्विध्रुवीय (*dvidhruvīy*) *a.* bipolar

द्विनिषेचन (*dviniṣecan*) *m.* double fertilization

द्विनेत्र (*dvinetra*) *a.* binocular

द्विनेत्र दृष्टि *f.* binocular vision

द्विनेत्री (*dvinetrī*) *f.* binoculars

द्विनेत्री दूरबीन/दूरदर्शी *m.* binocular telescope

द्विनेत्री सूक्ष्मदर्शी *m.* binocular microscope

द्विपक्षी (*dvipakṣī*) *a.*/**द्विपक्षीय** (*dvipakṣīy*) *a.* bilateral

द्विपक्षी, द्विपक्षीय करार *m.* bilateral agreement

द्विपथरोधनी (*dvipathrodhnī*) *f.* two-way stopcock

द्विपद[1] (*dvipad*) *m.* 1. two-footed animal, biped 2. man

द्विपद[2] (*dvipad*) *m.* compound of two words

द्विपदी (*dvipadī*) *f.* couplet

द्विपर्णी (*dviparṇī*) *a.* bifoliate

द्विपाक्षिक (*dvipākṣik*) *a.* bilateral

द्विपात्रत्व (*dvipātratva*) *m.* dual role (in a drama)

द्विपाद (*dvipād*) I. *m.* biped II. *a.* bipedal

द्विपार्श्व (*dvipārśv*) *a.* bilateral

द्विपार्श्वघात (*dvipārśvaghāt*) *m.* paralysis of both sides

द्विपार्श्वसममित (*dvipārśvasammit*) *a.* bi-

laterally symmetrical
द्विपार्श्विकता *(dvipārśviktā) f.* bilaterality
द्विपुंकेसरी *(dvipunkesarī) a.* diandrous
द्विप्रभाविता *(dviprabhāvitā) f.* double dominance
द्विफोकसी *(dvifokasī) a.* bifocal
द्विफोकसी चश्मा *m.* bifocal spectacle
द्विबाहु *(dvibāhu) a.* having two arms
द्विभागी *(dvibhāgī) a.* bipartite
द्विभाजन *(dvibhājan) m.* bisection, dividing into two
द्विभाजित *(dvibhājit) a.* bisected, divided into two, bipartite
द्विभाजित करना *v.t.* to bisect
द्विभाषिता *(dvibhāṣitā) f.* bilingualism
द्विभाषी *(dvibhāṣī)* I. *a.* bilingual II. *m.* 1. bilinguist 2. interpreter
द्विभाषी शब्दकोश *m.* bilingual dictionary
द्विभाषी राज्य *m.* bilingual state
द्विभित्तिक *(dvibhittik) a.* double-walled
द्विभुज *(dvibhuj) m.* two-armed angle
द्विमात्रिक *(dvimātrik) a.* of two matras
द्विमासिक *(dvimāsik) m.* bimonthly
द्विरद *(dvirad)* I. *a.* 1. having two teeth 2. having two tusks II. *m.* 1. calf 2. elephant
द्विरसन *(dvirasan) m.* one having two tongues, snake, serpent
द्विरागमन *(dvirāgaman) m.* bride's second visit to her in-laws after marriage
द्विराज्य *(dvirājya) m.* diarchy, double administration or government
द्विरावृत्ति *(dvirāvṛtti) f.* reduplication
द्विराष्ट्रिकता *(dvirāṣtriktā) f.* double nationality
द्विरुक्त *(dvirukta) a.* twice said, repeated, reiterated
द्विरुक्ति *(dvirukti) f.* reduplication, repetition, reiteration
द्विरूपता *(dvirūpatā) f.* bimorphism
द्विरूपी *(dvirūpī) f.* bimorphous
द्विरेफ *(dviref) m.* black bee
द्विलिंगिता *(dviliṁgitā) f.* bisexuality
द्विलिंगी *(dviliṁgī) a.* bisexual, hermaphrodite
द्विलिंगी प्राणी *m.* bisexual animal
द्विवचन *(dvivacan) m.* dual number
द्विवर्गीकरण *(dvivargīkaraṇ) m.* twofold classification
द्विवार्षिक *(dvivārṣik) a.* biennial, two-yearly
द्विविध *(dvividh)* I. *a.*1. bilateral 2. of two types/kinds II. *adv.* in two ways
द्विविधा *(dvividhā) f.* suspense, uncertainty, dilemma
द्विविम *(dvivim) a.* bidimensional, two-dimensional
द्विविवाह *(dvivivāh) m.* bigamy
द्विविवाह प्रथा *f.* bigamy system/custom
द्विव्यंजन *(dvivyañjan) m.* double consonant
द्विश *(dviśa) adv.* in two, doubly
द्विश अवकलन *m.* double differentiation
द्विशती *(dviśatī) f.* bicentenary
द्विशाखन *(dviśākhan) m.* bifurcation
द्विशाखित *(dviśākhit) a.* bifurcated, bifid
द्विशाखित करना *v.t.* to bifurcate
द्विशाखी *(dviśākhī) a.* bicipital, bifarious, bifid
द्विशाखी पर्शुका *f.* bicipital rib
द्विसंकरण *(dvisaṅkaraṇ) m.* double cross
द्विसदनी *(dvisadanī) a.* bicameral
द्विसप्तति *(dvisaptati) a.* seventy-two, 72
द्विसेतु *(dvisetu) m.* double bridge
द्विस्तर *(dvistar) m.* double layer
द्विस्वर *(dvisvar) m.* diphthong
द्वीप *(dvīp) m.* island
द्वीपकल्प *m.* peninsula
द्वीपपुंज *m.*/**द्वीपसमूह** *m.* archipelago
द्वीपवासी *m.* islander
द्वीपी[1] *(dvīpī) a.* 1. insular 2. living on an

island

द्वीपी² (*dvīpī*) *m.* tiger

द्वीपीय (*dvipīy*) *a.* insular

द्वीपीय संस्कृति insular culture

द्वेष (*dveṣ*) *m.* 1. ill-will, spite, malice, rancour 2. odium, dislike, hatred 3. (वैर) hostility, enmity

द्वेषपूर्ण *a.* malicious

द्वेषभाव *m.* malevolence

द्वेषण (*dveṣaṇ*) *m.* 1. malevolence 2. disliking

द्वेषी (*dveṣī*) I. *a.* 1. malicious 2. hostile, inimical II. *m.*1. antagonist, foe, enemy, adversary 2. malevolent person

द्वेष्टा (*dveṣṭā*) *m.* = द्वेषी *q.v.*

द्वेष्य (*dveṣya*) *a.* 1. malicious, malevolent 2. detestable, hateful, obnoxious, abhorrent

द्वेष्यता (*dveṣyatā*) *f.* 1. dislike, hatred 2. detestableness, aversion, abhorrence

द्वैगुण्य (*dvaiguṇya*) *m.* (from द्विगुण) 1. duplication 2. duality, dualism

द्वैत (*dvait*) *m.* duality, dualism (in philosophy), the doctrine that deals with the distinctness of life and soul, matter and spirit, God and the universe and God and soul

द्वैतवाद *m.* dualism

द्वैतवादी I. *m.* one who believes in dualism of God and soul, dualist II. *a.* dualistic

द्वैध (*dvaidh*) I. *m.* 1. duplication 2. double existence or nature 3. (भिन्नता) diversity, variance 4. distinction II. *a.* dual

द्वैध उत्तरदायित्व *m.* dual responsibility

द्वैध व्यक्तित्व *m.* dual personality

द्वैध शासन *m.* diarchy, dual government

द्वैध संगठन *m.* dual organisation

द्वैधीकरण (*dvaidhīkaraṇ*) *m.* 1. dividing, making into two 2. disuniting

द्वैधीभाव (*dvaidhībhāv*) *m.* 1. double dealing, duplicity 2. distinction

द्वैभाषिक (*dvaibhāṣik*) *a.*/**द्वैभाषी** (*dvaibhāṣī*) *a.* bilingual

द्वैभाषिक/द्वैभाषी प्रदेश *m.* bilingual region

द्वैराज्य (*dvairājya*) *m.* joint control of a state's affairs by other states, condominium

द्वैवार्षिक (*dvaivārṣik*) *a.* biennial, two-yearly

द्वैहायन (*dvaihāyan*) *m.* two years' time

द्व्यक्ष (*dvyakṣ*) *a.* two-eyed, having two eyes

द्व्यक्षर (*dvyakṣar*) *m.* disyllable

द्व्यक्षरिक (*dvyakṣarik*) *a.* disyllabic

द्व्यर्थ (*dvyartha*) *a.*/**द्व्यर्थक** (*dvyarthak*) *a.* equivocal, ambiguous

द्व्यर्थकता (*dvyarthaktā*) *f.* equivocation, ambiguity

द्व्यशीति (*dvyaśīti*) *a.* eighty-two, 82

द्व्योष्ठ्य (*dvyoṣṭhya*) *a.* bilabial

ध

ध (*dha*) *m.* the nineteenth consonant of the Devanagari syllabary

धँधला (*dhaṁdhalā*) *m.* subterfuge, trick, fraud

धँधलाना (*dhaṁdhlan:*) *v.t.* to cheat

धंधा (*dhandhā*) *m.* 1. occupation, work 2. vocation, profession 3. line

धँसता (*dhaṁsatā*) *a.* sinking

धँसता किनारा/तट *m.* sinking bank/coast

धँसन (*dhaṁsan*) *f.* 1. penetration 2. sticking 3. sinking 4. quagmire, boggy land

धँसना (*dhaṁsanā*) *v.i.* 1. to be pressed or compressed (down) 2. to be thrust/stuck into, to penetrate 3. to sink

दीवार धँस रही है the wall is sinking

धरती धँस गई the earth caved in

पैर कीचड़ में धँस गया the foot stuck in the mud

बात मन में धँसना the thing to be fixed in mind

धँसान (*dhaṁsān*) *f.* 1. quagmire, boggy land 2. descent, slope, subsidence 3. immersion of an idol 4. penetration

धँसाना (*dhṁsānā*) *v.t.* 1. to thrust (into), to penetrate 2. to press or compress (down), to get driven into

धँसाव (*dhaṁsāv*) *m.* 1. quagmire, boggy land 2. descent, slope, subsidence 3. immersion of an idol 4. penetration (= धँसान *q.v.)*

धक (*dhak*) *f.* 1. palpitation, heart-beating 2. thrill 3. excitement, stimulation, agitation

जी धक-धक करना *(मु.) v.t.* the heart to palpitate/beat rapidly

धक से रह जाना *v.i.* to start up, to be awestruck, to be confounded (as at a sudden disaster or bad news), to gasp

धकधकाना (*dhakdhakānā*) *v.i.* 1. to palpitate, to beat rapidly 2. to gasp 3. to blaze up, to inflame 4. to shine, to glitter 5. to be excited/provoked 6. to be anxious or worried

धकधकाहट (*dhakdhakāhaṭ*) *f.* = धकधकी[1] *q.v.*

धकधकी[1] (*dhakdhakī*) *f.* 1. palpitation, beating (of the heart) 2. fear, dread 3. suspense, uncertainty

धकधकी लगी रहना *v.i.* to be on tenterhooks, to remain in suspense

धकधकी[2] (*dhakdhakī*) *f.* the hollow in the throat below the Adam's apple

धकपक (*dhakpak*) *f.* suspense, anxiety, uncertainty

धकपकाना (*dhakpakānā*) *v.i.* 1. to be in suspense 2. to tremble with fear, to be alarmed

धका (*dhakā*) *m.* 1. shove, push, knock, jog, jostle 2. setback 3. shock (better धक्का *q.v.)*

धका-पेल *f.* hustle, shoving and pushing, jostling, pell-mell

धकार (*dhakār*) *m.* the letter ध and its sound

धकारांत (*dhakārānt*) *a.* (of a word) ending in ध (as बोध, वध)

धकियाना (*dhakiyānā*) *v.t.* to shove, to push about/out, to thrust one's way ahead

धकेलना (*dhakelnā*) *v.t.* to push, to shove, to thrust, to force one's way

धकेल देना *v.i.* to shove down, to push out or away

धकेलू (*dhakelū*) *a.* shoving, pushing, jostling

धक्क (*dhakka*) *f.* 1. palpitation, heart-beating 2. thrill 3. excitement, stimulation, agitation (better धक *q.v.)*

धक्कम-धक्का *(मु.)* (*dhakkamdhakkā*) *m.* shoving and pushing, jostling, scramble

धक्का (*dhakkā*) *m.* 1. shove, push, knock, jog, jostle 2. setback 3. shock

धक्का खाना *(मु.)* *v.t.* to receive a shock or blow

धक्का देकर खोलना *v.t.* to force open

धक्का देना *v.t.* to push, to shove

धक्का-धक्की *f.*/**धक्का-मुक्की** *(मु.)f.* pushing and shoving, jostling

धक्का पहुँचाना/मारना *v.t.* (a) to give a push (b) to give a shock

धक्का लगाना *(मु.)* *v.t.* to push, to give a push

धक्का शंटिंग *f.* loose shunting

धक्का सहना *v.i.* (a) to bear a loss (b) to bear a shock

धक्काड़ (*dhakkāṛ*) *a.* prolific

धक्काड़ लेखक *m.* prolific writer

धगड़ (*dhagaṛ*) *f.* mischief

धगड़बाज *m.* mischievous fellow, wicked or crooked fellow

धगड़ा (*dhagaṛā*) *m.* paramour, illicit lover

धगड़ी (*dhagṛī*) *f.* adulteress, unchaste woman

धगधगाना (*dhagdhagānā*) *v.i.* to burn brightly, to glow, to glitter, to flash

धगरिन (*dhagrin*) *f.* the nurse engaged in cutting the umbilical cord in delivery (of a child)

धचकना (*dhacaknā*) *v.i.* to jerk, to jolt

धचका (*dhackā*) *m.* 1. jerk, jolt 2. shock 3. injury, wound

धचका उठाना *v.t.*/ **धचका लगना** *v.i.* (a) to experience a shock (b) to have an injury (c) to suffer loss or damage

धज (*dhaj*) *f.* 1. appearance, semblance, countenance, look 2. form, shape, figure 3. (ढंग) style, fashion, manner, mode 4. beautiful guise 5. glory 6. pomp and show

धजीला (*dhajīlā*) *a.* showy, gaudy, pompous, splendid

धज्जी (*dhajjī*) *f.* strip (of cloth or paper, shred, rag, smithereens)

किसी चीज़ की धज्जियाँ उड़ाना *(मु.)* *v.t.* to tear something into pieces

किसी बात की धज्जियाँ उड़ाना *(मु.)* *v.t.* to expose the flaws of something

किसी व्यक्ति की धज्जियाँ उड़ाना *(मु.)* *v.t.* (a) to expose one to infamy (b) to beat somebody black and blue (c) to humiliate

धड़ंग (*dhaṛang*) *a.* stripped, naked, stark naked

धड़ (*dhaṛ*) *m.* 1. body of a person, torso 2. (of a tree) trunk 3. (of an aeroplane) fuselage

धड़-तोड़ *m.* a trick in wrestling

धड़ प्रतिमा *f.* headless statue

धड़क (*dhaṛak*) *f.* fear, dread, apprehension, alarm

बेधड़क I. *adv.* fearlessly II. *a.* fearless

धड़कन (*dhaṛkan*) *f.* palpitation, beating (of the heart), pulsation

धड़कना (*dhaṛkanā*) *v.i.* 1. to palpitate, to beat 2. to blaze up, to burn furiously 3. to be disheartened 4. to be afraid, to fear, to dread

दिल/छाती धड़कना *(मु.)* heart to beat

धड़का[1] (*dhaṛkā*) *m.* 1. beating, palpitation 2. suspense 3. fear, dread, alarm 4. shock, blow 5. explosion, crash

धड़का[2] (*dhaṛkā*) *m.* scarecrow

धड़धड़[1] (*dhaṛdhaṛ*) *f.* the sound of hammering

धड़धड़[2] (*dhaṛdhaṛ*) *adv.* 1. with a crash 2. in quick succession (also धड़ाधड़)

धड़धड़ाना (*dhaṛdhaṛānā*) *v.i.* 1. to knock forcefully 2. to beat (a drum) 3. to palpitate, to beat, to throb

धड़धड़ाहट *(मु.)* (*dhaṛdhaṛāhaṭ*) *f.* 1. knocking 2. beating, throbbing, palpitation

धड़ल्ला (*dhaṛallā*) *m.* sound of beating or hammering

धड़ल्ले का *a.* (a) strong, vehement (b) dauntless, fearless

धड़ल्ले से *adv.*/**धड़ल्ले के साथ** *(मु.) adv.* dauntlessly, fearlessly, without fear, boldly

धड़वाई (*dhaṛvāī*) *m.* weigher, weighman (especially in a market)

धड़ा (*dhaṛā*) *m.* 1. tare, counterpoise, counterbalancing weight 2. party, side, group, faction

धड़ा उठाना *v.t.* to weigh after allowing or using a tare

धड़ा कर लेना *(मु.) v.t.* to counterbalance, to counterpoise

धड़ेबंदी *f.* groupism, factionalism

धड़े बँधना *v.i.* to split into parties or factions

धड़ाका (*dhaṛākā*) *m.* 1. explosion, blast, crash 2. sound of hammering 3. loud report of a gun 4. thud

धड़ाके से *(मु.) adv.* (a) suddenly (b) with a crash (c) with a loud report, thumping sound (d) at once, immediately

धड़ाधड़ (*dhaṛādhaṛ*) *(मु.) adv.* 1. in quick succession, incessantly 2. with a crash, with a loud report (as of a gun or bomb) 3. rapidly, quickly, swiftly

धड़ाम (*dhaṛām*) *m.* thud, blow

धड़ाम से *adv.* (a) with a thud (b) instantly

धड़ी[1] (*dhaṛī*) *f.* 1. weight of five kilograms 2. the quantity weighed five kilograms at a time 3. five hundred rupees

धड़ी-धड़ी करके लूटना *(मु.) v.t.* to make a clean sweep (of)

धड़ी[2] (*dhaṛī*) *f.* 1. line or reddish mark of betel on lips 2. mark of anything to enhance the beauty of lips

धड़ी जमाना *v.t.* to tinge the lips with rouge

धड़ी[3] (*dhaṛī*) *f.* border or hem of a cloth or dhoti

धत[1] (*dhat*) *f.* craze, mania

धत पड़ना *v.i.* to be crazy, to become addicted (to)

धत[2] (*dhat*) *m.* 1. a word used to express contempt ! 2. clear out !

धत तेरे की shame to you

धता (*dhatā*) *m.* driving away, shunting off

धता बताना *(मु.) v.t.* to drive away, to shunt off, to turn out

धतूरा (*dhatūrā*) *m.* thornapple (a powerful narcotic plant)

धतूरा खाए फिरना *(मु.) v.i.* to loiter about as an intoxicated person

धतूरिया (*dhatūriyā*) *m.* 1. the person who drugs or poisons with thornapple 2. knave, rogue, cheat

धत्ती (*dhattī*) *a.* & *m.* (one) addicted to any habit or vice

धधक (*dhadhak*) *f.* blaze, flame

धधक उठना *v.i.* to flare up, to blaze up

धधकता (*dhadhaktā*) *a.* blazing, burning fiercely, flaring, inflaming

धधकना (*dhadhaknā*) *v.i.* to burn fiercely,

to blaze up, to flare up, to inflame
धधकाना (*dhadhakānā*) *v.t.* to kindle
धनंजय (*dhanañjay*) 1. one of the traditional five airs or humours of the body 2. an epithet for Arjun/Vishnu
धन[1] (*dhan*) *m.* 1. wealth, riches, money 2. property 3. cattle (especially cows)
धन कुबेर multi-millionaire
धनक्षय *m.* loss of wealth
धन गँवाना *v.t.* to lose money or riches
धन गर्वित *a.* proud of wealth
धन तृष्णा *f.* hankering after money
धनतेरस *f.* thirteenth day of the dark fortnight in Kartik (Oct.-Nov.) dedicated to Lakshmi, the goddess of wealth
धनदाता *m.* donor, supplier of finance
धन-दौलत *f.* riches and wealth, properties
धनधान्य *m.* money and grains, riches, affluence
धनधाम cash and real property
धनपति *m.* a very rich person
धन पत्र *m.* inventory of property
धनपाल *m.* cashier or treasury officer
धनपिशाच *m.* (*fem.* धनपिशाचिका) mean, lover of wealth, miser
धन-पूजक *m.* Mammon-worshipper, Mammonist
धन-पूजा *f.* Mammonism
धनप्रिय *a.* (a) fond of riches (b) avaricious, greedy
धन-मद *m.* intoxication of wealth, pride of riches
धनमूल *m.* capital
धनराशि *f.* amount of money
धनलिप्सा *f.* hankering after wealth, Mammonism
धन-विज्ञान *m.* economics
धन विधेयक *m.* money bill
धन-वैभव *m.* riches
धन-संपत्ति *f.* wealth and property
धन-संबंधी *a.* pecuniary
धनहानि *f.* loss of money
धनहीन *a.* poor, indigent, moneyless
धन[2] (*dhan*) *m.* 1. addition 2. plus, sign of plus (+)
धन पक्ष *m.* credit side
धन ऋण *m.* plus and minus
धन[3] (*dhan*) *m.* the second or next place from the birth star in a horoscope
धन[4] (*dhan*) *f.* a young woman, lady, heroine
धन[5] (*dhan*) *a.* positive
धन-अभिक्रिया *f.* positive reaction
धन-पक्ष *m.* positive side
धन-संख्या *f.* positive number
धन-साहचर्य *m.* positive association
धनकटी (*dhankaṭī*) *f.*/**धनकुट्टी**[1] (*dhankuṭṭī*) *f.* season for cutting/reaping paddy
धनकुट्टी[2] (*dhankuṭṭī*) *f.* an instrument for pounding rice
धनकुट्टी करना to give a beating (to)
धनद (*dhanad*) *m.* 1. supplier of finance 2. donor
धनवान (*dhanvān*) *a.* rich, wealthy, affluent (*fem.* धनवती)
धनागम (*dhanāgam*) *m.* income, earning, gain
धनागार (*dhanāgār*) *m.* treasury
धनाढ्य (*dhanāḍhya*) *a.* rich, wealthy, opulent, affluent, well-to-do, prosperous, moneyed
धनाढ्यता (*dhanāḍhyatā*) *f.* wealthiness, opulence, affluence
धनात्मक (*dhanātmak*) *a.* 1. positive 2. plus
धनात्मक लक्षण *m.* positive character
धनादेश (*dhanādeś*) *m.* money order
धनाधिकार (*dhanādhikār*) *m.* right or title to property
धनाधिकारी (*dhanādhikārī*) *m.* heir or inheritor to property
धनाना (*dhanānā*) *v.t.* to get (a cow,

buffalo) mated

धनापहरण (*dhanāpharaṇ*) *m.* stealing or robbing money

धनाभाव (*dhanābhāv*) *m.* want of money, shortage of money

धनार्जन (*dhanārjan*) *m.* acquisition or accumulation of wealth or property

धनार्थी (*dhanārthī*) *m.* one seeking riches, greedy of wealth, avaricious, covetous

धनाशा (*dhanāśā*) *f.* thirst for riches

धनिक (*dhanik*) I. *a.* rich, wealthy, opulent, affluent, moneyed II. *m.* plutocrat, rich or wealthy person

धनिक तंत्र *m.* plutocracy, capitalist government

धनिक तंत्री *a.* plutocratic

धनिया (*dhaniyā*) *f.* coriander (plant and its seed)

धनिष्ठा (*dhaniṣṭhā*) *f.* the twenty-third asterism of the lunar mansion

धनी (*dhanī*) I. *a.* 1. wealthy, rich, opulent, affluent, moneyed, well-to-do, prosperous 2. efficient, skilled, skilful II. *m.* wealthy person

धनी जोग *a.* payable to the holder

धनी जोग चेक *m.* bearer cheque

धनी-तंत्र *m.* plutocracy, capitalist government

धनी-धोरी *m.* a person of power or influence, master (as of a household)

धनी-मानी *a.* rich and respected, affluent and eminent

धनी परिवार में जन्म लेना *v.t.* to be born with a silver spoon in one's mouth

धनी वर्ग *m.* rich class, plutocratic society

कलम का धनी *(मु.) m.* one who wields his pen effectively

बात का धनी *(मु.)* one true to his word

धनु (*dhanu*) *m.* 1. bow (weapon) 2. bow (an instrument for cleaning cotton) 3. arch, arc of a circle 4. the ninth sign, Sagittarius of the zodiac

धनु-कोष्ठक *m.* round brackets, curly brackets

धनु-जंघा *f.* bandy leg

धनुकी (*dhanukī*) I. *f.* 1. carding machine 2. carding bow II. *m.* carder (better धुनकी *q.v.)*

धनुकोष्ठक (*dhanukoṣṭhak*) *m.* round brackets, braces

धनुर (*dhanur*) *m.* 1. bow (a shooting weapon) 2. arc of a circle

धनुराकार (*dhanurākār*) *a.* bow-shaped, curved, arched, bent

धनुर्धर (*dhanurdhar*) *a.* & *m.* (one) armed with a bow, bowman, archer

धनुर्धारी (*dhanurdhārī*) *m.* bowman, archer

धनुर्वंधनी (*dhanurvandhni*) *f.* round brackets, braces

धनुर्वाण (*dhanurvāṇ*) *m.* bow and arrow

धनुर्वात (*dhanurvāt*) *f.* tetanus (a bacterial disease)

धनुर्वाद्य (*dhanurvādya*) *m.* bowed instrument

धनुर्विद्या (*dhanurvidyā*) *f.* art of archery

धनुर्वेद (*dhanurved*) *m.* a branch of Yajur Veda dealing with the science of archery

धनुष (*dhanuṣ*) *m.* 1. bow 2. arc of a circle

धनुष टंकार *f.* twang of a bow-string

धनुष यज्ञ *m.* the ceremony of wielding the bow as by Rama in Janak's court

धनुषाकार (*dhanuṣākār*) *a.* bow-shaped, arched, crooked, curved, crescent-shaped (see धन्वाकार)

धनुष्पाणि (*dhanuṣpāṇi*) *a.* with a bow in hand, armed with a bow

धनुस्तंभ (*dhanustambh*) *m.* tetanus

धनेश[1] (*dhaneś*) *m.* 1. lord or god of

wealth, Kuber 2. a very rich person
धनेश[2] (*dhaneś*) *m.* a heron-like bird
धनैषणा (*dhanaiṣṇā*) *f.* 1. hankering after money 2. money-mindedness
धनैषी (*dhanaiṣī*) *a.* desirous of wealth, money-minded
धन्ना सेठ (*dhannāseṭh*) (*मु.*) *m.* wealthy person, moneyed man
धन्ना सेठ का नाती (*मु.*) *m.* proud son of a wealthy person
धन्नोटा (*dhannoṭā*) *m.* cross-beam (of a thatch)
धन्य (*dhanya*) *a.* 1. blessed 2. grateful, obliged, thankful 3. admirable, praiseworthy 4. auspicious
धन्यवाद *m.* thanks
धन्यवाद देना *v.t.* to thank
धन्यता (*dhanyatā*) *f.* blessedness
धन्यमान्य (*dhanyamānya*) *a.* thinking oneself blessed or lucky
धन्या (*dhanyā*) *f.* 1. virtuous lady 2. wet-nurse, foster-mother
धन्वा (*dhanvā*) *m.* bow
धन्वाकार (*dhanvākār*) *a.* bow-shaped, arched, crooked, curved, crescent-shaped
धन्वी (*dhanvī*) I. *m.* bowman, archer II. *a.* 1. armed with a bow, skilled in archery 2. arched, curved, bow-shaped
धप (*dhap*) *f.* 1. light thud, thump 2. a light slap 3. blow
धपना[1] (*dhapnā*) *v.i.* to rush forward
धपना[2] (*dhapnā*) *v.t.* 1. to beat 2. to give a blow 3. to slap
धप्पा (*dhappā*) *m.* slap
धप्पा मारना (*मु.*) *v.t.* (a) to slap (b) to damage
धप्पा लगना *v.i.* (a) to be slapped (b) to suffer a loss or damage
धब-धब (*dhab-dhab*) *f.* thud, thump
धब्बा (*dhabbā*) *m.* 1. stain, spot, taint 2. blot, slur, smirch, blemish, stigma 3. scandal
धब्बा डालना *v.t.* to stain
धब्बा लगाना (*मु.*) *v.t.* to blot, to slur, to blemish
धब्बेदार (*dhabbedār*) *a.* 1. stained 2. slurred, blemished, smirched
धम (*dham*) *f.* thump, bang
धम से गिरना *v.i.* to fall with a bang or thump
धमक[1] (*dhamak*) *f.* thumping sound, drumming
धमक[2] (*dhamak*) *f.* 1. threat 2. fear, dread, awe
धमकना (*dhamaknā*) *v.i.* 1. to shoot with pain, to throb 2. to thud, to thump 3. to beat, to palpitate 4. to make a rush 5. to make a hasty retreat
धमक उठना *v.i.* (a) to throb, to palpitate (b) to resound
आ धमकना *v.i.* to arrive all of a sudden, to visit unexpectedly
जा धमकना to reach all of a sudden
धमकाना (*dhamkānā*) *v.t.* 1. to chide, to scold 2. to threaten, to menace, to repress by reproof, to intimidate
धमकी (*dhamkī*) *f.* 1. threat, menace 2. intimidation 3. snubbing, reprimand, scolding
धमकी देना *v.t.* (a) to threaten, to intimidate (b) to snub, to reprimand, to rebuke
धमकी में आना (*मु.*) *v.i.* to be coerced by threats, to be brow-beaten
धमकी से भरा हुआ *a.* threatening
धमधमाना (*dhamdhamānā*) *v.i.* to stamp repeatedly, to produce a noise by running over a hollow place, to thump again and again, to bang, to thud
धमधमाहट (*dhamdhamāhaṭ*) *f.* stamping, thumping, drumming, banging
धमधूसर (*dhamdhūsar*) *a.* fat, bulky, corpulent

धमन (*dhaman*) *m.* blowing with bellows, bellowing, pumping of air
धमन नली *f.* blast pipe
धमन भट्ठी *f.* blast furnace

धमनिका (*dhamanikā*) *f.* arteriole (= धमनी *q.v.*)

धमनी[1] (*dhamnī*) *f.* artery, vein, tubular vessel or pipe
धमनी-काठिन्य *m.* atherosclerosis, hardening of the arteries
धमनी शोथ *m.* arteritis

धमनी[2] (*dhamnī*) *f.* bellows

धमनीय (*dhamnīya*) *a.* arterial

धमाका (*dhamākā*) *m.* loud noise or report, crash, burst, bang, thump, hard blow, blast
धमाके के साथ *adv.* in full blast

धमाचौकड़ी (*मु.*) (*dhamācaukṛī*) *f.* furore, gambols, leaping and jumping

धमाधम (*dhamādham*) I. *adv.* 1. in quick succession, repeatedly 2. with a long thump, drumming II. *f.* 1. the sound or beating of a drum 2. continued thumping

धमार[1] (*dhamār*) *f.*/ **धमाल**[1] (*dhamāl*) *f.* 1. a mode of music 2. gambols

धमार[2] (*dhamār*) *f.*/ **धमाल**[2] (*dhamāl*) *f.* jumping into or walking on fire (by certain friars or sadhus)

धमालिया (*dhamāliyā*) *m.* a friar or sadhu who leaps into or runs through fire

धम्माल (*dhammāl*) *m.* 1. a song sung during Holi festival 2. tumultuous merriment, gambols 3. act of jumping into or running into fire

-धर[1] (*dhar*) *comb. a.* holding, carrying, bearing, possessing (as in चक्रधर, जलधर, धनुर्धर, धरणीधर)

धर[2] (*dhar*) *f.* catching, arresting, capture, arrest (as in धरपकड़)

धरण[1] (*dharaṇ*) *f.* 1. beam 2. support 3. (पुल) bridge

धरण[2] (*dharaṇ*) *f.* 1. womb, foetus 2. (नाभि) navel
धरण टलना *v.i.* foetus or navel to be displaced

धरणि (*dharṇi*) *f.*/**धरणी** (*dharṇī*) *f.* earth
धरणीतल *m.* surface of the earth, world
धरणीधर *m.* (a) mountain (b) an epithet of Sheshnag which is supposed to uphold the earth on its thousand hoods
धरणीपति *m.* king
धरणीमंडल *m.* terrestrial globe, the world
धरणीसुता *f.* daughter of the earth, an epithet of Sita, wife of Rama

धरती (*dhartī*) *f.* earth

धरधरा (*dhardharā*) *m.* palpitation, beating of the heart

धरन[1] (*dharan*) *f.* womb, foetus

धरन[2] (*dharan*) *f.* insistence, obstinacy, stubbornness

धरना[1] (*dharnā*) *v.t.* 1. to hold 2. to place, to put, to lay down 3. to keep 4. to wear, to put in 5. to put aside, to lay by 6. to seize, to catch, to grasp, to hold fast 7. to gain, to obtain 8. to possess, to take possession (of) 9. to pledge, to pawn, to deposit in security
धर घसीटना *v.t.* to drag off/away by force
धर दबाना/दबोचना (*मु.*) *v.t.* to pounce upon and overpower
धर लेना to lay hold of
धरा-ढँका *a.* kept in reserve/safety, kept aside for later use
धरा रह जाना *v.i.* to prove of no avail
धरे पर पानी फेरना *v.t.* to undo everything

धरना[2] (*dharnā*) *m.* 1. sitting doggedly 2. sit down on strike, picketing
धरना देना (*मु.*) *v.t.* to sit doggedly, to squat, to picket

धरना-हड़ताल *f.* stay-in strike
धरनी[1] (*dharnī*) *f.* obstinacy, stubbornness, insistence
धरनी[2] (*dharnī*) *f.* 1. beam 2. support
धरनेत (*dharnet*) *m.* an insistent creditor or importunate petitioner
धरवाना (*dharvānā*) *v.t.* 1. to cause to be placed or held 2. to have one seized or caught 3. to cause to pawn
धरसना (*dharsanā*) I. *v.i.* 1. to be terrified or apprehended 2. to be pressed or squeezed II. *v.t.* 1. to press, to squeeze 2. to terrify
धरहरा (*dharharā*) *m.* 1. turret 2. minaret
धरहरिया (*dharhariyā*) *m.* protector, saviour, deliverer
धरा (*dharā*) *f.* the earth
धरातल *m.* (a) the earth itself (b) surface of the earth (c) level
धरातल मृदा *f.* topsoil
धरातलीय *a.* (a) of the ground or surface (b) superficial
धराधर *m.* (a) mountain (b) an epithet of Sheshnag (see धरणीधर)
धराशायी *a.* fallen aground, razed to the ground
धराई (*dharāī*) *f.* 1. placing, putting 2. keeping, holding 3. seizing, capturing
धराऊ (*dharāū*) *a.* kept for special occasion or use, saved, reserved
धरात्मज (*dharātmaj*) *m.* the planet Mars (मंगल)
धराधिप (*dharādhip*) *a.*/ **धराधिपति** (*dharādhipati*) *a.*/ **धराधीश** *dharādhīś*) *a.* king, ruler
धराना (*dharānā*) *v.t.* 1. to cause to place 2. to cause to hold 3. to cause to lay down 4. to make somebody seize or catch 5. to make somebody forego something 6. to be imprisoned
धरित्री[1] (*dharitrī*) *f.* the earth
धरित्री[2] (*dharitrī*) *f.* female supporter
धरी (*dharī*) *f.* keep, kept woman, concubine
धरेचा (*dharecā*) *m.* 1. second husband or paramour (among lower classes) 2. kept-husband
धरेला (*dharelā*) *m.* kept-husband
धरेली (*dharelī*) *f.* kept, concubine
धरोहर (*dharohar*) *f.* 1. charge, trust 2. pledge, deposit
धरोहर रखना *v.t.* to place in trust, to deposit, to commit to the charge (of), to entrust
धर्तव्य (*dhartavya*) *a.* 1. to be held 2. to be upheld 3. worthy of notice
धर्ता (*dhartā*) *m.* 1. holder, bearer, supporter 2. debtor
कर्ता-धर्ता *m.* all-in-all
धर्म (*dharma*) *m.* 1. duty 2. faith 3. religion 4. religious ceremony 5. virtue, religious merit 6. righteousness 7. an epithet of Yama, the god of death 8. nature, characteristic 9. conduct, character, behaviour
धर्म कमाना *(मु.) v.t.* to do good deeds and to lead a virtuous life
धर्म-कर्म *m.*/ **धर्मकृत्य** *m.* (a) religious duties (b) religious performances, virtuous deeds, pious acts
धर्म-कर्म करना *(मु.) v.t.* to perform religious acts, to do virtuous deeds
धर्म-काँटा *m.* standard balance, sacrosanct balance
धर्म का *a.* (a) religious, virtuous (b) lawful
धर्म कोष *m.* charitable fund
धर्मक्षेत्र *m.* the holy or sacred place, a place of pilgrimage, Kurukshetra, battlefield of great war (Mahabharat) between Kauravas and Pandavas
धर्मखाता *m.* charitable account
धर्मगत *a.* (a) religious (b) holy, pious, sacred
धर्मगाथा *f.* myth

धर्मगुरु *m.* spiritual guide, religious preceptor
धर्म ग्रंथ *m.* religious book, the sacred scriptures (Vedas, Bible, Quran, Guru Granth Sahib and others)
धर्म-ग्रहण *m.* (a) observance of religious duties or rituals (b) conversion to a (new) faith
धर्म-चक्र *m.* (a) religious gathering or congregation (b) preachings and sermons of Lord Buddha
धर्मचर्या *f.* (a) regular observance of religious rules and rites (b) performance of religious duties or acts
धर्मचारी *m.* (*fem.* धर्मचारिणी) one who fulfils his religious duties regularly, virtuous person
धर्मच्युत *a.* (a) fallen from religious standards (b) ousted from religious sect
धर्म जीवन *m.* virtuous or religious life, pious life
धर्म ज्ञान *m.* religious knowledge
धर्मतंत्र *m.* theocracy
धर्मतंत्रीय *a.* theocratic
धर्मतंत्रीय राज्य *m.* theocratic state
धर्मत्राता *m.* saviour, defender of faith
धर्म-त्याग *m.* abandonment of one's religious faith, apostasy
धर्म-त्यागी *m.* apostate
धर्म-दर्शन *m.* philosophy of religion, theology
धर्मदान *m.* donation for the cause of religion, religious endowment
धर्मदाय *m.* endowment
धर्मदास *m.* (a) strict follower of one's religion (b) attendant in a temple
धर्मदूत *m.* apostle
धर्मधारी *a.* (a) virtuous (b) religious (c) just
धर्मनाश *m.* (a) violating religion (b) violating chastity, rape, criminal assault
धर्मनिंदा *f.* (a) blasphemy (b) heresy, impiety
धर्मनिरपेक्ष *a.* secular
धर्मनिरपेक्षता *f.* secularism
धर्म-निर्दिष्ट *a.* (a) enjoined or ordained by religions (b) religious, virtuous, righteous
धर्मनिष्पत्ति *f.* fulfilment of religious duties
धर्मनिष्ठ *a.* (a) devoted to religion, devout (b) religious (c) pious (d) virtuous, righteous
धर्मनिष्ठता *f.* / **धर्मनिष्ठा** *f.* (a) devotion to religion, steadfastness in faith (b) regard for virtuousness and piety
धर्म-नीति *f.* (a) rules of religions or creed (b) principles of morality, moral laws
धर्मपत्नी *f.* lawfully married wife
धर्मपथ *m.* (a) path of religion or righteousness (b) virtuous course of conduct
धर्मपरता *f.* devotion to one's religion, devoutness, religiousness, righteousness (= धर्मपरायणता)
धर्मपरायण *a.* (a) devoted to religion (b) religious (minded) (c) pious, righteous
धर्मपरायणता *f.* devotion to one's religion, devoutness, religiousness, righteousness
धर्म-परित्यागी *m.* renegade, apostate
धर्म-परिवर्तन *m.* conversion to a new faith or religion
धर्मपालन *m.* (a) observance of religious duties (b) practice or act of virtue (c) fulfilment of duty
धर्मपिता *m.* (a) adopted father (b) godfather (c) religious preceptor
धर्मपिपासु *a.* desirous of acquiring religious knowledge

धर्मपीठ *m.* the chief centre of Hindu religion (as Varanasi)
धर्मपुत्र *m.* adopted son, lawful son
धर्म पुस्तक *f.* religious book, the sacred scriptures (as Vedas, Bible, Quran, Guru Granth Sahib and others) (= धर्मग्रन्थ *q.v.*)
धर्मप्रचार *m.* religious preaching/ propagation
धर्म-प्रचारक *m.* missionary, preacher of religion
धर्म-प्रवचन *m.* sermon
धर्म-प्रवक्ता *m.* expounder of religion
धर्मप्रवण *a.* pious, religious-minded, virtuous
धर्म-प्रवृत्ति *f.* religious disposition
धर्मप्राण *a.* devotedly pious, God-fearing
धर्म-बंधन *m.* religious bond
धर्म-बंधु *m.* co-religionist
धर्म-बुद्धि *f.* (a) sense of right and wrong (b) sense of righteousness (c) religious-mindedness
धर्म भगिनी *f.* woman of the same sect or religion
धर्म भाई *m.* man of the same religion or sect
धर्मभीरु *a.* (a) God-fearing (b) scrupulous
धर्मभीरुता *f.* scrupulousness, religiousness
धर्म-भ्रष्ट *a.* apostate, renegade, fallen from the righteous path
धर्म भ्राता *m.* (a) adopted brother (b) son of one's godfather (c) man of the same sect or religion
धर्म मंदिर *m.* religious temple
धर्म मत *m.* religious faith
धर्म माता *f.* godmother
धर्म मीमांसक *m.* theologian
धर्म मीमांसा *f.* theology, philosophy of religion
धर्ममूर्ति *m.* (a) image of religion or righteousness (b) very pious person
धर्मयुग *m.* (a) age of religion (b) Satyug, the first era (c) golden age
धर्मयुद्ध *m.* holy war, crusade
धर्म-रक्षक *m.* (a) guardian or patron of law or justice (b) defender or saviour of faith or religion
धर्म-रक्षा *f.* (a) preservation of character or chastity (b) security of religion
धर्मराज *m.* (a) just king (b) an epithet of Yama, the angel of death (c) an epithet of Yudhishthir, the eldest Pandava (d) judge
धर्म राज्य *m.* kingdom of heaven, paradise
धर्म लोप *m.* dereliction of moral or religious duty
धर्मवान् *a.* (a) religious, virtuous (b) pious (c) upright, just
धर्म-विधान *m.* canon law
धर्म-विधि *f.* canon law
धर्म-विपर्यय *m.* conversion
धर्म-वीर *m.* religious enthusiast
धर्म-व्यवस्था *f.* decree by a religious body
धर्म-व्रत (a) devoted to religion (b) religious (minded) (c) pious, righteous (= धर्मपरायण)
धर्मशाला *f.* hospice, public inn
धर्म-शासित *a.* theocratic
धर्म-शास्त्र *m.* theological jurisprudence, theology
धर्म-शास्त्रज्ञ *m.* /**धर्म-शास्त्री** *m.* theologian, theologist
धर्मशील *a.* (a) religious-minded (b) pious, virtuous, just
धर्मशीलता *f.* (a) religious-mindedness, righteousness (b) piety, virtue
धर्मसंकट *(मु.)* *m.* dilemma, quandary
धर्मसंगत *a.* conforming to religious tenets

धर्म संगति *f.* religious congregation or assembly

धर्म-संघ *m.* religious confederation

धर्म-संहिता *f.* code of religious laws

धर्म-सभा *f.* synod, congregation

धर्म-समाज *m.* religious society or community

धर्म-साधना *f.* practice of virtue or righteousness

धर्म-सुधार *m.* religious reform

धर्म-स्तम्भ *m.* pillar of religion or righteousness

धर्म-स्वातंत्र्य *m.* freedom of religion

धर्म-हानि *f.* (a) loss of faith (b) absence of righteousness

धर्मज (*dharmaj*) *a.* legitimate

धर्मज संतान *f.* legitimate offspring

धर्मज्ञ (*dharmjña*) *a.* expert in religious principles

धर्मतः (*dharmtaḥ*) *adv.* in accordance with religious doctrine

धर्मस्थ (*dharmasth*) I. *a.* well-placed in religion II. *m.* judge

धर्मस्व (*dharmsva*) *m.* 1. endowment 2. chastity

धर्मस्व बिगाड़ना *v.t.* to violate chastity

धर्मांतरण (*dharmāntaraṇ*) *m.* conversion to another faith or religion

धर्मांध (*dharmāndh*) *a.* fanatic, bigot

धर्मांधता (*dharmāndhtā*) *f.* fanaticism, bigotry

धर्माचरण (*dharmācaraṇ*) *m.* religious conduct

धर्माचार (*dharmācār*) *m.* 1. ceremonial or religious usage or custom 2. religious conduct

धर्माचार्य (*dharmācārya*) *m.* 1. the person who preaches religion 2. preceptor 3. high priest

धर्मातिक्रमण (*dharmātikramaṇ*) *m.* 1. defiance of religious tenets 2. transgression or violation of canon laws

धर्मात्मा (*dharmātmā*) I. *a.* pious, virtuous II. *m.* saint, holy person

धर्मादा (*dharmādā*) *m.* money for charity, charitable endowment

धर्मादा खाता *m.* charity account

धर्मादेश (*dharmādeś*) *m.* commandment

धर्माधर्म (*dharmādharm*) *m.* 1. religion and irreligion 2. moral and immoral 3. right and wrong

धर्माधिकरण (*dharmādhikaraṇ*) *m.* 1. synod 2. tribunal, court of justice

धर्माधिकार (*dharmādhikār*) *m.* 1. prelacy 2. right to religion

धर्माधिकारी (*dharmādhikārī,*) *m.* /**धर्माध्यक्ष** (*dharmādhyakṣa*) 1. bishop 2. prelate 3. spiritual head

धर्मानुमत (*dharmānumat*) *a.* /**धर्मानुमोदित** (*dharmānumodit*) *a.* granted or sanctioned by religion, morally or religiously approved

धर्मानुप्राणित (*dharmānuprāṇit*) *a.* inspired by religion

धर्मानुराग (*dharmānurāg*) *m.* zeal or passion for religion

धर्मानुरागी (*dharmānurāgī*) *m.* 1. lover or enthusiast of religion 2. devotee

धर्मानुष्ठान (*dharmānuṣṭhān*) *m.* 1. performance of religious rites 2. religious rite

धर्मानुसार (*dharmānusār*) *adv.* in accordance with religion, in conformity with religion or religious creed

धर्मापेत (*dharmāpet*) *a.* 1. departed from or void of religion 2. unrighteous, irreligious 3. wicked, vicious

धर्मार्थ (*dharmārtha*) I. *a.* charitable II. *adv.* for charity III. *m.* 1. charity 2. charitable grant, endowment

धर्मार्थ द्रव्य/धन *m.* charitable money

धर्मार्थ निधि *f.* charitable fund

धर्मार्पण (*dharmārpaṇ*) *m.* consecration

धर्मावतार (*dharmāvtār*) *m.* 1. religion incarnate (an epithet of respect for a virtuous and just/upright man or a judge) 2. (in addressing) your lordship ! your honour !

धर्माश्रित (*dharmāśrit*) *a.* based on or supported by religion or justice

धर्मिणी (*dharmiṇī*) *f.* virtuous wife

धर्मिता (*dharmitā*) *f.* religious-mindedness

धर्मिष्ठ (*dharmiṣṭha*) *a.* very pious, most religious, most pious

धर्मी (*dharmī*) *a.* & *m.* pious/religious person, religious-minded man

धर्मोन्माद (*dharmonmād*) *m.* fanaticism, theomania

धर्मोपदेश (*dharmopdeś*) *m.* religious instruction, sermon, religious discourse

धर्मोपदेशक (*dharmopdeśak*) *m.* religious preceptor, spiritual guide, preacher

धर्षक (*dharṣak*) I. *a.* 1. attacking, assaulting, overbearing 2. insulting, degrading 3. (व्यभिचारी) adulterous, profligate, loose, wanton II. *m.* suppressor, aggressor

धर्षण (*dharṣaṇ*) *m.* 1. attack, assault 2. disregard 3. violation of chastity 4. audacity, impertinence, insolence 5. envy, malice

धर्षणी (*dharṣṇī*) *f.* adulteress

धर्षणीय (*dharṣaṇīy*) *a.* liable to be attacked or assaulted, violable

धलधलाना (*dhaldhalānā*) *v.i.* to rush out with a noise

धव (*dhav*) *m.* 1. man, male person 2. husband 3. lord, master, owner

धवनी (*dhavnī*) *f.* bellows

धवल (*dhaval*) *a.* 1. white 2. bright, splendid 3. clear 4. fair

धवल कुष्ठ *m.* leucoderma

धवल तुषार *m.* hoar frost

धवलता (*dhavaltā*) *f.* 1. whiteness 2. brightness, splendour 3. fair complexion

धवला (*dhavalā*) *m.* white ox

धवलित (*dhavlit*) *a.* 1. whitened 2. illuminated, decorated 3. brightened

धवलिमा (*dhavlimā*) *f.* white colour, fair complexion (= धवलता)

धवली (*dhavlī*) *f.* white ox

धस (*dhas*) *f.* steep slope (as of a river's bank or the side of a hill)

धसक[1] (*dhasak*) *f.* 1. subsidence of land 2. sinking 3. sinking of heart

धसक[2] (*dhasak*) *f.* continuous dry cough

धसक[3] (*dhasak*) *f.* pungent smell

धसक[4] (*dhasak*) *f.* fear, dread, terror

धसकन (*dhaskan*) *f.* declivitous place (= धसक)

धसकना[1] (*dhasaknā*) *v.i.* 1. to subside 2. to sink 3. to feel depressed 4. heart to sink 5. to give way 6. to yield 7. to fall down (as a wall)

धसकना[2] (*dhasaknā*) *v.i.* to pierce, to penetrate

धसका (*dhaskā*) *m.* 1. bronchitis, dry cough 2. a lung disease of the cattle

धसन (*dhasan*) *f.* piercing, entering into

धसना[1] (*dhasnā*) *v.i.* 1. to be ruined or annihilated 2. to be wasted

धसना[2] (*dhasnā*) *v.i.* to sink (= धँसना)

धसान (*dhasān*) *f.* swamp, bog, quicksand, slough, quagmire

धसाना (*dhasānā*) *v.t.* 1. to thrust (into), to penetrate 2. to press or compress (down), to get driven into (= धँसाना *q.v.*)

धसाव (*dhasāv*) *m.* 1. quagmire, boggy land 2. descent, slope, subsidence 3. immersion of an idol 4. penetration (see धँसाव or धँसान)

धाँधली (*dhāṁdhalī*) *f.* 1. fraud 2. roguery, knavery, vicious practice 3. high handedness, arbitrary conduct 4. unfair dealing

धाँधली करना/मचाना *v.t.* (a) to cheat (b) to deal unfairly

धाँधलीबाज़ *m.* highhanded person,

unfair dealer

धाँय-धाँय (*dhāṁy-dhāṁy*) *f.* boom, roar, clamour, shout

धाँय-धाँय करना *v.t.* to shout, to boom, to roar

धाँस (*dhāṁs*) *f.* 1. irritation in throat (caused by inhaling or swallowing any pungent substance) 2. irritating smell 3. irritating cough (especially of horses or cattle)

धाँसना (*dhāṁsnā*) *v.i.* to cough with irritation in throat

धाक (*dhāk*) *f.* 1. renown, reputation, fame, good name 2. fear, awe, dread 3. sway, command

धाक जमना *(मु.) v.i.* fame (to be established), to become famous

धाक जमाना *(मु.) v.i.* (a) to establish renown, to make a name (b) to hold sway, to domineer

धाकड़ (*dhākaṛ*) *a.* dauntless, daring, dashing, headstrong, intrepid

धाकड़पना (*dhākaṛpanā*) *m.* dauntlessness, intrepidity, boldness

धागला *(dhāglā) m.* hand net

धागा (*dhāgā*) *m.* thread, yarn

धागा डालना *v.t.* (a) to thread (a needle) (b) to quilt

पक्का धागा twisted thread

धाड़[1] (*dhāṛ*) *f.* 1. uproar, shrill cry 2. lamentation

धाड़ मारकर रोना *(मु.) v.i.* to weep or cry with lament

धाड़[2] *(dhāṛ) f.* band or gang of robbers

धाड़ पड़ी a gang of robbers (fell upon)

धाड़ा (*dhāṛā*) *m.* 1. band or gang of robbers 2. dacoity, robbery, banditry

धात (*dhāt*) *f.* 1. metal, ore 2. semen

धातविक (*dhātvik*) *a.* I. *a.* metallic II. *a.* metallurgist (better धात्विक *q.v.)*

-धाता (*dhātā*) *suff.* & *m.* 1. maker, creator 2. preserver, sustainer, supporter, protector (as in विश्वधाता protector/saviour of the world)

धातु (*dhātu*) *f.* 1. metal, metallic substance 2. semen 3. root, verbal root, verbal base 4. one of the five qualities or properties of elements observed by senses (sound, tangibility, colour, flavour, smell) 5. one of the seven elements found in our body (रस flavour, रक्त blood, माँस flesh, मेद fat, अस्थि bones, मज्जा marrow and शुक्र semen)

धातु कर्म *m.* metallurgy

धातु-कर्मकार *m.* metal-worker

धातुकर्मी *m.* metallurgist

धातुकर्मीय *a.* metallurgical

धातु का सिक्का *m.* metallic currency

धातु का सिक्का बनाना *v.t.* to monetize

धातुक्षय *m.* elemental or vital decay

धातुनाशक *a.* causing elemental or semen decay, vitality-exhausting

धातुपिंड *m.* ingot, brick (especially of gold or silver)

धातुपुष्ट *m.* (of a drug) strengthening semen or vitality

धातुपुष्टि *f.* vitalisation of semen

धातुमल *m.*/**धातु मैल** residue of melted ore, slag, dross

धातु युग *m.* metal age

धातुवर्धक *a.* augmenting vitality

धातु-विज्ञान *m.* metallurgy

धातु-विज्ञानी *m.* metallurgist

धातु-शोधन *m.* metallurgical operation

धातुक (*dhātuk*) *m.* ore

धातुज (*dhātuj*) *a.* derived from (verbal) root

धातृका (*dhātṛkā*) *f.* nurse, midwife

धात्री (*dhātrī*) *f.* 1. mother 2. goddess Saraswati 3. the earth

धात्री-विद्या *f.* midwifery, nursing, obstetrics

धात्रेय (*dhātrey*) *m.* foster-brother
धात्रेयी (*dhātreyī*) *f.* foster-sister
धात्वंग (*dhātvaṅg*) *m.* root, base
धात्वर्थ (*dhātvartha*) I. *m.* root meaning, meaning derived from the verbal root II. *a.* having the sense of the root
धात्वर्थक (*dhātvarthak*) *a.* = धात्वर्थ *q.v.*
धात्विक (*dhātvik*) I. *a.* metallic II. *m.* metallurgist
धात्विक खनिज *m.* metallic mineral
धात्वीय (*dhātvīy*) *a.* of or pertaining to a metal, metallic
धान[1] (*dhān*) *m.* 1. paddy, unhusked rice 2. grain
धान कूटना *v.t.* to pound paddy
धान-पान *m.* slender or delicate object
-धान[2] (*dhān*) *suff.* 1. base 2. container (as in होम-धान container for fire-sacrifice)
धानवैया (*dhānvaiyā*) *m.* 1. thresher of rice 2. dealer of rice or grain
धाना (*dhānā*) *v.i.* to run at, to rush at
धानी[1] (*dhānī*) *a.* (of colour) light green
-धानी[2] (*dhānī*) *f.* & *suff.* 1. base, stand 2. receptacle, container (as in राजधानी, मसिधानी)
धानुक (*dhānuk*) *m.* 1. bowman, archer 2. carder
धानुष्क (*dhānuṣk*) *m.* (from धनुष) bowman, archer
धान्य (*dhānya*) *m.* grain, corn, cereal
धान्य कोष *m.* barn, granary
धान्य-क्षेत्र *m.* grain-field
धान्य-भंडार *m.* granary
धान्यविद् *m.* cerealist
धान्य-रोपण *m.* sowing of grains
धान्य-शैल *m.* huge quantity of cereals
धन-धान्य *m.* wealth and food (grains), riches in cash and kind
धान्यागार (*dhānyāgār*) *m.* barn, granary
धाप[1] (*dhāp*) *f.* 1. the distance a man can run without taking a breath, 2. a short distance about two kilometres 3. a large expanse of low ground
धाप[2] (*dhāp*) *f.* satisfaction, gratification
धापना (*dhāpnā*) *v.t.* 1. to satisfy 2. to fill
धाम (*dhām*) *m.* 1. abode, dwelling, house, residence 2. shelter, refuge 3. heaven, paradise 4. seat of a deity 5. the Divine Being
धामिन (*dhāmin*) *f.* a large harmless snake (said to have venom stored in its tail)
धायँ-धायँ (*dhāṁy-dhāṁy*) *m.* boom, roar, clamour, shout (= धाँय-धाँय *q.v.*)
धाय (*dhāy*) *f.* wet-nurse, foster-mother
धाय-भाई *m.* foster-brother
धार[1] (*dhār*) *f.* 1. sharp edge of a sword or such other weapon or instrument 2. sharpness 3. flow, current, stream 4. torrent, shower
धार चढ़ाना *(मु.)* *v.t.* to sharpen the edge
धार देना *(मु.)* *v.t.* to give a flow of milk
धार धरना *(मु.)* *v.t.* to whet
धार निकालना *v.t.* to milk
धार रखना *(मु.)* *v.t.* to whet or sharpen the edge
धार रखने की सान *f.* tool-grinder
धार लेना *v.t.* to receive milk as it streams from the teat
-धार[2] (*dhār*) *m.* & *suff.* supporter, holder (as in कर्णधार)
धारक (*dhārak*) *m.* supporter, holder, bearer
धारकता (*dhāraktā*) *f.* retentiveness, capacity
धारण (*dhāraṇ*) *m.* 1. supporting, holding, bearing 2. retention 3. upholding, sustaining, maintaining 4. acquiring 5. taking something on

6. wearing, putting on (as clothes) 7. assuming (a form)

धारण करना *v.t.* to bear, to hold, to assume, to contain, to put on, to wear

धारणकर्ता *m.* (a) holder, container (b) bearer

धारण-शक्ति *f.* retentive power, capacity

धारणशील *a.* (a) retentive (b) sustaining

धारणशीलता *f.* retentiveness, retentivity

पद धारण करना *v.t.* to hold an office

शस्त्र धारण करना *v.t.* to take up a weapon

धारणा (*dhāraṇā*) *f.* 1. presumption 2. impression 3. thinking, notion 4. conviction, belief 5. retentiveness 6. fortitude, endurance 7. resolve

धारणा-शक्ति *f.* retentive power, memory

धारणाधिकार (*dhārṇādhikār*) *m.* lien, right to take over charge or to retain a post

धारणावान् (*dhārṇāvān*) *a.* intellectual, talented, wise

धारदार (*dhārdār*) *a.* sharp, sharp-edged

धारना (*dhārnā*) *v.t.* to bear, to hold, to assume, to contain, to put on, to wear (= धारण करना)

धारयिता (*dhārayitā*) *m.* supporter, holder, bearer (= धारक *q.v.*)

धारा (*dhārā*) *f.* 1. flow, current 2. downpour 3. stream 4. section, article

धारा और अन्तर्धारा *f.* current and cross-current

धाराप्रवाह *(मु.)* I. *a.* fluent, non-stop II. *adv.* fluently

धारा-रूप *adv.* in a stream

धारावाहिक *a.* serial, serialized

धारावाही *a.* = धारावाहिक

धारित (*dhārit*) *a.* 1. carried, borne 2. held, upheld, supported, sustained 3. controlled, restrained

धारिता (*dhāritā*) *f.* 1. retentiveness 2. capacity

धारी[1] (*dhārī*) *f.* 1. line, stripe, streak 2. border, edge, fringe

धारी[2] (*dhārī*) *comb.* & *suff.* I. *a.* 1. bearing, holding, carrying 2. possessing, maintaining, sustaining, supporting II *m.* 1. bearer, holder 2. sustainer, supporter

धारीदार *a.* striped, lined, streaked, striated

धारोष्ण (*dhāroṣṇa*) *a.* (of milk) warm from the cow's teat, fresh from the udders

धार्मिक (*dhārmik*) *a.* 1. religious 2. pious, virtuous, just, righteous

धार्मिक कृत्य *m.* religious rite

धार्मिक प्रतिज्ञा *f.* sacred vow

धार्मिक विश्वास *m.* religious faith

धार्मिक वैमनस्य *m. odium theologicum*, religious animosity

धार्मिकता (*dhārmiktā*) *f.* 1. piety, sacredness 2. righteousness, virtuousness 3. religionism

धार्य (*dhārya*) *a.* 1. fit to be borne or carried 2. fit to be held 3. that should be held 4. tolerable, endurable 5. fit to be remembered 6. fit to be worn

धार्यत्व (*dhāryatva*) *m.* 1. bearing, supporting, holding, carrying 2. wearing

धार्ष्टर्य (*dhārṣṭarya*) *m.* (from धृष्ट) insolence, impudence, rudeness, rashness, shamelessness

धावक[1] (*dhāvak*) *m.* 1. runner 2. messenger, harbinger

धावक[2] (*dhāvak*) *m.* washerman, cleaner

धावन[1] (*dhāvan*) *m.* 1. running 2. running in a stream, flowing

धावन पथ *m.* runway, track

धावन[2] (*dhāvan*) *m.* washing, cleaning

धावन[3] *(dhāvan) m.* attack, assault

धावन-पात्र *(dhāvan-pātra) m.* wash basin

धावल्य *(dhāvalya) m.* (from धवल) 1. whiteness 2. brightness, splendour 3. fair complexion (= धवलता)

धावा *(dhāvā) m.* 1. attack, assault, incursion, inroad 2. raid, charge, onslaught, sortie, foray, sally

धावा करना *v.t.* to rush at, to fall upon, to attack, to assault, to charge

धावा बोलना *v.t.* to launch a raid or onslaught

धांवामार *m.* raider, incursionist

धावा मारना *v.t.* (a) to raid, to make an expedition, to invade, to assault (b) to cover a long distance with a dash

धावित[1] *(dhāvit) a.* washed, cleaned

धावित[2] *(dhāvit) a.* 1. speeded 2. gone, gone away

धाह[1] *(dhāh) f.* uproar, clamour, groan, yell, shrill cry

धाह मारना *v.t.* to make a shrill cry or uproar

धाह[2] *(dhāh) f.* warmth of fire, blaze

धिंगाना *(dhiṁgānā) v.t.* 1. to harass, to tease 2. to oppress, to torment, to tyrannize

धिक् *(dhik)* I. *interj.* fie ! shame ! pooh! pish ! II. *f.* curse, reproach, censure

धिक् करना *v.t.* to curse, to reproach, to reprimand, to censure, to upbraid

धिक्कार *(dhikkār) m.* reproach, censure, curse, upbraid, rebuke

धिक्कार है ! damn it ! out upon it !

धिक्कार देना *v.t.* to utter a curse, to censure, to upbraid, to reprimand

धिक्कार पड़ना *v.i.* to be cursed, to be censured, to be upbraided/reprimanded

धिक्कारना *(dhikkārnā) v.t.* to utter a curse, to censure, to upbraid, to reprimand (= धिक्कार देना)

धींग *(dhīṁg) m.* 1. stalwart person, strong and stout man 2. wicked fellow

धींगा *(dhīṁgā) a.* strong, stout, robust

धींगा-धींगी *(मु.) f.* (a) violence (b) highhandedness (c) tumult, commotion, hurly-burly

धींगा-मस्ती *f.* (a) mischief (b) coercion

धींगा-मुश्ती *(मु.) f.* highhandedness, overbearing conduct

धींद्रिय *(dhīṁdriy) f.* organ of perception or understanding (i.e., mind)

धी[1] *(dhī) f.* 1. intellect, wit 2. wisdom, understanding, perception

धी-शक्ति *f.* power of mind, intellectual faculty

धी[2] *(dhī) f.*/**धी-दा** *(dhi-dā) f.* girl, daughter, one who gives intelligence

धीमर *(dhīmar) m.* fisherman

धीमा *(dhīmā) a.* 1. tardy, slow 2. soft, mild 3. low, subdued (as स्वर tone) 4. dim (as प्रकाश light) 5. lulled, calmed

धीमा करना *v.t.* to soften

धीमा पड़ना *v.i.* to become mild, to be calmed

धीमा होना *v.i.* to be slow

धीमी गति/चाल *f.* slow speed

धीमान् *(dhīmān) a.* intelligent, wise, sagacious

धीमे *(dhīme) adv.* 1. slowly 2. mildly, softly 3. in a low voice

धीर *(dhīr) a.* 1. calm, quiet 2. modest 3. steadfast, steady, firm 4. patient, enduring 5. serious, solemn, sober 6. strong, stout, robust 7. polite 8. brave, bold, courageous

धीरचेता *a.* sober-minded, cool-headed

धीर नायक *m.* noble hero

धीर ललित *a.* patient and sober

धीर-शांत *a.* noble and cool-headed

धीरज (*dhīraj*) *f.* 1. steadfastness, firmness 2. patience, endurance 3. seriousness, coolness, composure

धीरज धरना *v.t.* to have patience, to be patient

धीरज बँधाना *(मु.) v.t.* (a) to solace, to console, to set (one's heart) at ease (b) to assure (c) to cheer up (d) to inspire, to encourage

धीरज बाँधना/धीरज रखना *v.t.* to keep patience

धीरता (*dhīratā*) *f.* /**धीरत्व** (*dhīratva*) *m.* 1. steadfastness, firmness 2. patience, endurance, fortitude

धीरा (*dhīrā*) *f.* heroine who expresses her anger through sarcasm

धीराधीरा (*dhīrādhīrā*) *f.* a woman or heroine who expresses anger through her facial expressions

धीरे (*dhīre*) *adv.* 1. slowly, gradually 2. quietly, stealthily 3. gently, politely 4. in a low tone (also धीरे से)

धीरे काम करो हड़ताल *f.* go-slow strike

धीरे-धीरे by slow degrees, bit by bit

धीरोदात्त (*dhīrodātta*) *a.* (of a hero) brave and generous, chivalrous and magnanimous, bold and noble-minded

धीरोद्धत्त (*dhīrodhatta*) *a.* (of a hero) daring and haughty, chivalrous but proud

धीवर (*dhīvar*) *m.* fisherman

धीवरी (*dhīvarī*) *f.* 1. fisherman's wife, fisherwoman 2. fishing harpoon

धुँआ (*dhuṁā*) *m.* smoke (= better धुआँ)

धुँआकश *m.* chimney, flue

धुँए के बादल उड़ाना *(मु.) v.t.* to indulge in tall talk

दिल का धुँआ निकालना *v.t.* to fret and fume

धुँआदार (*dhuṁādār*) *a.* 1. full of smoke, smoky 2. dark, hazy 3. deep-coloured 4. excessive, violent

धुँआदार बहस *f.* tirade, forceful discussion

धुँआदार वर्षा *f.* torrential rain

धुँआना (*dhuṁānā*) I. *v.i.* 1. to be filled with smoke 2. to be smoked, to become darkened with smoke 3. to be spoiled by smoke II. *v.t.* to darken or preserve by the action of smoke, to smoke

धुँआयंध (*dhuṁāyandh*) *f.* smoky flavour, smoky smell

धुँआरा (*dhuṁārā*) *m.* louvre, an opening on the roof to let smoke out

धुँआसा (*dhuṁāsā*) *a.* smoky, affected by smoke, disflavoured by smoke, smoked

धुंध (*dhundh*) *f.* 1. mist, fog, haze 2. haziness, mistiness, fogginess 3. darkness 4. dim-sightedness, blindness

धुंधका (*dhundhkā*) *m.* chimney

धुंधकारी (*dhundhkārī*) *a.* mischievous, naughty

धुंधलका (*dhundhalkā*) *m.* 1. twilight, dawn of day, early morning 2. haziness, fogginess

धुंधला (*dhundhalā*) *a.* 1. hazy, misty, foggy 2. clouded 3. dim, dull 4. obscure

धुँधली स्मृतियाँ *f.* faded memories

धुंधलाना (*dhundhlānā*) *v.i.* to be misty or dusky

धुंधलापन (*dhundhlāpan*) *m.* 1. haziness, mistiness, fogginess 2. cloudiness 3. dimness, dullness

धुआँ (*dhuām*) *m.* smoke (see धुँआ)

धुकड़-पुकड़ (*dhukaṛ-pukaṛ*) *f.* 1. palpitation, beating of the heart 2. anxiety, worry 3. suspense, uncertainty 4. indecision

धुक-धुकी (*dhukdhukī*) *f.* (same as धुकड़-पुकड़ *q.v.*)

धुक-धुकी बंद होना *(मु.) v.i.* to feel

relaxed

धुक-धुकी लगी रहना *v.i.* to be on tenterhooks, to remain in suspense

धुतकार (*dhutkār*) *f.* rebuke, reproof, reprimand (better दुतकार *q.v.*)

धुत्त[1] (*dhutta*) *a.* 1. shaken, moved 2. besotted (with), stupefied (by)

नशे में धुत्त dead-drunk

धुत्त[2] (*dhutta*) *interj.* away ! be off !

धुधकार (*dhudhkār*) *f.* 1. sound of blazing fire 2. thunder 3. violent outburst of anger

धुन (*dhun*) *f.* 1. craze, obsession 2. tune, melody 3. mood

धुन का पक्का (*मु.*) *a.* resolute, persevering

अपनी धुन में होना *v.i.* to be engrossed in one's thoughts or world

धुन लगना/धुन समाना /धुन सवार होना (*मु.*) *v.i.* to be crazy about or obsessed with something

बाँसुरी की धुन *f.* tune of the flute

धुनकना[1] (*dhunaknā*) *v.i.* to resound, to reverberate, to boom (as a gun)

धुनकना[2] (*dhunaknā*) *v.t.* to card (cotton) or comb (wool)

धुनकी (*dhunkī*) I. *f.* 1. carding machine 2. carding bow II. *m.* carder

धुनना (*dhunanā*) *v.t.* 1. to card (cotton), to comb (wool) 2. to beat severely

किसी को धुनना *v.t.* to beat somebody hard

सिर धुनना (*मु.*) to beat the head, to lament

धुनवाना (*dhunvānā*) *v.t.* 1. to cause to be carded 2. to get somebody beaten

धुनाई (*dhunāī*) *f.* 1. carding 2. charges for carding

धुनिया (*dhuniyā*) *m.* carder

धुनी[1] (*dhunī*) *a.* 1. crazy, obsessed 2. tenacious, persistent, resolute 3. faddish

धुनी[2] (*dhunī*) *f.* river, stream

धुप-धुप (*dhup-dhup*) *a.* 1. clean, tidy 2. bright, shining, glittering

धुपना[1] (*dhupnā*) *v.i.* to be dried in the sun

धुपना[2] (*dhupnā*) *v.i.* to move about

धुपाना (*dhupānā*) *v.t.* to dry in the sun

धुप्पल (*dhuppal*) *f.* dodge, bluff

धुप्पलबाज़ (*dhuppalbāz*) *m.* bluffer

धुप्पलबाज़ी (*dhuppalbāzī*) *f.* bluffing

धुमारा (*dhumārā*) *m.* louvre, an opening on the roof to let smoke out (= धुँआरा *q.v.*)

धुमैला (*dhumailā*) *a.* smoky

धुमैला स्फटिक *m.* smoky quartz

धुरंधर (*dhurandhar*) *a.* 1. expert, very able or efficient 2. of the first rank, foremost, best 3. distinguished, preeminent, outstanding

धुर[1] (*dhur*) *m.* beginning, start

धुर पद *m.* the opening stanza of a poem or song

धुर से *adv.* from the outset, from the very beginning

धुर[2] (*dhur*) *m.* height

धुर[3] (*dhur*) I. *a.* extreme, remote, far II. *m.* extreme point

धुर ऊपर से *adv.* from the extreme height, from the top or uppermost point

धुर दक्षिण *m.* extreme or far south

धुर से अंत तक *adv.* from one extreme to another

धुरा (*dhurā*) *m.* 1. axle 2. axis 3. burden, load

धुराग्र (*dhurāgra*) *m.* pivot

धुराग्र संधि *f.* pivot joint

धुराग्रीय (*dhurāgrīy*) *a.* pivotal

धुरी (*dhurī*) *f.* axis, pivot

धुरीण (*dhurīṇ*) I. *m.* head, leader, chief II. *a.* main, foremost

धर्म-धुरीण foremost among religious people, leader of a sect or creed

धुर्रा (*dhurrā*) *m.* particle of dust

धुर्रे उड़ाना *(मु.) v.t.* (a) to tear to pieces (b) to censure (c) to smash (d) to beat somebody hard

धुलना (*dhulnā*) *v.i.* 1. to be washed or cleansed 2. to be washed off/away (as पाप sin)

धुलवाई (*dhulvāī*) *f.* charges of getting (clothes) washed

धुलवाना (*dhulvānā*) *v.t.* to cause to be washed, to get washed, to have something cleansed

धुलाई (*dhulāī*) *f.* 1. washing up 2. charges paid for washing or cleansing

धुलाई मशीन *f.* washer, washing machine

हाथ धुलाई *f.* the barber's fee for washing the hands of the bride and the bridegroom (before the wedding feast)

धुलाना (*dhulānā*) *v.t.* to cause to wash or cleanse, to get something washed

धुलेंडी (*dhuleṁḍī*) *f.* the second day of the Holi festival on which people throw red powder on each other

धुवाँरा (*dhuvāṁrā*) *m.* louvre, an opening on the roof to let smoke out (= धुँआरा *q.v.*)

धुवाना (*dhuvānā*) *v.t.* to cause to wash or cleanse, to get something washed (= धुलाना *q.v.*)

धुस्स (*dhussa*) *m.* 1. mound (of earth) 2. rampart around a fort 3. temporary fortification

धुस्सा (*dhussā*) *m.* double woollen sheet

धूँ (*dhūṁ*) *f.* sound of explosion, report of gun

धूक[1] (*dhūk*) *m.* sharp wind

धूक[2] (*dhūk*) *m.* rogue, knave, hoodlum, hooligan

धूणक (*dhūṇak*) *m.* resin

धूत[1] (*dhūt*) *a.* 1. shaken, moved 2. agitated 3. deserted, abandoned 4. censured, reproached, calumniated, reviled 5. surrounded on all sides

धूत[2] (*dhūt*) I. *a.* 1. cunning, shrewd, crafty, sly 2. crooked, wicked, mischievous 3. fraudulent, cheat II. *m.* 1. knave, rogue 2. wicked person 3. cheat (= धूर्त *q.v.*)

धूताई (*dhūtāī*) *f.* 1. cunningness, shrewdness, slyness 2. crookedness, wickedness 3. knavishness, knavery 4. fraudulence (= धूर्तता *q.v.*)

धूतू (*dhūtū*) *m.* 1. trumpet 2. loudspeaker

धू-धू (*dhūdhū*) *m.* sound of burning fire

धू-धू करके जलना *v.i.* to burn with flames rising high

धूनना (*dhūnanā*) *v.i.* to burn raising smoke, to fume

धूना (*dhūnā*) *m.* rosin, resin

धूनी (*dhūnī*) *f.* 1. smoke 2. incense 3. smouldering fire (as of an ascetic or sadhu)

धूनी जगाना *(मु.) v.t.* to keep the fire smouldering

धूनी देना *(मु.) v.t.* to fumigate

धूनी रमाना *(मु.) v.t.* (a) to light the fire and sit before it in the manner of an ascetic (b) to turn into an ascetic (c) to do penance in the manner of an ascetic sitting doggedly (धरना) before the fire

धूनी लेना *v.t.* to inhale smoke, to undergo fumigation (medicinally or by way of penance)

धूप[1] (*dhūp*) *f.* sunshine, sunlight, the sun, heat of the sun

धूप खाना *(मु.) v.t.* to bask in the sun

धूप घड़ी *f.* sundial, gnomon

धूप चढ़ना *(मु.) v.i.* the sun to rise, the sun to be high, the day to advance

धूप चश्मा *m.* sunglasses

धूप-छाँह *f.* (a) sunshine and shade (b) a cloth with prismatic shades of

colours
धूप दिखाना *v.t.* to put in the sun, to dry
धूप निकलना *v.i.* the sun to rise, the sunshine to increase
धूप में बाल सफेद होना *(मु.) v.i.* hair to become grey without gaining worldly experience, to pass the life in ignorance
धूप लगना *v.i.* (a) to get dried in the sun (b) to have a mild sunstroke
धूप-स्नान *m.* sunbath

धूप[2] *(dhūp) m.* incense stick, frankincense, aromatic gum resin
धूप जलाना *v.t.* to burn an incense stick or frankincense
धूपदान *m.* censer, incensory
धूपदानी *f.* a small censer, small incense-burner
धूप दिखाना *v.t.* to show or move a burning incense before an idol
धूप देना *v.t.* to incense, to fumigate
धूपबत्ती *f.* incense stick

धूपन (*dhūpan*) *m.* fumigation

धूपना[1] (*dhūpnā*) *v.i.* to run about, to exert

धूपना[2] *(dhūpnā) v.t.* to fumigate, to show smouldering incense stick before an idol

धूम[1] (*dhūm*) *m.* smoke, fume
धूमकेतु *m.* (a) fire (b) falling star, comet
धूम कुहरा/कुहासा *m.* smog
धूम-धूसर *a.* smoky grey
धूमध्वज *m.* fire
धूम नाल *m.* flue
धूम निर्गम *m.* issue or escape of smoke
धूम पट *m.* smokescreen
धूमपान *m.* smoking
धूम-प्रभा *f.* name of a part of hell where smoke takes the place of light
धूमहीन *a.* smokeless

धूम[2] *(dhūm) f.* furore, tumult, bustle, uproar
धूम-धड़क्का *m.* pomp and show, hullabaloo
धूम-धड़क्के के साथ *adv.* with pomp and show, pompously
धूम-धाम *f.* (a) fanfare, pomp and show, eclat (b) merriment
धूम-धाम से *adv.* with eclat, with pomp and show, pompously
धूम मचना *(मु.) v.i.* (a) tumult to be created (b) to be famous or notorious
धूम मचाना *(मु.) v.t.* (a) to create an uproar (b) to make one's name

धूममय (*dhūmmay*) *a.* smoky, full of smoke

धूमाक्ष (*dhūmākṣa*) *a.* dim-sighted

धूमायमान (*dhūmāymān*) *a.* emitting smoke, smouldering

धूमायित (*dhūmāyit*) *a.* 1. smoked, fumigated 2. darkened with smoke 3. darkened, blackened

धूमित (*dhūmit*) *a.* (same as धूमायित)

धूमिल (*dhūmil*) *a.* 1. smoked, fumigated 2. smoke-coloured, grey-blue 3. dim, blurred
धूमिल काँच *m.* fumigated glass
धूमिल पड़ जाना *v.i.* to get/become dim or blurred
धूमिल स्मृति *f.* faint memory

धूमिलता (*dhūmiltā*) *f.* 1. smokiness 2. dimness

धूम्र (*dhūmra*) I. *a.* 1. smoke-coloured, smoky, dark-coloured 2. obscure, dark II. *m.* smoke
धूम्र केश *m.* dark hair
धूम्रपान *m.* smoking
धूम्र लोचन *a.* dark-eyed

धूम्रीकरण (*dhūmrīkaraṇ*) *m.* fumigation

धूर (*dhūr*) I. *f.* (धूल) dust II. *m.* a measure of landabout 600 square yards or 375 square metres

धूर्त (*dhūrta*) I. *a.* 1. cunning, shrewd, crafty, sly 2. crooked, wicked, mischievous 3. fraudulent, cheat II. *m.* 1. knave, rogue 2. wicked person 3. cheat

धूर्तता (*dhūrtatā*) *f.* 1. cunningness, shrewdness, slyness 2. crookedness, wickedness 3. knavishness, knavery 4. fraudulence

धूर्ततापूर्ण *a.* (a) full of wickedness (b) fraudulent

धूल (*dhūl*) *f.* 1. dust 2. a negligible thing or person

धूल उड़ना *(मु.) v.i.* (a) dust to blow (b) (of a place) to present a deserted look (c) (of a household) to be reduced to poverty

धूल उड़ाना *(मु.) v.t.* (a) to raise dust (b) to saunter or wander about, to incite a commotion (c) to humiliate, to insult, to calumniate

धूल-गोला *m.* whirlwind

धूल चटाना *(मु.) v.t.* to make somebody lick the dust, to humiliate

धूल चाटना *(मु.) v.t.* to lick the dust, to abase oneself

धूल छानना *(मु.) v.t.* to toil in vain

धूल झाड़ना *v.t.* to dust, to shake off the dust

धूल झोंकना *v.t.* to throw dust (into)

धूल-धक्कड़ *m.* dust-storm

धूल-धूसरित *a.* full of dust, covered with dust

धूल फाँकना *(मु.) v.t.* to loiter about aimlessly

धूल में मिलना *(मु.) v.i.* to be razed to dust, to be ruined

धूल में मिलाना *(मु.) v.t.* to raze to dust, to ruin

धूलरोधी *a.* dust-proof

किसी के पैरों की धूल होना *v.i.* to be very humble, to humiliate oneself

धूलि (*dhūli*) *f.* 1. dust 2. a negligible thing or person (the same as धूल *q.v.)*

धूलि पटल *m.* cloud of dust

धूलिरोधी *a.* dust-proof

धूलिया (*dhūliyā*) I. *a.* made of dust II. *m.* an earthen toy

धूसर (*dhūsar*) *a.* 1. dusty, full of or covered with dust 2. grey, dust-coloured

धूसर-कृष्ण *a.* greyish black

धूसर-श्वेत *a.* greyish white

धूसरित (*dhūsarit*) *a.* 1. filled with dust 2. covered with dust 3. grey-coloured

धृत (*dhr̥t*) *a.* 1. held, borne, carried 2. retained, kept 3. supported, sustained, maintained 4. prepared, made ready 5. seized, caught 6. firm, resolute

धृत-व्रत *a.* resolute in keeping one's vow

धृतात्मा (*dhr̥tātmā*) *a.* self-controlled, firm-minded, resolute

धृति (*dhr̥ti*) *f.* 1. firmness, steadiness, steadfastness 2. contentment 3. patience

धृतिमान् (*dhr̥timān*) *a.* 1. firm, steady, steadfast 2. contented 3. patient

धृष्ट (*dhr̥ṣṭa*) *a.* 1. daring, forward 2. impertinent, immodest, impudent, insolent, shamelessly presumptuous, rude, arrogant

धृष्टता (*dhr̥ṣṭatā*) *f.* 1. affrontry, forwardness 2. impertinence, immodesty, impudence, insolence, rudeness, audacity, arrogance

धृष्टतापूर्वक *adv.* impudently, arrogantly, insolently

धृष्टा (*dhr̥ṣṭā*) *a.* & *f.* 1. shameless woman 2. a woman of loose character

धृष्य (*dhr̥ṣya*) *a.* 1. assailable 2. torturous, oppressive

धेनु (*dhenu*) *f.* milch cow
धेनुपाल *m.* cowherd
धेय (*dhey*) *a.* 1. fit to be held or taken 2. fit to be captured 3. fit to be maintained or supported
धेला (*dhelā*) *m.* (obsolete) half-pice coin
धेला पास न होना *v.i.* to be penniless, to be poor
धेली (*dhelī*) *f.* eight-anna coin (now obsolete), 50-paise coin
धेवता (*dhevtā*) *m.* daughter's son, grandson
धेवती (*dhevtī*) *f.* daughter's daughter, granddaughter
धैर्य (*dhairya*) *m.* 1. patience, fortitude, endurance, forbearance, self-possession 2. coolness, composure, calmness
धैर्य करना *v.t.* to be patient, to be cool-headed, to be calm
धैर्य खोना *v.t.* to lose patience
धैर्यच्युत *a.* impatient, having lost patience
धैर्यच्युति *f.* impatience, loss of patience
धैर्य टूटना *v.i.* to break down
धैर्य धारण करना *v.t.* to have patience
धैर्य-परीक्षा *f.* trial of patience or coolness of mind
धैर्य बँधाना *v.t.* to solace, to console, to cheer up
धैर्य रखना *v.t.* to forbear, to remain patient, to keep patient
धैर्य-संपन्न *a.* patient, calm
धैर्यहीन *a.* impatient, unenduring
धैर्यवान (*dhairyavān*) *a.* 1. patient 2. calm, cool-headed
धैवत (*dhaivat*) *m.* the sixth note of the Indian musical gamut
धोंधा[1] (*dhoṁdhā*) *a.* grotesque, monstrous, clumsy, awkward
धोंधा[2] (*dhoṁdhā*) *m.* 1. grotesque body 2. clumsy person
धोंधा[3] (*dhoṁdhā*) *m.* clod (of earth)
धोखा (*dhokhā*) *m.* 1. fraud, trickery, subterfuge 2. deceit, deception 3. delusion 4. false appearance, scarecrow, illusion
धोखा करना *v.t.* to play false and loose
धोखा खड़ा करना *v.t.* to put up a scarecrow
धोखा खाना *v.t.* to be deceived/cheated, to be subterfuged/hoodwinked
धोखा देकर fraudulently
धोखा देना (*मु.*) *v.t.* to deceive/cheat, to hoodwink
धोखाधड़ी *f.* cheating, defrauding, racket, machination
धोखाधड़ी करना *v.t.* to cheat, to deceive
धोखे की टट्टी *f.* trick, false screen, camouflage, fraud
धोखेबाज़ *m.* cheat, rogue, knave, trickster
धोखेबाज़ी *f.* fraud, deceit, trickery, knavery
धोखे में आना *v.t.* to be deceived/cheated, to be subterfuged
धोखे में रखना *v.t.* to keep one in delusion, to feed somebody with false hopes or promises, to play a hoax
धोती (*dhotī*) *f.* loin-cloth, a sheet of cloth worn around the waist passing between the legs and tucked in behind
धोती ढीली होना (*मु.*) *v.i.* to get alarmed
धोना (*dhonā*) *v.t.* 1. to wash, to cleanse, to launder 2. to wipe out (stain)
धो डालना *v.t.* to wash off, to flush
धोना-धाना *v.t.* to wash and clean
हाथ धोकर पीछे पड़ना *v.i.* to pursue with a vengeance

हाथ धो बैठना *v.i.* to take something as lost

धोब (*dhob*) *m.* 1. clothes meant for washing, laundry 2. washing, cleansing

धोबिन (*dhobin*) *f.* washerwoman, washerman's wife, laundress

धोबिन चिड़िया *f.* wagtail

धोबी (*dhobī*) *m.* washerman, launderer

धोबी का कुत्ता (*मु.*) *m.* aimless wanderer

धोबीघाट *m.* washerman's workplace

धोबीपाट *m.* washerman's board or stone used for beating clothes

धोया (*dhoyā*) *a.* washed, cleansed

धोया-धाया *a.* made clean by washing, ready-washed

धोरी[1] (*dhorī*) *m.* 1. chief, headman, leader 2. eminent person, distinguished person

धोरी[2] (*dhorī*) *m.* controller

धोरी[3] (*dhorī*) *m.* coolie

धोरी[4] (*dhorī*) *m.* bullock

धोरे (*dhore*) *adv.* near, close by

धोवन (*dhovan*) *m.* 1. washed garment or cloth 2. water in which some garment or cloth has been washed

धौंक[1] (*dhauṁk*) *f.* blowing, puffing

धौंक[2] (*dhauṁk*) *f.* 1. palpitation, beating of the heart 2. asthma

धौंकना[1] (*dhauṁknā*) *v.t.* to blow with bellows, to puff

धौंकना[2] (*dhauṁknā*) *v.i.* 1. to palpitate, to beat 2. to pant

धौंकना[3] (*dhauṁknā*) *v.t.* to chastise

धौंकनी[1] (*dhauṁknī*) *f.* 1. bellows 2. blowpipe

धौंकनी[2] (*dhauṁknī*) *f.* 1. palpitation 2. panting, to breathe with short quick breaths

धौंकनी लगना *v.i.* to suffer from panting or shortness of breath

धौंकिया (*dhauṁkiyā*) *m.* bellower, one who works at bellows

धौंटा (*dhauṁṭā*) *a.* a leather blind to cover an animal's eye

धौंताल (*dhauṁtāl*) *a.* 1. smart, active 2. bold, courageous 3. robust, strong 4. naughty

धौंस (*dhauṁs*) *f.* 1. threat, menace 2. noisy demeanour, bluster

धौंस जमाना (*मु.*) *v.t.* to domineer

धौंस दिखाना *v.t.* to bully, to browbeat

धौंस देना (*मु.*) *v.t.* to threaten, to frighten

धौंस-धड़ल्ला *m.* impetuous assault (of a crowd), bullying, blustering

धौंसपट्टी (*मु.*) *f.* deceit, deception, fraudulence, trickery

धौंस में लेना *v.t.* to threaten into submission

धौंसना (*dhauṁsnā*) *v.t.* 1. to threaten, to menace 2. to chide, to rebuke, to reprimand 3. to cheat, to deceive

धौंसा[1] (*dhauṁsā*) *m.* boldness, daringness, courage

धौंसा[2] (*dhauṁsā*) *m.* blow, shock

धौंसा खाना *v.t.* to suffer a shock or blow

धौंसा[3] (*dhauṁsā*) *m.* a large drum or tabor

धौंसा बजाना *v.t.* to beat the drum

धौंसिया[1] (*dhauṁsiyā*) *m.* 1. an audacious or overbearing person 2. extortioner, trickster, rogue, knave

धौंसिया[2] (*dhauṁsiyā*) *m.* kettledrummer

धौत (*dhaut*) I. *a.* 1. washed, cleansed 2. white 3. bright, shining, radiant, resplendent II. *m.* silver

धौत शिला *f.* crystal rock

धौति (*dhauti*) *f.* /**धौती** (*dhautī*) *f.* a yoga exercise to clean intestines in which a wet cloth is swallowed and then drawn out

धौम्र (*dhaumra*) *a.* (from धूम्र) 1. smoky 2. smoke-coloured

धौर[1] (*dhaur*) *m.* a large species of dove

धौर[2] (*dhaur*) *m.* a variety of sugar-cane

धौरा[1] (*dhaurā*) *m.* sand-dune

धौरा[2] (*dhaurā*) *m.* betel-nut piece

धौरा[3] (*dhaurā*) *a.* 1. white 2. clean 3. bright (better धौला *q.v.)*

धौरी (*dhaurī*) *f.* 1. white cow 2. a kind of white dove

धौर्त्य (*dhaurtya*) *m.* (from धूर्त) trickery, knavery, dishonesty

धौल (*dhaul*) *f.* thump, buffet, slap, rap, box

धौल जड़ना *v.t.*/**धौल जमाना/मारना** *v.t.* to cuff, to slap, to buffet

धौल-धप्पड़ *m.* /**धौल-धप्पा** *m.* thumping and slapping, exchange of blows, scuffle

धौल लगना *v.i.* (a) to get a slap or buffet (b) to receive a blow or shock

धौला (*dhaulā*) *a.* 1. white 2. clean 3. bright

धौला पड़ना *v.i.* to turn white or pale

धौलाई (*dhaulaī*) *f.* whiteness

धौलापन (*dhaulāpan*) 1. whiteness 2. brightness

ध्मात (*dhmāt*) *a.* 1. inflamed, excited 2. impatient 3. perplexed 4. blown

ध्यात (*dhyāt*) *a.* 1. thought, reflected on, pondered or brooded over 2. meditated

ध्यातव्य (*dhyātavya*) *a.* to be thought of or reflected, that should be considered

ध्याता (*dhyātā*) *m.* 1. thinker, contemplator 2. meditator

ध्यान (*dhyān*) *m.* 1. attention 2. meditation, contemplation, divine reflection 3. consideration 4. care, heed 5. remembrance, recollection 6. intelligence, understanding 7. mind

ध्यान आकर्षित करना *v.t.* to draw somebody's attention

ध्यान आना *(मु.) v.i.* to recollect or remember, to come to one's mind

ध्यान करना *(मु.) v.t.* (a) to take care (b) to meditate, to concentrate, to contemplate, to be in a musing mood

ध्यानगम्य *a.* attainable by meditation

ध्यान छूटना *(मु.) v.i.* to lose concentration of thought

ध्यान जमना *(मु.) v.i.* contemplation to get fixed

ध्यान जमाना *(मु.) v.t.* to concentrate one's mind

ध्यान जाना *(मु.) v.i.* attention to get diverted

ध्यान-तत्पर *a.* (a) attentive (b) abstracted in meditation, lost in contemplation or thought

ध्यान दिलाना *(मु.) v.t.* to call or draw attention, to point out, to bring to the notice of

ध्यान देना *v.t.* (a) to attend, to pay attention (b) to heed, to lend ears (c) to notice, to mark

ध्यान धरना *v.t.* (पर) *(मु.)* to apply the mind (to), to meditate, to contemplate

ध्याननिष्ठ *a.* deeply meditative

ध्यान पर चढ़ना *(मु.) v.i.* (a) to come to mind (b) to be attracted by

ध्यानपूर्वक *adv.* attentively

ध्यान बँटना *(मु.) v.i.* mind to be distracted

ध्यान बँटाना *v.t.* to divide the mind

ध्यान बँधना *(मु.) v.i.* to have the mind concentrated

ध्यान-भंग *m.* break in concentration, diversion

ध्यानमग्न *a.* thoughtful, absorbed in contemplation or meditation

ध्यानमुद्रा *f.* meditative posture

ध्यान में आना *v.i.* to come/occur to one's mind, to recollect

ध्यान में डूबना *(मु.) v.i.* to get engrossed/absorbed in contemplation, meditation

ध्यान में न लाना *(मु.) v.t.* (a) not to pay heed, not to care for (b) to ignore

ध्यान में रखते हुए (किसी को) *adv.* in the light of, taking into consideration

ध्यान में लाना *v.t.* to recall to one's mind

ध्यान योग *m.* religious contemplation, devout meditation

ध्यान योग्य *a.* worthy of one's attention

ध्यान रखना *(मु.) v.t.* (a) to take care (of), to have regard (to) (b) to have something at heart (c) to keep in mind (d) to take note of (e) to mind

ध्यान लगना *(मु.) v.i.* mind to concentrate

ध्यान लगाकर *adv.* attentively

ध्यान लगाना *(मु.) v.t.* to apply one's mind, to meditate, to contemplate (= ध्यान धरना)

ध्यानलीन *a.* absorbed or engrossed in thought or meditation

ध्यानशील *a.* contemplative, meditative

ध्यान से *adv.* attentively

ध्यान से उतरना *(मु.) v.i.* to forget

ध्यान हटाना *v.t.* to divert one's attention or mind

ध्यानस्थ (*dhyānasth*) *a.* engrossed or steeped in meditation, contemplative, meditative

ध्यानांतरण (*dhyānāntaraṇ*) *m.* 1. distractibility 2. diversion

ध्याना (*dhyānā*) *v.t.* to contemplate (on), to meditate (on), to hold communion with God

ध्यानाकर्षण (*dhyānākarṣaṇ*) *m.* calling attention

ध्यानाकर्षण प्रस्ताव *m.* calling attention motion

ध्यानाकर्षण सूचना *f.* calling attention notice

ध्यानाभ्यास (*dhyānābhyās*) *m.* the practice of yoga or meditation

ध्यानावस्था (*dhyānāvasthā*) *f.* the state of getting engrossed in meditation, trance

ध्यानावस्थित (*dhyānāvasthit*) *a.* engrossed or steeped in meditation or contemplation

ध्यानावस्थित होना *v.t.* to get absorbed or engrossed in meditation

ध्यानासन (*dhyānāsan*) *m.* meditative pose

ध्यानी (*dhyānī*) *a.* & *m.* contemplative person, meditative devotee

ध्यानीय (*dhyānīy*) *a.* 1. suitable for or worthy of contemplation or meditation 2. to be considered, to be thought about

ध्येय (*dhyey*) *m.* goal, aim, object (also = ध्यानीय)

ध्रुपद (*dhrupad*) *m.* a mode of classical music, generally in praise of God or gods

ध्रुपदिया (*dhrupadiyā*) *m.* singer of *dhrupad*, a musician specialist in *dhrupad*

ध्रुव (*dhruv*) I. *a.* 1. firm, stable, static, immovable, unchanging, constant 2. true, certain, right II. *m.* 1. pole 2. pole star

ध्रुव तारा *m.* pole star, lodestar

ध्रुव-दर्शक *m.* mariner's compass

ध्रुव-दर्शन *m.* a wedding ceremony in which the pole star is shown to the bride and the bridegroom as a symbol of firmness

ध्रुव रेखा *f.* meridian, polar line

ध्रुवलोक *m.* one of the divisions of paradise from which the souls

never return
ध्रुव वृत्त *m.* meridian line
ध्रुव सत्य *m.* eternal truth
उत्तरी ध्रुव North Pole
दक्षिणी ध्रुव South Pole

ध्रुवक (*dhruvak*) *m.* 1. initial portion of a song which is frequently chanted later 2. polariser

ध्रुवण (*dhruvaṇ*) *m.* polarisation

ध्रुवता (*dhruvatā*) *f.* /**ध्रुवत्व** (*dhruvatva*) *f.* 1. polarity 2. (in music) quick time or measure

ध्रुवित (*dhruvit*) *a.* polarised

ध्रुवी (*dhruvī*) *a.* polar
ध्रुवीकरण *m.* polarisation

ध्रुवीय (*dhruvīy*) *a.* polar
ध्रुवीय ज्योति *f.* luminous atmosphere on the poles, aurora

ध्वंस (*dhvaṃs*) *m.* destruction, ruin, demolition, devastation, wreck (of a ship)
ध्वंसवाद *m.* destructiveness
ध्वंसवादी *m.* destructivist

ध्वंसक (*dhvaṃsak*) I. *m.* 1. destroyer, devastator 2. saboteur II. *a.* ruinous, subversive, destructive

ध्वंसन (*dhvaṃsan*) *m.* 1. destruction, ruination 2. sabotage

ध्वंसात्मक (*dhvaṃsātmak*) *a.* destructive, ruinous, sabotaging

ध्वंसावशेष (*dhvaṃsāvśeṣ*) *m.* 1. ruins 2. wreck (especially of a ship) 3. remains 4. relics

ध्वंसित (*dhvaṃsit*) *a.* 1. destroyed, ruined 2. demolished 3. wrecked

ध्वंसी (*dhvaṃsī*) *a.* perishing, destructive

ध्वज (*dhvaj*) *m.* flag, banner, standard, colours
ध्वज दंड *m.* flagstaff, flagpole
ध्वज पट *m.* banner cloth
ध्वज पुरस्करण *m.* presentation of colours
ध्वज पोत *m.* flagship
ध्वज वाहक *m.* standard bearer

ध्वजा (*dhvajā*) *f.* flag, banner, standard, colours, ensign (especially in army)
ध्वजा फहराना *v.t.* to hoist a flag

ध्वजारोहण (*dhvajārohaṇ*) *m.* flag-hoisting, raising a flag

ध्वजोत्तोलन (*dhvajottolan*) *m.* (same as ध्वजारोहण *q.v.*)

ध्वनन (*dhvanan*) *m.* 1. sounding 2. (संकेतन) hinting at, reference, indication

ध्वनि (*dhvani*) *f.* 1. sound, noise 2. implication 3. suggestiveness 4. implied meaning
ध्वनि अवशोषक *m.* sound absorber
ध्वनि अवशोषण *m.* sound absorption
ध्वनि उच्चार *m.* phonation
ध्वनि गुण *m.* (a) acoustics (b) tone
ध्वनि गुणता *f.* timbre
ध्वनि ग्राम *m.* phoneme
ध्वनि ग्रामिकी *f.* phonemics
ध्वनि तरंग *f.* sound wave
ध्वनि नियम *m.* phonetic laws
ध्वनि पट्टी *f.* soundtrack
ध्वनि परिवर्तन *m.* phonetic change
ध्वनि प्रक्षेपक *m.* sound projector
ध्वनि प्रसारक *m.* loudspeaker, sound amplifier
ध्वनि भीति *f.* phonophobia
ध्वनि मत *m.* voice vote
ध्वनि मापी *m.* phonometer
ध्वनि रूप *m.* timbre
ध्वनिरोधी *a.* soundproof
ध्वनि लेखन *m.* phonography
ध्वनिवर्धक *m.* microphone, mike
ध्वनि विज्ञान *m.* acoustics
ध्वनि विस्तार *m.* sound amplification
ध्वनि विस्तारक *m.* sound amplifier, loudspeaker
ध्वनिशास्त्र *m.* phonetics
ध्वनिशास्त्री *m.* phonetician
ध्वनिसह *a.* soundproof
ध्वनि साम्य *m.* consonance

ध्वनिक (*dhvanik*) *a.* acoustic
ध्वनिक गुणधर्म *m.* acoustic property
ध्वनिक तीव्रता *f.* acoustic intensity

ध्वनिकी (*dhvanikī*) *f.* acoustics

ध्वनित (*dhvanit*) *a.* 1. sounded, echoed 2. ringing 3. uttered, spoken 4. (of meaning) suggested, implied

ध्वन्यनुकरण (*dhvanyanukaraṇ*) *m.* onomatopoeia
ध्वन्यनुकरण सिद्धांत *m.* onomatopoeic theory

ध्वन्यर्थ (*dhvanyartha*) *m.* implied or suggestive meaning

ध्वन्यात्मक (*dhvanyātmak*) *a.* 1. phonetic 2. acoustics

ध्वन्यात्मकता (*dhvanyātmaktā*) *f.* acoustics, acoustic property

ध्वन्यालेखन (*dhvanyālekhan*) *m.* sound recording

ध्वस्त (*dhvasta*) *a.* destroyed, demolished, devastated, ruined
ध्वस्त कर देना *v.t.* to demolish, to destroy, to ruin

ध्वांत (*dhvānt*) *m.* darkness

ध्वानिक (*dhvānik*) I. *a.* acoustic II. *m.* acoustician

ध्वानिकी (*dhvānikī*) *f.* acoustics